南齋 金相浹

그 생애/학문/사상

南齋 金相浹

그 생애/학문/사상

남재 김상협선생 전기편찬위원회 엮음

한울

南齋 金相浹 (1920~1995)

젊은날의 남재　　　金仁承 作(1958)

▲ 전북 부안군 줄포면 줄포리 생가. 새마을 운동으로 초가지붕은 벗겨졌으나 타인소유로 넘어가 지금은 빈집으로 남아있다.(2000년 4월)

◀ 아버지 수당 김연수 선생과 어머니 박하진 여사

◀ 경성제2고보(현 경복고) 4학년 무렵. 남재는 당시로는 매우 드물게 이 학교를 4년 수료하였다. (1937.2.)

▶ 일본 야마구치(山口) 고등학교 문과 을류 재학시절. 전학년 독일어 성적이 가장 뛰어났다.(1937.4~1940.3)

▲ 동란중 남재는 부친의 명으로 전북 고창군 해리면 동호리 소재 삼양염업사 해리지점에 근무하였다. 이무렵 해리면 일대는 공비가 무상 출몰하는 접전경계지대가 되어 남과 북의 주권이 밤낮으로 뒤바뀌는 지극히 험악한 상황이었고, 전직원이 중무장, 자위-자경 방어망을 구축하고 싸우면서 일하지 않으면 안되었다. 사진 둘째줄 정중앙의 아이를 안고 있는 사람이 남재.

▲ 삼양염업사 해리지점 전경.

◀ 공비침투 감시탑. 포격에 지붕이 날아가고 벽면은 온통 탄흔으로 덮힌채 지금까지 서 있다.(2000.4)

▲ 고려대학교 제6대 총장 취임식. 재단이사장 이활로부터 교권을 상징하는 황금 열쇠를 받고 있다.
저 멀리 인촌 동상이 보인다.(1970.10)

◀ 두번째 저서 『모택동 사상』의 출판을 기뻐하며,
서재에서.(1964.4)

▲ 국무총리 재임중, 일본총리 나카소네(中曾根康弘)의 방한을 공항출영 했다. 나카소네의 방한은 한일간의 「교과서 분쟁」 직후의 일이라 내외의 비상한 관심을 모았다.(1983.1)

▲ 서울 적십자 병원 본관준공을 자축하며, 한적 임직원 및 내빈들과 함께…(1987.7) 서울병원 본관의 신축은 남재의 총재취임(제17대) 이후, 가장 시급한 한적 현대화 과업의 하나로서 추진되었다.

▲ 월남 이상재선생 동상 건립위원회 회장(1984~1987)에 취임하여 동상건립을 완수하고, 이듬해 1987년 3월, 서울 종로(종묘) 소재 월남동상 앞에서 선생의 60주기 추모식을 거행한 뒤, 건립위원들과 자리를 함께했다. 앞줄 좌로부터 네번째가 남재, 다섯번째는 해위 윤보선.

▲ 형제들이 이처럼 한자리에 모이기란 참으로 힘든 일이다. 좌로부터 상응(일곱째), 상하(다섯째), 상돈(넷째), 두사람 건너 상준(형님), 남재, 상홍(셋째), 상석(사촌) 제씨.

▲ 고희를 맞아 부인 김인숙 여사와 하객들의 하례를 받으며…(1995.4)

▲ 고희 축하의 큰상을 받고 온 가족과 함께. 앞줄 앉은사람 좌로부터 철(손자), 부인 김인숙 여사, 남재, 정은(손녀), 이제헌(외손자), 송재혁(외손자), 뒷줄 선사람 좌로부터 이양팔(셋째사위), 이성민(외손자), 정성진(둘째사위), 김영란(자부), 양순(3녀), 영신(2녀), 명신(장녀), 송유진(외손녀), 한(아들), 송상현(첫째사위), 제씨.

▲ 한적 총재로서 네팔 적십자사 공식 방문일정을 마치고 유적들을 둘러보았다.(1989)

▶ 미국 와이오밍주 인디안 박물관 녹각탑(鹿角塔) 앞에서 남재 내외와 아들 한 일가. 좌로부터 외손녀 송유진, 부인 김인숙 여사, 남재, 손녀 정은, 손자 철, 아들 한, 자부 김영란 제씨.(1993.7)

▲ 젊은 시절부터 낚시는 큰 취미였다.

◀ 필드를 돌면서 잠시 휴식을 취하고…
말년의 건강증진을 위해 골프를 매우 즐겼다.
(1993.9)

■ 刊 行 辭

현대판 『논어(論語)』를 엮는 심정으로

洪 一 植

(남재 김상협선생기념사업회 회장)

오늘 우리는 남재(南齋) 김상협(金相浹) 선생의 거룩한 발자취가 아로새겨지고, 빛나는 학문적 업적과 깊은 사상이 온축(蘊蓄)된 '일대기'(一代記)를 벅찬 감회와 더불어 자랑스럽고 기쁜 마음으로 여기에 상재(上梓)한다.

선생은 일찍이 우리민족이 일제(日帝)에 항거하여 세계 만방에 독립을 선언하던 기미년(己未年) 「3·1운동」 바로 이듬해에 이 땅에 오시었다. 그 암흑의 식민지시대에 유소년과 청년기를 보낸 선생은 식민지 출신에게는 접근하는 것조차 불온시되던 정치학을 전공하시고, 광복과 더불어 고려대학교 교수로서 이 나라의 근대 정치학을 개척하시었다. 이 과정에서 탄생한 명저 『기독교민주주의 사회민주주의 교도민주주의』(1963)와 『모택동 사상』(1964)은 선생의 학문의 금자탑이었다.

총장이 되시어서는 "치밀한 지성과 더불어 대담한 야성을 한 몸에 지니면서도 능히 그 조화를 이루어낼 수 있는 전인적(全人的) 인간"을 새시대의 새로운 지도자상(指導者像)으로 제시하시며 민족의 통일역군 양성에 지극정성, 심혈(心血)을 다 기울이셨다.

세상이 극도로 어지러워지매, 선생은 국무총리로 일어서시어 나아갈 때와 물러날 때 두 차례 나라의 위경(危境)을 구하시며 탁란(濁亂)한 세태를 바로잡기에 노심초사(勞心焦思) 하시었다. 말년(末年)에는 대한적십자사 총재로서 북녘 땅을 다녀오시고, 민족통일의 큰길 닦기에 마지막 정열을 불태우시며 '사랑과 봉사의 실천운동'에 헌신하시었으니 그 한 생애가 바로 거인의 '위대한 삶'이었다고 아니 할 수 없다.

또 선생은 타고나심이 어질고 너그러워, 늘 따뜻하고 넉넉하고 호방하시었고, 한 점 그늘이 없으셨다. 매사 대범하시며 생각하심 또한 천의무봉(天衣無縫), 거칠 것이 없고 막힘이 없어 그 어떤 난사(難事), 난제(難題)도 선생 앞에서는 봄눈 녹듯이 스러져갔으니 선생의 가르치심은 실로 그 크기가 가없었다.

무심하고 야속한 것이 세월이라더니, 선생께서 유명(幽明)을 달리 하신 지도 어느덧 9개 성상(星霜)이 흘렀다. 언제나 우리들 곁에 계시면서 헤매지 않도록 잡아주시고, 변함 없이 이끌어주시고, 어김없이 새길을 열어주실 줄로만 알았는데, 이제 선생은 아니 계시고 민족의 앞길은 첩첩산중이다. 민주도정(民主途程)은 여전히 어수선하고, 통일전도(統一前途) 또한 북한의 핵문제로 암운이 덮여 불신과 의혹만 쌓여가니 답답하기 그지없다.

그러나 한편 생각하면, 선생은 이미 오래 전에 민족통일의 길이 순탄치 않을 것을 내다보시고, 괴테의 명언처럼 "서두름 없이, 그러나 쉬임없이……" -Ohne hast doch ohne Rast- 전진하도록 격려하시며 우리 앞에 '희망의 등불'을 밝혀 놓으셨고, '역사의 신'의 계시를 전하기를 잊지 않으셨다. "민족의 통일이 단순한 공간회복운동이 아니라 시간활용운동"이라고 하신 선생의 말씀이 바로 그것이다.

이 시점에서 우리가 선생의 '일대기'를 엮는 뜻도 바로 여기에 있다. 선생의 한 생이 숨쉬는 이 '전기'(傳記)야말로 민족의 세계사적 전진이 암초에 부딪쳐, 암야(暗夜)의 행로로 접어들 때, 항상 이끌어 새길을 열어줄 영원히 마르지 않는 '지혜의 샘'이 될 것으로 우리는 굳게 믿기 때문이다.

그리하여 우리 기념사업회는 선생의 5주기(忌)를 앞둔 1999년 가을, 선생의 『전기』(傳記) 편찬위원회를 구성하고, 집필자를 선정하여 편찬작업에 착수, 마침내 오늘의 결실을 맺게 되었다. '평전'(評傳)을 겸한 이 '일대기'가 완성되기까지 사자(嗣子) 김한(金翰) 사장을 비롯한 유족들의 정신적·재정적 뒷받침이 큰 힘이 되었다. 도움말씀을 주신 분들, 자료발굴과 수집에 협조해 주신 분들은 말할 것도 없고, 자문과 마지막 감수·교열에 애써주신 편찬위원들의 노고를 잊을 수 없다.

특히 기획부터 집필 완료에 이르기까지 무려 5년에 가까운 세월을 오로지 이 과업에 전력투구하여 선생의 위대한 생애를 이렇듯 방대한 기록으로 정리·서술해낸 집필자 목정균(睦貞均) 교수의 희생적 노고를 높이 치하한다. 또한 선생의 10주기가 되기 전에 이 편찬사업을 완수하여 선생께서 이 나라 이 사회에 끼친 다대한 공헌과 우리 제자들에게 베풀어주신 그 태산 같은 은혜의 만분(萬分)의 하나라도 갚아드릴 수 있게 된 것을 천만다행으로 생각하면서, 이를 다시없는 보람과 자랑으로 삼고자 한다.

끝으로 우리는 비록 '현대판 논어(論語)'를 엮는다는 심정으로 여기에 온 정성을 다 쏟았다고 자부하지만, 선생이 남긴 족적이 원체 크고 넓은 데다 그 의미 또한 더없이 심원(深遠)하다 보니 질정(叱正)을 받아야 할 부분도 적잖게 산재할 것이라고 여겨지므로 가능한 한 빠른 시일 내의 보정(補正)을 기약하고자 한다. 아무쪼록 우리 시대의 영원한 스승이요, 큰 지성이셨던 선생의 이 '일대기'가 이 나라 젊은 지식인들에게 널리 읽혀지기를 기대하면서 간행의 변에 갈음하고자 한다.

2004년 2월

차　　례

프롤로그 : 남재 생애의 시대구분

3·1 운동으로 발현된 민족의 항일독립의지의 '격정'이 채 가시지 않고 그 여진(餘震)이 계속되던 1920년. 이 해 4월 20일은 우리 근-현대 지성사(知性史)에 있어서 큰 획을 긋는 아주 독특한 인물이 이 땅에 온 날이다.

언제나 사색하고 판단-평가하는 진정한 의미의 정치적 인간, 이상주의적 자유주의자, 민족주의적 다원주의자, 무엇보다 진보(進步)에 열려 있는 신보수주의자, 항상 넓고 깊은 정치철학적 예지력으로 정치적 공간을 관찰해온 정치사상가…. 그리고 생존의 그 어느 순간에도 항상 깊은 상념에 잠겨 있었던 "영원히 생각하는 사람…", 그가 바로 우리 시대 구원의 인간상 남재 김상협 선생이다.

1995년 2월 21일, 남재가 향년 75세를 일기로, 4분의 3세기에서 꼭 두 달 빠지는 결코 짧다 할 수 없는 생을 마감하고 홀연히 우리의 곁을 떠났을 때, 그를 따르고 주목해온 많은 사람들은 그의 생애가 같은 격동의 시대를 살아온 지식인 일반의 불행했던 그것과 견주어볼 때 행운의 복된 한 생이었다는 데 동의하고 있었다.

과연 그러한가? 이에 대한 우리의 결론적 해답은 유보적이다. 이 문제는 그의 생애 전체를 다 더듬어본 다음에라야 비로소 논의될 수 있는 성질이기 때문이다. 따라서 그의 한 생이 어떻게 시대-시기 구분될 수 있는가를 구명하는 작업은 곧 '남재연구'의 문을 여는 단초로서 앞으로 주어진 과제들을 풀어나가는 머나먼 도정의 첫걸음이 된다는 점에서 매우 커다란 의미를 갖는다고 할 것이다.

남재 생애의 시기구분에 대해서는 고희를 계기로 남재 자신이 명확하게 밝힌 두 가지 문헌자료가 있다. 하나는 『지성과 야성』(1980)의 중판(重版) 〈서문〉[1]이고 또 하나는 그의 고희기념논문집 『복지사회의 앞날』(1990) 권말에 수록된 고희기념 〈제자들과의 좌담〉[2]이다.

이 두 자료에서 그는 자기 생애의 시대상황을 격동과 격변, 단절과 수정(修正)이 연속된 질풍노도와 같은 세월이었다고 회고하면서 그 속에서 일엽편주와 같은 기구한 삶을 단 한 번이 아니라 무려 네 차례나 새롭게 살아온 느낌이라고 술회하고 있다. 그리하여 그는 이 네 차례의 삶을 '4기의 인생'으로 나누어 다음과 같이 그 각개의 인생을 설명하였다.

• 제1기 인생 : 일제 식민지통치하에서 태어나 광복을 맞는 1945년까지 25년 간. 이 기간 그는 황국신민화교육의 굴레를 쓰고 초-중등과정을 거쳐 일제 최고학부를 졸업, 곧바로 첫번째 직장수련을 일본인 기업에서 받기까지의 생장-성숙기를 말한다.

• 제2기 인생 : 해방 → 건국 → 동란 → 재건, 그리고 4 · 19와 5 · 16에 이르는 청 - 장년기 15년 간.

• 제3기 인생 : 5 · 16군사정변을 통해 집권한 박정희정권이 개발독재-유신독재에 의거 강력하게 경제건설을 추진하던 제3 - 제4공화국시대의 중년과 초로(初老)시기 18년 간.

• 제4기 인생 : 1979년 10 · 26사태 이후 국가권력의 공백기에 집권한 전두환의 5공정권 8년과 직선제 대선에 의한 평화적 정권이양으로 성립한 노태우의 6공정권 5년을 합친 1992년까지의 노년기 13년 간.

이어 남재는 금후 자신의 수명이 10년만 더 연장되어질 것을 염원하면서, "바야흐로 공산주의의 몰락과 냉전의 종식으로 남북간에도 화해와 협력의 큰 길이 열려 민족통일의 날이 성큼 다가설 것으로 기대되는 새로운 역사전개의 시대에 이제부터 또다시 새롭게 엮어나가게 될 제5인생이 여기에 미력이나마 기여함이 있기를 간구하여 마지않는다"(『지성과 야성』 서문)고 토로

함으로써 마지막 '제5인생'에 대한 강한 의욕과 통일비원(悲願)에의 집착을 표현하기도 했다.

남재 자신에 의해 5기로 구분된 이 시기구분은 본서의 구성-서술에 결정적인 길잡이가 되었다. 다시 말해서 전 5편과 부편으로 된 본서의 서술체계는 바로 남재의 이상과 같은 시기구분법을 그대로 원용(援用)한 것이다.

그리하여 본서의 제1편 : 관인-온후의 성정을 타고나다(1920~1945)는 제1인생기, 제2편 : 호학(好學)의 정열과 끈기의 학구인(學究人)(1946~1960)은 제2인생기, 제3편 : 안암의 언덕에 울려 퍼진 거인의 목소리(1961~1979)는 제3인생기, 제4편 : 원융의 경지에서—못다 펼친 경세(經世)의 웅지(1980~1991)는 제4인생기, 그리고 제5편 : '대우환자(大憂患者)의 삶'(1992~1995)은 제5인생의 특성을 각기 묘사한 것이다.

이처럼 5대분된 각개의 인생기는 총 19장(章) 73개절(節)로 세분되어 남재 생애의 전 흐름이 우리 민족 근-현대사에 유리-절연되지 않으면서도 '일대기'(一代記)로서의 개성을 최대한 드러내도록 고안되었음을 우리는 자부한다.

경제사학자 조기준(趙璣濬)은 일찍이 그의 『한국자본주의성립사론』[3]에서 우리 민족사에 있어서 '근대'의 기점과 종착을 개항으로부터 8·15광복까지로 보고, '한국근대사'의 전개를 3시기로 구분한 바 있다. 즉, 그 제1기를 개항에서 동학혁명까지, 제2기를 동학혁명에서 3·1항쟁까지, 그리고 제3기를 3·1항쟁에서 8·15광복까지로 나눈 것이다. 이어 그는 2차대전 종식 이후의 세계사 전개를 현대로 규정하고, 우리의 현대사도 바로 세계사와 보조를 같이하면서 민주국가건설과 복지사회의 실현을 지향하여 전개되어온 것으로 파악하고 있다.

조기준의 이와 같은 견해에 따라 우리는 남재의 생애가 정확하게 민족근대사의 말기인 제3기에 출발하여 그 피끓는 청소년기를 근대사와 더불어 마감하고 성숙의 청장년기부터 현대사를 살아온 것으로 이해하고자 한다.

남재 자신의 표현처럼, 질풍노도와 같았던 우리의 이 근현대사가 이 땅에 태어난 모든 사람의 숙명인 것처럼, 남재의 생애에도 그대로 투영되어 그를 지배해왔다는 것은 더 말할 것도 없이 당연한 얘기이지만, 남재 생애의 그 무엇이, 그 어떤 생존조건이, 남재로 하여금 그처럼 '대우환자[4](大憂患者) 의 삶'으로 일관하도록 이끌었는가! 그리하여 남재의 이 '대우환자'로서의 삶이 유구한 우리 민족사에 있어서 어떤 의미를 갖는 것인가! 이것이 바로 우리들로 하여금 본서를 엮어내게 하는 동력으로서의 기본 질문인 동시에 최종 해답임을 밝히면서 75년 남재 생애의 족적을 더듬는 그 첫장을 다음에 연다.

● 프롤로그 〔주〕

1) 김상협(金相浹),『지성과 야성』(일조각, 1990 중판), <서문>.
2) 남재 김상협선생고희기념논문집간행위원회,『복지사회의 앞날—남재 김상협선생고희기념논문집』(박영사, 1990), <제Ⅲ부 : 고희기념좌담—남재의 인생과 학문과 경세의 소회를 듣는다> pp. 452~454.
3) 조기준(趙璣濬),『한국자본주의성립사론』(고대출판부, 1973) pp.28~35.
4)『주역』(현암사, 1971), <계사하전> 본서 제5편 "제5편을 열면서" 참조.

▌제1편

관인(寬仁)－온후(溫厚)의 성정(性情)을 타고나다 (1920~1945)

제1장 : 울산 김씨의 후예

제2장 : 황국신민화교육의 굴레를 쓰고…

제3장 : '청춘난무-사상요람' 구제 야마구치고등학교

제4장 : 지성의 권부-일본의 자존심—도쿄제국대학

제5장 : 산업현장에서 경영-관리를 배우다

• 제1편을 열면서

본편은 남재가 3·1운동 이듬해인 1920년에 울산 김씨의 후예로 태어나서 8·15 광복을 맞기까지 4반세기에 걸친 '제1인생기' 생장과정을 고찰한 것이다.

자랑스런 선대들, 특히 백부 인촌과 선친 수당이 우리 민족 근현대사에 끼친 빛나는 공헌과 업적은 바로 남재의 특이한 생장환경요인으로서 그의 인간형성에 절대적인 영향을 미쳤음을 유념하면서, 우리는 유소년기 초-중등과정과 청소년기 일본에서의 고등교육 수학과정을 심도 있게 재구성하고자 노력하였다.

그 중에서도 1937년 야마구치고등학교(山口高等學校) 입학으로부터 도쿄제국대학(東京帝國大學)을 거쳐 구레하방적(-吳羽紡績) 오마치(大町) 공장 근무까지 7년간의 '일본수련시대'는 남재의 젊은 인생에 있어서 커다란 배움과 교훈으로 일관된 소중한 인간수련-인격도야-지식연마의 시대, 곧 대립자(對立者) 일본을 통해서 '나'를 알게 되는 '각고면려'(刻苦勉勵)의 시대였다.

우리는 이 점에 각별히 주목하여, 이 시대의 일본을 파악-이해하는 데 요구되는 모든 관련자료들을 가능한 한 광범하게 검토하는 데 힘썼다. 이로 인해 이 시대의 서술비중이 다소 과도한 느낌도 없지 않게 되었다.

그러나 우리의 이러한 노력에는 남재의 3세들을 포함한 이 땅의 모든 제3세대들에게 남재가 성장했던 시대의 의미와 성격을 일러줌으로써, 남재와 같은 이상주의적 현실주의와 자유주의적 휴머니즘을 겸전한 대지성이 어떤 교육적 환경과 풍토 속에서 탄생하였는가를 인식케 하는 길잡이로서의 배려의 뜻도 담겨 있었다.

이 과정에서 우리는 남재가 '역사에 의해 선택된 사람'이라는 예감을 갖게 됨을 미리 밝혀둔다.

제1장 : 울산 김씨의 후예

제1절 자랑스런 선대들

남재 김상협은 1920년 경신(庚申)년 4월 20일(음 3월 2일 戊申) 미시(未時) 전북 부안군(扶安郡) 줄포면(茁浦面) 줄포항에서 아버지 수당(秀堂) 김연수(金秊洙)와 어머니 박하진(朴夏珎)의 둘째 아들로 태어났다. 본관은 울산(蔚山), 시조는 신라의 56대 마지막 임금 경순왕(敬順王)의 아들 김덕지(金德摯)이다. 경순왕은 아들 덕지에게 봉토로 학성읍(鶴城邑)을 내려주고 학성부원군(鶴城府院君)으로 봉하였다고 하니 덕지를 시조로 하는 울산 김문은 신라의 왕족임이 분명하다. 그러나 경순왕 당대에 신라의 명맥이 끊겨 왕가의 세계(世系)를 잇지 못하고 본거지 이름을 따서 독립 성씨로 출발한 것으로 보이며 후일 학성이 울산으로 개명됨에 따라 울산 김씨로 불리워진 것으로 전해진다.[1)]

남재의 존재연원과 관련된 울산 김씨의 내력과 선대들의 행적에 대해서는 그의 백부 인촌(仁村) 김성수(金性洙)와 선친 수당 김연수의 생애를 그린 『전기』 또는 『연구서』[2)] 등이 여러 차례 출간되면서 이들 문헌마다 각기 적절하게 논급하고 있기 때문에 군이 이를 되풀이 소개함은 지나친 중복일 듯하다. 따라서 여기에서는 남재의 가계(家系)에 생소한 독자들의 이해를 돕는 제한적 수준에서, 그리고 그것이 남재의 생애에서 갖는 의미의 비중에 따라 재해석 차원에서 논급함이 바람직할 것 같다.

1. 엑소더스: 민씨 할머니 이야기

울산 김문에 있어서 민씨 할머니는 중시조(中始祖)와 같은 존재로 추앙받고 있다. 시조 덕지 이하 12대까지는 그 보첩(譜牒)이 실전(失傳)되었고, 고려 충숙왕(忠肅王)대에 이르러 삼중대광(三重大光)[3]에 오른 문숙공(文肅公) 환(環)을 1세로 하여 세계(世系)가 이어지고 있다.[4]

이후 계홍(季興) → 황(晄) → 온(穩)으로 3대가 이어지면서 모두가 고려조의 관인으로 입사(入仕)하였다. 특히 환의 증손 온은 조선 태조 이성계의 위화도(威化島)회군에 가담하여 조선개국 원종공신(原從功臣)에 들었고, 건국 후「제2차 왕자의 난」(일명 芳幹 또는 朴苞의 난) 때는 방원(芳遠)편에 서서 좌명공신(佐命功臣)으로 책록되는 등 양공신이 되었다고 하나, '좌명' 관련 기록은 없고 다만 밀양부사(密陽府使)를 지낸 것으로 되어 있다.[5]

민씨 할머니는 바로 온의 부인이다. 가정대부(嘉靖大夫) 한성부윤(漢城府尹)을 지낸 민양(閔亮)의 따님이다. 부인은 현숙 명민할 뿐 아니라 학식도 높아 말년에는 풍수서를 저술할 정도였다고 한다.[6]

『수당전기』에 의하면, 민씨 부인은「왕자의 난」중 세 아들을 데리고 남쪽으로 정처없이 피난길에 오르는 것으로 되어 있다.[7] 이것은 동성의 이종사촌인 태종비 원경왕후(元敬王后)의 귀띔에 의한 것이라고 하나, 그 사실관계가 맞지 않아 그냥 하나의 전설로 이해함이 좋을 듯하다. 예컨대「방간의 난」당시는 방원이 즉위 전이라 그 부인 민씨가 원경왕후가 되기 이전이기 때문이다. 그러나 이때 방간군과 방원군이 도성 개경(開京)에서 치열하게 시가전을 벌였던 점으로 미루어 민씨 부인이 개경을 탈출, 피난길에 올랐을 가능성은 충분히 있었다고 하겠다.

문제는 이 무렵 온의 행방이다. 『수당전기』는 온이 민씨 부인과 동행한 흔적이 없는 것으로 미루어 태종 즉위시(1401)에 '고종명'(考終命)했거나, 난중(定宗 2년 : 1400) 전사했을 것[8]으로 추론하고 있다. 그러나 하서(河西)의 세계(世系 : 『하서전집』 하, 1993)에는 온이 명(明)나라 영락(永樂) 계사(癸巳)년 8월 10일 향년 66세로 타계한 것으로 기록되어 있다. '영락' 계사년이 태종 13년(1413)이니 무려 13년의 거리가 난다. 또 필암서원(筆巖書院)에는 민씨 부인의 피난이 「2차 왕자의 난」이 아니라 태종이 외척을 제거하던 시점이라는 설도 전해지고 있다. 태종이 왕권강화책으로 자신의 처남들인 민무질(無疾)-무구(無咎) 형제를 사사(賜死)한 해가 태종 7년(1407)의 일이므로 이 역시 온의 타계 7년 전의 일이 된다.

따라서 민씨 부인의 남행은 그 역사적 사실 관계를 따질 것이 아니라 하나의 설화로 보고, 여기서는 김문의 계속적인 연구과제로 밝혀두는 정도로 그치는 것이 온당할 것 같다.

어쨌거나 민씨 부인 일행의 남행길이 전라도 장성(長城) 땅에 이르던 어느 날, 산마루에 올라 지친 다리를 쉬고 있을 때 문득 부인의 시야에 시원하게 펼쳐진 질펀한 들판이 들어왔다. 순간 새 삶의 터전을 이곳에서 닦아야겠다는 생각이 든 부인은 현장에서 즉시 두 마리의 '나무 매'를 깎아 하늘로 날려보냈다. 매가 떨어지는 지점을 택지(擇地)하리라 마음을 먹었던 것이다.[9]

새로운 삶에 대한 부인의 강렬한 의지와 염원, 땅의 지기(地氣), 그리고 하늘의 기류를 탄 나무 매는 각기 두 방향으로 날아가다가 하나는 들판 앞 산허리에, 또 하나는 산너머 대맥동(大麥洞) 쪽에 사뿐히 내려앉았다. 이곳이 바로 오늘의 장성읍 황룡면 맥호리이다. '밀등의 들판'이 북동향으로 내려다보이는 명정산(鳴鼎山) 기슭, 이곳의 지맥이 흘러내려 응혈된 형상을 하고 있는 높다란 언덕에 자리잡은 민씨 부인의 묘소자리(북이면 십응정리)가 바로 첫번째 나무 매가 내려앉은 곳이요, 두번째 매가 떨어진 맥동쪽은 훗날 하서(河西) 김인후(金麟厚)의 생가 터가 된다.

묘소의 언덕 아래에는 지금 울산 김씨 청소년 수련원의 고풍스런 기와건물과 함께 민씨 부인의 어록비가 서 있다.

"말 탄 자손이 밀등에 가득하리라…"고 새겨진 민씨 부인의 이 '예언적 소망'은 말하자면 울산 김문의 엑소더스를 상징하는 것이었다. 또 "말탄 자손"이란 나라의 큰 기둥이 되어 가문의 명예를 드높일 문무의 훌륭한 인물을 말하는 것이리라.

여기에 자리를 잡은 민씨 부인은 세 아들을 훌륭히 키워냈다. 맏이 달근(達根)은 장파(長派), 둘째 달원(達源)은 중파(中派), 셋째 달지(達枝)는 계파(季派)로 그 후손들이 뻗어나가 수많은 인재들을 배출, 조선조의 문과 급제자만도 14명에 이르렀고,[10] 이 중에서도 온의 5세손 인후(麟厚 : 중파)는 조선 유학의 적통을 계승한 거유(巨儒)로 그 이름을 역사에 떨쳤다. 근현세에 이르러서는 인촌과 수당, 그리고 남재가 민씨 부인이 소망했던 "말 탄 자손"에 든다고 하겠다.

이렇듯 민씨 부인은 울산 김문을 화란(禍亂)에서 구하여 중흥시킨 전설적인 존재로, 후손들에 의해 애칭 '민씨 할머니'로 추앙되고 있는 것이다.

2. 22세조 하서(河西) 김인후(金麟厚)

하서 김인후는 울산 김씨의 22세조로서 36세가 되는 남재에게는 위로 14대 할아버지가 된다. 일찍이 정조(正祖)가 그를 문묘(文廟)에 배향-종사(配享-從祀)케 하기 위하여 교서를 내리면서 "천년만의 진유(眞儒)", "해동의 주렴계(周簾溪)", "호남의 수사(洙泗)"라고 극찬[11]할 정도로 하서는 당대는 물론 후대로 갈수록 오히려 그 고절(高節)의 인품과 학문이 더욱 숭상-흠모되어 온 조선의 대표적 성리학자이다.

하서는 1510년 중종(中宗) 7년 경오(庚午) 7월 19일, 바로 민씨 할머니가 두번째로 날린 '나무 매'가 내려앉았다는 전남 장성군 황룡면 맥호리에서 온(穩)의 5세손으로 태어났다. 나면서부터 단정-수미(粹美)한 용모에 성정 또한 유순하여 보통 아이들과는 크게 다른 면모를 보였다고 한다.[12]

자라면서도 망령되이 희롱을 일삼는 일이 없었고, 나이 서너 살에 벌써 시구를 지어낼 정도로 천재성을 드러내어 7~8세에 이르러서는 어느덧 문명(文名)이 사방에 떨칠 지경이었다.

하서는 22세가 되던 해(1531년 중종 26년)에 성균사마시(成均司馬試)에 합격, 생원(生員)으로서 강학(講學)하였고, 여기서 퇴계(退溪) 이황(李滉)을 만나 백년지기의 교유를 맺었다. 매사에 뜻이 맞은 두 사람은 당시 기묘사화(己卯士禍)의 영향으로 사기(士氣)가 크게 저상(沮喪)되어 정암(靜庵) 조광조(趙光祖)가 추구했던 도학(道學)정치에 대해서는 누구도 감히 논하기를 꺼리는 경색된 분위기에서도 이를 깊이 토론하며 갈고 닦기를 마지않았다.[13]

그후 9년이 지난 1540년(중종 35년)에 하서는 진사로서 별시문과에 급제, 비로소 관력을 밟게 된다. 이때가 31세였으니 다소 늦은 입사(入仕)였다. 첫 관직은 외교문서를 관장하던 승문원(承文院)의 부정자(副正字)였다. 이후 매해 승차를 거듭하여 홍문관(弘文館) 정자(正字), 저작(著作), 박사(博士) 겸 세자시강원(世子侍講院)의 설서(說書)에 이르러 세자의 왕도수업을 보도(輔導)하는 책임을 도맡게 되니 이때 벌써 그의 뛰어난 학문과 고매한 인품이 드러나 중종의 주목을 받았던 것이다.[14]

그러나 시사의 흐름이 순행치 못할 것을 예감한 하서는 연로한 부모의 공양을 구실로 사직을 고집, 옥과(玉果)현감으로 물러나 있던 중 중종의 승하에 이어 인종(仁宗)마저 재위 7개월에 세상을 떠나는 비운을 맞게 된다.[15]

그리하여 이후 하서는 명종(明宗)조에서 아무리 불러도 응하지 않고 다시는 벼슬길에 나가지 않았다.[16]

하서의 학문은 유학의 정수 경(經)-전(傳)-사(史)-집(集) 그 어느 것 하나 통달치 않은 것이 없음에도 불구하고, 그는 소학(小學)과 대학(大學)을 시종의 조리로 삼아 평생 복습하였고, 천문-지리-의약-복서(卜筮)-산전(算篆)-율려(律呂)의 법에 이르기까지 모두 궁구(窮究)한 바 있으나 늘 부족함을 탄식하며 사색의 사색을 거듭하였다.[17]

하서의 소작은 일찍이 문인(門人)들에 의해 전집(全集)으로 편찬된 바 있으나 임진-병자 등의 전란을 거치면서 『서명사천도』(西銘事天圖)와 『주역관상편』(周易觀象篇)은 영원히 실전되고, 지금은 시-부(賦)-사(辭)-서(書)-계(啓)-차자(箚子)-전(箋)-기(記)-서(序)-발(跋) 등만 전해진다.[18]

하서의 인간됨은 한마디로 '맑은 물(淸水)의 부용(芙蓉)에 비유되었다.[19] 그는 좀처럼 희-노(喜怒)를 드러내지 않으면서도 움직임은 떳떳하였고, 변론은 남에게 이기기를 좋아하지 않으면서도 취하고 버릴 것에 엄격하였으며,

과묵-조용하기가 화풍(和風)-감우(甘雨)와 같아 그를 접하는 이들은 절로 기뻐하며 즐거워했다고 한다.[20]

하서에 대한 후세의 평가는 실로 대단하다 하겠다. 하서의 학문과 인품을 숭앙-존모하는 문인-선비들은 다투어 사당을 짓고 서원을 세웠다.

일찍이 퇴계는 하서와 벗하며 그의 도학이해의 깊음과 정밀함을 공경하여 마지않았고,[21] 율곡(栗谷)도 하서의 출처(出處)의 바름이 해동에는 비교할 이 없다 하여 '광풍제월'(光風霽月 : 시원한 바람과 밝은 달 ; 곧 인품이 고상하고 도량이 넓음에 비유됨)이라고 묘사한 바 있다.[22] 뿐만 아니라 우암(尤菴) 송시열(宋時烈)은 국조의 인물에 도학과 절의와 문장에 있어 그 어느 한쪽에 치우치지 않고 모두를 겸비한 사람은 하서를 비롯한 몇 안 되는 사람뿐이니 하늘이 하서를 낸 것은 우리 동방을 도운 것이라고 극찬할 정도였다.[23] 하서는 이렇듯 선비의 이상적 덕목을 고루 갖춘 대현(大賢)으로서 태산-북두(北斗)처럼 후세 사림(士林)의 우러름을 받았던 것이다.[24]

남재도 하서가 도달한 종합적인 인간상에 깊이 감동하였고, 그 직계 후인(後人)임을 큰 자랑으로 여기며 스스로 본받고 따르고자 했던 것이니, 우리는 오히려 하서로부터 남재의 풍모를 보게 되는 것이다.

요컨대 남재에게는 하서의 선비정신이 맥맥이 흐르고 있는 것이다. 단지 14세 4백여 년의 거리를 둔 하서와 남재 간의 차이를 평가한다면, 하서는 분명 조선의 대현(大賢)인 데 반하여 남재는 우리 근현세의 대우(大愚)라 할 것이다.

3. 증조부 요협(堯莢)과 조부형제 기중(祺中)-경중(暻中)

남재의 선대가 본거지 장성을 떠나 고창(高敞) 쪽으로 옮겨 온 것은 남재의 증조부 낙재(樂齋) 요협(堯莢 ; 1833~1909)이 이곳 인촌리 일대에서 만석꾼으로 소문난 영일(迎日) 정(鄭)씨 계량(季良)의 외동규수와 혼인을 하면서 비롯된 일이었다.

이들의 혼사는 남재의 고조부 명환(命煥)이 고창의 해변마을 해리(海里)

를 방문하고 돌아오는 길에 인촌리 정씨가에 하루 유숙하는 인연이 닿는 데서부터 발단한다.[25] 이날 주-객이 처음 만나 수인사하는 자리에서 이내 의기가 투합되어 전격적으로 정혼(定婚)에까지 이르렀다고 하니 실로 우연이 아닐 수 없다. 그러나 이 혼약이 뒤에 이 나라 근-현대사의 필연을 낳는 시발이었던 것이다. 참으로 알 수 없는 것이 역사의 전개라 하지 않을 수 없다.

장성의 울산 김문과 고창의 연일 정씨 간의 이 통혼이 갖는 의미를 선비가와 지주가의 결합으로 보는 견해도 있다.[26] 이때 고조부 명환은 가난한 선비였기 때문이다.

혼인이 일사천리로 치러지자 요협은 장성을 떠나 처가마을 인촌리에 신혼의 터전을 잡았다. 이것은 요협이 외동딸을 가까이 두고 싶어하는 처가의 소망을 따른 것으로서, 그 자신 집안의 셋째이므로 가업을 이어가야 할 책무로부터 자유로운 입장이었기 때문에 선택이 가능한 것이기도 했다.

요협은 힘이 장사요 외모도 출중한데다 성품 또한 호탕한 호걸풍의 인물이었던 것 같다. 신혼 초, 처가에서 마련해준 얼마간의 생활기반은 그가 학업에 전념하는 데 큰 힘이 되었고, 부인 정씨(1831~1911) 또한 이 살림을 규모 있게 꾸려나가면서 남편으로 하여금 학업에만 몰두할 수 있도록 이끈 대단히 현숙한 전형적인 한국의 여성상으로 전해진다.[27]

온화한 성품에 부덕이 넘쳐 가정은 항시 화목하였고, 실 한오라기 쌀 한 톨을 아끼는 타고난 근검절약은 어느덧 살림을 탄탄하게 키웠다. 요협의 관문(官門) 입신에는 무엇보다 정씨 부인의 내조가 절대적인 힘이 되어 그는 뒤에 화순(和順)-진안(鎭安)-군위(軍威) 세 고을의 수령을 지내게 된다. 또 오늘날까지 이어져 내려오는 김문의 검약의 가풍이 정씨 부인으로부터 유래된 것이라고 하니, 부인의 인물됨은 가히 그 옛날 엑소더스의 전설적인 주인공 민씨 할머니에 비견된다고 할 것이다.

요협과 부인 정씨 사이에 두 아들이 태어났다. 맏이 원파(圓坡) 기중(祺中) ; 1859~1933)과 네 살 아래 아우 지산(芝山) 경중(暻中) ; 1863~1945)이 그들이다. 남재에게 원파는 큰할아버지이고, 지산이 친할아버지가 된다. 외모와 성품에 있어 큰할아버지 원파는 요협을 많이 닮았고, 친할아버지 지산은 증조모 정씨를 더 닮았다고 『인촌 전기』[28]는 전한다.

말년에 요협은 장자 원파 기중에게 약 1천 석, 차자 지산 경중에게는 2백

여 석의 땅을 물려줄 수 있을 정도로 상당한 지주로 성장해 있었다.[29]

기중-경중 형제는 학문도 깊어서 벼슬길도 순탄했다. 1885년(고종 25년)에 진사가 된 원파는 의령원(懿寧園) 참봉을 거쳐 1907년(융희 원년)까지 용담(龍潭 ; 현 진안군), 평택(平澤), 동복(同福 ; 현 화순군) 등 세 고을의 군수를 역임하며 선정을 폈다. 하지만 이때는 일제의 조선병탄이 임박하여 그는 벼슬을 버리고 향리로 돌아와 있다가 인근 줄포항으로의 이사를 계기로 영신(永信)학교를 세우고 육영사업에 나섰다.[30]

친할아버지 지산도 1898년(광무 2년)부터 경릉(敬陵)참봉 → 비서승(秘書丞) → 봉상시부제조(奉常寺副提調) 등을 거쳐 1905년 진산(珍山 ; 현 금산군) 군수를 끝으로 관직에서 물러난 후 고향에서 형님 원파와 함께 애국계몽운동을 적극 주도하였다.[31] 이재(理財)에 남다른 감각을 지녔던 지산은 줄포로의 이사 시점에서는 주변이나 아랫사람들로부터 원망을 사는 일 없이도 이미 호남 굴지의 대지주로 성장하는 수완을 발휘하고 있었다.[32]

남재의 선대들이 이룩한 농업경제적 성취를 비교적 냉정하게 분석한 경제사학자 김용섭(金容燮)은 그의 최근 연구서 『한국근현대농업사연구』(1995 증판)에서 원파-지산 형제를 지주적 산업자본가로서 근대화를 지향한 애국계몽운동가로 평가한 바 있다.[33]

4. 지산(芝山)의 학문과 애국계몽운동

(1) 저술 『오도입문』과 『조선사』

지산은 두 가지 큰 저술을 남기고 있다. 하나는 10년간의 공력을 기울인 끝에 1899년(광무 3년)에 완성한 대논문 『오도입문』(吾道入門)[34]이고 다른 하나는 일제하에서 우리 역사의 보존을 위해 오랜 세월에 걸친 연찬과 6~7차례의 개고를 거쳐 전 17권으로 출판된 순한문 편년체 역사서 『조선사』(朝鮮史)이다.

『오도입문』은 그 제어(題語) 자체가 스스로 발하고 있는 바와 같이 '우리의 도(道)'인 유교를 배우는 첫걸음으로부터 학문으로서의 도를 연구하는 방법론에 이르는 입문서라고 할 수 있다.

지산은 조선의 유교적 정치이상의 재건을 통해서 사회병리의 근원이 되고 있는 외래사조의 침투-전파를 막고자 했던 것이다. 따라서 『오도입문』의 집필은 일종의 사상적 방어수단의 확보였다고 할 수 있다. 지산에 있어서 '오도'(吾道)의 교육과 보급-실천이야말로 곧 애국계몽운동의 첫걸음이었던 것이다.

지산이 71세가 되던 1934년에 완성된 17권의 『조선사』(朝鮮史)는 지산의 역사인식을 단적으로 말해주는 방대한 저술이다. 지산은 우선 그 〈서문〉에서 "무릇 역사란 당시의 선악을 기록함으로써 후세에 이를 권징(勸懲)코자 하는 것"이라고 역사의 의미를 규정했다. 이 때문에 역사를 짓고 기록함이 얼마나 어려운 것인가를 잘 인식하고 있는 역대의 앞선 왕조들은 그 직을 중히 여기고 기록하는 자(史官)를 신중히 가려 뽑아 그들로 하여금 진실하고 마땅함만을 기록케 함으로써 한때의 치란(治亂)과 흥쇠(興衰)와 사정(邪正)과 현부(賢否)가 모두 드러나 그 뜻이 천백세가 지나도록 환히 밝혀지게 하는 것이라고 풀이하면서 역사의 중요성을 일깨우고 있다.

이어 지산은, 그럼에도 불구하고 우리의 문인-학사들은 다른 나라의 역사는 읽으면서 도리어 우리 자신에 관해서는 망연히 고구(考究)할 방도를 차리지 않고 있으니 어찌 한심스럽고 부끄러운 일이 아니겠는가 개탄하면서, 환웅과 단군(檀君) 이래 신라 말에 이르는 수천년의 기록이 거의 실전(失傳)되었음을 안타까워하여 마지않았다.

여기서 우리는 지산이 한낱 성리학의 세계관과 역사의식에 사로잡혀 사대모화사관(事大慕華史觀)으로 일관한 구식관료가 아니라 민족적 주체사관을 지닌 선각적 개화지식인임을 새삼 발견하게 된다. 그것은 무엇보다 『조선사』 제1권 본문의 첫 문장에서부터 역력히 드러난다.

> "태조 고황제(高皇帝)… 재위 7년, 태상왕 재위 10년, 수(壽) 74세. 임신(壬申) 원년 가을 7월 병신(丙申) 개경 수창궁(壽昌宮)에서 즉위했다. 상의 성은 이씨, 휘는 성계(成桂), 자(字)는 중결(仲潔), 호(號)는 송헌(松軒)으로 그 선대는 전주인이다 … 운운"

지산은 대한제국의 관료출신답게 이태조를 '고황제'로 칭제(稱帝)하고 있는 것이다. 특히 남의 나라의 역사는 읽으면서 우리 것은 돌보지 않는 식자층의 한심한 작태를 개탄-비판하고 있음은 그가 민족적 주체성이 확립된 우국의 인물임을 말해준다.

지산이 『조선사』를 완성한 1934년은 각급학교에서 일제의 '황국신민화'(皇國臣民化) 정책의 전단계적 행태가 광범하게 자행되던 절망기였다. 이러한 시기에 지산이 『조선사』를 완성했다는 것은 그 자체가 강열한 항일의지의 표현이 되는 것이다. 그러나 조선의 역사를 배우고 가르치는 행위조차 중범(重犯)이 되는 식민지 폭압통치 아래서 그것을 저술, 대량복제하여 널리 보급한다는 것은 원천적으로 불가능한 일인 것이다. 지산의 『조선사』가 한정본으로 출판되어 오늘날 『지산유고』(芝山遺稿)로서 고려대학교와 이화여자대학교 도서관 등 지극히 한정된 곳에 소장되어 있는 것도 이 때문이다.

이때 남재의 나이는 만 14세로 경성제2고보(京城第2高普) 2학년 무렵이니 지적 감수성이 대단히 예민한 연령이었다. 그렇다고 하더라도 순한문으로 기술된 지산의 이 노작이 남재에게 직접적인 교훈이나 어떤 암시를 줄 수는 없었을 것이다. 다만 민족의 역사를 보존하고자 심혼을 다 바쳤던 이 할아버지의 우국충정이 남재의 인간형성에 일정한 영향을 미쳤으리라는 것은 쉽게 짐작이 가는 일이다.

(2) 지산의 학회활동

지산은 을사조약에 따라 대한제국이 국권을 상실하던 1905년에 벼슬을 버리고 향리 인촌마을로 돌아왔다. 바야흐로 42세 장년의 넘치는 건강과 원숙기에 접어든 왕성한 지력에서 우러나는 강한 민족의식은 지산으로 하여금 꺼져가는 조국의 운명을 그대로 방관할 수 없도록 각성과 분발을 자극했던 것이다. 지산은 우선 줄포에 영신학교를 설립하여 신교육에 나선 형님 원파의 육영사업을 돕는 한편, 학회활동에 적극 가담하여 애국계몽운동을 펼치게 된다.

이 시기의 민족운동은 의병들의 무력투쟁과 대중운동 성격의 공개적 정치투쟁(독립협회 → 대한자강회 → 대한협회 등)이 일제의 탄압으로 모두 좌절됨으로써 이제 남은 길은 자강주의적 애국계몽운동밖에 없었던 것이다.

거족적으로 고조되고 있는 구국의 열기 속에서 수많은 학회와 언론기관이 창립되고 3천여 개에 달하는 초등교육기관이 문화운동의 성격을 띠고 정치투쟁의 후속운동으로 설립되었다. 교육의 진흥을 통한 교육구국운동, 국민의 지식계발을 위한 언론출판운동, 어문정리를 통한 민족어 확립운동, 애국사상 고취를 위한 역사연구, 여성운동, 국채보상운동 등 실로 다양한 내용의 문화운동이 정치투쟁의 변형으로서 전개되었던 것이다.[35]

원파의 영신학교 설립운영은 곧 교육구국운동의 일반화된 형태의 하나였고, 지산이 학회활동의 주무대로 삼았던 호남학회(湖南學會) 또한 문화운동으로 모습을 바꾼 항일구국운동체의 대표적인 모형이라고 할 수 있다. 이 시기에 존립했던 주요학회로는 이 호남학회 외에 서북(西北)학회, 기호(畿湖)학회, 교남(嶠南)학회, 관동(關東)학회 등이 있었다.

지산은 사돈 창평(昌平) 고씨 정주(高鼎柱 ; 인촌의 빙부)와 함께 호남학회에 창립부터 참여하였다. 이미 창흥의숙(昌興義塾)-영학숙(英學塾) 등을 열어 신교육 실천에 나서고 있던 고정주는 이 학회의 평의원으로서 회장이었고, 지산 역시 총회에서 평의원으로 선출되어 활동했다. 지산은 성리학자였기 때문에 계몽적인 글을 직접 쓴 바는 없지만 학회운영에 상당한 재정지원을 한 것은 기록으로 확인된다.[36]

결국 지산의 애국계몽운동은 교육과 산업의 진흥, 곧 근대화를 통한 국력배양으로 국권회복에 이르고자 했던 개화파의 근왕(勤王)주의적 점진-개량운동과 같은 맥락의 부르주아 개혁운동 수준이었다는 평가도 있다.[37]

그러나 우리는 그의 학회활동이 어디까지나 깨어 있는 의식의 직접적인 표현이었다는 데 의미를 부여하고 또 여기에 주목하고자 하는 것이다.

제2절 출생지 줄포항(茁浦港)

1. 서남 굴지의 미곡집산 관문

남재가 이곳 줄포에서 태어나기 13년 전인 1907년, 큰할아버지 원파 김기중이 먼저 고향 인촌마을을 떠나 부안군 줄포항으로 이사했다. 뒤이어 친할아버지 지산 김경중도 증조부 요협의 별세 직후인 1909년에 줄포로 옮겨와 형제가 다시 합류했다.[38] 여기서 우리는 인촌마을과 줄포항의 지리적 특성을 명확히 알아둘 필요가 있다.

행정구역상 인촌마을은 전라북도 고창군 부안(富安)면 봉암(鳳岩)리에 소속되어 있다. 그러나 구한말(舊韓末)까지는 전라도 고부군(古阜郡) 부안면 인촌리였다. 후일 행정구역 개편 과정에서 고부군 전체가 고창(高敞)-부안(扶安)-정읍(井邑) 등에 분할 편입됨으로써 부안(富安)면이 고창군에 소속되면서 지금은 고창지방이 되었지만 역사적으로는 줄곧 고부지방으로 통했다.

줄포(茁浦)항은 인촌마을로부터 십오리 북쪽, 서해바다로 힘차게 뻗어나간 변산반도(邊山半島)가 내륙 쪽으로 수축된 만안(灣岸)에 생겨난 자연항으로 당시는 부안(扶安)군 건선(乾先)면 줄포리로 불리웠고, 현재는 건선면이 없어지고 줄포면 줄포리로 되어 있다.

남재의 조부형제대에 지어지고, 백부 인촌과 선친 수당이 태어난 인촌마을에는 이른바 아흔아홉 칸짜리 구저택 두 채가 사잇문으로 통하는 담장을 사이에 두고, 아래위로 연접하여 자리잡고 있다. 위쪽이 큰댁(김기중가)이고 아래쪽이 작은댁(김경중가)이다. 우리 전통 와가의 고풍스런 멋을 그대로 지니고 있는 이 두 저택의 건축상의 특징은 못을 쓰지 않고, 또 나무기둥 일부가 일주(一柱)로 된 통나무가 아니라 짧은 토막들을 둘 또는 셋씩 이어서 세운 접합기둥이라는 점이다. 이것을 두고 나무토막 하나라도 아껴쓰려는 이 집안의 극단적 절약정신이 잘 드러난 일례로 설명되기도 한다.

줄포로 이사하면서, 남재의 조부형제는 여기에도 인촌마을 본가의 저택처럼 각기 6백여 평의 대지 위에 전통양식의 초가군(群)으로 이루어진 큰댁과 작은댁을 한 울타리 안에서 담을 경계로 하고 앞뒤로 연립하였다. 이 수수한 줄포 초가야말로 울산 김문의 3세 인촌과 수당 형제의 꿈과 입지(立志)가 무르익던 곳이고, 제4세들이 태어난 유서 깊은 곳이 아닐 수 없다.

그러면 남재의 선대들이 삶의 근거지를 줄포로 옮긴 이유는 무엇인가. 여기에 대해서는 몇 가지 설이 있다.[39] 그 중 인촌리 구가에 자주 나타났다는 도깨비불과 관련, 물건너가서 살면 도깨비 장난을 뗄 수 있다는 촌로(村老)들의 속설에 따른 것이란 견해도 있으나, 전반적으로 치안부재상태에 있던 이 시기에 특히 고부지방에 횡행하던 농민항쟁이나 화적떼들의 화를 피하기 위해서 취한 일종의 피난책이었다는 설도 있다.

이때에 줄포에 관군이 주둔해 있거나 경찰기관이 주재한 것은 아니지만 어쨌던 줄포는 도회지였고, 미구에 고부경찰서 줄포순사주재소에 이어 줄포경찰서가 설치되는 곳이므로 비교적 치안이 확보된 지역이라는 이점(利點) 때문이라는 것이다. 그러나 보다 직접적인 이유는 성장일로에 있는 농업경영을 변화하는 시대추세에 맞게 상업화하는 데는 부안면보다 줄포항이 훨씬 유리했기 때문이라는 해석이 설득력을 갖는다. 1920년에 남재가 태어날 때까지, 김문의 연간 미곡생산규모는 2만여 석에 달한 것으로 추계되고 있다.[40]

오늘의 줄포는 토사로 인해 수심이 얕아져 큰배가 드나들지 못하는 미미한 어촌으로 영락한 끝에 간척지로 개간되어 그 흔적조차 찾을 수 없는 잃어버린 항구가 되었다. 그러나 개항 이래 일제강점기에 있어서 목포와 군산이 축항(築港)되기 이전까지의 줄포는 서남해안 굴지의 양항(良港)으로서 영광(靈光)-법성포(法聖浦)와 함께 미곡집산의 관문으로 크게 각광을 받았다.[41] 또 개항과 더불어 판로가 해외로 확대되면서 미곡이 상품화되고 수출상품으로서의 가치가 증대되자 줄포는 다시 군산항과 함께 배후에 곡창지대를 거느린 전북 2대수출항으로 번창하여 해로로는 군산-목포-인천-법성포 등지와 정기선으로 연결되고 육로로는 부안-고부-덕흥-정읍-고창을 잇는 요충지가 되었다.[42]

그러면 이 시기에 남재의 조부형제가 그들의 삶의 터전을 줄포로 옮긴 함의(含義)는 무엇인가. 그것은 한마디로 보다 나은 생존조건을 추구하는 인간의 지극히 자연스런 경제적 삶의 행위일 뿐 여기에 시비-선악이 게재될 여지는 없다. 그들의 농업경영은 유리하게 전개되는 여건변동에 훌륭히 적응하여 성장하였고 그 성장의 결실은 훗날 김문의 제3세대들이 이 땅에서 민족자본 육성과 문화-민족주의적[43] 애국 위업을 전개해나가는 추진력이 되었다는 점에서 긍정적으로 평가되어야 할 것이다.

솔직히 말해서 반문명적인 일제 통치하에서의 삶은 그 자체가 반민족적 죄악일 수 있다. 소극적이든 적극적이든 이 시대에는 생존이 곧 협일(協日) 또는 부일(附日)적 굴종의 의미를 갖는 것이기 때문이다. 오로지 저항적 삶만이 정당화될 수 있는 것이라고 한다면 민족이 살아남았다는 것은 곧 민족 전체가 부일적 비겁한 삶을 살았다는 자학으로 떨어지게 되고 민족사는 단절-공백이었다는 허무주의적 자포자기의 결론에 도달하게 된다.

그러나 비록 국토와 인민은 완전 상실했지만 민족은 살아남았기에 오늘의 민족사가 성립되고 이어질 수 있다는 이 엄숙한 현실에 상도할 때, 일제하의 삶을 평가하는 기준은 일률적일 수 없는 것이다. 이와 같은 인식은 비단 일제하에서만이 아니라 그 이전 봉건사회의 지배자적 삶에도 그대로 적용된다고 할 것이다. 이러한 뜻에서 우리는 김문의 '줄포시대'가 지주적 경영에 기초한 삶이었다고 해서 폄하-비판될 수 없을 뿐만 아니라 오히려 그 최종 결실이 민족의 정기와 자존을 세우는 밑거름으로 전화되었다는 점에서 정당하게 평가되어야 한다고 믿는다.

2. 위대한 출분(出奔) : 제3세대 백부 인촌과 선친 수당

"…도항증(渡航証)이 나온 날 인촌은 상투를 깎아버렸다. 고하는 그 이전에 벌써 깎았고…. 인촌이 이때까지 깎지 않은 것은 집안의 반대도 있었지만 어른들이 도일(渡日)을 눈치채지 않도록 하기 위해서였다… 인촌은 부모에게 용서를 비는 편지와 함께 상투를 자르고 찍은 사진을 (머슴에게) 쥐어 줄포로 돌려보내고, 이튿날 새벽 송진우와 함께 시라카와마루(白川丸)라는 화륜선에 몸을 실었다. 융희(隆熙) 2년(1908) 10월의 일이었다. 가을바람이 스산한 조국의 산하에 내일을 기약하는 이별을 고하고 일본으로 향하는 인촌의 나이는 그때 18세였다…"[44]

인촌 김성수의 신학문을 향한 위대한 출분(出奔)은 이렇게 시작되었다. 어떻게 해서 인촌이 여기에까지 이르게 되었는가는 자못 사연이 길고 복잡하다. 다음에 그 곡절을 간략하게 살펴보자.

인촌은 1891년(고종 28년 신묘) 10월 11일, 그 윗세대들과 마찬가지로 인촌리에서 부친 지산 김경중과 모친 장흥(長興) 고씨의 넷째 아들로 태어났다. 세 살되던 해에 인촌은 아직 후사(後嗣)가 없는 백부 원파 김기중에게 양자로 출계(出系)하여 양부모 밑에서 자랐다. 그러나 인촌리의 양가(養家)와 친가(親家)는 한 울타리 안에 아래위로 연접해 있기 때문에 인촌은 양부모와 생부모 모두의 극진한 사랑과 보살핌 속에서 출계의 당혹감이나 외로움을 모르고 자랐다.

인촌이 태어나자 생가의 부모들은 너무도 어렵게 얻은 자식이라 당시 이 지방의 습속에 따라 '무병장수'를 기원하는 뜻으로 "절에 팔았다"고 하여 아명을 판석(判錫)으로 지었다.[45)]

남재의 부친 수당 김연수(金秊洙)는 인촌의 밑으로 다섯 살이나 터울이 져, 1896년(고종 33년 병신) 10월 1일(음 8월 25일)에 태어났다. 아명은 판홍(判興)이다. 형제의 아명에 공통 첫글자로 쓰인 '판'(判)은 "팔다"의 음차(音借)라고 한다.[46)] 지산 부부는 아들딸 각기 다섯씩 모두 열을 낳았다. 그중 아들은 넷째 인촌과 다섯째 수당만이 남고 딸도 다섯 중 맏이 수남(壽男)과 셋째 영수(榮洙), 그리고 막내 점효(占効)만 성장하였을 뿐 위로 세 아들과 아래로 둘째-넷째딸은 갓나서 잃었으니 그 자식의 무병장수를 비는 마음이 오죽이나 간절했겠는가는 가히 짐작할 만하다.

자라면서 인촌은 당시 사대부가에서 흔히 볼 수 있듯, 집안에서 어른들로부터 글(한문)을 익혀 그가 자아에 눈을 뜰 무렵에는 제법 유교적 교양이 몸에 배어 있었다. 13세 되던 해(1904)에 인촌은 창평(현 담양군)의 명문가 장흥 고씨의 규수 광석(光錫 : 1886~1919)을 초취(初娶)로 맞았다. 장인은 바로 호남의 손꼽는 선각자 고정주(高鼎柱)였다. 규장각(奎章閣)의 직각(直閣)을 지낸 그는 벼슬을 버리고 고향 창평에 돌아와 지산과 더불어 호남학회를 이끌면서 창흥의숙(昌興義塾)과 영학숙(英學塾)을 열어 향리의 젊은이들에게 신학문을 가르치고 있었다.

1906년 을사조약 이듬해에 인촌은 어른들의 작정에 따라 장인의 영학숙에서 수학하게 되었다. 여기서 그는 한문-국사-영어-일어-산술 등 신학문을 배우며 장차 평생 동지가 되는 고하(古下) 송진우(宋鎭禹 : 1890~1945)를 만났다. 인촌보다 한 살 위인 의기남아 송진우는 담양군 고지면 손곡리(현재 금성면 대곡리) 출신으로 고정주와는 일찍부터 친교가 있던 자기 선친의 주선으로 이 영학숙을 찾게 된 것이다. 인촌과 고하의 영학숙 수학은 그 해로 끝나고 말았다. 보다 넓은 세계를 꿈꾸던 고하가 먼저 고향으로 돌아가버리자 인촌도 곧 향리로 돌아왔기 때문이다.[47)]

다음해 1907년에는 양부가 줄포로 생활의 터전을 옮김에 따라 인촌의 줄포시대가 찾아왔다. 여기서 그는 변화하는 새시대의 새로운 기운을 호흡하면서 다시 배움의 열정을 불태웠다. 그리하여 가까운 절(내소사 청련암)에 들어가 자습도 하고, 군산으로 건너가 영어 공부를 계속하면서 끊임없이 진로를 모색하는 동안 어느새 일본 유학을 결심하기에 이르렀고, 홍명희(洪命熹)를 만나 일본의 번영상을 듣고는 이 같은 결심을 더욱 굳혔다. 인촌보다 세 살 위인 벽초(碧初) 홍명희는 이때 일본 다이세이중학(大成中學)에 유학, 방학을 틈타 잠시 귀국하여 부친 홍범식(洪範植 : 국치때 자결순국)을 따라 여행하던 중 군산에서 인촌을 만났던 것이다.[48)]

때마침 한성교원양성소 입학차 상경길의 고하가 인촌의 동행을 권유하기 위해 군산으로 찾아왔다. 고하를 만난 인촌은 불문곡직 일본유학을 제의했고, 평소 같은 뜻을 품고 있던 고하도 주저 없이 이에 동의했다. 구시대의 어둠을 걷어내듯 인촌은 상투를 잘라낸 후, 고하와 함께 미지의 세계—, 신학문을 향한 부푼 꿈을 안고 화륜선에 몸을 실었던 것이다.

우리 민족의 근대화 과정에서 산업-언론-교육의 세 분야에서 영구히 기억될 위업을 남긴 선각자로서, 그리고 광복 후 대한민국 건국기에는 근대적 정당정치의 기틀을 닦아 민주공화제정부수립을 주도하였고, 반공-반독재 민주투쟁의 선두에서 끝까지 정치정도(正道)를 실천한 위대한 민족지도자의 탄생을 예고하는 순간이었다.

동경에 도착한 두 사람은 곧바로 홍명희를 찾아가 그의 지도 아래 우선 세이소쿠(正則) 영어학교에서 영어-수학-일어를 더 익힌 다음, 그 이듬해(1909) 긴죠(錦城) 중학교 5학년에 편입학, 본격적인 대학입시를 준비하여 1910년 경술국치 그 해 봄 두 사람은 와세다대학(早稻田大學) 예과에 입학했다. 이어 1911년 가을 예과를 마친 인촌은 본과인 정치경제학부에 진학, 3년간의 대학생활을 훌륭히 마쳤다. 그러나 경술국치에 충격을 받은 고하는 통분을 이기지 못하여 이내 학업을 포기하고 귀국하고 말았다.[49)]

와세다대학 학창생활 중 인촌이 얻은 학업외의 소득은 이 나라 근현대사에 빛나는 큰 인물들을 평생지기로 얻은 일일 것이다. 인촌은 벌써 이 시절에 인재를 발굴하고 조직하여 뜻있는 일을 도모하는 용인(用人)의 재질을 발휘하기 시작했다.[50]

줄포항의 소년시절에 양부와 생부의 훈도하에서 이미 민족자강의 민족의식과 주권재민의 민주의식에 눈을 뜨고, 와세다대학에서 근대학문을 습득함으로써 더욱 높고 깊어진 안목과 식견을 갖춘 인촌은 무엇보다 교육을 통한 인재의 양성과 실력배양만이 일제의 압제에 신음하는 겨레를 구해내고 민족의 자주독립을 기약할 수 있음을 확신하게 되었던 것이다.

인촌이 긴죠중학에서 대학입시 준비에 전념하던 1909년 여름방학에 잠시 고향을 다녀간 일이 있다. 이때는 이미 양정(養庭)-친정(親庭)의 두 부모님의 뜻을 거역한 인촌의 지난날의 모든 행동이 용서되고 일본유학도 기정사실화되어 있었다. 실로 오랜만에 따뜻한 집에서 부모님들의 사랑을 만끽하면서 기회를 엿보던 어느 날, 인촌은 생부 지산에게 아우 곽홍의 신로문세를 꺼냈다. 어차피 선진문물을 익히고 신학문을 배울 바에는 일본유학을 하는 것이 마땅함을 역설했다. 그러나 지산은 수당이 아직 어린데다 장가를 들기 전이라는 이유로 일언지하에 불허했다.[51]

어려서부터 약질이었던 수당은 활달하고 외향적인 형 인촌과는 달리 과묵-신중한 내성적 성격이었다. 수당의 이러한 조용한 성품을 부친 지산은 오히려 더 마음에 들어했다. 일곱살부터 서당에 나가 한문을 배우기 시작한 수당은 3년이 지나지 않아 사서삼경을 다 뗄 정도로 총명했고, 인촌은 동생의 영민함을 사랑했다.

오랜만에 동생을 본 인촌은 수당이 말은 않지만 타오르는 미지의 세계에 대한 동경심과 향학열을 애써 간직하고 있음을 직감할 수 있었다. 그리하여 동생의 앞날을 걱정하며 도울 방도를 궁리하던 끝에 고하에게 지혜를 구했다. 얘기를 듣고난 고하의 답은 명쾌했다. 선행동—후수습, 즉 일부터 저지르고 나서 사후에 수습(기정사실화)하자는 것이었다. 방침이 정해지자 부모님들을 안심시키기 위해 인촌이 먼저 일본으로 떠났다.[52] 수당을 일본에 데려오는 일은 고하가 맡기로 자청하고 나선 것이다.

3. 수당 김연수와 고하 송진우

인촌은 일본으로 떠나면서 은밀하게 수당에게 "뒷일은 형이 다 알아서 처리할 테니 고하가 시키는 대로 따르기만 하면 된다"는 요지의 당부를 잊지 않았다. 그로부터 며칠을—, 고하에게서 전갈이 오기만을 고대하던 수당 앞에 정말로 고하가 나타났다. 그는 도일계획의 윤곽을 설명한 뒤, 일본행 기선을 타려면 배편으로 부산까지 가야 하니 군산에서 만날 것을 약속하고 돌아갔다. 설레임과 두려움, 그리고 몹시 노여워하실 아버지 어머니에 대한 죄송함이 엇갈리는 복잡한 심경으로 초조하게 하루하루를 보낸 끝에 드디어 약속의 날이 찾아왔다.

수당은 정말로 어른들 몰래 집을 빠져나와 군산행 똑딱선을 탔다. 잔뜩 찌푸린 하늘에 바람마저 몹시 심하여 뱃길이 험할 듯한 예감이 드는 날씨였다. 과연 배는 가다 말고 고군산도(古群山島)에 머물렀다. 풍랑이 거세어 그대로는 군산까지 도저히 갈 수 없었던 것이다.[53]

저녁 늦게서야 수당이 없어진 줄 알게 된 집에서 어떤 소동이 벌어졌겠는지는 불문가지…. 동네사람들을 풀어 온통 수소문한 끝에 수당이 혼자서 군산행 똑딱선을 탔다는 제보를 받은 지산은 둘째마저 '일본행 출분'을 결행하고 있음을 직감하고는 주위의 만류를 뿌리치고 말에 올라 밤길을 재촉했다. 지산이 군산의 '째보항'(장미동-금암동 일대 ; 군산이 축항되기 전 임시로 배를 대던 곳으로 결순인(缺脣人)이 부두를 관리했다고 하여 붙여진 별명임)에 당도한 것은 이튿날 아침, 여기서 그는 똑딱선이 밤새도록 섬에 묶여 있다가 이제 곧 도착한다는 소식을 들었다. 잠시 후 배가 닿자 뱃길에 몹시 시달려 핼쑥해진 몰골로 하선하는 수당의 조그만 모습이 지산의 시야에 들어왔다. 수당의 앳된 얼굴을 보는 순간 그의 노여움은 슬그머니 사라지고 말았다.[54]

지산의 뜻하지 않은 출현에 놀란 것은 수당 자신만이 아니었다. 약속시간에 수당이 나타나지 않자 전후사정을 알아차린 고하도 선창에 나와 기다리고 있던 차에 지산이 엄숙한 모습으로 버티선 모습에 당황하지 않을 수 없었다. 고하는 자세를 가다듬고 지산에게 다가가 정중하게 사죄와 더불어 모든 것이 자신의 책임하에 일어난 일임을 실토하고는 내친김에 수당을 데리고 떠나도록 허락해줄 것을 간청했다. 그러나 지산의 태도는 완강했다. 지금은 때가 아니라는 것이었다. 수당의 유학의 꿈은 이렇게 여기 째보 선창에서 좌절되고 말았던 것이다. 이때 수당의 마음고생이 얼마나 컸겠는가는 그의 전기 『수당 김연수』(1985년판)에 여실히 묘사되어 있다.[55)]

줄포로 다시 돌아온 후 수당은 두문불출의 세월을 보내고 있었다. 그러던 어느 날 수당의 방문을 두드린 백부 원파의 입에서 성례라도 치러야 일본에 보내든 말든 할 것이 아니냐는 위로의 말을 신호로 혼담이 들려오기 시작했다. 더 구체적으로는 신부감이 광주 남쪽 도르메 마을의 충주 박씨댁 규수라는 소식이 들려왔다. 이어서 가을에 혼례를 올리기로 합의되었다는 이야기도 전해졌다.

1910년 12월 8일(음 10월 9일), 혼례 날이 왔다. 15세의 신랑 수당이 드디어 두 살 위의 신부를 맞게 된 것이다. 신부의 이름은 하진(夏珎), 박봉주(朴鳳柱)의 여식으로 조부는 고부군수를 지낸 사람이다.[56)]

경술국치 석달 후의 일이라 도무지 앞을 가늠할 수 없는 상황이니 결혼과 더불어 유학길이 열렸다고는 하지만 수당은 떠나야 할지 어쩔지를 두고 고민하지 않을 수 없었다. 게다가 고하마저 귀국했다는 소문이 들려왔다. 나라가 망한 판국에 대한 남아가 왜놈의 눈총이나 받으며 공부는 해서 무엇하느냐는 것이 고하의 귀국의 변이었다. 고하의 돌연한 귀국에 수당은 충격을 받지 않을 수 없었다. 누구보다 열렬히 선진문화를 배워야 한다고 주장한 사람이 고하가 아닌가. 당장 눈앞에서 벌어지고 있는 망국의 한은 버려둔 채 한가롭게 배움에만 매달리는 것이 온당한 일인지 수당으로서는 참으로 알 수가 없는 일이었다.

이렇듯 혼돈 속에서 방황하던 어느 날, 고하가 수당 앞에 불쑥 나타났다. 학업을 계속하기 위해서 재차 일본으로 건너간다는 것이었다. 고하의 결론은 이제 명쾌했다. 나라가 망했기 때문에 오히려 젊은이들이 더욱더 분발하여 학업에 정진, 실력을 기르는 것만이 빼앗긴 나라를 되찾는 길임을 깨닫게 되었다는 것이다.[57)] 수당은 갑자기 눈앞이 환하게 열리는 듯했다. 그동안 겹겹이 쌓였던 지의(遲疑)의 안개가 말끔히 걷히고 잠자던 향학열이 용솟음쳤다. 부친 지산도 이번에는 기꺼이 고하에게 수당을 맡겼다.

수당과 고하는 형제지의를 느끼며 군산에서 다시 만났다. 이번에는 가슴

조이는 출분이나 밀항이 아니라 아버지를 비롯한 온 집안의 축복을 받으며 당당하게 유학의 장도에 오른 것이다. 군산에서 고하가 수당에게 내린 첫 조치는 상투부터 자르는 일이었다.[58] 그들은 예정대로 군산에서 똑딱선을 타고 목포를 거쳐 섬들의 밀림을 헤치고 남해를 가로질러 부산에 닿았다. 여기서 시모노세키(下關)행 정기선을 기다리느라고 사흘을 묵었다.

부산을 떠난 지 사흘 후, 수당은 고하의 인도로 동경 변두리 신바시역(新橋驛)에 도착하여 그리던 형님 인촌의 마중을 받았다.[59] 수당의 일본유학은 이렇게 인촌이 기획하고 고하가 연출하여 성사된 것이다.

수당의 유학생활에서 무엇보다 급선무는 일본어를 익히는 일이었다. 안내 없이는 한 발짝도 나다닐 수 없는 형편이기 때문이다. 인촌은 우선 동생을 일어학교에 입학시켜 귀가 뚫리고 입이 열리게 한 다음 4월 새학기부터 아자부중학(麻浦中學)에 입학시켰다. 캐나다 선교사가 설립 운영하다 일본인 에하라(江原素六)에 인계되어 무사도 정신과 기독교정신의 결합-조화를 목표로 하는 건전한 교풍에 교육내용도 충실한 사립학교였다.

일어에 막혀 수당의 초기 학업성적은 저조했으나 학년이 오를수록 차츰 나아져 3학년부터는 상위그룹에 들 정도로 성공적이었다.[60]

1914년에 인촌이 대학을 졸업하고 귀국함에 따라 홀로 남은 수당은 2년 후인 1916년 중학을 졸업하고 형의 소망대로 교토(京都)의 제3고등학교(第三高等學校) 1부 병과를 거쳐 교토제대(京都帝大) 경제학부의 최초 한국인 졸업생이 되었다. 1921년의 일이다.[61] 수당이 교토제대를 졸업하기까지는 나름대로 정신적 방황기가 있었다. 신경쇠약증으로 표출된 젊은 인생의 염세주의적 회의와 고뇌 속에서 수당은 그처럼 어렵게 공부해서 입학한 명문 3고를 중도에 자퇴하는 곡절을 겪고 나서 다시 검정고시를 거쳐 교토제대의 정규 경제학부에 진학하는 고난의 길을 걸으면서 젊은 날의 위기를 스스로 극복해냄으로써 부쩍 성숙한 인간으로 성장할 수 있었다.

*

남재에게는 언제나 자만하지 않고 묵묵히 자기의 길을 개척하여 민족산업 육성의 선각자로서 불멸의 업적을 남긴 훌륭한 아버지 수당이 있었다. 그러나 그에게는 아버지 못지않은 영향과 깊은 사랑을 준 또 한 사람의 정신적 스승이 있었다. 그가 바로 백부 인촌인 것이다. 수당이 아버지이고 인촌이 큰아버지라는 점에서 남재의 생장환경은 태어나면서부터 특이했다고 할 수 있다. 게다가 백부 인촌의 경세(經世)적 삶의 평생동지였고 아버지의 꿈 많은 소년기에 앞길을 인도해준 고하와는 그 다음 세대들간의 세교(남재와 송영수)로 계속 이어져 뒤에 다시 언급되겠지만 수당-고하의 3세대에 이르러 부부로 맺어짐으로써 두 집안(울산 김문과 신평 송씨) 간의 인연이 더욱 활짝 꽃을 피우게 됨은 일종의 운명적 예정조화를 느끼게 한다.

4. 우리집 순둥이

수당이 젊은 인생에 대한 철학적 고뇌에 잠겨 심한 신경쇠약증을 보이던 끝에 3고를 자퇴하고 실의에 빠져 있을 무렵, 그리하여 고국의 인촌으로부터 학업을 계속해야 한다는 충언과 우려의 글발이 잇달아 날아오던 그 해 6월 4일, 수당에게 첫아들 상준이 태어났다. 이듬해에는 거족적 3·1운동이 일어났다. 민족의 독립의지를 세계 만방에 떨친 3·1운동은 민족의 주체성과 자주적 역량이 한덩어리로 응결되어 폭발한 민족-민주-자주-독립운동이었다.

경술국치 이래 3·1항쟁까지 민족의 눈으로 보고, 민족의 귀로 듣고, 민족의 입으로 말하고, 민족의 손으로 기록을 남길 수 없었던 민족근대사의 제2기 10년간의 공백기에, 24세의 청년 인촌은 6년간의 긴 일본유학을 마치고 돌아와 중앙학교를 인수-경영하고 있었다. 인촌은 귀국에 앞서 졸업을 목전에 둔 1913년 10월, 생부-양부 두 부친을 동경에 모셔다가 일본의 약진-번영상을 직접 확인시켜드리고, 마침 대대적으로 거행되었던 와세다대학 창립 30주년 기념행사를 참관토록 안내하면서 교육만이 나라를 구하는 첩경임을 설득한 바 있다.[62] 인촌의 이 교육구국의 신념은 귀국 즉시 중앙학교를 인수함으로써 실천에 옮겨졌던 것이다.

이 시기의 중앙학교는 단순한 배움의 터전이 아니었다. 일제 무단통치의 반인륜적 폭압지배구조하에서 민족의 원초적 생존조건 확보를 위한 정당한 항거를 불러일으키기 위해서 중앙학교의 젊은 경영자들, 인촌-고하-기당은 분산된 민족의 운동역량을 하나로 결집시키는 역사적 과업의 조직자적 역할을 자임하고 나섰던 것이다.[63] 이들은 1차세계대전의 종식과 소련에서의 10월혁명 성공, 미대통령 윌슨의 민족자결주의 제창 등에 따라 피압박 약소민족의 독립욕구가 고무되고, 세계적 혁명기운이 고조됨으로써 항일독립선언의 모든 객관적 조건이 성숙되어 있음을 정확히 내다보고 있었다. 문제는 민족의 항일역량을 결집시킬 국내에서의 연합전선 형성이라는 주관적 조건의 성립여부였다.

중앙학교의 젊은 경영진은 먼저 천도교단을 움직였다. 이어 관서지방의 구신민회 장노교계와 서울의 감리교계, 그리고 기독청년회를 포함한 범기독교단과의 연합을 시도하여 이들을 하나로 묶는 데 성공했다. 이렇게 큰 줄기가 엮어지자 다음으로 불교계에 연락, 동의를 얻고 학생단에도 통고하여 마침내 거족적 대연합을 성사시킨 것이다.[64]

인촌-고하-기당은 이처럼 3·1운동의 초기단계와 2차단계에서 연합전선 형성의 주역으로 활약함으로써 우리민족이 스스로 자기의 자주역량과 독립의지를 세계 만방에 당당하게 천명하는 데 앞장을 섰던 것이다. 이 때문에 고하와 기당은 옥고를 치렀고, 3·1운동 48인의 한 사람이 각기 되었다. 인촌은 후일을 기약하기 위해서 작전상 전면에 노출되지 않음으로써 3·1항쟁의 배후로 남게 되었다.

3·1운동의 크고 높은 의의에 대해서는 여기서 그것을 논하는 자체가 새삼스러운 일이나 민족 최초의 공화정부인 상해임시정부를 탄생시켰고, 일제로 하여금 문화정치를 표방케 하여 제한적으로나마 민족언론-출판의 숨통을 열게 만든 것은 그 직접적인 성과라고 할 수 있다.

1920년 4월 1일, 인촌은 민족-민주-문화를 창간이념으로 하는《동아일보》를 창간하였다. 중앙학교는 3·1운동의 책원지(策源地)로서[65] 역사에 그 이름을 남기게 되었다.

3·1운동 직후, 수당이 일시 귀국했음이 여러 가지 정황으로 보아 분명하나 그 행적은 기록으로 나타나 있지 않다. 운동기간 중 인촌이 줄포로 작전상 퇴거해 있었던 점으로 미루어 이 시기에 줄포에서 형제간의 재회가 이루

어졌을 가능성도 없지 않다.

《동아일보》의 창간 20일 후에 남재가 태어났다. 마치 그들은 민족근대사의 쌍생아(雙生兒)처럼 같은 시기, 같은 시대적 배경하에서 민족 앞에 나타난 것이다. 다시 말해서 3·1 만세시위라는 거대한 민족적 저항운동이 분출하여 밖으로는 해외의 잡다한 운동역량이 상해임시정부의 지휘하에 일원화를 모색하고 안으로는 계속되는 3·1운동의 여진(餘震) 속에서 온 겨레가 그 어느때보다 생기와 희망을 안고 독립의지를 불태우던 시대에 남재는 탄생한 것이다.

수당이 이 두번째의 아들이 태어남을 어떤 감회로 받아들였는지 전하는 기록은 없다. 그가 둘째를 보기 위해 즉시 고향에 다녀갔는지도 알 수 없다. 그때는 학기초였고 졸업을 1년 앞둔 학업의 막바지 시점이라 여름방학에나 귀국했을 가능성이 높다.

남재의 출생과 관련한 탄생일화도 전해지는 것이 없다. 다만 갓난 남재가 어찌나 유순한지 엄마를 찾으며 울어대거나 보채는 일이 거의 없어 고씨 할머니가 남재를 안아주면서 "우리집 순둥이… 우리집 순둥이…"하며 어르던 이야기가 고모들(영수-점효)을 통해 전해내려온다. 외양으로도 남재는 고씨 할머니를 많이 닮았다고들 했다.[66] 또 고씨 할머니는 자기를 많이 닮은 남재를 몹시 귀여워했던 것 같다. 남재가 세 살 되던 해에 어머니와 떨어져 줄포에 할머니와 남아있었다는 것은 둘째 손자에 대한 할머니의 각별한 사랑이 어린 남재에게 속속들이 미쳤음을 말해주는 것이라 하겠다.

고씨 할머니(1862~1938)는 충열공(忠烈公) 장흥(長興) 고경명(高敬命)의 후손 고제방(濟邦)의 여식으로 도량이 넓고 후덕하여 평생토록 언성을 높이거나 낯을 붉히는 법이 없어 상하-안팎이 모두 감화되지 않는 사람이 없을 정도로 높은 부덕을 쌓은 분이라 한다.[67]

남재도 선대들처럼 이곳 습속대로 "절에 팔았다"고 하나 남재에게만은 아명(兒名)이 없다. 남재의 이름 상(相)자는 항렬이고, 협(浹)자가 고유명인데 이 이름은 할아버지 지산은 물론 부친 수당과도 가까웠던 문관산(文冠山)이라는 역술에 능한 작명가의 소작이다. '남재'라는 아호 역시 그의 작으로, 남재뿐만 아니라 형제들 모두의 이름과 호를 그가 지었다고 한다.

남재가 태어난 줄포리 491번지. 멀리 서남쪽 바다를 바라보며 앞뒤로 자리잡은 초가 고택의 큰댁(원파-인촌가)은 일민(一民) 김상만(金相万)의 생가로서 안채와 사랑채, 안사랑채와 헛간채-문간채 등이 ㅁ자형으로 정원과 잘 조화를 이루며 개수-보존되어 있고, 작은댁(지산-수당가)은 타인의 소유로 넘어가 모두 헐리고 형 상준과 남재가 태어난 안채 하나만 남아 있는데 그것도 새마을운동 바람에 초가지붕은 날아가고 기와지붕이 얹혀져 옛 모습은 전혀 찾을 길이 없었다.

갓나서부터 여간해서 보채지 않던 '순둥이' 남재의 타고난 성정이 멀리 14대를 거슬러 올라가 조선의 거유(巨儒) 하서의 유아기를 연상시키는 것도 대단히 흥미있는 대목이라 하겠다.

제3절 유소년기 ; 종로 봉익동 시절

1. 경성방직이 서고 삼양사가 탄생할 무렵

(1) 인촌의 경방(京紡) 설립

경술국치 이후, 조선의 영토와 인민을 통치하게 된 지배자 조선총독부는 식민지 경영의 기본전략으로서 농업정책을 포괄하는 토지조사령과 함께, 상공정책이 집약화된 회사령(會社令)을 공표했다. 회사령의 골자는 한마디로 조선에서의 신규회사 설립과 외지회사의 지사설립에 대한 허가제로서 그 목적은 조선인의 회사설립을 원천봉쇄함으로써 이 땅의 근대공업 건설을 견제하려는 데 있었다.

인촌의 민족주의가 지향하는 목표는 조국의 근대화와 민족의 실력양성을 통한 국권회복과 자주-독립이었다. 인촌은 근대적 교육의 진흥과 산업육성을 그 구체적 방법으로 삼고 있었던 것이다. 그러나 회사령에 의해 신규회사 설립이 가로막혀 산업육성에 손조차 댈 수 없는 조건하에서 인촌이 접근

할 수 있는 일차적 선택은 기존 회사의 인수밖에 다른 방법이 없었다. 1917년에 인촌이 폐문 직전의 경성직뉴(京城織紐)라는 소규모 직물공장을 인수한 것은 바로 이 같은 맥락에서였다. 이 경성직뉴가 장차 민족의 대표적 기업으로 자리매김되는 경성방직(京城紡織)의 산실이요 모체가 된다.[68]

인촌이 산업에 눈을 돌리면서 제일 먼저 착안한 것은 인간의 기초적 물질생활, 곧 의식주의 3대 문제 중 입는 문제였다. 개항에 따라 기계로 대량생산한 외제 광목이 들어오면서 농촌에서 손으로 짠 무명밖에 없던 국내시장을 외제가 석권함은 필연지세였다. 그리하여 인촌이 경성직뉴를 인수하던 그 다음해(1918)에 일제(日製) 면직류의 국내시장 점유율이 무려 99.4%를 점하고 있었다는 기록은 일제의 경제침략상이 어느 지경인가를 말해주는 예증이 된다.[69]

따라서 방직업을 일으켜 우리 손으로 만든 제품으로 일제(日製)에 대항하는 일이야말로 급선무가 아닐 수 없었다. 또 방직업은 인류사상 산업혁명을 이끈 근대산업의 선두주자가 아닌가. 그런데 영세직물공장에 불과한 경성직뉴 따위로 이 막중한 과업에 도전한다는 것은 상식 이전의 일이었다.

이 무렵 일제는 회사령을 폐지하지 않을 수 없는 상황변동을 맞고 있었다. 1차대전의 종식과 더불어 과열되었던 전쟁특수(特需) 경기가 급랭하면서 공황의 징후마저 짙어지자 식민지조선에 근대산업을 이식시킴으로써 그 돌파구를 열지 않을 수 없게 되었고, 그것을 위해서는 회사령이 도리어 방해가 되었던 것이다.[70] 경성방직은 회사령 철폐 직전인 1919년 10월에 정식으로 설립인가가 났지만 그 객관적 조건은 이미 갖춰져 있었다.

경방은 자본금 1백만 원의 주식회사로 출발하였다. 인촌은 경방을 전 민족의기업으로 키워나가기 위해 전국적으로 주식공모에 나섰다. 경방의 1인1주 운동은 국산품애용과 일제상품 배척을 위한 계몽운동인 동시에 민족자본의 단결을 보여주는 시위이기도 했다.[71] 교통수단이 미비된 궁벽한 지역까지 직접 답사하며 인촌이 주식공모에 나선 것은 그 자체가 조국의 근대화를 향한 경제자립운동이요, 겨레의 가슴에 희망을 심는 하나의 애국운동이었던 것이다.

회사설립으로부터 3년여의 시일이 경과한 1923년 3월에야 경방은 첫 제품을 세상에 내놓을 수 있었다. 경방이 방적시설을 갖춰 면사부터 자가충당을 하는 동양방적(東洋紡績) 등 일인계 대방직회사들과 가격 품질 면에서 처음부터 경쟁상대가 될 수 없는 악조건을 극복하고 성공을 거두기까지는 근대적 경영능력을 갖춘 유능한 경영자의 참여를 기다려야 했다. 그가 바로 수당 김연수였던 것이다.

(2) 수당의 참여

수당 김연수는 1924년 4월 경방 상무취체역에 취임하고 다음해 4월부터는 전무로서 사실상 회사를 이끌어 나갔다. 10년 전 고하의 인도를 받으며 유학 길에 오른 열여섯 홍안의 소년이 어느덧 지성과 젊음과 신념에 넘치는 청년사업가로 발돋움할 모든 조건을 갖추고 돌아온 것이다.

수당의 귀국을 누구보다 반긴 사람이 인촌이었다. 교육-언론-산업을 일으켜 조국의 근대화를 이루겠다는 일념으로 동분서주하고 있던 인촌에게는 무엇보다 믿고 의지할 수 있는 조력자가 절실하게 필요한 때였다. 더구나 경제학을 전공한 아우 수당이라면 단순한 조력자가 아니라 경방-경성직뉴를 전적으로 맡아 훌륭히 키워낼 수 있는 최적임자로 평가할 만했다. 또 자신은 오로지 교육과 언론에만 전념하기 위해서도 수당의 참여가 꼭 필요했다.

그러나 수당은 형님 인촌의 기대와는 달리 생각할 시간을 달라며 선뜻 응하지 않았다. 수당은 경방의 경우 방직업을 제대로 하려면 방적(紡績)이 선결과제라고 보았고, 양말 대님이나 허리띠 따위를 만드는 수공업 수준의 경성직뉴로는 전도가 요원하다고 판단했다.[72] 인촌의 사업은 말이 '산업'이지 당장은 도무지 앞이 보이지 않는 걸음마단계도 못 되는 수준이었기 때문이다.

고민 끝에 수당은 만사 젖혀놓고 1개월 일정의 만주시찰단에 끼어 안동-봉천-대련-장춘-하얼빈 등을 순방하면서 생각을 가다듬었다. 광대한 만주대륙을 밟으면서 수당은 장차 우리 나라가 부강해 지려면 만주로 진출하는 길밖에 없음을 가슴 깊이 새기면서 조상들의 옛 강역 만주에서 큰 사업을 일으키겠다는 웅지를 품고 돌아왔다.[73]

만주여행에서 돌아와서도 수당은 한동안 서울→줄포 사이를 오르내렸다. 시야에 들어오는 차창 밖 헐벗은 산야, 농촌의 참경은 가뜩이나 답답한 수당의 마음을 더욱 어둡게 만들 뿐이었다. 고리채에 발목이 잡혀 일인 악덕업자에 빼앗기듯 농토를 넘겨주고 소작인 신세로 떨어진 토착 지주들의 울분, 기아에 허덕이는 농민들, 관-경의 비호 아래 전국적으로 확산일로에 있는 일인들의 갖은 수법을 다 동원한 농토수탈과 탈점 등….

만주시찰 6개월 후인 이듬해 4월, 수당은 마침내 형님의 사업인 경방건설과 경성직뉴 경영에 뛰어드는 결단을 내렸다. 거처도 인촌의 계동 하숙집에서 나와 시구문 밖 경성직뉴 쌍림동공장 숙직실로 옮겼다.

수당이 제일 먼저 손을 댄 것은 '직뉴'의 낡은 시설을 청산하고 고무신공장을 새로 차리는 업종변경 작업이었다.

이를 위해서 공장건설에 요구되는 각종 정보의 수집, 면밀한 시장조사, 기술도입 등 철저한 사전 준비작업 끝에 공장건설에 착수한 것은 말할 것도 없다.

짚신이나 나막신이 고작이던 이 시절, 고무신은 값싸고 질기며 발도 편한 경이로운 신문물이 아닐 수 없었다. 당시 고무신 업계는 이미 일인 대형업체들이 석권하고 있었고, 여기에 뒤늦게 국내 영세업자들까지 뛰어들어 2백여 공장이 난립하는 최대 경쟁업종이었지만 수당이 공장에까지 상주하며 전력투구한 보람이 있어 경쟁대열에서 뒤지지 않고 계속 신장세를 유지해나갈 수 있었다. 새 사업에 대한 수당의 착안과 선택은 이처럼 정확하고 시의 적절했기 때문에 성공할 수 있었던 것이다.[74]

1925년에는 낡은 이름을 버리고 중앙상공(中央商工)으로 회사명을 바꾸고 무역업과 창고업에 이어 광산업으로까지 업종을 확대하는 등 수당은 꾸준히 사세를 늘려나가 1943년 10월 경방에 통합될 때까지 건실한 기업으로 키워나갔다.

경방도 수당이 맡으면서 공장건설 완료와 더불어 제품생산이 궤도에 오르고, 서북지방에서 대대적으로 판로를 개척하는 등 그의 뛰어난 사업안목에 힘입어 현대적 대기업으로서의 기초가 확립되어 갔다. 이 무렵, 수당은 그 바쁜 틈에도 어느덧 향리를 오가며 농업경영의 근대화를 모색한 끝에 기업농 건설에 착수했다. 1924년에 설립된 삼수사(三水社)가 그것이다.

수당의 농장건설은 새마을운동의 원조(元祖)라 할 수 있는 일종의 '모범농촌 만들기'를 겸한 농지관리의 체계화 사업으로 출발하였다.[75] 농지관리 체계화의 골자는 대규모 농장화를 전제한 경지정리, 옛 전적(田籍)의 총정리를 통한 소유 농지의 실경작지 및 토지경계의 실측(實測) 파악이었다. 또 '모범농촌 만들기'의 주내용은 과음-노름추방, 위생-환경미화, 퇴비증산, 가마니짜기 등 농촌의 자구(自救) 노력을 전제로 한 근면-자조-협동의 의식개혁 운동이었다.

그리하여 수당은 1924년의 장성농장 개설 이후, 줄포(1925)-고창(1926)-명고(鳴古 : 1926)-신태인(1926)-법성(法聖 : 1927)-영광(1927) 등 총 7개 농장을 차례로 건설하면서 다음과 같은 영농조건을 확립하였다.

△협동영농에 유리하도록 소유지를 묶어 경지를 대단위화하고, △농가호당 경작면적을 배가(5인 가족 기준 2정보)하여 소득수준을 높이고, △경작지 인근에 농가를 건설, 영농의 편리와 효율성을 극대화하고, △지주경영의 전형적 폐단으로 지적되어온 '마름제'를 폐지하고 농민 자신이 선임한 '총대'(總代)를 지도자로 하여 협업을 도모하고, △소작권을 준소유적으로 보장, 농촌사회의 구조적 빈곤타파에 이바지했던 것이다.

수당은 장성농장을 완성한 1924년 그 해 심한 가뭄이 들어 평년작의 4분의 1에도 못 미치는 대흉이 들자 부친 지산의 동의를 얻어 구휼에 1천 석을 풀어 장성농장 관하 11개면 80여 부락 이외에도 광산-순창-담양 일부의 130여 농가와 삼수사와 무관한 수많은 소작농까지 구원한 일도 있다.

삼수사를 삼양사로 그 이름을 바꾼 것은 1931년의 일이다. 수당은 물이 "흐른다"는 뜻이 담긴 '물 수(水)'자가 기업의 이름으로 부적합하다는 작명가 문관산의 권유에 따라 기를 양(養)자로 바꾼 것이다. 삼양(三養)에는 ① 분수에 자족함으로써 복을 기르고(安分以養福), ②욕망을 절제함으로써 기를 기르고(寬胃以養氣), ③비용을 아껴 재를 기른다(省費以養財)는 매우 훌륭한 뜻이 함축되어 있다.[76] 수당은 '삼양'의 깊은 뜻에 공감하였다. 그리하여 정신적-육체적-경제적 충족상태로서의 복(福)과 기(氣)와 재(財)를 추구하는 삼양의 이념을 사훈(社訓)으로 삼은 것이다.

남재의 천진난만한 유-소년기 1920년대에 큰아버지 인촌은 교육-언론의 창업에 이어 경방을 설립, 민족산업을 일으킴으로써 개척적 기업가로 재인식되었고, 아버지 수당은 그것을 궤도 위에 올려놓음으로써 형님 인촌을 능가하는 경영인으로서의 입지를 굳혀나가고 있었다.

요컨대 경방은 민족자본이 토지자본이나 상업자본에 고착되어 있던 식민지 반봉건시대에 과감히 구각을 탈피하고 산업자본으로 진출한 선구적 근대기업이요, 일본의 대자본에 맞서 자립경제를 추구한 민족기업의 전형이라는 점에서 그 경제사적 의미를 찾을 수 있을 것이다. 아울러 1차산업—농업의 근대화를 실현한 삼양사의 전신 삼수사는 모범농촌 건설을 통해 우리 농촌의 새로운 가능성과 발전방향을 제시했다는 점에서 농촌 근대화 실천의 의미를 갖는다고 하겠다.

2. 엄한 유교가풍 속에서

수당이 경성직뉴 쌍림동 공장에서 기거하며 불철주야 새로운 공장건설에 여념이 없었던 1922년 늦가을, 어머니 박씨는 갓 다섯 살 된 상준만을 데리고 남편을 찾아 상경했다. 설사를 자주하여 걱정은 되었지만, 엄마 못지않게 할머니를 잘 따르는 세 살 난 남재는 앞에서 언급한 바와 같이 할머니 고씨에게 맡겨놓은 채였다.[77] 고씨 할머니로서는 아들이 신혼 초에 동경 유학을 떠난 이래 10년만에 돌아온 후에도 가정에 안주하지 않고 곧바로 일에 묻혀 지내니 그 동안 거의 공방을 지켜온 젊은 며느리가 보기에도 민망하였을 것이고, 부부가 너무 오래 떨어져 지내는 것이 바람직하지 않을 뿐만 아니라, 홀로 지내는 아들의 뒷바라지도 있어야 한다고 생각한 끝에 서둘러 며느리를 서울로 올려보낸 것이다.[78]

아내의 돌연한 출현에 수당은 놀랍고 반가우면서도 난감했을 것이다. 무엇보다 가사까지 돌보려면 일에 대한 집중력이 떨어질 것을 염려했음인지 수당은 당분간 처자와 함께 공장 숙직실에서 그대로 지내기로 했다. 살림집이 아닌 객지의 숙직실 생활에 오죽 고충이 컸을까마는 어려움 속에서도 박씨는 이듬해(1923)에 셋째 아들 상홍까지 낳아 기르며 모처럼의 단란한 가정을 꾸려나간 것이다.[79]

어머니 충주 박씨는 둥그스름한 얼굴에 후덕한 인상을 풍기는 조용한 분이었다. 신식교육은 받지 못했지만 사대부가의 반듯한 가정교육 아래 부덕을 쌓아 남편에게 순종하고 인내하며 지성으로 받들고 자식들에게는 늘 자애로웠다. 검소하여 낭비하지 않으며, 그렇다고 표나게 인색하지도 않아 주위 사람들에게 너그러웠다. 큰소리 나지 않도록 집안을 화평으로 이끄는 말하자면 조심성이 몸에 밴 현모양처였던 것이다.[80] 형제 중에는 셋째 상홍이 어머니를 가장 많이 닮았다는 소리를 들었다고 한다.

수당이 본격적으로 서울 살림을 차린 것은 상홍의 출생으로부터 꼭 6개월이 지난 그 이듬해(1924) 초였다. 수당은 서울 종로구 봉익동(鳳翼洞) 141번지에 구식저택을 장만했다. 지금 단성사(團成社 ; 영화관) 뒤편에 자리한 이 집은 당시 궁중내관의 소유였다고 한다. 옛날식 큰 가옥이라면 흔히 아흔아홉 칸짜리 대저택을 연상함이 보통인데, 형님 상준의 기억으로는 그만큼 집이 컸다고 한다. 뒷날 집 장수들이 이 집을 헐어내고 여러 채로 분할 신축했다는 사실은 이 집의 대체적 규모를 짐작케 한다.

수당 일가가 봉익동으로 옮기면서 비로소 줄포에 떨어져 있던 남재도 서울로 올라와 그립던 부모형제들 품에 합류하게 되었다. 다섯 살 되던 해였다. 봉익동 구가는 1928년 남재가 교동학교 3학년 되던 해까지 살았으니까 만 6년을 산 셈이다. 이 집에서 다섯째 상하(相廈)가 태어났다. 셋째 상홍은 형제들의 유소년기 기억이 봉익동 집에서 비롯된다고 그의 『회고록』에 기록하고 있다.[81] 여기서 상준-상협-상홍 삼형제가 인근 삼광(三光) 유치원을 다녔기 때문이다. 남재 형제들이 유치원에 다니게 된 것은 일본의 교육제를 통해서 유소년기 교육의 중요성을 익히 알고 있던 수당의 전적인 배려였을 것이다. 어머니 박씨에게는 아직 이 같은 아동교육에 대한 인식이 없었을 때일 테니 말이다.

유치원의 보모 여선생님이 예뻤던 것으로 상홍은 기억한다.[82] 원아들은 20명 정도, 그때 아이들이 배운 것은 유희와 노래가 전부였고 원생들 중에는 유치원에 다닐 나이가 훨씬 지난 아이들도 꽤 있었다고 한다. 이와 같은 상황은 남재가 유치원 생활을 할 때와도 대동소이했을 것이다.

어머니 박씨는 순해빠진 남재가 다소 걱정이 될 때도 있었던 것 같다. 때로는 이 착하기만 한 아이가 미련스럽게 느껴질 정도였기 때문이다.[83] 그런데 하루는 유치원 선생님이 어머니에게 남재에 대해 극구 칭찬을 했다. 다른 아이들은 장난질만 치는데 남재는 선생님이 하는 말을 단 한마디도 놓치지 않고 모조리 기억하고 있는데다 그 뜻을 똑똑히 알고자 노력하더라는 것이다.

어머니는 선생님의 이 같은 찬사를 들으면서 처음에는 그저 부모들 듣기 좋으라고 하는 말이려니 하며 의례적 인사치레쯤으로만 여겼다. 뒤에 가서 남재가 결코 미련한 것이 아니라는 사실을 확인하고도 "저 애한테 저런 구석이 다 있나…!" 하고 반신반의했을 정도였다. 이 시절 남재는 '순둥이'에 이어 '곰'이라고 곧잘 놀림을 받은 듯하다.[84)]

또 형님 상준과는 두 살 터울이라 경쟁도 하고 시샘도 내며 곧잘 다툼질도 할 만한데 남재는 전혀 그런 일이 없었다. 상준은 동네 개구쟁이 아이들과 공터에 나가 연날리기, 자치기 등 놀이를 많이 하고 지냈지만 남재는 그저 구경만 하며 따라다닐 뿐 도무지 흥미를 보이지 않았다. 아주 드문 일이지만 어쩌다 비위가 틀려 형이 짜증을 내며 싫은 소리를 하거나 꾸짖어도 무덤덤하게 받아들이지 대드는 법이 없었다. 그렇다고 남재가 형이나 동네 아이들과 잘 어울리지 못하는 것도 아니었다.

가풍과 관련, 셋째 상홍은 이 시절의 집안 분위기에 대해서 귀중한 증언을 하고 있다.[85)] 세상의 모든 가정이 다 그렇듯 남재 형제들에게도 가장 큰 영향을 미친 사람이 아버지 수당일 것임은 더 말할 것도 없다. 아버지로서 수당이 자녀들에게 베푼 사랑과 교훈은 아주 독특한 것이었다. 그는 아무리 자식일지라도 함부로 이래라 저래라 간섭하고 명령하고 강요하며 끌고 가는 일이 거의 없었던 것 같다. 물론 여기에는 자식들 자신이 기대에 어긋나지 않도록 스스로 알아서 잘 순응한 탓도 있으리라. 그러나 수당은 원체 과묵한 아버지였다. 웬만해서는 말은 고사하고 내색조차 하는 일이 드물 정도였다고 한다. 대신에 그는 매사를 일로써 실천으로 가르치고 행동으로 보여준 것 같다. 많은 자식들 중 특히 누구를 더 귀여워하거나 사랑의 감정을 드러내는 일도 없었다고 한다. 쉽사리 누구를 칭찬하는 일도 없었다. 희로애락을 거의 드러내지 않는 성품이었다.

남재 형제들에게 자세가 흩어지고 산만한 행동을 보이기 쉬운 어린시절에 이것저것 타이르며 바로잡는 역할을 한 사람은 아버지 수당이 아니라 할아버지 지산이었다. 지산 김경중은 인촌의 사업만이 아니라 수당이 젊은 경제인으로 입신하는 토대가 되어 주었다.

수당은 서울 살림이 안정을 찾자 부모님 지산 내외를 서울로 모셔와 함께 살았다. 지산이 올라오면서 먹고-입고, 들고-나고, 자고-일어나는 일부터 사람을 대하는 태도에 이르기까지 크고 작은 예절과 사람이 지켜야 할 도리 같은 것은 그가 직접 가르쳤다.

지산은 세상이 아는 큰 부자이면서도 낟알 한 톨, 밥풀 한 알이라도 손수 주으며 솔선수범, 근검절약을 가르쳤다. 그러나 지산이 3세들에게 실천으로 보여준 가장 큰 교훈은 형제간의 우애였다. 몸집은 작았지만 선비의 위엄이 서려 결코 작게 보이지 않았던 지산은 네 살 위의 형님 원파를 어른 모시듯 지성으로 섬겼다. 만년에 원파도 상경하여 계동 인촌가에 살 무렵, 그때 수당 일가는 봉익동에서 성북동으로 이사한 뒤인데, 지산은 하루도 거르지 않고 성북동↔계동 간의 그 먼길을 오가며 문안을 드렸다는 일화는 사뭇 감동적이다.[86)]

택시가 없던 시절, 택시가 있다고 해도 지산은 아마 택시를 이용하는 일이 결코 없었을 것이다. 우선 버스든 전차든 타려면 성북동에서 삼선교까지 오르내려야 하고, 이들의 운행간격이 요즘처럼 잦은 것도 아니고 구석구석 노선이 잘 연결되지도 않아 교통수단을 이용한다고 해도 여간 불편한 일이 아닐 터이므로 절반 이상은 걷다시피 했을 것이다.

지산이 실천한 형제간의 이처럼 뜨거운 우애는 수당에게 그대로 전해졌다. 수당이 다섯 살 위의 인촌을 얼마나 지극히 위하고 항상 형님의 입장에서 도와드리려고 애썼는가는 세상에 널리 알려진 사실이다. 지고지순의 경지라고 해야 할 '김문의 형제애'야말로 근검절약의 정신과 함께 지산-수당가(家)의 가풍으로 내려와 남재 형제들에게, 그리고 그 2세-3세들에게까지 어김없이 이어지고 있다.

셋째 상홍은 그의 『회고록』에서 자신의 오늘을 있게 만들어준 가풍을 유교사상에 바탕을 둔 '중용의 지혜'라고 요약하면서 "윗사람의 미덕이 아래로 물 흐르듯이 전해내려 온 것"[87)]이라고 풀이하고 있다.

남재의 어린 날의 인간형성과정에서 유교의 엄한 가풍이 얼마나 큰 영향을 미쳤는가는 여기에 새삼 논할 필요조차 없을 것이다. 남재의 모든 사고와 행동양식의 바탕은 결국 지산-수당의 유교적 가치의식에서 출발하고 있기 때문이다.

3. 경기도 고양군 숭인면 성북리 이사

남재가 교동(校洞)학교 3학년이 되던 1929년, 수당은 경기도 고양군 숭인면 성북리 41번지에 대지 2천4백 평 규모의 대저택을 마련했다. 본채는 2층 양옥으로 2층의 면적만도 134평에 방이 다섯이나 있어 형제들이 각방을 쓰고도 남을 정도로 넓었다. 수당 내외는 본채 옆 한옥에서 기거했고, 그 옆 부속건물에는 수당의 가까운 스태프들이 머물렀다. 또 본채 위쪽 산자락에는 조그만 일식 건물이 운치 있는 모습으로 서 있는데 여기서 수당은 친지들이나 사업상의 주요 내객들과 차를 마시며 담소를 나누었다.

본채는 올려다보이도록 높았다. 거기서 계단으로 내려가면 제법 넓은 안마당이 펼쳐지고, 거기서 다시 계단으로 내려가면 꽃들로 가득찬 화단이 가꾸어져 있다. 화단 아래로는 채마밭이 있고, 주변에는 철철이 꽃들의 경염(競艶)으로 눈이 부신데, 특히 진달래-개나리들의 봄맞이가 화려하다. 담장을 사이에 두고 동은(東隱) 김용완(金容完 ; 막내 고모 占劾가 그의 부인)가(家)가 있어 고종사촌 각중(珏中) : 현 경방회장)이 남재 형제들과 늘 어울려 지냈다.[88]

본래 성북동은 한성부 동부 숭인방(崇仁坊)의 일부로서 성의 북쪽에 있다고 하여 성북리라 했다. 1914년 4월 일제가 부(府)제를 실시함에 따라 성 밖 지역이라 경기도 고양군 숭인면에 소속되었으나 1936년에 경성부(京城府) 구역을 확장하면서 성북정(城北町)으로 서울에 편입시켜 오늘에 이른다.

성북동 일대는 탕춘대와 함께 서울의 인후(咽喉)목인 데다 산이 높고 골도 깊어 도적이 출몰했다. 이를 막기 위해 조정에서는 어영청(御營廳)의 북군을 주둔시키고 백성들을 옮겨 살게 했다. 그러나 원체 돌이 많은 토질이라 농사를 일구기가 어렵다 보니 이주민들이 오래 살지 못하고 자꾸만 떠나버려 이들의 영주책으로 포목마전권을 비롯하여 자하문 밖 백성들이 가지고 있던 메주 쑤는 권리까지 갈라서 이곳 주민들에게 내려주기도 했다.[89]

산 높고 골 깊으니 물 좋고 공기 좋은 데다 사철 경치가 아름다워, 교통이 불편한 것이 흠일 뿐 주거환경으로 이곳보다 더 좋을 데가 다시 없겠지만 수당이 여기에 자리를 잡을 때만 해도 주변에는 인가가 드물었다. 빈틈

없이 가옥이 들어찬 지금에도 성북2동 41번지 일대는 대저택군(群)이 차지하고 있고 수당의 구저택은 분할되어 우리가 이곳을 찾았을 때는 그 잔영(殘影)마저 쉽게 그려볼 수 없을 정도로 변해 있었다.

여기서 대중교통편이 닿는 삼선교까지는 빠른 걸음으로도 10여 분은 족히 걸릴 만한 거리이니 남재 형제들이 교동학교와 제2고보를 다니는 데는 몹시 힘이 들었을 것이다.

광복과 6·25동란을 겪고 나서 이 집은 처분되었다. 집이 크고 좋다 보니 동란 중 북한의 검찰기관이 점거하여 반공인사들을 고문하며 악행을 저지른 것으로 전해지고 있어 그 끔찍한 기억이 서울 수복 후 조기에 이 집을 처분케 하는 동기가 되었다고 한다.

• 제1장 〔주〕

1) 수당김연수선생전기편찬위원회, 『한국근대기업의 선구자』(주식회사 삼양사, 1996), p.22 및 인촌기념회, 『인촌 김성수전』(1976), p.41.
2) 백부 인촌과 부친 수당의 '전기' 또는 '연구서'로는 위의 책 이외에 『인촌 김성수-인촌 김성수의 사상과 일화』(동아일보사, 1985), 『평전 인촌 김성수-조국과 겨레에 바친 일생』(동아일보사, 1991), 『민족문화주의자 김성수』-*A Korean Nationalist Entrepreneur; A Life History of Kim Sŏngsu*, 1891~1955, 그리고 『수당 김연수』(수당기념사업회편 : 1971년 및 1985년판) 등이 있다.
3) 고려조 문관의 정1품 품계.
4) 필암서원(筆岩書院), 『국역하서(河西)전집(하)』(1993), p.345.
5) 위의 책, 같은 페이지.
6) 위의 책.
7) 『수당 김연수』 1985년판, p.17.
8) 위와 같음.
9) 위와 같음.
10) 위의 책, p.18.
11) 필암서원, 위의 『국역하서전집(하)』 <문묘종사(從祀)교서>, p.9.
12) 위의 책, (상), <구서(旧序)>, p.24.
13) 위의 책, (하), <연보(年報)>, p.363.
14) 위의 책, pp.365~366.
15) 위의 책, pp.360~369.
16) 위의 책, p.370.

17) 위의 책, <부록 권지 1,「가장(家狀)」>, p.208.
18) 위의 책, (상)-(중)-(하) 목차.
19) 위의 책(하), <부록 권지 2,「서술(敍述)」> p.272.
20) 위의 책(상), <구서(旧序)> p.26.
21) 위의 책, p.389, <박영원(朴盈源) 소>.
22) 위의 책, p.391, <박영원 소>.
23) 위와 같음.
24) 위와 같음.
25) 앞의『인촌 김성수전』, p.43.
26) 김용섭(金容燮),『한국근현대농업사연구—한말·일제하의 지주제와 농업문제』(일조각, 1995 증판), p.175.
27)『인촌 김성수전』, p.44.
28) 위와 같음.
29) 위와 같음.
30) 위의 책, p.45.
31) 위와 같음.
32) 위와 같음.
33) 김용섭, 앞의 책, p.185.
34) 위의 책, p.186.
35) 고대교우회,『교우회 80년사』(1991), pp.45~47.
36) 김용섭, 앞의 책, p.189「주」36) 참조.
37) 위와 같음.
38)『수당 김연수』1985년판, p.34.
39)『인촌 김성수전』, p.58.
40) 김용섭, 앞의 책, pp.221~226.
41)『인촌 김성수전』, p.59.
42) 김용섭, 앞의 책, pp.179~184.
43) 김중순(金重洵),『문화민족주의자 김성수』—*A Korean Nationalist Entrepreneur—A Life History of Kim Sŏngsu*, 1891-1955 (柳錫春역; 일조각, 1998).
44)『인촌 김성수전』, pp.67~68.
45) 위의 책, p.46.
46)『수당 김연수』, pp.22~23.
47)『인촌 김성수전』, pp.61~66.
48) 위와 같음.
49) 위의 책, pp.70~73.
50) 위의 책, pp.74~80.
51)『수당 김연수』, p.42.
52) 위의 책, p.43.
53) 위의 책, p.44.
54) 위와 같음.
55) 위와 같음.
56) 위와 같음.
57) 위와 같음.
58) 위와 같음.
59) 위와 같음.
60) 위와 같음.

61) 위와 같음.
62) 『인촌 김성수전』, p.82.
63) 위의 책, p.119~142 참조.
64) 위와 같음.
65) 위와 같음.
66) 남령(南嶺) 김상홍(金相鴻)의 회고 (2000년 1월 14일).
67) 『수당 김연수』, p.27.
68) 『인촌 김성수전』, pp.155~159.
69) 위와 같음.
70) 조기준, 앞의 책, p.339.
71) 『인촌 김성수전』, p.163.
72) 『수당 김연수』, p.62.
73) 위의 책, pp.63~65.
74) 위의 책, pp.71~72.
75) 위의 책, pp.73~75.
76) 위의 책, pp.119~120.
77) 김상민(金相敏)의 회고 (2000년 5월 30일).
78) 『수당 김연수』, p.71.
79) 남령 김상홍, 『늘 한결같은 마음으로』(주식회사 삼양사, 1998), pp.50~51.
80) 위의 책, p.52.
81) 위의 책, p.53.
82) 위와 같음.
83) 김상민의 회고.
84) 위와 같음.
85) 남령 김상홍, 앞의 책, pp.56~61.
86) 위의 책, pp.59~60.
87) 위의 책, p.59.
88) 혜천 김인숙(金仁淑)의 회고 (2000년 1월 23일).
89) 한글학회, 『땅이름 큰사전』.

제2장 : 황국신민화교육의 굴레를 쓰고

제1절 근대 초등교육의 발상지 ; 서울 교동(校洞)학교

삼광유치원에 이어 남재는 만 일곱 살이 되던 1927년에 종로 경운동(慶雲洞) 소재 교동학교에 입학했다. 공식 교명은 경성교동공립보통학교였다. 지하철 3호선 안국역에서 4번 출구로 나와 운현궁 담을 따라 남쪽으로 약 1백여 미터 내려오면 넓은 운현궁 길을 사이로 두고 천도교회당을 마주보며 서향으로 서 있는 교동초등학교 정문이 나타난다. 정문 우측 담에는 교동학교의 약사를 소개하는 한글과 영문으로 된 현판이 부착되어 있고, 현판의 표제어 "초등교육의 발상지"라는 글귀가 행인의 눈길을 끌고 있다.

고려 때에는 교동학교가 자리한 이곳에 한성부(漢城府) 향교(鄕校)가 있었다 하여 조선조에 들어와서 '향교골' 또는 '향교동'이라고 불러오다 훗날 이 지역이 한성부 중부 경행방(慶幸坊)에 편입되고 여기에 흥선대원군(興宣大院君)의 운현궁이 들어서면서 그 앞 글자를 따서 '경운동'(慶雲洞)으로 이름지어져 오늘날까지 전해지고 있다.

'교동'은 바로 '향교동'에서 유래한다. 즉 언어의 축약습성이 어느덧 앞의 글자 '향'(鄕)을 탈락시켜 '교동'만 남게 된 것이다. 조선 중종조의 명현 정암(靜庵) 조광조(趙光祖)가 이곳에 살았다고 하여 교동당상이라 불렀고, 조선조 말에는 이곳에 살았던 세도가 안동(安東) 김씨들을 교동대감이라고 부르기도 했다.[1)]

교동학교는 우리 나라 관립 초등학교의 효시가 된다. 설립당시부터 교동-박동(博洞)-전동(典洞)-사동(寺洞) 등 북촌(北村) 일대에 몰려 살던 구한말의 세도가와 척신(戚臣)들의 자제들이 주로 다녔다고 하여 세칭 '왕실학교'로 통하기도 했다.[2)] 수당이 서울의 근거지로 자리잡은 봉익동 집이 교동학교의 교구지역이라 남재의 다섯 형제(상준 : 21회, 남재 : 23회, 상홍 : 26회, 상돈 : 28회, 상하 : 29회) 모두가 교동 출신이 되었다.

남재가 이 유서 깊은 교동학교에서 유소년기 6년을 수학하게 된 것은 전혀 우연일 것이다. 그럼에도 여기에는 우연 이상의 어떤 보이지 않는 힘의 인도가 있었을 것만 같은 필연감을 느끼게 한다. '교동'이 함축하고 있는 분위기나 이미지가 남재의 인생도정과 기묘한 조화를 이루기 때문이다.

1. 전 학년 우등 : '조기등교'를 고집하다

1927년 4월 1일, 남재는 우리 나라 최초의 초등학교로 출발한 유서 깊은 교동(校洞)학교에 입학했다. 1학년은 남학생 2개반에 여학생 1개반, 남녀 별반으로 편성되었고 각개반은 60명 정도였다. 남재가 입학한 이때의 교동학교는 민족의 초등교육기관이 아니라 일제식민지하의 '공립보통학교'였다. 당시 교동학교에는 전학년 총 15개 학급이 있었다.

교동학교가 서 있는 경운동 2번지…, 이곳은 바로 이 나라 근대사에 큰 의의를 갖는 대한제국의 박문국(博文局)이 있던 자리였다. 1883년에 설치된 박문국은 인쇄시설을 갖추고 우리 나라 최초의 근대신문 《한성순보》(漢城旬報)를 비롯하여 정부의 주요간행물을 발행하던 정부의 중앙관서였다.

1894년 개교당시, 교동학교는 솟을대문 안에 차례로 들어선 세 채의 박문국 한옥청사를 교실로 개조하여 문을 연 것이다. 원체 공간이 좁은 데다 해가 가면서 학생수가 늘어남에 따라 1906년에는 목조 2층 1개동을 신축, 본관으로 삼아 1920년까지 사용하였다. 그 해에 화재를 만나 목조건물이 모두 소실되자 일제는 15개 학급 교실과 교무실을 수용하는 연건평 720평의 양식 연와조 붉은벽돌 2층 본관을 신축하여 이듬해 9월 준공하였다.

그러나 이 신축교사마저 1927년 4월 15일 새벽, 2층 화로에서 불이나 지은 지 불과 5년 8개월만에 교구하나 건질 사이 없이 삽시간에 모두 불타버렸다. 남재가 입학한 지 2주 후의 일이었다. 이 때문에 남재는 교사건물의 형해만 서 있는 불타버린 폐허와 그 잿더미 위에 신교사가 세워지는 소멸과 생성의 상반된 정경을 바라보면서 교실 없는 1학년 시절을 불편하게 보내야 했다. 이때 1학년부터 5학년까지는 운동장에 가설된 천막 교실과 강당에서 2부제로 근근이 수업을 진행하였다.[3)] 그나마 다행인 것은 교사신축이 신속히 진행되어 약 9개월만인 이듬해 1928년 1월 철근 콘크리트 3층 본관이 완공되었다.

불에 놀란 일제 교육당국은 새 교사를 지으면서 교실 개별난방 대신 페치카식 중앙난방 시스템을 도입하였다. 교무실 옆방에 설치된 거대한 철제 원통난로에 불 때는 광경은 아동들의 큰 구경거리이자 교동의 명물이었다.[4)] 공공건물의 페치카식 난방은 교동학교가 처음이었기 때문이다. 그런데 이 페치카식은 난방상태가 교실마다 고르지 못하여 어느 해인가는 전교생이 추위에 몹시 떨어야 했다.[5)]

손으로 돌리는 사이렌도 이때 도입된 시설이다. 상-하학 등 주요 학사의 진행과 휴지를 알리는 사이렌 소리는 어느덧 아이들의 친한 벗이 되었고 졸업 후에도 한동안 잊혀지지 않는 추억거리가 되었다.[6)]

이 시절 교동학교는 입시를 치렀다. 간단한 한문 읽히기(1922년 입학생 : 18회 조풍연의 경우)나 길고, 짧고, 무겁고, 가벼운 것 등을 가려내는 질의응답 (1932년 입학생 : 28회 어효선의 경우) 등이 입시내용이었다. 따라서 남재의 경우도 어떤 형태로든 입시를 치르고 입학했을 것이다.

보통학교 교과과정은 〈표 I-①〉에서 보는 바와 같이 12개 과목으로 구성되어 있다. 그중 1~2학년은 수신-국어(일본어)-조선어-산술-도서-창가 등 6개과에 주 24~26시간, 3학년은 여기에 직업을 더하여 7개과 주 27시간, 4학년부터는 이과(理科)와 체조-가사(재봉) 등을 더한 10개과 주 33시간, 5~

6학년에게는 여기에 국사(일본역사)와 지리(일본지리)를 더하여 12개과 주 36시간으로 각기 편성하고 있다.

보통학교 6년간의 교육과정에서 일본어 수업시간은 주당 총 64시간으로 전체 수업시간의 33%를 차지한다.

교과목과 수업시간의 이상과 같은 편성 배정은 무엇보다 일제에 노예처럼 순종-순응하는 충량한 제국신민을 양성하는 데 그 교육목적을 두고 있음을 말해주는 것이다. 일본어 교육의 강화는 식민지 조선민족의 문화와 전통을 억압-말살하고 일본문화와 일본정신을 속속들이 주입시켜 일본화된 얼빠진 조선인을 만들자는 것이고, 실업-직업교육의 강조는 저급 기술훈련을 통해 산업노동인력을 양산함으로써 그들을 경제착취의 도구로 삼자는 데 있는 것이다.

특히 일황의 교육칙어(勅語)에 입각하여 국가사회에 대한 사명과 책무를 일깨움으로써 개인의 인격완성이 아니라 소위 근면 충량한 황국신민으로서의 덕성함양을 목표로 하고 있는 수신과목은 일제의 식민지지배교육의 성격을 단적으로 말해준다고 하겠다.

봉익동 집에서 교동학교로 가는 데는 두 길이 있다. 하나는 종로 3가 뒷골목에서 2가 쪽으로 올라가다가 우측 낙원동 방향으로 꺾어 들어가는 방법이고, 다른 하나는 돈화문 앞으로 해서 광화문 쪽으로 가다가 운현궁 담을 따

〈표 I-①〉 보통학교 교과과정 및 주당 수업시간 (1992년 제2차 조선교육령)

학과목 / 학년	수신	국어	조선어	산수	국사	지리	직업	도서	창가	체조	가사(재봉)	이과	계
1학년	1	10	5	5	-	-	-	(3)		-	-	-	24
2학년	1	12	5	5	-	-	-	(3)		-	-	-	26
3학년	1	12	3	6	-	-	1	1	3	-	-	-	27
4학년	1	12	3	6	-	-	1	1	3	2	2	2	33
5학년	1	9	2	4	2	2	2	1	3	4	4	2	36
6학년	1	9	2	4	2	2	2	1	3	4	4	2	36
계	6	64	20	30	4	4	6	4 (3)	12 (3)	10	10	6	

라 좌측으로 돌아가는 방법이다. 어느 길로 가든 어린이 걸음으로도 15분 이내의 거리이다. 남재는 형님 상준과 보통은 같이 등교했다. 이들의 상학길은 보호자로 누군가 동행했을 것이나 누구인지는 확인되지 않는다.

형님과 같이 학교에 다니는 동안 남재는 별로 말이 없었다. 첫 입학을 했으니 흥분도 되고 감상도 있으련만 도무지 말이 없으니 무슨 생각을 하고 있는지, 무엇에 관심을 두고 있고 또 어디에 흥미를 느끼고 있는지, 알 길이 없었다고 한다.[7)]

언젠가는 남재가 갑자기 꼭두새벽부터 학교에 갈 차비를 서둘렀다. 학교의 수위조차 출근 전이라 교문도 열지 않을 시각인데, 남재는 선생님보다 먼저가서 기다렸다가 인사를 드려야 한다고 고집했던 것이다. 이를 보고 어머니 박씨가 "미련하게 소사(小使)보다도 먼저 학교엘 가느냐"고 꾸중을 한 일도 있다고 한다.[8)] 남재의 이 같은 조기등교는 그 후로도 여러 날 계속된 것 같다. 남재는 한번 마음먹은 일에는 이토록 무섭게 집중하는 면모를 이 무렵부터 보여주고 있었던 것이다. 남재가 그때 학급의 급장이었기 때문에 다른 아이들보다 먼저 학교에 나가 있어야 한다고 생각했기 때문이라는 이야기도 있으나 급장이었는지의 여부는 확인되지 않는다.

2. 6학년 성적 만점(滿点)

교동 1년생 남재의 모습을 그려보자. 키 1미터 11센티미터에 체중 19.3킬로그램, 그야말로 삼척동자다. 몸집도 아주 작다. 가슴둘레 55센티미터…. 전체적인 체형평가는 을(乙)로 중간 정도였다. 윗니가 하나 빠져 있을 뿐, 건강상태는 아주 좋은 편이었다.[9)] 머리형은 상고머리, 복장은 겨울에는 검정색 교복에 검정 두루마기를 입고 털모자나 모표를 단 교모에 털 귀걸이를 했을 것이다. 신발은 검정색 운동화가 보통이었다. 여름 복장은 푸른색이 도는 소창(小倉)기지라고 하는데 쉽게 짐작이 가지 않는다.

이 시절 아주 드물게 흰 두루마기를 입은 아이들도 눈에 띄었다. 여학생들은 치마저고리 차림으로 흰색이 유색보다 2대 1 정도 많았다. 이상은 남재가 입학하던 1927년의 17회 졸업생과 4학년 때인 1930년 20회 졸업생 앨범을 근거로 유추해본 것이다. 오늘날 교동학교의 역사자료관에는 공교롭게도 남재의 졸업당시(1933년 제23회) 앨범만 결락되어 남재의 소년기 모습을 찾을 길이 없다.

어린 남재는 자신의 외모나 복장에 전혀 신경을 쓰지 않은 것 같다. 부잣집 귀공자들에게서 흔히 볼 수 있는 그런 깔끔을 떠는 일은 전혀 없었던 모양이다. 그 시절 아이들은 유난히도 코를 많이 흘렸는데 남재도 예외는 아닌 듯…. 코가 나오면 소매로 쓱쓱 문질러대기가 일쑤여서 검정 교복 양 소매가 콧물로 반질반질 윤이 날 지경이었다니 그 소탈하고 대범한 성품이 눈에 보이듯 선하다.[10] 이 때문에 어머니 박씨의 걱정도 많이 들었지만 별로 괘념치 않고 슬그머니 자리를 피하는 것으로 그만이었다고 한다.[11]

남재의 학업성적은 예상한 대로 대단히 우수했다. 각 과목은 10점 만점으로 평가되었는데 1~6학년 전학년 평균 9점 이상으로 우등이었다(학년별 교과목 〈표 I-①〉 참조).

남재의 기본학과 성적은 전학년 거의가 만점이 아니면 최하 9점이었다. 다만 예체능계인 도화-창가와 직업과목이 다소 처져 7~8점, 그리고 체육은 그런대로 우수하여 8~9점에 머물렀다. 전학년 중 과목별로는 산술이 가장 우수했고 6학년 성적이 가장 뛰어났다. 6학년 성적은 8개의 기본학과 외에 도화까지 만점인 데다 창가-체조-직업도 9점을 얻어 총점 106점, 반올림하여 평균 10점 만점을 기록하며 교동학교 시절을 마감했다. 그러나 학급에서 언제나 1등은 아니었다. 항상 예능성적에서 떨어졌기 때문이다.

남재의 6학년 시절 키는 135.5센티미터, 몸무게 27.2킬로그램, 가슴둘레 67센티미터, 요즘 어린이들을 기준하면 한참 작은 편이나 전체 발육개평이 '을'로 기록된 것을 보면, 당시로서는 중간 정도였던 것 같다. 시력도 좋아 좌 1.2, 우 1.5였고 몸 자세는 바르며 영양상태도 좋았다. 목소리는 어린이치고 다소 굵고 느린 편이었고, 힘쓰기의 강단은 형제들 중에서 떨어지는 편이었다.

교동 6년간 개근은 없었다. 지각은 2학년 때 단 한 번 있었고, 결석은 많은 편이었다. 3학년 16일, 5학년 17일간의 장기 결석이 특히 눈에 띄는데 이것은 남재가 큰 질병에 걸렸기 때문은 아닌 것 같다. 위생환경이 원체 열악하던 때라 특히 변소가 불결하고 하수도 시설의 미비로 생활 오폐수가 그대로 노출되어 주변에 널려 있으니 장난꾸러기 아이들이 이질이나 학질 등 돌림병에 걸리기 일쑤이던 시절이다. 남재의 결석은 주로 학질 탓인 듯하다.[12]

3. '찐뿌'와 '잠바라'

교동의 어린이들이 즐기던 놀이는 매우 다양했다. 줄넘기, 자치기, 구슬치기, 딱지치기, 땅뺏기 등, 전자놀이가 등장하기 직전까지 우리 나라 어린이들이 전통적으로 몰입하던 놀이들은 그때 거의 모두 성행했고, 특히 '찐뿌'(맨손 고무공 야구의 일종)가 대유행이었다.

찐뿌는 어린이들로부터 고보생, 일반인들까지 즐기는 일대 대중스포츠로 자리를 잡아 동네대항은 말할 것도 없고 전국규모의 종별대회까지 열릴 정도였으니 이 시절 찐뿌 열기를 짐작할 만하다. 아이들은 수업이 파하기 무섭게 운동장에 나가 찐뿌를 했고 동네에서도 웬만한 공간만 있으면 편을 짜서 주먹이나 나무막대, 라켓으로 치는 경기를 했다. 남재가 찐뿌를 잘했는지는 알 수 없으나 나름대로 관심을 갖고 열심히 참가한 듯하다.[13]

찐뿌의 열기가 교동연식 야구부의 창단을 촉진한 것 같다. 교동학교에 야구부가 언제쯤 창단되었는지는 확실치 않으나 교동야구부 지도육성의 주역 이준홍(李俊興)이 훈도로서 부임한 것이 남재의 입학해인 1927년이었으니까 야구부 활동이 본격화한 것은 20년대 말부터로 추산된다.[14] 30년대에 들어와서는 교동야구가 보통학교 어린이 야구를 석권했다. 남재가 4~5학년 때인 1930년과 31년 두 해 동안 교동은 중앙고보주최 동아일보사 후원 전국아동야구대회에서 연달아 미동학교를 각각 4 대 1로 격파하고 우승을 차지하는 기염을 토했다.

6학년때인 1932년에는 교동-재동 간의 친선시합이 교동운동장에서 있었다. 재동이 패하자 투석전이 벌어졌고, 재동학교 아이들은 아침 등교길에 골목에 진을 치고 있다가 지나가는 교동 아이들을 괴롭히는 후유증이 한동안 계속되었다고 한다.[15]

찐빠 이외에 이 시대의 어린이들을 열광시킨 또 하나의 명물이 속칭 '잠바라'라고 불리우던 일본 무술영화였다. 그것은 마치 6·25동란 직후 청소년들이 온통 서부영화에 정신을 빼앗기던 모습과 흡사한 것이었다. 남재의 교동 23회 동기동창 이창복(李昌馥 : 전 인천교대부국교장)은 다음과 같이 회상하고 있다.

"그때 우리가 잘 다니던 극장은 인사동 아래에 있는 조선극장과 일본인 마치(町)의 동아구락부였다. 동아구락부는 잠바라 영화를 주로 상영했는데 값이 다른 극장보다 쌌다. 관람료는 5전빵, 다른 극장의 절반 값이었다. 5전이면 사탕물이 꿀처럼 줄줄 흐르는 피자만한 크기의 빵떡을 살 수 있었다. 그거 하나면 점심 한 끼는 거뜬히 해결되었다. 상협씨도 여럿이 어울려 함께 잠바라를 보러 다닌 기억이 난다. 공부 잘하는 아이로 소문이 나 있었는데 까불고 장난 잘 치는 보통 아이들과는 달랐다. 말도 없고 착실 근면한 모범생이었다…"

4. 학생백태(百態) : 교동의 인재들

교동학교가 '왕실학교'로 불리울 정도로 권문세가의 자제들이 주로 다니는 특수학교였다고 함은 앞에서 언급한 바 있거니와 이러한 전통은 남재의 재학시대에까지 이어졌다. 대원군의 손자를 비롯, 유길준(兪吉濬)-민영휘(閔泳徽)-박영효(朴泳孝) 등 왕족과 귀족들의 자손이 유난히 흰 얼굴에 하이칼라 머리를 하고 인력거를 타고 등-하교를 했다고 한다. 그 중에도 박영효의 손자 박찬익(朴贊益)은 남재와 동기동창이었다. 그는 월사금이 1원이던 시절, 언제나 용돈을 수십 원씩 넣고 다니며 호기를 부리던 특별한 존재로 아이들의 선망의 대상이었다고 한다.[16]

시공을 초월해서 아이들이 모이는 곳이면 유난히 짓궂은 개구쟁이들도 으레 한둘은 끼어 있기 마련이다. 아주 드물게는 한 반을 완력으로 장악, 급우들을 종 부리듯 하며 폭군 노릇을 하는 '이문열(李文烈)식—우리들의 일그러진 영웅'도 나타난다. 6학년 1반, 남재반의 이재복(李在馥)이가 바로 그런 경우였던 것 같다. 이재복의 주변에는 항상 책가방까지 대신 메고 시중을 들며 따라다니는 아이들이 줄을 설 지경이었다고 한다. 이 시절 이재복의 시달림을 받지 않은 아이가 거의 없을 정도로 전교에서 알아주는 '소년어깨', 골목대장이었던 모양이다.

결국 이재복은 졸업 직전에 품행불량으로 출교당하여 연락이 끊겼으나 용케 지방학교(충남 당진)로 전학, 학업을 계속한 끝에 훌륭히 성장하여 뒷날 보성전문(普成專門) 상과(34회)를 졸업하였다. 그러나 8·15 직후 인천 논현동 소재 적산공장(한국화약) 인수차 현장답사 중 화약폭발사고로 인수팀 일행 13명과 함께 그만 참변을 당하고 말았다.[17]

역사가 깊고 전통과 건학정신이 유다르다 보니 교동학교는 이야깃거리, 자랑거리도 많고, 인재도 많이 배출했다. 한때 "교동은 윤씨네 판"이라는 평판이 나돌 만큼 윤씨들이 두각을 나타내기도 했다. 전대통령 윤보선(尹潽善 : 2회), 전서울시장 윤치영(尹致暎 : 3회), 아동문학가 윤극영(尹克榮 : 7회)·윤석중(尹石重 : 17회) 등이 그들이다.

그 밖에도 소설 상록수의 작가 심훈(沈熏 : 5회)을 비롯하여 방송작가 이서구(李瑞求: 6회), 언론인 조풍연(趙豊衍) : 18회), 연극인 이해랑(李海浪) : 19회), 경제학자 최호진(崔虎鎭) : 19회), 원로기사 조남철(趙南哲) : 27회), 아동문학가 어효선(魚孝善) : 28회), 코미디언 구봉서(具鳳書) : 29회), 농구인 김영기(金永基 : 38회) 등 사회 각계의 별과 같은 명사들을 배출했다. 남재를 포함해서 상준-상홍-상돈-상하 오형제도 교동이 길러낸 명사요 인재들임은 말할 것도 없다.[18]

5. 6년간의 성행(性行) 개평

남재 재학중 교장과 교감은 물론 일본인이었고, 교사는 총 27명, 그중 22명이 조선인이었다. 맹건호(孟健鎬 : 1927), 이준흥(李俊興 : 1927), 신익성(愼翼晟) : 1931), 최기영(崔基榮) : 1932), 권영수(權寧壽) : 1932) 등이 이 시절 교동 출신들의 기억에 남는 선생님들이다(괄호 안의 연도는 부임한 해). 1929년까지 교사들의 직명은 '훈도'(訓導), 또는 '부훈도'(副訓導)였다. '교사'라는 명

칭은 1930년 이후에 쓴 것 같다.[19)]

6년간 남재의 담임선생님이 누구였는가는 일일이 확인되지 않는다. 남재가 적십자사 총재 재직시에 교동의 은사 권영수의 두 따님을 만나 교동학교 시절을 회고했다는 기록(『남재일기』 1986년 7월 11일자)으로 미루어 6학년 담임은 권영수였음이 확인된다. 권영수의 교동부임 연도인 1932년은 남재가 6학년이었기 때문이다.

남재의 학적부 기록필체가 학년마다 다른 점은 매 학년 담임선생님이 바뀌었음을 시사한다. 이 점은 매우 중요한 의미를 갖는다. 「아동의 환경 및 관찰사항, 상벌, 훈계, 기타」 등의 성행(性行)을 개평(概評)함에 있어 6년간 6명의 각기 다른 담임이 거의 동일한 평가를 하고 있다면 평가대상의 성정(性情)이 타고난 것임을 말해주는 것으로 해석되기 때문이다. 남재의 6년간 성행 개평을 소개하면 다음과 같다.

- 제1학년 : 온후(溫厚)-과언(寡言)하다(우등)
- 제2학년 : 위와 같다. 매우 침착하다(우등)
- 제3학년 : 온후-과언-침착하고 명석한 두뇌를 갖고 있다(우등)
- 제4학년 : 위와 같다(우등)
- 제5학년 : 위와 같다. 과묵-근면-명석하며 항상 학급을 위하여 일하여 급우들의 신임을 받고 있다(우등)
- 제6학년 : 위와 같다. 추리적 두뇌를 가지고 있다. 성격이 치밀하고 근면하다. 학업은 연구적이다(우등)

요컨대 어린 남재의 전 수학과정에 대한 담임선생님들의 관찰 결과는 온후-과언-명석-근면-치밀-추리적-연구적이라는 데 일치하고 있다. 이것은 남재가 유소년기부터 타고난 관인(寬仁)-온후(溫厚)의 장자(長者)적 덕성을 나타내고 있음을 뜻하는 것이다.

남재가 그토록 말이 없는 소년이었다는 것은 어쩌면 그가 매우 내성적이고, 그로 인해 매사 소극적이거나 사회성이 부족할 수 있음을 시사하는 것일 수도 있다. 그러나 학업성적이 뛰어날 뿐만 아니라 언제나 학급을 위해 열심히 일하는 덕성이 넘치는 소년 남재의 과묵은 그의 근면성과 함께 급우들의 신뢰와 존경을 이끌어내기에 충분했던 것 같다. 내색을 잘 하지 않을 뿐, 남재는 그 누구보다 자신의 환경, 곧 인간관계를 포함한 주변의 모든 사물에 대해서 깊은 애정과 관심을 가지고 진지하게 관찰-사색하며 마땅히 해야 할 바를 찾아내어 스스로 대응해나갈 줄 아는 대단히 영특한 소년이었던 것이다. 따라서 남재가 자기를 좀처럼 드러내지 않는다고 하여 요즘식 표현처럼 아이들에게 '왕따'를 당하는 그런 일은 결코 없었던 것이다. 다만 남재와는 지극히 대조적 인간형이라고 해야 할 같은 반의 '천하의 악동' 이재복과 남재가 어떤 관계를 유지했을까는 자못 궁금한 일이 아닐 수 없다.

제2절 경성제2고보(京城第二高普)를 4년 수료하다

1. 북악(北岳)을 등에 진 제2고보

1933년 3월 25일 교동학교의 마지막 6학년을 평균 만점의 최고성적으로 졸업한 남재는 그 열흘 후인 4월 5일, 경성제2공립고등보통학교(京城第二公立高等普通學校), 속칭 '제2고보'에 입학했다.

경성제2공립고등보통학교는 남재가 태어난 바로 그 다음해, 1921년 4월 18일에 조선총독부 고등보통학교개정관제(일제칙령 제112호)에 의해 설립되어 총독부 재정으로 직접 운영되던 5년제 중등학교였다.(1925년에는 도립으로 바뀐다)

학교의 문을 열면서, 제2고보는 학교의 터전을 먼저 닦아놓은 그 위에 새 교사를 짓고 학생을 받아들인 것이 아니라 「관제령」에 따라 학생부터 뽑아놓고 개교를 하게 되었다. 그러다 보니 출발부터 남의 집 곁방살이 신세를 질 수밖에 없었다.

제2고보가 문을 연 곳은 제1고보(후에 경기중)의 서류-비품창고와 일부 교실을 개조한 6개 공간의 가교사였다. 여기서 첫 신입생 155명을 뽑아 입학식을 치르고 수업을 시작한 것이다.[20]

그러나 설립 초기의 이러한 작은 고생과 불편은 다음에 찾아올 큰 영광과 복된 '배움터'를 얻기 위한 최소한의 진통이었던 것이다. 다행히도 일제는 이 학교가 설자리를 종로구 청운동(淸雲洞) 89의 1에 잡은 것이다. 지명 '청운'은 옛부터 내려오던 청풍동(淸風洞)과 백운동(白雲洞)을 합치면서 그 첫 자와 둘째 자를 따서 지은 이름이다. 민족의 정기가 응혈된 서울의 진산 북악(北岳)을 등에 지고 멀리 한강을 굽어보는 이곳, 맑은 바람이 일고, 흰 구름이 넘나들며 자하동(紫霞洞) 창의문(彰義門) 계곡을 타고 천년 노송들이 비껴선 암반 사이를 굽돌아 흐르는 옥류의 노랫소리가 사시장철 울려 퍼지는 이 아름다운 언덕 3만여 평의 대지 위에 오늘의 경복고(景福高)로 이어질 제2고보의 '배움집'들이 들어서기 시작한 것이다. 약 두 달여의 곁방살이 끝에 제2고보는 경운동 본교터가 닦여지자 그해 6월 우선 급한대로 여기에 장차 기숙사로 쓰여질 목조 가교사를 짓고 이전하였다. 지방학생이 많은 점을 고려하여 이들을 수용할 기숙사부터 먼저 착수하고 본관은 그로부터 2년 뒤에야 준공을 보았다. 이어 후관, 일반교실, 강당, 온실 등 부속시설들이 속속 들어서서 남재가 입학할 때는 학교의 면모가 거의 완비되어 있었다.

남재의 동기생들이 제2고보를 졸업하던 그 해 1938년에 일제는 중등교육 규정을 개정하면서 교명을 「경복공립중학교」로 개칭하였다. 황국신민화정책을 가열 추진하기에 앞서 일제는 조선에 대한 유화 제스처로 각급학교의 명칭부터 일시적으로나마 일제 본토식으로 바꿀 필요가 있었던 것이다. 남재가 제2고보를 4년 수료하고 일본 유학을 떠난 1년 뒤의 일이다.

지금의 경복고 주변은 도심으로 완전히 개발되어 옛 면모를 전혀 찾아볼 수 없도록 변하고 말았다. 그럼에도 경복의 정문을 들어서면서 북쪽 하늘을 우러르면 북악의 우람한 어깨가 하늘을 향해 심호흡을 하듯 우뚝 솟아올라 온천지에 가득찬 매연을 뚫고 신선한 바람을 불어내려 찾는 이의 답답한 가슴을 활짝 열어준다. 그러니 서울 인구 50만 남짓하던 67년 전 남재의 중학생시절 이곳 청운동의 북악을 둘러싼 풍광이 얼마나 수려했겠는가는 생각만 해도 정신이 번쩍 날 것만 같다.

아침저녁으로 이 북악의 발치에 닿는 '청운의 언덕'을 오르내리며 바야흐로 자의식에 눈을 뜨기 시작한 남재가 새로운 세계로 오르는 첫 계단과도 같은 꿈 많은 중등교육과정을 밟으면서 무슨 생각을 했을까!

2. 평범했던 고보생

소위 문화정치의 표방 이후, 일제는 1922년에 「조선교육령」을 개정하여 1937년 중일전쟁을 도발할 때까지 약 15년 간 이를 지속시켰다. 개정 조선교육령 체제는 보통교육과 중등교육의 수학연한을 조정, 본국과 비등하게 꾸민 식민지 융화책으로서 일본어상용자(조선거주 일본인)와 비상용자(식민지 조선인)를 별개 체계로 엄연히 구분한 차별화의 위장표현이었다. 즉, 보통학교 6년제의 도입과 4년제 중학을 5년제 고등보통학교로 조정, 상급학교 진학의 길을 터놓았다는 것 이외에 실업교육의 강조, 고등교육의 전면통제-봉쇄 등 식민지 조선인의 우민화(愚民化) 획책을 그대로 관철시킨 기만적 술책에 불과한 것이었다.

결국 일제의 식민지 중등교육의 목표는 보통교육의 경우와 마찬가지로 조선의 민족정신과 민족문화의 성장발전을 말살-파괴하고 독립정신을 마비시켜 조선사람들을 일본의 지배에 순응하는 영원한 노예로 만들자는 데 있었던 것이다.

남재가 입학하던 1933년도 제2고보의 입시일정은 3월 초 원서마감, 12일 필답고사, 16일 1차합격자 발표와 동시에 구술시험-신체검사, 17일 최종합격자 발표 순으로 진행되었다.[21] 필기시험은 오전에 일본어와 산술, 오후에 조선어와 한문시험을 치렀고 시험문제는 주관식 논술형이었다. 1933년의 경우, 150명 정원에 460여 명이 지원, 약 3 대 1의 경쟁률을 보였다. 경쟁률이 가장 높은 해는 1928년의 5.8 대 1, 가장 저조한 해는 1924년의 2 대 1 정도였고, 1933년, 이 해에는 평균수준이었다. 남재의 입학성적은 3위였다.[22] 입학식은 1회 입학생만 학교의 설립절차 관계로 5월 2일에 있었고 그 이후는 4월 초에 거행되었다.

남재는 1933년 4월 5일 정식으로 입학했다. 이 해에 남재의 교동 23회 졸업생 동기는 17명이 제1고보에 합격했다. 공부 잘하기로 소문난 남재가 굳이 제1고보를 마다하고 제2고보를 택한 데 대해서 제1고보에 입학한 이창복은 몹시 의아해 했다고 회상했다.

남재는 1학년 '병'조에 배정되었다. 제2고보는 1학년 학급편성에 있어서

50여 명을 한 학급으로 하여 갑-을-병 3개 학급을 성적순 윤번식(지그재그)으로 배정했기 때문에 석차 3위였던 남재는 자동적으로 병조의 수위가 되었던 것이다. 덕분에 남재는 1학기 급장에 임명되었고 입학석차 4위로 남재와 병조, 같은 학급에 배정된 황삼현(黃三顯)은 병조의 2위로서 부급장에 임명되었다.[23)]

신체검사에 나타난 고보 1년생 남재의 발육상태 개평(槪評)은 '병'(C급)이었다. 교동학교 6학년 때보다 키에서 5센티미터나 더 자란 140.5센티미터, 몸무게 3.5킬로그램 늘어 31.7킬로그램, 가슴둘레도 3센티미터 더 나가는 70.4센티미터가 되었지만 전반적으로 조그맣고 빈약한 모습이었다. 영양상태는 보통, 이빨은 건치, 청력 정상, 자세는 곧으며 시력도 오른쪽은 1.0으로 좋은 편이다. 왼쪽이 0.8로 나빠지기 시작했다.

그러나 이후부터는 매년 10센티미터 가량 부쩍부쩍 자라 4학년에 오르는 1936년 4월 10일 신체검사를 받는 시점에서는 어느덧 키 164.5센티미터, 몸무게 51.5킬로그램, 가슴둘레 82.3센티미터에 얼굴은 희고 날씬한 헌헌장부의 기상과 자태를 드러내기 시작했다. 다만 왼편 시력이 더욱 나빠져 0.2까지 떨어졌지만 전체적으로 개평은 '갑'으로 A급이었다.

출결상황을 보면 개근 없이 1학년에 2일, 2학년에 12일, 3학년 8일, 4학년 11일로 결석이 많은 편이었고 지각은 한두 차례 있었다. 성북동에서 청운동 학교까지 상당히 먼길을 다니느라고 꽤나 고생스러웠을 것이다. 성북동 41번지 집에서 삼선교까지 걸어나와 전차로 종로 4가까지 가서 효자동 종점까지 갈아타고 학교까지 다시 걸어가야 했으니 말이다. 교동학교 시절처럼 여름에는 학질, 겨울에는 독감 등에도 시달린 것으로 보인다.

학업성적은 결과부터 말하면 보통수준이었다. 1~4학년까지 매학년 평균이 100점 만점에 85점 미만이었기 때문이다. 그런데 전학년 석차는 언제나 3~4등으로 상위 2~3% 내에 들었다. 1학년은 146명 중 3등, 2학년 131명 중 3등, 3학년 123명 중 4등, 4학년 125명 중 4등이었다. 이것은 제2고보의 학력평가가 그만큼 점수에 박하여 고득점을 올리기가 쉽지 않았음을 말해주는 것이기도 하다.[24)]

그러나 남재의 경우는 사정이 좀 달랐다. 당시의 교과과정은 1~2학년까지의 수신, 국어(일본어 ; 국어강독, 문법-작문, 일어 한문강독, 습자 등 4개과 포함), 조선어 및 한문, 영어(읽기-옮기기-쓰기, 회화-문법-영작-실습 등 2개과 포함) 역사, 지리, 산술(1학년), 대수(2학년 이상), 기하, 일반이과, 실업, 도화, 음악, 체조, 교련(2학년 이상) 등 총 17~18개 과목이 과해졌다. 3~4학년은 여기에 박물과 물리, 화학이 더해지는 대신 일반이과와 음악이 빠져 총 19개 과목이 되었다.

이들 과목 중 남재는 언제나 예체능 과목인 도화-습자-음악-체조-교련 등에서 60~70점 남짓한 점수밖에 얻지 못하였고 수신-국어(일본어)-역사-지리-실업과목도 대체로 85점대에 머물렀다. 다만 조선어 및 한문, 영어 2개과와 산술-대수-기하-물리-화학 등에서만 90점대를 상회하는 우수한 성적을 보였다. 〈표 I-②참조〉 따라서 남재는 항상 예체능계 취약 과목 때문에 전체 평점에서 손해를 보았던 것이다.

남재는 4학년까지 내내 학예부 위원으로 과외활동에도 참여했다. 묵묵히 학업에만 열중할 뿐 좀처럼 남 앞에 자기를 드러내는 일이 없었다.

그러다 보니 누구와 다투는 일도 없었고 성내는 일, 실없는 농담을 하는 일, 누구를 비방하는 일, 누구와 특별히 더 잘 어울리는 일도 없었다. 동기생들은 남재가 그저 평범한 호인형이었다고 기억한다.

공부는 잘하는 것 같은데 그렇다고 놀랄 만큼 썩 잘한다고 느껴지지도 않았다고 한다.

당시의 학급주임(담임)들도 한결같이 남재가 지극히 평범한 고보생임을 성행 개평을 통해 증언하고 있다. 남재의 1~2학년 학급주임은 오마가리(大曲)라는 일본인이었고, 3학년은 조선인 조종립(趙鍾立) : 조선어), 4학년은 일본인 요시무라(吉村)였다. 그들의 평가는 다음과 같다.

- 1학년 : 온순-착실하다. 재주는 보통, 사상 온건, 지적할 만한 단점은 없다. 상벌 없음
- 2학년 : 온량(溫良)-착실하다. 재주는 보통, 사상 온건, 지적할 만한 장단점이 없다. 상벌 없음
- 3학년 : 온순-착실하다. 재주는 보통, 사상 온건, 상벌 없음
- 4학년 : 온량-착실하다. 재주는 보통, 사상 온건, 지적할 만한 장단점이 없음

결국 이들은 남재의 드러난 겉모습만 짐작할 뿐 참모습이라 할 수 있는

지적(知的) 성장의 그 저력은 모르고 있었던 것이다.

3. 젊은 느티나무 : 진면목을 드러내다

제2고보는 서울의 다른 학교에 비해서 지방의 우수한 인재들이 많이 지망하는 학교였다. 이 때문에 수적으로도 지방 학생의 비율이 높아 교풍이나 학생기질이 어딘가 촌티가 나는 구석도 없지 않았지만 전반적으로 순박하고 성실하다는 평을 받았다. 지방 출신 대부분은 기숙사 생활을 했다.

이 무렵 학생들은 헌옷, 헌 모자, 헌 구두를 애용하는 것을 멋으로 알았던 모양이다. 심한 경우는 누더기 같은 교복을 태연히 입고 다닐 정도였다.

또 전차 값 5전을 아껴가며 문학전집을 사서 읽는 알뜰한 모범생이 적지 않았고 청량리 밖 회기동에서, 신월동 → 동대문 → 종로 → 광화문 → 효자동 → 청운동 학교까지 그 먼길을 도보로 매일같이 등-하교를 하는 초강행군파까지 있었다고 한다.[25]

초기의 졸업률은 매우 저조하였다. 1~4회의 졸업률은 50% 미만이었고, 5~7회가 겨우 50%대(帶), 20년대 후반기 입학생들인 8~11회에 이르러서야 겨우 60%를 상회하는 정도였으며, 1930년대인 12~14회에 들어와서부터 비로소 70~80% 수준을 넘어섰다. 졸업률 부진의 여러 요인 중에는 성적불량에 따른 중도탈락이 가장 큰 비중을 차지하지만 경제적 곤란도 커다란 요인이었다. 개중에는 5원 하는 월사금을 제때에 내지 못하여 번번이 수모를 당하는 딱한 학생도 상당수 있었다.

제2고보는 앞에서 지적한 바와 같이 '제2의 감옥'이란 악평이 생겨날 만큼 규율이 엄하여 극장에 갔다 걸리면 즉시 조행(操行)이 '병'으로 분류되어 낙제하기 일쑤였고, 스파르타식 교육훈련을 즐기듯 강행하는 일인교사들의 극성 때문에 학내 분위기는 매우 경직되어 있었다고 한다.[26] 그런 압제 속에서도 각종 교내체육행사는 숨통을 열어주는 큰 위안거리였다. 매년 가을에 열리는 교내운동회는 자못 축제분위기를 자아냈다. 마라톤 대회를 위시한 테니스-농구-탁구-검도-빙상-수영강습회-걷기대회 등은 학생들의 체력단련과 정신건강증진에 크게 이바지하였다. 특히 여름의 수영과 겨울의 빙상, 그리고 3학년까지의 검도수련은 정규학과가 되다시피 제2고보가 장려하는 스포츠였다.

또 학년이 바뀔 때마다 가까운 수원-인천-개성 등 근교지역으로부터 멀리 원산-경주 등 단계적으로 원거리 수학여행을 실시하여 억눌렸던 가슴을 펴주고 4~5학년 때의 금강산 등정이나 만주-일본 등지의 명승고적 탐방은 암담했던 이 시절의 잊을 수 없는 아름다운 추억으로 남아 있다.

남재의 재학시기, 그때는 교사를 교유(敎諭)라고 불렀다. 조선인 교유로 영어의 안호삼(安鎬三), 수학 정의택(鄭義澤), 조선어 겸 한문 조종립(趙鍾立), 농업 서경열(徐敬烈), 조선어 강성호(姜聲鎬), 조선어 김종무(金鍾武) 등이 거쳐갔거나 재직하면서 나름대로 열과 성을 다하여 학생들을 지도한 것으로 기억되고 있다.

교장으로는 4대 다카하시(高橋濱吉 ; 1932~1935), 5대 후지타니(藤谷宗順) ; 1935~1938)가 거쳐갔다. 180센티미터 거구에 코밑수염을 기른 근엄한 외모의 교장 다카하시는 영국 유학출신 영문학 전공자로 영어수업을 직접 담당하기도 했다.[27] 학생-선생, 조선인-일본인을 막론하고 누구에게나 진실로 존경을 받은 사람은 남재가 제2고보를 떠난 다음해에 부임한 교장 고리키 도쿠오(高力得雄) ; 1938~1941)였다. 그는 학생들에게 제군들은 조선사람이니 모국어를 쓰라고 공언할 만큼 양심적인 교육자였다고 한다. '경복'이라는 바뀐 교명이 바로 이 교장의 작품이었다.[28] 이처럼 마음이 열린 교장들이 거쳐가다 보니 일반 교사들 가운데도 민족을 초월한 스승상으로 남을 만한 양심적 교사가 더러 버틸 수 있었던 것 같다. 그 대표적인 교사가 일본어를 담당한 가메다 기사부로(龜田喜三郞)였다.

"수도의 진호 북악의 남쪽 유서 깊은 땅을 차지하여 건아 8백이 모이는 우리 배움의 집 솟았네…"라는 일본어 "미야코노(主都の) 시즈메(鎭護) 보쿠가쿠노(北岳の) 미나미(陽)…"로 시작되는 군국주의 왜색이 배제된 경복의 이 구교가는 교사 가메다가 작사한 것이다. 곡은 숙명여고의 교사 김영환(金永煥)이 지었다. 이때가 남재의 2학년 시절이니 이후 2년여 동안(수료까지)은 남재도 이 교가를 열심히 불렀을 것이다. 이 시기 서울 시내에 밴드부가 활동하는 학교는 몇 안되었는데 수당이 선뜻 제2고보에 그 창설기금을 쾌척

하여 학생들의 정서함양에 큰 도움을 주었다.[29)]

순박-선량하고 성실한 모범생으로 알려진 제2고보생들의 예민한 감수성에 다섯 남짓한 조선인 교사와 양심적인 일인교사들의 훈도는 감옥 같은 압제 속에서나마 학생들이 '조선의 얼'을 굳건히 간직하는 자극제가 되었을 것이다. 그 때문인지 제2고보는 6·10만세 시위에 참가하여 50여 명이 퇴학당하는 희생을 치르기도 했고, 광주학생사건의 소식이 전해지자(1929. 12.) 3~4학년 주동으로 가두 진출을 시도하며 항일시위를 감행하여 서울의 반일맹휴를 촉발-선도하기도 했다.

그러나 남재가 입학했을 때의 학내 분위기는 이미 정상이 아니었다. 교정 곳곳에 군색(軍色)이 짙게 물들여지고 군화발이 난무하였다.

2학년부터 남재는 구식 소총을 메고 군장혁대에 각반 친 모습으로 집체행군, 설중행군 등 강도 높은 군사훈련을 받았고 일제의 갖가지 동원행사에도 끌려다녔다.

이 시절 남재는 체육대회를 비롯한 각종 교내 행사에는 빠지지 않고 열심히 참가하였다. 매년 5~6월에 개최되는 선전(鮮展)이나 조선문화전도 부지런히 견학했다. 3학년 때는 고도(古都) 경주수학여행을 다녀왔으나 4~5학년 때 주어지는 만주 방면 수학여행은 기록이 없어 그 시행 여부가 확인되지 않는다.

남재가 체조나 교련성적에 신통치 못했던 것은 주로 달리기에서 뒤떨어졌기 때문이라고 3학년 때 같은 학급이었던 윤희중(尹熙重 ; 삼화페인트 회장)은 기억하고 있다. 그때 벌써 남재는 점잖은 형이어서 동작이 그리 민첩하지 못했다고 한다.

돈암동에서 살았던 윤희중은 통학길의 방향이 남재와 같아 등하교시에 자주 만나다 보니 꽤 친한 사이가 되었다. 2학년 때는 남재가 성북동팀 주장을 맡고 자신은 돈암동팀 주장이 되어 삼선교 근처 하천부지 평산(平山) 목장 백사장에서 여러 차례 '찐뽀' 시합을 가진 일도 있었다고 한다. 고보생에게도 찐뽀는 가장 손쉽게 즐길 수 있는 놀이였던 것이다. 승패의 전적은 기억에 없으나 남재의 찐뽀 실력이 제법 쓸 만했다고 그는 술회하고 있다.

마음만 먹으면 남재에게도 못할 것이 없는 소질과 투지와 활달한 일면이 있었음을 말해주는 일화가 아닐 수 없다. 그러나 고보시절 전체를 통해서 남재는 오로지 지적 열망과 지식탐구에만 불타 있었던 것 같다.

성북동으로 이사하면서 수당은 형님 상준의 청에 따라 형제들에게 농구대한 틀을 마련해주었다. 성북동 집은 본채 마당과 정원이 넓어 반쪽 크기의 농구 코트를 만들 만한 공간은 얼마든지 있었다. 농구대가 생겼으니 형제들은 틈만 나면 농구를 했다. 멤버가 한둘일 때는 주로 골 넣기 연습을 했고 여럿이 모이면 편을 짜서 시합을 했다. 여기에는 담장 너머에 살던 고종사촌 김각중이 곧잘 끼었고 동네 아이들도 어울렸다.

운동이라면 원래 수당이 몹시 좋아해서 그는 학창시절 정구와 야구선수를 지낸 경력이 있다. 아자부(麻布)중학시절인 1917년 7월에는 여름방학을 이용, 동경 유학생 모국방문야구단의 일원으로 귀국하여 2루수로 맹활약한 기록도 있다.[30] 남재 형제들도 선친을 닮아 모두가 열렬한 스포츠 애호가들이었다. 그 중에서도 셋째 상홍은 이름난 빙상선수였고, 다섯째 상하도 대학시절 농구선수였다.

남재는 형제들 농구에서 자주 빠졌다. 숫자가 안 맞아 억지로 끌어내야 마지못해 참가하는 정도였다. 언젠가 형님 상준이 운동을 하다가 남재가 도대체 무엇을 하고 있는지 궁금해서 2층 남재 방을 슬쩍 엿보았더니 공부를 하고 있더란다. 주로 예습-복습을 하는 것 같았다고 한다. 남재는 2학년 때 벌써 영문소설을 읽기 시작했다.

> "지적 욕구가 정말 대단한 사람이었어요. 밤에도 그냥 자는 일이 없었죠. 항상 책을 뒤적이며 뭔가 열심히 찾고 있던가 노트를 하고 있었습니다. 대단히 신중한 사람이라 자기 속을 잘 드러내지를 않았고… 친구들과 잘 어울리지도 않았지만 그렇다고 따돌림을 받거나 미움을 사는 일은 없었습니다. 학교 선생님들도 몇 분이 남재의 진가를 알아보고 주목하는 눈치였어요…"

형님 상준의 회고였다. 3학년 때 광주에서 전학하여 같은 학급에서 남재를 처음 만난 김홍준(金弘準-원불교 중앙교의회 명예의장)도 남재의 마음이 따뜻하고 매우 넓었다고 증언하고 있다. 그는 남재의 첫인상부터가 벌써 수재형으로 범상치 않았고 음성도 굵고 무게가 있어 "큰일을 할 사람"이라는 생각을 했다고 회상했다.

그러면 남재의 진가는 어디에 있었는가. 4년간의 영어-수학-이과의 평균

성적이 남재의 가능성과 잠재력을 말해주고 있었던 것이다. 이를 눈여겨보고 있던 일부 선생들은 일본어 성적에 있어서도 습자와 같은 학업 외적 과목에서나 떨어질 뿐 강독-문법-작문에서는 평균 85점 이상을 얻고 있음을 주목하고 그 정도면 일본의 고등학교에 들어가고도 남음이 있다고 평가했던 것 같다. 특히 4학년 학급주임 요시무라(吉村)가 선친 수당에게 남재의 영어 수학 평점이 개교 이래 최우수 성적임을 들어 4학년 조기 수료를 역설하면서 일본의 고등학교에 진학시킬 것을 적극 권했다고 한다.31) 당시 학제는 월반을 인정하고 있었다.

그때까지만 해도 수당은 남재의 학업성적이 그토록 뛰어난 줄은 몰랐던 모양이다. 그저 부인 박씨 말처럼 "성실은 하지만 착하디 착하고 순해빠져서 남한테 이기려고 애쓴 일도 없고 싸움 한 번 오지게 한 일도 없는 어수룩한 아이" 정도로만 여겼던 것 같다.

과연 4학년 학급담임의 판단은 적중하여 1937년 3월 어느 날 제2고보의 강당으로 통하는 본관 게시판용 벽면에 남재의 야마구치고등학교(山口高等學校) 합격 소식이 나붙었다. 이때 1년생이었던 셋째 상홍은 게시판 공고를 보고 "둘째형이 그렇게 자랑스러울 수 없었다"고 회고했다. 이 무렵, 조선고보생의 일본고교 합격사실은 큰 뉴스였고 더구나 4년 수료생의 합격은 교내외로 전무한 일이었기 때문이다.

여기서 우리가 강조하고 또 지적하고자 하는 것은 남재가 시험 때나 정해

〈표 I-②〉 남재의 학년별 영-수-이과 성적 비교

과목 / 학년	영어		수학			이과			
	독-역-서	화-문-작-습	산술	대수	기하	일반이과	박물	물리	화학
제1학년	96	92	94	-	84	90	-	-	-
제2학년	97	92	-	98	83	90	-	-	-
제3학년	92	93	-	98	95	-	95	87	97
제4학년	88	95	-	91	98	-	87	84	85
평균	93.3	93	94	95.6	90.0	90	91	85.5	91

진 시험범위만을 파고들어 그때그때 점수따기에 능한 속된 말로 '점수벌레'가 아니라는 사실이다. 이때 벌써 남재는 폭넓은 독서로 상당수준의 교양지식을 쌓고 있었다. 남재는 실로 '평소실력'에서 뛰어난 자랑스런 '제2고보생'이었던 것이다. 이 점이 남재의 진면목이 아니었나 생각된다.

제2고보의 남재 학적부에는 "야마구치 고등학교에 입학하기 위하여"라고 퇴학사유를 쓰고 1937년(昭和 12) 3월 21일자로 '제4학년 수료'라고 기재되어 있다. 경복의 명물 수령(樹齡) 570여 년의 느티나무를 닮은 '젊은 느티나무'가 쑥쑥 자라 바야흐로 넓은 학문의 대양을 향해 그 출항의 돛을 높이 올리고 있었던 것이다.

• 제2장 〔주〕

1) 서울교동초등학교-서울교동초등학교 동창회, 『교동 100년사 : 1894~1994』(1994), pp.108~111.
2) 위의 책, pp.92~95.
3) 『교동 100년사』, pp.243~244, p.442 및 이창복(李昌馥)의 회고 (1999년 12월 6일).
4) 이창복의 증언 및 위의 책 p.442.
5) 위와 같음.
6) 위의 책, p.465, <서기영(교동18회)의 회고>.
7) 남계(南溪) 김상준(金相駿)의 회고 (1999년 12월 15일).
8) 김상민의 회고.
9) 경성교동공립보통학교, 『아동학적부』.
10) 남온(南溫) 김상돈(金相敦)의 회고 (1999년 12월 15일).
11) 김상민의 회고.
12) 김상준의 회고.
13) 이창복의 회고.
14) 『교동 100년사』, pp.371~374.
15) 이창복의 회고.
16) 위와 같음.
17) 위와 같음.
18) 『교동 100년사』, pp.442~444.
19) 위의 책, pp.287~288.
20) 경복동창회, 『경복 70년사 : 1921~1991)』, p.100.
21) 위의 책, p.129.

22) 황삼현(黃三顯)의 회고 (2000년 4월 1일).
23) 위와 같음.
24) 경성제2공립고등보통학교, 『학적부』.
25) 『경복70년사』, p.185, <장만영의 회고> 및 p.188, <조풍연의 회고>.
26) 윤희중(尹熙重)의 회고 (2000년 4월 11일).
27) 『경복 70년사』, p.198 <김제동의 회고>.
28) 위의 책, p.203, <小日向秀雄의 회고>.
29) 위의 책, p.236, <민윤식의 회고>.
30) 수당김연수선생전기편찬위원회, 『한국근대기업의 선구자』(1996), p.68.
31) 김상민의 회고.

제3장 : "청춘난무-사상요람" ; 구제(旧制) 야마구치(山口)고등학교

제1절 학력귀족의 전당 - 일본의 구제고교

1937년 4월, 남재는 일본의 구제 고등학교인 야마구치고등학교(山口高等學校)에 입학했다. 일본의 구제고교는 제국대학(帝國大學) 예비문으로서 오늘날로 치면 대학의 교양과정과 유사한 존재이다.

남재가 야마구치고교에 입학할 당시 일본 본토 내에는 33개 고등학교와 1개 제국대학예과(北海道帝大)가 있었다. 본토 밖, 조선-대만-여순 등 식민지의 5개 고교 및 대학예과까지 합치면 일제가 설치한 제국대학 예비과정은 총 30개 지역 39개교가 된다(〈표 I -④〉 참조).

고등학교 교육과정은 3년, 이 과정을 거치지 않으면 제국대학 입학은 불가능하고 교육환경이 열악한 사립학교(전문 또는 대학)를 택할 수밖에 없다. 사립대학들은 대체로 예과를 두고 있었다.

그러면 남재는 이토록 많은 고등학교 중, 선친 수당의 모교 교토(京都)의 제3고(第三高)나, 일본 유학이라면 으레 도쿄(東京) 유학을 떠올리게 되는 식민지 정황으로 볼 때, 당시 고교로서 으뜸으로 치는 제1고(第一高)를 비롯하여 고교가 7개나 몰려 있는 도쿄를 택하지 않고 어찌하여 그 이름마저 낯선 야마구치현(縣)의 야마구치고교를 택하게 되었는지 궁금한 일이 아닐 수 없다.

남재의 야마구치고교 선택은 전적으로 수당의 결정이었다. 물론 이 선택에는 수당 자신의 일본 고교 유학경험과 현지사정에 밝은 그의 친구들의 추천과 권유가 있었을 것으로 형님 상준은 추론했다. 이제 겨우 17살 난 남재를 사고무친(四顧無親)의 이국 땅에 홀로 보내기까지 수당은 나름대로 마음을 놓을 수 있는 최소의 조건으로서 누군가 가까이서 아들에게 관심을 기울여줄 수 있는 존재를 생각했을 것이나, 고교의 수학과정이 철저하게 기숙사 생활로부터 비롯됨을 알고 있는 수당으로서는 무엇보다 그 지리적 인접성을 첫째 조건으로 고려했던 것 같다. 아울러 야마구치고교가 민족적 편견 없이 조선이나 대만의 유학생을 비교적 폭넓게 수용하고 있었다는 점이 두번째 조건으로 고려되었을 것이다.

야마구치현(縣)은 일본열도 혼슈(本州)의 서남단, 시모노세키(下關) 해협을 끼고 있는 군사-교통의 요충지로서 쵸슈번(長州藩)이 웅거했던 역사의 고장이다. 그 옛날 한반도에서 부여족의 후예들이 해양으로 뻗어나가는 뱃길이 가장 먼저 닿던 곳, 조선과 왜(倭)의 수신사와 통신사절들이 무수히 오갔고, 현해탄의 파고를 넘어 근세한일관계사의 불행했던 숨가쁜 사연들을 실어 나르던 부-관(釜-關)연락선의 정기항로가 열려 있던 이곳, 그러나 일본이 스스로 봉건시대의 어둠을 불사르고 근대화의 횃불을 드높인 곳, 그리하여 근대 일본의 야망과 좌절과 오욕의 비극적 역사를 잉태했던 바로 '메이지(明治) 유신의 고향'인 것이다.

1. 반막(反幕)-유신의 선구 쵸슈번(長州藩)

제국주의 열강의 팽창주의 촉수가 일본에 전면적으로 미치기 시작한 것은 18세기 말엽부터였다. 러시아의 특사 럭스만의 도래를 시발로 1853년 미 페리제독의 '흑선'이 출현하기까지 60여 년 간 수십차에 걸쳐 러-영-미 함대

가 해안에 나타나 개항을 요구하며 일본의 대항의지와 국방력을 시험하고 갔다.[1)]

일찍이 막부는 규슈(九州) 서북단의 막부직할령 나가사키(長崎)항을 열어 네덜란드에 상관(商館) 개설을 허용하고 화란어 통역관을 양성하는 등 서양의 1개 특정국을 상대로 한 국소개방(局所開放)의 쇄국정책을 고수해왔다. 막부의 이와 같은 일종의 창구 일원화 정책은 대서방 교역-접촉의 '막부독점'적 성격을 갖는 것이어서 대원군의 쇄국과는 질적으로 다른 것이었다.[2)]

그러나 막부가 서양 침략세력의 간단없는 개방요구에 대응하는 과정에서 양이(攘夷)와 개국의 양단을 오가며 흔들리는 모습을 보여온 끝에 마침내는 흑선함대에서 뿜어내는 몇 발의 함포사격에 속절없이 무릎을 꿇자[3)] 변방의 실력자들 쵸슈-사츠마(薩摩)-도사(土佐)-에치젠(越前) 등 대웅번의 도자마 다이묘(外樣大名)들에게 중앙정계 진출 빌미와 함께 정치간여-세력확장의 호기를 열어줌으로써 스스로 자기의 존립기반을 더욱 약화시키는 결과를 초래하고 말았다.[4)] 이후 '존황양이론'(尊皇攘夷論)으로 무장한 지사(志士)를 자처하는 변방의 검술에 능한 하급무사들은 무시로 정치중심지 에도를 드나들고 천황의 궁정이 있는 교토에 집결하는 험악한 사태가 벌어졌다.

존양대의(大義)의 정신적 지주로서 '소모'(草莽 : 하급무사출신 낭인 지사들)들의 폭력적 반막(反幕) 강경노선을 이끌며 유신의 문을 여는 데 공헌한 대표적 유신의 주역이 쵸슈번 출신의 요시타 쇼잉(吉田松陰 : 1830~1859)이다.[5)] 그는 쇼카손주쿠(松下村塾)를 통해 후진양성에 헌신하여 쵸슈 땅에 무수한 '유신의 별'들을 배출했다. 기토 코인(木戶孝允 : 1833~1877), 구사카 겐즈이(久坂玄瑞 : 1840 ~1864), 다카스기 신사쿠(高杉晋作 : 1839~1867), 마에바라 잇센(前原一誠) : 1834~1876), 이토 히로부미(伊藤博文 : 1841~1909), 야마가타 아리토모(山縣有明 : 1838~1922), 이노우에 카오루(井上聲 : 1835~1915) 등은 유신기에 활약한 쵸슈 출신 주요인물들이다.

쵸슈번은 제웅번 가운데 가장 강경한 반막(反幕)-존양노선을 고수해 왔다. 특히 덕천가에 대한 쵸슈의 반감과 원한은 뿌리깊은 것이었다. 그것은 도쿠가와 이에야스(德川家康)가 소위 천하를 얻기 위한 최후 결전을 벌였던 세키가하라(關ヶ原) 전투에서 비롯되었다. 이에야스는 당시 적군편에 있던 기츠카와(吉川) 등 쵸슈번주 모리(毛利)가 일족들의 내통 모반에 힘입어 결정적인 승기를 잡을 수 있었지만, 종전 후 모리 본가의 영지는 그대로 인정-보장한다는 이른바 '혼료안도'(本領安堵)의 밀약을 일방적으로 파기해버림으로써 구원(舊怨)을 지은 것이다.

이제 막부타도(倒幕)는 대세가 되었고, 쵸슈-사츠마(長·薩)를 필두로 웅번들의 젊은 무사들에 의해 전개된 토막(討幕)운동은 전의를 상실한 덕천막부로 하여금 '대정봉환'(大政奉還) 형태의 무혈정권교체로 자퇴-자멸케하고 왕정복고 유신의 새 시대를 열어놓았다.

결론적으로 일본의 메이지유신은 완전무결, 절대로만 알았던 막번체제의 신화가 무너지고 20대 젊은 실천파 무사들에 의해 구시대의 거대한 우상이 파괴되는 과정이었고 근대로의 약진과 영광, 오욕과 좌절의 역사를 엮어내는 일본적 도정의 시발이었다고 할 수 있다.

1985년 4월 초 남재는 일본 여행중 야마구치에 들러 옛 동창들과 고등학교 시절을 더듬던 길에 메이지유신이 태동하던 현(縣) 내 여러 지역을 돌아보았다. 그 중에서도 쵸슈의 번성(藩城)과 무사-상인들의 거주지 '죠카마치'(城下町)가 위치했던 하기(萩) 시(市)의 여러 유적들을 둘러보면서 한-일 간의 불행했던 과거사와 불투명한 내일을 생각하며 깊은 감회에 잠기기도 했다.

하기시는 야마구치시에서 북쪽으로 약 30여 킬로미터 떨어진 해안도시로 유신기에는 기병대(奇兵隊)와 민병들로 편성된 쵸슈 반막 대항군의 발진기지이기도 했다.

메이지유신의 고향—, 그 쵸슈의 본거지 야마구치에서 열일곱 살 꿈 많은 청소년기의 남재가 3년간 수학하게 되는 이 기연(奇緣)을 어찌 우연으로만 볼 것인가! 우리는 여기에서도 어떤 보이지 않는 힘이 남재로 하여금 근대 일본의 정수를 배우도록 인도한 것이 아닌가 하는 감상을 갖게 된다.

또 이토 히로부미(우리에게는 침략의 원흉으로서 독립군 중장 청년의사 안중근에 의해 포살처단 되었음이 당연시되나 일본에게는 근대 일본을 만든 위대한 정치가로 기억되고 있다)나 이노우에 카오루(井上馨 : 초대 외무대신으로서 또 주한전권공사로서 한반도 경략의 사령탑으로 활동) 그리고 데라우치 마사타케(寺內正毅 : 한반도 병탄을 추진한 초대 조선총독) 등이 바로 쵸슈 출신 유신주체들이라는 사실도 우리의 악연감(惡緣感)을 떨칠 수 없게 한다.

2. 전전(戰前)의 고교제도

전전(戰前)에 있었던 일본의 구제(舊制)고등학교는 그 이름 때문에 우리 나라의 현행 3년제 고등학교를 연상하기 쉽다. 그러나 그것은 중등교육과정으로서의 고교가 아니라 제국대학(帝國大學) 진학을 전제로 한 고등교육 정규 교양과정으로서의 대학, 곧 '칼리지'(College)이다. 사범-의학계나 실업전문계, 또는 사립대학이라면 몰라도 제국대학 진학을 목표로 한다면 당시 일본에서는 이 구제고등학교를 나오지 않으면 안 된다. 다시 말해서 고등학교에 입학한다는 것은 곧 제국대학에 입학하는 것이나 다름없다는 뜻이 된다. 그러니 구제고교는 자연 입시경쟁이 치열해져 전 일본인의 선망의 표적이 되고 고교생도(生徒) 또한 청소년들의 외경의 대상이 됨은 당연한 일이었다.

그러나 이와 같은 유형의 교육제도는 세계 어느 곳에서도 찾아볼 수 없는 제국주의 천황제국가 일본의 권위주의적 풍토가 만들어낸 일본식 절충물이라는 비판도 없지 않다. 굳이 그 연원을 캐어본다면 엘리트 교육의 원조(元祖)라 할 수 있는 영국풍의 이튼 칼리지(Eton College)나 독일풍의 김나지움(Gymnasium)의 조합물이라 할 수 있다는 것이다. 이처럼 본격적 전공이수의 전단계에 불과한 교양과정에서 3년이라는 엄청난 시간과 청소년의 그 귀중한 활력과 정열을 쏟아붓는다는 것은 어느모로 보나 낭비일 뿐 아니라 "분에 넘치는 교육적 사치"로 일부 외국인 관찰자의 눈에는 비치기도 한 모양이다.[6]

또 일본 내에서도 주로 전문학교 출신이나 비고교 관계자들로부터 고교교육의 '비경제성'과 '귀족주의적'이고 '유한적'(有閑的)인 성격이 격렬하게 비판되었다.[7] 하지만 그것은 고교의 문을 들어서 보지 못한 패자들의 열등의식일 뿐, "각본에서 삭제된 공허한 세리프"라고 무시되는 정도였다.[8]

사실 구제고교는 '학력귀족제조공장'이라는 별칭에 걸맞게 일반인들에게는 극소수의 선택된 사람들만이 넘나드는 머나먼 별세계였다. 그만큼 고등학교는 들어가기 힘들었고 고교생도는 희귀했다. 남재의 야마구치고등학교 입학 다음해인 1938년의 경우, 전 일본 중졸 인구의 11%(6.442명)만이 고교에 진학하였고, 졸업 해인 1940년의 고교재학생 수는 당시 일본 전체 20세 남자 인구(65만여 명)의 0.72%(4.674명)에 불과했다. 즉, 중졸자 10명 중 1명 꼴, 20세

〈표 I-③〉 일본의 구제고교 유형*

유 형	학 교	계
넘버스쿨 (메이지 연간 설치)	제1(東京), 제2(仙台), 제3(京都), 제4(金澤), 제5(熊本), 제6(岡山), 제7(鹿兒島), 제8(名古屋)	8
지명교 (주로 다이쇼 연간 설치)	山口, 新潟, 松本, 松山, 水戶, 山形, 佐賀, 弘前, 松江, 大阪, 浦和, 福岡, 靜岡, 高和, 姬路, 廣島, 旅順(쇼와 15년 설치)	17
7년제 고교 (주로 다이쇼 연간 설치)	武藏(私), 富山(公;1943년부터 관립 3년제), 甲南(私), 成蹊(私), 浪速(公), 成城(私), 東京(官), 學習院(宮內廳소관, 고교 동등자격 8년제;심상과 5년, 고등과 3년) 府立(公 : 1930년 설치), 台北(公)	10
제국대학 예과	北海道帝大 예과, 京城帝大 예과, 台北帝大 예과	3

*竹內洋,『學歷貴族の榮光と挫折』— 日本の近代12, 中央公論社, 1999. p.117.
(公) : 공립, (私) : 사립

인구 백명 중 1명도 안 되는 비율로 고교생도가 있었다는 계산이다.[9)]

고교의 수를 열 손가락 안팎으로 꼽을 수 있었던 메이지(明治) 연간에 비교하면 이 시기에는 이미 늘어날 수 있을 만큼 늘어났음에도 불구하고 입시경쟁은 갈수록 치열했던 것이다. 인구의 급격한 증가와 입신출세의 길이 열려 있는 학력귀족으로의 편입 열망이 일반의 교육열을 부채질한 데서 야기된 불가피한 추세였다.

이 시기에 벌써 등장하는 수험생 상대 월간 학습정보지(『受驗生と學生』-『考へ方』 등) 등 입시산업의 번창은 입시경쟁의 과열상을 반증하는 것이었다. 또 낭인(浪人)이라고 불리우는 낙방-재수생의 권토중래(捲土重來), 재기의 비율이 높아가는 가운데 자포자기인생의 비행-타락도 격화되어 갔다.

"한 명의 합격생을 얻기 위해 서너 명의 희생을 제도화"하고 있는 것이 고교입시라는 개탄과 비판의 소리가 높았던 것이다.[10)]

그러나 당시의 고등중학교가 '신분상승 욕구의 교육화' 장치로 존재하는 한 입시경쟁은 불가피했다. 그리하여 재수 끝에 자살을 택하는 어느 '1고 낙방생'의 비극을 사회문제화한 구메 마사오(久米正雄)의 소설 『수험생의 일

기』(受験生の日記 : 1919)가 일대 경종을 울리기도 했다.[11)]

그리하여 고교입시 과열경쟁의 적폐(積弊) 해소를 위한 제도개혁이 여덟 차례나 이루어지지만 그것이 곧 경쟁완화의 특효처방이 되기는커녕 개혁 때마다 새로운 문제의 불씨를 만들어 악순환만을 되풀이하며 패전기에 이른다.

남재가 야마구치고교에 입학하던 시기의 입시제도는 고교별 단독시험-단독선발제였고 그 어느 때보다 경쟁률도 높았다. 다이쇼 연간에 지명교(地名校)와 7년제 고교를 획기적으로 증설했지만 이 같은 조치로도 입시경쟁의 과열상은 해소될 수 없었던 것이다. 새로운 공급의 확대가 또다른 수요를 자극함으로써 입시경쟁을 더욱 부추겼고 이로 인해 다시 고교간의 등급화 경쟁이 촉발되었다. 1970년대 이후 우리 사회가 겪고 있는 '대입전쟁'의 사회적 고통을 일본은 일찍이 1910년대 후반부터 겪고 있었던 것이다.

남재의 고교시절을 기준할 때, 구제고등학교는 보통 6년제 소학교를 졸업하고 5년제 중학을 거쳐 입학하는 3년제 과정이다. 그런데 전국 34개 고교 중에는 심상과(尋常科) 4년을 거쳐 본과(本科) 3년 과정을 밟게 되는 7년제 고등학교(주로 사립)도 10개교나 있어 결과적으로 중학 5년을 마치고 3년제 고교에 입학하는 경우보다 1년 빠르게 고등학교를 마치는 불균형을 초래하게 되었다. 이 때문에 5년제 중학생은 4학년 수료로써 고교에 진학할 수 있는 자격을 부여하게 되었다. 이들 4학년 수료 고교진학 경우를 '4수'(四修)라고 불렀다. 경성제2고보(京城第二高普)를 4년 수료하고 야마구치고교에 입학한 남재는 말하자면 '4수생'이었던 셈이다.

3. 고교의 교과과정

일본에 있어서 다이쇼 연간은 고교제도가 완성되는 성숙기라 할 수 있다. 이 시대의 「고등학교령」(1918)은 "남자의 보통교육의 완성"과 특히 "국민 도덕의 충실"(제1조)에 힘쓸 것을 교육목적으로 규정하고 있다. 이때 제정된 커리큘럼은 곧 이 교육목적의 구현방법뿐만 아니라 남재의 야마구치 재학기

〈표 I-④〉 학과목별 주당 평균수업시간 및 그 비율* (단위 : 시간(%))

과류 \ 과목		외국어	인문계	사회계	자연계	기술계	체 육	계
문 과	갑류	13.3 (37.8%)	12.3 (40.8)	1.3 (4.1)	2.7 (8.2)		3 (9.2)	32.7 (100)
	을류	13.3 (39.6%)	13.3 (39.6)	1.3 (4.1)	2.7 (7.9)		3 (8.9)	33.7 (100)
이 과	갑류	10.7 (34.0%)	3.7 (11.7)	0.7 (2.1)	12 (38.3)	1.3 (4.3)	3 (9.6)	31.3 (100)
	을류	12.3 (37.8%)	3.7 (11.2)	0.7 (2.0)	12 (36.7)	1.3 (4.1)	3 (9.2)	32.7 (100)

* 關正夫, "舊制高等學校のカリキユラムに關する考察"『一般教育學會誌』第10卷 1號, 1988, 竹內洋, 『學歷貴族の榮光と挫折』p.253 재록

간까지 존속되는 교과과정이라는 점에서 음미해 볼 필요가 있다.

당시 고등학교는 문과와 이과로 구성되고, 이 양과는 다시 갑류와 을류로 나뉜다. 〈표 I-④〉는 1919년(다이쇼 8년) 고등학교의 교과별 주당 평균 수업시간과 그 비율을 보여주고 있다.

우선 전체 교과목 편성을 보면, 인문계 과목은 수신-국어(일본어) 및 한문-역사-지리-철학(개설)-심리학-논리학 등으로 짜여져 있다. 사회계 과목은 법제와 경제, 또는 아주 드물게 정치, 자연계 과목은 수학-자연과학(문과이수)-물리-화학-식물 및 동물-광물 및 지질 등으로, 그리고 기술계 과목은 도면(설계)-도학(圖學)이 들어 있고 공통과목으로 체육이 있다.

여기서 무엇보다 눈에 띄는 것은 문과-이과, 갑류-을류를 막론하고 외국어의 수업비중이 전체의 3분의 1 이상을 차지하고 있다는 점이다. 외국어와 인문계 과목을 합치면 그 수업비중은 문과 80%, 이과 50%를 점한다. 교과과정으로 분석해 보아도 구제고교는 도구적 학문인 외국어와 인문계 교양지식 습득에 역점을 두는 전공 전단계의 대학예비학교임을 알 수 있다.

구제고교에 있어서 외국어는 영국의 퍼블릭스쿨이나 독일의 김나지움, 불란서의 리세 등 서구의 귀족학교들이 전체 수업시간의 반 이상을 기울여 습

득시키는 라틴어와 희랍어에 상응하는 것으로 이해된다. 문과와 이과의 '갑'류와 '을'류의 분류는 외국어를 기준으로 한 것이다. 이미 습득한 기수(旣修) 외국어를 제1외국어로 삼는 학계를 갑류, 아직 습득하지 않은 미수(未修) 외국어를 제1외국어로 삼는 학계를 을류로 나눈 것이다. 영어는 중등단계에서 누구나 배우는 기수 외국어이니 결국 갑류는 영어를 제1로 하는 학계가 되고, 을류는 독일어를 제1로 하는 학계가 된다.[12] 아주 드물게 1고처럼 불어를 제1로 하는 병류를 두는 학교도 있었다. 제2외국어는 갑-을이 그 반대가 됨은 말할 것도 없다.

고교에 입학하면 누구에게나 가장 큰 압력으로 다가오는 것이 독일어 시간이고 독일어 문법 익히기였다. 고교의 고교다움은 독일어로부터 시작된다는 말까지 나올 정도로 독일어는 고교생활과 고교생 문화와 직접적으로 연결되어 있었다. 구제고교 출신이 학창시절을 회고할 때 흔히 독일어 시간을 떠올리고 독일어를 제1외국어로 하는 문과 을류를 '고교의 꽃'으로 치는 것도 이 때문인 모양이다.[13] 1937년 3월, 남재는 야마구치고등학교의 바로 문과 을류에 합격한 것이다.

제2절 자유와 자치의 고교생활

1. 학력귀족들의 선민의식

'학력귀족'의 영예를 누릴 수 있었던 일본의 전전세대들은 흔히 자신의 고교시대를 "위대한 무위(無爲)의 시대" 혹은 "질풍노도(疾風怒濤)의 시대"로 기억하고 있다.

"사람이 세상에 태어나서 순수하게 자기 의지대로 생각하고 행동할 수 있는 경우는 매우 드물다고 할 것이다. 그러나 일본의 고교만은 시공(時空)적으로 그러한 상황이 때때로 허용되는 5차원의 세계, 곧 사회적 규제와 속박으로부터 완전해방될 수 있는 별천지가 아니었나 생각된다. 고교의 캠퍼스는 그야말로 성역(聖域)이었고, 고교의 생도는 외경의 대상이요 무슨 짓을 하던 관용의 예외였다. 이러한 곳이 이 지구상에 또 어디에 있다는 말인가…"

이상은 남재와 경성제2고보 입학동기로 남재보다 2년 늦게 구마모토(熊本)의 제5고를 거쳐, 도쿄제대 공학부(응용화학전공)를 나온 황삼현(黃三顯)의 회고였다. 그는 당시 고교생들이 누렸던 이러한 특전이 각 고교소재지 주민들의 자기지역 고교와 고교생들에 대한 깊은 관심, 애정 등에 연원하는 것으로 풀이하고 있다. 고교생의 웬만한 탈선쯤은 기꺼이 눈감아주고 감싸줄 줄 아는 시민들의 고등교육이라는 근대적 가치에 대한 열려 있는 마음이 그와 같은 고교 특유의 학풍을 만들어낸 토양이 되지 않았나 생각된다는 것이다.

노벨문학상 수상작가 가와바타 야스나리(川端康成)의 소설 『이즈의 춤추는 소녀』(伊豆の踊子)는 1고생을 소재로 한 소설이다. 백선이 두 줄 들어간 둥근 제모에 만토를 두른 검은 제복의 1고생이 홀로 '이즈'(伊豆)를 여행하던 중 일단의 '여예인'(旅藝人 : 순회공연단)과 만난다. 그들과 일행이 되는 동안 1고생의 가슴에 어느덧 열네 살 난 춤추는 소녀를 향해 잔잔한 연정(戀情)이 싹트나 여행이 종착에 이르면서 작별로 끝나고 만다는 줄거리를 시적(詩的)으로 묘사한 수채화 같은 작품이다.

흥미 있는 것은 고교생이 서민들에게는 눈부실 정도로 경이로운 존재로 그려져 있는 대목이다. 찻집의 늙수그레한 여주인으로부터는 "단나사마"(旦那さま : 나리 정도의 경어)로 특별 취급되고, 춤추는 소녀의 언니는 그를 발견하고는 "어머… 고등학생이군요!" 하며 은막의 스타라도 마주친 듯 놀라며 동생에게 주의를 환기시키는 장면들이다.

또 고교생 '료카'(寮歌 : 기숙사 노래—넓은 의미의 고교찬가)의 어휘빈도를 조사한 재미있는 분석도 있다.[14] 2,000여 료카 중 대표적 430곡에서 적출된 10대 어휘는 봄(春)-노래(歌)-사람(人)-나(我)-꽃(花)-빛(光)-벗(友)-언덕(丘-岡-城)-달(月)-꿈(夢)의 순으로 되어 있다. 주목되는 것은 이 중에서 언덕을 뜻하는 '丘' 또는 '城' 따위의 출현빈도가 8위로 나타난다는 사실이다. 이것은

〈표 Ⅰ-⑤〉 제4고 학료 일과(日課)표

◦기상 : 05~06시
◦조식 : 05 : 30~06 : 30 / 06 : 30~07 : 30(10월~3월)
◦주식 : 정오~13 : 00
◦외출 : 수업종료 후 18 : 00~20 : 00까지 토요일-공휴전일은 21 : 00까지
◦석식 : 17 : 00~18 : 00
◦자습 : 19 : 00~22 : 00
◦입욕 : 15 : 00~18 : 00
◦청소 : 조-석의 식전(매주 토요일 오후는 대청소)
◦취침 : 22 : 00
◦점검 : 취침시
◦소등 : 22 : 30

자료 : 『第四高時習寮史』, 『學歷貴族の栄光と挫折』 p.201 재록.

향릉(向稜)에 높이 위치한 1고를 비롯한 대부분의 고교들(야마구치고교도 포함)이 구릉지대에 세워져 멀리까지 내려다볼 수 있음을 '료카'들이 강조 표현한 것으로 해석된다고 한다.

그러나 그것이 갖는 또다른 함의(含義)는 세속일체를 초극하려는 고고(孤高)한 '선민의식'(選民意識)의 발로라는 것이다. 이러한 선민의식은 고교인들의 자기만족의 소산이라기보다는 그곳에는 범인들이 알 수 없는 그 무엇인가가 있다고 생각하는 사회일반의 외경심과 신비감이 만들어준 것이기도 하다는 해석이다. 다만 고교인들 스스로 경제-사회적 지위나 신분계급적 차원이 아닌 '정신적 귀족'을 자처한 것만은 사실이다.[15)]

메이지 연간의 고교생 출신계층 분포를 보면, 초반에는 '사족'(士族 : 무사계급) 출신이 50%를 훨씬 상회하나 후반으로 가면 그 절반수준인 25%대로 뚝 떨어지고 대신에 평민출신이 75% 이상을 차지하는 것으로 나타난다. 다이쇼-쇼와 연간으로 가면 90% 이상이 중산층으로 대체된다.[16)] 고교생들은 결코 귀족출신이 아닌 것이다. 그래서 더욱 정신적 귀족임을 자부하는지도 모른다.

흔히 고교생활은 기숙사—'학료'(學寮)에서 비롯된다고 한다. 학료는 고교의 특유물이며 학료생활은 고교의 '중심생명'이라고까지도 극찬된다.[17)] 고교

문화의 진수가 여기에서 우러난다는 것이다.

고교들은 대체로 전교생을 입료수용하는 '전료제'(全寮制)를 지향하나 실제로는 1학년만이 전원 입료되고 나머지는 개인사정에 따라 자율적 선택에 맡겨지다 보니 현지생은 드물고 타지방 유학생이 다수를 점했다고 한다.

〈표 I -⑤〉에서 보는 바와 같이 제4고(金澤)학료의 일과는 아침 5시 기상, 밤 10시반 취침으로 엮어진다. 이것은 전체 고교학료생활의 한 모형일 수 있다. 또 1고 자치료(自治寮)의 「4대강령」도 '료훈'(寮訓)의 전형적인 예로 볼 수 있을 것이다. 즉 ① 자중(自重)의 염(念)을 일으켜 염치의 마음을 기르고, ② 친애(親愛)의 정(情)을 일으켜 공공(公共)의 마음을 기르며, ③사양의 마음을 일으켜 정숙(靜肅)의 습관을 기르고, ④ 섭생(攝生)에 주의하여 청결의 습관을 기른다는 자치생활의 지표가 담겨 있는 것이다.[18] 전료제로 출발한 1고의 이와 같은 자치정신은 3고의 '무위이화'(無爲而化) 의 자유정신과 함께 구제고교의 일반이념으로 정착되었다.[19]

자유와 자치—, 그것은 고교를 떠받치는 두 개의 이념적 지주였다. 야마구치고교라고 예외는 아니었다. 식민지 중등교육의 억압과 멸시, 타율과 굴종에 익숙해 있던 청소년기의 남재에 있어서 자유분방한 고교의 자율적 분위기는 실로 경이(驚異) 그 자체였다.

2. 문과 을류의 '다스킨'

입학 첫날, 신입생 선서식이 끝난 후 "학료 신발장에서 공산당 삐라가 반드시 나올 테니 발견 즉시 신고하라"는 생도과장의 주의사항 시달과 "금년에는 교련실습을 기어이 해내고야 말겠다"는[20] 배속장교의 굳센 다짐 등이 남재에게는 더욱더 별천지에 와 있음을 실감케 하는 것이었다.

공산당의 붉은 문서가 공공연히 나도는 것은 그렇다 치고 그 동안 생도들의 반발에 부딪어 교련연습을 제대로 못해왔다는 이야기는 비단 식민지 출신 남재에게 있어서뿐만 아니라 모든 풋내기 신입생들에게는 불가사의한 일로 생각될 만한 일이기 때문이다.

남재는 입학고사를 일반교실이 아닌 유도장에서 치렀다.[21] 입시 약 4개월 전인 전년도 10월 말 본관에 큰불이 나서 2층 건물 전체가 소실되었기 때문이다. 다행히도 강당-체육관-도서관-학료-특수교실-무기고-식당 등은 무사하여 복구에 그리 오랜 시일이 걸리지는 않았다고 했다. 남재와 학교 화재는 인연인 모양이다. 유소년기 교동학교 시절에도 남재가 입학한 지 두 주만에 2층 본관이 몽땅 불에 타 운동장 천막교실에서 2부제 수업을 받은 일이 있지 않은가. 이 통에 야마구치고교 1학년 시절에도 남재는 1학기 내내 체육관과 이과의 계단강의실을 전전하며 수업을 받아야 했다.[22]

남재에 있어서 학료생활 초기는 다소 고달픈 나날이었을 것이다. 너무도 새롭고 생소한 분위기에 적응하는 일이 그리 쉽지 않았을 것이기 때문이다. 1937년 그 해에 야마구치고교에는 3학년에 신기진(申基珍 : 문갑 · 전 동국대 교수 · 변호사)과 옥조남(玉朝南 : 문갑 · 전 국회의원), 2학년에 윤동석(尹東錫 : 이갑 · 전 수원대학장) · 김승욱(金乘郁 : 문갑 · 재북) · 성창환(成昌煥 : 문갑 · 고대 명예교수), 그리고 1학년 신입생으로 남재와 민병구(閔丙久) : 문갑 · 전 부산대 총장) · 강석린(姜錫麟 : 이갑 · 전 한양대 의대교수) · 이재도(李在燾) : 문갑 · 미상) 등이 있었다. 이중 문과의 을류는 남재 혼자뿐이었다.

낯선 이국, 더구나 매사에 기가 죽을 수밖에 없는 식민지 지배본국 유학생활에서 동족과 함께 지낼 수 있다는 것은 위안도 되고, 또 서로 의지가 되어 난관을 돌파해 나가는 데 큰 힘이 되었을 것임은 더 말할 것도 없다.

그러나 '4수'(四修)의 '다스킨'이었던 남재의 경우는 갑자기 바뀐 환경으로부터 받는 중압감이 동기생 일반보다 더 컸을 것이다. 4수생이란 수재(秀才)의 대명사로 통하는 영예의 별칭이기도 하지만 다른 한편으로는 '애기' 취급을 당하기 쉬운 미숙성의 멸칭(蔑稱)으로도 쓰였다. 낭인(요즈음의 재수-삼수생들) 생활을 거듭했거나 군-경-회사 등 사회생활 경력이 화려한 아저씨들— 소위 '옹켈'(Onkel)들이 득실대는 속에서 4수생은 그야말로 아동일 수밖에 없는 것이다. 그러니 때로는 그들의 완력에 휘둘림당하기 쉬운 위험한 측면이 다분히 있었던 것이다. '다스킨'은 이와 같은 학료의 인적 구성과 분위기를 반영하는 대표적인 말이다. 독일어의 'Das Kind'에서 전화된 중학 4년 수료생에 대한 고교식 은어(隱語)인 것이다.

남재는 동기생 민병구와 강석린과 가깝게 지냈다. 특히 스케일이 컸던 민병구와 잘 어울렸다. 남재보다 두 살 위로 형뻘인 이들은 공부도 썩 잘했지만 술도 잘 마시고 놀기도 좋아하는 호탕한 성격들이어서 악동 같은 짓궂은 구석도 없지 않았던 모양이다. 그래서 나이 어린 다스킨 남재를 만만히 보고 입학 초기에는 골려주기도 하고 애를 먹이는 등 거칠게 다룬 듯했다.[23) 하지만 생각이 깊고 늘 따뜻한 데다 매사 진지하고 성실한 남재의 사람됨에 자연스럽게 빠져들게 되었던 것 같다.

"부잣집 태생이라는 티를 내는 일이 없고 늘 겸손하고 온화하면서도 소탈하여 나 자신 네 살 아래인 어린 상협군을 무척 좋아했다…"고 신기진은 회상했다. 이 시절 같은 학년이면, 조선 출신이건 일본인이건 남재보다 한두 살 위가 보통이었다. 이들은 대개 중학(또는 고보) 5년을 마치고 한두 해 재수-3수 끝에 어려운 고교의 관문을 뚫고 들어왔기 때문이다. 신기진도 학년은 두 해 위였지만 나이는 네 살 연장이었던 것이다.

야마구치고교의 학료는 3개 동(棟), 남료(南寮)-중료(中寮)-북료(北寮)가 있었다. 각 료사(寮舍)는 2층 건물로 1개 료사에는 약 80명 정도 수용이 가능하고, 각개 방은 료생 2명씩 들게 되어 있다. 룸메이트는 무작위로 정해지나 조선-대만 출신은 동족끼리 같은 방에 들도록 배려되기도 했다. 남재의 룸메이트가 누구였는지는 확인되지 않는다.

야마구치고교의 당시 학생수는 1학년이 문과 이과의 갑-을 각 30명씩 120명이니 3개 학년 합쳐 360명 정도다. 이중 학료생은 150명 안팎이고 2~3학년은 흔히들 자취나 하숙을 택했다. 단체생활에 얽매이기 싫은 고교생들의 자유분방함이 하숙, 자취, 또는 매식 형태의 셋방들기를 선호하게 만든 것이다.

3. 학료(學寮)와 고교문화

어느 고교이건 학료에는 나름대로의 갖가지 관행이 생겨난다. 개중에는 학업-젊음-낭만의 어우러짐 속에서 창조되는 고교생 고유의 문화적 특성으로서 생명력을 발휘하는 명물들도 많이 있게 마련이다. 남재 시절의 야마구치 학료에서도 이 공통적 고교명물들이 성행했다. 그 단연 으뜸이 '료-우'(寮雨)였다. 일본어로 여름날 한바탕 퍼붓는 시원한 빗줄기를 말하는 '涼雨'(양우)와 발음이 같은 이 '寮雨'는 한밤중 2층 료사의 계단 창 밖으로 힘차게 갈겨대는 오줌줄기를 점잖게 은유한 말이다. 시발은 3층으로 된 1고의 료사에 화장실이 1층에만 있기 때문에 층계를 오르내리는 수고가 귀찮은 2~3층 료생들이 밤중에 자기 층의 계단에서 창 밖으로 소변을 행사한 것이 계기가 되어 전 고교에 퍼져 나간 것이라 한다.[24] '료우'까지 있으니 '황금문학'이 성행하는 것도 당연한 일이다. 화장실 낙서를 이들은 '황금문학'이라고 격을 높여 불렀던 것이다.

그러나 그 무엇보다 맹위를 떨친 명물이 '스톰'이었다. 영어의 폭풍우를 뜻하는 스톰(Storm)은 그 형태가 일정하지 않았다.

첫째 유형은 취침점검이 끝나고 소등(消燈) 후에 벌어지는 '대소동' 행태이다. 바쁜 일과에 쌓였던 피로가 한꺼번에 몰려와 막 깊은 잠 속으로 골아 떨어질 무렵, 료생들의 베갯머리를 난데없이 "데-칸-쇼!"(데카르트-칸트-쇼펜하우어)를 외쳐대는 기성(奇聲)과 대환성이 강타한다. 이어 마루바닥을 뒤흔드는 거친 발자국소리, 요란한 경종(警鐘) 울림, 양동이-양철 자배기 두드리는 소리에 료사가 벌컥 뒤집어진다. 드디어 야구배트, 빗자루, 깃대 등 온갖 잡동사니로 무장한 야만의 무리들이 그 실체를 드러낸다. 국소만 가리고 벌거벗은 몰골을 한 일단의 습격-난동이 한바탕 료생들의 혼을 빼놓고는 씻은 듯이 사라진다.[25]

둘째 유형은 '소각제'(燒却祭 : Fire Storm)로, 일종의 캠프파이어 행태다. 료제(寮祭)나 기념제의 절정행사다. 각종 프로그램에 쓰였던 인형-의상-색종이-대나무-볏짚-테이프-깃발-각목 등 해체된 온갖 장식물들을 교정의 광장에 산더미처럼 쌓아올린 다음, 기름을 붓고 불을 질러 거대한 불기둥이 솟아오르면 스톰이 시작된다. 정성 들여 만든 소도구-장식물들이 불길 속에서 한줌의 잿더미로 화해가는 광경을 바라보면서 서서히 어깨를 겯고 원진을 만들어 빙글빙글 돌면서 군무(群舞)를 시작한다. 불길이 사위어가면 다시 축제의 잔해들로 불길을 지펴놓고 어지럽게 춤을 추고, 또 불길이 시들하면 다시 돌구면서 축제의 노래 료카(寮歌)를 포효하듯 노래하고 또 노래하고, 네 되들이 술통의 냉주를 국자로 퍼 올려 목을 축이고 춤추고 또 춤추며 밤이 새도록 지칠

줄 모르는 젊음을 발산한다.[26]

스톰—, 그것은 젊음이 있는 곳에는 어떤 형태로든 존재하는 것이었다. 금녀의 동산인 고교의 캠퍼스에도 축제 때만은 어김없이 여성들이 찾아온다. 백선의 둥근 제모, 검은 망토의 제복을 흠모하는 주로 상류층 규수들이라고 한다.

이 밖에도 급식불만 때문에 벌이는 마카나이 세이보츠(賄い征伐), 곧 '주방정벌'쯤으로 해석되는 식당에서의 난동행태가 있는가 하면 소등 후에 몰래 촛불 켜놓고 밤샘 공부를 하는 가장 학생다운 로벤(蠟勉) 등도 학료생활의 빠질 수 없는 명물로 자리잡고 있었다.

유신을 주도한 젊은 하급무사들의 겁 모르는 행동주의가 숭상되던 일본적 풍토에서 유래한 듯, 당시 일본 사회는 고교생들의 젊은 기백을 매우 중시하여 그들의 웬만한 객기나 선의의 낭만적 탈선쯤은 호연지기(浩然之氣)를 길러준다는 차원에서도 얼마든지 관용의 눈길로 받아들일 수 있는 자세가 되어 있었던 것이다. 말하자면 고교가 있던 지역사회와 학교당국이 '큰사람 만들기교육'을 공동의 과업으로 인식하고 대처해 나간 것이 아닌가 생각되어질 정도다.

또 어쩌다 젊은 날의 넘치는 활력이 한잔 술에 폭력사태를 빚어내는 경우라도 결과는 무사 처리된다. 담당검사 거의가 고교출신 선배들이기 때문에, 그들은 어느 고교의 생도들인가를 가리기 앞서 고교생은 모두 내 후배라는 강한 연대의식과 같은, '학력귀족'이라는 동문-동종(同文-同種)의 공속감(共屬感)에 젖어 일을 처리한다는 것이다.

그러나 고교생들의 이러한 기백에 넘치는, 때로는 거칠기 짝이 없는 자유로운 행동과 낭만적 욕구분출도 그들이 자신의 고유사명인 학업에 무섭게 정진함을 전제로 하여 관용되는 것이었다. 일본의 구제고교가 얼마나 고된 스파르타식 교육을 강행했는가는 남재의 다음과 같은 회고에서도 살필 수 있다.

"…당시 수업시간이 주당 33시간인데, 월~금요일 닷새는 6시간씩 30시간, 토요일은 3시간 해서 33시간 중에 외국어시간이 무려 15시간이나 됐어요. 절반을 외국어를 가르친 셈인데 전쟁을 하는 시대에도 외국어를 극성으로 가르쳐 이상하다는 생각이 들 정도였어요. 그때 '영국을 따라가고 영국을 넘어서자', '독일을 따라가고 독일을 넘어서자'는 슬로건 아래 인재 양성을 하며 외국문물을 무섭게 배우는 모습이었어요…" 27)

4. 야마구치고교의 교수들

남재의 재학중, 외국어 담당교수는 외국인 포함 11명, 그중 영어가 5인, 독일어가 6인이었다. 일인 교수들은 모두가 외국에서 수학한 실력 있는 교수들이었고, 외국인 교수—, 영어의 W. J. 미첼과 그에 이은 D. 에치슨(1939~), 독일어의 W. 프라이비쇼(1935~) 등도 모두 평판이 좋았다. 이들 11인 교수가 갑류는 영어 중심, 을류는 독일어 중심, 주당 15시간, 매일 2~3시간씩 학년별로 3인이 붙어 가르쳤다니 그 철저했던 외국어 교육의 수준을 짐작할 만하다. 교과내용은 1학년은 문법 위주, 2~3학년은 원서강독이 주였고 여기에 외국인 교수의 듣고 말하기 수업이 부가되었다. 강독은 영국(갑) 또는 독일(을)의 문학-철학-사상 등 로맨틱한 소설작품이나 수준 높은 문명비평서들이 채택되어 3학년에 이르면 벌써 상당한 어학실력을 쌓게 된다고 한다. 28)

토마스 하디(『테스』), 헤르만 헤세(『데미안』), 슈펭글러(『서구의 몰락』) 등이 원서강독으로 채택되어 학생들에게 깊은 감명을 준 것으로 회고되기도 했다. 29) 야마구치고교의 이와 같은 주당 외국어 수업 15시간은 「고등학교령」이 정하는 것보다 오히려 2~3시간 많은 것이었다.

당시 교수진은 외국어 담당 교수 11인 외에도 인문사회계 교수가 8인, 이과계 교수가 15인, 그리고 교련-체육 관련이 8인이나 있었다. 따라서 남재의 재학시절 교수 총수는 그만두거나 새로 부임하는 경우를 감안한다고 하더라도 40명은 되었다.(〈표 I -⑥〉 참조)

이들 중에는 학생들의 존경과 주목을 받는 인기 교수도 몇 명 있었다. 국어의 미츠이 신타로(満井信太郎), 한문의 하시모토 나리후미(橋本成文), 독일어 기타무라 요시오(北村義男)와 가네오 오토미(金尾音美), 그리고 외국인 프라이비쇼가 그들이다.

『산타로의 일기』(三太郎の日記)로 신화적 명성을 떨친 아베 지로(阿部次郎)와 비견되는 수재로 정평이 났던 미츠이(滿井)는 강의에 당대 1인자로 격찬되었다. 보헤미안 넥타이에 베레모를 쓰고 한쪽 손에 라켓을 든 멍청한 모습이 그의 특징이었다. 『고지키』(古事記) 해석에 밝고 일본문학사에도 조예가 깊었던 그는 특히 『요교쿠』(謠曲) 연구에 높은 경지를 보였다고 한다.[30]

한문의 하시모토(橋本)는 시인풍이 돋보였고,[31] 독일어의 기타무라(北村)는 독일어 'und'를 항상 '오운트'로 발음하는 특징 때문에 그의 수업 명칭이 아예 발음이 비슷한 '온토로기'(Ontologie 존재론)가 되어버린 아주 성실한 교수의 대명사였다고 한다.[32]

폐질환을 앓고 있던 독일어의 가네오(金尾)는 '완성된 괴테'를 연상케 하는 원만-겸허한 성품의 소유자였다. 교양과 철학을 논하고 문화의 퇴락을 비판할 때는 일개 언어학자가 아닌 문명비평가적 경지에 이르러 그 학문의 깊이를 헤아릴 수 없을 정도라고…. 국어(일본어)의 미츠이와 함께 야마구치고교의 쌍벽이었다고 한다.[33]

독일어 강사 프라이비쇼는 특이한 경력의 소유자로 알려졌다. 뮌헨 대학에서 철학을 전공한 독신의 철학박사로서 새끼손가락에 총상 흔적까지 난 포병 중위 출신 참전군인으로 중일전쟁이 나자 육군에 제일 먼저 종군을 신청한 저널리스트였다고 한다. 일본인을 '호전적'(Kriegerisch)이라고 평하고 공산주의자들을 '비감성적'(Unsinnlich) 냉혹 인간들로 표현하는 그는 독일적 이상주의관을 지닌 전형적 독일인으로 교내 음악회에 참가하여 시 낭송까지 했던 적극파였다.[34]

남재는 이들 5인의 인기교수들 중 독일어 3인의 수업은 직접 받았을 것이고, 국어와 한문의 두 교수 경우는 그 확률이 반반이나 어떤 형태로든 그들의 영향을 받았을 가능성은 높다.

나머지 교수들에 대해서는 낡은 노트에 매달려 월급봉투에 연연하는 체념적 군상, 아니면 독단과 독창을 착각하고 이론과 실천을 혼동하고 위선과 자애를 오해하는 단순한 소피스트라는 혹평이 내려져 있다.[35] 그러나 윤리학 담당의 류(隆)나 문화사의 오가와(小川)와 같은 학생들의 교양과정을 살찌운 영향력 있는 교수들도 있었다는 다른 견해도 있다.[36] 남재의 지도교수 다나카 타이조(田中泰三 : 독일어)는 그리 명망 있는 교수는 못 된 듯하다.

〈표 Ⅰ-⑥〉 남재 재학중 학과목별 담당교수(야마구치고교)

과 목	이 름	재직기간	과 목	이 름	재직기간
독 어	石村忠次	1925~1941	물 리	上野榮雄	1929~1939
	米澤直人	1926~1950	(실험)	黑須 芳	1937~1939
	金尾音美	1928~1942		彦坂忠義	1939~1943
	北村義男	1933~1950		寺崎恒信	1939~1945
	W. 프라이비쇼	1935~			
	田中泰三	1936~1945	화 학	松井正夫	1922~1943
영 어	原田純藏	1921~1939	동·식물	兒玉親輔	1919~1944
	堀 信一	1929~1938	(실험)	小田常太郎	1927~1938
	岡崎虎碓	1932~1950		仲野武吉	1938~1943
	W. J. 미첼	1929~1938			
	D. 에치슨	1939~	광 물	土田 安	1934~1939
	村上至孝	1939~1946	지 질	西尾敏夫	1939~1941
			도 화	波多野勝好	1928~1942
				遠藤敞治	1939~1944
국 어	滿井信太郎	1921~1949	체 조	俣賀助一	1919~1950
(일본어)	佐藤榮吉	1924~1944		吉井甚右衛門	1927~1943
한 문	橋本成文	1932~1948	교 련	池田茂治	1939~1945
	石黑俊逸	1938~1950	(체조)	新田 明	1936~1944
수 신	隆 高鑑	1927~1946	검 도	早川 要	1922~1938
(윤리학)				時政鐵之助	1938~1939
				渡辺 功	1939~1946
역 사	四田 直	1919~1946			
(지리)	小川五郎	1929~1946	유 도	千葉勝吉	1931~1946
법 제	早坂四郎	1934~1943	교 장	中山文碓	1935~1938
(경제)				安齋宏策*	1938~1940
수 학	田淵一郎	1919~1941			
	山中幸夫	1929~1950			
	佐藤三郎	1930~1946			

* 그는 독일어 강의 병행, 따라서 이 시기 독일어 담당은 총 7인인 셈이다.

자료 : 『鴻南會名簿』(1979)서 작성.

학생 360여 명에 교련-체육 관련 담당이 무려 8인이나 있었던 것도 특기할 사실이다. 이것은 1고가 군신(軍神) '마-즈'(Mars)의 상징 떡갈나무잎(柏葉)과 지혜와 기예의 여신 '미네르바'(Minerva)의 올리브 잎으로 모표(帽標)를 구성, "문사에 통하는 자, 반드시 무비가 있다"(有文事者 必有武備)는 옛말의 교훈에 따라 '문무겸전'의 조화와 균형을 표방했던 예에서 잘 드러나 있듯, 당시 모든 고교들이 학업에 못지않게 생도들의 체력단련을 대단히 중요시했다는 뜻이 된다. 투구형의 '山'자를 배경으로 세 장의 떡갈나무 잎을 솔발(鼎)형으로 세우고 그 속에 '高'자를 넣어 구성된 야마구치고교의 모표도 '견실불굴'의 체력(柏葉=軍神)과 함께, 정신력(山=투구-무사도)을 표상하고 있다.[37]

5. 독일어 성적 항상 일등

우리가 야마구치고교의 후신인 현재의 야마구치대학(山口大學) 인문학부를 방문했을 때, 학부 학적관리 주무부서인 인문학부 도서관에는 남재 시대의 성적 기록이 보관되어 있지 않았다. 종전 후, 학제변경에 따라 구제고교가 폐지되고 대학으로 승격-개편되면서 다른 여러 학교들과 통폐합을 거듭하게 되어 캠퍼스를 수차 전전하고 소속건물도 자주 바뀌는 과정에서 그만 애석하게도 옛 고교시절 학적자료 일부를 유실하고 말았다는 것이다. 현재는 인적사항, 학년별 석차 및 평균점수, 출결사항, 인물개평, 기타 부수사항을 기재토록 되어 있는 서식(書式)용지에 입시용 사진이 부착된 학적부가 남아 있는데 여기에는 수강과목별 학점취득사항(성적) 기재란은 없고 학년별 석차 및 평균점수 기재란조차도 공란으로 비어 있었다. 따라서 우리는 남재의 고교시절 학업성적 상황을 알 길이 없다.

다만 구제고교의 교사(校史)편찬사료 발굴을 목적으로 열렸던 '제19~21회 졸업생 좌담회'(1987. 7. 22.)에서[38] 남재와 동기생인 마에타 무겐(前田武彦 : 19회 문갑)이 사회를 맡아 진행하면서 "문·갑에 민병구, 문·을에 김상협이 어학을 대단히 잘했다…"고 증언하는 기사를 발견할 수 있어 다소 위안이 되었다. 또 이번 방문길에서 만난 하라 이사오(原勳) : 19회 문·을—山口縣 阿東

町 地福 거주)도 "입학 후 첫 영어시간에 케임브리지 대학 출신 미첼 교수가 딕테이션(Dictation) 테스트를 한 다음 즉시 채점을 공개했다. 90점 이상이 4명, 그중 1등이 김상협 선생이고 내가 넷째를 했다. 나는 중학시절부터 영어를 잘 한다고 자부해 왔는데 김 선생의 실력에 놀랐다. 그후 3년 동안 문과 을류에서 독일어의 톱은 언제나 김 선생이었다. 1학년 때는 수학시간도 있었다. 김 선생은 수학도 잘했다. 그는 대단한 수재였다. 그때 귀공자와 같은 김 선생의 인상이 지금도 나의 기억 속에 생생히 남아 있다"고 존경스러웠던 옛 학우를 깍듯이 '선생'이라고 호칭하면서 그 시절을 회고했다.

3년 동안 함께 수학한 하라(原)의 이와 같은 증언을 통해 우리는 남재의 학업성취 상황과 관련, 더 이상 긴 설명이 필요 없음을 확인하게 되었다. 남재의 진짜 실력이 야마구치고교에서 더욱 유감 없이 발휘되지 않았나 생각된다. 독일어에서 시작, 독일어로 끝난다는 고교에서 문과 을류의 독일어 성적이 항상 톱이었다면, 그것은 전학년 일등이나 마찬가지라는 이야기가 된다.

어학은 문과 갑류의 민병구와 이과 갑류의 강석린도 뛰어났다. 숙제를 못해왔거나 번역에 막히면 학우들은 서슴지 않고 이들에게 모자 벗고 가르침을 받았다는 일화도 남아 있다.[39]

수당은 남재가 학료생활을 하던 1학년 때 두 차례 야마구치를 다녀갔다. 수당이 올 때면 조선 학생을 인근 온천지대 유다(湯田)의 깨끗한 음식점에 초대하여 맛난 저녁을 한껏 들도록 대접하며 면학을 격려했다고 당시 3학년 졸업반이었던 신기진은 전한다.

남재도 2학년부터는 이토고메(糸米) 하숙으로 옮겼다. 학료의 경우 하루 3식에 50전이니 한 달 15원, 료비(寮費 : 방값) 2원 50전, 기타 잡비지출을 합쳐도 20원 이내로 한 달 생활이 해결되었다. 료생들이 매달 고향의 부모로부터 송금받는 생활비는 보통 30원 정도, 학료의 식대와 료비를 제한 10여원이 용돈이 된다. 이것으로 책값, 담배값, 찻값, 술값까지 충당한다.[40] 한 달 하숙비도 20원을 약간 웃도는 정도였다니 학료와 대차 없이 싼 편이었다. 월 4원 20전 하는 8조 다다미 셋방에 들어 매식 생활을 해도 한 달 식대가 12~3원은 나가므로 역시 학료와 큰 차이가 없었다.

이 시절 음주풍속은 매우 소박했다. "평상복 차림으로 5원짜리 지폐 한 장을 소매 속에 찔러넣고 2~3인이 오뎅집에 가서 도쿠리 한병에 8전 하는 싸구려 술 수십 병을 먹어치우고서야 비로소 얼큰하게 취기가 오르면 어느새 날이 새는지 닭울음소리가 들려오고 거스름돈 50전 은화 2~3매를 다시 소매 속에 챙겨넣고 게다짝 끌고 고래고래 소리지르며(蠻聲) 다이쇼오 거리(大正通)로 해서 집으로 돌아오면 이토고메 계곡에서 뭉게뭉게 안개가 피어오르는 광경이 눈에 들어왔다"는 자못 시적인 회상이 이를 여실히 말해준다.[41] 차츰 술맛을 알게 되면 음주 자체가 목적이 되겠지만, 이들은 아직은 술이 목적이 아니라 술을 매개로 한 자기침잠이나, 술좌석에서 벗들과 나누는 젊은 날의 끝없는 담론에 더 큰 비중을 두었을 것이다.

학료생활 1년 동안 남재는 신입생 콤파(Company : 회식)를 비롯, 클라스 또는 료의 콤파나 기념제-료제 등 각종 생도행사에 열심히 참가한 듯하다.[42] 술도 제법 마셨을 것이고 때로는 마치에 나가 영화도 관람하고 레스토랑, 끽다점에도 들렀을 것이다. 학교주변에 '대학가' 같은 것은 전혀 형성되어 있지 않았으나 마치에는 '후지야'(富士屋), '베니야'(紅屋) 등 찻집과 '긴류칸'(金龍館) 같은 영화관이 있었다.

"건아들의 가슴에 타오르는 불꽃…"(健兒の胸に燃ゆる火の…)으로 시작되는 교가는 작사-작곡 모두 원안이 생도작품이므로 그들의 취향과 기분에 썩 잘 부합되는 고교 교가 제1의 걸작이라고 야마구치인들은 자부하고 있었다.[43] 남재도 주로 교내행사에서 불렀겠지만, 어쨌든 3년 동안 이 교가를 부르는 데 익숙해 있었을 것이다.

원체 책을 좋아해서 손에서 책을 놓는 일이 없다시피 했던 남재에게는 용돈에서 책값의 비중이 가장 컸을 터이니 한 달 생활비로 적어도 50원은 넘게 썼을 것 같다.

남재는 이 시절에도 결석이 많은 편이었다. 1학년에 21일, 2학년에 19일, 3학년 10일로 되어 있다.(학적부 '勤惰' 기록) 사유는 알 수 없으나 남재가 쉽게 알아눕는 약질이 결코 아님을 감안할 때 결석의 대부분은 방학을 전후해서 조기 귀국 또는 귀교지체로 인해 발생한 것이 아닌가 생각해 본다. 남재인들 어찌 향수에 젖는 일이 없었겠으며 부모형제들이 그립지 않았겠는가. 남재가 2학년이 되던 1938년 초여름(6월 28일)에는 그를 끔찍이도 사랑하시던 할머니 장흥(長興) 고씨가 별세하여 귀국이 앞당겨졌을 것으로 짐작된다.

형님 상준이 와세다대학(早稻田大學) 예과에 입학하던 그 해 1학기 중반쯤

해서 남재는 "야구의 와세다"를 칭찬하는 유머러스한 편지를 형님께 보냈다고 한다.44) "공부 잘 하시냐는 안부 인사와 함께 이번 방학 귀국길에 만나 같이 돌아가자"는 제의가 담겨 있었다. 남재의 제의대로 형제는 시모노세키(下關)에서 만나 부관연락선을 타고 부산에 도착, 8~9시간 걸려 서울까지 열차편으로 돌아온 아주 유쾌한 추억을 상준은 간직하고 있다. 그때 남재는 다소 수척한 얼굴에 백선이 두 줄 들어간 둥근 모자를 쓴 모습이 아주 잘 어울렸다고 그는 회상했다. 형제의 귀국길 동행은 남재가 야마구치교고에 입학하던 1937년 그 해 여름방학이었던 것 같다.

이 무렵 남재는 윤희중에게도 편지를 냈다. 감옥 같은 억압적 분위기에서 숨도 제대로 쉬지 못하고 지내는 자신에게 일본 고교의 별천지와 같은 자유스런 분위기를 소개하고 부지런히 공부하여 부디 고교에 진학할 것을 권유하는 격려편지였다고 윤희중은 회상했다.

6. 암묵(暗黙)의 시대 : 파쇼화의 잿빛 그림자

남재가 고국을 떠나 일본열도의 변방, 야마구치에 첫발을 내딛게 되는 1937년은 참으로 의미심장한 상징적인 해였다. 이 해 7월, 일제는 중일전쟁을 도발, 마침내 태평양 전쟁으로까지 치닫는 파멸을 자초한 것이다. 물론 그 서곡은 1931년의 만주침략에서 울렸지만, 광신적 파쇼화의 길로 빠져들어 눈먼 질주를 시작하는 직접적 계기는 1936년 황도파(皇道派)장교 일단이 일으킨 2·26 군사반란에서 비롯되었다. 이때 숙군(肅軍)을 명분으로 실권을 장악한 군부는 정치전면에 진출하여 모험주의적 '국방국가론'(國防國家論)에 입각한 대륙에서의 전면전 감행(육군)과 남방점령(해군) 등 걷잡을 수 없는 전화(戰禍)의 소용돌이 속으로 전국(戰局)을 몰아갔던 것이다.45)

이때부터 사회 전체가 군부통제 속에 들어갔다. 단명(短命) 내각이 군의 간섭하에서 무시로 교체-명멸하는 가는데 1938년에는 「국가총동원령」이 내려져 광범하고도 강력한 전면 통제의 기초가 마련되었다. 1939년에는 「국민징용령」에 이어 임금통제와 물가통제령이 발동되었다. 이 해 9월, 독일군의 폴란드 침공으로 2차 세계대전이 발발하였다.

학원에서는 사상통제의 방식으로 파쇼화의 잿빛 그림자가 드리워지기 시작했다. 개인주의적 국가관이 부정되고 군신일체의 가족국가관이 강조되었다. 대학에서의 '국체명징'(國體明徵)에 관한 헌법강습회(1935), '국체화강좌' 개설(1936) 등이 그것이다. 또 집단근로작업실시(1938. 6)를 신호로 도다이(東大 : 이하 동경대로 표기) 교수 야나이하라 타다오(矢內原忠雄)-가와이 에이지로(河合榮治郎) 등의 자유주의 사상에 입각한 파시즘 비판서들이 발금조치(1938. 10)되고, 학원에서 추방되는(1939) 지극히 경색된 분위기 속에서 군사교련의 필수과정 편성(1939)이 강요되는 등 교육체제도 전시체제로 바뀌어갔다. 그럼에도 불구하고, 일반적 학생의식은 아직도 극우-파쇼적 군부주도의 일본국가주의를 거부하고 있었다.[46)]

야마구치고교에서는 1937년에 벌써 기념제가 금지되었다. 특히 이듬해 새 교장 안자이 고우사쿠(安齊宏策)가 오면서 단발령이 강행되고 전교생을 근로봉사에 동원하는 등 살벌한 전쟁분위기를 실감하는 단계로 접어들었다.[47)]

남재가 2학년이 되던 1938년 가을에는 전교생을 1주일간 학료(鴻南寮)에 기숙시키고 멀리 후시노카와(椹野川)벌 제방까지 도보로 왕복시키며 샤베르(Shovel : 삽의 일종)-스코프(Schop : 자루가 짧은 삽)-도로코(Truck : 궤도 운반차) 등을 이용해서 흙을 퍼 나르는 고된 훈련을 시켰다.[48)] 남재도 여기에 동원되었음은 물론이다.

그럼에도 배속장교의 시국훈시나 질문에 야유의 몸짓을 보내고, 차렷 자세 구령에는 짐짓 느릿한 행동을 취하거나 생리를 방출하는 등 소극적으로나마 저항적 자세를 보임으로써 외부의 간섭규제에 대한 불만감을 표시했다고 한다.[49)]

남재의 일본인 동창들은 그들의 학창시절이 고교생활의 가장 큰 특권이었던 '자유와 자치'가 이렇듯 급속하게 위축-상실되어가던 '암묵(暗默)의 시대'였다고 회고하고 있다. 그러나 남재의 눈에 비친 학내분위기는 '자유의 천국' 바로 그대로였다. 반인륜적-반문명적 탄압에 신음하며 원초적 생존권마저 유린당하는 식민지 조선의 노예적 삶과는 너무나 기가 막힌 대조를 이루고 있었던 것이다. 윤희중에게 보낸 남재의 편지는 식민지와 식민지배 본토간의 이와 같은 천양지차(天壤之差)의 현실을 남재 나름대로 간접 묘사한 것으로 짐작이 간다.

1940년 드디어 남재가 각고분투 끝에 3년간의 어려운 고교과정을 무사히 마치고 도쿄제국대학에 진학하던 그 해 7월 10일, 야마구치고교에 조선 출신 생도 16인의 민족운동혐의 검거사건이 발생했다. 이날 사복형사가 각 교실에 들어와 일본인 생도들이 보는 앞에서 조선인 생도들을 무더기로 연행해갔다. 고교에서는 상상도 할 수 없는 경찰의 학원출입과 함께 학생 검거사태가 벌어졌던 것이다.

야마구치뿐만 아니라 당시 고교에는 민족차별 같은 것은 없었다고 한다. 조선 출신 생도들이 학업-인격 등 모든 면에서 일인들보다 월등할지언정 추호도 뒤떨어짐이 없었기 때문이다. 어쩌다 못난 자들이 민족차별적 언행을 표출하는 수가 있지만 대개는 고교생의 지성과 자존심이 이 따위 졸렬한 짓을 허용하지 않는 분위기였다고 한다.[50)]

그런데 이날 학내에서의 조선 출신 생도의 대량검거 사건에는 아무도 문제제기를 하는 사람이 없었다. 그후 곧 여름방학에 들어갔다가 개학이 되어 연행자 16명 중 12명만이 계고처분을 받고 새하얀 얼굴로 교실에 돌아왔을 때(9월 5일)에도 그 누구도 그들이 그때 왜 끌려갔고 나머지 4명은 왜 돌아오지 못하고 있는가를 알려고 하거나 알려주는 사람이 없었다. 아니 모두가 실은 그 까닭을 알고 있으면서도 이를 말하려는 사람이 없었다고 훗날 일본인들은 회상하고 있다.[51)] 학생사태의 명백한 민족차별적 현상이 생도들 세계에 나타난 사례였다.

일인 생도들은 모두가 여름방학 중 행락에 검게 탄 얼굴이었으나 이들 12명은 방학 내내 유치장에 갇혀 갖은 비인간적 수모를 당하며 조사를 받느라고 햇빛을 보지 못하여 새하얐던 것이다.

1년 후인 1941년 8월, 나머지 4명 중 3명은 기소유예로 풀려났으나 자진퇴학이 종용되었고, 1명만 기소되어 학교에서 추방되었다는 기록이 당시 교장 후지모토(藤本萬治)의 『재근일지』(在勤日誌)에 남아 있다고 한다.[52)]

이 사건의 배후 조종자는 교토(京都)제대생 선배였다고 하나 그 이름은 피검자 16인과 함께 확인되지 않는다. 사건 당시 야마구치고교의 조선 출신은 총 35인이었다.

정열의 부(府), 감격의 도장(道場), 우정의 학원임을 자부하고, 자주와 청춘, 자유와 야성의 용광로임을 자처하던 고교도 민족문제 앞에서는 얼어붙고 마는 한계를 드러내었던 것이다.

남재가 야마구치를 떠나 도쿄 홍고캠퍼스를 밟기 시작한 지 3개월여 후의 일이다.

제3절 교양주의-인격주의-이상주의

1. 교양서 선풍 : 사상적 열풍시대

1903년 5월, 18세의 1고생 자살사건이 일본열도를 뒤흔들었다. 자살자의 이름은 후지무라 미사오(藤村操), 그가 투신자살한 곳은 관광지로 이름난 닛코(日光)의 유명한 폭포 '케곤노타키'(華嚴の瀧)였다. 그는 폭포 옆 큰 나무에 유서 '간토노칸'(巖頭之感)을 남겼다.

> "유유하도다 천양(天壤)이여, 요원하도다 고금(古今)이여… 만유(萬有)의 진상은 오로지 이 한마디로 다 할 수 있다. 말하여 '불가해'(不可解). 나는 이 한(恨)을 품고 번민 끝에 죽음을 결행하노라. 이미 바윗머리(巖頭)에 섬에 이르러, 흉중에는 하등의 불안도 없다. 비로소 아노라, 위대한 비관은 위대한 낙관에 일치함을…."[53]

이 사건이 유서와 함께 보도되자 그것이 일본사회에 던진 충격이 얼마나 컸는가는 직후에 나타난 비판논쟁과 투신자살 신드롬이 여실히 말해준다. 후지무라를 따라 4년 동안 일어난 이 폭포에서의 연쇄 투신자살은 기수(旣遂)-미수(未遂) 합쳐 무려 186건에 이른다.[54]

후지무라의 1고 동기로 당대 일본 최고의 젊은 지성으로 꼽혔던 '이와나미문화 돌풍'의 당사자 이와나미 시케오(岩波茂雄)는 "이때는 우국지사들의 비분강개의 시대에 이어 인생이란 무엇인가, 우리는 어디서 와서 어디로 가는가와 같은 영원한 생명의 근원과 인생의 근본 의의를 찾아 죽음까지 불사하는 내관적(内觀的) 번민의 시대였다"고 그 시대정신의 배경을 설명하면서 "유서를 읽고 몇 번이나 울었는지 모른다"고 당시의 감상을 토로한 바 있다.[55)]

이 땅의 민중들이 일제의 무력침략 앞에서 생존에 몸부림치고 있을 때, 바다 건너 일본의 청소년들은 인생철학 문제로 자살소동을 벌이고 있었던 것이다.

확실히 일본은 야누스적인 두 얼굴을 하고 있었다. 한쪽은 한반도 침략과 같은 외향적 집단 가학(加虐)으로 포식을 즐기는 잔인하고 탐욕스런 얼굴이었고, 그 다른 한쪽은 젊은 인생의 자살행렬과 같은 철학적 고뇌('내관적 번민')로 자학(自虐)하는 '순진한' 얼굴이었다.

이 순진한 얼굴은, 20세기 초두 근대화의 격렬한 사회변동 속에서 청소년과 같은 가장 예민한 세대들이 겪는 일종의 가치관의 혼란을 상징하는 것이었겠지만, 또 그것은 어쩌면 약육강식의 정글법칙에 따라 약자의 불행과 희생 위에서 펼쳐지는 약탈적 향연의 뒤끝에 쌓인 정신적 허영과 지적 유희(知的遊戱)의 쓰레기들인지도 모른다.

그러나 결국은 전자, 잔인-탐욕의 얼굴이 근세 일본의 파멸을 자초했고, 후자, 순진한 얼굴이 전후 패망으로부터 자신을 구원-재생시켜 부흥을 이끌어 내었다는 것은 참으로 역사의 패러독스가 아닐 수 없다.

어쨌든 당시 일본의 고교를 지배했던 지적 풍토는 '창생구원'(蒼生救援)의 지사를 자처하는 사명의식이나, 부귀공명-입신출세를 입에 담는 것은 수치스런 형이하학적 저급의식으로 타매(唾罵)되고 보다 구원(久遠)하고, 보다 본원(本源)적인 것을 추구함을 이상으로 삼는 쪽으로 바뀌어가고 있었다. 그리하여 이와 같은 고고(高孤) 지향의식은 남재의 야마구치고교 시절까지 일관하고 있었던 것이다.

> "일본의 고등학교에 가보니까 완전히 별천지야. 전쟁중인데도 자유방임과 이상주의의 전성시대로 '인간을 다 인격적으로 다루어라'는 분위기가 팽배해 있더군요. 또 무교회파의 전성시대였고…."

이상은 '자유-이상-인격'으로 요약되는 구제고교의 그 찬란했던 교양주의-인격주의, 그리고 문화주의에 대한 남재의 간명한 지적이다.[56)] 고교의 교양주의는 철학-사상-문학-역사 등 인문학의 습득을 통해 자아를 개발-경작하고 이상적 인간형성을 지향하는 인격주의였다. 자아의 확립이야말로 이 시대 지적 엘리트들의 중심 테마였다. 이러한 교양주의의 일대 획을 그은 기념비적인 저술이 1915~1916년에 출간되었다. 아베 지로(阿部次郎)의 세 권으로 된 에세이집 『산타로의 일기』(三太郎の日記)가 바로 그것이었다.[57] 그 일절을 다음에 옮겨본다.

> "…헤겔은 '미네르바의 올빼미는 해질녘에 난다'고 했다고 들었다. 대자(對自 : für sich)가 즉자(卽自 : an sich)를 잠식하고 함몰시키는 것이라는 주장이 사실이라면, 그리하여 이 사실을 평가하는 자가 나처럼 즉자(卽自)의 순수함과 집중과 무의식을 숭배하는 자라면 그 사람의 철학은 마침내 염세관(Pessimismus)이 될 수밖에 없다. 적어도 자각과 본연의 모순에 대해서 깊은 비애가 없을 수 없다. 내게는 이 점에 대해서 커다란 의문이 있다. 내 마음이 이런 의문의 살아 있는 예증(Illustration)인 것이다."

전편이 이처럼 현학적인 어휘들과 난삽한 문체들로 가득 차 있다. 헤겔, 괴테, 니이체, 단테, 쇼펜하우어 등 서양철학자들의 사상적 계보를 꿰고, 희랍신화와 성서의 구절들로 엮어진 알듯 모를듯 말장난과도 같은 골치 아픈 이야기들로 일관하고 있는 이 책이 학력귀족 엘리트들의 바이블로 등장한 것이다.[58]

1927년에는 독일의 레크람문고(文庫)를 본딴 『이와나미문고』가 창간되었다. "진리는 스스로 만인에 의해서 구해지기를 바란다…"는 문고본 권말의 발간사에 감동되어 환희의 눈물을 흘렸다고 회고되어질 정도로 『이와나미문고』는 고교생들의 큰 호응을 불러일으키면서 속속 간행된 전서(全書), 총서(叢書), 강좌(講座)류의 기획물들과 함께 가히 '이와나미문화'의 절정을 이루었다.[59]

1939년의 한 고교생 독서조사는 『생활의 탐구』(島木健作)-『산타로의 일기』(阿部次郎)-『사랑과 인식의 출발』(倉田百三)-『흙과 병대』(火野葦平)-『죄와 벌』(도스토예프스키)-『좁은 문』(지이드)-『학생생활』(河合榮次郎)-『인격주의』(阿部治郎) 등의 애독순위를 보여주고 있다.[60]

또 고교생들이 가장 많이 읽는 잡지는 『중앙공론』(中央公論)-『문예춘추』

(文藝春秋)-『개조』(改造)의 순으로 나타났다.[61]

이상에서 살펴본 바와 같이 전전(戰前) 당시 교양서가 그토록 극성할 수 있었던 것은 무엇보다 독서인구가 그만큼 많았기 때문에 가능한 현상임은 더 말할 것도 없다. 그러나 그 저변에는 서양의 학문과 문화 전반을 동경하는 서구지향(West farer)의 일본적 열등의식과 시급히 서구세계를 따라잡아야 한다(Catch up)는 초조감의 사회적 심리가 접맥되어 있음을 간과해서는 안된다.

이와 같은 사실은 가와이 에이지로(河合榮治郎)의 다음과 같은 회고에도 잘 나타나 있다.

> "…동경의 상인가에서 태어나 집안에 교양적 분위기란 없고 오직 국가주의-공리주의로만 길러져온 나에게 있어서 니토베 이나죠(神渡戶稻造) 선생을 중심으로 한 1고의 생활은 전혀 새로운 세계였다. 니토베 선생으로부터 희랍 고전으로부터 현내에 이르는 넓은 서구의 교앙을 소개받았고 끝없는 풍요로운 세계가 열렸다…"[62]

그러나 이러한 '아베 지로적 교양주의-인격주의'를 부르주아지들의 현상유지 도구에 지나지 않는 곰팡내 나는 낡은 유산이라고 비판하고, 계급혁명과 인류해방을 부르짖는 공산주의사상이 다이쇼 연간을 붉게 물들이며 고교-대학에 커다란 성채(城砦)를 쌓아가기 시작했다.

실제로 고교-대학에서 조사된 좌경학생 수는 1~3% 미만의 극히 미미한 것일지라도, 그들이 주로 독서회 형태로 대학사회에 미치고 있는 사상적 영향은 무시할 수 없는 것으로 파악되고 있었다.[63]

그리하여 1928년의 소위 3·15 일본공산당 검거사건을 비롯한 좌경교수의 색출-처분과 학내 좌익 및 그 운동 조직의 해산-추방 등 일련의 탄압조치가 내려졌지만 생도사상 사건은 이후에도 각 고교에서 빈발했다. 야마구치 고교에서도 1931년에 이어 1933년의 공산당 일제 급습시에 생도 15인이 검거되는 사건이 일어났다.[64]

엄밀히 말해서, 고교생들은 좌익사상이나 좌익운동의 사회적 의미와 역사적 문맥을 제대로 소화해내기에는 연령 미달의, 말하자면 사회적 미성숙 계층에 속한다. 또 설사 그것에 대한 일정한 인식에 도달해 있다고 하더라도 그들은, 자유주의적 비판 성향의 지식인들에게조차도 '비국가적'이란 딱지를 붙여 탄압이 가해지는 군국주의의 살벌한 분위기하에서 만난을 무릅쓰고 좌익의 길로 빠져들어 일로 매진할 만한 용기와 결의로 다져진 투사들은 못되었다. 그러면서도 그들의 고교생이란 자부와 지성은 극우적 국가주의에의 맹목추종과 무비판적 수용을 거부하고 있었다. 여기에 고교생들의 고민과 한계가 있었던 것이다.

문제는 이 시기 남재가 천황제 파쇼 체제의 광기 어린 질주 속에서 식민지 지식청년으로서 겪지 않을 수 없었던 민족적 비애와 정신적 갈등을 어떻게 극복하면서 자아를 찾아 사상적으로 자기를 정립해 나갔는가 하는 점일 것이다. 이에 대해서 우리는 안타깝게도 추론밖에 내릴 수 없는 한계에 직면해 있음을 실토하지 않을 수 없다.

남재는 자신의 고교시절에 대해서 고희기념논문집 권말의 〈제자들과의 좌담〉에서 밝힌 지극히 단편적인 언급을 제외하고는 그 어떤 자료도 남겨놓은 바가 없다. 특히 남재의 정신적 성숙기인 이 시절의 독서경향을 통해 그의 지적(知的) 관심과 사상적 편력을 엿볼 수 있는 장서마저 6·25동란 중 전량 인민군에 탈취당한 바 있어 그 간접추적마저 불가능하게 되어 있다. 게다가 전공학계는 비록 달랐지만 깊은 우정을 나누었던 동기생 민병구-강석린 등이 이미 남재보다도 먼저 작고하여 소위 주변인물들로부터의 증언조차 기대할 수 없게 되어 있는 것이다.

그러나 남재의 그 누구보다 강한 지적 호기심과 새로운 지식에의 갈망과 욕구, 그리고 타고난 성실-근면성은 자신 앞에 바야흐로 무한히 펼쳐진 자유와 풍요로 가득 찬 학문의 바다에서 처음으로 해방감을 만끽하며 진리의 그물을 걷어올리는 데 몰두했으리라는 것은 능히 짐작이 가는 일이다.

그리하여 남재는 당시 고교생도들의 필독서-애독서로 격찬되던 교양주의의 바이블들을 하나하나 빼놓지 않고 섭렵해 나갔을 것으로 우리는 믿는다. 가와이 에이지로의 12권 『학생총서』를 비롯하여 아베 지로의 『산타로의 일기』는 말할 것도 없고, 니시타 키타로의 『선의 연구』, 쿠라타 햐쿠죠의 『사랑과 인식의 출발』, 아베 요시시케 등의 12권 『철학총서』, 기타 무수한 이와나미 '문고판'들, 이와나미 '전서', '총서', '강좌'류의 기획물들, 그리고 원서강독으로 채택된 독일어 교재들과 여기서 얻는 지식들을 보완해 나가기 위한 관련서들을 폭넓게 독파해나갔을 것임은 더 말할 것도 없으리라.

공산주의와 관련해서도 남재의 순수한 탐구정신은 그것을 가까이 하는 데 결코 주저치 않았을 것이다. 남재는 무엇보다 마르크스의 자본론을 비롯한 주요 저작들 속에 담긴 이론적 요체와 그 운동의 전개과정 등 공산주의 세계관의 방대한 지식체계를 낱낱이 습득하고 확고한 인식이 다져진 터전 위에서 그것을 다시 냉철하게 관조하는 자세로 임했다고 우리는 본다.

또 남재가 그의 전생애를 통해 쉬지 않고 계속했던 일간신문-월간잡지의 탐독분석도 이미 이 시절부터 시작된 것으로 보아도 무방할 것이다.

특히 남재에 있어서 일본의 천황제 파시즘 체제는 그 무엇보다 깊은 이해가 선행되어야 할 투철한 인식대상이 아닐 수 없었을 것이다. 비록 성숙단계는 아닐지라도 남재는 일본의 운명을 세계사적 문맥에서 나름대로 분석-비판하면서 오늘의 지배체제를 만든 일본-일본인의 본질탐구에 자연스럽게 빠져들었을 것으로 짐작해 본다.

남재가 이와 같은 일대 '지적(知的) 모험기'에 들어섰던 유학 초기에 「야나이하라 타다오(矢内原忠雄) 사건」이 발생하였다.

이 사건은 남재에게 있어 일본을 재인식하는 하나의 신선한 충격으로 다가왔던 것이다. 남재가 야마구치고교에 입학하여 학료생활 두번째 학기를 마칠 무렵인 1937년 12월 초의 일이다.

이 시기를 "무교회파의 전성시대였다"는 남재의 단정적 회고[65]는 바로 이 사건을 전후한 무렵의 고교사회의 분위기를 말하는 것으로 해석된다.

이미 1931년에 만주를 점령하여 괴뢰정부를 조작하고 광대한 만몽(滿蒙) 전선에 걸쳐 소련과 신경전으로 대치-각축하며 북중국 일대로 세력확장을 노리고 있던 일본 군부는 북경(北京) 근교의 노구교(盧溝橋)에서 야간훈련 중 일어난 일본군 1명의 피격-행불사건을 기화로 1937년 7월 전면전을 감행하였다.[66] 이른바 일-중전쟁(日中戰爭)을 도발한 것이다.

이에 대해서 동경대 경제학부교수 야나이하라(失内原)가 《쥬오고로》(中央公論 : 1937년 9월호)에 〈국가의 이상〉(國家の理想)이란 논문을 기고하여 군부의 광신적 전쟁드라이브를 전면 비판하고 나선 것이다. 이 논문은 즉시 내무성 검열에 걸려 전문삭제-발금조치되었다. 뿐만 아니라 동경대 경제학부 내에서조차 시류에 편승, 그의 반전적(反戰的) 언동을 비판하는 '반 야나이하라' 기류가 강하게 일고 있었다.[67]

이처럼 내외의 압력이 가중되고 있음에도 굽히지 않고, 그는 종교강연 "신의 나라"에서도 계속해서 확전일로로 치닫는 일본적 파시즘 행태를 비판하면서 심지어는 "이 나라를 멸망케 하여주소서"(この國を葬つて下さい)라는 극언까지 서슴지 않았다.[68]

야나이하라는 그 동안 「식민지정책론」을 강의하면서 그리스도의 정의관에 입각하여 일본의 비인도적 식민지 탄압정책을 철저하게 비판함으로써 이미 사찰당국의 지혐(指嫌)을 받아왔다.

결국 야나이하라는 강단에서 추방되었다. 천황제 파시즘 체제에 정면으로 맞섰던 그의 저항은 훗날 기독교정신에 투철하고자 했던 한 종교사상가의 운명적 비극으로 평가되었고, 기독교의 정신과 세속정치 간의 갈등-긴장관계의 전형으로 분석되기도 했다.[69]

야나이하라(矢內原)는 일본 무교회주의(無敎會主義) 교파의 창시자 우치무라 간조(內村鑑三) 문하의 종교지도자로서 패전 후 동경대에 복귀하여 1950년대 초에 총장을 역임한 바 있다.

「야나이하라 사건」을 계기로 남재는 비로소 무교회파의 교리강령과 그들의 활동내용을 주목하게 된 것 같다. 이러한 견지에서 우리는 여기서 무교회주의의 교의(敎義)에 잠시 시선을 돌릴 필요가 있다.

2. 진리의 증언 : 무교회파의 충격

우치무라 간조(內村鑑三)는 자신의 무교회주의에 대해서 다음과 같이 그 의미를 요약하고 있다.

"무교회란 교회가 없는 자의 교회입니다. …참다운 교회는 실은 '무교회'입니다. 천국에는 사실 교회와 같은 것은 없습니다. 감독이라든가 집사라든가 목사라든가 교사라는 사람이 있는 것은 이 세상에 한한 일입니다.

…신(神 : 하느님)만이 우주입니다. 천연입니다. 이것이 우리들 무교회신자의 이 세상에 있어서의 교회입니다. 그 천정은 창궁(蒼穹)입니다. 그 판(板)에는 별이 아로새겨져 있습니다. 그 바닥(床)은 푸른 들판입니다. 그 깔개(疊)는 색색의

꽃입니다. 그 악기는 소나무의 가지들(梢)입니다. 그 악사(樂人)는 숲의 작은 새들입니다. 그 높은 단(壇)은 산의 봉우리입니다. 그 설교사는 신의 모습을 한 자기 자신입니다. 이것이 우리들 무교회신자의 교회인 것입니다…" 70)

야나이하라는 자신의 스승 우치무라 간조의 기독교 지도자로서의 특징과 그 가르침을 다음 네 가지로 요약하고 있다. 71)

① 미션 관계를 갖지 않았기 때문에 외국의 선교집단으로부터 일체 돈을 받지 않는다는 신조를 평생토록 굳건히 지켰다.
② 신앙 이외에 어떠한 정치권력이나 사회-경제적 세력과도 손을 잡거나 타협하지 않았다.
③ 집회의 제도화를 막기 위해 새크러먼트(Sacrament)를 일체 행하지 않고 그리스도에 대한 믿음만으로도 구원받을 수 있음을 설파했다.
④ 직업적 종교인의 존재를 인정하지 않음으로써 모든 전도행위는 평신도 중심으로 이루어져야 한다고 가르쳤다.

이어 그는 무교회주의의 특질에 대해서, △ 성서 이외의 어떤 권위의 매개도 인정하지 않는 성서제1주의에 서 있고, △ 예수 그리스도의 '십자가 속죄', '부활', '재림', '신국(神國)의 완성'을 근본 신앙으로 하는 정통주의를 고수하고, △ 현세의 모든 사회-정치적 불의와 부정-부패에 맞서 예언자적 입장에서 신의 말씀을 전하며, △ 외국인의 말과 입, 손과 다리가 아닌 일본인의 머리와 마음, 말과 입, 손과 다리로써 성서로부터 복음을 직접 배우고 전하는 것이라고 압축하고 있다. 72)

또 성서학자 구로자키 고에(黒崎幸吉)는, 무교회주의가 성서를 신의 생명의 자기표현으로 보고, 무교회신자들이 성서를 통해서 스스로 신의 생명을 받아 신의 뜻으로 사는 이상, 정의의 실현은 곧 신의 생명을 실현하는 것이므로 현세의 모든 악과 불의에 맞서 싸우게 됨은 당연한 귀결이라고 설명한다. 73) 즉, 무교회주의가 지향하는 제1의 목표는 인간의 지배가 아닌 신의 지배의 실현이기 때문에 이 '신국의 건설'을 위해서는 신 이외의 그 어떤 것도 신의 지위에 두는 것을 반대하게 된다는 것이다. 그리하여 교리나 제도, 의식, 기타 여하한 기호(記號)나 문자(文字) 등이 신에 대신하는 우상으로 숭배되거나 그것이 없이는 신으로부터 구원을 받을 수 없다는 주장은 어떤

경우라도 절대로 용납될 수 없는 배척 대상이 된다는 것이다.[74]

무교회주의와 신도주의(神道主義) 일본의 천황제 간에 불상용(不相容)의 대립이 불가피해지는 이유가 바로 여기에 있었던 것이다.

우치무라 간조는 1861년, 코즈케(上野) 지방 다카사키(高崎)번사(藩士)의 아들로 에도(江戶)에서 태어났다. 16세가 되던 해에 홋카이도(北海道)로 가서 삿포로(札幌) 농학교에 입학하면서 교두 W.S. 클라크에 인도되어 기독교에 입문, 후일 1고교장이 되는 니토베 이나죠(新渡戶稻造)와 함께 세례를 받고 본격적인 신앙생활에 들어갔다.[75]

졸업 후 1884년에 도미하여 아마스트대학에서 복음주의 신앙에 몰두하면서 기독교국가인 미국 사회를 견문-관찰하는 과정에서 그 타락상에 그만 크게 실망하게 된다. 이때의 체험이 자극이 되어 그는 일본 기독교의 존재방식에 대한 반성과 더불어 그 진로 모색에 고민하던 끝에 마침내 1889년 귀국을 계기로 무교회주의 교파를 창시하기에 이르렀다.

그후 그는《성서의 연구》(聖書之硏究) 등 출판을 통한 전도와, '신의 나라' 건설을 위한 강연을 통한 재림운동 등 무교회주의 교의(敎義) 실천에 전념하였고, '노일전쟁'기에는 비전론(非戰論)을 폈다. 1930년에 그가 타계했을 때 묘비에는 '조국과 동포를 위한 헌신(Japan)'과 '예수 그리스도를 위한 일생(Jesus)'이라는 그의 두 가지 신념을 표상하는 '두 개의 J'가 새겨졌다.[76]

우치무라는 기독정신이라는 보편적 진리에의 헌신으로써 '천황신'(天皇神)으로 표상되는 신도주의(神道主義) 일본문화에 도전한 일본 역사상 그 예를 찾기 힘든 희귀한 존재로 평가된다. 그는 일본인이 서양적인 문화형식으로 꾸며진 그리스도 교회와 그것을 모방하여 기독교인이 되고자 하는 행위를 격렬하게 비판하면서 의도적으로 서양적 조직행태인 교회방식을 기휘(忌諱)함으로써 서양옷을 걸친 서양화된 기독교를 본래의 순수한 모습으로 해방시키고자 했다고 한다. 그것이 곧 무교회주의 운동이라는 것이다.[77]

그러나 일본에 있어서 기독정신과 일본의 전통정신과의 통합이란 명제는 그리 쉽게 달성될 수 있는 과업이 아니었다. 사실 우치무라 자신이 일본인으로서 크리스천이라는 자신 속에 내재하는 두 개의 이질적인 정신 사이에서 끝없는 정체성의 갈등을 체험하지 않을 수 없었던 것이다. 제1고등중학교(一高) 강사 시절, 그는 교내에서 거행된 소위「교육칙어」배대식(拜戴式)에서 천황의 서명 '신소'(宸署)에 머리숙여 경례하지 않았다고 하여 갖은 핍박을 받은 끝에 쫓겨난 일이 있다. 그의 이 '불경사건'이 바로 그가 내적으로 직면하고 있는 정체성 투쟁의 한 단면이 마침내 표출된 것에 지나지 않는 것이다.

우치무라는 그 누구보다 열렬한 일본의 애국자라고 해야 할 것이다. 그러나 그는 '성서의 복음'으로 나타난 보편적 진리가 편협한 일본 민족주의에 종속되어 그 하복(下僕)으로 전락하는 현실에 당당하게 저항하며 수난의 길을 걸어갔다. 그는 '개인의 양심의 자유'와 '자율적 시민사회'의 형성이 불가능한 일본 사회의 역사적 문맥 속에서 서양문명의 기본정신이라고 할 수 있는 베버적 프로테스탄티즘의 원형, 기독교의 보편적 진리를 일본화시켜 토착화하기 위해 분투했다는 점에서 일본 근대여명기의 횃불이었다고 평가된다.' 78)

*

오늘날 일본은 구제고교에 대해서, 거기에 축적되었던—전쟁에서도 결코 소멸되지 않는 문화적 역량과 여기서 길러진 인간들의 정신적-지적 저력이 전후 폐허로부터 신일본 창조와 부흥을 일으키는 원동력이 되었음을 추호도 의심치 않는다. 그리하여 다가오는 '황기(皇紀) 2700년'을 향하여, 그 옛날 슈퍼 엘리트의 산실이었던 소중한 유산—구제고교를, 미축(美畜)에 의해 강요된 헌법(日本國憲法)의 폐지와 함께 충직한 신민(臣民)으로서 반드시 부활시켜야 할 과업으로 삼아야 한다는 '신국가주의적 외침'이 일본 사회 도처에서 살아나고 있음을 보게 된다. 79)

그만큼 구제고교는 일본인에게는 짙은 향수의 대상인 것이다. 전후, 60년대 중반의 소위 '대학분쟁기'까지만 해도 아인스(eins), 쯔바이(zwei), 드라이(drei)로 구호를 외치고, 료가(寮歌)를 부르며, 멧첸(Mädchen)-리베(Liebe)-겔트(Geld)-당크(Dank) 등 독일어 고교생 용어가 그대로 대학문화의 주축을 이루었고, 대학들은 아직도 그 지적 전통을 간직하고 있다. 이 시대를 그들은 '찬란한 고교시대'(Brilliant high school age)로 기억하고 있다. 80)

이와 같은 일본의 구제고교가 남재의 생애에 있어서 어떤 의미를 갖는 것인가. 남재는 언젠가 자신의 야마구치고교시절을 돌아보고 "청춘난무-사상요람"(靑春亂舞-思想搖籃)이라는 여덟 글자로 그 의미를 요약한 일이 있다.

입학 첫학기가 끝날 무렵, 일본의 도발로 중-일 간의 전면전이 발발하던 전시하에서도 일본의 고교생들이 누리는 자유와 자치의 특권은, 비록 이전보다 날로 위축되어가고 있었다고는 하지만, 아직 소년의 티를 벗지 못한 식민지 출신 남재의 눈에는 실로 눈부신 경이 그 자체였던 것이다. 이때 남재는 그 특유의 관찰자적 태도에서 과감히 벗어나 처음으로 청춘이 난무하는 꿈과 낭만의 고교—그 정열의 용광로 속에 뛰어들어 마음껏 자유를 구가하며 젊음을 불태웠던 것이다.

그러나 이러한 청춘의 열기 속에서도 남재는 차분히 희랍의 고전으로부터 근세에 이르는, 자유주의를 비롯한 서구의 제사상의 흐름과 갈래들, 공산주의, 민족주의, 나치즘, 파시즘, 일본주의적 국가주의에 이르는 잡다한 사상들을 속속들이 접하였다. 특히 '신의 나라' 건설을 향해 진리를 증언하던 무교회파의 저항과 용기를 목도하면서, 우리 민족에게 있어서 일본이란 무엇인가를 되뇌이며 실로 무수한 고뇌와 사색의 심연(深淵)을 헤매었던 것이다.

이때 겪었던 사상적 모색과 지적 모험의 과정을 남재는 '사상의 요람'이라고 규정하고 있다. 바야흐로 '남재사상'(南齋思想)—그것이 무엇인지는 확실치 않으나—이, 흘러버리기 쉬운 액화(液化)상태에서 서서히 뚜렷한 형체를 향해 응고(凝固)되어가고 있었음을 말해주는 것이리라.

이상에서 살펴보았듯이 구제고교는 근대일본의 문화적 총체를 표상하는 가장 일본적인 것인지도 모른다. 남재가 이러한 일본의 고교에서, 그것도 근대일본을 주형(鑄型)해낸 '유신의 고향'이요, 근세일본의 정치적 실세 '쵸슈번벌'로 성장한 그 본고장 야마구치에서, 인생의 가장 청순-예민-발랄한 청소년기 3년을 수학했다는 것은 결코 우연이 아닌 어떤 보이지 않는 힘의 작용과 인도에 의한 것이었음을 우리는 새삼스럽게 느끼면서 본 장의 서술을 마치고자 한다.

◇

• 제3장 〔주〕

1) 한배호, 『일본근대화연구』(고려대출판부, 1975), p.38, 및 『幕末・維新のしくみ』(日本實業出版

社, 1998).
2) 김용덕, 『일본근대사를 보는 눈』(지식산업사, 1997), pp.29~30.
3) 앞의 『幕末・維新のしくみ』, p.44.
4) 한배호, 앞의 책, p.48.
5) 앞의 『幕末・維新のしくみ』, p.56.
6) J. R. ベアト, <日本の高等學校について－時間と課目の贅澤がある>, ≪帝國大學新聞≫ 1940년 1월 22일자.
7) 竹內洋, 『日本の近代 12 ; 學歷貴族の榮光と挫折』(中央公論社, 1999), p.78.
8) 위와 같음.
9) 위의 책, p.34.
10) 위의 책, p.103.
11) 위의 책, p.100.
12) 위와 같음.
13) 鴻南會, 『柳櫻をこきまぜて－旧制山口高等學校外史』(1994), <第19回~21回卒業生座談會>.
14) 竹內洋, 앞의 책, p.35.
15) 위의 책, p.42.
16) 위의 책, p.176.
17) 山口高 校友會, ≪鴻峰≫ pp.25~26.
18) 竹內洋, 앞의 책, p.204.
19) 위의 책, pp.137~138.
20) 앞의 『旧制山口高等學校外史』, <第19回~21回卒業生座談會>, p.317.
21) 위와 같음.
22) 위와 같음.
23) 강봉식(康鳳植)의 회고 (2000년 3월 26일).
24) 竹內洋, 앞의 책, p.193.
25) 위의 책 p.202 (『第四高等學校時習寮史』).
26) 『わが青春 旧制高等學校, 年表－教育・世相・文化史 : 1869~1950』(ノベル書房, 1977), p.235.
27) 남재김상협선생고희기념논문집간행위원회, 『복지사회의 앞날－남재김상협선생고희기념논문집』, <제Ⅲ부 : 고희기념좌담－남재의 인생과 학문과 경세의 소회를 듣는다> p.477. 이하 모든 장(章)에서 <고희기념좌담>으로 통일함.
28) 강봉식의 회고.
29) 『旧制山口高等學校外史』 p.314 및 『鴻峰四十年』 p.334 등 참조.
30) ≪帝國大學新聞≫ 1940년 1월 24일자, <高校人氣教授物語㉕－山口高等學校>.
31) 위와 같음.
32) 『旧制山口高等學校外史』 p.312.
33) 앞의 ≪帝國大學新聞≫ 같은 날짜.
34) 위와 같음.
35) 위와 같음.
36) 앞의 『鴻峰四十年』 p.334.
37) 위의 책, p.17.
38) 『旧制山口高等學校外史』, <19回~21回卒業生座談會> p.326.
39) 위와 같음.
40) 『鴻峰四十年』 p.335.
41) 위와 같음.
42) 하라 이사오(原勲)의 회고 (2000년 6월 28일).
43) 山口高 校友會, ≪鴻峰≫ 제46호 (1940년 12월) <四教授座談會>.

44) 남계 김상준의 회고.
45) 한배호, 앞의 책, pp.158~186.
46)『鴻峰四十年』p.336.
47)『旧制山口高等學校外史』, <19回~21回卒業生座談會>, pp.317~320.
48)『鴻峰四十年』p.336.
49) 위와 같음.
50) 신기진(申基珍)의 회고 (2000년 3월 9일).
51)『旧制山口高等學校外史』<19回~21回卒業生座談會> p.324.
52) 위와 같음.
53) ≪報知新聞≫ 1903년5월27일자 및 앞의 『わが青春旧制高教, 年表-教育・世相・文化史』 p.236.
54) ≪都新聞≫ 1907년 8월 25일자 및 위의 책., 1902년에는 그 어느 해보다 니체가 대 유행, 니힐리즘의 열풍이 불었던 점과도 무관하지 않을 것으로 보는 견해도 있다.
55) 위와 같음.
56) 앞의 <고희기념좌담> p.477.
57) 竹内洋, 앞의 책, p.238.
58) 위와 같음.
59)『鴻峰四十年』p.334.
60)『日本評論』1939년 5월호, 앞의『おが青春-旧制高校, 年表』에서 전재(轉載).
61) 竹内洋, 앞의책, pp.248~249.
62) 위의 책, p.244.
63) 위의 책, pp.240~242.
64)『鴻峰四十年』p.332
65) 앞의 <고희기념 좌담> p.447.
66) 한배호, 앞의 책, p.171.
67) 加藤節,『南原繁-近代日本と知識人』(岩波書店, 1997) p.97.
68) 위와 같음.
69) 위의 책, pp.97~98.
70) 内村鑑三, <無教會論>,『無教會』誌 1号 '社說' (『内村鑑三全集』: 岩波書店, 第9卷, pp.71~73) [무교회주의 그리스도교 홈페이지 (http://www2.shift.ne.jp/~kunio/mukyoukai.htm)]
71) 矢内原忠雄,『内村鑑三とともに』(東京大學出版會), pp.476~478. [홈페이지]
72) 위와 같음.
73) 黑崎幸吉,『黑崎幸吉著作集』第四卷, pp.273~277. [홈페이지]
74) 위의 책, 제5권, pp.172~176. [홈페이지]
75)『偉人館-2つのJ-内村鑑三』, http://www.infosnow.ne.jp/~uwabe/izinkanb.htm
76) 위의 자료.
77)『近代日本とキリスト教』, http://www.bekkoame.ne.jp/~j-carp/tetra/96-6/2.html
78) 위의『近代日本とキリスト教』, <内村鑑三と無教會派が残した歴史的教訓> http://www.bekkoame.ne.jp/~j-carp/tetra/96-6/2.html
79) <旧制高校とは?> http://www4.freeweb.ne.jp/play/ishihiro/kyuuseiteha.htm
80) 위와 같음.

제4장 : 지성의 권부 (權府)-일본의 자존심 —도쿄제국대학

1940년 4월, 남재는 도쿄제국대학(東京帝國大學) 법학부 정치학과에 입학했다. 그의 나이 만으로 꼭 20세가 되는 시점이었다.

남재는 입학시험을 치르기 위해 이미 3월 초부터 도쿄에 머물면서 고사일인 15~16 양일, 법학부 건물을 비롯한 구내 일대를 세심하게 돌아본 바 있다. 그러나 뭔가 미진했음인지—아니면 정식으로 대학생이 된다는 감회를 새롭게 하고 싶어서였던가, 합격자 발표가 있기 바로 하루 전날, 사각모에 새로 맞춘 제복까지 입고 친구와 함께 '홍코캠퍼스'(현재 東京都 文京區 本鄕 7-3-1)를 다시 방문했다. 그리하여 이들은 종합도서관 앞에 이르러 새싹이 푸릇푸릇한 잔디밭에서 뒹굴며 장차 전개될 학구생활의 푸른 꿈을 한껏 그려보면서 정담을 나누고 돌아왔다는 일화가 전해진다.[1] 합격자 발표가 나기 전임에도 불구하고 남재는 동경대(東京大) 합격을 추호도 의심치 않았던 것이다. 참으로 대담한 '자기확신'이 아닐 수 없다. 이때 남재와 동행한 친구가 누구였는지는 밝혀지지 않고 있으나 야마구치고교생활의 친우관계로 미루어 경제학부를 지망한 민병구(閔丙久)였을 것이 거의 확실하다.

야마구치고교의 학업실력으로 볼 때, 남재가 일본이 세계에 자랑하는 도쿄제국대학 진학을 생각하는 것은 너무도 당연한 일이겠으나, 그 중에서도 법학부 정치학과를 지망한 데는 나름대로 이유나 동기가 있었을 것이나 우리는 이를 알지 못한다. 남재가 대학진학 후의 전공선택 문제를 부친 수당께 의논드렸다면, 법학부 쪽보다는 경제학부 쪽을 권했을 가능성이 보다 높다는 추론은 할 수 있다. 남재의 동경대 정치학과 지망과 관련, 강봉식(康鳳植)은 다음과 같이 이를 분석했다. 그는 야마구치고교를 거쳐 동경대 문학부에 입학하게 되는 남재의 3년 후배였다.

> "당시 식민지 교육과정에서 형성된 최고 엘리트 의식은 당연히 동경제대를 염두에 두게 된다. 달리 선택의 여지가 없었다. 특히 동경대의 법학부는 '대학 중의 대학' 최고 엘리트 코스로 쳤다. 가장 머리가 좋다는 수재들이 문학을 하겠는가, 예술을 하겠는가, 무엇을 하겠는가….
>
> 법학부 중에서도 법률학과를 택하지 않고 정치학과를 지망한 것도 일종의 저항의식의 반영일 것이다. 고등문관이 되는 고시 패스의 길을 기피하다 보니 학문적 색채가 강한 정치학을 택할 수밖에…. 식민지 출신이 정치학을 공부한다는 자체부터가 벌써 불온시되는 분위기이니 남재가 정치학을 선택한 데는 얼마간의 민족의식도 깃들어 있었을 것이다. 어차피 법관으로서, 또는 행정관료로서 크게 출세를 할 수도 없거니와 그렇게 된다고 한들 그것이 자신과 민족에게 결코 큰 의미를 갖지 못할 바에는 차라리 순수학문으로서의 정치학을 제대로 한번 공부해봄만 같지 못하다는 식민지 엘리트의 한계, 그 고민의 반영일 수 있다…."

동경대 입학을 앞두고 남재가 그 유명한 종합도서관 앞을 서성이던 그때로부터 정확하게 60년이 지난 2000년 6월 29일 우리가 이곳을 찾았을 때, 남재시절의 그 잔디밭은 사라지고 분수대를 중심으로 드넓은 광장이 조성되어 있었다. 서가(書架)에 꽂혀진 책들을 묘사했다는 도서관 4층의 기묘한 모습과 그 앞 광장의 분수대를 번갈아 바라보면서 우리는 "남재가 드디어 와야 할 곳을 왔구나!" 하는 감상에 잠시 잠기지 않을 수 없었다. '다스킨'이 아닌, 젊음과 지성에 넘치는 20세의 헌앙(軒昂)한 장부 남재의 발자취가 아직도 서려 있을 듯한 착각 속에서, 우리는 남재가 일본열도의 서남쪽 저 궁벽한 시골 야마구치에서 겪었던 3개 성상의 그 숱한 애환을 추억의 갈피 속에 접어두고, 여기 일본의 심장이요 세계를 향한 정신적 관문(關門)인 도쿄제국대학에서 드디어 지성의 나래를 펴게 되기까지, 수천의 섬들로 점철된 이 나라에 그 동안 무슨 일이 일어났는가를 새삼 생각하게 된다.

제1절 천황제국가 ; 근대일본의 대학

1. 군부의 패권 장악 : 천황제 파쇼체제의 등장

도쿠가와(德川) 막부를 쓰러뜨리고 집권에 성공한 쵸슈(長州)-사츠마(薩摩)번 중심의 근황파 젊은 무사들은 자신들의 집권체제를 확립하고, 중앙집권적 천황제 근대국가를 건설하기 위하여 전제적 과두(寡頭)집권체제를 형성하고 봉건질서의 해체 등 광범한 근대적 개혁 조치를 단행하였다.

또한 과두번벌세력은 그 어떤 체제도전도 무력으로 제압하고, 천황의 권위를 정통성 확립의 기반으로 활용하면서, 국가주의-일본주의의 '부국강병'-'문명개화'로 요약되는 근대화-공업화의 길로 매진하였다.

특히 1889년에 제정 공포된 「메이지헌법」은 자유민권론에 대립되는 사상적 기초 위에 그것의 일부를 흡수하고, 여기에 다시 전통사상을 적절히 배합함으로써 반(半)봉건적 생산관계의 토대 위에서, 위로부터 자본주의와 근대화를 추진하려는 과두집권세력과 개명관료파들의 입장을 여실히 반영한 것이었다.

헌법에 구현된 천황제국가란, 종교적으로는 신(神)으로서의 절대적 실체, 정서적으로는 온정과 자애에 넘치는 가부(家父), 그리고 정치적으로는 만능 군권(君權)의 상징으로서 천황이 존재하는 신국(神國), 가족국가, 그리고 통합국가의 의미를 단일화한 개념이다. 그러므로 천황의 이름으로 행해지는 모든 행위는 신의 행위로 절대화-지상화되고, 인자-온정의 소산으로 정당화-제도화되면서도, 천황 자신은 행동하지 않는 초연-초월적 군권의 상징으로 의연히 존재하는 것이다. 이것은 헌법 속의 국가가 아니라 국가 속에 군권의 도구로 헌법이 존재함을 뜻하는 것이다.

그리하여 과두번벌세력은 제국의회와 정당정치로 분식(粉飾)된 표견적(表見的) 입헌제를 가장(假裝)하면서 체제도전 세력과의 정치적 갈등은 탄압으로 일관하고 부족한 자원과 사회적 모순은 식민지 개척으로 타개-미봉하는 등 제국주의적 본색을 서슴없이 드러내었다. 메이지 체제는 보통교육과 징병제, 그리고 갖가지 심볼 조작을 통해 천황과 신민(臣民) 간의 격렬한 정서적 일체감을 작흥(作興)시킴으로써 '아시아주의'의 미명(美名)하에 언제라도 팽창주의의 길로 달려나갈 수 있는 '대중동원체제'라는 데 그 본질이 숨어 있었던 것이다.

다이쇼(大正) 연간에 이르면서 양대정파(政派)가 대립-경쟁하는 가운데, 정당내각 수립의 전통이 서고, 보통선거제(25세 이상 남자에 선거권 부여)를 도입하는 등 두 가지 정치적 민주화가 달성됨으로써 선거의 비중이 높아지고 민중의 자유-민주화의 욕구가 정치동향에 영향을 미치는 정당정치의 새로운 양상이 대두되었다.[2)]

이른바 다이쇼 데모크라시란 정당들이 번벌과 관료세력에 대한 정치적 영향력을 증대시켜 정당정치가 뿌리를 내려가던 시기의 정치행태를 말하는 것으로 노일전쟁(1905) 이후 보통선거제의 실현 (1925)에 이르는 약 20년 간이 여기에 해당된다.[3)] 다이쇼 데모크라시 운동은 이전의 번벌전단정치에 비하면 정치적 민주화의 커다란 진전형태라고는 하지만 메이지 체제의 근본 테두리를 벗어나거나 그 질적 변화를 의미하는 것은 아니었다.[4)]

한편 이 시기의 사회주의운동은 기존 사회체제의 틀 속에서 있을 수 있는 소외계층의 권익운동 차원이 아니라 천황제나 사유재산제의 폐지 등 사회체제의 근본적인 변혁을 꿈꾸는 과격한 혁명이론의 실천단계로까지 발전하고 있었다. 그리하여 1925년의 치안유지법 제정을 계기로 사회주의운동에 대한 대대적 탄압이 가해졌다. 아울러 사회일반의 보수화와 반(反)정당정치의 기류를 타고 당면한 경제위기 극복의 미봉책에 따라 내적 탄압과 대외침략으로 치닫는 국가독점자본주의화의 단계로 이행하면서, 군부의 정치적 패권장악으로 이어지는 이른바 「쇼와유신」(昭和維新) 운동이 대두하고 그 결과로서 초국가주의 '천황제파쇼체제'가 등장하였다.

군부주도로 도발된 만주침략(1931)은 국면을 전시비상체제로 일변시켰다. 이에 따라 쿠데타에 의한 군부집권기도가 계속되고 테러와 폭력이 난무하는 혼란 속에서 정당정치는 빈사상태에 빠지고, 군부와 기술-전문관료, 그리고 독점재벌로 연결되는 3세력의 제휴-연합이 이후의 대세를 장악하게 되었다.

1933년에는 국제연맹의 만주주둔 일본군의 철병 권고결의에 반발하여 연맹을 탈퇴하였다. 이어 1935년 8월에 나온 정부의 「국체명징」(國體明徵) 성명[5])은 2·26군사반란과 함께 군부의 광신적 군사모험주의가 폭주 끝에 중-일전쟁 도발을 거쳐 태평양전쟁으로 폭발해 버리는 결정적 전환점이 되었다. 이후 '국체'는 체제수호의 무기로서 일체의 다른 주장이나 해석을 배척하는 가장 두려운 '터부'로서의 위압적 통제기능을 발휘하였다.[6])

아울러 국가신도(國家神道)의 국교로서의 성격이 강화되었다. 종교 여하를 불문하고 '신사'(神社) 참배는 누구에게나 강요되었다. 국가신도의 교의가 곧 국체의 교의가 되기 때문이다. 신사는 1940년대 이후 국민생활에 있어서 사고와 행동양식을 규정하는 규범으로 제도화하였고, 여기에 반하는 어떠한 양식도 '비국민'으로 규탄되는 광기 어린 대중적 재판의 도구로서 패전까지 그 위세를 떨쳤던 것이다.

2. 대학의 수난

학문의 자유를 생명으로 하는 대학은 본질상 초국가주의 파쇼 체제와는 양립할 수 없는 대립적인 존재일 수밖에 없다. 그러나 이 시대 일본의 대학들은 이미 "국가의 수요에 응하는 학술기예"를 교수해야 할 사명을 띤 피지배기구의 하나로서 그 누구도 감히 국가, 곧 체제측의 뜻에 거역할 수 없는 순응적 운명에 놓여 있었다. 현역장교가 배속되고 교련이 실시되는 상황하에서 '학문연구의 자유'와 '대학의 자치'란 비현실적인 관념일 뿐이었다.

체제측은 대학이 국체부정의 위험사상을 낳는 불온지대로 존재할 수 있다는 데 대해서 항상 민감한 반응을 보여왔다. 국체명징(國體明徵) 성명 이후, 더욱 극렬해진 체제 측의 '사상사냥'은 전시동원체제 확립과 같은 상황적 맥락에서 내려진 조치였다. 만주침략(1931) 이후의 몇 가지 실례를 들어보자.

급진적 청년장교들의 과격한 행동주의에 의해 촉발된 만주침략을 국제법으로 인정된 자위권의 범위를 넘어선 불법행위로 간주했던 도쿄제대 법학부 국제법 교수 요코타 기사부로(横田喜三郎)가 체제측으로부터 신변의 위협을 당할 정도로 격렬한 공격의 대상이 되었다.

이어 죄형법정주의에 입각해서 형법을 강의한 교토제대교수 다키가와 유키토키(瀧川幸辰)가 비판대상이 되었다. 귀족원 의원 기쿠치 다케오(菊地武夫)의 다키가와 비판을 계기로(1933), 그의 저서는 내무성에 의해 발금조치되고, 문부성은 그에게 휴직처분을 내렸다.[7] 바야흐로 대학에 엄동이 맹위를 떨치고 있었던 것이다. 이 해에 육군은 도쿄제대에 대해서 군사교관의 일방적 증원을 요구하였다. 이에 대해서 당시 총장 오노츠카 기헤이치(小野塚喜平次)는 대학의 독립을 근거로 이를 거부하며 대항하였다.[8] 오노츠카는 이듬해 총장직에서 물러났다.

또 귀족원 의원 기쿠치(菊地)의 '천황기관설' 공격을 계기로 국체명징성명이 나오고, 미노베 다츠키치(美濃部達吉 : 1873~1948)에 대한 '학비'(學匪) 낙인과 더불어 대학추방 및 불경죄기소(1935) 등이 잇달았다. 도쿄제국대학 법학부교수인 미노베는 독일의 법학자 옐리네크(Georg Jellinek : 1851~1911)의 이론에 근거, 입헌정체의 주요내용에 대한 새로운 정의를 시도하였다.[9] 그의 주장을 요약하면, 메이지헌법상 위로 천황으로부터 밑으로 각 개인에 이르기까지 모든 사회성원은 각기 주권질서의 일부를 이루는 것이지 천황만이 주권을 가지는 것이 아니기 때문에 "그 많은 국가기관들 중의 하나인 천황도 헌법에 의해 명백히 제한을 받는다"는 것이다. 게다가 입헌기관으로서 의회가 존재하고, 국민은 대표를 선출하여 입법기관에 보내는 선거기관으로서 존재하기 때문에 국민 또한 "그 집합체 질서의 기관이자 법적 실체로서 위로부터 정치적 지배를 받기만 하는 소극적 존재가 아니라 정치적 방향을 형성하는 데 적극적으로 공헌하는 존재"라고 정의함으로써 "권위의 법률적 제한"과 "사회성원의 광범한 정치참여를 허용"하는 것이 근대적 입헌제도의 기본정신임을 강조하였다.[10]

요컨대 미노베의 주안은 「제국헌법」을 가능한 한 입헌주의적으로 해석함으로써 천황과 군부를 헌법의 제약하에 두고 내각과 중의원의 지위와 그 권능을 강화하고 합법화하는 이론적 뒷받침을 제공하자는 데 있었던 것이다. 이것이 천황의 신비적 권위와 상징성을 절대화-국체화하여 일본의 무한팽

창야욕을 정당화하려는 군부와 극우집단의 초국가주의-일본주의의 의도와 정면 배치되었던 것이다.

1937년에는 앞 장(章)에서 언급한 바 있듯, 야나이하라 타다오(矢內原忠雄)에 대해서 그의 중일전쟁 및 군부비판에 대한 보복조치로 대학 추방령이 내려졌다. 이 해에 문부성에 교학국이 신설되어 1930년에 설립된 '국민정신문화연구소'와의 공조하에, 공산주의는 물론, 개인주의, 자유주의, 공리주의 등 "국체의 본의(本義)에 부응하지 않는 제사상"을 '취체(取締)'하는 금압체제가 정비되었다.[11] 1938년에는 소위 '교수그룹사건'이라고 일컫는 '인민전선파'에 대한 2차 검거선풍이 불고, '유물주의사상연구회' 등에 대한 탄압조치가 이어져 사회주의 사상이 적어도 표면적으로는 자취를 감추게 되었다. 체제측의 다음 공격목표는 도쿄제대 경제학부교수인 가와이 에이지로(河合榮治郎) : 1891~1944)였다.

가와이는 국가주의를 부정하고 자유주의적 입장에서 언론의 자유를 요구하며 2·26 군사반란 탄핵과 파시즘 비판을 전개하였다. 미노타 무네키(蓑田胸喜)와 같은 광신적 우익분자들에 의해 제국대학 내 숙정운동이 벌어지는 가운데 이 해 말 당시 동경대 총장 히라가 유즈루(平賀讓)에 의해 가와이에 대한 휴직처분이 문부성에 상신되고, 그의 저서『파시즘 비판』과『시국과 자유주의』 등이 발금조치되면서 황실의 존엄을 어지럽혔다는 죄목으로 출판법에 의해 기소되었다.[12]

마르크스주의자들의 전향이 속출하는 가운데, 근대적 합리주의를 신봉했던 자유주의적 보수주의 지식인들도 여러 가지 정신적 굴절을 경험하지 않을 수 없었다. 그들은 체제측의 공격과 대중의 불신 속에서 자기모멸에 빠져 좌절하며 보편적 인간이성에 대한 깊은 회의 속에 침잠하고 있었다.[13]

1940년에는 총체적 사상-언론-문화통제 조직으로서 「내각 정보국」이 만들어졌다. 그것은 대본영 육해군 보도부, 외무성 정보부, 내무성 경보국 검열과의 기능을 통합시킨 조직으로 국내외에 걸친 '사상전'을 기획하고 통제하는 지휘본부였다.[14]

이 해 3월 와세다대학 교수로서 동경대 법학부 신설강좌 '동양정치사상사'를 맡아 출강중인 츠다 쇼키치(津田左右吉) 기소사건이 있었다. 츠다는 1934년에 잡지『사상』(思想) 5월호의 '일본정신' 특집에서 소위 일본정신이란 것을 객관적-학문적 관점에서 비판한 바 있다.

「기키」(記紀)의 신화성을 주장하는 그의 학문적 입장은 천황의 만세일계성(萬世一系性)을 부정하는 것이어서 국체관념을 허구화할 뿐만 아니라, 그의 '동양문화의 일체성' 부인 역시 서양제일주의에 맞서 아시아주의를 부르짖는 체제측의 소위 '동아신질서' 주창의 도덕적-이론적 기초를 무너뜨리는 것이었기 때문이다. 그리하여 츠다의 저서들은 "황실의 존엄을 모독하는" 불온서로 낙인 찍혀 발금처분되었고, 그는 강단에서 추방됨과 동시에 출판자 이와나미 시게오(岩波茂雄)와 함께 출판법위반으로 기소되었다.[15)]

이상 '대학의 수난'을 상징하는 사건들은 대학의 이념과 양심이 광신적 초국가주의자들에 의해 오도된 역사의 수레바퀴에 깔려 으깨어져가던 비극적인 예에 지나지 않는 것이었다.

1940년, 이 해에는 중일전쟁이 교착상태에 빠져들고 있음에도 불구하고 육군주도의 남진정책은 전선을 인도차이나 반도로까지 확대하고 있었고, 2차 세계대전의 확전과 독-이-일 3국동맹이 맺어지는 가운데 총력전 체제를 이끌어갈 소위 '대정익찬회'(大政翼贊會)가 결성되었다. 일본이 "인간의 상식을 초월한 세계와의 일전"이라고 할 수 있는 태평양전쟁을 일으키기 1년 전의 일이다. 바로 이와 같은 시기에 남재는 도쿄제국대학 홍고(本鄕) 캠퍼스의 문을 들어섰던 것이다.

3. 도쿄제국대학-연혁과 위상

도쿄제국대학(東京帝國大學)…. 이 대학 전신(前身)의 계보는 대단히 복잡하다. 보통은 그 줄기만 따져 1877년 4월에 창립된 도쿄대학(東京大學)을 그 전신으로 친다.

도쿄대학은 당시 존립했던 여러 고등교육기관 중 문부성 소관학교일 뿐, 국가사회적으로 특별히 이름 있는 고등교육기관은 아니었다. 당시의 명망으로 따진다면 오히려 사법성 소속의 법학교(法學校正則科 : 1872)나 공부성의 공학교(1873), 농상무성의 농학교(1877) 등이 우위에 있었다.

1886년에 공포된 「제국대학령」(帝國大學令)에 따라 난립된 고등교육기관이 정비되었다. 국가가 직접 관리-육성하는 관립대학을 제국대학(帝國大學) 하나로 정리한 것이다. 이에 따라 제국대학을 정점으로 하는 피라미드형 교육체계가 확립되고 고등교육기관은 '제국대학-고등학교형'과 '사범-고등전문학교형'으로 엄격하게 차별화되었다.

제국대학은 출발 직후 사법성의 법학교와 공부성의 공학교 등을 흡수하여 법-의-공-문-이 5개 분과대학 체제로 확대-개편되었다. 1890년에는 농상무성 소속으로 발전해온 동경농림학교(東京農林學校 : 1886)를 흡수하여 농과대학을 설치하였다.

1877년부터 제국대학 법문계 출신에게는 고시를 치르지 않고 단기 견습기간인 시보(試補)과정만 거치면 고급관리로의 등용 첫단계인 주임관(奏任官)에 임명되는 특권이 주어졌다.[16] 제국대학 출신이 아닌 자에게도 행정-사법고시를 거쳐 고등문관 또는 사법관이 될 수 있는 기회는 주어졌으나 그 합격률은 대단히 낮았다. 따라서 제국대학이 그 특권과 실력차 때문에 국가귀족예비학교로서 독보적 존재로 우뚝 서게 되는 것은 당연한 귀결이었다.[17]

1897년부터 제국대학은 도쿄제국대학(東京帝國大學 : 축약명칭은 이하 동경대로 표기)으로 개명되었다. 이 해에 교토제국대학(京都帝國大學)이 창설됨으로써 명칭상 양교를 구분 지을 필요성이 생겼기 때문이다. 그렇다고 하더라도 제국대학이라고 하면 그것은 으레 도쿄제국대학을 부르는 명칭으로 일반화되어 패전기까지 통용되었다.

동경대 출신은 관계(官界)뿐만 아니라 기업-금융-교육계 등 그 어느 영역에서도 압도적 우위를 차지하고 있었다. 그러니 동경대를 비롯한 제국대학의 세속적 가치는 마치 그것이 인생의 목표나 되는 것처럼 치솟게 되고, 제국대학 진학의 필수-정규 코스인 구제 고등학교의 입시경쟁 또한 치열해지면서 자연 고교졸업자들의 제국대학 입학경쟁도 점차로 심해져갔다.

남재가 동경대 법학부에 입학하던 1940년의 경우도 35개 고교출신의 동경대 진학률은 40.3%(1,536명), 교토제대 28%(1,067명), 여타 제국대학 25.1%(957), 기타 6.6%(251명)로 되어 있다.

고등학교와 제국대학과의 관계는 상보(相補)관계라 할 수 있다. 고교가 제국대학 진학 보증학교라는 조건은 그것이 제국대학의 후광을 일방적으로 입고 있음을 말해주는 것이 된다. 그러나 제국대학 또한 고교출신을 '적통'(嫡統)으로 삼음으로써 고등전문-사립대 등 다른 고등교육기관과 차별화를 기할 수 있었다는 점 또한 제국대학의 위세를 높여주는 조건이 되었다. 고교출신들은 학업에 뛰어난 재질을 타고난 수재들인 데다 앞으로 전공학문을 천착해 나가는 데 필수적으로 요구되는 도구적 학문인 외국어에 상당한 실력을 쌓도록 강도 높게 훈련된다는 두 가지 조건, 바로 그 점에 차별화의 본질이 숨어 있는 것이 아닌가 생각된다.

1919년, 동경대는 「개정제국대학령」에 의해 분과(分科)대학체제에서 학부(學部)체제로 개편되어 대학은 학부가 되고, 학장은 학부장이 되었다. 이 해 2월에는 경제학부가 설치되었다.

4. 입학식 없는 입학

남재의 도쿄제국대학 법학부 입학시험은 기술한 바와 같이 1940년 3월 15~16 양일 간 치러졌다. 15일(금)은 오전 9~12시까지 논문시험, 16일(토)도 9~12시까지 서양어문장의 일본어 번역 즉, '구문화역'(歐文和譯) 시험을 보았다. 1938년까지는 시험과목이 '구문화역' 한 과목밖에 없었으나 1939년에는 논술고사를 추가하였고, 1940년부터는 단순한 논술이 아니라 3시간에 걸친 논문시험을 치르게 했다.

논문고사 실시와 관련하여 《제국대학신문》(帝國大學新聞)은 "법학부는 작년에 작문을 과(課)하여 수년래 지켜온 구문화역 한 과목 고사제를 바꾸어 수험생을 놀라게 하더니 본년도는 학과시험이 2일 간으로, 논문-구문화역 각 3시간으로 되었다. 작문 대신에 3시간으로 중시(重視)된 논문은 전 수험생의 주시의 표적이 되고, 구문화역 3시간은 필연적으로 동점자의 증가를 가져올 것"이라고 수험생들의 우려와 관심을 4단 크기로 특필하고 있다.[18)]

첫째 날 논문시험은 예고한 대로 "고교에서 수학한 제반 학과에 관한 일반적 교양의 범위"에서 두 문제가 출제되었고, 둘째 날의 구문화역 시험 또한 고교의 전공계에 따라 갑류 출신은 영문, 을류 출신은 독문, 병류 출신은 불문을 각기 두 문제 일역하는 시험이었다.

논문시험 문제는 "도쿠가와 막부(德川幕府)의 쇄국정책을 논하라"(제1문), "사회와 개인"(제2문)이었다. 배점은 논문 - 구문화역 모두 각 문제당 100점, 총 400점 만점이었다(시험문제 : 1940년 5월 13일자 《帝國大學新聞》 3면).

16일 오후와 17일(일)에는 신체검사가 있었다. 남재는 야마구치고교가 16일자 신검조(身檢組)에 편성되었기 때문에 15~16일 이틀 동안 모든 입시일정을 마칠 수 있었다. 시험에 앞서 13~14일에는 고사장 책상 번호표와 출신고교명이 기재된 명찰 교부가 있었다. 수험 당일엔 필기도구만 휴대하고 수험개시 20분 전에 지정된 책상에 착석토록 했다. 수험생에게 '가급적' 출신고교의 교복을 착용토록 한 것이 이색적이다. 여기서의 '가급적'이란 말은 재수생이나 비고교출신자에 대한 배려의 표현인 듯하다. 남재가 야마구치고교의 교복을 입고 시험을 치렀을 것임은 물론이다. 1940년 이 해의 법학부 모집정원은 650명, 그중 정치학과가 906명 지원에 481명 합격(53%), 법률학과는 342명 지원에 169명 합격(49%), 법학부 경쟁률은 지원자 총 1,248명으로 1.92대 1이었다.[19]

정치학과의 신입생 수는 그 입학자 명단을 게재하고 있는 『도쿄제국대학 학생편람』(昭和 15년, 16년, 17년판)의 각 연도판마다 현격한 편차를 보이고 있어 어느 것을 따라야 옳은지 전혀 종잡을 수가 없는 형편이다. 다음에 소개하는 연도별 정치학과 신입생 수는 남재의 입학연도인 『쇼와 15년판(1940)』의 수록명단을 기준으로 하고 그 이후는 당해 연도판의 숫자를 취한 것이다.

△1937 : 179 / △1938 : 419 / △1939 : 504 / △1940 : 481 / △1941 : 413 /
△1942 (4월) : 534 / △1942(10월) : 544
*(법학부 정원 650명)

1937년 이전은 대체로 30명 미만으로 나타난다. 이것은 법학부 신입생의 전공분포가 애초에는 법률학과 전공학생이 압도적인 우위를 점해오다가 1938년부터 정치학 전공이 3대 1 이상의 비율로 크게 역전하고 있음을 보여주는 현상이다.

이와 같은 정치학과 지망 러시에 대해서, 교수 난바라 시게루(南原繁)는 《제국대학신문》에 기고한 신입생에게 주는 글(〈위기에 있어서—대학생활에의 요망〉)에서 대학의 본질을 논하면서 "…근년에 정치학과 학생이 법률학과에 비해서 압도적으로 증대하고 있는 바, 만약 이론적 혹은 규범적인 학문에 대한 권태 또는 회피라던가 소위 '정치적' 혹은 '시대적'인 것에의 단순한 흥미… 따위와 관련이 있는 것이라면 결코… 기뻐할 현상으로 볼 수 없다"는 우려를 표명하고 있다. 이어 그는 "정치란 결코 권력 목적에의 수단이나 술책은 아니며, 인류 공동생활의 보다 선(善)한 질서의 건설, 구극에 있어 참다운 것, 선한 것, 아름다운 것, 그리하여 성(聖)스러운 것과도 내적 관련을 갖는 세계질서의…문제"라고 설명하면서 이러한 높은 정치적 질서와 그 객관적 진리성을 유린하는 짓을 한다면 "…언제인가는 진리 자신에 의해서 보복되는 날이 올 것"이라고 무단(武斷)적 현실정치의 강포(强暴)에 빗대어 경고하고 있다.[20]

《제국대학신문》이 조사한 1940년도 고교별 동경대 합격상황을 보면, 최다합격에서는 1고가 289명으로 단연 수위를 차지하고 있고, 2위는 94명의 5고, 3위는 90명의 3고 순으로 나타나고 있다. 그러나 합격률을 보면, 50명 지원에 42명 합격자를 낸 나니와고(浪速高)(84%)가 수위를 차지하고 있다. '대학 중의 대학' 법학부 합격상황도 최다합격은 1고 113명(76.8%), 5고 50명(66.6%), 3고 39명(56.5%)순이나 합격률은 역시 나니와고(浪速高)가 26명 지원에 23명 합격, 88.4%로 1위를 차지하고 있다.

야마구치고교는 법학부에 23명 지원하여 11명 합격, 47.8%의 합격률을 보였고 동경대 전체적으로는 67명이 지원하여 40명 합격, 59.7%로 35개 고교 중 중간 정도의 순위에 들어 있다. 이 해 정치학과에 입학한 조선 출신은 남재를 포함하여 홍성진(洪性珍)-주수원(朱洙元)-이상균(李相均) 등 4명이었다. 이중 3명의 출신지나 졸업 후의 활동상황은 확인되지 않는다.

고교생과 제국대학생은 벌써 외양에서부터 큰 차이가 난다. 제국대학생이 되면, 고교생들에게서 넘쳐흐르던 폐의파모(弊衣破帽)의 그 자유분방함은 어느덧 사라지고, 사각모에 외투를 걸친 교양과 지성이 넘치는 깍듯한 신사로서 근엄함마저 풍기는 자세로 바뀐다고 한다.[21]

동경대의 입학선서식은 개교 10년 후인 1887년부터 시행되어왔다. 그러나

1920년 졸업식의 폐지와 함께 입학선서식도 폐지되어 1940년까지 20년간 중단되었다가 1941년부터 부활되어 《제국대학신문》에 행사소식이 대대적으로 보도되고 있다.[22]

따라서 남재는 거교적으로 신입생을 환영하는 입학식 행사를 치러보지 못한 것이다.

제2절 정치학과 교과과정

법학부는 종전의 법과대학이 개정된 「제국대학령」에 따라 명칭변경된 것으로 법률학과와 정치학과 양과로 구성되며 수학연한은 3년이다.

원래 정치학과는 1877년에 도쿄제국대학이 법 · 문 · 이 · 의 4개 학부로 개편-출범할 당시 사학과-철학과와 함께 문학부에 설치되어 있었으나, 1885년에 법정학부가 생기면서 동학부에 소속되었고 다시 제국대학 시절 법과대학으로 옮겨짐으로써 법학부에 남게 된 것이다.

법학부의 수업은 3학기제로 실시되나, 교과과정은 학칙상 학기구분을 두지 않고 학년별로만 구분 편성하고 있다. 남재의 입학 해인 1940년을 기준으로 할 때, 정치학과는 필수 14개 과목, 선택 11개 과목을 개설하고 있었다.(〈표 I -⑦〉 참조)

필수과목은 물론 전과목을 이수해야 하고, 선택과목은 11개 개설과목 중 4개 과목만 이수하면 졸업이 가능하다. 시험은 1년에 한 번, 매년 3월에 실시한다. 유고로 인한 결시(缺試)자와 불합격자에 대한 재시험의 기회는 6월에 주어진다. 시험평점은 우(優)-양(良)-가(可)-불가(不可) 4등급으로 매겨진다.

정치학과의 교과목은 〈표 I -⑧〉에서 보는 바와 같이 14개 필수과목 중 법률과목이 9개과로 64.2%를 차지하고 있다. 헌법, 국제공법 I(평시), 국제공법II(전시), 민법 I(총칙 · 물권, 단 담보물권 제외), 민법 II(담보물권-채권), 민법 III(친족-상속), 행정법 I(총론), 행정법 II(각론), 국법학 등이 그것이다. 정치학과목은 정치학, 정치사, 외교사 등 3개 과에 24.1%에 불과하다. 그 밖에는 경제원론-재정학 2개 과목(14.2%)이 있다.

11개 선택과목의 경우는 법률 5개 과목(형법 / 상법 I : 총칙-회사-상행위 / 상법 II : 보험-수형(어음)-해상 / 국제사법 / 법제사) 45.4%, 정치학 2개과(정치학사 / 동양정치사상사) 18.1%, 기타 4개과(경제정책 / 행정학 / 사회정책 / 사회학) 36.3%로 편성되어 있다. 따라서 필수-선택 총 25개 개설과목 중 법률과목 14(56%), 정치학 과목 5(20%), 기타 6(24%)으로, 편성된 교과과정은 법률학과와 정치학과 간의 구분이 모호할 정도로 사실상 법학 위주의 학과운영을 해왔다고 볼 수 있다.[23)]

굳이 두 학과 간의 차이를 찾는다면 법률학과에 정치학과에 없는 필수과목으로 민사-형사소송법과 외국법(영 · 불 · 독), 선택과목으로 로마법, 법리학, 서양법제사가 더 개설되어 있다는 정도일 것이다.

수업시간은 1학년이 필수 6개 과목 주 22시간, 선택 1과목까지 수강하면 총 26시간에 이른다. 2학년은 필수 5개 과목에 주 22시간, 선택 3과목 11시간 중 2개 과목을 듣는다면 28시간, 3학년은 필수 3개 과목 9시간, 선택 7개 과목 22시간 중 1개 이상을 듣는다면 12~16시간 정도 주당 수업부담을 갖는다.

남재는 1학년 수업부담을 크게 줄인 대신, 2~3학년의 부담을 높였다. 1학년은 필수 6과목, 선택 1과목 중 헌법-정치학-경제원론-민법 I(총칙-물권) 등 필수 4과목만 수강하여, 주당 15시간의 수업을 들었다. 그러나 2학년에서는 1학년 필수인 국제공법 I(평시)과 정치사 2과목 7시간에, 2학년 필수 5과목 중 국법학-민법 II(담보물권-채권)-외교사 3과목 11시간, 그리고 2학년 4개 선택과목 중 경제정책과 정치학사 2과목 7시간, 총 7개 과목에 25시간의 비교적 높은 수업부담을 감내했다. 3학년에도 2학년 필수 행정법 I(총론)-국제공법 II(전시) 2과목 6시간, 3학년 필수 행정법 II(각론)-민법 III(친족-상속)-재정학 등 3과목 9시간, 3학년 선택 7과목 중 행정학-사회정책 2과목 6시간, 총 7과목 21시간의 수업을 들었다.(〈표 I -⑦〉 참조)

남재는 동경대 2년 반 수학기간 동안 총 18개 수강과목 중 '우' 12개과, '양' 6개과의 상위권 학업성적을 기록했다.[24)] 정치학 4개 과목은 외교사만 빼고 정치학, 정치사, 정치학사 모두 '우'였다. 법률과목도 민법-국제공법-행정법

\ 〈표 I -⑦〉 학년별 정치학과 교과과정-주당 배정시간 및 담당교수

학년	필수		선택	
	과목	담당교수	과목	담당교수
1학년	· 헌법(3) · 국제공법 제1부 : 평시(4) · 정치학(3) · 민법 제1부 : 총칙-물권, 단 담보물권 제외(5) · 정치사 · 경제원론(4)	宮澤俊義* 橫田喜三郎* 矢部貞治* 末弘嚴太郞* 岡義 武* 舞出長五郞*	· 형법(4)	
2학년	· 국법학(3) · 행정업 제1부 : 총론(3) · 국세공법 세2부 · 전시(3) · 민법 제2부 : 담보물권 · 채권(5) · 외교사(3)	刑部 莊* 杉村章三郞** 安井 郁** 我妻 榮* 神川彦松*	· 정치학사(3) · 경제정책(4) · 싱법 제1부:총칙 · 회사 · 상행위(4)	南原 繁* 中山伊知郞*
3학년	· 행정법 제2부 : 각론(3) · 민법 제3부 : 친족 · 상속(2) · 재정학(4)	田中二郞** 來西三郞* —	· 행정학(3) · 사회정책(3) · 동양정치사상사(3) · 사회학(3) · 국제사법(3) · 법제사(3) · 상법 제2부 : 보험· 수형(어음)·해상(4)	矢部貞治** 山中篤太郞**
계	14		11	
수의 과목	· 海法, 미국헌법역사 및 외교, 형사학, 통계학, 화폐은행론, 법의학, 노동법			

자료 : 『東京帝國大學 學生便覽』(1940년 11월 20일 현재), (동 1941년 10월 1일 현재), (동 1942년 10월 1일 현재). 괄호 안 숫자는 주당 배정시간.

* 남재가 수강한 강좌의 담임교수로 확인된 교수.

** 공식자료상으로는 확인되지 않으나, 『학생편람』의 교수명단에 나타난 강좌 담임으로 보아 남재의 수강강좌를 담당한 것이 거의 확실시되는 교수.

〈표Ⅰ-⑧〉 남재의 학년별 수강과목 및 평점취득일

학 년	수 강 과 목	평점취득일자
1학년	· 헌법/정치학/경제원론/민법 제1부 : 총칙-물권단, 담보물권 제외	1941. 3.
2학년	· 국법학/공법 제1부 : 평시/정치사/외교사/민법 제2부 : 담보물권-채권 --- · 정치학사/경제정책	1942. 3.
3학년	· 행정법 제1부 : 총론/행정법 제2부 : 각론/국제공법 제2부 : 전시/민법 제3부 : 친족-상속 --- · 행정학/사회정책	1942. 9.

자료 :『東京帝國大學 法學部 學生票』, 점선 이하는 선택과목

등에서 모두 '우'를 따냈고 경제원론도 '우'를 받았다. 여타 '양'으로 끝낸 과목들은 대체로 남재가 졸업의 필요상 수강한 주변 과목들로 볼 수 있을 것이다. 교동학교 이래, 남재가 중심 학과목들을 소홀히 한 예는 없었기 때문이다. 이러한 견지에서 국제정치학 분야인 외교사에서 '양'으로 만족한 것은 이례적인 것으로서 의외로 생각된다.

대체로 한국 유학생들은 고등학교까지는 제국대학 진학이라는 단순한 목표를 향해 무섭게 공부를 하나, 일단 대학에 입학하고 나면 더 이상의 목표가 잡히지 않고 미래에 대한 희망이 없음을 매순간 절감하고는 그만 맥이 풀려 학업에 전력을 다하지 못하고 졸업에 필요한 최소한의 성적에 자족하고 마는 것이 보통이라고 한다.[25] 이러한 예에 비추어 볼 때, 남재의 학업에 대한 열정은 이곳 동경대에서도 한결같았다고 해야 할 것이다.

남재가 가장 열심히 수강한 과목이 난바라 시게루(南原繁)의 2학년 선택과목 「정치학사」였다. 남재는 훗날, 자신의 고희기념논문집—〈제자와의 좌담〉에서 이 강좌의 명칭을 「정치학설사」로 기억하며 가장 인상 깊은 강의였다고 술회하고 있는데, 공식강좌명은 「정치학설사」가 아닌 「정치학사」였다.

「정치학사」는 난바라가 그 최초의 담당교수로서 1925년에 강의를 개시한

이래 1950년 퇴직까지 4반세기 동안, 특히 그가 전후에 동경대 총장으로서 대학재건에 가장 분망했던 시기에 있어서조차도 이 강의만은 계속했을 정도로 필생의 정열을 쏟았던 강좌였다.[26] 그는 이 강의를 통해서 쌓아온, 고대 그리스로부터 현대에 이르는 서양의 위대한 철학자들과 그 정치사상에 대한 고찰성과를 기초로하고 여기에 그 이후의 연구를 더하여 1962년에 이를『정치이론사』라는 단행본으로 동경대학출판회(東京大學出版會)를 통해 출간한 바 있다.

이 저술에 체계화된 ① 그리스 사상 / ② 기독교사상 / ③ 르네상스와 종교개혁 / ④ 근세계몽사상 / ⑤ 도이치 이상주의 / ⑥ 실증주의-공리주의-진화론 / ⑦ 마르크스 사회주의와 민족사회주의 등은 바로「정치학사」강의의 구성과 내용 전모를 밝혀주고 있다는 점에서 남재의 정치학 수학과정을 더듬어나가는 우리에게 있어 특별한 의미를 갖는다고 할 것이다.

난바라는 이 저술에서 우선, 그리스 사상에서는 소피스트들과 소크라테스-플라톤-아리스토텔레스, 그리고 헬레니즘의 에피쿠로스 학파와 스토아 학파를 다루고 있다. 이어 기독교사상의 고대는 사도(使徒)들로부터 아우구스티누스까지, 중세는 토마스 아퀴나스(전기)로부터 단테(후기)까지를 논하고 있다. 르네상스와 종교개혁은 마키아벨리와 토마스 모어(문예부흥), 그리고 루터와 칼빈(종교개혁)을 검토하고 있다. 근세 계몽사상은 절대주의-자유주의-계몽적 전제주의의 제사상가들을 추적하고 있고, 특히 도이치 이상주의에서는 칸트와 피히테, 독일낭만주의, 헤겔 등을 고찰하면서, 불란서 실증주의와 영국의 공리주의를 포함한 진화론 해석을 거쳐 현대의 마르크스 사회주의와 나치스 민족사회주의 평가에 이른다.

마루야마 마사오(丸山眞男)는 1973년 5월에 이와나미서점(岩波書店)에서 재출간된『난바라(南原繁) 저작집』〈제4권〉의 권말(卷末)「해설」에서 이『정치이론사』야말로 뒤에 출간되는 그의『정치철학서설』(1973)과 함께 난바라 학문체계의 정수라고 평가하고, 다른 모든 노작(勞作)들은 결국 이 두 저서의 변주곡(變奏曲)이라고 해석하고 있다.

남재가 헌법 강의에 별로 열의를 내지 않았던 점도 재미있는 사실로 지적하지 않을 수 없다. 헌법은 당시의 헌법논쟁(미노베 사건)과 국체명징(國體明徵)사건에 비추어 당연히 법학부 학생들의 최대 관심사였을 것임은 의심할 여지가 없다. 남재도 우리 헌정사(憲政史)의 파행과 관련, 항상 헌법문제에 깊은 지식과 관심을 보여왔던 점으로 미루어 이미 동경대 시절부터 헌법이해에 상당한 수준에 이르렀을 것으로 생각된다. 그럼에도 불구하고 그의 헌법 수강평점은 '양'에 머물고 있다. 정확한 사연은 물론 알 수 없다. 추측컨대 그것은 이 강좌의 담당 미야자와 도시요시(宮澤俊義)에 대한 불신의 표현은 아니었는지 우리는 여운을 남겨두고 싶다.

미야자와는 1933년에 정년퇴직한 미노베(美濃部達吉)의 바로 후임자였다. 이 강의의 출발 초기, 미야자와는 소위 「대일본제국헌법」 제3조 "천황은 신성하고 불가침이다"를 "천황이 형사소추의 대상이 아님을 뜻하는 것"으로 해석하였다. 그러나 1935년의 국체명징사건 이후부터는 자신의 이 같은 견해를 더 이상 견지할 수 없었음인지 헌법 제1조부터 4조까지를 아예 강의대상에서 제외시켜 버렸다. 이 같은 사실에 대한 부당성이 예민한 학생들간에 전설처럼 지적되어져 왔던 것이다.[27]

남재는 정치학과의 특별선택과목으로 개설된 동양정치사상사는 수강하지 않았다. 애초에 이 강좌를 담당했던 츠다 소우키치(津田左右吉 : 와세다대학)가 천황모독죄로 기소되고 강단에서 추방당한 후, 학원수난의 상징처럼 되어버린 이 국책과목을 남재가 기피함은 당연한 일로 보인다. 원래 이 강좌 개설의 실무를 맡았던 난바라는 "가장 시국적인 과목에 가장 비시국적인 내용을 담고자" 츠다(津田)를 특별강사로 초빙했던 것이다. 이것이 '국체명징의 학술적 이해', 또는 그 '정당화'를 기대하고 강좌개설을 허락했던 문부성을 비롯한 체제파들의 속셈과 어긋남으로써 파탄적 결과를 빚고 말았던 것이다.[28]

제3절 법학부 교수들[29]

동경대 법학부 교수는 남재의 입학연도를 기준할 때 총 43명이다.(〈표 I - ⑨〉 참조) 이중 정교수가 19명, 조교수 15명, 강사 6명, 수업담임 3명으로 되어 있다. 전원 학사학위 소지자로서 박사도 12인이나 되었다. 수업담임과 강사일부는 의학-농학-문학-경제학 등 타분야 전공자들이다.

교수의 압도적 다수는 법학전공자들이고, 학부 내에서는 구태여 학과소속을 엄격하게 가리지 않았던 것 같다. 그러나 담당강좌로 미루어 가미카와 히코마츠(神川彦松 : 국제정치학-외교사), 난바라 시게루(南原繁 : 정치철학-정치학사), 야베 데이지(矢部貞治 : 정치학-행정학), 오카 요시타케(岡義武 : 정치사), 마루야마 마사오(丸山眞男 : 정치학-정치학사) 등 5명은 정치학과 전임교수임이 분명하다.

남재가 입학했을 때 법학부장은 민법(제1강좌 담임) 교수 호즈미 시게토오(穗積重遠)였고 졸업 해인 1942년 3월에는 민법 제2강좌담임 스에히로 이즈타로(末弘嚴太郎)가 재취임했다.

법학부 교수들이 당대 일본을 대표하는 일급 학자들이요, 최고지성들이라고 함은 새삼 거론할 필요도 없을 것이다. 이들 중 정치학과 교수 5인과 남재가 직접 배운 수강과목 담당자들만을 다음에 간단히 소개한다.(취임순)

■ 스에히로 이즈타로(末弘嚴太郎 : 1888~1951)

야마구치(山口)현 출신으로, 1912년 동경대 법과대학 독법과를 졸업한 이래, 1914년 조교수, 1918~1920년까지 3년간 구미유학 후 1921년 교수가 되어 민법 제2부(담보물권-채권) 강좌를 담임하였다. 그 해 10월 동경대 최초로 노동법을 강의한 데 이어, 사회학적 법학방법론을 도입하였고, 22년 『물권법』(상 · 하)를 출간, 학계의 주목을 받았다. 아울러 동경대 내 민사법판례연구회를 조직, 이를 적극 이끌며 법학계에 큰 족적을 남겼다. 교수 재직중 두 차례 법학부장을 역임하였다. 1946년 퇴임 후 초대 중노위(中勞委)회장으로서 노동쟁의 조정역으로 그리고 노동조합법 입안자로서 활약했다. 주요저서로는 전기 『물권법』 외에 『농촌법률문제』, 『노동법연구』, 『일본노동조합운동사』 등이 있다. 법학박사(1920). 남재는 그의 '민법 제1부(총칙 · 물권, 단 담보물권 제외)' 강의를 수강했다.

■ 가미카와 히코마츠(神川彦松 : 1889~1988)

미에(三重)현 출신으로 1915년 동경대 법과대학 정치학과 졸업, 1923년 교수에 취임한 이래 국제정치학 개척자로서 '외교사'를 강의하면서 일본의 국제정치학 확립에 힘썼다. 패전 후 헌법개정-안보조약 등 일본이 당면했던 제문제에 보수적 입장을 취했다. 주요저서로 『근대국제정치사』(전 4권), 『국제정치학개론』, 『국제연맹정책론』 외에 전 10권으로 된 『가미카와 히코마츠 전집』이 있다. 일본학사원상 수상(1952), 학사원회원(1953), 동경대 명예교수, 법학박사(1929). 남재는 그의 '외교사' 강좌를 수강했다.

■ 난바라 시게루(南原 繁 : 1889~1974)

가카와(香川)현 출신으로, 1고를 거쳐 1914년 동경대 법과대학 정치학과 졸업, 내무성 관리로 7년간 근무 후 1920년 동경대로 돌아와 21년 조교수가 되면서 3년간 유럽유학. 1925년 교수취임 이후 자유주의적 입장을 고수하며 전시중에도 군부에 영합하지 않았다. 1945년 법학부장, 그 해 12월 전후 최초의 동경대 총장에 선임. 주요저서로는 『정치이론사』, 『정치철학서설』, 『국가와 종교』, 『대학의 자유』, 『인간과 정치』, 『피히테의 정치철학』 등과 전 10권의 『난바라 저작집』이 있고, 그 외에 가집(歌集) 『형상』(形相)이 있다. 학사원회원(1946), 동경대 명예교수(1952). 가인(歌人)이다(그의 생애와 학문-사상 전반은 제6절에서 별도로 논함).

■ 와가츠마 사카에(我妻 榮 : 1897~1973)

야마가타(山形)현 출신으로, 1고를 거쳐 1920년 동경대 법학부를 졸업했다. 재학중 전 총리 기시 노부스케(岸信介)와 학부수석을 다투었다는 유명한 일화가 있다. 고등문관시험에 수석합격 후 관계에 진출했으나 22년 법학부 조교수로 돌아와 23년부터 2년간 구미유학, 27년 교수로서 민법 제3강좌를 담당했다. 스에히로(末弘)의 영향하에서 독일류의 개념법학과 영미류의 판례법학의 집대성을 목표로 연구에 진력, 독자적 민법체계를 세움으로써 학계에 큰 업적을 남겼다. 1957년 퇴임 후, 법무성 고문을 지냈고, 헌법문제연구회에도 참가하면서 평화헌법을 옹호했다. 1960년 안보조약파동 때에는 총리의 즉각 퇴진을 촉구하면서 "기시 노부스케군에게 준다"는 일문을 《아사히신문》에 발표하여 다시 한 번 세상의 화제를 모았다. 주요저서로는 일본 민법해석의 표준으로 통하는 『민법강의』를 비롯하여, 『민법총칙』, 『민법대의』, 『채권법』, 『법학개론』 등이 있다. 일본학사원회원(1947), 동경대 명예교수. 요네자와(米澤)시에 1992년 '와가츠마 사카에' 기념관 개관. 남재는 그의 '민법 제2부(담보물권 · 채권)' 강의를 수강했다.

■ 요코타 기사부로(横田喜三郎 : 1896~1993)

아이치(愛知)현 출신으로, 8고(名古屋)를 거쳐 1922년 동경대 법학부 졸업 후 24년 조교수, 30년 교수로 '국제법' 강의를 담당했다. 이듬해 육군이 일으킨 '만주사변'에 대해서 《제국대학신문》에 "만주사변과 국제연맹"이란 논설을 기고하여 그 부당성을 비판, 극우-체제파들로부터 박해를 받았다고 함은 기술한 바 있다.

그 후로도 계속해서 일본의 해군군축조약폐기, 일-독-이 방공(防共)협정체결, 진주만 공격 등을 비판하는 글을 언론에 기고했으나 발금조치되었다. 전후 법학부장(1948)을 거쳐 57년 정년퇴직 후, 최고재판소장관(1960), 츠다쥬쿠(津田塾)대학 이사장(1974), 국제과학기술재단 이사장과 회장(1982, 1990) 등을 역임했다. 주요저서로는『국제법』,『전쟁범죄론』,『위헌심사』등이 있다. 문화훈장 등 네 차례나 서훈되었다. 일본학사원회원(1948), 동경대 명예교수, 법학박사(1945).

1993년 그가 타계하자《산케이신문》(2월 18일자)은 "격렬한 군부비판을 전개했던 국제법의 세계적 권위, …전전-전후를 통해서 리버럴리스트로 일관했던 법률가…만년에도 테니스로 건강을 유지하며 집필활동을 계속한 순법(順法)과 반골(反骨) 로 채색된 인생… '약자를 위한 법률'의 입장을 관철했던 법률 민주화의 중심인물…"이라고 극찬했다. 남재는 그의 강좌 '국제공법 제1부(평시)'를 수강했다.

■ 미야자와 도시요시(宮澤俊義 : 1899～1976)

나가노(長野)현 출신으로, 1923년 동경대 법학부 정치학과 졸업, 25년 조교수를 거쳐, 34년 교수에 올라 미노베의 후임으로「헌법」을 강의했다. 전후 귀족원 의원으로서〈일본국헌법〉심의에 참가하였고, 호헌파로서 '헌법문제연구회'를 주도했다. 프로야구 커미셔너 등 역임. 주요저서로『헌법』,『일본헌법』,『국민주권과 천황제』,『천황기관설사건』,『민주제의 본질적성격』등이 있다. 일본학사원회원(1949), 동경대 명예교수. 남재는 그의 강좌 '헌법'을 수강했다.

■ 스기무라 쇼자부로(杉村章三郎 : 1900～1991)

시즈오카(靜岡)현 출신으로, 1924년 동경대 법학부 정치학과를 졸업하고 동경대 교수로서 행정법을 강의했다. 퇴임 후 아오야마가쿠인대학(青山學院大學)으로 옮겨 동대학 법학부장을 역임하였고, 도호쿠가쿠인대학(東北學院大學) 교수로도 있었다. 주요저서로는『행정법』,『조세법학개론』,『재정법』,『지방자치법』등이 있다. 동경대 명예교수, 2등 욱일중광장(旭日重光章) 서훈. 법학부 교수들의 강좌담당상황으로 보아 남재는 그의「행정법 제1부(총론)」을 수강한 것으로 보이나 공식자료로는 확인되지 않는다. 남재가 수강한 '재정학' 강좌도 그가 맡았을 가능성이 높다.

■ 야베 데이지(矢部貞治 : 1902～1967)

돗토리(鳥取)현 출신으로, 동경대 법학부 정치학과 졸업 후 1928년 조교수, 35년부터 미-영-독에 유학했다. 39년 로야마 마사미치(蠟山政道)의 후임으로「정치학」담당교수로서 고노에 후미마로(近衛文麿)내각의 '신체제' 구상 입안자로 참여했고, 대동아성(省) 촉탁으로 대동아공영권 정책지도에도 관여했다. 전후, 스스로 동경대를 떠나 정치평론가로 활동하였고, 55년 다쿠쇼쿠대학(拓殖大學) 총장을 역임하면서 56년 헌법조사회 부회장으로서 개정론자의 선두에 서기도 했다. 『야베데이지 일기』가 사후에 출판되었다. 남재는 그의 강의 '정치학'과 '행정학'을 수강했다.

■ 오카 요시타케(岡 義武 : 1902~1990)

도쿄 출신으로 1926년 동경대 법학부 정치학과 졸업 후, 1928년 조교수, 1939년 교수가 되어 정치사 강좌를 담당했다. 전후 법학부장(1955)을 거쳐 63년 퇴직 후 가쿠슈인대학(學習院大學) 교수로서 근대일본정치사의 실증적 연구에 전력을 기울였다. 주요저서로 『여명기의 메이지일본』, 『근대유럽정치사』, 『근대일본정치사(I)』, 『국제정치사』, 『근대일본의 정치가』, 『야마가타 아리토모』(山縣有朋), 『고노에 후미마로』(近衛兵磨)가 있다. 문화훈장 등 수장(1986), 일본학사원회원(1972), 동경대 명예교수. 남재는 그의 '정치사' 강의를 수강했다.

■ 마루야마 마사오(丸山眞男 : 1914~1996)

오사카(大阪) 출신으로, 1937년 동경대 법학부 정치학과 졸업 후, 난바라(南原繁) 교수의 조수를 거쳐 1940년 조교수, 1950년 교수가 되었다. 1961년에는 하버드대, 옥스퍼드대 객원교수를 지냈고, 1971년 정년 퇴임 후 1975년부터 프린스턴대에서 연구생활을 한 바 있다. 일본의 정치사상사 분야에서 일본의 정신풍토와 정치구조 분석에 있어서 '마루야마 정치학'이라고 불리는 독자의 학풍을 세웠다. <초국가주의의 논리와 심리>(1946)를 비롯, 일본을 전쟁으로 내몰았던 제요인을 파헤치고, 일본의 근대정신의 미성숙을 지적한 일련의 논문발표로 각광을 받기도 했다. 민주주의 옹호의 입장에서 발언을 계속하는 한편, 1960년 안보투쟁기에는 '반안보'의 논진을 펴 학생-시민층에 큰 영향을 주었으나 동경대 분쟁에는 침묵을 지켰다. 『일본정치사상사연구』, 『현대정치의 사상과 행동』, 『일본의 사상』 등은 구미에서 출판되어 일본 연구의 고전으로까지 높이 평가되었다. 전 16권(별권 1)으로 된 『마루야마 전집』(岩波書店 : 1978)이 있다. 일본인으로는 아주 드물게 영국학사원회원, 미역사학회회원, 영국왕립아카데미 역사학회회원으로 피선되었다. 일본학사원회원(1978), 동경대 명예교수, 하버드대 명예법학박사(1973), 프린스턴대 명예문학박사(1973).

■ 쿠르스 사부로(來西三郞 : 1912~1998)

시바라키(茨城)현 출신으로, 1936년 동경대 법학부 졸업 후, 호즈미 시게토오

〈표 I -⑨〉 법학부 교수 · 수업담임 · 조교수 · 강사(1940~1942)

직 위	이 름	담 당 과 목	학 위
교 수	穗積重遠	민법 제1강좌담임-민법 제4강좌 분담	법학박사
	高柳賢三	英吉利법 제1강좌담임	
	末弘嚴太郎	민법 제2강좌담임	법학박사
	田中耕太郎	상법 제1강좌담임-법리학강좌 겸담(1941)	법학박사
	神川彦松	외교사강좌담임	법학박사
	小野淸一郎	형법 제1강좌담임-법리학강좌 겸담(1940)	법학박사
	高木八尺	미국헌법 역사 및 외교강좌 담임	법학박사
	南原 繁	정치학-정치학사 제1강좌담임	
	我妻 榮	민법 제3강좌담임	
	横田喜三郎	국제공법 제1강좌담임	
	末延三次	英吉利법 제2강좌담임	
	菊井維大	민사소송법 파산법 제1강좌담임	
	宮澤俊義	헌법 제1강좌담임	
	杉村章三郎	행정법 제1강좌담임	
	江川英文	국제사법 강좌담임	
	矢部貞治	정치학-정치학사 제2강좌담임, 행정학강좌 겸담	
	岡 義武	정치사강좌담임	
	原田慶吉	로마법강좌담임	
	鈴木竹碓	상법 제2강좌담임	
수업담임*	古畑種基	법의학	의학박사
	那須 皓	농업정책	농학박사
	荒木光太郎	경제학	
조교수	田中二郎	행정법-행정법 제2강좌담임	
	兼子 一	민사소송법-민사소송법, 파산법 제2강좌담임	
	安井 郁	국제공법-국제공법 제2강좌담임	
	石井良助	법제사-법제사강좌담임	
	石井照久	해법-해법강좌담임	
	福井勇二郎	불란서법-불란서법강좌담임	
	川島武宜	민법-민법 제4강좌분담, 독일법강좌 분담	
	河合 博	영길리(英吉利)법	
	山田 晟	독일법-독일법강좌 분담	
	刑部 莊	국법학-국법학강좌담임	
	久保正幡	서양법제사-서양법제사강좌담임	
	團藤重光	형사소송법-형사소송법강좌담임	
	來西三郎	민법-민법 제4강좌 분담	
	野田良之	불란서법-불란서법강좌 분담	
	丸山眞男	정치학-정치학사, 정치학-정치학사제3강좌담임	
강 사	尾佐竹 猛	헌법사	
	中山伊知郎	상공정책	경제학박사
	南波杢三郎	형사학	법학박사
	綿貫哲雄	사회학	문학박사
	村岡典嗣	동양정치사상사	
	山中篤太郎	사회정책(1942)	

*1941년 경제원론 담당은 舞出長五郎, 경제정책 담당은 東畑精一(농학박사)
자료 : 『東京帝國大學 學生便覽』(1940년판, 1941년판, 1942년판)

(穗積重遠) 밑에서 수학, 1940년 조교수로 민법 제4강좌를 분담했다. 1947년 교수가 되었고, 1972년 퇴임 후 저술에 전념했다. 1952년 법해석의 객관성 문제를 제기하여 민법학계뿐만 아니라 전 법학계에 법해석 논쟁을 불러일으켰다. 주요저서로 『가족법 상속법강화』, 『계약법』 등이 있다. 일본학사원회원(1983), 동경대 명예교수, 법학박사. 남재는 그의 '민법 제3부 : 친족-상속' 강좌를 수강했다.

■ 마이이데 쵸고로(舞出長五郞 : 1892~1964)

가나카와(神奈川)현 출신으로, 1917년 동경대 법학부 정치학과 졸업 후, 대학원 수료에 이어 1919년 경제학부 조교수, 1920년부터 3년간 구미유학, 23년 교수가 되었다. 1938년과 1945년 두 차례 경제학부장 역임 후 1952년 퇴임했다. 전전, 히지카타(土方成美)의 경제가치론을 비판, '마이이데-히지카타 논쟁'으로도 유명하다. 전후에는 야나이하라 타다오(矢內原忠雄)와 오우치 효헤이(大內兵衛)의 동경대 복귀에 힘썼다. 주요저서로 『경제학사개요』, 『개정이론경제학개요』가 있다. 일본학사원회원, 동경대 명예교수, 경제학박사(1947). 남재는 그의 '경제원론'을 수강했다.

■ 나카야마 이치로(中山伊知郞 : 1898~1980)

미에(三重)현 출신으로, 1923년 도쿄쇼다이(東京商大 : 현 一橋大學) 졸업 후, 독일 본대학에서 슘페터에 사사(師事)한 유일의 비동경대출신이다. 1937년 동교의 교수와 학장(一橋大學)을 역임했다. 이론경제학의 이식-정착에 기여했고, 경제정책 제언에도 폭넓게 공헌한 것으로 평가된다. 중노위 회장을 비롯 ILO일본정부 대표로도 활약했다. 주요저서로 『순수경제학』, 『경제학일반이론』, 『근대경제학의 전개』 등 다수. 전 18권의 『나카야마 이치로 전집』이 있다. 문화공로로 수차례 서훈, 일본학사원 회원(1963), 경제학박사(1939). 1940년에 동경대 강사로 출강, 남재는 그의 '경제정책론'을 수강했다.

제4절 전시하의 학생생활

1. 태평양전쟁 : "마침내 와야 할 것이 왔다"

남재가 입학하자 학부장 호즈미 시게토(穗積重遠)는《제국대학신문》에 기고한 "신입생에게 주는 글"(2면 〈문화평론〉)에서 "… 제군들은 무엇보다 오늘의 시국에서 안심하고 학업에 몰두할 수 있음에 대해서 황은(皇恩)을 가슴 깊이 새기고 전선의 장병들에게 머리 숙여 감사하지 않으면 안 된다. 나는 세계대전 당시 우연히 영국 체재중에 이 나라 대학생들이 강의실을 비우고 출정하는 광경을 목도하였다. 제군들은 십분 시국을 인식하고 하시라도 펜 대신 총을 잡고 용약, 국난에 뛰어들 각오를 굳게 하면서 가일층 분발과 자숙으로써 배움에 좇아야 할 것"이라고 학생들의 시대적 사명을 강조했다.[30)]

4월 12일은 마침 도쿄제국대학 창립 63주년 기념일이었다. 기념식이 거창하게 열렸음은 말할 것도 없다. 총장 히라카는 "… 대학은 국가의 대학으로서 중대한 세국(世局)에 당면하여 국체(國體)의 본의(本義)를 깊이 인식함으로써 총합대학으로서의 내실을 거들 것"을 역설하면서 "학생들은 용약 국난(國難)에 임할 각오를 굳게 하고 봉공의 정신을 함양할 것을 간절히 바란다"는 요지의 기념사를 장시간에 걸쳐 행했다고《제국대학신문》은 보도하고 있다.[31)]

9월 학기에 들어서면서 고노에 후미마로(近衛文磨)의 2차 내각(1940. 7. 22.) 성립과 더불어 제기된 소위 '신체제운동'이 학내의 주요 관심사로 떠올랐다. 이를 계기로 신체제의 성격규정과 그 운동전개 방식에 관한 논의가《제국대학신문》을 통해 활발하게 전개되었다.[32)]

10월 8일에는 쇼와(昭和) 천황이 동경대를 방문했다. "황공하옵게도 천황폐하 본학에 어임행(御臨幸), 성은(聖恩) 홍대(鴻大)에 전학감격"이라는 배너 헤드라인으로 1면 머리를 장식한《제국대학신문》은 천황이 교학 진흥을 위한 대어심(大御心)으로 8일 오전 9시 37분부터 오후 3시 20분까지 6시간에 걸쳐 각 학부 및 부속연구소, 도서관, 종합시험소, 실험실, 천문대, 지진연구소, 항공연구소, 사료편찬소 등을 소위 "천람"(天覽)했다고 대서특필했다.

1940년은 일제가 전세계를 상대로 한 확전(擴戰)을 눈앞에 두고 '패망전야의 호황(好況)'을 연출하던 '반어적'인 한 해였다.《제국대학신문》은 6월 20일 현재 졸업생 96%가 취직이 확정되어 바야흐로 "학사황금시대"를 맞고 있다고 흥분하여 보도하고 있다.[33)]

이 해가 저물어가는 11월 10일에는 소위 '황기(皇紀) 2600년' 맞이 행사가 거교적으로 벌어졌다. 이 달에 문부성은 댄스홀 폐쇄, 국민복 제정-실시, 학도생활 쇄신책의 일환으로 극장-유흥장-음식점 등 출입제한, 불량학생 단속 등 학생통제를 대대적으로 실시했다. 1940년은 일본열도에 '신체제', '팔굉일우'(八紘一宇), '신도실천'(臣道實踐), '남진일본'(南進日本), '일억일심'(一億一心)의 구호가 쏟아진 한 해였다.[34]

일제가 '황기 27세기'의 첫해라고 애써 여기에 큰 의미를 부여하고자 했던 1941년은 남재가 도쿄제국대학 수학 2차년도를 맞는 해였다. 이 해 5월부터 학원보국단 문제가 거론되더니 9월에는 동경대에도 보국대가 편성되었다.

국제정세의 긴박화에 수반, 국내체제 정비가 현하의 중요과제로 대두되고 있는 시점에서, 그 동안 정신적 결합체의 성격이 강했던 종래의 보국단 체제를 강화시켜 확고한 지휘명령체계를 갖는 보국대(報國隊)로 재편성하라는 문부성 훈령에 따라 동경대에서도 보국대 조직을 정비, 임전태세를 완비하게 되었다.[35]

총장을 보국대장으로 하고 본부, 본대, 방호단 등 3개 체제로 구성된 보국대 조직상, 예컨대 남재는 '법학부대' 예하 4개 대대 16개 중대 중 어느 한 중대에 소속되도록 짜여져 있었다. 동경대 보국대 총인원은 7,060명, 법학부대 인원은 2,400명, 1개 대대 600명, 1개 중대 120명으로 편성된 것이다.

학생보국단의 결성과 관련, 《제국대학신문》의 「문화평론」은 "보국단 결성과 학생"이라는 제하에서 학생보국단이 문부성의 한 조각 통첩에 의해서 그려진 단순한 지면(紙面)상의 조직이라면 그것은 전혀 교육력을 발휘할 수 없는 것이고 적어도 그것이 교육기구로서 기능토록 하기 위해서는 거기에 일정한 방향과 성격을 부여하지 않으면 안 된다고 지적했다. 이후부터 학내 학생조직이었던 학우회는 보국대에 흡수되고, 문예잡지들도 《보국단보(報國團報)》로 전환하였으며, 개인의 행복추구는 '데커던스'(Decadence)로 배격되고, '멸사봉공'(滅私奉公)이 외쳐지고, 장발금지, 학생의 근로작업동원 등이 일반화되었다.[36]

또 학외의 학원신체제수립 요청에 따라 전년(1940)부터 구상되어온 지도교수제가 경제학부에서 먼저 실시된 데 이어 법학부에서도 교수 학생 간의 인격적 접촉과 연습과목의 정규과목화 추진에 따른 학습효과의 증진을 위해 지도교관제 실시를 적극 검토중인 것으로 알려졌다.[37]

10월 16일에는 "대학-학부 등의 재학연한 또는 수업연한의 임시단축에 관한 건"이 「임시징병규칙」과 함께 공포되었다. 내외정세의 긴박화에 부응하여 국방에의 요원충족과 근로동원 완수에 이바지할 필요에 따른 것으로 설명되었다.[38] 단축기간은 6개월로 잡혀 모든 학사일정이 여기에 맞춰 조정되었다. 이에 따라 남재의 졸업시한은 다음해인 1942년 9월로 예정되었다.[39] 이 달 24일에는 적기 내습 가상 방공훈련이 실시되었다. 이날 오전 9시 25분경 요란한 사이렌소리와 함께 경보가 발령되어 수업중인 학생들과 전교직원들은 곧바로 장내외로 정렬, 적기의 맹폭에 대비하였고 특설방호단도 철통 같은 대공포진으로 대응한 것으로 묘사되었다.[40]

12월 8일, 일제의 대본영(大本營)은 오전 6시를 기하여 "제국의 육해군이 본 8일 미명(未明)에 서태평양에서 미-영군과 교전상태에 들어갔다"고 발표하였다. 《제국대학신문》은 "마침내 와야 할 것이 왔다"고 태평양전쟁 발발 기사의 머리(Lead)를 장식했다.[41] "일-미 결전, 학도의 의기 높다", "전학(全學) 한 덩어리로 결의…", "세계신질서전(戰)에 학도도 궐기" 등 요란한 표제로 학원가의 긴장 분위기를 전하고 있는 이 신문은 "…8일, …대(對) 영-미 선전조칙(宣戰詔勅)이 환발(渙發)되어 학원도 국민적 흥분의 물결 속에서 젊은 학도들의 사명이 점점 중대함을 통감하였다. …각 대학에서는 이미 총장을 선두로 결전태세의 각오를 표명하였고 각 고교에서도… 전 학이 하나의 불덩이가 되어 긴장, 학도의 본분에 정진할 것을 다짐했다"는 요지로 대 영-미 결전을 맞는 전국 학원가의 표정을 스케치했다.[42]

남재의 동경대 수학 3차 연도인 1942년, 새해로 접어들어서는 지난 연말의 고조되었던 전쟁분위기가 다소 수그러들기 시작했다. '대동아공연권'과 '태평양전쟁'의 의미 등이 학내 주요 관심사로서 《제국대학신문》의 지상을 통해 활발히 분석 논의되는 이외에 구체적 다른 변화는 없었다.

8월에는 본격적 학제개혁이 단행되어 고교-대학예과 2년제, 중학 4년제로 확정되어 1943년부터 시행키로 했다. 이 해 후반으로 가면서 재즈레코드 판금, 남학생은 전투모에 국민복, 평상화, 여학생은 '몸뻬' 착용이 강요되었다.

2. 남재의 일과(日課)

남재가 입학하면서부터 직면했던 학원의 현실은 학생의 시대적 사명이 강조되고 광기 어린 천황제 이데올로기의 고양과 전시체제 정비에 동경대생들이 총동원되는 등 시국의 거센 파도가 대학사회를 온통 뒤흔들고 있는 모습뿐이었다. 그러나 이것은 어디까지나 수면 위의 진동일 뿐, 수면 아래 깊숙한 내면의 일상적 분위기는 그래도 여전히 평온을 잃지 않고 있었다. 일본의 그 어느 곳보다 도쿄제국대학—, 동경대는 아직은 평화롭고 자유로운 곳이었다.

동경대는 너무도 규제의 틀이 없기 때문에 이런 곳을 학교라고 할 수 있겠는지 의심이 갈 정도라고 한다.[43] 강의부터가 주요과목은 대개 수백 명씩 수강하는 대단위로 진행되어 자연 수강생간의 학과-학년 구분이 없어질 뿐만 아니라 굳이 이런 것에 의미를 둘 까닭이 없게 된다. 마치 대강연회나 극장관람객처럼 임의로 모였다가 기약 없이 흩어지듯, 유대의식이나 공속감이 희박하다는 것이다. 굳이 공통의 관심사를 만들 필요가 없고, 또 그런 것을 위해 학생들이 모이는 일도 거의 없다. 기숙사제도는 물론 없고, 학과를 묶는 학생회나 서클도 없고 동창회조차 없다. 그러다 보니 선후배니, 동기생이니 하는 것이 무의미해진다. 친구를 사귄다는 것은 더욱 어렵다. 완전자유와 책임 속에서 모든 것을 그저 각자의 계획과 설계대로 해나가면 그만인 것이다.

문부성이 실시한 「전국대학생 생활조사」[44](1938. 11.~1939. 6.)에 따르면 이 시기 대학생의 35%만이 자가 거주자였고, 37%는 하숙생활, 6%는 월세에 매식생활을 하는 것으로 나타났다. 주요 급식장소는 교내 식당으로 주로 점심에 이용되는데 제국대생 63%, 동경대생 81%가 구내식당을 찾았다. 그만큼 교내 식당시설이 완비되어 있다는 뜻도 된다. 월간 생활비지출은 50~60원 선이 20%로 가장 많고, 60~70원 선이 그 다음, 40~50원 선이 또 그 다음 순으로 되어 있다. 80원 이상도 2%나 된다. 여기에는 물론 수업료-교우회비-피복비 등이 가산되지 않은 순수경상비라고 하니 실제 지출액은 이보다 훨씬 상회할 것이라 한다. 당시 동경대를 포함한 관립대학의 연간 수업료는 120원 수준이었다.[45] 따라서 대학생 1인당 연간 지출경비는 아무리 절약을 한다고 해도 500원을 훨씬 넘었다고 한다.[46] 그러니 하숙생들이 생활비의 절반 이상을 차지하는 하숙비에 온통 신경을 쓰는 것은 당연했다.

게다가 동경대는 전국 각지에서 학생들이 모여드는 학교라 하숙생이 특히 많다 보니 하숙과 관련된 문제는 주요 관심사로 되지 않을 수 없었다. 남재가 입학했을 때는 하숙비의 기습인상이 주요 이슈로 등장하고 있었다. 당시 동경대 캠퍼스가 자리하고 있는 홍고(本鄕) 일대에는 대학가가 형성되어 있었고, 아카몽 인근지대는 하숙촌을 이루고 있었다. '홍고거리'는 밤낮없이 흥청거렸다. 정문 맞은편에는 '스시'(壽司 : 초밥집)집이나 우동-모밀국수-꼬치안주 등을 파는 포장마차가 줄을 섰고, 레스토랑-끽다점(喫茶店) 등 학생휴게점들이 진을 치고 있었다. 학생들은 아카몽 근처에 펼쳐진 이 대학거리를 '다르마 요코쵸'(達磨橫町)라고 불렀다.[47] 남재도 이 거리에서 학우들과 종종 어울려 술을 마시며 우정을 나누고 담론을 즐겼을 것임은 물론이다. 또 휴게점 등은 긴요한 약속장소로 이용되었을 것이다.

"분등(奔騰)하는 하숙료에 비명 올리는 학생"이라는 제하의《제국대학신문》은 1937년부터 매년 하숙료를 인상하여 작년(1939)까지 2원 50전 이상이 인상되었는데 이번에 다시 홍고여관-하숙조합이 당국의 허가도 기다리지 않고 최저 2원에서 최고 5원까지 일거에 앙등시킬 기세라는 업자들의 동향을 대대적으로 보도하고 있다.[48] 하숙비 인상문제는 이후로도 수주에 걸쳐 이 신문의 주요 기사로 취급되었다. 대학당국(학생과)에서는 학생들의 여망에 따라 하숙조합관계자들과 간담회를 열어 조정을 시도했다는 후속기사[49]가 나오기도 했지만 큰 성과는 거두지 못한 것 같고, 차제에 기숙사제도를 도입해야 한다는 논의가 본격 제기되기도 했다.[50]

남재도 이때는 홍고에서 하숙생활을 하고 있었다. 그러나 우리는 남재의 하숙처를 알지 못한다. 하숙비나 용돈에 구애를 받아야 하는 처지는 아니었지만 원체 절약이 몸에 밴 남재는 도서구입비 이외에 별로 큰 경비지출이 없었을 터이므로 그에게는 항상 생활비에 여유가 있었을 것이다. 그리하여 남재는 학자금 마련에 어려움을 겪는 주변 조선 유학생들을 표나지 않게 흔쾌히 도와줄 수 있었던 것 같다. 그렇다 하더라도 남재의 독서량으로 보아 그는 월 80원 이상을 족히 썼을 것이다.

남재의 하숙 패턴은 아마도 야마구치 시절과 그다지 다르지 않았을 것이다. 단조롭고, 무미건조한 면학의 길…. 그러면서도 질서 있는 삶, 바로 그것이 아니었나 생각하면서 동경대 법학부생 남재의 하루를 그려본다.

〈표 I -⑩〉 남재 재학중 동경대 조선학생 현황

학 부	1940	1941	1942
대 학 원	10	7	9
법 학 부	22	23	33
의 학 부	2	2	2
공 학 부	1	1	8
문 학 부	4	11	6
이 학 부	-	2	5
농 학 부	4	4	5
경 제 학 부	6	10	13
제 2 공 학 부			3
계	49	60	84

자료 : 『東京帝國大學 學生便覽』(1940년판 : 5월 1일 현재), (1941년판 : 5월 1일 현재), (1942년판 : 10월 1일 현재)

매일 정해진 시각에 아침을 들고, 하숙을 나와 곧바로 대학으로 향한다. 정문을 들어서면 바로 초입 우측에 법학부 3호관이 서 있고 십자로가 나타난다. 십자로에서 멀리 시계탑이 바라보이는 중앙대강당을 향해 종(縱)으로 곧게 뻗어나간 대로를 사이에 두고 법문 1호관(좌)과 법문 2호관(우)이 양편에 서로 마주보며 서 있다. 이 두 건물이 바로 법학부의 주무대요 주공간이다. 강의실, 학부행정사무실 등이 여기에 몰려 있다. 건물의 생김새며 황갈색 벽돌색깔, 특히 건물중앙 1층에 돌출한 아치형 현관이 눈에 익어 어디서 본 듯한 느낌을 받게 된다. 일본제국의 권위의 상징이라는 이 건축양식이 서울 종로 동숭동 구 경성제대(京城帝大)의 그것과 동일한 것임을 알아차리는 데는 그리 긴 시간이 필요하지 않을 것이다. 다시 법학부 3호관과 법문 1-2호관 사이의 십자로에서 우측 횡로(橫路)로 발길을 돌리면 멀리 아카몽 쪽으로 넓은 잔디밭(지금은 분수대 광장)이 나오고, 잔디밭 너머로 동경대가 자랑하는 4층 종합도서관이 정면으로 마주서 있다.

남재는 강의가 있을 때는 주로 법문 1-2호관에서 수업을 받는다. 점심은 물론 법문 2호관 중앙식당이나 도서관 식당에서 매식한다. 수업이 없을 때는 종합도서관 열람실에서, 하숙집 저녁시간에 당도하기 알맞은 시간까지 보고 싶은 책들을 마음껏 읽으며 공부에 여념이 없었을 것이다. 또 때로는 폐관시간까지도 도서관을 떠나지 않을 때도 수없이 많았으리라. 남재는 이미 야마구치 시절부터 소위 '공부의 맛'을 단단히 알고 공부하는 사람으로 정평이 나 있었다.[51] 원체 책을 많이 읽을 뿐만 아니라 끊임없이 독서하는 동안 어느새 남재 특유의 속독(速讀)-정독(精讀)법을 개발-터득하여 키워드 중심의 문장-문단 이해에 무서운 집중력을 발휘했다고도 한다.[52]

남재에게 있어서 학업은 그 자체가 목적이었다. 그것을 통해서 무엇이 되겠다든지 무엇을 하겠다는 식의 수단적 방편의식은 추호도 없었다고 해야 할 것이다. 그만큼 남재가 학업에 임하는 자세는 순수하고 경건했다. 따라서 학구생활 그 자체에 갈등 같은 것도 개입될 여지가 전혀 없었던 것이다.

점심을 끝내면 남재는 모처럼의 휴식을 취했다. 이 시간에는 가능하면 종합도서관 앞 잔디밭을 찾았다. 여기서 그는 신기진(申基珍)-유기천(劉基天)-최윤모-이호(李澔)-신상초(申相楚)-신도성(愼道晟)-이만갑(李萬甲)-이원경(李源京)-윤천주(尹天柱) 등을 만나 허물없는 정담을 나누었다고 한다.[53]

동경대 전체에서 한국 유학생은 1940년에 49명, 41년에 60명, 42년에 84명이 재학하고 있었다.(〈표 I -⑩〉 참조)

이중 절반 가량은 평양고보 등 이북출신이었다.[54] 남재가 점심시간에 도서관 앞 잔디밭에서 만날 수 있었던 사람은 10명 안팎이었고, 여기에 나오는 사람은 거의 고정되어 있었다. 남재는 물론 그 중의 한 사람이었다. 남재는 언제나 미소를 지으며 누구에게나 반갑게 대했다고 한다.[55]

이상이 우리가 그려볼 수 있는 남재의 일과일 것이다. 여기서 빼놓을 수 없는 우리의 관심사는 남재가 이 시절 무슨 책을 주로 읽었을까 하는 점이다. 이에 대해서는 앞 장에서도 언급한 바와 같이, 우리는 이 시기에 남재가 주의 깊게 독파했거나 학습을 위해 매달렸던 책들이 무엇인지, 6·25동란 중 장서를 모두 잃어버린 현재로서는 그 유추마저 어렵게 되어 있다는 데 안타까움을 금할 수 없다.

다만 이 시기 정치학과의 교과과정과 학풍으로 미루어 독일관념론을 비롯한 신칸트학파의 비판이론, 법철학, 사회주의 관련서들과 함께, 야마구치 시절 못지않게 당시의 베스트셀러나 철학-사상 등 교양서 일반을 광범하게 읽었을 것임은 두말할 것도 없다.

당시 동경대 법학부생에는 두 가지 유형이 있었다고 한다. 하나는 고시 이외에 다른 것은 일절 돌보지 않는 고시준비파였고, 또 하나는 이상주의, 인도주의적 인격주의, 평화지상주의를 추구하는 낭만파였다. 그때 많은 학생들이 마르크시즘에 경도되어 공산당을 동경한 것은, 그것을 "공산주의로 보지 않고 이상주의로 본 것"이라고 남재는 회고하고 있다. 즉, 공산당의 스탈린주의적인 것이 아니라 레닌주의적인 것, 또 그 이전의 마르크스, 곧 젊은 마르크스의 휴머니스틱한 측면에 매료되어 있었던 것으로 남재는 지적했다.[56]

고시에 처음부터 마음을 두지 않았던 남재는 물론 이상주의적 낭만주의형에 들었을 것임은 두말할 것도 없거니와 마르크시즘에 대한 관심도 지적 호기심 그 이상은 아니었던 것 같다.

3. 학생자치활동-동경대의 명물들

도쿄제국대학은 종합대학이면서도 학생들의 자치활동을 통괄하는 전체 학생기구가 원래부터 없었다. 법학부의 '녹회'(綠會), 의학부의 '철문구락부'(鐵門俱樂部), 공학부의 '정우회'(丁友會) 등 각 학부별 '학우회'가 각기 자기 학부의 독자적 활동을 관장하는 정도였다.

전체 학생회(학우회) 결성 움직임은 동경대가 학부체제로 바뀔 무렵(1919), 운동부를 중심으로 잠시 일어난 일이 있었다. 운동부의 역사가 가장 오랜 조정부(漕艇部)가 와세다 대학과 최초의 교외 대항전을 갖게 되자 종전까지 별개팀으로 활동하던 각 학부팀을 전교팀으로 재편성하고 유도-검도-궁술-육상 등 운동부 중심으로 전교응원단을 구성하여 시합에 참가하는 과정에서 비로소 학우회의 '전학체' 결성의 필요성을 절감하면서, 시합 직후 그 조직결성에 앞장을 서게 되었다고 한다.

그러나 '전학체' 추진은 이를 주도해온 학생들이 곧 졸업을 하게 되어 자연 무산되었고, 약 4년이 지난 1923년 5월에야 비로소 전체 학생대회 형식을 거쳐 정식으로 발족하게 되나 이 역시 5년 정도밖에 지속되지 못했다. 1928년에 좌익학생서클 '사회과학연구회' 문제로 자체 분규가 일어나 운동부가 탈퇴를 선언함으로써 전면 해체되고 말았던 것이다. 이후 학생자치활동의 총괄체는 다시 나타나지 않았다.

남재가 입학한 그 해 가을부터 '전학회'(全學會) 구성문제가 대두되어 평의회 구성을 통해 규정을 제정, 1941년 4월부터 공식활동에 들어갔으나 학생들의 의식 속에 뿌리를 내리지 못하고 끝내 유명무실한 조직으로 겉돌다 보국단체제로 흡수되고 말았다.

그러나 1941년의 5월제는 '전학회'가 총괄하였다. 5월제의 여러 아카데믹한 프로그램 중에는 동경대가 자랑하는 명물-명소의 일반공개 및 그 역사-유래에 대한 설명회도 주요 행사로서 포함되어 있었다. 이에 따라 제국대학신문사(帝國大學新聞社)도 종합도서관, 중앙대강당, 회덕관(懷德館), 아카몽(赤門), 식물원, 사료편찬소, 종합시험소, 육덕관(育德館), 그리고 9인의 유공인물동상에 대한 '지상(紙上)설명회'를 특집으로 마련한 바 있다.[57] 이중 아카몽, 종합도서관, 중앙대강당, 회덕관 등은 특히 동경대가 명물로서 자랑삼는 것들이라 다음에 간략하게 소개한다.

■아카몽(赤門) : 아카몽은 동경대의 대명사로 자리잡을 만큼 홍고 캠퍼스의 명물이다. 이 문의 건축연대는 1827년(文政 10)으로, 11대 쇼군 도쿠가와 이에세이(德川家齊)의 딸 요히메(溶姬)가 가나자와(金澤)의 가가번주(加賀藩主) 마에타나리야스(前田齊泰)에게 시집갈 때, 이를 기념하여 가가번의 도쿄번저(藩邸)에 세워진 그녀의 전용문이라고 한다. 막부시절에는 3위 이상의 지위를 갖는 대영주가 쇼군집안의 영양(令孃)을 아내로 맞을 때는 붉은 색깔의 문을 세우는 것이 관례로서, 그 공식명칭은 '어수전문'(御守殿門)이라고 했다. 따라서 이 시기에는 같은 이름의 문이 다수였을 것이나 지금까지 그 원형을 잃지 않고 남아 있는 것은 이 아카몽이 유일하다고 한다. 1931년에 「국보보존법」에 의해 국보로 지정되었다. 결국 아카몽은 동경대 홍고 캠퍼스가 마에타가(家)의 도쿄저택부지였음을 말해주는 것이다.[58]

■종합도서관 : 종합도서관은 지금도 동경대가 세계를 향해 스스로 자랑하여 마지않는 대학의 심장이요 학구의 초석이다. 원래의 종합도서관은 도쿄대학 창립당시(1877)의 법-이-문 3학부 도서관으로 거슬러 올라간다. 1886년 「제국대학령」 이후, 1892년에 별도의 도서관을 신축하면서 '제국대학 부속도서관'으로 명명되어 내려오다가 1923년의 진재(震災)로 장서 등 일체가 불타버렸다. 이 해 국제연맹의 부흥원조결의가 있었고, 1924년 12월 미국 록펠러재단의 건설자금기부(400만

원)에 의해 재건에 착수되어 1928년 준공을 보았다.

총면적 5,000여 평의 4층 건물로 2층 서고는 2중 벽으로 되어 있다. 3층까지 일직선으로 연결되는 대리석 계단은 동양풍의 궁전을 연상시키는 이 도서관의 구조상의 특색이다. 3층에는 500명 수용의 대열람실 이외에 지정서(指定書)열람실, 교수용 특별열람실이 있고, 4층에는 자유열람실과 대식당, 1층에는 신문 등 정기간행물 열람실이 있다. 대지진 화재 이후, 교수들을 세계 각국에 파견하여 주요도서의 구입-수집에 노력하였고 외국으로부터 기증받은 도서만도 70만여 권에 이르렀다고 한다.[59]

■중앙대강당 : 학내의 각종 대소행사가 열리는 '중앙대강당'은 1921년 5월 야스다 요지로(安田善次郞)가 건설을 계획하여 학교에 기부하기로 하고, 1922년 12월 기공, 1925년 7월 준공한 3,000명 수용 규모의 4층 고딕식 대건축으로 역시 동경대의 자랑이다. 높이 130척의 중앙탑에는 직경 1간이 넘는 시계가 달려 있다. 보통은 이 강당을 '야스다 강당'이라고 불렀고,《제국대학신문》도 장기간 이렇게 공식적으로 표기해왔으나 대학의 상징인 대강당과 같은 중심건물 명칭에 일개 재벌의 이름을 머리로 따서(冠用) 부른다는 것은 동경대의 체면문제라는 여론에 따라 '중앙대강당'으로 개명되었다.[60]

■회덕관(懷德館) : 100만 석 규모의 추수를 자랑하는 가가번주 마에타의 구도쿄번저의 본관건물의 하나로서, 당시 본관은 서양관과 일본관으로 나뉘어 있었다. 1916년에 마에타 저택의 부지 일부와 동경대의 코마바(駒場) 및 요요키(代代木) 소유지를 맞바꿀 때 이 서양관이 학교에 기부됨으로써 '회덕관'이 되었다. 주로 영빈관으로 사용되고 있고, 학내외 주요 회합이나 학술 교환장(交歡場)으로 애용되고 있는 가장 유서 깊은 건물이다.[61]

4. 《제국대학신문》과 동경대생

동경대를 빛낸 명물 가운데 빼놓을 수 없는 것이《제국대학신문》(帝國大學新聞)이다.《제국대학신문》의 창간일은 1920년 12월 25일, 창간의 주역은 운동부에서 가장 연륜이 오랜 조정부(漕艇部) 출신들이었다. 이들은 졸업생 유지들로부터 모은 출연금으로 신문발행 기금을 삼고, 재학생 중심 신문편집 자원팀을 구성하여, 게이오기주쿠대학(慶應義塾大學)의《산다신문》(三田新聞 : 1917년 6월 창간)에 이어 두번째로 학원신문 발행에 성공한 것이다. 이처럼 대학언론이 성립할 수 있었던 것은 대학사회에 투영된 '다이쇼 데모크라시'의 사회적 민주화 열망이 그 배경으로 깔려 있었기 때문이다.

타블로이드 20면으로 발행된 창간호는 1면 창간사에서 "혼돈의 학생계에 신시대의 생기를 주입하고, 종합대학의 조직을 강화하며, 대학과 사회를 연결짓는 선도적 역할을 다할 것"을 다짐하였다.[62] 순간(旬刊) 발행을 표방했지만 창간 초창기는 부정기로 발행되었고, 발행부수는 1만 부 정도였다. 주간 정기발행체제를 확립하기까지는 4년여의 세월이 걸렸다. 발행주체는 학교당국이나 학생자치기구가 아닌, 졸업생과 재학생으로 구성된 임의단체였다.

1922년에는 각 학부 교수, 졸업생, 학생들로 구성되는 70인 평의원회를 기초로 '제국대학신문회'를 결성, 전대학인이 참여하는 형식으로 발행주체의 성격을 개조함으로써 대학신문으로서의 위치를 더욱 굳건히 했다. 이때 법학부의 스에히로 이즈타로(末弘嚴太郞), 호즈미 시게토오(穗積重遠) 등 8인의 유력 교수들이 '신문회'의 이사로 참여했다.[63]

1923년에 학생자치기구 '전학우회'(全學友會)가 성립하자 《제국대학신문》은 잠시 그 기관지로 편입되었다가, 1928년에 이 기구가 해산됨에 따라 다시 임의단체로 남게 되었다. 이때 '천황기관설'의 법학부 교수 미노베(美濃部達吉)를 이사장으로 하고, 『학생총서』(日本評論社 : 1936~41)의 편자로서 젊은 지식인의 우상이 되는 경제학부의 가와이(河合榮治郞)와 요시타(吉田能次) 2인을 교수이사로, 그리고 여기에 2인의 졸업생 이사를 더하여 5인 이사회 체제로 새출발하였다.[64]

이처럼 《제국대학신문》은 대학의 공식기구도 아니고, 졸업생이나 학생단체도 아닌 불가해한 존립형식을 대학 당국이 그대로 용인하는 어정쩡한 상태에서도 눈부시게 발전하여 발행부수가 최고에 달했을 때는 6만 부까지 기록했다. 1935년부터는 주 12면을 발행하는 대신문으로 장족의 발전을 하였다. 12면 발행시의 지면별 내용구성은 〈표 I -⑪〉과 같다.

신문발행일은 매주 월요일, 인쇄는 《아사히신문》(朝日新聞), 《츄가이쇼교신문》(中外商業新聞) 등 일간지의 시설을 이용했다. 일부 정가는 6전, 소매가 7전, 우송료 1전, 연간 46호분 정기구독료는 3원 20전이다. 신문이 발매되는 월요일 오전, 강의시간 전의 법학부-문학부-경제학부 등의 강의실은 저마다

〈표 Ⅰ-⑪〉 《제국대학신문》 지면별 내용구성

•1면 : 전면서적 광고	•7면 : 문학
•2면 : 전대학가-학계 뉴스	•8면 : 고교특집
•3면 : 논설	•9면 : 각 대학 특집
•4면 : 세계동향-문화평론	•10면 : 예술
•5면 : 과학	•11면 : 학내 소프트 뉴스
•6면 : 서평	•12면 : 스포츠

신문을 펼쳐들고 지면을 넘기는 학생들의 열독 모습으로 장관을 이루었다고 한다.[65]

학생 편집진은 20~30명 정도, 주요독자는 물론 동경대생을 비롯, 교직원-졸업생 등 전 동경대 가족들이나, 전국의 각 고교, 관공사립학교를 포함한 각계각층의 우편구독이 오히려 더 큰 비중을 차지한다. 광고수입도 상당하여 대기업의 사원모집광고, 이와나미서점(岩波書店)을 비롯한 대출판사의 서적광고가 신문재정 확보에 큰 몫을 했다. 특히 입학 시즌에는 지원경쟁률 분석보도를 위시하여 합격자발표, 고교별 합격률 비교분석, 입시문제 게재 등 입시정보를 독점함으로써 더욱 지가(紙價)를 높일 수 있었다. 그리하여 재정확립도가 안정권에 들어선 후부터는 1면의 전면서적광고제를 폐지하고 종합 뉴스 체제로 지면을 전면 쇄신하였다.[66]

그러나 《제국대학신문》의 진가는 그 지면내용에 있다. 지면구성 기법에서부터 그것을 아마추어들의 솜씨로 보기에는 너무도 세련되어 있을 뿐만 아니라 그 지면 기획력은 가히 기성언론이 따를 수 없는 고도의 전문성과 학술성을 발휘하고 있었다. 게다가 동경대 교수들을 주요필진으로 확보할 수 있다는 것은 이 신문의 최대 강점이 아닐 수 없다. 그들은 당대 일급의 명사요 전문가들이면서도 바른 소리를 할 수 있는 최고지성들이기 때문이다.

다만 상당기간 신문의 학생편집진을 신인회(新人會) 계열의 좌익학생들이 장악하여 사회주의사상이나 그 운동보급에 음양으로 이용함으로써 좌경의 그늘을 벗어나지 못한 것도 특기할 사실이다.[67]

《제국대학신문》은 토론의 광장이요, 공론의 산실이며, 논쟁의 무대였다. 대학의 자유문제를 둘러싸고 경제학부 가와이(河合榮治郎) - 모리토(森戶辰男)[68]

두 교수간에 거듭되었던 "대학의 운명과 사명" 논쟁(1929. 10.)을 비롯하여 요코타 기사부로(橫田喜三郞)의 만주사변 비판(1931. 10. 5)은 그 대표적인 예라 할 것이다.

《제국대학신문》의 최다 집필 교수로 꼽히는 미노베(美濃部達吉)는 정년퇴직(1934) 후에도 동경대 명예교수로서 이 신문의 이사장으로 계속 머물면서 타의로 물러날 때까지 고정필자로 활약했다. 남재가 2학년이 되던 1941년 1월 1일자 신년호 1면 머리를 장식한 글은 미노베의 "신춘잡감"(新春雜感)이었다. 집필자가 미노베라는 것 말고는 이렇다 할 메시지가 없는 그야말로 단순잡감의 나열이었다.

《제국대학신문》은 그 다음해 1942년 1월 1일자 신년호도 똑같은 기획을 하고 있다. 그 해 3월 두번째로 법학부장이 되는 스에히로(末弘嚴太郞)의 "국가의 요청에 응하자"는 글이 1면 톱을 장식하고 있는데, 글의 표제와는 달리 시종 학업에의 정진과 체력단련, 그리고 사물의 제현상에 대한 과학적인 사고를 강조하며 냉철한 지성을 갖춘 지도적 역군이 됨으로써 국은(國恩)에 보답하라는 지극히 상식적인 당부로 일관하고 있다.

더욱 재미있는 것은 이 해의 9월 25일, 6개월 단축 조기졸업생을 내보내면서 《제국대학신문》은 대학강단에서 이미 추방당한 무교회파 반전주의자로 유명한 야나이하라 타다오(矢內原忠雄)의 졸업생에게 주는 글 "—진리에 의해서 순간은 영원하다"를 1면 머리글로 게재하고 있는 것이다. 이 글에도 대동아공영권이니 성전(聖戰)이니 하는 따위의 시류를 좇는 말은 단 한마디도 없다. 진리 때문에 나라를 사랑하는 자가 최대의 애국자요, 세인이 그를 오해하고 박해하더라도 결국 나라를 구하는 자는 진리를 지키고 시류에 아유-영합(媚)하지 않는 자임을 역설하고 있는 것이다. 바로 이날 졸업하는 식민지 지식인 남재와 그 동기생들이 이 글을 읽고 무슨 생각을 했을까는 자못 흥미 있는 일이 아닐 수 없다. 다음에 그 몇 구절을 따라가보자.

> "진리애는 즐거운 마음이다. 이를 아는 사람은 참으로 아침에 도(道)를 들으면 저녁에 죽어도 좋다고 했다. 죽을 때는 진리를 사랑하는 자로서 죽는 것이다. 진리는 영원하다. 따라서 진리를 사랑하는 자는 영원히 사는 자이다. …대학생의 죽음을, 진리를 사랑하는 자의 죽음이라고 하자. 그 죽음은 나라를 맑게 하고 나

라를 높게 할 것이다. 한 알의 밀알이 땅에 떨어져 죽은 후부터 많은 진리의 결실이 맺어지는 것이다…"

태평양전쟁이 가열되고 있는 전시(戰時) 신문의 특별기념호(졸업생 특집) 첫 페이지 가장 윗자리에, 이 신문이 전달하려는 가장 중요한 첫 메시지로서 관헌(官憲)의 기휘(忌諱)인물 제1호인 반전주의자의 글을 이렇게 내세우는 저의는 무엇인가. 그것은 파쇼화의 길을 달려온 초국가주의자들의 '반(反)역사적 작태'에 대한 교묘한 항거였던 것이다.

물론 이 신문에도 체제 순응적 기사나 논설 등은 무수히 나타난다. 그러나 최소한의 대학의 양심을 대변하기 위해서 어떤 계기가 있을 때《제국대학신문》은 이처럼 고도의 체제저항적 편집기법을 구사했던 것이다. 신문의 공식입장을 천명하는 「사설」이 없는 대신 「문화평론」이라는 기명칼럼(주로 교수가 집필)으로 이를 대신한 것도 신문이 체제옹호의 도구로 전락하는 사태를 피해가기 위한 고육책이었던 것 같다.

"동경대생 치고 제국대학신문을 열독하지 않은 사람은 아마 드물 것입니다. 나도 그랬고, 신문에 특히 관심이 많았던 김상협군은 나보다 더 이 신문을 탐독했을 거예요. 동경대생을 가장 동경대생답게 만드는 그 무엇보다 훌륭한 매체요, 교육수단이었습니다. 이 신문을 읽으면서 당시 학생들은 대학과 세계, 학문과 인생을 바라보는 시각을 새롭게 정립해나갔던 것 같아요. 더욱이 우리들 식민지 출신에게 있어서 제국대학신문은 '일본의 마음'을 들여다볼 수 있는 또 하나의 창문이었습니다…."

남재보다 일년 먼저 졸업한 신기진(申基珍)의 술회였다.《제국대학신문》은 남재가 입학한 직후 8면으로 감면했고, 그 다음해에 6면, 그리고 졸업 해에는 4면으로 줄었다가 결국은 용지난(用紙難)으로 1944년에 휴간되었다.

남재는 동경대 2년 반 재학중, 이 신문을 살아 있는 '정치학습자료'로 삼아 지면 구석구석까지 세밀히 살피면서 참으로 많은 것을 생각하고 또 배웠던 것 같다.[69] 이 시절《제국대학신문》으로부터 받았던 짙은 감홍이 뒤에 남재가 고려대학교 총장이 되면서《고대신문》(高大新聞)의 발전을 위해서 지극한 애정을 쏟는 동기로 되살아났던 것이 아닌가 생각된다. 남재는 모든 대학신문이야말로 그 대학의 자화상이요, 저력의 표상이며, 또 그 대학의 건학이념과 전통정신의 집약적-구체적 표현임을 일찍부터 알고 있었던 것이다.

제5절 난바라 교수와의 운명적 만남

1. 감전(感電)과도 같은 충격

남재가 교수 난바라를 만난 것은 2학년 선택과목인 정치학사를 수강하면서였다. 물론 신입생 오리엔테이션이나 각종 교내행사에서 그의 모습은 익혔을 것이나, 그가 누구인가를 직접 관찰할 수 있는 특별한 계기는 그 이전에는 없었을 것이다.

새학기 초, 두 시간 연속강의가 진행되던 어느 날, 난바라는 갑자기 강의를 멈추고, 학생들에게 눈을 감으라고 했다.

> "여러분 눈을 감으시오. 노트를 덮고 내 말을 들어봅시다…"

이 시기는 일본이 싱가포르를 점령, 동남아 일대를 석권하며 전승 무드에 젖어 요란하게 축하행진을 벌이고 있을 때였다.

> "여러분, 손으로 이렇게 더듬어보십시오. 무엇이 잡히는 게 있습니까? …잡히는 것이 아무것도 없지요? 저게 뭡니까? 사람을 죽이고서 축하행렬을 하니 이게 무슨 전쟁에 이긴 것이고, 이게 무슨 대일본제국입니까? 사람이 사람을 죽이면서 서로 모두 슬퍼해야 할텐데 축하를 하는 이런 무리들이 있다니…."[70)]

난바라는 군부의 광기 어린 작태를 이렇게 정면으로 비판-개탄하면서, 칸트의 말을 빌려 "전쟁은 절대로 있어서는 안 된다"고 자신의 신조를 거리낌없이 토해냈다. 그때 학생들은 모두 벌벌 떨었다고 남재는 회고했다. 헌병이 강의실까지 들어와 청강을 하며 전쟁 반대자는 그날로 잡아가던 험악한 시절이었기 때문이다.[71] 그러나 학생들의 그 떨림은 단지 두려움만이 아닌 어떤 충격에서 오는 전율이었던 것이다. 특히 남재에게 있어서 그것은 마치 감전(感電)과도 같은 문화적 충격을 넘어서는 정신적-지적 충격이었던 것 같다.

난바라로부터 받은 남재의 이와 같은 잊을 수 없는 감동을 마루야마 마사오(丸山眞男)는 이미 남재보다 6년 전 3학년 졸업반 시절에 똑같이 경험하고 있었다. 1936년의 새학기 정치학사 개강 첫날, 난바라는 항례대로 '개강사'(開講辭)를 했다. 2 · 26사건이 난 지 불과 두 달도 안된 시점이었다.

> "황군(皇軍)의 사병화(私兵化)를 개탄하여 궐기했던 청년장교들이 바로 그 황군을 사병화하는 행동을 저질렀다. 이러한 모순은 어디에서 유래하는가. 필경은 자기행동의 사상적 의의에 대해서 철저한, 바로 객관적인 고찰을 행하지 않았다는 것을 말하는 것이다…."[72]

라고 난바라는 단정지으면서, 2 · 26 군사반란을 일으킨 황도파 장교들을 질타했던 것이다. 기침소리 하나 없이 가라앉은 실내공기 속에서 이처럼 정치적으로 민감한 논점을 정치철학사 강의의 과제로 삼아 진행시켜나가는 교수 난바라의 차분한 목소리에 학생들은 귀를 기울였다.[73]

아직은 계엄령하여서 집회금지가 완전히 풀리지 않았음은 물론, 언론도 완전 통제되어 있던 상황에서 아무리 대학의 강의시간이라고는 하지만, 2 · 26사건에 대해서 이 정도로 명백하게 언급했다는 자체가 벌써 특기하기에 족한 예사롭지 않은 일이었다. 이 무렵 동경대 법학부에는 육군경리학교 소속 젊은 장교들이 매년 몇 명씩 청강생으로 파견되어 나왔고, 이날도 그들의 하나가 평복차림으로 출석하고 있었다.

강의가 끝나고 학생들이 퇴장하자, 이 군인은 벌겋게 상기된 얼굴로 난바라를 향해 교단으로 다가갔다. 호기심에서 마루야마도 약간 거리를 두고 그 뒤를 따라갔지만 두 사람이 주고받는 이야기는 똑똑히 들을 수가 없었다. 다만 마루야마가 분명히 감지할 수 있었던 것은 이 군인의 흥분된 표정이 결코 격분이 아니라 거꾸로 깊은 감동을 드러낸 것이었다고 한다. 이날의 경험을 마루야마는 '전격(電擊)적 충격'이라고 표현했다.[74]

이처럼 난바라는 강의 「정치학사」를 통해서 식민지 출신 남재는 물론, 마루야마를 비롯한 모든 일본인 수강생들에게 평생 잊을 수 없는 감동을 주었던 것이다.

2. 현재와 과거(古典)와의 대화

난바라의 인생에는 세 사람의 스승이 있었다. 그 첫 스승을 난바라는 1고의 갑류에 입학(1907)하면서 만나게 된다. 교장 니토베 이나죠(新渡戶稻造 : 1862~1933)가 바로 그 사람이다.

니토베는 일본 무교회파 창시자 우치무라 간죠(內村鑑三)와 일찍이 삿포로 농학교에서 동문수학하면서 같이 기독교에 입문하였고, 그 뒤 도쿄대학을 중퇴한 후, 구미 여러 대학을 유학하며 농업경제학을 전공하고 돌아와 삿포로 농학교 교수, 교토제대 교수를 거쳐 1906년에 1고 교장이 된 사람이다.[75] 그는 폭넓은 서구적 교양과 지식을 지닌 사람으로 내적 '자기성찰'을 통해 참다운 인간형성을 추구하는 '휴머니즘의 정신'과 세계평화를 위하여 국제적 협력을 호소하는 '인터내셔널리즘'을 두 축의 교육이념으로 세우고 1고생들을 감화시켜나갔다.(제3장 4절 1항, 가와이 에이지로의 회고 참조)

니토베로부터 누구보다 심각한 영향을 받은 사람이 난바라였다. 그에게 있어서 니토베는 '신세계를 열어준 스승'이었다.

두번째 스승 우치무라를 알게 된 것은 그가 발행하던 ≪성서의 연구≫(聖書之硏究)를 통해서였다고 한다. 난바라가 이때 우치무라로부터 어떤 사상적 영향을 받았는가는 구체적으로 알려진 것이 없다. 그러나 난바라는 우치무라를 통해서 이제까지의 삶과는 전혀 다른 세계에 눈을 뜨고 자기 내부에서 새로운 '혼의 탄생'을 체험하면서 그를 '생애의 스승'으로 받아들이게 되었다고 한다.[76] (우치무라 간죠와 그의 무교회파 신조에 대해서는 제3장 3절 2항에서 충분히 검토한 바 있다)

난바라는 동경대 법과대학 정치학과에 입학하면서 세번째 '학문적 스승' 오노츠카 기헤이치(小野塚喜平次 ; 1871~1944)를 만난다.

오노츠카는 니가타(新潟)현 출신으로 1고를 거쳐 제국대학 법과대학 정치학과를 졸업한 후 독일-프랑스 등에 유학, 1901년 동경대 최초의 정치학 전임교수가 되었고, 총장(1928~34)까지 지낸 사람이다. 그의 대표저서 『정치학 대강』(政治學大綱(상-하 ; 博文閣, 1903)은 일본의 근대정치학 사상 최초의 체계적 업적으로 평가된다.

정치학자로서 오노츠카의 일관된 목표는 정치학의 자립이었다. 즉, 그는 정치학을 '국가학'(國家學)으로부터 분립시켜, 실증적으로 뒷받침된 엄밀한 이론구성에 의해 하나의 객관적 경험과학으로 확립시키는 것이었다. 그에게 근대일본정치학의 창시자라는 평가가 내려지는 것도 이 때문이다.[77]

난바라는 오노츠카의 '정치학'과 '정치학사' 강의를 들으면서 그의 철저했던 경험주의적 방법론에 자극을 받음으로써 거기에 대립하는 정치학의 초월적-이념적 가치지향, 곧 정치철학적 방법의 가능성을 역설적으로 모색하기에 이르렀다고 한다.[78]

1914년, 동경대 법과대학을 수석으로 졸업한 난바라는 고등문관시험을 거쳐 관리가 되었다.[79] 7년간의 내무성 관료생활중, 경보국에서 노동문제를 다루면서(1919) 비로소 그는 마르크시즘이라는 새로운 세계관에 직면하게 되었다. 여기서 그는 바야흐로 '시대문제'의 중심과제로 떠오르고 있는 이 신사조에 대해서 똑바로 자리매김할 수 있는 자신의 철학적 입장을 확고하게 구축하는 일이야말로 그 무엇보다 시급한 선결과제임을 깊이 인식하게 되었다는 것이다. 이것이 그로 하여금 대학으로 돌아가게 만드는 직접적인 동기가 되었고, 이때 '학문적 스승' 오노츠카는 그를 기꺼이 맞아주었다.[80]

1921년 동경대 법학부 조교수가 된 후 그는 3년간 유럽 유학길에 오른다. 유학생활 중 오직 칸트 연구에만 몰두한다. 그는 이전과 달리 신칸트학파가 아니라 "칸트 바로 그 사람과 맞서 싸웠다"는 것이다. 훗날 마루야마(丸山眞男)는 자신의 은사 난바라만큼 칸트를 철저하게 읽은 사람도 좀처럼 없을 것이라고 회고하고 있다.[81] 시대의 문제, 곧 세계관의 문제와 맞서 싸우기 위한 정치원리의 철학적 구명을 위하여, 그는 칸트로부터 파고들어가기 시작하여 피히테를 거쳐 나왔던 것이다.[82]

난바라 학문의 방법론적 특징은 "현대와 고전 사이의 끊임없는 왕복"으로 요약된다. 즉, 근대일본이 자초했던 역사적 격동 앞에서 난바라는 그 시대적 의미를 비판적으로 묻고, 그것을 고전 속으로 끌고 들어가 거기에서 해답을 구하는 '현재와 과거와의 대화' 형태의 역사인식방법(E. H. Carr 유형)으로 자기시대의 절실한 문제에 대한 자신의 학문적 대결을 풀어나갔다. 마루야마가 스승의 노작 『피히테의 정치철학』(1959)을 논하면서, "현대에 대한 절실한 문제의식이 순수한 역사적 연구와 심오한 곳에서 절묘하게 맞아떨어지고 있다"[83]고 한 지적은 난바라 학문의 이와 같은 방법론을 말하는 것이다.

난바라는 자신의 처녀논문 〈칸트에 있어서 국제정치의 이념〉을 1927년에 스승 오노츠카의 교수재직 25주년기념논문집(『정치학연구』 제1권)에 발표한 이래, 1928~1929년 두 해 동안은 자유주의 비판에 몰두했다. 그후 10여 년 동안, 난바라는 동경대 재학시절부터 경도했던 플라톤으로 출발, 칸트를 거쳐 피히테로, 다시 플라톤으로 돌아갔다가 피히테로 왕복하면서 마침내 본격적 나치즘 비판으로 결산되는 총 17편의 논문을 주로 『국가학회잡지』(國家學會雜誌)에 발표했다.

이들 각개의 논문들은 그 발표시기가 시사하는 바와 같이, 난바라 자신이 살고 있는 시대의 세계사적 의미를 어떻게 파악하고 있고, 그 시대적 과제가 무엇인가를 함축하고 있다는 점에서, 단순히 연구를 위한 연구가 아니라 그가 지닌 문제의식, 곧 난바라의 투철한 역사의식의 발로였던 것이다.

난바라는 자신의 학문의 정수라 할 수 있는 이들 논문 중에서, 〈플라톤의 부흥과 현대국가철학의 문제〉(1936), 〈기독교의 신의 나라와 플라톤의 국가이념〉(1937), 〈나치스의 세계관과 종교의 문제〉(1941~1942), 그리고 첫 논문 〈칸트에 있어서 국제정치의 이념〉을 묶어 1942년 11월, 『국가와 종교—유럽정신사의 연구』라는 단행본으로 이와나미서점(岩波書店)에서 출판하였다. 대학으로 돌아온 지 실로 21년만에 세상에 내놓은 첫 저서였다. 그만큼 난바라는 '논문으로만 말하는 학자'였던 것이다. 남재가 부인 김인숙에게 종종 "진짜 학자는 재직중 그리 많은 저술을 내지 않는 것이 보통"이라고 했다는 술회는 특히 난바라를 염두에 둔 말이 아니었나 생각된다.

남재가 동경대 재학시절 접할 수 있었던 난바라의 학문세계는 여기까지였고, 우리는 남재가 자기 스승의 1927년 이래의 노작들을 빠짐없이 읽고 또 읽었으리라고 본다.[84]

3. 시대의 문제와의 대결

그러면 난바라가 학문적으로 대결했던 '시대의 문제'란 구체적으로 무엇을 말하는 것인가. 그것은 마르크시즘과 나치즘, 곧 사회주의와 민족주의의 문제, 그리고 신정(神政)정치와 연관된 국가와 종교의 문제 등을 포괄하는 '세계관의 문제'로 요약된다.[85]

예컨대, 사회주의 문제에 있어서 일찍이 마르크시즘의 원류를 찾아서 독일관념론의 세계로부터 탐색을 시작한 난바라는 전세계를 질식시키고 있는 1930년대 전체주의의 압제 속에서 자칫 몰각되기 쉬운 공산주의의 문제야말로 20세기 인류 최대의 과제인 동시에 반드시 해결을 보지 않으면 안될 절대명제임을 일깨우기 위해 피히테의 민족사회주의를 기준으로 한 마르크스주의 비판에 나섰던 것이다. 과학이란 이름으로 사회와 자연을 단일법칙으로 파악하려는 '사회적 자연주의'에 입각한 마르크스주의야말로 '사회'를 강조하면서 도리어 '사회공동체의 고유가치'를 부정하는 도그마에 지나지 않는다는 것을 난바라는 명쾌하게 꿰뚫고 있었던 것이다.[86]

같은 맥락에서 독일 민족의 '피'와 '땅'을 내세우며 '인종적 자연주의' 위에서 있는 나치즘 역시, 문화민족의 이상과 거기에서 연원하는 각개 민족의 고유가치를 부정하는 북방적 아리안 제일주의, 곧 정신-이성문화에 대한 야수적 정복을 획책하는 '종'(種)의 세계관에 지나지 않는 것임을 간파했다.[87] 두 편으로 된 〈피히테에 있어서 사회주의의 이론〉(1939~1940)이 바로 피히테를 빌려 민족주의와 사회주의의 문제를 정면으로 다룬 논문이었던 것이다.

특히 '국가신화'가 지배하는 나치 독일의 신정(神政)정치사상에 비판의 초점을 맞춘 〈기독교의 신의 나라와 플라톤의 국가이념〉(1937) 등 일련의 나치스 비판 논문도 스승 우치무라의 무교회주의적 그리스도교 신앙의 확신에 기초하여 '국가와 종교'의 문제를 분석한 고심에 찬 노작이었다.

문제는 국가신도(國家神道)에 기초하여 '천황신'(天皇神)이라는 국체신앙(國體信仰)을 만들어냄으로써 스스로 신의 나라임을 자처하며 신정국가(神政國家) 나치스 독일과 손을 잡고 무한침략전쟁에 나선 일본의 운명이었다.

일제가 태평양 전쟁을 도발한 바로 그날, 난바라는 마루야마에게 세계의 전체주의자들이 그대로 전쟁에 승리한다면 그것으로 "인류문화는 끝나버린다"고 말했다고 한다.[88] 그렇기 때문에 칸트처럼, "설사 이 세계가 멸(滅)할지라도 정의는 실현되어야 한다"고 믿었던 난바라는 인류문화의 미래를 미-영측에 걸고, 개인의 자유와 인간의 가치를 유린하면서 '우매-가련한 애국주의'에 빠져 세계평화를 위협하고 있는 천황제 파시즘하의 일본과 나치 독일의 패망을 희원(希願)했다고 한다. 그것은 각개 민족국가들의 개성적 문화전개로 실현되는 정의와 영구평화만이 궁극적으로 '신의 나라'로 이어진다는 난바라 자신의 독자적 공동체론에 비추어 당연한 결론이었다.[89]

민족공동체를 '영원한 질서'로 보았던 난바라는 일본이 세계정의와 인류대의 앞에 패전으로 속죄하면서 진실로 높은 도의의 실현을 위한 정의에 합당한 국민공동체로 거듭나기 위해서 조국의 파멸까지 바랐다는 점에서 진정한 민족주의자였다고 평가되기도 한다.[90]

4. 총리 요시타(吉田)와 총장 난바라

1945년 3월, 일본의 패전이 시간문제로 다가설 무렵, 난바라는 최초의 대학보직 법학부장을 맡았다. 이어 8월, 일본의 무조건 항복이 있었고, 12월에는 전임자의 사임에 따라 동경대 총장에 추천되었다. 패전 후 대학재건의 중책이 그에게 맡겨진 것이다. 이때부터 그는 단지 정치철학자가 아니라 폐허 위에 선 일본의 정신적 지도자로서 학내외의 신망을 한몸에 모으게 되었다.

난바라가 이전과 전혀 다른 새로운 모습을 드러낸 것은 1946년 2월 11일, 소위 일본 기원절(紀元節) 교내행사에서 동경대 총장으로서 "신일본문화의 창조"를 부르짖는 기념사를 행하면서부터였다. 그는 이 연설에서 주체적 '인간혁명'을 통해 세계적 보편성을 갖는 새로운 국민정신의 창조, 곧 높은 도의국가의 건설만이 일본이 세계와 자기 자신에게 지은 죄를 속죄하는 길임을 강조하면서 민족의 부활과 신생을 열렬히 부르짖었다.[91]

난바라의 이 새로운 국가재건의 호소가 신문에 크게 보도되어 세상에 알려지자 그 반향은 실로 '압도적'이었다고 한다. 패전의 허탈과 점령체제하의 혼돈 속에서 갈 바를 잃고 망연자실 실의에 빠져 있던 일본 민족에게 있어 그의 외침은 재생-재활의 새로운 사명과 긍지를 일깨우는 희망의 한 줄기 빛이었던 것이다.

난바라는 동경대 총장재직 2기 6년(1945. 12.~1951. 12.) 동안 대학재건에 총력을 다하는 한편, 귀족원의 칙선(勅選) 학자의원으로서 신헌법제정과정에 있어 예컨대 '전쟁포기문제'에 대해서는 불법전쟁에 대비한 자위권 수호론자로서 당시 요시타(吉田茂) 내각과 첨예하게 대립할 정도로 항상 이상과 현실의 조화와 접근을 모색하면서, 기로에 선 자기 조국의 진로개척에 대학자다운 예지력과 통찰력을 발휘하였다.

난바라의 이상주의적 현실주의는 특히 '강화(講和)문제'에 있어서 공산주의의 세계적 진출을 전면 저지하려는 미국의 대공정책에 일방적으로 가담하는 요시타 내각의 편면(片面) 강화책 선택에 대해서, 그것이 일본의 참다운 독립과 국제사회 복귀를 어렵게 하고 세계평화에 공헌하고자 하는 헌법의 이념에 배치되는 것이라고 정면으로 반대하였다.[92]

총리 요시타는 난바라의 이같은 주장에 대해서 현실과 동떨어진 '공론'(空論)을 농(弄)하는 "곡학아세의 무리"(曲學阿世の徒)라고 난바라를 격렬하게 비난하였다. 난바라 또한 이를 맞받아 '학문을 모독'하는 "학자에의 권력적 강압"이라고 즉시 반박해 일본 현대사의 유명한 논쟁으로 기억되고 있다.[93]

1951년 12월, 난바라는 임기만료로 총장직을 떠났다. 후임은 우치무라(內村) 문하의 신앙적 교우 야나이하라 타다오(矢內原忠雄)였다. 그는 패전 후 난바라의 총장 재직중 경제학부에 복귀하였다. 우리에게 있어 야나이하라는 강의 「식민지정책론」을 통해서 일제의 한반도 병탄과 그 가혹한 식민지 경영을 공공연하게 비판했던 거의 유일한 일본인으로 기억되는 인물이다.(제3장 3절 1항 참조)

난바라가 동경대를 떠나던 날, 그의 퇴임을 못내 아쉬워하는 동경대인들은 자발적으로 송별집회를 열었다. 석별의 정을 나누기 위해 참석한 2,000여 학생들에게 이날 난바라는 마지막으로 "진리는 최후의 승리자"라는 유명한 메시지를 남겼다.[94]

5. 난바라-마루야마-남재

이상에서 우리는 많은 지면을 할애하면서 난바라의 족적과 그의 학문세계가 갖는 여러 가지 의미를 더듬어보았다. '스승 난바라'를 통해서 역으로 '그 제자 남재'를 보기 위함이었다. 아울러 오로지 학문을 통해서 자기시대의 문제와 정면으로 맞서고자 했던 난바라의 고뇌에 찬 학구적 삶 속에 투영된 근대 일본의 역사적 진실을 읽고자 했기 때문이기도 하다.

난바라는 칸트(Immanuel Kant : 1724~1804) → 피히테(Johann G. Fichte : 1762~1814) → 헤겔(G. W. Friedrich Hegel : 1770~1831)로 이어지는 독일 관념론에 기초하여 자기의 세계관을 정립한 정치철학자요, 그리스도교의 일본식 주체성을 확립한 무교회파 종교사상가이며, 자타가 공인하는 엄청난 독서인이기도 했다. 마루야마 마사오(丸山眞男)와 같은 정치사상사 연구의 세계적인 대학자가 그의 손에서 길러졌다는 사실은 결코 우연이 아닐 것이다.

난바라의 초기 학문적 방법은 신칸트학파의 자유주의적 사고에서 영향을 받았다.[95] 마루야마 역시 신칸트학파의 비판적 방법에 의존하면서, 마르크스의 영향하에서 출발, 1930년대 파시즘의 대두로 조성된 세계적 위기에 대해서 난바라의 신칸트주의적 이원론과 자유주의적 사고방식이 무력하다고 생각하고 스승을 '부정적 매개'로 삼아 자신의 독자적 학문체계를 세운 것으로 분석되고 있다.[96] 그것은 마치 스승 오노츠카(小野塚)의 철저한 실증적 방법에 대립하는 철학적 방법으로 접근해 나감으로써 자기의 학문세계를 구축했던 난바라 자신의 재판(再版)이기도 하다는 것이다.

구체적으로 말해서, 난바라 학문의 방법론상의 특징은 민족공동체를 영원한 질서로 보고 민족과 국가사회의 가치를 개인의 자유와 인격적 자립에 우선시키는 데 있었다. 그러나 마루야마는 이와 대조적으로 양심에 따라 판단하고 행동하며 스스로 책임을 다하는 자유로운 개인의 인격적 자립을 그것에 선행하는 가치로 인식하는 데서 출발한 것이다. 난바라와 마루야마 간의 이와 같은 방법론적 차이는 필연적으로 상반되는 분석결과를 도출하게 된다.

예컨대 국체(國體) 문제에 있어서 난바라는 천황을 "일본국가통일의지의 표현자"로 보고 그 존속을 지지하는 천황제 옹호론으로 귀착되나, 마루야마는 천황제야말로 일본인의 자유로운 인격형성을 제약하는 치명적 장애요인으로 보고 그 책임을 강조하는 천황제 부정론으로 낙착되고 만다는 것이다.[97]

남재는 스승 난바라와 선배 마루야마 간의 이와 같은 방법론상의 교차에서 적잖은 시사와 자극을 받은 듯하다. 뒷날 남재가 '상반되는 양극적 요소의 조화 통일의 논리'로써 자기사상 형성의 방법론적 출발을 삼은 것도 어쩌면 이 두 사람의 방법을 지양(止揚)하는 남재식의 변증법적 '제3의 논리'로 보여지기 때문이다.

남재에 있어서, 개인의 자유와 인격적 자립의 문제와 국가사회적 민족공동체의 원리는 그 선·후-주·객-경·중을 가려야 할 교량(較量)의 대상이 아니라, 병립-발전-통일로 승화시켜나가야 할 '조화의 대상'인 것이다. 우리에게는 남재가 이상주의적 리얼리스트로서의 난바라와 자유주의적 휴머니스트 마루야마, 이 양자(兩者)적 속성을 겸전하고 있다고 여겨지는 것이다.

마루야마는 남재의 입학 해에 난바라의 연구조수를 막 끝내고 조교수로서 '정치학'과 '정치학사' 제3강좌 담임으로 임명되어 본격적인 교수생활로 들어서고 있었다. 남재가 마루야마와 접촉이 있었는지의 여부는 확실치 않으나 남재보다 불과 6년 위의 정치학과 선배라는 점에서, 한 세대 이상의 차가 나는 난바라(난바라는 인촌보다도 두 살 위다)보다는 아무래도 접근이 용이했을 터이므로, 개인 또는 그룹으로 그를 찾아가 칸트, 헤겔, 마르크스, 베버, 슈미트, 만하임 등 관심 있는 사상가들을 논하면서 지도를 받았을 것으로 기대된다.

"신칸트학파의 자유주의, 무교회파의 평화주의, 인류애의 사회주의 등이 풍미하여 한 시대적 흐름이 되고 있었다"는 남재의 회고는 바로 정치학과를 지배하고 있었던 난바라-마루야마의 영향을 두고 한 말인 듯하다.[98]

남재는 자신의 인격형성에 스승 난바라가 결정적 영향을 미쳤음을 기꺼이 인정한 바 있다.[99] 이것은 과거 마루야마가 그랬던 것처럼, 인간-사상-학문 모든 영역에서 난바라는 '청년 남재'를 압도하는 전범(典範)이었고, 그를 따라 배우지 않을 수 없도록 이끌었다는 뜻으로 이해된다. 본 절(本節) 모두(冒頭)에서 소개한 바와 같이, 청년 남재가 난바라로부터 받은 충격, 그것은 민족감정을 넘어선 '지성의 교감'이었다. 이것이 남재로 하여금 난바라의 강의 속에 온축(蘊蓄)된 '정치이론사'의 과제들뿐만 아니라 그의 논문들 속에 관류

신칸트주의 - 신칸트 학파

신칸트 학파는 유물론의 극단주의와 사변적(思辨的) 형이상학이 풍미하던 19세기 후반, 칸트에 의해서 확립된 비판주의철학을 거점으로 물질에 환원될 수 없는 정신의 의의를 구명하고자 했던, 서양철학사상 19세기에서 20세기로 넘어오는 과도적 위치에 있었던 철학의 한 유파이다.

이 학파는 칸트를 출발점으로 삼으면서도 두 개의 갈래로 분립하여 발전해갔다. 일파는 마르부르크(Marburg)대학을 중심으로 활약한 '마르부르크 학파'로 이들은 순수논리와 순수윤리의 개념확립에 공헌하였다. 또다른 일파는 하이델베르크(Heidelberg)대학에서 활동한 '서남학파'로 이들은 가치와 문화의 문제로 관심영역을 확대하였다. 이 양대 학파의 계승자들이 20세기 초 약 30년 동안 법철학 분야를 주도하였고, 그들의 업적은 오늘날까지도 커다란 영향을 미치고 있다. 그 중에서도 마르부르크학파의 계승자 H. 켈젠(Kelsen)은 순수법학의 창시자로서 존재와 당위를 엄밀히 구분, 여하한 종류의 자연법론도 배척한 철저한 법실증주의의 주창자로 널리 알려져 있다.

동경대 정치학과의 마루야마(丸山眞男)의 초기 경향은 개성기술적인 정신과학을 자연과학보다 더 중시한 서남학파의 W. 빈델반트 등에 경도되어 있었다.

결론적으로 신칸트주의는 "칸트로 돌아가자"는 구호 아래 칸트의 순수이성비판의 토대 위에서 인식론적 근거를 찾음으로써 현대의 과학적 방법론에 중요한 이론적 근거를 제시했다는 데 그 철학사적 의의를 부여할 수 있겠다.

하는 민족주의, 사회주의, 국가와 종교 등에 이르는 광범한 세계관의 문제들을 철저히 배우도록 사로잡은 것이 아닌가 생각된다.

특히 남재는 난바라로부터 진정한 학문의 길, 학자의 삶을 깨우쳤고, 참다운 민족주의자의 애국과 용기를 배웠던 것이다.

여기서 우리는 남재와 스승 난바라와의 만남이 갖는 의미를 재정리하고자 한다. 그것은 남재가 자기 생애에서 "반드시 만나야 할 사람을 스승으로 만났다"는 한마디로 요약해도 좋을 것이다. 남재는 난바라를 통해서 일본정신을 만났고 일본사람을 만났다. 근세 이래의 어둡고 절망적인 일본인이 아니라 가장 밝고 희망적인 일본인이었다.

여기에는 난바라를 만든 사람들, 곧 '스승의 스승들'—, 폭넓은 서구적 교양을 지닌 교육자 니토베 이나조(新渡戶稻造), 그리스도교의 일본화를 추구했던 '2J'(Japan and Jesus)의 선각자 우치무라 간조(內村鑑三), 그리고 일본 근대정치학의 개척자 오노츠카 기헤이치(小野塚喜平次) 등이 포함된다. 그들의 감화와 훈도(薰陶)는 난바라의 철학적 예지에 의해 한 단계 승화된 형태로 남재에게 전해졌을 것으로 우리는 이해한다. 또 여기에는 가와이 에이지로(河合榮治郎), 야나이하라 타다오(矢內原忠雄), 마루야마 마사오(丸山眞男) 등 난바라의 학구적-지적 동료-선배-친우-제자들까지도 망라됨은 물론이다.

그들은 한결같이 일본의 근세 지성사의 주맥(主脈)을 형성하는 대표적인 학구들인 동시에 일본의 양식이요, 양심들이었다.

17세에 현해탄을 건너 23세에 이르는, 인생의 꽃다운 청소년기 6년을 남재는 야마구치(山口)와 도쿄(東京)에서 수학했다. 야마구치는 일본 근대사에 있어서 세속적 권력창출의 발상지였고, 도쿄제국대학은 일본의 자존의 상징이요, 지성의 권부(權府)였다. 이런 뜻에서도 남재는 와야 할 곳을 온 것이었고, 만나야 할 사람들을 만난 것이었다. 어찌 이를 우연으로만 돌리겠는가. 우리는 이 점에 있어서도 어떤 보이지 않는 의지가 남재의 수학과정을 이끌어왔다는 암시를 강하게 받지 않을 수 없는 것이다.

1942년 9월 25일, 남재는 6개월이 단축된 조기졸업을 했다. '아카몽'(赤門)을 나서면서, 그는 조국과 자신의 암담한 미래에 마음이 몹시 무거웠을 것이다. 그러나 이미 일본의 필연적 패망을 읽고 있었던 그는 민족의 한 줄기 희망을 예감하고 있었다.

◇

• 제4장 〔주〕

1) 혜천 김인숙(惠泉 金仁淑)의 회고 (2000년 3월 12일).
2) T. 나치타, 『근대일본사 ; 정치항쟁과 지적 긴장』(박영재 옮김 : 역민사, 1992), p.144 및 p.149.
3) 高橋辛八郎외 공편, 『日本近代史論』(차태석・김리진역; 지식산업사・1994), 坂野潤治, <다이쇼데모크라시期의 정치>, pp.213~231.
4) 한배호, 『일본근대화 연구』(고려대학교출판부, 1975), pp.126~127.
5) 荒川幾男외 편저, 『近代日本思想史』(有斐閣, 1973), 荒川幾男, <제8장 日本ファシズムと天皇イ

デオロギー>, p.202. 정부의 국체명징(國體明徵) 1차 성명은 "…대일본제국 통치의 대권은 분명히 천황에게 엄존하는 것이다. 만약 통치권이 천황에 존재하지 않고, 천황은 그것을 행사하는 기관이라고 한다면 그것은 전혀 만방무비(萬邦無比)인 우리 국체의 본의를 그릇치는 것이 된다"는 요지였고, 그 2차 성명도 "소위 천황기관설을 신성한 우리 국체의 본의를 매우 그르치는 것으로서 엄히 이를 베어버리지 않으면 안된다(芟除)"는 뜻으로 되어 있다.

6) 위의 책, pp.202~203.
7) 『わが青春 旧制高等學校, 年表－教育・世相・文化史 : 1869~1950』(ノベル書房, 1977).
8) 加藤節, 『南原繁－近代日本と知識人』(岩波書店, 1997), p.95.
9) T. 나치타, 앞의 책, pp.145~148.
10) 위와 같음.
11) 荒川幾男외 편저, 앞의 책, p.205.
12) 加藤節, 앞의 책, p.99.
13) 荒川幾男외 편저, 앞의 책, p.207.
14) 위의 책, p.205.
15) 加藤節, 앞의 책, pp.100~101.
16) 竹內洋, 『日本の近代 12 ; 學歷貴族の榮光と挫折』(中央公論社, 1999), p.66.
17) 위의 책, p.69.
18) ≪帝國大學新聞≫ 1940년 3월 4일자.
19) 『東京帝國大學學生便覽』(1940年판).
20) ≪帝國大學新聞≫ 1940년 3월 4일자.
21) 신기진(申基珍)의 회고.
22) 『東大歷代總長式辭及ぶ告辭集』(東京大學出版會, 1997) 및 ≪帝國大學新聞≫ 1941년 4월 14일자, 1942년 4월 6일자 (1941년은 4월 8일에, 42년은 4월 1일에 각각 거행).
23) 앞의 『東京帝國大學學生便覽』(1940, 41, 42年판).
24) 『東京帝大學生票』.
25) 신기진의 증언.
26) 『南原繁著作集』 第四卷 (岩波書店, 1973), pp.577~599, 丸山眞男, <解說>.
27) 福田歡一, 『丸山眞男とその時代』(岩波書店, 2000), p.17.
28) 加藤節, 앞의 책, p.100.
29) 『東京帝國大學學生便覽』(1940, 41, 42년판) 및 'Web WHO 文獻情報'자료에서 발췌. 남재가 수강한 「국법학」의 담당교수 刑部莊은 자료미입수 소개 생략.
30) ≪帝國大學新聞≫ 1941년 4월 15일자.
31) 위와 같음.
32) 위의 신문 1940년 9월 9일자.
33) 위의 신문 1940년 6월 24일자.
34) 앞의 『わが青春旧制高等學校, 年表…』 참조.
35) ≪帝國大學新聞≫ 1941년 9월 22일자.
36) 앞의 『わが青春旧制高等學校, 年表…』.
37) ≪帝國大學新聞≫ 1941년 6월 30일자.
38) 위의 신문 1941년 10월 20일자.
39) 위와 같음.
40) 위의 신문 1941년 10월 27일자.
41) 위의 신문 1941년 12월 5일자.
42) 위와 같음.
43) 신기진의 회고.
44) ≪帝國大學新聞≫ 1940년 2월 26일자.

45) 竹内洋, 앞의 책, p.131.
46) 신기진의 회고.
47) 殿木圭一, <帝大新聞歷史>, ≪帝國大學新聞≫(縮刷復刻版).
48) ≪帝國大學新聞≫ 1940년 4월 15일자.
49) 위의 신문, 1940년 4월 22일자.
50) 위의 신문, 1940년 5월 13일자.
51) 강봉식의 회고.
52) 위와 같음.
53) 신기진의 회고, 및 <고희기념좌담>, p.479.
54) 위의 <고희기념좌담>.
55) 이만갑(李萬甲), <김상협형과의 만남>, 『당산나무의 큰 그늘이여—남재김상협선생추모문집』(1998), p.153.
56) <고희기념좌담>, p.469.
57) ≪帝國大學新聞≫ 1941년 4월 5일자.
58) 竹内洋, 앞의 책, p.80 및 위의 ≪帝國大學新聞≫ 같은 날짜.
59) 『東京大學附屬國書館概要』(2000년) 및 위의 ≪帝國大學新聞≫ 같은 날짜.
60) 殿木圭一, <帝大新聞歷史> 및 위의 ≪帝國大學新聞≫ 같은 날짜.
61) 위의 ≪帝國大學新聞≫.
62) 殿木圭一, <帝大新聞歷史>.
63) 위와 같음.
64) 위와 같음.
65) 위와 같음.
66) 위와 같음.
67) 위와 같음.
68) 竹内洋, 앞의 책, p.240.
69) 신기진의 회고.
70) <고희기념좌담> p.478.
71) 위와 같음.
72) 앞의 『南原繁著作集』 第四卷, 丸山眞男, <解說>, p.582.
73) 丸山眞男, 위의 <解說>, p.583.
74) 丸山眞男, <解說>, p.584.
75) 加藤節, 앞의 책, pp.32.
76) 위의 책, p.35.
77) 위의 책, p.43.
78) 위의 책, p.44.
79) 福田歡一, 앞의 책, p.18.
80) 위의 책, p.19.
81) 위와 같음.
82) 위의 책, p.20.
83) 위의 책, p.108.
84) 난바라의 저작목록상, 『국가와 종교』에 묶여지지 않은 다른 논문들은 『피히테의 정치철학』(岩波書店), 『자유와 국가의 이념』(青林書店) 등으로 각기 정리되어 1959년에 출판되었고, 강의(「정치학사」)의 축적과 그 보강연구로써 이루어진 『정치이론사』(東大出版會; 1962)와 『정치철학서설』(岩波書店; 1973) 등은 난바라 학문의 결정체이면서도 그 훨씬 뒤에 출판되었다. 그 밖에 난바라의 수많은 번역 - 소개들, 강연 - 연술*- 대화류, 시론 - 수상 - 서문 등도 『대학의 자유』, 『진리의 투쟁』, 『학문 - 교양 - 사상』 등의 이름으로 주제별로 재정리 - 편집되어 19권에 이

르는 단행본으로 출판되었고, 이들 대부분은 다시 전 10권의 『난바라 저작집』 속에 망라되어 있다. *여기서의 '연술'(演述)이란 동경대 총장으로서 학내에서 행한 주로 스피치류를 지칭한다.

85) 『國家と宗教－ヨーロッパ 精神史の研究』(岩波書店, 1942) <序>.
86) 加藤節, 앞의 책, pp.119~120.
87) 위의 책, pp.121~122.
88) 위의 책, p.139.
89) 위와 같음.
90) 위와 같음.
91) 위의 책, p.144.
92) 위의 책, pp.154~156.
93) 위의 책, p.162.
94) 위의 책, p.163.
95) 加藤節, 『政治と知識人－同時代史的考察』(岩波書店, 1999), p.130.
96) 위의 책, p.131.
97) 위의 책, pp.146~147.
98) <고희기념좌담>, p.480.
99) <고희기념좌담>, p.478.

제5장 : 산업현장에서 경영-관리를 배우다

1942년 10월, 남재는 일본의 구레하방적(吳羽紡績)에 입사했다. 졸업 후 불과 한 달 전후의 일이었다.

남재의 방적회사 취직은 당시로서는 의외의 선택이라 하지 않을 수 없다. 일본 제일의 동경대학 법학부 정치학과를 나온 '학력귀족', 수재 중의 수재라면, 으레 고시를 거쳐 고급관리가 되거나 법관으로 출세할 것을 기대하는 것이 일반적인 상식이기 때문이다. 부친 수당 역시 어쩌면 남재가 이 길을 택하기를 바랐을지도 모른다.

그러나 식민지 출신의 한계를 뼈저리게 인식하고 있었던 남재는 처음부터 일제의 관리나 법관이 될 생각은 추호도 없었다. 이 점을 그는 부친 수당에게도 분명히 했던 것 같다.[1)]

수당 역시 지난날 자신의 교토제대 유학시절의 경험에 비추어 누구보다 아들의 답답한 심중을 헤아리고도 남음이 있었을 것이다. 고심 끝에 수당은 매사에 사려 깊은 이 신중한 아들을 자기사업의 조력자로 삼아 장차 큰일을 맡기리라 작정하고, 우선 산업현장의 밑바닥에서부터 경영자 수업을 쌓도록 하기 위해 이미 오래 전부터 남재의 취직을 요로에 교섭을 해두었던 것으로 짐작된다. 따라서 남재의 구레하방적 입사는 전적으로 수당의 뜻이었고, 수

당의 결정을 남재가 군말없이 따른 결과였다.[2]

당시 수당은 일본의 방적업계에 상당한 교분이 있었던 것 같다. 경성방직(京城紡織)이 일제(日製) 면사(綿絲) 수입에 전적으로 의존하던 시절부터 수당은 현지의 방적업체나 무역관계 인사들과 광범한 접촉을 갖고 있었다.

1936년에 수당이 경방의 방적공장 건설을 계획하고 건설 책임자들을 일본에 파견할 때, 구레하방적의 도야마(富山) 공장과 다이니혼방적(大日本紡績)의 세키하라(關原)공장 등 일본 유수의 방적시설과 기술을 살피고 돌아오도록 그들에게 소개장을 써주었다는 『수당전기』의 기록[3]은 이 같은 사실을 잘 말해준다.

그 중에서도 특히 이토추(伊藤忠) 계열의 구레하방적과 어떤 경로로 인연을 맺고 있었는지는 알 수 없으나, 수당이 남재의 첫 경영자 수업지로 선택한 점으로 보아 상당한 친분이 있었을 것으로 추정된다.

어쨌거나 일본의 산간 오지에 소재한 방적공장에서 생애 첫 사회생활의 발걸음을 내딛으면서 남재의 심경은 매우 착잡했을 것으로 짐작된다. 그곳은 분명 자신의 전공이나 자기 의식의 지향과는 거리가 먼 세계였기 때문이다. 그렇다고 그에게 달리 선택의 여지가 없는 현실임에야 어찌할 것인가…. 남재는 여기서 황금 같은 청춘기의 결코 짧다고 할 수 없는 1년 반의 세월을 보내야 했다.

제1절 일본 나가노현 구레하방적 입사

1. 일본의 방적산업

남재의 입사연도인 1942년을 기준으로 할 때, 구레하방적은 방적기 1백만 추(錘) 이상의 설비를 갖춘 일본의 6대 방적회사 중 1백58만 6,296추의 설비로 생산능력 랭킹 2위를 차지하는 대회사였다.[4] 남재의 근무처는 구레하방적의 여러 공장 중 나가노(長野)현 오마치(大町 : 현재의 大町市)에 소재하는 오마치공장이었다.

방직-방적업이 인류사의 산업현명을 도인(導引)한 근대산업의 선구임은 누구나 다 아는 사실이다. 일본의 산업혁명 역시 방적업과 철도업을 주축으로 하는 기업의 발흥에 의해 견인되었음은 두말할 것도 없다.

일본자본주의의 성립에 있어 원시자본의 축척은 위로부터 추진된 천황제 국가의 권력의지의 소산이었다. 그렇다고 하더라도 그 실질적인 전개는 아시아 제국에 대한 제국주의 침략과 면제품의 시장점령이라는 무역형태로 진행되었다는 점에서 면방업이 주도하였음을 알 수 있다.[5)]

일본에서 면방업이 다른 근대산업에 앞서 발전할 수 있었던 결정적 요인은 값싼 노동력에 있었다. 오사카를 중심으로 한 면방공업지대의 최고 홍륭기에 있어서 공원(工員)들의 하루 평균 노동시간은 11~11.5시간에 달하는 가혹한 것이었음에도 불구하고, 그 임금수준은 영국의 식민지 인도에도 미치지 못하는 형편이었다. 공원의 주력은 15~20세 미만의 여성들이었고, 7~8세의 아동고용사례도 허다했다. 주야교대의 철야작업이 강행되어, 세계 최초로 심야 작업을 위해 공장 내 전등을 켰다는 기록을 세울 정도였다.[6)] 값싼 노동력 덕분에 제사(製絲)부문은 한때 세계 제1의 지위(1901~1910)를 누리기도 했다.[7)]

면방업의 이와 같은 극성은 필연적으로 독점형태로 발전하여 1차 세계대전이 끝날 무렵에는 대방적 회사들의 합병에 의해 가네부치(鍾淵紡績 : 三井계)를 필두로 도요보(東洋紡績 : 1914), 다이니혼(大日本紡績 : 1918) 등 3대 방적 재벌체제가 형성되어 있었다.[8)] 이들은 불황 속에서도 자기금융체계 확립에 의한 막대한 자금동원력과 유통기구의 지배를 통해, 정상조업과 조업단축을 융통자재로 구사하며 제품가격을 보증함으로써 높은 수익률을 올리면서 군소 도산업체들을 흡수해 나갔다.[9)]

구레하방적은 이들 3대 재벌방적이 지배하는 면방업의 틈새를 비집고 들어가 오히려 그들을 능가하는 규모로 성장한 보기 드문 예라고 할 것이다.

2. 구레하방적 오마치(大町)공장

구레하방적은 설립 이래 타사와의 합병, 전시 통합조치에 의한 경영규모의 변화, 공장의 건설-증설-매각-전용-폐기-재개에 의한 생산설비의 증감, 해외진출, 업종의 다각화 등 대단히 복잡한 변천과정을 밟아왔기 때문에 그 연혁(沿革) 전반을 이해하는 데는 상당한 인내가 필요하다. 우리의 관심은 어디까지나 남재의 근무처 오마치 공장을 살피는 데 있으므로 여기서는 이 공장의 생성배경과 당시의 현황을 파악하는 데 요구되는 내용만을 요약 정리하기로 한다.

구레하방적의 설립자 이토 츄베이(伊藤忠兵衛 : 1886~1973)는 시가(滋賀)현 출신으로 야와타(八幡)상업학교를 졸업하고 가업인 면사(綿絲) 도매상 이토추 본점에 근무중, 1909년 영국에 유학했다.[10] 이때 얻은 학습 견문과 경험을 발판으로 경영합리화의 차원에서 이토추상점을 마루베니(丸紅) 주식회사로 개편(1918)하는 한편, 무역회사 이토추상사(伊藤忠商社)를 새로 설립한 그는 이 이토추상사를 통해서 미국-영국으로부터 주로 중고품 방적기계를 수입하여 국내 유력업체를 상대로 판매하여 오던 중, 오랜 단골회사인 교도면사(共同綿絲 : 富山縣 東礪波郡 福野町 소재)에 출자하게 된 것이 방적업에 본격적으로 손을 대는 계기가 되었다.[11]

이 시기는 1차 대전이 끝나고 전중에 누렸던 호황의 반동으로 불황이 밀어 닥쳐 일본의 전산업이 위축되고 있던 시점이었다. 이러한 와중에서 도야마방적도 극도의 자금난에 적자경영으로 폐문지경에 이르자 이토는 1923년 3월, 과감하게 경영전권을 인수하여 특유의 합리적 경영방식으로 불황을 타개하며 이 회사를 다시 일으켜 세웠던 것이다. 역경 속에서 이때 쌓은 실력을 기반으로 이토는 1929년에 구레하방적을 설립하였다. 다시 말하면 구레하방적은 도야마방적을 모태로 탄생된 것이다.

구레하방적은 오사카시(大阪市 東區 安土町 2丁目) 이토추상사 내에 본사를 두고 그 제1공장을 도야마현 도야마시 인근 호쿠리쿠혼센(北陸本線) 구레하역 니시구레하(西吳羽) 마을에 건설하였다. 따라서 구레하방적이란 회사명은 이 제1공장의 소재지에서 딴 이름이다.

280여 만 원의 공사비를 투입, 1934년까지 완성된 공장규모는 부지 6만 5,000여 평, 공장 본체를 비롯한 부속건물 7,000여 평, 총 생산시설 방기(紡機) 10만 4,824추, 직기(織機) 1,440대를 갖는 대공장이었다.[12]

이처럼 사세가 날로 번창하자, 이토는 그 여세를 몰아 그 동안 구상해 온 또다른 초대형 방적공장 건설을 실천에 옮겼다. 구레하방적과는 별도로 1935년 8월, 나가노현(長野縣) 기타아즈미군(北安曇郡) 오마치(大町)에 새로운 공장건설에 착안하면서 즉시 오마치방적 설립에 착수하였다.

히다(飛驒)의 고산지대에 연접되어 있는 오마치는 겨울의 지독한 추위와 많은 적설량, 낮은 습도 등이 불리한 조건이나, 값싼 전력과 풍부한 노동력만으로도 후보지로 생각할 만했다. 그리하여 1년에 걸친 현지조사와 면밀한 타당성 검토 끝에 최종 단안을 내려 마침내 오마치방적(大町紡績)의 설립을 보게 된 것이다.[13)]

공장은 부지 6만 2,000여 평에 방기 19만 6,000추, 직기 2,300대의 생산능력을 갖는 매머드형 건설을 목표로 했으나 전시의 기업통제와 원면 품귀사태로 당초 계획을 조정하여 생산능력 방기 12만 9,600추, 요리사기 8,800추, 직기 960대 규모로 축소건설되었다.[14)]

1938년부터는 면업의 전면적 국가통제가 실시되어, 면제품의 제조-가공-판매를 일절 국가관리하에 두는 한편 기업통합 조치가 내려짐에 따라 구레하방적은 쇼와인견(昭和人絹), 아이치직물(愛知織物), 오마치방적(大町紡績) 등 3개 자회사와 하마나방적(浜名紡績), 오사카직물(大阪織物), 도요시나방적(豊物紡績), 니혼섬유공업(日本織維工業) 등 4개 타회사를 통폐합 또는 합병했다.[15)]

1942년부터는 대만과 조선, 자바섬 등 국외로도 진출하였고, 패전이 임박할 무렵(1944)에는 구레하항공기, 구레하화학공업, 구레하고무공업 등의 이름으로 군수산업에도 손을 뻗쳤다.[16)]

이상에서 살펴본 바와 같이, 남재가 입사한 구레하방적 오마치공장은 구레하방적과는 별개의 독립체인 오마치방적으로 출발-존립해 오다가 1938년의 기업통합령에 의해 비로소 본사에 흡수-통합된 회사였던 것이다.

3. 수련과정 1년 6개월

남재가 구레하방적에 입사하여 오마치공장에 근무하게 되는 1942년 10월은 일본의 모든 방적 공장들이 「금속회수령」에 의해 공출(供出)이란 이름으로 자기 살을 깎아먹고 있던 시점이었다. 이 해 3월, 일본 내 모든 면(綿)-스프(Staple Fibre : 인조섬유) 방적설비의 20%가 공출대상으로 결정되어 있었던 것이다. 이것은 방기 2백75만여 추에, 무게로 8만 3,200여 톤에 해당하는 양이다. 다시 말해서, 멀쩡한 기계를 생으로 고철덩어리(Scrap)를 만들어 군수용으로 갖다 바친다는 이야기가 되는 것이다.

공출령은 남재의 재직 1년 6개월 동안 4차까지 떨어졌고 두 차례의 공장 징발령이 내려졌다. 네 차례 공출량은 총 26만 1,519톤에 이르렀다.[17] 공출은 방적설비만이 아니라 직포설비에도 미쳐, 1943년 말까지 2만 9,334대를 처분, 3만 1,560톤의 고철을 공출하였다. 44년 5월에는 2차로 6,612톤(4,786대)의 추가 공출이 있었다.[18] 이로 인해 14개군(群)으로 통합되어 있던 방적업체는 다시 100만 추를 기본 단위로 하는 10개사로 재통합-정리되었다.

구레하방적의 공식등록설비는 총 1백58만 6,296추로 도요보(東洋紡績) 다음가는 랭킹 2위를 차지하고 있었다. 이중 조업할 수 있는 설비는 40%(63만 4,518추)에 불과했고, 20%는 격납(格納) 또는 해외 이전설비로, 그리고 40%는 공출용으로 지정되었다. 오마치공장의 경우 어느 정도의 시설이 공출용으로 할당되었는지는 알 수 없다.

전쟁을 한다는 나라에 철물이 고갈되어 가동중인 공장시설을 파괴하여 무기를 만들어야 하는 사태라면 그 전쟁의 결과는 벌써 판가름난 것이나 다름없는 것이다. 바로 이런 시기에 남재는 오마치공장의 신입사원으로서 수련에 들어갔던 것이다.

입사 초기, 남재는 공장 기숙사에 들어가 일반 공원(工員)과 똑같이 숙식을 하고, 작업시간에는 방기에 매달려 기름을 묻혀가며 일을 했다.[19] 하루 평균 10시간 노동에 잔업도 많아 고되기 짝이 없는 일과를 일본인 단순 노동자들과 함께 몸소 겪는 동안, 남재는 비참한 생활 속에서도 하나의 목표를 향하여 각고분투하는 그들의 작업정신과 순박한 생활태도에서 일본의 또다른 일면을 발견할 수 있었다.[20]

특히 경영주가 되어야 할 사람은 반드시 현장 최일선의 작업부터 익혀나가는 밑바닥 직공생활을 2~3년은 해야 하정(下情)을 능히 헤아려 상하일치

생산능력 순위별 10대 방적회사

①東洋紡績	1,872,020추	⑥大和紡績	1,145,252추
②吳羽紡績	1,586,296추	⑦倉敷紡績	1,001,884추
③大日本紡績	1,414,408추	⑧富士紡績	996,020추
④鍾淵紡績	1,312,096추	⑨日淸紡績	892,412추
⑤敷島紡績	1,165,636추	⑩日東紡績	776,376추

를 이루어낼 수 있다는 순일본식 경영방식에서 깊은 감명을 받았다. 윗사람이라고 해서 함부로 명령을 하거나 강요하지 않고 오히려 솔선수범을 하고, 이견이 있더라도 우선은 "합치고 본다"는 식으로 하나가 되고 나서 각자의 의견을 충분히 듣고 그것을 조정해 나가 자연스럽게 만장일치에 이르는 합의의 정신을 배운 것이다. 또 무엇보다 가족적 유대감에서 우러나는 '우리 회사 공동체'의식의 진한 공속감(公屬感), 그리고 그 같은 경영방식에서 도출되는 일본적 종신고용, 평생학습 등 일본 특유의 기업풍토와 기업가정신을 남재는 속속들이 터득할 수 있었던 것이다.[21]

남재는 작업현장의 노동수련뿐만 아니라 제품-품질-노무-회계-인사-판매-홍보에 이르기까지 방적공장 전과정의 경영-관리를 익히면서 눈코뜰새 없이 바쁜 나날을 보냈다. 예컨대 면사의 강도, 무게, 습도 등을 측정해야 하는 품질관리에는 매일 엄청나게 쏟아지는 수치들을 일일이 주판으로 계산을 해내야 하는데, 남재는 이 골치 아픈 작업수행을 위해서 공장 여직원에게서 처음으로 주판을 배워 결국은 이를 훌륭히 완수해 내고야 말았다니, 주판 숙달을 위해서 남재가 들인 그 공력(功力)이 얼마나 컸겠는가….[22]

앞에서도 말했듯이, 오마치는 일본의 알프스라는 히다(飛驒)의 연봉들이 하늘 높이 솟아 있는 고산지대로 경관은 아름다웠지만 겨울은 혹독한 추위와 폭설을 견뎌야 하는 그야말로 유배지와 같은 곳이었다. 이와 같은 산간오지의 방적공장에 홀로 떨어져 세상과 등진 채 고된 하루하루를 보내야 했던 남재에게 있어서 그것은 느끼기에 따라서는 어쩌면 고문이나 다름없는 생활일 수 있다. 23세의 피 끓는 청년 남재…, 그에게도 고독과 향수와 같은 센티멘털한 감상은 없지 않았을 것이다.

그러나 우리는 남재가 이 시절 주어진 조건과 어려운 환경을 훌륭히 극복-적응하면서 오히려 그 특유의 왕성한 탐구욕에 사로잡혀 인생의 신고(辛苦)를 겸허한 마음으로 배우기에 여념이 없었을 것으로 본다.

남재의 오마치공장 재직중, 두 아우가 다녀갔다. 한 번은 와세다대학에 재학중인 셋째 상홍(相鴻)이 하숙친구로서 그때 동경대학 의학부에 재학중인 국채호(鞠採豪) : 서울대 약대교수 역임)와 동행하여 오마치에 나타났다. 상홍은 1943년 1월, 나가노현 스와시(諏訪市) 스와호(諏訪湖)에서 열린 문부성 주최 전일본학도빙상대회의 고등-전문부에 보전(普專) 선수로 4개 종목(500, 1,500, 5,000, 1만 미터)에 출전한 바 있다. 경기 결과, 상홍은 500미터를 제외한 3개 종목을 제패하여 보전빙상의 명예를 일본에까지 크게 떨쳤던 것이다.[23] 이때 그는 단체로 움직여야 했기 때문에 남재를 찾아보지 못했던 것 같다. 상홍이 남재를 찾아간 것은 그 해 10월 와세다대학 법학부에 입학하여 도쿄에서 유학생활에 어느 정도 익숙해진 연후의 일이니, 아마도 연말쯤이나 그 이듬해 연초쯤일 것이다.

이 무렵 남재는 공장기숙사에서 나와 하숙생활을 하고 있었다. 하숙처는 공장장이 직접 구해준 곳인데 이 회사 경리부의 예쁘게 생긴 미혼의 여직원 댁이었다고 한다.

객지에서의 형제상봉은 남재의 이 하숙집에서 이루어졌다. 집이 꽤나 넓고 큰 데다 매우 정결했다고 상홍은 기억하고 있다. 하숙집 주인 내외와 그 댁 노부모들까지 나와 자기집 하숙생의 동생 일행을 어찌나 따뜻하게 맞아주고 귀한 손님에게나 내놓음직한 일본의 전통과자류가 담긴 다과상까지 차려내며 환대를 하는지 어리둥절할 정도였다고 한다. 동생의 눈에 비친 이때의 남재는 객지생활에 고생하는 흔적이 한 점 없이 여전히 밝고 건강한 귀공자의 모습 그대로였다.

상홍은 물론 형님이 보고 싶어서 찾아온 것이기도 하지만, 한편으로는 동경 하숙집 음식이 도무지 양적으로 성에 차지 않는 데다 고기 생각이 간절하여 남재를 만나면 우선 양껏 외식을 시켜달라고 할 참이었다. 한창 때의 운동선수 출신이니 상홍의 식욕은 대단히 왕성했던 것이다. 또 남재의 월봉은 대졸 초봉 75원 수준을 훨씬 상회하는 100원 정도는 되므로 혼자 생활하기에는 풍족한 것으로 상홍은 알고 있었다. 이날 남재는 상홍과 국채호를 마치(町)로 안내하여 스키야키에 정종까지 곁들인 맛있는 저녁을 들며 정담을 나누었다. 형제가 이처럼 객지에서 반갑게 해후하며 회포를 풀기는 처음이었다.

다음날 형님에게서 용돈까지 두둑이 받고 귀경길에 오르면서, 상홍은 하숙집 주인들이 남재를 사윗감으로 여기고 있는 것이 아닌가 하는 느낌을 좀처럼 떨쳐버릴 수 없었다. 그날 이후 "하마터면 형님을 그 집에 빼앗길 뻔했다"는 생각을 이따금씩 했다고 그는 회상했다.

상홍에 앞서 1943년 2월경에는, 넷째 상돈(相敦)이 유학시험차 도일중 오마치에 다녀갔다. 상돈은 언제 보아도 망망대해와 같이 넓고 컸던 둘째 형님 남재와 하룻밤을 지내면서 많은 이야기를 나누었다. 상돈이 느낀 이때의 남재는 다정다감한 문학청년이었다. 괴테의 『파우스트』로부터 헤르만 헤세의 여러 작품들, 또 『만요슈』(萬葉集)나 『겐지모노카타리』(源氏物語)와 같은 일본의 고전에 대해서까지 남재는 폭넓은 관심과 깊은 지식을 보여주었다.

특히 남재는 상돈에게 일본의 필연적인 패망을 단언했다. 무엇보다 일본은 공업력에서 미-영의 상대가 되지 않는다고 분석하고 있었다. 공장시설을 공출로 빼앗아다가 무기를 만들어야 하는 일본의 막다른 현실을 남재는 똑똑히 보고 있었던 것이다. 상돈은 남재가 당면정세의 윤곽을 일러주면서 일본의 패전 이후에 전개될 민족의 앞날을 위해서, 젊은 학도들이 더욱더 실력을 쌓아야 한다고 역설했음을 잊지 않고 있었다.

또 상돈은 이날 남재로부터 자신의 야마구치고교 선택, 구레하방적 입사 등이 부친 수당의 뜻이었음을 전해들을 수 있었다.

*

1944년 봄부터 미군기의 일본 본토 폭격이 격렬해지기 시작했다. 도쿄는 B-29기의 주공격 목표였다. B-29는 공기를 찢는 듯한 그 요란한 비행 폭음만으로도 벌써 전 일본을 공포의 도가니 속에 몰아넣기에 충분했다. 이제 일본 전역이 위험지대로 화해가고 있었던 것이다. 현해탄에서 부관연락선이 폭격을 당하여 많은 인명이 희생되었다는 소식도 들려왔다. 이러다 잘못되면 고국으로 돌아갈 길마저 끊길지도 모른다는 위구심(危懼心)이 유학생을 비롯한 재일 조선인들을 더욱 불안하게 했다. 학업을 중단하고 귀국길에 오르는 유학생들이 부쩍 늘고 있었다.

바로 이처럼 전 일본열도가 불안에 떨며 전전긍긍하고 있을 때, 셋째 상홍에게 수당으로부터 "일단 서울로 돌아오는 것이 좋겠다"는 인편 전갈이 있었다.[24] 상홍의 이와 같은 회고에 비추어 수당은 남재에게도 같은 뜻을 동시에 전했을 것으로 짐작된다.

1944년 4월, 남재는 1년 6개월간의 구레하방적 오마치공장 근무를 청산하고 서둘러 귀국했다. 야마구치에서의 3년, 도쿄에서의 2년 반, 그리고 오마치공장에서의 1년 반, 무려 7년에 걸친 객지생활을 마감한 것이다. 남재는 자기 생애에서 이 청소년기 7년 간의 '일본수련시대'가 갖는 의미를 크게 세 가지의 배움과 교훈으로 요약 정리한 바 있다.[25]

첫째는 일본식 신도(神道), 일본식 무사도(武士道)에 바탕을 둔 충군애국과 철저한 복종의 윤리, 일치단결과 인고단련(忍苦鍛錬)의 이른바 '일본정신'을 익혀나가는 수신(修身)교육-국사(國史)교육을 받으면서, 우리 민족에게 있어서 일본이란 무엇인가를 가슴이 저리도록 깨닫게 되었다는 것이다.

둘째는 서구세계를 따라잡기 위해 철저한 문명개화적 서구모방의 풍조 속에서도 고교와 대학과정을 지배했던 그 왕성한 교양주의-인격주의-이상주의-평화주의의 정신 속에 일본의 미래를 움직여나갈 무서운 저력이 잠재함을 재인식하게 되었다는 것이다.

그리고 끝으로 산업현장에서 발현되고 있는 일본식 가족주의와 일본적 공동체의식의 상하일치-솔선수범-각고분투-종신고용-평생학습의 경영방식에서 진정한 일본인의 모습을 재발견하게 되었다는 것이다.

이처럼 남재의 생애에 있어서 '일본수련 7년'은 배움과 교훈으로 일관된 소중한 인간수련-인격도야-지식연마의 시대, 곧 대립자(對立者)를 통해서 나를 알게 되는 '각고면려의 시대'였던 것이다.

제2절 항일의 신천지에 건설된 남만방적

서울로 돌아온 남재는 오랜만에 만난 가족들과 그 동안 쌓인 회포를 풀며 마음놓고 쉴 틈도 없이 또다시 만주를 향해 먼길을 떠나야 했다. 이 시기에 만 24세 남재 나이의 장정이 서울에서 얼쩡거리다가는 징용에 끌려나가기 십상이었기 때문이다. 남재는 만주의 봉천(奉天 ; 지금의 瀋陽) 근교 소가둔(蘇家屯)이란 곳에 수당이 건설한 남만방적(南滿紡績)에 정식으로 취직이 되었던 것이다. 여기서 우리는 남만방적의 설립경위를 개략적으로나마 살펴볼 필요가 있다.

1. 수당의 만주개척의 꿈

수당이 만주개척의 꿈을 키우게 된 것은 교토제대(京都帝大) 졸업 직후, 만주시찰단에 참가하여 광활한 만주 일대를 돌아보고 난 이후(1921. 9.)부터였다. 그로부터 15년의 세월이 지난 1936년에 수당은 비로소 그 꿈을 이루기 위한 실천에 들어갔다.[26)]

이해 3월, 수당은 봉천 심양구(瀋陽區) 소서가(小西街)에 우선 삼양사(三養社)의 거점을 마련하고 사전답사팀과 사후조사팀을 파견하여 양차에 걸쳐 만주 이주동포 실태와 농장개설 입지조사를 면밀히 실시토록 했다. 수당은 이들에 의해 수립된 미작(米作) 사업계획을 토대로, 1937년 2월부터 영구(營口 ; 요하의 요동만 하구 일대)에 천일농장(天一農場) 건설에 착수한 이래, 반석(盤石 ; 봉천과 길림성의 경계지역 · 1937. 7.), 매하(梅河 ; 류하강변 매하구일대· 1939), 교하(蛟河 ; 길림성 휘남지방 · 1938), 구대(九臺 ; 길림성 하구대 일대· 1940) 등 5개의 농장을 불과 4년 사이에 건설하였다.[27)]

수당이 만주땅에 일차적으로 농장 건설에 나선 것은 저 끝없이 펼쳐진 비옥한 만주벌에 논을 풀어 우리 동포들이 벼농사를 짓게 되면 이 땅이 저절로 우리 겨레의 삶의 터전이 될 것이라는 원대한 포부에서였다. 수당은 일제의 가혹한 수탈로 조국에서는 도저히 살 수가 없어 정든 고향산천을 버리고 만주땅까지 흘러 들어왔지만, 여기에서도 살길을 찾지 못해 날품팔이로 연명하거나 유랑걸식을 하며 추위에 헐벗고 굶주리다 죽어가는 수많은 우리

동포들에게 일터를 만들어주고 정착의 기틀을 마련하는 사업보다 더 시급한 일이 없음을 절실히 느끼고 있었던 것이다.[28]

만주가 어떤 곳인가. 우리 선인들의 구강토라는 역사적 사실은 그만두고라도, 지금은 망국의 설움 속에서 절망하고 있는 이 민족에게 독립의 희망을 불러일으켜 주는 독립군의 기지요, 항일의 신천지가 아닌가!

수당은 여기서 사업을 벌여 돈을 벌겠다는 생각은 추호도 없었다. 그는 농장뿐만 아니라 가능한 한 큰 산업을 일으켜 많은 일자리를 만들어냄으로써 조국을 그리며 살고 있는 동포들에게 희망을 심어주고자 했던 것이다. 그의 이러한 경세가적-경영자적 민족애를 가장 크고 멋들어지게 실현시킨 사업이 바로 남만방적이었다.

남만방적은 공장부지 17만여 평에 공장 본체 7,800평, 여기에 각종 창고, 사무소, 식당, 남녀 기숙사, 사택, 강당, 기타 보건-후생-오락시설 등을 포함한 부속건물 1만여 평, 도합 1만 7,800여 평의 건물이 들어찬 매머드형의 대방적회사로 공칭자본금만도 1천만 원이었다.[29]

남만방적이 정식으로 설립된 것은 수당의 나이 44세가 되던 1939년 12월 26일의 일이다. 공장 건설에는 수많은 애로가 뒤따랐다. 건설과정에 겹쌓였던 고난과 역경에 대해서는 전기 『수당 김연수』(秀堂 金季洙)에 여실히 묘사되어 있거니와 무엇보다 전시 통제하에서 철재와 각종 건축자재를 비롯하여 방기-직기류의 생산설비를 확보한다는 것은 보통문제가 아니었다.

그러나 1940년 봄부터 공장건설에 착수한 이래, 수당은 앞길을 가로막는 그 어떤 난관도 하나하나 끈질기게 돌파하며 20개월만인 1941년 12월, 마침내 저 허허로운 만주 소가둔 벌판에 현대식의 거대한 공장을 완성한 것이다.[30] 다만 생산시설은 공장의 외형적 규모에는 크게 못 미치는 방기 3만여 추에 직기 1,000대를 갖추는 선에서 우선은 만족해야 했다. 그렇다고 하더라도 앞 절에서 이미 살펴본 바와 같이, 이 시기에 일본의 방적공장들에 대해서 내려졌던 시설의 통폐합-축소 조정과 공출 등의 제반 통제과정에 비추어, 이 정도의 설비라도 갖출 수 있었다는 것은 천행이 아닐 수 없었다.

2. 경리 책임을 맡다

공장이 완성된 후에도 문제는 여전히 남아 있었다. 당장 작업에 들어가야 할 공원을 구할 수가 없었던 것이다. 농장의 경우는 삼양사에서 이주 동포를 모집한다는 소문만 듣고도 먼 곳에서도 몰려올 정도였으나 방적공장은 사정이 달랐다. 면사(綿絲)의 생산은 작업 성격상 여성이 적합한데 농사밖에 모르는 농민들이 좀처럼 딸을 내놓으려 하지 않기 때문이었다. 낯선 만주땅에 와서 굶주리고 고생하며 사는 것도 서러운데 귀한 딸자식을 머나먼 객지의 방직공장에 떠나보내고 생이별을 한 채 무슨 낙을 보자고 딸을 내주겠느냐는 것이었다.

그리하여 공장 간부들이 동포가 사는 지역이라면 멀리 북간도까지 찾아다니며 여공모집에 나섰지만 큰 성과를 거두지는 못했다. 이때 생각해낸 것이 여공들에게 배움의 기회를 열어준다는 조건의 제시였다. 이른바 일하면서 공부하는 '공장학교'제도를 시행하자는 것이었다. 이것은 물론 수당의 생각이었고, 이 아이디어는 적중하였다.[31] 배우지 못한 한이 골수에까지 사무쳐 있는 농민들의 입장에서 "일하며 배운다"는 조건을 마다할 사람은 없었던 것이다.

남재가 소가둔 공장에 당도하여 근무에 들어간 1944년 5월은 남만방적이 여공문제를 아직 완전히 해결하지 못하고 있던 시점이었다.

> "청일색(靑一色)의 긍지를 갖고, 울 밑에 선 봉선화야를 합창하며 망국의 설움을 달래기도 했는데 거기 가서 새 세상을 알았어요…"[32]

심금을 울리듯, 우리의 애상(哀傷)을 자아내는 남재의 이와 같은 회고는 남만방적이 당시 이곳에 몸을 담고 있던 사람들에게 얼마나 크나큰 보람의 일터였는가를 단적으로 말해주는 한 대목이 아닐 수 없다. 당시 남만방적의 경영 총책임은 전무 최두선(崔斗善)이 맡고 있었다. 그의 당면 과제는 여공을 확보하는 문제였다. 여공 모집을 위해서는 전무 자신이 직접 동포들을 찾아나서야 할 입장이었다.

이때 남재는 최두선을 배행하여 남만주의 산 속 깊이 산성진(山城鎭)을 위시하여 삼양사의 농장개설 지역인 매하구, 교하 일대, 특히 독립군 기지로 알려진 멀리 흥경(興京)까지 찾아갔다. 그곳 유지들을 만나보니 과연 모두가

독립투사들의 후예였다.[33]

> "한국 사람들 진짜 끈질기고 강하다는 것을 그때 재삼 인식했어요. 그 먼 만주 벽촌까지 독립투사들의 후예들이 농사짓고 또 학교를 세워서 사람 기르고…, 열심히 살더란 말이에요…"[34]

남재가 본 새 세상, 그곳은 항일의 신천지였던 것이다.

이렇게 해서 모은 공원은 2,000명이 넘었다. 그들은 모두가 일하며 공부하는 학생들이었다. 학교과정은 초등부 4학년(1개 학년 6개월씩 만 2년 과정), 중등부 2학년(1개 학년 만 1년 과정), 교사는 따로 초빙하지 않고 간부사원들이 겸임했다. 그러다 보니 직장의 상사들이 곧 선생님이 되고, 공장 전체가 학교 같은 분위기로 넘쳐흘렀다. 1일 수업은 4시간, 이 수업시간을 보장하기 위해 작업시간까지 두 시간 단축시켜 10시간으로 끊었다.[35]

남만방적 간부사원들의 인적구성을 보면, 이곳은 단순한 방적회사가 아니었다. 우선 전무인 최두선부터 보자.

각천(覺泉) 최두선(1894~1974)은 서울에서 나서 휘문의숙(徽文義塾)을 거쳐 1917년 와세다대학 철학과를 졸업한 후, 인촌이 중앙학교를 인수하면서 이 학교의 교사로 초빙되어 학감을 거쳐 교장을 지냈다. 1922년부터는 3년간 독일 마르부르크-예나-베를린 대학 등에 유학했다. 귀국 후 보전(普專) 상무이사(1932)로서 보전육성에 힘을 기울였고, 경성방직의 상무이사(1938)로 취임하면서 수당을 가까이 보필하게 된 것이 계기가 되어 수당을 대리하는 남만방적의 총책이 된 것이다.

그의 발자취는 광복 후에 더욱 빛이 났다. 그는 1945년에 경방사장을 필두로 동아일보사장(1947)을 거쳐 제3공화국 초대 국무총리(1963)와 대한적십자사 총재(1972) 등을 역임했다. 육당(六堂) 최남선(崔南善)은 그의 친형이다.

다음에 공장장 황영모(黃永模)를 보자. 황영모(1907~1959)는 경북 상주(尙州) 출신으로 경성제1고보와 일본 구제 마츠야마(松山)고교를 나와, 1929년 교토제대 공학부 기계공학과를 졸업한 후 미 포드 자동차회사 일본지사에 근무중 동아일보사의 공장장으로 발탁되었다. 《동아일보》의 '일장기 말소사건'이 발생하자 공무부서의 장으로서 책임을 지고 물러난 후, 경방 공장장으로 재임중 남만방적 공장건설 책임자로 임명되어 이 지난한 과업을 훌륭히 완수하고 그대로 공장장에 눌러앉게 된 것이다. 광복 후 그는 서울공대 교수(1947)로 취임, 서울공대학장(1954)을 역임했다. 명석하고 치밀한 기계공업계의 선구자로 알려진 인물이다.

또 의무책임자 김두종(金斗鍾; 1896~1988)은 경남 함안(咸安) 출신으로 1924년 교토의학전문학교와 1928년 만주의과대학을 졸업한 후 그곳「동아의학연구소」(東亞醫學硏究所)에서 의학사(醫學史) 연구로 박사학위를 받은 후, 수당에 의해 남만방적사원들의 보건위생을 돌보기 위해 초빙되었다. 광복 후에는 서울의대교수(1947)와 부속 서울대학병원장을 겸임하였고 의사학회(醫史學會) 회장(1954)과 숙대 총장(1960), 성대 이사장(1972) 등을 역임했다.

노무과의 교육책임자 최복현(崔福鉉)은 1906년생으로 1931년 히로시마(廣島)사범학교를 졸업한 후 중앙학교 교사로서 인촌사업과 인연을 맺은 이래, 경방-남만방적에 근무하게 되었다. 광복 후에는 고려중앙학원 이사, 중앙중고교 교장(1961), 제5대 서울시 교육감을 역임했다.

이들 중견급 간부들 이외에 소장간부들도 거의가 쟁쟁한 대학-전문학교를 나온 보기 드문 엘리트들이었다. 그 유명한 동경대학 출신이 두 사람이나 있었던 것도 기록할 만한 일이다. 남재와 신면식(申勉植)이 그 사람이다. 남재에 뒤이어 형님 상준도 합세했다. 보전 졸업 후, 와세다대학을 중퇴한 상준은 한성은행에 근무하던 중 삼양사 봉천지점으로 옮겨, 농장 관리업무를 맡고 있다가 봉천지점과 남만방적이 통합되자 근무처를 소가둔 공장으로 옮기게 된 것이다.[36)]

이 무렵에는 셋째 상홍도 삼양사 봉천사무소에 발령을 받고 주로 매하농장 현장에서 일하고 있었다. 상홍은 이때도 소가둔 공장으로 남재를 찾아가 만난 일이 있다.[37)]

이 밖에도 사원들 중에는 징용을 피해 멀리 만주까지 찾아와 입사한 젊은 고학력자들이 많았다. 이들 대부분은 공장업무가 적성에 맞지 않는 사람들이었다. 그럼에도 남만방적은 "있어도 그만, 없어도 그만"인 이들을 받아들이는 데 인색하지 않았다.[38)] 국내에 남아 있다가 징용에 끌려나가 헛되이 희생당하게 버려두느니 "놀리는 한이 있더라도… 회사가 채용하는 편이 더

낫다"는 것이 수당의 심산이요 판단이었다.[39)]

남만방적에서의 남재의 직책은 경리주임이었다. 회사의 실질적 경리책임을 맡은 것이다. 오마치공장에서 제대로 수련을 쌓은 남재에게 있어서 방적회사의 업무는 이미 익숙한 분야였다. 남재는 경리일을 보면서 주판실력을 유감 없이 발휘하여, 회계장부를 깔끔하게 만들고 결산처리도 단시간 내에 해치웠다. 당시는 기계의 부품 하나를 바꾸려 해도 그 크기 계산을 일일이 주판으로 해내던 시절이라 남재의 주판실력은 여러모로 쓸모가 컸던 것이다.

남재를 늘 대견스럽게 생각하고 장래를 촉망하여 마지않던 전무 최두선은 남재가 업무에 수고가 많다는 생각이 들면 따로 불러내어 술도 사주며 칭찬과 격려를 아끼지 않았다.[40)]

만주는 광막한 곳이지, 상상처럼 결코 낭만적인 곳은 아니었다. 새로 농장을 열고 공장을 세우는 일은 그야말로 개척자의 고난의 길이다. 늦봄까지 모질게 부는 찬바람, 앞이 보이지 않는 누런 먼지, 흙탕물 같은 오염된 식수… 등 자연환경의 온갖 악조건을 감내해야 하는 고된 삶의 연속이었다. 그러나 그 무엇보다 어려운 것은 치안이 확립되지 않은 무법천지라는 사실이다. 조금 움직이려 해도 청원경찰이나 자경단을 조직하고 항상 긴장과 경계를 게을리해서는 안되는 살벌한 곳이었기 때문이다.[41)]

이처럼 험악한 곳에서 남재는 잘도 견뎌내고 있었다. 상훙이 만나본 이때의 남재는 공장 유니폼을 입은 모습이 제격이거니와 신색도 여전히 좋았다. 구레하방적때나 이때나 남재는 주어진 과업에 최선을 다하는 성품이라 오로지 회사일을 위해 성심을 다할 뿐 다른 생각은 일절 없는 것처럼 보였다. 학문과는 완전히 절연된 삶에 대한 회의나 불만 같은 그런 기색을 전혀 찾아볼 수 없었다는 것이다. 또 상대가 누구이든 대인관계가 원체 좋아서 공장의 선후배들과 잘 어울리고, 주변사람들의 존경과 흠모를 한몸에 받고 있는 듯도 했다.[42)]

남만방적의 모든 시설이나 근무조건은 국내의 경방보다도 월등히 좋았다. 급식도 훌륭했고, 월급도 높은 수준이었다. 국내에서는 모든 곡물이 배급제로 통제되어 극도의 식량난을 겪고 있을 때인데도 이곳 남만방적은 다붕(茶棚 : 흑룡강성 쌍성현 애우촌 다붕둔)에 자급농장을 개설하여 급식문제를 자체로 해결하고 있었다. 수당의 경영안목은 이처럼 치밀했던 것이다. 2,000명이 넘는 대식구를 먹이는 문제가 해결되지 않는다면 생산이고 뭐고 회사의 존립 자체가 불가능한 판이었다.

남재가 말한 "청일색의 긍지"란 이곳 남만방적에서 청색제복을 입고 일하는 한국 사람들의 민족적 자부심을 함축적으로 표현한 것이었다. 남만방적은 위로부터 최하 말단의 급사에 이르기까지 전원이 한국 사람이었다. 이것은 수당의 움직일 수 없는 경영지표였다. 사원용 사택이나 구락부 등 복리시설은 모든 면에서 당시 만주에서 위세를 떨치며 호기를 부리던 일인 회사 만주철도(滿洲鐵道)보다 훨씬 호사로운 것이었다. 국내에서 일인들의 멸시와 천대를 받는 것도 분하고 억울한데 이국 땅에 와서까지 그들에게 지고 싶지 않다는 것이 수당의 자존심이었다.[43)]

사택 중에는 2층으로 된 간부용 주택이 네 채가 있었다. 그 제1호는 전무 최두선 일가가 들었고, 제2호는 상무 오계선(吳桂善) 일가, 제3호는 공장장 황영모 일가, 그리고 제4호의 1층은 상준 내외가 쓰고, 2층은 남재가 차지하였다. 과장, 계장, 사원들은 단층집에 들었다.[44)]

남만방적의 또 한 가지 잊을 수 없는 업적은 '공장학교제' 실시에 만족하지 않고 경영난에 봉착한 봉천의 동포학교 동광학교(東光學校)를 인수-경영한 일이다.

이곳 봉천의 동포들은 자녀교육의 시급성 때문에 우선 학교는 세웠지만 이를 계속 운영해 나갈 여력이 없었던 것이다. 그리하여 학교가 곧 폐문지경에 이르자 동포유지들은 수당을 찾아와 경영을 맡아달라고 간곡히 요청하였고, 수당이 이를 흔쾌히 허락한 것이다. 수당은 먼저 학교경영의 기초를 확고히 하고자 구대농장을 이 학교에 기부하여 재단을 설립하였다. 아울러 명색만 중등교육과정일 뿐 당국의 인가를 받지 못해 그 졸업자는 상급학교 진학자격조차 주어지지 않고 사설학교 취급을 받는 이 학교를 정식 중학교로 승격시키기 위해 참으로 어려운 결단을 내렸다. 교장을 일본인으로 세워야 한다는 일제의 강요를 숙고 끝에 받아들이기로 한 것이다. 수당의 사업에 일본인이 기용된 단 하나의 예외였다.[45)]

그러나 수당이 초빙한 일본인 교장 하라타(原田)는 보통의 일본 사람과는 다른 사람이었다. 그는 1940년에 재직중인 경남 동래(東萊)중학교에서 해직당한 전직 교장으로, 당시 동래중학생과 부산 제2상업학교생 1,000여 명이 일으킨 항일 스트라이크사건(「乃臺사건」: 1940. 11. 23.)에서 한국인 학생들을 교육적인 차원에서 변호-두둔하다 쫓겨난 보기 드문 양심적 교육자였던 것이다.[46] 수당은 그의 교육자적 양식(良識)과 고매한 인격을 높이 평가하였고, 하라타 또한 민족감정을 초월한 교육관을 지닌 사람이었기에 이역만리 만주의 초라한 한국인 사립학교의 청을 마다하지 않고 교장취임의 용단을 내렸던 것이다.

동광학교의 인수-경영에 대해서는 남재도 지대한 관심을 가지고 있었던 것 같다. 훗날 중국 적십자운동 시찰차 심양홍십자회(瀋陽紅十字會) 방문길에(1990. 9. 19.) 남재가 특별히 이 학교 자리를 찾아보고 깊은 감회에 잠겼던 점으로 미루어 학교운영에도 관여한 바 있는 것으로 보인다.

3. 광복과 남만철수 : 사지(死地)를 세 차례 넘나들다

광복의 날은 벽력처럼 찾아왔다. 남재는 일제의 필연적인 패망을 오래 전부터 예견하고 있었지만, 이렇듯 갑작스럽게 항복하리라고는 생각지 못했다. 그렇기 때문에 '항일의 신천지' 만주벌에서 맞은 광복과 해방의 감격은 더욱 크고 벅찬 것이었는지도 모른다.

남재는 8월 9일에 소련이 대일(對日) 선전포고를 하고, 소-만(蘇滿) 국경을 넘어오고 있음을 알고 있었다. 그렇더라도 15일까지는 소련군이 봉천에 나타나지 않았다. 이날 만주대륙은 유난히 무더웠다. 라디오에서는 히로히토(裕仁) 일본 천황의 들릴 듯 말 듯 떨리는 목소리로 '포츠담 선언'을 수락하고 무조건 항복한다는 방송이 가물가물 들려왔다.

남재는 한순간 환희의 격정에 잠겨 정신을 놓고 있었다. 그러나 다음 순간 그의 뇌리에는 새로운 걱정이 태산처럼 밀려왔다. 지금 회사에는 총 책임자 최두선이 부재중이 아닌가. 서울-봉천 간은 벌써 통신두절 상태였다. 그는 업무차 서울에 머물고 있었던 것이다.[47]

남재는 생각다 못해 공장장 황영모를 만나 향후 대책을 상의해 보았다. 그 역시 서울에서 지침이 내려오기 전까지는 어떤 대책도 세울 수 없는 입장이었다. 두 사람은 숙고 끝에 우선 급히 사람을 서울로 보내야 한다는 데 뜻을 모았고 이 막중한 사명을 맡길 적임자는 남재밖에 없다는 결론에 도달하였다.[48]

다음날 16일, 남재는 지체 없이 봉천을 떠났다. 다행히 기차는 그대로 운행되고 있었다. 평양역에 이르니, 해방의 감격에 젖어 환호-작약하는 평양 시민의 열기가 차창 밖에서 온몸으로 끼쳐왔다.

꼬박 사흘 걸려 기차는 19일 서울역에 도착하였다. 무사히 서울에 왔다니 참으로 고맙고 다행스럽기 그지없었다. 서울역을 나서자 거리에는 아직도 흥분이 채 가시지 않은 듯 해방의 어지러운 광경이 넘치고 있었다. 남재는 경방으로 달려가 전무 최두선을 찾아보고, 이어 부친 수당을 만나뵈었다. 이 자리에는 최두선 말고도 경방간부들이 합석했다. 남재로부터 현지 상황보고를 듣고 수당 이하 이날 회의참석자들이 내린 결론은 다음과 같았다.

> "인명이 중하니 사람들은 빠짐없이 나와라. 시설은 포기한다. 재고는 팔 수 있는 한 팔아서 노자를 만들라…"[49]

남재는 이상과 같은 지침을 받고 이튿날 20일, 즉시 북행했다. 기차는 두절상태는 아니었지만 벌써 정규운행을 못하고 있었다. 하루속히 봉천 소가둔 공장에 돌아가 모든 사람들을 무사히 서울로 귀환시켜야 한다는 사명감이 남재를 몹시 조바심 치게 했다. 남재의 이 같은 초조한 심중을 비웃기라도 하듯 기차는 헛김만 내뿜으며 마냥 늑장을 부렸다.

그래도 평양→신의주→압록강을 건너 안동까지는 기차가 닿았다. 여기서부터 다시 열차를 갈아타야 하는데, 혼란에 빠진 만주의 철도운행 사정은 도무지 다음 열차편을 기약할 수 없는 형편이었다. 무작정 기다릴 수밖에 다른 도리가 없을 때의 마음 고생은 당해보지 않은 사람은 모른다. 애간장이 다 타 들어갈 무렵, 봉천행 기차가 나타났다. 남재는 이때의 상황을 "힘들게 기차를 탔다…", "용케 공장에 도착했다…"고 회상하고 있으나[50] 사실 그것은 기적 같은 행운이었다고 해야 옳을 것이다.

그런데 이렇듯 어렵게 얻어 탄 기차가 한동안은 신나게 달리더니 움직이다 멎고, 가다가 쉬기를 무수히 반복한 끝에 봉천역까지 불과 서너 정거장

밖에 남지 않은 지점에서 그만 아주 멎어버리고 말았다는 것이다.[51]

하는 수 없이 남재는 70~80리 길은 족히 될 남은 거리를 터벅터벅 걸어서 공장에 당도하였다.

지침을 받은 이상, 이제 남은 일은 지체 없는 철수밖에 없었다. 철수작업이 한창 진행되고 있을 때 소련군이 들이닥쳤다.[52] 그들의 행색을 보니 이것은 조직과 규율을 갖춘 정규군대라고는 도저히 볼 수 없는 난잡한 오합지졸들이었다. 단정치 못한 복장은 말할 것도 없고, 양 팔뚝에 시계를 대여섯 개씩 차고 있는가 하면, 검은 식빵을 둘러메고 다니다 베개삼아 베고 자고, 아무데서나 칼로 베어먹는 모습은 거렁뱅이나 다름없었다.

해방군이란 자들이 때와 장소를 가리지 않고 부녀자들을 겁탈하고, 남의 물건을 빼앗는 등 무지막지한 행패를 부려도 자체 내에서 제지를 받는 일이 없는 엉망 군대였던 것이다. 그러니 사람들은 소련군을 보면 도망을 갈 수밖에 없었다.

공장에 들어온 소련군은 광목이 5만 필이나 들어차 있는 창고부터 열도록 했다. 남재는 이들이 재고품을 몽땅 쓸어갈 것으로 생각했다. 그러나 이들은 뜻밖에도 광목 몇 통을 끌어내더니 쫙쫙 찢어내어 발들을 감싸는 것이었다. 정작 이들이 필요한 것은 이른바 '발싸개'였던 것이다.[53]

소련군이 다녀가자 자칭 장개석(蔣介石)의 국민당 군대라는 자들이 들어왔다. 이들은 값나갈 물건은 닥치는 대로 약탈해갔다. 우선 금고부터 열게 하고는 현금을 몽땅 털어갔다. 중국인들은 이들을 마적이나 토벌군을 보듯 무서워하며 도망을 쳤다.[54] 여기에 비하면 소련군은 오히려 순진한 편이었다.

그 다음에 신사군(新四軍)이라는 중공군이 들어왔다. 신사군은 팔로군(八路軍)의 예하부대로 군기가 엄하게 서 있어 그 움직임이 질서정연했다. 특히 민간의 물건에는 절대로 손을 대지 않았다. 공장에 들어와서는 오히려 숙소를 지켜주며 어찌나 친절하게 대하는지 이들이야말로 진정한 인민의 군대같이 보였다. 그들은 민간인을 만나면 언제나 도울 일이 무엇인가, 불편한 점은 없는가를 물어왔다. 남재의 저서 『모택동사상』(毛澤東思想 ; 1978)에 나오는 '3대규율'과 '8항주의'를 어김없이 실천하고 있었던 것이다.[55]

3대규율-8항주의는 요컨대 인민을 괴롭히거나 손해를 끼치지 말고 인민을 도와주라는 내용이다.[56] 회사가 마지막으로 철수할 때 신사군은 소가둔 공장으로부터 철도역까지 3킬로미터의 거리를 경호해주었다. 짐을 싣고 가다가 비적(匪賊)들로부터 약탈당할 것을 우려했던 것이다. 한국 사람들은 가장 만만한 약탈대상이었던 것이다.[57]

남만방적의 소가둔 철수는 3단계로 진행되었다. 1차는 여공을 비롯한 여직원, 사원부인 및 아이들이었고, 2차는 남자직원들, 그리고 3차는 최종 뒷처리를 맡은 간부들이었다. 형님 상준은 2차철수조에 속해 있었다. 2차조는 새벽 5시 기차로 봉천을 떠나 남행하는 도중, 중국인 화부가 계속 돈을 요구하며 운행을 멎는 통에 무척 애를 먹었다. 또 중도에 소련군을 만나 시계 등 귀중품을 빼앗기기는 했지만 별다른 피해는 없었다. 상준 일행 2차조가 서울에 도착한 것은 9월 19일경이었다.[58]

남재는 마지막 철수조의 선두에서 뒷수습을 끝내고 일행 50여 명과 함께 역시 기차를 빌려 탔다.[59] 정상적인 운행이 아니라 기차는 멋대로 움직이며 갖은 애를 먹였다. 우여곡절 끝에 단동(丹東)까지 이르니 더 못 간다고 했다. 남재 일행을 보호해주며 동승했던 중공군도 여기서부터는 소련군 관할이므로 더 이상 도와줄 수 없다고 통고해 왔다.[60] 날짜를 꼽아보니 어느덧 달이 바뀌어 10월 초순으로 접어들고 있었다.

남재 일행은 하는 수 없이 압록강 철교를 걸어서 넘었다. 압록강은 생각보다 좁고 살풍경했다. 열차로 달리며 차창 밖으로 내려다보던 그 모습과는 영 딴판이었다. 남재는 겁도 없이 전후좌우 여기저기 살피며 앞장서서 압록강을 건너면서 얼마 전에 헤어진 신사군의 그 늙수그레한 부대장을 생각했다. 소가둔 공장에서 여기까지 오는 동안 남재는 이름도 모르는 그 중공군 부대장과 상당히 친해졌다. 그의 배려로 안전하게 압록강을 건너 조국땅을 다시 밟게 되었음을 남재는 감사하지 않을 수 없었다.

민폐를 전혀 끼치지 않는 세계사상, 그 유례가 드문 대단히 도덕적인 군대를 보면서 남재는 모택동주의-모택동사상의 위력을 비로소 예감할 수 있었다.[61] 남재는 모택동의 천하통일을 이때 예견했던 것이다. 후일 남재가 모택동과 그의 군대를 연구대상으로 삼게 되는 것도 그들로부터 받은 강렬한 인상이 큰 몫을 했음은 말할 것도 없다.

10월 6일 저녁 무렵에야 남재 일행은 신의주에 들어섰다. 여관을 찾아가니 주인은 귀향민이라고 반기며 숙박료도 받지 않고 하룻밤을 거저 재워주었다. 해방된 조국의 훈훈한 인심에 감동하지 않을 수 없었다. 이튿날, 일행은 곧바로 신의주역에서 남행열차를 탈 수 있었다. 보통 요행이 아니었다.[62]

평양을 거쳐 사리원까지 내려오는 데 꼬박 하루가 걸렸다. 지나는 철도역마다 역사 벽면에 걸려 있는 레닌과 스탈린의 대형사진들은 벌써 북한 전역이 소련군의 수중에 들어가 있음을 시위하듯 일러주고 있었다. 사리원 여관에서도 일행은 숙박료 없는 후한 인심의 여관 신세를 지고, 다음날 다시 기차로 달려 해주 못미처 학현역이란 곳에서 하차했다. 소련군이 지키고 있는 38선을 넘기 위해서였다.[63]

월남은 한밤중까지 기다려서 안내원들이 소련병사들을 술로 유인하여 자리를 뜨게 한 다음에 이루어졌다. 안내원을 따라 한치 앞도 보이지 않는 어둠을 뚫고 숨죽이며 38선을 넘으니 어느덧 날이 밝고 있었다. 마침 고구마가 익는 철이라 일행은 민가에서 삶아주는 꿀맛 같은 햇고구마로 허기를 채우고 하루종일 장단(長湍)까지 걸어와 또다시 하룻밤을 잤다. 38선이 막혔으니 장단에서 개성까지는 기차편이 없었다. 남재 일행은 트럭을 전세 내어 드넓은 연백평야를 거침없이 달린 끝에 10월 9일에야 개성에 도착했다. 개성에 와서 미군병사들의 자유분방한 모습을 보고서야 남재는 전쟁이 끝났음을 비로소 실감했다. 지프를 몰고, 휘파람을 불어제끼며 지나는 사람들에게 껌이며 드롭스, 초콜릿, 잼, 비스킷, 야전 커피, 럭키스트라이크(담배) 등 레이션 박스에서 먹을 것을 꺼내 마구 던져주는 광경을 목도하면서 신세계를 대하는 느낌이었다고 남재는 회고했다.[64]

10월 10일, 남재는 임무를 무사히 마치고 서울로 돌아왔다. 2차 철수조의 상준보다 무려 3주나 늦은 서울 귀환이었다. 돌이켜보면 남재는 사지(死地)를 세 차례나 넘나든 셈이었다. 소가둔 낭만방적과 서울 간 삼천리 길을 오고 가고, 또 왔으니 1만 리는 되고도 남을 머나먼 길이었다. 평상시의 정상적인 교통편으로 오가도 몸살이 날 만큼의 먼 길인데, 언제 어디서 무슨 일을 당할지 모를 사고와 위험이 도처에 도사리고 있는 세계대전(大戰) 말기의 대혼란기, 소련군-국민당군-중공군-패잔 일본군이 교차하는 그 험악한 전쟁터를 남재는 묵묵히 오가며 자신이 스스로 맡은 특사의 임무를 완수하였다.

남재는 이 남만 철수의 위험천만한 고행길에서 비로소 인생의 간난신고

(艱難辛苦)를 모두 맛보았고, 그 혼돈 속에서도 어김없이 피어나는 휴머니즘의 아름다운 꽃들을 발견하면서, 아마도 이제까지 살아온 삶의 최소한 곱절은 더 산 듯한 초고속적 시간여행의 피로를 느꼈을 것이다. 그만큼 남재는 인간적으로 성숙의 경지에 올라섰음이 분명했다.

우리는 여기서도 남재가 이 고난의 과업을 무사히 마칠 수 있도록 끝까지 지켜준 보이지 않는 존재의 숨은 의지를 또다시 감지하게 되는 것이다.

◇

• 제5장 〔주〕

1) 남온 김상돈의 회고.
2) 위와 같음.
3) 『수당 김연수』(1985년판), p.134.
4) 吳羽紡績株式會社, 『吳羽紡績30年』(1960), p.86.
5) 高橋幸八郎 외 편, 『日本近代史論』(차태석 · 김이진 역, 지식산업사, 1994), pp.196~203.
6) 위와 같음.
7) 위와 같음.
8) 위의 책, p.240.
9) 위의 책, pp.240~243.
10) 앞의 『吳羽紡績30年』, p.5.
11) 위의 책, p.8.
12) 위의 책, pp.54~55.
13) 위의 책, pp.66~67.
14) 위와 같음.
15) 위의 책, pp.74~76.
16) 위의 책, pp.76~85.
17) 위의 책, pp.86~87.
18) 위와 같음.
19) <고희기념좌담>, p.480.
20) 위와 같음.
21) 위와 같음.
22) <고희기념좌담>, p.481.
23) 남령 김상홍, 『늘 한결같은 마음으로』(주식회사 삼양사, 1999), pp.65~66.
24) 위의 책, p.73.
25) <고희기념좌담>, pp.478~480.
26) 『수당 김연수』(1985년판), pp.144~145.

27) 위의 책, pp.146~149.
28) 위의 책, pp.144~147.
29) 위의 책, pp.153~155.
30) 수당김연수선생전기편찬위원회, 『한국근대기업의 선구자』(1996), p.194.
31) 『수당 김연수』(1985년판), p.155.
32) <고희기념좌담>, p.481.
33) 위와 같음.
34) 위와 같음.
35) 당시 모든 방적회사들의 평균작업시간은 12시간, 여기에 잔업까지 더하면 12.5시간이 보통이었다. 이같은 사정은 일본 본토도 마찬가지였다.
36) 남계 김상준의 회고 (1999년 12월 15일).
37) 김상홍, 앞의 『늘 한결같은 마음으로』, p.75.
38) 『수당 김연수』, p.182.
39) 위와 같음.
40) <고희기념좌담>, p.481.
41) 『수당 김연수』, p.159.
42) 남령 김상홍의 회고 (2000년 1월 14일).
43) 『수당 김연수』, p.181.
44) 남계 김상준의 회고.
45) 『수당 김연수』, pp.160~161.
46) 위와 같음.
47) <고희기념좌담>, p.482.
48) 위와 같음.
49) 위와 같음.
50) 위와 같음.
51) 위와 같음.
52) 위와 같음.
53) 위와 같음.
54) 위와 같음.
55) 위의 책, p483.
56) 김상협, 『모택동사상』(개정증보중판, 일조각, 1978), p.56.
57) <고희기념좌담>, p.483.
58) 남계 김상준의 회고.
59) 『수당 김연수』, p.184.
60) 위와 같음.
61) 신일철, <남재변증법>, 『당산나무의 큰 그늘이여－남재김상협선생추모문집』(1998), p.189.
62) <고희기념좌담>, p.483.
63) 위와 같음.
64) 위와 같음. 원문에는 38선을 넘어 1박 한 곳이 '청단'이라고 되어 있으나 '장단'(長湍)의 오기(誤記)인 듯하다.

▌제2편

호학(好學)의 정열과 끈기의 학구인(學究人) (1946~1960)

• 제2편을 열면서

본편은 남재가 광복 후 남만방적(南滿紡績)의 철수와 함께 서울로 돌아와, 건국→동란→재건→혁명을 거쳐 제2공화국 장면(張勉) 내각 성립기까지 학구적 삶으로 일관한 '제2인생기' 15년간—그 성숙의 청장년시절을 서술한 것이다.

1946년 8월 15일, 보성전문학교(普成專門學校)가 고려대학교(高麗大學校)로 승격함에 따라 총장 현상윤(玄相允)의 부름을 받은 남재는 그 해 9월 가을학기부터 동교의 정치학과 조교수로 출발, 한동안 멀어졌던 학문에 복귀하여 교수로서 학업에 정진하였고, 그의 강의 〈정당론〉(政党論)은 명강의로서 그 명성을 떨쳤다.

특히 이 기간, 남재는 인생의 반려 김인숙(金仁淑)을 만나 결혼하여 3녀 1남—명신(明信)·영신(榮信)·양순(良洵)·한(翰)을 얻었다.

건국기에는 부친 수당(秀堂)의 수난과정에서 우수의 나날을 보내야 했고, 동란기에는 부친의 사업을 도와 빨치산 출몰지역인 전라북도 고창군(高敞郡) 해리면(海里面)에서 3년 6개월간 삼양염업사(三養鹽業社)를 일으키는 데 진력, 후일 삼양사(三養社)재건의 기초확립에 헌신하였다.

휴전 후, 1954년 8월에야 비로소 환도하여 고대 부교수로 복귀한 남재는 1957년 10월 정교수로 승진하였다. 한편, 1955년에 정경학부장, 1956년에는 사무처장에 임명되어 고대발전에 진력하면서 사상계사 편집위원으로도 활약하였다.

이 시절 남재가 잡지 《사상계》에 발표한 시사논문들은 깊은 학구적 바탕에서 우러난 연찬(硏鑽)의 소산으로 그 문제의식에서부터 벌써 세인의 주목을 받기에 충분한 것이었다. 그 중에서도 영국-서독의 정당정치를 비롯한 일련의 공산주의 비판과 서구민주주의의 위기를 논한 논문들은 남재가 30대 후반의 젊음과 예지에 넘치는 혜안으로 세계를 통찰한 것으로 이후의 남재의 저술과 학문완성에 초석이 되고 있다. 이들을 통해서 우리는 이 시대의 남재가 얼마나 호학(好學)의 열정으로 불타는 끈기의 학구인(學究人)이었는가를 재삼 확인하게 된다.

제6장 : 혼돈의 해방공간에서

1945년 10월 중순 서울로 돌아온 남재는 이때 이 나라의 모습을 '만인해방', '천하대란'이란 말로밖에 달리 표현할 길이 없었다고 회고하고 있다.[1] 거리에는 "민족해방만세!", "대한독립만세!"가 여전히 들끓고 있었고 혼란과 무질서가 극에 달해 있었다. 그야말로 혼돈의 시대였다. 민족의 광복이 질서 있게 찾아온 것이 아니라 '해방'의 형태로 너무나 갑작스럽게 주어진 것이기 때문이었다. 마치 그것은 암흑의 동굴 속에 유폐되었다가 불시에 양광(陽光) 아래 노출되었을 때 일어나는 눈부심의 현기증 같은 혼돈과 시각의 파열이었다. 그러나 그 혼돈과 파열이 일시적이 아니라 영속적이라는 데 민족의 비극이 잉태되고 있었던 것이다.

미군이 진주하여 약간의 질서가 잡혀가고는 있었지만 무중력-무정부 상태는 끊임없이 계속되었다. 이러한 혼미 속에서 기선을 잡은 좌익의 독주는 민족의 운명을 급격히 유혈대결의 소용돌이 속으로 몰아가고 있었다.

광복으로부터 정부수립까지의 과도기 미군정 3년—, 이 3년은 민족현대사의 성격과 그 전개방향의 결정인자가 형성되던 시기였다. 이 시기의 성격을 국사학계의 일부 근-현대 연구자들은 '해방공간'이라고 묘사하기도 한다.

제1절 끓는 가마솥 정국(政局)

1. 해방정국의 흐름

'해방공간'에서 좌우 이데올로기 대립양상으로 전개되었던 '해방정국'은 시종일관 공산정권 수립을 목표로 한 좌익의 분열책동으로 민족-민주-통일국가 건설의 민족적 대의(大義)를 역류하고 있었다는 점에서, 그 흐름은 비주체적-반역사적-분단지향적이었다. 이와 같은 '해방정국'의 급류를 형성했던 주요사건들을 일지(日誌)식으로 다음에 요약해 본다.[2)]

〈1945〉

- 여운형(呂運亨)의 건국준비위원회 정국주도, 군소정당난립(8. 16~)
- 소련군 북한점령, 평양·원산에 이어 38도선 계역 해주까지 남하, 8월 16일부터 1946년 2월까지 5도인민위원회 결성, 통치체제 구축
- 건준, 전국인민대표자대회서 인민공화국선포(9. 6.)
- 미군 인천상륙(9. 9), 군정실시, 38도선 획정
- 우익민족진영 한민당(韓國民主黨) 창당(9. 16.)
- 이승만(李承晩) 귀국(10. 16.), 김구(金九)의 상해임시정부 환국(11. 23, 12. 2.)
- 모스크바 3국외상회의 한반도신탁통치 결정(12. 28.)
- 신탁통치안을 둘러싼 좌우대립 격화, 한민당 수석총무 송진우(宋鎭禹) 암살(12. 30.)

〈1946〉

- 제1차 미소공동위 ; '3국외상회의결정사항' 실무회담 성격 서울서 개최(3. 20.)
- 협의대상 선정문제로 미-소대립, 제1차 미-소공동위 결렬(5. 9.)
- 이승만 정읍발언 ; 남한만의 단정(單政) 수립제의, 한민당 등 우익정당 지지표명(6. 3.)
- 유엔총회, 유엔임시한국위원단 설치와 그 감시하의 남북자유총선실시를 골자로 하는 미측제의 결의안 가결 ; 8개국 구성 유엔임시위원단 입국, 소련의 입북거부로 북한방문 무산

- 미군정, 좌우합작 종용
- 한민당-한독당(韓獨黨)-국민당-신한민족당 등 합당 결렬
- 미군정, 조선과도입법의원(朝鮮過渡立法議院) 구성 공포(10. 2.)
- 한독당(김구), 단정수립반대 ; 미소양군 철수, 남북협상에 의한 총선 주장

〈1947~1948〉

- 제2차 미소공동위 서울개최(1947. 5. 21.), 이승만-김구 불참, 한민당 참석, 소련은 반공정당 협의대상서 제외주장, 공동위 다시 결렬
- 여운형 피살(7. 19.), 좌우합작운동 종식
- 유엔, 한국독립촉진특별위원회 설치(11. 14.)
- 장덕수 암살(12. 2.)
- 유엔특별위, 가능한 지역에서의 총선실시 가결(1948. 2. 26.)
- 38도선 이남에서만 총선실시(5. 10.), 헌법제정(7. 17.), 대한민국정부수립 선포(8. 15.), 이승만을 초대 대통령으로 하는 대한민국 탄생
- 1946년 초, 이미 김일성을 위원장으로 하는 북조선인민위원회 성립, 38도선 이북전역 토지개혁실시(1946. 3. 5.), 북조선노동당 결성(1946. 8. 28.), 조선인민군 창설-헌법채택(1948. 4. 29.), 최고인민회의대의원 선거(1948. 8. 25.), 조선민주주의인민공화국 선포(1948. 9. 9.)

이상의 요약에서 살펴볼 수 있는 바와 같이 해방정국의 흐름은 끝내 민족의 분단-파열(破裂)로 치닫고 말았다. 38도선 남쪽에서는 북쪽정치세력과의 협상을 거부하면서 대한민국 단독 정부가 수립되었고, 북쪽에서는 남쪽정치세력과의 협상을 표방하면서도 처음부터 김일성 중심의 공산정권수립 준비를 착착 실천에 옮기면서 남쪽의 향배를 기다렸다가 남한만의 단독정부가 출범하자 공산단정(單政)의 간판을 올렸던 것이다.

해방의 정치기류는 좌-우, 남북이 누가 먹고, 누가 먹히느냐의 사활을 건 결전의 양상으로 전개되었다. 먹을 준비는 북쪽에서 먼저 시작하였고, 분립의 길을 먼저 택한 격은 남쪽이었다. 여기에는 독립운동과정에서 배태-생성된 좌우분열이 배경으로 깔려 있었고, 38도선을 획정하고 남북을 분할점령한 외세의 한반도 경략이 현실적 조건으로 작용하였다.[3)]

민족분단의 결정적 동인은 외인(外因)에 있음이 틀림없다. 그러나 끝내 이를 극복하지 못한 민족의 주체적 역량의 한계라는 내인(內因)도 결코 간과

될 수 없는 것이다.

남재는 훗날, 자유-민주-시장경제를 이념으로 하는 대한민국의 건국이야말로 역사의 필연적 전개방향과 일치하는 정확한 선택이었음을 강조한 바 있다.

2. 인촌-고하-설산, 그리고 한민당(韓民黨)

광복의 흥분이 더욱 고조되고 있던 8월 16일, 보전교수 설산(雪山) 장덕수(張德秀 ; 1894~1947)는 우양(友洋) 허정(許政)으로부터 특정 계급-특정 정파를 초월한 범민족적 신당창당에 나서자는 제의를 받았다. 설산의 미국 유학시절부터 민족-민주의 신념을 함께해 온 두 사람은 이내 합의를 보았다. 이날 이후 설산은 꾸준히 고하 송진우와 인촌 김성수를 만나 건국의 방략을 논의하였다. 또 그는 '건준'(建國準備委員會)의 몽양(夢陽) 여운형(呂運亨)과도 만나 민족의 진로에 대해서 의견을 나누었고 안재홍(安在鴻)-서상일(徐相日) 등과도 접촉하였다.

한편 여운형의 '건준'이 해방정국의 기선을 잡고 앞서 나가는 데 대해서 가인(街人) 김병노(金炳魯), 근촌(芹村) 백관수(白寬洙), 낭산(朗山) 김준연(金俊淵) 등은 고하-몽양 등 여러 정치세력의 대연합을 구상하고 있었다.

이에 대해서 고하 자신은 정권수립운동을 유보하고 상해임시정부의 환국을 기다려야 한다는 입장을 고수하고 있었다. 고하는 일본의 패망선언 수일 전, 조선총독 아베(阿部信行)측으로부터 재류 일본인의 생명과 재산보호를 조건으로 정권인수 종용을 받고 이를 일언지하에 거절한 바 있다. 대한민국 임시정부가 존재하는 이상 자신이 나설 일이 아님을 분명히 했던 것이다. 그러나 고하에 이어 똑같은 종용을 받은 몽양 여운형은 두말없이 이를 선뜻 받아들였다.[4)]

이때 정치활동에서 한발 물러나 《동아일보》의 복간과 보성전문학교(普成專門學校)의 대학승격-발전에 집념을 보이고 있던 인촌은 고하와 함께 임정(臨政)의 법통성을 지지하고 어떤 형태로든 연합국에 대한 해방민족으로서의 감사표시를 해야 한다는 생각을 가지고 있었다. 그리하여 인촌은 그 구체적 방법으로서 임정 및 연합군 환영준비위원회를 조직, 권동진(權東鎭 : 3·1독립선언 민족대표 33인 중 한 사람)을 위원장으로 추대하고 자신은 허헌(許憲)-이인(李仁)과 함께 부위원장을 맡아 그 준비에 골몰하면서 임정의 국내입지(立地)를 닦는 데 힘쓰고 있었다.[5)]

그러나 여운형의 '건준'이 9월 6일 인민공화국을 선포하자 여기에 자극된 설산-가인-우양-유석(維石 趙炳玉) 등 우익인사들은 인촌-고하의 임정-연합군환영준비위나 그 확대발전체인 국민대회준비회 정도로는 좌익의 발빠른 행보에 도저히 대항하기 어렵다고 판단, 강력한 우익정당의 결성을 가속 추진시켜 나갔다.

그리하여 1945년 9월 16일 우익민족진영이 총망라된 한국민주당(韓民黨) 창당대회가 열렸고, 이 대회에서 한민당 당수격인 수석총무에 고하 송진우가 당선되었다. 장덕수는 한민당의 외교부장으로서 미국 유학시절의 풍부한 경험을 살려 미군정 당국자들의 주둔지 한국에 대한 이해를 높이는 교량역으로서 눈부신 활동을 했다. 미군은 소련군과 달리, 36년 간이나 일제의 야만적 식민통치하에서 신음해 온 조선 민중의 정서나 지향 등 역사적-현실적 문맥과 그 실정에 너무나 무지하였고, 기본적으로 국내 정국의 흐름을 읽어낼 만한 안목이 결여되어 있었던 것이다. 한민당 창당 직후, 수석총무 고하와 하지 미주둔군 사령관과의 면담이 성사되고, 한민당계 주축의 미군정 고문단이 구성되어 인촌이 고문회의 의장으로 활약하게 되는 것도 장덕수의 외교활동에 힘입은 바 크다.[6)]

10월 10일, 미군정 장관은 '건준'의 인민공화국을 정식으로 부인하는 성명을 발표하였다. 이달 16일에는 이승만(李承晩)이 귀국했다. 그의 등장은 해방정국에 하나의 전환점이 되었다. 그는 민족의 대동단결과 통일적 정당기구의 결성을 주창하였고, 그것은 난립하고 있는 여러 정치세력의 단결과 자주독립촉진기관의 조속한 설립이라는 해방정국의 중심과제와 완전일치하는 것이었다. 이 때문에 한민당도 이승만 노선을 지지하였다.[7)]

그러나 임정의 환국은 그 법적 지위문제와 무력활동집단의 입국이라는 갈등요인 때문에 미군정 당국에 의해 기휘-거부되어왔다. 임정요인들이 개인자격의 명목으로나마 뒤늦게 환국이 이루어지기까지는 한민당측, 특히 장덕수의 노력이 큰 몫을 했다. 설산은 기회가 있을 때마다 군정 당국에 임정요인의 환국을 권유-설득해왔던 것이다.

그리하여 백범(白凡) 김구(金九)와 엄항섭(嚴恒燮) 등 1진 20여 명은 11월 23일 조국땅을 밟았고, 조소앙(趙素昻)-신익희(申翼熙)-김원봉(金元鳳) 등 2진은 12월 2일에야 귀국했다.[8)]

항일독립운동의 양대 거두 김구-이승만과 한민당 간의 가교역도 설산 장덕수가 도맡아 해냈다. 일찍이 두 지도자와 지우(知遇)의 연이 있었던 장덕수는 막빈처럼 양인에게 조언을 할 수 있는 처지였다.

그러나 임정과 한민당 사이에는 곧 틈이 벌어졌다. 특히 신탁통치안을 둘러싸고 임정측이 극한적 반탁운동을 주도하는 과정에서 실리적 온건노선을 취하고 있던 한민당이 이상주의적 강경노선 일변도의 김구노선에 제동을 걸게 됨으로써 고하 송진우가 암살을 당하는 상잔(相殘)의 서막이 오르고 말았다.

고하암살의 주범 한현우(韓賢宇) : 당시 28세)는 배후가 없음을 주장했다. 또 그는 고하와 몽양, 그리고 박헌영을 민족분열주의자로 규정하고 우선 고하부터 암살한 것으로 일부 자료는 전하고 있다.[9)] 그러나 한민당 계열에선 "임정 가까운 측"의 소행이라는 소문이 믿을 만하다고 주장하였다.[10)]

고하의 참변은 한민당 창당의 숨은 주역이면서도 끝내 당직을 갖지 않았던 인촌 김성수로 하여금 정계 전면에 나서지 않을 수 없게 만들었다. 언론(동아일보)과 교육(중앙학교 · 보전)을 필생의 과업으로 삼아왔던 김성수는, 고하 이후 난파 직전에서 표류하고 있는 우익진영을 이끌어갈 영도력은 인촌밖에 없다는 가인 김병노의 직설적 설득에 초지를 굽혀 마침내 한민당의 당수직을 맡게 된 것이다. 그후 인촌의 한민당은 임정과 대립하면서 이승만과 손을 잡고 대한민국 정부수립을 주도하였다.

1947년에는 조국 광복의 큰 별들이 또다시 극우테러에 떨어졌다. 여운형(7. 19.)과 장덕수(12. 2.)의 피살이 그것이다. 몽양의 피살은 좌우합작의 종식을 상징하는 것이었고, 설산의 희생은 김구의 몰락과 이승만의 전횡을 예고하는 것이었다.[11)]

고하와 설산, 이 두 기둥을 잃고 좌익의 테러와 파괴공작이 더욱 극렬해가는 속에서도 한민당은 가장 강력한 우익역량으로서 대한민국 정부수립의 산파역을 다하였지만, 이승만 정권의 성립과 더불어 급전직하 야당으로 주저앉고 말았다.

한민당에 대한 역사적 평가는 논자에 따라 엇갈리나 우리는 현대정당으로서의 그 선구성을 높이 평가한다. 한민당 탄생의 산파역의 한 사람이었던 허정은 다음과 같이 그 역사적 의의를 증언한 바 있다.[12]

—그 정강정책이나 운영방식에 있어서 민족사상 최초의 명실상부한 민주정당이었다.
—해방 직후 이념적 혼란기에 대좌익투쟁에 확고한 조직과 전열로 반공의 길잡이가 됨으로써 대한민국의 오늘의 초석을 놓았다.
—재정적 기반의 확립과 유능한 행정력의 확보로 강력한 독립성과 높은 도덕성을 견지하면서 해방의 혼란을 수습하고 건국 초기의 행정공백을 메울 수 있는 인력을 공급함으로써 이 나라 정당사에 시범을 보여주었다.

제2절 고려대학교 정치학과 교수

1. 보전(普專)의 재건 ; 고려대학교의 탄생

인촌이 경영난에 빠진 보성전문학교(普成專門學校)의 경영을 인수한 것은 남재가 13살, 교동학교 6학년이 되던 1932년 3월 26일의 일이다. 그 해 6월 인촌은 보전 교장에 정식으로 취임한다.

일제가 한반도를 대륙침략의 병참기지로 삼고, 경제적 수탈을 가중시키면서 민족말살정책을 본격화하던 이 시기에 보전의 경영이 인촌에 인계되었다는 것은 곧 항일민족정신의 응결체인 보전의 앞날이 확고한 반석 위에 놓인다는 각별한 의미를 갖는 것이었다. 아울러 그것은 민족의 역량이 그만큼 충실을 기할 수 있는 계기가 된다는 뜻에서도 민족운동사적으로 하나의 축복이 아닐 수 없는 대사건이었다.[13]

인촌은 보전을 인수하면서, 장차 대학설립의 웅지를 품고 안암동(安岩洞) 소재 임야 6만 2,000여 평의 광대한 부지를 확보(당시 송현동 소재 600평 교사부지의 100배가 넘는 규모)하고, 여기에 우선 연건평 1,000여 평의 아름다운 백악의 석조전 본관을 건립하였다. 이어 1935년의 보전창립 30주년을 크고 뜻깊게 기념하기 위하여 전국 유지 463명을 발기인으로 하는 기념사업회를 결성, 전국적인 모금운동에 나서서 온 겨레의 크고 작은 성금을 모아 1937년 9월 중앙도서관(오늘의 대학원 도서관)까지 완성하였다.[14)]

이처럼 보전은 인촌의 경영인계를 계기로 약진의 발흥기를 맞았던 것이다. 그러나 일제 식민지배의 막바지에 이르면서 가중되는 압제와 수모, 굴욕과 좌절의 온갖 수난 끝에 마침내 보전은 자신의 고유 교명을 빼앗기고 그 명백마저 끊겨버리고 말았다.

광복이 찾아왔지만 보전은 달포 이상의 시일이 지나기까지도 깊은 수면 속에 빠져 있었다. 이것은 보전이 그 동안 빈사지경을 헤매고 있었음을 반증하는 것이리라.

보전이 첫 기지개를 편 것은 10월 5일의 일이었다. 이날 해방 이후 첫 시업식(始業式)이 거행된 것이다. 많은 학생들이 아직 돌아오지 않고 있었고, 교수들도 새로운 기회와 도약을 꿈꾸며 학교를 떠날 기세였기 때문에 보전의 재건은 그리 만만한 일이 아니었다. 이 시기 보전의 분위기를 현민(玄民) 유진오(俞鎭午 : 1906~1987)는 그의 보전-고대 회고록『양호기』(養虎記)에서 다음과 같이 묘사하고 있다.

> "해방은 일정(日政)하에서 갖은 고초를 함께 겪던 보전 가족에게 희망과 단결을 갖다준 것이 아니라 도리어 와해를 갖다준 것이었다. … 인촌 밑에서 오손도손 지내온 보전 가족은 지금 와서는 제각기의 꿈을 안고 각자의 길을 뿔뿔이 내달리려고 '호시탐탐' 하는 것이었다. … 보전을 잘 해보겠다고 열성을 내는 사람은 있는 것 같지 않았다. … 어쨌든 그것은 보전으로서는 일종의 위기였다. 해방이라는 큰 기쁨을 소화해서 비약의 출발점을 만들기 위해서는 겪지 않으면 안될 시련이었는지도 모른다."[15)]

교수와 일부 학생들이 자리를 함께한 이날 시업식에는 인촌도 교장으로서 참석하여 훈화(訓話)를 하였고, 유진오는 경과보고에서 교수의 신임-전출-

승진 등 이동(異動) 상황소개, 학생들의 복교-편입학 절차 등 주요 교무사항 전달, 그리고 학원의 정치적 독립과 대학승격문제 등을 언급하였다.[16)]

보전의 대학승격문제가 공식적으로 거론된 것은 이것이 처음이다. 뒤이어 대학승격준비위원회가 구성되어 정부출범에 맞춰 대학설립인가를 얻어낼 수 있는 만반의 태세를 갖추어 나갔다.[17)]

일제에 빼앗긴 교명도 되찾았다. 폐과되었던 법과와 상과도 부활시켜 정법과(政法科)와 경상과(經商科)로 개편하였다.

고하를 잃고 표류하고 있는 한민당을 이끌기 위해 인촌이 도리없이 정계에 진출하게 되자 후임 교장으로 기당(幾堂) 현상윤(玄相允)이 취임하였다.

광복 직후 미군정의 요청에 따라 경성대학(京城大學 ; 경성제대, 곧 서울대 전신) 예과부장을 맡고 있던 현상윤은, 정계로 떠나면서 보전을 맡아줄 것을 간곡히 당부하는 인촌의 뜻을 거스를 수는 없었다. 1894년 6월 14일, 성균관 전적(典籍) 현석태(玄錫泰)의 차남으로 평북 정주(定州)에서 태어난 기당은 보성학교(普成學校)를 거쳐 일본 와세다대학에 유학하여 사학을 전공하였고, 조선유학생학우회 기관지 《학지광》(學之光)의 편집을 맡으면서 인촌과 교유하였다. 졸업 후 중앙학교 교사로 초빙된 기당은 인촌-고하와 함께 3·1 독립선언을 책모(策謀)하였고, 48인의 한 사람으로서 2년 간의 옥고를 치른 후 중앙학교 교장과 보전 강사를 역임하면서 언제나 인촌사업의 조력자로서 뜻을 함께해 왔다.

1946년 2월 보전 교장에 취임한 기당이 제일 먼저 착수한 것은 보전의 대학승격 작업이었다. 7월에는 대학승격을 전제로 제1회 예과입학시험을 실시하였고, 이어 8월 5일에는 보전 재단주무이사 김성수 명의로 미군정청에 대학설립인가 신청서를 제출하여 15일자로 인가를 받았다. 일부러 날짜를 맞추듯 조국 광복 1주년의 날에 보전은 역사적 대학승격의 숙원을 이루게 되었던 것이다.

교명 고려대학교(高麗大學校)는 인촌이 직접 지은 이름이었다. 남재는 보전 교수로 임용되기 직전 인촌을 따라 보전을 방문한 일이 있다. 이날 인촌은 학생들을 모아놓고 교명을 고려대학교로 지은 데 대한 자신의 소감을 피력했다. 그는 우선 우리 민족사상 가장 위대했던 고구려를 상기하고 고려라고도 불리었던 고구려의 그 용맹과 굳센 기상을 본받자는 데 일차적인 뜻이 있다고 밝혔다. 이어 대외적으로도 고려, 곧 코리아라고 해야 통하지 세계가 조선도 잘 모르고, 서울도 잘 모르니 우리 나라 우리 민족을 대표할 수 있는 이름으로 교명을 삼음으로써 민족을 대표하는 대학이 되고자 하는 높은 이상과 포부를 함축한 이름이라고 설명했다.

그때 인촌은 혹시 이 이름을 서울대에서 먼저 차지할까 두려워 무척 걱정을 하며 조바심을 쳤다고 한다. 과연 고려대학교는 누구에게나 훌륭한 교명으로 크게 공감되었다. 이날 고려대학교의 탄생을 알리는 인촌의 감격에 찬 모습을 남재는 두고두고 잊을 수가 없었다.

2. 교장 현상윤(玄相允)의 부름을 받다

인촌을 따라 보전을 방문하기 며칠 전인 1946년 8월 초, 남재는 보전 교장 현상윤의 전갈을 받고 교장실로 찾아갔다. 남재를 반가이 맞아준 기당은 요즘 무슨 일을 하고 지내는가를 묻고는 특별한 일이 없으면 학교에 나와서 공부나 하면서 선생 노릇을 하는 것이 어떠냐고 했다. "이제 곧 보전은 대학으로 승격되어 진짜 대학이 될 테고, 또 여기에는 자네 아는 사람도 많네!" 하며 온화하면서도 단호한 표정으로 함께 일하자고 권유했다. 남재는 "…그때 그냥 아무 생각없이 바보처럼 그럼 나오지요" 하고 대답했다고 한다.[18] 남재가 얼떨결에 이렇게 응락의 뜻을 표하자 기당은 즉시 유진오에게 연락을 했다. 현민 유진오가 교장실에 들어서자 기당은 "이 양반이 앞으로 자네가 학장으로 모실 분일세" 하면서 인사를 시켰다. 남재는 이날 처음으로 현민에게 인사를 드렸다.

남재가 고려대학교와 인연을 맺게 된 것은 위에서 보는 바와 같이 기당 현상윤의 부름이 있었기 때문이다. 그러나 내용적으로는 이미 오래 전부터 인촌과 기당 간에 남재의 진로문제를 놓고 합의가 되어 있었던 것 같다. 보전이 재건되면서 종래의 법과를 정법과로 개편한 바 있고, 대학이 되면 마땅히 법률학과와 정치학과로 나누어질 것이므로 정치학 교수의 확보가 시급한 터에, 그 다시없는 적격자가 바로 인촌 집안에 있으니 그를 발탁함은 너무도 당연하고도 자연스런 일이 아닐 수 없다.

어려서부터 학업성적이 뛰어나고 오직 공부에만 전념하는 것으로 알려진 남재를 늘 대견스럽게 여겨오던 인촌은 어린 남재를 볼 때마다 "네가 우리 집안의 제일"이라고 칭찬하면서 격려를 아끼지 않았다. 그리하여 남재가 동경대를 졸업할 때쯤은 인촌의 흉중에 장차 남재를 보전 교수로 만들겠다는 생각이 단단히 자리잡고 있었던 것 같다. 또 실지로 인촌은 남재를 볼 때마다 보전으로 가라고 여러 차례 권유한 것으로 남재는 밝히고 있다.[19)]

하지만 부친 수당의 뜻은 달랐다. 수당은 "선생 노릇은 답답하다"고 하면서 실업가가 될 것을 바랐다. 따라서 남재가 기당을 만나 보전에 나가기로 응락한 이날의 결정은 부친의 뜻에 반하는 것으로서 부자간에 갈등을 일으킬 수 있는 중대사안을 남재는 "아무 생각없이 바보처럼" 결정해 버린 셈이다. 그러나 매사에 사려 깊고 신중한 남재가 "—아무 생각없이…" 자신의 평생 갈 길을 결정했을 리는 만무하다 할 것이다. 남재는 이미 오래 전부터, 특히 동경대 법학부 정치학과에 지망할 때부터 학문의 길로 나갈 것을 굳게 마음먹고 있었던 것이다.

그러니 "아무 생각없이…"라는 남재의 표현은 늘 생각해오던 응당 해야 할 당연한 결정을 내린 것이었기에 별다른 생각이 떠오를 사이가 없었다는 뜻으로 이해하면 된다. 문제는 수당이 남재의 이 같은 결정을 어떻게 받아들였는가 하는 점일 것이다. 이와 관련하여 수당의 생각을 객관적으로 확인할 기록은 없다. 다만 전후 맥락으로 보아 수당이 크게 실망했으리라는 것만은 쉽게 짐작이 가는 일이다.

사실 수당은 마음먹고 남재에게 장차 실업인으로서 앞길을 꿋꿋하게 헤쳐나갈 수 있는 지혜와 기백과 배짱을 기르도록 고된 수련의 길을 걷게 함으로써 본격적인 경영자 수업을 시킨 것이 아닌가 생각된다. 그렇다고 학자로서 대성할 수 있는 자질을 충분히 갖춘 이 아들이 학문의 길을 가겠다는데, 그 뜻을 아버지라고 해서 무작정 꺾을 수만도 없는 일이 아닌가. 모르긴 해도 수당은 남재가 실업가로서 자기 사업을 계승발전시켜 나갈 것을 바라 마지않던 애초의 기대가 무너지자 자식의 독자적 선택을 기꺼이 용인할 수 없는 심리적 거부감 속에서 갈등을 느꼈던 것 같다. 수당이 남재의 선택에 일언반구 언급이 없었다는 점이 바로 수당의 이 같은 심경을 간접적으로 말해주는 것이 아닌가 생각된다. 또 남재도 이로 인해 부친 수당에게 늘 송구스런 마음을 떨구지 못하고 전전긍긍했던 것 같다.

3. 한국의 정치학을 개척하다

신생 고려대학교의 개교식은 1946년 9월 2일에 거행되었다. 이어 5일에는 예과(豫科) 1학년 입학식이 있었고, 6일 역사적인 개강에 들어갔다.

개교 당시 고대는 3개 단과대학 8개 학과를 거느린 종합대학 체제를 갖추었다. 정법대학에 정치학과와 법률학과 경상대학에 경제학과와 상학과, 그리고 문과대학에 국문학과-영문학과-철학과-사학과 등이 각기 설치되었다. 출발 당시의 행정조직과 교수 진용은 다음과 같다.

총 장: 현상윤
정법대학장: 유진오
경상대학장: 이상훈(李常薰)
문과대학장: 이종우(李鍾雨)
학 생 감: 이상은(李相殷)
도 서 관 장: 진승록(陳承祿)
• 서무과장 : 오일철/ • 교무과장 : 홍일태/ • 사서장 : 박범서

〈교 수〉

• 정법대학: 유진오, 진승록, 김안진(金安鎭), 이희봉(李熙鳳), 이건호(李建鎬), 윤세창(尹世昌), 김상협, 심현상(沈鉉尙), 박상익(朴尙益), 김용달(金容達), 조두석(曹斗錫), 김원권(金源權), 서임수(徐壬壽)
• 경상대학: 이상훈, 김의도(金義燾), 이용한(李容漢), 성창환(成昌煥), 최문환(崔文煥), 홍우(洪又), 유진순(劉鎭舜), 한춘섭(韓春燮), 이상구(李相球), 노보희(盧普熙), 정영술(鄭永述), 김영호(金永鎬)
• 문과대학: (국문학과) 구자균(具滋均), 김형규(金亨奎)
(영문학과) 변영태(卞榮泰), 권중휘(權重輝) 이인수(李仁秀), 오화섭(吳華燮) 홍봉진(洪鳳珍), 이회영(李檜永)

(철 학 과) 이종우, 박희성(朴希聖), 이상은
(사 학 과) 신석호(申奭鎬), 김성식(金成植), 김종무(金鍾武)

이상의 교수명단은 『고려대학교 60년지』(高麗大學校六十年誌)의 기록을 옮긴 것이나, 당시의 사령대장(辭令臺帳)에 의거, 1946년 9월 1일자 발령을 기준으로 한 『고려대학교 70년지』의 기록과는 상당한 차이가 난다. 예컨대 남재가 소속된 정법대학의 경우 부완혁(夫琓爀)-김영구(金永求)-현승종(玄勝鍾) 등 3인이 『—60년지』에는 누락되어 있다. 또한 위의 정법대학 교수 중 누가 정치학과 소속인지도 잘 분간이 되지 않는다. 그후 학생들이 고학년에 올라감에 따라 교수도 계속 증원되어 4학년 전학년이 차게 되는 1949년에는 약 100여 명의 전임교수가 재직하게 되었다.

정치학과의 교과과정을 보면 〈표 II-①〉에서 보는 바와 같이 1학년은 완전 교양과정으로 되어 있고, 2학년부터 전공과목이 편성되어 있으나 필수-선택 모두가 법률과목이 압도적 우위를 점하고 있는 것이 특징이다. 4년간 이수학점은 총 184학점으로 되어 있다.

이 커리큘럼이 누구에 의해 작성된 것인지는 알려진 바 없다. 당시 정법대 교수 구성상, 학장 유진오가 남재와 상의하여 만든 것으로 추측될 뿐이다.

정치학 전공과목은, 2학년에 정치학(1학기 4학점)과 정치사(2학기 4학점) 두 과목만이 필수로 되어 있고 정치학 관련 선택과목은 없다. 3학년은 외교사(2학기 4학점), 국가학(2학기 4학점), 외국어정치학(1~2학기 각 2학점) 등 3개과목이 필수, 선택과목은 정치사상사(1학기 4학점)와 정치학 연습(1~2학기 각 2학점) 두 과목이 들어있다. 4학년은 정치학사(1학기 4학점)와 국제정치론(2학기 4학점), 외국어정치학(1~2학기 각 2학점) 3개 과목이 필수, 선택은 조선정치사와 정치학특강 두 과목뿐이다. 여기서의 외국어정치학이란 원서강독을 말하는 것 같다.

특이한 것은 '조선사상사' 과목이 모든 학과의 3학년을 대상으로 1학기 선택과목으로 개설되고 문과대학은 영문과를 제외한 국-철-사 3학과의 필수과목으로 되어 있다는 점이다. 강의는 총장 현상윤이 직접 담당하였다(이때의 강의 노트가 초고가 되어 6·25동란 후 고대 아세아문제연구소에서 『조선사상사』라는 제하의 유고로 정리, 출간하였다. 동란 중 최근세편이 유실되어 미정

〈표 Ⅱ-①〉 정치학과 교과과정 1946년 9월 현재

필수과목											
제 1 학 년			제 2 학 년			제 3 학 년			제 4 학 년		
학과목	주당시간		학과목	주당시간		학과목	주당시간		학과목	주당시간	
	1학기	2학기		1학기	2학기		1학기	2학기		1학기	2학기
국어	2	2	국어	2	2	행정법제1부	4		정치학사	4	
국사	2	2	헌법	4		행정법제2부		4	국제정치론		4
서양사	4		민법제1부	4	2	국제법제2부	4		경제법	4	
동양사		4	국제법제1부		4	외교사		4	경제정책	4	
논리학	4		정치학	4		국가학		4	사회정책		4
심리학		4	정치사		4	재정학	4	2	외국어정치학	2	2
자연과학개론	2	2	경제원론	4	2	외국어정치학	2	2	체육	2	2
제1외국어	6	6	철학개론	4		체육	2	2			
제2외국어	4	4	문화사개론		4						
체육	2	2	외국어정치학	2	2						
			체육	2	2						
계	26	26		26	22		16	18		16	12
선택과목											
제 1 학 년			제 2 학 년			제 3 학 년			제 4 학 년		
학과목	주당시간		학과목	주당시간		학과목	주당시간		학과목	주당시간	
	1학기	2학기		1학기	2학기		1학기	2학기		1학기	2학기
			법학개론	4		민법제2부	3	3	민법제3부	2	2
			형법제1부		4	상법제1부	4	2	상법제2부	3	3
			사회학	4		형법제2부	4		국제사법	4	
			일반경제사	4		정치사상사	4		법철학		4
			윤리학개론		4	정치학연습	2	2	노동법		4
						조선사상사	4		조선정치사	4	
						통계학		4	정치학특강		4
						조선경제사		4	계획경제론		4
						상업경제	4		경제사상사	4	
									경제학사	4	
									국제경제론	4	
			(4학점 이상)			(12학점 이상)			(14학점 이상)		

자료 :『고려대학교 60년지』 및 『고려대학교 70년지』, 고려대학교, 1965년 및 1975.

리원고(未整稿) 상태였기 때문이다).[20]

고대 출범 당시 학제는 임시 경과조치가 불가피하여 자못 복잡하다. 그 대강을 다음에 살펴보자.

일제 말기 전문학교는 4년제 중학졸업자가 입학하여 3년간 소정의 교과과정을 이수하면 졸업할 수 있도록 되어 있다. 따라서 전문학교 3년을 마친 졸업자가 4년제 정규대학에 진학하려면 2학년으로의 편입학이 가능하고, 2

년 수료자(전문학교 3년생)는 1학년에 편입학할 수 있다. 결국 1년 수료자는 대학의 정규학년 편입이 안되므로 임시경과조치로 만든 제1전문부 예과 2학년에 편입되고 그 해의 신입생은 예과 1학년만 선발하였다. 다만 전문학교 과정만으로 학업을 마치고자 하는 자는 제2전문부 2학년 또는 3학년에 남게 하였다.

이와 같은 경과조치에 따라 정법-경상-문과 3개 대학 이외에 제1전문부(예과)와 제2전문부가 존치되었던 것이다. 이로 인해 정법대학의 정치학과와 법률학과, 그리고 경상대학의 경제학과에는 전문부의 정치학-법률학-경제학 전공 2년 또는 3년 수료자들이 편입학 형식으로 넘어오게 되어 이 3개 학과는 2학년까지 재학생을 가지고 출발하게 되었다.

남재는 교수취임 첫학기(1946. 9.)에 2학년 2학기 전공필수과목인 정치사 강의를 담당했을 것으로 본다(뒤에 과의 전임교수가 확충되면서 조정되었을 것이다). 남재의 이 정치사 강의는 한국정치학의 출발을 의미한다. 남재 이전, 이 땅에 정치학이란 없었다. 식민지 조선에서의 정치학 연구나 교육은 그 자체가 조선 독립을 획책하는 항일운동으로서 범죄행위가 되기 때문이었다. 이제 남재는 정치학 불모지에서 '한국정치학'을 일궈내는 고독한 개척자의 도전적 고행을 시작한 것이다.

초기의 남재 강의는 독일 국가학에 기초한 점이 특색일 것이다.[21] 이것은 동경대 정치학의 한 흐름이기도 했다. 특히 정치철학 방법론으로서 자연법학파를 시발로 하는 여러 학파의 철학, 그 중에서도 칸트와 헤겔로부터 신칸트학파 등 비판주의철학에 이르는 제설이 남재 강의의 기초를 형성한 것으로 보인다. 또한 남재의 강의는 그의 뛰어난 독일어 완전 독파능력에서 더욱 심화되고 풍부화된 것으로 지적된다.[22] 게오르그 옐리네크(G. Jellinek ; 1851~1911), 요한 블룬츨리(J. K. Bluntschli ; 1808~1881) 한스 켈젠(H. Kelsen ; 1881~1973) 등은 남재가 정치학을 새롭게 시작하는 연구의 출발점이 되었던 것 같다. 만 26세, 젊음이 넘치는 소장교수 남재의 열정이 남김없이 쏟아부어진 강의였기에 초두부터 학생들의 화제가 되었고 명강의로 소문이 나기 시작했다.[23]

남재는 고대 교수가 되면서 비로소 공부를 시작했다고 회고하고 있다. 사실 그것은 맞는 말이었다. 남재는 동경대 졸업 후 4년 동안 산업현장에서 경영과 관리를 배우면서 인생을 공부했지, 학문연구와는 멀어져 있었다. 또 남재의 지적대로 당시 우리 나라의 대학 교수들은 너나할것없이 해방 이후 기회가 주어졌기 때문에 새잡이로 공부를 시작한 것이지 언제 따로 공부할 시간이 있었던 것은 아니었다. 회사를 다니거나, 병정에 끌려가 있었거나, 형편이 좀 나은 경우가 금융조합 같은 데 이사 자리에 있다가 대학으로 온 사람이 대부분이었으니 말이다. 전기가 들어오지 않던 시절이라 촛불을 켜놓고, 노트로 쓸 만한 용지가 없어 화장지로 쓰던 마분지 같은 데다 연필이나 잉크로 노트를 하면서 공부를 했다고 남재는 이때의 궁핍상을 회상했다.[24)]

> "우리 나라에 정치학이 없었고, 정치학자가 없던 시절에 김상협 선생은 정치학자로서 거의 유일한 존재였다고 해도 과언이 아니다. 선생 자신이 곧 이 땅의 정치학이라야 옳을 것이다. 해방 후 내가 서울대학에 입학해 보니 정치학자는 물론 없었다. 강사로 출강하던 신도성(愼道晟) 씨나 미군정 공보관이었던 최봉윤 씨 정도가 정치학강의를 할 수 있는 분들이고 나머지는 거의가 행정학 쪽에서 온 사람들이었다. 남재 선생의 정치학은 정치사상 쪽으로 분류될 수 있을 것이다. 정치학을 공부한 대선배로서 이동화(李東華) 선생 같은 분도 있었지만 이분은 영미식 정치학과는 거리가 먼, 러시아 외교사, 또는 마르크스 정치경제학 쪽으로 볼 수 있을 것이다."

이상은 1943년에 일본 쥬오(中央)대학 전문부 법학과를 졸업하고, 해방 직후 다시 경성대학에 입학하여 1949년 서울대학교 문리대 정치학과를 만학으로 졸업하는 민도(民道) 양호민(梁好民 : 1919~, 전 서울대 교수 · 언론인)의 회고였다. 그의 이와 같은 증언은 이 시기 한국정치학의 현주소를 여실히 말해주는 것이라 하겠다.

4. 타협 없는 좌우대립

앞 항에서 살펴보았듯이 고대는 이렇듯 신생 대학으로서의 면모를 갖추고 순조로운 발전의 길로 일로 매진할 것으로 보였다. 그러나 혼란과 혼미의 전반적 정치정세는 학원만의 안정을 결코 허용하지 않았다.

정부수립을 위한 미소공동위원회는 열렸다 깨어졌다 파행만 되풀이하였고, 좌우합작은 성사될 듯 말 듯하는 가운데 공산당의 지령에 따라 전국 도처에서 파업과 폭동이 일어나 생산과 건설의 장이 되어야 할 해방공간은 살상과 파괴와 유혈의 난투장으로 얼룩지고 있었다. 그런 중에서도 이 해 가을(1946) 대두된 '국립서울대학교안(案)'은 마치 민족의 존망지추(存亡之秋)가 거기에 걸리기라도 한 듯 좌우대립의 표적이 되고, 특히 좌익이 이 문제를 정치공세의 최대 목표로 삼으면서 '국대안 반대투쟁'이 전 학원가를 휩쓸게 되었다.[25] 그리하여 '국대안 소동'이 한창일 때는 중학교 학생들까지 가담, 동맹휴학가담교가 무려 400여개교에 이르렀다고 하니, 좌익의 파괴-분열책동이 얼마나 치열했는가를 짐작케 한다.

고대는 그래도 수업은 진행될 정도로 안정을 잃지 않고 있었지만, 좌익의 맹휴책동 때문에 하루도 조용한 날이 없었다. 고대 좌익이 문제삼는 이슈는 두 가지였다. 하나는 해방 이후 1년이 넘도록 학교당국에 의해 불허되고 있는 학생회 조직을 쟁취하는 것이고, 또 하나는 고대에서도 '국대안 반대' 맹휴를 벌여 전 학원가를 마비시키자는 것이었다.[26] 그러나 고대의 맹휴기도는 번번이 실패하였다. 남의 학교일에 학업까지 팽개치고 고대생이 나서야 할 이유가 없다는 데 대부분의 학생들이 공감하고 있었기 때문이다.

그러나 출범 2차연도에 이르면서, 시험 기휘(忌諱)심리를 이용한 좌익의 맹휴책동이 고대에서도 일시 먹혀들어 시험일정의 1주일 연기가 불가피해지는 등 학사운영에 차질이 빚어지기도 했다. 다행히 주동학생 처벌 등 강경하게 맞선 학교당국의 대응책이 주효하여 사태는 곧 수습되었다. 이 과정에서 학생처벌 반대를 주장했던 신규임용 소장교수 일부가 학생들의 맹휴를 조종해온 배후로 드러나기도 했다.[27] 그들은 결국 맹휴사태 직후 학교를 자진사퇴하거나 6·25동란 중 월북한 것으로 알려졌다.

사실 고대의 좌익은 그 어느 대학보다 드세었고, 여기에 맞섰던 우익 또한 그에 못지않는 강한 행동력을 보여주었다. 탁치(託治)문제를 둘러싸고 좌-우가 찬반으로 갈려 첨예하게 대립하고 있을 때 고대 우익이 반탁운동에 앞장서서 유혈충돌을 불사하며 좌익의 찬탁기도를 힘으로 제압-분쇄한 일은 널리 알려진 사실이다.

그렇다고 이 시기에 모든 학생이 정치운동에만 매몰되어 있었던 것은 아니다. 전학(全學)차원의 학생회 결성은 자칫 좌익의 정치투쟁 도구로 악용될 우려가 크다 하여 허용되지 않았지만, 대신에 연극-변론-체육 등 건전한 학생활동과 학회활동은 적극 권장되었다.

특히 '좌우대립'의 타협 없는 격전장이 되고 있는 학원의 탁란(濁亂)한 분위기를 개탄하면서 고대의 새로운 전통수립과 건전한 학풍쇄신운동의 일환으로 대학언론 운동이 뜻 있는 학생들 사이에 태동하여《고대신문》(高大新聞)이 창간된 것은 획기적인 일이었다. 그 혼란 속에서도 고대는 분명 한 발 한 발 착실히 전진하고 있었다.

남재는 학원이 좌우대립으로 살벌하고 어수선한 분위기 속에서 하루도 편할 날이 없던 시기에 교수생활의 첫걸음을 내딛고 있었다. 남재는 자신과 백부 인촌에 대해서 노골적으로 지주-자본가계급이라고 적의(敵意)를 드러내고 비판과 비난을 서슴지 않는 좌익교수-학생들의 험악한 포위망 속에서 불쾌하고 고통스러운 날들을 견뎌야 했다.

게다가 연령적으로 학생들과 비슷하거나 별로 차이가 나지 않는 27세(만 26세)의 남재로서는, 강의실 분위기가 주는 중압감도 컸을 것이다. 14년 전, 남재와 바로 똑같은 나이(갓 27세)에 보전 교수로 발탁된 현민 유진오가 "…엄장이 크고 나이가 많은 학생들이 좁은 교실을 꽉 메우듯해서 그들 앞에 서면 숨이 막히는 것 같았다"고 토로한 『양호기』의 일절[28]은 남재에게도 그대로 해당되는 말이었다.

그러니 남재가 얼마나 강의준비에 철저를 기하기에 노력하였고, 또 얼마나 매사 조심조심하며 처신에 신중을 다하면서 긴장의 나날을 보냈겠는가를 짐작하기란 그리 어려운 일이 아니다.

제3절 집념으로 일궈낸 가연(佳緣)

1. 아내 김인숙(金仁淑)과의 만남

1946년은 남재에게 있어 실로 뜻깊은 한 해였다. 이 해는 그가 생애 두번째로 맞는 4반세기의 출발 첫해인 동시에 광복과 더불어 '제2의 인생'의 첫발을 내딛게 된다는 점에서 '기념비적인 해'가 된다. 그러나 남재의 생애에 있어서 1946년이 갖는 의미는 이와 같은 시간적 분절성(分折性)에만 뜻이 있는 것이 아니라, 바로 이 해에 남재의 생애를 결정짓는 두 가지 중대사가 이루어졌다는 점에서 '운명적'이라는 바로 그 점에 있다.

이 두 가지 중대사의 하나는 앞 절에서 살펴보았듯이, 기당 현상윤의 부름을 받아 남재가 비로소 고려대학교 정치학과 교수가 되어 학자의 길을 가게 되었다는 것이고, 또 하나는 인생의 반려, 꿈과 사랑의 영원한 안식처, 평생의 정신적 보호자 아내 김인숙(金仁淑)을 만나게 되었다는 사실이다.

남재가 어떻게 김인숙을 만났고, 또 사랑을 이루게 되었는가는 남재의 생애를 더듬는 우리의 과업에 있어서도 최대의 관심사요, 궁금사 중의 하나가 아닐 수 없다. 남재는 〈고희기념 좌담〉[29]에서 동경대 시절의 친구소개로 김인숙을 만나 1946년 말부터 그녀의 고향 개성(開城)을 오가며 물 흐르듯이 순조롭게 결혼에 이른 것으로 대수롭지 않은 듯 말하고 있다. 과연 남재의 표현처럼 그러했는지, 부인 김인숙의 회고를 들어보자.

(1) 중절모의 청년 ; 첫 만남

1946년 가을도 깊어갈 무렵, 김인숙은 경기고녀(京畿高女)의 1년 선배 김원량(金媛亮)의 성북동집을 방문했다. 원량-인숙 두 사람은 경기고녀 시절 기숙사생활을 함께 한 사이로 친자매간이라도 그토록 살갑게 다정할 수 없을 정도로, 남들이 부러워하는 선후배지간이었다. 김인숙은 "원량 언니가 참으로 나를 귀여워했다"고 술회하고 있다.

두 사람은 불과 며칠 전에 만났더라도 다시 만나면 마치 오랜만의 만남처럼 할 말이 많은 그런 사이였다. 그날도 이런저런 이야기 끝에 원량이 남재 이야기를 꺼냈다.

> "스물일곱 살 난 고대 교수라지…. 대단한 부잣집 아들이라는데, 동경대학 법학부 출신이래…."

원량이 지나가는 말처럼 이렇게 신랑감 이야기를 했지만 인숙은 그저 그런 사람이 있겠거니 하면서 무심결에 흘려 넘겼다. 1944년에 일본여대(日本女大) 가정학부를 졸업한 김인숙은 이 무렵 미국 유학에 온통 정신을 빼앗기고 있었다. 언젠가, 독일에서 박사학위를 하고 돌아온 경기고녀 동창의 부친이 우리 여성도 외국 유학을 통해 시야를 세계로 넓혀야 한다면서 인숙에게 미국 유학을 권한 일이 있었다. 김인숙도 여기에 자극되어 한 번 외국어를 제대로 익혀보고 싶은 의욕이 강렬하게 일고 있던 터라 결혼 같은 것은 아예 생각조차 않고 있었으니까 원량의 이야기가 제대로 머리에 들어올 리가 없었다. 이때 그녀는 스물두 살, 과년의 혼기였지만, 자유분방한 성격은 만사 제쳐놓고 외국 유학을 꿈꿀 정도로 거칠 것이 없었던 것이다.

그날 남재 이야기는 그것으로 끝이었다. 두 사람은 다음 번 명동국립극장 음악회에 함께 가기로 약속하고 헤어졌다. 이 무렵 김인숙은 고향에서 교편생활(개성고녀)을 하고 있었다. 서울에 친인척이 없는 그녀는 긴한 일이 있을 때 원량언니댁에서 하루 이틀쯤은 흔히 유숙하곤 했다. 원량은 남편이 폐결핵(초기)을 앓고 있어 내외가 각방을 쓰고 있기 때문에 인숙이 찾아오면 으레 며칠 묵고 가라고 조를 만큼 부담이 없었던 것이다.

어느덧 음악회 날짜가 되어 김인숙은 다시 상경했다. 이때는 벌써 겨울철로 접어들어 바깥 날씨가 제법 쌀쌀했기 때문에 그녀는 두터운 외투를 입고 집을 나섰다. 약속장소인 명동의 다방(3·1다방인 듯)을 찾아가니 원량은 남편과 함께 먼저 나와 있었다. 인숙이 자리를 잡고 외투를 벗으려니까 원량이 벗지 말라고 제지할 뿐만 아니라 오히려 외투깃을 더욱 여며주고는 "얘! 오늘은 좀 얌전히 굴어라…" 하면서 출입문 쪽을 자꾸 주시하는 눈치였다. 찬 바깥 공기를 쐬다가 갑자기 더운 실내로 들어오니 후텁지근하여 외투를 벗고 싶은데 원량언니가 막무가내로 말리니 이상하다 싶으면서도 하는 수 없이 참고 있는데 얼마 안 있어 웬 중절모를 쓴 키가 큰 청년이 세 사람이 앉아 있는 자리로 다가와 원량언니 내외와 반갑게 인사를 나누었다.

이때까지도 김인숙은 원량언니 내외가 전부터 알고 지내는 사람과 우연히 다방에서 만나게 되어 용무 없이 그저 인사를 나누고 있는 것이려니 하면서 별 주의를 기울이지 않았기 때문에 청년이 어떻게 생겼고, 무슨 옷을 입었는지, 나이는 몇 살쯤으로 보이는지 이를테면 인상착의 같은 것이 하나도 기억에 없었다고 한다. 잠시 후, 자리를 함께 했던 청년은 바쁜 일이 있다며 이내 자리를 떴고, 인숙 일행도 음악회 시간이 되어 국립극장 쪽으로 곧 이동하였기 때문에 청년과의 짧은 해후가 어떤 특별한 감흥 같은 것을 남긴 것은 없었다고 한다.

음악회가 끝나고도 김인숙은 경의선 하행 기차시간 때문에 원량언니와 오케스트라 연주 감상을 되씹어볼 사이도 없이 헤어져 곧바로 개성으로 내려왔다.

(2) 촌사람 같은 인상 ; 두번째 만남

그로부터 다시 몇 주가 흘러간 어느 날 김인숙은 서울에 일이 있어 올라온 참에 다시 성북동 원량언니댁을 찾았다. 원량은 몹시 기다렸다는 듯, 인숙을 보자 뛸 듯이 반가워하며, 자리에 앉기가 무섭게 그날 만난 청년에 대해서 신랑감으로 어떤지를 꼬치꼬치 물었다.

그러나 처음부터 결혼에 뜻이 없었던 인숙은 미국 유학 의사를 밝히고, 그 청년에 대해서는 특별한 느낌이 없음을 솔직하게 밝혔다. 그런데 그날 저녁 청년이 다시 원량언니댁에 나타났다. 회색의 한복을 입은 모습이 인숙의 눈에는 그저 평범한 촌사람처럼 보였다.

이쯤해서 우리는 청년의 정체를 밝힐 때가 되었다. 그 청년이 바로 남재였던 것이다. 또 원량언니의 남편은 동경대 경제학부를 나온 정인조(鄭寅朝)였다. 정인조는 남재보다 1년 선배였지만, 두 사람은 친구처럼 터놓고 지내는 사이였다. 훗날 강원산업(江原産業)을 일으키는 정인욱(鄭寅旭)은 그의 형이었다. 나중에 알고 보니 원량언니댁은 남재의 성북동(41번지) 집에서 개천 하나를 사이에 둔 아주 가까운 거리에 있었다.

이날 남재는 원량언니댁에 여러 시간 머물면서 김인숙과도 몇 마디 대화를 나누었다. 인숙이 남재를 보아하니 신식과 구식이 버무려진 인상에다 다소 야윈 모습, 금방 얼굴이 벌게질 정도로 수줍음을 타는 순진함, 게다가 부잣집 아들이라면서 여러 군데 덕지덕지 기운 흔적이 역력한 양말을 신고 있다니… '동경제대 법학부 출신'이 아니라면 그야말로 보아줄 곳이 한 군데도 없는 사람 같았다는 것이다.

김인숙도 동경 유학생 출신인 만큼 동경대 법학부생을 향한 당시 일본 사회의 성가(聲価)가 얼마나 대단한가를 익히 알고 있는 터라 이 사람이 공부 하나만은 진짜로 잘하는 모양이라고 생각했을 뿐이었다. 이 시절 인숙은 '부자'라는 것의 현실적 - 구체적 의미에 대해서 뚜렷한 인식이 없었다고 한다. 자신이 어려서부터 물질적으로나 정신적으로 무엇하나 부족한 것, 부러운 것 없이 귀하게만 자라왔기 때문에 아무리 큰 부자라고 해도 그 크기나 효용가치가 피부에 와닿지 않고, 오히려 반대로 대가(大家)집 시집살이의 어려움을 암시하는 부정적 결혼조건일 수도 있으므로 그것이 곧 매력의 포인트는 아니었다는 것이다.

그후 곰곰이 생각하니 명동다방에서의 해후나, 두번째 원량언니댁의 출현이나, 남재가 인숙 앞에 나타나게 되는 그 모두가 그녀 자신만 모르고 있었던, 남재—정인조—원량, 이 세 사람의 공모의 소산임이 확연해지더라는 것이다. 두번째의 만남에서 그녀는 이 사람(남재)이 "나를 꼭 데려가겠다는 결심을 단단히 한 모양"이라는 느낌이 강하게 들었다고 한다. 그날 김인숙은 이 같은 사실의 자초지종을 부친 김준형(金俊炯)에게 낱낱이 말씀드렸다.

(3) 우연인가, 계획인가 ; 세번째 만남

"…집에 내려가십니까 ! …"

굵직한 웬 사내의 음성에 김인숙이 뒤를 돌아보니 남재가 거기 서 있더란다. 남재는 예의 그 수줍은 얼굴로 한참을 머뭇거리며 그녀가 가고 있는 방향으로 보조를 맞추더니,

"결혼을 생각해주었으면… 좋겠습니다."

하는 말을 천천히 그리고 또렷하게 건네더라는 것이다. 그런데도 인숙은 한동안 그게 무슨 소리인지 말뜻을 알아차리지 못했다고 한다. 한참 걸음을 옮기고 나서야 '지금 이 사람이 내게 청혼을 하고 있구나' 하는 생각이 들더라는 것이다.

김인숙은 이날도 전례대로, 원량언니댁에서 하루를 묵은 끝에 집에 내려가기 위해 전차로 남대문까지 와서 막 서울역을 향해 걸어가던 참이었다. 그러니까 남재와는 길에서 우연히 마주친 셈이었다. 그런데 세번째의 만남에서, 그것도 길거리에서 청혼을 받다니…. 좋게 보면 그것은 남재의 김인숙에 대한 일념(一念)이 그만큼 굳고, 다급하고, 절실했음을 말해주는 것이겠지만, 김인숙 쪽에서는 도무지 때와 장소가 맞지 않는 거북한 상황이 아닐 수 없었다.

그리하여 명랑-단순-솔직-직선적인 성격의 김인숙은 주저 없이 평소의 생각 그대로

"난 결혼 같은 거 안해욧!… 안녕히 가세요…."

단 두 마디 쌀쌀맞게 내던지고는 서울역을 향해 총총걸음을 쳤다고 한다. 이때 남재가 방금 있었던 상황의 낭패감에 얼마나 멋쩍은 표정을 짓고 있었을까는 자못 흥미로운 일이 아닐 수 없다. 아울러 두 사람이 길에서 이렇게 만난 것이 정말 우연인지, 아니면 남재의 작위인지도 궁금한 대목이라 하겠다. 김인숙은 물론 뒤도 돌아보지 않고 앞으로 달려나갔기 때문에 남재가 자신의 다소 야멸친 태도에 어떤 반응을 보였는지는 알 길이 없었고, 다만 속으로 '참으로 순진한 사람'이라는 생각을 했다고 한다.

2. 정공법(正攻法) ; 남재의 개성출현

김인숙이 남재와 서울역 앞 길에서 헤어진 지 불과 며칠 후, 남재가 그야말로 느닷없이 개성에 나타났다. 일행 없이 혼자서 개성에 당도한 남재는 인숙의 집에 가까운 남대문 근처 여관에 자리를 잡고 연락을 보내왔다. 나와 달라는 것이었다.

김인숙은 부친께 이미 남재에 관해 그 전후사정을 일러드린 바 있기 때문에 그가 지금 개성에 와 있다는 사실과 함께 어찌했으면 좋겠는지를 상의드

리는 일쯤은 그리 난감한 문제가 아니었다. 남재의 출현 사실을 전해들은 부친 김준형은 잠시 생각을 하더니

"사람이 예까지 왔다고 하는데 어찌 여관에 머물게 할 수 있느냐…, 집으로 데려오너라!"

고 인숙에게 일렀다. 매사에 합리적이고 개방적인 김준형은 장차 사위가 될지도 모를 사람을 만나보고 싶었던 모양이다.

집으로 안내를 받은 남재의 거동을 인숙이 살펴보니 그 수줍던 모습은 간데없고, 부친과는 마치 옛부터 잘 아는 사이라도 되는 듯 천연덕스럽게 대화를 나누며, 약주를 곁들인 저녁 대접을 잘도 받고 있었다. 부친 김준형은 물론 남재의 사람됨을 자세히 관찰하는 것이 목적이었을 테니까 가급적 남재에게 많은 이야기를 시켰으리라.

그런데 인숙이 술상을 돌보면서 단속적으로나마 두 사람의 대화를 가만히 들어보니 남재가 부친께 자기와 꼭 결혼을 해야겠다고 막 떼를 쓰고 있지 않은가. 게다가 무슨 일이든 결코 서둘지 않는 대단히 신중한 성품의 부친 김준형이 남재의 그러한 태도를 아주 유쾌한 표정으로 받아들이면서 이미 그에게 상당히 경도되어 있더라는 것이다. 결국 그날 남재는 김인숙 자신이 아니라 장인이 될 부친의 눈에 단단히 든 듯했다고 한다. 그때는 미국 유학의 집념에 한창 사로잡혀 있던 탓인지 인숙은 왠지 여윈 편의 남재의 외모가 그렇게 마음에 들지는 않았다고 한다. 또 여기에는 어머니 김연순의 선입견도 적잖은 영향을 미쳤을 것이다. 어머니는 대갓집-부잣집 혼처(婚處)라는 것이 시집살이에 고생이 막심할 것이라고 썩 마음내켜 하지를 않았던 것이다.

매치메이커로 나선 원랑 언니가 제아무리 남재의 가계(家系)가 삼한갑족(三韓甲族)에다 당대 제일의 거부라면서, 그 선대들—특히 인촌-수당 형제의 민족적 공헌과 업적을 입에 침이 마르도록 칭송하여 마지 않으며 군말 말고 결혼하라고 등을 떠밀어도, 인숙 자신은 말할 것 없고, 부모님까지도 남재에게 갖춰진 그와 같은 선망의 조건들이 실제로 무슨 의미를 갖는 것인지를 전혀 헤아리지를 못했다는 것이다. 그것은 그만큼 수당가(家)의 내력에

무지했음을 뜻하는 것이기도 했다. 한편, 이날 서울의 성북동 집에서는 남재가 말도 없이 없어져 그를 찾느라고 한동안 난리법석을 치렀다고 한다.

그로부터 상당히 시간이 흐른 어느 날, 부친 김준형이 인숙을 불러 앉혀 놓고는

"…별사람 없다. 내가 보니 사람은 괜찮다. 결혼을 생각하도록 하자!"

라고 비로소 자신의 뜻을 분명히 하면서 이번에는 아버지가 딸을 설득하기 시작했다. 그 동안 부친 김준형은 나름대로 남재의 집안에 대해서 알아볼 만큼 알아본 모양이었다. 훨씬 뒤에 들은 이야기이지만, 부친 김준형이 수당가를 잘 아는 어느 친구에게, 그 댁에서 청혼이 들어왔음을 밝히고 어떤 집안이냐고 물으니 그 친구는 깜짝 놀라더라는 것이다. 그게 정말이냐, 그래 어떻게 했느냐고 다급히 되묻고는, 아직 생각중이라는 김순형의 대수에 그 친구는 생각이 무슨 생각이냐, 그 집안이 어떤 집안인데 일개 개성 시골의 의사집 딸이 무에 그리 대단하다고 도도하게 버티느냐고 막 힐난까지 하면서, 서둘러 일을 추진하라고 다그치더라고 했다.

그러나 부친 김준형이 본 것은 남재의 사람됨이었지 그 집안이 아니었음은 말할 것도 없다.

남재는 이렇듯 누구보다 먼저 장인될 김준형의 마음부터 움직이고 나서 진짜 당사자 공략에 나섰다. 이른바 정면돌파의 시도였다. 이번에는 지난번처럼 소극적으로 "결혼을 생각해주었으면 좋겠다"는 투가 아니라 가부간에 결단을 내려는 듯 적극적으로—, "무엇 때문에 내게 시집을 오려 하지 않는가?", "그대가 진실로 똑똑하다면 어째서 나를 몰라보는가…?" 하는 식으로 막 대들며 "역시 떼를 썼다"고 김인숙은 회상했다. 아마도 남재가 일생일대의 용기를 내어 돌진했던 것 같다.

그런데 이상하게도 남재가 무모하리만큼 막무가내로 떼를 쓰며 청혼하는 모습을 본 이후부터, 김인숙은 속으로 우습기도 하면서 서서히 마음이 흔들리기 시작했다. 그리하여 명동다방에서의 첫 만남 이후 약 5개월 정도(1946년 늦가을부터 1947년 초봄까지) 접촉 끝에 마음을 정하고 나니, 다시 억울한 생각이 들었다. 조용히 단둘이 만나 차라도 한잔 마시면서 밀어를 나눠보기

를 했나, 그 좋아하는 교향악단의 연주를 감상하러 둘만이 음악회 한 번을 가보기라도 했나, 아니면 둘이서 미술관 전시회 구경을 가본 일이 있나, 이건 마치 처음부터 줄다리기를 위해서 만난 듯 실랑이만 벌이다 급전직하 혼약에 이르고 나니 뭔가 중요한 것을 빠뜨리고 만 듯한 허전함만 남더라고 했다.

결국 김인숙은 남재의 정면돌파식 프레싱 전법에 밀려 그만 얼떨결에 유학도 포기하고 결혼을 결심하게 된 것이었다. 이후 5월 결혼까지 2개월여의 짧은 기간 동안 두 사람은 시쳇말로 데이트를 한 것 같다. 이 대목을 남재는 다음과 같이 묘사했다.30)

"46년 말부터 내가 개성을 왔다갔다했어요. 일요날 오라고 하면 내려가고, 또 집의 안사람이 시간이 있으면 서울로 올라오고…, 그렇게 왔다갔다했지요."

남재의 이 회고에서 1946년 말부터 남재가 개성을 왔다갔다했다는 것은 일이 완전히 매듭지어지기 전의 상황을 말하는 것이고, 두 사람이 개성과 서울을 서로 오간 것은 혼약이 이루어진 1947년 3월 이후의 일일 것이다.

김인숙은, 남들은 마치 우리가 연애라도 한 것처럼 오해하지만, 이른바 남재가 말하는 "왔다갔다했다"는 이 기간도 사실은 "무미건조, 멋없기는 마찬가지였다"고 회상했다. 또 인숙은 남재가 자기를 데려가기 위해서 시집살이는 절대로 안 시키겠다는 등 별별 약속을 다 했다고도 했다. 그 중에서도 "…내게 시집을 오면, 그것은 교수부인으로 시집을 오는 것이지 우리집 며느리로 시집오는 것이 아니다"라고 설득했다는 부분은 과연 남재다운 논법이 아닐 수 없다.

3. 만능소녀의 꿈

남재의 생애를 통해 부인 김인숙은 부친 수당에 버금가는 영향을 미쳤다는 점에서 그녀의 생장과정 역시 우리의 관심대상이 아닐 수 없다.

(1) '꿈의 궁전'—개성집

김인숙은 1924년 5월 28일 부 청풍(淸風) 김씨 봉상시 판사공파(判奉常寺事公派)의 25세손 준형(俊炯)과 모 부안(扶安) 김씨 연순(連順)의 장녀로 개성(開城)에서 태어났다.

부친 김준형은 1896년 개성에서 출생하여 선린상업학교(善隣商業學校)를 거쳐 경성의전(京城醫專)을 졸업한 후 일찍이 개성에서 개업하였다. 개성에서 당시 이름 높은[31] 송도병원(松都病院)이 바로 그의 병원이었다.

지방의 개업의로서 유복한 가정을 꾸려나가는 데 부족함이 없었던 김준형은 근대적 교양이 넘치는 미남형의 신사로서, 그 시절로서는 보기 드물게 가부장적 권위를 내세우지 않고, 대등한 인격체로서 아내를 존중하며 최선을 다하여 헌신할 줄 아는 매우 가정적인 남편이었다.

원래는 20세 되던 해에 첫아들을 낳았지만 백일 전에 잃고, 8년 뒤인 28세에 인숙을 보았으니 이 첫딸에 대한 그의 극진한 사랑은 이루 말로 다 표현할 수 없을 지경이었다. 그는 그림에도 소질이 있어, 여러 자식들을 두게 되면서 아이들에게 꿈을 길러주기 위해 만화까지 그려가며 자녀교육에 세심한 신경을 쓸 정도였다니 자식에게도 지극정성을 다하는 참으로 인자한 아버지였던 것이다.

어머니 김연순은 사대부가의 규수로 자라 한문만을 익혔을 뿐 제도교육을 받은 일이 없는 구식 여성이었다. 그러나 시집을 와서 남편으로부터 한글과 일어를 배웠고 특히 일어는 남편의 지도하에 자습으로 읽고 쓰고 말하는 데 불편이 없을 정도가 되었다니 그 총명함을 가히 알 만하다. 뿐만 아니라 그때 개성에 많이 들어와 있던 서양 선교사들과 교제하며 가사에 필요한 서양 문물을 열심히 익힐 만큼 그녀의 왕성한 지식욕은 끝이 없었다.

개성은 조선의 그 어느 도시 못지않게 근대화에 깨인 도시였고, 배일사상(排日思想)과 민족감정이 드센 곳이어서 서양 선교사들의 활동이 상대적으로 두드러졌다고 한다. 어머니는 어느덧 그들로부터 제과(製菓) 기술을 비롯하여 서양요리, 특히 양재(洋裁)를 훌륭하게 익혔고, 나중에는 오르간까지 배워 자식들 앞에서 몇곡쯤은 훌륭히 연주했다.

인숙이 자라난 개성집…, 세 채로 구성된 이 집은 과연 소녀의 꿈을 가꾸기에 아주 적합한 현대식 주거환경을 갖추고 있었다. 영국풍의 붉은 벽돌로 된 2층 병원건물은 남대문 대로에서 한 발 물러선 이면 도로변에 서 있고, 병원 뒤쪽으로 내정(內庭)과 함께 한옥 안채와 일식 별채가 조화롭게 배치된 집안구조는 화목한 가정의 단란함이 절로 피어오를 수 있는 분위기를 자아내고 있었다. 그 시절 문명개화된 선진가정의 상징으로서 피아노 소리가 낭랑하게 울려퍼지는 개성의 몇 안 되는 '홈-스위트홈'—'꿈의 궁전'이었던 것 같다. 이 집에서 인숙 아래로 재익(在益)-재중(在中) 두 남동생과 명숙(明淑)-성숙(性淑)-화숙(和淑) 세 여동생이 태어났고 6남매가 이 집에서 자란 것이다.

인숙이 여기서 다닌 학교는 원정여자보통학교(元町女子普通學校 ; 원래는 개성여자보통학교)였다. 여자아이들만 다니던 이 학교는 집에서 걸어다니기에 알맞을 만큼 가까운 거리에 있어 인숙은 또래 아이들과 도보로 등-하교를 했다.

보통학교 시절의 인숙은 모든 방면에서 전교 일등을 독차지한 만능의 어린이였다. 학업은 말할 것도 없고, 미술-음악-습자-육상(달리기)-주판에 이르기까지 못하는 것이 없었다. 개성 일대의 소문난 갑부집 딸로 뒤에 문교부장관과 국회의장을 역임하는 민관식(閔寬植 ; 1918~)의 부인이 되는 김영호(金英鎬)는 원정여자보통학교 시절 인숙과 경쟁을 하던 절친한 동기생이었다.

김인숙의 꿈많은 개성시절은 보통학교로써 마감되었다. 인숙은 졸업과 더불어 서울 최고의 여학교라는 공립경기고등여학교(公立京畿高等女學校 : 경기고녀)에 입학, 기숙사생활에 들어가게 되었기 때문이다.

(2) 경기고녀 시절

김인숙은 명랑-쾌활-적극적인 성격 탓에 낯선 서울의 고녀 기숙사생활에 쉽게 익숙해졌고 친구들도 금방 잘 사귀는 등, 급격한 환경변화에도 재빨리 적응해 나갔다. 학업도 반드시 일등은 아니었지만 전학년 우등이었다. 당시 고녀생들은 2학년만 되어도 벌써 문학소녀의 취향을 드러냈다. 인숙도 예외는 아니어서 톨스토이, 헷세, 지이드 등의 명작을 주로 읽었고, 나중에는 세계문학전집을 모조리 독파해 나갔다.

경기고녀의 교육목표는 요컨대 현모양처를 길러내는 것이었다. 인숙은 학교의 이와 같은 교육방침에 열심히 순응하였다. 자수(수예)와 양재는 이 시절 그녀의 큰 관심사였다. 또 음악-미술-체육 등 여전히 다방면에 소질을 보여 음악선생과 체육선생이 서로 자기 부로 인숙을 끌어들이려고 다툴 지경이었고, 결국은 체육선생에게 이끌려 배구선수가 되기도 했다.

선생님으로서는 무려 4년간이나 담임의 인연을 맺게 되는 김원규(金元圭)가 특히 인숙의 장래를 촉망하며 관심을 베풀어 주었다. 김원규는 광복 후 서울고와 경기고의 교장을 역임함으로써 인천중학과 인천제물포고의 교장이 되는 오산학교의 길영희(吉瑛羲)와 함께 이 나라 중등교육의 대명사처럼 평가되던 교육계의 거목이었다.

인숙이 경기고녀 기숙사생활을 하는 동안, 어머니 김연순은 매주 한 번꼴로 딸을 보기 위해 서울을 다녀갔다. 인숙도 물론 1주에 한 번은 개성집에 내려갔다. 어머니는 상경할 때마다 철철이 그 계절에 맞는 떡을 곁들인 송도 특유의 맛난 음식을 장만하여 기숙사 친구들과 함께 먹였다. 때로는 70여 명의 기숙사생 전원에게 돌아갈 수 있도록 풍성하게 먹을 것을 준비해 오실 때도 있었다. 부득이 별식준비를 못할 때는 장안의 이름난 음식점으로 친구들을 초청하여 평소 구경하기 힘든 음식을 푸짐하게 맛볼 기회를 마련하기도 했다.

자식에 대한 어머니의 이와 같은 지극정성을 요즘 세태의 비속한 치맛바람과 비교할 수는 없는 것이겠지만 어쨌던 그 교육열만큼은 선의의 치맛바람이라 해도 좋을 만큼 대단했던 모양이다. 또 교육방침도 매우 엄격하여 항상 근면-성실-정직을 강조하였다. 엄부자모(嚴父慈母)가 아니라 엄모자부(嚴母慈父)였던 것 같다. 부모님의 이러한 교육열에 부응하여 인숙 자신만이 아니라 남녀 동생 모두 학업성적이 뛰어나, 예컨대 남동생들은 경기고와 서울법대(재익) - 서울공대(재중)를, 여동생들은 경기여고와 이화여대를 모두 졸업했다.

고녀시절이니, 누구나 이성에 대한 관심이 없을 수 없고, 특히 청춘남녀의 아름다운 로맨스를 꿈꾸는 것은 사춘기 이후 젊은이들의 공통된 속성일 것이지만, 경기고녀의 엄한 교풍은 이 같은 한눈팔기가 통할 리 없었다. 극장-영화관 출입은 물론 금기로 되어 있었고, 남학생으로부터 편지라도 날아오는 날이면 그 수신자는 담임 김원규로부터 꾸중을 들어야 했다. 그래도 학교 몰래 영화구경을 다녀오는 학생은 있게 마련이었다. 대표적 모범생이었던 인숙조차도 친구들과 어울려 몰래 한두 번 미국 영화를 본 일이 있었다고 하니 말이다.

이 시절 인숙의 구원의 남성상은 말할 것도 없이 아버지 김준형이었다. 아버지만큼 잘생긴 사람, 아버지만큼 아내와 자식들에게 헌신하는 사람을 만난다면 기꺼이 결혼할 수 있다는 생각을 했다. 아버지는 어쩌다 기생집을 가더라도 술자리가 파할 무렵이면 반드시 집에 연락하여 어머니로 하여금 인력거를 대동, 집으로 모셔가도록 숨김 없는 담백한 태도를 보여주었다고 한다.

나들이를 해도 부부가 반드시 동행하여 금슬 좋은 부부애의 전형을 보여주던 아버지, 바이올린을 켜고 테니스를 즐기던 신사…. 인숙이 경기여고를 졸업하던 날, 부친 김준형은 딸에게 졸업선물로 『세계미술전집』 한 질을 사주었다. 이 책은 현재 동생 재중이 소장하고 있다.

(3) 일본여자대학(日本女子大學) 시절

1941년에 인숙이 경기고녀를 졸업하자 진학문제를 놓고 집안의 고심은 컸다. 당초 부친 김준형은 미술전공을 바라고 동경미술대학 유학을 권한 바 있다. 그러나 어머니 김연순이 여자가 무슨 미술대학이냐고 반대하였다. 인숙 자신은 교직을 생각하고 고등사범학교 응시를 희망했으나 부친이 반대하였다.

그러던 중 개성에서 집안간에 친분이 깊던 공(孔)씨댁 동경 유학생 출신 딸 한 분이 여성고등교육기관으로 이름 높은 니혼죠시대학(日本女子大學 ; 이하 '일본여대'로 표기)을 적극 권하여 이 대학 진학으로 낙착을 보았다.

일본여대는 '휴머니즘에 의한 여성교육'을 건학정신으로 하여 1901년에 나루세 진죠(成瀨仁藏)에 의해 일본 최초의 여성고등교육기관으로 설립된 사립대학이다.[32)]

김인숙이 입학하는 1941년에 일본여대는 창립 40주년을 맞았다. 첫째로 여성을 인간으로서 교육하고, 둘째로 여성을 부인으로서 교육하고, 셋째로 여성을 국민으로서 교육한다는 창립자 나루세 진조의 교육이념은 40년간의 실천을 통하여 일본의 모든 여성교육의 전범(典範)이 되었다. 나루세는 이 교육이념의 실천지표로서 신념철저(True Conviction)-자발창생(Creativity)-공동봉사(Cooperation and Service)를 제시-강조하였다. 세계에 존재하는 모든 나라 모든 민족들의 고유사회와 고유의 문화적 특성을 인정하는 기초 위에서 국제적 연대와 평화의 건설-확립에 여성의 역할과 힘을 기대하고, 그 힘을 길러내는 것이 창립자 나루세 진조의 일관된 교육목표였던 것이다.[33)]

일본여대는 개교 이래 무시험 서류전형만으로 신입생을 선발하였다. 신입생에게는 기숙사생활을 통해 건학이념을 구현하기 위한 강도 높은 실천적 훈련을 쌓게 하였다. 대학의 시설이나 교육수준은 귀족학교에 조금도 뒤지지 않을 정도로 높고 등록금도 매우 비싼 편이었다. 학생은 당시 일본의 상류층 딸들이 대부분이었다. 일례로 당시 현역 총리대신 도조 히데키(東條英機)의 딸이 인숙의 동기였다.

인숙은 가정학부에서도 입학이 가장 어렵다는 제2류에 합격하여 기숙사생활을 했다. 기숙사는 양실(洋室)과 일실(日室) 두 가지 형이 있었다. 철저하게 일본을 배운다는 견지에서도 일실에 드는 것이 좋겠다는 부친의 의견에 따라 일실을 택하였다. 기숙사생활 내내 인숙은 매주 고국의 부모님께 편지를 썼다. 그것은 또한 이 대학의 일관된 교육방침이기도 했다.

학자금을 포함한 인숙의 한 달 생활비는 100원 선으로 대단히 많은 금액이었다. 등록금부터 원체 비싼 데다 여학생들이라 피복비 등 쓰임새가 많기 때문이리라. 뒷날 결혼해서 남재로부터 동경대 재학중 생활비를 자신의 반밖에 안되는 50원 정도 썼다는 말을 듣고는 무척 놀랐다고 한다. 남재는 그것도 아껴쓰면 주변의 어려운 친구들을 도울 수 있었다고 했다는데, 여기에는 아마도 남재의 그 엄청난 도서구입비는 계상되지 않았던 것 같다.

일본여대는 미션스쿨은 아니었다. 그런데도 창립자의 기독교적 건학정신에 따라 민주-개방-진취적 여성교육을 지향했다.[34)] 그러나 전쟁 말기, 인숙의 재학시대에 이르러서는 일본 전체가 국수주의로 파쇼화하는 시국의 추세에 떠밀려 창립정신은 거의 퇴색되고 결국은 가장 모범적인 일본여성, 일본적인 모성, 일본적인 부인을 길러내기 위한 완벽한 일본여성교육기관으로 변질되었다고 인숙은 회상했다.

전공과 병행해서 이 시절에도 인숙의 최대관심사는 음악-미술 등 예술 쪽에 있었다. 예술은 만능소녀 김인숙의 꿈의 세계였다. 인숙이 일본여대를 졸업하는 날, 부친 김준형은 학사가 된 이 첫딸의 졸업을 기념하여 이 땅에서는 참으로 구하기 힘든 빅터레코드 전축을 선물했다.

4. 결혼식 ; 개성에서의 구식혼례

부친 김준형이 뜻을 굳힘에 따라 혼사는 일사천리로 진행되었다. 무엇보다 시가댁 선뵈기가 긴장되고 우선되는 절차가 아닐 수 없었다. 성북동 수당가에서 지척인 원량언니댁으로 장소가 정해져 1947년 3월의 어느 날 남재가 부친 수당을 비롯하여 어머니 박씨와 고모님(占効) 등을 모시고 먼저 와서 기다렸다. 손위 동서가 될 형수님 구연성(具然性)과 여동생 상민(相敏)이 함께 왔으나 동석 여부는 확실치 않고, 따로 상견례가 있었던 것 같다.

수당은 며느리감의 절을 받고 몇 마디 말을 건네신 듯하나 내용은 기억에 없고, 어머니 박씨는 시종 아무 말씀이 없었는데 고모님이 오히려 이것저것 물으셨다고 김인숙은 회고하고 있다. 오빠의 신부감을 선본다는 자체가 흥미 있고 신이 나서 현장을 따라 나선 아직 10대의 상민은 새언니가 될 사람이 훌륭하다고 느꼈고, 상준 부인 구연성(이화여전 · 음악전공)도 자신의 아랫 동서가 될 사람에 대해서 "색시감이 좋다"고 칭찬하더라고 상민은 당시를 상기했다.

선뵈기가 끝나고 나서야 인숙은 비로소 시어른들이 이 자리에서 별 말씀이 없었던 것은 이 혼사를 위해서 알아보아야 할 사항을 이미 다 알아보았기 때문이라는 데 생각이 미쳤다고 한다. 경기고녀의 학업성적이라든지, 개성집의 납세수준, 청풍 김씨의 내력 등을 주로 알아보았을 것이고 양쪽을 모두 알 만한 제3자의 조언도 들었을 것이다. 수당과도 친분이 있었던 김원규에게 자문이 구해졌다면, 그는 이 혼사가 성사되는 데 적극적으로 기여했을 것이다. 김인숙은 은사 김원규의 결정적 역할을 굳게 믿고 있었다.

마침내 양가의 허락절차가 모두 끝나고 결혼식 일자가 잡혔다. 계절의 여왕이라는 5월의 중순, 12일로 결정된 것이다. 예식은 구식으로 치르기로 했다. 구식혼례는 수당의 방침이었다. 시일이 넉넉하지 못한 만큼 준비를 서둘러야 할 판이었다.

일이 완전 성사되기까지 남재의 고심은 대단히 컸던 것 같다. 남재의 기본전략은 신부측의 완전한 승낙을 먼저 획득해 놓고 혼사 추진에 아무런 문제가 없음을 과시함으로써 성북동 집에서도 도리 없이 자신의 의지에 따라오도록 만드는 것이었다. 신부에 대한 남재의 결의가 굳고 또 열심인 데다 제3자(김원규)의 긍정적 평가에 수당도 별수없이 허락했을 것으로 김인숙은 추단했다.

주목되는 것은, 이 과정에서 남재의 좀처럼 드러나지 않는 천성이 돋보였다는 점이다. 그것은 남재가 일단 뜻을 세운 일에 대해서는 무서운 집념을 가지고 이를 치밀하게 밀고나가는 강한 추진력과 함께 집중력을 발휘한다는 사실이다. 이때 남재는 고려대학교 교수로서 학자의 길로 자신의 진로를 굳혔고, 이로 인해 수당의 눈 밖에 크게 벗어나 있었기 때문에 자기 뜻대로 추진해온 이 혼사에 대해서 수당의 허락을 이끌어내는 일이 여간 조심스럽고 어려운 일이 아닐 수 없었던 것이다.

혼례식 전날(5월 11일), 서울에서 함이 당도했다. 함에는 채단(采緞)으로 청홍양단 네 마(치마저고리 한벌감)가 사주(四柱)단자와 함께 들어 있었다. 개성은 개화풍이 강하여 광복 직후에는 벌써 예식장이나 예배당 같은 데서 신식 결혼식이 유행이었다. 잘 사는 집들은 예물로 다이아몬드와 같은 최고급을 쓰는 등 호화로운 결혼식도 늘어가는 추세였다. 이 같은 예에 비추어 보면 수당가의, 채단밖에 담긴 것이 없는 함은 전통방식을 그대로 따른 것이라지만 빈약하다 아니할 수 없는 것이다.

애초에 수당은 서울의 명륜당(明倫堂)에서 식을 치를 뜻이었으나, 신부측의 요구를 존중하여 개성의 순양서원으로 정해졌다. 약혼식도 없이 구식으로 치러져 순결의 표상인 웨딩드레스를 입은 백합 같은 딸의 황홀한 모습을 볼 수 없다니 어머니 김연순의 불만이 이만저만이 아니었지만, 그것(구식)이 신랑가의 방침이라니 도리 없는 노릇이었다.

수당은 경방(京紡)의 점잖은 스태프 몇 사람과 상객으로 내려와 송도병원 바로 길 건너 신부의 오빠뻘 되는 친척댁(일식 2층집)에 묵었다. 아마도 동은(東隱) 김용완(金容完)이 동행한 것 같고 형제 중에는 셋째 상홍(相鴻)이 배행한 것으로 알려졌다.

예식장 순양서원까지 신랑은 말을 타고, 신부는 꽃가마 타고 입장하는 절차도 당초에는 생략토록 되어 있었다. 번거로운 허례허식은 될수록 피하자는 것이 수당의 생각이었기 때문이다. 하지만 신부측이 가마 타기를 고집하여 신랑만 사모(紗帽) 관대(冠帶)하고, 자색(紫色) 단령(團領)을 입고 걸어서 입장하였다.

의혼(議婚)이 있고, 청혼서가 오가고, 이어 신랑 쪽에서 사주단자가 보내지면 택일이 되어 초례(初禮)는 보통 신부가에서 치루는 것이 우리의 전통혼례라 할 것이다. 신랑이 먼저 전안례(奠雁禮)를 드리고 초례청에 대기하면, 모도부출(姆導婦出)—, 수모(手母)의 인도로 신부가 백포를 밟고 초례청에 이르러 신랑을 향해 부선재배(婦先再拜)를 함으로써 초례의식이 시작되어 예필철상(禮畢撤床)-각종기소(各從其所)…, 집례인(執禮人)의 마지막 분부가 떨어지기까지의 전과정을 피상적으로만 보면 그것은 분명 유교식의 남성문화라 할 것이다. 그러나 그 자세한 속내를 들여다보면 철저하게 여성의 의식과 지향을 담고 있다는 점에서 여성문화 쪽에 훨씬 가깝다.

우리의 전통 혼례의식을 여성 특유의 섬세한 감각으로 관찰하여 리얼하게 그려낸 최명희의 대하소설 『혼불』 「청사초롱」[35]의 다음과 같은 장면들은 이 날 순양서원에서의 김인숙의 모습을 연상케한다.

> "신부는 팔을 높이 올려 한삼(汗衫)으로 얼굴을 가리운다. …신부의 활옷은 소맷부리가 청-홍-황으로 끝동이 달려 있어서 보는 이를 휘황하게 하였다… 신부는 다홍치마를 동산처럼 부풀리며 재배를 하고 일어섰다. 한삼에 가리워졌던 얼굴이 드러나자 흰 이마의 한 가운데 곤지의 선명한 붉은 빛이, 매화잠(梅花簪)의 푸른 청옥잠두(簪頭)와 그 빛깔이 부딪치면서 그네의 얼굴을 단단하게 비춰주었다…"

이날 신부는 다리속곳, 단속곳, 고쟁이, 그 위에 너른 바지, 다시 그 위에 모시 다슑치마를 입히고, 또다시 일곱 층짜리 마지막 속옷 무지기(無足)를 입힌 위에 다홍치마를 겹쳐 입혀 덩실한 차림만으로도 온 방안이 풍성하게 차오른다고 했다.[36] 또 윗도리는 연분홍 명주 적삼, 그 위에 바로 나비처럼 가벼운 초록 삼회장을 입힌 뒤 크고 호화로운 다홍의 활옷을 입혀 붉은 공단에 심을 넣어 금박으로 찍어낸 봉황무늬 대대(大帶)를 띠어 묶었다고도 했다.[37]

화관은 장식이 요란한 것이 보통이다. 찬란한 오색 구슬과 푸른빛으로 날개짓하는 나비가 장식되기도 한다. 커다란 비녀를 감아내려 양어깨와 가슴으로 흘러내린 앞댕기와[38] 뒷 등을 덮어내려 방바닥까지 기다랗게 늘어뜨려진 검자줏빛 비단 큰 댕기는 색색을 맞춘 비단실로 꽃송이 모양을 꾸미고, 가장자리는 자잘한 칠보꽃으로 장식되어 장엄하도록 찬란하다.[39] 또 다홍의 비단바탕 활옷은 길상(吉祥)의 문양(紋樣)들이 수놓아져 있는데, 굽이치는 물결-우뚝한 바위-사이에 피어난 불로초, 그 위를 나는 어미봉(鳳)과 새끼봉, 그리고 연꽃과 모란꽃이 커다란 소매의 청-홍-황 색동과 어우러져 눈부시게 현란하다.[40]

물론 김인숙은 이날 공주-옹주들의 대례복이기도 했다는 전통의장(衣裝) '활옷'을 입고 대대를 띠어 묶었을 것이나 화관만은 개성식의 색다른 것이었다. 개성의 신부화관은 옛 고려조의 유산으로 전래의 원삼(圓衫) 족두리와는 크게 모습이 다른 몽고풍이라 한다. 그때 찍은 사진이 동란 중에 모두 없어져, 오늘날 전통혼례복식 연구의 귀중한 자료를 잃고 말았다.

폐백(幣帛)과 피로연도 개성식으로 정성을 다하여 준비했다고 한다. 개성지방의 폐백은 그 내용이 서울과는 사뭇 달랐던 모양이다. 혼인절차를 모두 끝내고 성북동 집으로 시집을 올 때, 그 후행은 부친 김준형이 직접 왔다. 애지중지하던 딸을 시집보내 놓고 아비는 흔히 남모르게 눈물을 삼킨다고 하는데 이날 김준형도 아마 눈시울을 붉혔을 것이다.

개성에서는 송도병원집의 그 유명한 딸, 일본여대를 나온 선생님이 구식혼례를 치렀다고 하여 그것이 도리어 화제가 되었다.

제4절 신혼기(新婚期)

1. 큰 살림을 도맡다 ; 아내의 시집살이 3년

김인숙은 시가에 들어오면서 제일 먼저 성북동 41번지 3,000여 평 대지의 그 거대한 저택에 그만 압도당하고 만다. 자신을 키워준 개성집도 결코 작은 규모는 아니건만 여기에 비하면 마치 아담하게 지어놓은 어린애집 같은 왜소감을 떨궈낼 수 없을 지경이었다. 시가의 그 어마어마한 저택의 크기는 앞으로의 새 삶이 결코 만만치 않을 것임을 예고라도 하듯 강열한 느낌으로 다가왔던 것이다.

전편(제1편)에서 소개한 바와 같이, 김인숙이 살펴보니 성북동 집은 양식 2층짜리 본채, 본채 옆 수당이 기거하는 한옥, 그 옆의 부속건물, 본채 뒷편 위쪽의 별채로 구성되어 있었다. 본채 앞 너른 마당에는 농구 코트가 정지(整地)되어 농구대 한 틀이 서 있고, 그 아래 계단으로 내려가면 화단, 화단 아래 채마밭, 그리고 감나무, 개나리, 진달래로 들어찬 울타리, 울타리 밖으로 개천이 흐르고, 인근 일대는 온통 앵두나무가 빼곡히 들어선 앵두나무골에 자리를 잡고 있는 것이다. 북쪽으로 하늘을 올려다보니 북한산의 거대한 연봉들이 하늘을 찌르듯 높이 솟아올라 만상(萬象)을 호령하듯 내려다보고 있었다.

이제부터 우리는 고려대학교 정치학과 교수 남재 김상협의 부인이요, 수당의 둘째 며느리가 된 김인숙을 그녀의 당호(堂號) 혜천(惠泉)으로 부르기로 한다. '혜천'은 그녀가 서예가 원곡(圓谷) 김기승(金基昇) 문하에서 서예를 배우게 되면서 얻은 것(원곡의 소작이라 함)이라 장년 이후의 별호가 되나 그것을 지금부터 당겨서 씀은 전적으로 서술의 편의를 위한 것이다.

남재 내외가 결혼식을 끝내고 서울에서 행한 첫 행사는 계동(桂洞) 큰 댁에 가서 조상께 고제(告祭)를 드리고 백부 인촌 내외분께 정식으로 인사를 드리는 일이었다. 고제를 드리면서 혜천은 비로소 인촌을 뵈었다고 한다. 그때 본 인촌의 첫인상은 "참으로 인자하시다"는 말로밖에 달리 표현이 안 된다고 혜천은 회상했다.

특히 남재를 바라보는 인촌의 자애로운 눈길에서 혜천은 백부님이야말로 남재를 지극히 사랑하고 계시구나 하는 생각을 했다. 이날 인촌이 "우리 아이들 아홉 형제, 너희 일곱 형제, 합쳐서 우리 집안의 열여섯 형제 중 상협이 네가 제일이다"고 하시던 말씀을 혜천은 평생 잊을 수 없는 감동으로 가슴에 간직하고 있다. 또 백모님 이아주(李娥珠) : 1899-1968)의 조카며느리에 대한 관심과 애정표현도 각별했다고 한다.

원래 인촌은 13세 되던 1903년에 5세 연상인 장흥(長興) 고(高)씨 광석(光錫 : 1886-1919)을 초취부인으로 맞았다.[41] 그러나 고씨가 쌍아(雙兒 : 3남 相善과 4남 相欽)를 분만한 후 그날로 세상을 떠나 홀로 지내던 중, 정신(貞信)여학교의 3·1만세시위를 심리중인 공소재판을 우연히 방청하게 되어 처음으로 이아주를 방청석에서 보게 되었다.[42] 당시 4년생으로 동교의 만세시위를 주도하다 검거된 이아주는 재판과정에서 자신의 정당성을 당당하게 주장하며 추호도 굽히지 않고 법정에 맞섰다. 인촌은 그 열렬한 민족애와 의기(義氣)에 그만 감동하여 청혼하기에 이른 것이다. 1921년 1월, 인촌은 이아주를 재취부인으로 맞았다.[43]

남재는 결혼을 하고도 자신의 진로문제를 계속 고민을 하고 있었던 것 같다. 여전히 남재를 사업쪽으로 끌어들이려는 수당의 의지가 너무도 완강했기 때문일 것이다. 남재는 혜천에게 물었다. "교수가 좋은가, 사업가가 좋은가" 하고…. 이어 "교수를 하면 나를 매일 볼 수가 있지만 사업가가 되면 나를 매일 보지 못한다…"고 하면서 어느쪽이든 선택해보라고 했다. 혜천은 물론 교수가 좋다고 했다. 그것이 남재에게는 다시없는 위안이요, 큰 응원군이 되었을 것이다. 그러나 혜천은 교수직이 가난직임을 몰랐다고 한다.

남재의 교수월급을 받아 써보니, 전차표 한 달치 1권, 원서 한 권, 담배 한 보루(럭키스트라이크) 사고 나니까 남는 것이 없었다고 한다. 이 시기 남재는 성북동에서 삼선교까지 걸어나와 미아리 종점까지 전차를 타고 가서 거기서 다시 안암동 학교까지 걸어서 출퇴근을 했다. 교통비(전차표), 책값, 담배값 등은 살림과는 직접 관계가 없는 비용이지만 당사자에게는 필수경비이니 이 교수월급으로는 도무지 생활이 안 된다는 것을 알 수 있다. 그런데도 혜천은 원체 물질적으로나 정신적으로 궁핍을 모르고 자란 탓에 금전, 곧 재력의 위력을 깨닫지 못하고 있었다고 한다. 그러니 남재의 교수직을 지지할 수밖에 없었던 것이다.

신혼 초, 혜천은 시집살림을 익히는 데 큰 고초를 겪었다. 우선 매일 아침

보아야 하는 외상(床)만도 열이 넘었다. 게다가 전라도식 김치, 젓갈, 굴비 등 잔신경을 써서 준비해야 할 찬의 가짓수가 어찌나 많은지 그것만으로도 이미 지칠 지경인데, 어려서부터 친정서 익힌 입맛과 전혀 다른 식생활, 전혀 다른 의생활, 생활방식-습속 등등 맞지 않는 것뿐이다 보니 몸이 마를 지경으로 새로운 환경에 적응하는 일이 고되고 힘이 들었던 것이다.

그러나 시집을 온 이상 어떤 어려움도 참고 이겨내야 한다는 의무감과 자존심이 참으로 열심히 시집살이를 감내하도록 했다고 혜천은 말한다. 특히 최고학부를 나온 엘리트 여성의 모범적 결혼생활을 보여주어야 한다는 강박관념이 매사를 늘 조심하고 삼가도록 이끌었다니 그 긴장의 연속이 얼마나 큰 정신적 부담이 되었겠는가는 불문가지라고 하겠다.

혜천이 시가에 들어온 지 5개월쯤 되어 시집살이에 제법 익숙해질 무렵, 그 동안 살림을 주관해온 윗동서 내외가 분가해 나갔다. 수당은 며느리들이 한 지붕 아래서 함께 생활하는 기간을 될수록 오래 두지 않는 방침을 세웠던 것 같다. 큰며느리의 분가에 따라 성북동의 큰 살림은 자연 그 다음 차례인 혜천의 몫이 되었다. 어머니 박씨는 집안살림의 세세한 구석까지 관여하는 그런 성품이 아니었다.

살림을 도맡으면서 혜천은 우선 식생활 패턴에 변화를 주고자 노력했다. 식구들이 꼭 찾는 것이 아니면 찬의 가짓수부터 줄이고 매일아침 외상보기도 줄였다. 또 매사를 한 템포 늦춰, 윗분들—특히 고모님들이 하는 방법을 따라 배우거나 지혜를 짜서 맞춰나가는 방식을 취하였다. 공연히 앞서나가다 있을 수 있는 작은 실수라도 최대한 방지하자는 노력의 일환이었고, 실제로 그것은 효과를 거두었다. 제수(祭需) 마련하기, 제사상 고임 등이 그런 예가 된다.

남재는 혜천이 신혼 초에 침모방이나 찬모방, 또는 찬간 같은 곳을 꼭 필요한 경우가 아니고는 드나들지 않도록 주의를 주곤했다. 쓸데없이 그들의 뒷말에 오르내리지 않도록 하려는 배려로 혜천은 느끼곤 했다. 혜천은 남재의 이와 같은 용의주도함을 타고난 '정치성'으로 풀이하고 있다.

2. 신부를 앉혀놓고 강의연습

신혼부부 남재 내외는 본채의 아래층, 안방에서 복도끝 쪽에 있는 건너방을 썼다. 남재의 서재는 2층에 있었다. 혜천은 남재가 장서가(藏書家)라고 불러야 어울릴 만큼 많은 책을 가지고 있는 데 놀랐다. 책은 주로 양서(영문·독문서)와 일서 등 외국서적들이었다. 젊은 나이에 어쩌면 저렇게 많은 책을 모았을까…, 책을 한번 붙들면 하루저녁에 다 독파해버리는데 어떻게 저 어려운 외서들을 다 소화해낼 수 있을까…, 혜천은 참으로 남편이 외경스럽고 부럽기까지 했다. 혜천은 남재가 공부하는 모습에서, 그리고 아는 것이 그토록 많은 데 존경심이 한층 더 쌓여가고 남편으로서의 남재를 재인식하게 되었다고 한다. 혜천은 부부가 된 뒤에야 남재에 대한 진정한 사랑의 감정이 싹텄던 것이다. 부부로서 연애를 시작한 느낌이라고 한다.

남재의 경우는 혜천과는 차원이 달랐다. 남재는 혜천을 만나면서 이내 경도되었고, 열정에 빠져 버렸으니 말이다. 결혼 이래 평생을 남재는 자신이 선택한 사람에 대해서 단 한 차례도 불만을 드러내거나 언짢은 기색, 싫은 내색, 사소한 짜증이나 얼굴을 붉힌 일이 없었다고 한다. 이것은 혜천 자신이 지성을 다하여 남편을 받들고 섬겨온 당연한 결과요 보상일 것이니, 이 같은 부부간에 어긋남이 있었다면 그것이 도리어 이상한 일이라는 것이다. 사실 남재-혜천 내외는 이미 금슬 좋은 부부의 대명사처럼 소문이 났다. 여기에는 개성의 친정부모님이 보여준 부부애의 실천과 은사 김원규의 영향이 컸다고 혜천은 고백했다. 특히 친정부모님으로부터 다투거나 큰 소리를 내는 일을 본 일이 없는 혜천은 부부란 다 그런 줄만 알고 자랐기 때문에 부부싸움이란 생각조차 할 수 없었다고 한다. 이에 대해서 남재는 다음과 같이 자신의 소회를 털어놓은 바 있다.

> "…금슬이 나쁘다면 그것이 이상하지. 집사람이 개성출신으로 가정적이면서도 지성적이라 대개 나와 뜻도 비슷해요. 또 비슷한 시절 일본에서 공부했고, 여러 가지 취미도 같고, 여행도 같이 다니고… 그러니까 날 때부터 같이 난 것 같은 기분이에요. 내 집사람에게 '당신보다 내가 네 살 위인데 쌍둥이로 났나' 하고 웃은 적이 있어요…"[44)]

남편에 대해서 최선을 다하려는 혜천의 아내로서의 극진한 태도를 보고 어머니 박씨가 "일본여자처럼…"하면서 흉 아닌 흉까지 보신 일이 있다고 한다. 혜천이 남재에게 끔찍이 잘 한다는 점은 두 고모님 서울댁(영수), 연산댁(連山 : 점효)도 기꺼이 인정했다.

호칭 문제를 놓고도 남재가 혜천의 본명 '인숙'을 스스럼없이 부르는 것을 보고 어머니 박씨는 못마땅해 했다. 아내의 이름을 부르는 것은 일본식이다. 어머니는 "상사람들처럼…"이라고 했다는 것이다.

남재 부부는 집에 함께 기거하는 많은 식구들…, 어른들, 형제들, 일하는 사람들, 수당의 사업과 관련된 손님들, 그리고 엄격한 유교적 가풍으로 하여 신혼 초 부부만의 오붓한 시간, 살뜰한 애정을 나눌 수 있는 환경을 가꿀 겨를이 도무지 없었다.

여자로 태어났으면서도 고루한 인습에 얽매임이 없이 자유분방하게 자란 탓에 거침이 없었던 활달한 성격의 혜천은 남재의 조심성에 당황할 때가 많았다고 한다. 남재는 둘만 있을 때는 그토록 다정하다가도 사람이 있으면 부부간의 대화조차 삼가는 그런 타입이었던 것이다. 그리하여 조심성 많은 남재를 편케 해주기 위해서는 무엇보다 주변 사람들과의 화목과 원만한 관계유지에 많은 신경을 써야 했다. 혜천으로서는 이것이 신혼 초에 가장 힘이 들었던 일 중의 하나였다고 한다.

남재는 학교에 출강하는 이외에는 거의 집에 머물며 공부에 시간을 보냈다. 특히 밤에는 항상 늦게까지 책상 앞에서 지냈다. 틈만 나면 책을 들여다보고 있으니 공부밖에 모르는 사람 같았다. 심지어는 시집온 지 며칠도 안되는 신부를 앉혀놓고 50분간 강의 예행연습을 할 정도였다. 하루는 모처럼 틈이 나서 쉬고 있는데 남재가 2층 서재로 올라가자고 해서 따라갔더니 책상 맞은편에 자리를 내주고는 노트를 꺼내놓고 강의를 시작하더라는 것이다.

정치학용어인지 철학용어인지, 전문적 학술용어로 가득찬 생소한 강의내용을 열심히 경청하고 나니 어느덧 50분의 시간이 흘러갔다. 비록 내용은 100% 다 알아들을 수는 없었지만 재미가 있었고 강의의 어조나 발음이 어찌나 명확하고 듣기가 좋은지 언제 시간이 지나갔는지 모를 지경이었다. 내용을 거의 다 외운듯, 노트는 꺼내만 놓고 들여다보는 일이 없었다. 강의가 끝나자 남재가 물었다. 어조가 빠르지 않았는지, 발음이 명확치 않은 곳은 없었는지, 이해가 안 가는 대목은 어디인가, 얼마나 지루했는가 등등 수강자로서 소감을 다 털어놓으라고 했다.

강의연습은 이후 정기적으로 행해졌다. 혜천이 강의연습을 들으면서 느낀 바로는 강의내용의 수시 보충-보완은 기본이고, 2년에 한 번꼴로 완전 개신-개작을 하는 것 같았다. 외서값이 금값이던 그 시절, 남재는 어떤 경로로든 신간을 구입하여 강의에 적절히 반영했다. 그러니 명강의일 수밖에…. 이렇듯 강의 준비에 전력을 다하는 교수의 열강을 수강할 수 있었던 고대생과 상대생(남재는 그때 종암동 소재 서울상대에도 출강했다)은 참으로 행복한 학생들이라고 혜천은 생각했다고 한다.

1946~1947년 무렵, 남재가 무슨 과목을 담당했는지는 기록으로 확인되지 않는다. 다만 전후사정으로 미루어 2학년 정치학(1학기) 또는 정치사(2학기), 3학년 국가학(2학기) 또는 외국어정치학(1~2학기)을 강의했을 것으로 짐작된다.

남재의 강의연습—, 그 치밀한 준비성이야말로 남재가 자기 인생을 경작해 나가는 기본 자세를 말해주는 것이었다.

3. 맏딸 명신(明信)이 태어나다

갓나서 남재가 설사를 자주하자 걱정이 된 고씨 할머니는 선대, 인촌-수당의 예에 따라 남재를 "절에 팔았다"고 한다. 이러한 사실을 혜천은 어머니 박씨로부터 전해들었다. "절에 판다"고 함은 전라도 고부(古阜)지방(고창-부안 등)의 속신(俗信)[45]으로 무병장수를 부처님께 빌기 위해서 정기적으로 절에 다닌다는 뜻이었다. 그러니까 수당가에서 절에 다니는 유습은 고씨 할머니로부터 비롯된 것이다. 혜천도 시어머니 박씨의 지시에 따라 때가 되면 반드시 절을 찾았다. 절에 갈 때는 쌀과 약간의 돈을 준비했다. 쌀은 처음 가마를 열 때 그 10분의 1 정도를 따로 떼어놓은 양이니 한 말 가량이 된다. 따라서 시주하는 쌀과 돈은 총 금액으로 치면 지금의 7~8만 원 선이라 한다.

혜천은 남재를 이해하는 과정에서 뜻밖에도 남재가 어려서 외롭게 자란 듯한 느낌을 받았다고 한다. 그것은 가정의 세심한 배려와 보살핌의 상대적 결핍에서 연유되는 일반적인 현상일 수 있다. 특히 부모(주로 아버지 쪽)의 사회적 활동이나 출세가 자녀들의 성장과정에 맞지 않게 지나치게 앞서가면, 결국 자식들은 부모의 관심을 일에 빼앗기게 되므로 그만큼 손해를 보게 되는 법이다. 더구나 여기에 형제까지 많다 보면 그와 같은 가능성은 비례적으로 상승하기 마련이다.

과묵-근엄한 데다, 항상 일에 골몰하시어 접근조차 어려운 아버지 수당, 어질고 착하기만 하실 뿐 억척-고집스럽거나 진취-적극적인 것과는 거리가 먼 어머니 박씨…, 이 같은 부모의 성품과 환경 속에서는 자연 자식들은 각자가 스스로 알아서 자기의 할 바를 찾아 움직이지 않으면 안 된다. 그러니 모두가 사려 깊고 신중하게 행동할 수밖에 없게 되는데 형제들 중 남재가 더욱 그러했던 것 같다. 남재가 "외롭게 자란 것 같다"고 함은 무슨 "고독의 그늘" 같은 것을 말하는 것이 아니라 이처럼 사려 깊고 조심성 있는 행동으로 표현되는 '자기 내부로의 침잠' 성향을 말하는 것이다.

또한 남재가 또래의 아이들과 어울려 장난질 치기에 빠지지 않고 거의 대부분 외톨이로 떨어져 공부에만 매달리고 있는 듯이 주변에 비쳐지는 것도 일종의 자기 침잠의 모습으로 볼 수 있다는 것이다. 이상과 같은 남재의 생장과정 분석은 고모님들이 지나가는 말처럼 던져주던 이야기를 기초로 혜천이 나름대로 분석해본 유추해석일 뿐, 남재 자신은 자기의 어린 시절 이야기를 혜천에게조차도 털어놓는 법이 없었다고 한다.

아버지 수당에 대한 남재의 태도 역시 우리의 관심사가 아닐 수 없다. 혜천의 눈으로 볼 때, 그처럼 아버지 수당의 일거수 일투족에 세심하게 반응하며 절대적 순응의 태도를 견지하는 남재가 어떻게해서 아버지의 뜻을 어길 수 있었는지 불가사의라는 것이다.

아버지의 뜻을 따르지 않고 멋대로 자기의 길을 가버린 아들에 대한 서운함이 노여움이 되어 부자간에 대화 없는 냉기류가 냉전처럼 지속되는 가운데 웬만하면 남재도 사람인 이상 한 번쯤은 아버지에 대한 반감의 표시나 반응을 나타낼 만도 한데 남재는 그런 일이 단 한 번도 없었다. 뿐만 아니라 어쩌다 혜천의 입에서 자기의 친정아버지를 기준으로 하여 "저런 아버지가 어디 있느냐"고 불평투의 언사가 튀어나와도 이를 동조하기는커녕 시인하는 기색조차 보이는 일이 없었다는 것이다. 이것이 아버지 수당에 대한 남재의 기본태도였다.

그러나 어쨌든 부자간에 엄존했던 이와 같은 불화 아닌 불화는 신혼의 남재 내외에게는 여간 부담스러운 것이 아니었다. 남재는 수당의 눈 밖에 나면서 부쩍 외로움을 타게 되고, 정신적으로 아내 혜천에게 의존하는 경향이 깊어갔던 것 같다. 이 같은 시기에 자신의 첫 혈육인 명신(明信)이 태어난 것이다.

남재의 기쁨이 얼마나 컸겠는가는 새삼 말할 것도 없을 것이다. 세상의 모든 아버지가 다 그러하듯, 한 생명의 아비로서의 막중한 책임감과 의무감이 감격과 기쁨으로 전이되어 남재의 가슴은 벅차올랐으리라.

그때 혜천은 산일이 임박해서 개성으로 내려왔다. 산부인과 전문의시설이 전반적으로 미비하던 시절이라 산모의 정신적 안정을 위해서나 모든 출산과정의 뒷바라지, 산후조리 등을 하는데는 친정보다 더 나은 환경이 없었기 때문이었다. 1948년 3월 6일 혜천은 첫딸을 순산한 것이다. 아기는 물론 외할머니 김연순이 받았다.

흔히들 첫딸은 "살림 밑천"이라면서 아들이 아닌 섭섭함을 자위하는 세태와는 달리, 남재 부부는 성별에 구애됨이 없이 진심으로 새 생명의 점지(点指)를 감사하며 기뻐했다. 첫 외손녀를 본 개성 외가의 기쁨도 당사자들 못지않게 컸다.

남재는 개강중이어서 곧 상경하였고, 시어머니 박씨와 고모님(점효)이 개성에 내려와서 아기의 출생을 축복하고 순산을 축하하였다. 혜천은 삼칠일이 지나서 귀경했다.

제5절 두 편의 논설을 발표하다

남재는 고대 교수로서 1940년대에 두 편의 논설을《고대신문》에 발표했다. 두 편 모두 그 집필 시기가 마치 자신의 결혼과 첫딸의 출생을 기념하여 쓴 듯이 맞아떨어지고 있다.

첫 논설 〈오펜하이머의 자유경쟁론〉은 원전을 독파해서 이끌어낸 공산주의 비판론이라는 점에서 남재의 학자적 자질을 유감없이 보여준 작품으로 평가된다. 두번째의 시론(時論) 〈민주주의는 가능하냐〉 역시 민주정치의 요체를 학술적으로 정리하고 그 기초 위에서 한국민주정치의 가능성을 진단하고 있다는 점에서 시의성(時宜性)이 매우 높은 글이라 하지 않을 수 없다. 이 두 편의 논설을 통해, 우리는 20대의 정치학자 남재가 대단히 예리한 현실감각을 가지고 해방공간에서 이 땅의 정치현상을 관찰하고 있음을 발견하게 된다.

1. 첫 논설 〈오펜하이머의 자유경쟁론〉(1947)

〈오펜하이머의 자유경쟁론〉은 1947년 12월 23일자 《고대신문》 제2호의 2면 머리를 장식한 논설이다. 200자 원고지 15매 분량의 이 짤막한 글은 무엇보다 남재가 자신의 이름으로 세상에 내놓은 최초의 활자화된 작품이라는 데 일차적 의미를 부여할 수 있겠다. 아울러 이 글은 개인적 감상을 담은 신변잡기가 아니라 인류사 전개과정의 제단계에 있어서 근세 이래 인류의 지배적 생산양식으로 등장한 자본주의의 본질을 오펜하이머의 「자유사회주의론」에 입각하여 재조명한 학술적인 글로서, 남재의 정치학자로서의 문제의식을 가늠-평가할 수 있는 객관적 자료가 된다는 데 그 두번째 의미를 찾을 수 있다고 할 것이다.

남재는 이 논설에서, 우선 오펜하이머의 만년의 저서 『자본주의도 공산주의도 아니다』(*Weder Kapitalismus noch Kommunismus* ; 1932)에 제시된 「자유사회주의」(Der Liberalersozialismus)의 핵심내용을 다음과 같이 요약하고 있다.

오펜하이머에 의하면, 인류사상 최초로 진정한 의미에서의 자유경쟁을 실현하자는 것이 「자유사회주의」의 근본명제라고 한다. 즉, 오늘의 시민적 경제학자들은 자본주의야말로 자유경쟁이요, 인류의 자연질서이며, 인간의 자연적 이성에서 출발한 것이라고 단정하나 그것은 자본주의 자체 속에 내재된 독점적 성격과 진정한 자유경쟁을 배제하는 독점적 경제라는 본질을 간과한 데서 연유된 소치일 뿐이다.

공산주의자들도 자본주의의 독점적 성격을 전연 간파하지 못하고 있는 것은 아니나, 마르크스 자신조차 자본주의는 자유경쟁이라는 선입견에서 끝내 벗어나지 못하고 있다.

결국 시민경제학자나 공산주의자 모두가 "자본주의는 자유경쟁"이라는 선입견이 빚어낸 오해와 독단으로부터 출발하고 있으며, 자본주의가 오히려 진정한 자유경쟁활동을 억제하는 자본독점적 제한경쟁이라는 것을 올바로 인식하지 못하고 있다.

인류사상 진정한 의미의 자유경쟁 시기는 단 한 번도 없었다. 자본주의의 모순도 그 원죄는 자유경쟁에 있는 것이 아니라 반대로 불충분한 자유경쟁, 곧 제한경쟁의 독점경제에 있는 것이다. 따라서 자본주의의 자유경쟁 원죄론은 오류이며 그것은 무죄선고를 받아야 한다.

자본주의의 절망적 모순을 극복해야 할 새로운 미래사회의 기본목표는 공산주의자들이 주장하는 바, 생산수단의 사회화에 있는 것이 아니라 자본의 독점적 성격을 배제-청산할 수만 있다면 자본주의사회 내부에서 자생하는 자유경쟁요소를 철저히 발전시켜 진정한 자유경쟁을 실현하는 데 있다.

공산주의자들의 예외 없는 주장, 즉 시장 없고, 화폐 없고, 사회의 전 구성원이 천사라는 환상 속에서 자유경쟁 철폐로 나아가는 사회계획경제하에서는 개인의 창의력은 소멸되고, 실제로 일하는 사람은 없고 철학자만 남게 될 것이므로 생산력은 저하-정돈상태에 빠질 것이다. 「자유사회주의」는 생산수단의 사회화가 아니라 자유경쟁을 최종 목표로, 기계적 평등이 아니라 이성적 평등을 지향하며, 평등과 동시에 자유를 실현할 수 있는 사회건설의 원리이다.

이상이 오펜하이머가 주창하는 「자유사회주의론」에 담긴 자유경쟁론의 기본내용이다. 그는 저서의 표제어 그대로 자본주의를 있는 그대로 지지하는 것도 아니고, 공산주의를 찬양하는 것은 더구나 아닌 제3의 길, 완전한 자유경쟁을 실현하는 길을 제시하고자 했던 것이다.

프란츠 오펜하이머(Franz Oppenheimer ; 1864-1943)는 유대교 랍비(율법사)의 아들로 독일에서 태어났다. 그는 당초 의학을 전공, 개업의가 되었으나 베를린 대학에서 사회학과 경제학을 연구한 끝에 경제학자로 재출발, 프랑크프르트 암마인대학 경제학교수(1919)가 되었다. 나치스 정권이 성립하자 그는 박해를 받고 독일을 떠나 불란서-중동 등을 전전한 끝에 미국으로 건너가 LA에서 생을 마친다.[46] 남재가 다루고 있는 『자본주의도 공산주의도 아니다』는 오펜하이머가 독일을 떠나기 직전의 소작(所作)으로 여기에 담긴 자유경쟁론은 마르크스주의적 국가관을 가지고 있는 그를 마르크스와 근본적으로 구별짓게 하는 사상적 분기점이 되고 있다.

남재가 이 글을 쓴 목적은, 첫째로 자본주의-공산주의 양대 이데올로기 모두의 한계를 초극(超克)할 수 있는 제3의 이론을 소개하자는 데 있었다. 둘째로는 독단적 환상에 불과한 공산주의이론의 기만적 허구성을 학술적으로 비판하자는 것이었다. 그리고 셋째로는 식민지적 봉건사회의 잔재가 그대로 온존하고 있는 빈궁-낙후의 한국 사회가 건국을 앞두고 나아가야 할 방향을 제시하는 데 일조를 하려 함이었다. 다시 말해서, 공산주의자들이 파괴와 유혈폭동을 자행하고 있는 시기에, 새로운 사회의 건설은 생산수단의 사회화가 아니라 자유경쟁을 목표로, 기계적 평등이 아니라 이성적 평등을 지향하며, 평등과 더불어 자유를 실현하고자 했던 오펜하이머의 「자유경쟁론」으로부터 교훈을 받자는 것이었다.

2. 두번째 '시론' : 〈민주정치는 가능하냐〉 (1948)

〈오펜하이머의 자유경쟁론〉을 발표한 지 1년 후, 남재는 《고대신문》 제8호(1948년 11월 30일자)에 시론적 성격의 논설 〈민주정치는 가능하냐〉를 발표했다. 역시 200자 원고지 15매 정도 분량의 이 글은 대한민국 정부수립 이후, 좌익의 유혈폭동이 여전히 자행되고, 범람하는 민주정치의 구호 아래 파괴적 시위행렬의 살벌한 요구-주장이 난무하는 가운데 온 사회가 혼란과 무질서의 광풍에 휘말려 극도로 불안에 떨고 있는 현실을 목도하면서, 과연 이 나라에 민주정치가 가능한가를 근본적으로 재검토해 보자는 의도로 쓰여진 것이다.

남재는 우선 민주정치의 요체를 국민의 대표자들이 의회를 구성하고 일당

(一堂)에 모여 평화적 토론, 이성적-자발적 설복, 협조적 타협을 통해 국민의 일반의사(一般意思)를 이루어나가는 정치과정으로서 다수결원칙에 의해 그것을 실현하는 정치형태라고 정리했다. 따라서 민주정치는 만장일치를 요구하지 않는다. 만장일치란 극단적 무정부상태이든가, 아니면 추호의 분열도 용납될 수 없는 절대적 강제 속에서나 가능한 것이지 개인의 이성적 자각을 기초원리로 하는 근대사회에서는 성립될 수 없는 것이다. 그러므로 민주정치하에서는 소수의 파괴적 폭력행사는 용인되지 않는다.

그러면 이와 같은 민주정치가 성립 가능한 사회적 전제조건은 무엇인가. 그것은 절대적 동질사회나 절대적 이질사회가 아닌 상대적 동질사회이어야 한다. 절대적 동질사회란 개인, 또는 집단이 곧 전체요, 사회 전체가 되는 상태를 말한다. 이 같은 상태에서는 만장일치의 단일의사만이 존재할 뿐이니 굳이 다수결원칙을 적용할 이유가 없게 된다. 마찬가지로 절대적 이질사회란 물과 불의 관계와 같은 절대대립적 존재간의 첨예한 대결적 상황만이 전개될 것이므로 여기에는 폭력투쟁만이 있을 뿐, 토론이나 설복이나 타협의 여지는 전무한 것이다.

그러나 상대적 동질사회는 다소의 대립과 분열이 있으되 최후에는 통일과 결합에 이를 수 있는 사회를 말하는 것이므로 민주정치가 가능한 토양이 마련되어 있는 것이다. 결국 민주정치는 토론과 설복과 타협이 이루어질 수 있는 상대적 통일성, 상대적 통합성, 그리고 상대적 전체성을 전제로해서만이 가능한 정치과정이요, 정치행태인 것이다. 따라서 민주정치란 어떤 사회, 어떤 풍토하에서도 성립할 수 있는 만능의 제도는 아닌 것이다.

그리하여 민주정치가 가능한 사회적 조건이 전제되지 않는 풍토에서는 민주정치는 필연적으로 붕괴되고 극단적 무질서와 무정부상태에 빠짐으로써 결국은 강력한 반작용으로서의 구심운동(求心運動)을 자초하게 되고 상극적 증오의 대상인 독재정치를 불러오게 된다. 불란서 대혁명의 혼란 속에서 나폴레옹 독재의 반동이 나왔고, 로마 공화정시대의 무질서가 제정(帝政) 로마의 탄압을 불러왔다는 역사적 사실이 이를 증명하고도 남음이 있다는 것이다.

그렇다면 우리 대한민국의 민주정치는 과연 가능한가. 여기에 대한 남재의 진단은 명쾌하다. 대한민국이 자기 사회의 통일성, 통합성, 그리고 전체성을 잃지 않고 있다면 물론 민주정치는 가능하다. 반대로 그것이 파괴되어 버렸다면 민주정치는 시행될 수 없을 뿐만 아니라, 굳이 이를 시행할 필요도 없다고 한다. 따라서 우리 대한민국이 진실로 민주정치를 시행하고자 한다면, 무엇보다 먼저 자기의 잃어버린 통일성, 통합성, 전체성부터 회복하는 일이 가장 시급한 문제라는 것이다. 그것이 불가능하다면 대한민국 역시 역사의 필연적인 법칙에 따라 구심운동의 방향으로 나갈 수밖에 없고, 그 운동 담당자로서 출현하는 독재를 막지 못하게 될 것이라고 남재는 결론을 맺고 있다.

남재는 이때 벌써 이 땅의 독재정치의 악순환을 예견하고 있었다. 이후, 이 글은 당시의 종합교양월간지 《백민》(白民 : 1949년 1월호)에 〈민주정치의 통합성〉이란 제목으로 전문 전재(轉載)되었다.

◇

• 제6장 〔주〕

1) <고희기념좌담>, p.484.
2) 고려대학교 교우회, 『교우회 80년사』(1991), pp.304～306.
3) 위의 책, p.306.
4) 김학준(金學俊), 『고하 송진우 평전－민족민주주의 언론인 · 정치가의 생애』(동아일보사, 1990), p.283～300 및 유진오(兪鎭午), 『양호기(養虎記)－보전·고대 35년의 회고』(고대출판부, 1977), p.138.
5) 앞의 『교우회 80년사』, p.307.
6) 위의 책, p.309.
7) 위와 같음.
8) 위의 책, pp.309～310.
9) 김학준, 앞의 책, p.357(〔주〕 100 참조).
10) 김준연(金俊淵), <고하 송진우선생 2주기를 맞이하여>, ≪동아일보≫ 1947년 12월 29일자 및 위의 책 같은 페이지(〔주〕 102 참조).
11) 앞의 『교우회 80년사』, p.311.
12) 허정(許政), 『내일을 위한 증언』(샘터사출판부, 1979), pp.110～111.
13) 『교우회 80년사』, pp.251～253.
14) 위와 같음.
15) 유진오, 앞의 책, p.163.

16) 위의 책, p.164.
17) 고려대학교 문과대학 교우회, 『고려대학교 문과대학50년사 및 교우명부』(1996), p.76.
18) <고희기념좌담>, p.463.
19) 위의 책, p.484.
20) 고려대학교 민족문화연구소, 『고려대학의 사람들 ④ 현상윤』(1986), p.23.
21) 김하룡(金河龍), <남재선생과 한국정치학>, 『당산나무의 큰 그늘이여－남재 김상협선생추모문집』 (1998), p.177.
22) 위와 같음.
23) 위와 같음.
24) <고희기념좌담>, p.464.
25) 유진오, 같은책, p.193.
26) 위와 같음.
27) 위와 같음.
28) 위의 책, pp.24~25.
29) <고희기념좌담> p.484.
30) 위와 같음.
31) 정순경(鄭淳慶 · 경복21회) 부인의 증언 (2000년 4월 1일).
32) 오늘의 일본여자대학은 도쿄도(東京都) 분쿄구(文京區), 메지로다이(目白台) 2-8-1의 메지로 캠퍼스와 기나가와(神奈川)현 기와지키(川埼)시의 니시키디(西生田) 캠퍼스 두곳으로 나뉘어 있다. 김인숙이 입학한 가정학부는 메지로 캠퍼스에 소재하였다.
33) 日本女子大學 ; <學園のなりたち>-<沿革>-<創設者成瀨仁藏> 등, http://noah.jwu.ac.jp/info/nwO2-gakuen.htm
34) 위와 같음.
35) 최명희, 『혼불』 1, pp.19~20.
36) 위의 소설, pp.41~43.
37) 위의 소설, p.43.
38) 위의 소설, p.34.
39) 위의 소설, pp.35~36.
40) 위의 소설, p19.
41) 『인촌 김성수전』(1976), p.48.
42) 위의 책, p.203.
43) 위의 책, p.204.
44) <고희기념좌담>, pp.484~485.
45) 『수당 김연수』(1985년판), pp.15~16.
46) 『두산세계대백과 Encyber』.

제7장 : 건국-동란-재건-혁명의 소용돌이

1948년에 들어서면서 유엔특별위원회의 선거가능지역만의 총선거실시 가결(2.26.)에 따라 5·10선거가 치러지고, 제헌국회가 성립되어 5월 31일 개회하였다. 선거결과 인촌의 한민당은 원내 다수의석을 차지하였으나 인촌 자신은 선거에 출마하지 않았다. 개원과 더불어 제헌(制憲) 작업에 들어간 국회는 유진오(俞鎭午)의 내각책임제 초안을 뒤집어 대통령 중심제로 확정, 7월 17일 공포하였다.[1)]

헌법에 따라 국회에서 이승만(李承晩)이 대통령에 당선되었다. 인촌의 협조로 대통령에 당선된 이승만은 김성수를 당연히 초대 국무총리로 지명할 것이라는 세론(世論)의 기대를 끝내 외면하였다.

8월 15일, 대한민국이 탄생하였다. 중앙청 앞 광장에서 거행된 이날의 식전에서 대한민국정부수립이 세계만방에 선포되었다. 역사적인 건국의 순간이었다. 그러나 남재는 이 시기, 정부수립과 건국의 의미를 한가롭게 음미하고 어쩌고 할 겨를이 없었다. 광복 직후부터 경방(京紡)과 삼양사(三養社) 일부사원들과 노동자 농민들을 조종하고 있던 좌익의 파상적인 공세와 함께, 반민특위(反民特委) 활동이 개시되면서 그 화살이 부친 수당을 향해 날아오고 있었기 때문이다. 한치 앞을 내다볼 수 없는 긴박한 상황이 시시각각으로 벌어지는 속에서 추이만을 관망할 수밖에 없는 남재는 속수무책의 답답하고 우울한 나날을 보내고 있었다.

제1절 우수(憂愁)의 나날

1. 부친 수당의 수난(受難)

"조국 광복의 날이 수당에게 있어서 가슴 벅찬 감격의 날이기도 했지만 새로운 시련이 시작된 날이었다"[2]고 『수당전기』는 기록하고 있다.

수당의 시련은 두 가지 형태로 다가왔다. 하나는 좌익의 사주를 받은 공장 노동자들과 농장 소작인들의 파괴적 난동과 불법 무도한 요구에 대응하는 일이었고, 또 하나는 국회가 제정한 반민족행위처벌법에 따라 일제하의 자신의 행적에 대한 심판을 받는 일이었다.

해방은 수당에게 필생의 집념으로 만주에 건설한 기업들, 남만방적-삼양사 농장들-삼척기업 등은 말할 것도 없고, 북한의 은율(殷栗)-남천(南川)-평양 등지에 세운 조면(繰綿)공장들을 모조리 잃게 했다. 아무리 그것이 세계사적 대변동의 소용돌이 속에서 피할 수 없이 당해야 했던 일대 망실(亡失)이요, 횡액이라 할지라도 당사자의 입장에서는 쉽게 초연할 수만은 없는 아픔이었을 것이다. 그럼에도 불구하고 수당은 거기에 추호의 미련도 두지 않고 깨끗이 단념해 버렸다. 운명에의 순응이었다. 어차피 남만주개발이 돈을 벌자고 시작한 일이 아니지 않은가.

그러나 남한에서 청춘을 불사르며 민족의 기업으로 일으켜 세운 경방에서, 몸소 뽑고 길러내어 장래를 촉망하며 가르쳤던 일부 젊은 간부들의 배신적 일탈과 좌익의 조종을 받은 직공들로부터 돌팔매질까지 당하는 사태야말로 수당에게는 그 어떤 손실보다 백배 천배 참기 어려운 고문과도 같은 고통이었다.

처음 경방 소요는 일본인 방적회사 노동자들의 공장점거와 자의적 제고처분에 자극을 받아 덩달아 회사제품의 분배를 요구하는 행태로 시작되었다. 여기에 좌익노동단체 전평(全評 : 조선노동조합 전국평의회)이 개입하면서 사태는 정치색을 띠고 과격해져 갔다. 공장 간부들을 감금-위협하며 매질을 하는가 하면, 급기야는 공장 트럭에 종업원을 가득 싣고 성북동 수당 자택에까지 쳐들어와 안방을 점거하며 농성을 벌이는 폭거를 자행하였다. 착취계급은 물러나고 공장을 노동자에게 내놓으라는 것이 그들의 요구였다.

사태를 시종 바라만 보며 묵묵히 참고 있던 수당은 노동자를 착취했다는 그 참을 수 없는 난언(亂言)-폭언(暴言)에 이르러서는 분연히 입을 열지 않을 수 없었다. 수당은 경방의 경영을 맡은 이래, 단 한 사람이라도 더 일거리를 만들어주고 한푼이라도 더 그들에게 돌아가도록 불철주야 노력해온 지난 23년 동안 자신은 회사 돈을 단 한푼도 사비(私費)로 쓴 일이 없음을 밝히고 다시는 그들을 상대하지 않았다.[3)]

그러나 사태는 좀처럼 진정되지 않았다. 경방의 양평동 공장은 벌써 전평의 전초기지가 되어 있었다. 이런 와중에 전라도 장성-손불-해리 농장의 소작인들까지 떼지어 올라와 농장의 운영권을 소작인 자율에 맡기고 창고의 곡물재고를 풀어 무상 분배하라고 요구하였다. 이들의 배후에는 삼양사 일부 직원의 선동이 있었고, 지주계급 타도를 외치는 전농(全農 : 전국농민조합총연맹)의 사주가 있었다. 이와 같은 사태진전 속에서 수당은 경방퇴진을 결심했다. 좌익의 앞잡이가 되어 날뛰는 종업원들의 난동이나 성토가 두려워서가 아니라, 해방된 조국에서 이제 경방은 새로운 시대정신 아래, 새로운 경영자에 의해, 새로운 경영노선을 개척해야 한다는 신념 아래 경방의 사장직을 물러나기로 한 것이다. 1945년 12월 29일 정기 주주총회에서 수당은 정식으로 사표를 냈다. 경방퇴진을 계기로 수당은 일체의 공직을 떨쳐버리고 기나긴 침묵의 시간으로 들어갔다. 한편 광복을 4개월 앞둔 이 해 4월 27일, 지산 김경중이 83세를 일기로 별세하였다. 수당의 침묵은 부친 지산의 3년상과도 맞물려 있었다.

*

대한민국 정부가 출범하였으나 좌익의 파괴책동으로 사회는 여전히 혼란에 빠져 민생이 극도로 불안한 가운데서도 민족정기를 바로 세우는 일은 결코 늦춰질 수 없다는 인식 아래 국회를 중심으로 반민족행위자에 대한 단죄작업이 진행되었다. 반민족행위처벌법이 확정공포(1948. 9. 23.)되고 이듬해 1월 5일에는 반민특위가 정식 발족됨에 따라 동법 제4조 각호에 해당하는 자들이 검거되었다.

수당은 일제가 패망의 종국을 향해 마지막 발악을 치던 종전기(終戰期)에 걸어맨 중추원 칙임참의, 만주국 명예총영사, 임전보국단간부 등 '친일의 올가미'에서 빠져나올 수 없었다. 그것이 본의든 아니든 일단 그와 같은 올가미를 썼다는 것은 어떠한 상황논리를 내세운다고 해도 결과적으로 협일(協日)의 혐의를 벗어날 수 없는 이상, 수당은 오욕의 역사를 청산하는 민족적 과업에 동참한다는 뜻에서 어떤 죄값이라도 달게 받겠다는 마음의 준비를 하고 있었다.[4)]

1월 21일, 수당은 반민특위조사관에 연행되어 특위 검찰부를 거쳐 서대문형무소에 수감되었다. 검찰의 심문에 응하는 수당의 자세는 시종 한결같이 담백하였다. 구차한 변명 따위는 일체 하지 않고, 기소에 필요한 정황진술도 측근을 불러 청취해줄 것을 희망하였다. 그리하여 최두선, 백관수, 김용완, 현상윤, 신기창 등 10여 명이 검찰과 법정의 증인심문에 나서기도 했다. 당시 검찰은 신문에 임하는 수당의 진솔한 태도와 진실로 역사 앞에서 겸허하게 참회하는 모범적 수감생활에 깊은 인상을 받았다. 수당은 옥중 내내 찬 마룻바닥에서 무릎 꿇고 묵상하면서 그 혹독한 겨울을 이겨냈던 것이다. 이로인해 발톱이 모두 빠지는 동상을 입고 한동안 고통을 겪게 되었다. 면회도 삼양사나 경방의 중역들은 물론 가족에게조차 불응하고 매부인 김용완과 비서 최상규(崔常圭)만이 가끔 수당을 만날 수 있었다.

반민특위공판은 그 해 3월 28일부터 시작되어 수당에 대한 첫 재판은 3월 30일 열렸다. 이날 재판부는 인정심문을 마친 후, 그날 저녁으로 수당을 석방하였다. 증거인멸이나 도주의 우려가 없을 뿐만 아니라, 검찰조사 기록을 통해 그간 수당이 보여준 참회자세를 확인하고 크게 감명을 받은 재판부는 연석회의를 열어 이같이 결정한 것이다.5)

그러나 구속만 풀린 것이지 재판은 진행되었다. 6월 15일 결심공판이 있었고, 그로부터 50여 일이 지난 8월 6일에야 선고공판이 열렸다. 재판부 내 인사경질과 합의과정에서 의견이 엇갈려 두 차례 재판이 연기되었고 이견조정회합이 거듭됨에 따라 적잖은 시일이 소요되었던 것이다. 이날의 법정은 유난히도 찌는 듯이 무더웠다.

2. 반민특위공판 ; 무죄판결이 내려지다

1949년 8월 6일, 반민족행위특별재판부 재판장 서순영(徐淳永)은 피고인 김연수(金秊洙)에게 무죄를 선고하면서 그 판결주문에 앞서서 다음과 같이 재판부의 견해를 요약했다.6)

피고는 경성방직을 경영함에 있어, △일본 자본과 강력히 맞싸웠다 △항상 민족을 위한 경제적 기반확립에 노력하였다 △경방상표에 태극기를 모방한 것으로 보아 피고의 행위는 참작할 곳이 있다 △관직 및 명예직은 일제의 압력에 못 이겨 피동적으로 맡은 것으로 증명된다 △인재양성을 위해 학생에게 원조하여 혜택을 입은 자의 수는 수백 명에 달하니 그 공훈은 실로 크다 △기타 증인의 증언을 종합할 때, 단순히 친일 및 반민족 행위자로 규정할 수 없다. 그러므로 이상의 사실을 들어 형사소송법 제362조에 의거 주문과 같이 무죄임을 판결한다는 것이었다.

판결문 주문은 ① 공소사실의 적시, ② 반민족행위의 개념적 규정(법률 이전의 윤리적 관념), ③ 심판대상의 범위획정(劃定), ④ 피고의 경방투신과정-행적고찰, ⑤ 경방 및 기타 기업활동을 통한 사회적 공헌, ⑥ 공직 및 명예직 피임과정과 본인의 기본자세, ⑦ 증언 검토, ⑧ 결론 등으로 구성되어 있다.

재판부는 주문의 결론부에 이르면서, 수당의 선고(先考) 김경중이 고난을 무릅쓰고 조선문화와 민족사상의 발양에 이바지하고자 전후 18년의 세월에 걸쳐 『조선사』 17권을 비밀리에 편찬한 사실과 수당의 가계(家系)에서 단 한 사람의 일제관공리가 나오지 않은 점을 들어 수당의 성행, 사업, 사상, 가정 그 어느 것으로 보나 그 공적을 추장(推奬)할 바는 있을지언정 사리사욕에 빠져 동족을 구박(驅迫)하고 명예와 지위를 탐하여 민족의 독립정신을 방해한 반민족행위자로 규정할 논거는 없다고 지적하였다. 그리하여 위로는 망부(亡父)의 민족정신을 받들고 아래로는 자(子) 질(姪)들의 방향을 탈속(脫俗) 지도한 피고인이 권력을 동경하고 공명을 희구하여 반민족 행위를 취할 리 없으니… 본건 공소사실은… 이를 긍인(肯認)할 만한 자료가 없으므로 결국 증거불충분으로 귀착한다고 그 무죄선고의 이유를 밝혔다.[7)]

여기서 우리가 특히 주목하는 것은 반민족행위자 처벌에 임하는 재판부의 역사의식이다. "…이제야(於是乎) 광복의 날을 맞이하여 민족심판의 대상을 논위하게 될 때, 우리는 모름지기 엄숙한 자기반성과 냉철한 사적(史的) 고찰에 입각하여 민족 전체를 죄인시하는 회의(懷疑)를 피하고… 적극적으로 민족의식을 떠나서 적의 세력을 이용하여 동족을 박해하였거나… 일부러 적의 환심을 사기 위하여 자진 아부한 자 등을 징치(懲治)하여서 민족 대의(大義)의 상존(尙存)한 바를 선명코자 함이 본 법 제정의 목적…"이라고 밝히고 있는 대목이 그것이다.[8)]

즉 "엄숙한 자기반성과 냉철한 사적 고찰에 입각하여, 민족 전체를 죄인시하는 회의를 피해야 한다"는 재판부의 견해는, 일제 식민지치하에서의 삶 자체가 벌써 엄밀히 말하면 협일(協日)이거나 최소한 굴신(屈身)의 범주를 벗어날 수 없는 것일진대, 그 시절 이 땅에서 이 민족이 살아남았다는 역사적 사실을 자학(自虐)하여 민족 전체를 죄인으로 몰아가는 식의 극단적 결벽(潔癖)의 논리를 경계하고 있는 것이라 할 것이다.

그러면 일제하에서의 우리 민족의 삶은 어떠해야 했는가. 전 민족이 생존을 포기하고 전면 항거하다 옥쇄를 하거나, 구명도생을 위해 이 땅을 버리고 국외로 도망이라도 해야 했는가. 그때 어떤 역경, 어떤 굴욕도 참고 민족이 이 땅에서 살아남았기에 오늘의 광복이 있고 희망찬 내일을 기약할 수 있었던 것이 아닌가. 이 점을 재판부는 투철하게 인식하고 있었기 때문에, 만난을 무릅쓰고 기업활동을 전개하여 민족경제자립기반 확립에 노력하고, 인재양성을 위한 장학사업에 힘썼으며, 특히 중앙학교와 보전(普專)-고대 육성에 재정적으로 기여함으로써 민족의 미래를 기약해온 수당의 행적에 추장할 바는 있을지언정 반민족 행위자로 규정할 논거는 없다고 한 것이 아닌가.

이러한 견지에서 우리는 재판부의 판단이야말로 정당한 것으로서 그 올바른 역사의식을 전적으로 지지하며 찬사를 보내는 것이다.

일제하에서 우리 민족이 어떻게 살아야 했는가와 같은 민족의 삶의 방식과 생존문제에 대한 본질적 질문과 관련, 철저한 저항적 삶이 추앙되어야 함과 똑같이, 그 처절-극악의 생존조건하에서도 민족독립의 희망을 잃지 않고 민족의 미래를 내다보며, 민족재생의 초석을 놓고, 민족재활의 힘을 양성-비축하는 일에 매진한 수당의 삶도 높이 인정되어야 한다는 것이 우리의 기본적인 인식이다. 이 시대에 누군가는 이 땅에 살아남아서 반드시 하지 않으면 안 될 일을 수당은 했던 것이다.

3. 분가(分家) ; 둘째딸 영신(榮信)의 출생

수당의 수난이 곧 가족의 수난이요, 그의 시련이 곧 가족 전체의 고난이었음을 여기에 새삼 논할 필요는 없을 것이다. 평생 심혼을 다 바쳐 이룩해 놓은 국내외의 그 많은 기업들, 농장 등 산업생산시설들을 모조리 잃어버리고, 거기에서 동고동락했던 동족들로부터 돌팔매질을 당한 끝에 영어(囹圄)의 몸이 되어 법의 심판까지 당해야 하는 최악의 상황으로까지 몰려 있는 아버지의 곤욕(困辱)과 궁경(窮境)을 보고도 아무일도 할 수 없었고, 아무 도움도 될 수 없었던 아들들의 심경은 또 얼마나 참담한 것이었겠는가. 자신이 지은 일(自業)에 자식들이 끼어듦을 절대로 허락치 않는 아버지이기에, 도리 없이 구경밖에 할 수 없었던 이 시기의 남재 형제들의 마음고생을 우리는 여기에 말로 이루 다 형용할 수 없는 것이다. 남재 형제들에게 있어서 광복으로부터 건국-분단기에 이르는 해방공간은 실로 견디기 어려운 시련과 우수의 나날이었다. 수당에 대한 재판이 완료되기까지, 남재는 잠시 학교 강의조차 쉬고 사태의 추이를 살피면서 수당 부재중의 삼양사 업무를 돌보았다.[9)]

사필귀정, 수당이 무죄판결로 재판의 종결을 봄으로써 성북동 수당가나 삼양사나 비로소 평온과 정상을 되찾았다. 이에 따라 남재도 다시 학교로 돌아갈 수 있었다. 그 해 11월에는 셋째 상홍이 결혼을 하여 수당가는 셋째 며느리를 맞았다. 신부는 수원의 유명한 부호 차준담(車濬潭)의 장녀로 이화여대(梨花女大) 가정학과 출신 차부영(車富榮)이었다.[10]

분가는 앞 장에서도 언급했듯이 수당이 집안을 이끌어가는 원칙이었다. 셋째 며느리가 시가에 들어와 가풍을 익히고 시집살이에 어느 정도 익숙해질 무렵인 1950년 봄, 남재 일가는 분가하게 되었다. 남재 내외가 새살림을 차려 나간 곳은 바로 이웃집 고모님 구댁이었다. 백 평 남짓한 2층 양옥으로 정원까지 딸린 이 집은 남재 일가가 살기에는 아주 여유 있는 규모였다.

분가를 하고 나니 혜천은 자유스러움과 충만한 행복감, 바로 꿈의 실현 그것이어서 참으로 감회가 컸다고 회상했다. 남재는 내색을 안 하므로 그 소회를 알 수 없었으나 혜천 자신만큼 큰 감흥을 느끼는 것 같지는 않았다고 한다. 분가 후 가장 크게 달라진 것 중의 하나가 남재의 손님이 많이 찾아오게 되었다는 점이다. 이전 본가시절에는 남재 손님들이 마음놓고 드나들 분위기가 못 되었던 것 같다. 손님은 고대-서울상대 동료교수들이 주였다. 김성식(金成植), 최문환(崔文煥), 한춘섭(韓春燮), 김경수(金敬洙), 서임수(徐壬壽), 조동필(趙東弼), 조기준(趙璣濬) 등이 그때 분가한 집을 자주 찾아준 내객들이었다. 손님이 많으니 혜천은 자연 음식대접-술대접에 바빴다. 남재댁 혜천의 음식 솜씨는 벌써 이때부터 평판이 나기 시작했다고 한다.

분가 이후, 내외간 호칭도 달라졌다. 남재는 물론 여전히 '인숙'이라고 혜천의 이름을 그대로 부를 때도 많았지만, 차츰 명신의 입이 열려 '엄마', '아버지'를 부름에 따라 여기에 맞춰 혜천을 '엄마'라고 불렀고, 혜천도 남재를 '아버지'라고 불렀다. 그러니까 남재 부부는 당시의 엄격한 내외호칭인 '여보—당신'을 전혀 주고받지 않았던 것이다. 이 때문에 소강(小崗) 민관식으로부터 "엄마, 아버지가 뭐냐"고 곧잘 핀잔 같은 놀림을 받기도 했다고 한다.

수당의 수난과정을 몸소 당하며 지켜본 혜천은 "어떤 사람들이 시어른의 친일시비를 거는지는 몰라도 그분만큼 앞을 내다보는 혜안(慧眼)과 판단력을 가진 분은 드물 것이다. 시어른의 굽힘이 있었기에 민족의 기업을 일으켜 백부님이 큰 뜻을 펴실 수 있도록 받들고 뒷받침할 수 있었던 것이 아닌가 생각한다"고 말하면서 남재가 남달리 앞을 내다보는 형안을 갖게 된 것도 부친 수당을 닮은 것이라고 평했다.

분가 후 얼마 안 있어 둘째 영신(榮信)이 태어났다. 1950년 4월 22일, 6·25를 불과 두 달 앞두고 둘째딸을 얻은 것이다. 이때는 세상이 하도 어수선하고, 또 분가한 상태여서, 그대로 성북동 새 집에서 산파를 불러 아기를 받았다. 남재 부부는 이번에도 또 딸이라는 데 섭섭함 같은 것은 추호도 없었다. 영신이 태어나자 개성의 친정에서는 "아제 할머니"를 상경시켰다. 아제 할머니는 혜천의 외가쪽 수양딸로 젊어서 과부가 되어 홀로 지내던 중, 혜천의 친정 어머니 김연순이 딸의 산후조리를 돕도록 임시로 올려보낸 것이다.

그 동안 남재는 성격도 상당히 바뀌어 계동 큰댁에 인사를 가면 사촌들과 농담도 하고 웃고 떠들며 잘 어울려 지냈다. 남재의 이처럼 변한 모습을 보고 계동에서는 "상협이가 말문이 터졌네" 하면서, 혜천에게 남재의 성격을 바꿔놓았다고 칭찬처럼 말할 정도가 되었다. 남재는 환하게 웃는 얼굴로 갓난 둘째딸을 신기한 눈으로 들여다보았다.

제2절 고창 동호(冬湖)의 잠룡(潛龍)

1. 동족상잔의 동란(動亂)을 예견하다

영신이 태어나던 4월 하순경에는 3·8선 일대에 벌써 전운(戰雲)이 감돌고 있었다. 특히 개성 근방 서부전선에서는 남북간의 군사충돌이 1년 전부터 빈번했고, 그 무력접전상태로 미루어 이대로 가다가는 이내 전쟁이 터질 것 같은 예감이 누구에게나 들 지경이었다.[11] 특히 개성지역 사람들은 전쟁 가능성을 어느 지역 주민보다 민감하게 느낀 나머지 유사시를 대비해서 남쪽

에 피란거점을 구하는 사람들도 일찍부터 나오고 있었다.[12]

혜천의 친정집에서는 다른 무엇보다 형제들의 학업을 위해서라도 서울에 수학의 근거처가 필요했다. 그래서 서울 화동에 30평이 채 안 되는 아주 작은 집을 한 채 마련해 두었다. 이때는 혜천에 이어 둘째 명숙(明淑)만이 시집을 간 상태였고, 나머지 형제들은 아직 학교에 다니고 있었다.

언제나 라디오에 귀를 기울이고, 신문기사를 꼼꼼히 챙기면서 주요 국제 뉴스는 스크랩까지 하며 내외정세를 살펴 온 남재는 정부출범 직후부터, 남쪽의 무모하고도 허황된 북진기세와 북쪽의 치밀한 전쟁준비를 비교하면서 전면전 발발 가능성을 크게 우려하기 시작했다.

남재는 정부수립 직전인 1948년 4월의 제주도 4·3사건, 10월의 여수-순천반란사건 등 남쪽 내부에서 일어나고 있는 일련의 무장폭동이 빨치산 형태로 이어지는 상황, 만주에서 목격했던 엄숙한 규율의 중국인민해방군과의 밀접한 연계하에서 창설된 것으로 알려진 북한공산군의 동향을 주목하고 있었던 것이다.

1949년 말에 이르면서, 남재는 "내년(1950) 9월 쯤" 전면전이 일어날 것으로 예언했다.[13] 특히 남재는 중국대륙이 모택동의 중국공산당 앞에 무인지경으로 떨어져나가는 모습을 보면서, 임표(林彪) 지휘하의 팔로군에 편입되어 있는 10만여 조선인 연군(連軍)이 북한에 귀환한다면 그 예봉이 필시 남쪽으로 돌려질 것을 걱정하지 않을 수 없었다. 또 실제로 최전선에는 팔로군 출신 정예부대가 배치되어 있었던 것으로 알려졌다.[14] 예컨대 남침 당일 옹진전투에 참가한 이래 전라도 해안을 종단한 후, 동진하여 진주를 점령하고 부산을 코 앞에서 위협하던 북한군 6사단은 방호산(方虎山)이 이끄는 팔로군 주축의 정예부대였다.[15] 남재는 약 3개월 정도 시차가 나기는 했지만 동란의 발발을 정확히 예견한 것이다.

미-소의 한반도 분할점령은 민족분단의 시발이었고, 6·25 동족상잔의 비극도 여기에 잉태되어 있었다. 6·25가 김일성 공산집단의 계획된 전면 남침으로 시작되었음을 의심할 여지는 없다. 또 소련의 세계전략에 입각한 무장지원과, 순망치한(脣亡齒寒)의 논리에 따라 '항미원조'(抗美援朝)의 구호 아래 전쟁의 기획과 수행의 전과정을 뒷받침한 중공의 참전의도가 분명히 개입되었음도 부인할 수 없는 사실이다.

그럼에도 불구하고 소위 「한국전쟁의 기원문제」를 둘러싸고 근간에 대두되었던 논쟁양상은 6 · 25동란에 대한 국민일반의 초보적 인식을 크게 흐려놓는 방향으로 전개된 바 있다.[16)]

여기서 우리는 6 · 25의 기원문제에 관한 장황한 논쟁과정을 일일이 재론할 겨를은 없다. 그러나 수정주의설의 대표적 복음서처럼 거론되어온 '커밍스류'의 기본논지에 대해서는 6 · 25를 경험한 이 땅의 당사자들에게 있어서, 그것은 이미 직관으로도 능히 도달할 수 있는, 새롭거나 신기할 것이 전혀 없는 상식에 지나지 않는 것임을 지적하지 않을 수 없다. 결국 '커밍스류'는 '객관'으로 포장된 제3자의 자가도취적 지적 유희에 불과하다는 것이다.

또 한 가지 지적되어야 할 것은 수정주의설로 무장한 일부 좌경세력들이 한국전쟁의 성격을 이해함에 있어서 "전쟁을 누가 먼저 시작했는가를 묻는 것은 무의미하다"고 주장한다는 점이다. 그러나 문제의 본질은 바로 전쟁을 누가 먼저 시작했느냐에 있는 것이다. 6 · 25의 성격이 내전이요, 혁명전쟁이라면 더욱더 누구를 위한 내전이며 무엇을 위한 혁명인지 그 전쟁 의도를 똑똑히 밝혀내야 한다는 견지에서도 누가 일으킨 전쟁인가를 묻는 것은 6 · 25동란의 본질을 규명하는 출발인 동시에 종착이 아닐 수 없다.

결론적으로 6 · 25동란은 북한의 계획된 남침으로서, 김일성 공산집단의 한반도 지배를 목적으로 한 내전이었고, 공산화 통일을 위한 혁명전이었다는 점에서, 그것은 민족의 위신에 씻을 수 없는 오욕을 들씌운 또 하나의 반역사적 망발(妄發)임이 분명하다. 공산주의의 자멸(自滅) 이후, 수백만 인민을 굶겨죽이면서도 '핵개발 놀음'에 매달려 여전히 전세계를 상대로 구걸행각과 더불어 '벼랑끝' 전술을 구사하며 생존에 몸부림치고 있는 북한의 오늘과 같은 참혹한 현실이 이를 증명하고도 남음이 있는 것이다.

그렇다고 미국의 한반도 정책부재와 이승만 정부의 무위무책에 책임이 없다는 뜻은 아니다. 특히 미국은 북한의 계속되는 전력증강에도 불구하고 국군의 절대적 열세를 그대로 방치했을 뿐만 아니라, 정부수립을 전후한 무렵부터는 진주군의 중무장을 빼나간데 이어 소수의 군사고문단만 남겨둔 채, 소련군과 보조를 맞춘다는 구실로 전면 철군을 단행함으로써 결정적으로 남북간의 군사적 불균형을 초래하고 말았다. 이러한 상황에서 대한민국이 미국의 방위선 밖에 있다는 국무장관 에치슨의, 한반도 포기로 해석될 수 있는 선언까지 나오게 되어서는 김일성의 전쟁욕구를 노골적으로 부추겼다고 해도 과언이 아닐 정도로 미국은 무책임성을 드러내었다. 이 점이 뒷날 수정주의자들에 의해 '미국의 전쟁 유인설'이 제기되는 논거가 되었던 것이다.

38도선을 임의로 그어놓고, 그 남쪽을 분할점령하여 3년 동안이나 갖은 해악을 다 뿌리며 통치까지 해놓고는 소련과 달리, 기초가 잡히지 않은 연약한 신생정부에 안보의 과중한 부담을 일방적으로 떠넘기고는 발을 빼버린 격이 되었으니 어찌 미국의 책임이 크다고 하지 않을 수 있겠는가.

따라서 6 · 25는 회피될 수 있었고, 또 반드시 회피되었어야 할 참화였던 것이다. 남재는 한반도정책부재로 드러난 미국의 무책임성과 미군의 전면철수로 야기된 군사적 불균형 상태를 근거로 이제 동족상잔의 전면전이 피할 수 없는 기정사실로 굳어지고 있음을 절감하면서 김일성의 남침을 예견했던 것이다.

2. 부산까지 피난

(1) 6 · 25동란 스케치

서울시민들이 북한공산군의 남침 사실을 처음 접한 것은 정확히 6월 25일 아침 7시경, 서울중앙방송국 라디오 뉴스 보도를 통해서였다. KBS의 제1보는 공산군의 남침 소식과 함께 국군의 건재를 알리고 시민들은 안심하라는 내용이었다. 개성이 적의 수중에 떨어지던 아침 9시 30분 시점에도 수도극장은 외국영화 조조관람을 기다리는 사람들로 붐볐다. 11시경에야 국군장병의 조속한 원대복귀를 종용하는 장내 방송이 울려 퍼졌다.

오후 1시, 고대와 동국대(東國大) 간 제3회 전국대학축구선수권대회 결승전이 벌어지고 있는 서울운동장. 1만여 관중이 막 개시된 후반전 시합에 몰입할 즈음, 장내 스피커를 통해 국군장병의 조속 원대복귀를 알리는 군의 명령이 반복 전달되었다. 이어 관중에게 시합중단, 무기연기, 퇴장이 통고되었다. 이 무렵 시내 곳곳에 신문호외가 뿌려졌다. "국군정예부대 북진, 총반격 전개…"라는 위세 당당한 표제가 시민의 눈길을 끌었다. 이날 저녁 늦게까지도 KBS는 국군의 적군 격퇴를 담은 거짓보도를 계속 내보냈고, 시민들은 라디오가 전하는 승전소식에 안도하며 잠을 청할 만큼 사태의 진상을 모르고 있었다.

밤 9시 30분, 대통령 이승만이 무쵸 미국대사를 불러 서울 포기를 통고하고 있었다. 두 사람은 서울 포기로 야기될 군과 국민의 사기문제를 놓고 대립, 한 시간 가까이 토론을 벌였다. 서울의 대사관 주변 미국 민간인들은 26일 새벽 2시부터 인천을 향해 빠져나갔다.

서울 시민들은 26일 아침에 깨어나 쌀값이 폭등하고 생필품 품귀현상을 겪고서야 비로소 사태가 심상치 않음을 느끼기 시작했다. 대통령 이승만은 26일까지는 서울을 떠나지 않고 있었다. 의정부 쪽에서는 끊임없이 후송 부상병과 피난행렬이, 가까워지는 포성과 함께 전세의 급박함을 알리며 밀려내려오고 있었다.

27일 새벽 1시, 군 수뇌회의를 통해 모든 전선에서 국군이 무너지고 있음을 확인한 이승만은 3시 경무대를 떠났다. 이어 5시 국방장관 신성모(申性模)를 비롯한 각료들과 그 가족들은 사람들의 눈을 피해 용산역에 집결, 특별열차 편으로 남쪽을 향해 피난길에 올랐다.

정부가 서울을 버리고 떠난 지 한 시간 후인 오전 6시, KBS는 정부의 수원 이전(移轉) 뉴스를 보도했다. 정부의 서울 탈출 소식이 전파를 타고 전해지자 거리는 삽시간에 피난인파로 들끓었고 서울역 일대는 밀려드는 시민들의 비명과 고함소리로 아수라장이 되어버렸다. 시내에는 유언비어가 난무했다. 기약없는 남행열차를 기다리다 겁이 더럭 난 시민들은 무턱대고 남쪽을 향해 발걸음을 옮겼다. 피난 보따리를 이고 지고 몰려든 인파가 삽시간에 한강 인도교를 덮쳐 대혼잡을 이루었다. 이제 다리를 빠져나가기란 바늘구멍을 통과하는 것만큼이나 힘이 들었다. 헌병들은 인도교 북단 입구를 차단, 전면 통제에 들어가 다리 통과속도를 더욱 늦추고 있었다.

28일 0시, 억수같이 퍼붓는 빗속을 뚫고 탱크를 앞세운 적 3사단이 미아리 고개를 넘어 서울 시내로 쳐들어왔다. 새벽 2시 30분, 한강 인도교와 철교의 폭파음이 하나로 겹쳐져 천지를 뒤흔들었다. 6·25 최대의 비극으로 일컬어지는 한강교의 폭파…, 그것은 이후 동란 전 과정의 참상을 집약-표현하는 악몽의 상징이었다.

이상은 1950년 6월 25일 새벽 4시, 북한 공산군의 남침 개시로부터 28일 새벽 2시 반, 한강교 폭파까지 3일 동안 있었던 지극히 단편적인 서울시민의 동향과 반응을 일본인 고지마 노보루(小島登)의 『한국전쟁』 번역본(1981)에서 간추려본 것이다.[17] 이 간략한 스케치를 통해서 당시 남쪽이, 예견되는 북의 남침에 대해서 얼마나 무방비 상태였는가를 우리는 한눈에 알 수 있는 것이다.

(2) 극적인 서울탈출

성북동 수당가에서는 25일 오후 늦게부터 대체로 사태의 심각성을 알아차리고 있었다. 1947년부터 경찰에 투신하여 치안국 교육계장(경감)으로 근무하고 있는 셋째 상홍으로부터 전황 소식이 전해졌기 때문이다.[18] 이날 저녁, 상홍은 집으로 재차 전화를 걸어 피난을 재촉했다.

수당 일가가 피난을 염두에 두고 일단 성북동집을 나선 것은 자정이 훨씬 지나서였고, 세종로 근처 당주동(唐珠洞) 상홍의 처가댁에 당도한 것은 날이 훤히 밝기 시작하는 26일 5시경이었다.[19] 상홍의 처가는 수원에 본가가 있고, 당주동집은 원래 상홍의 부인 차부영이 이화고녀를 다니게 되면서 서울 수학의 근거지로 마련된 것이었다. 여기서 일행은 잠시 눈을 붙인 뒤 전황을 계속 수소문한 끝에 회복이 어렵다는 결론을 얻었다. 아침 요기를 끝내자마자 수당 일행은 서울역을 향해 떠났다.

아침 8시가 넘어서 일행이 서울역에 도착했을 때는 얼마 전 떠난 7시 기차를 마지막으로 철도 운행 전체가 마비 상태였고, 언제 후속열차가 있을지 누구도 기약할 수 없는 형편이었다.[20] 하는 수 없이 걸어서라도 우선 한강교를 넘고 보아야 한다는 일념으로 피난행렬에 끼어 용산쪽으로 무거운 발걸음을 옮기고 있을 때, 상홍이 용케 트럭 한 대를 구했다는 반가운 소식을 전해왔다. 이때까지만 해도 서울시내는 아직도 전세를 낙관하는 분위기여서 구할 만한 트럭이 남아 있었던 것 같다.

시간이 정오를 향해 무섭게 달릴 무렵, 수당 일가는 용산에서 트럭을 타고 상홍이 선도하는 지프차를 따라 무사히 한강을 건너 영등포 → 시흥을 거쳐 안양에 도착하였다. 여기서 상홍은 서울로 서둘러서 되돌아가야 했다. 그는 근무중이었다. 가족들과의 이 헤어짐이 상홍에게는 3개월간 적 치하에 떨어져 생사의 갈림길을 무수히 헤매게 되는 순간이 될 줄이야….[21] 이때 수당은 "이제 그만 돌아가 보거라. 가족도 중하지만 공직에 있는 몸이니 네가 맡은 일을 해야지…" 하며 상홍을 돌려보낸 것으로 『수당전기』는 기록하고 있다.[22]

한편, 혜천은 26일 아침 7시경에야 시댁본가의 유모로부터 새벽에 가족들이 모두 피난을 떠났는데 아씨는 무엇을 하고 있느냐는 다급한 전갈을 받았다. 그러니까 남재 일가는 본가의 피난 사실을 까맣게 모르고 있었던 것이다. 본가에서는 전세의 추이에 대해서 상황판단이 서지를 않아 피난을 떠날 것인지 말 것인지 망설이며 지체하다, 셋째의 재촉을 받고 한밤중에 갑자기 피난을 결정한 터라 떠날 준비에 모두들 여념이 없다 보니 황망 중 누구도 미처 남재댁에 함께 떠날 것을 알려야 한다는 생각이 미치지 못했거나, 누군가는 연락을 했겠거니 하고 서로들 믿고 미루다 그만 아무도 챙기지 못한 결과 중 어느 하나일 것이었다.

그때까지도 남재는 지금 세상이 어떻게 돌아가는지를 아는지 모르는지 책만 보고 있었다고 한다. 그러나 동란 발발을 예견해 온 남재는 전날(25일), 약전(藥田) 김성식(金成植)과 함께 명동성당에 이어 영락교회를 다녀왔다. 비신자인 남재가 성당과 교회를 찾은 것은 이상한 일이나, 아마도 동족상잔의 비극을 막아달라는 간절한 염원을 빌기 위해서였던 것 같다. 혜천이 본가의 피난 사실을 알리자, 남재는 놀라는 기색으로 잠시 생각에 잠기더니 피난을 떠나자고 서둘기 시작했으니 그때는 아침 8시가 넘은 시각이었다고 한다.

피난행장은 특별히 차리고 어쩌고 할 것이 없었다. 남재는 늘 입던 옷에 하기중절모를 쓰고 가방을 챙겨들었다. 가방 속에는 읽던 책과 메모지-노트 따위와 갈아입을 옷 한 가지 덜렁 들어 있을 뿐이었고 세면도구가 전부였다. 혜천은 갓난 영신을 업고, 아제 할머니가 명신을 업고 나니 가재도구를 챙길 여력이 없었다. 옷 몇 가지와 당장 써야 할 생활도구만을 한 보따리씩 꾸려들고, 앞서가는 남재의 모자만 바라보며 삼선교 쪽으로 황급히 발길을 옮겼다고 혜천은 회고했다.

다행히도 전차는 아직 운행되고 있었다. 삼선교 일대에는 사람들이 하얗게 쏟아져 나와 우왕좌왕하고 있었다. 남재 일행은 전차로 동대문까지 와서, 서울역 행으로 갈아타고 10시가 훨씬 넘어서야 서울역에 도착하였다. 기차가 있을 리 없건만, 서울역을 찾는 피난민은 갈수록 불어났다. 남재 내외는 대합실 한 귀퉁이를 차지하고 오지 않는 기차를 무작정 기다리며 조바심을 쳤다. 고대생인 듯, 젊은이들이 피난객 속에서 나와 남재에게 인사를 건네기도 했다. 1시간 가까이 이렇게 멍하니 시간을 보낸 끝에 일행은 상황을 좀 더 알아보기 위해서 역사(驛舍)를 빠져나왔다. 남재 내외가 찾아간 곳은 한 발짝이라도 더 다가가야 할 한강쪽과는 역방향에 있는 통의동(通義洞) 명숙의 신혼살림집이었다. 혜천은 서울역에서는 그래도 가까운 거리에 있는 동생 명숙이 생각난 것이다.

일행이 통의동에 당도했을 때, 명숙은 아무것도 모른 채 막 출산한 아기를 어르면서 노래만 부르고 있었다고 한다. 언니 내외가 솔가하여 불쑥 나타나 난리가 난 이야기를 하고는 전세를 살피면서 며칠 묵을 뜻을 비추자 명숙은 곧 일어나 불어난 식구의 양식과 찬 거리를 장만할 요량으로 아기를 혜천에게 맡기고는 부지런히 장을 보러 나갔다. 주인도 없는 집에서 할 일 없이 무료하게 얼마를 기다리고 있노라니, 곰곰이 생각에 잠겨 있던 남재가 별안간 큰 깨달음이라도 있었다는 듯 정색을 하며 "안되겠다… 이대로 그냥 나가자!" 하며 떠날 것을 재촉했다. 이때 남재는 비로소 상황의 다급함을 절실히 느꼈던 것 같았다.

명숙에게는 참으로 미안한 일이지만, 남재가 한시가 급한 듯 서두르니 혜천은 도리 없이 일어서지 않을 수 없었다. 혜천은 아기를 토닥토닥 재워놓고는, 머리맡에 대충 사연을 적은 쪽지를 남기고 남재를 따라 밖으로 나왔다. 일행은 차를 얻어타는 일이 무엇보다 급했다. 택시든, 트럭이든 무엇이든 탈 수 있는 것이라면 전세라도 내어 한강을 건널 생각으로 대로로 나왔다. 차를 잡기에 온 정신을 쏟으며 중앙청 앞을 지나 세종로 쪽으로 막 돌아내려오는 데 웬 검은 지프차가 앞장을 선 남재 앞에 멎어섰다.

문이 열리고, 올라타라고 손짓을 하는 운전수의 모습을 보니 낯익은 얼굴이 아닌가! 그는 셋째 상홍의 운전수 백씨였다. 혜천은 이때 천우신조라는 것이 있기는 있구나 하는 생각을 했다고 한다. 안양에서 상홍을 태우고 돌아온 백씨는 다시 공무차 용산쪽으로 가기 위해 중앙청에서 나와 마악 속력을 내려던 참에 피난객 행색으로 길가에서 두리번거리고 있는 남재 내외를 목격하게 된 것이다.

백씨는 용산에서 용무를 마치고 내친 김에 남재 일행을 태우고 한강교를 건너, 영등포 → 시흥 → 안양까지 달렸다. 지프가 안양을 벗어나 군포 쪽으로 들어서는데 멀리 길가에서 먼지를 뽀얗게 뒤집어 쓴 웬 초로의 여인이 지나는 차량마다 유심히 바라보며 사람을 찾는 듯한 모습이 시야에 들어왔다. 차가 여인의 근처로 다가감에 따라 자세히 살펴보니 천만 뜻밖에도 어머니 박씨의 모습이 혜천의 눈에 클로즈업되는 것이 아닌가. 혜천은 다시 한 번 천우신조를 느끼면서, 근심에 찬 얼굴로 서 있는 어머니의 바로 저 모습이야말로 진정한 모성애의 발로로구나 하는 생각과 함께 감사의 마음이 뜨겁게 북받쳐 올랐다고 했다. 하마터면 이산가족이 되어 무슨 일을 당할지 모를 아슬아슬한 순간에 남재 일가는 본가의 부모님 일행과 조우하게 된 것이다.

생각하면, 남재 일가가 뒤늦게 피난길에 올라 본가와 합류하게 되기까지 26일 아침 8시부터 오후 2시경에 이르는 약 6시간 동안, 마치 톱니바퀴가 맞물리듯 기가 막히게 맞아 떨어지던 남재 일가의 움직임을 돌아보면서, 우리는 여기에서도 어떤 보이지 않는 힘의 작용과 인도를 느끼게 되는 것이다. 무엇보다 안양에서 상홍이 가족들과 헤어져 근무에 복귀함으로써 운전수 백씨가 다른 공무차 용산을 향하여 중앙청을 나서게 되는 시간과 남재가 서울역에서 기차를 기다리다 통의동 명숙의 집을 거쳐 세종로로 나오는 그 시간의 마주침이 그렇고, 또 백씨가 군말 없이 남재 일행을 안양 계역(界域)까지 태워다주어 길가에서 어머니를 만나게 되는 이 공교로운 조우의 과정을 어찌 우연이라고만 할 수 있겠는가.

어머니 박씨는 원래부터 세상물정 모르고 살아온 조용하고 순하디 순한 여인이었다. 그러나 성북동을 떠나오면서 그 북새통에 그만 깜빡 잊고 턱 밑의 남재 내외에게 미처 연락을 못하여 언제 어디서 다시 만날 수 있을지 알 수 없는 둘째 일가에 대한 걱정과 자책감 때문에 안절부절못하며, 혹시라도 지나가는 차 속에 둘째 내외가 타고 있지 않을까, 그것을 간절히 바라면서 그처럼 고집스럽게 길가에 버텨 서서 지나는 차들을 일일이 살펴보고 있었던 것이다. 혜천은 어머니 박씨를 보는 순간 피난을 떠나면서 일시나마 가졌던 본가에 대한 야속함, 그 서운한 감정이 말끔히 씻기면서 오히려 어머니의 숭고한 사랑에 감격하여 한동안 마음이 숙연해지기까지 했다고 한다.

그날 수당의 피난 식솔들이 수원의 셋째 사돈댁(상홍의 처가)에 이른 것은 오후 4시가 넘은 시각이었다. 여기서 일행은 아주 늦은 점심을 들고, 마침 수원의 아는 사람이 주선해 준 트럭에 편승, 천안까지 가서 거기서 화물열차를 이용하여 대전까지 내려갔다.[23] 산월이 가까운 셋째며느리 차부영은 상홍을 기다릴 겸 일행과 떨어져 수원 친정집에 남았다.

(3) 피난본부 삼양사 부산 출장소

대전에 닿을 때까지도 수당은 피난행선지를 정하지 못하고 있었다. 그저 막연히 고향 줄포나 인근 해리(海里)에 가서 그곳에 벌여놓은 염전사업이나 돌보면서 좀더 전세를 살펴볼까 하는 생각으로 아내 박씨의 의향을 물었다. 그런데 뜻밖에도 박씨의 생각은 수당과는 전혀 달랐다. 해방을 맞는 순간부터 인간증오에 불타는 야차(夜叉)처럼 날뛰던 좌익들의 난동을 겪어온 박씨로서는 본능적으로 고향 쪽이 더 위험할 수 있다는 생각을 한 것이다. 고향 고창이나 부안 일대의 바닥 빨갱이들이 오히려 더 악질적임을 박씨도 들어서 알고 있었던 것이다. 아내의 의견을 듣는 순간, 수당은 크게 깨달아지는 바가 있었다. 얼마 전까지도 좌익들은 염전의 동력선을 끊고 작업을 마비시키는 등 크게 피해를 입혔을 뿐만 아니라 마을 유지들을 학살까지 하는 만행을 저지른 사실이 뇌리에 떠올랐던 것이다.[24]

"삼양사 출장소가 있는 부산으로… !" 수당은 목적지를 부산으로 바꾸었다. 부산은 피난의 최적지였다. 대전만 해도 아직은 별천지라, 이튿날 새벽 3시 부산행 열차를 얻어 탈 수 있었다. 6~7시간의 더딘 운행 끝에 열차가 부산에 닿았을 때도 비는 계속 뿌리고 있었다. 수당 이하 전 가족이 추레하기 짝이 없는 피난객의 모습 그대로 부산역에서 내려 시내로 들어서보니 우중의 항구도시 부산의 아침은 전혀 다른 세상처럼 평화롭기만 했다. 수당 일행은 우선 중앙동 삼양사 출장소 조그만 3층 건물을 피난기지로 삼아 짐을 풀었다.

돌이켜보면, 수당 일가가 이곳 부산에 내려오기까지 겪었던 고초들은, 그래도 25일 밤부터 피난준비를 서둘렀기 때문에 서울의 일반 시민들이 당한 것에 비하면 고생이라 할 수 없을 만큼 가벼운 것이었다고 할 수 있다.

부산에서 피난살이가 시작된 지 며칠이 지나자, 사방에서 뒤늦게 도착한 친척-친지-회사-사업 관련 인사들이 몰려들어 출장소의 작은 건물이 포화상태가 될 정도로 식솔들이 늘어났다. 수당 일가만도 80여 명에 회사 관계자들을 합치면 한 끼니가 많게는 무려 130명이 넘을 때가 보통이었다니 그 규모를 가히 알 만하다.[25] 그리하여 식솔들의 수용문제는 토성동(土城洞)에 새로이 창고용 4층 건물을 빌려 임시 숙사를 꾸미고서야 겨우 해결되었다고 한다.[26] 수용소의 천막신세를 지지 않게 되었으니 여간 다행한 일이 아니었다. 그 많은 인원의 매끼 취사는 아제 할머니가 전담, 총지휘를 했다.

이 시절 수당은 작업복에 빛 바랜 운동화를 신고 다녔다. 나라의 존망이 아득하고 온 국민이 헐벗고 굶주리며, 적의 손에 목숨을 잃든가 전화를 입고 쓰러져 가는 판에 차림새나 행색을 돌볼 여가가 어디 있겠느냐면서 더욱 검소하고 절약하는 생활을 수당은 솔선수범했다.[27] 남재 역시, 부친 수당을 따라 피난시 집에서 입고 나섰던 그 차림새로 매일같이 회사에 나가 아버지의 일을 도왔다. 이제 그는 교수에서 삼양사 직원으로 돌아온 셈이었다. 고대관계 인사로서 남재가 부산에서 만날 수 있었던 사람은 정법대학장 유진오, 문과대학장 이종우, 경제학과 교수 한춘섭(韓春燮) 정도였다.[28]

부산에서 누구보다 큰 고생을 한 사람은 혜천이었다. 영신을 낳고 산후조리가 채 끝나기도 전에 피난을 하느라고 갑자기 무리를 하여 그만 그 후유증으로 중병에 시달렸던 것이다. 혜천의 병세가 좀처럼 돌려지지 않는 데 수당은 몹시 신경을 썼다. 그 난리통에도 좋다는 약이 있다면 기어이 구해다 둘째며느리가 기력을 차리도록 먹였다. 이때 약을 구하는 수당의 뒷심부름은 다섯째 상하(相夏)가 도맡아서 했다. 남재보다 여섯 살 아래인 상하는 경복중학을 졸업하고 만주에서 여순(旅順) 고등학교를 다니다 광복 후 서울대 정치학과에 입학, 1949년에 졸업과 동시에 삼양사에 입사하여 부친 수당의 사업을 돕고 있었다. 혜천은 결코 겉으로 드러내는 법이 없는 이 태산 같은 시아버지의 사랑을 새삼 절감했다고 한다.

피난생활이 어느덧 한 달이 지났을 무렵, 바람결에 부안-고창 일대가 적의 치하에 들어갔다는 소문이 수당의 귀에 들려왔다. 대전에서 그때 발길을 고향으로 돌렸다면 지금쯤 어떻게 되었을까… 생각만 해도 아찔한 노릇이었다.

이 시기의 전세는 적군이 전남북 일대를 완전 제압함으로써 낙동강 전선으로 방어선이 수축되어가고 있었다. 특히 8·15를 기점으로 대구에 있던 정부가 다시 부산으로 쫓겨 내려옴으로써 대구가 일대 혼란에 빠지는 상황으로 치닫고 있었다. 인천상륙작전이 결행되기까지 한 달 동안은 부산 교두보에서의 숨막히는 농성전 양상으로 공방이 계속 되었다.

이로 인해 부산의 민심이 극도로 흉흉해지는 가운데 다대포 송도 영도를 비롯하여 내항에까지 해외 도망용 선박들이 떼지어 대기하고 있었고, 부두마다 배편으로 부산을 탈출하려는 시민들로 하얗게 덮여 북새통을 이루고 있었다. 대기중인 배들은 정치인-실업인-고위군인-경찰-공무원 등과 그 가족들이 확보하고 있었다.[29)]

9·15 인천상륙작전을 계기로 적은 궤멸하기 시작하였다. 9·28 서울수복에 이르면서 전세는 완전히 역전되어, 북쪽을 향해 패주하는 적군을 추격하는 형세로 바뀌었다. 10월 초순부터 유엔군은 38선을 돌파, 북진을 개시하였고 19일에는 국군에 의해 평양이 함락되었다.

10월 중순, 수당은 우선 남재를 수복 서울로 올려보냈다. 안양에서 헤어진 후 연락이 두절된 셋째 상홍과, 미처 함께 떠나오지 못한 큰딸 상경(相卿)의 안부가 무엇보다 걱정되었고, 삼양사 본사의 상황도 궁금하기 짝이 없었기 때문이다. 얼마 지나지 않아 서울로 올라간 남재로부터 상홍-상경의 무사함과 회사의 풍비박산 소식이 전해졌다. 또 서울을 떠나올 당시 성북동 집을 지키고 있던 비서 최상규(崔常奎)는 인민군에 끌려가 평양 근교 광산에서 노역 중 극적으로 탈출하여 생환했다는 사실도 알게 되었다. 남재는 내친김에 고대의 근황을 알아보기 위해 임시 사무실로 쓰고 있던 애기능 재실(齋室)에도 들렀다. 여기서 미처 피난을 못한 총장 현상윤이 그만 납북되었다는 불행한 소식을 듣고는 크게 낙심, 비감에 잠기지 않을 수 없었다.

11월에 들어서서야 수당은 다섯째 상하를 데리고 수복된 서울땅을 밟았다. 그러나 이때는 벌써 전세가 재반전(再反轉)되고 있었다. 10월 중순부터 중공군은 청천강 상류 온정(溫井)-운산(雲山) 일대까지 깊숙이 진출하여 반격을 노리고 있었고, 11월 1일부터는 총반격을 개시하였다. 전력을 전혀 노출시키지 않고 바람처럼 움직였기 때문에 신출귀몰한 것처럼 보이기까지 했던 중공군과의 전투 초기, 유엔군은 산악유격전과 심리전에 능한 중공군의 포위작전에 말려들어 엄청난 희생을 치르며 일방적으로 밀린 끝에 1·4후퇴—, 서울 재포기의 쓰라린 패배에 직면하게 되었다.

3. 빨치산 출몰지에서

(1) 전시의 제염(製鹽)사업

12월 초, 수당 일행(남재를 포함 상돈-상하 등 형제들)은 다시 부산으로 내려왔다. 수당은 당초 서울로 올라오면서, 동란이 국제전(國際戰) 양상을 띠고 있는 한, 김일성 배후의 중공과 소련이 북한공산집단의 멸망을 결코 좌시하지만은 않을 것으로 판단, 그렇게 되면 전쟁이 그리 쉽게 끝나지 않을 것으로 보고 가족들은 그대로 부산에 머물게 했던 것이다.[30)]

1월 초순, 유엔군은 한강 이남으로 후퇴하여 평택-원주-삼척으로 이어지는 방어선 구축에 겨우 성공하고, 하순부터는 반격태세를 취하기 시작했다. 2월 1일, 유엔총회는 중공군을 침략자로 규정(찬-44, 반-7, 기권-9)했다. 곧 이어 중공군은 소위 '2월 대공세'로 맞섰으나 유엔군의 반격에 직면, 3월 15일에는 서울까지 다시 내주며 물러났다.

이 무렵 남재는 부친 수당의 명에 따라 삼양사 해리지점 주재이사로 파견되었다.[31)] 남재의 공식 직함 '주재이사'는 수당을 대리하여 실질적으로 삼양사 현장 대표의 의미를 갖는 매우 절제된 명칭으로 보인다. 지점장 최태환(崔泰煥)을 비롯한 나이 많은 간부들에게 남재의 직위가 위화감을 주지 않게 하기 위한 배려였던 것 같다. 남재의 해리지점 부임일자를 『수당전기』는 2월 14일로 기록하고 있으나[32)] 남재 자신은 1951년 3월로 기억하고 있다.[33)] 서울 재탈환이 3월 15일에 있었던 점으로 미루어 수당은 적어도 전선이 북상하여 더 이상 남하하지는 않을 것이라는 전망이 섰기 때문에 남재의 파견을 결심했을 것이므로 우리는 남재의 기억을 좇아 그의 해리지점 부임시기를 3월 하순경으로 보고자 한다.

그러면 전세가 아직도 유동적일 뿐만 아니라 그 추이가 대단히 불투명한 시기에 수당은 어찌하여 자신의 혈육인 남재를 누가 보더라도 사지(死地)라고 해야 할 빨치산 출몰지역 고창에 파견했는가.

삼양사 해리지점은 고창군 해리면 동호리(冬湖里) 소재 염전을 관리-경영하는 부서로서 현 삼양염업사(三養鹽業社)의 전신이다. 이곳 해리는 9 · 28수복기에 전선이 아닌 후방에서 동족상잔의 유혈참극을 겪은 6 · 25동란기 최대 비극적 지역의 하나였다.

*

사업의 대상과 기회를 포착하고 멀리까지 앞을 내다보는 데 있어 남다른 감각과 탁월한 안목을 지닌 수당이 광복 직후 군정기에, 제일 먼저 주목한 것은 제염(製鹽) 사업이었다. 일제는 조선의 소금생산을 전매업으로 묶어놓고 민간인에게는 일체 이 사업을 허용하지 않았다. 또 천일염(天日鹽) 생산의 최적지인 서해안 일대에 염전을 개발하면서 그 대부분을 이북 지역에 조성하여, 38선이 막히자 남쪽에는 인천의 주안(朱安)과 시흥, 군산 등지의 소수 염전만 남게 되었다. 따라서 여기서 생산되는 연간 13만톤 규모의 생산량으로는 절대 수요에도 못미처 수입암염(岩鹽)에 의존해야 할 정도로 만성적 소금품귀 현상을 빚고 있었다. 이로 인해 군정당국은 관의 제염독점제를 폐지하고 민간인에게도 염업을 허용-장려하지 않을 수 없게 되었다.

수당은 이전부터 미처 논을 풀지 못하여 간석(干潟 : 갯벌) 상태로 놓아둔 380여 정보의 간척지(干拓地)를 해리에 가지고 있었다.[34] 신생 대한민국의 농지개혁법이 시행됨에 따라, 줄포-고창-영광-법성-손불농장 등 연산 10만석 규모의 방대한 농지를 휴지쪽 같은 「지가증권」(地價証券)을 받고 정부에 모조리 넘겨주고는, 유명무실해진 삼양사에 남은 생산수단이라고는 이제 이 간척지밖에 없었던 것이다. 해리의 이 간척지를 토대로 수당은 일찍이 미군정에 염전조성사업을 신청하여 1946년 6월, 정식으로 제염허가(전매 제2호)를 받은 바 있다.[35]

이어 수당은 해리농장을 삼양사 해리지점으로 승격시키고, 1947년 2월부터 지점장 이준목(李俊穆)의 지휘하에 제염의 당대 1인자로 꼽히는 진치경(陳致京)을 제염부장으로 초빙, 염전축조에 박차를 가하여, 1949년에는 1차로 축조된 53정보의 염전에서 천일염 9,000가마를 생산했다.[36] 제염은 저수지에 가둔 해수(海水)를 양수장에서 양수기로 퍼올려 수로를 통해 각 염전으로 보낸 다음 태양열로 증발시켜 얻어지는 소금의 결정체를 채취하는 과정이다. 이를 위해서는 동력에 의한 양수시설이 필수였다.

건국 후, 좌익은 신생정부의 전복을 목적으로 여전히 생산시설을 파괴하고, 파업을 선동하며 사회를 혼란 속에 빠뜨리기 위해 온갖 폭력사태와 유혈참극을 끊임 없이 자행하고 있었다. 좌익의 이와 같은 파괴책동은 해리염전에도 예외 없이 미쳐, 앞 절에서 언급한 바와 같이 현지의 마을유지들을 납치-살해하고, 염전의 동력선을 절단, 작업을 마비시키는 등 행악이 극심했다.

그러나 수당은 직원들의 생명과 제염시설들을 지키기 위해서는 자경활동은 말할 것도 없고, 청원경찰까지 배치하며 좌익의 만행에 대처해 나가야 하는 어려운 상황 속에서도, 지점장을 본사 이사급 최태환(崔泰煥)으로 교체하여 염전확장에 박차를 가하면서 증산의욕을 불태우고 있었다.[37] 수당의 제염사업은 현지의 주민들에게는 실로 크나큰 혜택이 아닐 수 없었다. 식량과 돈이 마르는 춘궁기에 염전축조(築造)공사를 벌이니 여기에 나가 일하면 노임을 받게 되고, 제염작업에 나가서 월급을 받고, 또 농사철에는 회사의 논을 경작해서 식량을 확보할 수 있으니, 초근목피로 연명해야 했던 당시 농촌의 일반적 실태에 비추어 보면, 이것은 하나의 축복이 아닐 수 없었다.[38]

제염사업이 이처럼 한창 뻗어나갈 시점에서 6·25가 터진 것이다. 적치하에서 염전의 생산활동이 중단되었음은 말할 것도 없다. 지점의 주재간부들은 모두 피난을 떠나야 했다. 그들은 해리를 떠나기 앞서, 현지출신 종업원들에게는 우선 창고를 풀어 3개월분 식량을 나누어주고 후일을 기약하였다. 이때 제염부장 진치경은 미처 피난을 못 가고 고창군 내에 은신하며 피신의 고초를 겪어야 했다. 피난을 떠날 수 없었던 현지 붙박이 종업원들도 공산당치하에서 갖은 수모와 곤욕을 다 치르고 있었다.

유엔군의 슬레즈-해머작전[39]에 의해 9·28서울수복이 이루어지고 전선이 북상하자, 라디오를 통해 소식을 접한 진치경은 감격하여 흥분한 나머지 은신처에서 나와 아직 적의 수중에 있는 해리염전으로 달려갔다. 그는 현지에 도착 즉시 주민들과 직원 80여 명을 규합, 자위대를 조직하고 죽창 등으로 무장하여 해리인민위원회를 습격-접수하는 한편, 지점 사무실에 자위대 본부를 차리고 자위태세를 갖추었다. 그러나 일시 산으로 쫓겨 달아났던 적도들은 곧 전열을 정비하고 부락민을 위협하여 강제로 앞세우고 지점 사무실로 쳐들어왔다. 쌍방은 저수지 취수 갑문을 사이에 두고 3시간이나 대치하며 접전, 혈투를 벌였다. 결국 중과부적(衆寡不敵)으로, 진치경을 비롯한 염부(鹽夫) 조장급 20여 명은 끝내 적들의 손에 학살되었고, 가족들마저도 젖먹이까지 무차별 몰살당하니 그 수는 무려 132인에 이르렀다고 한다.[40]

남재가 해리지점에 도착한 것은 이와 같은 참극이 일어난지 불과 5개월도 안된 시점이라 그 처절을 극했던 비통하고 살벌-험악한 현장 분위기가 가시지 않고 그대로 남아 있던 때였다. 게다가 해리면만 간신히 수복되었을 뿐 바로 인접한 상하면-심원면 등은 여전히 적의 수중에 있었다. 특히 선운사(禪雲寺) 일대는 빨치산의 거점이 되어 있었다. 이 때문에 해리는 낮에는 대한민국, 밤에는 인민공화국으로 깃발이 바뀌는 접전경계지대가 되어 있었다.

『수당전기』는 남재를 해리지점에 파견했던 수당의 심중을 당시 해리지점장 최태환의 회고를 통해 다음과 같이 전하고 있다.

> "…서울 수복 이후 남쪽이 오히려 서울보다 치안상태가 더 불안하여 누구나 서울집으로 가고 싶어했지요. 그때 수당 선생은 내 자식부터 그곳에 머물러 있어야 한다…고 하시며 둘째 아들인 상협씨로 하여금 해리염전을 맡도록 한 것입니다."[41]

셋째 상홍도 『회고록』에서 수당의 심경을 다음과 같이 짐작하고 있다.

> "…아마 아버지로서는 말 못할 고심을 하셨을 게 분명하다. 아버지는 그때 어렵고 두려운 상황 속에서 일하는 종업원들에게 믿음을 주고 안심을 시키려면 자신의 아끼는 혈육을 파견하는 게 최선의 방책이라고 판단하셨을 것이다…."[42]

수당으로서는 해리지점 직원들이 사지에서 죽음을 무릅쓰고 적들과 싸우면서 일하고 있는데 내 자식이라고 해서 안전한 후방에 둘 수만은 없다고 생각하고 있었던 것이다. 수당의 이러한 생각과 결단은 수당 자신이 회사의 모든 직원들-일꾼들을 내 자식 못지않게 아끼고 사랑한다는 무언의 표시이기도 했다. 또 남재 자신도 "아버지가 나를 믿고 보낸 이상, 아무리 두렵고 힘든 일도 나는 거뜬히 해낼 수 있다고 생각했다. 그런데 역시 그게 주효했다"고 이때의 감회를 토로한 바 있다.[43]

(2) 공비들 공격에 무력자위(自衛)

남재 부임시에 해리지점의 간부진용은 김상협(주재이사), 최태환(지점장), 김경배(金敬培 : 경리과장), 김영태(金永泰 : 업무과장), 백갑선(白甲仙 : 서무과장), 장학윤(張學允 : 제염과장) 등이었다. 이들 간부 중 최태환은 수원고농(水原高農 : 서울대 농대) 출신이고 남재가 해리를 떠날 무렵 지점장으로 승진하는 장학윤은 함흥농고 출신으로, 그 시절 손꼽히는 제염전문가로 알려져 인천에서 관영염전의 중견기사로 재직중 삼양사에서 특별히 스카웃해온 사람이었다. 그밖에 직원수는 40여 명, 염부(塩夫)들까지 합치면 총 330여 명에 이르렀다. 또 군산에는 지점의 출장소가 개설되어 소장을 포함 3인이 근무하고 있었다.[44]

남재는 부임 그날부터 매일밤 공비들의 야습에 대비하는 긴장된 나날을 보내야 했다. 그들의 목적은 말할 것도 없이 식량의 약탈이었다. 지점은 항상 식량을 확보하고 있었기 때문에 제1의 공격목표였다. 게다가 염전시설은 공산당에 있어서는 이른바 반동의 소유이니 인민의 소유로 돌려야 할 탈취 대상이었던 것이다.

따라서 경찰력에만 의존할 것이 아니라 지점차원의 자위수단을 강구, 무력으로 대응하지 않으면 안 되는 절박한 상황이었다.

그리하여 염전의 심장이라 할 수 있는 양수장을 중심으로 지점 사무실과 숙소일대에는 철조망을 치고, 바리케이트와 콘크리트 참호를 구축, 박격포 2문, 기관총 3기, M1-칼빈 등 소총 100여 정으로 무장한 자위대를 배치하였다.[45] 무기는 군경의 인가를 받아 부산에서 직접 구입한 것이었다. 선착접

안지대를 기점으로 염전의 중심부를 관통하고 있는 수로와 나란히 궤도차가 운행되는 작업로의 양수장에 가까운 지점에는 무장병력이 상주하며 사방을 감시할 수 있는 원뿔형의 철근 콘크리트 감시탑을 세웠다(사진에서 보는 바와 같이 지금은 지붕이 벗겨져 나간 탑의 벽면에 어지럽게 난 탄흔들은 그 시절 이곳에서 일어났던 동족상잔의 비극을 말해주고 있다).

또 지점 사무실 앞산 고지에는 탐조등(Search Light)을 설치하고, 해수로에는 항상 물을 채워 공비들이 접근하면 쉽게 노출될 수 있도록 했다. 자가발전 시설로 양수장의 동력을 얻고 있었기 때문에 서치라이트까지 운용할 수 있었던 것이다. 경찰은 지금의 마을회관 자리에 지서를 두고 자위대와 함께 항상 비상경계를 폈다. 그런데도 빨치산은 야음을 타고 끈질기게 공격을 해왔다. 한밤중 산에서 쳐내려와 지점사무실로 접근하는 적의 무리 속에 때때로 지게부대와 손수레-마차부대 등이 섞여 서치라이트 불빛 속에서 우왕좌왕하는 모습은 가관이었다고 한다.[46]

쌍방간의 희생도 계속 늘어났다. 남재가 부임하여 현지 사정에 익숙해질 무렵, 적들의 대공세를 받아 직원 2명과 순경 1명, 부락민 5명 등 8명이 참변을 당한 일도 있다. 또 어느 때인가는 20여 명의 적은 병력으로 80여 명의 적을 격퇴시키고, 추격전을 펴 적 28명을 사살하고 다수의 무기를 노획하는 대전과를 올린 일도 있다.[47]

이렇듯 남재는 매일밤 생사의 갈림길에 서야 하는 긴장된 생활을 묵묵히 견뎌내고 있었던 것이다. 남재가 나중에 알고 보니 일부 현지출신 직원이나 지점 주변의 일꾼들, 그리고 대부분의 부락민들은 그들 자신이 이미 좌익성향이거나 직계가족, 또는 그 친인척들이 어떤 형태로든 입산부역자(入山附逆者)들과 연결된 사람들이라는 것이다. 말하자면 남재는 입산부역자들의 포위망 속에서 삼양사의 염전사업을 일으키고 있었던 셈이었다.

4. 휴전성립을 예언하다

(1) 행복했던 전원(田園)생활

해리 파견근무 중 남재는 업무보고차 몇 차례 부산을 다녀왔다. 수당을 뵙고 용무를 마치면 남재는 대체로 인촌을 찾아뵈었다. 남재가 처음으로 부산에 내려왔을 때 내외는 함께 인촌께 문후인사를 드리러 갔다. 그때 인촌은 빨치산 출몰지역인 고창 해리에서 남재가 염전일을 돌보고 있음을 이미 들어서 알고 있었던지, "너희 애비가 미쳤느냐! …어째서 너를 그처럼 위험한 곳에 보냈단 말이냐!" 하며 크게 역정을 내셨다고 한다. 부친 수당에 대한 인촌의 이와 같은 나무람에 그만 남재 내외는 송구스러움에 몸둘 바를 몰랐지만, 또다른 한편으로는 진실로 남재의 안위를 걱정하시는 백부 인촌의 넘치는 사랑을 재삼 가슴 뿌듯이 느낄 수 있었다고 한다.

1951년 그 해 겨울이 깊어갈 무렵, 부산에 내려온 남재는 혜천에게 비장한 어조로 "이번에 같이 고창으로 올라가자"고 말했다. "아이들 데리고 올라가서, 살아도 같이 살고 죽어도 같이 죽자"며 굳은 결심을 피력했던 것이다. 혜천은 병치레가 아직 끝나지 않아 불편한 몸이었지만, 그보다 더 반가울 데가 없었다. 그리하여 남재 일가는 처음 피난을 나설 때처럼 혜천은 영신을 업고, 아제 할머니는 명신을 데리고 트럭을 타고 고창으로 올라왔다.

동호리 지점 사무실 뒤편에는 50평 크기의 야무지게 잘 지은 한옥(독신자용 숙소) 한 채가 서 있고 그 앞에는 관상수와 꽃밭을 가꿀 만한 제법 널찍한 정원이 있다. 또 그 뒤쪽으로는 약 20평 규모의 직원용 사택이 여러 채 둘러서 있다. 남재 내외는 이 50평 한옥에 새살림을 차렸다. 실로 오랜만에 식구들끼리만 모여 살게 되니 감개가 무량했다고 혜천은 행복했던 동호리 시절을 회상했다.

무엇보다 신선한 바닷바람을 마음껏 호흡하며 지내니 그 어느 때보다 가족들 모두가 건강해서 좋았고, 비록 빨치산의 출몰로 긴장된 생활의 연속이었지만, 순박하고 인정에 넘치는 부락민들과 한가족처럼 흉허물없이 어울려 지내며, 그들이 못 가진 것, 못 배운 것을 나누어주고, 또 모르던 것을 그들로부터 배우고, 함께 땀 흘려 일하면서 바쁜 일과를 보내는 하루하루가 그렇게 보람찰 수가 없었다고 한다. 남재도 주민들과의 이와 같은 생활을 "싸우며 일하고, 일하며 싸우자"는 '박정희식 새마을 운동'의 원조(元祖)요, 그 축소판으로 비유한 바 있다.[48]

이 시절 남재는 소위 '당꼬바지'에 여행자용 헬멧을 쓰고 염전 축조공사를 비롯하여 간척지 구석구석을 매일 4~5시간씩 돌아보는 것이 일과였다. 현장 답사를 하는 발걸음이라 빠르지는 않았지만, 그래도 30리길은 족히 됨직한 거리를 매일 걷다 보니 그 자체가 다시없는 운동효과를 내는 것이어서 남재의 건강상태는 최상이었다. 현장 둘러보기 도중 주민들과 보리밭에 둘러앉아 새참과 함께 막걸리 대접을 받으며 그들과 격의 없는 대화를 나누는 것도 빼놓을 수 없는 일과 중의 하나였다. 공비들의 내습만 없었다면, 이보다 더 목가적인 생활이 어디 있겠는가 싶을 정도였던 것이다.

혜천도 고창에 오자 어느덧 병치레를 걷고, 마을의 부녀자들을 상대로 일종의 신생활운동을 실천하며 원기왕성한 모습을 보여주었다. 혜천이 기르는 돼지는 큰 화제거리가 되기도 했다. 처음에는 토종돼지를 기르다 너무 지저분하여 전주에서 외국산 요크샤-바크샤 종들을 구해다 길렀는데 금세 새끼를 쳐서 20여 마리로 불어났다. 검은 털의 토종만 보아오던 마을 사람들은 살집이 엄청나게 큰 흰 돼지들이 우리에 남산만하게 누워 있는 것이 하도 신기했던지 연일 구경꾼들이 끊이지 않았다. 매해 염전에서 처음으로 소금을 구워내면, 천지신명께 풍염을 기원하는 초채염제(初採鹽祭)를 지내는데 이때 혜천의 돼지가 고사용으로 쓰여, 온 마을이 떠들썩하게 잔치를 벌였다.

마을 아낙들은 혜천을 '새아씨'라고 부르며 서로들 혜천과 가까이 지내려고 야단들이었다. 해리-부안(富安)-줄포 일대에는 김문의 인척들도 많이 살고 있어 이곳 부녀자들까지도 다투어 혜천을 보고 싶어하며 모여들었다. 여자가 동경 유학을 하여 대학까지 나왔다니 그들에게 있어서 혜천은 처음 만나는 최고 인텔리 여성이었기 때문이다.

(2) 비축미 풀어 궁민 구휼

남재가 부임할 당시 해리지점의 연간 제염능력은 95정보에 6만 5,300여 가마 수준이었다.[49] 주재이사로서 남재에게 주어진 과업은 염전을 최대한으로 늘려 소금을 많이 생산하는 것이었다. 남재는 그야말로 일하며 싸우고, 싸우며 일하면서 시설의 개량과 확충에 온 힘을 기울였다. 업무과장 김영태, 제염과장 장학윤을 비롯한 간부사원들뿐만 아니라 모든 직원들, 염부들까지도 남재의 뜻을 따라 참으로 헌신적으로 일했다. 그리하여 남재의 주재기간 3년 6

개월 동안 염전규모는 3배 이상 늘어난 300여 정보에 달하였고, 제염도 한창일 때는 50킬로그램들이로 매일 2500 내지 3000포를 생산해냈다. 무게로 쳐서 150톤, 연간 약 2만여 톤, 값으로 치면 요즘 금액으로 40억 원을 훨씬 상회하는 금액이나 소금이 귀하던 그 시절에는 더 큰 값이었을 것이다.

가마에 담긴 소금을 궤도차로 운반하여 양수장 맞은편 선착장에 옮기면 갯골을 타고 배가 접안하여 이를 군산항으로 실어날랐다. 소금은 국가전매사업이어서 개별 반출-개별 판매가 안 되므로 군산에서 전주전매서에 전량 납품하도록 되어 있다. 따라서 영업활동은 전매서 접촉이 전부였다. 남재가 이처럼 열심히 일으킨 염업이 삼양사 건설의 원동력이 되었음은 말할 것도 없다. 모든 산업시설이 마비되어 있던 전시하에서 삼양사가 현금을 만들 수 있는 유일한 사업이었기 때문이다.

남재는 해리지점을 관리-운영하면서, 농촌의 비참한 현실과 좌우대립 속에서 그 어느 곳보다 처참하게 피해를 당한 전라도 사람들의 그 뿌리 깊은 원한과 통분을 깊이 이해할 수 있게 되었다. 남재의 부임 다음해인가는 전국적으로 큰 흉년이 들어 그 해 초부터 벌써 절량 농가가 속출하고 아사자까지 나올 때였다. 남재는 과감하게 지점의 창고를 열어 비축잡곡을 궁민에게 풀었고, 그것도 모자라 나중에는 귀한 쌀까지 아낌없이 퍼내어 주민 구제에 나섰다. 이곳 해리에도 끼니를 잇지 못하는 사람들이 쏟아져 나왔던 것이다. 남재의 이처럼 도량 넓은 궁민 구휼담을 공비들이 하산시에 주민들로부터 전해들은 듯, 이후부터는 내습이 줄어드는 등 있을 수 있는 위험이 현저하게 반감되었다.

그런데도 남재는 해리 근무 중 두 차례나 결정적인 위기를 맞은 일이 있다. 한 번은 앞에서 언급했듯이 직원-순경-마을주민 등 8명이 무참하게 화를 당할 때 공비들이 남재의 거처까지 들이닥쳐 주인을 찾았다. 그때 남재는 용무차 고창읍내에 가고 없었다. 남재는 그곳에서 일을 마치고 사람들과 어울려 술을 시작한 것이 그만 과음, 대취하는 바람에 도저히 귀가를 할 수 없어 읍내에서 그냥 유숙한 것이 천행으로 화를 면하게 해준 것이다.

이 무렵 남재는 두 가지 일에 열중하고 있었다. 하나는 해질 무렵 염전 갯가에 나가 석양을 바라보며 사색에 잠기는 것이었고, 또 하나는 틈만 나면 라디오 뉴스에 귀를 기울이는 일이었다. 사람들은 붉게 물든 저녁노을을 바라보며 염전 주변을 거니는 남재의 모습을 보고는 그저 자연경관에 심취하여 소풍을 즐기겠거니 하며 대수롭지 않게 여겼다고 한다. 그러나 그때 남재는 단순히 석양에 지는 노을 감상을 한 것이 아니라 파도소리, 바람소리, 해조음(海鳥音) 따위를 예민하게 듣고, 하늘의 달무리 등을 관찰하면서 열심히 무엇인가를 기록하고 있었던 것이다. 이렇게 한 2년쯤 지나면서 남재는 일기를 신통하게 맞추기 시작했다. 일기예보가 전무했던 전시중 남재의 일기예측이 제염작업에 중요한 정보가 되었음은 두말할 것도 없다.

그것은 마치 적벽대전(赤壁大戰) 중 남병산(南屛山)에 칠성단(七星壇)을 쌓고 동짓달 스므날의 동남풍을 빌었던 제갈량(諸葛亮)의 조화술을 연상케 하는 것이었다. 그러나 제갈량의 동남풍이 기문둔갑(奇門遁甲)의 조화를 부린 것이 아님을 『삼국지연의』(三國志演義)는 다음과 같이 설명하고 있다. 즉, 제갈량은 익주(益州)에서 발원한 장강(長江)의 원류가 육수(淯水)와 합쳐져 면수(沔水)를 이루며 남으로 꺾이는 유역의 양양성(襄陽城) 20리 밖, 융중(隆中) 와룡강(臥龍岡)에 살면서 이 일대의 기상변화를 세밀히 관찰하던 중 동절기인 동짓달 하순쯤이면 기류가 바뀌어 한 번은 반드시 동남풍을 일으키는 기상이변 현상을 통계적으로 포착하고 있었던 것이다.[50] 그리하여 이 귀중한 기상지식을 전술로 활용, 동남풍을 비는 연극을 꾸미고 동오(東吳)의 주유(周瑜)군으로 하여금 조조(曹操)군을 격파하도록 도울 수 있었던 것이다.

『삼국지』 전편을 통해, 지략과 용병술에 있어서뿐만 아니라 지성과 학문과 인격에 있어서 그 누구도 따를 자 없는 종합적 인간상으로 묘사되고 있는 제갈공명(諸葛孔明)을 사람들은 '와룡'(臥龍) 또는 '와룡선생'이라고 불렀다. '누운 용'이란 뜻의 와룡은 바로 공명이 살던 와룡강에서 따온 별호인 것이다. 이때의 남재가 바로 제갈공명처럼, 그 뛰어난 예지력으로 앞을 내다보는 동호(冬湖)—곧 '겨울호수'에 숨은 용 '잠룡'(潛龍)이었던 것이다.

또 남재는 이때도 새로운 책을 구하면 잠시도 손에서 놓지 않고 독파하고 나서야 다른 일을 돌볼 정도로 독서에 열중하였다. 책들은 주로 전주-부산 등지에서 직접 구하거나 누군가가 구해서 보내주기도 했다. 학문의 세계에서 완전히 떠나 기업경영인으로서 남재식 표현 그대로 싸우면서 일하는 전시에도, 남재는 세계정치학 연구동향을 늘 살피고 천착하며 학문에의 정열을 불태우고 있었던 것이다. 특히 남재는 전후의 정치학이 독일 국가학류의 사변적(思辨的) 접근 일변도에서 벗어나 미국의 실증적 행태주의적 연구방법에 의해 주도되고 있음을 주목하고 여기에 관심을 쏟고 있었다.[51]

그러면서도 시사흐름의 추적에 항상 귀를 열고 눈을 밝히고 있었다. 비록 최신호는 아니더라도《타임》-《뉴스위크》지 등 세계적 권위를 갖는 시사 전문지를 어떤 경로로든 구하여 한국전을 둘러싼 세계의 움직임을 체계적으로 살피면서 라디오 청취를 통해 전황과 전세의 추이를 내다보고자 노력하였다. 남재는 이 무렵 성능 좋은 휴대용 제니스라디오 수신기를 휴대하고 다녔다. 그리하여 1952년 하반기부터는 6·25의 성격상 동란이 적당한 선에서 휴전으로 매듭지어질 것으로 보고 그 성립 연월까지 꼬집어 1953년 7월 중이 될 것으로 내다보았다.[52] 남재의 이와 같은 정전(停戰) 예언은 그대로 신통하게 적중하였다.

제3절 휴전-환도-복귀까지

1. 쌍둥이 양순(良洵)-한(翰)을 얻다

1951년 4월(11일), 유엔군사령관 더글라스 맥아더의 해임을 계기로 한국동란(Korea War)에 대한 미국의 정책은 명백한 후퇴를 가져왔다. 한 달 뒤인 5월 중순, 미국은 "유엔 기구를 통해 최소한 적당한 조건 아래 전투를 정지시키는 타당한 휴전을 구한다"는 방침을 세우고 한국전의 정치적 종결을 목표로 하는 트루만의「휴전정책」을 맥아더의 후임 리치웨이에게 지시하였다.[53] 그로부터 두 달 후, 판문점에서 한국민의 의사를 무시한 휴전회담이 개시된 이래 정전까지 만 2년 동안, 갖은 우여곡절을 겪으며 서로 유리한 고지를 점령한 상태에서 휴전을 맞으려는 전략적-전술적 목표에 따라 쌍방 모두가 끝없는 희생을 내면서 승리 없는 전투를 계속하였다.

휴전은 사실상 미국의 패전과 공산군의 승리를 뜻하는 것이었다. 또 한국민에게는 정의와 인도에 위배되는 민주주의의 굴복인 동시에, 민족통일의 다시없는 기회를 일실(逸失)하는 통한의 좌절이요, 민족적 비극의 연장 바로 그것이었다. 미국은 치욕적 패배를 의미하는 휴전을 얻기 위해 다시 한 번 한국민과 사상자 14만이 넘는 젊은 미군병사들의 값 없는 희생을 선택한 것이다.

1953년 7월 휴전이 임박할 무렵, 정부는 아직 부산에 있었지만 서울은 휴전이 다가왔다는 소문에 자극되어 벌써 인구 100만을 돌파하고 있었다. 27일, 휴전 조인과 함께 3년 1개월간 한반도를 폐허로 만들고, 온 세계를 긴장시켰던 동란의 포성은 멎었지만 동족상잔의 비극은 영구히 치유될 수 없는 상처를 남겼다.

휴전이 되자 2년 전인 1951년 9월부터 대구 원대동(院垈洞) 공장건물에서 개교한 고대는 피난생활을 청산하고 그 다음 달(8월 16일) 즉시 환도하였다. 총장 현상윤의 납북으로 유진오가 후임총장으로서 부총장 이종우, 학생감 이상은(李相殷)과 함께 피난개교와 서울 귀환을 이끌며 고초를 겪고 있었다. 안암동 교사를 미군이 사용중이어서 6개월 후 반환될 때까지 고대는 중앙학교에서 곁방살이를 해야 하는 난민신세를 면치 못하고 있었다. 그러나 어쨌건 남재도 고대 복귀 여부를 결정지어야 할 시기가 다가오고 있었다.

휴전 이듬해인 1954년 2월, 남재는 산월이 가까워지면서 유난히 힘들어하는 혜천을 지프차에 태워 서울로 올려보냈다. 가까운 전주의 병원을 먼저 찾았으나 자신이 없다는 듯, 서울 큰 병원으로 가기를 권했던 것이다. 혜천의 서울길은 직원이 한 사람 동행하였고 나중에 서울에서 고모님(점효)이 합류했다. 아제 할머니는 집에 남아서 아이들을 돌봐야 했기 때문이다. 혜천은 우선 친정에 머물면서 큰 병원을 찾기로 했다. 출산을 위해서는 아무래도 친정집만한 곳이 없었기 때문이다. 이때 혜천의 개성 친정은 피난을 내려와 서울에서 자리를 잡고 있었다. 친정 부친 김준형이 서울 종로의 장사동에서 개성 친구의 집을 빌려 개업을 하고 있었다.

서울에서 제일 처음 찾은 병원은 산부인과 전문의로 이름난 '김석환의원'이었다. 이 병원은 오늘날과 같은 전자식 첨단의료장비는 고사하고 초보시설조차 제대로 갖출 수 없었던, 전후의 폐허 속에서 겨우 명맥만을 유지하던 때인지라 아무리 진찰을 해도 산모가 어떤 상태인지를 깜깜 모르고 있었다. 그래서 다시 세브란스의대병원을 찾아갔지만 여기서도 담당의사는 별다른 징후를 짚어내지 못하는데 인턴인 듯한 젊은 수련의가 쌍둥이 같다는 귀띔을 해주었다.

고모님 점효는 “반석 할머니 묘소를 쓸 때 지관이 우리 집안에 쌍둥이 네 배는 낳게 되어 있다고 했다는데 아마도 네가 쌍둥이를 가진 모양”이라고 예감하며 기뻐하였다. 과연 혜천은 장사동 친정집에서 산파를 불러 쌍둥이를 낳았다. ‘김석환의원’에서도 달려는 왔지만 그가 당도했을 때는 출산이 끝나갈 무렵이라 별로 도움이 되지 못했다.

남재는 쌍둥이 소식을 듣고도 새봄과 함께 마무리지어야 할 염전축조공사가 한창이라 곧 손을 털지 못하고 일주일이 지나서야 서울로 올라올 수 있었다. 쌍둥이를 본 기쁨과 첫아들을 얻은 감상을 남재는 “수고했다”는 말로 표현했다. 장사동 친정집은 온 집안식구들이 서로들 번갈아 가며 쌍둥이 한(翰)과 양순(良洵)을 안아주려고 한동안 정신이 없었고 늘 웃음꽃이 활짝 피었다.

혜천이 쌍둥이를 안고 삼칠일이 지나 고창을 내려가니 동네 아낙네들의 환영이 대단했다. 특히 첫아들을 본 축하인사를 받느라고 바빴다. 남재 내외는 쌍둥이를 얻은 기쁨과 아들을 점지해준 삼신에게 감사를 드리고 무병장수를 기원하는 뜻으로 기념식수를 했다. 나무는 상록수 향나무였다. 백일에는 온 동네가 떠들썩하게 큰 잔치를 벌였다. 남재 일가의 거처였던 동호리 삼양염업사의 한옥 숙소를 우리가 방문했을 때 그때 심은 향나무는 누군가 무심코 베어버렸는지 발견할 수 없었다. 이 무렵 어느새 일곱 살이 된 명신이 동네아이들과 똑같이 보자기에 책과 공책, 필통 등을 싸서 허리춤에 둘러메고 초등학교에 다니는 그 모습은 영락없는 시골아이 그대로였다고 한다.

수당은 남재가 고대 복귀를 생각하며 잔무정리를 하고 있던 시기에도 계속 삼양사에 머물러 사업에 전념해줄 것을 바랐던 것 같다. 그러나 남재는 1차산업인 삼양사의 농업부와 염업부는 형님이 맡아야 하고, 2차산업은 아우들이 맡으면 된다는 신념으로 학문의 뜻을 굽히지 않은 것이다. 해리염전을 훌륭히 키워낸 것이 대견하면서도 끝내 자기의 뜻을 따라주지 않는 남재에 대한 수당의 서운감은 그 후로도 계속된 것 같다. 남재 이후 해리지점은 형님 상준에게 인계되어 삼양염업사로 발전했다. 한편 1953년 12월부터 1960년까지 남재는 경성방직의 이사와 감사를 역임하나 그의 경방 경영참가가 어떤 맥락에서 이루어진 것인지는 불명하다.

2. 고대 복귀 : 사무처장의 중책을 맡다

1954년 8월, 남재는 가족과 함께 3년 6개월간의 고창생활을 정리하고 서울로 올라왔다. 고대가 서울로 돌아온 지 꼭 1년 뒤의 일이다. 남재의 고대 복귀는 9월 새학기부터가 아닌 10월 초로 되어 있다.[54] 남재의 복귀와 관련 《고대신문》은 "6·25사변 전 본교 정치학과 교수로 재직한 바 있었던 김상협 부교수는 그간 형편상 부득이 가사에 종사하여 왔는데 이번 학기부터 다시 정치학을 담당하게 되었다"고 전하고, 동경대학 출신으로서 정치학계에 이름이 높은 김상협 교수의 복귀로 정치학과에 많은 발전이 있을 것이라고 커다란 기대감을 표시하였다.[55] 이어 한 달 뒤의 《고대신문》 학내인사란에는 남재가 신임 부교수로 발령되었음을 일자 없이 보도하고 있다. 이해 연말 남재는 정교수로 승진하였다.[56]

이때 정치학과의 교수진은 정법대학장 신기석(申基碩 : 외교사)을 비롯하여 윤천주(尹天柱 : 국가학·비교정부론), 김경수(金敬洙 : 정치사), 서임수(徐壬壽 : 정치학설사) 등이 있었다. 남재의 담당과목은 정치학이었다.[57]

고대는 피난개교시에 농림대학 설립과 문과대학의 문리과대학 개편을 위해 6개 학과(농림대 3개 학과, 문리대 3개 학과)의 신설을 문교부에 신청, 1952년 말 농림대학 2개 학과(농학과와 임학과)와 문리대 3개 학과(수물-화학-생물과)의 인가를 받았다. 1954년부터는 수물과를 수학과와 물리학과로 분리, 4개 단과대학에 14개 학과를 거느리게 되면서, 이중 반수가 넘는 8개 학과가 문리과대학에 집중됨으로써 과중한 업무의 분담 필요성이 제기되어 이를 다시 문학부와 이학부로 분리시켜 학장 밑에 문학부장과 이학부장이 각기 관장토록 했다. 1955년부터는 행정학과, 경영학과, 농예화학과의 신설을 계기로 단과대학 체제를 다시 개편하여 정법대학과 경상대학을 폐지하는 대신 법과대학(법학과와 행정학과)과 상과대학(상학과와 경영학과)을 신설함에 따라 종래의 정법대학 소속 정치학과와 경상대학 소속 경제학과를 정경학부로 묶어 1959년에 정경대학으로 분리 독립할 때까지 문리과대학 소속으로 두었다.

이처럼 학과의 계속적인 증설과 학생 수의 증가(4개 대학, 17개 학과, 학생정원 3,320명)에 따라 대학의 규모가 급격하게 팽창하자 이를 효과적으로 관리하기 위한 행정체계의 강화가 불가피해짐으로써 사무-교무-학생처 등 교수를 처장으로 보임하는 행정처를 신설하게 되었다. 이에 따라 남재는 1955년도에 초대 정경학부장에 임명되었고 이어 1956년 2월부터는 초대 사무처장의 중책을 맡게 되었다.[58] 교무처장(金成植)과 학생처장(鄭在覺)은 1954년 3개 행정처 신설과 동시에 즉시 임명되었으나 사무처장은 그 동안 부총장 이종우가 소관업무를 관장하고 있어 처장 임명을 미루어왔던 것이다.

남재의 신임 사무처장 취임 소식을 1면 3단 크기로 특필하고 있는《고대신문》[59]은 김상협 교수가 사무처장에 임명됨으로써 보전→고대로의 대학 승격 10주년을 기하여 대학행정기구의 정비확충이 일단락되었다고 평가하면서 남재의 사무처장 취임은 "매우 유효적절한 포석"이라고 의미 있는 풀이를 덧붙였다. 이어 "어딘가 수줍어하는 기색과 긴장된 모습"을 보이면서도 시종 미소를 짓고 무언의 묵례로써 겸손하게 허리를 굽혀 "퍽 믿음직한 인상을 주었다"고 직원들과 취임인사를 나누는 자리에서의 남재의 모습을 소상하게 보도하고 있다.

남재는 36세의 젊은 나이로 정경학부장에 이어 사무처장에 임명됨으로써 대학의 주요 학사업무를 심의 의결하는 최고 행정기구인 교무위원회의 위원으로 참가하게 되었다. 남재는 사무처장으로서 대학의 살림 전반을 미시적으로 익혀나가게 되었을 뿐만 아니라 교무위원으로서 거시적으로 대학행정을 파악할 수 있는 큰 안목까지 기르게 됨으로써 장차 대학 전체를 통괄해 나갈 수 있는 관리-경영자 수업을 착실하게 쌓게 된 셈이다. 남재의 후임 정경학부장에는 경제학과 교수 조동필이 임명되었다.

남재가 사무처장 재임중 당면했던 가장 시급한 과제는 교실의 절대부족을 해소하는 일이었다. 이학부의 경우는 응급조치로서 가교사가 지어졌고 강당을 겸한 대단위 강의실의 완공을 서둘러야 했다. 그리하여 1956년 그 해에 강당의 준공을 비롯, 대학식당(1956), 중앙도서관 서고 증축(1957), 이공대 교사 착공(1957), 농대 실험실 완성(1957-1958), 이학부 착공(1959-1960), 일부 계단강의실 완공에 이은 서관 착공(1959-1961) 등이 있었다.

이 해 10월 남재는 한 사람의 절친한 벗을 잃었다. 경제학과 교수 한춘섭이 그 사람이다. 한춘섭은 1920년 서울 출신으로 남재와 같은 시기에 도쿄제대 경제학부를 나온 동갑나기로서, 보전 강사를 거쳐 경제학과 교수로서 재정학을 담당하였고 하버드대학 교환교수로 1년간 체미 중 신병을 얻어 귀국 후 곧 타계한 것이다. 남재는 보직교수로서 그 분망한 가운데도 《고대신문》에 불귀의 벗을 애도하는 조사를 기고하였다. 남재 생애의 첫 조문(弔文)이 될 이 글에서 남재는 그가 기만과 허위로 가득찬 혼탁한 세태 속에서 '솔직한 인간의 상징'이요, '진실의 등불'이었고, '정의의 사도'였다고 추모했다.[60]

환도 후, 남재 일가는 내외가 분가할 때 들었던 성북동 고모님댁은 다시 돌려드리고, 혜화동 소재 수당의 별가에 임시로 기거했다. 약 100평 규모의 이 집은 동란중 미군이 사용하다 불을 내어 다시 지었다는데 방도 많고 깨끗하였다. 난리통에 장서와 가재도구를 몽땅 잃고 말았으니 들여놓을 세간이 없어 한동안은 휑뎅그렁한 분위기였다고 혜천은 이 시절을 회고했다. 여기서 남재 일가는 2년 가까이 살다가 수당이 마련해준 명륜동 1가 36번지 37호의 30평짜리 일식집(일명 오카베집)을 대대적으로 개조-수리하여 오늘의 혜화동 15번지 139호 「남천당」(南泉堂 : 이 집의 내력은 〈부편: 남천당 소묘〉 참조) 한옥을 구할 때까지 7년여를 살았다.

3. 인촌의 서거

1955년 2월 18일 하오 5시 25분, 인촌 김성수가 계동 자택에서 영면하였다. 좌익의 사시(斜視)가 아니고서야 인촌의 서거에 슬퍼하지 않을 자 이 땅에 누가 있을까마는 이 위대한 애국자의 타계에 그 누구보다 슬퍼한 사람이 남재였다. "거목이 쓰러졌다. 앞으로 다시 큰아버지만한 인물이 나오기는 어려울 것이다…" 하면서 남재는 생애 처음으로 목놓아 울었다고 혜천은 전한다.

현민 유진오는 그의 보전-고대 회고록『양호기』에서, 애국의 종류를 자기 생명을 바치는 순교적 애국, 적의 생명을 빼앗는 영웅적 애국, 혁명을 승리로 이끌어나가는 투쟁적 애국으로 구분하면서 인촌의 애국은 그 어느 것에도 속하는 것이 아니지만 "있는 힘과 정성을 모두 기울여 민중과 더불어 한평생을 건설에 힘써온 경세가(經世家)적 애국이라 그 뿌리가 깊고 영향이 길게 미치는 점에 있어서 실은 그 어느 애국보다 실속이 더 있는 것"이라고 평가하였다.[61] 현민의 이와 같은 지적은 "해외에서 독립운동하고, 국내에서 감옥살이를 한 사람들도 애국자이지만 인촌같이 묵묵히 민족의 실력을 양성하는 데 일생을 바쳐온 사람들도 애국자다. 아니 그런 사람들이야말로 알짜 애국자다"라고 했던 서재필(徐載弼)의 애국인식과 일치하는 것이다. 서재필은 광복 이듬해에 일시 귀국하여 보전(고대) 방문시에 행한 강연에서 인촌의 애국을 이렇게 평한 바 있었다.[62]

또 고려대학교『교우회 80년사』(校友會八十年史)는 인촌의 애국적 생애가 갖는 특출함에 대해서 "인촌의 사업은 기나긴 도정을 인내와 고독으로 주파(走破)해나가야 하는 숨이 긴 승부여서 지리할 정도로 평범하게 느껴지는 것이나 그 뜻은 언제나 구원한 것이기에 경세적이었다"고 쓰고 있다.[63] 이어 고대 역사상 창설-인계-중흥의 위상으로 볼 때, 창설자 이용익(李容翊)은 전설적이고, 인계자 손병희(孫秉熙)는 간접적-추상적이나 중흥자 김성수는 직접적-구상적이라면서 다음과 같이 논하고 있다.

> "인촌은 보전의 교장으로서 교육의 현장에서 교수-학생들과 더불어 고민하며 고락과 애환을 함께 나누었을 뿐만 아니라 항상 고대의 육성-발전의 최일선에 서서 모색하고 고심하며 헌신함으로써 있는 그대로의 자신을 속속들이 노출시켰기 때문에 이들에 비하면… 고대의 정신과 전통 속에서 강렬하고도 강인하게 살아 움직인다는 것이다.…"[64]

그리하여 고대인에게 있어서 인촌은 그들이 즐겨 부르는 교가의 일절, 곧 "마음의 고향—모교" 그 자체라는 것이다.[65]

1951년 5월 16일 인촌은 부산의 피난국회에서 부통령에 당선되었다. 이때 부통령직은 이시영(李始榮)의 사퇴로 공석이었고 인촌은 부통령직에 나아가기를 한사코 고사하고 있었다. 이 시기 이승만정권은 국민방위군(國民防衛軍)사건, 거창(居昌) 양민학살사건 등 거듭되는 실정과 부정-부패로 궁지에 몰려 있었다. 인촌은 주위의 강권에 못 이겨 부통령에 취임은 했지만 매사를 비민주적 독단과 독선으로 일관하고 있는 이승만의 독재적 비정(秕政) 앞에서 절망하며 분노하지 않을 수 없었다. 일례로 1952년 봄에, 6·25의 참화를 불러온 책임의 일단을 가차 없이 물었어야 했고, 국민방위군사건을 일으킨 장본인의 한 사람으로서 단죄되었어야 할 전국방장관(국무총리 겸임) 신성모를 다시 주일대사로 임명하려 할 때, 인촌은 상식을 초월한 그 독선에 참다 못해 마침내 이승만과 정면 충돌하고는 그만 쓰러져 병석에 눕게 되었다.[66]

인촌의 투병생활 중, 이승만은 재집권을 향한 개헌음모를 노골화하여 민의를 조작하고, 계엄령을 발동하는 등 온갖 불법을 자행하며 국회를 위협하였다. 일선에서는 자유민주주의를 수호하기 위하여 수십만의 국내외 젊은 병사들이 목숨을 바쳐가며 싸우고 있는데 후방에서는 공공연히 민주주의를 압살하고 있는 이 극단의 역리(逆理)와 무도(無道)한 현실을 더 이상 방관할 수만은 없어 1952년 5월 29일, 인촌은 마침내 강력한 항의표시로서 부통령직을 사임하고, 이승만의 독재정치행태를 통열하게 비판하는 장문의 사임이유서를 국회에 제출하였다.

이후 인촌이 병석에서 추진시킨 호헌(護憲)대회가 깡패들의 습격으로 무산되는 가운데 대통령직선제 발췌개헌안이 불법적으로 임시국회를 통과함으로써 8·15대선에서 이승만은 직선대통령으로 당선되었다.

1953년 8월에 환도한 인촌은 민국당(民國黨 : 대표최고위원 신익희)의 고문으로서 정치일선에서 한 발 물러나 있으면서 이승만 독재에 대항할 범야세력의 총결집체로서 신당운동을 적극 지원하던 중 끝내 신당 민주당의 발족을 보지 못한 채 유명을 달리하니 향년 65세였다. 인촌의 장례는 정부수립 후 김구-이시영에 이어 세번째 국민장으로 치러졌다. 그의 영결식은 1955년 2월 24일 거행되어 고려대학교 동산에 안장되었다.

"어진 마음 따슨 손길 기리두고 못 잊으리 / 온 겨레의 마음의 별 인촌 선생 그 이름이여 !"

조지훈(趙芝薰)이 작사한 조가(弔歌)의 일절이다. 한편 고려대학교와 고대 교우회는 교우들의 성금을 모아 인촌동상을 제작, 고대의 본관 앞 교정에 건립하고 1959년 5월 5일 고대 창립 54주년을 기하여 제막식을 가졌다. 남재는 인촌동상건립위원회의 상임위원으로 참여하였다.

제4절 4월혁명을 보는 시각

1. 4·19와 4·18 고대의거

1960년 4월 18일, 4,000여 고대생은 사악과 불의에 항거하여 반독재 구국투쟁의 봉화를 높이 들었다. 4월혁명을 도화(導火)한 고대생의 이 4 · 18의거는 교육구국(敎育救國)을 건학이념으로 하는 고대정신의 발로였다. 당시 《고대신문》 학생편집국장 박찬세(법·4)가 기초한 「4 · 18고대선언문」의 다음과 같은 일절이 그것을 웅변으로 증명하고 있다.

> "우리 고대는 과거 일제하에서는 항일투쟁의 본산이었으며, 해방 후에는 인간의 자유와 존엄을 사수하기 위하여 멸공전선의 전위적 대열에 섰으나, 오늘은 진정한 민주이념의 쟁취를 위한 반항의 봉화를 높이 들어야 하겠다…."

세계사에 있어서 근대혁명의 제유형은(공산혁명유형 제외) 보통 자본주의의 성립과 시민계급의 성숙도를 기준으로 하여 파악된다. 민주화-근대화의 성취에 따른 혁명의 성패와 득실, 완결과 미완, 그리고 그 이후의 역사전개 양상은 곧 계급구성의 강도에 의해 판가름되었기 때문이다. 즉, 시민계급의 형성과 그들의 혁명적 각성이 혁명의 성격을 규정하고 제약했다는 뜻이다.[67]

500년의 국맥을 이어 온 봉건적 집권관료제국가 조선에 있어서도 개항기에 급진적 개혁의 추구가 없었던 것은 아니나 수구반동세력의 저항에 부딪혀 곧 좌절하고 말았다. 개혁의 주체와 성격이 서민대중과 절연(絶緣)된 구지배질서 내부의 일부 각성층에 의해 획책된 정변에 불과했기 때문이다. 이로 인해 근대적 시민계급의 형성을 계기하지 못한 이 땅의 혁명운동은 일제의 식민지 치하에서 항일독립운동의 형태로 전개될 수밖에 없었고, 이 과정에서 대두된 좌우의 극한적 이념대립은 광복 이후 민족의 분단과 동족상잔의 비극을 결과하는 중대한 요인으로 작용하였다.

게다가 자유-민주의 시장경제원리를 건국이념으로 하는 신생 대한민국의 이승만 초대정부는 진정한 국민의 이익과 희원(希願)과는 완전 유리(遊離)된 상층지배기구에 지나지 않는 것이었다. 그들은 일제가 버리고 간 귀속재산(적산)과 미국의 무상원조 등 주인 없이 굴러다니는 재원의 독식을 발판으로 관권에 기탁된 신흥관료정치재벌을 만들어내고, 이 독점체제를 지탱하기 위하여 경찰국가의 폭압적 지배구조를 강화해나갔다. 부패의 극을 달리고 있던 자유당 집권세력은 정권말기에 이르면서 온갖 관제-어용조직과 기구를 총동원하여 민의를 조작하고, 불법적-폭력수단에 의한 민주세력의 탄압으로 일관함으로써 광범한 국민적 저항에 부딪히자 이승만 독재체제의 잔명보존과 종신집권을 목표로 살인만행까지 서슴지 않고 전면 부정선거(3·15)를 감행함으로써 4선의 돌아올 수 없는 강을 넘어서고 만 것이다. 여기에 혁명의 모든 주-객관적 조건이 성숙되어 있었던 것이다.

고대생의 4·18의거는 민족운동사상 최초의 민주혁명인 4·19를 선도함으로써 그 역사적 사명을 다하였다. 그러나 4·19는 본질적으로 혁명의 담하(擔荷) 세력이 될 수 없는 제3계층, 곧 학생을 비롯한 교수와 언론 등 지식계급에 의해 선도됨으로써 혁명의 1차과업인 구정권 타도에는 성공했지만 새로운 질서창출의 이념적 통일을 보지 못한 채 구정치세력(단순한 구정권 반대자)에 의해 혁명의 2차과업이 인계됨으로써 미구에 반혁명의 역풍을 만나 곧 좌절할 운명에 놓여 있었던 것이다.

결국 4월혁명은 미숙한 불완전혁명으로서 우리 사회의 후진성만을 노정한 미완성 혁명으로 정의되기도 한다. 따라서 그것은 결코 우리 민족성의 자랑이 아니며, 우리 민족만이 이룩해낸 특유의 혁명도 아니라는 냉정한 평가가 내려지기도 한다.[68] 특히 뚜렷한 계급의식과 핵심주체가 결여된 혁명은 구지배세력과 타협하거나 혁명의 제2과업 완수에 실패할 때 반혁명에 부딪혀 무너져 버리던가 제2혁명을 유발한다는 교훈만을 남겨준 '좌절혁명'이라고 폄하하는 분석도 있다.

4·19 당시 남재는 인간적으로나 학문적으로, 40세 장년의 원숙기에 들어서 있었다. 이때 남재가 민족사에 찬연히 빛나는 4월민주혁명을 어떤 시각으로 이해하고 있었는가는 관심사가 아닐 수 없다. 4·19에 대해서 남재는 의외로 침묵하고 있었다. 아마도 혁명이 계속 진행중에 있었고, 그 의의를 정치학적 입장에서 정리하기 위해서는 무엇보다 귀추의 냉철한 주시가 필요했기 때문이었던 듯하다.

남재가 4·19를 직접 언급하기로는 그 해 말 《고대신문》이 기획한 '송년좌담' 〈1961년의 이정(里程)과 방향은 설정되었는가〉에 참석하여 발언한 것이 최초였던 것 같다.[69] 우선 4·19가 의거(義擧)인가 혁명(革命)인가, 또 4·19는 실패했는가 등 4월혁명의 성격과 그 성패와 관련된 논의에서, 남재는 소련-중국 등 후진국의 예로 보아 4·19를 실패로 단정함은 심한 것 같다고 속단을 경계하였다. 즉, 혁명은 보통 "사회체제의 근본적인 변혁"으로 이해되고 있지만, 관점에 따라서 얼마든지 다르게 그 개념이 정의될 수 있는 것이므로 동양과 같은 후진지역에서는 독재권력에 대한 반발 자체만으로도 이미 혁명적 의의를 가질 뿐만 아니라 4·19는 정권타도에 성공했다는 점에서 실패로 보기는 어렵다는 것이다. 특히 지식인들이 혁명을 선도했다는 사실이 외국에서는 높이 평가되고 있고, 대외적으로 커다란 영향을 끼쳤음을 남재는 지적하였다.

또 혁명과업의 완수와 관련, 남재는 2차적 혁명이념을 어떻게 정립-통일하고 그것을 달성해 나가는가 하는 것이 문제의 핵심임을 강조하고, 일찍이 서구사회가 거쳐갔던 '근대'라는 역사발전 단계를 이제부터 우리도 늦게나마 착실하게 밟아나가는 것이 무엇보다 중요한 과제라고 역설하였다. 즉, 금욕주의 정신으로 출발한 서구식 근대화과정을 경험하지 못한 우리 사회의 낙후된 체질 속에 금욕해방을 뜻하는 초현대적 육감문화부터 넘실거리는 이 전도된 현실을 어떻게 조정하여 국민정서에 적합한 시간환경을 만들어낼 것인가, 그 '속도'의 조화가 문제라는 것이다. 경제건설도 남북문제도 결국은 '속도의 문제'에 귀착된다고 남재는 요약하면서 그 실천방법으로서 「국민운동」의 필요성을 제기하였다.

요컨대 남재는 4월혁명의 2차과업을 근대화의 달성으로 보고 국민운동에서 그 방법을 찾고자 했던 것이다. 혁명의 부산물로 성립된 내각책임제권력구조에 대해서도 남재는 속도가 너무 느린 이 제도가 후진국에서 효과적으로 기능하기란 대단히 어렵기 때문에 인도와 같은 나라에서는 일당독재 비슷하게 운행되고 있음을 환기시키면서, 일당독재를 막기 위해서라도 국민운동이 필요함을 재강조함으로써 혁명이 결코 제도개혁으로 끝나는 것이 아님을 분명히 했다.

이 좌담 이후, 남재의 정제(整齊)된 4·19의 '영구미완성혁명론'과 '5결'(五決)로 정리된 4·18 고대생 의거의 역사적 의미규정이 나오기까지는 10년의 세월을 더 기다려야 했다. 이에 대해서는 다음 3편에서 재론될 것이다.

2. 장면(張勉)정권하에서

(1) 위기의 제2공화국

인촌의 지대한 관심과 후원하에서 태동한 반독재 범야결집체 민주당은 5·15 제3대 대통령선거(1956)에서 후보로 내세운 신익희가 호남유세행 열차 안에서 급서함으로써 정권교체를 목전에 두고 집권에 실패하였다. 그러나 부통령후보 장면(張勉)이 자유당 이기붕(李起鵬) 후보를 누르고 당선되어 민주당은 집권의지를 계속 키워나갈 수 있었다. 부통령직의 확보는 81세 대통령의 유고시 권력 승계의 한가닥 가능성을 시사하는 것이기 때문이다. 이를 계기로 부통령 장면을 중심으로 한 신파(新派)의 당내 위상이 높아가면서 조병옥(趙炳玉) 대표최고위원 중심의 구파(舊派)와 점차 심각한 대립-갈등의 양상을 보여주고 있었다.

이런 상황하에서 맞은 제4대 대선(1960)에서도 민주당은 똑같은 형태의 비운을 겪게 되었다. 승리가 확실시 되던 대통령 후보 조병옥이 선거 직전에 쓰러져 위궤양 수술 끝에 갑자기 타계한 것이다.

그리하여 이승만은 또다시 부전승을 거두게 되나, 3·15 부정선거로 촉발된 4·19에 의해 쫓겨나고, 민주당이 어부지리로 집권하게 되었다. 구정권이 지명한 허정의 과도정부에 의해서 내각책임제권력구조와 양원제국회구성을 골자로 하는 개정헌법에 따라 실시된 7·29 총선에서 민주당은 예상대로 압도적인 승리를 거두어 제2공화국 장면 내각을 성립시킨 것이다.

그러나 4월혁명의 산물로 결과된 이 민주당집권은 새로운 질서의 창출이 아니라 '혁명의 배신'으로 넘어가는 새로운 혼란의 시발이었고, 조만간 '빼앗긴 혁명'으로 뒤집힐 운명의 서막이었다. 집권을 계기로 민주당의 신-구파간 파쟁은 갈수록 노골화하여, 대통령과 국무총리 선출을 둘러싸고 폭력대결의 추태까지 연출하며 분열로 치닫고 있었다.

민주당은 구정권의 단순한 반대자였을 뿐 4월혁명의 이념을 계승하여 그 제2의 혁명과업을 완수할 능력도 의사도 없는 한낱 기회주의적 혁명기생세력일 뿐이었다. 따라서 이들에 의해 구정권의 반민주적 관료조직과 반혁명분자들이 일거에 분쇄-처단되고 혁명의 쓰레기가 청소될 것을 기대한다는 것은 처음부터 무리였다.

그리하여 집권당 내부의 끝없는 분열과 정파간의 추악한 권력쟁탈전이 국기(國基)를 흔들고, 데모 만능의 풍조 속에서 사이비 언론까지 극성하여 사회전반이 극도로 혼탁한 가운데 가중되는 경제난에 민생은 도탄에 빠져 바야흐로 반혁명의 기운이 무르익고 있었다. 여기에 진보와 혁신을 표방하는 용공세력의 반정부적 통일운동이 고개를 들고, 판문점으로 달려가려는 일부 학생들의 무분별한 통일지상주의적 작태까지 가세되어 4월혁명의 의미를 결정적으로 퇴색시키고 있었다. 바야흐로 갓 출범한 제2공화국은 위기 속을 표류하고 있었던 것이다.

(2) 제15차 유엔총회 한국대표 활약

남재는 4·19 이전부터 김영선(金永善)-이철승(李哲承) 등 민주당 소장인사들과 친밀한 관계를 맺고 있었다. 그들은 남재로부터 주로 각국의 헌법, 정당제도, 특히 영국과 서독 등 유럽의 정당행태 등 정치학 지식과, 반독재투쟁을 위한 지혜를 빌리고자 했고, 남재는 특강 등에 초빙되는 형식으로 그들의 자문에 응하고 있었다. 개중에는 명륜동 자택까지 놀러오는 사람들도 제법 있었다.

특히 남재는 대통령 윤보선(尹普善)과 국무총리 장면(張勉)과는 오래 전부터 가까운 처지였다. 해위(海葦)와 교동학교 선후배지간임은 이미 1편에서 언급한 바 있다. 정초가 되면 남재는 해위나 운석(雲石) 장면 등 민주당 지도급 인사를 찾아 세배를 드리기도 했는데 이것은 대체로 인촌과의 인연 때문에 비롯된 것으로 보인다.

남재가 제15차 유엔총회의 한국대표를 맡은 것은 총리 장면의 직접 부탁이 있었기 때문이다.[70] 제15차 유엔총회는 쿠바 사태로 카리브 해의 긴장이 높아가는 와중에서 흐루시쵸프가 유엔총회 석상에서 신발을 벗어들고 책상을 내려치면서 대미공격을 퍼부어 미국이 곤욕을 치르던 때였다. 한국대표단은 국회부의장 서민호(徐珉濠 : 민의원), 동 국방위원장 이철승(민의원), 동 외무위원장 서동진(徐東辰 : 민의원), 동 참의원 엄민영(嚴敏永), 학계 김상협(고대), 언론계 이관구(李寬求 : 경향신문) 등으로 구성되었다. 대표기간은 1960년 10월부터 1961년 4월까지 약 6개월이었다.[71]

대표단의 임무는 총회의 진행과정에 대응하는 것이지만, 이 시기는 4·19 직후여서 독재국가의 오명을 씻고 새로 들어선 민주정부의 국제관계를 새롭게 수립해 나갈 필요성이 그 어느 때보다 절실한 터이라 한국의 위상을 제고하는 외교노력도 겸하도록 되어 있었다.

대표단 일행은 한국문제가 상정되는 1961년 4월 10일의 제1분과위원회, 일명 「정치위원회」의 개회를 앞두고 4월 초 시간을 맞춰 현지(뉴욕 유엔본부)에 도착한 것 같다. 남재는 회기중, 관찰자로서 제1분과 정치위원회의 개막부터 진행상황을 참으로 열심히 취재하여 귀중한 기록을 남기고 있다.[72]

회의는 북한대표의 초청문제가 초점이었고, 미국측 안과 소련측 안, 그리고 소련측 안을 대변하고 있는 인도네시아의 수정안을 놓고 찬반격론을 벌인 끝에 미국측의 재수정안인 조건부초청안을 가결시켰다. 미국의 재수정 조건부초청안이란 한국문제결정에 관한 '유엔의 권한과 권위'(Competence and Authority of UN)를 북한이 먼저 인정할 때에 한하여 회의에 초청한다는 내용이다.

이 분과위 토의를 통해서 우리는 당시 국제사회의 한국문제에 대한 인식과 태도, 그리고 미-소 양측의 극명한 입장차이를 읽을 수 있다. 유엔이 다루고 있는 한국문제란 한국의 통일문제를 말하는 것으로 이것은 처음부터 실효를

〈표 Ⅱ-②〉 제1분과위원회(정치위원회) 회의상황

상정안건 : 아프리카 발전문제, 쿠바 문제, 한국문제

회의일시 : 1961년 4월 10일~

• 제 1일(1961년 4월 10일 10 : 30~13 : 05)

제 안 자	제 안 내 용	제 안 이 유
스티븐슨(Stevenson) 미국대표 연설 토의개시와 동시에 제안	•대한민국 대표만 표결권 없이 참석토론 초청 •북한대표 초청 불가 •결론 : 유엔을 무시하는 자를 유엔에 초청함은 모순	① 자유선거를 통해 세워진 한반도 유일 합법정부 ② 유엔과 한국통일문제에 관한 유엔원칙 지지 ③ 유엔 회원국 자격 인정된다. ① 자유선거에 의한 정부가 아님 ② 유엔을 반대하고, 유엔의 권한과 권위 무시 ③ 불법남침으로 유엔 최초로 집단 제재
조린(Zorin) 소련 대표	•분과위 토의에 양측대표 모두 불초청, 15차 총회에는 투표권 없이 참석토록 남북양측 초청	① 한국통일은 한국인 자신이 해결할 문제 ② 싫든 좋든 한반도에는 두 개의 국가가 있다. 한국문제가 해결되지 않는 것은 이 엄연한 사실을 무시했기 때문이다.
인도네시아 대표(Winjopra-noto) 수정안	•분과위 토의에 양측대표 초청, 총회에는 투표권 없이 양측 모두 참석토록 수정제의 *소련 안과 같으나 미국 안에 '대한민국 대표에 이어 북한대표' 추가토록 문구 첨가	① 한국에는 하나의 국민이 있지만 두 개의 정부가 있다. ② 미국 안에 의하면 하나의 정부만 있는 것처럼 되어 있다. ③ 건설적 출발점은 양쪽 모두 인정하는 데 있다. 이것이 공정하고도 합리적이며 현실적이다.
찬 반 토 론	미국측 안 찬성	인도네시아 수정안 찬성
	네덜란드-자유중국-그리스-사이프러스-영국-호주-태국-우루과이-이태리-필리핀 - 10개국 -	알바니아-버마-불가리아-수단-루마니아-이라크-모로코-말리-나이지리아-기니아-벨로루시-인도-다호미 -12개국-

• 제 2 일(4월 11일 15 : 00~17 : 45) : 미국의 재수정안 제안

제 안 자	제 안 내 용	제 안 이 유
미국대표 스티븐슨(연설내용)	•대한민국은 유엔의 아들이다. 누구도 한국대표를 참석시키는 데는 반대하지 않는다. •남한은 유엔 결의를 따르겠다고 하는데 북한도 그렇게 할 수 있는가.	•북한대표 초청 여부에만 의견이 엇갈린다. •북한은 유엔이 한국문제 토의권한이 없다며 불법이라고 주장한다. •북한이 유엔의 권한을 인정하기 전에는 참석시킬 수 없다.
	•북한이 먼저, 대한민국이 한 것처럼 명백히 유엔의 한국문제 결정에 관한 권한과 권위를 인정하는 한에서만 조건부로 초청키로 재수정 제안	

• 제 3 일(4월 12일 11 : 00~13 : 10 및 15 : 00~17 : 30) : 미국측 재수정안 표결

재수정안 찬반토론	찬 성	반 대
	•지금까지 유엔을 상대로 전쟁을 한 당사자가 없기 때문에 평등개념은 동등한 자격자에게만 적용된다. 조건부 초청이 마땅하다. •북한은 언제나 유엔을 배반했다. 조건부 초청이 마땅하다(호주).	•조건부 초청은 세련되지 못한 것(인도네시아) •총회에 조건부 초청은 전례가 없다(인도). •이라크-나이지리아-리베리아, 인도 견해 지지 •소련 ; 조건부는 불초청을 의미한다.
표결결과 : 찬성 54, 반대 33, 기권 7로 조건부 초청 가결		

•제4일(4월 13일 11 : 00~13 : 05) : 17일 재론키로, 한국대표 회의 참석
•제5일(4월 14일 11 : 00~15 : 56) : 한국대표 회의 참석
•제6일(4월 17일 20 : 30~21 : 35) : 쿠바 문제 토론 개시, 4월 22일까지 한국문제 토의 중단

○북한의 기본 입장 : 1960년 10월 29일자 북한 외상 박성철 명의로 유엔총회의장 및 사무총장에게 보낸 서한의 부속 서류 '평화통일에 관한 비망록' : 한국통일의 방해요인은 미군주둔, 한국식민지화 및 군사기지화에 있다. 따라서 미군철수 유엔한국통일부흥위원단(UNCURK) 해체, 미국의 유엔 명의 및 표지도용 금지 등이 급선무, 외세간섭 없는 남북협상에 의한 총선실시, 남북연합체, 경제협의체, 과학-문화-예술-체육협의체 구성, 군축 등

1960년 10월 22일자 박성철 전문(電文)은 북한의 대UN 태도를 전면 함축하고 있다. 전문내용은 "과거 13년 간 유엔은 미국의 강제에 못 이겨 한국문제를 불법한 수단으로 상정, 아무 실효성 없는 결의를 당사자인 북조선인민공화국 대표의 관여 없이 기계적으로 통과시켜왔다. 한국문제가 또다시 금회기에 상정된 이상 당사자인 북조선인민공화국 대표가 반드시 참석해야 한다는 점을 분명히 밝힌다. 이것은 당사자로서 정당-합법적인 요구이다"라고 되어 있다.

거둘 수 없는 한국동란의 변형으로서 '설전'(舌戰)의 양상을 띤 동서냉전의 전형이었다. 분과위(정치위원회) 회의과정의 주요사항만을 요약해 적시하면 〈표Ⅱ-②〉와 같다.

결국 한국대표단은 〈표Ⅱ-②〉에서 보는 바와 같이 미국측의 대북한 조건부초청 재수정안이 가결되고, 북한이 이를 거부함으로써 한국만 단독초청되어 4월 13일 이후 회의에 공식 참가했고, 북한의 유엔 무대 등장은 봉쇄되어 소기의 성과를 거둔 셈이다. 총회가 끝난 뒤 남재는 5월 1일부터 미국무성 초청으로 30일 동안 미국 일주여행에 들어갔다. 도중 남재는 텍사스주 댈러스의 한 호텔에서 흑인종업원으로부터 한국의 쿠데타 소식을 우연히 전해 듣게 되었다. 남재가 놀라 급거 뉴욕으로 돌아왔더니 영사관 직원들도 멍하니 넋을 잃고 있었다. 남재는 미국 내 여행일정을 대충 끝내고 내친 김에 유럽으로 건너가 런던-베를린 등을 들러 1960년대 유럽의 상황을 둘러보고 8월 14일에 귀국하였다. 남재는 이때 영국의 보수-노동 양당과 서독의 기민-사민당, 그리고 유럽 여러 나라의 정당제도와 정치사정과 관련된 보충자료들을 직접 구입하거나 입수 루트를 확보하고 돌아왔다.[73]

(3) 학술원 정회원이 되다

대한민국 학술원은 "학술발전에 현저한 공이 있는 학자를 우대-지원하고, 학술연구와 그 지원사업을 행함으로써 학술발전에 이바지함을 목적으로 설립된 학자들의 대내외적 대표기관"이다. 그 주요기능은 학술진흥에 관한 정책자문 및 건의, 학술연구와 그 지원, 국내외 학술교류와 학술행사 개최, 대한민국 학술원상수여, 기타 학술진흥에 관한 사항 등으로 되어 있다.

학술원은 1952년 8월에 제정된 「문화보호법」에 따라 문교부장관이 관할하는 정부산하기관으로 설립되어 이듬해인 1953년 3월 초대 추천회원 50명이 선출됨으로써 비로소 정식으로 출범하였다.

인문과학부(후에 인문-사회과학부)와 자연과학부 2개의 부로 구성된 학술원은 1960년 2월의 법 개정에 따라 각 부의 인원을 50인 이내로 증원하여 총 100인 규모로 확대하였다. 각 부에는 분과회(후에 분과위원회)를 설치, 인문과학부 6개 분과(철학, 어문학, 사학, 법학, 정치-사회- 행정학, 경제학), 자연과학부 5개 분과(화학-물리, 동물-식물-지질-광물학, 건축-토목-전기-기계, 병리-생리-약리-미생물-해부-의학, 수산-재배-육종-작물-조림-축산-농화학)로 세분하였다.

회원이 되면 대통령령이 정하는 바에 따라서 수당과 연금 등을 지급받으며, 학술원의 기능과 관련된 제반활동에 참여할 권리를 갖는다. 회원은 학술원이 추천-선출한 추천회원과 학술원의 제청에 따라 대통령이 임명한 임명회원이 있으며 전자의 임기는 6년, 후자는 종신으로 되어 있다. 회원의 자격요건은 교육법에 의한 대학 또는 동등 이상의 학교를 졸업한 자로서 10년 이상 학술연구에 종사한 자, 또는 학술연구경력 20년 이상인 자로 규정되어 있으나, 학계의 권위로서 학술상의 공적이 현저할 뿐만 아니라 인격적으로도 존경받는 명망 있는 과학자가 아니면 될 수 없는 대단한 명예직이 아닐 수 없다.

학술원 원무(院務)의 집행기관으로는 회장 1인, 부회장 2인, 각부(各部) 회장, 분과회장 등이 있으며, 공무원으로 보임되는 사무국이 있다. 회장은 원무를 관장하고, 대외적으로 학술원을 대표하며, 임기는 2년, 1회한 연임할 수 있다. 부회장은 인문-자연 각 부별로 1인씩 두고, 회장을 보좌하며 유고시 회장의 직무를 대행한다. 임기 등은 회장과 같다. 각부 회장과 분과회장 등은 해당 회무를 비롯한 각종회의를 주재-관장하며, 임기는 1년, 1회 연임할 수 있다. 회장, 부회장 이하 각부회장 및 분과회장 등은 회원 중에서 호선되며, 무기명 투표로 선출한다.

남재는 초대회원 50명이 1960년 4월 25일자로 임기만료됨에 따라 재구성에 들어간 분과회, 부회 및 총회에서 소정의 추천과정과 심사-선출절차를 거쳐 선출된 것이다. 이때 선출된 각부의 제2대 추천회원은 인문과학부 40명, 자연과학부 43명, 합하여 83명이었고, 대통령 임명회원 11명을 합쳐 총회원수는 94명이었다. 이후 회원수는 1988년의 법개정에 따라 다시 150명으로 증원되었다.

남재는 인문과학부 제5분과회(정치-사회-행정학) 소속이었다. 제5분과 총인원은 8명으로 이상백(李相佰 : 사회학), 신기석(국제정치학), 윤세창(尹世昌 : 행정학 · 행정법), 최문환(사회사상 · 경제학사), 김상협(정치학), 고황경(高凰京 : 사회학), 김성희(金成熺 : 정치학) 등이었다.

남재가 누구에 의하여 추천되었고 추천사유가 어떻게 기술되어 있는지는 자못 홍미 있는 우리의 관심사이나 유감스럽게도 학술원에는 남재가 추천-선출될 당시의 관련 서류가 보존되어 있지 않기 때문에 알 길이 없다. 다만 회원의 추천 메커니즘상, 그리고 제5분과회의 회원 면면으로 보아 초대회원 전원의 추천 대상이 아니었나 짐작된다.

남재는 학술원 활동에 거의 참여하지 않은 것 같다. 《학술원회보》(學術院會報)에는 학술원 활동과 직접 관련이 없는 간단한 동정만이 나와 있을 뿐이고, 『학술원 논문집』, 『학술총람』, 『국제학술대회 논문집』 등 관련저널 어디에도 남재의 참여 흔적은 나타나지 않는다. 참고로 이 시절 임명회원을 소개하면, 최현배(崔鉉培)·이희승(李熙昇)·이병기(李秉岐)·김윤경(金允經), 이병도(李丙燾), 유진오(兪鎭午) 등 인문과학부 6인, 안동혁(安東赫 : 응용화학)·박동길(朴東吉 : 지질광물학)·정태현(鄭台鉉 : 식물학)·윤일선(尹日善 : 병리학)·정문기(鄭文基 : 수산학) 등 자연과학부 5인이다.

• 제7장 〔주〕

1) 유진오(兪鎭午), 『양호기(養虎記)－보전·고대 35년의 회고』(고대출판부, 1977), p.217.
2) 수당김연수전기편찬위원회, 『한국근대기업의 선구자』(주식회사 삼양사, 1996), p.234.
3) 위의 책, pp.238~239.
4) 위의 책, pp.243~246.
5) 위의 책, p.248.
6) 『수당 김연수』(1985년판), p.202.
7) 위의 책, p.211.
8) 위의 책, p.204.
9) 혜천 김인숙의 회고 (2000년 1월 30일).
10) 남령 김상홍, 『늘 한결같은 마음으로』(주식회사 삼양사, 1999), pp.270~271.
11) 브루스 커밍스·존 할리데이, 『한국전쟁의 전개과정』(차성수·양동주 옮김; 도서출판 태암, 1989), p.56.
12) 혜천 김인숙의 회고.
13) 위와 같음.
14) 고지마 노보루(小島登), 『한국전쟁』 상권 (김민성 옮김 ; 종로서적, 1981), p.27.

15) 브루스 커밍스 외, 앞의 『한국전쟁의 전개과정』, pp.63~84.
16) 그 논쟁제기의 대표적 문헌으로는 B. Cummings 의 —*The Origins of the Korean War* (Princeton : Princeton University Press, 1981)., 번역판으로 『한국전쟁의 기원』 상 · 하(김주환 옮김; 청사, 1986)를 들 수 있다. 그 밖에 K. 굽타외 저, 『한국전쟁은 어떻게 시작되었는가』(정대화 편역 ; 신학문사, 1988), 로버트 R. 시몬스, 『한국내전』(기광서 역; 도서출판 열사람, 1988), I. F. Stone, *The Hidden History of the Korean War* (Monthly Review Press New York & London, 1969)., 번역판으로 『비사 한국전쟁』(백외경 옮김; 신학문사, 1988) 등이 있다.
17) 고지마 노보루, 앞의 책, pp.7~82.
18) 남령 김상홍, 앞의 책, p.92.
19) 위의 책, p.98.
20) 『수당 김연수』(1985년판), p.217.
21) 남령 김상홍, 앞의 책, p.98.
22) 『수당 김연수』(1985년판), p.218.
23) 위와 같음.
24) 위와 같음.
25) 혜천 김인숙의 회고.
26) 위와 같음.
27) 『수당 김연수』(1985년판), p.219.
28) 유진오, 앞의 책, p.246.
29) 고지마 노보루, 앞의 책, pp.194~195.
30) 앞의 『한국근대기업의 선구자』, p.226.
31) 『수당 김연수』(1985년판), p.224.
32) 위의 책, p.225.
33) <고희기념좌담>, p.486.
34) 『수당 김연수』(1985년판), p.225.
35) 위의 책, p.214.
36) 위의 책, p.215.
37) 위와 같음.
38) <고희기념좌담>, p.486.
39) 고지마 노보루, 앞의 책, p.232.
40) 『수당 김연수』(1985년판), p.224.
41) 위의 책, p.225.
42) 남령 김상홍, 앞의 책, p.126.
43) 위와 같음.
44) 차행곤(車幸坤)의 증언 (2000년 4월 18일).
45) 『수당 김연수』(1985년판), p.225.
46) 차행곤의 증언.
47) 『수당 김연수』(1985년판), p.225.
48) <고희기념좌담>, p.486.
49) 『수당 김연수』(1985년판), p.225.
50) 이문열(李文烈) 평역, 『삼국지』(민음사, 1997), 제5권 p.91, 및 제6권 pp.89~129 참조.
51) 김하룡, <남재선생과 한국정치학>, 『당산나무의 큰 그늘이여—남재 김상협선생추모문집』(1998), p.178.
52) 혜천 김인숙의 회고.
53) 고지마 노보루, 앞의 책 하권, p.233.
54) ≪고대신문≫ 1955년 4월 25일자.

55) ≪고대신문≫ 1954년 10월 4일자.
56) 남재의 정교수 승진일자는 불명하다.
57) ≪고대신문≫ 1953년 2월 10일자. ≪고대신문≫은 특집기사「고대의 전통과 오늘의 면모」라는 제하에서 고대연혁과 단과대학 및 학과를 소개하면서 복귀 전인 남재를 정법대학 교수로 소개하고 있다.
58) ≪고대신문≫ 1956년 2월 13일자.
59) 위와 같음.
60) ≪고대신문≫ 1956년 10월 29일자.
61) 유진오, 앞의 책, p.277.
62) 위와 같음.
63) 고려대학교 교우회,『교우회 80년사』(1991), p.385.
64) 위의 책, pp.385~386.
65) 위와 같음.
66) 유진오, 앞의 책, p.256.
67) 조기준, <자본주의와 시민혁명>, ≪고대신문≫ 1960년 6월 18일자.
68) 위와 같음.
69) ≪고대신문≫ 1960년 12월 24일자.
70) <고희기념좌담> p.465.
71) ≪학술원회보≫ 제4집 (1961).
72) 남재의『취재노트』(1961).
73) 앞의 ≪학술원회보≫.

第8장 : 젊음의 예지와 혜안으로 세계를 통찰하다

제1절 금쪽 같은 말과 글 : 발표를 절제하다

1. 강의-연구 노트들

남재는 1954년 8월 고대복귀 후, 1956년부터 1966년까지 10년간 127권에 달하는 강의 및 연구 노트와 메모 등 정리되지 않은 기록 수백 건을 남겼다. 실로 방대하다고 해야 할 이 육필 문건들은 이 기간 동안 남재의 강의내용과 학문적 관심추이를 살필 수 있는 매우 귀중한 직접자료가 된다. 노트들은 1960년을 기준으로 그 이전이 81권, 이후가 46권이 된다. 이전 작성 81권을 분류하면, 민주정치론 8권(1956~1958), 정당론 14권(1957~1959), 각국의 정당(영-소-미) 10권(1959~1960), 정치학 개론 11권(1960), 각국의 정치사정(중국편 : 공산당집권 이전) 6권(1959), 공산국 연립정부론 등 공산주의 관련 3권(1958~), 정치사상가 22권(1956~), 기타 7권으로 되어 있다.

민주정치론 8권은 민주주의(Ⅰ)-(Ⅱ), 민주정치(Ⅰ)-(Ⅱ), 민주정치의 변질,

여론, 직접민주주의, 삼권분립론 등이다. 민주주의의 개념, 다수결원칙, 민주주의의 실현가능성, 직접민주주의와 대의민주주의 등을 제학자들의 이론에 기초하여 참고문헌과 함께 소개-고찰하고 있는 이 민주정치론은 핵심내용에 이르러서는 원전의 원문을 그대로 인용하는 방식으로 작성된 강의 노트이다.

정당론 14권도 같은 요령으로 정당론 개설(정의 · 발생 등)로부터 정당의 본질, 정당조직론, 정당에 대한 태도변천, 정당정치의 장단, 정당의 수, 양당정치의 득실, 일당독재, 군소정당 등을 다루고 있다.

또 11권으로 된 정치학 개론 역시 민주정치 대 독재정치 비교론을 기조로 민주정치의 이상, 민주정치의 현실, 민주주의의 위기, 현대민주정치와 독재정치의 제유형과 특징, 사회민주주의, 소련공산주의, 스탈린의 독재이론, 중국공산주의 등을 담고 있다.

6권의 각국정치사정—중국편(상)은 공산당집권 이전의 신해혁명(辛亥革命), 국민당, 장개석(蔣介石) 집권과 국공관계, 모택동(毛澤東)의 공산당까지를 정리하고 있다.

그외 정치사상가 22권은 켈젠(H. Kelsen) 4권, 슈미트(C. Schmitt)와 옐리네크 각 3권, 룻소(J. J. Rousseau)-라스웰(H. D. Lasswell)-블룬츨리(J. K. Bluntschli) 각 2권, 콜(G. D. H. Cole)-베커(C. L. Becker)-메인(Sir H. S. Maine)-매키버(R. MacIver)-리프만(W. Lippmann)-오펜하이머(F. Oppenheimer) 각 1권으로, 모두가 그들의 주요 저서들을 분석한 내용이다.

기타 7권은 미국독립선언서 분석 및 제퍼슨(T. Jefferson), 밀(J. S. Mill)-로크(J. Locke)-룻소 등 민주주의 기초이론 제공자들의 생애와 업적, 라스키(H. J. Laski)와 콜 등의 생애 및 민주사회주의의 목적과 임무를 다룬 것들이다.

한편 1960년 이후에 작성된 노트들은 주로 각국의 정치사정—중국편(하) 21권, 서독관련 14권, 인도네시아 3권 등이고, 각국의 정당(스위스-오스트리아) 7권, 후진국정치론 2권, 국제사회민주주의 등 기타 2권으로 분류된다.

21권의 중국편(하) 노트들은 공산당집권 이후를 정리한 것으로 당장(党章), 모택동의 중국통일, 중공과 대미-대소관계 3권(1961)을 비롯, 중공약사 3권(1963), 중공의 전술 9권(1963), 모택동 6권(1966) 등으로 되어 있다. 또 14권의 서독관련 노트들은 정당, 정치사, 경제 등을 다룬 것이지만 기독교민주동맹

(CDU)과 사회민주당(SPD)의 정강정책 분석 등이 주내용으로 되어 있다.

여기서 궁금한 점은 남재가 1954년 10월 고대복귀 후, 1955년 1년 동안은 노트 작성이 없었다는 사실이다. 이것은 이 해에 연구공백이 있었음을 시사하는 것이 아니라 아마도 이때까지는 모든 기록들을 메모 형태로만 작성해 왔고, 1956년부터 비로소 강의와 연구를 위한 노트 정리를 새로이 시작했기 때문이 아닌가 생각해 본다.

이 시절 남재의 연구모습을 대학원생으로서 누구보다 가깝게 지켜볼 수 있었던 김하룡(金河龍)은 다음과 같이 매우 유익한 증언을 들려주고 있다.

> "…남재 선생이 2차 대전 후 독립한 신생국의 헌법을 포함한 각국 헌법을 수록한 세계각국 헌법집, 그리고 구미 각국, 신생국의 주요 정당의 정강정책을 수록한 자료를 구하기 위해서 각처에 사람을 보내는 등 애쓰시던 모습은 지금도 기억이 생생하다. 무려 60여 개국 헌법이 수록된, 국어사전보다 더 두툼한 헌법집, 세계 각국의 주요 정당의 정강-정책 등 자료를 비교-분석-종합하는 작업은 여간한 호학(好學)의 정열, 끈기가 없이는 해내기 어려운 일이다. 또한 이렇게 하여 필요한 1차자료를 추출해내는 작업은 그 투입한 노력과 시간에 비해서 얻는 것이 적다는 것을 학문하는 사람이면 다 아는 사실이다. 남재 선생은 그 방대한 작업, 그리고 그 무미건조하고 지루한 작업을 조수 한 사람의 도움 없이 해내는 학구인(學究人)이었다." [1]

여기서 원전을 인용한 『남재노트』의 전형 한 가지 예를 들어보기로 한다. 남재는 민주정치론과 관련, 여론(輿論 : Public Opinion)에 관한 노트(序說) 1권과 18매 짜리와 50여 매로 된 원전 인용 메모를 작성하고 있다(메모 1매는 200자 원고지 약 3매 정도이므로 전체는 상당한 분량이 된다 ; 별항 『남재노트』 참조).

여기 소개된 별항의 『남재노트』 예문은 W. 리프만이 그의 대표적 저술 『여론』(*Public Opinion*, 1922)에서 '의사환경'(擬似環境 : 가짜환경)을 설명하고 있는 대목의 인용부분이다. 남재는 '여론'이란 무엇인가를 이해하기 위해서 우선 정치와 여론과의 관계와 여론의 정의 등을 살펴보고, 이어 여론의 형성과정에 대한 인식을 위하여 의사환경(Pseudo-Environment), 인식의 정형화(定型化 : Stereotype), 상징조작(Symbolism) 등을 검토하면서 현대민주정치의

〈표Ⅱ-③〉 『남재노트』 예문

§1. ―문제― The World outside and the pictures in our heads

우리는 환경을 정확히, 또 즉시 이해하지 못한다
〔예〕: 1차대전
전쟁을 예상치 못하고 적국을 상대로 교역을 하여 여러 가지 행동을 취함

· Symbolism of Public Opinion
〔예〕: 1차 대전시의 Symbol : Britain the Defender of Public Law,
France watching at the Frontier of Freedom
America the Crusader

· Pseudo-Environments
우리는 환경을 도저히 이해할 수 없다. 그러나 할 수 없이 우리 환경을 Fiction, Symbol로서 그려보는데 이것은 언제나 Pseudo-Environment가 되기 쉽다.

The real environment is altogether too big, too complex, and too fleeting for direct acquaintance. We are not equipped to deal with so much subtlety, so much variety, so much permutations and combinations. And although we have to act in that environment, we have reconstruct it on a simpler model before we can manage with it. …(이하 략)…

물론 이 Pseudo-environment의 원인은 많이 있다.

[필자초역] : 실제 환경은 그것을 곧바로 인지하기에는 너무나 크고 복잡하고, 너무나 빨리 스쳐간다. 우리들은 그처럼 정교하고 변화무쌍하며 교직적(交織的)인 것들(환경요인들)을 잘 다루도록 되어 있지 않다. 그리하여 우리들은 비록 그와 같은 환경 속에서 행동하지 않을 수 없을지라도 사전에 그것을 보다 단순한 모형으로 재구성한다.

핵심과정인 여론형성에 있어서 의사환경의 문제가 가장 중요한 과제임을 장문의 원전을 인용하면서 지적하고 있다.

사람은 자신에게 주어진 환경상(環境像)을 있는 그대로 직접 이해할 능력이 없고 매스커뮤니케이션 등 제3자에 의해 편집-조작(操作 : Manipulate)된 복사물(複寫物)을 통해서 간접인식할 수밖에 없다는 명제로부터, 결국 환경상(像)의 재구성을 통한 '대중조작'(Mass Manipulation)이 가능해짐으로써 사회

-정치적 실력자(Power Elite)들의 정치적 지배가 조장된다는 이론의 기초개념으로서 리프만의 '의사환경'이란 용어가 학계에서 한때 주목된 바 있다.

이상에서 살펴본 남재 노트들은 남재가 평소에 참으로 꾸준히 많은 공부를 해왔음을 단적으로 말해주는 증거물들이라 하겠다. 남재의 이 엄청난 육필자료들을 검토하면서, 우리는 남재가 얼마나 학문에 대한 뜨거운 정열과 끈기로서 신고의 노력을 다하여 마지않는 학구인(學究人)이었는가를 새삼 확인하게 된다.

2. 월간잡지 《사상계》를 주무대로

(1) 편집위원 참여

남재의 《사상계》(思想界) 참여는 처음 어떻게 이루어졌는가?

원래 《사상계》는 부산피난 시절, 당시 문교부장관 백낙준(白樂濬)의 지원을 받아 발행되던 잡지 《사상》(국민사상연구원 발행, 1951)을 장준하(張俊河)가 인계하면서 제명(題名)을 바꾸어 1953년에 재창간한 것이니 그 후신이 된다.

장준하(1915~1975)는 평북 선천(宣川) 출신으로 기독교 집안에서 태어나 도쿄의 일본신학교(日本神學校)에 유학 중 1944년에 학병으로 일본군에 끌려나가, 중국전선에 투입되자 곧 탈출하여 이범석(李範奭) 휘하의 서안광복군(西安光復軍)에 참가한 독립군 출신이다. 광복 후, 백범 김구의 비서로서 환국한(1945. 12.) 그는 일시 이범석의 조선민족청년단(朝鮮民族青年團 : 일명 '족청')에 훈련원 교무처장으로 가담한 바 있고, 《사상계》를 발행하면서 반독재 언론활동으로 국제적인 명성을 얻어 「막사이사이상」을 수상(1962)하였다. 5·16 후 소위 대통령 명예훼손혐의로 복역 중 신민당 후보로 출마하여 옥중 당선한(1967) 이래, 10여 차례나 투옥되는 등 재야의 민주회복운동 핵심인물로 시종 반군사독재민권투쟁으로 일관하다 1975년 등산길에서 의문사한 비운의 정치인이다.

남재가 처음《사상계》인사들과 접촉을 갖게 된 것은 강봉식(康鳳植)의 연락을 받고서부터였다. 부산 피난시부터 잡지《사상》에 관심을 갖고 있던 강봉식은 환도 후 사상계사가 종로 YMCA 뒷편 관철동 한청빌딩에 들어 있던 시절, 이 잡지에 여러 차례 기고하면서, 원고료도 제때에 잘 지급될 뿐만 아니라 발행인 장준하의 꼿꼿한 성품에 끌려 계속 필자로 참여하던 중, 민병구(閔丙久)-김성한(金聲翰) 등 야마구치고교 출신들이 편집실에서 자연스럽게 만날 기회가 종종 생겼던 모양이다. 그때 민병구로부터 남재도 불러내자는 의견이 나와 막내격인 강봉식이 연락책을 맡으면서 남재를 끌어내게 되었다는 것이다. 그러니까《사상계》의 주요 필자로 활동하던 야마구치고교 출신들이 편집실에서 모이는 기회에 연락을 받고 나간 것이 남재가《사상계》와 인연을 맺게 되는 시발이었던 것으로 강봉식은 기억하고 있다.

사실 당시 남재의 주관심 대상은《동아일보》였던 것 같다. 남재는 신문의 경영뿐만 아니라 편집-제작 등 실무전반에 이르기까지 언론에 직접 참여하고 싶은 강한 의욕을 보일 때가 자주 있었다고 한다.[2] 인촌의 서거 전후시기의 일이니 젊은 남재가《동아일보》의 진로에 남다른 관심을 갖는 것은 당연한 노릇일 것이다. 따라서 남재의 잡지《사상계》관여는 이 시절 그가 언론에 대해서 가졌던 강한 욕구의 또다른 표현이었다고 할 수 있다.

남재는 1956년부터《사상계》에 첫 집필을 시작, 그 해에 모두 세 편의 논문을 발표하였다. 1957년은 건너뛰고, 58년 역시 3편의 논문과 좌담 1회, 59년 논문 2편과 좌담 1회, 그리고 60년에 논문 2편과 좌담 3회로 1956~1960년까지 5년 동안 총 10편의 논문과 좌담 5회 참석이 있었다(별항 자료 참조).《사상계》말고는 1957년에 잡지《신태양》(新太陽)에 논문 1편, 그리고 60년에 잡지《새벽》에 논문 1편 발표와 좌담 1회 참석이 전부로 보인다. 그 밖에는 1959년에《한국정치학회보》(韓國政治學會報 : 창간호)에 발표된 순수 학술 논문 1편이 있다.

이처럼 남재는《사상계》를 주무대로 당시 몇몇 잡지에 불과 12편의 논문 발표와 좌담 참석 6회밖에 없는데도 그의 명성은 그때 벌써 지식인 사회에 각인되고 있었다. 그만큼 남재는 말과 글을 절제하고 있었지만, 일단 발표된 소작(所作)들은 모두가 깊은 학문적 논구의 바탕 위에서 30대 후반의 젊음과 예지에 넘치는 통찰력이 발현된 뛰어난 문제의식이었기에 세계사적 인식의 새 지평을 열어주는 노작(勞作)으로서 어필했던 것이다.

1958년 4월부터 남재는 편집위원으로서 이 잡지의 편집기획에도 적극 참여했다. 이 해 4월호 지상에 창간 5주년을 기하여 발표된 16인 위원은 하단의 〈사고〉(社告)와 같다.

연세대 교수로서 주간을 역임한 바 있는 안병욱이 《사상계》 참여인사의 면면을 "다사재재(多士濟濟)했다"고 자평하고 있듯,[3] 이 시절 《사상계》에는 실로 기라성 같은 당대의 논객들이 그야말로 구름처럼 몰려 있었던 것이다.

이들은 매달 《사상계》 편집위원회가 있는 날이면 관철동 한청빌딩 편집실에 모여 각자 돌아가며 자기 전공 영역의 국내외 사상적 동향을 소개하고, 또 정보적-기획적 차원에서 조언하거나 편집방향과 관련, 자신의 견해를 허심탄회하게 토로하였다. 편집위원회 개회일은 매달 일자를 정해놓고 엄격하게 소집되는 것은 아니었던 것 같다. 사측의 필요에 따라 그때그때 연락이 되는 것이 보통이고, 매달 한두 차례 열리는 정도로, 위원들은 각자 사정이 허락하는 대로 참석하여 당면 이슈나 제기된 기획에 의거 토론하면서 때로는 필자가 되기도 하고 또 때로는 좌담회에 참석하여 발언을 하는 등 매우 자유로운 입장에서 참여하는 것이었다.

《사상계》의 편집방향은 잡지의 제명 그대로 인류의 문명사적 조류를 관조하며 그 사상적 흐름의 원류와 갈래들의 변천과정을 비교적 전문적으로 분석-평가하는 다소 고답적이고 지적인 세계를 추구하는 일면도 없지 않았다. 그러나 그 무엇보다 당면한 국내외의 제반 현실문제들을 강도 높게 비판하는 언론 기능을 더욱 유감없이 발휘하였다고 할 수 있다. 그리하여 《사상계》가 이 땅의 지식인에게 끼친 영향은 실로 광범하고 뿌리 깊은 것이었

社　告

김상협(金相浹) 김성한*(金聲翰) 김준엽*(金俊燁) 김하태(金夏泰) 신상초(申相楚) 성창환(成昌煥) 안병욱**(安秉煜) 오몽(吳蒙) 유창현(劉彰玄) 이상구(李相球) 이종진(李鍾珍) 장경학(張庚鶴) 정병욱(鄭炳昱) 한우근(韓佑劤) 현승종(玄勝鍾) 황산덕(黃山德) —이상 가나다순

• 후에 이 명단에는 상당한 가감변동이 있었던 것 같다. 예컨대 이만갑(李萬甲) · 양호민(梁好民) · 한태연(韓泰淵) · 정태섭(鄭泰燮) 등이 뒤에 참여했다.(유창현은 유창순의 필명) * 상임위원, ** 주간.

다. 남재도 이 점을 높이 인정하였다.[4] 특히 남재는 4월혁명이 '언론혁명', '지식인혁명'으로 불리우는 데는 《동아일보》 등 일간신문의 영향이 컸기 때문이지만 그 중에서도 '사상계 혁명'이라고 해도 좋을 만큼 젊은 대학생에 대한 《사상계》의 영향이 지대하였음을 지적하면서 당시 편집회의 분위기를 다음과 같이 술회하였다.[5]

"안병욱 선생이 자유주의 철학, 이상주의 철학을 해설적으로 제일 많이 썼고, 이만갑, 김준엽, 양호민, 신상초, 정태섭, 황산덕 씨 등이 운영위원 또는 편집위원으로 《사상계》에 관계했는데 그 양반들은 이승만 박사는 이제 그만두어야 한다고 꽉 마음먹은 분들이에요. 그렇게 마음이 맞아가지고 한 달에 한두 번 모여 편집회의를 하면 의견백출하는 가운데, 자유당 이 박사는 안 되겠으니 물러서게 해야 한다고 집약돼요. 아마 논조도 그 방향으로 흘렀을 거야. 그래서 당시 4·19 세대들이 《사상계》를 많이 읽고 영향을 받았겠지요…."

남재는 기꺼이 '사상계 그룹'에 참여하였다.[6] 순수학문적 입장에서 보면, 이것도 하나의 외도(外道)일 수 있다고 하겠지만 남재의 '사상계 참여'는 민족의 위기 앞에서 저절로 우러나온 사명의식의 발로였다고 할 수 있다.

동란의 폐허 위에 여전히 절망적 장애로 남아 있는 남북간의 이념대립과 군사대치, 절대빈곤에 허덕이는 암담한 경제현실, 그리고 극악무도(極惡無道)의 지경에 이른 독재정권의 말로적 행태가 빚어내고 있는 정치적 혼란 등 민족 앞에 중첩된 이 난관들을 과연 어떻게 극복하고 민족재생의 활로를 개척해 나갈 것인가! 남재는 1950년대 후반의 바로 이와 같은 시대적 과업 앞에서 고민하고 있었던 것이다. 따라서 《사상계》를 통한 남재의 언론활동은 당연히 민족이 당면한 위기극복의 대안모색에 집중될 수밖에 없었겠지만, 남재는 그에 앞서서 인류사의 보다 근원적인 문제로 등장한 세계관의 문제부터 거시적으로 짚어나갔다.

즉, 인류가 일찍이 경험한 바 없는 공산주의 이념과 그 운동의 본질 비판, 거기서 절충적 대안으로 파생된 사회민주주의 이념의 변천과정 고찰, 그리고 서구식 자유민주주의의 위기 분석 등 문명사적 흐름 속에서 인류의 미래를 전망한 것이 그것이다. 그 바탕 위에서 남재는 다시 미시적으로 우리 사회가 안고 있는 정치적 병폐의 근원을 파헤침으로써 민족이 나아갈 방향 제시에 특유의 통찰력을 발휘했던 것이다.

그것은 마치 스승 난바라(南原繁)가 자기시대의 문제와 학문적으로 맞서 싸웠던 그 학구적 삶의 방식을 연상케 하는 것이었다. 다만 난바라의 그것이 본격적인 학술논문을 통한 간접적-우회적 대결이었다면, 남재의 언론은 '시사적 논문'을 통한 직접적 정면 대응이었다는 점에서 스승과는 대조적이라고 평가할 수 있을 것이다.

(2) '남재대망론'(大望論)

자유당 이승만 독재가 막바지에 이르러 "이 박사는 이제 더 이상 안 되겠다"는 인식이 온 국민의 머릿속에 굳게 자리를 잡아갈 무렵, '사상계 참여 그룹' 내에서 '남재대망론'이 조심스럽게 제기되고 있었다. 남재의 나이 갓 40세를 전후한 이때, 벌써 남재의 의표(儀表)는 자못 장중(莊重)하여 대인의 풍모를 드러내고 있었다.

> "나는 그를 보자마자 온후한 인품과 대인다운 풍모에 호감이 갔다", "그는 후일 국가의 동량지재(棟梁之材)가 되어 인생의 대업을 이룰 운명 속에서 성장했다", "…그의 인품은 대단히 신중하였고, 대인관계는 온화하였고, …말은 쾌변(快辯)이었고… 언제나 무게가 있었으며 사물의 핵심을 찔렀다…" 7)

'남재대망론'을 서슴지 않고 활자화하여《사상계》주변인사들의 당시 의식성향을 증언하고 있는 안병욱이 남재 3주기에 회고한 일절이다. '남재대망론'이 실재하였음을 전하고 있는 민도(民道) 양호민도 남재의 인품에 대해서 "온유하고, 오만하지 않고, 내심을 좀처럼 드러내지 않으며, 학문적으로도 심각한 토론은 잘 하려고 하지 않았고, 자기와 생각이 다르다고 해서 그 사람을 싫어하거나 꺼려하는 내색조차 보이지 않는 심지가 아주 깊은 사람"이라고 평하면서 "그때 우리는 남재를 내세워 한번 싸워보고자 했다"고 기억을 더듬었다. 여기서의 그때란 장면정권이 군사 쿠데타에 속절없이 무너지고 군사정권의 장기집권 야욕이 그 독아(毒牙)를 드러내던 시기를 말함이니 자유당 시절로부터 한참 뒤의 이야기가 된다.

남재에게 제일 처음 '대망'을 걸었던 사람은 장준하였던 것 같다. 장준하는 남재를 처음 만나는 1950년대 중반부터 그를 이미 인물로 보았고, 그에 대한 '대망의 꿈'을 간절히 키워나갔다고 한다.[8)]

4월혁명이 일어나고 장면 정권이 성립하자 장준하는 「국토개발사업」을 주도한 일이 있다. 이 국토개발사업은 그 명칭이 시사하는 바와는 달리, 일종의 사상무장운동이었다. 고학력 실업자가 널려 있던 이 시절, 일자리가 없어 무위도식으로 허송세월을 하는 젊은 지식층을 대상으로 일정 인원을 선발하여, 그들로 하여금 새 사회기풍을 세워 나가는 데 앞장을 설 수 있도록 훈련시키는 간부양성교육사업이었던 것이다. 이때는 경제적 빈곤에 못지않게 사회의 사상적 기풍마저 몹시 피폐해 가고 있었기 때문에 젊은 실업자 군상에게 희망을 심어주는 정신작흥운동이 무엇보다 시급하다고 보았던 것이다.

이 사업의 조직-운영 전반은 물론 장준하가 이끌었고, 교육훈련은 함석헌(咸錫憲 : 1901~1989)을 정점으로 하여, 세계정세를 비롯한 국제문제에 김상협, 공산주의 관련 사상문제 전반에 양호민, 그리고 경제문제는 성창환이 맡았다. 시작부터 지식층의 큰 호응을 얻어 훗날 5·16 주체로서 전국적인 인물로 성장하는 인사까지도 면담에 응한 일화까지 남긴 바 있지만[9)] 군사쿠데타의 역풍을 만나 그만 무산되고 말았다.

웬만한 일에 좀처럼 나서지 않는 남재가 사회운동의 일종인 이 사업에 깊숙이 참여했다는 것은 매우 이색적인 일이 아닐 수 없다. 장준하와의 의기투합이 남재를 이렇듯 움직인 것이 아닌가 짐작된다. 남재는 《사상계》 운영에 심혼을 다 바쳤던 장준하를 "기독교 신앙에 철저한 외골수의 집념이 강한 분"이라고 찬사를 보내면서, "오래 살았더라면 좋았을 것"을, 뜻을 못다 편 채 불의에 타계한 데 대해서 몹시 애석해 하여 마지않았다.[10)]

남재의 《사상계》 편집위원 시절의 편집회의는 단순한 회의가 아니었다. 미진한 담론은 저녁모임으로 이어지는 것이 보통이었고, 또 거기서 분위기가 고조되면 2차→3차로 발전하는 최고 지성들의 '지적 교환(知的交歡)의 장'이었던 것이다. 모두가 우국충정에 넘치는 지사풍의 논객들이어서 같은 신조로 모였고 신념으로 뭉쳤기에 그들은 '사상계 시절'에 대단한 자부심을 가지고 있었다. 또한 남재와 어울려 밤이 깊어가는 줄 모르고 나누었던 술좌석의 그 풍요로운 대화를 그들은 유쾌한 추억으로 간직하고 있었다.[11)] 그

때《사상계》그룹이 남재를 앞장세워 자주 들렀던 곳은 명동 일대의 주점들이었고 그 중에서도 「갈릴레오」, 「사사록」(糸糸綠), 그리고 화신 건너편 「신신바」 등은 특히 애용되던 곳이었다.

장준하를 시원으로《사상계》그룹 내에 이심전심 번져간 '남재대망론'은 이처럼 우정어린 술좌석의 도도한 취흥과 더불어 전개되는 진지한 시국론 속에서 자연스럽게 무르익어갔지만 그것이 표출하여 회자되기는 5·16이 나고도 한참 후의 일인 것 같다.

그러나 정작 당사자인 남재는, "…무얼 그리 꾸물대기만 하느냐, 한번 해보자고 몰아세워도 꿈쩍도 하지 않았다. 또 설사 나섰다고 해도 이길 가망은 없었다…"는 양호민의 회고처럼 자기에 대한 대권 기대에 별로 귀를 기울이지 않았다.

'남재대망론'을 비교적 냉정하게 보고 있던 강봉식은 그것이《사상계》그룹의 일반론이 아님을 전제하면서, 자기도 총리 장면과 가까웠던 모 신부로부터 대권을 맡을 만한 인물로 남재를 지목하는 말을 들은 바 있고, 5·16 이후 정국이 몹시 어수선할 때면 미대사관 주변에서 자주 '남재설'이 애드벌룬처럼 떠올랐던 사실을 상기시켰다.

어쨌거나 안병욱과 김동길(金東吉 ; 연세대 교수-국회의원 역임)의 다음과 같은 회고는 남재를 향한 대망이 순수한 동기에서 우러나왔고, 매우 끈질기게 지속되었음을 말해주고 있다.

> "우리의 꿈은 김상협 선생을 대통령으로 내세워 민주주의를 이 땅에 심는 일이었다. 이것이 우리의 공통된 간절한 일념이었다. 언제 그날이 올 것이냐, 그날을 위해 우리는 무엇을 준비할 것이냐, 무슨 방법을 써야 이 목적을 빨리 실현할 수 있겠는가, 이런 것이 그 당시의 중요한 과제였다…"(안병욱, 〈남재와 역사의 대임〉). 12)

> "나는 사실 남재 선생께서 이 나라의 대통령이 되셨으면 하고 바랐던 많은 한국인들 중의 한 사람이다. 나의 누님인 김옥길 이화여대 총장도 그렇게 생각하고 있었던 것으로 알고 있다. …김 총장처럼 후덕한 이가 청와대의 주인이 되면 나라의 앞날도 훤하게 트일 것 같은 느낌이 들었기 때문이었다…"(김동길, 〈동안에 홍안에 소년같은 수줍음…〉). 13)

〈표Ⅱ-④〉 《사상계》 등 잡지의 논문발표상황(1956~1960)

〈1956〉 · 현대 독재정당의 본질 ······ 2월호
· 정치철학자 바아커어 ······ 6월호
· 양당정치론 ······ 11월호
〈1958〉 · 독일사회민주당의 불운 ······ 5월호
· 공산당의 연립전술 ······ 7월호
· 반민주적 민주주의 시대 ······ 11월호
〈좌담〉 우리사회와 문화의 기본문제를 해부한다 ······ 4월호
〈1959〉 · 공산주의는 아시아의 신화인가 ······ 1월호
· 쏘비에트사회의 지도자론 ······ 11월호
〈좌담〉 국제정치의 난류와 한류 ······ 5월호
〈1960〉 · 타락한 전향자의 고민 ······ 2월호
· 한국의 신보수주의 ······ 6월호
〈좌담〉 민주정치 최후의 교두보 ······ 5월호
카오스의 미래를 향하여 ······ 7월호
7 · 29 총선을 이렇게 본다 ······ 9월호

〈기 타〉

《신태양》 · 한국의 정치적 낙후성(1957년 12월호)
《새 벽》 · 콜론보고에 대한 의견(1960년 2월호)
· 보수냐 혁신이냐(좌담 : 1960년 7월호)
《한국정치학회보》 · 민주주의의 새로운 위기(1959년 창간호)

제2절 정당론을 펼치다

'정당론'은 남재 정치학의 출발점이라 할 수 있다. 남재 강의의 명성도 '정당론'에서 비롯된 것이다. 남재에게 있어 '정당'은 학문적 연구대상으로서 강의로 끝나는 것만은 아니다. 그것은 '남재 언론'의 주요 대상이기도 하다.

남재는 1956~1960년까지 5편의 정당론을 발표하였다. 〈현대독재정당의 본질〉 (1956. 2.), 〈양당정치론〉 (1956. 11.), 〈독일사회민주당의 불운〉 (1958. 5.), 〈반

민주적 민주주의시대〉(1958. 11.), 그리고 〈타락한 전향자의 고민〉(1960. 2.) 등이 그것이다.

이 5편의 논문을 다시 분류하면 '민주정당론'-'현대독재정당론'-'사회주의정당론'으로 요약할 수 있을 것이다. 이중 '민주정당론'은 민주국가에 있어서 역사적으로 성숙된 정당정치의 원형(原型)이 무엇인가를, 양당정치와 군소정당난립정치의 비교를 통해서 고찰하고 있다. 또 '독재정당론'은 민주정당과 현대독재정당의 본질을 비교함으로써 양자간의 근본차이를 명쾌하게 설명하고 있다. '사회주의정당론'은 독일사회민주당이 3차에 걸쳐 집권에 연속 실패하는 원인과 기본강령의 질적 전환을 꾀하지 않을 수 없게 된 그 주관적-객관적 조건의 변화를 예리하게 분석하고 있다.

1. 양당정치의 득실평가

《사상계》 1956년 11월호에 발표된 〈양당정치론〉에서, 남재는 우선 '정당'이란 무엇인가를 설명하기 위해서 정당출현의 필연성부터 살펴본다.

민주주의란 정치를 '국민총의'에 따라 실현함을 이상으로 한다. 그런데 '국민총의'는 그 어디에도 없을 뿐만 아니라 저절로 만들어지는 것도 아니다. 다만 각인각색, 중구난방식의 무수한 국민제의사가 잡음처럼 떠돌고 있을 뿐이다. 따라서 국민총의가 형성되려면 누군가가 그 잡음상태의 국민제의사를 수렴하여 가닥을 잡고, 비판-설득-타협의 과정을 거쳐 몇 가지 정리된 의사로 종합해내는 작업을 해야 한다. 누가 그 과업을 맡을 것인가. 바로 이 문제를 해결하기 위해서 정당이 필요하고 정당이 생겨나게 된다. 즉, 정당이란 국민의사의 통합기능을 사명으로 하는 국민총의 형성기관으로 출현하는 것이다. 그리하여 정당이 국민의사의 대표기관으로서 '국민총의'의 실현을 자임(自任)하며 정치행위의 주체로 활동하는 것을 정당정치라고 한다.

민주국가에 있어서 정당정치에는 두 가지 대표적 유형이 있다. 양당정치와 군소정당난립정치이다. 양당정치는 내각책임제하의 영국, 권력분립체제하의 미국 등 주로 영어권 국가에서 확립되었고, 군소정당정치는 불란서, 독일, 이태리, 스위스, 화란, 스칸디나비아 제국 등 서구 비영어권 제국에서 성행하고 있다.

남재는 양당정치를 다음과 같이 논하고 있다. 즉, 강력한 여당에 강력한 야당, 그들이 교대로 집권하며 '국민총의'를 대표-실현해 나가는 정치행태라고 요약한다. 정치학자들은 대체로 양당정치를 오랜 민주주의 경험의 산물로서 민주정치의 최종단계로 보고 있다. 그 가장 큰 장점으로는 극단을 피하는 중용정치의 실현, 과감한 정강정책의 실천, 책임정치의 구현 등을 꼽는다. 또 그 최대의 특징은 여당의 권력독점, 여야의 확연한 구분 등이 지적되지만, 그 무엇보다 국민(피치자)이 정부(치자)의 진퇴를 좌우할 수 있다는데 있다.

여기에 대해서 군소정당 난립정치는 원내과반의석을 차지하는 정당이 없기 때문에 군소당이 모여 연립정부 구성이 불가피해진다. 이로 인해 여야의 구분이 모호해지고 책임도 불명하다. 수많은 정당이 각기 기반을 달리하는 지지 계층의 이익을 대변-고집하기 때문에 견실한 중도주의를 도출해내기가 어렵다. 참새 한 마리만 앉아도 중심축이 무너진다는 비유처럼 정정(政情)은 항시 불안하고, 행정부 기능이 수시로 마비될 뿐 아니라, 혁명적-반동적 상황이 돌발할 위험 소지를 언제나 안고 있어 그 무능-무기력한 약점을 최대로 포착-이용하여 파쇼당(1922)과 나치스당(1933)과 같은 극우정당까지 대두되었던 역사적 사실은 군소정당난립정치의 폐해를 말하여주는 전형적인 예가 된다.

그렇다고 양당제에 대한 비판이 아주 없는 것도 아니다. 양당제는 그 장점에도 불구하고 정강정책이 중간을 취하다 보니 항상 애매하고 무내용하며, 정당독재로 떨어지기 쉽고, 부패-타락의 길로 빠져들 우려가 크다는 것이다.

그러나 정당독재가 되려면 의석을 휩쓸어야 하나 실제는 그렇지 못하고, 여야의 극한대치가 정치파행을 불러 관료주의만 힘차게 성장시킨다고 하나 국민의 반감을 의식하지 않을 수 없기 때문에 결국은 유권자의 눈이 두려워 양쪽이 그처럼 경솔한 행동은 못하며, 보수정치-엽관행태-배금주의(Mammonism) 등 부패타락 문제도 국민의 철저한 감시와 금전에 현혹되지 않는 국민적 양심으로 극복해나가야 할 문제라는 것이다.

남재는 집권당이 정치를 더럽혀 국민이익을 저버리는 배신행위를 할 때 서슴지 않고 정권교체를 할 수 있는 용기 있는 국민만이 민주정치의 유종의 미를 거둘 수 있다고 역설하면서, "자유와 민주주의는 결국 시민 각자의 양심과 용기에 달려 있다"는 기원전 5세기 아테네의 민주정치가 페리클레스의 유명한 일절의 인용으로써 결론을 짓고 있다.

2. 현대의 독재정당과 독재행태 해부

남재의 '현대독재정당론'은 20세기에 출현한 공산당(1917)-파쇼당(1922)-나치스당(1933)의 본질을 해부한 것이다. 이들 독재정당은 다음 다섯 가지 공통점을 갖는다고 한다.

첫째로, 전투적 폭력집단의 성격을 갖는다.

둘째로, 그 폭력조직성의 항구적 유지를 위해 국가 자체로 자신을 승격시킨다.

셋째로, 스스로 국가화된 자기의 정치목적 속에 존재하는 모든 사물과 제 문화가치를 예속-병탄(倂呑)하기 위해 국가지상주의적-정치제1주의적 '전체주의화'(全體主義化)를 실천한다.

넷째로, 폭력집단화 → 국가화 → 전체주의화의 영구지속을 위한 독자적 세계관을 개발하고 이를 끊임없이 강요-세뇌시켜 맹목충성하는 당원양성과 전면적 인간개조를 목표로 교육집단으로서의 세계관의 정당, 도그마의 정당, 불관용의 정당, 신화의 정당으로 발전해나간다.

다섯째로, 추상적이고 생명 없는 세계관을 물체화-인격화하기 위해 생명 있는 구체적 한 인간을 선택, 그에게 모든 정치조직력을 집중시켜 거대한 체계로 완결지으면서, 그를 신격화-우상화한다.

이상과 같은 현대독재정당은 2차 대전 이전의 산물이다. 그러나 대전 후 새로운 유형의 신종 독재정치 형태가 저마다 민주주의를 표방하며 등장하였다. 남재는 이러한 현상을 '반민주적 민주주의'의 세계적 경향이라는 관점에서 주목하고 이 신종 독재의 유형을 다시 다음 다섯 가지 범주로 파악하였다.

제1 범주는 물론 소련공산당의 프롤레타리아 계급독재를 지칭한다.

제2 범주는 유럽-일본-중남미 등을 휩쓸던 파시즘-나치즘 등 사이비 민주주의 독재유형을 말한다.

제3 범주는 동구제국에 소련군이 진주하면서 소위 "소련의 절대적 은혜에 의해 실현되어가는" 프롤레타리아 계급독재의 변종으로 나타난 '인민민주주의독재' 유형이다(원래 '인민민주주의'란 항독-반파쇼 투쟁에 나섰던 체코-헝가리-루마니아-불가리아 등의 애국민족저항세력 공동전선인 인민전선파가 종전 후 과거의 투쟁정신을 재현한다는 취지하에서 자신들이 추구하는 새로운 정치체제를 '인민민주주의'라고 규정한 데서 비롯된 말이다. 따라서 이 용어에는 반파쇼 민족항쟁의 영광스런 전통이 함축되어 있는 것이다. 그런데 소련군의 지시하에 세워진 동구제국의 공산괴뢰정권들이 인민전선파를 위시한 자유-민주세력을 숙청-축출하는 과정에서, 자기의 계급독재 성격을 위장하기 위해 이 용어를 탈취-사용함으로써 그 본래의 의미가 변질되고 만 것이다).

제4 범주는 중국과 같은 아시아 후진지역 혁명에 적용하기 위해서 모택동이 창안한 '신민주주의론'과 '인민민주전정'(人民民主專政)이다. '신민주주의론'은 중국혁명의 역사적 단계가 그 식민지-반식민지적-반봉건적 후진성 때문에 아직은 사회 제혁명세력과 손을 잡고 무산계급의 지도 아래, 사회주의건설로의 직행이 아닌 제3의 형태, 곧 '신민주주의사회' 건설로 매진할 수밖에 없는 수준에 있다는 인식논리이다(다섯 개의 별로 구성된 중국의 오성기(五星旗)에서 큰별은 중국공산당, 나머지 4개의 작은 별은 혁명적 인민으로서의 노동자, 농민, 소시민, 그리고 애국적 민족자본가를 각기 표상한다. 다시 말해서 '5성기'는 중국혁명의 주동세력으로 나설 수 있는 네 개의 계급구성, 즉 '인민'을 표상하고 있는 것이다. 인민의 적들인 구시대의 악덕지주, 매판-관료자본가, 국민당 반동분자 등은 여기에 들어갈 수 없는 '비인민'이라는 것이다).

따라서 '인민민주전정'이란 중국공산당의 지도 아래 4계급이 연합전선을 형성하고 인민의 적들에 대해서 공동의 독재(전정)를 실시함을 뜻하는 것이다. 모택동의 이와 같은 신민주주의 인민민주전정 연합정부론 역시 소련공산당식 프롤레타리아 계급독재의 아시아적 변종에 지나지 않는 것이다.

마지막 제5 범주는 신생후진국가에서 공통으로 나타난 권위주의적 가부장형 '교도민주주의'(敎導民主主義 : Guided Democracy) 유형이다. 인도네시아의 수카르노로 대표되는 '교도형 독재'는, 일반대중은 무지몽매하고, 민간자본축적은 빈약하며, 민주주의적 경험 또한 일천한 조건하에서 진실로 일반대중의 이익을 대표할 수 있는 길은 가부장적 권위에 의존하여 위로부터 교도되는 민주주의 방식이 가장 적합하다는 논리에 기초하고 있다(네루 치하의 인도, 낫셀의 아랍공화국, 장개석의 자유중국, 고딘디엠의 월남 등이 모두 이 교도형 독재의 아종이다).

이상의 다섯 범주에 드는 독재유형들은 다음 세 가지 공통점을 갖는다. 첫째로 이들은 한결같이 주권재민(人民主權)의 민주주의를 표방하며 수권적(授權的) 독재형태를 취한다는 것이다. 둘째로 이들은 자기존재의 영속성을 주장하지 못하고 잠정적 비상조치로서의 전권행사를 요구하는 과도적 존재로 만족한다는 것이다. 프롤레타리아 계급독재도 고도의 생산력발전으로 달성되는 공산주의 이상사회로 가기 위한 과도적 정치행태에 불과하다는 것이다. 셋째로 이들은 한결같이 새역사 창조의 열정에 불타는 나머지 문제를 단숨에 해결하고자 무리한 역사단축의 시도는 물론, 어떠한 반인륜적-반인성적 강제나 만행도 서슴없이 감행한다는 것이다.

현대의 세계는 이처럼 과거 군주들의 맹목독재와는 질적으로 달리 새역사 창조에 불타는 신종 독재들이 훨씬 의욕적이고 계획적인 반민주적 민주주의를 내걸고 횡행하는 것이 두드러진 현상이라고 남재는 지적하고 있는 것이다.

그러면 현대의 독재정당과 그 독재행태에 비교해서 민주정당-민주정치는 어떠한가. 남재는 민주정당의 그 대조적 성격을 설명하기 위해서 매키버(R. McIver), 바아커(E. Barker), 슈미트(C. Schmitt) 등의 제설을 인용하면서 다음과 같이 정리하고 있다.

첫째로, 민주정당은 야만적 상호충돌을 회피하고 이성적 이론투쟁, 평화적 설복에 의한 집권을 목표로 하는 평화적-비무장적 성격을 고수한다. 군의 정치적 절대중립을 민주정치의 초석으로 삼는다.

둘째로, 전체에 대한 부분이라는 정당 본래의 어의(Party) 그대로, 국가의 일부라는 자기 본연의 지위에 충실할 뿐, 스스로 국가적 위치로의 승격을 획책하지 않는다.

셋째로, 민주정당은 스스로가 자기의 절대적 권한을 제한하고 창의에 충만한 개인의 자유를 더욱 확대해나가려는 민주적 전통을 충실히 계승하여, 개인의 본원성과 국가의 파생성, 인간 제의식과 문화가치의 목적성, 그리고 그것을 구현해나가는 정치의 수단성에 대한 철저한 인식 아래 정치제1주의와 국가지상주의를 배격한다.

넷째로, 상대주의적 비판철학의 토대 위에서, 특정의식이나 가치, 신앙, 또는 자기류의 세계관 따위를 강요하지 않으며, 개인의 자유의사를 존중한다.

다섯째, 민주사회의 지도자는 선량(選良)에 불과한 존재들이다. 따라서 인간의 초월적 권위는 부정되며 인치(人治)가 아닌 법치(法治)를 지향-추구한다. 민주정당은 어떤 지도자 앞에서도 "아니오"라고 말할 수 있는 정당인 것이다.

3. 독일사회민주당의 고민

남재는 사회민주주의라는 소위 '진보적' 의식형태에 남다른 관심을 가져왔다. 비록 사회민주주의의 이념적 태반이 마르크시즘일지라도 그 이념이 갖는 이상주의적 성격이야말로 자본주의체제로 하여금 스스로 안고 있는 숙명적-본태성 모순을 자가치유-교정해나갈 수 있도록 자극하는 인류 진보의 귀중한 활력소로 보았기 때문이다. 우리가 남재를 "진보에 열려 있는 신보수주의자"로 보는 까닭이 여기에 있다. 특히 독일사회민주당(社民黨)의 운명은 정당론을 근간으로 하는 남재 정치학의 주요 관심대상이 아닐 수 없다.

그리하여 남재는 독일사민당의 연속적인 집권실패의 원인과 '기본강령'(基本綱領)의 질적 전환과정을 분석한 두 편의 논문 〈독일사회민주당의 불운〉과 〈타락한 전향자의 고민〉을 발표한 것이다. '사회주의 정당론'이라 할 수 있는 이 두 논문은 후자가 전자의 속편적 성격을 띠고 있기 때문에 사실상 단일 논문으로 이해해도 무방할 것이다.

원래 독일사민당은 평화와 자유수호를 위한 대나치투쟁에서 가장 큰 희생을 바친 100년 전통에 빛나는 대정당으로서 바이마르공화국 이래 언제나 제1당의 지위를 누려왔고, 독일 국민의 양심의 고향이요, 자유의 사도임을 자처해온 독일의 대표적 정통정당이었다. 그러한 사민당이 1949년, 1953년, 1957년 총선에서, 보수주의자들의 신생-급조정당인 오합지중(烏合之衆)의 약관 기독교민주동맹에 연속 패배하는 충격적인 결과에 대해서 남재는 그 근본원인을 다음 세 가지로 정리하고 있다.

첫째는, 새로운 시대에 적응력을 상실한 전통(기본강령)에의 맹목집착과 타성적 추종을 들고 있다. 두 세대에 걸쳐 사민당이 고수해온 주도이념은 마르크시즘에 기초한 계획과 통제, 그리고 공유제(公有制)를 골자로 하는 사회주의경제의 실현이었다. 다만 그 실현방법을 프롤레타리아 계급독재나 부르주아 독재와 같은 비민주적 방식이 아니라 자유민주주의 방식으로 하겠다는 것이다. 즉 사민주의의 가장 큰 특징은 사회주의와 더불어 민주주의를 실현하는 데 있는 것이다.

역사적으로 사민당은 새 강령의 제정 때마다 전통적 신조인 마르크스의 유물사관과 계급투쟁이론을 대폭 수정, 폭력혁명론으로부터 평화적 개량주의로 완화-후퇴하면서 마르크스주의적 세계관과 자유민주의 이념을 타협-절충하는 노력을 계속해왔다. 이 때문에 사민주의노선이 공산주의자들로부터 비겁한 기회주의화, 또는 타락한 우경화라는 비난을 받아왔지만 사민당은 여전히 계급정당의 탈을 쓴 채 공유제의 맹목신화에서 벗어나지 못하고 마르크스주의적 원칙을 맴돌고 있었던 것이다.

둘째는, 도피적 고립주의로 비쳐지는 엄정중립의 대외정책을 들고 있다. 즉, 동서 양진영의 어느쪽에도 가담하지 않는 중립정책과 동서간의 타협에 의한 통독(統獨)노선이 독일 국민에게는 너무나 비현실적인 공론으로밖에 이해되지 않는다는 것이다. 좁고도 좁은 공산주의와 자유민주주의 사이의 중간노선을 사민당의 중립정책이 과연 그 어느쪽과도 타협하는 일이 없이, 또 그 어느쪽에도 투항함이 없이 무난히 뚫고 나갈 수 있겠느냐 하는 것이다. 그보다는 차라리 기독교민주동맹식으로 과감하게 친서방 노선을 걷는 것이 최선은 못될지라도 차선의 현명책은 된다는 것이다.

셋째는, 독일 국민의 성향변화를 들고 있다. 군주정치(1918 이전) → 민주정치(1918~1933) → 독재정치(1933~1945)의 파산을 차례로 목격해온 오늘의 독일 국민은 정치적 정열을 잃어버리고, 정치적 회의와 허무주의에 빠져 그것을 경원-불신하고 있었던 것이다. 게다가 전후의 궁핍 속에서 개인경제의 복구-재건이 무엇보다 시급한 독일 국민의 메마른 정서와 지적 공백 상태 속에 새로운 시대정신처럼 거세게 밀려들어온 미국적 실용주의, 실리적 현세주의, 물질만능의 배금(拜金)적 향락주의의 조류가 독일적 이상주의와 합리정신을 고갈시켰던 것이다. 이러한 때에 느닷없이 나타난 기독교민주동맹(基民同盟)의 현세적 '돈벌이 정책'이 독일 국민의 변화된 성향에 크게 어필한 대신, "사회주의와 더불어 민주주의"라는 사민당의 이념은 너무도 비현실적-초현세적 이상주의로밖에 느껴지지 않았던 것이다.

독일사민당은 이상과 같은 주관적 상황변화(독일 국민의 성향변화)와 객관적 조건변동(동서 양진영의 냉전대립)에도 불구하고, 타성적으로 전통에 집착한 나머지 여기에 능동적으로 적응해나가지 못하였으니 연속적 집권실패는 오히려 당연한 귀결이었던 것이다. 남재는 사민당의 이와 같은 현실적응능력 상실을 '불운'이라고 표현함으로써 온정의 눈길을 보내고 있었다.

이제 사민당의 진로는 자명해졌다. 현실적응능력을 상실한 전통적 이념의 과감한 청산이 유일한 대안이 아닐 수 없는 것이다. 그리하여 당내 신-구파간의 노선갈등이 심화되는 가운데, 구파로부터 노동자계급의 이익을 저버리고 자본가계급의 앞잡이로 전락한 사회민주주의의 배신자, 변절한 악덕자로 공격을 받고 있는 신파 주도하에 '강령의 위기' 극복이 시도되었다.

1959년에 소집된 임시전당대회에서 채택된 「신강령」(바드-고데스베르그 강령)은 마르크시즘의 공식에 입각한 계급정당 이미지를 청산, 국민정당으로의 새출발을 선언하고, 생산수단의 '공유제신화'의 절대성을 부정하고 '자유경제질서'를 강조하며, 유물사관을 포기하고 인간 개인의 사고결정의 자유를 존중, 사회주의에 앞서서 민주주의를 보다 강조하는 민주사회주의로의 방향전환을 천명하기에 이른 것이다.

그러나 사민당의 '자유경제질서'란 기민동맹이 말하는 '사회적 시장경제'(die Soziale Marktwirtschaft)의 복사판에 지나지 않는 것이었다. '사회적 시장경제'란 "유능한 개인의 자유로운 경제활동의 용인과 아울러 최고도의 경제적 효용, 그리고 만인에 대한 경제정의가 실현될 수 있도록 사회적 책임을 지는 경제체제"라고 정의된다(사민당의 강령변화와 '사회적 시장경제' 등 기민당 노선 전반에 대해서는 제3편 제10장에서 본격적으로 재론된다).

사민당이 그 강령에서 생산수단의 공유제화를 포기하고, 사회민주주의로부터 한걸음 더 나아가 민주사회주의를 지향하면서, 새로운 '자유경제질서'를 표방하는 이상, 보수당인 기민동맹과 이제 질적인 차이는 찾아볼 수 없게 되었다. 그런데도 1961년 차기총선에서 승리하리라는 낙관적 전망은 결코 서지 않는다는 것이다. 이유는 여전히 변함없이 고수되고 있는 엄정중립의 도피적 고립주의 대외정책 때문이다. 바로 여기에 사민당의 고민이 있었던 것이다. 특히 동서 양진영의 타협에 의한 통독을 추구하는 그 비현실적 환상적 통일론이 독일 국민에게는 도저히 먹혀들지 않는 한계를 지니고 있었던 것이다.

제3절 공산당 비판

남재는 현대독재정당 연구의 연장선상에서 공산당의 이론-전술들을 파악하고 인류사 전개에 있어서 그것이 갖는 현재적 의미를 심도 있게 비판하였다. 공산당 비판은 남재의 '정당론'에서 주요 부분을 차지한다. 50년대 후반기(1958. 1.~59. 11.), 《사상계》에 발표된 다음 세 편의 논문은 이미 학생 시절부터 정통해 있던 그의 공산주의 이해가 고도로 심화되었을 뿐만 아니라 전세계 공산주의운동 전반에 관한 구하기 어려운 수많은 문헌과 정보자료들을 광범하게 소화하고 있음을 보여준다.

첫번째 비판논문 〈공산당의 연립전술〉(1958. 7월호)은 모택동의 '신민주주의론'과 동독의 '블럭시스템'을 통해서 공산당 연립전술의 이론과 정치적 의도를 분석한 것이고, 두번째 〈공산주의는 아시아의 신화인가〉(1959. 1월호)는 아시아 전역에 친공적 분위기가 조성되고 공산주의가 만연해가고 있는 까닭을 레닌의 '제국주의론'에 입각하여 검토하면서 공산주의의 위협으로부터 아시아를 구출하는 길을 제시한 글이다. 그리고 세번째의 〈쏘비에트사회의 지도자론〉(1959. 11월호)은 마르크스의 '무산계급독재이론'과 레닌의 '공산당독재이론', 그리고 스탈린의 '영구숙청론' 고찰을 통해 공산당의 본질을 재음미하면서, 흐루시쵸프에 의해 "레닌으로 돌아가라"고 외쳐지는 소련공산주의의 현실을 살펴본 것이다.

1. 공산당의 연립전술

〈공산당의 연립전술〉은 1940년을 전후한 항일전쟁기에 모택동의 '신민주주의론'에서 처음 제기된 것으로서 소련식 프롤레타리아 일당독재의 공식으로 보면 정상이 아닌 이단적 탈선이라 할 수 있는 것이다. 보기에 따라서 그것은 혁명의 거세(去勢) 또는 혁명의 반동화를 초래하는 기회주의적 반역 행위로도 보여질 수 있는 것이다.

그러나 중국공산당은 이후 타천하(打天下)에 성공하여 중공정권을 수립(1949)하고 헌법제정(1954)에 이르기까지 일관하여 이 전술을 고수해왔을 뿐만 아니라, 특히 전면적 사회주의 개조시기(1956)에 이르러서는 "장기공존 호상감독"(長期共存-互相監督)의 논리로 각색하여 계속 견지해온 기본 노선이기도 하다. 여기서 모택동의 연립론을 다시 설명하면, 중국과 같이 반식민지-반봉건적 후진사회의 혁명은 성급하게 사회주의혁명으로 직행하는 것이 아니라 그 예비적 전단계로서 '신민주주의사회'를 먼저 건설해야 하는데(본장 제2절 2항 참조) 무산계급 단독 역량만으로는 이 과업을 달성할 수 없기 때문에 노동자-농민-소시민-애국적 민족자산가 등의 제휴협력이 불가피하다는 것이다.

그리하여 제1단계 혁명으로 건설되는 '신민주주의사회'는 자본주의사회-부르주아 독재국가를 건설하는 구식형태의 시민혁명이 아니라 무산계급 지도하에 사회 제혁명세력의 공동전정(인민민주전정)을 실시하는 제3의 과도적 형태라는 것이다. 결국 모택동의 연립전술이란 사회 제혁명세력의 연합전선형성을 말하는 것으로 사회주의혁명의 2단계론이 그 핵심이라 할 수 있다.

공산당의 연립형태는 2차 대전 종전 직후 동구에서도 일시 나타난 바 있다. 불가리아-헝가리-폴란드-체코 등에서 공산정권수립 직전까지 반파쇼인민전선-해방전선 등의 이름으로 공산당이 민주세력 등 제정파와 합작형태를 꾀한 것이 바로 그것이다. 그러나 이와 같은 합작형식은 1950년을 전후하여 청산되고 모두가 소련식 공산당 1당독재로 전환하게 되는데 이때 동독에서만 '블럭시스템'이란 이름의 연립형태가 살아남은 것이다.

동독공산당(공식명칭은 독일사회주의통일당)은 패전 후, 소련군의 권고와 강제에 의해 반파쇼 인민전선의 이름으로 비공산계 정파들과 연합하여 소련군정에 협력하던 제1기 비공식 연립시기를 출발점으로, 5개 주의회선거(1946. 10.)를 통해 의석비율에 따른 3당연립내각을 성립시킨 제2기 공식연립시기(관습적 연립)를 거쳐 헌법의 명문규정(제92조 ; 1949. 10.)에 따라 인민의회의 1할 이상 의석을 차지한 정당들의 원칙적 조각 참여를 강제하는 제3기 '정당 카르텔제'로 이행함으로써 블럭시스템을 완성한 것이다.

남재는 이와 같은 '블럭시스템'을 동독의 대표적 이론가 알폰스 슈타이니가의 소론을 인용하여 다음과 같이 설명하고 있다. 즉, 생산수단의 전면공유제가 완성되지 못한 현단계 독일혁명의 현실은 아직도 계급이 소멸되지 않고 있으므로 이질적 인민들간의 이견을 강제적으로 일치시켜야 하기 때문에 인위적 동질성, 인위적 의견일치를 이루어낼 헌법기술(憲法技術)로서의 블럭시스템, 곧 강제적 정당 카르텔이 요구된다는 것이다.

동독은 이 블럭시스템이야말로 소수에 대한 다수의 횡포를 자아내는 영국식 1당정권독점이나 변화무쌍한 연립의 불안정하고 무질서한 불란서식 내각제보다 훨씬 효율적으로 대의제 간접민주주의의 한계를 극복한 제도라고 자찬한다는 것이다. 즉, 비례대표선거를 통한 국민 제의사의 정확한 축소재생산을 실현한 의회의 구성, 의석비율로 정확하게 의회를 축소재생산한 연립내각의 조직에 이르는, 두 차례에 걸친 축소재생산과정이야말로 직접민주주의로 향한 진일보요, 간접민주주의와 직접민주주의를 변증법적으로 통합해낸 최신형의 민주제도라는 것이다.

그러면 중공이나 동독이 연립전술을 구사하는 그 정치적 의도는 무엇인가. 그들은 무엇 때문에 소련공산당처럼 솔직하게 1당독재를 표명하지 못하고 연립이라는 우회로(迂回路)를 통해서 혁명의 종착지에 도달하려고 하는가. 남재는 그 이유를 다음 세 가지로 정리하고 있다.

첫째는, 능률적 목적달성을 위한 분업의 원칙이다. 비공산제정당을 철저하게 공산당의 지령에 따라 움직이는 괴뢰정당으로 만들어 무조건 복종하는 충견, 공산당의 나팔수, 열렬한 갈채부대로 활용하면서, 자기들의 지지계급을 공산당이 요구하는 방향으로 교도-교화시킴으로써 사회주의 건설에 자진협조-참여케 하고 공산당의 노선에 자발적으로 따라오게 만드는 전술이라는 것이다.

둘째는, 분할통치의 원칙이다. 무식한 노동자계급보다 월등히 우수한 고급인력들을 혁명건설에 효과적으로 활용하되, 그들의 당내 침투-파괴공작을 차단하고, 규합-단결하여 반공세력화함을 원천봉쇄하기 위해서는 여러 정파를 잘게 쪼개놓고 감시하는 것이 유리하다는 논리이다.

셋째는, 공산당에 반대하는 야당세력의 발본-말살원칙이다. 싫건 좋건 일단 연립 속에 들어온 이상 여당의 입장에서 움직여야 하는 한계 속에 묶어둠으로써 본질적으로 야당이 성립할 수 없게 한다는 것이다.

따라서 연립전술의 분업의 효과, 분할통치의 작용, 반대세력 말살의 기능은 비효율적인 소련식 공산당 1당독재보다 훨씬 고도화된 또 하나의 공산당 1당 독재의 강화술책이라고 남재는 비판하고 있다.

2. 동방의 유령—아시아의 공산주의

마르크스의 과학적 예언에 따라 유럽에서만 배회할 것으로 단정되던 공산주의라는 유령이, 갑자기 그 배회지를 동방으로 옮겨온 까닭은 무엇인가.

1920년의 인도네시아 공산당 결성을 시발로, 중국(1921), 일본(1922), 조선-인도-월남(1925), 필리핀(1930), 미얀마(1931), 말레이시아(1939) 등에 차례로 공산당이 조직되어, 태국을 제외한 아시아 전역에 친공적 분위기가 급속도로 번져가고, 전후에 이르러 마침내 중국을 비롯하여 북한, 월맹 등에 공산정권이 수립됨으로써 바야흐로 공산주의가 아시아에서 신화적 위세를 떨치면서 대세로 자리를 잡아가는 오늘의 세계현상을 어떻게 이해해야 하는가.

남재는 이 물음에 대한 해답으로서 그 1차적 원인을 레닌의 유명한 논문 〈제국주의론〉(1916 : 원제는 〈자본주의발달의 최종단계로서의 제국주의〉)에서 찾고 있다. 《사상계》 1959년 신년호 특집의 화두(話頭)를 장식한 논문 〈공산주의는 아시아의 신화인가〉에서 남재는 〈제국주의론〉의 골자를 다음과 같이 요약하고 있다.

즉, 자본주의경제의 자유경쟁은 필연적으로 생산력을 집중시켜 거대한 금융자본을 형성, 독점자본으로 성장한다. 산업-금융-관료의 교묘한 인적 결합으로 구성된 극소수 금융자본가그룹은 자본의 위력을 발판으로 생산수단과 원료자본의 대부분을 장악할 뿐만 아니라 정치까지 농단(壟斷)함으로써 집중과 독점에 의한 막대한 이윤을 축적, 자본과잉이라는 기현상을 낳게 한다. 결국 넘치는 유휴자본은 자국민 대중의 경제적 생활향상에 재투입되는 것이 아니라 더 큰 이윤창출을 노리고, 값싼 지대(地代)에 임금은 헐하고 원료도 저렴한 데다 자본의 원시축적이 전무한 후진지역으로 진출함으로써 자기생존의 돌파구를 찾게 된다. 과잉자본의 해외수출을 보호-촉진하는 과정에서 극소수 금융자본가그룹의 앞잡이로 전락한 선진자본주의국가들은 저마다 제국주의적 침략과식민지 경영에 경쟁적으로 나서게 되고, 여기서 얻어지는 막대한 이득의 반사적 수혜자가 된 식민지 본국의 프롤레타리아 계급은 노동귀족으로 변질되어 계급투쟁의 정열과 투지를 잃고 만다.

그리하여 제국주의시대의 식민지 영유는 노쇠한 고도자본주의의 유일한 생명연장책이 된다는 것이다. 따라서 선진자본주의제국의 식민지 획득과 식민지지배를 저지-종식시키는 것은 곧 그들의 존립을 위협하고 그 필연적 몰락을 가속시킬 뿐만 아니라, 무기력 증세에 빠진 자국 프롤레타리아 계급의 잠자는 투쟁의욕을 다시 불러일으켜 사회주의 혁명을 도화-촉진시키는 기폭제(起爆制)가 된다고 한다. 즉, 선진자본주의제국의 노예적 식민지-반식민지 지배하에서 신음하는 아시아-아프리카 등 후진지역의 반제국주의 민족해방운동이야말로 제국주의 식민본국에 치명적 타격을 주고 사회주의혁명을 촉진시키는 가장 효과적인 우회작전이 된다는 논리인 것이다.

남재는 유럽에서 배회하던 공산주의라는 유령이 동방으로 그 배회지를 옮긴 것은 아시아 반제국주의운동 지원에 주력함으로써 세계혁명을 앞당기려는 레닌의 아시아중점주의가 만들어낸 결과라고 설명하고 있다. 레닌의 "서방에서의 혁명의 승리는 제국주의에 반항하는 식민지-반식민지와의 혁명적 연결을 통해서만 가능하다"는 논리는 바로 그의 이 〈제국주의론〉에 기초한 세계전략의 산물이라는 것이다. 그러므로 2차 대전기까지 아시아 전역에 공산당이 순차적으로 결성된 것은 결국 코민테른의 지령에 따라 이루어진 것이다.

그러나 아시아 공산주의의 본질은 민족주의사상에 기초한 민족해방운동이기 때문에 그들의 당면목표는 제국주의침략을 물리치는 것이지 소련식의 과격한 프롤레타리아 계급독재 이론에 따라 사회주의혁명을 수행하자는 것은 아니었다. 아시아의 공산주의가 계급투쟁을 고집하지 않고 보다 온건한 모택동식 '신민주주의론'에 기울어 타계급과도 거리낌없이 합작 협력함으로써 일대 국민운동적 성격을 띠고 요원의 불길처럼 번져갈 수 있었던 것도 이 때문이었다.

공산주의가 동방의 유령으로 나타나는 2차적 원인을 남재는 아시아제국의 공통적 당면과제인 절대적 빈곤에서 찾고 있다. 즉 아시아의 공산주의에 대한 동경은 빈곤추방의 염원과 의지의 극단화된 표현이라는 것이다. 기아와 질병, 무지로 상징되는 후진지역의 빈곤이라는 사회-경제적 악을 퇴치하기 위해서는 하루속히 자주독립을 쟁취하여 그 악의 근원인 식민지 질곡에서 벗어나는 길밖에 없다는 인식이 친공적 분위기를 자아낸 것이다. 요컨대 빈곤 속의 자유보다 발전을 기약할 수 있는 전제(專制)를 더 선호하는 심리적 동기가 피압박민족해방-인민연합전선-신민주주의와 같은 구호에 쉽게 빠져들게 만들었던 것이다.

여기서 남재는 공산주의의 유령으로부터 아시아를 구출하는 길이 무엇인가를 제시하고 있다. 남재는 미국을 비롯한 서방진영이 진실로 빈곤추방을 통해서 아시아를 자유세계의 일원으로 발전해나가기를 원한다면 무엇보다 후진국에 대한 원조방식부터 일대 전환이 있어야 한다고 강조하고 있다. 즉, 미국이 이제까지 취해온 원조방식은 원조대상국을 자국의 잉여물자 처분장 정도로밖에 취급하지 않는 것이어서 감사는커녕 반감만을 불러일으켰다는 것이다. 따라서 앞으로의 원조는 원조대상국들이 항구적 경제발전의 기초를 쌓아가는 방향으로, 수혜국 중심의 원조가 이루어지도록 노력해야 한다고 남재는 지적하고 있다.

또 원조의 수혜당사국들도 무상원조라고 해서 함부로 낭비하거나 부정유출되지 않도록 알뜰히 활용하여 자국의 경제적 실력배양의 밑거름으로 삼아야 한다고 강조했다. 아울러 공산주의 음모를 물리칠 수 있는 전체 아시아

인민들의 굳센 정신무장이 요구된다고 역설하였다. 그리하여 아시아에서 공산주의의 유령을 몰아내기 위해서 원조의 시혜국(施惠國)들은 '막대한 양의 인류애'로, 피원조 수혜국(受惠國)들은 '막대한 양의 양심적 각성'으로, 그리고 아시아 인민들은 '막대한 양의 정신무장'으로 대응해 나가야 한다고 남재는 결론지었다.

3. 소비에트 지도자의 독재이론(마르크스-레닌-스탈린)

소련이 과시하고 있는 금성철벽과도 같은 독재체제는 과연 어디에서 연유하는 것인가? 남재는 저물어가는 1950년대의 막바지에서 〈소비에트 사회의 지도자론〉을 발표함으로써 공산주의에 대한 온 사회적 재인식을 촉구하였다. 남재의 이 논문은 '지도자론'이라기보다는 공산주의 실체를 주형(鑄型)해낸 '지도이론'에 앵글을 맞추고 마르크스의 '무산계급독재이론' 레닌의 '공산당 1당독재이론', 그리고 스탈린의 '영구숙청론을 분석-고찰하고 있다.

현대 공산주의의 시조 마르크스(Karl Marx : 1818~1883)의 '무산계급독재이론'은 주지하는 바와 같이 생산력 발전법칙에 따른 자본주의경제체제의 필연적인 몰락과 계급의 소멸, 국가의 소멸로 나타나는 무계급-무국가-무통치-무강제의 사회주의 사회, 곧 낙원의 도래를 확신하는 마르크스 자신의 이른바 과학적 예단을 기본 전제로 한다. 그러나 이처럼 필연적으로 밟게 되는 역사 발전의 단계를 앞당기기 위해서는 공산주의 이상사회로 가는 마지막 단계인 자본주의사회의 멸망을 촉진시킬 것이 요구되고, 이 요구를 무산계급에 의해 주동적으로 완수해나갈 혁명적 과도기에 알맞는 과도적 국가의 통치행태로서 무산계급독재가 필수적으로 요구된다고 한다.

따라서 무산계급혁명의 제1보는 정권탈취에 있고, 이 무산계급 집권에 의해 모든 생산수단을 국가에 집중하는 공유화 단계에서는 무산계급 독재로 나아가야 한다는 것이다. 그러나 마르크스의 교시에 따라 과거 유럽에서 일어났던 무수한 무산계급혁명운동은 모조리 실패하고 말았다. 그 이유는 무엇인가? 이 질문의 해답을 찾아낸 사람이 바로 레닌이다.

현대공산주의의 실천자 레닌(Nikolai Lenin : 1870~1924)은 무산계급혁명이 갖는 공통적 약점을 혁명의 지도이론 부재에서 찾아낸 것이다. 레닌에 의하면, 혁명에서 무엇보다 요구되는 것은 무산자대중을 통일적으로 지도하여 혁명적으로 이끌어나갈 지도방법, 곧 혁명의 실천이론이라는 것이다. 레닌은 그의 유명한 논문 〈우리는 무엇을 해야 하는가〉에서 무산자대중을 다음과 같이 분석하고 있다.

> "무산자 대중은 원래 본능적이고 무지하고 무의식적이어서 자연발생적-기회주의적이고 무계획하여 도저히 무산자혁명을 담당해낼 능력이 없다. 그러므로 소수의 이론적-의식적-조직적 행동분자들만으로 구성된 직업혁명가의 결사체 공산당으로 하여금 혁명을 수행토록 해야 한다…."

혁명수행에 있어서 공산당의 절대필요론은 이렇게 제기된 것이다. 즉, 혁명이론 없이 혁명은 불가능하다. 혁명이론을 체득한 선진투사들로 구성된 공산당만이 혁명을 지도할 수 있다. 공산당은 비밀결사체로 조직되고 직업혁명가로 구성되어야 한다. 선거방식으로 혁명가를 선출해서는 안된다. 공산당은 철통 같은 규율을 요구한다. 공산당 조직은 민주적 집권(민주집중제)으로 운영된다. 상부에 의견을 상신할 수는 있으나 일단 위에서 내려진 결정은 무조건 철저히 복종한다. 밑에서부터 올라가는 자치주의가 아니라 위로부터 내려오는 집권주의가 공산당 조직운영의 기본원칙이다. 공산당은 당외독재뿐만 아니라 당내독재도 민주집권방식으로 이처럼 철저하게 행한다는 것이다.

혁명에 성공한 소련에 있어서 합법적 정당은 오직 단 하나 공산당밖에 없다. 곧 계급대립이 소멸되었기 때문에 결사의 자유라든가 복수정당은 존재할 필요조차 없게 되었다는 뜻이다. 오로지 공산당의 유일지도가 있을 뿐이라고 한다.

남재는 레닌의 이와 같은 '공산당 1당독재이론'이야말로 마르크스의 '무산계급독재이론'이 갖는 결정적 결함과 한계를 독창적으로 보안해낸 '제1의 보충'이요 '획기적 변질'이라고 규정했다. 즉, 레닌은 '가상적 설계단계의 무산계급독재이론'을 '구체적 실천단계의 공산당 1당독재이론'으로 한 단계 발전시켜 2중의 독재를 실천함으로써 소련공산당이 확고한 독재체제를 구축하는데 공헌했다는 것이다.

그러나 마르크스의 '무산계급독재이론'에 레닌의 '공산당 1당독재이론'이 부가되었음에도 불구하고 그것만으로는 충분하지 않다는 것이 스탈린의 '영구숙청론'이다.

현대공산주의제국주의 강국의 건설자 스탈린(Joseph V. Stalin : 1879~1953)에 의하면 공산당 내부에 잠복해 있는 온갖 기회주의적인 요소들, 적대적인 요소들, 인민의 적과 투쟁하기를 두려워하는 타락분자들, 당 규율을 문란케 하고 당 노선을 더럽히는 모든 범죄적 방해요소들을 무자비하게 숙청하는 것만이 공산당을 유지-강화-발전시키는 길이라고 한다. '인민의 적'이란 개념을 만들어낸 스탈린은 인민의 적을 영구숙청대상으로 삼았지만, 그것은 결국 스탈린 1인독재의 확립과 스탈린 개인숭배 강화에 장애가 되는 모든 불술분자의 숙청으로 귀착되었던 것이다.

숙청은 모든 당원으로 하여금 의무적으로 숙청위원회에 출두케 하여 과거와 현재의 당적활동과 관련된 모든 자서전적 정보자료를 제공케 하고 자기비판을 강요하는 형식으로 진행되었다. 스탈린의 숙청은 1936~1938년에 이르러 절정에 달하였다.

남재는 자기비판식 메커니즘으로 행해진 스탈린식 '영구숙청론'을 공산당의 영구생존을 위한 자기개신의 신진대사, 자기 정화(淨化)의 논리라고 비판하면서, 이 역시 마르크스의 '무산계급 독재이론'에 대한 '제2의 보충'으로서 레닌의 '공산당 1당독재'를 겸전한 3중의 독재행태라고 규정하였다.

스탈린 사후, 무고한 인민을 무수히 살상한 그의 '영구숙청론'과 개인숭배의 작태는 흐루시쵸프의 "레닌으로 돌아가라"는 기치 아래서 여지없이 폭로되고 무자비하게 비판-공격되었다. 남재는 이와 같은 사태진전과 관련, 소련의 그 영구혁명의 이데올로기가 포기되지 않는 한, 흐루시쵸프 자신도 결국은 스탈린에게 날린 그 화살을 되돌려 받게 될 운명임을 경고하는 일절로써 결론을 맺고 있다.

제4절 한국정치의 현실진단

한국 정치의 낙후성은 근본적으로 어디서 연원하는가. 걸음마 단계에서부터 벌써 소아마비에 걸린 한국 민주주의를 회생시킬 방법은 없는가. 남재는 4·19를 전후해서 우리 정치의 병폐를 근원적으로 파헤친 3편의 논문을 발표하였다. 잡지 《신태양》(新太陽)에 실린 〈한국의 정치적 낙후성〉(1957. 12월호), 잡지 《새벽》의 〈콘론 보고에 대한 의견〉(1960. 2월호), 그리고 《사상계》의 〈한국의 신보수주의〉(1960. 6월호)가 그것이다. 이중 앞의 두 편은 짧막한(200자 원고지 25매 분량) 논설류의 글이고 세번째 〈한국의 신보수주의〉는 4·19 직후에 발표된 본격 '시사논문'으로서 대안 제시에 뛰어난 안목을 보여준 '남재 언론의 정수'라고 평가할 만하다. 이 밖에 남재는 6차에 걸쳐 잡지좌담에 참석하였다. 좌담에서 남재는 자신이 반드시 언급해야 할 대목이 아니고는 가급적 발언을 삼가고 주로 다른 사람들의 이야기를 경청하는 신중한 자세를 견지하였다.

1. 우리 정치의 낙후성 : 근본 소재를 파헤치다

남재는 〈한국의 정치적 낙후성〉을 논하면서, 문제의 근원을 짚어나가기 위해서 우선 우리 정치의 후진적 실태부터 살펴보고 있다. 해방 후에 나타난 이 땅의 가장 큰 정치적 이상 현상을 남재는 '민주주의의 범람'이라고 지적하고, 그것이 제도적으로 순행(順行)하지 못하고 파행(跛行)으로 일관하고 있는 이유를 '상극형 수혈(輸血)'의 역류현상으로 풀이하였다. 즉, 우리 사회의 성격적 기본바탕은 민주주의의 생장토양과는 거리가 먼 식민지적 반봉건 상태에 아직도 머물러 있는 데다가, 안으로는 여전히 공산분자의 파괴-분열-방해책동이 가열되고 있고, 밖으로는 패권주의적 세계공산주의를 배경으로 하는 북한공산침략세력의 위협이 상존하는 조건하에서 제도와 현실이 상호

부조(不調)의 거부작용을 일으키고 있는 것이 오늘의 정치실태라는 것이다.

그리하여 선거는 시종 부정과 불법-타락으로 일관하고 있고, 국회는 전근대적 권모술수와 반민주적 당리-당략의 이전투구(泥田鬪狗) 장으로 화하였으며, 무능-무책임한 행정부는 부정과 부패의 온상이 되어 민생을 도탄 속에 몰아넣고 있는 이 최악의 정치 현실에 환멸을 느낀 국민들은 지금 절망상태에 빠져있다는 것이다.

정치적 낙후의 근원을 결국 우리 사회 자체의 후진성에서 찾고 있는 남재는 그 후진적 요인으로서 경제적 궁핍과 반봉건적 사회-의식구조, 그리고 과학적 이성적 사고와 합리주의 정신의 결여 등을 제시하였다. 즉, 자급자족적 원시적 생산양식에 여전히 매달려 있는 농촌경제, 수공업단계를 벗어나지 못하는 도시산업, 가부장적 대가족제에 신분적 예속관계가 엄존하는 가운데 파당적 음모와 중상모략, 매수-폭력-증수뢰 등 불법적 비행으로 일관하는 정치적 행동양식 등 경제-사회적 제조건들이 우리 사회를 후진의 늪 속에서 헤매게 만드는 결정적인 요인이 되고 있다는 것이다.

따라서 우리 사회가 당면한 제1의 과업은 이 모든 후진적 장애요인들을 하루속히 극복하고 민족주권국가의 건설과 국가권력의 민주화, 분단조국의 통일과 자립경제의 확립, 그리고 자유-번영-복지를 실현하는 일이 아닐 수 없다는 것이다. 이것은 서구 선진사회가 7~8세기에 걸쳐 이룩한 지난한 과업으로서 후진국 공통의 성취목표요, 필수적 선결과제라 할 것이다. 이 벅찬 과업을 우리는 한 세대 내에 달성하면서 대북 군사방위력 증강에도 힘을 기울여야 하는 2중의 부담을 짊어지고 있는 것이다.

따라서 시대적 사명이요, 요청이라고 할 수 있는 이 과업의 완수를 위해서는 무엇보다 강력한 통치력이 요구된다는 것이다. 그러나 권력집중에 의한 통치력의 강화는 필연적으로 독재와 부패로 이어지는 것이 후진국의 숙명처럼 되어 있는 것이다.

그리하여 후진국 민주정치는 권력집중에 의한 독재적 폭정과 민중저항에 의한 무정부상태의 양극단을 우왕좌왕 진동하면서 또다른 독재의 전횡(專橫)을 부르는 악순환을 되풀이하게 된다고 한다. 남재는 후진국에서 유행처럼 나타나고 있는 민주실천을 명분으로 한 훈정(訓政)적 정치행태(손문의 삼민주의 또는 터키의 케말리즘 등)를 후진적 독재정치의 한 유형으로 파악하면서, 아무리 후진지역일지라도 항구적 전제(專制)와 부패는 민중에 의해 절대로 용납되지 않고 결국은 의회 외적 방식의 폭력적 돌발사태에 의해 종말을 고하고 마는 역사의 냉엄한 현실을 지적하였다.

이것은 정치적 낙후에서 오는 이 나라 독재정치의 비극적 운명에 대한 엄중한 경고이기도 했다. 남재는 벌써 이때(1957) 미구에 닥쳐올 4 · 19와 5 · 16을 예견하고 있었던 것이다.

2. 「콜론 보고서」와 '정권의 잉여가치'

미국의 대한정책(對韓政策)에 대한 권고를 담은 「콜론 보고서」가 1959년 11월 1일자로 미국 상원 외교분과위원회에 제출되었다. 남재는 이 보고서의 주장이 한마디로 핵심에서 빗나간 미봉책에 불과하다고 비난하였다. 한국의 정치현실에 대한 「콜론 보고서」의 평가요지는 다음과 같다.

> "…1960년 대통령선거(3 · 15)가 박두함에 따라 집권 자유당정부는 국민의 기본권에 대한 광범한 침해를 자행하고 있다. 야당은 협박당하고 언론은 제한받고 있으며 민권은 침해되고 있다. …이승만을 비롯한 그 지지자들은 쉽게 정권을 포기하지 않을 것이다. 한국의 민주정치는 막다른 골목에 다달았고, 평화적 정권교체는 무망하다. 한국은 민주정치가 적합하지 않은지도 모른다. 원인은 후진성 때문이다. 한국 민주정치의 순조로운 성장은 불가능하다…"

그러면 한국의 민주정치는 태어난 지 12년도 안 되어 왜 이처럼 소아마비 상태가 되었는가. 그 원인을 단적으로 후진성 때문이라고 지적하고 있는 「콜론 보고서」는 날로 고사(枯死)되어가는 민주정치를 소생시키기 위해서 한국 정치의 일탈적 현상에 대한 미국 언론의 감시를 강화해야 한다고 권고하고 있는 것이다. 즉, 미국 언론은 더 많은 특파원을 파견하여 한국의 실정을 보도하고, 더 많은 미국의 지도자들이 한국을 방문, 민주주의를 설복-강조하고, 인권침해와 민주제도의 파괴가 한-미 간에 악영향을 미친다는 사실을 경고하라는 것이 해결책으로 제시된 내용이다.

「콜론 보고서」의 이상과 같은 지적과 권고에 대해서, 남재는 우선 원인으로 지적된 '후진성'이 무엇을 말하는 것인지 그 개념 설명이 없기 때문에 잘 알 수가 없을 뿐만 아니라, 감시-보도-설복-경고 등의 미국식 대책 제시가 초점을 잃은 것으로 비판하면서, 한국민주정치의 소아마비적 파행의 원인은 후진국 정치특유의 '정권의 잉여가치' 때문이라고 설파하고 있다.

'정권의 잉여가치'란 정권을 잡으면 집권자는 말할 것도 없고 그 추종자들까지 온갖 청탁과 이권개입으로 부(富)를 쌓고, 갖가지 명예직에 올라 이름을 날리고, 온갖 편법과 부정한 수단을 모두 동원하여 사회 전영역에서 세력을 키우며 무소불위적 권세를 누림을 말하는 것이다. 그러다 정권을 놓치는 날이면 급전직하 천길 나락으로 떨어져 하루아침에 반사회적-반국가적 역적이 되어 바깥출입조차 어려운 비참한 운명에 처하게 된다. 그러니 일단 정권을 잡으면 절대로 내놓으려 하지 않는 것이 '정권의 잉여가치'를 맛본 후진국 정치의 실상이다. 정권에 부수되는 잉여가치의 득실격차가 이렇듯 엄청나게 크기 때문이다.

요컨대 정치적 후진성의 결정적 특징을 '정권의 잉여가치'에서 찾고, 그 득실의 격차가 그렇듯 크게 나는 한 후진국 민주주의는 절대로 올바르게 성장할 수 없다는 것이 남재가 주장하는 논지의 핵심이다. 따라서 정치적 후진성의 본질을 그대로 놓아둔 채, 감시-보도-설득-경고와 같은 미국식 대응책으로 한국 민주정치의 소아마비 증세를 치료하려고 한다는 것은 너무도 순진한 발상이라는 것이다.

그리하여 남재는 '정권의 잉여가치'에 득실이 없는 선진국형의 정치를 개척해나가기 위해서는 장기적인 대책과 체계적인 노력이 경주되어야 한다고 강조하였다. 아울러 미국의 대한(對韓) 원조방식도 체면유지적 미봉책이 아니라 수혜국 본위의 원대한 계획 밑에 문제의 본질에 접근해나가는 노력이 있어야 한다고 남재는 결론을 맺고 있다.

3. 내각제와 보수정당의 진로

4·19 직후, 내각제만이 만능이요, 살길인 양 내각제 개헌 열풍이 온통 우리 사회를 휩쓴 바 있다. 정치학자 남재의 시각으로는 이 '내각제'란 양당제로 운행되는 영국식을 제대로 모방만이라도 할 수 있다면 그 이상 더 바랄 바가 없겠지만, 우리 사회처럼 정치적으로 낙후된 민주미개지대에서 이 제도가 과연 제대로 뿌리를 내릴 수 있겠는가는 처음부터 의문이 아닐 수 없었다. 게다가 근세 이래 영국식 내각제 역시 미국의 대통령중심제 양상으로 점차 접근하여 당수 1인의 지도력이 크게 강화-증대되고 있고, 임기도 5년으로 고정되어가는 추세가 아닌가. 게다가 불란서식 제4공화국 내각제 양태는 전제(專制)보다 더 나쁘다는 무정부상태를 연출한 끝에 제5공화국으로 넘어가면서 폐기되어 버리고 말았다. 그런데도 우리 사회가 이 시점에서 내각제를 그처럼 열망하는 까닭은 무엇인가.

남재는 그 이유를 우리 국민의 열등의식에서 찾는다. 왕조 타도의 역사를 스스로 만들어내지 못했고, 8·15의 광복을 자력으로 쟁취하지 못한 열등의식, 자유민주의 이념과 제도 또한 자기 성장의 산물이 아니라 타력에 의한 이식-수용의 결과요, 6·25의 공산침략 격퇴 역시 외력에 의존할 수밖에 없었던 열등의식, 그리고 4·19를 계기로 급성장한 민주역량도 아직은 확고부동한 자신을 가질 수 없는 단계에 있으니, 우리 국민은 여전히 열등의식에 사로잡혀 왕조적 회귀, 동방적 군주제를 연상케 했던 이승만 독재시대의 대통령중심제에 대한 경계와 증오를 신조화하고 말았다는 것이다.

결국 지금 벌어지고 있는 내각제 신화의 개헌운동 열풍은 대통령중심제(=전제적)를 거부하는 국민의 맺힌 감정을 풀어주기 위한 한풀이와 같은 것으로 남재는 이해하고 있었던 것이다. 그리하여 내각제는 정치사상사적으로 볼 때, 국민의 대통령제 거부심리에 호응한다는 의미, 그 이상이 아닐 뿐만 아니라, 영국 국민이 명예혁명을 통해 절대군주제를 타도하고 민권의 승리를 완수했던 그 역사적 경험의 한국판이라는 것이다. 즉, 그것은 남들이 무려 3세기 전에 걸어갔던 길을 이제 비로소 밟아나간다는 뜻이니, 우리의 민주도정은 지금 비로소 출발점에 서 있다고 한다.

따라서 불란서 제4공화국의 전철을 밟기 쉬운 이 생소한 내각제를 채택함에 있어서 보수정당들은 무엇보다 '보수정당난립의 약화법칙'과 '급진정당통일의 강화법칙'을 유념-경계하면서 일치단결, 비상한 각오와 결의로써 국정을 이끌어나갈 때임을 남재는 강조하였다. 여기서 남재는 내각책임제시대의 이 나라 보수정당이 나아가야 할 '신보수주의'의 방향을 다음과 같이 제시하였다.

첫째로 보수에 앞서 혁신을 단행할 것을 남재는 권고했다. 적극적인 보수가 곧 혁신이라는 것이다. 영국과 같이 민주주의 원조(元祖)로서의 풍족한 유산과 수세기에 걸쳐 민주적 지혜가 축적된 나라의 경우는 국민이 그 자랑스런 옛 전통을 보수하는 것 그 자체만으로도 충분한 의의를 갖는다고 하겠지만, 우리 나라처럼 어둡고 괴로운 과거만을 짊어지고 살아온 국민에게 보수를 강조한다는 것은 없는 재산을 지키라는 것과 다름없는 어불성설이니, 오히려 적극적으로 혁신을 단행하여 이제부터라도 '보수할 것'을 축적해나가는 것이야말로 진정한 보수가 된다고 한다. 그렇다면 무엇을 어떻게 하는 것이 혁신인가.

둘째로 '정권의 잉여가치'를 줄여나가자고 남재는 강조했다. 이것이야말로 진정한 혁신의 방향이라는 것이다. '정권의 잉여가치'(전항 참조)는 없앨 수만 있다면 가장 바람직하겠지만 참으로 지난한 과업이기 때문에 우선은 그것을 감소시켜 득실의 격차를 선진국형으로 좁혀나가는 일이야말로 모든 후진적 요인을 극복하고 혁신을 이룩해나가는 종합처방이 된다는 것이다.

셋째로 '소유권 있는 민주주의'를 실현할 것을 남재는 역설했다. 소유권을 가진, 지킬 것이 있는 자유시민들, 곧 중산층이 두터울 때 그들은 자기의 소유를 지키기 위해서라도 독재와 싸우고 반파쇼-반공투쟁 전선에 앞장을 서게 된다. 서구민주주의란 결국 소유권 있는 중산층의 투쟁의 산물인 것이다. 따라서 중산층을 기반으로 하는 '소유권 있는 민주주의'의 실현은 경제발전을 촉진하는 일석이조(一石二鳥)가 된다. 미국의 그 숱한 무상원조를 잘만 활용한다면 우리도 충분히 경제개발을 촉진시켜 '소유권 있는 민주주의'를 실현할 수 있는 잠재력을 가진 민족이라는 것이 남재의 지론이다.

끝으로 '자유를 위한 반공'을 남재는 제창했다. 오늘의 평화는 자유민주주의에 대한 확고한 신념과 정신무장, 그리고 철저한 반공정책으로만이 지켜질 수 있는 것이라 한다. 소련이 내세우는 이른바 '평화공존론'이라는 것도 그들이 아직 열세에 있을 때에 한하여 적용되는 조건부-기한부의 잠정적 평화론일 뿐, 전세가 유리하다고 판단되면 언제라도 세계공산화에 나서겠다는 무서운 책략이 숨겨진 구호라는 것이다.

이상이 남재가 제기하는 '신보수주의'의 방향이다. 여기에는 당시뿐만 아니라 오늘의 시점에서조차도 귀담아들어야 할 뛰어난 안목의 대안이 담겨 있다고 하지 않을 수 없다. 마치 「국정지표」를 읽는 듯한 착각마저 들 정도로 잘 다듬어진 이 글을 읽으면서 우리는 '남재 언론'의 진수가 바로 이처럼 깊은 학구적 바탕에서 우러나온 것임을 새삼 확인하게 된다.

4. 한국의 정치현실 ; 6차의 좌담에서

남재는 4·19를 전후해서 《사상계》에 5회, 《새벽》에 1회, 총 6차에 걸쳐 잡지의 좌담에 참석하였다. 이들 좌담회는 시사성이 강한 주제들을 다루고 있기 때문에 참석자들의 주요 언론 활동으로 분류될 수 있음은 물론이다. 여기서는 각 좌담의 주제 등 관련 사항들과 남재의 주요 발언 요지만을 발췌 소개한다.

(1) "우리 사회와 문화의 기본문제를 해부한다"—1958. 4.

《사상계》(1958. 4월호)가 개최한 이 좌담회는 특정 주제 없이 과학-정치-철학-전통, 그리고 선거 등에 이르기까지 제반 당면문제들을 자유롭게 논의한 방담(放談)적 성격이나 지면에는 "우리 사회와 문화의 기본문제를 해부한다"는 표제로 실려 있다. 남재는 이 좌담에서 두 가지 주요 발언을 하고 있다. 하나는 민주정치에 있어서 중간층 형성문제와 관련, 정치가 국민에게 중산층에 들어갈 수 있다는 희망을 줄 수 있느냐가 관건임을 지적하고 현재 우리 국민 대부분은 희망을 갖지 못하고 오히려 갈수록 절대 빈곤 속에 빠져들고 있다고 느끼기 때문에 공산당의 선전에 넘어갈 수 있는 성향을 드러내고 있음을 우려하였다. 결국 경제정책 등 국가의 시책이 국민 누구에게나 희망을 줄 수 있느냐의 여부가 국운(國運)을 좌우할 것이라고 맺고 있다.

또 하나는 우리 정치의 바람직한 방향과 관련, 양당제라고 무조건 환영하고 긍정할 것만은 아니라고 전제한 뒤, 어떤 경우든 그 나라 정치문화 속에 '근본을 영도하는 힘'(Dominating Power)이 있을 때 안전하다고 지적했다. 예컨대 과거 4공시대의 불란서가 군소정당의 난립으로 불안정한 가운데에서도 결정적 파국 없이 지탱할 수 있었던 것은 튼튼한 관료제의 구축에도 한 요인이 있었지만, 중간층을 하나로 묶어낼 수 있는 공통의 이데올로기가 '영도적 힘'으로 작용했기 때문이라고 지적하면서 과연 우리에게도 국민통합을 이루어낼 수 있는 지배적 이데올로기가 있느냐가 문제인데 사실 우리에게는 그것이 없는 것이 문제라고 우려를 표명했다.

* 참석자: 김상협(고대 교수 · 정치학), 김성한(金聲翰 · 소설가), 김준엽(金俊燁 : 고대 교수 · 사학=사회), 김하태(金夏泰 : 연대 신과대학장 · 철학), 신응균(申應均 : 육군중장 · 육본행정참모부장), 안병욱(安秉煜 : 연대 교수 · 본사주간), 윤세원(尹世元) : 문교부 원자력과장), 황산덕(黃山德 : 서울대 교수 · 법학)—이상 가나다순

(2) "국제정치의 난류와 한류"—1959. 5.

"세계사의 전환기"라는 화두(話頭)로 시작된 이 좌담은 동서독문제로부터 시작하여 국제정세 전반을 광범하게 조망하고 있다. 남재는 이 좌담에서, 종전까지 후진국의 독재는 필연적으로 공산주의로 넘어가는 전단계로 보았으나 요즈음은 학설이 달라져서 오히려 자유민주주의로 이행하는 훈련기간으로서의 효용성이 강조되고 있음을 소개하면서, 장개석(蔣介石)의 경우 독재 때문에 모택동의 공산당에 패배한 것이 아니라 그 허술하고 모자란 독재 때문에 당한 것으로 보는 견해도 있음을 소개하였다. 즉, 장개석의 그것이 철저한 현대식 독재였다면 중국공산당은 1930년대에 이미 그 뿌리가 뽑혔을 것이나 봉건적, 지방할거적, 또는 궁중적 구식전제(專制)에 지나지 않았기 때문에 패했다는 주장이라고 한다.

* 참석자: 고정훈(高貞勳) : 조선일보 논설위원), 김상협(고대 교수), 이동욱(李東旭 : 동아일보 논설위원=사회), 이용희(李用熙 : 서울대 교수), 주요한(朱耀翰 : 민의원 의원)

(3) 민주정치 최후의 교두보—1960. 5.

"공명선거냐, 주권강탈이냐"로 시작된 이 좌담은 3·15 부정선거 직후, 그리고 4·19 직전이라는 절묘한 시점에서 열렸다. 남재는 이 좌담에서 주목되는 발언을 한 것은 없다. 다만 3·15부정선거와 관련, 자유당이 "복잡한 과정을 거쳐 어렵게 승리한 것이 아니라 너무 쉬운 방법(경찰력을 동원하여)으로 승리했기 때문에 문제"라는 자유당 내의 자가비판 기류에 대해서 언급하면서, 그들 중 이승만-이기붕 이후까지도 집권하겠다는 생각을 가진 사람은 별로 없는 것 같다고 지적하였다. 또한 3·15부정선거에 대한 대여(對與) 투쟁과 관련, 민주당은 준여당과 다름없기 때문에 언론에 의존하여 공세를 취하거나 원내 강경대응 방식 이외에 그 투쟁 성격이나 방법에는 일정한 한계가 있을 수밖에 없다고 보았다. 또 3·15가 당장은 정계 개편과 같은 온건한 변화를 가져올 것 같지는 않다고 내다보면서, 젊은 정치세력 대망론에 대해서는 그들이 혁명성을 지닐 때 비로소 가능한데, 혁명성을 띤다는 것은 곧 바로 공산당으로 몰리기 쉬운, 혁명적인 것과의 양립이 불가능한 우리 사회에서는 확고한 이념적 실체로서의 젊은 정치세력의 등장은 어렵다고 진단하였다. 다만 지금 고교생 차원에서 번져가고 있는 3·15부정선거 규탄과 반독재시위 양상에 대해서는 "좋건 나쁘건, 여기에 희망을 가질 수 있다"고 언급하였다.

* 참석자: 김상협(본지 편집위원·정치학), 부완혁(夫玩爀 : 조선일보 논설위원·정치평론), 신상초(申相楚 : 본지 편집위원=사회), 한태연(韓泰淵 : 본지 편집위원·공법)

(4) "카오스의 미래를 향하여"—1960. 7.

4·19로부터 1개월여가 지난 시점에서 열린 좌담회이다. 허정(許政)의 과도정부에 의해 새질서의 틀이 모색되고 있었다는 것이 시기적 특징이다. 좌담의 관심은 앞으로의 정치판도가 보수양당으로 갈 것인가, 보-혁(保-革) 양립으로 갈 것인가에 모아졌다. 남재는 객관적인 정세로 보아 보수양당—보-혁 양립,, 그 어떤 구도도 성립되지 않을 것으로 내다보았다. 남재는 4월혁명을 한국 민주주의의 시작으로 보았고, 정국의 흐름으로 보아 군소정당의 난립과 정치세력 간의 주도권 쟁탈전의 격화로 지극히 혼미-혼란의 양

상으로 치달을 것을 우려하였다.

* 참석자: 김상협(본지 편집위원 · 정치사상), 김영선(金永善 : 민주당 중앙위원), 부완혁(조선일보 논설위원 · 경제), 신상초(본지 편집위원 · 정치학=사회), 이동화(李東華 : 사회대중당 정책위원), 이정환(李廷煥 : 본지 편집위원 · 화폐경제)

(5) "7 · 29총선을 이렇게 본다"—1960. 9.

허정이 이끄는 과도정부의 선거관리로 7 · 29선거를 치른 지 엿새 후에 열린 좌담회이다. 좌담의 화두는 말할 것도 없이 '민주당의 대승'이었다.(총의석 233석 중 민주당 175석 확보, 75.1% 차지) 남재는 민주당의 승리 요인을 조직과 자금동원력, 그리고 기왕이면 집권당이 될 정당을 찍어주자는 표심(票心) 등을 꼽았다. 또한 민주당의 정강정책을 보고 표를 던진 사람은 없을 것이라고 단정한 남재는 과거 이승만 독재정권과의 무쟁경력이 표심의 향방을 가름하는 신뢰의 척도가 되었을 것으로 분석했다. 혁신세력의 참패(148명 출마 6명 당선)에 대해서는 기층민중의 생활감정과는 유리된 채 일부 지식층의 머리에만 호소하는 수준에 불과했기 때문이라고 평가하면서, 농촌에 뿌리를 내리지 못하는 한, 혁신계의 진출은 앞으로도 어려울 것으로 내다보았다.

남재는 7 · 29선거양상이 관권과 경찰력의 개입이 사라진 대신에 전반적으로 금권으로 치러진 타락선거였음을 개탄하면서 법정한도 이상 돈을 쓰지 못하도록 어떤 방법을 강구하지 않으면 안된다고 역설하였다.

좌담의 초점은 자연 민주당의 분당 가능성으로 모아졌다. 남재는 선거에 대승한 민주당이 자신의 진로를 혁명의 연장선상에서 잡을 것인가, 아니면 정규 내각제운행의 선상에서 취할 것인가, 여기에 따라서 논점의 향방이 갈린다고 전제하고, 지금 민주당은 신-구파 모두가 원내 과반의석을 차지하지 못한 실정이므로 그 어느쪽도 단언하기 어렵다는 의견을 피력했다. 즉, 원내 과반의석을 차지하지 못하고 혁명의 뒷처리를 맡는 것은 불가능한 일이므로 혁명의 연장선상에서 자신의 진로를 잡는다면 분당은 어려우니 타협으로 나갈 것이나, 혁명이고 뭐고 다 집어치우고 자파의 실익만을 좇는다면 분당으로 못 갈 것도 없다고 보았다. 그러나 이 경우에도 과반선을 확보하고 갈라서야지 이 상태로 헤어진다면 결국 리더십을 무소속에 넘겨주고 망신만 당하는 꼴이 될 것이라고 경고하였다.

결론적으로 민주당은 양파가 4·19의 정신을 계승한다는 혁명의식을 가지고 집권에 임해야 한다는 좌중의 일치된 의견에 남재는 "근본문제는 거기에 있다"고 동의하였다.

* 참석자: 김상협(본지 편집위원), 김영선(민주당 중앙정책위원), 박준규(朴浚圭 : 민주당 선전부 차장), 신상초(본지 편집위원), 양호민(사회대중당 창당준비위원), 한태연(본지 편집위원=사회)

(6) "보수냐 혁신이냐"—1960. 6. 26.

이 좌담은 잡지《새벽》이 마련한 것이었다. 7.29총선을 앞두고 군소정당이 난립하는 가운데, 이들 급조 신당 거의가 공교롭게도 혁신의 깃발을 올리고 있었다. "보수냐 혁신이냐"로 주제를 잡은 것도 이 때문이다.

혁신측의 이동화와 보수측의 이동욱이 좌담을 주도하였고 양인의 논전 양상을 남재는 주의 깊게 경청한 셈이었다. 남재는 단지 산업의 국유화 문제, 경제발전과 권력집중 및 자유와 민주의 문제, 그리고 혁신정당의 외교-통일 문제 등에 단편적인 견해를 피력했다. 그중, 남재는 공산주의와의 대결 속에서 자유민주주의를 지켜나가면서 경제발전을 이룩해야 하는 우리의 절박한 과제와 관련, 다음과 같은 요지의 의견을 제시하였다.

"…후진국은 …선진국보다 경제력을 집중시키지 않을 수 없다. 과거 500년이 걸려서 이룩한 것을 요즈음은 10년에 해내려고 하지 않는가. 그러나 이처럼 짧은 기간 내에는 해낼 수 없기 때문에 정부권력의 힘을 빌리지 않을 수 없는 것이다. 그래서 어느 정도의 권력남용과 희생을 각오하지 않으면 안된다. …경제발전도 이루고, 사회개발도 하면서 민주주의를 고수한다는 것은 아주 어려운 중간의 길을 걸어가겠다는 것인데, 참으로 어려운 주문이다. 영국도 독일도 이것이 제일 고민이다. 특히 후진국인 우리 실정으로는 더욱 어려운 일이다. 그러니 공산주의와 싸우고 있는 우리 상황에서 영-미식과 똑같은 자유가 실현되기를 바란다는 것은 지나친 욕심일 것이다. 공산주의에 비해서 우리는 월등히 자유스럽다는 그 정도로 만족해야 비로소 모든 것이 풀린다. …지금 우리는 역사를 단축시키려고 노력하는 단계에 있지 않은가…"

* 참석자: 김상협(고대 교수), 김재순(金在淳 : 본사 주간), 이동욱(동아일보 논설위원), 이동화(사회대중당 정책위원장), 최문환(서울대 교수)

제5절 문명론적 접근; 〈민주주의의 새로운 위기〉

'개인의 자유'(Civil Liberties)와 '국민의 자치'(Self Government)는 서구식 자유민주주의의 두 개의 이념축(理念軸)이다. '기계화 선풍'에 따라 생산양식의 고도 기계화와 정치적 대중화 양태 등 사회-정치-인성(人性)적 환경의 급격한 변화로 인해 민주주의가 발아(發芽)-생장하던 시대의 근본 토대가 모조리 무너져 버린 현대에 이르러서도 그 이념적 원형(原型)은 그대로 통용될 수 있는가. 1959년도 《한국정치학회보》 창간호에 실린 〈민주주의의 새로운 위기〉는 이와 같은 기본 질문에 해답하기 위해서 문명론적 접근을 시도한 남재 생애 최초의 본격적 학술논문(200자 원고지 130매 분량)이라고 할 수 있다.

남재는 위기에 처한 서구식 자유민주주의의 미래를 전망하기 위해서 첫째로 주요 기존 비판들의 이론적 근거를 살펴보고, 둘째로 민주주의 탄생-성립의 기본전제와 근본토대를 검토함으로써 그 전개과정을 고찰하고, 셋째로 그 근본토대의 붕괴요인 분석과 새로운 인간(제4계급) 출현의 문명론적 조명을 통해 민주주의가 직면한 새로운 위기의 성격을 분석하였다.

이 논문의 이론적 배경으로 되어 있는 '문명론적 시각'은 얀(H. E. Jahn)의 『전환기에 있어서 사회와 민주주의』(*Gesellschaft und Demokratie in der Zeitwende* ; 1955)를 비롯하여 슈미트(C. Schmitt), 베버(M. Weber), 바-브(Z. Barbu), 페흐너(E. Fechner), 휴프(R. S. Hupe) 등의 소론을 동원한 사회-정치학적 분석을 말하는 것으로 미국의 사회학, 특히 매스컴 이론에 있어서 '수용자론'의 주류를 형성했던 '대중사회론' 또는 '대중문화'현상에 대한 독일어적 문맥의 인식론이라고 할 수 있다. 그러나 이 논문의 지향과 관심은 어디까지나 대중사회-대중문화 현상 그 자체를 설명하려는 데 있는 것이 아니라,

그와 같은 문명사적 전환이 서구식 자유민주주의의 존립에 어떤 영향을 미쳐왔는가에 집중되고 있다는 점에서 미국식 이론과는 처음부터 궤를 달리한다고 말할 수 있다.

1. 주요 비판들

서구식 자유민주주의의 위기를 설명하기 위해서, 남재는 먼저 민주주의가 그 동안 어떤 맥락에서 비판되어왔는가부터 살펴보고 있다.

첫번째 비판은 말할 것도 없이 레닌으로 대표되는 공산주의자들의 고전적 비판이다. 레닌은 일찍이 구미제국이 자랑하는 의회제도란 자본주의 경제체제를 그 하부구조로 하고 있는 한, 생산수단의 독점자로서의 제3계급, 즉 부르주아 계급만을 위한 무산계급 압제 도구에 불과하다고 공격하였다. 레닌의 이와 같은 입장은 스탈린-모택동에 의해 어김없이 계승되었다.

두번째는 파쇼-나치스들의 비판으로, 남재는 나치스의 대표적 어용학자 카알 슈미트의 3단계 비판론을 소개하고 있다. 슈미트는 인간을 본성적으로 규율부재, 자제불능의 무정부적 동물로 비하하는 비관적 인간관에 기초하여 자신의 이론을 전개하였다. 인간의 이와 같은 본성 때문에 그들은 지금 앞뒤를 분갈할 수 없는 미궁(迷宮) 속에 좌초, 난파에 직면하여 그들을 인도-구출할 위대한 지도자의 결단이 요구되는 절박한 상황에 처해 있다고 한다. 사태가 이러함에도 자유민주주의자들은 ①부질없는 토론만 일삼으며 결단의 시간을 무한히 천연시키고 회피함으로써 국가-민족-인류의 유태적 종말(Eschatologie)을 자초하고 있고, ②그들이 내세우는 의회주의는 민주적이 아니라 귀족적으로 운영되고 있고, ③국민대중의 이익은 무시되고 오로지 부르주아 계급의 개인주의적 기득권(사유재산권, 신체의 자유, 계약의 자유 등)만을 유지-옹호하려 한다고 공격하고 있다.

세번째는 제2차 세계대전을 전후하여 대두된 신생후진국의 '훈정론'(訓政論)적, '교도론'(教導論)적 비판이다. 남재는 중국혁명에 있어서 헌정(憲政)의 시기가 성숙할 때까지 군정(軍政) → 훈정(訓政)기의 설정이 불가피하다는 손문(孫文)의 서구민주주의 '잠정무용론'을 그 비판의 논거로 인용하였다. 즉, 만족청조(滿族淸朝)의 타도에 성공한 신해혁명(辛亥革命 : 1911) 직후, 조급하게 도입-실천된 헌정이 원세개(袁世凱) 도당을 비롯한 할거주의 지방군벌과 봉건적 대지주, 제정구관료들로 결탁된 반동세력에 의해 파국에 이르자, 손문은 중국과 같은 신생후진국에서는 서구식 자유민주주의가 일정 기간 통용될 수 없음을 절감하게 되었다. 그리하여 손문은 무지한 민중에게 민주실천에 요구되는 계몽-교육-훈련을 시키기 위한 집권자의 전제적 선도(以党治國)기간이 필요하다는 견지에서 '훈정선행론'을 제기한 것이다.

뒤에 나온 수카르노의 '교도민주주의론'은 손문의 이와 같은 훈정론과 맥락을 같이 하는 것으로서, "광명을 위한 독재적 암흑", "서방화를 위한 일시적 동방화"라고 풀이되고 있으나 어쨌든 서구식 자유민주주의의 견지에서는 동방에서의 일대 좌절을 의미하는 것이 아닐 수 없다.

2. 기본전제와 근본 토대

그러면 서구식 자유민주주의는 어떠한 문화사적 조건과 환경 속에서 성립하였는가. 영국의 명예혁명(1688)을 시발로, 미국의 독립선언(1774)을 거쳐, 불란서대혁명(1789)으로 꽃을 피운 서구의 민주주의는 다음 두 가지 기본전제와 근본토대 위에서 성장-발전한 것이다.

첫째로 그것은 자본제적 생산의 초기단계에서 도시를 본거지로 바야흐로 상품교환경제가 발생하고 시민사회의 출현으로 시민계급이 등장하고는 있지만 사회의 지배적 생산양식은 전원(田園)경제적-수공업(手工業)적 경제가 여전히 강인하게 살아 있던 근세 초기의 사회-경제적 조건을 토대로 하여 생성되었다는 것이다. 따라서 신흥정치세력으로 부상한 이 시대의 시민계급은 '재산과 교양'을 대표하는 소수 제3계급으로서의 귀족적-특권적 범위를 크게 벗어나지 않는 존재였다.

이후 산업혁명을 계기로 기계화 방식의 대량생산체제로 돌입하면서 근대적 산업화를 향한 공업화-도시화의 급속한 진전과 더불어 끈질긴 선거권 획득투쟁에 의해 보통선거제가 확립되고 참정시민이 확대됨으로써 민주주의는 크게 성장하지만, 정치적 대중화에는 아직 이르지 못하는 단계에 머물러 있었다. 따라서 서구민주주의는 전원적-수공업적 경제가 강인하게 작용하던 부분기계화 생산단계에서 성립된 초기근대화의 산물이라 할 수 있다.

둘째로 그것은 인간이 이성적 존재라는 낙관적 인간관에서 출발, '자립인간'을 이상적 모체로 하여 생장해왔다는 사실이다. 이성의 권위와 존엄, 이성에 대한 신뢰 없이 민주주의는 그 성립이 불가능하다. "중세적 우상신(偶像神)을 앞문으로 축출한 자유주의자들은 이성신(理性神)을 뒷문으로 모셔들여왔다"는 비아냥(C. 슈미트)이 나올 정도로 '이성적 인간'은 민주주의 성립의 기본 전제인 것이다. 여기서 말하는 '이성적 인간'은 육감적(肉感的) 인간이면서도 능히 그것을 극복해나갈 수 있는 금욕적인 인간을 말한다. 결국 '이성적 인간'은 금욕정신이 충만한 환경 속에서만 그 우월성이 용인되는 존재인 것이다.

그러면 민주주의의 성립 모체인 '자립인간'의 문화사적 조건은 무엇인가. '자립인간'은 누구에게도 굽힘이 없고 그 누구도 억누름 없이 자기 소유의 생산수단으로 자기 자신과 가족들의 노동력에 의존하여 유유히 생계를 유지해 나가면서 자주적 판단과 독자적 책임감, 그리고 강한 자의식 밑에서 자기 행동을 결정하는 주체적 인간으로 묘사된다.(T. 제퍼슨) 즉, 그들은 전원사회에서 생산자이면서 소비자, 가정인인 동시에 촌락인, 종교인이자 정치인으로 살아가는 자기고유의 이름을 가진 유명자(有名者)들인 것이다.

그러나 이처럼 독립적 '자립인간'들이 다원적-개성적으로 분립하고 있다는 것은 그 자체가 그대로 무정부적 무질서를 말하는 것이므로 이들을 조화와 질서 있는 하나의 세계로 통합시켜나갈 수 있는 방법이 요구된다. 민주주의는 바로 '토론'이라는 방법으로 이 지상의 과업을 완수해나갈 수 있다는 것이다. 토론이야말로 민주주의를 성립케 하는 또 하나의 생장 토양인 것이다. 그런데 토론이 갖는 변증법적 통합기능은 인간이 신으로부터 부여받은 이성의 힘에 의해 완수된다고 한다. 즉 '이성적 인간'에 의해 '토론인간'의 존재가 가능하다는 것이다.

그러면 이와 같은 '토론인간'의 문화사적 환경은 어떤 것인가. 그것은 한가로운 여가 속에 비판정신이 충만한 아마추어적 문화환경, 조잡하지만 상식적 판단을 내릴 수 있는 통속정치를 소중히 여기는 풍토, 정치인을 무보수 명예직 인사로 생각하는 유명자들의 점잖은 자존심이 어우러진 살롱적 분위기 등이 상정되고 있다.

이상에서 살펴 본 바와 같이 '개인의 자유'와 '국민의 자치'를 이념으로 하는 서구식 민주주의는 '자립인간'-'이성적 인간'-'토론인간'의 존재를 기본 전제로 하여 출발한 것이다. 또 이와 같은 민주적 인간들의 삶의 기초가 되는 전원경제, 아마추어 정신, 그리고 '이성적 인간'의 금욕정신이 바로 민주주의가 성립하는 근본 토대가 되는 것이다. 그러나 2차 대전 종식을 전후하여 서구식 민주주의를 가능케 했던 이와 같은 기본전제와 근본토대들은 급격하게, 또는 완만하게 지역에 따라 붕괴되어가고 있었던 것이다.

3. 기계화 선풍과 제4계급 ; 대중의 출현

그러면 오늘에 이르러 서구 민주주의를 성립시킨 기본 전제와 근본 토대들이 붕괴하게 된 원인은 무엇인가. 사회학자를 비롯한 문명사가들은 그것을 다음 네 가지 요인으로 흔히 설명한다. 즉, ①과학문명의 고도의 발달에 따른 기계화 선풍, ②기계화 선풍의 고도분업화 현상에 병행해서 나타난 경영혁명과 전면적 관료제화의 영향, ③불특정 다수로 요약되는 무명자(無名者) 대중의 출현, ④이상 세 가지 요인의 동시적 진전에 따른 시대사조의 변화와 인간 자체의 변질 등이 그것이다.

첫째로 산업혁명기까지도 부분적이었던 기계화의 전면적 진행 양상은 생산의 기계화뿐만 아니라 생활과 의식, 사고와 행동 전반에 이르기까지 중성적 메커니즘의 기계화 현상을 불러일으켜, 왕년의 종합적-전인적 '자립인간'은 어느덧 사라지고 로봇처럼 기계에 예속화되어 자아를 상실하고 무의식적 물건화(das Es)로 전락한 '부품인간'만이 남게 되었다는 것이다. 특히 전면적 기계화에서 파생된 고도의 분업화 현상은 개인을 한정된 부품 생산이나 협소한 직장생활에 평생 얽어매어 빈약한 생활경험밖에 가질 수 없는 미시적으로 분해된 '원자인간'으로 무력화시켜 버린 것이다.

둘째로 생산과 조직의 고도분업화로 촉발된 경영혁명은 관리와 능률의 극대화 원리에 따라 고도의 전문성 추구와 함께 경영규모의 확대와 경영수단의 집중은 물론, 경영의 대상과 수단을 철저히 분리시켜 일사불란한 중앙집권적 관료제화를 촉진시킨 것이다. 그리하여 조직의 일원으로서만 개인의 존재가 의미를 갖게 되는 조직선행의 논리는 조직을 장악한 전문 정치-경영자들의 조직독재를 가능케 함으로써 개인의 자유가 여지없이 파괴-억압되고 있다는 것이다.

셋째로 기계화 선풍이 몰고온 도시화-공업화의 물결 속에서 기계문명의 소음과 초조와 패륜의 끊임없는 세례를 받는 부패한 도시가 나타나면서, 합리-능률지상주의의 비인간화된 조직사회를 거부해온 전원사회의 존립기반을 모조리 붕괴-소멸시켜 버린 것이다. 이에 따라 "교양도 재산도 없는" 신종의 제4계급이 "교양과 재산을 자랑해온" 제3계급의 소수특권을 물리치고 정치무대의 전면에 진출하게 되었다. 이른바 대중의 출현이다.

대중은 기계로 대량생산되는 규격제품과 같은 존재로 묘사된다. 그들은 자의식도 책임감도 없는 몰인격체, 자기상실의 공허감 속에 빠져버린 정신분열증적-정신적 프롤레타리아들의 무원칙한 집합체, 고유명사가 아니라 보통명사로 불리워지는 무명의 원자화된 '부품인간'들이라는 것이다. 이와 같은 대중의 전면적 정치진출은 오히려 대중을 정치의 중심부에서 몰아내고 실권을 소수의 직업정치인-전문경영자-관료집단에 집중시키는 역설을 낳고 말았다.

그리하여 대중은 막대한 자금과 치밀한 조직과 막강한 선전 수단을 쥐고 있는 집권자의 사전 구상과 계획을 사후에 찬성-찬양하며 맹목추종과 무조건 충성을 다 바치는 갈채집단으로서의 정치도구로 낙착되었다고 한다. 대중사회의 공학적 대중조작술로 표현되는 '여론공업'은 대중정치의 핵심이 된다. 제3계급의 지도자 거부생리는 어느덧 지도자에 대한 대중의 무조건 복종으로 대치되어 '지도자 민주주의', '카리스마 민주주의'로 변질되었다는 것이다(M. 베버).

끝으로 이상과 같은 제현상의 동시-동조화로 결과된 역사적 환경의 돌변은 선험적 이성문화의 금욕정신을 퇴락시키고 경험적 육감문화의 극단적 향락주의와 물질만능적 사고를 몰고와 인간성 자체를 변질시키고 말았다. 고대의 애니미즘을 타파하고, 중세적 신학을 인간사고의 중심에서 추방하는 데 성공한 현대의 과학적 사고는 신이 내려준 인간이성마저 비경험적 형이상학이라고 부인하는 단계에 이르렀다는 것이다.

현대인은 이제 더 이상 밝고 안온한 전원적 분위기에서 조용히 사색을 즐기는 탐미적 인간이 아니라 회색의 창고나 바라크 속에서 오로지 능률적-고속적으로 쾌락에 탐닉하고 있는 피카소식의 기하학적-인체공학적으로 해부된 살풍경한 기계적 인간들인 것이다.

결론적으로 전면적 기계화 선풍의 너무도 심각한 분업화, 조직화, 경영화, 관료제화의 영향과 대중민주주의의 진전은 과거의 전원적이고 이성적-토론적-코스모스적인 민주주의, 아마추어적-명예직적-살롱적-유명자적인 민주주의를 모두 소멸시키고 로봇적-원자적-부품적-민주주의, 직업적-관료적-카리스마적 민주주의, 무명자적-갈채적-육감적 민주주의를 여기에 대체시켜놓았다는 것이다.

남재는 이 논문에서 굳이 어떤 일정한 결론을 도출해내려고 하지는 않았다. 그는 단지 금욕적 책임관념과 신의 관념을 몰아내고 억압된 프로이드적 성적 욕구와 충동에 사로잡혀 이를 능률적-쾌속적으로 추구하려는 '성욕인간'의 이기주의적 본성과 육감문화로 민주주의의 '자유'와 '자치'라는 이념을 계속 실현해나갈 수 있겠는가 하는 질문을 던짐으로써 문제제기를 하는 데 자족하려 했던 것 같다.

여기서 우리는 다만 이 논문이 쓰여진 1959년이라는 시점이 갖는 그 선구성에 주목하는 것으로 충분하다고 생각한다. 아울러 이로부터 10여 년 후인 1970년대 초반에 남재가 고대 총장으로서 해마다 행한 유명한 '추계학술강연'의 그 뛰어난 문명비평적 인류사 조망도 바로 이 논문의 문제의식으로부터 발원하고 있음을 발견하고는 39세 청년 남재의 학문적 성숙에 우리는 새삼 놀라움을 금할 수가 없는 것이다.

第6절 정치철학자 E. 바아커

30대 후반의 젊은 남재는 희랍고전연구로 세계적인 명성을 얻고, 현대 영국의 가장 탁월한 정치철학자로서 작위(爵位 : 1944)까지 받은 어네스트 바아커(Sir Ernest Barker)에 대해 특별히 주목하고 그의 연구성과에 깊은 관심을 기울여왔다. 남재 생애의 유일-최초의 번역서인『현대정치론』(*The Reflections on Government* ; 1942, Oxford)이 E. 바아커의 저작인 것만 보아도 이를 알 수 있다. 또《사상계》에 정치철학자로서는 단 한 사람 바아커의 사상을 소개하고 있는 것도 이 같은 사실을 뒷받침한다고 하겠다.

남재는 바아커를 일러 영국의 전통을 숭상하는 사람, 곧 자유와 보수, 양자의 아름다운 조화를 가장 사랑하는 사람이라고 평하고 있다.

E. 바아커는 1874년 영국 맨체스터 지방에서, 군주제의 폐지와 공화제의 수립을 열망하는 자유당 좌파계열에 속하는 노동자의 아들로 태어났다. 어려서부터 아버지의 자유주의사상에 크게 영향을 받으면서 자란 그는, 옥스퍼드대학을 졸업(1898)하고 동대학과 런던대학 킹스칼리지(Kings College, London Univ.), 그리고 캠브리지대학 교수로서 평생 정치학을 강의하며 수많은 명저(名著)를 남겼다. 그의 주요 저서로는 전술한『현대정치론』이외에도『영국의 정치사상』(*Political Thought in England,* 1914),『희랍정치사상』(*Greek Political Thought,* 1918),『아리스토텔레스의 정치학』(*Politics of Aristoteles,* 1946),『정부론』(*Essays on Government,* 1951),『사회-정치사상의 원리』(*Principles of Social and Political Thought,* 1951) 등이 있다.

본절에서는 남재가《사상계》(1956. 6월호)에 발표한 논문〈정치철학자 바아커〉와 번역서『현대정치론』(1960)의 논지만을 묶어 간략히 소개한다.

1. 자유의 정신과 보수의 정신

바아커는 영국의 민주주의를 성립시킨 두 가지 요인으로서 자유의 정신과 보수의 정신을 들고 있다. 바아커가 말하는 자유의 정신은 무엇이며 보수의 정신은 무엇인가. 또 이 두 정신은 어떻게 조화를 이룰 수 있는가. 남재가《사상계》에 발표한〈정치철학자 바아커〉는 바로 이 문제에 대한 바아커의 해답을 소개한 논문이다.

첫째로, 바아커는 '자유의 정신'을 이해하기 위해서는 우선 국가는 무엇이고 사회는 무엇인가부터 알아야 한다고 강조한다. 사회와 국가를 구분짓는 일이야말로 '자유의 정신'을 이해하는 출발점이 되기 때문이다.

먼저 사회란 무엇인가. 바아커에 의하면 사회란 각기 특수목적을 가진 수많은 집단들로 구성된 인간공동체로서 푸성진 직물(織物)과도 같은 것이다. 경제-종교-교육-학문-예술-자선 등의 제단체들이 그것이다. 이렇듯 다종다양한 인간집단들로 형성된 사회는 전체로서의 하나이면서도 여럿, 통일-일원적(一元的) 공동체(Community)인 동시에 다양-다원적 공동체(Communities)로서 개개 성원의 자유선택에 의해서 이루어진 자발적인 생활과 임의적 활동의 무대라고 한다. 따라서 사회란 그것을 이루는 개개 성원간의 관계를 말하는 것이므로 개인의 인격이 그 성립의 기초요 출발점이 된다. 여기서 개인은 이성과 양심을 가진, 심리적으로나 도의적으로나 인격을 갖는 존재를 말한다.

다음으로 국가란 무엇인가. 국가란 일정한 영토 내에서 일어나는 인간관계를 법적 강제력을 발동-구사하여 규율하는 법적 단체라고 규정한다. 그러나 그 배후에는 결코 법적으로 규율되지 않는 '국민사회'라는 생명의 강이 흐르고 있다. 국민사회란 영국-불란서-독일 등등으로 불리는 한 영토 내에서 같은 전통, 같은 문화, 같은 생활양식을 발전시켜나가는 같은 혈통의 통일체를 말한다.

결국 전체사회라는 맥락으로 파악할 때, 국가라는 것도 따지고 보면 특수목적을 가진 집단으로서 부분사회에 불과한 것이다. 그러므로 국가가 부분사회로서의 자기 한계를 뛰어넘어 국민사회의 영역인 인간의 내면세계로까지 그 간섭과 규제의 영역을 확대해나갈 때 인간의 창의는 말살되고 도덕적 양심은 마비된다고 한다. 그리하여 국가가 사회영역까지 국가에 편입시켜 사회를 말살시키고 국가만을 비대화시킨 것이 독재국가라고 한다. 따라서 개인의 자유는 국가보다 사회에서 더욱 잘 보장되며, 자유의 실현과 수호를 위해서도 국가와 사회를 엄밀히 구분짓는 것이 필요하다는 것이다.

둘째로, 바아커는 보수의 정신을 설명하기 위해서 다시 국가의 의미를 검토한다. 바아커에 의하면 국가란 법을 위해서, 법 속에서, 법을 통해 존재하는 법 그 자체라고 한다. 그런데 법에는 실정법만이 있는 것이 아니라 정의

(正義)의 관념을 표상하는 자연법이 있다. 권력은 법에 통용력을 제공하나 정의는 법에 가치를 부여한다. 이처럼 법에 통용력을 주고, 가치기능을 부여함으로써 정의를 실현해나가는 존재가 바로 국가라고 한다.

그러므로 무정부주의자들과 같이(상디칼리스트, 길드소셜리스트 등 포함) 집단의 자유와 이익을 앞세우고 국가의 존재를 부인-해체시키려드는 자들에 대해서는 교화나 예방적 차원이 아닌 무자비한 보복처벌을 가함으로써 질서를 유지하고 현상을 고수해나가는 것, 그것이 보수요, 바로 영국의 '보수의 정신'이라는 것이다.

셋째로, 그러면 사회와 개인 속에서 약동하는 자유의 정신과 국가와 법으로 표현되는 보수의 정신을 어떻게 조화시킬 것인가. 인간을 이성적인 존재로 파악하고 있는 바아커는 이성적 인간의 토론이 바로 그것을 실현시킬 수 있는 최선의 방법이라고 단언한다. 이성적 존재인 인간은 이성을 발휘할 때 비로소 가장 자유로울 수 있기 때문에 모든 사람들로 하여금 이성을 발휘케 함으로써 이성의 조명하에서 의견을 교환하고, 상호비판을 거쳐 그것을 종합해내는 토론과정이야말로 법질서에 복종하면서도 능히 자유로울 수 있는 '자유와 보수정신의 결합'을 성취시킬 수 있다는 것이다. 또 이렇게 이루어지는 정치과정이 곧 민주주의요, 민주정치라는 것이다. 의회민주주의로 상징되는 영국의 민주정치에 있어서 '의회－Parliament'의 'Parley'란 '의론'(議論)을 뜻하며 그것은 곧 토론을 함축한다. 민주주의와 의론 → 토론은 동의어라고 할 수 있다.

민주사회에는 네 개의 토론기관이 존재한다. 정당, 유권자, 의회, 행정부가 그것이다. 이들 4대 토론기관이 상호연계 속에서 타기관과 활발하게 토론을 이루어나갈 때 비로소 민주주의가 실현된다는 것이 바아커의 지론이다.

이 논문이 쓰여진 1956년은 우리 사회가 민주주의를 실행한 지 꼭 10년이 경과된 시점이다. 당시 한국민주주의의 파행적 실태로 미루어, 남재는 바아커의 이론을 빌어 진정한 민주주의가 무엇인가를 우리 사회에 올바로 인식시키려는 계몽적 의도에서 이 논문을 쓴 것이 아닌가 생각된다. 아울러 이 논문이 1951년에 출판된 바아커의 『사회-정치사상의 원리』를 주로 인용하고 있는 점도, 휴전 직후 외화가 몹시 귀하던 곤궁한 경제-사회적 사정과 연관지어볼 때 주목되는 일이라 하겠다. 이는 남재가 구하기 어려운 최신 원서를 입수하기 위해 항상 고심-노력하고 있었음을 시사하는 것이기 때문이다.

2. 유일의 번역서 『현대정치론』

1960년 9월 남재는 바아커의 『현대정치론』을 번역-출간했다. 이 책은 문교부의 명저번역사업계획에 따라 완역된 것이다. 남재는 〈역자서문〉에서 바아커의 이 저작을 민주정치이론의 고전이요 성전(聖典)이라 할 만하다고까지 극찬하였다.

특히 현대의 민주정치가 대내외적으로 봉착하고 있는 위기를 정확히 분석하고, 민주주의를 부정하는 독재정치이론을 예리하게 비판하고 있는 바아커의 학식과 통찰력, 그리고 심오한 추리는 타의 추종을 불허하는 경지라고 평하였다. 아울러 민주주의가 다수파의 전제(專制)를 옹호하거나 소수파의 횡포를 두둔하는 이론이 결코 아니요, 또 민주정치란 자본가계급의 이익보장을 위한 계급착취의 도구는 더구나 아니며, 자유로운 토론과 너그러운 타협 과정을 통해서 각자의 자유로운 인격을 발전시킴과 동시에 사회정의를 공동모색하고 실현하는 정치이념이요, 제도라는 것을 이 저술만큼 명쾌하게 서술한 책은 드물다고 지적하였다.

이 저술의 서술체계는 전권 4부 14장 88개 절로 구성되어 있다. 제1부는 민주정치의 내적 위기와 관련, 자유의 본질과 민주정치의 내적 난점들을 분석하고 있고, 제2부는 민주정치의 외적 위기와 관련, 집단숭배사상과 전체주의 집단의 대두, 경제발전에 따른 민주정치의 제문제들을 다루고 있다. 또 제3부에서는 민주정치의 수정방향과 관련, 주로 의회민주정치의 개혁에 있어서 그 절차와 계획의 위치를 검토하고 있고, 제4부에서는 민주정치의 대치(代置)적 정치형태로 등장한 반민주주의운동들, 1국1당주의, 소련 공산주의, 이탈리아 파시즘, 독일의 나치즘 등을 차례로 분석-비판하고 있다.

바아커 자신은 이 책을 출간하면서 “유럽 대륙을 휩쓴 주요 사상과 주요 세력들로부터 깊이 영향을 받은 여러 사고와 반성 및 관찰들을 그대로 논술하는 데 힘썼고”, 이와 같은 자신의 노력이 “인도와 인간성의 이념을 위해 공헌하기를 바라는 마음으로 썼다"고 〈저자서문〉에서 그 소회를 밝히고 있다.

여기서 우리는 바아커가 논구하고 있는 방대한 주제들을 일일이 검토할 여지는 없다. 본항에서는 다만 바아커의 일관된 주제인 자유의 본질과 민주정치를 정당화하는 당면과업을 논한 그의 견해를 잠시 살펴보는 정도로 그치고자 한다.

바아커는 자유의 본질을 다음과 같이 설명하고 있다. 원래 자유란 노예와 대립되는 자유인, 또는 자유생산자의 특성이나 지위를 의미하는 것이었다. 즉, 경제적 생산활동의 영역에서 개인이 자기 의사에 따라 행동할 수 있는 힘, 자의결정(自意決定), 곧 '생산자의 자유'를 뜻한다는 것이다.[14] 그러나 자유라는 말 속에 함축된 이와 같은 애초의 의미는 이후 역사전개과정에서 차츰 경제외적 영역으로 확대되고, 개인을 초월한 집단이나 기구들의 자유를 도모하는 단계에까지 이르러 근대적인 자유는 각양각색의 의미를 띠게 되었다고 한다. 그리하여 자유주의는 한때 좌익에 위치해 있었으나 현재는 중간위치로 옮겨지고 우익의 민족주의와 좌익의 위치를 새로 차지한 사회주의 사이에 끼어 양면으로부터 끊임없이 위협을 받으며 불안한 생존을 유지하고 있다고 한다.[15]

자유라는 관념의 생성기초는 개인적 자유이며, 개인이야말로 자유의 최후 귀착점이다. 또한 자유의 궁극적 이념은 개인의 인격의 자유이다. 신이 지배하는 인간세계에서는 오직 개인의 인격만이 본질적이며 궁극적인 가치를 갖는다.[16] 현재의 자기로부터 향상하여 고차적인 미래의 자기로 발전할 수 있는 능력을 가진 인격이 곧 도덕적 인격이다. 도덕적 인격은 도덕적인 자유를 요구한다. 선(善)의식을 품고 그 선의식의 등불 밑에서 각자의 행위를 결정짓는 것이 도덕적 인격의 도덕적인 자유이다. 그런데 도덕적 인격은 진공속에서 존재하는 것이 아니라 다른 여러 도덕적인 인격들과의 동등한 사회적인 관계 속에서 상호작용을 하며 존재한다. 따라서 사회적 통제나 인간상호관계의 조정은 이러한 원칙하에서만 성립한다.[17]

결론적으로 참된 유일-궁극의 자유는 개인의 자유뿐이다. 그 어떤 집단이 요구하는 자유도 그것은 파생적-2차적 자유에 지나지 않는 것이다. 또 그것은 개인의 자유를 증진시키고, 그 같은 결과를 가져오는 한도에서만 의미를 갖는 것이다.[18] 자유의 이념은 오랜 투쟁의 산물이다.[19] 자유는 하나의 성과가 아니라 과정이다. 자유는 역사의 변천에 지배되는 한 과정이기 때문에 여하한 종결도 최후적 업적도 가질 수 없는 것이다. 다만 부단한 노력과 시대적 요구에 적응하는 부단한 투쟁이 있을 뿐이다.[20] 이상이 바아커가 말하는 자유의 본질이다.

바아커는 민주주의는 그것이 존속한다는 사실만으로도 이미 대단한 공적(功績)이며, 민주주의 방식은 그 자체로서 인간능력의 가장 높고 큰 완성을 표현한다고 강조하면서, 그러나 민주주의는 반드시 질적으로 정당화되어야 할 과업이 있음을 역설하고 있다. 바아커는 이 과업이 바로 국민여론의 공동과제를 풍부화하는 데 요구되는 두 가지 개념, 곧 평등과 박애라고 설명하고 있다.[21]

민주정치가 자유의 문제와 결부된 것이라면, 자유는 평등의 문제와 결부된 것이라고 한다. 명실상부 평등한 사상적 자유의 실현을 위해서는 정신적 능력을 광범하게 개발하는 교육의 평등이 전제되어야 하고, 명실상부 평등한 행동의 자유를 보장하기 위해서는 그 속에 어느 정도의 '자산'의 평등이 내포되어야 한다. '자산'은 행동의 수단과 조건이 되며, 그것이 불충분하면 목적달성을 위한 자유활동이 저해되기 때문이다.

'교육과 자산의 평등화'야말로 민주주의를 정당화하는 당면과업인 것이다. 그러나 자유와 평등의 결합은 동등한 것이어야지 자유가 평등에 의해서 지배되거나 위축되어서는 안 된다고 말한다. 평등의 제도적 강제는 독창력의 원천을 동결시키고, 사회의 다양성을 정체시켜 생명 없는 획일성으로 타락시키기 때문이다.[22]

박애는 국민으로 하여금 가족적 분위기 속에서 정신적-물질적 공동 조직 또는 설비를 재창조케 하는 협동정신이다. 모든 사람이 공통적으로 향유할 수 있는 공공설비(도로건설-국토개발-국민보건증진사업 등)는 박애의 정신 아래서 공동노력에 의해 창조되어야 한다. 이러한 박애의 정신은 평등이념의 발전과 더불어 나타나는 것이다.[23]

바아커는 이처럼 자유와 함께 평등과 박애의 정신이야말로 민주주의를 질적으로 정당화시키는 당면과업임을 강조하였다.

남재는 1956년 겨울부터 바아커의 이 『현대정치론』 번역에 착수했다. 이 완역본이 출간된 것이 1960년 9월이니 4년이라는 적잖은 세월이 소요되었다. 문교부로부터 끊임없는 독촉을 받으면서 남재는 한번 옮겨놓은 역문을 고치고 또 고치고, 다듬고 또 다듬는 고역을 무수히 되풀이하였다. 이러한 과정에서 "번역은 창작보다 더 어렵다"는 사실을 톡톡히 체험했다고 술회하고 있다. "저자의 고상하고도 심오한 문체를 번역으로 제대로 살려낸다는 것은 확실히 역자로서도 힘에 겨운 일인 듯싶었다"고 남재는 솔직히 고백하고 있다.

남재가 이렇듯 정성을 다하여 공들인 번역작품이 교열과정에서 제작실무자들의 무성의로 곳곳에 오자 등이 잡히지 않고 그대로 출간된 점은 유감이 아닐 수 없다. 이 책이 번역-출간되는 기간(1956~1960)은 남재가 정경학부장에 이어 사무처장의 중책을 맡아 많은 시간을 행정-사무업무에 빼앗겨야 하는 참으로 바쁜 시기였다. 이 같은 때에 결코 생색이 나는 일이 아닌 번역작업에까지 그토록 성심을 다하였다는 것은 남재가 교수로서 자신의 직무를 완수하기 위해 매사에 얼마나 각고의 노력을 기울이며 분투하였는가를 말해주는 하나의 예증이 아닐 수 없다.

第7절 낙수(落穗) 2제(二題)

남재는 1950년대에 정경학부장(1955~1956)으로서, 또 사무처장(1956~1960)으로서 각기 1편씩 두 편의 글을 《고대신문》에 기고하였다. 하나는 "일본의 한반도 재지배"를 시사하는 월터 리프만의 망언을 계기로 그의 복고주의적 귀족주의 반동사상을 비판한 〈민주주의의 배신자 월터 리프만의 사상〉(1955. 10. 10일자 ; 제84호)이고, 또 하나는 1958년 8월 12일부터 27일까지 15일간의 대만-홍콩 방문 일정 중 10일간의 대만체제에서 보고 느낀 인상기(印象記) 〈내가 본 자유중국〉(1958. 9. 20일자 ; 제186호)이다.[24] 이 두 글의 요지를 낙수(落穗) 형식으로 묶어 소개한다.

1. 리프만의 망언에 격노하다

미국의 저명한 시사-정치평론가 월터 리프만(Walter Lippmann)이 그의 시사 칼럼에서 대한민국의 주권을 모독하는 망언을 농하여 온 국민을 경악-분노케 한 바 있다.[25] 리프만이 주장하는 망언의 내용은 "미군이 한반도로부터 철수할 때 한국사태에 간섭할 수 있는 유일한 연합군은 증강일로에 있는 일본군이 될 것"이며, 또 "한국 국내혁명에 관한 방위도 일본군의 간섭에 의존하게 될 것"이라는 요지이다.

이에 대해서 남재는 "치밀어오르는 분노와 함께 고소를 금치 못하였다"고 자신의 심경을 토로하면서, 일찍이 미국의 대중에 대해서조차 '정신적 프롤레타리아'라고 혹평한 바 있는 리프만일진대 후진 약소국인 우리 한국에 대한 모독쯤은 예사로 할 수 있는 위인이라고 지적하였다. 이어 리프만을 일러 "희유의 복고주의자", "열렬한 귀족주의 신봉자", 심지어는 "민주주의의 배신자"라고까지 질타한 남재는 리프만의 민주주의 비판론에 담긴 반동사상을 다음과 같이 소개-비판하였다.

리프만에 의하면, 20세기 민주주의에는 두 가지 고질적 병균의 독소가 잠복해 있다고 한다. '제도적인 병균'과 '정신적인 병균'이 그것이다. 금세기 양차 대전의 대재앙도 따지고 보면 그 1차적 책임은 민주주의의 무능에 있었던 것이라고 그는 주장한다.

정치가 올바로 운행되려면 치자(治者)와 피치자(被治者) 간에 2원적 세력균형이 이루어져야 하는데 20세기 민주주의는 권력의 무게중심이 지나치게 피치자 쪽으로 기울어져 피치자 1원론이 됨으로써 자유(피치자)만이 횡행하고 질서(치자)는 쇠퇴하고 있다는 것이다. 이것이 민주주의의 제도적 병균이라고 한다.

또 20세기 민주주의의 정신적 기초로 되어 있는 도덕적 불가지론(不可知論) 내지는 실천적 중립주의가 바로 민주주의를 병들게 하는 '정신적 병균'이라고 한다. 즉, 참(眞)과 거짓(僞), 선과 악, 정의와 불의를 처음부터 구분할 수 없다는 것이 '도덕적 불가지론'이요, 아예 그것을 구분하려 들지도 않는 것이 '실천적 중립주의'이기 때문에 언론의 자유는 남용되고, 소유권은 무궤도한 이윤증식의 도구로 악용되며, 모든 민주적 제도들은 그 근본정신이 망각된 채 형해만 남아 천박한 본능과 충동만이 극성하고 이성과 덕성은 마비되는 추악한 지경에 이르게 되었다는 것이다.

그렇다면 민주주의의 이와 같은 두 가지 제도적-정신적 병균을 퇴치시킬 특효약은 무엇인가. 리프만에 의하면, 치자(질서)와 피치자(자유) 간의 2원적 세력 균형이 이상적으로 실현되었던 18세기 입헌군주제로 다시 돌아가 초월적 보편성을 시인하는 자연법사상을 재생시키는 길만이 유일한 근절책이라는 것이다.

남재는 대중을 증오하고 현재를 회의하며 실증주의를 불신하는 리프만의 이상과 같은 권위에의 맹목 신뢰와 복종, 과거에의 향수야말로 정신적-기능적 귀족의 영원한 존재가치를 열렬히 신봉하는 그의 신귀족주의적 발상과 함께 역사를 거꾸로 거슬러 올라가려는 반동적 복고주의 행태라고 비판했다. 이 무렵 남재가 리프만의 『여론』(*Public Opinion*, 1922), 『냉전』(*The Cold War*, 1947), 『공공의 철학』(*The Public Philosophy*) 등을 숙독했던 점으로 미루어, 이 글은 리프만의 그 방대한 저술 중 주로 위에 거명된 저서를 참고한 것으로 보인다.

2. 대만여행 유감(有感)

남재의 눈에 비친 1950년대 후반의 자유중국 대만은 정치적 후진성과 독재성을 그대로 드러내고 있는 일그러진 표정 그것이었다. 남재는 가는 곳마다 국민당의 강령(綱領)과 맹세, 결의 등이 아로새겨진 표어들, 간판들이 남국의 정취를 해치며 난무하는 정경을 무수히 목도한 것이다.

어느 초등학교 문전의 새로 깨끗이 도장된 벽면에는 "옹호영수(擁護領袖)-반항대륙(反抗大陸)-수복산하(收復山河)"라는 결의에 찬 글귀가 쓰여져 있었다. 남재는 '옹호영수'를 '일치단결'로 바꿀 수만 있다면, 이 구호는 강토의 반쪽을 잃어버린 분단민족의 설음을 안고 있는 방문단 일행의 공감을 자아내기에 충분한 것으로 생각했다. 그러나 이 '옹호영수'라는 4자(字)는 관청의 사무실과 회의실마다 높다랗게 안치된 손문 선생과 장개석 총통의 사진, 그리고 도심지-공원 곳곳에 늠름한 군복차림으로 서 있는 장 총통 동상과 함께 이 나라의 민주척도를 가늠케 하는 어둡고 서글픈 구호였던 것이다.

또 남재 일행이 들어선 어느 군용건물 현관에는 "주의(主義)-영수-국가-책임-영예"라는 5개의 슬로건이 게시되어 있었다. 남재는 '영수'가 '국가'보다 앞서는 까닭이 궁금했다. 실내로 들어가니 정면으로 '효충영수'(效忠領袖)라는 4자구호가 위압적으로 시야에 들어왔다. 남재는 자유중국이 내세우고자 하는 강령은 결국 장개석 총통에 대한 무조건 충성 하나로 귀일되고 있음을 비로소 알아차리게 되었던 것이다.

대만의 최고급 담배 쌍희표(雙喜票)에는 "실행삼민주의 완성국민혁명"이란 구호가 인쇄되어 있었다. 자유주의 신봉자 남재에게 있어, 하필이면 '혁명'이라는 피비린내 나는 과격한 용어가 '흡연'이라는 휴식의 의미를 함축하고 있는 담배곽에 쓰여진 것이 못마땅하기만 했다.

대만성(省) 정부가 있는 대중시(台中市)에 가니 또 기이한 이름들이 남재의 시선을 잡아끌었다. 거리 이름이 온통 자유로니, 평등로니, 인권로, 성공로, 희망로, 건국로, 삼민(三民)로 등 이상적-규범적 추상개념의 언어로 명명되어 있었던 것이다. 당위적 교훈을 강조함으로써 그들의 낙천성을 솔직하게 드러낸 것이었는지는 모르겠으되, 남재는 중국의 전통적 철리인 '중용(中庸)의 도'를 벗어난 도의적 용어의 남발이 도덕교육의 과잉으로 느껴졌다. 강요된 자유가 자유일 수 없고, 강요된 선이 참다운 선일 수 없듯이 도의규범의 지나친 강조가 도리어 비도의(非道義)로 변질되기 쉽다는 생각을 하면서, 남재는 범람하고 있는 강령-결의-맹세 등의 구호 속에 잠복된 자유중국의 정치적 후진성과 독재성에 실망하면서 씁쓸한 감상에 잠겼다.

*

이상에서 살펴본 바와 같이, 본장에서 검토된 1950년대 후반《사상계》를 중심으로 발표된 남재의 13편 논문들은 주로 구미제국의 선구적 학자들에 의해 논구된 기존의 연구성과들을 한국의 현실과 역사적 문맥으로 재조명하여 정리-소개하고 있는 것이므로 남재만의 어떤 독창적 이론이나 견해를 제시한 것은 물론 아니다. 그러나 이 논문들이 발표되는 1956~1960년의 시점, 곧 자유당 말기라는 당시의 시대상황과 관련지어 평가할 때, 우리는 무엇보다 남재 특유의 선지적(先知的) 문제의식을 발견하고는 새삼 놀라게 된다.

서구 민주주의의 위기와 선진국의 정당정치, 공산주의의 본질, 현대 독재정치의 성격, 후진국 민주주의의 향방, 그리고 한국의 낙후된 정치현실 비판 등 논문의 광범한 주제들은 한결같이 하나의 문제의식에서 출발하고 또 그것으로 귀일하고 있는 것이다. 즉, 그것은 '한국 민주주의의 건설방향' 제시를 위한 문제제기요, 기본 질문이었고, 결국 이승만 정권의 타락한 후진적 독재정치 행태가 필연적으로 몰고올 혁명적 사태와 혼돈으로 치달을 수밖에 없는 민족사적 불행을 예견하는 경고였던 것이다.

아울러 우리는 이 논문들이, 남재가 평소 강의와 연구를 위해서 꾸준히 축적해온 연찬(硏鑽)의 소산이라는 데 주목하지 않을 수 없다. 왜냐하면 그것은 그대로 '남재 학문'의 관심과 지향의 직접적인 표현이기 때문이다. 이후 60년대 초반 발표되는 남재의 학문적 결산인 두 명저(名著) 『모택동사상』(1964)과 『기독교민주주의-사회민주주의-교도민주주의』(1963)도 이 논문들이 징검다리가 되고 있음은 두말할 것도 없다.

◇

• 제8장 〔주〕

1) 김하룡, <남재선생과 한국정치학>, 『당산나무의 큰 그늘이여-남재 김상협선생추모문집』(1998), p.178.
2) 강봉식의 증언.
3) 안병욱(安秉煜), <남재와 역사의 대임>, 앞의 『남재 김상협선생추모문집』, p.158.
4) <고희기념좌담>, p.469.
5) 위의 <고희기념좌담>, pp.464~465.
6) 혜천 김인숙의 회고.
7) 안병욱, 『남재 김상협선생추모문집』, pp.158~159.
8) 양호민(梁好民)의 회고 (2000년 3월 4일).

9) 위와 같음.
10) <고희기념좌담> pp.464~465.
11) 양호민-강봉식의 증언
12) 안병욱, 『남재 김상협선생추모문집』, p.159.
13) 김동길(金東吉), <동안에 홍안에 소년같은 수줍음 …>, 앞의 『남재 김상협선생추모문집』, p.161.
14) 어네스트 바아커, 『현대정치론』(문교부, 1960)-*Reflection on Government*, 본문 p.2.
15) 위의 책, p.3.
16) 위의 책, pp.18~23.
17) 위와 같음.
18) 위의 책, pp.33~34.
19) 위의 책, p.448.
20) 위와 같음.
21) 위의 책, p.462.
22) 위와 같음.
23) 위와 같음.
24) 이번 여행에 남재는 고대아세아문제연구소 소속교수 7인 방문단의 일원으로 참가하였고, 초청자는 국립대만정치대학이었다. 방문단 7인은 김상협 - 김준엽(金俊燁 · 사학) - 민병기(閔丙岐 · 정치학) - 이희봉(李熙鳳 · 법학) - 정재각(鄭在覺 · 사학) - 조기준 - 조동필 제씨였다.
25) 일본의 한반도 재지배를 의미하는 이와 같은 망언이 실린 매체의 이름과 그 게재일자는 불명하다. 당시 리프만은 주로 ≪뉴욕헤랄드 트리뷴≫지의 칼럼「오늘과 내일」집필을 통해 언론인으로서 명성을 얻고 있었고, 우리정부의 반박성명이 1955년 9월 24일자로 나온 것으로 미루어(≪고대신문≫ 편집자 〔주〕), 9월 20일을 전후한 시기의 바로 이 신문이 리프만의 그같은 망언게재 매체가 아닌가 짐작해 본다.

▌제3편

안암의 언덕에 메아리 친 거인의 목소리
(1961~1979)

제 9 장 : 5·16 군사정부 문교부장관에 기용되다

제10장 : '남재 학문의 집대성' — 두 명저를 잇달아 출간하다

제11장 : 지성과 야성이 조화된 전인적 인간상의 제시

제12장 : "내일도 있고, 또 내일도 있다"

제13장 : 학원사태의 책임을 지고 고대를 떠나다

제14장 : "나는 재수생이다"

• 제3편을 열면서

본편은 남재의 제3인생기 1960년대와 1970년대 20년간의 그 치열하고도 고뇌에 찬 삶의 기록을 정리한 것이다.

5·16 직후 남재는 군사정부 문교부장관에 기용되어 9개월 동안(1962. 1. 9. ~10. 15.) 전임자의 과격한 대학정비조치를 '재조정'하는 등 군부의 '혁명정책'을 역진(逆進)하며 분투하다 끝내 사임하고 대학으로 돌아왔다. 곧이어 두 권의 대표적 저술 『기독교민주주의 사회민주주의 교도민주주의』(1963)와 『모택동사상』(1964)을 잇달아 펴냄으로써 학자로서의 명성을 떨쳤다. 이후에는 강의와 연구에만 전념하며 내실 있는 '사색의 1960년대'를 안온(安溫) 속에서 보냈다.

1970년 10월, 드디어 남재는 온 고대 가족의 기대와 축복 속에서 고려대학교 제6대 총장에 올라, 이 나라의 대학을 상징하는 대지성으로서 오로지 학원수호와 민주-자유-복지-번영의 민족통일대도(大道)를 개척해나가는 선지자(先知者)적 사명을 다하기 위하여 혼신의 정열을 불태웠다. 특히 유신 암흑기, 그 '우화(寓話)의 시대'에는 "역사의 신(神)"이 계시하는 자유-정의-진리의 길을 따라 민족과 대학의 진실을 증언하며 독재정권에 맞서 정대한 언론으로 항변하다 긴급조치 7호를 당한 끝에 학원사태의 책임을 지고 고대 총장직을 물러났다.

2년여의 공백 끝에 남재는 1977년 9월, "재수생의 기분"으로 고대 제8대 총장에 복귀하여 그 동안 지리멸렬, 무기력과 정체의 늪 속에 빠져 있던 고려대학교를 다시 일으켜 세워 고대 재중흥의 주역이 되었다. 재단의 공개, 의과대학의 획기적 발전, 그리고 분교의 설립 등 그 누구도 해내기 힘든 대업을 또다시 이룩한 것이다.

이 시절 남재는 "우리는 위대한 옛꿈을 잃었지만, 작은 새 행복을 성취하였다 — We have lost our great old dreams, but achieved our small new happiness!"[1] 고 독백하였다. 남재의 생애에 있어서 이 제3인생기는 영광과 비애, 득의와 좌절, 그리고 성취와 고뇌가 소용돌이치던 격정의 세월이었다.

제9장 : 5·16 군사정부 문교부장관에 기용되다

제1절 5·16과 교육개혁

1961년 5월 16일, 박정희(朴正熙 : 1916~1979) 소장을 필두로 한 일단의 정군파(整軍派) 정치군인들에 의해 군사정변이 발발하였다. 5·16은 그 성립배경으로 다음과 같은 사실이 흔히 적시된다.

① 4월혁명을 배신한 장면 정권의 무능과 부패, 집권민주당의 끝없는 파쟁과 분열, 그리고 이로 인한 극도의 정치적 혼란
② '중립화통일론'을 위시한 무분별한 통일론의 대두와 급진-용공적 학생운동의 가열 등 혁신세력의 전면 발호
③ 데모 만능, 사이비 언론 극성, 4·19단체의 난립-횡포 등 사회 전반에 만연된 무규범화 현상(Anomie)
④ "절망과 기아선상"으로 표현되는 경제적 파탄과 민생고

등이 그것이다. 그러나 5·16은 그 명분이야 어떻든 간에, 또 훗날 「김영삼 문민정부」에 의해 내려진 "군사 쿠데타"라는 '역사평가'를 굳이 원용하지 않

더라도, 우리 민족 현대사에 있어서 합헌(合憲)적 제2공화정을 무너뜨린 쿠데타로서 4월혁명의 민주정신을 역류한 역사의 반동이었다는 것은 움직일수 없는 사실이다. 오늘에 이르러 5·16이 비록 그것에 의해 결과된 '고도성장'이라는 신화적 성취 때문에 긍정적으로 평가될 수 있는 논거를 충분히 갖는다고 할지라도, 그 역사적 성격에 대한 평가는 마찬가지라는 뜻이다.

더구나 능률-목표달성지상주의적 대결성-수직성으로 특징지어지는 이른바 '군사문화'의 무자비한 세례에 의해 빚어진 사회 전분야에 걸친 패악(悖惡)의 행태는 이전 시대의 가치기준과 의식의 척도로는 상상을 절(絶)하는, 질적으로나 양적으로 전혀 다른 것이라는 점에서 5·16은 하나의 혼돈의 시작이요 일대 재앙이었다.

4·19와 5·16으로 계기되는 단절의 역사는 1950년대 후반 이래, 한 시대의 혼돈이 또다른 혼돈을 낳고, 더 가혹한 독재를 부르리라는 남재의 우려와 경고를 그대로 적중시킨 것이었다. 5·16은 박정희 독재 18년, 또 그 이후 5-6공 12년을 합친 군사정권 30년, 그리고 경상도정권 36년의 단초를 여는 출발점이었다. 이것을 남재식으로 풀이하면, 5·16은 '정권의 잉여가치'를 36년간 확대재생산하는 도정의 시발이었다는 해석도 가능할 것이다.

이와 같은 5·16에 의해 출범한 군사정부의 두번째 문교부장관으로 당년 42세의 자유와 민주주의의 신봉자 김상협 교수가 기용되었다는 것은 어쩌면 역사의 아이러니인지도 모른다.

1. 교육이념과 문교시책

(1) 인간개조의 논리

5·16을 일으켜 헌정을 중단시키고 3권을 장악한 군부는 「비상조치법」체제로 군정의 틀을 만들고, 최고통치기구인 국가재건최고회의 의결로써 750여 개에 이르는 각종 법령을 개정-공포함으로써 스스로 설정한 혁명과업을 수행해나갔다.

'혁명공약'에 천명되어 있는 바와 같이 '반공'과 '근대화'는 5·16의 통치이념인 동시에 그대로 교육이념이기도 하다. 5·16 이후 2개월간의 문교업적을 간추린 "혁명정부문교시책"(1961. 9.)은 5·16 주체세력의 교육이념을 '4대교육지표'로 구체화해 제시하고 있는 최초의 문건이 된다. 여기서 말하는 '4대교육지표'란 ① 간접침략분쇄 ② 인간개조 ③ 빈곤타파 ④ 문화혁신이다.[2)]

이 4개 지표 중 첫번째는 물론 반공이념의 실천을 말하는 것이요, 나머지 셋은 근대화 추진에 이바지할 교육개혁의 방향제시라 할 수 있다. 5·16 주체세력은 이 중에서도 특히 인간개조를 강조하였다. 인간개조를 그들은 사회개혁의 선행과제로 보았기 때문이다. 그들이 과연 인간개조라는 철학적 명제에 대해서 정연한 논리를 가지고 있었는지는 알 수 없으나 5·16의 상황문맥으로 보아 그것은 교조주의적 '인간개조론'이 아니라 소박한 의식개혁의 수준을 크게 벗어나는 것이 아닌 듯하다.

박정희는 민족중흥의 역사적 과업완수를 위해서 무엇보다 국민의 성격개조, 곧 인간개조의 선행을 강조하고, 우리 국민 심성의 깊숙한 곳에 자리잡고 있는 사대주의적 민족적 열등감, 자조적 엽전의식, 매사에 수구적-부정적-회의적-비관적-소극적-수동적-의타적인 사고와 행동양식의 제행태를 통렬하게 지적-비판한 바 있다. 그리하여 이것이 보다 진취적이고 긍정적이며, 희망적-낙관적-적극적-능동적-주체적-협동적인 국민성으로 개조되어나가지 않는 한 새 역사 창조는 요원한 일이라고 역설한 대목이 이를 말해준다고 하겠다.[3)] 따라서 박정희를 비롯한 5·16 세력은 교육을 통해서 국민성을 개조하려 했던 것이다.

군정 초대문교부장관 문희석(文熙奭)이 문교시책의 기본방향으로서 인간개조를 제1의로 제창한 것도 이 때문이었다. 그들은 혁명을 위해서는 무엇보다 자기개조-인간혁명이 요구되고, 이를 위해서는 다시 교육혁명이 요구된다고 보았다. 초등학교 교사 경력의 박정희에게 있어서 인간의 품성개발과 자질함양이라는 교육이 갖는 강인한 인간형성작용과 그 견인-추동력에 대한 초보적 인식쯤은 갖춰져 있었다고 하겠다.

(2) '재건국민운동'과 '조국 근대화'

교육을 통한 인간개조운동의 사회적 실천형태로 나타난 것이 재건국민운동이다. 이 운동은 5·16 세력의 혁명의지와 개혁성과를 사회 밑바닥까지 속속들이 전파-침투시키기 위한 일종의 국민동원운동적 성격을 띠고 「재건국민운동에 관한 법률」(1961. 6.)의 뒷받침을 받아 전개되었다. 새생활혁명, 정신혁명, 인간개조와 도의재건을 위한 교육 등은 이 운동의 기본적 실천요강이었고, 그 구체적 사업으로는 조직-교육-선전계몽-생활개선-동포애발양 등의 제사업이 설정되었다.

5·16의 통치이념으로 제기된 '조국의 근대화'가 일정한 논리를 갖게 되는 것은 군정기를 지난 훨씬 뒤의 일로서 박정희의 각종 연설문이나 기자회견에서의 언급 형식으로 나타난다. 그 이전까지는 5·16 세력들이 이해하고 있는 근대화개념이 무엇인가는 사실 명확치 않다.

구미 근대화론자들의 이론에 따르면, 근대화란 공업화의 진전과 이에 수반하는 도시화로의 이행, 대중화현상의 대두와 대중민주주의 확대, 사회 전반에 걸친 합리화의 증대와 더불어 관료제화의 뚜렷한 양상으로 특징지어지는 광범하고도 격렬한 사회변동현상으로 설명되며, 포괄적 의미의 서구화, 또는 산업화과정으로 파악되고 있다. 즉, 경제적으로는 공업화 → 산업화의 성취, 사회적으로는 합리화 → 관료제화의 증대, 그리고 정치적으로는 대중민주주의의 확립을 의미하는 것으로 풀이할 수 있다.

군정 초기 5·16 세력들의 근대화 인식이 어떤 수준인지는 알 수 없으나 공업화-산업화의 달성을 상정하고 있었으리라는 것은 그들이 제시한 공약의 문맥 속에서 쉽사리 간취된다. 훗날 박정희가 근대화의 의미를 "서구열강과 같이 잘사는 나라를 만드는 길"(1964),[4] "빈곤과 후진의 유산을 후손에게 물려주지 않는 유일한 길"(1965),[5] 그리고 "진정한 우리의 미래상"(1966)[6]이라고 설명하면서 근대화운동에서 가장 핵심이 되는 것은 "경제건설과 경제개발"[7]이라고 강조하고 있는 것으로 미루어 이들의 근대화 논리는 군정 초기에서 별로 새로워진 것이 없음을 알 수 있다.

여기서 한 가지 분명히 하고 넘어가야 할 것이 있다. 그것은 우리 나라에서 '근대화'라는 말이 사회개혁의 지표로서 실천적 개념으로 쓰여지고, '근대화논의'가 본격적으로 등장한 것이 5·16 이후 군사정부가 들어서면서부터라는 일반적인 인식이다. 물론 '조국의 근대화'가 정권차원의 통치이념으로 표방되고 국민운동으로 전개된 것은 5·16 군정이 최초라는 데는 이론의 여지가 없다. 그러나 4·19 직후 4월혁명의 2차적 과업을 근대화의 달성으로 보고 이를 국민운동으로 추진해나가야 한다고 역설한 바 있는 남재의 '근대화론'(제2편 7장 4절 1항 참조)을 우리는 기억하고 있다. 남재는 "일찍이 서구사회가 거쳐갔던 '근대'라는 역사적 발전단계를 우리도 뒤늦게나마 이제부터 착실히 밟아나가는 것이 당면 선행과제"라고 지적하면서 서구의 근대화 과정이 철저하게 금욕주의 정신에서 출발하고 있음을 강조했던 것이다.

5·16의 '조국근대화'가 과연 서구 근대화 과정의 금욕주의적 성격에 대한 깊은 이해에서 출발한 것인지 여부는 군정기 5·16세력의 무한 탐욕과 그 이후의 부패한 역사전개가 여실히 말해주고 있거니와, 우리는 '박정희식 근대화론'의 철학 부재와 역사의식의 빈곤에 안타까움을 금할 수 없는 것이다. 이러한 뜻에서 남재가 제기한 근대화론은 5·16세력의 그것보다 한 발 앞선 것일 뿐만 아니라 금욕주의 정신을 근대화 정신의 기초로 제시하고 있다는 점에서 질적으로 차원이 다른 것이라고 평가하고 싶다.

2. 제도개혁의 남발

(1) 대학의 정비-조정

「교육에 관한 임시특례법」(1961. 9.)은 '비상조치법체제'의 산물로서 군정의 교육개혁 의지를 그대로 표현한 것이었다. 전문 22조 부칙으로 된 이 법의 골자를 분석해보면, 학교통제, 교원통제, 학생통제 등 크게 세 방향으로 통제를 강화한 것이다. 즉, 학교-학과의 폐합, 학생정원 재조정, 학교법인임원의 임명제한 등은 학교에 대한 통제요, 총학장임명제, 교수의 임용-승진 자격심사제, 교원정년제도입, 노동운동금지 등은 교원에 대한 통제이며, 학사고사제 실시는 학생통제에 해당된다.

군정이 이처럼 임시특례법 제정을 통해 학원 전반의 통제를 강화한 것은 "학원의 질서를 단기간 내 바로잡아 교육의 정상화를 촉진시키기 위한 것"

이라고 이 법 공포 당시의 군정 문교당국자(문교부장관: 해병대령 문희석)는 밝히고 있다.[8] 이와 같은 교육현실 진단은 사실 누구나 공감할 수 있는 타당성을 가지고 있었다.

광복 후, 미군정의 문교시책이 나온 이래 장면 정권에 이르기까지 우리나라의 고등교육은 감독부재-통제불능상태에 놓여 있었다. 이로 인해 시설과 기준미달의 대학이 난립, 학원이 모리의 수단으로 악용되면서 부패의 온상이 되어 학내분규로 편할 날이 없었고, 정원을 무시한 학생선발로 고등유민(遊民)을 양산해냄으로써 사회불안을 조성하고 있었다.

대학의 이와 같은 부조리가 사회적 저항을 크게 받음이 없이 지속되어온 데는 우리 국민 특유의 지칠 줄 모르는 왕성한 교육열에 힘입은 바도 크다고 남재는 분석한 바 있다. 즉, 그것은 마치 상품의 질적 고하를 따지지 않고 닥치는 대로 마구 사들이려는 저질욕망에 비유되는 것이기도 하였다는 것이다.[9] 말하자면 당시의 대학들은 국민의 저질욕망에 편승, 저질교육의 확대재생산까지 기탄 없이 감행할 수 있었기 때문에 유례 없는 양적 확대를 이룰 수 있었던 것이다.

따라서 대학인구의 팽창은 사회적 수요나 국가적 요청, 그 어느 것에도 부합되지 않는 맹목적 폭발이라고 해야 할 것이다. 게다가 모든 대학들이 저마다 백화점식 학과 설치로 종합대학을 지향하며 중점 없고, 개성 없고, 큰 테두리 내에서의 분업조차 이루어지지 않는 동종번식(同種繁殖)으로 일관하여 국가적 인력낭비에 엄청난 국민경제적 손실을 초래하였던 것이다. 특히 고등교육에 대한 농촌의 열망과 한(恨)은 대학이 '우골탑(牛骨塔)'으로 야유-비난되고, 마침내는 '대학망국론'을 낳는 직접적인 요인이 되고 말았다.

5·16 군정기의 대학정비는 이상과 같은 부조리한 대학현실을 배경으로 단행된 것이었다. 그러나 여기에는 4월혁명을 선도한 대학들이, 4·19의 반동적 성격을 띤 군사정변에 대해서 그 정당성을 위협하는 잠재적 저항세력으로 남아 있다는 사실을 크게 의식하지 않을 수 없는 5·16세력들의 대학에 대한 반사적 경계-폄하의 심리가 본능적으로 작용했으리라는 것도 능히 짐작할 수 있는 일이다.

그리하여 5·16 불과 2개월여 후인 7월 22일, 국가사회적 수요를 고려한 대학인력의 수급조절을 위한 학교-학과의 폐지와 학원의 영리적 운영을 금하는 내용을 골자로 하는 1차정비원칙이 발표되고,[10] 이어 다시 1개월 후에는 국공립대학 정비기준을 제시하는 2차정비원칙이 발표되었다.(8. 16.)[11]

이에 따라 9월 5일자로 사범대학 폐지를 주내용으로 하는 국공립대학 정비안이 발표되어 사대의 가정-체육-생물-사회 4개 학과를 제외한 모든 학과가 폐지되고, 3학년 이하 재학생은 문리대로 전학조치토록 되었다. 이에 대해서 서울대학교 사범대생 1,700여 명이 그 부당성을 지적하며 재고를 요청하는 건의문을 문교부와 최고회의 등에 제출키로 결의하자, 학생들의 집단 움직임을 방조-선동했다는 이유로 학장과 교수 2인이 구속되는 일대파문을 일으켰다.

이어 11월 18일에는 사립대학정비안이 발표되어 학생정원이 대폭 감축되고 상당수 4년제 대학과 수많은 학과들이 폐지되는 한편, 4년제 야간대학 증설과 신학대학의 신학교 격하, 2년제 초급대학의 신설인가가 있었다.[12] 이때 관동대-국학대-단국대-덕성여대-동덕여대-동양외대-마산대-원광대-청구대-한국사회사업대-홍익대 등이 4년제 대학 대열에서 탈락된 것으로 알려졌다.[13] 이와 같은 대학정비는 즉각적으로 타당성 논란을 불러일으키면서 대학교육의 정상화를 촉진시키기는커녕 혼선과 혼란만을 부추긴 끝에 후퇴하고 말았다.

(2) 학사자격고사와 대입자격국가고사제

「교육에관한 임시특례법」의 규정에 따라 5·16 군사정부는 교육개혁의 또 한 가지 커다란 특징 중의 하나인 「학사자격고사」를 실시하였다.

1961년 10월, 문교부는 학사자격고사를 국가고사로 시행하되 교양과목과 전공과목으로 구분, 객관식 고사를 실시한다는 요지의 「학사자격고사 시행요강」을 발표하였다. 학사자격고사의 국가시행 목적은 고사를 통해 학사자격을 국가가 인정함으로써 무자격자의 배출을 방지하고, 학위의 권위를 확보하며, 면학기풍의 조성과 학내 부정부패의 일소를 통해 학원정화(淨化)와 아울러 대학들로 하여금 양적 위주 교육에서 질적 위주 교육으로 전환케 함으로써 대학교육의 정상화를 기하자는 데 있는 것으로 설명되었다.

1961년 12월 22일 첫 고사를 실시한 결과, 졸업예정자의 72%인 1만 8,346

명이 응시, 84.7%인 1만 5,628명이 합격하였다. 그러나 고사시행 결과 많은 문제점이 나타났다. 무엇보다 객관식 선다형 출제방식이 사고력의 함양과 심오한 학문연구를 목적으로 하는 대학교육의 이념에 배치되고, 특히 대학마다 교수마다 차이가 분명한 전공고사의 획일적 처리는 학문의 자유와 권위를 해칠 우려가 있는 것으로 지적되었다.

또 5·16 군정은 「교육에관한 임시특례법」과는 별도로 「각급학교입학에 관한 임시조치법」(1961. 8. 12.)을 제정, 대학입시의 국가고사제를 시행하였다. 대학의 학생선발권을 본질적으로 제약하는 이 법의 시행은 부정입학을 근절함으로써 부실대학을 정비하는 등 대학교육의 질적 향상을 기하자는 데 그 목적이 있었다.

1961년 8월 23일 공포된 동법의 시행령 및 시행세칙은 △ 대입고사 합격자의 대입자격 부여, △ 고사의 출제, 합격자 결정 등의 국가관리, △ 대입고사 합격자수와 학과별 전국대학모집정원의 동수 책정, △ 실업고교출신의 동일계 대학 30% 서류전형입학 특전부여, △ 체능검사실시 등을 주요 내용으로 하고 있다. 이에 따라 1962년 1월에 실시된 「대입자격국가고사」에서 응시자 6만 3,950명 중 2만 619명이 합격하였고, 각 대학별로 신입생을 모집한 결과 서울대를 제외한 전대학과 수많은 학과들이 정원미달사태를 빚었다.

「대입자격국가고사」는 결과적으로 △ 경쟁적 대입선발고사제로 그 성격이 변질되었고, △ 대학간 학교차를 더욱 심화시켰으며, △ 실업계출신의 우대로 비실업계출신의 희생을 낳았고, △ 체능검사의 비중이 지나쳤고, △ 미달학과의 속출로 사립대학들의 경영난을 가중시켰다는 비판과 함께 그 세부적 문제점이 지적되었다.

*

대학의 정비, 학사자격국가고사, 대입자격국가고사제 등은 5·16 직후 의욕과잉의 군사정부에 의해 남발된 제도개혁의 전형적인 예라고 할 것이다. 특히 대학의 정비는 군정 특유의 과감한 행정력과 혁명 분위기의 뒷받침을 받아 추진되었지만, 적잖은 시행착오와 신종 부작용을 낳으면서 소기의 목적과 실효를 거두지 못한 채 거의 환원조치되었다.

이때 굳어진 대학입학정원정책을 둘러싼 부실사학과 문교관리 간의 유착관계는 이후 학원비리의 병근으로 더욱 뿌리를 내리면서 악화가 양화를 구축하듯 부실대학의 재건과 비대화를 부르는 신묘한 영약(靈藥)이 되었다. 그러나 군정기 2년 6개월 동안 강행되었던 대학의 정비가 비록 대학교육의 양적 팽창과 질적 저하를 막는 데는 실패했지만 이를 계기로 대학에 대한 통제를 강화함으로써 고등교육정책의 일대전환을 가져왔다는 점에서 전혀 무의미한 것은 아니었다는 평가가 내려지기도 했다.

학사자격고사 또한 2회 시행 끝에 폐기되어 국고만 낭비한 채 한바탕의 해프닝으로 끝나버리고 말았다. 대입자격고사 역시 수정-개정-변경 등 무수한 시행착오와 우여곡절을 겪으면서도 오늘에 이르기까지 완결을 보지 못하고 영원히 풀리지 않는 숙제가 되어버렸다.

제2절 "이상한 문교부장관"

1. 교섭에서 수락까지

5·16을 전후한 시기 4개월 동안, 남재는 국내에 없었다. 전편(제7장 4절 2항)에서 이미 언급한 바와 같이 남재는 장면 정부의 제15차 유엔총회 한국대표로 총회참석차 1961년 4월 초 도미하여 UN에서의 임무를 완수한 후 미국 국내 여행과 두 달 반 동안 유럽 여행을 계속하면서 서구제국의 정치상황 견문과 정당활동시찰 및 연구자료를 수집하고 8월 14일 귀국한 것이다.

그 해 가을학기에, 남재는 정외과 4학년과 행정과 3학년이 수강하는 「정당론」과 정외과 2-3-4학년이 수강하는 「독일어 원서강독」을 강의하는 한편, 공산당집권 이후의 중국국내사정(모택동의 타천하, 중공과 미-소관계, 党章 등), 독일의 기독교민주동맹(CDU)과 사민당(SPD)의 정강정책 분석 등의 노트를 작성하면서 본격적인 저서 집필 준비작업에 들어갔다.

남재가 이때만큼 집필의욕에 불타고 있었던 때도 아마 드물었을 것이다. 남재는 매일같이 새벽 1시가 넘어서야 취침할 정도로 연구에 박차를 가하며 강행군을 하고 있었다. 이러한 시기에 국가재건최고회의의장 박정희로부터 만나자는 연락이 왔다. 이때 박 의장의 전갈을 가져온 사람이 누구인지는 확실치 않으나 이것은 두번째의 장관취임 교섭이었다. 남재는 군정의 첫 제의가 왔을 때 "내가 무얼 안다고 문교부장관이냐"면서 단호하게 이를 거절한 바 있다. 그런데 이번에는 박 의장이 직접 만나자는 데야 꼼짝없이 붙들리게 되었던 것이다.

박정희는 당초 남재가 장관교섭에 불응하자 수당을 움직였다. 그때 박정희가 수당을 직접 대면하여 부탁을 했는지의 여부는 알 수 없으나, 남재를 끌어내기 위해서는 집안에서 권위와 영향력이 있는 수당을 먼저 움직이는 수밖에 없다고 생각했던 것 같다.[14)]

1961년이 다 저물어가는 어느날 수당이 남재를 불렀다. "그 사람이 3개월만 맡아 달라고 하니 도와주는 것이 좋겠다"고 입각을 권유했다. 매사에 사려가 깊은 부친 수당까지 권유하는 마당이니 남재로서도 도리 없이 불려나갈 각오를 하지 않을 수 없었다. 그리하여 남재가 박정희의 전갈을 받았을 때는 더 이상 입각을 고사할 수만은 없다고 생각하던 차였을 것이다.

남재의 문교부장관 임명은 1962년 1월 9일자로 발표되었다. 따라서 남재가 박 의장을 직접 만난 것은 그 직전이 될 것이다. 박정희는 "제가 무얼 안다고 문교부장관입니까…" 반문을 하며 사양하는 남재를 향해 "발령을 냈으니까 다른 소리 말고 내일부터 나오라"고 못박았다.[15)] 그때 남재는 더 이상 아무 소리도 못했다고 한다. "안되면 내가 죽지…!" 하는 말을 서슴없이 내뱉으며 죽을 각오로 임하는 박정희의 비장한 모습에서 뭔가 순수성 같은 감동을 느끼면서 남재는 무언의 순응으로 박정희를 대할 수밖에 없었던 것이다.

반공과 근대화(경제건설)를 혁명과업의 제1의로 삼고 있던 박정희는 수당으로부터 국가경제 건설에 관한 큰 경륜을 듣고, 자문을 구하기 위해서라도 수당을 직접 만났을 가능성은 매우 크다. 따라서 남재의 문교부장관 취임은 박 의장과 수당의 합작품임이 분명하다. 뒷날 남재가 고대 총장이 되어 우석대학의 흡수병합을 성사시킨 뒤 감사인사차 청와대로 대통령 박정희를 예방한 일이 있다. 그때, 예의범절이 깍듯한 박정희는 "요즘도 약주를 많이 드시냐"고 수당의 안부를 묻고는 "정종은 몸에 별로 좋지 않다고들 하는데 조금 드시려면 위스키가 낫다고 하니 없으면 좀 보내줄까…" 하면서 정감어린 농담을 했다는 남재의 회고[16]가 이 같은 사실을 뒷받침한다.

수당은 남재가 문교부장관 집무에 들어가자, 매달 5백만 원이라는 큰 돈을 보내주었다. 공직생활을 하면서 국고를 축내지 말라는 뜻이었다. 혜천은 시어른께서 주시는 그 돈에서 집안살림을 위해 한 푼도 얻어쓰지 못했다고 회상하고 있다. 여기서 우리는 공직자의 직무수행이 결코 보수를 얻기 위함이 아니라는 인식에 투철한 수당-남재 부자의 담백한 자세(公職觀)를 엿볼 수 있다.

2. 군부의 혁명정책을 역진하다

입각 후, 남재는 문교부장관에게 할 수 있는 일이란 거의 없다는 사실을 즉시 알아차리게 되었다. 일은 문교부가 아니라 최고회의 문교사회분과위원회, 중앙정보부 정책연구실, 그리고 최고회의 의장고문단 등 교육정책 실세들이 이미 벌일 대로 다 벌여놓았고, 일마다 죽 끓듯 밥 끓듯 멋대로 굴러가고 있는 판이니 신참 문교부장관으로서는 참으로 난감한 상황이 아닐 수 없었던 것이다.

별항의 「문교부장관 재임일지」에도 나타나 있듯이, 대학정원문제를 골자로 하는 대학의 정비문제, 대입자격국가고사 등 남재가 장관으로서 집행해야 할 목전의 주요 시책들은 모두가 5·16 직후, 군정의 야심적 개혁조치로서 실시중에 있거나 이미 확정된 것들이었다. 따라서 남재에게 주어진 역할은 그 부작용과 후유증을 최소화하는 조정역이었다. 특히 말썽의 진원이 되고 있는 대학정비문제는 신임 문교부장관의 당면 최대과제였다.

군정 출범과 더불어 과도하게 단행된 대학정비는 정리대상 당사자들에게는 사활이 걸린 문제라 무슨 수를 써서라도 살아남고 보자니 온갖 반발이 나오고 갖가지 물밑 공작이 벌어지는 것은 오히려 당연한 일이었고, 이 때문에 대학정비 자체가 그만 좌초상태에 빠져 후퇴하지 않을 수 없게 되고

만 것이다.

애초 군정의 대학정비 논리는 앞 절에서도 검토한 바와 같이 극에 달하고 있는 학원의 무질서를 몰아내고 부조리한 현실을 바로잡아 교육정상화를 기하자는 것이었지만, 보다 직접적인 동기는 농촌고리채 정리에 있었다. 당시 5·16 군정주체들은 '대학망국론'과 '농촌고리채문제'를 동일선상에서 이해하고 있었다. 즉, '조국의 근대화'는 무엇보다 빈궁낙후된 농촌을 근대화시키는데 있고, 농촌근대화를 위해서는 농촌의 멍에요 족쇄가 되고 있는 고리채를 정리-청산하는 일이 가장 시급한데, 농민들의 고등교육열망이 고리채를 늘리면서까지 자식들을 한사코 대학에 보내려고 한다는 것이다. 그러니 우선 대학부터 없애버리면 무리한 대학입학이 줄어들게 되고 그 비싼 등록금 때문에 목돈 들 일이 없어질 것이므로 자연 고리채의 발생을 막을 수 있지 않겠느냐는 지극히 단순한 논법에서 나온 발상이었다.

또 이러한 발상에도 아주 일리가 없지 않은 것이, 농촌의 학력미달자가 오로지 대학간판이나 하나 얻자고 그 엄청난 학자(學資) 부담을 감내하며 대학에 진학함으로써 부실대학을 번창시키는 것은 농촌을 위해서나 국가적으로도 바람직하지 못하다는 것은 누구나 수긍할 수 있는 일이기 때문이다.

그러나 군정은 방침을 바꾸어 부실대학 정비를 완화시키지 않을 수 없는 현실적인 벽에 부딪혔고, 이를 추진하는 데는 과격한 군인보다 민간교수출신이 더 낫다는 판단이 서게 되었던 것이다. 남재의 장관 발탁은 이 같은 맥락에서 이루어진 것이다.

그리하여 남재가 장관취임 후 가장 먼저 착수한 것은 전임자가 마련한 대학정비안의 재손질이었다. 당초의 정비안을 살펴보니 신생대학은 말할 것도 없고, 제법 연륜이 있는 대학마저 정비대상이 되어 서울 시내 대학의 절반가량이 퇴출운명에 놓여 있었던 것이다.

남재는 장관취임 1개월만인 2월 11일, 「대학 및 학생정원 정비상황」을 발표하였다. <표 Ⅲ-①>에서 보는 바와 같이 4년제 국-공립대학은 2개교 폐지에 학생정원 1만 4,600명이 감축되었고, 사립대학은 14개교 폐지에 학생정원 1만 4,070명이 감축되었다. 야간대학은 5개교를 줄인 대신 학생정원은 3,160명을 늘려 정비전과 비교하면 대학은 총수 71개교(야간대학 포함) 중 21개 대학이 감축된 50개교, 학생정원도 9만 1,920명에서 2만 5,510명 감축된 6만 6,410명으로 조정되었다. 이와 같은 조정내용은 1961년의 정비계획(안)보다는 상당히 완화된 것으로 야간대학 2개교와 각 대학의 41개 학과가 부활되었고, 이에 따라 학생정원도 4,370명 증원된 것이었다.(<표 Ⅲ-①> 참조)

대학정비의 이와 같은 완화조치는 이후로도 계속되어 남재의 재임중 몇 개의 대학과 학과가 더 살아나고, 명맥만 남은 학과들의 학생정원이 얼마나 늘어났는지 구체적 재정비자료가 없기 때문에 상세한 내용은 알 길이 없으나 남재가 전임장관의 정비안보다 꼭 두 배를 역으로 늘려 놓았다고 회고하고 있는 점으로 미루어 대학정비는 남재 재임중 상당수준 복원된 것으로 보인다. 따라서 남재는 군정의 혁명정책을 역진한 셈이었다.

이렇게 되니 남재는 양쪽에서 협공을 당하는 대단히 괴로운 처지에 놓이게 되었다. 한쪽은 정비완화의 혜택을 적게 받았거나 전혀 혜택을 받지 못한 대학으로부터의 공격이었다. 그들은 교수-재단-동창회-군현역졸업생을 총동원, 장관을 공략하며 뒷공작에 나섰다.

〈표 III-①〉 대학 및 학생정원 정비상황

(1962년 2월 11일 현재)

구 분	1961년도 정원		정비 후 정원		감 축		정원감축 비 율
	대학수	학생정원	대학수	학생정원	대학수	학생정원	
국 립	9	29,440	8	17,340	1	12,100	41%
공 립	5	5,240	4	2,740	1	2,500	48%
사 립	42	54,320	28	40,250	14	14,070	26%
소 계	56	89,000	40	60,330	16	28,670	26%
야간대	15	2,920	10	6,080	5	+3,160	-
총 계	71	91,920	50	66,410	21	25,510	28%

- 1961년도 당초 9만 1,920명의 전국 대학생정원을 6만 2,040명으로 감축했으나, 이번에 4,370명 재증원하여 그 수는 6만 6,410명으로 조정되었다.
- 야간대 2개 대학 부활(국민대-성균관대)
- 각대학별 총 41개 학과도 부활 ; 이에 따라 대학입학자격국가고사 합격자도 증원범위 내에서 추가선발, 약 1,500명 정도 늘어날 듯.
- 이번 증원재조정에서 2년제교육대학은 제외. 초급대학 정원은 1만 명 정도 책정, 내주부터 설립인가, 3월 새학기부터 대입자격고사 불합격자 최대한 구체키로.

자료 : 《동아일보》 1962년 2월 11일자.

예컨대 이화여대의 경우, 군정은 이 대학이 "유한마담을 만들어내는 대학"이라는 이유로 죽지 않을 만큼 학생수를 줄여 명맥만 남겨놓았다고 한다.[17] 또 연세대는 설립자가 미국인이니 '미국 대학'이라고 학생정원을 마구 줄여놓고 고려대는 이와는 대조적으로 '민족의 대학'이라고 마구 늘려주는 식이었다.[18] 단순사고의 군인 멘탈리티를 보여주는 전형적인 예라고 하겠다.

이런 지경이니, 당시 사활의 기로에 선 대학들이 신임장관을 만나려고 아우성을 치는 것은 당연한 일이었다. 이화여대의 경우도 가정학과의 남재가 알 만한 여교수들을 총동원하여 저녁식사에 초대하여 놓고는 학교가 죽게 생겼으니 살려내라고 야단들이었다고 한다. 남재는 그때까지도 일면식이 없었던 총장 김옥길(金玉吉)을 그때 비로소 만나게 되었고, 그녀의 부탁을 흔쾌히 받아들여 정원을 꼭 두 배로 늘려놓았다고 한다. 이것이 두 사람간에 30년 가까운 우정이 지속되는 계기가 되었던 것이다. 연세대학도 그렇게 줄여서는 안 된다고 판단하고 고대와 똑같은 수준으로 조정해놓았다.[19]

대학정비상황이 이렇게 돌아가자, 이것을 개혁의 후퇴라고 생각한 5·16실세들이 가만히 있을 리가 없었다. 그들은 웬만한 대학은 차제에 다 없애려고 했는데 도로 다 살려놓았으니 "혁명을 망쳐놓았다"는 것이다. 남재는 최고회의에 불려나가 '반혁명'이라는 공격을 받았다. 군정기이니만큼 최고회의 군현역위원들은 권총을 차고 회의장에 들어와 떠들어대는 상황이었다. 무서울 것이 없었던 김형욱(金炯旭) 같은 사람은 권총으로 책상을 내리치며 "예잇! 망쳤네! 망쳤어! …이상한 문교부장관이 들어와 가지고 (없어져야 할 대학을 도로 살려놓았으니) 농촌고리채만 더 생기지 …" 하면서 투덜댔다고 한다. 남재는 그저 바보처럼 아무 소리도 못하고 당하기만 하고 돌아왔다고 회고했다.[20]

3. 「대입자격고사」 재검토와 「사학육성법」 추진

「대입자격국가고사」는 전임장관 당시 입안되어 「임시조치법」으로 법제화되었고, 남재가 장관에 취임한 직후에 처음 실시된 교육개혁의 상징적인 제도였다. 남재는 1962년 1월 16일부터 18일까지 대입자격국가고사를 치르고 2월 8일 합격자 1만 8,780명을 확정발표하였다. 이어 2월 11일에는 대학정비 시안을 발표하면서 대입자격고사제를 포함한 각급학교 입시제도를 총점검, 불합리한 점이나 모순점이 발견되면 3월 중으로 시정안을 마련할 방침이라고 밝히고, 「사학육성법」을 만들어 사학의 보호육성에 힘쓸 것이라고 언명하였다.

또 16일에도 기자들과 만난 자리에서 대입자격고사는 대학수학능력 미달자를 가려내어 명실상부한 '자격고사'에 그치게 하고 학생선발권은 대학 자체에 일임함으로써 대학의 자주성과 특수성을 살리는 방향으로 개정해나갈 방침이라고 말했다.

4월 5일, 남재는 수차 언급한 대로 각급학교 입시국가관리제에 대한 개정 시안을 발표하였다. 이 「시안」에서 대입자격고사는 '자격고사 성격'에 충실, 과도한 국가관리제방식을 지양하고, 실업계 고교출신의 입학특전 축소와 체능검사비중의 하향조정을 골자로 하고 있다.(<문교부장관 재임일지(1962. 1. 9.~10. 15.)> 참조)

이처럼 대입자격고사의 성격을 경쟁적 선발제가 아닌 이름 그대로 '자격고사'에 그치도록 한 것은 빗발치는 여론의 비판을 수용하고자 했기 때문이다. 《동아일보》는 2월 14일자 사설에서 두 가지 문제점을 지적하였다. 하나는 현행 고사의 성격이 애매하며 자격고사로서의 본의가 흐려져 있다는 것이고, 또 하나는 학과별로 합격자를 선발함으로써 미달학과가 속출하는가 하면, 학교-학과에 따라서 고득점자가 탈락하거나 저득점자가 합격하는 모순점을 드러내고 있다는 지적이 그것이다.

당시 서울문리대학장 이인기(李寅基)도 <국가고사를 비판한다>는 《동아일보》 3월 15일자 기고논설에서 같은 문제점을 지적하면서 실업고교 출신에 대한 지나친 특전이 본래의 취지에 역행하여 부정의 수단으로 악용될 소지가 있음을 경고하고, 체능검사도 총점비중이 너무 높다고 지적, 차라리 고사에서 제외시킬 것을 제의하고 있다.

사학육성법은 남재 재임중에 그 제정이 추진되었다. 앞서 2월 11일자로 대학정비시안을 발표하면서 처음으로 사학육성법을 제정하여 사학을 보호-육성하는 데 힘을 기울일 것이라고 언급한 이래, 이 법의 시안 마련작업이 계속되었던 것 같다. 그리하여 5월 3일에는 문교부차관을 위원장으로 하는 사립학교법 심의위원회를 구성, 위원들에게 법시안을 송부하여 본격적인 심의-검토작업에 들어갔다는 보도가 나온 바 있다.

그러나 이 법은 남재 재임중에는 확정을 보지 못하고 사임 약 8개월 후인 1963년 6월 26일 「사립학교법」이라는 이름으로 공포되어 약 15차의 개정을 거치면서 오늘에 이르고 있다. 이 법이 시행되기 전까지는 주로 「교육법」과 「민법」의 규정에 따라 사학에 대한 지도-감독이 행해지다 이 법이 시행됨으로써 비로소 사학의 공공성이 법제적으로 확립되었다는 것이다. 또 여기에는 학원의 파벌과 족벌경영에서 오는 각종 비리의 척결과 학내분규-재단분규 등의 조정-해결은 물론 강력한 감독을 위해 「교육에 관한 임시특례법」의 사학통제관련조항(제11, 12조 및 제17, 18, 19, 20조)들이 이 법에 보완-접목되어 있다.

남재의 관심하에서 마련된 이 법의 당초 시안이, 뒤에 이 법이 공포되자 사학 관계자들과 언론으로부터 사학의 자주권을 침해-말살하는 악법으로 지탄받을 만큼 과연 정부의 간섭-통제에 역점을 둔 것이었는가는 의문시된다. 남재가 사학육성법의 제정을 추진한 것은 그것에 대한 통제의 강화가 아니라, 사학의 자주성과 아울러 교육의 주체인 교원의 신분보장, 교권의 확립 등 사학을 최대한 보호-육성하려는 데 본의가 있었을 것이므로 공포된 「사립학교법」은 원안에서 상당히 후퇴했을 것으로 짐작된다.

한편 남재 취임 이전에 제1회 고사가 실시된 학사자격고사는 남재가 퇴임할 무렵 학생들의 응시거부 움직임으로 진통을 겪은 끝에 그 해 연말실시를 끝으로 폐지되고 말았다고 함은 전항에서 언급한 바 있다.

4. 사임운동

최고회의 위원 김형욱의 말마따나 남재는 참으로 "이상한 문교부장관"이었다. 사람들은 자신이 장관이 될 만한 자질과 경륜이 있건 없건, 장관 한번 하려고 자천 타천, 운동을 하며 목을 길게 빼고 해바라기를 하는 것이

보통일 때 남재는 시켜준다고 해도 스스로 자격이 없다고 극구 사양을 했다. 또 장관이 되고 나면, 남들은 하루라도 더 오래 하고 싶어 위에 잘 보이려고 교언영색(巧言令色), 안간힘을 다하는 것이 보통인데 남재는 어떻게 된 사람이 하루라도 빨리 그만두고 빠져나오려고 애를 썼으니 확실히 '이상한 장관'이었던 것만은 사실이다.

남재는 장관취임 3개월이 되는 시점부터 약속대로 그만 놓아줄 것을 위에 채근했지만 위에서는 들은 척도 하지 않았다고 한다. 박정희가 수당에게 더도 말고 3개월만 맡아주도록 남재를 설득해달라고 부탁했다는 그 3개월 시한을 정말로 순진하게 철석같이 믿고 취임수락을 했는지는 알 수 없으나, 장관직을 수행하고 보니 남재는 도저히 이 직을 오래 감당할 수도 없거니와, 오래 머물러서도 안 된다는 판단이 섰던 모양이다.

우선 첫째로 앞에서도 언급한 바와 같이 군정기 문교부장관의 으뜸소임은 부실대학의 정비인데, 전임자는 과도하게 메스를 대었다가 그만 퇴출당하는 대학들의 맹렬한 역공을 받아 쫓겨난 것이 분명한 것 같고, 자신은 반대로 없어지게 된 대학과 줄어든 학생정원을 부활시키려다가 군인들로부터 '반혁명'으로 몰려 혼이 났을 뿐만 아니라, 여전히 정리대상이 되는 대학으로부터 협공을 당하는 곤욕을 치르고 나니 자리보전이 결코 쉽지 않다는 것을 깨닫게 되었던 것이다.

둘째로는 앞으로 <부편>에서 다시 언급되겠지만, 군인들의 사고란 원체 단순해서, 이를 이용하여 한탕치려는 악덕업자들의 꾐에 쉽게 넘어가 별의별 우습지도 않은 요구와 압력을 장관에게 가하는 판이니 잘못하다가는 국가의 대계(大計)를 그르쳐 역사에 오명만 남기고 쫓겨나기 십상이므로 장관직에 그만 정나미가 떨어져 하루라도 빨리 그만두는 것이 상책이라는 결론에 이르렀던 것이다.

남재가 군정내각에 입각했을 때 남의 말 하기 좋아하는 사람들로부터 "가문의 재산을 지키기 위해 들어갔을 것"이라는 평이 나오기도 했다. 그러나 일부 '남재대망론자'들은 그것도 남재의 천하경륜에 다시없는 소중한 견문과 체험의 기회로 보고 '현명한 남재'가 아무쪼록 많은 것을 얻고, 또 배우고 돌아오기를 기대하기도 했다. 식자층에 그 같은 기류가 있어서인지 남재의 군정참여를 사시(斜視)로 보려는 시각은 별로 없었던 것 같고, 재건복을 입

고 집무중인 남재를 많은 사람들이 찾아가 허심탄회하게 조언했던 것으로 전해진다.[21]

수당이 매달 보내주는 돈은 이렇게 찾아오는 조언자들을 대접하는 데 주로 쓰여졌을 터이고, 쏟아지는 개혁과제를 집행하기 위해서 휴일도 없이 불철주야 뛰고 있는 부하직원들의 사기진작을 위한 격려금으로도 적잖게 나간 것 같다. 또 그 돈도 모자라서 남재는 종종 셋째 상홍에게 전화를 걸어 "너 술 한 잔 사라"고 부탁을 하곤 했다.

"형님은 관직에 있는 사람이니 술값을 내기도 어려웠고 또 다른 사람들의 술을 얻어마시면 그건 민폐가 되니까, 기업체의 대표를 하는 내가 사는 술이 제일 편했을 것"이라고 상홍은 그의 『회고록』에서 밝혔다.[22] 남재가 울적해 할 때 상홍이 위로차 마련하는 술좌석에는 형님 상준과 동생 상돈-상하들까지 불러내어 다섯 형제들만의 단합의 자리가 될 때도 있고, 때로는 문교부의 국장급을 동석시키는 남재의 부하직원 격려주석이 될 때도 있었다.[23]

남재는 약속한 3개월은커녕 6개월, 8개월이 지나도 위에서 좀처럼 놓아줄 기미가 보이지 않자 아예 적극적으로 사임운동을 폈다. 혜천이 박 의장 영부인 육영수(陸英修)의 사촌오빠가 되는 육지수(陸芝修)를 통해서 남재의 의원해임을 이끌어내고자 그의 부인이자 혜천에게는 모교 경기여고의 은사로서 교장을 지낸 주월영(朱月榮 : 육영수의 사촌올케)의 가회동 댁을 찾아가서 부탁을 했다는 사실은 두고두고 회자되는 일화로 남아 있다. 서울대 교수로 재직중 5·16을 계기로 정계에 진출하는 육지수는 그때 찾아간 혜천에게 "남들은 남편 장관시켜달라고 이 사람 저 사람 찾아다니느라고 야단인데, 김장관 부인께서는 남편 장관 떨어뜨려달라고 사람을 찾아다니는 것이냐…" 면서 껄껄 웃더라고 혜천은 회고했다.

남재는 1962년 10월 15일자로 꼭 9개월만에 문교부장관에서 풀려났다. "여러 차례 사의를 밝혀 의원해임된 것"으로 공식발표되었다.[24] 장관 경질이 발표되던 날 남재는 혜천에게 "나… 이제 다 끝냈다. 샴페인 뜯자…"면서 대단히 홀가분한 마음을 감추지 않았다.

이 시기에 남재의 명륜동집 길 건너편에는 동사무소가 있었다. 동사무소 2층에서는 남재의 가택이 훤히 내려다보였는데, 장관을 그만두니까 군출신동회장이 찾아와 남재댁을 늘 감시해왔다고 털어놓으면서 "장관 전이나 장관시절이나 이 댁이 정육점에서 사다 잡숫는 것은 늘 고기 반 근"임을 알아냈다고 실토했다. 이어 그는 옆집의 은행장 댁은 시도 때도 없이 갈비짝이다, 과일상자다, 뭐다 해서 선물보따리가 줄을 잇고, 찾아오는 손님들도 성시를 이루는데 남재댁은 너무도 대조적이어서 그 청렴함을 알겠더라고 치하의 인사까지 하더라는 것이다.

남재가 문교부장관에서 해임된 것이 반드시 사임운동의 결과였는지는 알 수 없으나 앞에서도 언급한 것처럼 정리대상 대학들의 장관 떨어뜨리기 공작이 치열했고, 또 남재의 사임의사를 알아차리고 장관운동에 나선 사람들이 꽤 여럿이었던 탓도 있었을 것이라고 혜천은 분석했다.

남재는 문교부장관 노릇을 바보처럼 했다고 회고했다. 그러나 역사라는 것은 참으로 묘한 것이어서 똑똑한 장관 노릇 했다고 반드시 똑똑한 효과와 업적을 내는 것이 아니고, 바보 같은 장관 노릇을 했다고 반드시 바보 같은 결과만을 낳는 것이 아니라고 스스로 자평했다. 때로는 바보짓을 했기 때문에 오히려 훌륭한 결과를 얻을 수도 있다는 귀중한 경험과 교훈을 얻었다는 것이다. 1979년에 사우디를 갔더니 건설현장의 책임자들, 브리핑을 하고 있는 야무진 사람들 대부분이 남재 장관재임시에 퇴출운명에 놓여 있던 대학의 공대 출신이었다. 특히 한양대 공대 출신이 가장 많았는데, 남재는 그때 '반혁명'이라고 군인들로부터 비난을 받으면서도 대학을 마구 없애지 않고, 또 정원도 마구 줄이지 않았기 때문에 훗날 나라의 경제건설 역군을 길러낼 수 있었다고 자부하면서, 1962년의 바보짓이 1979년에 똑똑한 결과를 낳는 역설이 성립하는 자신의 예와 같이 오늘의 정부도 "욕먹을 각오로 바보짓도 할 줄 알아야 훗날 똑똑한 정부 소리를 들을 수 있다"고 충고하였다.[25)]

한편 남재가 장관에 취임하면서 제일 먼저 손을 써서 국공립대학 정비과정에서 서울대 사범대생의 항의 움직임과 관련, 부당하게 구속되었던 교수 3인, 학장 윤태림(尹泰林), 학생과장 정병조(鄭炳祖), 교수 정범모(鄭範模)의 구속을 풀게 한 것도 재임중의 주요 행적으로 기록되어야 할 것이다.

이상과 같이 남재가 '이상한 문교부장관' 노릇을 하던 군정기 9개월간을 돌아보면서, 우리는 남재의 이 희한한 행정경험 역시 결코 우연이 아니라 어떤 보이지 않는 의지의 인도가 아닌가 하는 감상을 다시 한 번 가져본다.

〈표 III-②〉 문교부장관 재임일지(1962. 1. 12.~10. 15.)

월 일	주 요 사 항
1월 16일	· 대입자격고사, 국어-사회-수학-영어 등 4과목 실시, 17일 과학, 18일 실기 실시 〔김문교담〕: 고교시설 한계로 지원자 88%만 수용토록 조정, 학급증설은 불허
19일	· 전국 32개 실업교에 직업보도소설치, 인문계고졸자에 단기직업교육실시
20일	· 1961년 학사자격고사 합격자 1만 5,268명 발표 〔김문교담〕: "학사자격고사 실시의 근본취지는 학생들의 면학 촉진에 있다."
23일	· 상오 박 의장 문교부 시찰, 교육계 파벌일소 없이 교육정화 어렵다고… 근절대책 강구 지시, 일부교의 잡부금징수 폐단도 지적, 학사자격고사-대입자격고사 국가시행에 만족 표시
25일	· 학사자격고사 - 대입자격고사제 고수방침, 문교부 전국지방장관회의에서 전달
28일	· 대학신입생정원 재조정, 3,500명 추가 증원키로, 이에 따라 학사고사 성적우수 대학 및 시설우수 대학에 추가증원조치키로…일부 폐지학과 부활방침, 대입정원은 총 6만 7,664명으로 책정
2월 8일	· 대입자격고사 합격정원 18,780명 확정, 합격자 발표 「임시조치법시행세칙」 개정 : 대입자격고사 합격자수와 전국대학 모집정원을 동수로 한다는 규정 삭제
10일	· 대학별 입학원서 접수, 체능검사시험은 50점 만점으로, 수업료-입학금 등 규정 개정 〔김문교담〕: 대입자격고사는 대학교육의 질적 향상과 종래 무질서한 입학전형의 폐단을 바로잡기 위해 시행되는 것이라고 강조
11일	· 대입모집정원을 작년보다 6,170명 증원(국립대 80명, 사립대 5,010명, 야간대 1,080명). 폐지된 2개 야간대(국민대-성균관대)와 41개 학과 부활키로 〔김문교담〕: 대입자격고사제를 비롯한 각급학교의 입시제도를 3월 초까지 총점검-재검토하여 불합리한 점이 발견되면 시정할 방침이라고 언명. 아울러 사립학교법 제정을 추진, 사학의 보호육성에 힘쓸 것이라고….
16일	· 초급대학 20개교 인가. 3월 신학기 맞춰 신입생 선발토록 〔김문교회견〕: 국가고사제 시정책 3월 중 마련키로 재언명… 대입자격고사는 명실상부 자격고사로 그치게 하고, 대학의 자주성과 특수성을 살리도록 노력하고 학사자격고사는 무자격자를 가려내는 데 중점을 두는 방향으로 개선
20일	· 문교재건 5개년계획 수립, 피라미드형 학교조직완성, 각급 학교 수용능력 조정

24일	·일부대학 무허가학과 적발 물의
3월 1일	[김문교담] : "학제개편설은 사실무근" 해명(대구, 기자회견)
8일	·초급대 22개교 개편인가, 학생정원 8,910명 자격고사 실시 않고 대학 자체서 선발
	[김문교담] : 경제개발5개년계획 달성에 요구되는 기술인력양성과 여성교육수준향상을 위해 초급대학의 개편-신설을 추진하게 되었음을 설명하고 일부 4년제대학에 초급대 병설인가, 지방에 초급대신설 우선, 시설우수실업고교에 동계초급대 설치운영인가 등 언명
10일	·전국 각급학교에 사친회-후원회 등 3월 말까지 해산조치토록 각 시도에 시달
20일	·사학분규의 효과적 수습 위해 장관위촉 8인위원으로 「학교법인분규조사위원회」 구성-설치
4월 5일	·각급학교입시국가관리제와 관련 개정안 발표 : 중고교는 각 시도에 출제권 일임, 각 시도는 2종 이상의 복수출제를 통해 학교차 완화와 지방의 특수성을 살리도록 하고, 대입자격고사는 자격미달 열등생만 가리는 자격고사 성격에 치중하고 학생선발권은 각 대학에 일임하여 전적인 국가관리제를 지양하며, 실업계고교생의 동일계대학 무시험서류전형 입학특전을 당분간 존속시키되, 정원 외 30% 선발폭은 다소 하향조정 방침. 체능검사도 그대로 존속시키되 만점선을 낮추어 체능으로 인한 심한 점수차 억제키로
	·학사고사제는 계속 연구검토, 추후 발표
14일	·최고회의 「교육에 관한 임시특례법」 개정안 통과, 문교부장관에 법인 또는 법인임원 승인취소권 부여 등 재단분규-비리학원에 정부감독권 강화
24일	·1963년도부터 국가대표 양성 등 우수선수확보 위해 대입특별전형실시 추진, 선발권은 각 대학에 일임
26일	[김문교담] : 실업고교생 동일계대학 30% 서류전형입학특전, 20% 선 하향방침 언명
5월 3일	·문교부차관을 위원장으로 하는 사립학교법 심의위원회 구성, 시안을 관계자에 송부, 의견 청취키로
22일	·각시도 전국실업교대표자회의서 실업교과개편문제 논의
23일	·각급학교입시체능검사 합격기준 마련키 위해 예체능표본검사 실시계획 발표. 각 대학 체육교수 65명으로 구성된 검사위원들이 6월 4일부터 9일까지 시행
	[김문교담] : 1963학년도 대입자격고사는 순수자격고사성격으로 11월 말~12월 중 실시, 본시험은 각 대학 자율에 맡기고 각급학교입시는 명년 2월 중 실시

6월 6일	· 고대생 3,000여 명 한-미행정협정체결 촉구 데모, 283명 연행
8일	· 서울대생 1,000여 명 한-미행정협정체결 촉구시위, 김문교 현장에서 무마 노력, 학생들 불응
7월 8일	[김문교담] : 여름방학 봉사활동에 자율적-헌신적 봉사강조, 겸허한 자세로 임하여 현지에서 주민에 폐끼치는 일 없도록 당부
11일	· 국립대 명예교수제 실시, 윤일선(尹日善), 조백현(趙伯顯), 김상기(金庠基), 김동익(金東益), 이병도(李丙燾), 이희승(李熙昇), 김두종(金斗鍾), 김석환(金錫煥) 등 8인 승인
26일	· 경제개발 5개년계획 뒷받침할 기술인력 확보 위해 1963년부터 5년제 실업전문학교 3개교 신설키로
8월 10일	[김문교담] : 국어교육개선필요성 역설, "우리 나라 국어는 주어와 객어의 위치가 명확치 못한 모순의 표본"이라고 지적하고, "한글 문장은 4~5년 읽으면 머리가 나빠지게 하는 요소가 있다"고 우려표명, 그러나 구체적 개선방법의 제시는 없었다고…(부산, 기자회견)
15일	· 가난한 학생 위해 수업료 월납제 실시 각 시도에 시달
9월	
10월 11일	· 1962년도 학사고사 실시요강 발표 : 11월 12일 교양과목, 12월 3일 전공과목 실시키로… 교양과목은 4지선다형, 전공과목은 주객관식 병용키로
12일	· 서울 시내 14개 대학 대표, 학사고사제 폐지건의… 무시될 때는 응시거부키로. 폐지건의 이유 : △ 교양과목치중은 대학의 본질과 특수성 외면처사, △ 대학정비는 정부와 학교 책임이지 학생들이 희생될 이유 없다. △ 막대한 국가재정 낭비, 실효성 전무 등(일부대학에선 응시원서 제출거부 움직임)
15일	· 김문교 주재 서울 시내 총학장회의에서 학사고시 강행키로 : 김 내각수반, 학생들 거부사태 확산방지에 노력촉구 · 이날 하오 김상협 문교부장관-한신 내무부장관 의원해임 발표, 한 내무장관은 원대복귀, 김상협 문교부장관은 여러 차례 사의를 표해왔다고 경질이유를 밝히다.

자료작성 : 《동아일보》 1962년 1월 9일~10월 15일자

◇

• 제9장 〔주〕

1) 여기서 말하는 "위대한 옛꿈"이란 남재가 처음 '지성과 야성'을 제창하고, 남북통일을 우리 민족의 사명이요 운명이라고 외치면서 민주 - 자유 - 복지 - 번영의 위대한 통일국가 건설을 기약했던 1975년 이전의 기상과 정열을 말하는 것이요, "조그만 새 행복"이란 유신독재의 주어진 엄혹한 현실을 있는 그대로 인정하면서 그 속에서나마 가시적 발전의 실익을 얻었다는데 만족할 수밖에 없는 안타까움을 애써서 자위하려 했던 그 이후의 상황을 남재식으로 표현한 것이 아닌가 생각된다. — 1978년 5월 5일자, 6일자 『남재일기』 참조.
2) 손인수, 『한국교육운동사 ②』 (문음사, 1997), p.298.
3) 위의 책, p.301.
4) 심융택(沈融澤)편, 『자립에의 의지 — 박정희 대통령어록』 (한림출판사, 1972) pp. 35~37., <1964년 8월 3일 국방대학원 졸업식 유시>, 손인수, 위의책 p.312 참조.
5)위의 채, <1965년 개천절 경축사>.
6) 위의 책, <1966년 연두교서>.
7) 위의 책, <1968년 1월 15일자 연두기자회견>.
8) 손인수, 앞의책 p.332.
9) 김상협, 『시성과 야성』(일조각, 1980), p.296.
10) 손인수, 앞의책 p.341.
11) 위와 같음.
12) 위의 책, pp.343~345.
13) 최긍렬, 『5 · 16 군사정부의 고등교육통제에 관한 연구 — 분단시대의 학교교육』(도서출판 푸른나무, 1989), pp.308~309 및 손인수 앞의 책, p.343 참조.
14) 혜천 김인숙의 회고(2000년 2월 13일).
15) <고희기념좌담>, p.470.
16) <고희기념좌담>, p.473.
17) <고희기념좌담>, p.471
18) 위와 같음.
19) 위와 같음.
20) 위와 같음.
21) 민도(民道) 梁好民의 회고 및 이만갑(李萬甲), 『당산나무의 큰 그늘이여 — 남재김상협선생추모문집」 (1998), <김상협형과의 만남>, p.153.
22) 남령(南嶺) 김상홍(金相鴻), 『늘 한결같은 마음으로』(주식회사 삼양사, 1999), p.258.
23) 위와 같음.
24) ≪동아일보≫1962년 10월 15일자.
25) <교회기념 좌담>, pp.471~472.

제10장 : '남재 학문의 집대성' – 두 명저를 잇달아 출간하다

남재 생애에 있어서 1960년대는 30대 후반(1956~1960)에 꽃피우기 시작한 「남재의 학문」이 드디어 풍성한 결실을 맺는 시기였다. 그 알찬 열매가 두 개의 저술로서 세상에 모습을 드러낸 것이다. 『기독교민주주의 사회민주주의 교도민주주의』(1963)와 『모택동사상』(1964)이 바로 그것이다.

이 두 저서는 남재가 이 시기에 새잡이로 연구를 시작해서 이룩해낸 업적은 물론 아니다. 제2편에서도 언급한 바와 같이, 그것은 남재가 평소 강의와 자신의 학문적 지향을 체계화하기 위해서 꾸준히 축적해온 연구성과들을 집대성한 것으로 그 일부는 이미 《사상계》 등에 시사논문 형태로 발표된 내용들을 재정리한 것이므로 실로 오랜 세월에 걸친 각고의 연찬(硏鑽)이 마침내 숙성되어진 결과라고 할 것이다.

『기독교민주주의 사회민주주의 교도민주주의』가 1962년 10월 15일 문교부장관에서 풀려난 후, 6개월밖에 되지 않은 1963년 4월 20일, 자신의 43회 생일을 기하여 출판되었고, 또 『모택동사상』 역시 그로부터 꼭 1년 후인 1964년 4월 20일, 역시 44회 생일을 기하여 간행된 사실이 이를 말해준다.

본 장에서는 남재 생애에서 첫번째와 두번째가 되는 이 두 명저를 개관하는 이외에 1960년대의 삽화들을 <여록 : 『모택동사상』, 그 이후>로 정리하여 덧붙이고, 여기에 이 시기에 발표된 논문과 시론 그리고 좌담류를 묶어 소개하기로 한다.

제1절 『기독교민주주의 사회민주주의 교도민주주의』(1963)

1. 독창적 문제의식

남재의 첫 저서 『기독교민주주의 사회민주주의 교도민주주의』(이하 『기독교민수수의—』로 약칭)는 당시로서는 보기 드물게 무려 열아홉 자에 이르는 긴 제어(題語)를 달고 있다는 점에서 책명부터가 벌써 특이하다. 남재는 이 저서의 <서문>에서 자신이 인식하고 있는 서구사회로 대표되는 인류역사발전의 현단계를 다음과 같이 정리하고 있다.

> "…고대 희랍에서 연원하는 민주주의는… 총체적으로 볼 때 착실히 이상에 잘 접근해가고 있다. 2차 대전 후 총파탄하리라던 마르크스레닌주의자들의 예언과 정반대로 서구제국은 공전의 번영을 누리고 있다. 사유재산 없이 자유 없다는 전제하에 프롤레타리아를 끌어올려 부르주아화해야 한다는 명제에 충실하여 이른바 사유재산권 있는 민주주의를 거의 완성하였다.
>
> 1세기 전 '잃을 것은 쇠사슬밖에 없다'고 규정되었던 노동자들은 잃을 것이 많은 동등한 국가시민으로 상승하였다.
>
> …경제적 번영에 따른 고도의 생활수준, 각종 복지제도, 여러 세기에 걸친 민주투쟁으로 얻어진 인간의 존엄과 개인의 자유 등을 아울러 향유하고 있다. 보수해야 할 긍정적 축적은 너무나 많아졌다. 이것은 전 세기의 사가들도 전혀 예견치 못한 일이다. 계급투쟁에 입각한 혁명을 부르짖던 사회민주주의정당들이 계급정당에서 국민정당으로 자기개조를 단행한 것도 결코 우연이 아니다.…"

남재의 이상과 같은 분석은 서구사회가 누리고 있는 자유와 민주, 복지와 번영이 무엇보다 마르크스유물주의라는 대립적 세계관을 극복함으로써 비로소 가능한 성취임을 직시하고 있음을 말해주는 것이다.

그 중에서도 특히 전후 절망적 폐허 위에서 불사조처럼 일어나 미증유의 재건-부흥에 성공한 서독을 고찰대상으로 삼아, 그 재생의 저력을 구명하기 위해서 집권 기독교민주당(CDU)과 도전 사회민주당(SDP)의 노선-정책-신조 등을 비교-분석하는 데 초점을 맞추고 있다는 점은 이 저술의 독창적 문제의식이라 할 것이다. 더구나 1960년대 초반, 아직도 군정기에 머물러 있던 우리 사회에서 서독의 재기가 갖는 세계사적 의미와 교훈을 학술적으로 분석-소개했다는 것도 큰 업적이 아닐 수 없다.

정치학자 민병태(閔丙台 : 서울대)는 《고대신문》 서평[1]에서 주로 이 저술의 핵심내용을 짚어나가면서, 서독의 두 대표정당 기독교민주당과 사회민주당의 대립적 정치 양태와 '가장적 교도'로 그 성격이 규정되는 후진사회의 전형, 인도네시아의 수카르노(Sukarno)식 독재를 비교분석한 것은 "현대사의 초점을 추궁한 것"이라고 평가하였다.

민도 양호민도 "그 시절 정치학도들은 후진국 민족주의, 후진국 사회주의에 관심이 컸었고 수카르노의 '교도' 행태와 더불어 나세르, 엔쿠르마, 특히 버마사회주의를 주목하던 때였다"고 전제하면서 "남재 선생의 『기독교민주주의—』는 풍부한 자료 제시와 함께 분석도 아주 잘 되었지만 무엇보다 그 착안이 신선하여 매우 독창적인 업적으로 보았다"고 회상했다.

전 3편으로 구성된 『기독교민주주의—』는 제1편 기독교민주주의 4개장, 제2편 사회민주주의 4개장, 그리고 제3편 교도민주주의 1개장, 총 9개장에 각 장을 다시 3개항씩 의도적으로 꽉 짜맞춘 듯 총 27개항으로 구성한 서술 체계 역시 매우 독특하다.

제1편 기독교민주주의에서는 기독교정신과 사회적 시장경제, 자유 속의 통일을 지향하는 대외정책, 그리고 기독교민주주의의 보수적 성격을 검토하고 있다. 또 제2편 사회민주주의에서는 독일사회민주당의 전통, 외교정책으로서의 중립평화통일론, 강령변천(노선전환) 과정 고찰, 그리고 사회민주주의의 현주소를 다루고 있다. 끝으로 제3편 교도민주주의에서는 수카르노식 "가장적 권위"로 표현되는 동방전제적(東方專制的) 독재형 분석에 초점을 맞추고 있다. 그 밖에 필요한 범위 내에서 영국의 보수당과 노동당, 오스트리아-스위스 등의 보수-국민당들과 사회당들을 비교 고찰하면서 부록으로 기독교

민주당의 강령(1953)과 선언서(1957 및 1961), 사회민주당의 기본강령(1959)과 집권강령(1961)을 역재(譯載)하고 있다.

이하에서는 설정된 주제에 대한 남재의 분석내용과 기본 메시지를 간략하게 정리-소개하는 것으로 그치고자 한다.

2. '사회적 시장경제'

(1) 이방신(異邦神)의 축출과 기독교국가건설

전편(제2편)에서도 잠시 언급한 바 있듯, 서독의 기독교민주당(Christlich Demokratische Union Deutschlands : CDU, 이하 기민당)은 국제공산주의운동과 국제사회주의운동에 대항하기 위해서 부르주아 시민계층, 곧 기독교를 신봉하는 신-구기독교세력들이 합작하여 전후에 급조한 무전통의 자연발생적 정당이다. 이들 기독교 보수세력들은 당초 지방단위의 정당을 조직하고 각기 지방분권적 정치활동을 전개해오다가 종전 5년이 지나고 전승국 군정도 끝난 지 오래인 1950년 10월, 고슬라(Goslar) 전당대회를 계기로 비로소 전국적으로 통일된 중앙당을 결성하기에 이른다. 따라서 기민당의 정치신조, 노선, 정책을 포괄하는 기독교민주주의는 좁게는 독일 역사상 존재해온 것들, 크게는 유럽의 역사상 산재해 있던 광범한 서구문화유산을 계승-정리-집대성한 것일 뿐, 기민당이 새로이 창조-발명한 것은 아니라고 한다.

전후의 폐허와 물질적 총파탄 상황하에서, 그리고 정신적으로 귀의할 세계와 가치를 상실한 절망적 상태에서 독일 민족의 재생-재활의 의지를 키우기 위해서 그 모색과 추동(推動)의 주체임을 자임하고 나선 기민당은 무엇보다 민족적 자기비판을 새출발의 기점으로 설정하였다. 즉, 기민당은 독일 민족이 자신의 파국뿐만 아니라 전세계에 그 무서운 재앙을 가져온 궁극의 원인이 기독교신을 배반하고 선-악이 전도된 무자비한 광란의 인간신을 섬긴 데 있다고 분석하고, 유물주의에 근본토대를 두고 있는 나치스의 이 인간신을 이방신(異邦神)이라고 규정하였다. 그리하여 오랜 역사의 시련을 거쳐 정당성이 입증되었고, 인간윤리와 법의 타당성을 재는 척도로서 존재해 온 기독교신으로 돌아가 기독교정신에 입각하여 궁극적으로 마르크스유물주의의 극복에까지 이르는 전단계로서 나치스의 해독을 완전 청산함으로써 기독교국가를 건설하는 것을 당면 제1의 과업으로 제창했던 것이다.

기민당이 건설하는 기독교국가는 무차별-무제한의 자유를 인정함으로써 그 무방비상태의 자기부정의 논리에 따라 자살로 끝나버린 무세계관의 바이마르공화국을 교훈 삼아, 오히려 자유와 민주주의의 수호를 위해 기독교신앙으로 중무장한 유세계관의 민주주의를 실현한다는 것이다. 기민당의 이와 같은 기독교국가 건설의 방법론이 바로 '기독교사회주의'였다.[2)]

기독교사회주의는 전후 복구-재건이라는 절대명제 앞에서 그것을 효과적으로 조속히 실현하기 위해서는 경제이론 따위에 구애됨이 없이 경제활동에 대한 국가의 대대적 간섭을 요구하는 경제체제로 설명된다. 즉, 개인의 사유재산권이 존중됨과 동시에 그 사회적 책임과 의무가 강조되고, 개인의 경제활동의 자유가 인정됨과 동시에 공공복리를 위한 국가의 간섭이 용인되며, 노사공동의 산업관리참가제에 의한 공정분배의 실현과 함께 계급투쟁을 극복함으로써 사유재산과 국가간섭, 이윤추구시장경제와 국가통제의 강제경제, 자본가와 노동자, 자본주의와 사회주의 등 대립하는 양극을 타협-조화시켜 나가는 '사회적 경제'라는 것이다. 그 대립적 양극요소의 타협-조화를 이루어낼 수 있는 힘의 원천이 바로 기독교신앙과 기독교정신의 윤리원칙이라고 한다.

요컨대 전후 폐허 속에서 창당한 서독의 기민당은 정신적으로는 기독교신으로의 복귀를 부르짖고, 정치적으로는 기독교민주국가의 건설을 역설하고, 그리고 경제적으로는 기독교사회주의의 실천을 강조-제창했던 것이다.

(2) "교회에서 시장으로" 전입(轉入)

1949년에 이르러 기민당은 「듀셀도르프 지침」(Düsseldorfer Leitsätze)을 채택하였다. 이 지침은 1948년에 나온 점령국 군정당국의 전면적 경제자유화 조치[3)]에 호응한 것으로, 종전의 '기독교사회주의'의 청산과 더불어 새로운 '사회적 시장경제'로의 180도 정책전환을 함축하는 것이었다. 즉, '기독교사회주의'에 의해 시도되었던 대립적 양극요소의 타협-조화가 아니라 사유재산-자유시장-자본주의 등 한쪽 요소만을 지지하고, 그 대립요소인 국가간섭과 계획-통제를 반대하는 경제적 전면자유화의 완전경쟁을 실현함을 뜻하는 것이다.

여기서 말하는 '시장경제'란 자본주의에 대체된 말로서, 자유경쟁의 토대위에서 수요와 공급의 균형이 이루어짐으로써 '적정시장가격'이 형성되는 자유시장 메커니즘, 즉 공개된 자유시장에서의 경쟁에 의한 자동조절작용을 의미하는 것이다. 여기에 관형어로 수식된 '사회적'이란 용어는 적정시장가격 형성의 방해요인인 '독점'을 배제한다는 의미로 쓰여진 말이다. 결국 사회적 시장경제는 적정시장가격으로 표현되며, 적정시장가격이야말로 사회적 시장경제를 밀어 움직이는 동력이요 조종간(操縱桿)이라고 한다.

따라서 사회적 시장경제는 구식 자유방임경제는 물론, 자유시장메커니즘에 대립하는 일체의 계획-통제경제를 반대하면서도 국가의 독점배제, 통화안정, 시장육성, 경기대책, 공익사업 등 국한영역에서의 적극적인 역할은 인정하고 있다. 모든 경제활동은 자유-경쟁의 원리 위에서 이루어져야 하며 경쟁의 컨트롤(자동조절작용)을 회피하려는 자가 자유로워서는 안 된다는 것이 사회적 시장경제의 기본정신인 것이다.[4)]

요컨대 기민당의 이와 같은 사회적 시장경제체제로의 이행은 전후의 복구-재건이라는 궁핍경제에서 벗어나 바야흐로 비약적 발전경제단계로 접어들면서 이를 더욱 가속화하려는 자신감의 발로였던 것이다. 그리하여 사회적 시장경제체제하에서 서독의 경제는 이른바 "라인강의 기적"으로 전세계에 회자될 정도로 눈부신 발전을 거듭하면서(1954년의 국민총생산이 1948년의 2배로 성장) 1949년, 1953년, 1957년, 1961년까지 4기 연속 기민당에 총선의 승리를 안겨주는 원동력이 되었던 것이다.

훗날 남재는 '시장경제'라는 말이 지금은 흔히 사용되고 있지만 그때만 해도 매우 생소하면서도 자못 흥미를 자아냈다고 회고하면서, 원래 이 말은 나치스의 강제경제에 대한 대항개념으로서 반히틀러적인 경제사상의 근거로서 제시된 용어라고 보충설명을 한 바 있다.[5)]

'사회적 시장경제'가 위력을 발휘하기 시작하던 1951년, 사회민주당은 그것이 자본주의를 토대로 하고 있는 한 독점배제가 불가능하기 때문에 대자본가에게 일방적으로 유리한 "자본주의 복고반동"이라고 격렬하게 비판하였다. 그러나 그 이후 기민당의 사회적 시장경제는 한술 더 떠서 반나치스적일 뿐만 아니라 기독교정신으로부터도 일탈하고 말았다. 히틀러 이방신을 몰아내고 기독교신으로의 개종을 요구하고, 유물주의-유물사관의 극복과 기독교 세계관으로의 개조를 역설하고, 무신앙-무세계관의 청산과 기독교신앙으로 중무장된 유세계관의 기독교국가 건설을 주창하고, 대립적 양극요소의 타협-조화를 추구하며, 기독교 사회주의를 신봉하던 초기 기독교민주주의는 뒤셀도르프 지침 채택 이후, 이방신도 기독교신도 아니고, 기독교적 사회정의에는 전혀 무관심한 중성적-중립적 자유시장 메커니즘에 독일 국민의 운명을 맡기기로 한 것이다.[6]

이렇듯 기독교신의 숨결이 멀어진 삶의 현장공기는 자유롭기는 할지라도 적자생존-우승열패(優勝劣敗)-금전만능의 가혹한 경쟁과 무정한 타산만이 지배하는 글자 그대로 시장판이 되어버린 것이다. 기민당 영도하의 독일 국민은 이제 그 주소지를 '교회'로부터 '시장'으로 옮겨온 것이다.

(3) '보수의 창고' 속에 가득 쌓인 '기정사실'

원래 기민당은 부르주아 시민계층으로 대표되는 독일 보수세력의 집결체로 출범하였다. 그러나 전후 군정기의 특수사정 때문에 자기의 보수적 정체를 있는 그대로 드러내지 못하고 정세를 관망하며 오로지 경제적-사회적 재건-복구와 개인경제의 회생건설에 총력을 기울일 수밖에 없었다. 그러나 이제는 경제적 궁핍도 타개되어 경제도약을 지향하게 되었고, 국제적으로도 전쟁책임에 대한 속죄의 시기가 지났을 뿐만 아니라 동서냉전의 도저히 화해할 수 없는 대결적 성격이 분명해짐에 따라 독자적 외교노선을 개척해나가야 할 단계로 접어들고 있었던 것이다.

더구나 집권을 목표로 하는 책임 있는 공당으로서 무엇보다 국민을 영도할 수 있는 정강정책의 확립이 요구되는 시점에 서게 된 것이다. 이처럼 정치적 제반여건이 성숙함에 따라 기민당은 대내적으로는 단순히 생산수단의 사유제 실현에 만족치 않고, 이른바 「국민주식」(Volksatie)제를 도입하여 전국민이 주식 소유를 통해 기업관리-기업소유에 참가함으로써 생산수단의 소유권을 갖는 부르주아로의 상승을 도모하였다.[7] 아울러 대외적으로는 '중립불용(中立不容)의 반공-반소-친서방노선을 확고히 함으로써 적과 동지를 엄격히 구분하고, 자유 속의 통일을 추구하며, 사회민주당의 극렬한 반대를 무릅쓰고 서유럽방위동맹에 가담, 재군비에 박차를 가하였다.

독일 분단의 책임이 소련공산주의에 있기 때문에 소련과의 타협은 절대로 불가능하다는 견지에서 사회민주당이 주장하는 중립통일은 비현실적이라고 단정, 오로지 서방자유진영의 힘과 결속에 의해서만 통일이 가능하다고 판단했던 것이다.[8]

또, 기민당은 혁신이란 이름의 경솔한 정치-경제-사회적 실험을 극력 경계하면서, 보수의 지속만이 독일통일성취의 첩경임을 설득하였다. 이제 독일 국민에게는 그만큼 보수해야 할 '기정사실(旣定事實)'이 많이 생겼다는 것이다. 기민당의 이러한 보수주의정치철학과 사회적 시장경제, 그리고 반소-친서방 강경외교노선은 영국 보수당의 국가권력의 축소-제한, 자유경쟁지지, 사유재산 존중, 힘에 의한 평화유지, 소유권 있는 민주주의(전국민의 부르주아화)로 표현되는 전통적 보수정신과 일맥상통하는 것이다.[9] 또한 이것은 '기정사실'을 보수하려는 서구제국보수정당들의 공통적인 경향이라 할 것이다.

서구자본주의의 '보수라는 창고' 속에는 간직해야 할 가치로서의 '기정사실'이 가득 쌓여 있음을 뜻하는 것이 아닐 수 없다.

3. "잃을 것이 많은" 노동자

독일 사회민주당(Sozialdemokratische Partei Deutschlands : SPD ; 이하 사민당)의 유구한 전통(1863년 창당), 소위 "강령의 위기" 극복과 이에 따른 혼합경제적 보수화로의 노선전환과정, 그리고 그 완강한 중립통일 외교노선의 수정-변질-전환에 이르는 일련의 흐름은 제2편(8장 2절 3항 "독일사회민주당의 고민" 참조)에서 개략적으로 검토된 바 있다. 따라서 여기에서는 전편의 논술을 상기하면서 본서 『기독교민주주의—』에서 남재가 논구한 독일 사회민주주의의 현주소를 당시 시점에서 재인식하는 수준으로 약술하는 데 그치고자 한다.

사민당의 기본 입지(立地)는 그 유구한 전통노선으로 설명된다. 그것은 한마디로 자본주의 이윤추구-착취경제의 타도→경제적 토대의 변혁→생산수단의 공유제(사회화)로 요약되는 사회주의경제 실현으로 설명되며, 이를 계급투쟁이 아닌 민주주의 방식으로 달성한다는 것이 방법론적 특징으로 되어있다. 즉, 목적이 수단을 정당화하거나 수단이 목적을 정당화할 수 없듯, "사회주의라는 좋은 목적을 실현한다는 구실로 폭력혁명, 무산계급독재, 공산당 1당독재의 옳지 못한 수단을 정당화하는 동방 공산주의도 안되고, 민주주의라는 좋은 수단을 자본주의 착취경제 고수의 그릇된 목적을 위해 이용하는 서방 보수주의도 안 된다. 오직 사회주의와 민주주의를 결합시킨 사회민주주의만이 정당한 노선"[10]이라는 것이 그들의 주장이다.

또 사민당은 히틀러 '이방신'(異邦神) 문제에 대해서도 히틀러의 독재가 독생아(獨生兒)처럼 하늘에서 별안간 뚝 떨어진 것이 아니라, 고도자본주의의 반사회적-반동적 앞잡이들 때문에 출현한 것이요, 나치스의 모험주의적 세계정복 야욕을 부추기고 간접지원한 장본인적 존재도 고도자본주의이므로 나치스의 해독과 그 잔재의 청산-극복은 기독교신앙이 아닌 자본주의 타도, 사회주의 건설, 그리고 민주회복을 기약하는 사민주의에 의해서만이 가능한 것이라고 주장하였다.[11]

1863년 창당 이래, 1946년 「하노바 선언」에 이르기까지 사민당은 '자본주의 죄악관'과 그 구원철학으로서의 '사회주의 만능론', 그리고 그에 대한 방법론으로서의 '계급투쟁'이라는 마르크스주의적 원칙에서 한걸음도 벗어나지 못하고 있었던 것이다. 그러던 것이 1949년의 총선 패배 이후, 도르트문트 전당대회에서의 행동강령 채택을 시발로 사회주의 계획경제와 자본주의 자유경제의 결합을 의미하는 '혼합경제'를 추구하면서, 사회민주주의의 깃발을 민주사회주의 또는 자유사회주의로 바꾸어, 사회주의 원칙 위에 자본주의 요소를 가미하는 것이 아니라, 자본주의 원칙 위에 사회주의 요소를 가미하는 본말전위(本末轉位)의 후퇴를 단행하기에 이른 것이다.[12]

그리하여 1959년의 바드고데스베르크 기본강령 채택에 이르면, 지난날 애용하던 그 독기에 찬 구호들은 사라지고, 마르크스 유물주의의 배제 청산은 물론 어느새 계급정당의 탈을 벗고, 국민정당으로의 자기개조와 함께 사유재산 무조건 증오(자본주의 죄악관)와 생산수단의 전면공유제(사회주의 만능론)를 주창하던 100년 전통과 결별, 보수화의 방향으로 우선회하게 된다.[13] 또한 중립평화통일의 동서불가담원칙을 고수하던 외교정책까지도 1961년 집권강령에서는 완전 후퇴하여, 비핵중립지대 설치에 대한 미련마저 완전 떨쳐버리고, 서독의 안전을 NATO에 맡기는 데 동의하게 되었다. 이쯤 되면 기민당과 사민당 간의 근본적인 차이란 없어진 것이다.

그러면 사민당이 마르크스레닌주의자들로부터 "비겁한 기회주의자", "타락한 전향자"라고 격렬한 비판을 받으면서까지 그처럼 보수화의 길로 빠져들게 되는 근본 이유는 어디에 있는가. 그것은 말할 것도 없이 독일 국민, 그 중에서도 노동자의 성격 변화라는 주관적 조건과 동서냉전의 심화라는 객관적 정세변동에 있었던 것이다. 특히 16시간 노동에 자신을 얽어매고 있는 쇠사슬밖에 '잃을 것'이 없고 '조국도 없는' 그야말로 '비참한 노동자'로 묘사되던 19세기적 무소유의 프롤레타리아는 사라진 지 오래다. 이제 남은 것이란 안락과 편의 속에서 고도로 향상된 생활수준을 향유하며 사유재산권과 아울러 생산수단 소유에까지 참가하는 부르주아화된 자랑스런 국가시민이 있을 뿐이다.[14]

오스트리아의 사상가 막스 아들러(Max Adler)의 지적처럼, 오늘의 노동자와 같이 잃을 것이 너무나 많고, 조국이 있는 자랑스런 국가시민으로 상승하여, 과거 맹목적으로 신봉하던 마르크스의 '인간의식' 경시론과 '하부구조' 우위론 모두를 거부하면서 민주적-정치적 권리를 행사하고 있는 단계에서의 사회민주주의 정당들은 섣불리 현상타파를 꿈꾸며 혁신에 몰두할 것이 아니라, 기성성과를 헛되이 유실-소진하지 않도록 보수하고 신중하게 행동하는 것이 가장 현실적 의의를 갖는다는 것이다.[15]

또 국민생활의 주류에서 일탈한 극소수의 '이론광신자'가 될 것이 아니라, 보통국민과 접촉할 수 있는 정당, 과거를 회고하는 정당이 아니라 미래를 내다보는 정당, 그리고 대중정당은 될지언정 음모정당이 되어서는 안 된다는 영국 노동당의 주장처럼, 독일의 사민당뿐만 아니라 오늘의 서구 사회민주주의정당들은 모두가 스스로의 진로 개척에 새로운 자각과 함께 의식의 전환을 이루고 있는 것이다.[16]

'보수의 창고' 속에 가득한 '기정사실'을 동등한 국가시민으로서 향수하고 있는 서구노동자들에게는 '잃을 것'이 많다는 이 엄연한 사실을 독일 사민당은 직시하게 되었던 것이다.

4. 민주주의를 가탁한 변종독재

남재는 인도네시아 대통령 수카르노의 '교도민주주의'(Guided Democracy)를 논하기 위해서 우선 그의 혁명론부터 고찰하고 있다. 수카르노에 의하면 인도네시아의 혁명은 크게 두 가지 성격을 갖는다. '욕망혁명', '다면(多面)혁명'이 그것이다. '욕망혁명'이란 인간의 자유와 빵과 동등한 정치적 발언권과 교육평등권을 실현하기 위한 혁명을 말하는 것이다. '다면혁명'이란 인도네시아 혁명이 하나의 영역으로 국한하는 것이 아니라 5개의 영역, 즉 민족독립혁명인 동시에 정치혁명, 사회혁명인 동시에 문화혁명, 그리고 인간혁명을 포괄한다는 뜻이다.

그러면 이처럼 '욕망혁명'과 '다면혁명'을 희구하는 인도네시아 혁명의 세계관은 무엇인가. 수카르노에 의하면, 인도네시아 국민간에는 수세기 전부터 5대원칙으로 집약되는 세계관이 살아 움직여왔다고 한다. △ 신에 대한 신앙, △ 민족주의, △ 국제주의, △ 민주주의 △ 사회정의 등이다. 수카르노는 이를 인도네시아 혁명의 5원칙, 인도네시아 혁명의 세계관이라고 주장한다.

— 첫번째의 신에 대한 신앙은 이슬람 신에 대한 신앙생활을 제1원칙으로 삼는다는 뜻이다. 인도네시아의 이슬람교인은 9,200백만 인구의 80% 이상을 차지하고 있다.

— 두번째의 민족주의는 인도네시아 민족의 방위적 자주독립, 반제-반침략-반식민지-반자본주의로 요약되는, 이기-배타-독선적 자기민족지상주의가 아니라 타민족의 자유와 권리를 존중하며 그들과 협력하는 마하트마 간디식의 인도(人道)주의적 민족주의라는 것이다.

— 세번째의 국제주의란 세계주의가 아니라, 각개 민족-국가의 개성과 존재가치가 발휘되는 지평 위에서의 국제간 협조와 세계평화에의 공헌을 뜻하는 것이다.

— 네번째의 민주주의는 서구식 자유민주주의에 대한 불신과 폄하로부터 출발한다. 인도네시아에는 예로부터 대표제-토론제-만장일치제로 구성되는 민주주의가 있

었다고 주장하며, 민주주의란 서양의 독창물이 아니라고 강조한다.
—끝으로 사회정의란 서구식 정치적 민주주의만으로 결코 실현될 수 없는 인도네시아 고유의 경제-사회적 현실에 조응하는 사회정의를 말한다.

이상과 같은 5원칙을 함축하는 인도네시아 혁명의 세계관에 따라 '욕망혁명'-'5면혁명'의 깃발 아래 종합적-장기적-급진-과격혁명으로 전개되는 인도네시아 혁명의 방법론은 무엇인가. 수카르노에 의하면, 혁명수행을 위해서는 혁명사상의 통일이 이루어져야 하고 혁명의 일사불란한 추진과 완수를 위해서는 일원적 혁명지도에 요구되는 혁명수단, 곧 독재권력이 행사되어야 한다는 것이다. 수카르노는 이 혁명수행방법으로서의 혁명지도수단을 인도네시아 전통사회, 원시적 촌락사회에 옛부터 존재했던 만장일치제, 곧 다수결에 따르는 방식이 아니라 가장적(家長的) 권위의 교도에 의해서 결정되는 관행으로부터 찾아낸 것이다. '가장적 교도', 바로 교도(敎導)민주주의이다.

'교도민주주의'란 결국 전근대적 가장권을 발동해서 가부장국가적 1인정치, 1인독재를 민주주의에 가탁하여 조작해낸 '언어적 마술'에 불과한 것이다. 이렇게 볼 때, 수카르노의 혁명론에 규정된 혁명의 목표는 확실히 진취적-전향적인 데 반하여, 그 목표달성의 수단과 방법은 전근대사회의 낡은 방식인 '가장적 교도'라는 점에서 회고적-퇴행적 모순당착이 분명하다.

그러면 수카르노는 어떤 논리에서 '혁명'이라는 새 술을 '교도'라는 낡은 부대(負袋)에 담으려 했는가. 그것은 보수할 만한 '기정사실'이 전혀 없는, 19세기 유럽 노동자들보다도 더 비참한 인도네시아 국민의 가혹한 후진적 현실 때문이라고 설명된다. 그리하여 수카르노의 파괴와 건설의 국민혁명 논리는 마르크스적 프롤레타리아 혁명이 아닌 이슬람교리에 입각한 인도네시아식 종교적 사회주의 건설의 논리요, 그 독재는 대중 진출의 미성숙과 현대적 과학기술의 발달이 요원한 산업화 이전 사회의 전근대적-동방적 전제정치의 재생이라고 혹평될 수밖에 없는 것이다.

제2절 『모택동사상』(1964)

1. '지피지기'(知彼知己)의 지혜 — 공산권 연구의 숨통을 트다

(1) '의도'와 '동기'

남재의 두번째 저서 『모택동사상』(毛澤東思想 ; 1964)은 손무자(孫武子)의 대표적 경구(警句)인 "적을 알고 나를 알면 백번 싸워 위태롭지 않다"(知彼知己 百戰不殆)는 교훈을 학술적으로 실천한 본격적 공산권연구의 선구적 업적이라 할 수 있다.

분단 이래 동란과 군사대결의 긴장 속에서 전개된 남북대치상황은 공산권 문제 전반에 걸쳐 학술차원의 가치중립적인 접근조차 불온시되는 지극히 위축-경색된 분위기를 조성하였다. 그리하여 남재가 이 책을 낼 때만 해도 공산권 연구는 정부기관을 비롯한 관변 연구단체와 한정된 연구자들에 의해 독점되면서 반공이데올로기에 편향된 자료나열 수준에 머물거나 이념비판에 초점을 맞춘 체계성과 실증성이 박약한 정책연구의 성격으로 고착되어 있었고, 중공연구는 거의 불모상태에 있었다.

더구나 중공은 '항미원조'(抗美援朝)의 깃발 아래 6·25동란에 참전함으로써 UN에 의해 침략자로 규정된 우리의 교전당사국으로서 소련과 함께 민족분단의 고통을 항구화시킨 원한의 대상이 아닐 수 없었다. 따라서 이러한 적성국(敵性國)을 대상으로 하는 한은 그것이 설사 학문적 연구일지라도 그 의도가 순수하게 받아들여질 수 없는 시대상황이었던 것이다.

그럼에도 불구하고 남재는 '지피지기'의 경구에 착안, "우리 자유진영도 공산진영, 특히 중공의 도전에 대항해서 확실한 승리를 거두기 위해서는 먼저 그들의 정체를 똑바로 이해하고 그들의 장단점을 올바로 파악하는 데서부터 출발해야 한다…"는 투철한 인식과 의도 아래 그 "준비작업을 시작한 것"이 바로 이 저술이었다. 그리하여 남재가 아니고서는 그 누구도 감히 엄두조차 내기 어려운 이 지난한 과업에 착수, 자료접근의 제약과 자료입수의 한계를 극복하고, 객관적인 모택동사상연구에 성공함으로써 민간-학술차원의 공산권연구에 숨통을 튼 것이다. 남재는 『모택동사상』의 저술배경을 다음과 같이 회고한 바 있다.

"…나는 공산주의연구를 나부터라도 시작해줘야지… 하는 나름대로의 뜻이 있었어요. 내가 공산주의자가 아니라는 것을 알고 있으니까 봐주었는지 모르지만, 어쨌든 길은 내가 터놓은 것 같아요. … 내가 시작을 안 했더라면 아마 상당히 늦었을 거라는 생각도 해봅니다.…"[17)]

다행히도 남재는 당시 관헌의 적색안경 저 너머에 있었다고 할 것이다. 아무리 반공을 국시의 제1의로 내세우고, 반공이데올로기를 철저하게 통치수단으로 삼고 있는 5·16 군사정권이라 할지라도 일찍이 《사상계》를 통해서 순수 학술차원의 수준 높은 공산주의 비판을 꾸준히 해왔을 뿐만 아니라 자기들의 군정기에 문교부장관을 지낸 명망 있는 고대 교수 김상협, 그 사람까지 이상한 눈으로 바라볼 수는 없었을 테니 말이다. 여기서 다시 남재의 「모택동사상 연구」 동기를 들어보자.

"내가 모택동에 홍미를 가진 것은 1945년 8월, 만주에 있을 때부터입니다. 그때 만주에는 소련군도 들어오고 장개석 군대도 들어오고 모택동군대도 들어왔는데, 그 중에서도 모택동 군대가 가장 기강이 서고 또 부락민들한테 아주 친절하고 잘 대해주고 해서 호감을 가지고 있었어요….”[18)]

남만방적 철수 당시 세계사적으로 유례가 드문 대단히 도덕적인 군대「신사군」(新四軍)[19)]으로부터 받았던 그 강렬한 인상이 그대로 뇌리에 남아 있던 남재는 고대에 와서도 한참 시일이 지난 후, 교수 박희성(朴希聖 ; 1901~1988)-최문환(1916~1975) 등과 우연히 대륙정세를 논하는 자리에서 자랑삼아 "모택동 군대는 세계에서 본받을 만한 좋은 군대"라고 경험담을 꺼낸 일이 있었다. 그때 박희성은 "그것 이제 아셨소?… 미국 잡지에 다 나온 이야기입니다…" 하면서 모택동 군대는 아주 잘하는 군대이지만 장개석 군대는 망할 군대라고 했다.[20)]

박희성은 함경남도 홍원(洪原) 출신으로 연희전문 문과를 졸업한 후 당시로서는 드물게 미국 알비온대학을 거쳐 미시간대학에서 철학박사(<주관주의와 직관> ; 1937) 학위를 받고 돌아와 보전 교수로 취임한 이래, 평생 고대에서 서양철학을 강의한 석학이었다. 해방공간의 그 혼란기에도 박희성은 미국 잡지를 통해 세계정세를 환히 내다보고 있었다. 남재는 자기보다 한 세대 가까이 연상인 선배교수 박희성의 해설을 들으면서 중공연구에 부쩍 자신감을 갖게 되었다고 한다. 그리하여 1949년에 모택동이 무혈로 중국천하를 통일했다는 소식을 들으면서 남재는 더욱더 중공을 연구해야겠다는 의욕을 불태우게 되었고, 그것이 내친김에 책까지 내게 된 동기가 된 것이다.

(2) 서술목적과 서술체계

손무자의 '지피지기의 지혜'는 모택동 자신의 착안이요, 바로 모택동의 지혜이기도 하다. 모택동은 기회 있을 때마다 이 교훈을 경시해서는 안 된다고 재삼-재사 강조하였고, 자기사상 전개의 출발점으로 삼았다.

앞에서 남재가 인용한 "적을 안다"는 그 '지피'(知彼)의 대상이 「모택동사상」임은 말할 것도 없다. 「모택동사상」은 중공을 정치적-경제적, 그리고 전략-전술적으로 지도해온 '근본사상'이기 때문이다.

모택동과 이론적 대립노선을 걸었고, 정적(政敵)이었던 유소기(劉少奇 : 전국가주석)는 일찍이 「모택동사상」에 대해서 다음과 같이 절찬한 바 있다.

> "모택동사상의 생성-발전-성숙에는 이미 24년의 긴 역사가 있었다. 수백만 수천만 인민의 무수한 투쟁을 통해서 모택동사상은 객관적 진리이며 중국을 구하는 유일의 올바른 이론이며 정책임이 증명되었다.… 모택동 동지가 마르크스주의 이론을 중국혁명의 실천과 결합시켰기 때문에 중국공산주의, 즉 모택동사상이 생겼다.…" 21)

또 모택동 사후, 유소기 실용주의노선의 충실한 동지요, 당시 최고실권자였던 등소평(鄧小平)의 지도 아래 1981년 6월 27일 중국공산당 제11기 6중전회에서 모택동과 「모택동사상」에 대한 재평가작업의 일환으로 채택된 <건국 이래 당의 약간의 역사적 문제에 관한 결의>(關於建國以來党的若干歷史問題的決議)는 「모택동 동지의 역사적 지위와 모택동사상」(27항~31항)에 대하여 다음과 같이 지적하고 있다.

> "… 모택동 동지는 위대한 마르크스주의자이고 위대한 무산계급혁명가이며 전략가요 이론가이다. 그가 비록 문화대혁명 중 엄중한 착오를 범했다고는 하지만,

그러나 그의 일생에서 본다면 그의 중국혁명에 대한 공적은 과실에 견주어 훨씬 크다. 그의 공적은 제1위적인 것이고, 그의 과실은 제2위적인 것이다. … 모택동 사상은 마르크스레닌주의의 보편적 진리와 중국혁명의 구체적 실천을 상호결합한 산물인 동시에… 중국공산당의 집체적 지혜의 결정이며 중국공산당의 많은 영도인들이 이 사상의 발전에 모두 중요한 공헌을 했다.…"[22]

이상과 같이 <—결의>는 사실 모택동 생전에는 상상조차 할 수 없었던 그의 엄중한 '착오와 과실'을 대담하게 지적-비판하고 있다. 아울러 「모택동사상」이 모택동 단독의 창조물이 아니라 '집체적 지혜의 결정'임을 강조하고 모택동은 다만 이를 '집중'-'개괄'한 것으로 결론지으면서 모택동과 「모택동사상」을 분리시켜 이를 객관화-객체화함으로써 모택동의 역사적인 지위를 절대적인 것에서 상대적인 것으로 격하시켜버렸다.

그러나 모택동에 대한 이와 같은 공식적인 격하에도 불구하고 (스탈린 격하운동에는 비할 바 아니지만) 「모택동사상」 자체는 격하되지 않았다. 아니 오히려 「모택동사상」이 "마르크스레닌주의의 보편적 진리와 중국혁명의 구체적 실천을 결합한 산물"임을 상기시킴으로써 그 위대성을 다시 한 번 강조-부각시켰을 뿐이다.

「모택동사상」에 대한 유소기의 절찬이나 모택동 사후에 내려진 이상과 같은 평가는 남재가 '지피'의 대상을 참으로 정확하게 짚고 있었음을 뜻하는 것이 아닐 수 없다.

모택동은 평소 당원들에게 마르크스레닌주의의 부단한 학습과 그 원리에 입각한 수양을 강조했다고 한다. 그러나 이 학습과 수양은 단순한 원형 모방이나 답습이어서는 안되고, 그 보편적 진리를 중국혁명의 구체적 실천과 결합시켜 '중국적 마르크스레닌주의'를 창조하는 경지에 이르러야 한다고 역설하였다는 것이다.

남재는 초판 <서설>에서 「모택동사상」이 어떤 사상인가를 구명하기 위해서 마르크스레닌주의의 보편적 진리와 중국혁명의 구체적 실천이 각기 무엇을 의미하며, 또 중국혁명의 구체적 실천은 중국공산당이 직면한 국내적-국제적, 주관적-객관적 상황변화에 따라 어떤 방향으로 변질되어왔는가, 다시 이 변질에 순응하기 위해서 「모택동사상」은 또 어떤 역정의 사상적 변천을 겪지 않을 수 없었는가 하는 문제들을 규명하는 것이 본서 『모택동사상』의 서술목적이라고 밝혔다.

이 서술목적을 위해서, 남재는 전권을 3편 10개 장으로 구성하고 <전망>을 그 결론으로 덧붙이고 있다.(별항 『모택동사상』 초판 목차 참조) 제1편 「모택동사상 이전」에서는 모택동사상형성 이전의 상황을 설명하고, 제2편 「모택동사상」은 모택동에 의한 모택동사상의 형성과정과 그 내용을 설명하고, 제3편 「모택동사상의 변모」에서는 소위 천하통일에 성공한 1949년 이후 모택동사상의 변모양상을 설명하고, <전망>에서는 모택동사상의 변모 이전-이후의 두 가지 기본특징을 색출하였다고 남재는 초판 <서문>에서 밝히고 있다. 다음 항에서는 남재가 이상과 같은 서술체계에 입각하여 구명-서술하고 있는 초판의 주요 내용을 검토-소개하기로 한다.

2. 초판 주요 내용의 검토

(1) '보편적 진리'와 '구체적 실천'

「모택동사상」이 진실로 마르크스레닌주의의 보편적 진리와 중국혁명의 구체적 실천을 결합-통전(統全)한 것이라면, 「모택동사상」의 정체를 규명함에 있어서 방법론상 무엇보다 먼저 마르크스레닌주의의 요체부터 고찰하는 것은 당연한 논리적 순서가 될 것이다. 남재는 이와 같은 인식에 기초하여 제1장에서 「마르크스레닌주의의 보편적 진리」를 검토하고 있다.

우선 "마르크스주의의 보편적 진리"에 대해서, 남재는 그 이론적 토대가 되고 있는 '변증법적 유물론'의 과학적 사회주의이론과 프롤레타리아 계급독재의 폭력혁명이론을 명쾌하게 설명하고 있다. 이어 "레닌주의의 보편적 진리"에 대해서 남재는 역시 그 이론적 토대가 되고 있는 '제국주의론'과 동방우회작전, 그리고 철통 같은 규율을 갖는 공산당 1당독재의 혁명이론이 갖는 창조적 실천성을 간명하게 해설하고 있다. 그 구체적 논리전개는 전편(제8장 3절)에서 검토한 '공산당 비판'의 내용을 더욱 유려한 문체로 보완-발전시킨 것이라 내용의 중복을 피할 수 없으므로 여기서 그 재검토는 생략하기로 한다.

그러면 중국혁명의 구체적 실천이란 또 무엇을 말하는 것인가. 남재는 이 문제의 해답을 구하기 위해서 먼저 중국혁명이 직면한 현실부터 더듬어나가고 있다. 즉, 중국혁명은 제국주의 열강의 침략에 의해 영토상실, 국권상실, 패전배상(賠償)의 멍에를 짊어진 반(半)식민지 상태, 그리고 봉건적 잔재와 미숙-불완전한 이식(移植) 자본주의 요소가 혼재하는 반(半)봉건 후진상태를 현실적 조건으로 하고 있기 때문에 반제-반봉건운동이 당면 최대 과업이 될 수밖에 없었고, 그것의 폭발이 5·4운동(1919)이었다.

중국공산당은 이와 같은 현실을 배경으로, 레닌의 동방우회전략에 따라 1921년 7월 상해(上海)에서 결성되었다. 이후 코민테른의 지시에 따라 중국공산당은 「삼민주의」(三民主義 ; 민족-민권-민생)에 복종할 것을 서약하고 국-공합작(國共合作 ; 제1차 당내 흡수방식) 형태로 국민당 정부에 협조를 가장하면서 세력을 키워나가는 데 주력하였다. 그러나 손문(孫文) 사후 장개석(蔣介石)이 국민혁명의 주도권을 장악하면서 두 차례 공산분자 소탕에 나서자 여기에 큰 타격을 입은 데다 현실과 유리된 소련의 즉흥적 지시에 맹종하며 강경-온건, 폭동-신중 노선을 되풀이 오가던 끝에 방향감각을 잃고 지리멸렬, 자멸의 길로 빠져들고 있었다.

따라서 빈사지경의 당을 구원-소생시키기 위해서는 한낱 코민테른의 동방우회작전에 맹종하는 의타적-무원칙노선반복을 청산하고 뭔가 획기적인 노선전환을 꾀하지 않으면 안된다는 절박한 현실적 요청에 직면해 있었던 것이다. 즉, 조급하게 사회주의혁명만을 고집하는 소련의 10월혁명식 도시폭동이 아니라, 5·4운동의 여운을 십분 활용하며 반제-반봉건 부르주아운동에 주력하면서 농촌에 뿌리를 두고 중국 고유실정에 부합되는 장기적이고도 자주적인 혁명실천방법을 강구하지 않으면 안된다는 것이었다. 이것이 곧 "중국혁명의 구체적 실천"이었고, 또한 이것이 구체적 실천에서 얻은 경험이요 교훈이었다. 중국공산당은 명색이 공산당인 이상 마르크스레닌주의의 보편적 진리에도 충실히 따라야 하겠지만 그 '진리'에 없는 중국혁명의 구체적 '실천'이 가르쳐준 산 교훈도 존중하지 않을 수 없다는 자각을 한 것이다. 이것만이 공산당이 재기하여 새 출발할 수 있는 유일한 길이요, 그 새 출발의 길을 발견한 사람이 모택동이었고, 그 길로 중국공산당을 이끌어준 지도

사상이 「모택동사상」이었음을 남재는 확인한 것이다.

(2) 「모택동사상」의 전개

「모택동사상」은 「유격전술」-「민족통일전선」-「신민주주의론」으로 집약되며, 모택동의 대표적 논문 <실천론>(1937. 7.)과 <모순론>(1937. 8.)이 그 이론적 토대가 되고 있다.

1925년부터, 농민폭동을 주도하다 번번이 실패하고 모험주의적-맹동(盲動)주의의 과오를 뼈저리게 인식한 모택동은 1927년 9월, 1,000여 패잔병을 이끌고 정강산(井崗山)으로 패주했다. 이때 당면한 난관을 돌파하기 위해 고안해낸 것이 「유격전술」이다. 모택동의 이 「유격전술」이야말로 '지피지기'의 지혜로부터 출발한 변화무쌍-융통자재의 '변증법적 통일체'라고 남재는 말한다.

모택동의 「유격전술」의 요체는 △ 적의 약점 파악, △ 기회포착, △ 집중과 분산, △ 정(靜) 중 동(動), △ 신중-과감-신속, △ 자유자재의 투망작전 구사 등으로 묘사된다. '적진아퇴'(敵進我退 ; 적이 진격해오면 우리는 퇴각한다)-'적거아요'(敵據我擾 ; 적이 머물면 우리는 그 후방을 교란한다)-'적피아타'(敵疲我打 ; 적이 지치면 우리는 들이친다)-'적퇴아추'(敵退我追 ; 적이 퇴각하면 우리는 추급한다)는 모택동유격전술의 4대원칙이다.

이렇듯 바람처럼 치고 빠지기 유격전법을 구사하며 궁벽-험준한 정강산(井崗山)을 기지로 삼아 착실하게 실력을 기른 끝에 모택동은 서금(瑞金)에 드디어 중화소비에트인민공화국이라는 해방구정권까지 수립하며 강대한 세력을 구축하였다. 그러나 5차에 걸친 장개석의 '소공(掃共)작전'에 밀려 1934년 9월 이른바 '장정'(長征)이라고 통칭되는 서금 → 연안(延安) 간 2만리(6,000마일) 도주행진길에 오른다. 그 비통한 패주의 역경 속에서도 최후의 승리를 확신한 모택동은 적설-빙하의 5대산맥을 돌파하고 11개성을 종-횡단하는 만 1년에 걸친 '지옥의 장정'까지도 미래를 기약하는 수단으로 삼기를 잊지 않았다. 온 천하에 공산당의 존재를 알리는 선언서, 공산주의를 선전하는 선전대, 공산주의 씨앗을 뿌리는 파종기(播種器)의 사명을 짊어진 다목적 행렬로 '장정'을 활용하며 1935년 가을 연안에 표착(漂着)하였던 것이다.

여기서 모택동은 「민족통일전선」의 구축이라는 절묘한 구명책(救命策)을 창안, 장개석 국민당정부에 휴전을 제의하였다. 일제의 앞잡이만 아니라면 그 누구와도 손을 잡고 항일구국투쟁에 나서겠다는 것이 「민족통일전선」의 논리(제8장 제3절 참조)이나, 모택동의 진의는 대의와 명분을 내세워 공산당 재기의 시간을 벌고, 지식층을 비롯한 인민대중의 광범한 지지를 이끌어내는 데 있었다.

「민족통일전선」의 제창에 따라 제2차 국-공합작이 시도되었다. 「서안사변」(西安事變)과 같은 돌출사건이 국-공합작을 촉진하는 변수로 작용하였고, 특히 1937년 7월에 발발한 중-일 전면전은 민족통일전선의 명분을 더욱 강화시켜 공산당 재기의 결정적 호기를 제공하였다.

국-공합작을 계기로 모택동은 「지구전론」(持久戰論)을 폈다. 막강한 일본군의 속공-속결전법에는 최후결전에 적합한 진지전(陣地戰)을 피하고, 신축자재의 유격전술에 의한 지구전이야말로 가장 올바른 대응이라는 것이 모택동의 주장이었다. 그러나 이것은 어디까지나 표면적인 논리일 뿐 대일전(對日戰)의 실제 전투는 장개석군에게 전담시키고, 중공군은 이를 거드는 척하면서 오로지 자체전력 증강에 총력을 기울이자는 것이었다.

1940년에 이르러 모택동은 유명한 「신민주주의론」을 다시 제기하였다. 소련식 무산계급 사회주의혁명도, 서구식 부르주아 시민혁명도 아닌, 제3형태의 혁명논리인 「신민주주의론」에 대해서는 전편에서 어느 정도 소개되었으므로 여기에 재론의 번거로움은 피하겠으나, 이 역시 국-공간의 휴전을 장기화시켜 공산당 재기-발전의 시간을 벌어주고, 중국공산당이 결코 소련식의 무산계급혁명을 획책하는 공산주의급진정당이 아니라 부르주아 민주주의 정당이라는 부드러운 인상을 심어주어 지식계층의 흡수 또는 그 중립화에 이바지하였을 뿐만 아니라, 미국을 속여 장개석 국민당정부를 궁지로 몰아넣는 최면작용을 일으켰던 것이다. 즉, 미국으로 하여금 중국공산당이 민주주의 원칙수호를 위해 투쟁하는 농촌개량주의정당 정도로밖에 인식이 가지 않도록 착각하게 만든 것이다.

「신민주주의론」은 다시 「연합정부론」으로 연결되었다. 항일전쟁시기에 있어서 「민족통일전선」의 논리에 따라 시행되는 통치방식은 제민주세력을 통합한 신민주주의정부형태가 되어야 하며, 장개석의 중경(重慶) 정부도 이 과도적 연합정부의 일원으로 참가해야 한다는 논리로서 국-공정치협상의 공산측 안으로 제시된 「신민주주의론」의 실천방식이었다. 태평양전쟁이 장기화하자 미국은 장개석의 반대를 무릅쓰고 대일군사력 강화책의 일환으로 국-공협상을 강력하게 추진하였던 것이다. 모택동은 미국의 이 협상 추진을 이용하여 장개석군이 절대로 중공군을 공격하지 않는다는 서약까지 받아내는 외교적 실익을 얻었다. 모택동의 「신민주주의론」이 얻은 외교적 성과라 하지 않을 수 없다.

(3) '주요모순'과 '최후의 승리'

모택동은 항일민족통일전선을 제창하는 과정에서, 계급대립모순보다 민족대립모순을 우선시키는 민족통일전선의 논리가 마르크스레닌주의의 정통이론에 대한 위배가 아닌가 하는 의문에 이론적 해답을 주기 위해서 "가장 중요한 모순"이라는 독창적 개념을 창안하였다. 즉, 1937년 8월에 발표된 논문 <모순론>에서 모택동은 먼저 "생산력과 생산관계의 모순", "경제토대(하부구조)와 상층건축(상부구조)" 간의 모순 등 보편적 제 모순의 운동법칙을 적시하고, 그러나 사물 속에는 이와 같은 '보편적 모순'만이 내재하는 것이 아니라 오히려 더 많은 특수모순이 존재함을 지적하면서 모순 일반이 갖는 특수성 때문에 그 모순 해결방법도 사물에 따라 다를 수밖에 없다는 논리를 전개하였다. 예컨대 봉건사회의 모순과 식민지사회, 자본주의사회, 사회주의사회의 모순 해결방식이 각기 다를 수밖에 없고, 같은 사회주의사회에서도 당내 모순과 당외 모순의 해결방식이 같을 수 없다는 것이 그것이다.

또 이 특수모순은 하나로만 존재하는 것이 아니라 복합적으로 존재하며, 중국과 같은 발전불균형사회의 특수모순은 더욱 복합적이기 때문에, 이처럼 다수의 특수모순들이 복합적으로 얽혀 있는 사회에서는 그 영향의 강도에 따라 모순의 중요도도 달라진다는 것이다. 예컨대 자본주의사회에서는 자산계급과 무산계급 간의 계급대립 모순이 가장 중요한 모순이 된다. 그러나 중-일전쟁기 중국의 현단계에서는 적대계급간의 모순이 아니라 일본제국주의와 중국인민 간의 민족대립 모순이 가장 중요한 모순이 된다는 것이다. 다만 가장 중요한 이 특수모순은 보편적 모순과 같이 항구적-절대적 주요모순이 아니라 상황적 긴급요청에 따라 성립하는 일시적-상대적 모순이라는 것이다. 이 '일시적'이라는 전제(前提)논리가 곧 마르크스레닌주의의 정통이론에 대한 창조적 적용-발전이요 "보편적 진리"와 "구체적 실천"의 결합-통일을 의미한다는 것이다.

따라서 민족적 모순이 '일시적'으로나마 "가장 중요한 모순"으로 등장한 이상 계급투쟁 정지, 국-공내전 휴전, 항일투쟁 전념을 위한 민족통일전선의 구축은 중국혁명의 당면 최대과업이 될 수밖에 없다는 논리가 성립하게 된다. 이처럼 모택동은 현단계에서의 가장 중요한 모순이 무엇인가부터 먼저 파악하고, 그 모순의 특수성에 대응하는 '중국적 모순해결방법'을 찾아낸 것이다. 「민족통일전선」, 「지구전론」, 「신민주주의론」, 「연합정부론」 등이 그것이었다.

1945년 8월, 일제가 패망하자 국-공간에 일본군 점령지역에서의 전략적 우위를 확보하기 위한 기선잡기 무력충돌이 벌어짐으로써 대륙정세는 내전 상태로 다시 급전하였다. 4년여에 걸친 미국의 끈질긴 국-공협상 추진에도 불구하고, 또 이에 의한 민주헌정-통일중국건설의 기대에도 불구하고 그것은 한낱 환상으로 여지없이 무너지고 말았다. 이 인민해방전쟁기(1945~1949)에 있어서 모택동의 기본노선은 여전히 「신민주주의론」이었고 인민해방전쟁 수행의 기본전술 또한 「유격전술」이었다. "농촌으로 도시를 포위공격"하는 방식의 유격전술로 중공군은 화북지방을 석권하면서 만주로 진격, 소련군의 협조하에서 만주를 군사기지로 확보한 다음 다시 남하하였다. 그리하여 1949년 1월 천진(天津)-북경(北京)에 입성한 데 이어 4월의 남경(南京) 진주, 5월의 한구(漢口)-상해(上海) 탈취를 끝으로 소위 타천하(打天下)의 종지부를 찍었다. 천하통일의 숙원을 거의 무혈로 이룬 것이다.

그러면 장개석이 패하고 모택동이 승리한 결정적 이유는 무엇인가. 남재는 이에 대한 제설(諸說)들을 다음 네 가지로 간추리고 있다. 즉, ① 소련군의 만주점령 협조, ② 국민당정권과 장개석군의 극도의 부패와 무능, ③ 국-공 양당 간의 조직역량(비혁명-비전투 보수정당 대 철의 규율을 갖는 혁명적 전투정당 간의 대결)의 차이, 그리고 ④「민족통일전선」-「신민주주의론」으로 표현되는 "중국혁명의 구체적 실천"과 이것을 천명(天命)의 귀의(歸依)로 보는 중국의 전통적 정치철학의 대세관이 부합됨으로써 모택동의 중국공산당

지지로 돌아선 민심이반 등이다. 그러나 남재는 장개석의 결정적 패인을 다른 무엇보다도 「모택동사상」의 정체에 대한 몰이해와 무대책이라고 지적하였다. 요컨대 중국공산당의 승리는 모택동의 승리요, 「모택동사상」의 승리라는 것이 남재의 최종 결론이었다.[23)]

(4) '다섯 별'의 홍기(紅旗)

모택동의 「인민민주전정」(人民民主專政)은 인민해방전쟁의 승리가 확실한 상황에서 제시된,[24)] 공산당 집권 후의 통치방식을 집약한 또다른 연합전술 개념이다. 즉, "인민들 사이에만 동지적 민주주의를 실시하고 인민이 아닌 자에 대해서는 적대적 독재정치를 행한다"는 것으로 우리는 그 대강을 전편(제8장 3절 2항)에서 살펴본 바 있다.

그렇다면 인민은 누구이고 인민이 아닌 비인민은 누구인가. 모택동의 개념규정에 따른 현단계에서의 인민은 노동자-농민-소시민-민족자본가 등 신민주주의혁명에 가담할 수 있는 모든 반제-반봉건 진보세력을 포괄하며, 비인민은 제국주의주구(走枸)-봉건적 지주-관료자본가, 그리고 국민당 반동파 등 신민주주의혁명의 타도대상이 되는 모든 반동세력을 지칭한다. 지금은 비록 해방전쟁에서 승리하여 인민정권수립에 성공했다고는 하지만, 장개석 반동세력의 준동을 비롯한 구시대의 잔재들이 그대로 온전하여 광범하게 저항하고 있기 때문에 이들의 반혁명책동을 분쇄하고 반사회주의세력을 척결-개조시켜 계급투쟁의 종식과 더불어 사회주의 개조단계로 이행하기 위해서는 이들 비인민에게 추상 같은 탄압책을 쓰지 않을 수 없다는 것이 「인민민주전정」의 논리였다. 그러나 인민을 구성하는 4계급 중 민족자본가계급은 사회주의혁명을 준비하기 위해 일시적으로 이용되는 개조대상이라고 한다. 바로 이 점이 「인민민주전정론」과 그 이전 이론인 「신민주주의론」, 또는 「연합정부론」 간의 기본적인 차이라고 남재는 보고 있다.

1954년에 제정-공포된 신헌법은 중공정권수립으로부터 사회주의건설까지를 과도기로 설정하였고, 이 '과도기'의 통치방식도 여전히 인민민주통일전선에 기초한 인민민주국가로 규정하였다. 헌법 「제104조」는 중공의 국기를 '다섯 별'의 홍기(紅旗)로 규정함으로써 중공의 국가성격이 공산당(큰별) 지도하에 노동자-농민-소시민-민족자본가 4계급(네 개의 작은별)이 공동으로 참여하여 인민민주전정을 실시하는 인민민주국가임을 분명히 하고 있다.

1953년부터 시작된 사회주의적 개조실험이 어느 정도 궤도에 오르자, 모택동은 1956년 5월 「백화제방(百花齊放)-백가쟁명(百家爭鳴)」운동과 「장기공존(長期共存)-호상감독(互相監督)」방침을 제창하였고, 이어 이 해 9월에는 유소기에 의해 무산계급사회주의혁명의 개시선언이 있었다. 「신민주주의론」의 전망에 따라 두 개의 단계로 구분-진행되는 중국혁명이 반제-반봉건 부르주아 혁명단계를 지나 이제 본격적인 사회주의혁명단계로 이행한다는 뜻이다.

이와 같은 단계의 통치방식은 당연히 소련식 프롤레타리아 계급독재, 공산당 1당독재형태가 되어야 할 것임은 물론이다. 그런데 중공은 여전히 인민민주전정에 의한 인민민주주의 정치형태를 고수하고, 그 실천방식도 「백화제방-백가쟁명」, 「장기공존-호상감독」의 「연합정부론」, 즉 전통적인 '연립전술'을 그대로 답습한다는 것이었다. 학술-문예분야의 일시적 자유화조치를 통해 창조적 역량을 자극하고(백가쟁명-백화제방), 민주제계급의 총집결과 상호협조, 그리고 인간개조-사상개조를 통해 그들의 자발적 참여를 유도함으로써(장기공존-호상감독) 사회주의개조-건설을 촉진시킨다는 논리가 된다.

이것은 분명 「신민주주의론」으로 대표되는 「모택동사상」의 위배인 동시에 중대한 수정을 의미하는 것이다. 남재는 이 대목을 "모택동사상의 일대 변모"로 평가하였다. 그렇다면 이렇듯 「모택동사상」의 중대한 변질을 감수하면서까지 「장기공존-호상감독」의 「연합정부론」을 고수하지 않으면 안되는 논리와 이유는 무엇인가. 그것은 말할 것도 없이 "중국혁명의 구체적 실천"으로 설명된다.

즉, 중국은 소련과 달리 아직도 노농출신 신지식층 양성이 요원한 상태에 있는 후진적 사회주의건설도상국가이기 때문에 사회주의혁명의 공업화-산업화달성에 요구되는 소시민-민족자본가출신 구지식층의 풍부한 과학기술지식과 교육-행정경험을 활용하기 위해서라도 그들의 참여와 협조가 절대적으로 필요하다는 것이다. 요컨대 "중국혁명의 구체적 실천"은 여전히 구지식층에 대한 이용과 개조가 요구되는 현실이기 때문에 무산계급사회주의

혁명기에도 계급협조와 계급공존이 불가피하다는 논리인 것이다.

그러나 '대명-대방'(大鳴-大放)과 같은 일시적 자유화조치는 때마침 발생한 헝가리사태와 상승작용을 일으키면서 광범한 지식분자들의 반사회주의적 동요로 번져나가 이른바 '독초(毒草) 뽑기' 「반우파투쟁」(1957)을 전개하지 않을 수 없는 부작용을 일으키기도 했다.

(5) 기본 특징 : 현실주의와 독재주의

이상에서 우리는 중국공산당의 천하통일과 오늘의 중국을 존립시킨 영도적 근본사상으로서의 「모택동사상」을 남재의 서술맥락에 따라 지극히 개략적으로 검토하였다. 그러면 <서문>에서 스스로 예고한 바, 남재가 "색출해낸" 「모택동사상」의 결론적 기본 특징은 무엇인가. 남재는 결론부인 권말의 <전망>에서 '모택동사상의 전개과정'을 되돌아보면서, 이를 '현실주의'와 '독재주의'로 다시 요약하였다.

중국혁명을 영도함에 있어서 모택동은 행동에 앞서 언제나 중국이 직면한 구체적 현실을 냉정하게 분석-파악하는 데서부터 출발했다. 그는 마르크스 레닌주의의 정통이론에 맹목추종하거나, 여기에 구애됨이 없이 "중국혁명의 구체적 실천"이 요구하는 방향으로 공산주의의 중국화-토착화를 추구했다.

모택동은 결코 이상주의적-낭만주의적 공산주의자가 아니었다. 그는 시종일관 현실과 대결하고 현실과 타협할 줄 아는 융통자재의 현실주의적 실리주의적 공산주의자였던 것이다. 그 현실주의의 단적인 표현이 농촌중심의 유격전술이라고 남재는 지적하였다. "중국혁명의 구체적 실천"으로 조명할 때, 소련식 단기간 도시폭동행태로 추진되는 정통공산주의운동의 사회주의 직진방식은 한낱 모험주의적 맹동(盲動)에 지나지 않는 것이었다.

1925년의 '정강산투쟁'을 전후해서 채택된 농촌중심주의야말로 모택동의 현실주의노선의 직접적인 표현이었고, 굴욕의 대장정을 위시하여 항일전쟁기의 「민족통일전선」, 「신민주주의론」, 「지구전론」, 그리고 민족해방전쟁기의 「연합정부론」 등은 이 현실주의의 구체적 실천이었다. 중공정권 성립 이후, 사회주의 혁명 단계에 이르기까지도 이 노선은 「인민민주전정」, 「장기공존-호상감독」 등의 형태로 변함없이 이어졌다.

그러나 모택동의 현실주의에도 중대한 고장이 일어나고 말았다. 1958년 이래 사회주의개조-건설과정에서 모택동은 농민을 완전히 일개미로 비인간화하는 「인민공사」운동을 광적으로 추진하다 뼈아픈 좌절을 겪는 극단적 모험주의의 과오를 범하고 말았다. 또한 소련의 「평화공존론」에 대항하여 이념분쟁을 일으킴으로써 중-소대립을 격화시키는 국제적 모험주의의 우(愚)까지 범하게 되었다. 남재는 모택동의 정상적 현실주의에 대한 이와 같은 일탈이 결코 파국에까지는 이르지 않을 것으로 내다보았다. 모택동의 신중-착실한 현실주의가 결국은 무모하고 준비 없는 모험주의를 현실로 끌어내려 타협과 후퇴로 조정해나갈 것으로 보았기 때문이다.

「모택동사상」의 밑바닥에는 그의 용의주도한 현실주의와 함께 동전의 양면과 같은 무서운 독재주의가 또 하나의 기본방향을 이루고 있다. 인민-민주-민족-연합-공존 등의 구호들은 2중-3중적 독재의 변증법을 함축하는 모택동식 독재주의의 '언어마술'인 것이다. 인민들 사이에만 동지적 민주주의를 실시하고 "인민이 아닌 자에게는 적대적 독재를 실시한다"는 명제는 인민을 가변적 개념으로 설정하고 있는 모택동식 독재주의가 소련식 무산계급 독재보다 훨씬 가혹-잔인한 것임을 암시한다. 민족이란 것도 인민의 개념과 더불어 얼마든지 신축자재로 변경-축소될 수 있는 투쟁적 개념이다. 민주주의 또한 어디까지나 집중적 지도하의 민주일 뿐이다.

결론적으로 모택동의 독재주의는 다수의 특수모순이 복합적으로 얽혀 있는 후진사회 중국의 현실에 부합하도록 창조적으로 확대재생산한 복합구조, 복합 슬로건의 독재라는 것이 남재의 분석이다. 아울러 남재는 도시중심-노동자중심이 아니라 농촌중심-농민중심의 현실주의적 전술과 전략, 사고와 실천으로 중국혁명을 이끈 「모택동사상」을 정통마르크스레닌주의에 대한 '창조적 이단'(創造的 異端)이라고 그 성격을 규정하였다.

(6) 참고문헌들

『모택동사상』을 집필하면서 남재는 시종 자료부족을 통감하였다. "동서교류, 특히 우리 나라와 중공 사이의 문화교류가 이루어지지 못하고 있기 때문인 줄은 잘 알고 있지만, 장차 우리 학계에서도 공산진영의 실상을 알 수 있는 자료를 널리 수집-이용하게 될 날이 오기를 기다리는 마음 간절하다" 고 남재는 초판 <서문>에서 그 심경을 토로하고 있다.

『모택동사상』에서 남재가 가장 많이 참고한 문헌은 말할 것도 없이 『모택동선집』(毛澤東選集)이다. 중국어판을 구하기가 어려운 때인지라 전 6권으로 된 일본어판 『선집』(三一書房 ; 1955~1956)을 기본 텍스트로 삼았다. 여기에 역시 일본어판 『모택동전후저작집』(三一書房 ; 1957)과 『유소기 주요 저작집』(劉少奇主要著作集 : 三一書房 ; 1959)이 부가되었다. 그 밖에는 당성호(唐盛鎬 : Peter H. S. Tang)의 『중공의 오늘』(*Communist China Today* : 1957)이 가장 많이 인용되었고, 그 밖에 페인(R. Payne ; *Mao Tse-Tung*, 1950), 브란트-슈바르츠-페어뱅크(C. Brandt, B. Schwartz and J. K. Fairbank ; *A Documentary History of Chinese Communism*, 1952), 핏츠제랄드(C. P. Fitzgerald; *Revolution in China*, 1953), 페이스(H. Feis; *China Tangle*, 1953), 로스토우(W. W. Rostow ; *The Prospects for Communist China* ; 1954), 브란트(C. Brandt ; *Stalin's Failure in China* 1924-1927, 1958), 휴스(R. Hughes ; *The Chinese Communes*, 1960), 바네트(A. D. Barnett; *Communist China and Asia*, 1961), 그를리오(edited by Leo Gruliow ; *Current Soviet Policies* Vol. II.), 허드슨-로웬달-맥파구아(C. F. Hudson, R. Lowenthal and R. MacFarguhar ; *The Sino-Soviet Dispute*, 1961) 등 미국 학자들의 연구서를 많이 참고하였다.

대만서로는 장개석의 『중국의 운명』(中國之運命, 1953) 영문판, 추노(鄒魯) 편저, 『중국국민당개사』(中國國民党概史, 1951), 손일선(孫逸仙) 유저, 『건국대강』(建國大綱, 1953) 영문대조본이 있고, 일본서로 「인민공사」 관련서(佐藤愼一郎 ; 『人民公社』, 1959 및 篠原則省-上野稔 역, 『人民公社』, 1959), 그리고 한역서 장중정(蔣中正)의 『중국 안의 소련』이 있다.

개정판을 내면서 페인(R. Payne ; *Portrait of A Revolutionary : Mao Tse-Tung*, 1961), 『모택동자전』(*The Autobiography of Mao Tse-Tung*, 1949), 샤오유(Siao Yu ; *Mao Tse-Tung and I were Beggars*, 1959) 등 많은 문헌들이 추가되었다.

한 가지 안타까운 것은 남재가 개정증보판(1975)을 낼 때까지도 『모택동사상만세』(毛澤東思想萬歲)를 끝내 참고하지 못했다는 사실이다. 전 3권으로 된 『모택동사상만세』에는 모택동의 진의가 가식 없이 드러나 그 인간적 체취를 물씬 풍겨주는, 『선집』에는 없는 「문화대혁명」 기간 중의 연설문과 기타 문건들이 망라되어 남재가 이 문헌을 참고할 수 있었다면 「모택동사상」 연구의 깊이를 한층 더 심화시켰을 것임이 분명하기 때문이다.

3. 초판과 개정판

(1) 초판이 던진 충격과 반향

『모택동사상』의 초판이 출간되었을 때, 그것은 두 가지 점에서 세상에 충격을 던졌다. 하나는 「모택동사상」의 존재와 그 사상의 독창성에 대한 최초의 인식과 개안(開眼)에서 오는 충격이요, 또 하나는 중공연구에 있어서 '남재식 접근방법'이 시종일관 견지하고 있는 그 엄정-중립의 객관성과 대담성이 던진 파장이다.

초판 출간시점만 하더라도 극소수 연구자들을 제외하고는 세상에 「모택동사상」이라는 것이 있는 줄 조차도 잘 모르고 있었다고 해야 할 것이다. 따라서 초판이 독자들의 시선을 끈 것은 그 책이름 때문이었던 것 같다.

마르크스레닌주의의 이상적인 측면만을 보고, 거기에 막연한 동경심을 가지고 있던 일부 진보성향의 지식층이나 모택동과 중공군의 전설적 유격전술을 풍문으로만 전해 들은 사람들, 그리고 《사상계》를 통해서 남재를 익히 알고 있는 많은 독자들에게 있어서 책명 『모택동사상』은 그들의 지적 호기심을 자극하기에 충분했던 것이다. 그리하여 초판을 정독하고 난 독자들 사이에, "마르크스레닌주의의 보편적 진리와 중국혁명의 구체적 실천의 결합"이라는 「모택동사상」의 독창성과 그 융통자재의 현실주의적 실리주의에 경탄한 나머지 모택동 개인에게까지 매료되는 파문이 일기 시작하였다. 시간이 지나면서 적어도 모택동 유격전술의 4대원칙인 16자전법(敵進我退-敵據我擾-敵疲我打-敵退我追)의 묘리를 논할 정도는 되어야 국제정세를 담론할 수 있을 만큼 『모택동사상』은 어느덧 정치학도들뿐만 아니라 당시 지적 엘리트들의 화제의 중심이 되었고, 심지어는 그 사람의 독서수준을 평가하는 가늠자로 통용될 정도로 큰 반향을 불러일으켰다.

초판 발행부수가 얼마인가는 출판사(知文閣 : 서울 종로구 당주동 15-3 소재)의 대외비 사항일 터이므로 물론 알 길이 없다. 그러나 발행 1개월 후인 5월 20일자로 2쇄를 발행하였고, 이어 4개월 후인 10월 3일자로 다시 3판 발행을 기록한 점으로 보아, 보통 소설이나 수상(隨想)물 등 베스트 셀러류의 가벼운 읽을거리가 아닌 순수학술서가 당해에 3쇄까지 발행되었다는 것은 당시로서는 매우 드문 일로서 초판의 호응도를 가히 짐작케 한다.

남재 자신도 책이 나온 뒤 욕도 많이 얻어먹고 협박도 굉장히 당했다고 다음과 같이 당시를 회고했다.

> "…초판의 2편 6장의 제목을 「모택동사상의 승리」라고 썼는데 '승리'라는 것이 나쁘다는 거야. 가까운 변호사가 귀띔을 해주는데 — 왜 승리라고 했느냐, 또 왜 장개석은 잘못되었고 모택동은 잘했다고 썼느냐, 중앙정보부에서 당신 뒤를 따라다닌다 — 고, 조심하라는 충고를 받기도 했다…"[25]

철학자 신일철(申一澈)은 초판 전권을 정독한 애독자의 독후감임을 전제하고 쓴 《아세아연구》(고대아세아문제연구소)의 <서평>[26]에서 『모택동사상』이 수카르노의 욕망혁명 — 가장적 「교도민주주의」 형태분석에 이어 두 번째로 시도되는 후진국 정치유형 연구라는 점에서 그 문제의식이 결국은 한국의 민주주의의 발전과 건전한 정당육성에 대한 관심에서 비롯된 것이라고 지적했다. 아울러 아데나워(Konrad Adenauer)로 대표되는 독일 기독교민주당의 현실주의 분석과 모택동의 현실주의에 초점을 맞추고 있는 남재의 학문적 시각으로 볼 때 '현실주의'야말로 그것을 정치실천의 요체요 비결로 인식하고 있는 '남재 정치학'의 방법론적 출발이라고 평가하였다.

(2) 초판과 개정판 사이

남재는 초판 발행 3년 후인 1967년 5월, 개정판을 냈다. 개정판은 내용뿐만 아니라 체제까지 크게 달라졌다.

남재가 개정판을 내던 1967년은 모택동 자신이 직접 발동한 「문화대혁명」

의 홍위병(紅衛兵) 난동이 중국대륙을 온통 소란의 도가니로 몰아넣고 친모파(親毛派)와 반모파(反毛派) 간 반목-대립의 혈투가 절정에 이르러 모택동 1인지도체제와 「모택동사상」에도 돌이킬 수 없는 금이 가고 있던 때였다. 중국공산당을 둘러싼 이와 같은 정세변동 때문에라도 남재는 초판의 증보(增補) 필요성을 절실히 느끼고 있었다. 게다가 초판에 대한 반발이 주로 관변측에서 빈번히 일어났다. 심한 경우 『모택동사상』을 소지했다는 이유만으로 사람이 잡혀가기도 했다. 남재는 이 같은 사태에 무언의 압력을 느끼지 않을 수 없었다. 이 무렵의 정황을 남재는 다음과 같이 피력했다.

> "… 나는 그때 중앙정보부에 끌려간 일은 없었어요.… 잡아가려면 잡아갈 수도 있었고, 또 심문이라도 했을 텐데… 나는 그냥 놔두는 것이 편리하다고 생각해서 그랬는지, 어떻게 봐주었어요!"[27]

그러나 막상 증보에 착수하고 보니 적지않은 미비점이 발견되었다. 또 기왕에 손을 댈 바에야 초판에서 소략(疏略)된 젊은 시절 모택동의 사상적 편력과 특히 모택동사상 형성과정의 배경이 되는 「아편전쟁」 이후 중국사회가 겪은 사상적 혼돈과 사회-정치-경제적 격동상에 대해서도 알기 쉽게 자세히 설명해 두는 것이 독자에 대한 예의라고 생각되었다. 그리하여 남재는 당초 계획을 바꾸어 처음부터 새로 집필하기로 방향을 돌려잡았다. 그러다 보니 개정판은 "사실상 신간(新刊)이나 다를 바 없게 되었다"는 것이 남재의 소감이었다.[28]

「반항의 아들」로 시작되는 제1장의 <공산당원 이전>부터 제3장 <유격전술의 비결>까지의 개정판 서술은 그 치밀한 내용구성은 말할 것도 없고, 전문적 학술어의 난해까지도 어느덧 부드럽게 녹여낸 듯한 '남재류'의 독특한 언어와 문체가 더욱 돋보여, 마치 모택동의 전기(傳記)를 읽는 듯한 소설적 감흥마저 불러일으키고 있다. 그 이하의 전편을 흐르는 이와 같은 문장감각이 초판에서 맛볼 수 없는 신선감을 더하고 있음은 물론이다. 따라서 초판과 개정판을 모두 숙독한 사람이라면, 개정판은 초판이 갖는 고도의 학술성을 그대로 유지하면서도 독자들의 관심사를 한층 부각시켜 이를 소상하고도 평이하게 보충해놓은 계몽판적 성격의 신간임을 곧 알아차리게 될 것이다.

이와 관련, 민도 양호민은 "선생의 모택동사상은 초판이 더 훌륭하다. 개정판은 당시의 정치적-사회적 분위기를 의식하지 않을 수 없어 표현이나 자료동원에 있어 후퇴한 느낌이다. 내 소견으로는 초판에 학문적 가치를 더 두고 싶다"고 평가하였다. 이 점은 "개정판이 많이 달라졌어요. 자꾸 반발이 나오고…"[29] 하는 남재의 회고와도 일치한다.

초판과 개정판 사이의 외견상 차이는 물론 그 서술체계에 있다.(별항 「목차」비교 참조) 초판은 전권을 3편 10개장으로 구성한 데 반하여, 개정판에서는 '편' 구성을 없애고 11개장만으로 펼쳐, 각개 장의 독립적 개성을 더욱 부각시키면서 전체구성의 전후맥락을 잃지 않도록 배려하는 한편, 각개 장과 절의 제목을 개작함으로써 표현상의 차이가 두드러진다고 하겠다. 또 내용적으로는 이미 앞에서 언급한 바와 같이, 「모택동사상」 형성과정 고찰을 추가한 이외에, 초판에서 보는 전거(典據)자료의 별항 나열방식을 지양하고, 필요한 만큼은 본문에서 이를 소화함과 동시에 보충자료를 새로이 부가하여 상세히 해설하고 있는 점이 다르다고 하겠으나, 그렇다고 이것이 초판 내용의 근본적인 변경을 뜻하는 것은 아니다.

표현상의 가장 큰 차이는 초판의 제6장 <모택동사상의 승리>가 개정판에서는 제7장 <변증법의 마술>로 대치된 점일 것이다. '표현에서 후퇴한 느낌'이라는 양호민의 평가는 바로 이 대목을 두고 한 말인 듯하다. 그러나 어쨌든 개정판은 또 그것대로 남재의 학문적 진경(進境)을 한껏 담은 노작(勞作)으로서 독자성을 갖는다고 할 것이다.

1972년 3월에는 개정판이 중판(重版)되었다. 『모택동사상』이 꾸준히 독자층을 형성하고 있는 스테디셀러임을 말해주는 것이리라.

*

『모택동사상』은 『기독교민주주의 사회민주주의의 교도민주주의』와 함께 남재가 40대 전반까지 이룩한 학문적 성취를 집대성한 노작이다. 이 두 저서에는 하나의 '주제의식'이 관류(貫流)하고 있다. 동양과 서양, 선진과 후진, 민주와 독재, 자유와 통제의 문제 등이 그것이다. 「남재의 학문」은 바로 이와 같은 세계사적 중심과제에 대한 줄기찬 탐구와 도전을 지향하고 있었던 것이다. 남재는 후진사회의 공통적 과업인 민주와 독재의 문제, 자유와 통제의 문제를 우리가 어떻게 지혜롭게 해결-극복하고 서구 선진사회가 도달한 자유-민주-복지-번영에 다가갈 것인가, 그 개척과 건설의 방도를 모색하기 위해서 그처럼 장구한 세월 동안 끈질기게 학구의 노역을 다하여 마지않았던 것이다. 이러한 뜻에서 이 두 저서는 별개의 독립저술이라기보다는 동일 주제의 '자매서'(姉妹書)적인 성격도 함께 갖는 것이라 할 수 있다.

모택동은 그의 「신민주주의론」 전개과정에서, "중국혁명의 구체적 실천"으로서 비공산주의적 「인민민주주의」를 최저강령으로, 그리고 먼 장래의 원대한 사회주의건설을 최고강령으로 설정하고, 최저강령만 따르면 우익기회주의에 빠지기 쉽고, 최고강령만 따르면 좌익모험주의에 빠지기 쉬우니 양자를 겸하는 것이 올바른 길이라고 가르친 바 있다. 이것을 남재는 모택동의 현실주의라고 규정하였다.

우리는 앞에서 남재 정치학의 방법론적 출발이 '현실주의'에 있음을 신일철의 서평을 빌려 언급한 바 있거니와, '남재 학문'을 일관하고 있는 '보수주의'에 대한 관심도 결국은 현실주의를 분석틀로 하고 있다는 점에서, 이를 모택동식으로 표현하면, 최저강령과 최고강령을 겸전하고 있다고 할 것이다. 이것이 바로 '남재의 변증법'이 아닌가 생각된다.

40대 전반에 남재가 이 두 저서를 통해 이룩한 학문적 성취를 숙독하면서 우리는 새삼 '남재의 변증법'을 발견하게 됨을 여기에 그 독후감으로 부기해 두고자 한다.

제3절 『모택동사상』 그 이후

1. 60년대 정치 지형(地形)

남재가 군정의 문교부장관을 사임한 지 꼭 2개월 후인 1962년 12월 17일,

『모택동사상』 초판(1964) 목차

『모택동사상』 개정증보판 중판(1978) 목차*

4. 연합정부

○ 제7장 변증법의 마술 : 1. 해방전쟁 / 2. 타타담담(打打談談)

○ 제8장 인민민주전정(專政)의 고민 : 1. 청산투쟁 / 2. 백화제방(百花齊放)-백가쟁명(百家爭鳴) / 3. 인민내부의 모순

○ 제9장 인민공사의 실패 : 1. 대약진의 망상(妄想) / 2. 대수정(大修正)의 고배

○ 제10장 이념분쟁의 소란 : 1. 자주와 맹종 / 2. 시한폭탄 / 3. 이념분쟁의 폭발 / 4. 수정주의와 교조주의 / 5. 핵무기논쟁

○ 제11장 문화대혁명의 진통 : 1. 두 개 사령부의 암투 / 2. 조반유리(造反有理) 혁명무죄(革命無罪) / 3. 삼결합 / 4. 후계자문제

○ 제12장 불투명한 전망

---

* 1967년 개정판과 1975년 개정증보판 간의 차이는 <문화대혁명의 진통>(개정증보판 제11장)의 유무에 있다. 개정판 출간 당시는 '천하대란'으로 표현되는 문혁 10년 기간 중 초반에 해당하므로 문혁의 귀추를 살피고 종국을 기다려보아야 하는 시기적 한계를 지니고 있었다. 따라서 개정증보판은 선적으로 '문혁의 장'을 보충하기 위해 출편된 것이다.

5·16군정은 대통령중심제에 단원제(單院制)를 골격으로 하는 새 헌법을 국민투표에 부쳐 확정짓고, 12월 26일 이를 정식으로 공포하였다. 이어 12월 31일에는 무소속 출마를 전면 금지하는 새 정당법이 공포되었고, 일부 구정치인에 대한 해금(解禁)조치가 내려졌다.

새 정당법의 시행에 따라 1963년 1월 1일을 기하여 1년 7개월만에 민간인의 정치활동이 재개되었다. 그러나 민정참여를 놓고 박정희의 번의사태가 되풀이되고, 군정연장이 재론되는 가운데 '해금정국'은 일대 혼미상태에 빠져들어 약속된 1차 민정이양 절차는 무산되고 말았다. 이 해 8월 15일에 가서야 10월 15일 대통령선거, 11월 26일 총선실시의 새로운 민정복귀 일정이 제시되었으나, 이것은 신당(민주공화당)을 사전에 조직하여 이미 선거체제를 확립한 군정세력에게 일방적으로 유리하도록 짜여진 촉박한 정치일정이었다. 따라서 시간에 쫓기고 조직과 자금에서 절대열세인 야당 구정치세력이 난립상태 그대로 선거전에 뛰어든 이상 패배는 자명한 귀결이었다. 그럼에도 야당후보 윤보선과 군정후보 박정희 간의 표차가 15만 표밖에 나지 않았다는 것은 당시 민심의 소재와 향방을 극명하게 드러낸 것이라 할 수 있다.

1963년 12월 17일, 드디어 박정희정권이 출범하였다. 결국 군정의 연장선

상에서 성립한 박정권은 그 정통성(Legitimacy)을 부정하며 민주-민족-민권을 대변해온 학원세력으로부터 끊임없는 도전을 받게 되었다. 대학과 군사정권은 불상용(不相容)의 숙명적 대결을 벌이며 60년대의 한국 정치를 탄압과 저항의 격동 속으로 몰아넣었던 것이다. 그 첫 대결이 1964년 3월 "대일저자세 굴욕외교"를 규탄하는 대학가의 한일회담반대시위로 표출되었고, 그것은 마침내 「6·3계엄사태」로까지 발전하였다.

1965년에 들어서서도 한일국교정상화 문제는 대학가의 최대 이슈가 되었다. 6월의 한일협정조인과 8월의 국회비준을 앞두고 이를 저지하려는 반대시위가 절정에 이르러, 서울 일원에 위수령이 발동되고 대학에 휴업령이 내려져 다수의 학생과 교수가 대학으로부터 축출되었다. 장장 1년 5개월여에 걸친 한일협정반대시위의 격랑 속에서도 이 해 연초에는 월남파병이 있었다.

1966년에는 재벌의 밀수사건이 폭로되어 경제개발의 뒷전에서 정부의 갖은 특혜를 누리며 성장해온 재벌의 망국적 밀수행위 규탄과 그 엄단을 촉구하는 시위가 촉발되었다. 1967년에는 또다시 야당의 참패를 결과한 5월 대선과 6월 총선의 선거부정 규탄시위가 격화되었고, 이 해 7월에는 「동백림간첩단사건」이 발표되어 온 사회를 긴장 속에 몰아넣었다. 1969년에는 3선개헌문제가 대두되었다. 이 해 6월 하순부터 개헌 반대시위가 끊임없이 계속되었고, 이후의 반정부 투쟁양상은 70년대의 교련 반대시위로 이어졌다.

이상에서 개략적으로 살펴본 바와 같이, 60년대 한국의 정치지형(地形)은 명분보다 실리, 물량적 건설, 조직과 능률, 고속발전과 고도성장을 내세우며 '조국근대화'를 부르짖는 '민족중흥세력'의 근대화 중심부와 여기에 맞서 자유-민주와 선비적 금욕-절제의 정신이 결합된 명분론을 앞세우고 정통성이 결여된 군사정권의 반칙-변칙으로 점철된 폭압적 통치에 반발-저항하는 학원세력, 곧 근대화 주변부 간의 '저항과 탄압의 대결구도'로 그 성격이 축약된다고 할 것이다.

2. 망중한(忙中閑)의 빛과 그늘

『모택동사상』 출간 무렵인 1964년에 남재 일가는 명륜동집을 처분하고 종로구 혜화동 15-139 소재 한옥을 구입, 대대적으로 개조-수리하여 이사하였다. 이 집이 1992년 1월에 서울시 문화재로 지정되면서 남재와 혜천의 첫 자와 끝 자를 따서 「남천당」(南泉堂 : 〈부편〉에서 상술)이란 이름을 지은 바로 오늘의 '혜화동 구택'이다. 슬하의 4남매가 장성하면서 30평 남짓한 명륜동 일식가옥은 갈수록 협소해졌고, 남재 자신이 사회 저명인사가 됨에 따라 찾아오는 손님도 부쩍 늘어나 이 집으로는 도저히 감당할 수 없게 되었기 때문이다. '혜화동 집'을 꾸며 들고서야 남재 내외는 비로소 마음놓고 손님맞이를 할 수 있게 되었다고 한다.

남재의 언론에 대한 젊은 날의 관심은 출판사업 형태로도 표출되어 이 시기 출판사 지문각(知文閣) 경영의 재정적 후원자로 관여하기도 했다. 남재의 재정후원을 받아 경영을 전담한 사람은 서울대 출신의 김성무(金聲武)였다. 그는 남재의 야마구치고교 3년 후배로서 《동아일보》 논설위원을 역임한 소설가 김성한(金聲翰)의 실제(實弟)였다.

출판사 지문각의 경영관여는 남재 생애에서 극히 예외적인 실패의 쓰라린 경험으로 기록된다. 출발 초기 지문각은 남재의 두 저서를 내면서 일약 이름있는 출판사 대열에 끼일 수 있었다. 또 1966년 말에는 발매 석 달만에 10판까지 발행, 공전의 대히트를 친 김성한의 3부작 소설 『이성계』(李成桂)를 발행하여 독서계의 주목을 끌기도 했고, 그 후로도 계속 양서(良書)를 출판하여 자리를 잡아가는 듯했다. 그러나 어찌된 연고인지 60년대 말에 이르면서 경영의 난맥상을 보였고, 1970년대에 이르러 『모택동사상』 개정판의 중판을 내고는 곧 문을 닫고 말았다.

남재에게 있어서 지문각의 실패는 단순히 사업상의 실패로만 끝나는 것이 아니라 인간신뢰의 상실을 뜻하는 것이어서 참으로 씁쓸한 뒷맛을 남겼다고 혜천은 기억하고 있다. 지문각의 실패를 계기로 혜천의 꿈도 무산되었다. 혜천은 이 시절 남재 내외의 노후를 생각해서 두 가지 사업을 계획하였다. 하나는 지문각을 키워 남재의 연구사업의 기지로 발전시켜나가는 연구소 설립 구상이었고, 또 하나는 당시 이 땅의 열악한 문화환경을 생각하여 무료도서관을 세우고, 이와 더불어 노인복지사업을 겸하여 펼치는 구상이었다. 혜천은 이들 사업을 감당할 두 개의 빌딩을 장만하는 것이 목표였다. 이를 위해서 재원확보에 부심하던 중 지문각 경영 실패로 적잖은 금전적 출혈을 보고 나서는 그만 의욕이 꺾이고 말았던 것이다. 혜천의 이와 같은 노후 구상에는 남재도 관심은 보였지만 구체적인 조언은 없었고 혜천에게 전적으로 일임하는 자세였다고 한다.

『모택동사상』 출간 이후 남재에게 한가로운 시간이 찾아왔다. 이 재충전의 기회를 남재는 강의와 독서 이외에는 낚시를 즐겼다. 그러나 모처럼의 한가로움도 『모택동사상』의 개정판 작업을 시작하면서 곧 끝나버리고 말았다. 1965~1966년 2년 동안 남재는 꼬박 개정판을 처음부터 새로 집필하는데 혼신의 정열을 쏟아부었던 것이다.

1966년 5월, 남재는 현민 유진오와 함께 경희대학교(慶熙大學校)로부터 명예박사학위를 받았다. 경희대는 개교 17주년 기념식전에서 남재에게 명예법학박사 학위를 수여하면서 "20년간 고대 교수로 재직하는 동안 탁월한 정치학자로서 후진양성에 기여하였고, 학술조사-논문발표를 통해 학계 발전에 크게 공헌하였으며, 1962년에는 문교부장관으로서 문교행정을 쇄신하였고, 1961년에 유엔대표단의 일원으로 제15차 유엔총회에 참석하여 조국통일에 헌신한 공로를 높이 평가하여…"라고 명예학위 수여 이유를 밝혔다.[30]

3. 이미지의 동일시 ; 「김상협 교수와 모택동」

『모택동사상』이 지식인사회에 선풍적인 화제를 불러일으키면서 학생들 사이에는 어느새 남재와 모택동을 일치시켜 생각하는 '이미지의 동일시' 현상이 번져가고 있었다. 남재의 그 중후한 풍모가 그렇고, 그 과묵한 언동과 복합-변증법적 언어구사의 매력이 그대로 모택동을 연상시켜 '남재 대망론'으로까지 이어지곤 했다.

남재는 모택동과 비슷한 환경에서 자랐다면 혁명을 하지 않았겠느냐는 제자의 질문에 "…그런 말 많이 들었지만 내가 혁명을 한다면 이상주의적 혁명을 하겠지, 그 이상은 못한다…"고 했다.[31] 또 혁명을 할 수 없는 환경적 요인 때문에 그 열정이 『모택동사상』이란 저술로 분출한 것이 아니냐는 질문에 대해서도 "난 총 쏘는 것 몰라서 안된다"고 하면서, "누가 무엇을 하자면 항상 나는 총 쏘는 일은 못한다"고 응답해왔음을 실토했다.[32] 여기서 "무엇을 하자"는 것은 물론 "한번 해보자"는 주변의 대권(大權) 도전 압력을 뜻하는 것임은 물론이다.

1960년대 초중반, 정치가 극도로 어지러울 때, 남재를 놓고 두 가지 설왕설래가 있었다. 하나는 전편에서 이미 상술한 것처럼 남재에게 대망을 걸고 남재를 내세워 군사독재와 한번 싸워보자는 것이고, 또 하나는 남재를 우선 정계에 진출시켜놓고 보자는 움직임이었다. 그리하여 남재의 종로구 출마설이 한때 상당한 구체성을 띠고 나돈 일까지 있었지만 정작 당사자인 남재는 이를 거들떠보지도 않았다.

1963년에 민정복귀를 앞두고 실시된 10월 대통령선거 직전, 야당후보의 단일화를 추진하는 과정에서 당시 국민의 당 대통령후보조정10인위원회가 해위 윤보선을 찾아가 후보를 양보하는 것이 야당이 살고 난국을 타개하는 길이라고 역설한 바 있다. 그때 해위가 "생각해보겠으나 가인(街人 : 김병노)이나 우양(友洋 : 허정)에게는 양보할 수 없다. 김상협군 같은 이에게는 몰라도…"[33]라고 했다는 말은 그 이후 '남재 대망론'의 무게를 한층 더 실어주는 일화로 오랫동안 살아남았다.

이 때문에 박정권이 남재를 항상 의식하고 견제를 한 듯하다. 『모택동사상』이 박 정권하에서 정보기관에 의해 소위 '불온서적'으로 분류되었던 것도 그 반증일 것이다. 유신선포 후 최초의 학생저항으로 기록된 고대 「민우지사건」(民友誌 : 일명 NH회)과 「야생화지사건」(野生花誌 : 일명 검은10월단) 관련 학생들이 수사과정에서 이 책을 소지했다는 이유로 수사관들에 의해 반공법으로 몰려 말할 수 없는 곤욕을 치렀고, 재판과정에서도 이 책의 사상적 불온성을 놓고 검찰과 변호인 간의 법리공방이 불꽃을 튀겼다고 함은 널리 알려진 사실이다. 남재도 이때 학생들이 당한 고통과 피해를 항상 가슴 아프게 생각하고 있었다.[34]

그러나 어쨌건, 남재와 모택동의 '이미지 동일시'는 이 시대 학생들의 가슴 속에 자리잡고 있던 '남재 대망론'의 또다른 표현이었다고 생각된다.

4. "민선 평양시장"과 "눈물젖은 두만강"

'모택동 이미지'에 더하여 이 시절 남재에게는 '통일 이미지'가 하나 더 오버랩되어 있었다. 민족의 통일문제와 관련, 남재와 더불어 나누는 담론(談論)은 언제나 좌석의 피를 끓게 하는 것이었다. 어쩌다 자리가 주석으로 이어져 취흥이 도도해지면 남재는 흔쾌히 애창곡 "두만강 푸른 물에…"를 불렀고, 좌중의 제자들은 이를 따라서 합창을 했다. 이제는 갈 수 없는 머나먼 북녘땅, 두만강을 그리면서 남재는 제자들과 함께 통일에의 간절한 염원을 달래었고, 그래서 "눈물젖은 두만강"은 어느덧 '남재사단'의 '통일주제가'가 되었던 것이다. 아마도 고려대학교 정치외교학과 57학번 4·19세대들이 남재와의 이와 같은 추억을 가장 많이 간직하고 있을 것이다.

이때 남재는 기발하게도 '민선평양시장론'을 폈다. 제자들이 은근히 '남재대망론'을 끄집어내려고 하면, 남재는 재빨리 "평양 민선시장은 내가 맡지…!" 하면서 재치있게 화제를 돌렸다. 남재의 '평양시장론'은 말할 것도 없이 통일을 전제로 해서만 성립할 수 있는 것이라, 지금은 비록 꿈이지만 언젠가 통일이 되어 남재가 평양시장을 맡게 되면 남북간의 민족화합을 멋지게 이룩해내리라는 기대에서, 통일의 그날을 그리면서 누구나 자연스럽게 공감하였던 것이다.

그러나 남재의 이 '평양시장론'은 제자들과의 대화에서 처음 나온 것이 아니었다. 발단은 청계천의 유명한 평양냉면집 우래옥(又來屋)의 주인 할아버지와의 스스럼없는 대화에서였다.

1965년에 한일협정조인반대에 이어 국회비준을 저지하기 위한 대학가의 시위가 격렬해지자 정부는 위수령을 발동하고 대학에 휴업령을 내려 데모 관련 학생들은 물론 교수까지 시위선동혐의를 씌워 학원에서 몰아내었다. 이때 고대에서는 김성식-이항녕(李恒寧)-김경탁(金敬琢) 세 교수가 이른바 정치교수로 몰려 쫓겨났다. 대학의 이와 같은 수난에 남재의 울분은 컸다. 하지만 권력의 물리적인 힘 앞에 사실 대학은 무력하기 짝이 없었다. 가까운 교수들의 불행을 보면서 속수무책이었던 남재는 틈나는 대로 술자리를 마련하여 그들의 울적한 심사를 위로하는 것이 고작이었다. 특히 약전(藥田)

김성식의 수모에 남재는 가슴이 아팠다. 앞으로 다시 소개되겠지만, 김성식은 1946년에 남재와 같은 날 고대 교수로 발령을 받은, 이를테면 같은 학번의 고대 입교동기(?)로서 유달리 가깝게 지내온 사이였다. 그래서 남재는 김성식과 자주 만나 낚시도 함께 다니고 특히 우래옥을 즐겨 찾았다.

남재가 김성식과 함께 우래옥에 나타나면 평안도 출신의 주인 할아버지가 열일 제쳐놓고 달려나와 반가이 맞아주었고 시중도 직접 들며 특별손님 취급을 해주었다. 남재는 실향민인 주인의 향수를 달래줄 겸, 인사차 "빨리 남북통일이 되어야 할 텐데…" 하면서 농담삼아 "통일이 되면 내가 과도기의 초대민선평양시장을 맡겠다"는 주장을 폈다. "당신네 평양사람들이 올라가면 또 싸움박질이나 하고, 보복이 심할 게 아닌가. 남쪽 출신인 내가 가서 화합을 시켜야 진정한 통일이 이루어질 수 있다"는 것이 남재의 지론이었고, 남재는 "3년간만 맡을 테니 시장으로 뽑아달라…"고 부탁까지 했다.

남재의 이와 같은 엉뚱한 주장이 하도 재미가 있고 신도 났던지 그후 주인은 남재가 가면 "우리 평양시장님"을 연발하며 깍듯이 '초대민선평양시장'으로 모시면서 좋은 부위만을 골라 고기도 듬뿍 갖다 주곤 했다. 남재 또한 우래옥에서 평양 출신 손님을 만나면 능청스럽게 절까지 하며 한 표를 부탁했다. 시쳇말로 '사전선거운동'을 한 셈이었다. 남재의 이처럼 유머러스한 '통일기행'(統一奇行)은 우래옥 주인 할아버지의 입을 통해서 소문이 나기 시작하여 이곳 단골손님은 말할 것도 없고 장안의 호사가들의 입에 오르내리면서 어느새 남재 하면 '3년 임기의 통일 초대민선평양시장'으로 통하게 만들었던 것이다.

이제 와서 생각하면, 이 '평양시장론'이야말로 참으로 남재다운 발상이 아닐 수 없다. 또 애창곡 "눈물젖은 두만강"이 겨레의 통일정서를 대변하는 국민적 가요로 크게 자리를 잡아간 데는 남재와 '남재사단'의 공이 컸으리라.

제4절 60년대의 말과 글

남재는 1960년대에도 말과 글을 지극히 절제하였다. 두 편의 저서 이외에는《사상계》1963년 4월호에 기고한 <영국의 보수주의> 단 한 편의 논문이 있을 뿐이고, 논설도《동아일보》에 <신악과 구악의 혼류>(1965. 1. 1.)와 <닉슨에 바란다>(1968. 11. 8.) 두 편, 그리고《주간조선》에 기고한 <두 갈래 드라마의 혼선>(1969. 10. 16.) 1편 등 3편이 전부이다. 그리고 그외《사상계》-《조선일보》-《월간중앙》-《신동아》 등의 좌담-대담에 여섯 차례 참석하였다(〈표 Ⅲ-③〉 참조).

1. 논문 : 〈영국의 보수주의〉

《사상계》 창간 10주년 기념호에 발표된 <영국의 보수주의>(1963년 4월호)는『기독교민주주의 사회민주주의 교도민주주의』의 저술과정에서 얻은 부수적인 성과라 할 수 있다. 남재는 이 저서에서 서독 기독교민주당의 보수노선과 서구제국의 정당들의 보수화 경향을 논하면서 그 상호영향의 선후관계를 비교검토하기 위해서 영국 보수당의 보수주의노선과 노동당의 노선전환을 고찰한 바 있다.《사상계》에 발표된 이 기고논문은 위 저서의 바로 이 대목을 상세하게 보충한 것이다.

남재는 이 논문의 서두에서 영국보수주의의 기본성격부터 요약-정리하고 있다. 이 '성격 정리'는 이 논문의 본론인 동시에 결론이라 할 만큼 전체의 흐름을 명쾌하게 집약하고 있다. 그 주요 내용을 다음에 살펴보자.

— 영국의 보수주의는 무엇보다 역사와 전통을 존중한다. 선조들의 유산을 일소하는 것이 아니라 그것을 지키고, 과거라는 확고한 토대 위에서 시대적 요구에 맞지 않는 낡은 것을 현실에 적응시키는 것이 보수주의의 목적이다.
— 과거를 단절하고 새로운 미래건설의 사명감에 불타는 혁명주의-혁신주의에 맞서 그 추상적 이론과 가공적 가설을 근거로 한 경거망동을 일축하고, 그 이론광신자(理論狂信者)들의 이론이성지상주의의 천박-편협성을 배

〈표 Ⅲ-③〉 1960년대 저술-기고-좌담 등 발표상황

연도	구분	제 목	발표지 및 출판사
1963	저 서 논 문 좌 담	『기독교민주주의 사회민주주의 교도민주주의』 <영국의 보수주의> "정당정치-정쟁의 도가니 : 한국정당정치의 오늘과 내일"	지문각 《사상계》 4월호 《사상계》 3월호
1964	저 서 대 담 좌 담	『모택동사상』 "제3공화국의 향방은 어디냐" "변천하는 공산주의사회 : 흐루시쵸프 수상 실각과 중공의 핵실험이 뜻하는 것"	지문각 《조선일보》 1월 1일 《사상계》 12월호
1965	논 설	<신악과 구악의 혼류>	《동아일보》 1월 1일
1968	논 설 정 담 대 담 대 담	<닉슨에 바란다> "68년의 시점에서 70년대를 내다본다" "아프터 베트남의 세계정국" "체코사태를 어떻게 볼 것인가"	《동아일보》 11월 8일 《조선일보》 11월 8일 《월간중앙》 7월호 《신동아》 9월호
1969	논 설	<두 갈래 드라마의 혼선 : 70년대 문턱에서 본 '60년대 한국'>	《주간조선》 10월 16일

격한다. 역사란 학설이나 정열만으로 함부로 뜯어고쳐지거나 슬로건-비전-유토피아적 관념 따위로 해결될 수 있는 단순한 것이 아니다. 역사문제에 대한 관념적, 공상적 안이한 해결방식을 회의하고 역사과정을 존중하는 것이 영국 보수주의의 신조이다.

— 그렇다고 영국의 보수주의가 변화를 거부하는 반동이라는 뜻은 아니다. 변화를 수용하되 그 변화는 단련된 경험과 상식에 토대를 두고 영국의 관습과 전통, 법칙에 맞는 것이어야 한다. 단숨에 현상을 타파하고 무계급 이상사회를 건설하려는 사회주의자들로부터 기회주의적이고 꿈과 정열이 없는 현실집착의 불가지론자라고 공격을 받아도 두려울 것은 없다. 그때그때 역사적 상황에 타협하면서 현실주의적으로, 실용주의적으로 일보 일보 착실하게 전진하는 것이 영국 보수주의의 생명이다.

— 다행히도 영국사회에는 마땅히 보수해야 할 '기정사실'을 많이 축적하고 있다. 과거의 경험과 지혜와 상식을 잘 살려가며 이 '기정사실'을 올바로

보수하자는 것이 영국보수주의의 신념인 것이다.

— 그렇다면 마땅히 보수해야 할 '기정사실'은 무엇인가. 그것은 '개인의 자유'와 '사유재산권'이다. 사유재산권이 인정될 때 자유와 민주주의는 실현된다. 사유재산권이 있는 민주주의만이 국부(國富)를 생산하는 영국 국민의 의욕과 창의를 북돋아주고 그들로 하여금 스스로 보다 많은 발전의 기회를 얻고 역량을 길러나갈 수 있도록 고무해줄 것이다.

— 무차별 평등이란 원초적으로 성립 불가능한 난센스에 불과하다. 있다면 오로지 기회균등이 있을 뿐이다.

요컨대 영국의 보수주의는 "역사존중"이라는 전통적 실용철학의 토대 위에서 개인의 자유를 끝까지 수호하고 개성과 창의를 발양시켜나가기 위해서 사회주의라는 가공적 도그마를 배격하고 국가통제를 반대하며, 근면-자조-자력갱생의 사유재산권 있는 민주주의와 자유시장경제를 제창함을 그 본질로 삼고 있다고 남재는 되풀이 요약하고 있다. 이 본질을 굳건히 지켜나가기 위해서 영국의 보수주의는 개인의 자유와 독립을 말살-유린하고, 종교를 배척하며, 가정을 파괴하고, 모든 인도적-윤리적 원칙을 거부하는 공산주의와 맞서, 힘에 의한 평화유지를 위하여 재군비를 역설하며 대소(對蘇)강경노선을 채택하고 있다는 것이다.

그리하여 영국은 이제 보수당이 집권을 하건, 노동당이 집권을 하건, 그 이념이 무엇이건 간에 보수주의가 아니고는 발을 붙이기 어렵게 되었다는 것이다. 노동당이 계급투쟁의 환상과 생산수단의 국유화 신화를 떨쳐버리고, NATO 가입을 찬성함으로써 중립외교노선의 청산, 반소군사정책으로의 일대 노선전환을 꾀하게 된 것도 이상과 같은 맥락에서 이루어진 것이라고 남재는 결론짓고 있다.

2. 세 편의 시론(時論)

(1) <신악과 구악의 혼류>

《동아일보》 1965년 1월 1일자 신년호에 실린 「시론」 <신악과 구악의 혼류>는 해방 20년을 맞는 시점에서 우리 정치 '성년(成年)의 실상'을 예리하게 비판한 글이다. "건설적 산업세력의 정치적 역할"을 강조한 이 짤막한 논설에서 남재는 지난 20년 동안 전개된 우리 정치의 특징을 한마디로 "자유와 질서 사이의 균형을 한 번도 올바로 잡아보지 못하고, 무정부상태와 독재정치 사이의 양극만을 무수히 오갔다"고 묘사하였다.

이와 같은 악순환 속에서 오늘의 집권 '민족중흥세력'은 조국의 근대화보다 부정부패의 근대화에 더욱 공헌, 이를 확대재생산하여 적극화-효율화-강력화하였을 뿐만 아니라 구조화-자동화-극대화하였다고 신랄하게 비판하였다. 이로 인해 사회일각에서는 민정의 무정부상태가 월남의 재판으로 치달을 것을 우려한 나머지 또다시 획기적 비상수단 동원의 불가피성을 외쳐댈 정도로 사회불안이 극에 달하고 있음을 남재는 지적하였다.

그러면 우리 정치가 어떻게 자유와 질서 사이의 올바른 균형을 잡고, 무정부상태와 독재정치 없는 민주주의의 정도를 열어나갈 것인가. 남재는 힘의 보장이 없는 '양심과 정의'가 정치적으로 얼마나 무력한 것인가를 상기시키면서, 참신하고 양심적인 세력의 정치주도를 몽상하는 일부의 순진한 발상을 일축하였다. 아울러 관권과 결탁하여 약탈이득만을 노리는 특혜세력, 인플레의 횡재만을 쫓는 투기세력, 외국자본의 앞잡이 노릇만 하는 매판세력 등 반민족적, 반사회적 기생(寄生)세력을 제외한 모든 건설적 '산업세력'의 정치적 대동단결과 각성-참여를 통해 이 정치적 악순환을 극복해나갈 것을 강조-역설하였다.

여기서 우리는 분행(分行)과 병치(竝置)로 특징지어지는 이전의 글들에서 볼 수 없었던 남재류(流)의 언어-문장과 만나게 된다.

> "자칭 자유민주주의와 자칭 민족적 민주주의, 타칭 가식적 민주주의와 타칭 이질적 민주주의 사이의 치열한 이데올로기 투쟁 / 군인 출신과 민간인 출신, 정복민 출신과 피정복민 출신 사이의 의식투쟁 / 주체세력과 비주체세력, 주류와 비주류 사이의 체질투쟁 / 온건파와 강경파, 헌정 절대수호파와 헌정 중단불사파 사이의 전략투쟁 / 신세대의 통일급진론과 구세대의 통일신중론 사이의 연령투쟁 / 매판자본주의론과 민족자본주의론 사이의 관념투쟁, 게다가 신악과 구악 사이의 경쟁적 공존론까지 겹쳐 있으니 정국은 혼미와 혼돈으로 줄달음칠 수밖에 없

다.…”

는 것이 그것이다. 이 예문이 보여주고 있는 바와 같이, 남재는 대립적 개념어의 대칭적 병렬과 분행 기법으로 전개되는 자기 문체, 곧 ‘남재류의 레토릭’을 구사하고 있는 것이다. 남재는 『기독교민주주의―』와 『모택동사상』을 집필하면서 자기 학문의 집대성으로 끝나지 않고 ‘자기언어’-‘자기문장’-‘자기문체’의 개발에 힘써 이 ‘논설’에 이르러서는 완성의 경지에 이르렀음을 보여주고 있는 것이다.

(2) <닉슨에 바란다>

《동아일보》 1968년 11월 8일자 1면을 장식한 <닉슨에 바란다>(시리즈 ①)는 아이젠하우어 대통령시절 부통령으로서 한국의 전후 복구-재건에 지원을 아끼지 않았던, 우리에게는 친숙한 닉슨의 새 대통령 당선을 계기로, 미국의 내외정세를 살펴보고 미국 대통령의 과제를 짚어본 글이다.

남재는 우선 닉슨 앞에 산적한 과제 가운데 흑백갈등과 사회복지의 증진 요청(대내적), 월남전의 조속한 종결, 달러 방위, 대공(對共)군사력 강화, 후진국개발원조(대외적) 등을 선결과제로 지적하였다. 특히 닉슨이 내세운 ‘법과 질서’라는 명제는 미국 국내뿐만 아니라 국제적으로도 그 확립이 요구되는 절실한 과업임을 강조하면서, 바야흐로 미국 내에 일고 있는 자국 이기주의적 신고립주의 경향을 경계하였다. 아울러 개인이건 국가이건, 남다른 자질과 역량을 가진 자에게 주어진 이 지상에서의 사명과 책무는 그만큼 무겁고 큰 것임을 강조하고 닉슨의 형안(炯眼)이 세계사의 현실을 직시하여 그 특유의 불굴의 정신으로 공산혁명세력의 세계평화 위협에 과감하게 대처해나갈 것을 기대하여 마지않았다.

여기서 남재는 “오래 두고 쌓은 구인의 공도 마지막 한 삼태기의 부족으로 실패한다”(九仞之功虧一簣)는 동양의 고사를 인용, 닉슨에게 국제정치를 이끌어나감에 있어서 끝까지 최선을 다하는 ‘일궤의 노역’을 당부하였다.

이 글을 시발로 동양의 고전, 고사(古事)-경구의 인용은 남재 문장의 특징적 구성요소로 정착된다.

(3) <두 갈래 드라마의 혼선>

《주간조선》 1969년 10월 26일자에 기고한 논설 <두갈래 드라마의 혼선>은 70년대로 넘어가는 문턱에서 60년대 한국정치의 성격을 분석한, 서술수법이 대단히 독특한 글이다. 남재는 지난 4반세기 동안 전개된 한국정치의 과정을 성격이 전혀 다른 두 개의 드라마로 비유했다.

그 「제1드라마」는 '궁중정치' 체취의 왕당파적 1인정치의 주역 이승만에 대항하여 반왕당파적 공화파 야당과 대중이 조역이 되어 막연히 고전적 민주주의의 원칙과 명분론을 주제로 하여 대결을 펼치는 줄거리로서 4·19는 그 종막이 된다. 민주-민권혁명으로 대단원의 막을 내리는 피날레에 감격한 나머지 관중들의 열광과 갈채의 소란이 극도의 혼란으로 치닫자 극장붕괴의 위험을 경고하고 나선 과격한 일부 관객이 반대편에 새로운 무대를 차리고 「제2드라마」의 막을 올리면서 또 하나의 혼돈이 시작된다.

5·16 군사집단 주연의 이 「제2드라마」의 주제는 공업화-근대화의 추진이다. 그들은 명분과 법통(독립운동-건국유공 등) 대신에 실리적-물량적 공세를 펴면서, 이전 드라마 출연진들의 산만한 주장과 즉흥적 행동양식을 치밀한 조직과 계획으로 대치-변경시켜놓고, 달라진 배경음의 톤과 템포, 바뀐 조명과 무대장치 등 전혀 다른 무대분위기를 연출하면서 박진감에 넘치는 새로운 스토리를 전개한다는 것이다.

그리하여 군부의 독주하에 관료집단과 신흥산업자본가세력이 결합된 '근대화 중심부'만 형성되고, 여기에 대항하여 경쟁을 하며 견제와 균형으로써 조화를 이루어나가야 할 '근대화 주변부'는 제대로 형성되지 못하여, 비록 정치수학적으로는 야당이 존재하는 양당제적 모습을 띠고 있지만, 정치역학적으로는 1당압도체제로 굳어져 오로지 능률과 발전과 고도성장의 신화를 구가하며 고속질주를 하고 있다는 것이다.

그러나 조직화된 인텔리겐치아를 비롯한 봉급생활자, 산업노동자들, 근대적 영농기술을 터득한 농민층이 가세하게 될 「근대화 주변부」의 형성-대두는 필연적인 대세가 될 것으로 남재는 파악하였다. 따라서 70년대는 이 주변부의 성장과 도전을 중심부가 어떻게 제어-소화하고 지혜롭게 결합하여 성숙된 민주체제를 만들어낼 것인가의 문제가 최대 과업이 될 것으로 파악하였다. 「제2드라마」의 전혀 다른 스토리 전개가 이 과업에 성공할 때 비로소 그것은 한국정치발전의 긍정적이고 필연적인 과정으로 평가되지, 그렇지 않으면 또다시 아까운 시간만을 낭비하고 민주주의의 발아(發芽)를 훨씬 뒤로 늦추는 역사의 퇴행과 불행으로 기록될 것임을 남재는 경고하였다.

3. 좌담-대담의 발언들

(1) "정당정치-정쟁의 도가니"(1963. 1. 31.)

5·16 군정이 1963년 1월 1일을 기하여 정치활동 재개를 허용함에 따라 앞으로의 정당정치가 어떤 양상으로 전개될 것인가를 살펴보기 위하여《사상계》(1963년 3월호)가 마련한 좌담회이다. 남재 발언의 일부 요지를 추려본다.

— 우리 나라에서 정당을 한다는 사람들의 대부분은 고등실업자들이고 정당활동이 곧 먹고 사는 길이니 직업정치인 비슷하게 되어버린다.

— 무소속의 입후보 불허는 나쁜 후유증만을 낳을 것이다. 공천권을 행사할 수 있는 일부 정당 고위실세들의 공천 조작(操作) 행태로 불미스런 상황이 전개될 것이다. 민주주의를 한다면, 특히 보수정당을 한다면 정당선택과 이탈의 자유를 허용해야 한다. 정당공천자가 아니면 입후보를 할 수 없게 만든 법조항은 간접적으로 정당에 돈이 많이 굴러들어 가도록 조장하는 결과가 될 것이다.

— 지금 야당은 2류-3류 정치인만 나오게 하고 1류들은 정정법(政淨法)에 여전히 묶여 있다. 자유민주주의는 평화적 정권교체가 최후의 안전판인데 헌법에 그 가능성만 규정해놓았다고 그것이 실현되는 것은 아니다. 남의 나라들(선진국)은 200년이 걸리고도 아직도 민주주의를 완성하지 못했다고 하는데 하물며 우리가 그것을 간단히 성취할 수 있으리라고 생각하는 것은 무리다.

* 참석자: 김상협(고대 정경대 교수)·이방석(李邦錫, 건국대 정치학 교수)·김철수(金哲洙, 서울대 법대 교수)

(2) "제3공화국의 향방은 어디냐"(1964. 1. 1.)

이 대담은 《조선일보》 1964년 1월 1일자 신년호 제1면을 장식한 특별기획으로 갓 출범한 제3공화국(1963. 11. 27.)이 어디로 갈 것인가를 짚어본 새해 정국전망이다. 남재의 발언요지는 다음과 같다.

—군인들이 정권이양 대상으로 밝힌 "참신하고 양심적인 정치인에 대한 개념설정이 되어 있지 않았다. 그것은 개개인의 새로움, 깨끗함의 문제가 아니라 정권담당세력의 성격을 말하는 것이어야 하는데 군정주체들은 처음부터 그런 관념이 없었던 것 같다. 공화당을 보더라도 처음에는 젊은 층, 새 사람을 쓰는 것 같더니 나중에는 우르르 몰려들어 정치적 고아가 되어버린 구자유당계 인사들까지 대거 받아들여 공화당은 마치 정치고아들의 고아원처럼 되어 버렸다.

—국가의 향방(向方 : 향하는 곳)이 있다면 그것은 누가 만드는 것인가. 혁명주체인가, 박정희 씨인가, 혹은 김종필 씨나 공화당인가, 또 그것은 만든다고 해서 쉽게 만들어지는 것이 아니고 세계대세와도 맞아떨어져야 하는 것이 아닌가. …정당은 그 향방을 정립하는 데 부분적으로 지원을 하거나 견제를 하는 정도의 기능밖에 할 수 없다.

—또 향방은 그것을 어떻게 잡든 일관된 논리가 있어야 한다. 그 동안 군정은 한약, 양약, 사상의약(四象医藥), 사약(私藥) 등 좋다는 약은 다 써보았다. 이제 비로소 약도 하나의 원리에 따라 쓰지 않으면 해독이 될 수 있음을 깨달은 것 같다.

—공화당은 이번 선거에서 자금과 광범한 행정력 동원 등 무한전술을 썼다. 정치자금은 정치의 핵심이 된다. 공화당의 무한전술은 무한자금을 필요로 했고 결국 인플레와 물가고 등을 자극했다. 정치자금의 규모를 줄여야 한다.

—아무래도 국가의 향방이 모호하다. 누구를, 어떤 계층을 기대고 발판으로 하여 정치를 하겠다는 것인지 그 기본 방향을 빨리 정리해야 한다. 박 대통령이 고아원 원장직을 빨리 청산하고 자기 자식을 길러 일을 하든지 시키든지 해야 할 것이 아닌가.

* 참석자: 김상협(고대 교수)·이용희(李用熙·서울대 교수), 조용중(趙庸中·정치부장 : 사회)

(3) "변천하는 공산주의사회"(1964. 10. 23.)

1964년 10월에 들어서서, 불과 한 주일 사이에 흐루시쵸프 소련수상의 실각, 영국 노동당집권, 중공의 핵실험 등 굵직한 국제 뉴스가 한꺼번에 터져 관심을 모았다. 이 좌담회는 《사상계》(1964년 12월호)가 흐루시쵸프의 실각과 중국의 핵실험이 뜻하는 바를 진단하기 위해 마련한 것이다. 남재는 이 좌담에서 별로 많은 이야기를 하지 않았다. 발언요지를 간추려본다.

— 당내 문제 처리에 차질을 빚은 것이 실각이라는 돌변사로 발전한 것 같다. 스탈린 노선을 청산한 공적은 인정되는 모양이다. 큰 흐름으로 보면 소련은 이제 거물영도의 시대가 가고 조직과 사무만 남게 되었다. 조직적인 소인들끼리 매사를 사무적으로 처리하는 시대에 흐루시쵸프는 부적당한 인물이었던 것이다.
— 상당한 발전을 이룩한 소련은 국제적으로나 국내적으로 대국의 길을 개척하였다. 이제 내부적으로도 점진적 자유화정책이 불가피해졌고 소비위주로 나가지 않을 수 없게 되었다. 흐루시쵸프 시대의 부작용을 정리하는 데는 다소 시간이 걸릴 것이다.
— 중-소대립은 공산권 내 선진 대 후진의 대립적 성격을 갖는 것이다. 중공이 원자탄 하나를 개발했다고 해서 당장 세상이 달라지는 것은 아니다. 핵실험 성공을 계기로 중공의 유엔 가입이 이루어진다고 하더라도 그것이 한반도 통일문제에 어떤 영향을 미치리라고는 보지 않는다.

* 참석자: 김상협(고대 정경대 교수)·김준엽(고대 역사학 교수)·조정자(趙貞子, 이대 정치학 교수)·양호민(서울대 법대 교수 : 사회)

(4) "68년시점에서 70년대를 내다본다"(1968. 1. 1.)

이 좌담은《조선일보》1968년 1월 1일자 신년호 제1면에 실린 3인의 '신춘정담'(新春鼎談)으로 두 번 연속 대선과 총선에 승리한 공화당정부의 과거와 현재를 돌아보고 장래를 전망한 특별기획이다. 이 정담에서 남재는 공화당 정부의 본질을 날카롭게 해부-비판하는 주목되는 발언을 했다. 다음에 그 요지를 살펴보자.

— 공화당은 점차 당내 귀족이 생겨나면서 달라져가고 있다. 신라시대 골품제도처럼 신흥귀족들은 자기품계를 유지하자니 "너도 한몫 나도 한몫" 나눠먹기식으로 되어가고 있다. 특히 월남 파병으로 자신을 얻은 듯 '앞으로 백년이 더 가도 (이 나라는) 우리 것'이라는 기분이 도는 것 같다. 그러니 공신들에게 훈록도 내려주고, 봉토도 하고 … 좋은 의미에서 왕권정치 비슷하게 되어가고 있다. 그러니 왕위계승문제와 같은 것이 대두되고 있지 않은가….
— 정권교체가 순조롭게 이루어질 수만 있다면 경제-사회의 모든 영역에 크게 도움

이 될 것이다. 돌발적인 사태보다 로스가 적기 때문이다. 정권교체는 반드시 정당간의 교체가 아니라도 좋다. 최소한 일본과 같은 당내 파벌간의 교체라도 좋다는 뜻이다. 오스트리아와 같은 나라에서는 처음부터 이 문제를 국민당-사회당간의 연립내각으로 해결해왔다. 정권교체에서 오는 정국의 혼란을 바라지 않는 국민의 여망에 부응하기 위해서이다. 우리도 "전부가 아니면 전무"(all or nothing)라는 사고방식이 아니라 "정권교체가 안되면 연립이라도 좋다"는 식으로 유연성 있는 생각도 할 줄 알아야 한다….

* 참석자: 김상협(고려대 교수)·이용희(서울대 교수)·최석채(조선일보 주필)
* 〔필자주〕 남재의 위 발언은 3선개헌에 의한 박 정권의 영구집권 기도가 표면화되기 이전 시점에서 나온 것임을 유념할 필요가 있다.

(5) "아프터 베트남의 세계정국"(1968. 6. 3.)

이 대담은 미국 대통령 존슨의 출마포기와 대월남전 정책전환을 천명한 1968년 3월 31일자 성명을 계기로, 월남전 종결을 서두르지 않을 수 없는 미국의 국내정치적 배경과 국제정치적 관계를 검토하기 위해 《월간중앙》이 기획하여 동지 1968년 8월호에 게재한 것이다.

—존슨 집권 후 당초 1만 명 정도에 지나지 않던 월남전 참전병력이 어느 틈에 무려 50만 명으로까지 급증, 미국민으로서는 도저히 이해할 수 없는 전쟁이 되어버렸다. 월남전에 승리해 보았자 세계대세를 결정짓는 것도 아니니 미국민은 존슨 정부를 믿을 수 없게 되어버린 것이다. 이 전쟁으로 인해 달러 위기가 오고, 사상자도 많이 냈다. 이런 무의미한 전쟁을 계속해야 할 이유가 무엇인가를 근본적으로 회의하는 여론의 압력에 존슨이 굴복한 것으로 볼 수 있다. 존슨은 국민을 설득할 시간적 여유가 충분히 있었음에도 불구하고 허송세월만 한 셈이다.

—선진국의 젊은 세대들, 특히 학생들이 반전시위뿐만 아니라 급진적인 이슈를 들고 나오는 것이 유행처럼 되어가고 있다. 기독교적 전통 속에서 금욕주의적으로 생장한 구세대와 달리 오늘의 젊은이들은 감각주의적 감성이 발달한 세대들이다. 감각이 발달하면 질서 자체를 부인하는 경향으로 흐르기 쉽다. 또 그들은 2차 대전 후 비약적으로 경제가 발달한 시대, 도시화와 더불어 매스컴이 인간생활의 근본적 변혁을 일으키고 있는 시대에 나타난 인간형들이다. 기성세대들은 매스컴과 접촉하기 전에 문자해독부터 시작했다. 그러니까 시각위주로 사물을 인식해왔기 때문에 그만큼 양순하다고 할까, 이성적이라고 할까… 그런데 요즘의

젊은 세대들은 청각에 촉각-후각까지 모든 감각기관을 총동원해서 느끼는 종합감각시대의 사람들이니 시각형 구세대와는 근본적으로 다른 것 같다.

* 참석자: 김상협(고려대 교수)·이용희(서울대 교수)·신상초(《중앙일보》 논설위원 : 사회)

(6) "동구공산주의의 향방 : 체코사태"(1968. 8. 2.)

1968년 벽두부터 격화일로에 있는「체코의 자유화운동」을 강경저지하려는 소련과 여기에 맞서 대내적 자유의 확대와 더불어 대외적 자주를 확립하려는 체코…, 양국간의 갈등이 마침내 두 나라 수뇌들간의 역사적 담판으로 이어져 어떤 결말에 이르게 될지 전세계적으로 비상한 관심을 집중시키고 있는 시점에서《신동아》(1968년 9월호)에 의해 이 대담이 기획되었다. 남재는 이 대담에서 체코뿐만 아니라 소-동구 전체의 동향에 대해서 체계적인 지식과 폭 넓은 이해를 쌓아왔음을 보여주고 있다. 특히 체코사태의 본질을 '인간의 문제'로 파악하고 접근하고 있는 대목이 돋보였다.

— 체코사태가 본격적으로 터지기는 금년 들어서이지만 그 발단은 스탈린식 통치행태에 대한 비판이 대두되기 시작한 1962년부터였고, 1963～1964년까지도 이 문제 때문에 계속 시끄러웠다. 자유화문제를 제일 먼저 떠들기 시작한 것은 슬로바키아계에서 자주를 부르짖으면서부터였고, 이어 문인들이 문학의 자유를 들고 나왔다. 카톨릭교에서도 자주적 교내 인사를 요구하였다. 이 같은 분위기가 1961～1963년까지 3년 연속된 대흉작으로 빚어진 경제침체상황과 연결되면서 근본적 경제개혁을 요구하는 단계로 상승하여 소련이 채택하고 있는「리베르만 방식」의 기업이윤제 도입을 포괄하는 신경제정책 수립으로까지 발전하게 되었다. 즉, 종전의 중앙집권적 통제방식을 완화하여 지방분권화하고, 기업자주의 확대와 더불어 통제가격을 풀고, 시장경제의 효용을 살려나가는 유고식 사회주의 시장경제 쪽으로 방향을 수정해나갔다.

— 이번의 체코사태는 단순히 체코의 문제만으로 국한되는 것이 아니다. 크게 보면 소련의 문제요, 동구 전체의 문제이다. 지금 소련은 한 50년 고생도 하고, 건설도 했으니 대중대량소비사회를 지향하지 않을 수 없는 길목에 들어서고 있다. 이렇게 되면 '자유화'라는 것이 안 나올 수 없고, 경제적 다원화가 인정되면 정치적으로도 1원적 통제로는 도저히 버틸 수 없게 된다. 마르크스식 표현을 빌리면 하부구조가

변해가고 있는데 상부구조만 고집불통으로 변화를 거부할 수는 없는 것이다.

— 대중대량소비사회로의 지향은 서구화의 방향이요, 역사의 진로와 합치되는 시대정신이라 할 수 있다. 이와 같은 시대적 요청의 필연적 논리에 따라 소련이 제일 먼저 이 방향으로 발걸음을 옮겨 딛었으니 공업생산력이 우수한 체코가 그 뒤를 따르지 않을 수 없고, 위성국들이 가만히 있을 리 없는 것이다. 다만 소련은 덩지가 원체 커서 운신이 어려우니 조심스럽게 점진적으로 나아가야 할 입장인데, 몸이 가벼운 체코가 너무 앞서 달려나가면 여기에 자극되어 대내문제들, 특히 소수민족, 연방구성체들, 지식인문제 등이 한꺼번에 폭발할 테니 체코의 발빠른 행보에 제동을 걸 필요가 절실해졌다는 것이다. 소련의 체코사태 개입은 바로 이러한 맥락에서 취해진 것이라 할 수 있다.

— 서구사회는 미국과 달리 사회주의사상이 강하다. 서구인들에게 있어서 그것은 마음의 고향이랄까, 서구문명의 바탕이기도 하다. 자유화를 절규하는 동구(체코를 비롯하여) 현상은 사회민주주의를 지향하는 공산주의 내부의 르네상스로 보아야 한다.

— 2차 대전 후 대두된 '인간화'의 주장은 20세기 문명의 가장 커다란 특징적인 현상이라고 할 수 있다. 인간본능의 핵을 마구 터뜨려서 폭발시키고 있다는 느낌마저 들 정도이다. 젊은이들 사이에 히피족도 나오고, 폭동이 마구 쏟아지고… 본능대로 살 것이지 뭐 그리 복잡하게 여기저기 가로막고 이성이니, 신이니, 자유가 있느니 없느니 하며 떠들 것 있느냐… 그래서 자유를 내세워도 본능에 가까운 자유를 더 내세우는 것 같다.

— 체코의 자유화운동에서 주장되는 인도주의 인간주의도 19세기식 이상주의적인 것이 아니라 본능적 인간, 곧 휴먼의 자유를 말하는 것일 뿐, 거기에 무슨 이론이 있는 것 같지는 않다. 오스트리아 국민당이 내세우는 "하나밖에 없는 생존"이란 구호처럼 자유를 거창하게 인간의 존엄을 위한, 또는 신의 뜻을 받들기 위한 명분론적인 것으로 받아들이는 것이 아니라 "내 인생은 한 번 밖에 없다"는 본능적 원초적 일회성으로 인식하는 것이 아닌가 생각된다. 역사도 1회, 인간도 1회, 그 1회성이라는 것이 사람들에게 가장 어필하기 때문일 것이다.

— 공산세계의 철의 장막도 사실상 걷혀가고 있다. 체제로서의 공산주의, 자본주의는 껍데기만 남을 뿐, 미-소가 점차로 타협하고, 긴장을 완화하며 전쟁을 방지하면 장막은 있으나마나 한 유리창 정도로 바뀌고, 결국 유럽은 하나로 되어갈 것이다.

* 참석자: 김상협(고려대 정치학 교수)·이용희(서울대 국제정치학 교수), 손세일(孫世一, 《신동아》 부장 : 사회)

• 제10장 〔주〕

1) ≪고대신문≫1963년 11월 23일자.
2) 원래 기독교사회주의는 1864년 W. I. 폰 케틀러(Kettler) 주교의 『노동자문제와 기독교』에서 발단하여, 구교에서 널리 신봉되어 온 오랜 사상으로 이 '사회주의'라는 용어 속에는 기독교적 이상과 낭만, 정열이 함축되어 있다고 한다. 김상협, 『기독교민주주의 사회민주주의 교도민주주의』,(지문각, 1963), p.32.
3) 점령군정당국의 경제자유화정책은 자기들 단독으로 결정한 것이 아니라 기민당의 경제정책가 루드비히 에르하르트(Lydwig Erhard) 교수의 건의에 따른 것이다. 위의 책 p.40.
4) 위의 책, p.47.
5) <고희기념좌담>, p.468.
6) 김상협, 앞의책, p.54.
7) 위의 책, p.59.
8) 위의 책, p.74.
9) 위의 책, pp.94~95.
10) 위의 책, p.124.
11) 위의 책, p.127.
12) 위의 책, p.174.
13) 위의 책, p.192.
14) 위의 책, p.208.
15) 위의 책, p.212.
16) 위의 책, p.222.
17) <고희기념좌담>, p.468.
18) <고희기념좌담>, p.467.
19) 팔로군(八路軍)과 신사군(新四軍)은 국-공합작의 협정에 의거 형식적으로 장개석의 국민군에 편입되면서 중공군을 개칭한 것이다.
20) <고희기념좌담>, p.467.
21) 유소기(劉少奇), <당에 관해서 — 1945년 5월14일 보고>,『유소기 주요저작집』 제2권(東京三一書房, 1959)., 김상협,『모택동사상』 (지문각, 1964년 초판), p.16서 인용.
22) ≪人民日報≫1981年 7月 1日字.
23) 김상협, 위의책, p.426.
24) 1949년 7월에 행한 모택동의 <중국공산당 창립28주년기념연설>.
25) <고희기념좌담>, p.467.
26) 고대 아세아문제연구소, ≪아세아 연구≫제15호, 1964년 9월.
27) <고희기념좌담>, p.467.
28) 김상협, 『모택동사상』개정판 <서문> (1967).
29) <고희기념좌담>, p.467.
30) ≪고대신문≫1966년 5월 28일자.
31) <고희기념좌담>, p.469.
32) <고희기념좌담>, p.470.

33) 김학준,『가인 김병노평전 — 민족주의적 법률가 - 정치가의 생애』(민음사, 1988) p.463 재인용.
34) <고희기념좌담>, p.467.

제11장 : 지성과 야성이 조화된 전인적 인간상의 제시

제1절 고려대학교 제6대 총장 취임

우리는 과거를 더듬어 미래의 전개방향을 예측하고자 한다. 과거 없는 미래는 없기 때문이다. 역사를 기록하는 절실한 이유가 여기에 있다.

그렇다면 우리 민족사에 있어서 1960년대는 어떠한 시대였는가. 그것은 4·19 민주혁명이라는 역사의 순행과 그 반동으로서의 5·16 군사정변이라는 상극적 성격의 두 차례 혁명이 소용돌이치던 격동의 군부집권시대였다. 위로부터 강행된 근대화작업과 외자경제로 특징지어지는 이 시대의 외연적 고도성장의 신화는 적어도 절대빈곤의 퇴치와 산업화의 기반조성을 통한 소위 신흥공업국(NICs)으로의 진입가능성을 열어놓은 것은 사실이다.

그러나 공업화에 따른 급격한 산업화-도시화의 물결은 광범한 사회정기(社會正氣)의 퇴락을 몰고 왔다. 물질만능-벼락출세-불로소득의 한탕주의와 더불어 금력과 권력에 기탁된 부정부패의 만연, 향락-사치-퇴폐풍조, 신종범죄의 범람 등 성장의 그늘 속에서 독버섯처럼 자라난 온갖 부조리와 병리적 현상은 사회전반을 정신적으로 부패시켰던 것이다.[1)]

게다가 영구집권음모의 제1보로 3선개헌을 감행한 개발독재형 '조국근대화 민족중흥세력'은 남재식 표현을 빌리면 신군사주의(Neo-Militarism), 신중상주의(Neo-Mercantilism), 신관방주의의 원초적-물리적 실력제일주의, 금전제일주의, 권력제일주의로 질주함으로써 사회계층간의 단층현상을 극도로 심화시켰다.[2)]

한편에는 전근대적 인간과잉에 초현대적 인간상실이 포개져 있는가 하면, 또 한편에는 성장의 과실로부터 소외된 계층의 인간망실(人間亡失)이 자리잡고 있었다. 60년대는 가능과 기회와 도전의 활력 있는 '야망의 계절'이기도 했지만 좌절과 분노와 고뇌에 가득 찬 '갈등의 계절'이기도 했다.[3)] 바로 이와 같은 60년대를 배경으로 70년대가 개막되었고, 이러한 시기에 남재는 고려대학교 제6대총장에 임명되었던 것이다.

1. 전환기에 선 고대의 고민

(1) 일-미-구주순방길의 대구상(大構想)

1970년 3월 11일, 남재는 개인 자격으로 세계일주 여행의 장도에 올랐다.[4)] 일본을 첫 기착지로 하고 미국을 거쳐 유럽을 돌아서 동남아를 순방하고 돌아오는 6개월에 걸친 긴 여행이었다. 남재의 이 같은 장기 세계순방은 1961년 제15차유엔총회에 한국 대표로 참가한 직후 가졌던 3개월 동안의 구미여행에 이어 두번째가 된다. 남재가 떠난 지 2개월 후에 혜천이 뉴욕에서 합류하여 처음으로 부부동반 해외여행이 이루어진 것도 특기할 만한 일이다.

남재의 이번 여행목적은 말할 것도 없이 세계사의 현장에서 70년대의 고동소리를 듣고자 함이었겠지만, 그에 못지않게 세계대학의 동향을 직접 눈으로 살펴야 할 현실적 요청과 임무와도 관련이 있었던 것이다. 이 해 연초에 들어서면서 남재는 재단(학교법인 고려중앙학원) 이사장 이활(李活: 1899~1982)로부터 "학교를 맡아야 할 것 같다는 귀띔과 함께 전세계의 대학을 두루 시찰하고 돌아오라는 권고를 받았기 때문이다.[5)]

남재는 두 주일 간 일본에 머물면서 동경대학부터 찾았다. 비록 일제하에서의 수학과정이었지만, 젊은 날의 꿈과 고뇌가 서린 자신의 모교를 다시 돌아보는 감회가 어찌 크다 하지 않을 수 있겠는가. 남재는 실로 감개에 젖어 홍고(本郷) 캠퍼스 구석구석을 둘러보았다. 내친 걸음에 옛 하숙집도 찾아보았겠지만 이번 여행의 그 상세한 '기록'을 참고할 수 없게 되었음은 안타까운 일이 아닐 수 없다.[6]

동경대학에서 남재의 눈길을 가장 먼저, 그리고 가장 강렬하게 사로잡은 것은 월남전을 반대하고, 미국과 자기 정부를 비판하는 반전-반미-반정부 구호였다. 캠퍼스 구석구석에 대자보가 나붙고, 붉은 깃발을 든 학생들이 시끄럽게 떠들고 있었던 것이다.[7]

이어 미국으로 건너가서 남재는 많은 사람들을 만났다. 또 여러 사람들의 호의와 배려로 세계적인 대학들을 고루 둘러볼 수 있었다. 하와이대, 하바드대, 버클리대, 위스컨신대, 미네소타대, 코넬대, 미시간대, 컬럼비아대 등이 남재가 찾아간 대학들이다. 미국의 대학들도 예외 없이 머리에 띠를 두르고, 거의 벌거벗다시피 한 거친 몸짓으로 운동장을 돌며 월남전 반대를 부르짖고, 반정부-반체제 구호를 격렬하게 외쳐대는 학생들로 몸살을 앓고 있었다.

다음에 유럽으로 가서 영국의 케임브리지대, 독일의 하이델베르크대 등 10여 개국의 유서 깊은 대학들을 찾아보았지만 여기에서도 역시 미국의 대학들과 유사한 광경이 벌어지고 있었다. 한마디로 전세계 대학들이 무엇인가를 향해서 들끓고 있었다(암스테르담에서 남재는 일부러 히피의 메카라는 어느 뒷골목 마약소굴까지 찾아가 그들의 생활실태를 직접 관찰하였다). 그런데 그 들끓는 속에는 잘못된 것만이 있는 것이 아니라 꼬집어 표현되지 않는 보다 본질적이고도 근원적인 무엇이 소용돌이치고 있음을 남재는 느꼈다. 지금 세계의 젊은이들이 과격하게 내세우고 있는 급진적 이슈들, 쏟아지는 폭동과 뉴레프트의 물결, 히피로 대변되는 저 반문화적-반체제적 저항의 감각적이고도 원시적인 몸짓들이 던지고 있는 이면적인 메시지, 의미 뒤의 의미는 무엇인가. 사실 남재는 이번 여행 이전부터 그것이 인간의 원초적 생명력으로부터 분출하는 '본능적 자유'에의 갈망이라는 것을 알고 있었다. (제10장 4절 3항 참조)

그 '본능적 자유'를 향한 욕구가 대학의 지성과 어우러지면서 역사를 만드는 '야성적 바이텔러티'로 승화할 수 있다는 데 생각이 미치기까지 남재는 오랜 모색의 진통을 겪어야 했다. 이번 여행은 그것을 재발견-재확인하고 자신의 교육적 지도이념으로 정립하는 대구상(大構想)의 계기가 되었던 것이다. 남재는 자신이 고려대학교의 경영책임자로서 앞으로 학생들을 어떻게 이끌어나갈 것인가를 고심하던 총장취임 직전의 심경을 다음과 같이 토로하였다.

"…총장취임 3주일 전부터 혼자 끙끙 앓으면서 취임사를 만드는데, 뭔가 학생들과 공통언어가 있어야겠다고 생각했어요.… 유진오 총장께서 강조하신 '사색하는 고대'에 뭘 하나 더 붙여야겠는데 좋은 의미의 야성밖에 없지 않느냐 하는 데 생각이 미쳤어요. 역사도 지성만 가지고 되는 것이 아니라 야성도 때로는 필요하고… 그러다 보니 동양과 서양, 현대와 원시, 이렇게 사람의 근본 밑바탕에는 너도 모르고 나도 모르는 그 무엇, 원시라는 것이 있어서 거기에 힌트를 얻고… 대학생활이 인간형성의 과정이라는 데 착안하여 그것(지성과 야성)을 제시하게 된 것이지요….".[8)]

(2) 기대되는 신임총장의 조건

대망의 새 연대가 열리는 1970년이 고려대학교에 주는 의미는 무엇보다 이를 기점(起點)으로 삼아 전진과 도약의 새로운 기틀을 만들어내는 데 있었다. 어느덧 개교 65주년에 이르는 고려대학교는 전통의 정체성(停滯性)에서 오는 전반적 '노후화'(老朽化)의 중증을 드러내고 있었던 것이다. 게다가 군사정권의 강권통치와 군부의 무법적 폭력 앞에서 보신주의로 일관해온 학교당국의 현상유지적 무사안일과 교수들의 소극적이고 무기력한 자세에 대한 고대인의 불만과 비판의 소리가 유례없이 높아가고 있었다. 1960년대 후반에 고대가 안고 있는 제 문제와 관련《고대신문》은 <사설>에서 다음과 같이 그 고민의 일단을 토로하고 있다.

"…생각하면 고려대학교는 한국의 대학 중에서는 가장 역사가 오랜 대학 중의 하나요 대학의 내용도, 권위도 그 나름대로는 갖추어진 데 속한다. 또 이러한 점에서 우리는 약간의 자부를 느껴왔던 것도 사실이다. 그러나 이제는 상황이 달라지고 있으며 해방 후 죽순(竹筍)처럼 신생한 대학들이 토끼걸음으로 이 거북이에게 육박해오고 있는 실정이다. …과거의 유산만을 파먹고 살던 시대는 이미 우리에게 멀어지기 시작하고 있다. …주지하는 바와 같이 미래는 전통의 규제를 받게 마련이며, 어떤 새로운 진리의 발견도, 그것이 그 주체의 전통에 활착하지 않고서는 결코 그 주체의 진정한 창조력으로 배양되지 못하는 것은 이미 역사적 경험에 속한다. 우리 고려대학교를 지식의 단순한 수입대행기관으로 전락시킬 것인가, 아니면 지식의 창조기관으로 발전시킬 것인가 하는 문제는 고려대학교의 가족들이 자신의 전통을 얼마나 그리고 어떻게 이해하고 또 체득하고 있는가에 따라 달라질 것이다.…"[9]

《고대신문》의 이상과 같은 자가비판이 아니더라도 이 시기의 고대가 변화에의 적응이라는 점에서 대세에 크게 뒤져 있음을 고대 가족들은 누구나 직감하고 있었다. 특히 전통의 창조적 계승발전이라는 명제에 있어서 새로운 자극이나 획기적인 전기를 만들어내지 못하고 있음을 개탄하여 마지않는 분위기가 팽배해가고 있었다.[10] 50년대 후반에 전개되었던 '사색하는 고대'라는 학풍수립운동은 이미 그 시효를 잃은 지 오래 되었던 것이다.

고대의 한국적 대학위상과 그 자존심은 언제까지나 '사색하는 고대'의 수준에만 안주(安住)할 수는 없었던 것이다. 여기에 고려대학교의 고민이 있었고 새로운 전통창조의 당위가 제기되었던 것이다.[11]

고대가 이처럼 고조되는 위기의식과 함께 새로운 전통창조 문제로 고민에 빠져 있던 시기에 남재가 제6대총장으로 취임하게 된 것이다. 평교수 시절부터 남재는 미래의 총장감으로 주목의 대상이 되었던 만큼 고대인들에게 있어서 남재의 총장 임명은 누구나 예상했던 바의 현실화로서 지극히 당연한 일로 받아들이고 있었을 뿐만 아니라 다음 세 가지 점에서 커다란 기대와 호응을 불러일으키고 있었다.

첫째로 50세라는 그 젊은 연령적 조건은 우선 그가 사고의 동맥이 경화되지 않고 습관적 지각에 사로잡히지 않는 균형감각의 소유자로 상정되어 신선한 수혈로써 고려대학교의 노화방지에 기여할 것으로 기대되었다. 둘째로 한국의 문교행정 책임자로서 일찍이 교육문제 전반을 거시적인 안목에서 개괄할 수 있었던 그의 전력은 총장으로서도 바람직한 소양과 식견의 일부를 갖춘 것으로 간주되었다. 셋째로 그가 경영자 가족의 일원이라는 생래적 조건은 고대의 발전이라는 측면에서 경영과 관리의 효율성을 극대화시킬 수

있는 유리한 발판이 되리라는 평가였다.[12)]

2. 취임식과 취임사

1970년 9월 16일 학교법인 고려중앙학원은 이사회를 열고, 9월 30일자로 임기가 만료되는 총장 이종우의 후임으로 정경대학 교수 김상협을 신임 제6대 총장으로 임명할 것을 만장일치로 의결하고, 문교부에 즉시 승인을 요청하였다. 이 같은 사실은《고대신문》9월 21일자에 공식 발표되었다. 총장취임식은 10월 2일로 잡혀졌다.

남재가 고려대학교의 행정책임을 맡게 되었다는 것은 인촌의 유지(遺志)와 유업(遺業)의 계승이라는 점에서 김문(金門)으로서는 뜻깊은 일이었고, 남재로서도 큰 축복이 아닐 수 없었다. 다만 이와 같은 시기에 어머니 박씨가 노환으로 자리에 누운 지 오래 되어 날로 위중해가고 있었으니 온 집안이 침중한 분위기에 싸이지 않을 수 없었다. 23일 정오, 어머니 박씨는 둘째아들이 고대 총장이 되어 인촌의 유업을 이어가는 경사를 보지 못하고 방학동 자택에서 유족들이 지켜보는 가운데 77세를 일기로 조용히 숨을 거두었다.[13)] 인종(忍從)과 순응(順應)의 세월을 살아온 전형적 한국 어머니의 한 생이었다. 어머니를 여읜 자식의 슬픔을 여기에 새삼 그려볼 필요는 없을 것이다.

남재는 장례절차가 끝나는 대로 애통한 마음은 일단 접어두고, 이제부터 고려대학교 총장으로서 자신이 해야 할 바를 찾기에 몰두하지 않을 수 없었다. 9월 30일에는 재단 이사장실에서 교무위원 전원이 지켜보는 가운데 이사장 이활로부터 임명장을 받았다.

1970년 10월 2일 하오 3시, 높고 푸른 가을하늘 아래서 300여 내빈과 2,000여 학생들이 대운동장에 마련된 식장을 가득 메운 가운데「고려대학교 김상협 박사 제6대총장 취임식」이 거행되었다. <환영사>에 나선 재단이사장 이활은 "학자로서의 경륜과 교육행정가로서의 경력으로 볼 때, 김상협 교수를 고려대학교 총장으로 추대하게 된 것을 대단히 기쁘고 다행스럽게 생각한다"고 말하고 "새시대의 새기수를 맞아 고려대학교의 보람찬 내일을 향하여 힘차게 전진하자"고 말하였다. 이어서 그는 신임 김상협 총장의 행운과 성공을 기원하는 뜻으로 교권(敎權)을 상징하는 열쇠(순금 10냥)를 증정하였다.

이윽고 남재가 <취임사>를 하기 위해 연석(演席)에 섰다. 순간 장내는 숨소리마저 멎을 듯한 엄숙한 분위기가 감돌았다. 총장으로서의 감회와 포부를 피력하는 남재의 굵고 차분한 음성이 마이크를 통해 확성되어 울려퍼지기 시작했다.

남재는 먼저 '온고지신'(溫故知新)이라는 동양적 지혜가 함축된 격언을 빌려 고려대학교의 건학정신과 존재의미를 반추하였다. <취임사>는 첫째로 고려대학교의 기본성격을 "민족주체 민간주체의 사학(私學)"이라고 규정하였다. "민족의 자조자립과 민족주체성의 확립"이야말로 고려대학교의 영원히 변치 않는 건학정신이라고 천명하였다.

둘째로 이 건학정신의 테두리 내에서 고려대학교는 각양각색의 신앙과 종교, 세계관과 가치체계, 가설과 학설이 공존하면서 치열한 경쟁을 펼치는 가운데 새로운 진리를 창조해나가는 만인에게 개방된 자유의 아카데미라고 강조하였다. 셋째로 온갖 고난과 시련으로 점철된 65년의 형극(荊棘)의 도정 속에서도 고려대학교는 그 활력과 생명력을 한 번도 잃어본 일이 없는 영원한 생명체, 불멸의 활력체임을 만천하에 증명하였다고 역설하였다.

그리하여 위대한 선배들로부터 물려받은 이처럼 자랑스러운 건학정신과 훌륭한 아카데미즘의 학풍, 그리고 그 끈질긴 생명력을 어김없이 계승발전시켜나갈 것을 강조하면서, 새 시대를 능동적으로 살아갈 수 있고 새 역사창조에 주체적으로 참여할 수 있는 새로운 지도자형성의 길을 모색하자고 제창하였다.

여기서 <취임사>는 "치밀한 지성과 아울러 대담한 야성을 한몸에 지니면서도 능히 그 조화를 이루어낼 수 있는 높은 차원의 전인적 인간"을 새로운 지도자상으로 제시하였다. 즉, 고도과학기술문명에 능히 적응할 수 있는 '합리적 사고에 바탕을 둔 치밀한 지성'의 소유자가 될 것을 요청하면서도 현대문명의 기계화-자동화-계량화로 인한 인간소외를 경계하며 '인간성에 바탕을 둔 대담한 야성'의 소유자가 될 것을 요망하였다.

"지성과 아울러 야성 / 서양과 아울러 동양 / 현대와 아울러 원시 / 이 양 극단을 초월적인 입장에서 능수능란하게 조화통합할 수 있는 슈퍼맨… 주체성에 뿌리를 박은 민족의 일원이면서도 능히 국제시민의 일원으로도 될 수 있는 세계적인 인간, …주체성과 아울러 국제성 / 한국과 아울러 세계 / 이 이원공간을 대승적인 견지에서 자유자재로 왕복할 수 있는 슈퍼네이션을 우리는 만들어내야 합니다.…"

취임사가 끝나고 감동의 한 순간이 흐른 뒤 박수소리가 '안암의 언덕'을 진동하였다.

이날 고대 교우회장 한종민(韓宗敏)은 <축사>에서 "고려대학교의 학풍을 신장시켜 모교를 세계적인 대학으로 발전시켜줄 것"을 당부하였고, 연세대학교(延世大學校) 박대선(朴大善) 총장은 "고대와 함께 이 나라 대학의 역사를 함께해온 연세대학교를 대표하여 김총장의 취임을 축복한다"고 말하고 "김총장의 인격과 품위와 덕망이 고대의 무한한 발전에 이바지할 것"이라는 연세인의 우정 어린 메시지를 전달하였다.

식전에는 전 총장 유진오, 재단이사 김상만, 숙대총장 이인기(李寅基), 경희대 총장 조영식(趙永植), 서강대 총장 존 데일리, 문교부장관 윤천주를 비롯한 내빈과 수많은 고대 교우들이 참석하였다. 취임식이 끝난 후 인촌정원에서 다과회가 조촐하게 베풀어졌다.

3. "지성과 야성"의 메아리

남재가 총장 <취임사>에서 던진 "지성과 야성"에 대한 반향은 한마디로 대단한 것이었다. 학생들은 물론 교수들, 교우들까지 남재의 이 신선한 구호에 열광하였다. 남재가 총장에 취임한 지 6개월이 경과한 시점인데도 《고대신문》에 학생-교수들의 「지성과 야성론」이 새로운 기획으로서 10여 차례나 계속 연재되고 있었다는 것은 전 고대인의 식을 줄 모르는 호응도를 반증하는 것이 아닐 수 없다. 또 그것은 고려대학교에 국한하지 않고 전 대학가의 화제가 되기도 했다. 어쩌다 고대 가족들(학생-교직원-교우-학부모들까지 포함하여)이 타교 학생이나 타교 출신들, 또는 타교 관계자들과 만나 대화를 나누게 되는 경우, "지성과 야성"을 화두로 삼는 것이 이 무렵의 인사가 될 정도였다니 말이다.

그러면 '지성'이란 이 흔한 말에 '야성'이라는 다소 생소한 언어가 하나 결합되었다고 해서 그토록 큰 감흥을 자아낸 까닭은 무엇인가. 물론 이것을 일률적으로 설명하기란 쉽지 않다.

예컨대 '야성'을 "지성의 원동력"으로 이해하고 '지행합일(知行合一)의 강조로 받아들이는 견해[14]로부터, 오늘의 무기력하고 불신에 가득 찬 반대학적 풍토와 박 정권의 대학말살정책에 대한 과감한 도전으로 이해하려는 견해,[15] 또 뜻풀이의 한계를 뛰어넘는 새로운 의미의 탄생, 곧 지성 없는 야성의 동물성과 야성 없는 지성의 비인간성을 동시에 지양(止揚)하는 변증법적 조화통일의 논리로 공감하는 견해,[16] 그리고 양자의 병립을 입체적 상보(相補) 관계로 규정하고, 이를 역사발전의 원리로 파악하는 견해[17]에 이르기까지 그 해석법은 논자에 따라 다양하기 때문이다.

단지 한 가지 분명한 것은 "지성과 야성의 조화"가 '야성' 쪽으로 무게중심이 옮겨질 때, 학생들의 '기'(氣)를 한껏 돋우어주는 상승작용을 일으킨다는 점이다. 고대의 전통과 교풍 속에는 이미 '와일드 고대'라는 일제하의 저항정신이 면면히 이어져왔고, 4·18 고대의거는 바로 이 '야성고대'의 집중적인 표현이라고 해도 과언이 아닐 것이다.

그러나 5·16 이후 한일협정 반대, 부정선거 규탄, 3선개헌 반대, 교련 반대 등으로 집권세력과 첨예하게 대립하는 과정에서 대학정신은 위축일로에 있었고, 학생들의 사기 또한 크게 저상(沮喪)되어 좌절과 침체의 냉소적 분위기가 무겁게 깔려 있던 암울한 시대에 남재의 '지성과 야성론'은 그야말로 학생들의 쇠잔해가는 '기'를 한껏 되살려내는 활력소가 되었던 것이다. 남재 자신도 그 반향과 호응에 대해서 다음과 같이 회고하고 있다.

> "지성과 야성이 호응도 많이 받았지만 말장난이라는 비난도 많이 들었어요. … 그런데 나는 내가 야성이 좀 부족하다는 콤플렉스가 있기 때문에 아마 더 야성이란 말을 썼는지도 모르겠어요. …보통 지성이 모자라는 사람이 자꾸 지성을 이야기하듯… 또 야성은 고대생 체질에도 맞고, …게다가 누구도 말하기를 꺼려하

는 원초적이고 근원적인 것을 명확하고 대담하게 제시했기 때문이 아닐까 하는 생각도 드는데, 어쨌든 지금 생각해보아도 좋았던 것 같아요.…"[18]

안암동에서 울려퍼진 '지성과 야성론'은 신촌 쪽에서도 적잖은 메아리가 들려왔다. 남재는 연세대 친구들로부터 "고대생의 와일드 기질을 미화한다"는 핀잔 아닌 핀잔을 꽤 들었던 모양이다. 특히 미국 순방길에서 연세대 동문(同門)을 만나면 "어째서 지성이란 말에 야성을 붙여 우리의 기를 죽이고 고생을 시키느냐"고 우스개성 항의가 들려오는가 하면, 지성으로만 붙으면 문제가 없는데 야성이 거기 붙여지니까 입장이 어려워진다면서 아예 야성이란 말을 빼달라는 농담조의 주문까지 받았다고 한다. 고대인과 연세인의 맞수대결은 머나먼 미국 땅에서도 재현되어 양교 출신이 만나 우정의 친선경기를 벌이며 향수를 달래는 연례행사에서도 '지성과 야성'은 단연 화제의 으뜸을 차지했던 것이다.

아무튼 남재의 '지성과 야성'은 이후 "주지주의(主知主義)적으로 편향된 기형적 지성의 인간성을 외면하기 쉬운 사상적 규격화에 대해서, 항상 관용과 아량, 왕성한 정의감, 민족에 대한 뜨거운 사랑에 바탕을 둔 주의주의(主意主義)적 야성의 겸비를 소망스런 「고대적 인간형」(高大的人間型)으로 모색하고 고대사상 일찍이 없었던 '활력에 찬 지성과 야성의 시대'를 열었다고 『고려대학교 70년지』는 평가하였다.

제2절 학원수호

1. 평온했던 취임 초 6개월

남재의 총장취임은 매스컴의 관심사이기도 했다. 취임식 직전, 《동아일보》가 남재와 만나는 행운을 얻었다. 남재는 대학의 자율과 학생문제에 언급,

"학생에게는 완전자유도, 완전통제도 있을 수 없다. 양자가 알맞게 조절되어야 한다. 요즘 학생들은 기력을 잃고 있다. 스스로 주변인간, 한계인간이라는 자조적인 말을 흔히 쓰면서 중심부에서 영구히 밀려날 것으로 생각하는데 잘못된 생각이다. 기성세대들도 학생들의 웬만한 탈선쯤은 묵인할 줄 아는 아량이 필요하다"고 지적하면서 언제나 이해와 관용으로 대해온 자신의 학생관을 피력하였다.[19)]

취임식 직후에는《고대신문》기자와도 짤막한 인터뷰를 가졌다. 남재는 학생들에게 "파리를 없애려면 파리가 생기는 불결한 곳을 청소하고 소독을 해야지 파리채를 들고 일일이 잡으려 든다면 어느 세월에 잡겠는가" 하고 반문하면서 "지엽적인 문제에 너무 잔신경을 쓰지 말고 항상 구원한 것, 본질적인 문제를 생각하는 큰 안목과 웅지를 품어 달라"고 당부하였다.

10월 16일에는 정외과 57학번 주축의 4·18세대가 마련한 총장 축하모임에 참석하여「4·18 고대의거」에 대한 역사적 평가를 개진하였다. 4·19의 의미를 민족-민주-자유-민권의 승리라고 요약한 남재는 4월혁명을 도화(導火)한 4·18의거에 대해서, 4·19에 하루 앞선 그 물리적 시간의 선-후가 위대한 역사창조과정에서는 1년도 될 수 있고, 10년도 될 수 있는 시간의 단축을 뜻하는 '선구자적 결단'이라고 풀이하면서 '5결'(五決)로써 그 역사적 의미를 정리하였다.

즉, 4·18은 "결정적 시기에, 결정적인 행동으로, 결정적인 국민의 호응을 얻어 결정적 승리를 기약한 결정적인 의거였다"는 것이다. 그렇기 때문에 4·18은 더욱 빛나고 고귀한 것이라고 강조하면서 그날의 의기(義氣)를 되살려 4·18세대들은 각기 맡은 분야에서 실력자, 제1인자가 될 것을 믿어 의심치 않는다고 격려하였다. 이날 이후 남재의 이 '5결'은 일을 도모하고 성사하는 요결로서 고대 출신들간에 즐겨 인용되는 유행어가 되기도 했다.

총장 직무에 들어감에 있어서 남재는 10월 5일자로 두 행정처장을 전격 교체하였을 뿐 특별히 자기의 인사 스타일을 드러낸 것은 없었다. 사무처장에 조구연(趙龜衍 : 경영학), 학생처장에 이윤영(李允榮 : 법학)을 새로 임명하였고 교무처장 한만운(韓萬運 : 화학)은 유임시켰다. 여타의 교무위원들은 임기만료에 따른 자연스런 교체방식을 취하였다. 교수의 임용은 널리 문호를 개방하되, 한국학을 제외한 분야는 외국에서 최선진이론을 습득한 신진기예를 초빙함을 원칙으로 하였다. 학생-사무 양 처장의 기용을 보고 교내 일각에서는 "고대 출신의 중용"이라는 인사평이 나오기도 했다.

취임 2개월이 지난 12월 초, 남재는 비로소 그 동안 구상해온 고대발전계획의 대강을 《고대신문》을 통해 직접 발표하였다.[20] 계획은 크게 두 가지였다. 하나는 장기적-체계적 연구-심의기구로서 발전위원회를 구성-운영하는 것이고, 또 하나는 24시간 대학의 창에 불이 꺼지지 않는 '풀타임대학화'의 실현을 위한 도서관-기숙사-학생복지 시설 등의 대대적 확충-건설계획이었다.

1971년, 해가 바뀌면서 남재에게는 또 하나의 영예가 주어졌다. 연세대학교로부터 명예법학박사학위가 수여된 것이다. 연세대는 2월 22일의 동교 졸업식전에서 "이 나라 고등교육의 육성과 학술발전에 이바지한 다대한 공로를 높이 평가하여 명예법학박사학위를 수여한다"고 밝혔다. 이어 3월 8일 저녁에는 양교의 총장내외를 비롯하여 재단이사장 및 교무위원 40여 명이 참석한 가운데 시내 동화그릴에서 두 학교의 친선과 우의를 다지고 남재의 명예학위를 축하하는 자리가 마련되었다. 이 자리에서 남재는 "이 학위는 개인 앞으로 수여된 것이지만 그 참뜻은 전체 고려대학교에 주어진 것"이라고 풀이하면서 "하루빨리 통일의 날이 찾아와 양교가 평양에 분교를 열고 그곳에서 다시 명예학위를 교환할 수 있게 되기를 바란다"고 뜻깊은 답사를 했다.[21]

총장으로서 남재는 2월 25일에 첫 졸업생을 사회로 떠나보냈고, 3월 2일에는 첫 신입생을 맞이하였다. 대학의 가장 중요한 양대 연례행사에서 남재가 행한 1971년도 첫 <졸업식사>와 첫 <신입생 환영사>는 뒤에 재론되지만 <취임사>에 못지않는 교내외의 반향을 불러일으켰다.

이 무렵 《조선일보》와 가진 인터뷰에서 남재는 자신의 교육지표와 관련, 자못 흥미 있는 지론을 펴고 있다.[22] "근간에 자꾸만 강남쪽에 새로운 캠퍼스를 짓는 것이 추세로 되어 있는데, 자칫 학생들에게 패배의식을 심어주기 쉬운 일"이라고 지적하고, 고대는 거꾸로 휴전선에 가까운 북쪽에 30만 평쯤 임간(林間) 캠퍼스를 잡아 여기에 각종 스포츠 시설을 건설함으로써 학생들로 하여금 자연 속에서 심신을 단련하고 호연지기를 기르며 "그 옛날 고구려의 강역까지 <북으로 뻗어가는 기상>을 심어줄 것"이라고 대단히 야심에 찬 계획을 털어놓았다.

이처럼 남재의 총장으로서의 발상과 언동은 자못 엉뚱한 듯하면서도 결국은 '적실중정'(適實中正)한 것이어서 비상한 설득력을 발휘하였다. 특히 남재는 기회 있을 때마다 민족의 통일문제를 언급, 학생들의 통일안목 배양과 더불어 통일에 대한 희망과 의지를 심어주고자 노력했다. 벌써부터 남재는 마치 고려대학교를 위해서, 그리고 고대 총장이 되기 위해서 이 세상에 온 사람처럼 그야말로 신명이 나서 최선을 다하는 모습을 보여주고 있었다. 그리하여 매사에 지극정성을 다하는 동안 눈 깜짝할 사이에 취임 6개월이 평온 속에 흘러갔다.

2. 첫 시련 ; 총장 호소에 학생들 순응하다

1971년 새 학기가 시작되고 한 동안은 모든 학사일정이 순조롭게 진행되었다. 학원사태만 없다면 남재는 고대발전계획을 조기에 실천할 수 있을 것으로 기대하고 있었다. 그러나 개강 초부터 군사교육을 반대하는 학생동요는 사실상 내연(內燃)하고 있었고 그 폭발점을 향해 구심운동을 가속시켜가고 있었다.

3월 23일, 첫 학생비상총회가 열려 교련반대 성토대회로 발전하였다. 본격적인 시위는 4월 6일부터 8일까지 3일간 계속되었다. 학생들은 가두시위에 나서서 도심진출을 시도하였고 경찰은 실력으로 이를 저지하였다. 3일간 계속된 이 시위사태로 학생 20여 명이 부상을 입었고 74명이 연행되었다.[23)]학생시위는 4월 13일부터 다시 불붙어 16일까지 4일간 계속되었다. 이때 학생들은 국방-문교부 장관을 상대로 교련문제에 관한 공개토론회를 제의하고 17~18일 양일간 냉각기를 두었으나 묵살되자 4·19 11주년을 맞는 19일부터 '사이비민주주의 장례식' 형태로 격렬하게 데모를 벌이며 경찰과 공방전을 벌였다.

이튿날(20일) 하오 3시, 남재는 2,000여 학생들이 집결해 있는 대강당 성토대회 현장에 직접 모습을 나타냈다. 이날부터 중간시험을 치를 예정이었으나 데모 사태로 불가능하게 되었고, 또다시 학교가 문을 닫게 될지도 모른다는 위기의식이 온 교정을 감돌고 있었다. 고대는 1964년 6·3사태 당시 비상계엄하에서의 휴교사태에 이어, 1965년 한일협정체결을 전후하여 위수령 발동과 무장군인 난입 폭거, 휴교령에 따른 학생-교수 징계 등 불행한 사태를 겪은 바 있다.

학생 앞에 선 남재는 준비된 원고 없이 즉석에서 비장한 어조로 "오늘 학생제군 앞에서 나로서는 처음이자 마지막이 될지도 모를 호소를 하려 한다"고 입을 열었다. 일순 장내는 긴장감으로 숙연해졌다. "그간 나는 제군들이 자신의 요구를 관철하고자 시위에 나서다 다치기도 하고, 또 수업이 전혀 되지 않는 안타까운 현실을 쭉 지켜보았다. 군사교육문제, 언론자유문제, 그리고 공명선거문제 등 제군들이 요구하는 문제는 그 뜻이 충분히 전달되었다고 본다. 장차 제군들의 요구 방향으로 그 효과가 나타날 것이고 시정되어갈 것으로 기대한다"고 그간의 상황인식을 정리하고는 어조를 높여 다음과 같이 가식 없는 직정(直情) 호소를 했다.

> "자유수호도 중요하다. 그러나 학원수호는 더욱 중요하다. 66년의 역사를 가진 우리 고려대학교는 개교 이래 하루도 쉬임없는 불멸의 생명체였다. 이 생명활동이 혹시 이성을 잃은 행동에 의해 끊어지는 날이 있게 된다면 나는 여러분 앞에 나서서 이 학교의 행정을 이끌어나갈 의욕을 잃게 된다. 학교가 문을 닫게 되는 그날은 우리 대학에 일대 오점이 찍히는 날, …모든 의욕을 잃고 내가 이 학교를 떠나는 날이 될 것이다. …내일부터 정상수업에 돌아오기 바란다. 부디 자중자애하고 일치단결하여 우리 대학이 또다시 문을 닫는 일이 없도록 우리 학원을 지키자.…"[24)]

10분도 채 안 되는 남재의 짧고도 간곡한 호소가 진행되는 동안 학생들은 침통한 표정으로 고개를 떨구었다. 남재가 자리를 뜨고 난 후에도 장내에는 한동안 침묵이 흘렀다. 이윽고 누구랄 것도 없이 학생들은 남재의 뜻을 따르기로 의견을 모았다. 타력으로 문을 닫는 불행한 사태의 빌미를 주지 않기 위해 교문 밖으로는 일체 나가지 않고 교내에서만 단식농성 등 온건한 방법으로 계속 투쟁하기로 한 것이다. 이에 따라 중간시험은 교수재량으로 치르게 되었고 5월 5일의 개교기념일 「석탑축전」 행사도 예정대로 진행되었다. 참으로 기적 같은 일이 일어난 것이다.

학생시위는 일단 격화되면 운동의 속성상 강경일변도로 치닫는 것이 보통이다. 또 여기에 섣불리 제동을 걸면 도리어 사태의 악화만을 초래할 뿐, 갈 데까지 다 가고 나서야 결말이 나는 성질을 갖는다. 따라서 총장의 호소가 이처럼 통하기는 유례없는 일로서, 남재가 제기한 '학원수호'라는 절대명제가 학생들의 공감을 불러일으켰고, 또 취임 불과 6개월만에 학교를 떠날 각오를 하고 마지막 호소에 나선 신임총장에 대한 학생들의 신망이 그만큼 컸기 때문이라고 해석되었다.

그러나 파국 직전에 겨우 진정된 시위사태는 데모 주동학생 구속을 계기로 1개월도 안 되어 또다시 원점으로 되돌아가고 말았다. 5월 16일, 총학생회장 김병수(金炳秀 : 심리 4)-오홍진(吳興振 : 정외 2)-유정인(柳靖人 : 철학 3) 등 학생 3명이 데모 주동혐의로 검찰에 의해 전격 구속-기소되자, 가뜩이나 4·27 대통령선거의 원천부정을 규탄하고 그 무효를 주장하며 안으로만 끓고 있던 학생들의 타는 가슴에 기름을 붓는 격이 되어 모처럼의 평온은 깨어지고 석탑교정은 또다시 시위의 열풍 속에 휩싸이고 말았다.

5월 19일부터 학생들은 4·27 대통령선거 무효와 구속학생 석방을 외치며 가두로 진출하였고, 경찰은 학생들의 시위를 만류하는 교수들에게까지 무차별 최루탄 세례를 퍼부으며 과잉저지에 나섬으로써 데모대를 자극하였다. 5월의 제2시위사태는 구속학생들이 보석으로 풀려나는 31일을 기하여 겨우 멎고 대학은 정상을 되찾았다. 이후의 학생동요는 차기 총학생회장 선거와 곧 이은 여름방학에 연결되어 9월학기까지 휴면상태로 들어갔다.

제3절 입학과 졸업

모든 '배움의 집'—학원에 있어서 입학과 졸업은 그들의 생명활동을 표상하는 작용과 존립의 기본방식이다. 즉, '드는 이'로 하여 시작이 있고, '나는 이'로 하여 끝이 있기 때문이다. 이처럼 '배움의 집'들은 입학과 졸업의 신진대사를 끝없이 반복함으로써 그 생명활동을 완수한다.

'큰 배움의 집' 대학의 존립방식 또한 이와 같다. 그러므로 제도교육의 최종단계인 대학에 있어서 입학과 졸업은 그 무엇보다 뜻깊고 경사스러운 막중대사가 아닐 수 없다. 이 때문에 남재는 신입생을 맞고 졸업생을 떠나 보내는 이 성스러운 행사를 치르는 데 온갖 정성을 다 기울였고, 남재의 이 같은 인식과 태도는 <신입생 환영사>와 <졸업식사>로써 유감없이 표현되었다. 그 중에서도 1971년도 <신입생 환영사>와 <졸업식사>는 이후의 모든 연례행사에서 남재가 행한 '식사류'(式辭類)의 원형이요, 기본 형식이 되었다.

1. 〈대학론 - 고대론〉 — 신입생을 맞으며

남재의 <신입생 환영사>는 '대학론'의 압권이라 할 만하다. 대학의 본질을 이만큼 명쾌하게 설파한 문장을 달리 찾아보기란 쉽지 않을 것이다. 다음에 그 요지를 살펴보자.

남재는 우선 능동적 자기결정에 의해 고려대학교에 입학을 하게 된 신입생들의 그 현명한 선택에 대해서 아낌없는 축하와 찬의를 표한 다음, 대학이 어떤 곳인가를 다음 세 가지로 요약하였다.

▲ 첫째로 대학의 본질을 가리켜 "진리탐구의 전당"이라고 표현하였다. 즉, 자연과학-인문과학-사회과학 등 학문 제영역에 걸쳐 과거로부터 축적되어온 모든 진리를 낱낱이 습득-계승하고, 이를 가차없이 비판하고, 이 같은 과정을 통해서 새로운 진리를 창조하고, 이렇게 창조된 진리를 다시 미래를 위해 축적하는 곳이 대학이요, 이처럼 진리의 "계승 → 비판 → 창조 → 축적"의 무한과정을 되풀이하는 것이 곧 '진리의 탐구'라고 풀이하였다.

▲ 둘째로 대학의 사명을 일러 "지도자적 인간형성의 도장"이라고 설명하였다. 대학은 역사의 흐름 속에 수동적으로 매몰되는 객체가 아니라 역사의 흐름을 능동적으로 이끌어가는 주체, 낡은 것을 수구(守旧)하는 것이 아니라 새로운 것으로 혁신해나가는 진취적 인간, 정(正)과 의(義)에 앞장설 수 있는 사명감에 불타는 대인(大人)을 만들어내는 곳이라고 강조하였다.

▲ 셋째로 대학의 지향이상을 논하여 "자유의 광장"이라고 설파하였다. 자유세계의 자유학원들은 '진리탐구'와 '인간수련'의 본질과 사명을 완수하기 위해서 광범한 자유의 특권을 누리고 있고, 또 스스로 이를 쟁취-확립해왔다는 것이다. 그러나 이 자유의 특권은 책임완수를 회피하고 무위도식(無爲徒食)을 은폐하기 위한 변명의 방패로 오용-남용되어서는 안된다고 했다. 자유학원의 자유인들은 스스로 자유롭기 위해서 엄한 구속도 받을 줄 알아야 한다고 남재는 일깨웠다.

이상 대학의 본질-사명-이상을 포괄하는 '대학론'이 고려대학교의 교가에 명시된 자유-정의-진리의 교시(校是)라고 남재는 환기시키면서, 여기서 다시 '고려대학교론'을 전개하였다. 남재는 <취임사>의 연장선상에서 고대의 민족주체-민간주체의 건학정신을 설명하고, "지성과 아울러 야성/ 차가운 두뇌와 아울러 뜨거운 심장/ 슬기로운 사색과 아울러 활기에 찬 행동/ 정밀한 계산과 아울러 우직한 의리/ 차분한 서재 속의 연구와 아울러 생기에 찬 대기 속의 개척/ 주지(主知)적인 합리주의와 아울러 자연적인 인간의 본성/ 현대와 아울러 원시라는 양극단의 상반된 인간속성을 어느 한 편에 기울어짐 없이 높은 차원에서 고루 조화시켜나갈 수 있는 능수능란한 진짜 종합인간을 만들어내는 곳이 자랑스럽게도 우리 고려대학교"라고 자부하였다.

2. 경세(警世)의 울림 — 졸업생을 보내며

남재는 해마다 졸업 시즌이 오면 총장으로서 졸업생에게 어떤 메시지를 '졸업선물'로 전할 것인가를 두고 보통 한 달 전부터 몹시 고심하였다. 또 이렇게 몸살을 앓을 정도로 심혈을 기울여 작성된 <졸업식사>는 당대 최고 지성이 짚어내는 '문명론'적 현실진단으로서 세계사를 조망하는 거시적 시야가 거기에 열려 있고, 민족과 국가가 당면한 역사적 과제에 대한 격조 높은 비판과 '경세(警世)의 울림'이 거기에 담겨 있기에 언론의 비상한 주목을 받으며 해마다 특필되어 세론(世論)의 잔잔한 감동을 불러일으켰다.

남재의 <졸업식사>는 일정한 구성양식을 갖는다. 남재는 우선 △ 각고분투 끝에 졸업의 영광을 안게 된 졸업생들의 전도를 축복하고, △ 졸업생들이 사회에 진출하게 되는 현시점에서의 세계대세와 우리 국가사회의 당면현실을 분석-검토하여 앞으로 우리가 지향할 바를 제시하고 △ 특히 새 시대를 이끌어나갈 새로운 지도자적 인간형성의 수련을 쌓은 졸업생들의 민족적 사명과 책무를 일깨우며 △ 졸업생들의 혈맥과 근육 속에서 약동하는 모교 고려대학교의 민족주체-민간주체의 건학정신과 끈질긴 생명력, 그리고 "지성과 야성의 저력"을 발휘할 때가 왔음을 지적하면서, △ 희망의 신천지에 용감하게 뛰어들어 당당한 실력자가 되고 자기분야의 제1인자가 되어줄 것을 당부하는 격려의 순서로 정형화(定型化)되어 있다. 이하에서는 몇몇 <졸업식사>의 주요 대목만을 간추려 소개한다.

● "희망의 푸른 동산" (1971)

"…아직도 동북아 일대에 해빙되지 않고 그대로 남아 있는 지난날 냉전시대의 차가운 잔설(殘雪)로 말미암아… 또한 위로부터 뒤늦게 성급히 서둔 급템포의 근대화-공업화 추진과정에서 그 부작용으로 파생되지 않을 수 없는 온갖 부조리한 사태, 신구질서-신구세력-신구산업 사이의 심각한 격차와 단절, 그리고 이들로 말미암아 생겨나는 혼미상태 때문에 졸업생 여러분들은 학창시대의 아까운 시간과 정력을 헛되이 소진시키지나 않았는지 우려하는 마음 금할 수 없습니다.

그러나 움츠리는 엄동이 깊어지면 반드시 활개치는 화춘이 멀지 않듯이… 결국에 가서는 오랫동안 끌어온 국토분단, 민족분열의 쓰라린 비극에도 최종의 막이 내려지고, 하나의 국민, 하나의 국토, 하나의 통치를 줄거리로 하는 이른바 '하나의 한국'의 새로운 민족드라마가 그 서막을 올리는 날이 오고야 말 것입니다. 또 근대화-공업화 과정에서 발생한 각종 부작용도… 점차로 기틀을 잡기 시작하는 현대적 산업사회구조의 완성과 더불어, 그리고 광범한 신흥산업세력의 형성-확장과 더불어 언젠가는 후련하게 해소될 것이 확실합니다.

희망에 가득 찬 젊은 졸업생 여러분, 여러분의 축복된 앞길에는 국토통일과 자유복지사회건설의 푸른 희망의 동산이 약속되어 있습니다.…"

● "가능의 세대" (1972)

"…변화와 혼미는 불안과 좌절의 원인이기도 하지만 주체적 능력이 있는 자에게는 도리어 발전과 창조의 요람이기도 합니다. 도전과 위기는 공격과 위험의 신호이기는 하지만 능동적 용기가 있는 자에게는 도리어 새로운 가능, 새로운 기회의 계기이기도 합니다.

…앞을 내다보며 희망에 가득 찬 젊은 졸업생 여러분! …역사창조에는 분발은 있어도/ 체념은 있어서는 안됩니다./ 활기는 있어도/ 권태는 있어서는 안됩니다./ 시발은 있어도,/ 종착은 있어서는 안됩니다./ 자존은 있어도,/ 자학은 있어서는 안됩니다./ 또 그 역사창조에는 가능은 있어도,/ 기적은 있을 수 없습니다./ 기회는 있어도,/ 요행은 있을 수 없습니다./ 능력은 있어도,/ 발복(發福)은 있을 수 없습니다./ 졸업생 여러분들은 끝까지 가능의 세대, 기회의 세대, 능력의 세대로, 다시 말해서 젊음의 세대, 미래의 세대, 전망의 세대로 일관해 주시기 바랍니다.…"

- "자강-자존-자성의 기틀" (1973)

"…여러분의 앞날에는 수많은 우여곡절과 진통의 쓰라린 과정을 통과하면서도 기어이 불가능의 장벽을 뚫고 자유-복지-평화-통일의 새로운 한국에로 향하는 새로운 가능의 시원한 전망이 약속되어 있습니다. 그 자유를 위하여 책임을/ 그 복지를 위하여 근로를/ 그 평화를 위하여 자조를/ 그 통일을 위하여 신생을/ 몸소 실천하면서 하루빨리 자강-자존-자성(自成)의 새 기틀을 만들어내야 할 때는 온 것입니다./ 어떤 경우에도 여러분은 전시대의 유민(遺民)으로 탈락함이 없이 항상 새 역사의 선민(選民)으로 계속 달려주어야 하겠습니다.…"

- "영구미완성의 이상" (1974)

"…오늘의 세계정세를 살펴보면, …적어도 대국들 사이의 대규모 무력충돌만은 회피할 수 있는 안도의 평화구조가 형성되었다고 하겠습니다. 그러나 그 긴장완화의 반사작용으로 여태까지 움츠리고 있던… 각종의 각성들, 요구들, 반항들, 각축들, 폭발들, 그리고 거기에서 나오는 연속적 상승작용의 충격들, 혼란들… 또 오랜 세월을 두고 기성정통의 권위와 기성금기들의 규제와 기성세력들의 위세에 무겁게 깔리어 영영 빛을 보는 날이 없으리라고 믿어지던 영구지하잠복의 각종 가치들, 문화들, 인간들이 그 두터운 억압의 벽을 뚫고 마구 분출-요동치면서 제각기 자기 고유의 존엄과 자기 본유의 영역, 그리고 자기 특유의 해방을 주장-관철하려 드는 바람에 오늘의 시대상황은… 이른바 제3의식-제3인간-제3세력들이 내세우는 탈기성(脫旣成)의 새로운 소란상태로 말려들어가고 있습니다. 그러나 여러분은 이런 여러 가지 도전 앞에 의기소침할 필요는 조금도 없습니다. 고뇌 속에 성숙이 있고 위험 속에 기회가 있고 혼돈 속에 신생이 있고, 종말론 속에서도 희망의 신학이 있다고 하지 않습니까.…"

- "자유-정의-진리에로의 접근" (1975)

"… 지금으로부터의 세계대세의 흐름은… 말하자면 / 만인의 각성, 만인의 개화(開化) / 만인의 주체, 만인의 참가 / 만인의 욕구, 만인의 복지 / 그리고 이것들이 뜻대로 실현되지 않을 때는 / 만인의 불만, 만인의 폭발 / 이런 시끄러운 것들로 가득 찬 만인생동의 잔인한 계절로 줄달음치고 있습니다. 게다가 우리 대한민국 국민은… 국토분단과 남북대치로 말미암아 불가피하게 취해진 신군사주의, 자체 자본 없이 고도성장에로 지향하는 신중상주의(新重商主義), 낙후상태에서 근대화를 강력히 추진하기 위해서 교묘하게 짜여진 신관방주의(新官房主義)… 이런 한국적 특수 상수(常數)들 속에 내내 얽매어 살아왔으니… 언제 우리 땅에도 이러한 긴장과 편중과 통제의 차가운 삭풍이 지나가고 신평화주의, 신복지주의, 신자유주의의 훈훈한 춘풍이 찾아올 수 있을는지 답답하기만 합니다. 그러나… 참으로 창조적인 역사의 진행과정은 참기 어려운 온갖 좌절과 실의, 암흑과 고뇌, 혼미와 혼돈의 쓰라린 고비를 넘으면서도 결국은 우리 교가에 뜻 있게 담겨 있는 '자유-정의-진리'의 정해진 방향으로 일보 일보 꾸준히 접근해가고 있음을 명심해야 하겠습니다."

● "21세기를 사는 세계인" (1978)

"… 비서구식의 근대화-공업화의 실행과정에서… 새로 생겨난 현대적 산업사회의 더욱 심해지기만 하는 빈부격차-상호불신의 심각한 갈등과 모순, 게다가 경제적 가치증식에만 치중하는 성장위주정책에서 생기지 않을 수 없는 인간경시, 인간상실의 풍조 등은 자칫 우리 사회 전체를 파멸의 위기로 몰아넣을 수도 있는 커다란 도전이 아닐 수 없습니다. … 그러나 여러분은 이런 여러 가지 목전의 현실적 도전들 앞에서 조금도 낙심할 필요는 없습니다. 여러분이 완전히 성숙해서 직접 그 속에서 살아야 하며 또 만들어야 하는 여러분의 역사활동의 주무대는 어디까지나 21세기라는 것을 한시도 잊어서는 안됩니다."

● "코페르니쿠스적 대전환" (1980)

"… 어제의 예속이 오늘의 주체로 / 어제의 주변이 오늘의 중심으로, / 그리고 오늘의 적국(敵國)은 내일의 선린으로 / 오늘의 냉전은 내일의 해빙으로 / 또 거꾸로 오늘의 동맹은 내일의 적대로 / 오늘의 해빙은 내일의 결전으로 / 이러한 코페르니쿠스적 대전환들이 마구 일어나 그야말로 누구도 바로 앞을 올바르게 내다볼 수 없는 이른바 불확실성의 시대, 불안정성의 시대로 마구 달릴 것이 예상됩니다."

• 제11장 〔주〕

1) 고려대학교 교우회, 『교우회80년사』(1991), pp.443~444.
2) 위와 같음.
3) 위와 같음.
4) ≪고대신문≫ 1970년 3월 30일자.
5) <고희기념좌담>, p.455.
6) 남재는 1970년 3월 11일 6개월 일정의 일 - 미 - 구주 - 동남아 순방여행의 상세한 기록을 일기로 남겼으나 어쩐 연고인지 그 '일기장'이 발견되지 않고 있다.
7) <고희기념좌담>, p.455.
8) <고희기념 좌담>, pp.455~456.
9) ≪고대신문≫1970년 10월 5일자.
10) 앞의 『교우회80년사』, p.445.
11) 위와 같음.
12) 앞의 ≪고대신문≫ 같은 날짜.
13) ≪고대신문≫ 9월 30일자.
14) 강윤구, <지성과 야성론②>, ≪고대신문≫1971년 4월 6일자.
15) 이상호, <지성과 야성론④>, ≪고대신문≫1971년 4월 20일자.
16) 이명자, <지성과 야성론⑨>, ≪고대신문≫1971년 5월 18일자.
17) 김형배, <지성과 야성론 — 그매듭을 위한글>, ≪고대신문≫ 1971년 6월 8일자.
18) <고희기념좌담>, p.456.
19) ≪동아일보≫ 1970년 10월 3일자.
20) ≪고대신문≫ 1970년 12월 7일자.
21) ≪고대신문≫ 1971년 3월 9일자.
22) ≪조선일보≫ 1971년 3월 12일자.
23) ≪고대신문≫ 1971년 4월 13일자.
24) ≪고대신문≫ 1971년 5월 4일자.

제12장 : "내일도 있고 또 그 내일도 있다"

제1절 불사조의 인고(忍苦) : 군홧발에 짓밟힌 폐허에서

1. 불길한 전조(前兆)

1971년 10월 5일 새벽 1시 반경, 30여 명의 수도경비사령부소속 무장군인이 고려대학교에 난입하여 학생회관을 습격, 잠자던 학생 5명을 구타-연행한 사건이 발생하였다. 이들은 학생들이 당시 교내집회에서 부정부패 척결과 그 원흉처단을 요구-성토하는 과정에서 세론에 근거하여 당시 수도경비사령관 윤필용(尹必鏞)의 실명을 거명, 벽보에 게시한 데 자극되어 그 보복으로 이 같은 일을 저지른 것으로 알려졌다.

이날 새벽, 학생처장 이윤영으로부터 보고를 받은 남재는 5시 반경 학교에 나와 사건발생 사실을 우선 문교부 야간당직자에게 구두로 통보케 하고, 이어 "이번 사건이 학원의 질서를 파괴하는 무법행위"임을 지적하며, "이와 같은 사태가 재발하지 않도록 제반조치를 취해줄 것"을 정식으로 요구하는

「항의 공한」을 보냈다.

아침 7시 수도경비사령부는 고대 관할 성북경찰서를 통해서 연행 학생을 인계하겠다는 통보를 해왔다. 그러나 남재는 "학생을 잡아간 사람들이 직접 돌려주라"고 맞서면서 관할서를 통한 인수에 불응케 하였다. 결국 연행된 학생들은 수경사 참모장 등이 문교부 관계자와 함께 혜화동 남재댁으로 데리고 와서 인계하였다.[1)]

한편, 고대는 무장군인들의 심야 난입과 학생연행 사실이 결과할지도 모를 심각한 사태를 우려하여 냉각기를 두고자 사실공표를 미루었다. 그러나 7일 아침 학생들의 등교시점에서는 이미 사태소식이 널리 알려져 더 이상 공표를 미루는 것이 무의미해짐으로써 남재는 학생대표들을 불러놓고 그 동안의 경위를 소상하게 밝혔다. 이 자리에서 남재는 먼저 "젊은 학생들과 젊은 군인들이 충돌하면 국기(國基)가 흔들린다"고 말문을 열고, "어김없이 학원의 질서를 지켜야 할 책임자로서 참으로 침통한 심경"임을 토로하면서 연행학생들이 풀려나기까지 학교당국이 정부에 대해서 취한 일련의 항의조치들을 설명하고, 학생들의 자중자애를 각별히 당부하였다.[2)]

그러나 두번째로 당하는 군인들의 난입소식에 학생들은 흥분하여 술렁이기 시작하였다. 1965년 한일협정체결 당시 일단의 무장군인이 캠퍼스에 난입하여 도서관에서 조용히 공부하는 남녀학생들까지 무차별 구타하고, 연구-실험시설과 학교기물들을 닥치는 대로 파괴-유린하던 6년 전 그 폭거의 악몽이 되살아났기 때문이다.

이때까지만 해도 학생들의 반정부 움직임은 아직 워밍업 단계에 있었다. 특히 9월 16~17일 이틀간은 총학생회 주최로 「추계학술대강연회」가 열려 대성황을 이루었고, 마지막 날 남재의 강연이 던진 신선한 충격과 감동의 여운으로 캠퍼스에는 한동안 차분한 면학의 기류가 흐르고 있었다.[3)]

새학기의 첫 학생시위는 9월 30일에 있었고, 이날 가두진출에 실패한 학생들은 학생회관 4층 회의실에 들어가 바리케이드를 쌓고 장기농성 태세로 들어갔다. 한편 총학생회 간부들은 교련단에 몰려가 학교에서 철수할 것을 요구하다 남재가 현장에 찾아가 만류-설득하여 곧 물러갔다. 이후 군인들의 난입이 있던 10월 5일 새벽 현재 학생회관에는 '연행학생 5명'만이 남아 있었을 뿐, 농성학생들은 전원 해산한 뒤였다.[4)]

따라서 이번 사건은 학생동요를 계획적으로 유발-격화시켜 차제에 학생데모를 뿌리뽑겠다는 박 정권의 계산된 의도가 숨어 있었던 것으로 유추해석되면서 대단히 불길한 전조(前兆)로 받아들여지고 있었다.

5일의 사태가 뒤늦게 알려진 7일부터 규탄대회가 벌어진 데 이어 본격적인 데모는 8일부터 개시되었다. 또 이 사건은 대학가에 비상한 충격을 던져 연세대-서울대-경북대 등 일부 대학에서는 연일 성토대회가 열렸고 국회도 이를 정치문제화하였다. 또 교우회에서는 김상협 총장에게 보내는 10월 11일자 공개서한에서 "모교사수(母校死守)"를 결의하면서 "이번 사태에 총장께서 보여주신 만불사(萬不辭) 고대수호정신과 의기를 우리 교우들은 충심으로 자랑과 보람으로 느낀다"고 감사의 뜻을 표하였다.

이번 사태로 인한 고대생들의 시위는 11일까지 계속되었다. 12일에는 학내집회만 있었고, 이날의 결의에 따라 13~14 양일간은 수업을 거부하며 등교하지 않았다. 15일, 학생들은 정상수업에 들어갔다.

2. 위수령과 「고대 10·15사태」

1971년 10월 15일 12시 48분, 수업중인 석탑교정의 정적을 깨뜨리며 기분나쁜 사이렌 소리가 요란하게 다가왔다. 곧 이어 APC 장갑차가 모습을 드러내더니 연이어 수십 대의 군트럭에 분승한 일단의 무장군이 고려대학교에 진격해 들어왔다. 순간 온 캠퍼스에 돌풍이 몰아쳤다. 쫓고 쫓기는 고함과 비명소리, 깨고, 부수고, 터지고, 밟히는 소리, 최루 가스의 독한 연기가 가시면서 드러난 아수라장의 참경들….

그들은 상황판에 그려진 캠퍼스 배치도를 읽어가며 교정 구석구석을 샅샅이 뒤져 학생들을 끌어내고, 닥치는 대로 구타하여 무릎을 꿇리고는 깍지낀 양손으로 뒷머리를 감싸쥐고 고개를 들지 못하도록 땅에 쑤셔박게 하고는 군홧발로 등판을 짓밟으며 두름처럼 줄줄이 엮어, 적군 포로를 끌고 가듯 무려 1,500여 명의 학생들을 연행해갔다. 실로 기습-섬멸전을 방불케 하는 만행이요, 난동-테러였다.

이날 상오 10시 35분, 대통령 박정희는 "군은 필요할 때에는 문교부-내무부 및 지방장관의 요청에 협조하라"는 특별명령을 발하였다. 이에 따라 서울 일원에 위수령이 발동되고 고려대 등 주요 대학에 무기휴업령이 떨어졌다. 고대에 진주한 위수군은 수경사 제5헌병대소속 장병들로 알려졌다. 시내 8개 대학에 위수군이 들어갔지만 적군 토벌식 '인간사냥'이 벌어진 곳은 고대뿐이었다.

학생들이 모두 끌려간 뒤, 텅 빈 교정에는 무심한 낙엽만 뒹굴고, 스산한 바람소리에 섞여 위수군의 보무당당한 발걸음소리, 저 멀리 운동장 쪽에서 볼차기에 왁자지껄하며 떠드는 소리만 단속적으로 들려올 뿐, 영겁과도 같은 적막이 흘렀다.

학생출입이 엄금되자 교무처와 학생처는 굳게 잠긴 교문 밖에서 텐트를 치고 긴급사무를 보았고, 대학본부에서는 연일 밤늦도록 학생징계와 학칙개정 등 정부의 강압지시에 따른 사후처리에 진통을 겪고 있었다. 결국 학생 21명이 제적되었고, 그중 8명은 입영조치되었다.

23일 하오 2시 40분, 위수군이 주둔 9일만에 물러가자 소식을 듣고 달려온 학생들은 잃어버린 '자유의 공간'을 곧 되찾게 된다는 기쁨에 눈물지으며 고려대학교 만세를 불렀다. 26일부터는 위수군에 쫓기며 버리고 간 책가방과 유실물들을 교문 앞에 쌓아놓고 학생처 감독하에 주인에게 돌려주는 모습도 보였다.

30일, '학원질서 회복에 즈음한 대통령 담화'가 나오고 대학의 휴업령이 해제되었지만 학생출입은 도서관으로 제한되었다.

11월 11일, 전국대학 중 마지막으로 고대가 개강했다. 이날 오전 10시, 남재는 역사적인 <개강담화>를 발표하였다. 남재의 감동적인 담화가 진행되는 동안, 학생들은 대강당(6-101, 102, 103)을 메우고 그 주변에까지 운집하여 악몽과도 같았던 '10·15의 날'을 회상하며 눈물지었다.

"… 길었던 휴업, 우리 캠퍼스는 연병장으로 변하고 주인 없는 교정에서 객(客)이 캠핑을 하며 가을을 즐겼겠지. 그 동안 날마다 교문 밖을 서성대며 다방을 전전하던 '유랑의 무리들'은 군이 철수한다는 소식에 모두 교문에 몰려들어 감격적인 만세를 불렀지…. 이것을 본 일간지 기자가 사진을 찍게 다시 한 번 해달라고 부탁을 했으나 실패하고 말아…. 그 감격적인 순간의 만세가 일부러 만들려고 해서 만들어지는 것인가…."

— 《고대신문》 11월 16일자 <석탑춘추>에서 —

이상은 10월 15일, 위수군의 진주로부터 11월 11일, 27일 만에 개강이 이루어지기까지 빈사지경에 빠져 있던 고려대학교의 그 비통-인고의 세월을 《고대신문》의 스케치 기사와 일지(日誌) 등을 토대로 재구성해본 것이다.

3. 〈개강담화〉: "봄은 반드시 오고야 만다"

남재의 <개강담화>는 10·15의 참경 묘사로부터 시작되었다. 남재의 그 진솔한 항변의 육성을 들어본다.

— 지난 마의 날 10월 15일에 우리 고려대학교 66년 역사의 전무후무한 최악의 그 날에… 사람의 눈으로 차마 볼 수 없고 사람의 말로는 차마 옮길 수 없는 그 비참한 광경들….

— 하늘을 쳐다보고 물어봅시다. 차마 이럴 수가 있겠습니까? 땅을 치고 물어봅시다. 차마 이럴 수가 있겠습니까?… 천하공지의 민간 주체의 사학으로 일관하여 온 우리 고려대학교는 이제 부끄럽게도 만신창이(滿身瘡痍)의 반신불수(半身不隨)의 몸으로 퇴화하고 말았습니다.

— 참으로 우리 고려대학교에 있어서 금년의 가을은 보람 찬 추수의 계절이 아니라 황량한 낙엽의 계절이었습니다. …우리 고려대학교라는 거목(巨木)의 잎은 모조리 떨어지고, 가지는 거의 부러지고, 뿌리도 크게 상하였습니다. 봄은 언제 찾아올는지… 우리의 앞길은 참으로 암담합니다.

그러나 남재는 이와 같은 절망적 역경 속에서도 결코 좌절하지 않고 고대 특유의 불사조와 같은 기사회생(起死回生)의 생명력을 되찾아야 한다고 부르짖었다. 남재는 무엇보다 "우리에게도 봄은 반드시 오고야 만다"고 강조하였고, 또 "우리에게는 오늘만이 있는 것이 아니라 내일도 있고 또 내일도 있다"고 역설하였다. 특히 남재는 미래의 역사를 굳게 믿고 현재의 곤경을 참고 견디어나가는 용기와 아울러 자중자애를 잃지 말아 달라고 당부하면서 역사전개의 필연과정을 다음과 같이 설파하였다.

> "역사에는/ 영광도 있고 치욕도 있고/ 긍정도 있고 부정도 있고/ 승리도 있고 패배도 있고/ 전진도 있고 후퇴도 있고/ 정상도 있고 탈선도 있고/ 환희도 있고 비애도 있습니다./ 그러나 이렇게 착잡하게 엇갈린 속에서도 결국 세계사의 진전은 인간자유의 확대, 복지실현의 방향으로 도도히 흘러가고 있습니다."

라고 독재정권의 한계를 거의 노골적으로 암시하면서 이와 같은 역사전개의 방향과 의지를 '역사의 신(神)'이라고 이름지었다.

여기서 다시 남재는 학생들에게 재분기-재출발을 촉구하면서 '성지시자'(聖之時者)의 유연성 있는 생활태도를 하루 속히 익혀줄 것을 충고하였다. 남재는『맹자』(孟子)의 <만장장구(하)>(萬章章句)에 나오는 '성지시자'를 "성스러운 정의의 힘, 대경대도(大經大道)의 힘만으로 모든 일이 성공적으로 이루어지는 것이 아니라 여기에다가 반드시 때를 알아보고 시기를 잘 맞추어 융통성 있게 일을 처리해나가는 지혜와 기교를 겸비하고 있어야 비로소 완전무결한 성인, 집대성의 성인으로 될 수 있다는 뜻"이라고 해설을 붙였다(남재의 이 충고가 후에 학생들의 큰 호응을 불러일으켰으므로 참고로 그 원문을 역문과 해설과 함께 별항으로 소개한다). 즉, 공자와 같은 시간감각을 길러달라는 것이었다.

다음으로 남재는 모든 것을 오로지 데모로만 해결하려는 단일사고-단일행동, 즉 '모노(Mono)사상'을 버리고 항상 선택의 여지를 남겨두는 복합적인 사고, 복합적인 활동, 즉 폴리 액티비티(Poly Activity)로 전환해줄 것을 거듭 권고하였다. 그리하여 어떤 경우에도 학문공동체「고대호」가 파국에 이르지 않도록 최소한의 '오월동주'(吳越同舟)와 같은 상부상조가 고대 가족들 사이에 이루어질 것을 기대하고 또 주문하였다.

끝으로 남재는 동서고금을 막론하고 출항(出港)의 엄숙한 자리에서는 그 전도의 순탄을 천지신명에게 빌기 위하여 반드시 일정한 제물, 일정한 희생을 바치기로 되어 있다고 말하고, 필요하다면 자신이 기꺼이 그 제물, 그 희생이 되겠다는 비장한 각오를 토로하였다.

孟子曰 伯夷聖之淸者也 伊尹聖之任者也 柳下惠聖之和者也 孔子聖之時者也 孔子之謂集大成 集大成也者 金聲而玉振之也 金聲也者 始條理也 玉振之也者 終條理也 始條理者智之事也 終條理者聖之事也 智譬則巧也 聖譬則力也 由射於百步之外也 其至爾力也 其中非爾力也

— 『孟子』 萬章章句(下) —

[필자역문] 맹자가 말하였다. 백이는 맑고 깨끗한 분으로서의 성인이요, 이윤은 일을 도맡아 잘 해내는 이로서의 성인이요, 유하혜는 화락한 사람으로서의 성인이요, 공자는 때를 아는 분으로서의 성인이니, 공자야말로 집대성한 분이다.

집대성이란 쇠(鍾)소리를 내어 옥(磬) 울림으로 끝맺음을 하는 것이니 쇠의 소리냄은 조리의 시작이요, 옥의 울림은 조리의 끝냄이다. 조리를 시작함은 지(智)의 일이요, 조리를 끝냄은 성(聖)의 일이다. 지는 비유하면 기교요, 성은 비유하면 힘이다. 백보 밖에서 화살을 날리매 그것이 날아가 다다름은 너의 힘이나 그 맞춤은 너의 힘이 아니다.

‘金聲玉振’ : 여기서의 ‘금’은 종(鍾), ‘옥’은 경(磬), 그리고 ‘진’(振)은 종의 소리와 경의 울림이 어우러져 합주를 끝냄을 말하는 것이니 곧 ‘지덕대성’(智德大成)을 뜻한다.

‘條 理’ : 여러 악기가 저마다 자기 소리를 내면서도 그것이 어우러져 고도의 화음을 만들어 냄을 뜻함이니 Sympony Orchestra 연주에 비유된다고 할 수 있을 것이다.

[해 설] : 백이-이윤-유하혜는 각기 한 가지 덕목에서 성인의 경지에 도달하여 힘은 있지만 기교가 모자란다. 그러므로 덕이 한편에 기울어지지만 공자는 이 모두를 겸전하여 모자람과 치우침이 없이 집대성하였으니 완벽한 화음의 경지에 이른 고도의 예술성을 갖는 교향악 연주에 비유된다는 것이다.

4. 제(祭)를 올리던 날의 감격

10월 15일, 마(魔)의 그날, 남재는 총장실에서 창 밖으로 위수군이 토끼몰이 하듯 학생들을 잡아가는 광경을 지켜보면서 분노에 치를 떨었다. 남재의 분노가 얼마나 컸었는가는, 그날 저녁 대취하여 쓰러진 후, 잠꼬대를 다 했다는 사실이 이를 잘 말해준다.

"나쁜 ×들"

평생 그 무엇, 그 누구에게도 욕 한 번 한 일이 없는 남재가 오죽이나 분했으면 욕을 다 했겠는가 싶어 혜천은 몹시 놀랐다고 한다. 이튿날 혜천은 위로삼아 남재에게 "욕은 꿈속에서나 하시는 모양이죠!" 하고 농을 다 건넸다고 당시를 회상했다. 남재도 "윤필용 부대가 우리 학생 1,500여 명을 마구 때리면서 끌고 가는 것을 지켜본 나는 가만히 있을 수가 없었어요…" 하며 당시 분기탱천(憤氣撐天)했던 심경을 털어놓았다.[5]

10월 30일, '대통령 담화'를 계기로 모든 대학들이 즉시 문을 열고 개강에 들어갔지만, 고대는 좀처럼 문을 열지 않았다. 남재는 빨리 개강에 들어가라는 문교부의 독촉을 받으면서도 일부러 1주일이나 더 늦춘 끝에 11월 11일, 제1차 세계대전이 종식되던 '평화 회복의 날'을 택하여 재출발, 재출항의 돛을 올렸다. 남재는 "엄살이라기보다 반항의식에서 일부러 개강에 시간을 끌었다"고 했고, "지금 생각해도 10·15사태는 통곡할 일"이라고 회고했다.[6]

그날 이후, 남재는 앞으로 학교의 문이 열리면 학생들에게 무슨 말을 할 것인가를 놓고 고민하기 시작했다. 휴교중이던 그 숨막힐 듯 답답하기만 한 나날을 회의가 없을 때는 내내 원고지를 붙들고 개강사(開講辭)의 초(抄)를 잡느라고 끙끙 앓았다. 한 줄 썼다가 지우고 또 썼다가 지우기를 무수히 반복한 끝에 마침내 초벌이 얽어졌다. 다음에는 초고의 마지막 손질에서 수위 조절을 놓고 또 한 차례 진통을 겪었다.

<취임사>를 작성할 때처럼, 혜천에게 읽힌 다음 의견을 묻고 큰 소리로 낭독을 해보고, 또 사위 송상현(宋相現)을 불러 초고에 대한 솔직한 의견을 듣기도 했다. 이달 4일에 첫딸 명신이 결혼을 하여 남재 내외는 맏사위를 보는 경사가 있었던 것이다. 옹서간(翁壻間)에 너무 심한 표현들("땅을 치고 물어봅시다…"와 같은…)은 빼자니, 살리자니 하며 축조심의하듯 했음에도, 내용은 당시의 살벌했던 경색된 분위기를 감안하면 겁없이 위험수위를 넘나들고 있었다. 최종 검토가 끝난 다음, 남재는 며칠을 두고 큰 소리로 읽고, 또 읽으며 연습을 했다.

남재가 처음 제시한 '역사의 신'과 함께 담화의 또 하나의 백미로서 오랫동안 회자되어온 '성지시자'를 논한 대목은 국문학과 교수 홍일식(洪一植)의 의견을 그대로 수용한 것으로 남재는 밝히고 있다.[7]

드디어 고려대학교가 재출항의 돛을 올리던 날, 남재는 제주(祭主)가 되어 천지신명께 고대의 전도(前途)를 비는 제(祭)를 올리면서, 필요하다면 기꺼이 그 제물, 그 희생이 되겠다는 생각에서 학교를 그만둘 각오를 단단히 했다.[8] 남재는 <개강담화>를 하는 동안 학생들이 보였던 반응을 다음과 같이 술회했다.

> "우리 고대생들이 참 용해요. '…차마 이럴 수가 있겠습니까?'—하니까 눈물을 흘리고, '…내일도 있고 또 그 내일도 있다'—고 하니까 기운을 냈고, 마지막에 '내가 제물이 되겠다'—고 하니까 막 소리내어 펑펑 울었어요."[9]

안암의 언덕에 울려퍼진 거인의 목소리—, 남재의 <개강담화>는 이튿날 《동아일보》, 《한국일보》, 《경향신문》 등에 보도되어 그 동안 고려대학교에서 무슨 일이 벌어지고 있었는지가 세상에 전해졌다. 특히 《동아일보》는 칼럼 <횡설수설>에서 "제물과 희생이 될 것을 감수하겠다는 심경이라면 무슨 말인들 주저할 것이며 무슨 거리낌인들 받을 수 있으리요마는 그의 말 가운데는 그래도 이성이 살아 있고 자제력이 남아 있고 미래의 꿈과 철학이 담겨져 있다"고 논평하였다.[10]

그로부터 2년 후 "제(祭)를 올리던 날의 감격"은 조금도 퇴색하지 않고 학생들의 기억 속에 생생하게 되살아났다. "…모두들 눈물을 흘렸다. 단상에 계신 분이나 강당 안, 아니 온 교정의 청중들의 얼굴에서 주루룩 눈물이 흘러내렸다. …그러나 우리의 제주(祭主)는 제문(祭文)을 읽으며 신의 계시를 받아 우리에게 전해주는 사명을 잊지 않았다. …'역사의 신'의 계시를…."[11]

그날의 회상은 또 이렇게 이어졌다. "…영구좌절은 없습니다. 오직 칠전팔기(七顚八起)의 새 전진만이 있을 뿐입니다라며 우리들에게 새로운 결의와 분발을 촉구했을 때 얼마나 무한한 환희와 새로운 희망 속에서 불요-불굴의 뜻을 함께 모았던가"… "그때의 그 비장한 각오, '오월동주'하며 '성지시자'의 유연성 있는 생활태도로 기필코 미래창조의 주인공이 될 것을 다짐했던 우리의 기개는 과연 아직도 건재한가?"라고….

고려대학교 동창회사인 『교우회 80년사』(校友會八十年史 : 1991)는 이 시절 자기 모교의 정황을 다음과 같이 기록하고 있다.

"박정희 정권과 그의 사병(私兵)으로 전락한 일부 군인들에 의해 모교가 무자비하게 짓밟히고 두들겨 맞아… 뿌리마저 크게 상했던 이 시기의 겉으로 드러난 모교의 모습은 비록 참담했지만, 사실 이때의 내면적 실질은 모교 66년사상 그 어느 때보다 알찼고 건강하여 정신적 전성기를 구가했다고 평가된다. 모교생들의 사기와 모교에 대한 자긍심은 마치 하늘을 찌를 듯했고, 학구열 또한 뜨겁게 타올라 캠퍼스 구석구석은 '지성과 야성'이란 지표 아래 새역사 새로운 전통의 창조를 향한 열기로 가득 찼고, 모교의 온 가족은 하나가 되어 모교의 발전을 위해 일로매진하고 있었다…." 12)

또 이 시기에 고대 캠퍼스에 몸을 담았던 고대인들은 한 편의 시를 잊지 못한다. <국화(菊花) 앞에서>라는 시를 쓴 시인이자 영문학자 김종길(金宗吉)의 시가 그것이다. 김종길은 그 해 11월 3일《고대신문》창간 24주년을 기념하는 '축시'(祝詩)로서 이 시를 썼지만, 내용은 위수군에 점거된 휴교령하의 텅 빈 교정을 바라보며 교수로서 느꼈던 비통한 심정을 시화(詩化)시킨 독백으로, 남재의 <개강담화>와 함께《고대신문》11월 16일자에 게재되어 고대 가족들의 당시 쓰라린 심회를 어루만져주었던 것이다(시 전문 별항).

5. "역사의 신(神)"

남재가 '역사의 신(神)'에 대해서 공식적으로 언급한 것은 이 <개강담화>가 처음이 아닌가 생각된다. 남재는 "칠전팔기, 고려대학교의 새 전진"을 기약하는 이 연설에서 자신은 일체의 기성신(旣成神)을 믿지 않는 무신론자임을 스스로 자처하면서도 "세계사의 진전은 인간자유의 확대, 사회복지의 실현의 방향으로 도도히 흘러가고 있다"고 설파하며 이와 같은 역사의 의지와 그 의지의 주체인 '역사의 신'만은 굳게 믿는다고 밝혔다.

이후 남재가 '역사의 신'을 다시 언급한 것은 1975년도 졸업식사에서였다. 남재는 여기서 역사전개의 필연과정과 지향을 거스르는 비역사적 무위(無爲), 반역사적 반동, 그리고 탈(脫)역사적 허무를 경계하면서, 자유-정의-진

국화(菊花) 앞에서

김 종 길

한 떨기 국화꽃이여,
너 앞에 지금 나는 할말이 없다.

불붙던 쌀비아는
어느새 잿더미로 사위어가고
플라타나스도 반 넘어 잎이 졌는데,

서릿발 싸늘한 이 아침을
홀로 늠름히 피어난 꽃이여,
너 앞에 지금 나는 목이 메인다.

한 떨기 국화꽃이여,
너를 아끼고 노래한 도잠(陶潛)과 두보(杜甫),
추사(秋史)와 창강(滄江)과 아 우리의 지훈(芝薰) —

그들의 초속(超俗)과 우수와 영감과 기개,
그들이 사랑한 시주(詩酒)의 의미를
의젓이 묵시하는 동양의 꽃이여.

내 또한 술을 사랑하고
불의와 용렬(庸劣)을 미워하건만,
내게는 돌아갈 전원(田園)도
유적(流謫)과 표박(漂泊)과 절규(絶叫)의 땅도 없어

다만 저 재로 사위어가는 쌀비아 꽃밭과
잎지는 플라타나스의 빈 교정을
온 아침 넋없이 바라보며,

이 서릿발 속에서도, 홀로 오히려 오만한
한 떨기 끼끗한 국화꽃 앞에
잠시 말을 잃고 목이 메일 뿐

<1971. 11. 16.>

리에로 접근하는 '역사의 신'을 믿고 끝까지 합역사적(合歷史的) 정진으로 일관하여줄 것을 졸업생들에게 당부하였다.

또 제8대총장으로 복귀한 후에 행한 1978년도 <졸업식사>에서는 "21세기 역사 위에 우리 강토에도 숙원인 '자유-복지-평화-통일의 신'이 찾아오고야 말 것"이라고 확신하면서 "21세기 역사의 신을 굳게 믿고 그 미래를 위하여 끈질기게 전진해주기 바란다"고 역설하였다. 이어 1980년에도 "자유와 복지 실현의 방향으로 접근해가는 역사의 신"이라고 언급하였고, 1981년도에는 "…신도 예언자도 없는 자기망실(自己亡失)의 시대에 살고 있다고 해서 이 세계에는 역사발전의 방향도, 인간가치의 기준도 모두 사라지고 힘과 힘, 우연과 우연만이 판을 치고 있다고 믿는 허무주의가 되어서는 안된다"고 강조하면서, "인류의 역사는 인간성의 회복과 이성의 각성을 통하여 자유-정의-진리를 실현하는 방향으로 도도히 흘러가고 있음을 명심하고 역사의 신을 믿는 희망의 역사철학을 가지고 자유-복지-통일의 달성을 향하여 꾸준히 정진해줄 것"을 바라 마지않았다.

이처럼 남재는 역사가 흘러가는 종착점을 역사의 의지로 보았고, 그 전개 방향은 바로 고려대학교의 교시인 자유-정의-진리의 실현과 일치하는 것으로 확신하였다. 따라서 남재에 있어서 '역사의 신'이란 곧 '세계사의 의지'를 말하는 것이다.

우리는 이제까지 남재의 일제하의 수학(修學)과정으로부터 광복 후 고려대학교 교수가 되어 동란을 겪고, 수복과 재건, 그리고 양차의 혁명기를 거쳐 총장에 이르는 인생도정을 살펴보는 과정에서 남재에게 언제나 보이지 않는 힘의 인도와 알 수 없는 어떤 의지의 가호(加護)가 항상 뒤따르고 있음을 느끼게 된다는 감상을 누차 토로한 바 있다. 이제 우리는 그 동안 예감해온 그 미지의 힘과 의지의 작용이 무엇인가를 밝힐 단계가 되었다고 본다. 그것은 바로 '역사의 신'인 것이다. 남재가 "역사의 신에 의해서 선택된 사람"이라고 믿는 우리는 그가 "지성과 야성이 조화된 전인적 인간"을 미래의 지도자상으로 제시하며 민족의 사명이요 운명인 남북통일의 대도를 개척해나갈 역군을 길러낼 사명을 짊어지게 되는 것도 '역사의 신'의 의지를 실현하는 과정이었다고 우리는 믿게 되는 것이다.

따라서 남재에게 있어서 '역사의 신'은 '희망의 신'이요, '용기의 신'이며,

'낙관의 신'인 동시에 남재 자신의 '자기확신'의 객관화인 것이다. 남재는 '역사의 신'의 숨결인 그 희망과 용기와 낙관과 신념의 철학을 학생들에게 심어주기 위해서 <취임사>, <신입생환영사>, <졸업식사>, 기타 강연 및 연설문 등을 작성하는 데 그처럼 열정과 심혼을 다 쏟아부었으니, 거기에 표출된 모든 언어들은 곧 '역사의 신'의 메시지였다고 할 것이다.

남재는 막연하나마 '하늘의 섭리' 같은 것이 있는 것으로 믿었고, 그것을 '역사의 신'이라고 확신하게 되었음을 피력하면서, 이 때문에 두고두고 많은 말을 들었다고 제자들에게 털어놓았다. 특히 연세대학교 박대선 총장으로부터 "무신론자라면서 왜 신을 역사에다 끌어다 붙이느냐"고 반농담조의 항의성 역공을 받기도 했다고 남재는 술회했다.[13]

제2절 유신시대 : 그 불행한 역사의 현장

1. 「7·4 남북공동성명」의 이중적 성격

1971년 「10·15 위수령사태」 이후의 대학 하늘은 언제나 잿빛이었다. 강제로 '접목'된 이른바 '보완학칙'하에서 명목상의 대학자치가 존재하기는 했지만 현실비판이 철저하게 금압된 제한된 범위 내에서의 자치일 뿐이었다. 이와 같은 정황 속에서 1972년도 「5월 석탑축전」 행사가 중단되었다. 《고대신문》이 해마다 축전행사의 일환으로 공연하여 대학가의 최대 명물로 자리를 잡아온 '현실풍자의 무대' <역사상인물 가상재판>이 당국의 사전검열문제로 개최를 포기하자 총학생회측이 이를 계기로 축전행사 전체를 중단시켜버린 것이다. 아마도 이 정도가 이 시기의 학생들이 독재정권에 대항할 수 있었던 최대의 몸짓이었을 것이다.

「10·15」사태의 내상(內傷)으로 고대가 이처럼 기력을 잃고 있던 1972년 그해 여름방학에 들어갈 무렵, 충격적인 「7·4 남북공동성명」이 발표되어 온 국민을 경악시키고 대학을 당혹케 만들었다. 결론부터 말해서 「7·4 성명」은 그 기본정신이야 어찌 되었던 간에, 정권의 일방적-초법적 발상에 의해 추진되었을 뿐만 아니라 정치적으로 독재자의 영구집권체제 구축의 구실로 악용되었다는 점에서 정권의 사악한 교지(狡智)의 산물이라는 혐의를 벗어날 수 없는 것이었다. 「10월유신」(維新)이라는 희세(稀世)의 대국민 기만극(欺瞞劇)이 「7·4 성명」을 각본으로 하여 연출되었기 때문이다.

「7·4 성명」을 보는 남재의 시각은 단순명료했다. 남재는 한마디로 이것을 '평화공존'을 지향하는 세계사적 흐름에의 공동보조 정도로 파악하고 있었다. 남재는 무엇보다 먼저 「7·4 성명」에 동시에 제시되어 있는 방향이 전혀 다른 두 개의 기본원칙을 주목하고 있었다. 즉, 하나는 <긴장완화 → 현상동결 → 평화공존>의 원칙이고 또 하나는 <민족적 대단결 → 현상변경 → 자주적 평화통일>의 원칙이 그것이다. 성명의 문면(文面)만 보면, 이 두 개의 원칙 중 어느 것이 주(主)이고, 어느 것이 부(副)인지 그 핵심, 중점, 선후가 애매하여 어느 것이 본문이고 어느 것이 수식인지, 또 어느 것이 진심(眞心)이고, 어느 것이 가심(假心)인지가 아주 모호하게 되어 있다고 지적하였다. 이상과 같은 남재의 견해는 유신선포 직전인 1972년 9월 29일에 있었던 두 번째 교내 「추계학술대강연회」에서 <공존시대와 평화통일의 전망>이란 제하로 행한 강연에서 제시된 것이다.[14)]

여기서 남재는 진심이 어떻든, 남과 북이 대화를 통해 긴장을 완화시켜야 할 현실적 절박성 때문에 합의를 본 것이 「7·4 남북공동성명」일 뿐, 국제적으로는 (특히 미국이) 우리 한민족의 자주적 통일접근과는 거리가 먼 것으로 평가되고 있다고 소개하면서, 대화를 이제 시작한다고 해서 곧 통일이 이루어지는 것은 아니라고 강조하였다.

남재는 마치 18일 후에 있을 '유신 선포'를 미리 예측하고, 여기에 찬물을 끼얹기라도 하듯이 이렇게 지나친 통일 기대를 경계한 것이다. 그러면서도 비록 한반도 주변의 4강이 현상변경의 원칙을 찬성하지 않는다고 하더라도 예측불허의 변수가 다소 남아 있어 통일기회-통일도래에 대한 기대를 갖는 것이 전혀 무근거한 것만은 아니라는 여운을 남겨두기도 했다. 하지만 이 또한 사실은 학생들의 통일열망과 의지를 북돋아주기 위한 배려일 뿐, 통일의 영광과 환희가 "뭐, 쉬운 말로 만나자, 화해하자 한다고 해서 쉽게 찾아오는 것이 아니라, 인간의 순정과 자유가 무수히 짓밟히고 맹신과 광신의 비애와 정신적 고통을 무수히 겪은 후에야 비로소 가능한 것”임을 분명하게 일깨운 바 있다.15)

2. 계엄하의 유신선포

1972년 10월 17일, 대통령 박정희의 특별선언에 따라 전국에 비상계엄이 선포되고, 각 대학에 휴교령이 내려지면서 계엄군이 또다시 대학 캠퍼스를 점거하였다. 아울러 국회와 정당이 해산되어 일체의 정치활동이 금지되는 등 헌법기능이 중단되었다. 이른바 「10월유신」이 선포된 것이다. 이때 고대에 진주한 계엄군사령관은 전두환(全斗煥)이었고, 장세동(張世東)-민병돈(閔丙敦) 등이 그 예하 장병을 지휘하고 있었다.

「유신」의 근본목직은 △급변하는 주변정세에의 능동적인 대처, △「7·4 성명」에 따라 목하 진행중인 남북대화의 적극 추진, △이를 통한 민족의 통일대업 수행, △그리고 자유민주주의의 건전한 육성-발전 등으로 요약 설명되었다. 다시 말해서 알차고 능률적인 민주체제를 바탕으로, 급변하는 세계정세에 기민하고도 능동적으로 대처하면서 남북대화를 굳게 뒷받침함으로써 민족의 평화통일과 번영의 기틀을 마련하기 위해 거기에 상응하는 체제로 제도개혁을 단행한다는 논리였다.

특히 “민족의 통일제단에 이 한 목숨 바치겠다”는 유신주체 박정희의 처절하리만큼 비장한 절규는 순진-몽매한 국민들의 동의를 이끌어내기에 충분한 최면효과를 발휘하였고, 여기에 대중매체를 총동원한 조직적이고도 일방적인 설득작업이 가세됨으로써 한때 유신은 국민의 압도적 지지로 그 역사적 정당성을 획득한 것으로 비쳤다.

“…우리는 남북대화가 끝내는 조국의 평화통일로 이어져야 한다고 굳게 믿고 있기 때문에 이 대화를 뒷받침하는 오늘의 유신개혁을 적극 지지하고 있다. 우리가 이 체제개혁을 성공적으로 달성하지 못한다면 남북대화는 그만큼 영향을 받을 것이요, 따라서 조국의 평화통일도 그만큼 지연될 것이다. …유신헌법안은 무엇보다 평화통일을 지향하고 있다. …국가기구의 정상에 설치될 통일주체국민회의는 조국의 평화통일을 추진하기 위한 온 국민의 총의에 의한 국민적 조직체로서 조국통일의 신성한 사명을 갖게 될 것이다….”

이상은 「유신헌법」에 대한 국민투표를 앞두고 국민 설득에 나선 당시의 정부기관지 《서울신문》(1972년 11월 2일자) <사설>의 일절이다. 이 시기에는 비단 《서울신문》뿐만 아니라 전 언론매체들이 이와 유사한 논조를 폈다. 그리하여 11월 21일, 「유신헌법」이 국민투표로써 확정되어 유신체제의 성립 근거가 마련되자, 이 달 28일을 기하여 계엄포고로써 대학의 휴교조치를 해제하고 12월 1일부터 일제히 개강에 들어가도록 했다. 대학의 개강에 즈음하여 문교당국자는 그 동안 대학에 휴교조치를 내린 것은 “유신과업수행을 위해 일부 학생들이 유신에 역행하는 행동과 문제를 제기하는 일이 없도록 이를 미연에 방지하기 위함”이었다고 밝혔다.[16]

이처럼 「10월유신」은 군대를 동원하여 국민의 비판활동과 집단행동을 총칼로 위협-금지하고, 대학을 점거하여 학생들의 저항을 봉쇄하지 않고는 성립할 수 없는 정변이요, 반민주적 국민주권유린행위였던 것이다.

3. “캄홈 유니버시티”

고려대학교가 개강을 한 지 5일 후인 12월 6일, 남재는 《고대신문》 기자와 만나 개강 소감을 밝혔다. 아무런 이유 없이 대학이 계엄군에 점령당하고 무려 45일 동안이나 강제로 문이 닫혀 괴롭고 답답한 나날을 보낸 끝에 학사기능을 되찾고 학생들과의 만남이 재개되는 것이라 남재는 입맛도 씁쓸하려니와 무거운 책임감을 느끼지 않을 수 없었던 것 같다. 아울러 이 시점에서 대학이 가야 할 길이 무엇인가를 제시할 필요성도 절감하고 있었다고 할 것이다.

그리하여 남재는 제일성(第一聲)으로 “어떻게 해서든지 우리 고려대학교는 있어야 하고, 움직여야 하며, 선배들로부터 물려받고 후배들에게 물려주어야 한다"고 말문을 열었다. 이어 미-중, 미-소 간의 화해를 위시한 전세계적 긴장완화, 해빙무드, 해이의 기운은 국제사회를 일종의 무중력상태-유동상태로 몰고 가고 있고, 모든 나라들이 국제사회의 조석변심(朝夕變心)-의리부동(義理不同)의 경향에 대비하기 위해서 영원한 적도, 영원한 동지도 없는 중립화의 경향을 취하면서 의존에서 자주로, 원심(遠心)에서 구심(求心)으로 옮겨가고 있는 이 큰 흐름을 주시해줄 것을 환기시키면서 국내외의 급격한 변화에 적응할 수 있는 안목과 역량을 길러야 한다고 강조하였다. 즉, 우리는 지금, 긴장완화-평화통일을 위한 남북접촉에 수반하는 새로운 진통을 겪지 않을 수 없고, 개발에 따른 확산에서 수렴(收斂)으로, 정적(靜的)인 상태에서 동적인 상태로 급변하는 역사의 전환기체제를 맞고 있음을 상기시켰다. 기성의 정통성이 마구 무너지고, 기존의 상궤(常軌)가 마구 엇갈리는 전환기에 우리 대학은 서 있다는 지적이다.

따라서 이와 같은 시점에서 우리 대학이 갈 길은 어떤 거창한 새 목표를 향해서 멀리 떠나는 것이 아니라 역으로 자기 본래의 제자리로 돌아와 학문연구와 지식습득에 전념하는 것이 대학의 갈 길이라고 역설하였다. 능력 있고 패기에 찬 혈기왕성한 일부 교수들, 일부 학생들은 갑갑하고 불만스러울지 모르지만, 사실 오래 전에 대학은 이 '자기회귀'(自己回歸)의 길을 거쳤어야 했고, 비록 늦기는 했지만 이제라도 이 길을 통과해야 한다고 남재는 호소하였다.

대학이 자기 고유의 특성을 확립하고 자기 고유의 책무를 다하기 위해서 고유의 등불을 밝히는 이러한 노력이야말로 진정한 통일로 가는 길이요, 진실한 자유복지사회건설로 향한 원대한 계획이 된다는 것이다. 비록 이것이 지금은 작은 발걸음 같지만, 오히려 이것이 진정한 큰 발걸음이라는 것을 명심하고 괴테의 명언처럼 "서두름 없이, 그러나 쉬임 없이…"(Ohne hast, doch ohne Rast) 이 길을 착실히 달릴 수 있도록 우리의 선배들, 후배들, 그리고 사회의 각계각층이 성원해주기 바란다는 것이다.

그리하여 남재는 죠지 맥거번 당시 민주당대통령후보의 '대통령지명 수락연설'의 일절, "캄홈 아메리카 — Come Home America!, 미국이여 제자리로 돌아오라!…우리의 이상과 우리의 병사들을 모조리 불구로 만드는 월남전으로부터 미국이여 돌아오라…”의 형식을 빌려 다음과 같이 호소했다.

> “Come Home University! / 대학이여 제자리로 돌아오라 / 교수도, 학생도, 모두 학원으로 돌아오라 / 학외(學外)의 그 밑도 끝도 없고, 앞도 뒤도 모르는 정글로부터 학내(學內)의 캠퍼스로 돌아오라 / ‘캄홈 유니버시티’ / ‘캄홈 캠퍼스….”

자신의 말 한마디가 천금과 같은 무게를 지녔던 이 시기에 남재는 끝내 단 한마디도 「유신」에 관해서는 직접적으로 언급하지 않았다. 다만 “현실을 있는 그대로 인정하고 받아들이는 것도 큰 용기”라고 말하고 “이제부터 새로운 기점을 찾는 슬기를 발휘할 때”라고 강조함으로써 강요된 유신체제하에서 대학이 가야할 길을 다시 한 번 환기시키는 암시적 언급을 하고 있을 뿐이다. ‘10월 유신의 기만성’을 남재는 처음부터 간파하고 있었기 때문이다.

제3절 〈국제정세와 통일전망〉: 네 차례 추계 강연

1. ‘1일 교수’의 20세기 문명론

남재의 강연이 학생들의 관심의 대상이 됨은 오히려 당연하다 할 것이다. 남재는 이미 『모택동사상』의 저자로서, 명강(名講)에 명문장으로 알려져 있을 뿐만 아니라, 그 온후하고도 국량(局量)이 크고 대범한 거인적 풍모로도 학생들의 시선을 사로잡기에 충분했기 때문이다.

남재가 매년 가을 고대 총학생회가 주최하는 「추계학술대강연회」에 연사로 참가한 것은 대학총장으로서는 참으로 이례적인 일이었다. 남재는 스스로 이 강연 참가에 대해 “행정직을 떠난 1일 교수의 자격”이라고 자평하였다. 강연은 총 네 차례(1971~1974) 행하였고, <수정주의시대>(1971. 9. 18.), <공존시대와 평화통일의 전망>(1972. 9. 29.), <이상변화의 시대>(1973. 9. 28.), <혼

돈의 시대 — 그 상수와 변수>(1974. 9. 20.) 등이 그 연제(演題)였다.

남재의 강연들은 다음 몇 가지 공통점을 갖는다. 첫째로 그 연제명이 말해주듯, 이들은 하나같이 ‘어떤 시대적 특징’을 함축-표현하고 있다는 점이다. ‘수정주의’(修正主義), ‘공존’(共存), ‘이상변화’(異常變化), ‘혼돈’(混沌) 등이 그것이다. 이들 제명(題名)은 매 강연의 일관된 주제이면서도 분석틀로서의 가늠자가 된다. 즉, 1971년은 ‘수정주의’라는 세계사적 현상을 공통 인수(因數)로 하여 그 시대적 특징을 분석하고 있고, 1972년은 ‘공존’을 공통 인수로, 1973년은 ‘이상변화’를, 그리고 1974년은 ‘혼돈’을 그 인수로 하고 있다는 뜻이다. 둘째로, 매개의 강연은 한반도 주변 강대국, 곧 미-중-소-일 등이 각기 직면하고 있는 고유의 현실을 당해 연도를 기준으로 하여 분석-고찰하고 있다는 것이다. 이때 연제(演題)로 제시된 ‘공통 인수’들은 바로 4강의 당면 고유현실을 짚어내는 분석도구가 된다. 셋째로, 각국의 이와 같은 현실분석을 통해서 얻어진 결과들은 세계사적 흐름의 특성을 개념화하는 요인으로 개괄-종합된다는 것이다. 넷째로, 세계사적 흐름을 거시적으로 파악하고, 그 성격을 규정시음에 있어서 문명비평사가, 또는 미래학지의 논저들 중 그 시기의 베스트셀러나 세계적으로 주목을 받고 있는 문제작들을 반드시 하나씩 골라 소개함으로써 학생들에게 세계통찰의 방법을 일러주고자 했다는 것이다. 끝으로, 이렇게 분석된 4강의 현실과 세계사적 흐름의 특성을 기본전제로 할 때 한반도의 통일이 어떻게 될 것인가 그 가능성을 전망하는 순서로 강연의 체계를 구성하고 있다는 것이다.

또 남재는 국제정세를 파악함에 있어서, 그것을 단지 국제정치학의 문맥으로만 접근하는 것이 아니라 문화인류학적 문명론의 시각으로도 조명하여 학생들에게 폭 넓은 시야를 열어주고자 노력했다.

특히 남재의 ‘통일론’은 금단(禁斷)의 성역(聖域)처럼 정권의 독점적 정책영역으로 되어 있는 민감한 문제를 학술적 토론의 영역으로 끌어내려 민간차원의 통일연구에 일대 전기를 가져왔다는 데 큰 의의를 찾을 수 있다. 장강대하(長江大河)와도 같은 남재의 통일론에 담긴 그 문명론적 세계사 통찰과 민족사적 관조는 가히 독보적인 경지라고 하지 않을 수 없다.

그리하여 해마다 남재의 강연을 듣게 되는 이 시대의 고대생들에게 있어서 그것은 격변의 격변을 거듭하는 국제정세 속에서 민족이 당면한 구체적 현실을 집약-정리한 연간 결산이었기 때문에 학생들로 하여금 '세계와 나'를 이해하고 민족의식과 세계관을 형성해나가는 데 다시없는 길잡이가 되었던 것이다.

우리는 남재의 네 차례 강연을 듣고, 또 그 강연문을 재음미하면서 맹자(孟子)가 설파한 '집대성'(集大成)의 의미를 새삼 되씹어보게 된다. 대학총장이라는 그 무겁고 바쁜 격무 속에서 어떻게 그 많은 자료들을 섭렵하여 정리-축적하고, 또 여기에 다양한 사색의 결정들을 꿰어서 매개 강연을 그처럼 뛰어난 「20세기 문명론」으로 엮어낼 수 있었을까, 우리는 실로 경이를 느끼지 않을 수 없는 것이다.

2. 오늘의 세계상(像) : 주요 특징들

네 차례의 강연내용을 여기에 몇 마디로 축약해낼 도리는 없다. 그만큼 매개 강연에 담긴 내용들은 한마디 한마디가 깊은 사색과 논구의 결실들이라 비록 각개의 강연시간은 100분 안팎에 불과했으되, 거기에 펼쳐진 시야와 논급된 영역들은 실로 방대하고, 다각적이며, 심층적이고, 함축적이어서 어느 것 하나 가감할 수 없을 만큼 입체적으로 꽉 짜여져 있기 때문이다. 따라서 섣불리 강연내용의 다이제스트를 시도함은 각개 강연이 지닌 그 완미-완결성을 해치는 꼴밖에 안되므로 차라리 강연 전문을 꼼꼼히 읽는 도리밖에 없다는 생각을 하게 된다. 그러므로 1971년, 1972년, 1973년의 세 강연은 <오늘의 세계상>이란 제하로 묶어 그 각각에 담긴 국제정세분석의 특징적 대목들만을 간추려 여기에 소개하고 '20세기 문명론'의 결정판이라 할 수 있는 1974년의 강연 <혼돈의 시대 — 그 상수와 변수>는 별도 항으로 다루기로 한다.

(1) <수정주의시대>(1971)

1971년은 '미-중공 접근'이 시대적 격변을 상징하는 최대의 관심사가 되었다. 남재는 1971년의 세계대세를 <수정주의시대>라는 관점에서 분석하였다. '수정주의'를 남재는 넓은 의미의 현실주의라고도 해석하였다.

남재는 우선 소련이 제일 먼저 수정주의의 방향을 택하지 않을 수 없는 국내적-국제적 현실을 검토하였다. 소련은 1956년 소련공산당 제20차 전당대회에서 흐루시쵸프의 평화공존론-경제경쟁론-스탈린 1인숭배사상배격론을 채택함으로써 수정주의노선을 걷게 되었다. 소련이 이처럼 현실주의적 수정주의로 노선을 전환하게 된 것은 핵무기가 존재하는 시대에 평화공존이 불가피한 국제정치의 냉엄한 현실을 직시한 결과로 해석된다. 그러나 그에 못지않게 대외적으로는 끈질기게 자율을 요구하는 동구위성국들의 반발과 중-소 이념대립의 격화로 공산진영 내부에서 자신의 일원적 지배-통솔이 흐려져가고 있고, 대내적으로는 사회주의건설에 수반하여 대두되고 있는 자유화와 자율의 욕구를 부분적으로 허용하지 않을 수 없는 상황변동이 주요인이 되고 있는 것이다.

이어 남재는 소련의 수정주의를 맹렬히 비난-공격하며 초강경 교조주의만을 내세우고 있는 듯이 보이는 중공의 일관된 현실주의적 경향을 수정주의의 맥락에서 분석하였다. 즉, 중공은 중-소분쟁의 격화로 인해 미-소 양면으로부터 포위공격을 받는 궁지만은 모면해야 할 현실적 요청과 아울러 대내적으로 문화대혁명의 파괴와 난동을 하루빨리 수습하고 정상을 회복해야 할 당위성 때문에 대미접근으로 선회하는 수정주의적 온건노선을 택하게 되었다는 것이다.

다음으로 미국 역시 국제정치무대에서 현실화로 궤도수정을 하지 않을 수 없는 '자신감의 상실'이라는 미국적 고민을 검토하였다. 미국은 무엇보다 전통적으로 내세워온 "아메리카 넘버원"—미국제1주의의 신화, 곧 핵무기의 신화, 백전백승의 신화, '세계의 공안관'의 신화, 달러 만능의 신화, 세계 온갖 인종이 미국 속에서 하나로 용해된다는 용광로의 신화 등 "아메리카 퍼스트"의 신화가 모조리 무너져버림으로써 자신감을 잃게 되는 현실적 제약과 한계를 다각적으로 분석하였다.

특히 미국적 흑백논리의 결벽증과 과격성, 미국식 추상과 형이상학을 비판하고 나선 풀브라이트의 명저 『힘의 자존망대』(*Arrogance of power*)를 인용하여 미국이 현실주의로 정책전환을 하지 않을 수 없는 배경을 설득력 있게 설명하였다.

이상과 같이 소련이 수정주의 온건노선을 걷게 되고, 중공 역시 수정주의 온건노선을 밟게 되었으며, 미국 또한 과거 신경질적으로 흑백을 가리던 결벽증에서 벗어나 현실주의를 지향하다 보니 국제정치의 이 3대 거인들이 만나는 장소가 생겼다는 것이다. 이를 남재는 다음과 같이 묘사하고 있다.

> "…세계정세의 기본양상은 혁명적 이데올로기시대에서 → 조정적 탈(脫)이데올로기시대로/ 또 고집불통의 교조주의시대에서 → 융통자재의 수정주의시대로/ 강경한 신조의 시대에서 → 온건한 실리의 시대로/ 극한대결의 시대에서 → 유한(有限)경쟁의 시대로/ 양강(兩強)의 시대에서 → 5강(五強)의 시대로…. 이를 달리 표현하면, 독백 —'모노로그의 시대'가 → 대화 —'다이아로그의 시대'를 거쳐 → 혼선대화 —'폴리로그의 시대'로, 다시 이를 연극적인 표현을 빌리면, 단독주연 —'모노게임의 시대'에서 → 2인주연 —'다이아게임의 시대'를 거쳐 → 다수게임 —'폴리게임의 시대'로 접어들었다는 이야기가 되는 것입니다…."[17]

이상과 같은 시대적 양상으로부터 남재는 다음 세 가지 결론을 도출하고 있다. 첫째로 대규모의 전략적 최후결전은 없고, 소규모의 전술적 중간전쟁이 있을 뿐이라는 것이다. 둘째로 세계 각국은 영원한 적도 영원한 동지도 없고, 적과 동지가 수시로, 그리고 복합적으로 변할 수 있는, 복합변동적이며, 술수-의리부재의 시대가 되었다는 것이다. 셋째로 5강은 현상타파를 기피하고 현상고착의 방향으로 나가려고 한다는 것이다.

*

<여 록>

남재는 닉슨의 중공방문 결정에 즈음하여, 그 배경과 의의를 살펴보기 위하여 《동아일보》(1971년 7월 17일자)가 마련한 「대담」에 참석한 바 있다. 이 강연이 있기 약 두 달 전의 일이다. 동지의 편집국장 박권상(朴權相)과 가진 이 「대담」에서 남재는 미-중공 접근을 넓은 의미의 '뉴리얼리즘', 곧 수정주의 경향으로 진단하면서, 모택동의 기본방향을 광적(狂的)인 교조주의로 보기 쉬우나 그 집권과정을 보면 항상 현실과 타협하는 현실주의적 입장을 취

해왔음을 상기시켰다. 아울러 우리도 주어진 현실을 능동적이고 발전적으로 타개하기 위해서는 '노르트 폴리티크', 즉 북방정책에 기선을 잡아야 한다고 강조하고, 한반도를 둘러싼 강대국들간의 세력균형이 깨지지 않는 한 휴전 이래의 '현상고착'이 그대로 유지될 것이며 남북대립도 점차 군비경쟁이 아닌 복지경쟁의 양상으로 바뀌게 될 것으로 내다보았다. 아울러 김일성의 호전성도 그 수정이 불가피하여 섣불리 전쟁책동은 못할 것이라고 판단하였다. 남재의 이와 같은 남북관계 진단은 다음해에 통일을 이룩하기 위해서 체제개혁을 단행한다는 유신선포의 명분과는 실로 천양지차(天壤之差)의 시각이 아닐 수 없다.

(2) <공존시대와 평화통일의 전망>(1972)

1972년의 시대적 특징은 「7·4 남북공동성명」이 그 주요 배경으로 된다는 점일 것이다. 「7·4 성명」을 공존으로 향한 남북대화의 시작 정도로밖에 더 이상 의미를 부여하지 않았던 남재는 1972년의 세계대세를 '공존시대'로 규정하고 '평화공존의 이중적 성격'을 화두로 하여 강연의 논지를 전개해나갔다. 즉 '평화공존'이란 상대와 도저히 융화할 수 없고, 추호도 상대에게 양보할 수 없는 불일치의 일면이 있으면서도(Disagree), 서로 상대를 부인하거나 침범하지 않고 있는 그대로 상대를 인정해주면서(Agree) 함께 살아보자는 2중적 의미를 함축하고 있는 것으로 풀이한 것이다.

그러면 공산주의와 자본주의라는 상극적 대립자(對立者) 간에 평화공존이 성립하는 필연의 논리와 이유는 무엇인가. 남재는 핵무기가 존재하는 현실을 1차적 요인으로 지적하고, 2차적으로는 국제질서가 미-소 양극체제에서 다극체제로 바뀌었기 때문이라고 설명하였다. 즉, 공산진영 내부의 다극화 현상과 더불어 비공산진영 내부의 다원화 경향, 그리고 국제사회에 있어서 실력평준화 현상의 대두, 특히 경제영역에 있어서의 두드러진 실력평준화를 그 요인으로 들고 있는 것이다.

이로 인하여 국제적 양대 거인의 카리스마가 무너지고, 양대 '리바이어던'(Leviathan)이 소멸되었다는 것이다. 또 두 개의 세계제국을 영도하던 사령탑이 붕괴되고 작은 나라들이 군웅할거하는 춘추전국시대가 되었다고 한다. 이른바 '팍스 아메리카나'—Pax Americana, '팍스 러시아나'—Pax Rusiana가 사라지고 소국들이 저마다 떠들어대는 혼선대화로 시대의 장이 바뀐 것이다. 이렇게 되니 동맹을 맺다가도 싫어지면 내일 당장 내던져버리는—Throw-away Culture(A. Toffler의 이른바 플라스틱 문명), 변화무쌍-의리부동-조석변심의 인정머리 없는 사회가 되었다는 것이다. 그리하여 오늘의 세계질서는 양극(兩極)과 다극(多極)이 혼재하는 혼미의 체제라고 남재는 그 성격을 규정하였다.

(3) 〈이상변화의 시대〉(1973)

1973년의 시대상황을 남재는 '이상변화'라는 시각으로 투시하였다. 70년대에 들어오면서 지구상에는 국제정치의 측면에서 과거의 기성관념으로는 도저히 이해하기 어려운 사건들, 상상하기 힘든 변화들이 마구 쏟아져 60년대와 같은 급변-격변의 도를 넘어 "이상스럽게 변화하는 시대"라고 불러야 옳을 정도라고 '오늘의 시대상'을 묘사하면서, 다음 사실을 열거하였다.

—모택동의 후계자로 지명된 임표(林彪)의 실각과 도주-변사,
—닉슨의 북경 방문과 모스크바 대좌(對坐)에 이은 소련의 미 잉여농산물 전격 도입,
—'100년전쟁'이라고 불리우던 월남전의 전쟁도 평화도 아닌 표범무늬식 종결처리… 등등.

그러면 이처럼 과거의 인식능력이나 기성관념-기존척도로는 도저히 이해할 수 없고, 분간하기 어려운 '이변'이 폭발하는 「이상변화」의 충격 속에서 한반도에 절대적인 영향을 미치고 있는 미-중-소의 삼각관계는 어떻게 되고 있는가. 남재는 우선 중-소 관계가 2차적 적대관계에서 1차적 적대관계, 즉 '차적'(次敵)에서 '주적'(主敵)으로 바뀌어 도저히 타협할 수 없는 극한상황에 이르고 있음을 주목하였다. 1973년 8월 「중국공산당 10전대회」(十全大會)에서 행한 주은래의 정치보고에서 소련에 대하여 "수정주의자들이 사회주의국가를 사회제국주의국가로 변질-타락시키고, 자본주의를 복구시키고, 파시즘 독재를 강화하고, 소연방 내 모든 민족과 인민을 노예화하고, 정치적

-경제적-민족적 모순을 심화시켰다"고 맹공을 퍼붓고 있는 사실이, 이미 중공은 소련을 '주적'으로 삼고 있음을 말하여주는 것이라 한다.

중-소 간의 대립갈등이 이처럼 '대적관계'(對敵關係)에 있어서 '주'-'차'의 자리바꿈을 가져올 만큼 심각한 국면으로 발전하고 있는 그 중간에 서서 양면 미소작전을 구사하며 어부지리를 노리는 것이 미국이다. 미국은 지금 중공에 대해서는 일본을 앞장세워 쓰다듬으며 미소를 뿌리고, 소련에게는 서독을 내세워 어루만지며 추파를 던지는 등 '게임 폴리시' — Game Policy를 추구하고 있다고 남재는 해석하였다.

그러면서도 월남전의 실패로부터 자신감을 상실한 미국은 달러화의 가치추락에, 워터게이트 사건의 추태, 신구세대의 갈등으로 표출된 극단적 국론분열상까지 겹쳐 더 이상 사명감에 불타 자유-복지-인권과 같은 인류의 이상과 꿈을 내세우는 대외정책을 밀고 나갈 처지가 못 된다는 것이다.

소련 역시 중-소분쟁에 휘말려 있는 데다가, 가장 큰 영토를 차지하고 있는 '대지주의 고민'을 안고 있고, 소련식 계획-통제경제의 성장한계를 극복하고 증대일로에 있는 대중의 소비욕구와 문화적 갈증을 해소시켜나가야 할 현실적 요구에 봉착하고 있는 것이다. 그런가 하면 중공 또한 소련의 포위망정책을 분쇄시켜나가면서 모택동 사후 후계문제의 대비책을 강구해두어야 할 뿐만 아니라, 경제적 낙후에서 하루 속히 벗어나야 할 필연성에 직면해 있다는 것이다.

이처럼 미국도, 소련도, 중공도 현상변경을 추구하는 데 요구되는 자신감을 잃고 있거나 새로 일을 크게 벌일 만한 여유가 없기 때문에 현상고착을 위한 소승적 대응으로 일관할 수밖에 없다는 것이 남재의 결론적인 대세분석이었다.

3. 상수(常數)와 변수(變數)

남재는 오늘의 세계상(像)을 '혼돈'으로 규정하고 이 시대를 혼돈의 상황으로 몰고 가는 근원적 요인을 국제무대, 국내무대, 그리고 인간 내부에서 폭발하고 있는 잡다한 욕구들의 "복합적 인플레이션의 인플레이션"이라고 지적하면서 그 실례를 다음과 같이 들고 있다.

첫째로 국제무대에 있어서 신생 제3세계에서 쏟아져나오고 있는 잡다한 민족-국가들의 독립선언의 인플레이션, 둘째로 국내무대에 있어서 신생 제3세력, 집단, 파벌, 계층, 세대들로부터 쏟아져나오고 있는 잡다한 요구와 인권선언의 인플레이션, 그리고 셋째로 인간 내부에 있어서 신생 제3의식들, 갖가지 충동들, 속성-욕정-본능-취향들로부터 쏟아져나와 한꺼번에 분출-요동치고 있는 인간선언의 인플레이션 등등….

'신생자'(新生者)들의 이와 같은 무한각성(無限覺醒)-무한발동(無限發動), 여기에서 빚어지는 무한변수(無限變數)의 시대상을 정리하여 남재는 "수면(睡眠)에서 → 각성에로/ 잠재에서 현재(顯在)에로/ 지하잠복에서 → 지상노출로/ 예속에서 → 반항-해방에로/ 자기발견에서 → 자기실현에로/ 욕구에서 → 폭발로…" 줄달음치고 있는 "만물생동의 잔인한 계절"이라고 풀이하였다.

그리하여 국제사회, 국내무대, 인간본성 심층부에서의 '신생난무'(新生亂舞)-'신생각축'(新生角逐)의 인플레이션 러시는 초월적 가치나 불가침의 절대존재, 절대성역, 최고-유일자(唯一者)를 모두 소멸시키고, 또 그것을 모조리 상대화-세속화시켜 대등한 경쟁자로 만들어버렸다는 것이다. 즉, "절대명령과 무조건 복종/ 절대영도와 무조건 추종/ 절대은총(恩寵)과 무조건 갈채/ 절대우월과 절대열등/ 절대동지와 절대의 적"과 같은 '절대'와 '무조건'은 어느 곳에서건 통하지 않게 된 것이다. 절대의 신(神)도, 절대가치도, 절대정통, 절대질서, 절대군주, 절대전쟁, 절대평화, 절대승리, 무조건 항복도 있을 수 없게 되었다.

미국의 세력균형정책이 바로 미국의 상대화를 말해주는 것이라 한다. 미국이 중공과 접근을 하고, 소련과 화해를 하는 것도 중-소가 미국의 절대의 적이 아니라 상대적 우방일 수 있다는 '상대성'이론에 근거를 둔 것이다. 이와 같은 상대화의 길은 미국만이 아니라 소련도 마찬가지로 걷고 있는 것이다. 중-소가 공산세계를 양분하여 경쟁상태로 동렬화(同列化)하고 있음이 곧 상대화를 의미하는 것이다. 소련이 서독으로부터 차관을 얻고, 미국으로부터 잉여농산물을 수입해야 하는 처지도 소련이 절대적 초강국이 아니라 상대적

대국(大國)으로 전락했음을 뜻하는 것이다.

이제 국제-국내-인간 내부를 막론하고 어느 세계에서나 수직적 질서는 수평적 혼존(混存)으로 급변하고, 연역(演繹)의 논리는 귀납의 논리로 자리가 바뀌어 어떤 공리(公理), 어떤 이념도 무조건 받아들여지지 않는 이른바 신판 춘추전국시대가 도래하여, 만인해방(萬人解放)-만욕발동(萬慾發動)-만정폭발(萬情爆發)의 '격정(激情)의 시대'가 되었다고 남재는 설파하였다. 그러면 도대체 세계가 왜 이렇게 되었는가—, 그 혼돈의 원인과 조건은 무엇인가? 남재는 이것을 다음 다섯 가지로 요약하였다.

——첫째로 국제적 긴장완화와 해빙기류에 따른 전면 해이의 기운이 세상을 온통 시끄럽게 만들었다는 것이다. 평화는 온화와 안도만을 가져다주는 것이 아니라 지금까지 총성에 놀라 움츠리고 있던 모든 불평-불만-불화들이 마음놓고 한꺼번에 폭발한 기회를 제공해주기 때문이다.
——둘째로 욕구폭발을 내세우는 변화의 신생주체들, 곧 국제적으로 제3세계, 국내적으로 제3세력, 그리고 인간 내부의 제3의식이 날로 그 숫자가 늘어나 전면 다극화(多極化)하고 있는 것도 오늘의 세계를 혼돈으로 몰아넣는 주요인이 되고 있다는 것이다.
——셋째로 변화의 속도가 고속화하고, 그 파급연쇄의 범위가 세계화-동조화하며 그 성격이 혼혈화-잡종화하는 현상이 또한 혼돈의 시대상을 가속화하는 요인이 된다고 한다.
——넷째로 동양적 예지나 서양적 이성과 문화로는 도저히 수습할 수 없을 정도로 인간정신이 급격하게 세속화-저속화-타락화-황폐화하고, 또 복잡하게 다기화하고 있는 현상이 또한 오늘의 세계적 혼돈상을 부채질하고 있다는 것이다.
——그리고 끝으로, 경직된 기성체제, 기존제도의 유한한 틀로 인류사상 일찍이 경험할 수 없었던 지금의 넘쳐흐르는 '욕구-폭발'의 무한성을 조정-소화-감당해낼 수 없는 근본적인 한계에 부딪히고 말았다는 것이다.

그렇다면 오늘의 세계가 직면하고 있는 공통의 중심과제는 무엇인가. 남재는 이것을 기존의 유한상수(有限常數)들이 어떻게 무한변수들의 무한각성-무한욕구-무한각축-무한폭발의 연속적 상승작용과 그 충격에 대처하여 스스로를 지켜내면서 기존질서-기성체제를 유지해나가고 있는가의 문제로 집약-정리하고 있다.

먼저 서구 제국들은 기존의 상수 속에 신생변수들을 흡수-동화시켜나가는 전통적 방식을 취하고 있다. 서구의 상수는 넓은 의미의 서구문화 — 즉, 정당정치, 의회정치, 평화적 정권교체로 집약되는 대의민주주의, 통솔역량을 발휘하고 있는 자본주의경제체제, 이성적-합리적 법치주의의 전통을 들 수 있다. 서구 제국은 간접민주주의에 반발하는 직접민주주의의 새로운 욕구는 여론의 존중, 언론자유의 확대, 민권의 신장을 통해서 흡수-용해-동화시켜나가고 있고, 자본주의체제에 반대하는 사회주의세력들의 불만은 경영참여 → 소유참가의 방식을 통해서 용해시켜나가고 있고, 전면적 인간해방을 들고 나와 감정폭발-실력행사에 호소하려는 각종 신생욕구에 대해서는 광범한 복지정책과 최대한의 관용정책으로 이를 무마-순화시켜나가고 있다는 것이다.

다음으로 공산세계, 특히 소련은 상수와 변수의 관계를 어떻게 조정해나가고 있는가. 아직은 극소량의 자유화에 극대량의 통제화를 고수하는 공산당 1당독재 브레즈네프 독트린만이 특수상수로 존재하고 있다고 할 것이다. 그러나 소련도 서구사회로부터 집요하게 침투해 들어와 이미 가시화-실체화하고 있는 무한변수들의 항생적 교란공세에 의해서 결국은 오늘의 그 완강한 상수들의 방파제도 마멸-붕괴되고야 말 것이 분명하다는 것이다. 또 국민들의 문화수준 향상도 극단의 통제체제를 위협하는 자생적 요인이 되고 있다. 게다가 소련보다 한 발 앞서 자유화의 물결을 타고 있는 예하 위성국들의 끈질긴 자율과 자유화의 요구로부터 새어 들어오는 '자유의 바람'이 머지않아 소련인민들로 하여금 자유라는 금단의 열매를 따게 만들 것이라는 기대를 걸어보게 한다는 것이다.

그러면 중공은 어떠한가. 중공 역시 모택동사상으로 철저하게 무장된 중국적 공산주의라는 독특한 상수만이 지배하고 있다. 소련에서 볼 수 있는 외부로부터의 훈풍이 대륙성 삭풍에 냉화되어 흔적도 없이 사라져버리고 자유의 새싹이 도저히 움틀 수 없는 엄동설한만이 계속되고 있는 것으로 비유될 수 있다고 한다. 그러나 중공은 모택동 사후가 어떻게 될 것인지가 문제라고 남재는 내다보았다. 과연 모택동 없는 '모택동사상', 모택동 없는 '모택동 천하'가 온전하게 유지될 수 있겠는지 흥미 있는 주목거리가 아닐 수 없다는 것이다. 날로 좁아들고 단일화하는 세계 속에서 밖으로부터 밀려드는 무한변수의 촉수와 안으로부터 필요에 의해 권장-용인-주도되는 외부와의 접촉이 중국인민이라고 해서 ‘금단의 열매따기’를 자극, 유혹하지 말라는 법은 없다는 것이다.

끝으로 남재는 원시적 추장지배로부터 신형 군사통치에 이르기까지 통치 방식도 가지가지인 신생 후진지역의 상수와 변수 관계를 짚어봄으로써 세계의 혼돈상을 총정리하고 있다. 후진지역들은 한마디로 상수는 별로 없거나 허약하고, 변수만이 판을 치는 수라장이라고 결론을 지었다. 공산세계와 같은 장막장치도 없고, 면역성도 길러지지 않은, 그야말로 무방비-무년역의 벌거벗은 상태에서 극단의 반동적 현상고수와 급진적 현상파괴의 혁명기운이 엇갈리고, 제도보다는 격정과 극렬한 행동이 앞서며, 부분개량보다 전면 개조를 아우성치는 형편이라고 정리하였다.

4. 갈채와 여운 ; 한반도 통일전망

(1) ‘남재식 통일론’의 원형 (1971)

남재의 통일론은 전항에서 살펴본 세계정세의 기본양상과 그 성격을 대전제로 하여 펼쳐진다. 즉, 1971년의 첫 강연 <수정주의시대>에서의 ‘통일전망’은 한반도의 주변 강대국 모두가 현실주의적 수정주의 온건노선을 지향함으로써 현상고착의 경향이 확고한 시대적 흐름이 되고 있는 상황을 기초로 할 때 한반도 통일의 전도가 흐린가 밝은가, 또는 멀어질 것인가 가까워질 것인가를 예측한 것이다. 이를 위해서 남재는 통일 개념의 정립부터 시도하였다. 통일 개념을 어떻게 설정하느냐에 따라 통일인식과 전망이 근본적으로 달라지기 때문이다.

남재는 기존의 통일 개념으로서 △ 남북 어느 한 쪽이 주도권을 잡고 일방적이고 강제적으로 이룩하는 무력통일론, △ 남북의 자발적 합의에 의한 순정파의 무조건 통일론, △ 그리고 주변 이해 당사국들의 흥정에 의해 성립될 수 있는 중립화 통일론 등 세 가지를 검토하였다. 그러나 이와 같은 전통적 통일 개념은 모두가 현상고착을 추구하는 4강의 복잡한 이해상충으로 쉽사리 용인되지 않을 뿐만 아니라, 남북이 각기 자유민주주의와 공산주의라는 포기할 수 없는 성역을 가지고 있기 때문에 성립이 불가능하다는 것이다.

독일의 경우도 과거 기독교민주당이 내세운 "자유의 힘에 의한 통일"—Einheit in Freiheit이나 구 사회민주당의 "평화 속의 통일"—Einheit in Frieden은 분단 20년이 지난 현재 모두가 실현 불가능한 정책임이 증명되었다는 것이다. 그리하여 현 사민당의 브란트(Billy Brandt) 수상이 과거와 같이 단숨에 통일을 이루려는 '거보정책'(巨步政策)이 아니라 가능한 작은 문제부터 시작해서 큰 성취에 이르는 '소보정책'(少步政策)을 추구하여 긴장완화 → 평화공존 → 신뢰회복을 통해 서서히 통일에 접근하고자 하는 「동방정책」으로부터 많은 시사를 받아야 할 것이라고 일깨우면서 다음과 같이 자신의 통일 개념을 제시하였다.

즉, 우리의 통일 개념은 "…과거지향적-현상유지적이 아니라, 미래지향적-역사창조적이어야 한다./ 모자이크와 같은 이질체의 불완전 합일이 아니라 동질체의 단일구도적 통일이어야 한다./ 또 과거로 되돌아가서 통일을 반복하는 재통일(再統一)—Reunification이 아니라 신통일(新統一)—New Unification의 방향으로 나아가야 한다./ 또한 기존의 하나의 국가—One Nation으로 다시 가는 것이 아니라 새로운 단일국가, 새로운 국민 형성—New Nation Building의 방향으로 나아가는 것"이어야 한다고 풀이하였다.

이어 남재는 자신의 뉴 유니피케이션, 뉴 네이션 빌딩을 구체적으로 자유복지사회라는 광장이라고 밝혔다. 지금 세계의 모든 나라들은 비록 빠르고 늦은 차이는 있겠지만, 각자가 최종단계는 아닐지라도 중간결산단계로서 반드시 통과하지 않으면 안될 자유복지사회라는 광장을 향하여 가고 있다고 한다. 서구 선진사회가 이미 그곳에 도달하였고, 소련도 점차로 해빙이 되고 자유화하여 한걸음씩 그곳을 향하지 않을 수 없고, 중공도 늦기는 하지만 역시 이 길을 안 갈 수 없으며, 동구 제국은 소련에 앞서 벌써 이곳으로 방향을 잡았으니, 북쪽도 시간이 걸릴 따름이지 이 길로 갈 수밖에 없다는 것이다. 바라건대 우리 대한민국이 먼저 가서 기다리며 북쪽을 향하여 어서 오라고 손을 흔들면 좋지 않겠느냐—이것이 자신이 생각하는 뉴 유니피케이션, 뉴 네이션 빌딩이라고 남재는 설명하였다. 다만 우리 민족이 이곳에 이르는 데는 숱한 고난과 고통이 뒤따를 것으로 예견하였다.

남재는 한 민족이 새 역사를 창조해 나가는 데는 영광도 있고, 치욕도 있고, 성공도 있고 실패도 있고, 분열도 있고 통일도 있고, 또 여러 고난의 길을 넘어가는 것이라고 강조하였다. 또 길은 멀다고도 했다. 그러나 역사는 짧다고 풀이하였다. 과거에는 100년이 걸려서 이루어지던 일들이 요새는 10년에도 이루어지고, 5년에도 이루어진다는 것이다. 과거의 관념으로 보면 우리의 뉴 네이션 빌딩도 얼마나 오랜 세월을 기다려야 이루어질지 모를 일이지만, 급변하는 오늘의 역사 템포로 보면 그다지 시간적으로 먼 것이 아니라고 내다보았다. 그러니 민족의 통일을 향하여 힘도 쓰고 참기도 하면서 한번 좋은 세상이 올 때를 기다려보자고 남재는 학생들을 격려하였다.

이상에서 살펴본 바와 같이 1971년의 첫 강연 — <수정주의시대>에서의 남재의 「통일전망」은 이제까지 제대로 정립된 통일 개념을 들어보지 못한 학생들에게는 참으로 눈이 번쩍 뜨이는 신선한 충격이었다. 특히 통일은 미래지향적-역사창조적이어야 하며, 구체적으로 그것이 「자유복지사회」라는 광장이라고 역설하였을 때, 학생들은 민족의 통일전도에 갑자기 서광이 비치는 듯한 희열을 느끼지 않을 수 없었다. 이어 남재가 「자유복지사회」라는 그 통일의 광장에 우리가 북쪽보다 먼저 도달하여 북으로 하여금 어서 따라오라고 손짓해 부르자고 했을 때 장내의 감동과 통일 열기는 절정에 달하였다.

첫 강연에서의 첫 통일론은 이처럼 모든 청중들을 사로잡았고, 매년 행해질 남재 강연의 다음 번을 기약하고 또 기다리게 만드는 잊지 못할 대이벤트가 되었다. 아울러 이것은 이후에 펼쳐질 '남재통일론'의 원형(原型)으로서 <총장 취임사>와 <10·15 개강담화> 등과 함께 고대 가족들 사이에 전설처럼 전해 내려오면서 '남재 예찬론'마저 불러일으키는 '남재 신화'의 원천이 되었던 것이다.

(2) '원형'의 재강조 : 1971~1973년 「통일전망」

1972년의 두번째 강연 <공존시대와 평화통일의 전망>에서의 남재의 「통일전망」은 1971년의 '원형'을 대체로 되짚은 것이었다. 다만 "… 기습통일, 요행통일은 없다, … 과거로의 무조건 복귀를 뜻하는 복고적(復古的) 통일개념이나 현재의 단순한 연장에 지나지 않는 모자이크식 통일개념은 안된다(북한식 연방제 따위)…, 통일은 단순한 공간회복운동이 아니라 시간활용운동으로도 파악해야 한다(상점은 필자)"고 역설한 대목이 새로 눈에 띄었다. 통일의 실현단계로서 제시된 「자유복지사회」에 "활력 있는―"이라는 수식구를 덧붙여 '활력 있는 자유복지사회'의 건설이야말로 인류사가 발전해가는 방향임을 확신하면서, 선의건 악의건 우여곡절을 겪으면서도 완급의 차이는 있지만 미국이 가고, 소련도 가고, 중공도 가고… 그러므로 북한도 따라가지 않을 수 없는, 세계사의 강하가 도도히 흘러가 만나는 대해(大海), 그곳이 바로 우리의 통일광장이라고 다시 한 번 강조하였다. 또 그곳에 이르는 과정이 비록 순탄치만은 않을지라도 그 어떤 고난과 난관도 반드시 이겨내고 우리 민족도 한번 세계 10강으로 발돋움하여 "한국어를 쓰고도 조금도 열등의식을 느끼지 않게 되도록 다 같이 힘써 역사창조에 나서자"고 학생들을 격려하였다.

1973년의 세번째 강연 <이상변화의 시대>에서의 「통일전망」 역시 1971년의 원형을 그대로 답습하였다. 이 해는 전년의 「7·4 남북공동성명」의 충격과 「10월유신」의 여파가 짙게 그 음영을 드리우고 있던 시점이어서, 한편에는 유신의 '이상(異常)통일열기'가 그대로 남아 있었고, 다른 한편에서는 그것이 통일을 빙자하여 영구집권을 획책하는 일종의 대국민 사기극이었음을 폭로하려는 저항세력의 '반유신적 비판'이 서서히 고개를 들 무렵이어서 남재의 통일론은 그 일언일구(一言一句)가 사방으로부터 비상한 주목을 받고 있었다.

특히 남재가 1971~1972년의 통일전망에서 복고적 통일개념이나 모자이크적 통일개념의 비현실성을 예리하게 지적하며, 근시적-미시적 잔재주에 기대를 걸지 말고 좀더 원시적-거시적 안목에서 미래지향적-역사창조적 개념으로 통일시각을 근본적으로 바꿔 진정한 통일의 대로를 닦는 준비작업을 해야 한다고 지적한 데 대해서, 집권세력 일각에서 "민족의 통일열망에 찬물을 끼얹는다"는 비판이 있었던 모양이다. 남재는 이에 대해서 대담하게도 "그렇다고 뜨거운 물을 끼얹어서 통일이 된다면야 좋겠지만 말로 떠들어서 통일이 이룩되는 것이 아니다"라고 대갈-일축하며 '유신적 통일관'에 맞서 반론을 폈던 것이다.

그러면서도 민족의 통일에의 집념과 그 가능성에 대한 희망만은 추호도 저상되지 않도록 남재는 세심한 주의를 기울이면서, '한국어'에 통일의 희망과 기대를 걸었다.

> "사실 언어란 묘한 것이다. 이데올로기로도 동일언어를 이질언어로 바꿀 수 없고, 합리주의적 계산으로도 언어는 분리시킬 수 없다. 언어는 단순한 기능이나 기호가 아니라/ 거기 인간의 정감이 스며 있고/ 거기 민족의 역사가 담겨 있고/ 거기 민족의 숨결이 영원히 고동치는, 무엇으로도 끊을 수 없고 그 어떤 가혹한 단절 뒤에도 기어이 이어지고 마는 불멸의 맥이다…."

따라서 "남북이 언어를 함께 쓰고 있는 한 우리에게도 언젠가는 통일의 그날, 그 감격이 찾아올 것"이라고 확신하면서 "오히려 지금은 엉뚱한 소리 같지만 우리 한민족의 근원지라는 알타이 지방에서 신호가 올지도 모른다는 감상에 젖어본다"는 일절로 남재는 다시 학생들을 격려하였다.

(3) 1974년 — '오늘의 한국' 조망

1974년의 네번째 강연인 <혼돈의 시대 — 그 상수와 변수>에서의 「통일전망」은 그 형식이 크게 바뀌었다. 무엇보다 '1971년 통일론'의 그 '원형'의 재론-재강조 형식에서 벗어나 학생들의 통일의식, 통일의지를 북돋아주는 데 역점을 두었다. 이를 위해서 남재는 먼저 한국의 당면 현실을 상수와 변수의 관계로 분석-검토하였다.

남재는 우선 유감스럽게도 우리에게는 정당정치, 의회주의, 평화적 정권교체의 실현, 자본주의경제체제의 확고한 통솔역량, 이성적 합리주의-법치주의와 같은 서구적 상수가 거의 결여되어 있음을 통렬하게 지적하였다. 게다가 신생변수들의 침투작용을 막아낼 공산주의적 장막이나 방벽도 쌓을 수 없게 되다 보니 '제3의 자유'와 같은 인간본성의 '욕구폭발'로 질주하는 어지러운 변수들만이 과격하게 밀어닥쳐 앞을 내다볼 수 없는 불안정상태에 놓여 있다고 진단하고, 체제 내의 상수와 변수의 조절관계에 있어서는 신생후진국의 테두리를 크게 벗어나지 못하고 있다고 혹평하였다.

또한 국토분단 → 동족상잔 → 남북대치에서 오는 신군사주의(新軍事主義:

Neo-Militarism)의 원초적 실력 제1주의, 물리적 힘 제1주의의 횡포, 외채의존 일변도의 경제개발 추진과정에서 생성된 관권과 결탁된 신중상주의(新重商主義 : Neo-Mercantilism), 금전 제1주의의 타락풍조와 같은 부정적-마이너스 상수가 더욱 기승을 부리고 있다고도 했다.

게다가 전근대적 인간과잉에 초현대적 인간부재-인간망실까지 겹쳐 있는 전환기적 사회현상도 부정적 상수로서 심각한 문제가 되고 있다고 남재는 분석하였다. 인간과잉이란 유교적 전통의 잔재로서 강인하게 살아 있는 혈연-지연-학연-파벌 등 과다한 인간관계에서 빚어지는 '끈의 과잉' 상태를 말한다. 이 '끈'이 배제된 개체는 허망할 정도로 무력하고 고독한 초현대인으로 분화되고 만다. 그러한 무력감과 고립감, 그리고 극단적 불신감 속에서 허무주의-도피주의-찰나주의의 정신적 허랑방탕(虛浪放蕩)이 나오고 종국에는 한바탕 해먹고 도망을 치는 한탕주의의 '말로(末路)적 풍조'마저 낳게 된다는 것이다. 따라서 우리의 앞을 가로막는 이상과 같은 부정적 상수들을 극복하고 긍정적 상수를 확립하기 위해서는 일시적-즉흥적이 아니라 장기적-계획적 전환책과 아울러 이를 담당해낼 수 있는 새 지도층의 양성이 반드시 뒤따라야 한다고 남재는 역설하였다.

남재는 지금 통일을 생각하면 일종의 정신분열증을 느낀다고 했다. 그러나 어떤 민족이건 위대한 꿈을 그릴 때는 정신분열증을 경험하는 것이 보통이라고 말하고, 통일이 비록 지금은 환상처럼 보일지라도 오늘의 환상이 내일에는 현실로 다가올 수 있음을 굳게 믿고 통일로 향한 집요한 추구가 있어야겠다고 강조하였다.

또 남재는 자유-평화-번영-복지의 민족통일이 우리의 궁극적인 목표임을 거듭 천명하면서 "남북통일은 우리 민족의 사명인 동시에 운명"이라고 못박았다. 그리하여 고대생들이 즐겨 부르는 「막걸리 찬가(讚歌)」의 "만주땅은 우리 것 태평양도 양보 못한다"는 가사의 일절도 지금은 분명 꿈과 같은 환상을 노래한 것이나 거기에 단순한 환상이 아닌 사상과 의지가 용해되어 있듯이, 이 가사 속에 "남북통일은 우리가…"라는 일절도 추가하여 학생들의 통일의지를 더욱 다져나가 줄 것을 당부하기도 했다.

*

남재의 네 차례 강연은 모두 《고대신문》에 전문 게재되었고, 일간신문들은 그 요지를 소개하였다. 1972년도 강연 <공존시대와 평화통일의 전망>의 경우는 《한국일보》 10월 14일자에 그 요지가 크게 소개되었고, 《월간중앙》은 11월호에 전문 게재하였다. 1974년도 <혼돈의 시대 — 그 상수와 변수>는 《동아일보》, 《조선일보》, 《경향신문》이 9월 21일자로 일제히 그 요지를 발췌 보도할 정도로 크게 각광을 받았다. 그만큼 남재의 강연은 학생들뿐만 아니라 일반국민의 통일인식에 새로운 시야를 열어주는 획기적인 세계사 통찰과 원대한 안목이 담겨 있기 때문일 것이다.

◇

• 제12장 〔주〕

1) ≪고대신문≫ 1971년 10월 12일자.
2) 위와 같음.
3) ≪고대신문≫ 1971년 9월 21일자.
4) ≪고대신문≫ 1971년 10월 5일 및 12일자.
5) <고희기념좌담>, p.459.
6) <고희기념좌담>, p.460.
7) 위와 같음.
8) 위와 같음.
9) 위와 같음.
10) ≪동아일보≫ 1971년 11월 13일자. <횡설수설>.
11) 이강식, <제(祭)를 올리던 때의 감격을 …>, ≪고대신문≫1973년 10월 16일자.
12) 고려대학교 교우회, 『교우회80년사』(1991), p.448.
13) <고희기념좌담>, p.460.
14) 김상협, 『지성과 야성』(일조각, 1980), pp.43~45.
15) 위의 책. p.53.
16) ≪고대신문≫ 1972년 12월 7일자 <사설>.
17) ≪고대신문≫ 1971년 9월 28일자 및 앞의 『지성과 야성』 p.18.

제13장 : 학원사태의 책임을 지고 고대를 떠나다

고려대학교 70년 역사상 1970년대는 빛과 그늘, 그 영욕(榮辱)의 명암이 어느 때보다 극명하게 교차하던 시기였다. 남재가 총장에 취임함으로써 고대는 더욱 찬란히 빛났고, 남재가 떠남으로써 고대는 그 빛이 흐려지고 말았다.

대학과 독재정권 간에 생사를 결(決)하는 숨막히는 대결이 끝없이 전개되던 70년대 전반기까지의 고대는 언제나 반정부운동의 선봉에 섬으로써 집권세력의 미움을 도맡아 사면서 사정없이 두들겨 맞았다. 그 역경, 그 격정 속에서도 남재는 자기 생애에 빛나는 세 가지 가시적 대업(大業)을 이루었으니, 그렇기 때문에 그것은 더욱 크고 값진 것이었다.

당시 경영난에 빠진 우석대학교(友石大學校)를 인수하여 의과대학 설립의 숙원을 달성, 고대 도약의 새 전기를 마련한 것이 그 하나요, 서독 정부로부터 거액의 무상원조를 얻어내어 농과대학(현 자연자원대학) 발전의 새 기틀을 만든 것이 그 둘이요, 1930년대에 인촌이 겨레의 성금을 모아 중앙도서관의 공든 탑을 쌓던 그 유지(遺志)를 이어받아 매머드형 「중앙도서관 신관」 건립에 착수한 것이 그 셋인 것이다.

남재는 50대 초반에 대학자로서, 큰 스승으로서뿐만 아니라, 뛰어난 교육행정가로서도 종횡무진 자신의 역량을 다 발휘한 것이다. 이것은 총장취임

당시 그가 타고난 고대의 경영자 가족의 일원이라는 그 생래적 조건이, 경영과 관리의 효율성을 극대화시켜 획기적으로 고대 발전을 이룩하리라는 고대인의 한결같은 기대와 바람을 과연 충족시키고도 남음이 있는 것이었다. 남재가 아니고서는 그 누구도 해낼 수 없는 일들을 해냈기 때문이다.

그러나 남재의 분투노력에도 불구하고 고대는 긴급조치의 대상이 되었고, 남재는 그 직격탄을 맞아 끝내 고대를 떠나야 했다. 그리고 실의와 우수의 계절이 찾아왔다. 50대 중반의 황금과도 같은 시기에….

제1절 역경 속에서 다진 고대의 새 기틀

1. 우석대학의 병합(倂合)

1971년 11월 27일, 학교법인 고려중앙학원(學校法人高麗中央學院)은 학교법인 우석학원(友石學園)을 흡수-병합하는 약정서에 조인하였다. 이로써 고려대학교는 정식으로 우석대학을 인수하게 되었다. 조선호텔에서 있었던 이날의 조인식에는 고대측에서는 재단이사장 이활이, 우석측에서는 관선 임시이사장 민병구(閔丙久)가 참석하여 약정서에 서명했다.[1] 10·15사태로 45일간의 휴교 끝에 11월 11일 역사적인 개강을 한 지 두 주 후의 일이었다.

고대의 우석대학 인수는 이렇듯 「10·15사태」와 관련지어 생각하기 꼭 좋도록 시기적으로 맞물려 있었다. 항간에서 이를 두고 "10·15의 반사적 소득" 또는 "10·15의 수모와 곤욕의 대가"로 보는 견해가 분분했던 것도 이 때문이다. 과연 그런가….

고려대학교에 있어서 우석대의 흡수-병합은 무엇보다 숙원이던 의과대학을 설립하여 종합대학으로서의 요건을 완비하고 면모를 일신하자는 데 가장 큰 뜻이 있었다. 다시 말해서 기존의 의대를 흡수함으로써, 신설에 따르는 인적-물적 토대구축의 지난한 과정을 단숨에 뛰어넘어 곧바로 확충 → 개발

→ 도약으로 수직상승할 수 있는 발판을 확보하는 것이기 때문이다.

우석학원은 육영사업가 우석 김종익(金鍾翊)에 의해 설립되었고, 1938년에 창설된 경성여자의학전문학교(京城女医專)가 이 대학의 전신이다. 1948년에 전문학교에서 서울여자의과대학으로 승격하였고, 1957년에 남녀공학으로 전환하면서 수도의과대학(首都医大)으로 개명하였다가 1966년 국학대학(國學大學)과의 합병을 계기로 우석대학으로 다시 개칭, 재출발한 것이 이 대학의 연혁이다. 고대에 합병되는 시점에서의 우석대학은 3개 대학(문리대-법경대-의과대) 13개 학과(국문-영문-사학-생물-가정-응용물리-화학, 법학-경제-경영, 의예-의학-간호)에 1개병설초급대학과 부속간호학교, 부속병원을 거느리고, 캠퍼스는 서울 혜화동(의대)과 정릉(문리-법경대) 두 곳에 자리잡고 있었다.[2)]

우석의 인수는 숱한 우여곡절 끝에 성사된 것이었다. 우석이 재단의 부실로 경영난에 빠지자 문교부는 건전한 경영자 물색에 나서지 않을 수 없었고, 이에 따라 10여 개 학원, 단체, 재벌들이 치열한 경합을 벌이는 가운데 관선이사가 네 차례나 바뀌는 등 경영자 선정에 난항을 거듭하였다. 1971년 중반, 소강(小崗) 민관식이 문교부장관에 취임했을 때는 이미 관선이사회에 의해 영동고등학교 재단인 영동학원에 인수결정이 나 있었던 모양이다.[3)]

고대는 뒤늦게 1970년 8월에야 인수의사를 밝히고 경합에 뛰어들기는 했지만 정식으로 신청서를 내지는 않은 상태였고, 또 낸다고 해도 성사는 거의 무망한 일이었다. 그렇다고 고대로서는 그대로 보고만 있을 수도 없는 노릇이었다. 인수결정이 났다는 소식에 접한 어느 날, 남재는 급거 문교부장관실로 출동했다. "의대 신설은 보사부도 완강히 반대하고 있는 터이라 고대는 그저 지켜볼 도리밖에 없었는데 어찌하여 이런 결정이 났느냐"고 남재는 항의하면서 이사회 결정을 번복하라고 막 떼를 썼다고 한다.[4)]

이에 소강이 "이사회가 결정한 사항을 이제 와서 장관이 어떻게 뒤집느냐… 게다가 정식으로 인수신청서도 내지 않은 대학이 어떻게 그런 요구를 할 수 있느냐"고 매정하게 불가의 뜻을 밝히자 남재는 "이봐! 민 장관! 그 배짱이 있다는 소강답지 않게 왜 뒤집을 수 있는 것(명분이 충분한=필자)을 못 뒤집나…" 하면서 마구 대들었던 것이다.

그때 남재는 몹시 낙담하여 돌아갔다고 소강은 기억하고 있다. 그 시간부터 소강은 고민에 빠지지 않을 수 없었다. 남재의 주장이 일리가 있다는 쪽으로 납득이 가기 시작했기 때문이다. 아무리 다 끝난 일이라지만, 연세대학과의 형평성을 생각해서도 그렇고, 고대가 인수할 경우 또 하나의 명문—일류 의과대학이 탄생할 테니 국민보건상의 이득도 그러하려니와 고대의 민족적 교풍에서 우러날 민족의학, 민족의학자, 민족의료인의 배출이라는 일석사조(一石四鳥)의 효과를 무시해서는 안된다는 생각이 소강의 마음을 몹시 흔들었던 것이다.

하룻밤을 꼬박 궁리한 끝에 장관직을 그만둘 각오를 하고 대통령 면담신청을 했다고 소강은 회고했다. "고려대는 그간 말썽도 많았지만, 우석의 현교수진과 학생들의 장래를 위해서는 이사회의 결정을 번복, 고대에 맡기는 것이 최선이자 합리적인 판단"이라는 요지의 건의를 하기 위해서였다. 다행히도 대통령은 문교부장관의 건의를 뜻 있게 받아들여 고대 인수 쪽으로 결단을 내렸다는 것이 민관식의 증언이다.[5] 소강은 대통령 박정희의 이 결단이 고대를 달래기 위한 양보였든 아니든, 어떻게 추측을 하든 간에 분명한 것은 "대통령의 포용력과 민족교육의 선구적 역할을 다해온 고려대학교의 역사와 전통에 대한 신뢰에서 이루어진 것"이라고 결론지었다.

다음달인 12월 16일에는 양교 재단의 흡수병합에 대한 문교부의 정식인가가 났다. 이어 14일에는 인수-인계식과 아울러 현판식이 거행되었다. 고대의 획기적 양적 확대를 상징하는 순간이었다. 이 시기에 우석측 관선 이사장을 공교롭게도 민병구가 맡고 있었고, 또 문교부장관에 소강 민관식이 재임하고 있었다는 사실은 고대의 우석 인수에 어떤 필연성을 암시하는 것으로 느껴지지 않을 수 없다.

남재와 소강이 당자들뿐만 아니라 그 부인들까지 안팎으로 절친한 반백년에 가까운 지기(知己)라고 함은 이미 언급한 바 있거니와 민병구는 또 누구인가. 야마구치고교와 동경대학으로 이어지는 일본 수학시대의 가장 살가운 벗, 그 민병구가 아닌가. 그때 민병구는 서울대 교수로서 부총장직에 있으면서 경영난에 빠진 우석학원의 임시 관리책임을 맡고 있었으니, 최소한 결정적인 단계에서 남재에게 속사정을 귀띔하거나 조언을 해주는 상담역 정도는 흔쾌히 했을 것이므로 이 대학을 인수하려는 고대에 있어서 두 사람의 민(閔)이야말로 망외의 원군이었을 것임에 틀림없다. 민병구는 그로부터 1년 6

개월 후인 1973년 5월, 학자로서, 교육자로서, 또 대학행정가로서 한창 일해야 할 55세의 원숙기에 심근경색으로 급서하였다.

1918년에 남재보다 두 해 먼저 경남 밀양(密陽)에서 태어난 민병구는 동래고보(東萊高普)를 거쳐 남재와 함께 일본 유학을 마치고 서울대 상대 교수→부총장→부산대 총장을 역임하였다. 민병구의 뜻하지 않은 타계에 누구보다 충격을 받고 친동기를 잃은 듯 애통해하여 마지않았던 사람이 남재였음은 더 말할 것도 없으리라.

한편 우석 인수를 계기로 남재는 고대에 새로운 행정처로서 의대를 전담할 기획처를 신설하고 초대 기획처장에 교수 김진웅(金振雄 : 법학)을 기용하였다.

2. '조크 한마디' : 농대발전계획의 성사

고려대학교 농과대학의 장기발전계획 성사는 남재의 엉뚱한 발상에서 비롯된 것이었다. 총장 취임 후, 남재는 고대 발전의 재정적 기초를 확립하기 위해서 백방으로 그 방책을 모색하던 중, 고대도 외국의 원조를 얻는 길밖에 다른 도리가 없음을 절감하게 되었다.

고대가 제아무리 민족의 힘에 의해 육성되어온 민족의 대학이라고 하지만 그 순수성만을 고집한다고 해서 누가 알아주는 것도 아니고, 아무도 거들떠보지 않는 세태임에야, 차라리 적극적으로 외원을 개척하는 방향으로 발상을 전환하는 수밖에 달리 길이 없다는 생각을 하게 된 것이다.

그러나 상황이 아무리 그렇다고 하더라도 한일국교정상화의 홍역을 치른지 불과 몇 해밖에 지나지 않은 그 시점에서 일본돈을 얻어다 쓸 수는 없는 일이고, 미국돈을 얻어 쓰던 호시절은 이미 지난 지 오래되었으니, 마지막으로 서독에 기대는 길이 하나 남아 있을 뿐이었다. 당시 서독은 경제적으로 눈부시게 부흥하여 해외개발원조에 눈을 돌릴 만큼 여유가 있었다. 또 국내 대학들 중에는 벌써 독일의 원조를 이끌어낸 대학도 몇이 있을 정도였다.

궁리 끝에 1971년 10월의 어느 날, 남재는 주한서독대사 사라친을 혜화동 자택으로 초대하여 깍듯이 저녁대접을 하고는 "고대를 좀 도와주어야겠다"고 운을 떼고는 "독일 사람들 참으로 싱거운 사람들"이라고 농담을 던졌다.[6] 무슨 뜻인 줄을 몰라 어리둥절해 있는 대사에게, 남재는 독일이 미국을 도우려면 워싱턴 DC든 뉴욕이든 미국에 가서 도울 일이지 서울에 와서 돕는 까닭이 무엇인가, 그렇게 하고도 일을 잘했다고 할 수 있겠느냐면서 점점 모를 소리를 이어가니 사라친이 더욱 알아듣지 못하는 것은 당연했다.

이렇듯 상대의 의아심과 궁금증을 잔뜩 부풀려놓고는, 독일 사람들을 왜 싱겁다고 하는지 그 전후맥락을 알아듣도록 설명하였다. 남재는 지금 당신네들이 도와주고 있는 대학들은 미국 사람이 세운 대학이요, 미국 사람들이 운영하는 대학이니 미국을 도와주는 것이 아니고 무엇인가, 그러고도 한국을 도와주었다고 연차보고를 낼 것이 아니냐—고 반문을 한 다음, "우리 고려대학교는 순수하게 한국 사람이 세우고, 한국 사람들의 힘으로 운영되어온 한국의 대학이니 고대를 도와야 진짜 한국을 돕는 것이 되지 않겠느냐"고 사리를 설명하니 말귀를 알아들은 사라친의 얼굴이 그만 벌게지면서—"어이구 그런 말은 나한테나 할 일이지 다른 데 가서는 제발 말아 달라"고 당부까지 하면서 고대를 도와주겠다고 쾌락했던 것이다.[7] 이처럼 남재가 던진 '조크 한마디'가 즉석에서 서독의 원조를 따낸 것이다. 이날의 만찬자리에는 고대교수 한봉흠(韓鳳欽 : 독문학)과 맏사위 송상현이 통역을 겸하여 배석하였다. 그후 사라친은 남재의 조크 속에 함축된 정연한 사리를 뒤늦게나마 깨우치게 되어 다행이라면서 때가 되면 고맙다고 포도주 상자를 혜화동 집으로 여러 차례 보내왔다.

그로부터 약 2년이 지난 1973년 10월 30일, 서울에서 열린 한-독경제회의에서, 서독 정부가 고대의 농과대학 발전을 지원하기 위해서 7백만 마르크(당시 환율로 11억 4천만 원 상당)를 무상제공한다는 내용에 양국 대표들이 합의함으로써 이 계획이 확정된 것이다.[8] 이 무상원조에 힘입어 고대는 △ 농과대학 교사를 애기능 이공대학 인접지역으로 신축이전함으로써 이 지역에 농공병행교육의 집체지를 형성하였고, △ 신축교사에 최신의 기본실험-실습기자재를 도입하고, △ 공업부문 치중으로 소홀했던 농업계 도서를 확충하고, △ 연간 50여 명의 교수와 박사과정 연구생들을 서독에 파견-훈련시키는 동시에 서독의 교수 등 전문가들을 초빙, 선진기술 습득에 이바지할 프로그램을 개발하는 등 많은 사업을 추진할 수 있었다. 사업실행은 준비기간 1년, 집행기간 6년으로 되어 있었고 괴팅겐대학 교수 쿠넨(Kuhnen)이 이 사업의 교량역으로 내한하여 오랫동안 고대에 머물렀다.[9)]

서독의 고대 지원은 남재의 '조크'에 여실히 표현되어 있듯이, 고대가 경제적으로나 정신적으로 민립사학의 순수성을 잃지 않고 성장해온 한국의 대표적 민족대학이라는 데 그 명분이 있었다. 아울러 한국 정부의 경제개발과정에서 공업부문에 비해 상대적으로 낙후의 격차가 생긴 농업의 급속한 신장을 교육부문을 통해서 지원하고자 착안된 것으로, 이는 세계적 식량위기 해소에 공헌하려는 서독 정부의 개발도상국 농업개발원조정책의 일환이기도 하였다.

남재는 이때 서독 정부의 원조를 이끌어냄으로써 고대재단이 창립 이래의 수구성에서 과감히 벗어나 세계와도 접촉하는 첫 개방의 선례를 만들어냈던 것이다. 이 역시 남재가 아니고서는 엄두조차 내기 힘든 일을 성사시킨 예로 기록되어야 할 것이다.

3. 중앙도서관 신관건립추진

남재는 1975년 5월의 고려대학교 개교 70주년을 뜻깊게 맞이하기 위해서 1973년부터 「개교70주년기념사업」을 준비하였다. 그 중에서도 중앙도서관 신관의 건립은 이 기념사업의 최대 역점사업이었다.

40년 전, 인촌이 건립한 현재의 중앙도서관 규모로는 학생수만도 20여 배로 늘어난 시점에서, 가용면적, 장서수용능력, 특히 구조와 기능 면에서 현대가 요구하는 도서관 봉사에 크게 미흡하여 도서관의 확충-건설이 불가피한 실정이었다.

새 도서관 건립은 1973년 말 「중앙도서관 신관건립추진위원회」를 조직함으로써 궤도에 올랐다. 1974년 6월에는 건립추진위원을 비롯한 교수-학생-교우들 다수가 참석한 가운데 역사적인 기공식이 있었다. 연건평 4,424평, 지하 1층, 지상 4층의 ㄱ자형 현대식 석조전으로 설계되었다. 총공사비는 9

억 원(후에 13억으로 증가), 일거 수용인원은 일반열람실 1,100석을 포함 1,800여 명, 장서보유능력 2백만 권, 기타 냉-난방, 방음-환기-조명 등 현대적 시설과 각종 열람실, 회의실, 세미나 룸, 연구실 등이 자리잡도록 설계되었음은 말할 것도 없다.[10)]

전자식 첨단기기로 들어찬 인터넷 시대의 초현대식 도서관에 비교하면 이 새 도서관 역시 초라한 것이겠으나 그 당시에는 어디에 내놓아도 손색이 없는 일류시설이 아닐 수 없었다. 남재는 인촌이 겨레의 성금을 모아 보성전문학교 창립 30주년을 기하여 건립한 중앙도서관과는 달리 이 신관은 전체 고대 가족의 성금을 모아 건립한다는 목표 아래 재단임원과 교무위원급 보직교수, 교우회 회장단을 망라하여 1974년 1월 중앙도서관 신관건립추진위원회를 조직하였다.[11)]

신관건립의 공기(工期)는 당초 1975년 5월 개교 70주년 기념일보다 1년 늦춰 잡았으나 남재의 퇴진으로 정체 끝에 남재가 복귀한 후 1978년 3월, 3년 6개월만에 준공을 보게 되었다. 성금도 계속 답지하여 총모금액은 공사비의 3분의 1에 해당하는 4억 3천만 원에 이르렀다.

4. 구-미-일 순방(1974)

1974년 5월 25일 남재는 총장취임 후 40일간 일정의 첫 구-미-일 순방길에 올랐다. 남재의 이번 장행(壯行)은 서독 정부의 7백만 마르크 무상원조에 따른 잔무를 최종적으로 마무리짓기 위한 것으로 서독 정부의 초청에 의해 이루어진 것이다.

남재는 6월 8일까지 독일에 머물면서 연방정부 관계자들과 만나 제반사항을 협의-처리한 이외에 프랑크푸르트 → 함부르크 → 베를린 → 하노버 → 괴팅겐 → 슈투트가르트 → 본 등의 제 도시를 방문, 그 지역 주요 대학-연구소 등의 시찰과 학계인사들을 광범하게 접촉하는 아주 바쁜 일정을 보내고, 파리 → 로마를 거쳐 15일 뉴욕에 도착하였다.

남재의 미국 일정은 16일부터 뉴욕 → 피츠버그 → 로스앤젤레스 → 샌프란시스코를 거쳐 시애틀에 30일까지 두 주간 머물면서 워싱턴대학과의 학술교류 및 교수-학생 교환 등 양교간의 관심사를 폭 넓게 협의하는 것이었다. 이어 7월 1일 최종기착지인 도쿄에 도착한 남재는 3일 자매교 와세다대학을 방문, 역시 두 학교간 학술-문화-체육 교류 및 교수 교환 등 제반사항을 협의하고 5일 귀국, 40일간의 여정을 모두 마쳤다.

남재의 이번 세계순방은 총장으로서 직무상의 목적 이외에도 4년 전 총장취임 직전에 있었던 구-미-일 순방 때와 비교하여 세계가 어떻게 달라져가고 있고, 세계 속의 한국인 — 특히 고려대학교 교우들이 어떻게 발전해가고 있는지 그들의 활약상을 살펴보고, 또 격려하며 모교와의 유대를 더욱 다지자는 데 있었다.

독일에서는 언제나 긴장해 있고, 언제나 분주하며, 언제나 혈기에 넘치고, 그 무서운 근면, 국수(國粹), 배타, 고발정신이 충만한 게르만 민족의 상시(常時) 활동하는 모습을 인상 깊게 지켜볼 수 있었다. 이에 비하여 불란서에서는 언제나 느긋하고, 휴식을 즐기며, 사치와 멋을 아는 세련되고 자신만만한 사람들의 평화적인 분위기를 호흡할 수 있었다. 불란서 특유의 자유와 질서, 민주와 전제, 혁명과 군주, 진보와 보수, 문란과 위계, 빈곤과 부유, 평민과 귀족 등 양 극단 사이를 무수히 왕복하며 철저한 면역과정을 거쳐 국가적 영광과 위신을 지키고 개인적 자유와 분방함 속에서도 질서를 유지하며 잘 발전해나가는 나라의 저력을 보았던 것이다. 또 이태리에 와서 나폴리 → 폼페이 → 소렌토를 돌아보며 남재는 비로소 가난한 사람들의 장난꾸러기 같은 시끄러움으로 가득찬 낙천적인 나라에 오니 마음이 편해짐을 느꼈다.[12] 총체적으로 유럽은 '자연상태의 원초성' 추구에서 벗어나 '계약적 사회상태'로 우경화하고 있었고, 합리적 상수가 많은 여전히 개인주의적 사회분위기를 그대로 간직하고 있음을 남재는 살필 수 있었다.

미국에 건너와서, 남재는 미국이야말로 과거의 영국처럼 가장 유리한 위치에 놓인 프리핸드의 나라임을 재확인하게 되었다. 유럽 대륙에서 멀리 떨어져 있으니 상대적으로 운신의 자유와 폭이 넓을 수밖에…. 미국의 색깔은 참으로 밝았다. 과연 큰 나라, 풍요의 나라, 원색이 만발한 시원한 나라, 옥토도 있고, 황야도 있고, 사막도 있고… 없는 것이 없는 대인풍(大人風)의 개방적인 나라…. 선한 사람들의 힘도 크지만 악행자들의 활력(活力)도 큰 나라임을 남재는 재삼 느끼면서, 4년 전에 비하여 미국 대학생들의 '사춘기적 짜증', 투정 같은 시끄러움이 거의 사라지고, 히피도 미니도 훨씬 줄어들어 한결 차분해진 모습을 보았다. 1970년에 변한 듯이 보였던 것들이 4년 후에 다시 와보니 변하지 않는 것으로 되돌아와 있었던 것이다.

우리 교민들이 모습도, 의식도 크게 달라져 있었다. 뉴욕 교민들 사이에는 애국적-향수적 복고풍의 아리랑조, 목포의 눈물조가 더욱 짙어졌고, 과거 가급적 조국을 잊어버리고 은밀한 귀화를 꿈꾸던 '소수이민자시대'에서 공공연하게 코리아 타운을 형성하며 한국 음반을 즐기고 한국인임을 오히려 내세울 정도로 그 위세가 당당해져가는 '다수이민자시대'를 맞고 있었던 것이다.

뉴욕을 가든, 워싱턴 DC, LA, 샌프란시스코, 그리고 어디를 가든 미국에는 고대 교우들이 자리를 잡고 있었고, 남재의 방문을 열렬히 환영하였다. 남재가 모교 총장이라는 향수의 대상이기도 하지만, 조국의 대표적 지성으로서 한국인 누구에게나 이제 존경과 흠모의 대상이 되고 있으니, 남재와 함께 고대인이라는 사실이 교우들에게는 여간 자랑이 아닐 수 없었기 때문이리라.

뉴욕교우회는 남재 방문중 환영회를 열고, 특히 가수 현인(玄仁 : 본명 현동주)이 경영하는 주점에서 즐거운 한때를 보냈다. 남재와 현인은 제2고보 동기동창간이었다. 교우 누구나가 같은 마음이었겠지만 조시학(趙時學), 윤장근(尹長根) 등이 남재의 뉴욕 체제중 각별히 마음을 썼다.

피츠버그에서는 처제 명숙-이기현(李基炫) 내외의 환대를 받았고, 이어 LA로 날아가 남가주(南加州) 교우들이 마련한 환영회에 참석, 재미 교우들의 더 큰 발전을 기원하는 인상 깊은 격려사를 했다. "가정에서나 사회에서나 늘 화목하고 성실하게 일하여 교우들 모두가 자기 분야에서 실력자-1인자가 되어 해외로 뻗어가는 웅비고대의 기상을 떨쳐 달라"는 요지의 이 <모교총장 격려사>는 그 해 6월 말일자로 《남가주 교우회보》에 게재되었다.

6월 23일, LA「남문공원」— South Gate Park에서는 참으로 보기 드문 행사가 열렸다. 재미한국인 14개 대학 출신 친선배구대회가 아침 10시부터 선수-가족 등 1,000여 교민이 참가한 가운데 성대히 개막된 것이다. 남재는 이 대회의 특별손님으로 초대되어 축사와 함께 시구(試球)까지 하였다. 이날 남재는 "14개 대학 출신이 참가하는 이처럼 대규모의 배구대회는 본국에서도 찾아보기 힘든 대단히 희귀한 친선경기로, 이곳 이역만리 LA에서 이처럼 한민족의 대화합과 우애를 다지는 대회를 참관하는 천재일우의 행운을 얻게 된 데 대해서 기쁘고 영광스럽게 생각한다"는 인사와 함께, "이 즐겁고 아름다운 광경을 한국에 돌아가서 여러분의 모교 총장들에게 생생하게 전해줄 것"을 약속하면서 선수들에게 모교와 가족들의 명예를 위해서 선전분투해줄 것을 당부하였다.

또 이날 오후에는 LA 한국어 TV 방송과 인터뷰를 가졌다. 남재는 우리 교민들이 특히 LA에 많이 진출하여 굳건히 자리를 잡고, 학벌-지방색을 초월하여 대화합을 이루며 살아가는 산 증거를 오전에 있었던 14개 대학 친선배구대회를 통해 여실히 확인할 수 있었고, 이에 대해서 국민의 한 사람으로서 감사한 마음 금할 길이 없다고 말했다. 인터뷰는 남재의 추계학술강연에 화제가 미쳤다. 질문자는 남재의 「통일론」이 국내 신문들의 《미주판》에도 보도되어 이곳 교민들에게도 큰 감명을 준 바 있다고 전제하고, 73년도의 그 논지, 주장, 전망에는 지금도 변함이 없느냐고 물었고, 남재는 "우리 민족의 남북통일에는 요행이나 기적이나 기교란 있을 수 없다. 오로지 세계사의 전개방향과 일치하는 길이 있을 뿐"이라고 역설하고, "자유-평화-풍요-복지의 대중대량소비사회의 건설이 곧 통일의 광장"임을 설파하였다. 특히 교민들에게 "아무리 바쁘고 힘이 들더라도 우리의 후세들에게 한민족의 한 사람이라는 긍지를 반드시 심어주고 세계시민의 일원으로서의 높은 자질함양에 힘써 줄 것"을 당부하였다.

6월 30일 시애틀을 떠나 도쿄로 향하면서 남재는 기내에서 많은 상념들을 정리하였다. 우선 서구문명에 대해서 남재는 서구인들이 신(종교)의 베일을 벗기기 위해서 나체문명을 발달시켜나가다가 과학적 진리를 발견하고, 오늘의 번영을 이룩하게 되었다는 생각을 했다. 그런데 이제는 스스로 벌거벗은 나체가 되었고, 이로 인해 인간성을 상실해버렸다는 것이다.

또 남재는 한민족의 고독의 근원을 추리해나가다가 그 고독이 고립으로 되어서는 안된다고 다짐하면서, 매사가 당대로 끝나버리는 한국인의 단명성(短命性) — 1대재벌, 1대정권, 1대대학, 1대기업 — 을 넘어서는 지속력-영속성을 기르기 위해서는 신경과민의 단견적-소승적 공맹(孔孟)철학보다는 애매모호하지만 원시적-대승적인 노자(老子)철학에서 진짜 생명력을 배워야 하지 않겠는가에 생각이 미쳤다. 이어 한국의 재발견, 한국음식의 재발견,

한국적 선과 색채와 음률의 재발견에 힘쓰면서 외롭다고 생각하지 말자, 특히 애써 스스로 고립화의 우를 범해서는 안된다…는 등등의 생각을 했다.

일본에 와서 남재는 부지런한 일본인, 언제나 친절하고 상업정신이 투철한 일본인, 자기직분에 신명을 다 바치는 대학인들을 만났고, 차분해진 대학의 분위기를 느꼈다. 또 「김대중사건」 때문에 악화되어 있는 한-일관계의 불편한 현실도 체감할 수 있었다.

40일 동안 구-미-일 순방길에서 보고 느낀 이 모든 모습들, 상념들은 3개월 후 네번째의 추계학술강연 <혼돈의 시대 — 그 상수와 변수>에서 고스란히 되살아났다.

제2절 전면 공해 속의 대학 : "이유 있는 학생동요"

1. 휴강 → 개강 → 휴강 → 휴강

1971년 10월 5일 「심야 군인난입사건」 이래 1974년까지 고대는 해마다 10월이면 연례행사처럼 학원사태의 불행을 4년째 계속 겪고 있었다. 유신선포에 따른 무단통치가 장기화하자 학생들의 대정부투쟁이 이때부터 지하화하는 가운데 1973년 3월과 5월, 속칭 「민우지」(民友 : 일명 NH회)와 「야생화지」(野生花 : 일명 검은10월단)라는 반체제유인물 배포사건이 고대에서 잇달아 발생하였다. 유신 이후 대학가 최초의 반유신저항운동으로 알려진 이 두 사건의 관련학생은 총 14명으로 그중 함상근(咸相根 : 법3, 「민우지」 관련)-제철(諸撤 : 경영4, 「야생화지」 관련) 등 9명은 반공법-국가보안법 등 위반과 내란음모-지하 서클 조직 등의 혐의로 실형을 선고받고 수감중이었다.

1973년 11월의 시위사태는 이들의 석방을 요구하는 형태로 시발되었다. 이 해 3분기가 다 가도록 평온을 유지해온 고대는 새로운 총학생회의 출범(회장 丁世均 : 법3)을 계기로 10월 30일 구속중인 「민우지」-「야생화지」 관련 고대생의 조속석방을 요구하는 학생회장단의 결의문이 채택되었고, 이어 구속학생 일부가 11월 12일의 결심공판에서 검찰에 의해 최고 10년에서 최하 5년까지 중형이 구형되자 여기에 자극되어 13일부터 연 3일간 학생들은 단식농성과 교내시위를 벌였고, 15일에는 3,000여 명이 참가하는 대규모 가두시위로까지 발전하였다.

이처럼 시위가 격화하자 고대는 사태를 진정시키기 위해 16일부터 1주일간 임시휴강을 했다. 한편 남재는 12일 법무부장관 신직수(申稙秀), 14일 문교부장관 민관식, 그리고 16일에는 서울형사지방법원장 유태흥(兪泰興) 등을 차례로 방문, 구속중인 학생에 대한 관대한 처분을 요망하였다.

그러나 정부는 그 해 연말 대통령의 12·7 특별지시에 따라 유신 이후 발생한 학원사태와 관련하여 징계된 학생처벌을 백지화하고 구속학생을 전원 석방하는 조치에서 고대의 「민우지」-「야생화지」 관련 구속자만은 제외시킴으로써 고대에는 학생동요의 불씨를 그대로 남겨두었다. 이로 인해 남재는 다시 문교부에 구속학생 석방에 힘써줄 것을 요망하는 청원서를 제출하였고, 검찰총장을 방문하여 선처를 부탁하기도 했다.

1974년은 참으로 험난한 해였다. 새해 벽두부터 개헌논의를 금지하는 긴급조치 1호와 함께 비상군법회의가 긴급조치 2호로 설치되는 등 유신통치의 긴급조치시대가 시작되었다. 이에 따라 이 달 15일, 비상군법회의 검찰부는 긴급조치 1호 위반혐의로 장준하-백기완(白基琓) 등을 구속하였다. 또한 4월 3일에는 긴급조치 4호가 공포되고 민청학련(民靑學聯) 관련자들이 체포되었다. 8월 15일에는 광복절 기념식전에서 조총련계 문세광(文世光)의 대통령 저격사건이 발발하여 대통령 영부인 육영수(陸英修)가 피격당하는 민족적 비극이 발생, 국내외에 큰 충격을 주었다.

10월에 접어들면서 어떠한 체제도전도 용납하지 않겠다는 대통령 박정희의 엄중한 경고에도 불구하고, 긴급조치 1~4호의 폐지에 편승, 유신철폐를 요구하는 대학가의 반정부시위가 가열되기 시작하여 18일에는 거의 전국 대학이 기능마비상태에 빠졌다.

언제나 학생시위를 선도해온 고대는 이번 10월의 학원사태에서도 선봉에 나서서, 10일, 11일 양일간 3,000여 학생이 유신철폐-구속학생석방 시위에 나섬으로써 전대학가에 데모 사태를 확산시켰다. 이에 예측불허의 사태진전을 우려한 학교당국은 12일부터 19일까지 자진 휴강에 들어가 1주일간 냉각기를 가진 뒤, 21일 개강에 들어가면서 총장 명의의 공고문을 통해 "우리 고려대학교는 지금 심각한 위국(危局)에 처해 있으니 학생 제군은 심사숙고하여 일체의 언행을 자제하고 즉각 정상수업에 응해주기 바란다"고 학생들의 자제를 촉구, 그런대로 정상을 찾는 듯했다.

그러나 개강 1주일만인 28일부터 학생들은 다시 유신철폐 시위에 돌입하였고, 문교부는 같은 날짜로 고려대학교에 「계고장」을 보내어 자체 능력으로 수업정상화를 기할 것을 촉구한 데 이어 30일에는 문교부장관 유기춘(柳基春)이 "계고장을 자주 받는 대학에 대해서 학사개입을 하겠다"는 뜻을 밝힘으로써 고려대학교에 노골적으로 압력을 가해왔다. 고대는 도리 없이 29일부터 다시 1주일간 휴강에 들어갔지만, 11월에 들어서서도 정상수업이 이루어지리라는 전망은 전혀 서지 않았다.

그리하여 예정된 11월 6일부터의 개강을 포기하고 3차로 휴강을 연장한 끝에 18일부터 12월 15일까지 조기방학으로 들어가기로 했다. 휴강 → 개강 → 휴강 → 휴강의 악순환을 되풀이해온 셈이다. 이로 인해 법정수업일수를 채우는 문제가 당장 눈앞의 난제로 대두하였다. 전학년이 유급을 당할 판이었다.

2. "떳떳지 못한 조기방학"

(1) "우화(寓話)의 시대"

사람에게 말을 못하도록 재갈을 물릴 때 '우화'가 생겨난다. 말! 그 중에서도 '길'(道)과 같은 옳은 말을 하고자 하는 것은 인체의 신진대사와 같은 생리적 욕구에 속한다. '우화'는 배설구가 막힌 인간 생체가 살아남기 위해서 짓는 배설작용의 대리기능인 것이다.

1974년 2학기에 들어서서 뜻깊은 지령(紙齡) 700호를 기록하는 《고대신문》은 9월 10일자 기념호 <사설>에서 대학의 현실을 "우화의 시대"라고 꼬집었다. 이 신문은 '우화'란 바른말, 곧은 말(直言)이 경직된 권위의 독선과 횡포로부터 박해받고 희생될 때 생겨난다고 전제하고 바른말을 하고자 하는 오늘의 지식인들은 2,500여 년 전 노예 이솝이 우화를 지었듯이, 생존을 위해서라도 우화를 만들어 배출구를 찾지 않으면 안되었다고 개탄하면서 '우화의 집'이 되어버린 대학과 '우화작가'가 되고 있는 대학인에게 다음과 같이 경종을 울렸다.

> "대학의 역사는 금단(禁斷)의 열매를 따오는 …프로메테우스적 고행의 역사였다. 진리란 항상 묻혀 있는 것이 아니라 누구의 눈에나 들어오도록 '금단의 표지'가 붙은 나무에 달려 있는 열매와 같은 것이었다. 또 인간의 자유는 지하 깊숙한 곳에서 캐어온 것이 아니라 전제자-압제자의 정원에 탐스럽게 열려 있는 것을 따온 것이다. 대학이 금단의 열매따기를 포기할 때 대학은 '우화의 집'이다. 우화를 만들지 말자. 직언으로 직필로… 우리의 갈길을 밝히자… 금단의 열매가 주렁주렁 열린 시대 — 그것은 '우화의 시대'이다…."

'항거와 분노의 계절' 10월의 문턱에서 《고대신문》은 이처럼 뼈아픈 자책의 질타를 대학사회에 던졌다. 여기에 자극을 받았음인지 유신체제에 대한 '10월의 학생동요'는 어김없이 폭발하였고, 휴강 → 개강 → 휴강 → 휴강이 되풀이된 것이다. 《고대신문》은 또다시 준엄한 질문을 던졌다. 휴강중에 발행된 11월 11일자 신문의 <사설> "학생의 물음"이 그것이다. <사설>은 우선 학생들의 주장과 요구는 결코 "일부 극소수의 의사가 아니라 대다수의 의사로 보아야 한다"고 주장하고, 학생이 존재하는 한 자유에 관한 물음, 정의에 관한 물음, 진리에 관한 물음… 그 영구필연의 물음은 무한히 계속될 것이라고 강조하였다. 그런데 작금의 학원사태는 사회 전반에 만연되고 심화된 부조리에 연원하며, 그 일차적 책임은 이 나라 정치인을 위시한 기성 지도층에 있음에도 불구하고 정부는 사태를 직시하여 올바로 수습을 하려고는 하지 않고 학생들에게만 자제를 강요하는 역수습에 몰두하여 학생동요를 오히려 격화시키고 있다고 지적하였다.

이 시기에 학원사태를 "일부 극소수 몰지각한 학생들의 반국가적 작태"로 몰아붙이고 있는 집권세력의 잇단 위압적이고 상투적인 발언에 대한 《고대신문》의 정면 항변이 석탑교정에 광야의 종소리처럼 울려퍼진 것이다.

그 1주일 후 남재의 유명한 교수회의 언명 "이유 있는 학생동요"가 보도되어 세상을 깜짝 놀라게 했다.

(2) "소수 아닌 다수다"

11월 18일, 계속되는 학생소요로 휴강상태에서 끝내 개강을 못하고 곧바로 겨울방학으로 들어가지 않을 수 없는 안타까운 상황에 당면하여 남재는 전체 교수회의를 소집하였다. 남재는 우선 회의소집 경위 설명에서 방학결정을 "떳떳지 못한 조기방학"이라고 자괴(自愧)하면서, 대학당국자로서는 최초로 작금의 학원사태에 대한 자신의 솔직한 견해를 밝혔다. 그 주요 대목을 간추리면 다음과 같다.

— 이번 학생들의 움직임은 소수가 아니라 '다수의 소요'이며 '일면 이유 있는 동요'로 보아야 한다.
— 학생들은 모두가 가연성과 폭발력을 지니고 있고, 리더로서 앞장설 수 있는 성향을 지니고 있다.
— 학생동요는 사회전체의 불평불만 기운이 캠퍼스 안으로 투영해 들어오기 때문에 발생하는 것으로 본다.
— 무한 이슈의 전면 공해 속에서 대학의 하늘에만 맑은 공기가 솟아오르기를 기대함은 무리이다.
— 대학이 처해 있는 이러한 상황에 대해서 정부나 문교부당국은 "보고도 못 본 체"(見而不視), "듣고도 못 들은 체"(聽而不聞), '소수학생 처벌', '학칙엄수'로 학생들의 나쁜 버릇을 고치겠다고 독촉이 성화같다.
— 또 학생은 학생들대로 정부의 각종 비정(秕政)을 지적하며 위정자의 버릇을 고치겠다는 식으로 완강히 맞서 마치 대화 없는 버릇 고치기 경쟁이 벌어지고 있는 느낌이다.
— 이와 같은 양극 사이에 끼어 대학은 지금까지 정도-대로를 개척하지 못하고 항상 피해가 적은 뒷골목길, 한적한 오솔길만을 조심조심 돌아서 다니다 원칙도 저버리고 방향도 잃게 되었다.
— 정부 쪽에서 보면 얄밉고… / 학생 쪽에서 보면 비겁하고….
— 이 기약 없는 악순환의 구렁텅이를 언제까지 헤매기만 할 것인가… / 부디 우리 대학이 끝없는 골목길을 벗어나 정도-대로로 나설 수 있는 지혜를 주기 바란

다….

형식은 교수들의 지혜를 구하려는 '호소'이면서도 남재 스스로가 밝히고 있듯, 고려대학교 총장으로서의 고뇌를 토로한 '독백'이었다. 그러나 그것이 단순한 '호소'나 '독백'이 아니라 대담한 직언이라는 것은 "소수가 아닌 다수다", "일면 이유 있다"는 단 두 마디로써 여실히 드러나고 있다. 실로 당당한 항변이요, 정대한 언론이었던 것이다. 남재는 집권자-독재자를 정시하며 그 독선과 아집에 맞서 대든 격이었고, 매사를 스크럼과 돌팔매질로 해결하려는 학생들에게는 온몸으로 앞을 가로막고 그 무모와 저돌을 질책, 충고하여 마지않았던 것이다. 또 자기자신을 포함한 모든 대학인들에게는 대학이 결코「우화의 집」이 아니요, 대학인이「우화의 작가」가 아님을 스스로 확인하고 증명하고자 했던 것이다. 그런가 하면 자기 목소리를 내지 못하고 있던 당시 한국의 언론에게는 책임 안 지고 남의 말을 빌려 한 목소리를 낼 수 있는, 참으로 요리하기 좋은 '절호의 인용재료'를 제공했던 것이다.

그리하여 온 세상이 모조리 말문을 닫고, 움츠리고 살던 그 엄혹한 유신독재의 긴급조치시대에, 실로 오랜만에 육두식 구어(口語)와 어우러진 진짜 '말 같은 말'—곧고 바른말이 시커먼 신문표제로 확대되어 뭇 시선을 사로잡고, 또 그것이 전파를 타고 사람들의 귓전을 때렸을 때, 세상이 놀라고 위정자들이 당황해 하는 것은 당연한 일이었다.

또 이로 인해 남재 주변의 많은 사람들은 진심으로 남재의 안위를 걱정하지 않을 수 없었다. 이미 고려대학교 주변에는 남재를 구속시키라는 청와대 고위층의 진노가 있었고, 이것을 누그러뜨리기 위해 주위의 아랫사람들이 곤욕을 치렀다는 '설'이 유력하게 나돌기도 했다.

남재의 이 문제의 발언, "이유 있는 학생동요"는 하마터면 세상에 알려지지 못하고 단순한 학내 발언으로 그냥 묻힐 뻔했다. 3주째나 계속되는 기약없는 장기휴강 중에 소집된 교수회의인지라 이날《고대신문》기자들도 회의소식을 미처 듣지 못한 채 다음 날짜(11월 19일자)로 발행될 신문제작에만 몰두하고 있었기 때문에 총장이 그처럼 엄청난 발언을 한 줄은 전혀 모르고 있었다.

마침 교수회의장까지 남재를 배행했던 총장비서실장 이세기(李世基 : 정경대학 객원교수 겸임)가 고대신문사 부주간실에 들러 직전에 있었던 남재의 놀라운 '시국발언' 내용을 전함으로써 비로소 알려졌던 것이다. 그러나 이미 흘러가버린 말이라 발언 전모를 되살려낼 길이 없어 기사 취급이 불가능한 상태였다. 그런데 행인지 불행인지 남재의 자필 메모가 총장실에 그대로 남아 있었다. 발언내용 전문은 메모를 기초로 재작성되었고, 남재의 숙독을 거쳐 편집 마감시간을 넘겨서 겨우 공장에 넘길 수 있었다. "전면 공해 속에서 대학의 하늘만 맑기를 기대함은 무리"라는 제하의 《고대신문》 1974년 11월 19일자로 뉴스면 머리를 장식한 이 기념비적인 보도는 이렇게 해서 되살아난 것이었다.

일간신문으로서는 《동아일보》가 다음날(20일자) 이 기사를 제일 처음 보도하였다. 그것은 《고대신문》에 게재된 발언내용을 재취재한 것이었다. 이 시절 《고대신문》은 학생 동향과 남재의 언동과 관련한 취재원(Source)으로서 일반 뉴스 기관의 주목의 대상이 되어왔다. 그러나 《동아일보》만이 이 발언을 단독 보도할 수 있었던 것은 《고대신문》 발행 직후에 귀띔이 있었기 때문이다. 이를테면 《동아일보》 기자가 대특종을 한 셈인데, 일개 대학총장의 발언이 이렇듯 대특종이 될 수 있다는 것은 남재의 당시 사회적 비중을 말해주는 것이기도 하다.

낙종(落種)을 한 타신문들의 경우, 《한국일보》가 21일자로 이 기사를 받아 보도하였고, 《조선일보》는 26일자로 취급하였다. 방송들도 《동아일보》의 보도 직후 일제히 "대화 없는 버릇 고치기 경쟁" 등 주요 대목을 방송하여 세상을 더욱 경동(驚動)케 하였다.

이처럼 「고대 총장 발언」이 매스컴을 타고 뒤늦게 세론을 크게 불러일으키니 남재의 총장으로서의 입지가 크게 위협을 받게 되었음은 말할 것도 없고, 결과적으로 파문을 증폭시킨 《고대신문》과 총장비서실장 이세기가 정권의 심한 눈총을 받으면서 학내외로부터 구설의 대상이 되기도 했다. 이를 계기로 안암동 고대의 하늘에는 먹구름이 몰려들기 시작했다.

3. 긴급조치 7호

1975년 4월 8일, 대통령 박정희는 이 날 하오 5시를 기하여 고려대학교에 긴급조치 제7호를 선포하였다. 위반자에게는 3년 이상 10년 이하의 징역에 처한다는 무시무시한 내용이었다. 전후 7개항으로 된 긴급조치 7호는 별항(박스 기사)과 같다.

별항 긴급조치 7호의 ①④⑦ 항에 따라 고대는 즉시 휴교에 들어갔고 국방부장관의 명에 의해 군이 또다시 캠퍼스를 점거하였다. 청와대 대변인은 "문교적-국가안보적 차원에서 긴급조치가 선포된 것"으로 그 배경을 설명하였다.

그렇다면 과연 고려대학교에 긴급조치를 발동하여 휴교령을 내리고 군을 투입시켜야 할 만큼 긴박한 상황이 있었는가.

고대는 1974년 11월 19일부터 조기방학에 들어간 후, 28일만인 12월 16일, 모자라는 법정수업일수를 보충하기 위하여 엄동 속에서 개학을 하여 신년 새학기로 이어졌으나 복역중인 「민우지」사건 관련학생 문제로 소요의 불씨는 그대로 남아 있는 상태였다. 특히 새해 들어 정부는 대통령의 2·15 특별조치에 따라 구속중인 긴급조치 1~4호 위반자 전원을 석방하였고, 심지어는 비상군재(非常軍裁)에서 무기징역을 선고받은 민청학련 인사들까지 구제하였음에도 불구하고 「민우지」 관련 고대생들만은 이 조치에서도 제외되어 학생들의 불만이 팽배해 있었다. 이 때문에 남재가 그 동안 여러 차례 요로를 찾아다니며 관용과 선처를 요망하는 노력을 기울여왔음은 이미 언급한 바와 같다.

결국 1975년의 고대사태는 구속학생 문제가 발단이 되어 3월 31일과 4월 7~8 양일 등 총 세 차례 벌어진 시위가 전부였고, 매회 시위규모는 2,000여

〈대통령 긴급조치 7호〉

①1975년 4월 8일 오후 5시를 기하여 고려대학교에 휴업을 명한다./ ②동교 내에서 일체의 집회-시위를 금한다./ ③위의 1~2호를 위반하는 자는 3년 이상 10년 이하의 징역에 처한다. 이 경우 10년 이하의 자격정지를 병과할 수 있다./ ④국방부장관은 필요하다고 인정할 때 병력을 사용하여 동교의 질서를 유지할 수 있다./ ⑤이 조치에 위반한 자는 법관의 영장 없이 체포-구금-압수-수색할 수 있다./ ⑥이 조치에 위반하는 자는 일반법원에서 관할-심판한다./ ⑦이 조치는 1975년 4월 8일 오후 5시부터 시행한다.

명 정도로, 경찰의 강력한 저지에 막혀 문 밖으로는 한 번도 진출하지 못하고 정문에서 대치하다 물러나고 마는 교내시위 수준이었다. 따라서 객관적으로 보아 이때 고대만이 긴급조치대상이 될 만한 특별한 사유는 결코 없었다고 해야 할 것이다. 그래서 항간에서는 고대사태를 집권자의 누적된 반감의 폭발로 보고, 소위 '괘씸죄'로 해석하는 것이 보통이었다. 또 이 같은 견해가 사실에 가까운 것인지도 모를 일이었다.

긴급조치를 당한 남재는 "그냥 바보처럼 총장직에 더 눌러앉아 있을까, 그만둘까, 망설이며 꼬박 이틀 동안을 고민한 끝에 보든 책임을 홀로 지기로 결심하고 10일자로 사표를 제출하였다. 총장임기 만료를 6개월 앞둔 시점이었다. 긴급조치라는 것이 전체 대학도 아니고 고려대학교 한 대학을 상대로 내려졌다는 것은 곧 총장이 책임을 지라는 신호가 아니고 무엇인가… 남재는 이렇게 생각이 미쳤던 것이다.

물론 남재는 퇴진결심을 굳히기까지, 먼저 재단이사장 목당(牧堂) 이활과 상의하였고, 사촌형님인 재단이사 일민(一民) 김상만(金相万)의 의견도 들었다. 목당은 "대동지환(大同之患)인데 어떠냐"면서 그대로 눌러 있으라고 권하였고, 일민도 말렸다. 최종적으로 부친 수당께 일이 이 지경이 되었으니 어찌하면 좋겠는지 여쭈면서 재단측의 만류의사를 전하니 "그 사람들 세상 모르는 소리를 한다"고 단정지으며, "한 학교 한 사람에게 긴급조치가 떨어지는 법이 어디 있느냐… 그 사람이 보통 사람이 아닌데 (그것은) 꼭 나가라는 이야기다… 나가라면 나가주어야 학교가 성하지…" 하는 것이었다.[13] 남재가 결단을 내리기까지는 이처럼 부친 수당의 충고가 큰 몫을 했던 것이다.

남재가 임기를 다하지 못하고 쓸쓸히 고대를 떠나는 순간은, 30년 전 스승 난바라(南原繁)가 2기 6년의 임기를 마치고 영광과 축복 속에서 도쿄대학을 떠나던 그것과는 너무도 대조적이었다. 난바라가 패전 직후 동경대학 총장에 선임되어 폐허 위에서 '신일본문화창조'를 역설하여 일본재생의 희망으로 떠올랐듯이, 남재는 고대 총장으로서 빈사지경의 한국민주주의 회생의 희망이요, 전대학인의 정신적 지주로서 우뚝 서 있었다. 또 난바라가 샌프란시스코 강화문제를 놓고 수상 요시다(吉田茂)와 정면대결하였듯이, 남재 또한 반독재 민주투쟁의 선봉에 선 학생들을 두둔하면서 대통령 박정희와 맞섰다. 이 두 가지 사실은 분명 두 사람간의 유사점이 아닐 수 없다.

그러나 난바라는 본격적 학술논문을 통해서 자기시대의 문제와 간접적으로 대결하는 학구적 삶을 살았지만, 남재는 같은 학구적 삶을 살면서도 학생들과 더불어 시대의 문제 속에 직접 뛰어들어 자기를 속속들이 드러내놓으면서 육성을 통해 직언하는 고뇌 속의 치열한 삶을 살았다. 그리하여 남재는 스승과는 달리 쓰라린 중도하차의 고독한 길을 밟았다. 이 점이야말로 일본적인 삶과 한국적인 삶 간의 상황적 문맥상의 결정적 대조점이 아닌가 생각된다.

남재의 사퇴소식이 다시 한 번 세상에 파문을 던졌다. 그러나 시간이 가면 곧 잊혀지고 말 일이었다. 고대 재단이사회는 4월 15일, 남재의 사표를 정식으로 수리하였다. 남재는 고대를 떠나면서 "그 동안 서재와 마음에 쌓인 먼지를 털어내고…"라는 대단히 상징적인 소감을 피력하며 연구생활에 침잠할 뜻을 밝혔다. 또한 고대의 불행한 사태에 대해서 전체 고대 가족 앞에 책임을 통감한다고 말하면서 자신의 퇴임이 "조속한 시일 내 고려대학교가 정상을 되찾는 계기가 되기를 바란다"는 소망도 잊지 않고 덧붙였다.[14]

5월 13일, 「긴급조치 7호」가 해제되어 고려대학교에 대한 휴교령이 풀렸다. 그 1주일 후인 19일, 41일간의 휴면 끝에 개강에 들어갔다(고대에 대한 긴급조치해제의 후속조치로서 유신정권은 같은 날짜로 긴급조치 9호를 선포하였다).

개강을 맞으면서 《고대신문》은 6월 3일자 <사설>에서 "…이번에 겪은 쓰라림의 하나로 김상협 전총장의 자퇴를 들어야겠다. 질박하고 강건한 개척자 정신과 예리하고 통찰성 있는 슬기를 갖출 것을 호소하여 우리의 마음을 사로잡았던 그의 성해(謦咳)와 온후한 모습을 접할 수 없게 된 것은 무엇보다 가슴 아프게 하는 것 중의 하나이다. 그러나 이번 사태의 모든 책임을 스스로 지고 물러선 그 심중을 촌탁(忖度)하여 남은 우리는 그 이상구현을 위하여 진지하게 노력함이 바람직할 것이다. 부디 그가 심신의 피로에서 하루빨리 회복되기를 빌고자 한다…"고 썼다. 이것이 아마도 남재의 퇴진을 안타까워한 이 시대의 유일한 공식기록이 아닌가 생각된다.

고대의 그 많은 교수들 중에 「긴급조치 7호」 사태와 관련 해임조치된 두 교수(이문영-이세기)와 휴직처분된 두 교수(김용준-김윤환)를 제외하고, 남재와 함께 책임을 지겠다고 나선 사람은 한 사람도 없었다. 고대의 상황이 이

컬진대, 언론이나 정당-사회단체들이 「고대사태」에 숨을 죽이고 외면으로 일관하였던 그 냉혹한 세태를 탓할 수만은 없으리라….

제3절 그래도 남는 이야기 : "연세인에 우정을…"

1. 석탑상공에 휘날린 연세 깃발

남재는 스포츠 애호가였다. 그는 스포츠가 갖는 사회적 의미, 기능, 특히 그 교육적 가치와 역할에 대해서 깊은 인식을 가지고 있었을 뿐만 아니라 각종 스포츠 지식에도 정통했다.

스포츠의 애호는 수당가의 내력이기도 하다. 부친 수당을 포함해서 형제들 모두가 스포츠맨이라 할 만큼 우수한 경기감각을 가지고 있었다. 특히 아우들, 상홍-상하가 이름있는 선수 출신이었음은 전편에서 언급한 바와 같다. 또 형님 상준이 상홍과 함께 고대체육 육성의 열렬한 후견인이요, 공로자가 된 것도 우연이 아니다. 상준의 '고대 체육사랑'이 어느 정도였는가는 고대 축구선수 출신을 사위로 맞았다는 사실이 잘 말하여준다. 60년대 초-중반 고대 축구를 빛내고, 국가대표로도 크게 활약한 바 있는 김선휘(金善徽 : 삼양염업사 부회장)가 바로 그 사람이다.

남재는 스포츠가 '순화된 야성'을 기르는 가장 효과적인 교육수단이 된다는 데 주목하였고, 특히 영원한 맞수 연세대학과의 우정의 대항전, 「정기고연전(定期高延戰)」이 인간수련, 특히 '지성과 야성'교육의 위대한 실습장으로서의 기능을 높이 평가하고, 이를 더욱 중시했던 것이다.

그리하여 남재는 「고연전」이 어떤 경우든 반드시 있어야 하고, 반드시 이어져야 하고, 어느 한 해라도 궐(闕)함이 없이 존속되어야 한다고 역설하면서, 그것이 자신의 "확고한 신념"이라고까지 강조하였다.[15] 또 남재는 「고연전」을 치러보지 않고 고대인, 고대 가족의 일원이 될 수 없다고 지적하고,

「고연전」이야말로 고대인 형성과 고대정신 함양의 필수과정이라고 말하면서,

> "…정기 고연전은 단순한 흥행, 소풍, 기분전환, 레크리에이션, 단순한 스포츠 이벤트, 단순한 축제행사가 아니라 차원 높은 인간수련과 단련, 고대기질-고대혈통-고대정신을 만들어내고 고대인을 제조해내는 독특한 용광로…"[16]

라고 그 의미를 부여하였다. 또 잔인무도한 일제통치의 암흑 속에서「고연전」은 양교의 선배들이 민족의 숨통을 열고, 민족의 맥박이 고동치는 우정의 대결을 펼침으로써 우리 겨레가 결코 죽지 않고 살아 있음을 증거하는 희망과 용기의 한민족제전으로 승화되어 왔다고 그 민족사적 의의를 되돌아보았다. 이어 현대에 이르러 '근대화 건설기'에는 민족발전의 자신감을 불어넣어 주는 동력으로서, 그리고 최근에는 약진하는 조국의 미래상과 잠재된 민족문화의 저력을 과시하는 젊은 지성의 축전으로서, 그리고 양교의 가족들이 각기 같은 혈통, 같은 뿌리에 속해 있음을 재확인하면서 즐겁게 재결합하는 홈커밍—Home Coming의 향연으로 성장-발전해왔다고 평가하였다.

이처럼 뜻깊은「고연전」을 맞이함에 있어서, 남재는 흔쾌히 응원단 앞에 나서서 학생들을 격려하였다. 경기에 있어서 필승-전승-압승은 말할 것도 없고, 응원에 있어서도, 친선과 우의를 다짐에 있어서도, 또 고대인을 형성하고 고대정신을 함양함에 있어서도, 그리고 자유-정의-진리의 고려대학교 교시를 선양-실현해나감에 있어서도 기필코 필승-전승-압승을 거두자고 다짐하였다.

남재는 제6대 총장 재임기간(1970~1975) 중 세 차례「정기 고연전」을 치렀다. 1970년의 경우는 취임 한 달도 안되는 시점(10월 30~31일)에서 열려서인지, 그 해의 종합전적은 2승 1무 2패로 무승부를 기록하였다(「정기고연전」은 총 5개 종목에 응원전으로 펼쳐진다. 첫날은 야구-농구-빙구 3개 종목, 둘째날은 축구-럭비 2개 종목으로 자웅을 결하여 최종승패는 종합전적으로 가린다).

1971~1972년 두 해는 학원사태와 유신선포로 유산되어 참으로 커다란 아쉬움을 남겼다. 따라서 남재가 온 힘을 기울일 수 있었던「정기 고연전」은 1973~1974년 두 해였다. 과연 남재의 관심과 뒷받침이 주효해서인지 결과

도 1973년의 종합전적은 4승 1패, 그리고 1974년은 4승 1무, 압도적인 고대의 우세로 끝났다.

1973년 연세대의 경우, 3년만에 재개되는 '연고전'에서 1승 4패 참패를 기록하였고, 더구나 응원석에서 화재가 발생, 많은 학생들이 화상(火傷)을 입는 불의의 사고까지 겪은 끝에 그처럼 대패의 고배를 들게 되었으니 연세인의 자존심이 크게 상한 것도 무리는 아니었다. 당시만 해도 프로스포츠는 꿈도 꾸지 못할 때였고, 대학 스포츠도 평준화되기 이전이라 고려-연세의 체육은 그대로 한국 스포츠를 대표하고 견인하는 최고봉이었고, 양교의 내전은 빅 이벤트여서 방송매체들이 다투어 실황을 중계하고 일간신문들도 경기결과를 빼놓지 않고 대서특필하던 시절이라 연세인의 입장에서는 온 국민이 지켜보는 가운데 무참하게 라이벌교에 무릎을 꿇는 꼴이 되었으니 그 절치부심하는 심경이야 가위 알고도 남음이 있는 것이다.

그때 남재는 《고대신문》이 편집국장 논평 칼럼인 <석탑춘추>에서 "1973 고연전 무승부론"을 펴서 상대에게 위로를 보낸 것이 그렇게도 흐뭇했던 모양이다. 남재는 편집국장 이강식(李康植 · 시회3)을 불러 우정과 친선의 진수를 보여주었다고 격려와 칭찬을 아끼지 않았던 것이다. 이 나라 사학(私學)의 큰 스승인 남재의 진면을 엿보게 하는 일화가 아닐 수 없다. 그 해 고대 농구는 대연세전에서 압도적 스코어 차이로 연전연승, 객관적 전력상 「정기고연전」에서의 고대 승리를 의심할 사람은 아무도 없었다. 그런데 바로 그 농구에서 연세대학이 절대 열세의 불리를 딛고 유일하게 승리를 따내었으니 농구 한 종목의 승리가 가히 나머지 4개 종목의 패배를 상쇄할 만하므로 금년의 양교 대전은 질적인 면에서 '무승부'라는 것이 《고대신문》의 논리였던 것이다.

다음해 1974년 정기전에서 연세인들은 대단한 설욕의 의지를 불태웠다. 정기전 2일 전에 있었던 고대 본관 국기게양대의 연세교기 게양사건은 연세인들의 그 불타는 전의를 말해주는 것이었다. 외국의 명문 라이벌 대학들간에 행해졌다는 유풍을 《연세춘추》의 일부 기자들이 모방, 고대 본관옥탑에 몰래 올라가 연세교기를 게양하고는 "석탑상공에 휘날린 연세 깃발"이라는 표제를 달고 대형사진과 함께 특집판으로 기사화하여 다음날 양교는 물론, 온 장안에 뿌릴 참이었다. "석탑상공의 연세 깃발"은 바로 연세대학의 고려대학 기습점령상황을 상징하는 것으로 심리전 차원에서 기선을 잡기 위한 전초전의 성격을 갖는 것이었다.

그런데 공교롭게도《연세춘추》의 이 특집판이 아직 조판상태에서 라이벌인《고대신문》 기자들에게 발각되어 한바탕 소동이 벌어지고 학교당국에 보고되어 어떤 대책을 강구하지 않으면 안될 상황에 이른 것이다.

《연세춘추》와《고대신문》은 그때《조선일보》의 외간부시설을 빌려 하루 간격으로 신문을 제작했기 때문에 전날 조판된《연세춘추》가 윤전기로 넘어가기 전에 고대신문 기자의 눈에 띄게 되었던 것이다.

고대측이 가장 우려한 것은《연세춘추》의 기사가 그대로 인쇄되어 뿌려질 때 고대생을 자극하여 양교생간에 육탄충돌을 일으키는 불행한 사태였고, 또 그렇게 발전하리라는 것은 너무도 자명했다. 보고를 받은 남재는 무척 난감해 하면서도 최선책은 보도가 나가지 않도록 막는 것이라고 결론을 내리고, 상대의 반감을 사지 않으면서도 보도를 자진 철회하도록 설득할 수 있는 유능한 중재자를 세워보자는 지시를 내렸다. 다행히도 중재노력이 성사되어 말썽없이 사태가 수습되었다. 참으로 위기일발의 상황이었다.

이어 정기전 첫날, 서울운동장의 연세응원단 스탠드 쪽에 "고대 타도"를 부르짖는 자극적인 구호의 시뻘건 플래카드가 여기저기 나붙어 살벌한 분위기를 자아내고 있었다. 이에 대해서 고대측이 즉시 "연세인에게 우정을…" 이라는 '대항메시지'를 담은 같은 크기의 플래카드를 내걸자 정기전 둘째날 연세측의 "고대 타도"는 슬그머니 사라지고 말았다. 이 역시 고대응원단이 "친선에 있어서도 필승-전승-압승을 거두자"는 남재의 가르침을 충실히 따른 결과였음은 두말할 나위도 없다. 이처럼 1970년대 전반기의 고대생들은「고연전」과 관련해서도 남재와 평생 잊을 수 없는 추억을 간직하게 되었던 것이다.

2. 〈여록〉: "한국고등교육의 개혁방향"

남재는 연세대학교와 관련된 모든 사안들 — 스포츠뿐만 아니라 — 에 대해서, 항상 큰 관심을 가지고 지켜보았고 또 그것을 매우 중시하였다. 1972년 4월 하순, 연세대학과 문교부가 공동주최한 "지역대학의 특성화 및 고등교육 개혁방안 연구" 세미나에 남재가 연사로 직접 참가하여 주제강연을 한 것도 남재의 그와 같은 남다른 관심의 표현이라고 할 수 있다.

<한국고등교육의 개혁방향>이라는 제하로 행한 주제강연에서, 남재는 맹목적으로 폭발하고 있는 우리 국민의 왕성한 교육열에 힘입어, 양적 팽창을 거듭해온 우리 나라 고등교육의 이상비대현상과 문교당국의 방관적 태도를 예리하게 분석-비판하면서 한국의 고등교육이 당면한 가장 긴급한 개혁과제로서 '질적 향상'을 지적하였다.

그러나 고등교육개혁은 유럽식 소수 엘리트 교육으로 현상을 타파하는 급진적 방향으로는 나갈 수 없으므로 결국 미국식 다수 중간지도층 양성의 방향으로 점진적 개조를 택할 수밖에 없는 것이 오늘의 실정이라고 했다. 따라서 그 개혁의 강도도 자연 미온적-단편적으로 흐를 수밖에 없을 뿐만 아니라 장기적 지속성을 생명으로 하는 교육의 근본성격에서 오는 본질적 한계 때문에 기동성과 신축성에 제약이 엄존하고 있다는 것이다. 남재는 이 같은 점들을 대전제로 하면서 다음과 같은 개혁의 구체안들을 제시하였다.

첫째로 대학간, 교수간, 학생간 우승열패의 치열한 실력경쟁체제 확립, 둘째로 신진기예의 대거참가를 통한 노화(老化)방지의 제도적 보장, 셋째로 연중무휴—24시간 살아 있는 진짜 실력 있는 대학을 만들기 위하여 △ 미국식 숙제제도—Assignment 도입을 통한 연구기풍 확립과 아울러 수업의 질적 향상 조장, △ 유급제(留級制)와 아울러 월반제 인정, △ 교수의 신규임용과 승진의 시한부-계약제 실시, △ 경쟁강의 개설, △ 독립적 '아카데미 도크'—Academy Dock 신설, △ 대학별 정원제 완화와 학년별-학과별 정원제 실시, △ 자연계학과의 국고보조, △ 대학마다 개성을 갖는 중점대학-중점학과 육성, △ 국고부담에 의한 자연계의 합동연구소-합동실험실 설치, △ 국립대학의 점진적 특수법인화와 사립대학의 개인 사물화 방지….

남재의 이 주제강연은 어김없이 언론의 관심을 모았다. 이 해 4월 28일자로 《조선일보》-《중앙일보》-《서울신문》, 30일자로 《동아일보》, 5월 2일자 《고대신문》, 그리고 그해 가을(10월 9일자) 《연세춘추》에 그 전문 또는 요지가 보도되었다.

제4절 실의의 계절

1. 『모택동사상』 개정판의 증보

달리는 준마처럼 일에만 몰두해온 사람에게 갑자기 일이 끊겨 할 일이 없어지면 병이 나게 마련이다. 이것도 일종의 '금단현상' 같은 것이리라. 고대총장에서 물러난 직후의 남재가 처한 상황이 바로 이와 같은 경우라 할 것이다. 마치 고대를 위해서 태어난 사람처럼, 오로지 고려대학교의 발전을 위해서, "지성과 야성을 겸비한 전인적 인간형성" 교육을 위해서 신명을 다 바쳐 일해온 바로 그곳을 스스로 떠나야 했다는 것은 '금단의 고통' 그 이상의 고문(拷問)일 수 있는 것이기 때문이다.

상황이 이러한데도 남재는 그 쓰라린 번뇌와 실의의 기나긴 시간을 추호의 흔들림도 없이 잘도 견뎌내고 있었다. 남재의 울적한 심회를 알아차리고 가까운 제자[17]들이 자주 찾아와 말벗도 되어주고, 또 그들이 이끄는 대로 강상(江上) 선유회(船遊會)나 가까운 인천 앞바다에서의 낚시 원유 등에 따라 나서는 경우 등을 제외하고, 남재는 만사를 잊은 듯이 서재 속에 묻혀 지냈다. 당장 풀어야 할 숙제가 기다리고 있었던 것이다. 저서 『모택동사상』 개정판에 대한 '증보'의 필요성이 시급하게 대두되었던 것이다.

그리하여 1975년 10월, 1967년 개정판에 대한 개정증보판을 출판사 일조각(一潮閣)을 통해 발행하였다. 초판과 개정판을 발행했던 출판사 지문각(知文閣)이 그 동안 문을 닫았기 때문이다. 또 1978년 2월에는 개정증보판의 중판이 있었다.

개정증보판은 개정판의 내용과 체제를 그대로 두고, 그 위에 제11장으로 <문화대혁명의 진통>을 새로 집필하여 덧붙인 이외에 권말의 <전망>을 재집필한 것 말고는 달라진 것이 없다. 개정판을 내던 1967년으로부터 8년이 지난 1975년의 중국 대륙은, 모택동 자신이 '천하대란'이라는 「문혁 10년」의 난동사태에 제동을 걸고, 노(老)-장(壯)-청(靑) 3결합의 수습책을 내놓음으로써 간신히 평온을 회복했다고는 하지만, 새로운 질서를 찾기까지는 상당한 시일과 또다른 진통이 예상되는 단계에 있었다. 이와 같은 상황변동이 남재로 하여금 다시 개정판에 대한 증보의 필요성을 느끼게 했던 것이다.

개정증보판의 결론부인 권말의 <불투명한 전망>에서 남재는 향후의 대륙정세를 대단히 용의주도하게 전망하고 있다. 남재는 무엇보다 중국공산당의 입지가 그 활동무대로부터, 정치적 입장, 사회적 발전단계, 투쟁방식, 그리고 국제적 지위 등에 이르기까지 모든 분야, 전영역에 걸쳐 근본적으로 바뀌었음을 먼저 지적하고 있다. 그러므로 신생단계에서 → 기성단계로 진입하여 보수해야 할 '기정사실'이 많아지고, 무에서 유를 만든다는 식의 혁명적 투쟁만을 떠들던 시대가 지나간 이상, 이제 싫건 좋건 실용주의적 개량노선을 걷지 않을 수 없게 되었다는 것이 문화대혁명 이후의 중국을 보는 남재의 기본시각이었다. 또 중국은 원시로부터 현대에 이르는 역사발전의 제단계가 여전히 혼재해 있고, 잡다한 민족들, 부족들, 계급들, 의식들이 잡거하여 무한변수가 잠복해 있는 복합의식-복합구조의 발전불균형사회이기 때문에 언제 어디서 어떤 이상변화가 뛰쳐나올지 모른다는 것이다.

그럼에도 불구하고 앞으로의 대세는 거시적으로 볼 때, 노-장결합의 북경파 주은래(周恩來)-등소평체제에 보다 유리하게 전개될 것으로 남재는 예견하였다. 아울러 모택동의 사후 운명에 대해서도 현재로서는 격하운동이 일어날 가능성이 희박하지만 스탈린의 선례로 보아 역시 예측불허라고 여운을 남겨두었다.

과연 남재의 예견은 적중하였다. 4인방(四人幇)에 의해 '주자파'(走資派 : 문혁 당시 "자본주의도로를 달리는 當權派"라는 뜻으로 쓰였다)로 매도되었던 등소평이 득세하여, 모택동의 역사적 지위가 상대적으로 평가절하되는 가운데 등(鄧)의 실용주의 노선에 따라 사회주의시장경제 건설로 매진, 중국은 눈부신 발전을 이룩하여 오늘날과 같은 고도성장을 구가하게 된 것이다.

2. 국무성 초청 미국 학계 시찰

남재는 미 국무성 초청으로 1975년 11월 9일부터 미국 학계를 시찰하고 일본을 거쳐 1976년 1월 3일, 55일간의 전일정을 마치고 귀국했다. 마침『모택동사상』의 개정증보판이 출간된 직후였고 또 생애 세번째로 혜천과 함께 하는 부부동반 해외 나들이여서 남재로서는 홀가분하고도 즐거운 마음으로 여행길에 오를 수 있었다.

여행목적이 미국의 학계 시찰인 만큼 남재는 되도록 많은 대학의 많은 학자들과 만나 공통의 관심사를 논할 수 있도록 여행계획을 짰고, 화제도 궁하지 않도록 세밀하게 준비하였다. 그렇다고 한국에서의 자신의 명망에 걸맞게 반드시 일류대학을 방문하고 세계적 석학을 만나 어떤 성과를 이끌어 내도록 짜여진 일정도 아니었다. 그런데도 남재는 자신이 만난 모든 사람들의 의견을 참으로 진지하게 경청하고 취재하여 이것만으로도 한 권의 책을 엮어낼 만한 기록을 남겼다.

남재의 일차적 관심사는 월남 패망이 가져다준 세계사적 충격 속에서 미국이 이를 어떻게 받아들이고 있고, 긴장완화를 기조로 하는 미국의 세계정책과 차기대선의 향방을 가늠하면서 그 같은 흐름 속에서 주한미군철수문제를 비롯한 한국의 안보와 민주발전문제, 중공의 향후동향과 중-소대립의 추향 및 후계문제를 포함한 장래전망, 월남 패망 이후의 아시아, 그리고 일본의 입장과 태도 등을 파악하고 총정리-점검하는 것이었다.

남재의 여행지는 워싱턴 DC-뉴욕-필라델피아-피츠버그 등 동북부와 오스틴-휴스턴-올란도-마이애미 등 남부 일대, 그리고 LA-하와이 등 서부로 이어졌고 도쿄를 출발과 종착지로 잡았다. 또 이르는 곳마다 그곳의 대표적인 대학과 정치-경제-국제관계 교수 또는 아시아 및 중-소문제연구소의 책임자들과 만나 주로 그들의 이야기를 듣는 데 힘썼다. 이하에서는 지역별 여행 일정의 개요와 함께 주요 대화내용을 살펴보고 남재가 여행중에 얻은 상념과 미국에 대한 감상을 간추려 소개하는 순으로 정리해보았다.

(1) 워싱턴에서

11월 9일 출발 당일, 남재는 도쿄에서 1박한 후 이튿날 곧바로 하와이를 거쳐 10일 하오(현지시간)에 LA에 도착, 12일까지 머물며 김하태(金夏泰 : 전

연세대 신학대학장) 등 이곳 한인사회 인사들과 만났다. 13~14일 이틀간은 라스베가스 → 그랜드캐니언 등을 관광하고 15일 피츠버그로 날아가 이틀간 유숙한 후 17일 워싱턴에 도착, 18일부터 공식 순방일정에 들어갔다. 22일까지 5일간 워싱턴에 머무는 동안, 남재는 전주한미국대사 그레그(D. Gregg)와 하비브(Philip Habib) 등의 환대를 받고 대화를 나누었다. 또 조지워싱턴대학 중-소연구센터, 국회도서관, 한국문제연구소(소장 : 강영훈) 등을 방문하였고, 주미한국대사 함병춘(咸秉春) 등과도 접촉하였다.

- **그레그**는 1978년에 있을 박정희의 재집권기도가 자신을 위해서나 한국의 장래를 위해 불행한 일이나 지금 그와 같은 방향으로 가고 있음을 지적하고, 남재에게는 당분간 매사를 관망하면서 고대와도 접촉을 끊고 은인자중함이 바람직하다고 충고하였다.
- **하비브**는 제3세계 때문에 난장판이 되어버린 유엔에서의 득표능력 저하로 미국의 대유엔외교가 난관에 봉착해 있음을 실토하면서, 이로 인해 한국문제 처리도 계속 어렵게 전개되리라고 보았다. 남재는 하비브와의 대화에서 전세계적으로 미국에 골치 아픈 일들이 하도 많이 쏟아져 그때그때 미봉해나가기에 바쁜 미국으로서는 한국문제에 피곤을 느끼고, 특히 한국 내정문제에 대해서는 언급조차 하기 싫은 체념상태라는 인상을 받았다.
- **강영훈**(姜英勳)-**김웅수**(金雄洙)와 가진 한국문제연구소에서의 3인 정담(鼎談)은 주한미군 철수문제에 초점이 맞춰졌다. 미국은 한국이 설사 철군을 원한다고 하더라도 결코 주한미군을 빼내지 못할 것으로 두 사람은 내다보았다. 한국은 이제 일본안보의 부산물이나 그 부속물이 아니라 독자적 중요성이 확고해져 가고 있기 때문으로 해석하고, 한반도 통일문제도 남과 북 어느쪽에 의해서건 통일이 주변국에 위협이 되기 때문에 4강은 현상고착을 바란다고 결론지었다.

(2) 뉴욕에서

11월 22일 남재는 워싱턴을 떠나 윌리암스버그(Williamsburg)에 도착, 이곳 윌리암-메리대학(William & Marry College)을 방문한 후, 리치몬드(Richmond)를 거쳐 공로로 23일 뉴욕에 도착하였다. 29일까지 1주일 동안 뉴욕에 머무는 동안, 남재는 고대 교우들이 마련한 환영모임에 참가한 이외에 주유엔대사 한병기(韓丙起), 때마침 미국을 여행중인 민관식-윤주영(尹胄榮) 등과도 회동하였고, 브르제진스키(Brzezinski), 박춘호(朴椿浩) 등과도 만나 광범한 대화를 나누었다.

- 브르제진스키(26일)는 중공의 장래를 대체로 부정적-비관적으로 내다보면서 특히 후계문제로 진통을 겪을 것이라고 했다. 또 박정권이 확고하게 한국을 통치하는 한, 북으로부터의 군사적 침략은 없을 것이라고 전망했다. 남재는 브르제진스키로부터 고전적인 반공주의자일 뿐, 현재 전세계적으로 벌어지고 있는 새로운 사태에 대해서는 무감각한 사람이라는 인상을 받았다.
- 박춘호(28일, 보스턴서 飛來)와는 포드의 재선 가능성, 미-중공관계, 중-북한관계(김일성의 방중 초점), 중공의 대한정책, 한국의 탈유엔정책, 한국경제 전망, 미국의 한국관, 월남과 한국 비교, 보스턴의 한인들 등 대단히 많은 이야기를 나누었다. 특히 월남 패망의 의미를 되씹어보면서, 박춘호는 월남이 애초부터 대공투쟁의지가 전혀 결여되어 있었기 때문에 패망은 필지의 귀결이었고, 미국은 월남전의 실패를 애석해 하거나 후회하는 기색은커녕 도리어 시원하다, 이제 살았다고 안도하는 분위기가 지배적이라고 평하였다.

(3) 남부지역에서

11월 30일 오후 뉴욕을 떠나 4시간 비행 후 밤늦게 오스틴(Austin)에 도착, 서석순(徐碩淳) 등 텍사스대학(Univ. of Texas) 한인교수들의 영접을 받았고, 12월 1일부터 오스틴 → 휴스턴(Houston) 일정에 들어갔다. 오스틴에서는 서석순가(家)에 머물면서 한국의 안보를 비롯한 내정문제, 중공의 장래, 미국의 대선 전망 등에 관한 의견을 들었다. 2일에는 텍사스대학 아시아연구센터의 인도전문가 자누치(Tomasson Jannuzi) 소장을 비롯하여 LBJ 도서관에서 경제학 교수 로스토우(Walt Rostow), 중공문제 전문가 베네트(Gordon Bennett) 등과도 만나 의견을 들었다.

3일에는 이곳 라이스대학(Rice Univ.)을 방문, 중국학 교수 스미스(Richard Smith)와 대담을 나누고, 그의 강연도 참관한 후, 오후 흑인대학인 텍사스남부대학(Texas Southern Univ.) 방문에 이어, 휴스턴으로 이동, 휴스턴대학을 방문하였다. 이 대학에서는 정치학부 러시아연구소장 노기(Nogee)와 한국인 교수 유영익(柳永益)과 만나 대화를 나누었다.

4일에는 NASA를 참관하고, 하오에 뉴올리언스(New Orleans)에 도착, 5일 이곳 로욜라 대학(Loyola Univ.)을 방문, 정치학 교수 랍(Raabe)과 많은 이야기를 주고받았다.

6일 오후에는 미시시피 강 선상유람을 가졌고, 7일 뉴올리언스를 출발, 아틀란타(Atlanta)를 거쳐 공로로 잭슨빌(Jacksonville)에 도착, → 다시 육로로 세인트 어거스틴(St. Augustine), → 8일 실버 스프링(Silver Spring)을 지나서 → 올란도(Orlando)에 도착하였다.

9일에는 플로리다(Florida) 주의 장관(壯觀)인 오렌지농원(세계 오렌지 생산량의 3분의 1, 미국 생산량의 80% 차지)을 돌아보고, 10일에는 「디즈니월드」(Walt Disney World)에 가서 아메리카 온 퍼레이드 — America on Parade를 관람한 데 이어 남부 여정의 최종 기착지인 마이애미(Miami)를 향해 올란도를 떠났다. 11일, 마이애미대학(Univ. of Miami)을 방문하여 태국대사 경력의 연구교수 로덴버그(Morris Rothenberg), 6·25동란 참전자 킨트너(William Kintner) 등을 만나 그들의 소견을 들었다.

- **서석순**은 미국 내 리버럴리스트들이 한국의 독재정치를 비판하며, 비민주적이라는 점에서 남과 북이 다를 바 없으므로 한국을 도와줄 필요가 없다고 주장하나, 행정부를 위시한 보수세력은 좋건 싫건 박정희의 반공정책을 지원하지 않을 수 없으므로 안보문제는 당분간 걱정이 없다고 보았다. 문제는 오히려 날로 팽배해 가는 한국민의 상호불신풍조와 인간성의 파괴-상실이라고 그는 지적하였다.
- **로스토우**는 한국의 경제발전에 언급, 그 기본동력인 우수한 인재 양성과 고급인력 확보에 기대를 걸 수 있기 때문에 이제부터 정밀공업-자원절약형 두뇌산업 쪽으로 발전해나가면 대단히 희망적이라고 평가하였다. 특히 그는 부유층에 많은 세금을 물려 그 재원으로 의료-교육-사회사업에 충당, 기회균등을 기하면서 부패 일소에 힘써나가야 한다고 충고하였다.
- **스미스 - 킨트너** 등 대부분의 이 지역 학자들은 남부의 낙천적-보수적 분위기를 반영하듯, 미국의 데탕트 정책에 신뢰를 보내면서 미국은 여전히 세계 제1이고, 그 제도-정신은 결코 퇴락하지 않았으며 미국의 장래는 매우 밝다는 낙관적인 견해에 기초하여 세계를 파악하고 있었다. 중공의 장래는 긍정-부정의 견해가 엇갈리면서도 꾸준히 발전해나갈 것이나 그리 두려워할 존재는 못 된다고 평가하였고, 중소대립은 결코 열전으로 가지는 않을 것으로 내다보았다. 또한 한반

도에 전쟁위험이 전무한 것은 아니나, 막강한 한국군, 한국민의 투철한 반공정신, 희망적인 경제발전, 그리고 한반도에서의 소란을 원치 않는 중공과 한국을 결코 포기하지 않을 미국이 있기 때문에 북한의 남침 가능성은 전무하다는 것이 공통적인 견해였다.

- 결론적으로 남재는 이곳 사람들이 미-중-소 3각관계에 있어서 중-소의 대립-경쟁을 활용할 수 있는 미국의 자유로운 운신에 지나치게 자신감을 가지고 있고, 미국 내 리버럴리스트들의 신고립주의적 일탈적 사고를 너무 과소평가하며, 중공을 단순한 세력균형의 한 당사자로만 보고, 그 혁명역량, 그 상승역량을 제대로 보지 못하고 있을 뿐만 아니라, 공산주의의 위협에 직면하고 있는 아시아 제국의 자주-발전역량을 과대평가하고 있다고 느꼈다.

(4) 다시 북동부에서

12월 12일 남재는 남부지방 순방일정을 모두 마치고 공로로 다시 북상, 필라델피아(Philadelphia)에 도착했다. 13일에는 펜실바니아대학(Univ. of Pennsylvania)을 방문, 이곳 한인교수 이정식(李庭植)과 만나 두 차례 대담을 갖고, 그의 주선으로 미국인 교수들과도 대화를 나누었다. 16일에는 피츠버그대학(Univ. of Pittsburg)을 방문, 이곳 아시아연구소장 도릴(William Dorill) 등 미국인 학자들과 미국의 긴장완화정책, 월남사태의 교훈, 중공의 장래 등 많은 의견을 교환하였다.

- 이정식은 전세계적으로 한국보다 훨씬 심각한 인권탄압국이 널려 있기 때문에 한국의 인권문제에 대해서 미국은 속수무책이라고 했다. 남재는 그와 대화를 나누면서 남과 북의 차이를 다음과 같이 생각하였다. 즉, 남쪽에서는 말만 하지 않으면 살 수 있는 데 반하여 북쪽에서는 말을 하지 않으면 죽을 수밖에 없다는 근본적인 차이를…(이 차이를 미국인들이 어찌 알 수 있겠는가), 또 통일문제와 관련, 통일지상주의적 무조건 통일론이나, 다음 세대를 위해 희생을 각오한다는 젊은이들의 순진통일론, 또는 이른바 중립화통일론 따위는 공산주의자들에게만 유리한 위험천만한 발상이라는 그의 견해에 공감하였다. 아울러 중공을 이해하는 데 있어서, 미국 학자들은 중국적-동양적인 것의 소위 행간의 의미를 읽어내는 데 한계가 있기 때문에 일본 쪽이 더 정확성을 기할 수 있다는 데 의견을 같

이하였다.

- 도릴 등 미국인 교수들은 한국의 안보 및 인권문제와 관련, 한결같이 민주발전에 의한 국민신뢰가 전제되지 않는 한 미국 정부의 한국 지원에는 한계가 있다는 견해를 피력하였다. 안보와 경제발전도 중요하지만 이에 못지않게 민주적 안정도 있어야 한다는 것이 월남으로부터 미국인이 얻은 교훈이므로 미국의 지원은 무엇보다 먼저 한국이 미국 국민으로부터 지원을 받을 만한 가치가 있다고 인정받아야 가능하다는 논리였다.

(5) LA-하와이-도쿄에서

12월 18일 피츠버그를 떠나 19일 LA에 도착, 23일까지 머물면서 고대교우회의 망년회에 참석하고 《동아일보》 기자와 만나 한국의 안보, 월남 공산화 이후의 동남아 판도, 중공의 장래 등에 관한 의견을 들었다. 이 대화에서 지금 한국이 당면한 심각한 문제는 민족적 자존심과 정신적 지주가 없다는 것이고, 이 점이 바로 일본 사람이나 중국 사람들과 다른 점이라는 지적이 나왔다.

23일에는 LA를 떠나 하와이 호놀루루에 도착, 24일 크리스마스 이브를 이곳 태평양상 열대의 낙원에서 보낸 후, 25일 오전에는 하와이대학(Univ. of Hawaii)에서 한인교수 서대숙(徐大肅)을 만났고, 점심은 조이제(趙利濟)와 함께하며 대화하였다. 또 이날 저녁에는 하와이대학에 유학중인 한인대학원생, 연구생들과 만나 많은 이야기를 나누었다.

- 서대숙으로부터 역사적으로 우리 민족에게는 독자적인 사상이 없었고, 오늘의 남북한 모두가 국민통합을 일궈낼 사상체계를 만들어내지 못했다는 비판을 들었다.
- 조이제는 생산성이 높은 양질-저렴-풍부한 노동력 때문에 한국경제의 앞날은 매우 밝다고 진단하였다. 1976년이 참으로 중요한 해라고 강조한 그는 미국의 대한(對韓) 감정이 더 나빠지지 않도록 내정에 유화책을 써야 한다고 지적하였다.

12월 27일 호놀루루를 떠나 8시간 비행 후 도쿄에 도착, 1976년 신년 새해를 이곳에서 맞이하였다. 1월 3일까지 체류하는 동안 남재는 명치신궁(明治神宮)–아카몽(赤門)–일본여대 등을 감회 깊게 돌아보았고(28일), 《동아일보》 도쿄지사, 주일 한국대사관 관계자들과도 접촉하였다. 특히 김영선(金永善) 주일대사의 주선으로 일본인 아소 요시카타(麻生良方)와 만나 대화하였고, 《동아일보》 지사의 주선으로 《아사히신문》(朝日新聞) 논설위원 노가미 타다시(野上正)와도 만나 관심사를 광범하게 들었다. 그들은 모두 등소평을 중심으로 하는 북경파–실세파의 확고부동한 힘에 의해 중공은 큰 소란 없이 근대화–공업화를 실현해나갈 것이라고 전망하였다.

악천후로 귀국이 하루 늦어져 1월 3일 하오 7시 하네다 공항을 떠나 밤 9시 30분 김포공항에 도착, 남재는 참으로 값진 미국 학계 시찰여행을 성공적으로 마쳤다. 이번 여행에서도 많은 사람들이 심후한 배려를 다하여 마지 않았다. 도쿄에서는 특히 윤성원(尹聖源 : 주일대사관)이, LA에서는 종제(從弟) 김남(金楠)–임상은(LA고대교우회장)–배함덕 등이, 뉴욕에서는 역시 조시학–윤장근 등이, 그리고 가는 곳마다 고대교우들과 고대 출신 현지공관–상사관계자들, 그리고 처제 명숙 부부와 화숙 부부들의 마음씀이 있었다.

(6) 미국 감상법 : ‘미국의 마음’ 읽기

남재는 이번 여행길에서 참으로 재미있는 미국의 단면을 발견하였다. 매사를 ‘서서’ 처리하고, 만사가 ‘서서’ 이루어지는 나라가 미국이라는 것을 발견한 것이다.

서서 밥을 먹고, 서서 일을 하고, 서서 책을 보고, 서서 음악을 듣고, 서서 대화를 나누고, 서서 사교를 하고, 서서 사색을 하고, 사랑도 서서 하고, 이혼도 서서 하고, 모든 결정을 서서 내리는 나라…. 그 어느 나라 사람들보다 훨씬 많이 서서 살아가는 미국인을 본 것이다. 그만큼 미국 사람들은 변덕이 심하여 변심(變心)도 잘할 것이 아닌가 하는 생각이 들기도 했다. 미국의 미련 없는 월남 포기도 바로 변심에 능한 미국 사람들의 서서 일하고 서서 살아가는 생활습관과 그 사고방식의 극단적인 표현으로 남재에게는 해석되었던 것이다.

미국에 있어서 월남전은 잠시 판단착오로 빠져들어 일시적–부분적 패배를 가져온 될수록 잊어버리고 싶은 불쾌한 기억일 뿐이다. 그렇기 때문에 미국은 그토록 쉽게, 빨리, 그리고 철저하게 월남을 망각할 수 있다는 생각을 남재는 한 것이다. 그러니 한국에 대해서도 언제 어떻게 마음이 바뀌어 무슨 결정을 내릴지 모를 것이 '미국의 마음'이라는 생각을 하면서 남재는 열심히 미국과 미국 사람들을 관찰하였다.

또 남재는 미국 사람들이 누구에게나 뜻 없는 미소를 잘 짓는 모습을 목도하면서, 그것은 될수록 남에게 싫은 소리를 하지 않으려는 미국적 삶의 방식의 일면일 뿐 공연히 이를 항구적 호의나 절대적 호감의 표시로 오해했다가는 크게 골탕을 먹으리라는 생각도 했다.

그러면서도 남재는 미국 사회가 5년 전 고대 총장 취임 직전에 보았던 그 모습보다는 훨씬 안정을 찾았다고 느꼈다. 젊은이들이 한결 조용해지고, 히피의 모습도 거의 사라져가고 있는 미국은 활기에 넘치고, 패기만만하고 자신에 찬 여전히 젊은 나라임에 틀림없다고 생각했다. 「디즈니월드」에서 아름다운 미국, 위대한 미국을 과시하는 대행진 '아메리카 온 퍼레이드'를 보면서 느꼈던 감흥 그대로….

지금 미국이 국제정치를 조정해나가는 요체는 미-중-소 3각관계의 데탕트에 있고, 국내정치는 재조정-재평가-재타협을 통해서 미국적 기본가치를 재확립-재창출해나가는 도정에 있다고 남재는 보았다. 따라서 미국 그 어디에서도 월남에서 당한 패배감 따위는 찾아볼 수 없다는 것이다.

그러나 남재가 중공 연구자들로부터 느낀 미국의 한계는 '동양적인 마음', 차이니즈 마인드 — Chinese Mind를 도저히 읽어낼 수 없다는 점이다. 동양의, 그리고 중국의 그 외부로 드러난 것만을 알 수 있을 뿐, 내부에 숨겨진 것, 이심전심(以心傳心)-언외언(言外言)의 비밀을 알지 못한다고 남재는 생각했다. 서구식의 현재적(顯在的) 여론(輿論)만 알지 동양적인 잠재적 풍문을 모르고, 표기적 계수는 알아도 표의적 민심은 모른다는 것이다. 또 계산기는 사용할 줄 알아도 진짜 수학은 모른다는 생각, 특히 동양의 오랫동안 잠재되어온 대내적-대외적 불만과 인고(忍苦), 그리고 이를 해소하려는 그 무서운 반항심과 폭발력을 모른다…. 그 전형적인 실례가 1949년의 중공정권 성립이고, 1975년의 월남 패망이 아닌가!

표면상 아무것도 나타나지 않고, 침묵하는 것은 만족하고 있는 것이 아니라 마음 속으로 반항하고 있고, 혁명을 꾀하고 있는 것이라는 것을 미국인은 모른다. 침묵은 동의가 아니고, 무위(無爲)는 만족이 아니다. 이 반항과 혁명이 표면화하여 비로소 미국인이 그것을 감지했을 때, 그때는 이미 한참 늦은 것이라고 남재는 생각했다.

조국의 비민주적 작태에 절망하며 어떻게 조국을 도울 것인가를 묻는 한인 학자와의 대화에서, 남재가 지금 시급한 것은 조국의 민주화를 위한 노력보다 미국이 한국을 포기하지 않도록 힘써주는 일이라고 강조하는 대목은 사뭇 감동적이다. "조국의 안보가 확보되어야 민주화도 가능한 것이지, 안보가 불확실해지면 이를 구실로 비민주화는 더욱 가중될 것"이라는 지적은 이즈음 남재를 지배하고 있는 사고의 핵심이 무엇인가를 잘 말해준다. 월남패망의 쇼크와 미국의 믿을 수 없는 변심, 그리고 이로 인해 국내 전영역에 걸쳐 엄중한 제한(긴급조치 9호)이 강화되고 있는 암울한 현실 속에서 국가안보를 어떻게 확립해나갈 것인가를 남재는 노심초사(勞心焦思)하고 있었던 것이다. 이 때문에 남재는 여행중 만나는 재미동포들에게 그들 한 사람 한 사람이 미국 사회에서 모두 신임받는 실력자가 되는 것만이 미국으로 하여금 한국을 포기하지 못하게 만드는 첩경임을 남재는 누누이 역설했던 것이다.

1975년 11월, 그때 남재가 왜 미국에 갔는가를 묻는다면, 월남 패망의 충격 속에서 한국안보의 향방을 알아보기 위해서 갔다는 것이 그 대답이 될 것이다. 남재는 자신의 불우한 처지, 그 실의의 공허감을 떨어내기보다 조국의 안위가 더욱 걱정이 되었던 것이다.

3. 칩거 : 인고(忍苦)의 세월(1976~1977)

남재의 생애에 있어서 1976년은 궤적 없는 '무영(無影)의 해'였다. 남재의 움직임이 이 해에는 객관적으로 잡히지 않을 뿐만 아니라 『일기』조차 남긴 것이 없기 때문이다.

국가사회적으로도 1976년은 긴급조치의 엄혹한 삭풍 속에서 만물이 얼어

붙은 듯 겉으로는 평온하기만 했다. 다만 대외적으로 이 해 11월, 미국 대통령선거에서 카터가 당선되어 인권문제와 철군을 둘러싸고 한미관계의 파란을 예고하는 전주(前奏)가 울린 것이 특기할 만한 일일 것이다.

전해 1975년에 고대를 떠나면서, 남재는 그 어려운 금연을 단행하였고, 좋아하는 술도 끊다시피 했다. 약간의 위궤양 증세에 혈당치가 높다는 진단에 따라 절주(節酒)에 들어가 혜천이 권하는 대로 포도주만 「쉐리잔」으로 하루 두 잔 정도에 만족해야 했다. 이전에는 담배 하루 두 갑 정도, 술은 반주로 위스키 반 병쯤은 뚝딱 해치울 정도였으니 남재야말로 두주불사에 가히 골초라고 할 만했다. 그런데 이렇듯 평생 몸에 밴 호주(豪酒)-애연(愛煙)을 칼로 베어 내듯 끊어버렸으니 "선생님도 독한 분"이라는 혜천의 전언(傳言)에 이론의 여지는 없다고 할 것이다.

1977년의 기록에서 유추할 수 있듯, 1976년에도 남재는 지축리(紙杻里) 농장 산책, 독서, 영어공부, 낚시 등으로 소일한 것 같다. 구파발 지축리 농장은 땅값이 아주 쌌던 1960년대 초에 혜천이 노후를 생각해서 약 6만여 평을 획보한 땅으로 '지문각 시절'에 빚 정리로 그 3분의 2가 날아가고 지금은 2만 평 정도가 남았다. 농가에는 조그만 초가도 한 채 딸려 있어 이것을 별장으로 개축하여 남재가 산책을 하며 머리를 식힐 수 있는 절호의 휴식공간이 되었다. 북한산의 서북면 자락으로 잇닿은 뒷산에는 봄이면 진달래가 서럽도록 만발하여 남재로 하여금 자못 센티멘틀한 애상에 잠기게 하는 곳이기도 하다. 은근히 무더기로 활짝 피어 있는 진달래꽃들이 너무나 잘도 한국의 풍경-색조-정취를 풍겨주고 있어 "이 한국적 정취를 알고 즐길 때쯤이면 벌써 늙은 것이 아닌지!" 하며 남재는 가벼운 탄식을 짓기도 했다.[18)]

독서는 《뉴스위크》(*News Week*)와 격월간 학술저널 《공산주의의 제문제》—*Problems of Communism*, 그리고 국내 주요 월간지를 정기구독하는 이외에 특별히 독서 계획 같은 것은 없었고, 그때그때 전세계적으로 화제가 되고 있는 베스트셀러들을 구해 읽는 것이 보통이었다. 기증받는 신서는 거의 빠짐없이 성의를 다하여 읽어주었고, 후일의 참고를 위하여 반드시 독후감을 남겼다.

그 답답한 시절에 남재가 영어공부를 했다면 아마도 잘 믿어지지 않겠지만, 남재는 두 가지 방식으로 영어공부를 했다. 드래고니(Dragone)라는 미대사관 참사관급 직원을 가정교사로 초빙, 주 2회꼴로 혜화동 집에서 영어회화를 배우는 것이 그 하나이고, 또 하나는 일정한 교재를 정해놓고 혼자 자습을 하면서 의문나는 대목만을 그와 더불어 검토-확인하는 정도의 가벼운 수업을 갖는 것으로, 남재는 이와 같은 수업과정을 위해서조차 어김없이 예습-복습을 한 듯하다.

이렇게 남재의 영어공부 이야기를 하면 마치 남재의 영어실력이 시원치 않기 때문으로 오해할 사람은 없겠지만, 어쨌든 이것은 남재의 그 지칠 줄 모르는 지식욕의 한 표현이었고, 무엇보다 매주 정기적으로 접촉하는 미국인을 통해 그때그때 발생-대두하는 전세계 문제에 관하여 폭 넓은 의견을 교환함으로써 '미국의 시각', '미국의 마음'을 읽기 위함이었음은 두말할 것도 없다. 실제로 드래고니는 남재의 훌륭한 미국인 시사해설자 노릇을 했던 것으로 보인다. 드래고니와의 영어공부를 언제부터 시작했는지 그 정확한 시점은 불명하나 1976년부터가 아닌가 생각된다.

낚시는 월 1회꼴이 채 못될 정도이니 여기에 푹 빠졌다고 할 것은 못된다. 고대 행정처의 노금학-박창수 두 과장이 주로 남재의 낚시를 동행하였고, 드물게는 밤낚시로 이어지는 때도 있었다. 가장 즐겨 찾는 낚시터는 고삼(古三)이나 송전(松田) 저수지였다.

가정사(家庭事)로서 1976년의 특기사항은 무엇보다 이 해 7월 6일, 둘째 영신이 결혼을 하여 남재 내외가 정성진(鄭聖進)을 둘째 사위로 맞은 일일 것이다.

1977년의 연초화두(話頭)는 카터 행정부의 출범에 따른 인권-도덕외교와 주한미군철수 등 한반도 정책의 향방이었다. 남재의 궁금사는 카터의 진의가 인권에 있는 것인지, 철군에 있는 것인지 그 어느쪽인가였다. 후자(철군)일 경우 한국의 내정은 더욱 얼어붙을 것으로 남재는 내다보았다.

2월 19일에는 독자 한(翰)이 군에 입대하였다. 한은 서울대 공대 기계공학과를 막 졸업했다. 4월 21일, 장차 자부(子婦)가 될 김영란(金英蘭)이 생일축하 꽃다발을 가지고 집으로 찾아와 남재는 첫인사를 받았다. 나이가 한과 별 차이가 나지 않는 것이 걱정될 뿐 순진-현숙한 인상이어서 흡족하다는 소감을 남재는 기록해두었다.[19]

한의 입대를 계기로, 휴가차 그가 귀가하면 부자간에 많은 대화가 이루어졌다. 화제는 세계대세와 한반도문제를 포함해서 남재의 앞으로의 거취문제에 이르기까지 다양했다.

이 해 2월 28일부터 창경원 아침산책을 나갔고, 4월 4일 이후 비원(秘苑) 산책도 추가하였다. 처음 얼마간은 매일 아침산책을 했으나 오전 중 잡사가 많아서인지 규칙적으로 행하지는 못했다.

밀린 답장을 쓰는 일도 중요한 일과였다. 텍사스대학의 서석순이 아마도 남재와 가장 꾸준히 서신을 주고받은 사람이 아닌가 한다. 남재의 울적한 심사를 헤아려 약전 김성식이 자주 혜화동으로 찾아왔고, 그가 오면 남재는 함께 지축리 농장에 산책을 가기도 하고 우래옥에 들러 냉면에 소주잔을 기울이기도 했다. 김옥길과 김동길 남매도 이 시절 남재와 빈번히 내왕을 가진 대표적인 벗들이었다.

칩거라지만, 남재는 찾아오는 손님, 만나자는 사람이 많아 사실 사람 만나는 일만으로도 바쁜 나날이었다. 고대 관계자들이나 제자들이 아무래도 가장 많이 남재를 찾아왔지만 남재의 사람 만남은 이처럼 대학이나 학계로 한정되는 것은 아니었다. 미국-일본-서독-영국-캐나다-자유중국 대사 등 주한외교사절들과도 폭 넓은 관계를 맺고 자주 혜화동 만찬에 초대하는 등 민간외교에 한몫을 단단히 했음은 특기해야 할 사실이다. 5월 26일에 미국무부 차관 하비브가 특사자격으로 방한하여 박-하비브 회담을 마친 후 미대사관저에서 그의 요청에 의해 정다운 해후를 한 일은 외교가에서 차지하는 남재의 비중을 단적으로 말해주는 것이라 하겠다.

이에 앞서 남재 부부는 5월 13일부터 16일까지 3박 4일간 호남지방을 순방하였다. 고대 교수 홍일식이 배행한 이번 여행은 전주 → 정읍 → 고창(남재선대의 연고지 등) → 장성(필암서원 등) → 광주 → 나주-영산포-영암-강진(다산초당 등) → 해남(대흥사-윤선도 고가 등) → 무등산(김덕령 유적) → 담양(송강 정철 유적) 등을 둘러보는 것으로 짜여졌다. 남재의 이와 같이 유유자적하는 모습이 팔자 좋은 사람의 호유(豪遊) 정도로 보일지 모르나 여행중에도 남재의 뇌리를 온통 차지하고 있었던 것은 한국의 인권상황과 이로 인해 빚어질 한-미 간의 마찰에 대한 걱정이었으니 남재가 결코 유유자적한 것만은 아니라고 할 수 있다.

일례로 드래고니와 영어공부 도중 한국의 인권문제에 대한 대화를 나누면서, "장기적으로 보아 가장 우려할 일은 의식 있는 젊은이들이 한국의 정치 상황에 절망한 나머지 여건 야건, 관이건 민이건, 진보이건 보수이건, 또 한국이건 미국이건, 나아가서는 모든 기성가치나 기성언론을 철저히 불신하고 지하로 들어가 점점 극렬 좌경화하게 되는 상황"이라고 걱정하는 대목[20]이 그것이다.

남재의 이와 같은 우려는 그대로 적중하여 몇 년 후에 그대로 현실화하였다. 참으로 대단한 예견력, 투시력이라 하지 않을 수 없다. 이처럼 남재는 언제나 생각하는 사람, 언제나 걱정하는 사람이었던 것이다.

그러나 남재의 생애에 있어서 1977년은, 스스로 고대 복귀의 의지를 불태웠고, 또 그것을 실현했다는 데 그 모든 의미가 귀착된다.

◇

• 제13장 〔주〕

1) 고려대학교,『고려대학교 70년지』(1975), p.390.
2) 위와 같음.
3) 민관식, <남재와 우석대학병합>,『당산나무의 큰 그늘이여 — 남재김상협선생추모문집』(1998), pp.102～103.
4) 위와 같음. 고대가 우석대학 인수에 뒤늦게 뛰어든 이유는 애초 카톨릭의대 인수에 뜻을 두고 공을 들이다가 실패하여 때를 놓쳤기 때문이라고 한다. 이 당시 고대는 또 다른 의과대학의 인수작업을 추진하면서 비밀누설을 꺼려 "남북통일"이라는 암호까지 사용했다는 일화가 전해진다.
5) 민관식, 위의책, p.104.
6) <고희기념좌담>, p.462.
7) 위와 같음.
8) 앞의『고대 70년지』pp.391～393.
9) 위와 같음.
10) 위의 책, pp.393～394.
11) 위의 책, p.394.
12)『남재일기』1974년 5월 25～7월 5일자 참조.
13) <고희기념좌담>, p.458.
14) ≪고대신문≫ 1975년 6월 3일자.
15) 김상협,『지성과 야성』(일조각, 1980), pp.246～247.
16) 위의 책. p.247.

17) 이때 남재 위로모임을 자주 가졌던 제자들은 정외과 57학번 박명환(朴明煥) - 구종서(具宗書) - 이재환(李在奐) - 이세기(李世基) - 조남조(趙南照) 등이 주축이었고, 여기에 홍일식(洪一植) - 김양현(金良玄) - 양한철(梁漢喆) - 이창희(李昶熙) 등 평소 가까이 지내던 타학과 제자들이 참가하였다.

18) 『남재일기』 1977년 4월 7일자.

19) 『남재일기』 1977년 4월 21일자.

20) 『남재일기』 1977년 5월 1일자.

제14장 : "나는 재수생이다"

제1절 고대 복귀 : 제8대 총장 취임

1. 대학의 위축-침체

1977년 9월 1일, 남재는 고려대학교 제8대 총장으로 복귀하였다. 남재가 고대에 다시 돌아온 1977년의 정치기상(氣象)은 유신통치의 압정(壓政)이 극한을 향하여 질주하던 엄동의 계절이었다. 1975년 4월, 고대에 대한 긴급조치 7호의 발동을 계기로 이 땅의 대학정신은 장송(葬送)당하였고, 극렬 좌경의식만이 지하로 번져가고 있었다. 특히 이 해 4월 30일에 있었던 월남 패망의 충격은 집권세력에게 대학을 체제 내의 정치도구로 편입시킬 수 있는 절호의 기회와 명분을 제공하였다.

5월 20일, 유신정권은 자주국방태세확립과 국민총화단결을 다지기 위해서 고교 이상의 모든 학교에 학도호국단을 조직하고 군사교육을 대폭 강화하기로 결정하였다. "일면 면학(勉學)-일면 호국(護國)의 새로운 질서하에서 교수와 학생들의 단결된 지혜와 힘으로 대학과 국가를 지킨다는 단호한 결의를 보여야 할 시대적 요청에 따라…" 이와 같은 조치를 취하게 된 것으로 설명되었다.[1]

학도호국단은 평시에는 교육을 비롯한 각종 단체활동과 새마을운동을 전개하고 전시에는 후방질서유지와 지역방위임무를 맡도록 전시체제적 성격을 갖는 조직이었다. 위로 대통령을 중앙학도호국단 총재로 하고, 학생들은 학교별로 사단장을 정점으로 하여 연대 → 대대 → 중대로 하향하는 사다리형 제대(梯隊) 속에 편입시키는 체계로 짜여져 있다. 또 대학생을 그대로 전력화함으로써 국방력을 증대시키고자 군사교련 대상을 1~3학년 남학생 전원으로 확대하고, 교육시간도 종전 주당 2시간에서 4시간으로 늘리는 한편, 1학년에게는 10일간의 병영집체훈련을 실시키로 하였다.

이와 같은 방침에 따라 5월 30일, 전국대학에 일제히 학도호국단이 조직되었다. 고대의 경우, 1976년 3월 29일부터 1주일간 교련복에 교모, 훈련화 착용과 무기를 휴대하고 고대 → 의정부 간 23킬로미터를 오가는 군장행군이 단과대학별로 실시되었다. 1학년은 8월 18일부터 27일까지 10일간 육군종합학교에서 입소복장을 갖추고 80시간에 걸친 집체훈련과 40명 단위 내무반생활을 했다. 장발자와 복장불량자 및 규정교육시간 미달자는 군사교육거부자로 간주되어 퇴소조치되었다.

결국 학도호국단편제로의 학생조직 개편이나 강화된 군사교육내용은 일제시대의 전시학원통제 유산을 그대로 계승-부활시키고 있다는 혐의가 짙었다. 호국단 편제는 태평양전쟁기(1941~1945) 「보국대」(報國隊) 편제의 재판이었고, 집체행군, 병영훈련, 입영 내무반생활 등은 식민지 조선 학생들에게 강요했던 군국주의 군사훈련의 모방이었다. 이 시절 고보생이면 누구나 학도병 차림으로 등하교하던 모습이나 이 시기 교련복 차림으로 군사훈련을 받는 대학생들이나 그 통제양상의 본질은 같은 것이었다.

게다가 중앙정보부를 필두로 문교부-보안사-치안국-시경-관할서로 망라되는 다중적 정보조직의 종합활용이 나중에 관계기관 대책회의로 확대되는 양상은 일제가 전쟁 말기에 육-해군 보도부, 외무성 정보부, 그리고 내무성 경보국(검열과)의 기능을 통합시켜 국내외의 사상전(思想戰)을 기획하고 언론-문화 전반을 통제하던 지휘본부 「내각정보국」의 망령을 연상케 하는 것이었다. 유신통치는 이와 같은 학원 탄압과 통제가 기본 줄거리였던 것이다.

그런가 하면, 학원의 이러한 침체-위축 상황과는 달리 산업계는 중동특수(特需)를 배경으로 하여 수출신장에 따른 경제적 호황에 힘입어 약진의 토대를 구축하고, 바야흐로 못할 일이 없는 '아라비안나이트의 마술'과 같은 전성기를 구가하고 있었다. 과거 민족사를 향도해온 대학이 산업화세력의 후속부대로 전락, 극도의 정신적 디플레이션에 빠져 빈민굴화해가는 현상과는 너무나 대조적인 모습이었다.

이러한 시기에 남재가 복귀한 것이다. 고대 가족들은 남재의 복귀를 적어도 고대가 재도약할 수 있는 축복의 새로운 전기로 받아들이고 있었다. 그러나 이때의 남재는 이전의 남재가 아니었다. 남재는 이빨과 발톱을 모조리 뽑힌 무력한 왕호랑이였던 것이다. 남재의 옛날 이미지와 관련, 고대 주변에서는 그의 복귀를 환호하면서도 꼭 이런 시점에서 이런 상태로 돌아와야 했는가를 회의하며 안타까워하는 목소리도 적잖게 일고 있었다. 우리는 이점을 상기하면서 남재 생애의 후반을 더듬지 않을 수 없는 것이다.

2. 멀고 험난한 복귀의 길

1977년 8월 18일, 고려대학교 재단인 학교법인 고려중앙학원은 이사회를 열고, 교육공무원법(제25조)상 6월 25일자로 정년이 되는 총장 차낙훈(車洛勳)의 후임으로 1975년 4월 고대의 「긴급조치 7호」 사태의 책임을 지고 물러난 전 총장 김상협을 동교 제8대 총장으로 재선임하였다.

차낙훈의 임기가 3년 가까이 남아 있었음에도 불구하고 그가 스스로 물러날 뜻을 밝힘으로써 재단이 이를 수용한 것으로 공식 발표되었으나, 고대 재단으로서는 차낙훈의 교수정년을 계기로 그를 퇴진시키고 하루라도 빨리 남재를 복귀시키려는 강한 의지를 가지고 있었다. 남재가 고대를 떠나 있던 2년 4개월,—그 실의와 번뇌의 세월은 고대에 있어서도 똑같은 침체와 지리멸렬의 난맥상을 여지없이 노정하던 '퇴영(退嬰)의 시대'였다. 고대 72년 역사상 유례가 드문 이와 같은 위기상황을 남재가 아니고는 그 누구도 극복해 낼 수 없다고 재단은 판단하고 있었던 것이다.

그러면 남재는 이 시기에 무슨 생각을 하고 있었는가. 1977년 이 해로써 만 57세가 되는 남재에게는 누가 보아도 고대 총장 복귀 이상 더 바람직한 선택의 여지는 없었다. 또 시간적 경과와 상황적 문맥으로 보아 이제는 고대 복귀를 생각해도 좋을 만큼 안팎의 조건이 성숙되었다고 판단되는 시점에 와 있었던 것이다. 그리하여 남재는 정초를 기하여 재단측에 복귀희망의 뜻을 간접적으로 전달하였다. 그러면서도 남재는 결코 서두르지 않았다. 이 문제는 남재 자신의 뜻과 고대 재단의 의지만으로 성사될 성질이 아니기 때문이었다.

4월에 들어서서야 비로소 남재는 요로에 복귀가능성 타진을 시도하였고, 5월까지도 재단측에 서둘지 말아달라고 건의할 정도였다. 그런데 6월 들어 갑자기 고대 총장 문제가 세간의 관심사로 떠올랐다. 6월 21일 석간부터 차낙훈의 조기 정년퇴임 소식이 보도되고, 다음날 《조선일보》가 후임총장에 남재가 선임되리라는 보도를 한 것이다. 이로 인해 6월 25일 미국대사관저에서 있었던 스타일스(Stiles) 캐나다 대사와 니시야마(西山) 일본대사의 이임 송별연에서 외교사절들이 남재를 새로운 고대 총장으로 불러 남재를 당혹케 한 일도 있었다.[2)]

자신의 복귀문제가 이렇듯 갑자기 수면 위로 떠오른 이상 남재는 적극적으로 복귀작업을 서둘러야 할 당위와 필연성에 직면하게 되었다. 이때는 벌써 총장승인의 칼자루를 쥔 문교부 주변에 고대 총장 후임문제를 둘러싸고 별의별 구설과 뜬소문이 나돌고 있었기 때문이다. 재단측도 차낙훈의 퇴임과 함께 대학원장 윤세창(尹世昌 : 법학)을 총장직무대리로 임명하고, 오는 7월 5일에 이사회를 소집하여 이 문제를 조기 매듭지을 방침을 세우고, 문교부의 승인을 얻기 위해 장관 황산덕(黃山德)과 접촉하였다. 고대 재단이사회가 예정대로 7월 5일에 소집된 점으로 보아, 6월 30일에 있었던 재단이사장 이활과 문교부장관 황산덕의 회동에서는 뚜렷한 이견이 없었던 것 같다.

그런데 7월 5일의 이사회직전, 문교부 서기관급 관리가 고대 재단사무실에 나타나 총장을 복수로 추천하라는 장관의 지시를 전달함으로써 총장선임 문제는 새로운 국면으로 들어서게 되었다. 이날의 이사회는 결론을 내리지 못하고 간담회 형식으로 회의를 끝내고 말았다.[3)] 이어 7월 7일에는 차낙훈이 이활을 찾아와 황장관의 지시사항이라면서 △ 남재의 승인은 절대 불가하다, △ 복수추천하라, △ C교수를 추천하면 교수정년에 구애받지 않고 임기를 마칠 수 있도록 밀고갈 것이라는 내용을 전달하고 갔다. 이때 이활은 사립대학의 인사문제를 문교부가 전횡하려는 처사에 대노하여 반발한 것으로 알려졌다. 이날 4시, 이활이 재단이사 김상만과 함께 문교부에 들어갔을 때도 장관 황산덕은 복수추천을 요구하면서 남재 비토의 최대 이유로서 청와대측의 남재복귀반대 사실을 들고 나온 모양이다.

이날 이후 남재와 재단측은 문제를 풀어나가는 데 시간이 걸릴 것으로 보고 장기전 채비에 들어갔고, 황산덕도 "금후 총장인선문제로 학생소요가 일어나면 이는 전적으로 재단의 책임"이라고 고대 재단을 코너로 몰아가면서 초지를 굽히지 않는 가운데 황문교↔고대 재단 간의 대립상황이 언론에 보도되어 세간의 이목을 집중시켰다.

이제 남재 복귀의 성사 여부는 두 가지 문제로 압축되었다. 하나는 과연 재단이 끝까지 버텨줄 수 있느냐 하는 것이고, 또 하나는 호랑이 목에 누가 방울을 다느냐 하는 것이었다. 다행히도 이활과 김상만을 실축(實軸)으로 하는 고령의 고대 재단은 비관과 낙관이 교차하는 속에서도 희망을 잃지 않고 꿋꿋하게 잘도 버텨주었다. 그만큼 남재가 아니면 안된다는 결의가 강했다고 볼 수 있다.

'호랑이 목에 방울달기'와 관련, 김성진(金聖鎭: 당시 문공부장관) — 장덕진(張德鎭: 재무부차관) — 김원기(金元基: 산은총재-고대교우회회장), 특히, 여야 영수회담을 기회로 삼을 수 있었던 이철승(李哲承: 신민당대표) 등 고대교우들, 문교부와 청와대 사정에 두루 밝았던 민관식(閔寬植: 국회부의장), 그리고 남재 자신이 직접 꾸준히 접촉하며 가능성을 타진했던 청와대 유혁인(柳赫仁: 정무수석비서관) 등이 모두 일정한 역할을 훌륭히 다 한 것으로 남재는 회고한 바 있다.[4] 또한 조영찬(趙泳瓚)-홍일식-김진웅-김정현(金正鉉)-한만운(韓萬運)-신용순(申用淳)-이수종-백승룡(白承龍) 등도 연결고리로서 이때 애쓴 사람들로 보여진다.

그러나 이것은 어디까지나 결과를 말하는 것이지 과정은 참으로 오리무중, 암중모색이었다. 아무리 막힌 곳을 뚫으려 해도 도대체 어디에서 막혔는지조차 알 길이 없었고, 1974년 겨울에 고대가 휴강-개강을 되풀이한 끝에 떳떳하지 못한 조기방학에 들어가면서 남재가 교수회의에서 토로한 "이유 있는 학생동요" 발언이 가는 곳마다 일을 꼬이게 만드는 걸림돌로 되살아났던 것 같다. 요컨대 집권세력에게 있어 남재는 여전히 요주의-기피인물이었던 것이다.

고대 재단과 문교부 간의 지루한 대결은 7월을 넘기고 8월에 들어서서도 여전히 계속되었다. 8월 2일에는 문교부의 대학주무국장이 고대 재단을 찾아와 후속인사를 독촉하고 갔고, 8일에는 말을 안 듣는 고대 재단에 대한 문교부의 '강경조치설'이 나돌아 남재 주변을 아연 긴장시켰다.

참으로 괴롭고 지루한 한여름밤의 고달픈 행군과도 같은 나날이 계속된 끝에 12일 오후 드디어 사태가 급변, 일이 풀릴것 같다는 소식이 모처로부터 남재에게 날아왔다. 또 13일에는 재단이사장 이활에게 18일에 재단이사회를 정식으로 열라는 문교부의 연락이 있었다.

8월 18일의 고대 재단이사회가 남재를 후임총장으로 선임하기까지는 이상과 같은 산고 끝에 이루어진 것이니 남재 자신은 말할 것도 없고 고대로서도 감개무량한 일이 아닐 수 없었다.

돌이켜보면, 남재가 고대에 다시 돌아오기까지 정초에 뜻을 세우고, 4월에 비로소 정부 쪽에 노크를 한 데 이어, 6월 하순에 언론에 이 문제가 보도되어 세간의 이목을 집중시킨 이래, 8월의 재단이사회에서 최종 선임이 이루어지기까지 3개월여의 시간여행은 참으로 멀고 험난한 도정이었다. 이 복귀 과정을 지켜보면서, 우리는 다음 두 가지 점에 생각이 미치게 된다.

하나는 그것이 일개 사립대학(고려대학교)의 인사문제임에도 불구하고 남재의 경우만은 대통령의 재가가 요구되는 국가적 중대관심사였고, 그렇기 때문에 '호랑이 목에 방울달기'만큼이나 용기와 인내와 지혜가 요구되는 일이었다는 사실이다. 이로써 남재가 그 동안 1975년 고대사태시에 자신의 퇴진이 스스로 물러난 것일 뿐 그 누구도 나가라고 한 사람은 없었다고 누누이 밝혀온 사실의 진부(眞否)와 관계없이, 그때 남재의 사퇴는 '타의'였음이 명백해진다는 것이다.

3. '호랑이대학 총장'이 돌아오던 날

남재는 복귀문제가 드디어 해결되었다는 모처의 연락을 받고, 그때의 심경을 "삼수(三修)-사수(四修) 끝에 억지로 합격한 기분"이라고 일기에 썼다.[5] 쑥스럽고 겸연쩍은 심경이었던 것 같다. 문교부의 승인으로 함축되는 복귀과정이 매끄럽게 이루어지지 못한 데 대한 아쉬움이 컸기 때문이리라. ≪동아일보≫와의 회견에서는 "나는 재수생"이라고 다소 완화된 표현을 썼다.[6]

어쨌든 '재수생 기분' 탓인지 남재는 제8대 총장으로 복귀하는 그 재취임의 변(취임사)을 거창하게 내세우는 것이 어쩐지 썩 마음에 내키지 않았던 모양이다. 게다가 1970년의 이전 취임사의 광휘가 여전히 커서 새것이 너무 동떨어지면 2년여 쉬는 동안 사람이 변했다는 소리가 나올 것도 듣기 싫은 일일 터였다.

그리하여 남재는 이전 것을 재생시키고, 여기에 내용 몇 가지를 보완, 크게 만족스럽지는 못하나마 재취임의 변으로 가름키로 하였다.

1977년 9월 1일, '호랑이대학 총장' 남재가 돌아오던 날, 이날은 새벽부터 비가 내렸다. 남재는 몹시 걱정이 되었지만 도리 없는 일이 아닌가! 그런데 천우신조인가… 9시부터 빗줄기가 가늘어지더니 차츰 실비로 바뀌어 아침 10시 30분 개식시간 무렵에는 거의 멎었다.

고대의 유서 깊은 본관 앞뜰에 마련된 식장, 잡힐 듯 말 듯한 실비가 단속적으로 이어지는 가운데 거행된 이날의 취임식 광경을 이 날짜《고대신문》의 <석탑춘추>는 다음과 같이 썼다.

> "… 김상협 신임총장이 「파고다 행진곡」이 울려퍼지는 가운데 입장하자 5,000여 학생-교직원-내빈들은 일제히 기립, 열렬히 박수갈채를 보냈다. … 취임식장에는 개식 한 시간 전부터 학생들이 몰려들기 시작, 그간의 관심을 대변해주는 듯했고, … 석탑교정은 온통 축제 무드… 우리 고대 가족은 사랑과 정으로 새로운 단합을 꾀할 때가 온 것 같다."

이윽고 남재가 연석에 나와서 2년 5개월 전 총작직을 물러날 때 인사조차 못하고 떠난 데 대해서 뒤늦게나마 죄송하다는 말씀을 드린다고 <취임사>의 화두를 열고는, 새시대의 새로운 지도적 인간상으로서 "지성과 야성이 겸비된 전인적 인간"을 재차 강조하였다. 이어 민족의 평화통일 달성에 필요한 애국적 역군으로서 자존-자립-자주의 투철한 국가관으로 중무장한 민음직한 지도자를 길러내야 한다고 역설하고, 이와 같은 인간형성의 과업을 완수하는 구체적 실천요목으로서 ① 자랑스런 고대인상(高大人像)의 부각, ② 세계적인 교수진용 구축, ③ 고등교육의 질적 개선 추진, ④ 재정적 토대 확립, ⑤ 책임 있는 대화-기강 있는 인화 속의 새로운 단합분위기 조성 등을 제시하였다.

대학총장의 취임식에 5,000을 헤아리는 학생들이 자발적으로 몰려들었다는 것은 실로 유례를 찾기 힘든 일일 것이다. 그만큼 남재를 향한 여망이 거교적으로 크고 절실하였음을 반증하는 것이리라. 이날 식장의 교우석에서는 학생들이 엄청난 기세로 남재를 에워싸듯 단합의 열기를 뿜어내는 정경을 보고 "아마도 남재의 복귀허락을 후회하며 '유신의 촉수'들은 겁을 집어먹었을 것"이라는 촌평이 오가기도 했다. 이를 뒷받침이라도 하는 듯, 이날 오후부터 고대 주변의 술집들은 남재의 복귀를 축하하는 고대생들의 자축 파티로 밤을 새웠다고 전해진다.[7)]

4. 기적 같은 '남재신화'

(1) 싸우지 않고 이기는 법

남재는 고대 복귀 직전인 1977년 8월 하순, 중앙정보부장 김재규(金載圭)의 점심초대를 받아 단둘이 회동하였다. 특별한 용건이 있었던 것은 아니므로 화제는 중동진출 기업들의 성공담이 주였다. 처음 대면한 김재규의 인상을 남재는 "보기에 아주 겸손한 경상도 사나이…"라고 느꼈다.[8)] 우리가 여기서 굳이 김재규와의 이 대면을 화두로 삼는 까닭은 그 시절 음습한 '공작정치'의 권화(權化)로 통하던 남산의 부장과 이 나라의 대표적 지성인 남재와의 이 만남이 갖는 상징성 때문이다.

솔직히 말하면, 그것은 남재가 이미 체제 속에 편입되어버렸음을 뜻하는 것이었다. 그렇다고 그 누구도 남재에게 서릿발 같은 고고한 선비의 기상과 절의(節義)의 이미지를 흐리지 않고 음풍영월(吟諷咏月)로 살아갈 것을 바랄 수만은 없는 노릇이었다. 그렇게 하기에 57세의 남재는 너무도 젊고, 너무도 할 일이 많고, 무엇보다 고려대학교가 너무도 그를 절실히 원하고 있었기 때문이다.

남재의 재취임 첫 총장직무수행은 이튿날(9월 2일) 아침, 국립묘지에서 거행된 학도호국단창단 2주년 기념식에 참석하는 것으로부터 개시되었다. 식후 남재는 참석자들과 함께 육영수의 묘에도 참배해야 했다. 또 그 다음날(3일)에는 육군행정학교에 가서 4주 동안의 병영훈련을 끝낸 학군단(ROTC) 생도들의 하계훈련종료식에 참석하였다. 또 그 다음달(10월) 하순의 3일 동안은 교련행군대회에 참가한 학생-교수들을 찾아가 김밥으로 점심을 함께 나누며 격려하기도 했다. 11월 하순에는 나흘간 실시된 학도호국단 검열행사의 단장으로서 임석하였다. 복귀해 보니 이런 일들이 총장의 주요직무를 차지하고 있었던 것이다.

교정을 거닐면, 교련복을 입은 학생들이 늘어난 교련시간만큼 많이 눈에 띄어 지금의 대학이 학원인지 병영인지 구분이 안 갈 지경으로 야릇한 풍경을 하고 있어 남재는 절로 한숨을 지었다. 태평양전쟁중의 동경대학 교정도 이렇지는 않았으니 말이다.

해마다 10월의 연례행사인 학생소요는 1977년이라고 예외는 아니었다. 서울대가 서동을 걸고, 연세대로 불길이 옮겨 붙자 대학당국은 재빨리 휴업으로 들어가거나 휴강, 또는 자습기간(Study Day) 설정으로 데모의 확산을 차단하였다. 남재는 고대에도 데모가 있을 것으로 보고 바짝 긴장하였다. 신통하게도 고대는 그 해가 다 가도록 전혀 흔들림 없이 평온을 유지해주었다. 들리는 바로는 어렵게 복귀한 신임총장을 지켜주기 위해서 학생들이 여러모로 자제하는 분위기라고 했다. 출입기자들의 분석도 이와 같았다. 그야말로 기적이 일어난 것이다. 학생들의 '총장봐주기'란 고대에서나, 그것도 남재에게나 일어날 수 있는 '신화'였던 것이다.

학생지도에 임하는 남재의 설득 논리는 "싸우지 않고 이기는 것"(不戰而勝)이 최상(上之上)이요 최선(善之善)이라는 것이었다. "지금은 4·19전야가 아니다. 오늘의 학생운동은 아직 천시(天時)-지리(地利)-인화(人和)를 얻지 못했다. 결정적 시기(천시), 결정적 여건(지리), 결정적 단결(인화) 그 어느 것 하나 무르익지 않았다. 더 이상 '75년의 불행을 되풀이하지 말자! — No more '75!, No more emergency 7! …." 남재는 이와 같은 논리를 학도호국단 간부들, 또는 각 서클 대표들에게 강조하였고, 교수들에게도 학생지도에 이를 활용토록 했다. 1977년은 '기적 같은 남재신화의 해'였던 것이다.

(2) 기강 있는 인화 속의 단합

남재는 제8대 총장으로서 학생처장에 김하룡(金河龍 : 정치학)을 기용한 이외에, 역시 이전(제6대)과 마찬가지로 인사개편에 특별히 자기 색깔을 드러내거나 자기체제 구축을 시도한 것은 없다. 무엇보다 사무처장 이준범(李準範)과 의무처장 김희집(金熙執)의 유임이 이를 말해준다. 해가 바뀌면서 교무처장에 김권호(金權鎬 : 영문학)를 발탁한 것도 전임자 김진만(金鎭萬)의 의원사임에 따른 자연스런 교체였다.

<취임사>에서 제시한 다섯 가지 구체적 실천요목의 연구-주진을 위한 교수토론기구로서 3개 연구위원회를 설치한 것도 이전(1970년 당시)에 5개 발전위원회를 개설했던 것과 맥을 같이 하는 것이었다. 「고대인상선양(高大人像宣揚) 연구위원회」, 「교육제도개선 연구위원회」, 「재정-시설확충 연구위원회」가 그것이다. 이 3개 연구위원회는 교수들간의 격의 없는 대화와 자유로운 토론을 유도함으로써 중의(衆意)와 중지(衆智)를 모으려는 가장 남재다운 발상이라 하지 않을 수 없다. 남재는 이와 같은 기구를 통해서 당장 어떤 즉효를 거두기를 성급하게 기대한 것은 물론 아니었다. 다만 위축-침체에 빠진 대학에 쇄신의 새바람을 일으켜 대학발전에의 관심과 열의와 성원을 광범하게 도출함으로써 단합분위기 진작의 동기를 부여하자는 데 또다른 숨은 뜻이 있었던 것이다.

남재는 이 새로운 단합의 분위기를 기강 있는 인화 속에서 진작시켜나가기 위해서 대체로 다음 세 가지 형태로 교수들을 모이게 하고, 그들을 분야별로 묶어 일정한 주제를 가지고 연구-토론케 하며 대화를 나누도록 유도하였다.

- 첫째는 기존의 전체교수회의를 비롯하여 각 단과대학별, 또는 각종 서클 및 학도호국단 지도교수회의를 활용, <취임사>에서 제시한 5개실천요목을 설명하면서 학생지도

에 만전을 기해 주기를 당부하는 형태

- 둘째는 주로 방학기간을 이용하여 학생문제에 대한 5차에 걸친 주제별-그룹별 학생지도 대책회의(1978. 1. 11. ~ 2. 8.)와 단과대학연합 교수간담회(도고온천; 1978. 2. 13. ~ 3. 12.) 형태
- 셋째는 <변화와 대학생>—Changes and Students이라는 주제하에 1978년에 닷새에 걸친 제1회 하계 세미나(8. 7.~18.)와 1979년에 나흘에 걸친 제2회 춘계 세미나(2. 12.~16.), 그리고 사흘에 걸친 제3회 하계 세미나(8. 20.~22.) 형태 등이다.

남재는 이와 같은 연수-세미나 등의 형태를 통해서 항상 교수들의 심리와 의식상태를 면밀히 관찰하였다. 도고온천 간담회의 경우, 남재는 주석을 마련하고 교수들과 밤을 지새우며 격의 없는 대화를 나누었다. 이 과정에서 남재는 교수들이 대학의 전반적 위축-침체로 인해 심한 정신적 디플레이션 상태에 빠져 있는 데다 경제적 인플레이션까지 겹쳐 불평-불만에 가득 차 있음을 똑똑히 알 수 있었다(이 같은 상황에 기초하여, 남재는 1978년 3월, 교수봉급 20% 인상단행을 발표하였다). 그렇다고 하더라도 교수들의 의식과 열의가 뜻밖에도 전임교수로서의 기대치에 크게 못 미치고 있고, 학생문제도 사실보다 대체로 과장하는 버릇이 있음을 느끼고는 실망하지 않을 수 없었다.

또 '고대인상선양'도 남재의 본의는 교수들 생각처럼 학문적-연구적인 것 일변도가 아니라, '인간적'인 진짜 고대적인 것, 과거에 자타가 공인하던 민족적-주체적인 서민기질로서의 정의적(情誼的)인 것, 예컨대 강인-순박-우직-의리-단결, 두터운 사제지정과 선후배간의 우애, 그리고 그 끈질긴 생명력과 같은 훌륭한 전통을 되새겨보고, 이를 더욱 고무-발전-선양시켜나가면서, 미약한 점, 덜 세련된 점, 민주세계시민으로서의 국제감각과 세계정신이 모자란 점 등을 보완해나가자는 데 있었던 것이다. 즉, 현대적인 힘을 기르면서 고대의 전통적 정의(情誼)를 더욱 배양하고자 했던 것이다.

남재는 이상과 같은 제반 노력을 통해서 교수들의 다양한 의견을 수렴하고, 단합의 분위기를 새롭게 조성-진작함에 있어서, 학생들에게는 "힘을 기르고 정으로 뭉치자"고 호소하였고, 교수들에게는 "입학생은 빠짐없이 졸업시키자"는 구호에 착상, 이를 1978년의 학생지도지침으로 삼도록 했다. "힘을 기른다"는 것은 물론 학업의 실력을 쌓는 것이요 "정으로 뭉친다"는 것

은 고대 특유의 단결력과 고대정신을 발양하자는 뜻임은 더 말할 것도 없다. 또 "입학생은 빠짐없이 졸업시킨다"는 것은 한번 태어난 아기는 무조건 잘 기르고 잘 가르쳐 후계세대로 이어져야 하듯, 한번 고대생이 된 이상 이유불문, 어떻게 해서든지 훌륭한 고대인으로 길러 세상에 내보내야 한다는 남재의 평소 소신을 요약한 것이다. — 한번 고대인은 영원한 고대인이기 때문이다.

5. 제적학생 구제에 전력을 다했지만…

남재는 '75동기생'들을 먼 객지에 놔두고 혼자만 학교에 돌아왔다는 미안감 같은 것이 늘 마음 한구석을 무겁게 자리잡고 있었던 것 같다. 남재에게는 1975년 고대사태 당시 같이 물러나거나 쫓겨나야 했던 해직-휴직-제적 동기생들 4명의 교수와 48명의 학생(제적 41-무기정학 7)들이 항상 눈에 밟히고 있었다.

1978년 새해 벽두부터 남재는 신임 문교부장관 박찬현(朴瓚鉉)을 신년 인사차 예방, 의대발전계획에 따른 서독차관문제를 설명하면서, 내친김에 제적학생들에 대한 선별적 구제를 요청한 바 있다. 이어 이튿날에는 학생처장 김하룡을 불러 제적학생 구제방안을 강구해보라고 일렀고, 또 중순경에는 신년인사차 중앙정보부를 방문, 부장 김재규에게 직접적으로 제적학생문제를 거론하며 구제에 힘써줄 것을 부탁하였다. 같은 날 이대 총장 공관에서 있었던 고대-연대-이대 3개 사립대학 총장 만찬회동에서도 학생구제 문제에 세 대학이 공동보조를 취해줄 것을 제의하였다.

그러나 사실 1978년 정초는 섣불리 학생구제문제를 거론할 시점이 아니었다. 전해에 있었던 카터의 단계적 주한미군철수선언 때문에 한-미관계가 더욱 급속히 냉각되어 그 어느 때보다 국민적 총화단결과 자주국방의 중요성이 강조되던 시기였기 때문이다. 그럼에도 불구하고 남재는 하순에 청와대 정무수석 유혁인을 만났을 때도 제적학생 문제를 거론하였고, 2월 중순에는 중정(中情)차장 이건영(李建榮)을 만나 학생구제를 진정하였다. 그는 물론 하나를 풀면 전체가 무너진다는 논리로써 난색을 표명하였다. 또 3월 초순에는 다시 박 문교를 만나 학생구제를 요청하였으나 역시 부정적인 반응을 보였다.

이와 같은 상태에서는 학생구제가 도저히 어렵다고 느낀 남재는 제적학생문제에 대한 사회-정치적 분위기조성이 필요하다고 판단하고, 교수 홍일식을 신민당 당수 이철승에게 보내 야당으로서도 학생구제에 나서줄 것을 당부하였다. 이에 따라 3월 7일의 국회정당대표연설에서 이철승은 민주화조치와 더불어 제적학생 복교를 강력하게 촉구하였다.

이어 이달 중순에 중정부장 김재규 부부의 저녁초대를 받고 환담하는 자리에서 남재는 체면불구하고 재차 제적학생문제를 꺼내어, 선별적 구제에 힘써 보겠다는 언질을 얻어내었다. 하순에는 드디어 남산으로부터 긴급조치 7호 위반 제적생 중 구제대상명단을 제출해달라는 요청이 있어(22일) 학생복교에 큰 희망을 갖게 되었다. 4월 중순 중정차장 전재덕(全在德)을 만났을 때도 학생구제가 퍽 희망적임을 시사받았다.

그러나 5~6월에 들어서면서 서울대를 비롯한 서울시내 대학들에 시위사태가 발생하고, 고대에도 7월에는 반정부 유인물이 배포되어 학생구제에 더 이상 기대를 걸 수 없도록 전대학가를 긴장상태로 몰아가고 말았다. 남재로서는 그 동안의 노력이 허사로 돌아가게 되어 안타깝기 그지없었지만 도리가 없는 노릇이었다.

6. 기숙사 건립-체육진흥기금 모금

고대 복귀 나흘 후인 1977년 9월 5일, 남재는 비로소 신축중인 중앙도서관 신관의 건설현장을 돌아보았다. 자신이 발의하고, 건립추진위원회를 결성, 재원을 마련하면서 건설전반을 총지휘하다가 본의 아니게 손을 떼었고, 2년 5개월의 공백 끝에 다시 돌아와 이제 자기 손으로 최종 마무리를 짓게 되었으니 남재로서는 참으로 감개무량하지 않을 수 없었다.

그 다음날 6일에는 농과대학 신축교사를 돌아보면서도 남재는 똑같은 감회에 잠겼다. 자신이 직접 나서서 서독 정부로부터 무상원조를 이끌어냄으로써 지금처럼 잘 갖춰진 실험-실습시설 속에서 학생들이 열심히 수업을 받을 수 있게 되었으니 어찌 흐뭇하지 않을 수 있겠는가.

남재는 다음해 1978년 3월 15일 중앙도서관 신관의 개관식을 거행하면서 그 옛날 보전(普專)의 중앙도서관이 조국 광복의 씨뿌리기를 상징하며 건설되었듯이, 오늘의 새 도서관은 여기서 길러지는 인재들이 민족통일의 역군이 됨으로써 통일의 씨를 뿌리는 위대한 역사창조의 상징이 될 것을 기구하여 마지않았다.

같은 소망을 안고 남재는 신도서관의 개관으로부터 약 50일 후인 그 해 5월 5일 개교기념일을 기하여 기숙사 신축기공식을 가졌다. 일찍이 일본의 야마구치고교(山口高)에 유학하여 '학료(學寮)' 생활을 경험한 바 있는 남재는 기숙사생활의 자율과 자치가 갖는 교육적 의미와 가치와 이상을 그 누구보다 잘 알고 있었기 때문에 그 어떤 비용과 위험부담을 감내하고라도 반드시 기숙사건립을 실현시켜야 할 과제로 삼아온 것이 아닌가 생각된다.

그러나 기숙사 설립에 대한 남재의 의지가 아무리 강하다고 하더라도, 학생운동이 점차 극렬좌경화하면서 바야흐로 지하화하고 있는 시대에, 자유분방-혈기왕성한 젊은 학생들을 밤낮으로 한 공간에 거주케 하는 기숙사의 환경구성 자체가 처음부터 그것을 반정부-반체제-반문화의식의 우범(虞犯)지대로 만들 소지가 다분함을 경계-우려하지 않을 수 없는 것이다. 그럼에도 불구하고 남재는 기숙사 건립을 고집하는 더 절실한 또다른 이유를 가지고 있었던 것이다. 자존-자립-자주의 국가관으로 중무장한 믿음직한 지도자를 길러내는 제1의 실천요목으로 "고대인상 선양"을 제시하고 있는 <재취임사>에 이미 나타나 있듯이, 남재는 기숙사야말로 가장 고대적인 인간형성의 '용광로'가 될 것으로 기대하고, 이를 통해서 고대를 옥스퍼드(Oxford)식 "진짜 종합대학"을 만들겠다는 꿈이 있었던 것이다.

남재가 희구했던 '고대적 인간'의 전형을 여기에 다시 그려볼 필요는 없을 것이다. 다만 남재는 기숙사 입사(入舍) 자격을 신입생으로서, 지방출신에, 성적우수자로 엄격히 제한하고, 그들을 현대적인 실력과 전통적 고대기질을 조화-겸비하면서도 세련된 '귀공자'로 길러낼 것을 강조하고 또 주문했다는 사실은 밝혀둘 필요가 있을 것이다.[9)]

이를 위해서 남재는 기숙사의 위치선정과 대지조성, 건축설계, 건설공사(20여 차 순시), 그리고 관리운영체계 수립에 이르기까지 건설전반에 세심한 주의를 기울이며 살폈던 것이다. 남재가 여기에 얼마나 마음을 썼는가는 이 사업결정을 공표한 직후 방학동으로 부친 수당을 찾아가 삼양사(三養社)의 재정지원을 요청한 데서도 잘 나타난다.

수당 역시 교토(京都) 유학시절 3고의 학료를 통해 기숙사생활의 중요성을 익히 알고 있었을 터이므로 남재가 도모하는 바가 무엇인가를 즉시 이해하고 남재의 청을 기꺼이 허락하였다. 1978년 1월 말 삼양사는 회장 김상홍 명의로 1억 원을 고대 기숙사 건립위원회에 쾌척하였다. 이어 한일합섬(韓一合纖: 회장 金澤壽)도 1억 원, 주식회사 선경(鮮京: 회장 崔鍾賢) 5천만 원 등 크고 작은 성금이 답지하여 자체조달 9억 원을 합쳐 총공사비 13억 원을 투입, 1980년 3월 3일 개관함으로써 고대 75년 역사상 기숙사시대의 신기원을 이룩하였다. 개관 후 삼양사는 기숙사 운영기금 2천만 원을 추가로 기부하였다(이 시절 화폐가치로 1억 원이면 결코 적지 않은 돈임은 새삼 말할 것도 없다).

기숙사는 2개의 숙사동(棟)과 1개의 부대건물 등 3개 동으로 이루어져 있다. 애초 4명이 들도록 설계된 숙실은 생활공간을 더 주기 위해 남재가 설계변경을 시켜 3명이 입실, 총인원 420명을 수용케 되었다. 연건평 2,400여 평에 지하 1층 지상 4층의 기와지붕을 얹은 저층구조의 숙사동에는 입실인원에 비례하여 침대와 책상이 비치된 숙실 이외에 휴게실 겸 면회실, 세면-샤워실, 우편집배실, 독서실, 방송실, 오락실, 공동목욕탕, 400명 동시수용 대식당 등 각종 편의시설을 고루 갖추는 한편, 기숙사운영의 기본방향을 '가정화'(家庭化)에 두고 보건위생에 철저를 기함은 말할 것도 없고, 옥외 휴식공간도 넉넉히 마련하고 조경-녹화 등 환경미화에도 힘써 사생(舍生)들의 정서함양에도 힘을 기울였다.

개관 이후 남재는 매주 거르지 않고 기숙사를 방문하여 기숙사운영에 애로나 차질이 없도록 보살피고, 사감 이하 관리-운영요원들을 독려했다.[10]

남재 재취임 후 또 하나 기록해두어야 할 것은 「고대체육진흥기금」 모금운동이 소기의 성과를 거둔 사실이다. 종전까지 학생처장이 겸임하던 체육위원회 위원장에 교수 김창환(金昌煥: 생물학, 후에 대학원장)을 새로 기용하면서, 이를 계기로 1978년 5월부터 기금 3억 원 모금을 목표로 1년 한시(限時)의 기금모금사업을 전개하게 된 것이다. 현대적 체육시설 확충과 선수경기력 향상을 위한 제경비로 쓰여질 이 기금은 모금개시 3개월만에 목표액의 절반을 넘어서는(1억 7천만 원) 성과를 올렸다. 모금에는 대우가족 고우회일동(3천만 원), 현대그룹(정주영 ; 5천만 원), 삼성문화재단(이병철 ; 3천만 원), 대한철관(박재홍 ; 3천만 원), 럭키그룹(구자경 ; 3천만 원) 등 대기업들과 교우들이 협찬하였다. 이 사업은 예정기일 내에 소기의 목표를 달성하고 마감되었다.

제2절 3대 발전계획의 추진

1. 재단개혁의 거보

1978년 3월 남재는 재취임 2차년도 새학기로 접어들면서 ≪고대신문≫과 인터뷰를 갖고 대학 밖에 있던 기간, 그리고 대학에 복귀하여 한 학기를 보낸 후의 소감을 밝히고, 아울러 앞으로 고대가 지향해야 할 방향과 목표의 대강을 종합정리하여 제시하였다.[11] 이 인터뷰에서 남재는 고대가 앞으로 자신을 앞세워 반드시 이룩해나가야 할 중점과제들을 하나하나 짚어나갔고, 그 제1의 과업으로 꼽은 것이 재단의 쇄신이었다.

사립대학에서 총장이 재단문제를 거론한다는 것은 그 유례가 드문 일로서 엄밀히 말하면 이는 금기 또는 기휘(忌諱)사항이었다. 교주(校主)가 총장까지 겸직하는 경우는 자신의 치부를 스스로 드러내는 격이니 애초부터 성립될 수 없는 일이요, 임명총장일 경우는 자칫 임명권자에 대한 도전으로 비쳐져 내몰리기 십상이니 이 역시 불가한 일인 것이다.

그러나 남재는 어느 경우든 구애받음이 없이 자유롭게 일탈할 수 있는 특수한 입장이었다. 자신이 경영자 가족의 일원이라는 유리한 조건뿐만 아니라 재단이고, 교수-교우-학생이고 간에 안팎으로 그 누구도 함부로 넘볼 수 없는 권위와 경륜과 덕망을 완벽하게 갖추고 있었기 때문이다.

남재는 재단이 안고 있는 근본적인 문제로서 그 노쇠화를 지적하고 이를 '회춘'시키는 데 자신이 어떻게 도울 것인가 하는 것이 급선무라고 언급하였다. 당시 고대 재단이사들의 평균연령은 70세를 넘어서고 있었다. 무엇보다 재단운영의 두 기둥인 이사장 이활이 1978년 현재 팔순이요, 이사 김상만 역시 칠순에 바짝 다가선 69세였다. 남재는 재단의 웃어른이 "오늘날까지 고대를 이끌어오는 데는 큰 일을 하였으나 새로운 대학으로 발전시키기에는 너무 연로하여 힘이 부치는 형편"이라고 솔직하게 재단의 현실을 진단하고, 자신에게 주어진 과업은 재단의 분위기를 젊음으로 쇄신시키는 것이라고 판단하였던 것이다. 마침 교우회장 김원기가 신임이사로 참여하게 되어(2월) 재단에 젊은 기운을 불어넣는 첫발을 내딛기는 했지만 그의 보강은 재단과 교우들의 유대를 강화한다는 의미가 더 큰 것이었다.

재단의 회춘이란 결국 재단이 젊은 의욕과 진취적인 감각을 가지고 갖가지 사업을 일으켜 학교를 정체에 빠뜨리지 않고 계속 발전시켜나갈 수 있도록 재정기반을 확립하는 데 적합한 인사들로 재단을 재구성한다는 뜻이 되는 것이다. 이 점에 대한 자신의 견해를 남재는 이 인터뷰에서 다음과 같이 밝히고 있다.

> "…과거에는 재단이 토지를 재원으로 일정한 수입이 있었는데 해방 후 토지개혁으로 수입원을 잃게 되었다. 대신 받은 토지증권은 인플레로 거의 무용지물이 되어 버렸다. 그 때문에 우리 재단이 빈약한 것은 사실이나 다행스러운 것은 일부 타대학의 경우처럼 재단이 사재(私財)를 늘리는 데, 또는 개인의 향락을 위해서 재원을 축내지는 않았다. 본교의 재단은 점잖으신 분들이기에 이런 불미스런 일은 없었다. 우리 재단을 현대사회에 맞게 개편하는 공작—이렇게 말하면 좀 이상하지만—이 나의 임무라고 생각한다. 즉, 대학의 양심도 지켜지고 기업의 실리도 얻을 수 있는 방향으로의 전환이 필요하다…." 12)

남재는 대학과 기업, 즉 산-학 간에 협동의 수준을 뛰어넘는 혼연일체—곧 융합의 경지에서 대학이 운영될 수 있는 모체를 차제에 재단개편을 통해서 실현하고자 대단한 의욕을 불태우고 있었던 것이다. 하지만 남재의 이러한 재단개혁의 논리가 아무리 타당성과 설득력을 가진다고 할지라도 과연 재단이 이를 기꺼이 받아들일 것인지는 의문이 아닐 수 없었다. 그만큼 고대 재단은 폐쇄적이었고 그 설득작업 또한 지난한 과정이었다.

남재는 총장 재취임 한 달이 되는 시점(1977년 10월 初)에서 재단이사장 이활에게 처음으로 재단개혁의 불가피성을 역설하였다. 이활도 이에 대해 대체로 동조하는 기색이나 김상만과의 합의를 이루어낼 수 있을지가 의문임을 걱정하였다. 고대 재단운영체계의 2원성을 우려하는 지적은 바로 이와 같은 상황을 두고 나온 말인 듯하다. 목당(牧堂 이활)-일민(一民 김상만) 두 노인 간에 뜻이 맞지 않아 서로 고집을 세우면 아무 일도 할 수 없는 것이 이 시기 고대 재단의 속사정이었다. '명목이사장'과 '실질이사장'의 존재가 재단 주변에서 곧잘 설왕설래하는 것도 이 때문이었다.

이 점이 남재의 입장을 난처하게 만들고 의욕을 떨어뜨리는 요인이 되기도 했지만 남재는 치밀하고 끈기 있게 재단개혁을 밀고나갔다. 이활에 이어 남재는 부친 수당을 찾아뵙고 재단의 개방과 일대혁신의 필요성을 두 차례나 말씀드렸다. 고대 재단에 대해서 권위와 영향력이 여전했던 수당의 측면 지원을 얻기 위해서였다. 또 재단이사 유진오-송영수(宋英洙)와도 자주 만나 재단개혁의 공동보조를 취하기로 빈틈없는 합의를 이루어놓았고 교우회장 김원기를 이사로 영입하여 우군(友軍)을 강화하였다.

남재는 무엇보다 노쇠한 재단실무진의 교체가 시급하다고 보고 고대 사무처의 경리과장 김치윤(金致潤)을 과감하게 재단사무국장으로 발탁하여 좀처럼 결단을 못 내리고 주저하는 두 노인을 설득, 관철시켰다.

다음 단계로는 재계의 실력자들을 영입하기 위한 다각적인 접촉을 시도하였다. 이 작업에는 당시 산업은행 총재에서 → 재무부장관 → 경제부총리를 역임하는 김원기와 재무부차관 → 농수산부장관을 지내게 되는 교우회 부회장 장덕진이 적극 호응하여 앞장섰고, 막료로서 법대학장 김진웅이 긴밀하게 움직였다. 남재 자신도 산업계의 재력을 대학으로 끌어들이는 데 도움이 될만한 인사라면 그가 누구이든 간에 힘써 만나 사학의 실정과 우리 나라 대학의 미래의 발전방향을 체계적으로 설명하며 경제인들로 하여금 고대를 육성발전시키는 데 적극 참여하도록 도와줄 것을 요청하였다. 남재가 특히 현대그룹을 움직이기 위해서 중정의 부장 김재규와 서슴지 않고 수차례나 만나 도움을 청한 것은 그 단편적인 예라고 할 수 있다.

남재는 어느 날 일기에서 재단의 개혁을 추진하는 자신의 답답한 심경을 다음과 같이 토로한 바 있다.[13]

"…아침 일찍 잠이 깨면 뜻대로 되지 않는 일들, 특히 재단개편-재정확보의 어려움이 머리에 떠올라 마음이 편치 않다…. 과연 이 괴로움을 어떻게 이겨낼 수 있을지…."

산업계의 참여를 유도하여 재단을 쇄신코자 하는 남재의 집념은 숱한 우여곡절을 겪으면서도 3년여에 걸쳐 끈질기게 추진되어 큰 성과를 이루었다. 럭키그룹(具滋璟)-현대그룹(鄭周永)-두산(朴容昆)-롯데(辛格浩)-한신공영(金炯鍾)-라이프주택(趙乃璧) 등을 새로운 이사로 영입하였고 윤장섭(尹章燮: 교우회 부회장)-김봉은(金奉殷: 금융인)-김연동(金蓮東: 공인회계사) 등을 재단의 새 감사로 맞이하는 데까지 이르렀다. 남재가 재취임하던 당시 재단의 그 폐쇄성을 감안한다면 남재 스스로도 놀랄 만큼 격세지감이 나는 일이었다.

1978년 6월에 하버드대학의 저명한 교수 코헨(Cohen)이 내한했을 때 남재는 그를 혜화동 자택에 초대하여 조찬을 나눈 일이 있었다(코헨은 미국 민주당, 카터 행정부, 하버드계 지식층, 특히 동아시아 전문가들 사이에 큰 비중을 차지하고 있었다. 또 한국사람에게는 만나기조차 꺼려지는 중앙정보부의 미국인 기피인물 1호였다). 이 자리에서 코헨이 남재에게 고대 복귀의 배경을 묻자 "노쇠한 재단이 스스로 개편-확충을 위해서 나를 필요로 했기 때문"이라고 남재는 응답하였다.[14] 이것은 고대 재단 역시 자기개혁의 불가피성을 깊이 자각하고 있었고, 이 막중한 과업을 믿고 맡길 수 있는 적임자는 오로지 남재밖에 없다고 확신하고 있었음을 말해주는 것이다.

어쨌거나 고대는 남재의 표현을 그대로 빌리면, "대원군을 자리에 그대로 앉혀둔 채(고대 재단의 폐쇄성을 의미=필자) 역사적인 개항(開港)결정을 용감하게 내린 셈"이었다. 일의 성격상 남재가 아니고서는 이 시대에 그 누구도 해낼 수 없는 지난한 과업을 남재는 끈기와 지혜와 신념으로 밀어붙여 이를 마침내 성사시키고야 만 것이다.

2. 분교의 설립과 의대발전계획의 실행

남재의 재단개편의 목적은 말할 것도 없이 새로운 인적 구성에서 오는 활력으로 새로운 의식의 변화를 유도하여 진취적-전향적으로 재원확보의 다각화, 다변화를 꾀하자는 데 있었다고 할 것이다. 재단이 스스로 사업을 일으키거나 정부 또는 실업계의 재정적 지원을 이끌어 낸다든가, 외국차관 도입을 모색하는 것 등이 그것이다. 예컨대 고대 재단도 이 시기에 수익사업으로 정릉교지(구우석대 캠퍼스)에 호텔의 건설-경영을 검토한 일도 있다.

남재는 1차적으로 재단개편을 유도하여 재정확충의 모든 가능성을 열어나가면서, 그 토대 위에서 분교의 설립과 함께, 의과대학의 이전과 부속병원 본원 및 분원건설 등 의대종합발전계획을 동시적으로 추진하였다. 사실 재단개혁 하나만을 성사시키기도 참으로 어려운 일인데 그것을 포함해서 분교를 새로 설립하고, 여기에 더하여 의대발전까지 추진한다는 것은 아무리 남재의 업무수행능력이 뛰어날지라도 초인(超人)이 아닌 이상 벅찬 일이 아닐 수 없다.

이때의 남재가 자신에게 주어진 조건들을 최대한 활용하면서 목표를 향해 한발 한발 집요하게 접근해가는 모습은 마치 천수관음(千手觀音)의 지극정성을 보는 듯한 감동을 느낄 지경이었다.

(1) 분교설립 ; 대덕단지(大德團地)에서 조치원(鳥致院)으로

남재가 분교설립에 착안하게 되는 동기나 결심을 굳히기까지의 과정, 시기 등에 관해서는 알려진 것이 없다. 분교설치가 좋을지 어떨지, 주위의 스태프들에게 한번 토의를 시켜보아야겠다고 생각한 것이 1978년 2월 초의 일이니 대체로 이 무렵쯤에는 남재의 심중에서 분교설립의 타당성 검토가 끝난 것이 아닌가 생각된다.

분교의 설립은 ① 설치지역의 선정, ② 선정지역 내 적정규모의 건설부지 확보, ③ 정부의 설립인가, ④ 여기에 수반하는 재원조달 및 사후 교수 및 관리인력 확보 등이 사업의 핵심이라고 할 수 있다. 남재가 당초 고대의 분교

설치 지역으로 작정한 지역은 대전 유성지구의 대덕단지(大德團地)였다. 대덕단지는 이곳을 장차 이 나라 과학기술 연구-진흥의 본산으로 발전시키려는 정부의 야심 찬 계획에 따라, 연구단지 개발이 추진되고 있는 만큼, 일이 성사만 된다면 고려대학교로서는 제2의 도약과 중흥을 기약할 수 있는 획기적 발전의 터전이 될 것이 틀림없었다. 그러니 남재가 여기에 쏟는 열정이 이만저만이 아니었다는 것은, 이 일을 성사시키기 위해서, 과학기술처-문교부-청와대-남산, 기타 유관부서를 직접 뛰어다니며 유력인사들을 무수히 접촉하고 협조를 부탁한 사실에서 여실히 나타난다.

남재는 이 해 3월 초, 과기처장관 최형섭(崔亨燮)을 제일 처음 만나 분교설립에 필요한 토지를 확보하는 데 협조해 줄 것을 요청하여 긍정적인 반응을 얻었고, 곧 이어 청와대로 경제2수석 오원철(吳源哲)을 찾아가 도와줄 것을 간곡히 당부하였다.

3월 중, 남재는 단지 내를 일주하며 아직은 개발지역 전역이 무주물(無主物)임을 확인하고는 문교부에 고대분교건설부지 분양추천을 의뢰하고, 과학기술처에 부지분양신청서를 정식으로 제출(3월 3일)하였다.

그러나 문제는 문교부였다. 처음부터 비협조적이었던 문교부는 심지어 고대의 분교설립신청을 장관이 하부에 묵살하도록 지시했다는 충격적인 보고가 들려올 정도였다. 이 때문에 남재는 여러 차례 문교부장관에게 직접 부탁도 하고 또 여러 경로를 통해 문교부의 협조를 얻으려고 무척이나 애를 썼다. 그런데 일이 잘 풀릴 것으로 낙관되던 7월부터는 정부 내에서 찬반이 엇갈리고 있고, 그 중에서도 청와대 정무제2수석 정상천(鄭相千)이 고대 분교설립을 반대하는 진원이라는 소식이 잇달아 들려왔다.

그러니 도리 없이 남재는 또 직접 정상천을 찾아가 협조를 구하였지만 10월 6일자로 최종 불가통보를 받았다. 이날 문교부장관 박찬현은 남재에게 고대의 대덕분교설립 부결사실을 전하면서 창령(昌寧)지역에 고대 분교를 설치하기로 고대-문교부 간에 합의하였음을 즉석에서 공표하자는 해괴한 제의를 하여 고소를 금치 못하게 하였다.

대덕분교설립의 실패는 남재에게 실로 커다란 충격과 실망을 안겨주었다. 고대가 정부와 실업계의 협력-지원을 얻어내는 것이 얼마나 어려운 일인가를 절감한 남재는 고대의 미래설계를 근본적으로 반성-재검토하여 정부의 힘과 지원에 기대지 말고, 자립-자력의 길을 개척해야 한다는 결론을 내렸다. 그후 고대의 대덕분교설립 부결당사자는 다른 사람이 아닌 대통령 박정희라는 사실이 여러 채널을 통해서 확인되었다. 남재는 허탈감 속에서 대덕단지에 대한 미련을 떨쳐버리고 그 해 12월 방향을 조치원(鳥致院)으로 선회하였다.

분교설립지역을 조치원으로 옮긴다고 해서 일이 저절로 이루어지는 것은 아니었다. 이 역시 정부요로의 협조는 물론, 하나에서 열까지 매사 다함 없는 성의와 노력이 없이는 결코 성사될 수 없는 힘든 일임은 대덕의 경우와 조금도 다를 바가 없는 것이다. 1979년 9월 19일, 고대는 마침내 문교부로부터 학생정원 400명 규모(영문-독문-중문-물리-화학-경제-무역-경영학과 등)의 조치원분교 설립인가를 받았다.

남재는 첫 실패에 주저앉지 않고 다시 일어나 초지를 관철시키기는 했지만, 부담이 큰 차선의 선택으로서 속된 말로 김이 빠진 뒤의 일이었기 때문에 성취의 보람이나 기쁨보다 마음이 무거웠던지 남재는 조치원분교설립에 대한 아무런 감상도 남기지 않았다.

(2) 의대부속병원 분원(分院)의 건설

고려대학교에 있어서 의과대학의 장기종합발전계획은 우석대학인수 당시부터 제기되었던 숙제였고, 또 그것은 고대가 명문대학으로서 자기의 위상을 제고(提高)해나가기 위해서도 어차피 해결하고 넘어가지 않으면 안될 불가결의 실천과제였다. 더구나 우석대학의 인수추진 당사자였던 남재로서는 이 문제가 자신에게 부하된 절대명제라는 인식을 강하게 가지지 않을 수 없었다.

의대발전계획은 크게 세 가지로 요약된다. 첫째는 혜화동의 협소한 구의대 캠퍼스를 부속병원과 함께 본교권역으로 이전하는 일, 둘째는 수도권 인구의 급격한 팽창에 따라 불가피하게 제기되는 의료시설의 대대적 확충을 요망하는 국가-사회적 수요에 부응하여 부속병원의 분원(分院)을 서울의 도심을 벗어난 지역에 복수로 건설하는 일, 그리고 셋째는 이 두 가지 사업에 소요되는 천문학적 규모의 재원조달 문제를 해결하는 일이 그것이다.

남재는 우선 부속병원 본원(本院)의 이전건설과 그에 따른 건립지 물색, 부속병원 분원들의 건설지역선정과 건설부지확보, 그리고 가능한 모든 방법을 동원한 소요자금 조달 루트 개척에 착수하였다. 자금동원의 어려움 때문에 한때는 국내 유수재벌기업의 위탁건설과 위탁경영 방안이 제기되어 현대그룹과 물밑교섭을 벌인 일도 있지만 성사되지 않았다. 결국 재정확보 방식은 대외차관 도입과 정부융자, 그리고 학교 자체 조달로 낙착되었다.

1979년 4월 현재 병원건설에 소요되는 재정규모는 총 115억 원 정도였다. 남재는 이를 40억 원은 서독차관으로, 51억 원은 자체조달, 그리고 24억 원은 정부융자로 충당키로 하였다. 서독차관은 1979년 10월 하순에 독일 조사단의 타당성 조사결과에 따라 도입액을 2,550만 마르크(한화 약 66억 상당)로 증액 - 확정지었다. 상환조건은 10년 거치 20년 상환, 연리 2%의 대단히 유리한 조건이었다.[15] 부속병원 본원 건설비의 일부는 대일차관이 모색되었다.

분교설립의 경우와 마찬가지로 남재는 금쪽 같은 시간을 병원 건설지 선정과 건설부지 현장답사에 아낌없이 투입하면서 그 적합성과 타당성을 면밀히 살피기를 잊지 않았다. 많은 경우 남재는 의대학장 이수종(李壽鍾), 또는 사무-의무 두 처장을 대동하고 멀리 여주-반월-성남-천호동으로부터 잠실-강남 일대, 관악구 구로지역 등을 수차례씩 돌아보았고 대전 쪽으로 눈을 돌리기도 했다. 또 건설부지 확보를 위해 필요하다면 언제라도 서슴지 않고 정부 유관부처의 장을 만나 협조를 구하였다.

남재의 이러한 노력과 집념의 결실로 고대는 반월병원(병상 100), 여주병원(병상 50), 구로병원(병상 300) 등 3대 분원건설을 실현할 수 있었다.

구로병원부지 매입 당시의 서울시장은 공교롭게도 정상천이었다. 남재는 여러 차례 그를 만나 용지확보에 시장의 협조를 요망하였다. 서울시 구로지역 재개발용지 중 유망지를 고대가 병원건설부지로 확보할 수 있기까지는 그의 배려가 없지 않았을 것이다. 대덕분교 설립과정에서 자칫 악연으로 얽힐 뻔했던 그와의 유감스러운 관계가 이번 일로써 해소되었다는 이 시절의 에피소드가 그 같은 사실을 짐작케 한다.

3. 고대 총장의 고독과 비애

분교설립-의대발전-재단개편은 남재가 고대를 이끌어가는 1978~1979년의 실천과제였다. 이 3대과업을 추진-실행해나감에 있어서 남재의 행보를 가로막는 장애요인은 도처에 널려 있었다.

될수록 은행빚 안 지고, 정부신세 안 지려는 재단의 고집스러운 신조도 재정확충에 고심하고 있는 남재에게는 애를 먹이는 요인 중의 하나였다. 그렇게 하고도 학교를 발전시킬 수만 있다면야 금상첨화, 더 바랄 바가 없겠지만, 세상사가 어디 그처럼 간단한 노릇인가. 하지만 이런 정도의 문제는 약과라고 할 수 있다. 정작 학교 발전의 발목을 잡는 최대의 장애는 역시 학생소요였다.

1978년에도 전년에 이어 고대는 무탈하게 넘어갈 것으로 기대해도 좋을 만큼 내내 평온을 유지해왔다. 그러던 것이 2학기에 들어선 9월 중순, 2,000명 규모의 반정부시위가 기습적으로 터져버렸다. 남재는 또다시 물러날 각오를 하고 문제학생들을 격리조치하는 등 엄중 대처하지 않을 수 없었고, 그 같은 노력이 주효했음인지 시위는 단발로 끝났다. 그런데도 그 여파로 대덕분교의 꿈이 무산되었고, 그 해 10월에 있었던 문교부의 전국대학 학과증설 및 학생정원 조정에서 전국적으로 5만 명에 달하는 증과-증원이 있었음에도 불구하고, 고대는 단 한 명의 학생증원도 없었다. 누가 보아도 고대만이 따돌려져 불이익을 당하고 있음이 역력했다. 대학의 양적 발전이라는 측면에서 고대는 1978년을 완전히 공친 셈이었다.

그 해 11월에 뿌려진 반정부 유인물에는 어용교수 공격뿐만 아니라 '인촌정신'과 '고대인상선양 캠페인'까지 보수반동으로 부정하고, 오늘의 고대를 민망할 정도의 악의적인 표현으로 매도하는 내용이 들어 있어 그 동안 오로지 학교발전을 위해 불철주야 일해온 남재의 의욕을 꺾고 맥풀리게 하는 맹랑한 일도 있었다. 과연 이와 같은 발상이 좌익의 음모인지, 아니면 고대에 뇌진탕을 일으켜 다시는 일어나지 못하도록 대공격을 가하려는 모측의 예비공작의 일단인지, 또 한낱 철없는 젊은이들의 치기(稚氣)의 발동인지, 어느 쪽인지는 분간키 어려우나 어쨌든 고대를 세계적인 대학으로 발전시키고,

고대생들을 민족통일의 새세대로 키우고자 노심초사(勞心焦思)하고 있는 남재의 꿈과 열정에 찬물을 끼얹는 망발임에는 틀림없는 것이었다. 이럴 때의 남재의 심경은 오죽이나 답답하고 착잡했겠는가.

그런가 하면 교수들은 또 어떠한가. 대학행정의 최고의결기관이라는 교무위원회를 열어보면, 모두가 몸조심하느라고 발언들이 진지하거나 솔직하지 못하고, 어려운 문제는 되도록 언급을 회피하며 몸을 사리느라 농담조로 건성건성 얼버무리는 식이어서 도무지 진실성이나 진취성을 찾아볼 수 없고, 학교가 당면한 제반사에 함께 책임을 지겠다는 의식이나 자세는 찾아볼 수 없으니 앞날이 암담하게 느껴질 수밖에 없었다.

이렇듯 앞뒤가 꽉 막힌 듯한 심정으로 괴로운 나날을 보내면서 남재는 만나기 싫은 정부의 인사들을 억지로 만나야 했고, 구설수에 오를 수 있는 정부행사에도 오라면 별수없이 참석해야 했다. 1978년이 저물어 가던 어느 날, 남재는 문교부장관을 만나고 나온 심경을 다음과 같이 토로하였다.

> "그의 불협조(대덕분교설립 불발을 지적한 듯 = 필자) 때문에 안 찾아가는 것이 초지(初志)일 것 같은데 고대를 위해서는 그럴 수도 없으니 불쌍한 것이 대학총장임을 통감하지 않을 수 없다. 아카데미는 이제 완전히 없어지고 비즈니스만 남게 되었으니 이 나라의 후일 역사는 어떻게 될 것인지…. 나 자신 스스로를 경멸하는 열등의식 때문에 몸둘 곳이 없다…." 16)

또 그 며칠 후 교무위원회에서 학생처벌을 의결한 후의 심경을 다음과 같이 쓰고 있다.

> "이제 대학의 자유는 물론 대학의 존재 자체도 없어졌다는 기록이 있을 뿐이다…. 여(與)와 관(官)에 아첨-추종해야만 살아갈 수 있는 세상임을 실감하니 이른바 아카데미는 완전히 없어지고 말았다 할 것이다…." 17)

그리고 해가 바뀌고 또 학기가 바뀌어 가을학기로 접어든 1979년 9월 어느 날의 처절한 감회는 이렇게 이어지고 있다.

> "… 요새 고대 총장은 학생소요가 없을 때는 관으로부터 냉대-멸시를 받고, 소

요가 있을 때는 관으로부터 공연히 역적취급을 받고 있으니 이래도 망신, 저래도 망신, 참으로 죽을 수도 없고, 살 수도 없고… 못난 존재에 불과하다."[18)]

남재의 고대 총장으로서의 고독과 비애가 이 정도인지 누가 짐작이나 했겠는가. 그러나 이처럼 자기모멸(自己侮蔑)에 빠져 자조(自嘲)하는 이 영상은 어쩌면 남재의 본래의 모습은 아닐 것이다.

1978년 12월 27일, 겨울비가 내리는 속에서 박정희의 제9대 대통령취임식이 장충체육관에서 거행되었다. 이날 남재는 오전 식전에 참석하고 저녁에는 세종문화회관의 취임축하공연을 참관하였다. 우리의 고전음악, 무용, 그리고 농악으로 어우러진 공연내용이 대단히 인상적이었다. 특히 의상의 그 원색적인 강렬한 색채가 원시와 현대를 잘 조화시킨 것이어서 공연에 매료된 남재는 "우리 고대의 응원단, 농악대도 여기에서 많은 것을 배워야 할텐데…" 하는 생각을 했다. 남재의 신년목은 바로 이런 데 있는 것이 아닌가 생각된다. 무대공연을 보면서까지 고대와 고대생을 생각하는 남재야말로 진정한 고대인이라 할 것이다.

제3절 「복지사회의 이념과 방향」 정립

1. 중진교수들과 토론회를 열다

1979년 5월 25일, 남재는 아산사회복지사업재단(峨山社會福祉事業財團)으로부터 이 재단의 창립 2주년을 기념하기 위하여 「복지사회의 이념과 방향」이란 주제로 이 해 7월에 개최되는 심포지움에 참가하여 기조연설을 해달라는 부탁을 받았다. 현대그룹 회장 정주영이 설립한 것으로 알려진 이 재단 책임자(文仁龜)의 부탁을 받고 남재는 망설임 없이 응락하였다.

고대 복귀 후에는 이전처럼 강연형식을 통해 학생들과 만나 자유롭게 자신의 소회(所懷)를 털어놓을 수 있는 상황이 아니기 때문에 남재는 학생들의 열망에도 불구하고 여기에 부응하지 못하고 있었는데 이 심포지엄의 기조연설을 쾌락했다는 것은 뜻밖의 일이었다. 여기에는 남재 나름대로 두 가지 깊은 뜻이 있었던 것이 아닌가 유추된다.

즉, 하나는 바야흐로 고대의 최대관심사로 떠올라 목하 추진중인 정주영의 재단 영입과 현대그룹의 고대 의대발전 프로젝트 참여를 성사시켜 산-학 협동체제를 구축하는 일이요, 또 하나는 「복지사회의 이념과 방향」이라는 이 심포지움 주제가 남재로서는 반드시 정리하고 넘어가야 할 자기학문-자기사상의 중심과제와 일치하고 있다는 점이 그것이다. 남재는 이 행사에 흔쾌히 참여함으로써 차제에 고대 발전에 현대측의 참여를 이끌어 내는 촉진의 계기로 삼고 아울러 자기 사상체계의 뼈대를 세우는 '일석이조'의 효과를 얻을 수 있을 것으로 판단한 것으로 보인다.

그리하여 남재는 자신의 이번 심포지엄 기조연설이 현대그룹행사에 거교적인 참여의 의미를 강하게 띠도록 하면서 복지사회의 이념과 그 건설방향에 대한 평소 생각을 다시 가다듬고 이를 더욱 풍부화하고 또 심화시킨다는 의욕에서 2시간에 걸친 「중견교수 토론회」를 세 차례나 열었다. 토론 참가자는 김하룡(정치학)-신일철(철학)-김형배(법학)-임희섭(사회학)-박영철(朴英哲 : 경제학) 김용준(金容駿 : 화학) 등이었다. 세번째 토론에서는 노사간 협력문제가 광범하게 논의되었고, 기조연설에서 이 문제를 부각시켜야 한다는 쪽으로 의견이 모아졌다.

남재는 원고작성에 들어가기 앞서 영국의 보수당과 노동당의 사회-복지정책을 비롯하여 독일 기민당과 사민당의 정강정책 전반을 다시 한 번 총체적으로 리뷰하였다. 토론내용을 기초로 한 '바탕글'은 신일철이 작성하였고, 이를 토대로 남재 자신이 직접 대대적인 수정을 가하였다. 이어 신일철-김하룡 두 사람을 따로 불러 수정원고에 대한 의견을 묻고는 본격적인 재작성에 들어가 정서까지한 뒤 신일철에게 재차 넘겨 최종적으로 완성토록 했다. 논지의 큰 흐름은 서독 사민당의 방향과 궤(軌)를 같이하는 것이었다.

원고를 확정한 남재는 "후련하다"고 만족감을 표시하였다.[19]

2. 남재사상의 뼈대를 세우다

아산재단의 「복지사회의 이념과 방향」 심포지엄은 1979년 7월 12일에 열렸다. 이날 남재는 <복지사회건설의 길>이란 제하로 예정된 기조연설을 하였다. 이 연설에서 남재는 우선 인류사상 복지의 개념이 처음 대두되고 제도와 정책(또는 시책)으로 전개-정착되는 역사적 과정을 조명하는 데서부터 '복지사회건설'의 논지를 풀어나갔다. 예컨대 "모든 국민에게 사유재산권을 형성해준다"는 획기적인 구호를 내걸고 노동자의 이익균점과 경영참가, 소유참가를 제창함으로써 복지사회건설의 새로운 길을 모색한 독일 기독교 민주당의 1953년 함부르크전당대회강령을 일례로써 제시한 것이 그것이다.

이어 남재는 복지사회의 이념을 「인간의 존엄」, 「사회의 연대」, 「대등한 참가」라는 3대원칙으로 요약하고, 이 원칙 아래서 모든 국민으로 하여금 자기실현의 기회와 가능을 열어 나갈 수 있도록 사회보장, 완전고용, 기회균등을 달성해 주는 자유개방사회건설을 향하여 체계적인 노력을 집주(集注)하는 데 그 이념적 핵심이 있다고 규정하였다. 특히 남재는 자유복지사회가 만인으로부터 재산권을 박탈하는 이른바 무소유의 공산사회를 만들려는 것이 아니라 정반대로 만인에게 사유재산권을 형성해 주도록 진력한다는 점을 강조하였다.

이러한 복지사회를 실현하고 향유할 수 있는 인간상을 남재는 근면과 성실과 능력으로 자기생활을 자주적으로 영위할 수 있는 '주체적 인간', 대등한 참여로 자기주장-자기실현을 관철할 수 있는 '민주적 인간', 그리고 복지적 연대와 책임을 다할 줄 아는 '사회적 인간'이라고 묘사하였다.

이처럼 자유개방의 복지사회건설을 지향하고, 그것을 실현하여 향유할 수 있는 복지이념적 인간상을 형성해 나가는 '복지사회건설'의 기본 전략으로서 남재는 다음 여섯 가지를 제안하였다.

① 복지의 기지(基地)로서 가정의 역할에 대한 재인식-재개발
② 대등한 참가자 형성에 이바지하는 교육의 역할 중시
③ 의료복지의 촉진

④ 공정분배, 특히 이익균점, 경영참가, 소유참가의 단계적 실현
⑤ 사치일소-안정화폐-호황경제의 달성
⑥ 자연보호-환경보호-경제성장, 그리고 복지사회건설이 곧 민족통일의 길이요, 통일의 명분과 실력도 여기에서 나온다는 확신 …

등이다. 이상의 여섯 가지 제안 중에서 남재가 특히 건강한 가정의 존립과 육성을 복지사회건설로 향한 첫걸음으로 제안한 점은 인류 문명에 대한 깊은 성찰에서 우러나온 탁월한 안목으로서 「남재 사상」의 철학적 깊이를 말하여 주는 것이 아닐 수 없다.

남재는 정신적 가치의 근원으로서 신의 존재에 대한 신앙이 영원히 부정될 수 없듯이, 몸과 마음의 고향으로서 가정의 본원적인 기능과 역량은 오히려 재발견되어야 한다고 강조하고, 동서고금을 막론하고 "가정은 사람을 낳고, 기르고, 가르치고, 돌보아주고, 서로의 사랑을 주고 받는 인간의 삶과 보람의 원천이며, 남성과 여성, 선인과 후예(後裔), 현세와 내세를 연결하는 혈과 정의 맥"이라고 그 의의를 재음미하였다. 아울러 가정의 근원적 존엄과 신비적 마력은 현대사회라고 해서 경시되는 것이 아니라 오히려 더욱 중시되어야 하고, 그 존속발전을 위해 마땅히 특별배려가 주어져야 한다고 역설하면서, 사회복지의 기지로서 1가족 1주택의 주거공간 소유권과 우선취업권 보장이 확립되어야 한다고 제창하였다.

또한 공정분배와 관련, 노사문제를 근본적으로 해결하는 길은 근로자를 "사슬밖에 잃을 것이 없는 무산자가 아니라, 잃을 것이 많은 대등한 참가자"로 만드는 길밖에 없으며, 산업평화-생산성향상-국민적 일체감의 조성도 이 방법이 있을 뿐이라고 역설하면서, 전체 국민 사이에 '정신적 실향민'이 생겨나지 않도록 동질의식을 길러나가는 것이 무엇보다 중요하다고 지적하였다.

끝으로 남재는 복지사회건설이 통일조국의 미래상으로 이어진다는 자신의 신념을 재확인하였다. 남재는 복지사회의 건설이야말로 이데올로기를 초월해서 민족적 동질성을 증대시키고 이질체제와의 대립을 흡수-동화해 낼 수 있는 민족통일의 명분과 실력의 원천이라고 단언하면서 우리가 복지사회건설을 지향해야 하는 이유와 당위가 바로 여기에 있다고 설파하였다.

남재는 1971년의 추계학술강연회에서 최초로 자신의 「남북통일론」을 펼

치면서 인류사 전개과정에는 모든 나라들이 중간결산단계로서 반드시 통과하지 않으면 안될 ‘공통의 광장’이 있다고 전제하고, 이를 ‘자유복지사회’라고 밝힌 바 있다. 또 1972년 강연에서는 이것을 “세계사의 강하가 도도히 흘러가서 만나는 대해(大海)”라고 표현을 달리하며, 그 성격을 ‘활력 있는 자유복지사회’라고 한 단계 더 구체화하였고, 1973년에는 다시 이를 ‘대중-대량소비사회’라고 풀이하였다.

남재는 자신이 말하는 이 ‘자유복지사회’ 또는 ‘활력 있는 자유복지사회’ 그리고 ‘대중-대량 소비사회’를 인류사가 발전해 가는 필지(必至)의 방향이라고 확신하였다. 선의건 악의건, 우여곡절을 겪으면서도 빠르고 느린 정도의 차이는 있을지언정, 서구의 선진사회가 이미 이 길을 통과하고 있고, 미국이 가고 있고, 소-동구-중공까지도 이 길로 향하고 있다는 것이다. 세계 대세가 이러하면 북쪽도 시간이 걸릴 따름이지 이 길로 가지 않을 수 없으니 인류의 이 공통의 광장 — 자유복지사회야말로 미래지향적 민족통일의 광장이 된다는 것이 남재의 통일논법이었던 것이다. 이후 남재는 매해 졸업식사에서도 거의 빠짐없이 자유복지사회의 건설과 평화통일의 완수를 강조하였다.

남재는 『기독교민주주의-사회민주주의-교도민주주의』를 저술하기 위해서 서독의 기민당과 사민당뿐만 아니라 영국의 보수당과 노동당, 기타 서구제국의 보수-사민 정당들의 정강정책을 연구하는 과정에서 복지사회의 개념으로부터 그 이념과 건설의 논리를 철저히 논구함으로써 복지사회이론에 대해서는 누구보다 정통했다고 볼 수 있다. 그런데도 어쩐 일인지 남재는 자신의 복지사회논리를 학술적인 차원에서 체계적으로 정리하지 않고 단지 우리의 통일접근법으로만 원용(援用)해 왔을 뿐이다.

따라서 이번 아산재단 심포지엄의 기조연설*은 그 동안 남재가 산발적으로 제시해온 자신의 ‘복지사회론’을 일거에 종합정리하는 계기가 되었다는 점에서 「남재 사상의 뼈대」를 세우는 대단히 뜻 있는 일이었다고 평가된다. 우리는 <복지사회건설의 길>에서 제시된 남재의 ‘자유복지사회론’이야말로 민족의 통일을 지향하는 남재 사상의 요체를 집약한 것이라고 보고자 한다.

---

* 남재의 이 기조연설은 언론의 조명도 크게 받았다. 《경향신문》은 행사당일 요지를 크게 보도하였고 《동아일보》와 《한국일보》는 이튿날 13일자로 이를 취급하였다. 또 《고대신문》은 7월 24일자로 전문게재하였고, 《주간조선》도 7월 29일자로 대서특필하였다.

제4절 10 · 26사태의 충격과 혼돈 속에서

1. 1979년의 정(靜) 중 동(動)

1979년—, 남재의 고대 총장 재취임도 어느덧 3차년도로 접어들었다. 남재는 정월 초하루 신년 하례식에서 비운-불운의 어둡고 괴로웠던 지난 한 해 동안 고대가 양적 발전에서 완전 공쳤으니 양(量)에서 잃은 것을 질(質)로 찾아내는 '1당백(一當百)의 대책', '1 대 1의 대추격'이 있어야겠다고 온 고대 가족의 분발을 촉구하고, 전년에 이어 새해에도 '분교설립'-'의대발전'-'재단개편'의 3대 실천과제를 실현하기 위해 다 함께 노력할 것을 다짐하였다.

1월 말부터 2월 11일까지는 12일 일정의 중동방문을 무사히 마쳤고, 월말에는 그 성사 여부를 자신할 수 없어 그 동안 숙제로 미뤄 두었던 해직-휴직교수의 복직문제를 문교부에 정식으로 제기하였다. 다행히도 남재의 건의가 받아들여져 3월 초부터 이문영을 제외한 세 교수, 김용준-김윤환-이세기가 학교로 돌아와 남재의 시름 하나가 덜어졌다.

5월에는 12일부터 10일간 실시된 1학년생들의 문무대 병영집체훈련 입소식에 나아가 기록에 남길 만한 훌륭한 격려사를 했다. "오늘의 진정한 지도자는 문무겸비의 정신과 신체를 갖춰야 한다. 진짜 양반(兩班)의 겸전이다. 우리 민족의 생존-발전방식은 한반도의 지정학적 특수성에 적합한 문무겸전-화전(和戰) 양면의 정신과 자세에서 찾을 수밖에 없다. 국토의 분단은 고통과 부담만을 안겨주는 민족적 비극이지만, 그것도 이용하기에 따라서는 발전과 분발을 자극하는 계기와 기회로 삼을 수도 있음을 알아야 한다. 불편하고 수치스러운 야간통행금지제도조차 만물의 절대휴식을 매일 가져다주는 미래지향적인 제도라고 찬양하는 견해*도 있음을 지적해 둔다"는 것이 그 요지였다.

---

* 1979년 3월 29일, 고대는 사우디아라비아의 킹 압둘아지즈(King Abdulaziz) 대학총장 주베이르(Zubeir)에게 명예법학박사학위를 수여한 바 있다. 식후 오찬을 나누는 자리에서 주베이르는 한국의

6월 하순에 학생시위를 선동하는 반정부 유인물이 뿌려지는 등 작은 소동이 있었지만 학생들의 호응을 전혀 얻지 못하여 불발로 끝났고, 이후 대학가에 크고 작은 반정부-반유신 데모가 끊임없이 이어졌지만 고대는 끝내 조용했다. 고대가 조용한 까닭은 무엇인가.

우선 학생 데모가 그다지 위협적이지 못하고, 대학가 전반이 조용해진 원인에 대해서, △ 카터의 방한을 계기로 그 동안 냉각되었던 한-미관계가 호전되고 있고, △ 정보-공안기관들의 문제학생 사전격리 등 소위 '한국적 법치주의'의 사전예방-원천봉쇄 조치가 절대적인 위력을 발휘하고 있으며, △ 날로 위축-왜소화하고 있는 야당과 재야 등 저항세력에 기대를 걸 수 없게 되었고, △ 그 동안 젊은 학생들의 의기를 돋워왔던 언론들, 특히 대학 출입기자들, 문교부 출입기자들이 대학-학생편이 아닌 문교부-정권의 노골적인 어용부대로 전락하여 현실왜곡을 일삼고 있기 때문에, 그리고 △ 과거 지사적 투사형 학생들은 거의 대학에서 사라지고 무기력해진 소시민형의 나약한 학생들만이 남게 되었기 때문이라고 보는 것이 일반적인 분석이었다.

고대라고 대학가의 이와 같은 일반적인 상황에서 예외일 수는 없는 것이다. 학생들의 기질도 이제는 과외공부세대, TV 세대로 바뀌어 웬만한 세상일로 자기를 희생하고 시국문제에 뛰어드는 무모한 짓은 하지 않게 되어 있었다. 그만큼 대학가의 전체 분위기는 현정부에 유리하게 바뀌어가고 있었던 것이다.

그러나 해마다 태풍이 남쪽에서 불어오듯, 1979년의 '정치지도'를 상전벽해(桑田碧海)로 만들 정치태풍이 남쪽에서 서서히 일고 있었다.

2. 여야의 극한 대립

1979년 5월 30일, 신민당총재선거에서 김영삼(金泳三) 후보가 2차 투표 끝

통금제도를 가리켜 하루에 한 번씩 만물이 조용히 휴식할 수 있는 시간을 주는 아주 좋은 제도라고 극구 찬양한 바 있다. 어떠한 사물이나 인식대상도 생각하기에 따라서는 이처럼 180도 전혀 다르게 파악될 수 있음을 보여주는 좋은 예화로써 남재가 인용하고 있어 여기에 소개한다.

에 이철승 후보에 역전승하였다. 그 동안 온건노선을 걸어온 야당의 대여자세가 강경투쟁노선으로 급선회할 것이 분명하였다.

6월 11일, 김영삼은 외신기자클럽에서 행한 연설에서 "김일성 면담용의"를 밝혔다. 그 일주일 후, 북측이 "전민족적 대의에 부합된다"고 환영의 반응을 보이자, 이를 계기로 반공단체들이 신민당사를 점거하는 등 김영삼 규탄에 나섰고, 여당측도 김영삼의 대북접촉용의 철회와 대국민사과를 요구하는 등 강경대응으로 나옴으로써 여야간에는 극한대립의 전운이 감돌기 시작했다.

정국이 이처럼 초긴장상태로 빠져들고 있을 무렵인 이 달 28일, 문교부차관이 고대에 전화를 걸어 김영삼 등 신민당 간부들이 인촌묘에 참배를 간다고 하는데 정문통과를 막고 후문으로 출입시키라는 내용의 통고를 했다. 이어 장관 박찬현이 다시 같은 지시를 내렸다. 야당의 학생선동을 차단하기 위해서라는 것이 이들의 명분이었다.

남재가 물론 이들의 정신병자와 같은 해괴한 지시를 따랐을 리 만무했지만, 이날의 해프닝이야말로 전쟁 말기 일제식민지 통치행태를 연상케 하는 유신문교관리의 권력만능-관권지상주의적 작태를 극명하게 드러낸 표본이 아닐 수 없다. 대정부자세에 뻣뻣하기로 소문난 고대가 당하는 수모가 이 정도였으니 이 시절 문교부가 이 나라 대학들을 어떻게 주물렀겠는가는 상상을 절할 일이라 할 것이다.

그 이튿날인 29일에는 카터가 내한하여 한-미관계의 난기류가 걷히는 계기가 되었다. 그러나 8월 중순 YH여공들의 신민당사농성사건으로 가일층 상승된 여야간 극한대치국면은 급기야 김영삼의 국회제명파동으로 치달은 끝에 마침내 '부마항쟁(釜馬抗爭)'의 유혈사태를 향해 폭발하였고, 소위 'YS사태'로 재연된 한-미 간의 미묘한 갈등과 미국의 그 불편한 심기는 주한미국대사 글라이스틴의 본국소환형태로 표출되었다.

10월 18일, 부산 일원에 비상계엄이 선포되자, 서울에 그 여파가 미칠 것을 두려워한 정보-사찰 공안기관들과 대학들은 학부모들을 동원, 학생들의 등교를 막고 문제학생 단속에 나서는 등 엄중경계에 들어감으로써 적어도 당분간 서울에서의 학생소요는 불가능하게 되어 있었다. 따라서 이때까지만 해도, 이 해 5월의 야당당권교체를 신호로 → YH여공사건 → YS제명사태

→ 부마항쟁으로 에스컬레이트된 일련의 상황전개가 유신의 말로로 귀착되리라고 내다본 사람은 아무도 없었다.

3. 절대정권이 전면붕괴하던 날(10. 26.~11. 3.)

10월 27일 새벽 다섯 시 반, 남재는 총장비서실장 김영수(金永洙)로부터 다급한 전화를 받았다. 이미 비상계엄이 선포되고 오늘부터 학교는 휴교로 들어간다는 내용이었다. 이 시점까지도 사태의 진상은 명확히 알려지지 않았다. 7시 30분경에야 대통령 박정희의 피격-서거라는 놀라운 사실이 라디오의 긴급 뉴스로 보도되었고, 곧 이어 26일 저녁 중앙정보부 궁정동(宮井洞) 안가에서 있었던 대통령시해(弑害)가 중앙정보부장 김재규의 계획범행이라는 「10·26사태」의 대강이 밝혀졌다. 뉴스는 27일을 기하여 제주지역을 제외한 전국에 비상계엄이 선포되고 국무총리 최규하(崔圭夏)가 즉시 대통령 권한대행에 취임했다는 소식으로 이어졌다. 28일에는 계엄사령부 합동수사본부(본부장; 육군소장 全斗煥)에 의해 「10·26사태」 1차수사결과가 발표되었다. 총으로 잡은 정권이 몇 발의 총성으로 사라졌음을 공식 확인하는 절차였던 셈이다.

남재는 비로소 '토틀정권'은 갑자기 '토틀붕괴'한다는 사실을 실감하였다. 언론들, 특히 방송들은 대통령의 급서(急逝)에 누가 실감나게 곡소리를 가장 잘 내는가를 경쟁이라도 하듯, 일제히 백성의 누선(淚腺) 자극에 열중하였고, 그 때문인지 거리에는 애도의 물결이 넘쳐흘렀다. 알 수 없는 1인숭배의 극치였다. 하나의 군주제(君主制)가 무너졌다면 다음에 와야 할 것은 당연히 새로운 공화체제이어야 함에도 불구하고 언론들은 의도적으로 역사의 이 필연과정을 외면할 셈인가!… 27일 이날, 남재는 어수선하고도 심난한 가운데 진종일토록 집에서 방송에 귀를 기울이며 보냈다. 28일에는 오랜만에 지축리 농장에 나가 만추의 조락(凋落)을 감상하였다. 나이 육순에 새삼 느껴지는 제행무상(諸行無常), 인생의 덧없음에 한숨지으며 한동안 애상(哀傷)에 잠겼다. 또 숱한 상념들을 떠올렸다 지웠다를 반복하였다.

지금의 이 일관된 박정희 1인숭배, 이 신격화가 나중에 더욱더 사태를 수습키 어려운 반작용과 단절-공백을 가져오지는 않을는지…, 왜 하필이면 국장일을 말썽 많은 학생의 날 11월 3일로 잡았는가, … 또 지금의 행정부나 그 주변의 이해당사자들은 현행헌법을 그대로 둔 채 실권연장을 획책할 것이 분명한데, 그로 인해 야기될 국가적 고통과 고난은 또 얼마나 클 것인가…, 약간의 과도적 혼란과 불안이 있더라도 국민의 직접선거에 의해 후임 대통령을 선출하고 그에게 모든 것을 일임할 수밖에 다른 도리가 없지 않은가…. 단기간의 불안정이 오히려 장기간의 안정을 가져올 수 있음도 알아야 할 텐데…, 유신정권이 비록 정통성이 결여된 정권, 도덕성이 결핍된 정권일지라도 거목이 절단되어 잎도 지고, 가지도 부러지고, 뿌리도 모두 죽었으니 새묘목을 새 장소에 심어야 하지 않는가… 하는 등등의 생각들이었다.

29일, 남재는 민정수석 박승규(朴承圭)의 안내로 박정희 영전에 명복을 빌고 김종필(金鍾泌)-육인수(陸寅修)-장덕진 등과 조문인사를 나눈 후, 고인의 추모담을 나누었다. 이 자리를 떠나면서 남재는 "진시황(秦始皇) 없는 만리장성(萬里長城)이 과연 얼마나 버틸 수 있겠는지…" 하는 생각을 했다.

11월 3일 국장일(國葬日), 남재는 영결식(10시~12시 30분)에 참석하였다. 대통령권한대행 최규하의 <추모사>에 '유신'이란 말이 단 한마디도 언급되지 않는 것이 이상했다. 유신체제를 포기한다는 뜻인지, 여론에 일시적으로 영합키 위한 위장인지 … 도무지 알 수 없는 일이었다. 이날의 장례에서 대통령 박정희의 큰 은혜를 입었을 저명인사라는 사람들이 우는 모습은 찾아볼 수 없어도 가두의 부인들은 진실로 슬퍼우는 것 같았다. 고인에 대한 신앙심 때문인지, 아니면 자기 설움 때문인지….

또 이번 국장기간 중 초등학생들의 애도 모습은 흔히 눈에 띄었지만 전국적으로 대학생들의 애도행렬은 찾아볼 수 없을 정도로 대학가는 냉랭한 반응을 보였다는 것이 중론이었다. 박정희의 운구(運柩)행렬이 동작동 국립묘지를 향하여 떠나자 비판세력들간에는 각하가 없는데도 변함없이 해가 뜨고, 자동차는 굴러가고, 또 사람들은 저희들 멋대로 목적하고, 도모하고, 계측하며 잘도 살아가고 있으니 괘씸죄로 '일단정지'의 긴급조치를 내려야 할 것이 아니냐는 비아냥이 나오기도 했다. 「긴급조치」 ―, 이것이야말로 유신의 가장 희화적인 '얼굴'이었다.

4. 유신의 말로; 박정희 없는 「박 체제」의 혼돈

유신의 본체(本體)가 사라지자 사람들은 유신체제의 계승자들을 '유신잔당(維新殘黨)'이라고 불렀다. 그러나 이 호칭은 일정한 감정이나 가치판단이 개입된 주관적 비칭(俾稱)일 터이므로 여기서는 구시대-구체제를 지탱했던 세력이라는 의미에서 그냥 '유신구세력'이라고 부르기로 한다.

'유신구세력'이 "박정희 없는 박 체제", "박 세력"을 고스란히 유지-존속시켜나가고자 온갖 책동을 다하리라는 것은 냉엄한 생존 법칙으로 볼 때, 오히려 당연하다고 할 것이다. 더구나 구세력의 이와 같은 기도를 계엄군이 뒷받침하고 있지 않은가. 그리하여 시국수습책은 '선개헌-후계승론'과 '선계승-후개헌론'의 대립으로 압축되었다.

11월 10일에 있었던 대행 최규하의 소위 <중대발표>라는 것은 "박정희 없는 박의 만리장성"을 그대로 온존-연명시키려는 저의가 역력하였고, 자신이 후임대통령이 되려는 의도가 분명하였다. 새 대통령을 유신헌법에 따라 통일주체국민회의에서 체육관선거로 선출하고, 새로 당선된 대통령은 빠른 시일 내 헌법을 개정하고 선거를 실시한다는 '선계승 후개헌론'이 그 골자였기 때문이다. 결국 대행 최규하 정부는 「10・26사태」의 교훈으로부터 전혀 배운 것이 없고 또 배우려 하지도 않았다.

언론들은 최규하의 담화를 대체로 지지-환영하였다. 헌법개정의 내용과 시기에 관해서 명확한 제시가 없음에도 불구하고 그가 다만 개인적으로 개헌약속을 했다는 사실 하나에 감격하여 그처럼 부화뇌동하고 있다는 것은 문제의 해결이 아니라 회피-천연에 불과한 <담화>의 진의와 본색을 전혀 읽어내지 못했거나 일부러 그것을 외면하고 구세력의 집권연장 책동에 동조하고 있음을 뜻하는 것이었다.

남재는 최대행정부의 안정책을 높이 평가하는 어느 외국인과의 대화에서, 지금 당장의 근시적 안정이 장기적-거시적 불안정을 가져올 것을 우려하며 최 정부의 미봉적 수습책이 한국의 민주발전을 또다시 후퇴-지연시키는 결정적 장애가 될 것으로 내다보았다.

11월 19일, 대학의 휴교령이 풀렸다. 22일부터는 벌써 서울대・경북대 등에 유신정부퇴진, 조속한 총선실시, 학도호국단 해체, 어용교수 축출 등을 주장하는 반정부 삐라가 뿌려졌다. 고대에도 26일에는 학원민주화를 선언하는 유인물이 배포되었다.

12월 6일, 예정대로 최규하가 계엄하에서 단독입후보하여 보선대통령에 당선되었다. 이날 오후부터 끼기 시작한 '시계(視界)제로'의 짙은 안개는 이튿날까지 계속되어 최 정권의 희화적인 앞길을 예보하는 듯했다.

8일에는 「긴급조치 9호」가 해제되었다. '결자해지'(結者解之)가 아니라 그 밑에서 심부름이나 하던 사람의 엉뚱한 생색내기가 되어버렸으니 역사란 참으로 희극이라 하지 않을 수 없다. 최 정부의 출범을 '진장가출'(眞藏假出)로 보고, 과연 "진짜가 언제 나올 것이냐"가 분석가들의 관심의 초점이 되었다.

12월 12일, 용산 쪽에서 군인들간에 총격전이 벌어지고 계엄사령관 정승화(鄭昇和)가 체포되었다는 엄청난 소식이 들려왔다. 이튿날 아침 6시, 남재는 30사단 병력 1,500명이 고대에 진주했다는 몹시 언짢은 보고를 받았다. 군의 대학점거는 5·16 이후 상습화된 정치과정이었다. 시중에서는 「12·12 사태」의 성격을 놓고 숙군(肅軍)인가, 하극상(下剋上)에 의한 쿠데타인가 해석이 분분하였다.

14일, 세상이 또 어떻게 뒤집힐지 모를 혼돈 속에서 최규하 정부의 조각 발표가 있었다. 신현확(申鉉碻)을 국무총리로 하는 '유신구세력정부'의 성격을 일러 구심력 없는 개인본위의 '원심정부'(遠心政府)라는 것이 시중이 뒷공론이었다. 김옥길이 최규하 정부의 문교부장관에 입각하여 남재는 16일 혜천과 함께 문교부로 신임장관을 예방하고 "조속한 헌법제정, 총선실시, 새 정부에 정권이양을 제1의 임무로 삼고, 각급학교와 대학을 본연의 궤도에 올려 놓는 데 힘써줄 것을 간곡히 당부하였다.

21일, 최규하 제10대 대통령취임식이 장충체육관에서 거행되었다. 이날 취임식에 참석한 남재는 최규하가 <취임사>에서 쓸데없이 지나치게 '위기'를 강조하며 '위기관리정부'를 자처하고 있고, 특히 헌법개정에 1년씩이나 준비기간을 잡고 있는 데다 특별한 사정이 없는 한이란 단서까지 달아 잔여임기 2년을 채우려는 과욕마저 부리고 있음이 그대로 드러나 쓴웃음을 짓지 않을 수 없었다. 이 나라가 장차 어디로 가려는지… 남재는 안타까운 마음을 금할 수가 없었다.

제5절 아! 아버님 수당(秀堂)

1. 득병 → 투병 → 영면까지

수당은 1975년 2월, 삼양사 정기주주총회에서 공식 은퇴를 선언하였다. 그가 사업에 투신한 지 만 53년, 그의 나이 80이 되는 해였다. 이날 수당은 명예회장으로 추대되고, 회장에 김상홍, 사장에 김상하가 각각 선임되었다.

은퇴 후에도 수당은 주 2회 정도 삼양사에 나가 경영전반의 자문에 응하였고, 나머지 시간은 운동(골프)을 하거나 친구들과 만나 바둑을 두기도 하고 더 많은 시간을 독서로 소일했다.[20)]

1977년에는 영광(靈光)에 비육돈(肥肉豚) 사육장을 차려 양돈에 손을 댔다. 생애 마지막 생명의 불꽃을 수당은 양돈으로 불태웠던 것이다.

남재는 방학동에 계신 부친 수당을 자주 찾아뵙지는 못했다. 남재 자신도 바빴지만 수당 역시 집을 비우고 지방여행을 자주 다니셨기 때문이다. 수당의 여행은 단순한 유람이 아니라 여전히 세상물정과 인심의 동향을 살피는 일종의 탐색여행이라 할 수 있다. 사업에 관한 한 수당은 영원한 탐구자요 개척자였던 것이다.

남재가 문안차 방학동으로 수당을 찾으면 화제는 자연 산업동향과 고대의 제반문제에 미쳤다. 남재는 울산산업시찰에서 본 현대조선의 장관(壯觀)을 수당께 말씀드린 일도 있고(1977. 11. 6.), 고대 재단의 문호개방의 필요성과 재벌기업영입작업 추진상황을 말씀드리고 조언을 구하기도 했다(1977. 12. 11.).

수당이 처음 득병의 징후를 보인 것은 이듬해인 1978년 4월 22일의 일이다. 이날 수당은 감기에 폐렴기가 있어 고대의대부속병원(혜화동)에 입원하시어 남재는 23일 문병하였다. 노쇠가 역력한 초췌해진 수당의 모습을 보면서 남재는 문득 슬픔 같은 것을 느꼈다. 27일에는 위출혈까지 있었다. 오래 버티실 수 있을지 남재는 걱정 속에서 이날 하루를 보냈다. 30일에는 중풍

쪽으로도 악화되었고, 호흡까지 곤란하여 인후에 천공을 내는 응급조치를 취했다.

5월 2일에는 위독한 고비를 넘기셨고, 5일부터는 호전되기 시작하여 당분간은 걱정하지 않아도 좋을 정도로 회복세를 보였다. 그러나 12일부터 다시 악화되어 25일부터는 위출혈이 계속되었다. 위출혈은 그 원인이 궤양 때문으로 판명되었다. 담당의들은 수술이 불가피하다고 판단하고 있으나 영수-점효 두 고모님이 수술을 완강히 반대하여, 미국 여행에서 곧 돌아올 형님 상준의 결심을 구하기로 하고 수술을 일단 연기하였다.

6월 2일, 상준은 귀국 즉시 병원으로 직행하여 담당의 목돈상(睦敦相 : 일반외과과장)-서순규(徐舜圭 : 흉곽외과과장) 등과 토의 후, 수술을 결정, 오후 3시부터 2시간 반에 걸친 궤양 부분 제거수술을 마쳤다. 목돈상의 집도와 황정웅(黃正雄)의 보조로 수술은 성공적으로 진행되어 이튿날 수당은 의식을 회복하였다. 이날 내내 수술진행을 기다렸고, 숙직을 서며 병상을 지켰던 남재는 “아버님의 생명력은 참으로 강하시다”고 이때의 감상을 일기에 남겼다.

6월 11일에는 군복무중인 한이 마침 휴가를 나와 부자가 수당을 문병했다. 그러나 12일부터 또다시 병세가 갑자기 악화되어 방학동에 병상을 차리고 만일에 대비하였다. 온가족이 밤샘을 하는 가운데 고비를 넘기면서 다소 호전되는 듯하더니 16일부터는 장출혈이 시작되었고, 20일에는 토혈까지 하는 등 절망상태에 빠졌다. 이후부터는 병세가 일진일퇴를 거듭하여 가족들의 애를 태우는 날이 연속되었다.

남재는 6월과 7월 두 달 동안은 거의 하루도 거르지 않고 혜화동 병원과 방학동을 오가며 병상을 지켰다. 그 북새통에도 남재는 내방객 접견, 밀린 편지 답장, 각종 교내외 행사와 경조사 참석, 공항 출영 등 초인적으로 움직이는 모습을 보여주었다.

7월 하순부터는 급식을 시도해도 좋을 만큼 수당의 병세가 눈에 띄게 좋아져 이달 22일, 처음으로 식수 150cc를 주입한 데 이어, 25일 다시 450cc의 미음을 주입해도 무탈하자 이튿날 병상을 방학동에서 다시 병원으로 옮겨 모셨다. 이후 튜브를 통한 급식을 시도하여 30일에는 1,500cc로까지 양을 늘여도 괜찮을 정도로 뚜렷한 회복세를 보였다. 다만 혼수상태를 벗어나지 못하는 것이 문제였지만 그런 대로 소강상태를 유지하며 8월부터는 형제들이 병상지키기를 현저히 줄여나가면서 해를 넘길 수 있었다.

1979년에도 전반기 내내 수당은 깨어나지 못하였다. 7월에는 한때 고열이 나고, 8월에는 갑자기 심장기능에 부조가 발생하여 가족들을 아연 긴장시켰으며 10월부터는 전신마비 증세까지 겹치면서 급속히 악화되기 시작, 이제는 도저히 해를 넘기기 어려울 것으로 보였다.

11월 하순부터는 완전히 위독해 지셨다. 22일, 전가족이 병원에 비상소집되었고 임종을 맞기 위해 수당을 또다시 방학동으로 옮겨 모셨다. 그날로부터도 수당은 꼬박 열이틀을 더 버티시다 12월 4일 새벽 3시 16분, 남재 형제들 모두가 지켜보는 가운데 조용히 숨을 거두었다. 득병으로부터 꼭 1년 8개월 투병 끝에 불귀의 먼 길을 떠나신 것이다. 향년 84세, 실로 위대한 생애였다.

그가 이룩한 다른 모든 것은 제쳐두고라도, 남재를 낳아서 기르고, 가르치고, 인생에 눈을 뜨게 하여 「역사의 신」 앞에 인도한 사람이 바로 수당이라는 이 한 가지 사실만으로도 우리는 그의 생애를 위대했다고 평가하지 않을 수 없는 것이다.

2. "됫박으로 바닷물을 퍼낸 한생"

수당의 부음이 《동아방송》 전파를 타고 세상에 전해지자 4일 오후부터 조객들이 몰려들기 시작하였다. 윤보선, 이철승, 김영삼, 김종필 등 정치인들을 비롯하여 전·현직 장관 등 관계 인사들, 특히 경제계 인사들이 빠짐없이 조문하였다. 정부는 고인이 생전에 끼친 국가사회적 큰 공적을 기리기 위해서 5일자로 국민훈장 무궁화장을 추서했다.

호상(護喪)은 일석(一石) 이희승(李熙昇)에게 맡겨졌다. 5일 오전 입관례와 성복제(成服祭)가 행해졌다. 영결식은 6일, 수당이 생전에 마지막까지 머물던 방학동 집 앞 뜰에서 간결·엄숙하면서도 품위 있게 치러졌다. 500이 넘는 조객들이 애도하는 가운데 호상 이희승의 감명 깊은 <조사>(弔辭)가 바쳐졌다. 고인이 생전에 늘 강조했던 장의 지론을 받들어 유해는 화장되었다. 어제의 홍안(紅顔)이 오늘의 백골이 되어 방학동으로 돌아온 것이다.

8일 삼우제(三虞祭)에 이어 15일 첫 삭망을 지어올리고, 21일 하오 1시 열이레만에 '납골(納骨)의식'을 가졌다. 1980년 1월 20일에는 성나암(星羅庵)에서 49재(齋)를 올렸다.

『수당전기』는 "…나라의 땅이 좁은 것이 한이어서, 겨레의 헐벗고 굶주린 모습을 차마 볼 수 없어서 평생을 하루같이 달려온 수당이 … 그 지친 육신을 끝없는 잠 속에 깊이깊이 묻었다"고 쓰고 있다. 또 미당(未堂) 서정주(徐庭柱)가 쓴 수당비문의 다음과 같은 일절이 보석처럼 빛난다.

> "…바다에 빠진 보석을 건즈려 님은 한평생 적은 됫박으로 바닷물을 품어내고 있나니…."

제6절 저무는 70년대, 못다한 이야기들

1. 대만-중동여행

남재는 고대 복귀 후 1979년 말까지 해외여행 두 차례, 국내여행 다섯 차례, 산업시찰 두 번, 그리고 「새마을연수교육」에 한 번 참가하였다.

두 번의 해외여행 중 하나는 중화민국(대만)정부 초청으로 5일간 대만의 교육계를 시찰하는 길에 홍콩-일본까지 돌아보는 15일 일정의 3국 방문이었다. 1977년 12월 13일 혜천과 함께 출국한 남재는 18일까지 대만, 20일까지 홍콩, 27일까지 일본에 머물렀다. 대만에서의 주요 방문처는 대북(台北)시정부, 대만공업전문대학, 중국청년반공구국단, 국립정치대학 및 동교의 국제관계연구중심(센터) 등이었고, 역사박물관과 고궁박물관을 관람하였다.

대만 방문 첫날에 만난 주중대사(駐中大使) 김계원(金桂元)으로부터 남재는 대만의 중국인들이 국제적으로 날로 고립되어가도 결코 허둥대지 않고,

경거망동하지 않으며, 공무원들이 성실하고 또 책임감이 강하여 쉽사리 공산화되지 않을 것이라는 이야기를 들었다.

혁명구호 대신에 상업선전으로 뒤덮인 대만의 거리를 벗어나면서 남재는 자유중국이 끝까지 살아남아 주기를 간절히 기구하는 심경으로 '대만의 비운'을 되씹어보았다. 머지않아 미-중공 국교정상화가 이루어지면, 미국은 대만에 대해서 단교(斷交)-폐약(廢約)-철군(撤軍)의 예정된 수순을 밟게 될 것이다(미-중공 국교수립은 1979년 1월 1일자로 이루어졌다). 그 이후의 '대만의 운명'은 남재의 뇌리에서 끝까지 떠나지 않는 관심사가 되었다.

홍콩과 일본 일정은 부담 없는 가벼운 관광길이었다. 일본에서는 고속철 신칸센(新幹線)으로 도쿄에서 교토로 달려가 이 일대의 유적과 고사찰 등을 관광하였다. 나라(奈良)에서 본 8세기 중반에 건립되었다는 도다이지(東大寺)와 금동제 대좌불(大座佛)이 인상적이었다. 여행중 난바라(南原)의 근간(近刊) 『역사를 만드는 것』(歷史をつくるもの ; 1970)을 읽으면서 젊은 세대에게 "자유-민주-평화, 팍스휴머나(Pax Humana)의 21세기를 만들어야 한다"고 강조하는 그의 이상주의에 크게 공감하였다. 이번 3국 방문에도 현지 고대 교우들의 극진한 환대가 있었다.

두번째는 중동방문으로, 1979년 1월 30일 출국, 싱가포르 → 쿠웨이트 → 바레인 경유, 사우디아라비아에 5일간 머물면서 한국기업들의 건설진출상황을 돌아본 후 4일간 카이로의 이집트 고대유물들을 관광하고 다시 바레인 → 방콕을 거쳐 2월 11일 귀국하는 12일간의 일정이었다.

무려 6만 6,000명에 달하는 건설인력이 120억 불 규모의 건설수주를 받고 진출하여 아라비안나이트의 마술을 일으키는 '중동붐'의 현장 사우디아라비아의 다란(Dahran)-담만(Damman)-쥬베일(Jubail)-리야드(Riyadh) 등을 돌아보면서 남재는 세계로 뻗어가는 한국인의 기상과 현대건설의 신화를 실감할 수 있었다. 특히 건설현장의 책임자들 대부분이 남재의 문교부장관 재임시절 퇴출운명에 놓여 있다가 간신히 살아남은 대학들의 공과대학 출신들이라는 점에서 남재의 감회는 남달랐다(제9장 1절 4항 참조).

2. 국내여행, 산업시찰, 새마을교육, 기타

국내여행은 주로 학생들의 자습기간(Study Day)중이나 연휴기간을 이용하여 내외가 반드시 함께 다녔다. 1977년 10월 초의 여행은 청주→보은→상주→예천 경유 안동에 도착, 도산서원을 돌아보고(퇴계 묘소 참배), 하회(河回)의 충효당-영모각 등을 구경한 후→속리산 법주사(法住寺) 관광→괴산의 우암 송시열(宋時烈) 묘 참배→화양동(華陽洞) 구경 등 3일 일정으로 짜여졌다. 이 여행에는 셋째 양순을 대동하였고, 교수 홍일식이 배행하였다.

1978년 10월 초순에 이틀간 있었던 전라도 여행은 광주→화엄사(華嚴寺)를 일주한 후→구례→곡성→남원→전주→논산을 거쳐 공주의 백제 무녕왕릉(武寧王陵)을 돌아보는 코스였다. 남재는 능 내부의 벽면, 천정의 구조와 선이 서구의 구교성당 분위기를 풍겨주고 있어 동서의 교류-접촉이 생각보다 훨씬 오래 전에 이루어진 것이 아닌가 하는 생각을 했다. 이번 여행에는 홍일식 외에 윤세영(尹世英 : 고고미술사학) 등이 배행하였다.

1979년 7월 하순의 강화(江華) 여행에서는 그 동안 공들여 손질해놓은 역사유적지들을 돌아보면서 대통령 박정희의 자주국방의지를 새삼 확인할 수 있었다. 홍일식과 최영희(崔泳禧 ; 한국사 : 전국사편찬위원장)가 배행하였다. 이 밖에 8월 초의 흑산도-목포 여행은 종제(從弟) 김상종(金相淙)의 관광사업 돌아보기를 겸한 것이었다. 10월 초에는 보문관광단지와 황룡사지(黃龍寺祉) 발굴현장을 비롯한 신라 유적을 다시 살펴보고, 문무왕 수중릉도 돌아보았다.

산업시찰은 1977년 11월 초 울산지역, 그리고 1978년 12월 초 구미-포항-울산-창원 등의 대단위 산업시설 및 방위산업시설 등을 3일에 걸쳐 돌아보는 코스 등 두 차례 있었다. 중공업시설의 어마어마한 규모에 남재는 그야말로 압도당하면서 저 엄청난 시설들을 움직여 과연 수지균형을 맞출 수 있을지가 몹시 궁금하면서 또한 의심스러웠다. 그러나 다음 순간 이와 같은 걱정을 하는 자신의 기우(杞憂) 자체가 열등감의 단면처럼 느껴지면서 한국의 놀라운 산업발전에 경탄하여 마지않았다.

이 시기에 남재가 수원의 새마을지도자 연수원에 입소하여 받은 1주일간의 새마을교육(1978. 8. 20~26.)은 참으로 이색적인 경험이었다. 새마을운동 지도자들과 교수들의 강의를 주로 듣고, 운동장 구보와 체조 등으로 신체단련을 겸하는 교육과정을 마치고 나자 남재는 마치 절해의 고도(孤島), 아니면 심산유곡의 수도원에 있다가 속세로 다시 돌아온 느낌이었다. 또 이 운동이 이 시대를 경영해나가는 주류인지 지류인지, 중심부인지 주변부인지가 궁금하였다. 다만 분명한 것은 지금 이 나라에 '제2의 단군신화'를 굳게 믿는 사람들의 조직이 따로 형성되어 있다는 사실이었다.

이 밖에 남재는 1978년 10월 5일에 해사(海史) 이원순(李元淳)의 미수(米壽) 축하연을 고대-이대-전경련-한미협회 합동으로 마련하였다. 이원순은 1890년 서울에서 출생, 배재학당(培材學堂 ; 1907)-국립외국어학교(1909)를 거쳐 1914년에 보성전문학교 법과를 중퇴하고 도미한 후 독립운동에 투신, 하와이에서 이승만이 발행하던 잡지 《태평양》의 주간직을 맡아 애국계몽운동을 펼치면서 백범(白凡)의 상해임시정부 재무부 북미지역 제2행서(하와이지역) 책임자로서 독립운동자금 모금사업에 헌신하였다.[21] 조국의 광복에 즈음해서는 뉴욕에 무역상사 「한미무역」을 설립(1946)하였고, 정부수립기에는 대한상공회의소(大韓商工會議所) 주미대표로 활약하다 휴전 직후 귀국하여 「한국증권」을 설립(1953)하며 경제활동에 진력하면서 전국경제인연합회의 전신인 한국경제인협의회를 창설(1963)하여 경제인들의 사업지도와 권익신장에 앞장섰다. 전경련 출범 후에는 고문으로 추대되었고, 한국의 체육발전과 그 국제화에도 크게 이바지한 바 있다.

이날의 미수연을 차리기 위해 남재는 정주영-김옥길 등을 비롯한 재계와 한미협회 관계인사들과 협의하였고 행사 당일에는 해사의 '약력보고'를 했다.

가족의 특기사항으로는 1978년 6월 23일, 셋째 양순이 결혼하여 남재 내외는 이양팔(李亮八)을 셋째 사위로 맞았다. 또 군복무중인 한(翰)이 1979년 5월 제대하여 그 해 11월 16일 김영란(金英蘭)과 결혼하였다.

양순과 한의 결혼 시점은 수당의 병세가 의식불명의 위중한 속에서 일진일퇴를 거듭하던 고비여서 남재 내외는 번번이 애를 태우지 않을 수 없었지만, 수당은 마치 이 쌍둥이 손자-손녀의 혼례를 축복이라도 하려는 듯, 끝까지 잘 버텨주시어 무사히 혼사를 마칠 수 있었다.

한편 혜천은 양순의 미국 신혼 살림을 잠시 돌봐주기 위해 1978년 11~12월의 약 40일간을 남재와 떨어져 스탠포드에 체류한 바 있다.

3. '신춘청담' 3제(三題)

남재는 1978년 신년을 맞으면서 두 차례의 일간신문 대담과 한 차례의 교내신문 《고대신문》과의 인터뷰를 가졌다. 첫번째 일간신문 대담은 정부수립 30주년을 맞으면서 대한민국 건국 30년의 발자취와 그 역사적 의미를 사학자이자 연세대 명예총장인 백낙준(白樂濬)과 대담형식으로 살펴본 '신춘청담'으로 《동아일보》의 1월 1일자 신년호를 장식한 것이고, 두번째는 연세대 출신의 청년 인기작가 최인호(崔仁浩)가 인터뷰 형식으로 정리한 대담으로 《경향신문》이 기획하여 동지의 1월 7일자에 게재한 것이다. 세번째는 남재가 고려대학교 제8대 총장으로 재취임하여 한 학기를 보낸 후의 소감, 고대의 앞으로의 목표, 그리고 자신에게 주어진 과업들을 하나하나 짚어나간 3월 2일자 《고대신문》 인터뷰 기사로 그 내용 일부는 이미 본장(제2절 1항)에서 인용한 바 있다.

우선 남재는 백낙준과의 '신춘청담'에서, 우리 민족이 지난 30년 동안 우여곡절도 많았지만 끈질기게 자기보존(自己保存)을 해왔고, 또 줄기차게 성장해 왔다고 회고하고, 크게 보아 민족이 큰 보람과 큰 자신감을 얻게 되는 기간이었다고 평가하였다.

그러나 그 반사적 결과로서 민족에게는 적잖은 새로운 과제도 생겨났다고 진단, 경제개발에 따른 후속개발문제를 제기하였다. 경제토대구축에 수반하는 사회개발-문화개발-정치개발-정신개발이 앞으로 큰 문제가 아닐 수 없다는 것이다. 특히 사회 도처에 만연되어 있는 전근대적-근대적 신구의 갈등과 불신풍조의 혼합양상이 민족의 발전을 가로막는 부정적인 요인이 되고 있음을 지적하였다.

아울러 이제부터 우리는 민족 전체가 독립-자존의 기상과 더불어 세계를 향하여 자신 있게 문호를 개방해 나가는 진취의 기상을 드높여야 한다고 강조하였다. 그리하여 우리 민족도 세계에 대해서 기여를 하고 책임을 나눠질 줄도 아는 의식의 전환이 필요하다고 역설하면서, 사람밖에 가진 것이 없는 우리로서는 자연보호에 못지않게 인간보호, 인간회복, 인간양성의 길을 개척해 나가야 한다는 매우 시사적인 제안을 하였다.

작가 최인호와의 대담에서는 젊은 세대에게 무엇보다 '세계인'이 되어 달라고 주문하였다. 21세기를 살아갈 젊은이들이야말로 21세기의 주인공들이며, 21세기를 살아야 할 운명에 처해 있음을 환기시키면서, 지금 우리는 어디에 있는가, 세계는 어디로 가고 있는가… 항상 이러한 문제들을 발돋움하고 멀리 내다볼 줄 아는 혜안(慧眼)을 키워 달라고 당부하였다.

또 우리의 것을 재발견하고 주체성을 찾는 노력이 무엇보다 중요하지만, 이와 더불어 넓은 자유-개방세계와도 조화되는 주체성이어야 한다고 일깨우면서 5,000년 동안 민족어와 민족의 식(食)생활, 의(衣)문화를 지켜온 유일한 민족으로서의 자부심과 함께 넓은 세계를 열린 마음으로 받아들여 우리의 것으로 재창조해 나갈 수 있는 포용력과 탄력성을 길러나가야 한다고 강조하였다.

끝으로 《고대신문》과의 인터뷰에서는 "대학이란 미래를 위하여 나무를 심는 곳이지 오늘 당장 그 열매를 따먹는 곳이 아님"을 역설하였다. 즉, 인간은 현실에 얽매이면서도 결국은 이상을 추구하며 살아가는 존재이며, 역사란 길게 보면 인간이 이상을 향하여 한걸음 한걸음 접근해가는 과정이라고 강조하면서 "모든 길은 로마로 통한다"는 서양의 속담을 빌어, 대학이 당면한 현실의 난관을 타개-극복해나가는 지혜를 설명하였다. 즉, 로마로 가는 길은 여러 갈래인데 굳이 막힌 길만을 뚫으려 하지 말고, 트인 길도 찾아낼 수 있는 지혜와 발상의 전환을 강조한 것이다.

◇

• 제14장 〔주〕

1) ≪고대신문≫ 1975년 6월 17일자.
2) 『남재일기』 1977년 6월 25일자.
3) ≪조선일보≫ 1977년 7월 17일자.
4) <고희기념좌담>, p.461.
5) 『남재일기』 1997년 8월 12일자.
6) ≪동아일보≫ 1977년 9월 5일자.

7) <고희기념좌담>, p.461.
8) 『남재일기』 1977년 8월 22일자.
9) 최달곤(崔達坤), <고대기숙사의 귀공자 만들기>, 『당산나무의 큰 그늘이여 — 남재김상협선생 추모문집』(1998), pp.181～183.
10) 위와 같음.
11) ≪고대신문≫ 1978년 3월 2일자.
12) 위와 같음.
13) 『남재일기』 1978년 5월 8일자.
14) 『남재일기』 1978년 6월 25일자.
15) ≪고대신문≫ 1979년 10월 23일자.
16) 『남재일기』 1978년 2월 1일자.
17) 『남재일기』 1978년 12월 6일자.
18) 『남재일기』 1979년 9월 7일자.
19) 『남재일기』 1979년 6월 25일자.
20) 『수당 김연수』(1985년판), pp.301～303.
21) 허정(許政), 『내일을 위한 증언』(샘터사, 1979), pp.76～77. 및 이경남(李敬南), 『설산 장덕수』(동아일보사, 1979), p.257.

제4편

원융(圓融)의 경지에서 … 못다 펼친 경세의 웅지 (1980~1991)

• 제4편을 열면서

1980년, 남재는 '천지현황(天地玄黃)의 안개정국' 속에서 이른바 '서울의 봄'을 맞이하여, 고대 총장으로서 최규하 정부의 차질 없는 민주화정치일정의 실천을 강조-역설하는 시국관을 공식 천명한 바 있다. 이후 고대생들의 5공 첫 반정부시위와 뒤이은 문무대입소 소요사태로 전체 고대인들이 마치 역적취급을 당하던 전두환 정권 출범기에는 참으로 깊은 오뇌 속에서 여러 차례 총장직 인책사임을 표명하며 고대의 생존을 위하여 분투-노력하였다.

1982년 6월, 남재는 온 국민의 열화와 같은 성원과 기대를 모으며 5공 국무총리로 발탁되었다. 남재는 평생 동안 갈고, 닦고, 사색하고, 모색하며 적공(積功)한 그 큰 경륜과 덕망을 바야흐로 세상이 필요로 하고 있다고 여겨지매, 비록 저어됨이 없지 않았으나 일신의 작은 이해-득실에 얽매어 나라의 위경(危境)을 버려둘 수 없다는 단충(丹衷)의 일념으로 오랜 은인(隱忍)을 떨쳐버리고 일어선 것이다.

그러나 때(天時)와 자리(地利)와 사람(人和), 그 어느것도 얻지 못하였음인가, 끝내 "막힌 곳을 뚫겠다"는 경세(經世)의 웅지(雄志)를 못다 펼치고, 엇갈리는 사임세평만 남긴 채 "타다 남은 숯이 되어" 고대 명예총장으로 돌아온 후, 곧 대한적십자사총재로 6년간 일하였다. 한적 총재 재임중 남재는 평양땅을 밟았고, 특히 한적의 개혁에 혼신의 힘을 기울여 그 제도적 기틀을 확립함으로써 오늘날과 같은 발전의 초석을 놓았다.

이상과 같이 본편은 남재가 회갑을 맞고, 또 고희(古稀)에 이르는 시기—, 그 원융(圓融)의 경지에서 마지막으로 사회적 봉사와 공직에 헌신했던 제4의 인생기(1980~1991) 12년간의 기록이다.

이 시기 남재는 "무병장수(無病長壽)의 힘을 기르자"는 명언(名言)을 남기기도 했다.

제15장 : 서울의 봄

제1절 안개정국 속의 학원민주화 열풍

1. 캐나다 대사에 털어놓은 시국관

1980년, 대망의 80년대는 최규하 정부의 안개와도 같은 모호한 성격만큼이나 불투명한 전망으로 다가왔다.

1일, 남재는 고대 신년단배(團拜) 하례식에 나아가 새 연대를 맞이하는 각오와 결의를 다지는 뜻깊은 신년사를 발표했다. 남재는 우선 지난해에 있었던 미-중공 국교정상화와 미-대만 단교를 시발로 이디아민(Idi Amin)의 실각, 호메이니(Khomeini)의 등장, 보트피플의 비극에 이어 「10 · 26사태」와 「12 · 12」 군 내부 충돌사건이 전세계의 이목을 집중시켰다고 1979년의 세계사적 격변을 회고하고, 새해 1980년 역시 국내외적으로 격동의 한 해가 될 것으로 전망하였다. 그러나 남재는 인류의 정의실현을 향한 '역사의 신'은 계속 살아있을 것이라고 강조함으로써 새해, 새 연대에 거는 남재 특유의 희망의 철학을 피력하였다.

이어 정부에 대해서는 국민에게 자제(自制)가 아닌 협력을 구해야 할 것이라고 경고하였다. 시국에 관한 남재의 새해 첫 발언이라고 할 수 있다. 남재는 지금 국민이 정부에 요구하는 것은 무엇보다 국민의 협력을 얻어 국민 총의를 모으고 이를 토대로 새 헌법 제정 → 대선-총선 실시 → 정부이양의 주어진 사명을 조속히, 그리고 어김없이 완수하는 일임을 일깨우고 있었던 것이다.

또한 남재는 고대의 새해 과업으로서 △ 대학의 권위와 자율회복, △ '세계대학'-'통일대학'으로의 발돋움을 위한 질적 향상, △ '역사의 신'이 가리키는 방향에 따라 자유-정의-진리의 고대 교시선양을 제시하고, ① 지성과 야성, ② 자유-복지-평화통일, ③ 민족과 세계를 금년 고대의 3대 교육지표로 설정하였다.

한편 대통령 최규하는 1월 18일의 연두기자회견에서 개헌작업을 자신이 직접 주도하고, 자신의 발의로써 이를 국민투표에 부쳐 확정짓겠다는 '대통령주도 의사'를 분명히 못박았다. 아울러 북한이 제의한 남북총리회담에 대해서는 적극적으로 대응하겠다고 천명하였다.

이날 남재는 캐나다 대사관저에서 있었던 버니(Burney) 대사와의 오찬 모임에서 처음으로 자신의 현시국관을 피력하였다. 우선 북측의 총리회담제의에 대해서는 그 저의가 최정권의 정통성 결여(Half Legitimacy), 한국군의 조각난 단결성(Half Unity), 그리고 불화를 빚어내고 있는 한-미 간의 허약한 동맹성(Half Alliance) 등 세 가지 약점을 시험하려는 데 있는 것으로 분석하였다. 한국의 당면 최대 긴급과제는 결국 직선방식의 조기-자유선거를 통해서 이와 같은 약점을 보강-극복하는 길밖에 없는데, 자유선거를 하면 김대중(이하 DJ)의 압도적 당선이 확실시되므로 'DJ비토그룹'(유신세력+군부)이 이를 꺼리고, 자유선거를 하지 않으면 국민이 폭발하게 되어 있다는 데 한국정치의 딜레마가 있다고 진단하였다.

따라서 해결책은 군부를 포함한 유신 구세력 대표로서의 최규하와 국민의 자유를 대표한 DJ가 미국의 안보보증하에서 대타협을 모색하는 수밖에 없으며, 미국이 방관자적 자세에서 벗어나 적극적으로 중재에 나서주는 것이 가장 바람직하다는 의견을 제시하기도 했다. 아울러 다가오는 새봄의 한국

정정(政情)을 위협하게 될 불안요인의 순위를 ①군 내부, ②유신 구세력 내부, ③야당 및 여야 관계, ④노동문제, ⑤학생문제 순으로 꼽았다. 특히 학원문제는 정치일정이 기대대로 신속하게 진행되면 큰 걱정은 없을 것으로 전망했다.[1)]

좀처럼 속내를 드러내지 않는 남재가 캐나다 대사에게 미국의 역할까지 거론하며 시국에 관한 자신의 견해를 이렇듯 소상하게 토로한 것은 참으로 의외의 일이라 하지 않을 수 없다. 짐작컨대 남재는 새봄의 결정적 파국을 예감하면서 수한 외교가에서 미국에 대해 중립적인 입장에서 귀띔이 가능한 버니 캐나다 대사의 일정한 역할을 기대하고 이와 같은 상황논리를 편 것이 아닌가 생각된다.

이후 남재는 기회 있을 때마다 최규하 정부의 신속한 정치일정 실천을 강조하였다. 2월 27일 미국 여행에서 돌아온 직후, 남재는 문교부장관 김옥길을 예방하여 환담하면서도 "정치일정만 조기에 순조롭게 실행된다면 학원문제는 크게 걱정할 것 없다"는 지론을 폈고, 김옥길도 여기에 동의하였다. 현 단계에서는 민주화의 촉진만이 신춘에 벌어질 대학가의 동요를 막을 수 있는 최선의 길임을 남재는 확신하고 있었던 것이다.

2. 미국에서의 시국담(時局談)

(1) 미국 일정 개관

남재는 총장 재임중 방학철이면 가능한 한 해외여행 스케줄을 잡았다. 바깥에서 초연-객관적인 눈으로 국내외의 제문제를 들여다보고 세계사의 숨결을 현장에서 감지하면서 대학이 나아갈 바를 짚어보기 위해서였음은 말할 것도 없다.

1980년 새 연대를 맞으면서 연초에 가졌던 미국 여행도 이러한 목적에서 계획된 것이었지만, 특히 한국에서 지금 벌어지고 있는 정치적 격동과 격변을 미국은 어떻게 보고 있는가를 현지에서 알아보고자 하는 데 각별한 뜻이 있었던 것이다.

작년 연말, 부친 수당의 별세 직후에 남재는 전례와 마찬가지로 고대 교우들을 비롯한 재미 지우들에게 우선 서신으로 도미계획을 알리면서 전주한 미국대사 그레그(D. P. Gregg)에게도 재회를 희망하는 서한을 냈다. 이 편지에서 남재는 "1975년 11월 미국 방문시에 본인이 귀댁 만찬에 초대되어 환담을 나누는 자리에서 귀하가 한국의 정치상황과 관련, 박정희 대통령이 1978년에 재집권을 시도할 경우 반드시 박 대통령 자신의 큰 불행은 물론 한국에도 일대 파국이 올 것이라고 경고했던 그 예언을 지금도 생생히 기억한다"고 밝히고 "이번 방문길에서도 또다시 유익한 충고와 고견을 들려주기 바란다"는 요지의 인사를 했다.[2)]

1월 26일 남재는 김포공항을 출발, 하네다(羽田) 공항을 거쳐 미국 시간으로 같은 날짜에 샌프란시스코에 도착, 2월 18일까지 시카고 → 디트로이트 → 워싱턴 → 뉴욕 → 피츠버그 → LA로 이어지는 24일 간의 미국 여행 일정에 들어갔다. 이번 미국행 출국에는 LA에 거주하는 종제(從弟) 김남(金楠)이 동행하였고, 혜천은 지난 연말 출산한 셋째 양순을 한걸음 먼저 보기 위해 남재보다 두 주 앞선 13일에 출국하였다.

이날 스탠포드(Stanford)의 양순가에서 혜천과 합류한 남재는 샌프란시스코 권역인 오클랜드(Oakland), 버클리(Berkeley), 산타클라라(Santa Clara) 등지 고대 교우들의 환영을 받았고, 버클리대학(Univ. of California at Berkeley)과 스탠포드대학도 방문하였다. 버클리대학에서는 중공전문가 교수 스칼라피노(Scalapino)를 만나 그의 안내로 이 대학 총장 보우커(Bowker)를 예방하였다.

이어 1월 30일 시카고로 이동, 31일까지 이틀간 머물면서 이곳 50여 명의 교우들의 환영을 받았다. 2월 1일에는 다시 앤아버(Ann Arbor))로 옮겨 둘째 영신가에서 4일까지 체류하며 역시 고대 교우들과 만났고 미시간대학과 동미시간대학(Eastern Michigan Univ.) 등을 돌아보았다.

4일, 워싱턴에 도착한 남재 내외는 그날로 전 주미대사 그레그 댁의 만찬모임에 참석하였다. 이 자리에는 남재 부처 이외에 전유엔군사령관 스틸웰(Richard Stillwell) 부부, 전 주한미대사를 역임한 국무부차관 하비브(Philip Habib) 외에 리치(Robert Rich) 부부, 올브라이트(Albright) 부부, 클리브랜드(Cleveland) 부부 등이 참석했다. 그레그는 한국의 군부통치를 막기 위한

JP 또는 최규하의 집권가능성을 알아보고 있는 듯했다. 야당에 대해서 YS는 별로 문제시하지 않는 반면에 DJ는 경원시하는 듯했다. 또 그는 김재규를 대단히 성실한 사람이라고 평했다.

워싱턴에 머무는 동안 남재는 서상철(徐相喆)을 대동, 국무부를 방문, 하비브와 다시 만나 미국의 입장을 들었고, 전주한미부대사 스턴(Stern)도 만났다. 펜타곤(Pentagon)에 가서는 전미8군사령관 대장 베시(Vessey)를 육군참모차장실로 예방하여 의견을 들었다. 그 밖에 주미대사 김용식(金溶植)을 비롯한 재미 한인들, 학자들, 그리고 워싱턴 주재 한국특파원들과도 접촉하였다.

워싱턴에 5일간 머문 남재 내외는 8일, 뉴욕으로 날아가 이곳 교우들의 따뜻한 환영을 받았다. 이날 남재는 주유엔대사 윤석헌(尹錫憲)과 맨하탄의 유명한 세계무역센터(World Trade Center) 107층 식당에서 만찬을 나누며 국제정세 전반에 관해 의견을 교환하였다. 그는 소련의 아프간 침공을 계기로 미국이 국제무대에서 유리해졌다는 이야기를 했다. 10일에는 필라델피아와 보스턴 거주 교우들까지 날아와 50여 명의 뉴욕 권역 고대 교우들로부터 대대적인 환영을 받았다. 이 자리에서 남재는 한국의 정치상황과 관련, 자신의 시국관을 피력하였다.

11일에는 조시학의 안내로 전 주한미대사 스나이더(Snyder)를 자택으로 방문하여 의견을 나누었다. 이날 오후 남재 내외는 피츠버그로 날아가 이기현(李基炫)-명숙가에서 하루를 묵은 다음 13일 LA로 향하였다. 이곳 LA 교우들의 남재 내외 환영은 여전했다. 남재는 LA 교우들의 그 끈끈한 정, 끈질긴 생명력, 뜨거운 정성에 감탄하였다. 그들은 어디를 가나 때와 장소를 가리지 않고 한국말을 쓰면서 시끄럽게 자기 존재를 드러내는 한국인들,—강대국사이에 끼어서도 능히 살아남을 수 있는 그 억센 민족적 생명력의 기상을 있는 대로 발휘하고 있었던 것이다.

17일, 양순가로 돌아와 하루를 더 지낸 남재는 18일 샌프란시스코를 떠나 10시간 비행 후 도쿄에 도착하여 21일까지 머문 후, 이날 오후 남재 내외는 27일간의 전 여행 일정을 무사히 마치고 김포공항에 도착하였다.

(2) 여행중에 나눈 이야기들

「10・26사태」 이후, 재미동포들은 누구나 한치 앞도 내다볼 수 없는 한국의 불안한 정치정세에 촉각을 곤두세우며 깊은 우려의 눈길을 보내고 있었다. 이러한 시기에 한국의 국내사정에 누구보다 밝은 남재가 마침 미국에 건너왔으니 동포들로서는 남재로부터 지금 한국이 어떻게 돌아가고 있고 앞으로 어떻게 굴러갈 것인가를 직접 듣고 싶어했다.

그러나 남재 역시 한국의 정치적 격동이 장차 어떻게 귀착될지 알 수가 없어 답답하기는 마찬가지였다. 오히려 남재의 솔직한 심정은 국내에서 들을 수 없는 내밀한 정보가 미국 쪽에서 곧잘 흘러나왔던 그간의 정황에 비추어 거꾸로 이곳에서 뭔가 암중모색의 맥을 짚어낼 수 있기를 기대했을지도 모를 일이었다. 다만 현재의 제반 상황으로 볼 때, 10・26→12・12 사태로 전이되고 있는 이 비극적 역사의 단절이 결정적 파국에 이르는 일이 없이 어떻게 하든지 민주발전의 양태로 안정을 되찾게 되기를 염원하면서, 그 가능성 여부는 오로지 최규하 정부의 역할에 달려 있음을 강조하지 않을 수 없었고 최 정부가 조속한 시일 내 정치일정을 마무리지어 주는 길밖에 다른 도리가 없다는 소신을 가지고 남재는 사람들과 대화를 나누었다. 이번 여행길에서 남재가 나눈 시국담(時局談)을 『여행일기』를 통해 들어보자.

- 고대의 현황과 아울러 정치-경제-군사-남북접촉 등 한국의 현황을 간단히 설명하다. 모든 것이 불확실-불투명하고 아리송하여 도저히 앞날을 예측할 수 없다고 말해두다(1. 27. ; 오크랜드 교우회 환영회에서).
- 최규하 정부는 새해구호로서 '새연대'-'새역사'-'새희망'을 내세우고 있으나 과연 새것인지 헌것인지 알 수 없다. 평화적 정권교체, 평화적 정부이양을 내세우고 있으나 이 역시 아리송하다. 최 대통령이 진짜 대통령인지(Real) 대리 대통령인지(Ghost)도 잘 모르겠다. 경제적 난관, 극심한 인플레이션, 실업의 증가, 국제수지 악화 등이 더욱 심화되고 있다. 북쪽은 현정부의 정통성의 결핍, 군부의 단일성 결핍, 그리고 한미 간의 동맹성 결핍을 이용하려 하고 있다. 도덕성의 상실, 신뢰의 상실이 문제다(2. 2. ; 미시간 고대교우회 환영회에서).
- 한국의 앞길은 최규하 대통령이 만난을 무릅쓰고 용기 있게 국민에게 공약한 대로 총선거를 통하여 평화적 정부이양을 실천하느냐 못 하느냐에 달려 있다(2. 3. ; 시카고 앤아버 교민들과의 환담에서).
- 최규하 정부가 정치발전공약을 조기실행할 태세를 보이면 학생들은 대체로 조용할 것이다(2. 6.; 워싱턴 특파원들과 오찬회동에서).

남재는 이날 기자들로부터 ①미국 정부는 세계적인 잡사(雜事)들로 분주하여 한국 정세에 대해서는 일정한 정책이 없고 ②12·12사태는 현상을 그대로 인정할 수밖에 없고, ③내정의 혼란과 혼돈이 계속되는 경우 군사통치까지도 묵인하게 될 것이며, ④한반도에서의 자국의 이익 때문에 한국 방위는 포기하지 않을 것이며, ⑤북한의 남침 가능성은 전무하다는 이야기를 들었다.

- 지금은 누구도 주도권을 완전 장악함이 없는 군웅할거, 춘추전국의 형성과정에 있기 때문에 귀추를 내다볼 수 없다. 아물아물한 '천지현황(天地玄黃)'이라고나 할까 … 민주적 발전의 희망이 있는 한은 학생소요는 크게 일어나지 않을 것이다. 그것이 절망적이라고 판단될 때 파국적 학생소요가 있을 것이다. 그러한 사태로까지 이르고 안 이르고는 최규하 정부에 달려 있다(2. 10.; 뉴욕-필라델피아-보스턴 고대교우 환영회에서).

이 밖에 남재는 앞에서도 언급한 바와 같이, 미국인으로서 워싱턴에서는 그레그, 하비브, 스턴, 베시, 리치, 그리고 뉴욕에서는 스나이더를 만났다. 그들도 한국의 정정(政情)에 지대한 관심을 가지고 자신의 견해를 피력하였다. 이를 다음에 소개한다.

- 미국은 한국에서 조기개헌-조기선거가 이루어지고 군은 완전히 정치에서 떠나기를 바란다. … 민간인에 의한 민주제도 확립이 중요하지, 누가 대통령이 되느냐는 큰 문제가 아니다(2. 5.; 하비브의 견해).
- 수개월 내 군 내부에 또 한 차례 소동이 있을지도 모른다…(2. 5.; 전 주한미부대사 스턴의 말).
- 조기계엄해제, 조기선거실시를 통해 조기 안정을 찾기를 바란다. 신정권의 안정, 군의 단결, 한미동맹관계의 견지, 경제회복이 절실히 요청된다(2. 6.; 미육군참모차장 베시의 견해).
- 조기총선, 군의 정치적 중립이 무엇보다 요구된다. 지금 한국이 가장 위험한 것은 군-민 간의 교량역이 전혀 없다는 사실이다(2. 6.; 리치의 말).
- 여러 세력들이 자기이익만을 고집하지 말고 인내성 있게 자제-양보-타협하는 길밖에 없다. 김대중의 집권은 군부가 용납하지 않을 것이다. 금후 2년간, 한국민은 경제적-정치적-사회적으로 곤란한 처지에 있겠지만 이를 극복할 수 있을 정도로 성숙해 있음을 신뢰한다(2. 11.; 전 주한미대사 스나이더의 견해).

남재는 LA 고대교우회 환영회에서도 뉴욕에서와 같은 견해를 밝혔다. LA

의 일부 교우들은 현하 한국의 정세는 3김씨에게 정권을 맡길 수 없는 상황이므로 남재가 정계진출을 각오해야 할 것이라는 주장을 폈고, 샌프란시스코의 교우들도 같은 의견(현지 교우회장 박의정 등)을 피력하였다. 이에 대해서 남재는 이번만은 "양 김씨(YS-DJ를 지칭한 듯)에게 맡겨야 한다고 일렀다"고 기록하고 있다.[3)]

3. 민주대행진

(1) 천지현황(天地玄黃)

1980년 새해에 들어서기까지도 「10·26 사태」와 「12·12」 군내 충돌의 성격은 확연히 드러나지 않았다. 언제나, 그리고 누구보다 정보가 많은 남재조차도 1979년 말에 잇달아 일어난 두 인과적(因果的) 사태의 정변적 성격을, 전자는 김재규의 '불발 쿠데타(Half Coup)'로, 또 후자 역시 전두환의 진행형 '미완성 쿠' 정도로 우선 이해하고 있었다.

언론들이 전달하는 뉴스의 차원을 넘어서서 항상 다양한 인적 채널을 가동, 그들로부터 들려오는 갖가지 정보(소식)들을 주의 깊게 수집하고, 또 의식적으로 이를 분석-종합하여 그 심층적 의미를 추출해 내면서 환경상(環境像)의 맥을 정확하게 짚어내는 것이 거의 습성화되어 있는 남재조차도 아직은 이 정도의 초보적 이해의 수준에 있었다는 것은 1980년의 정치지형이 문자 그대로 "천지현황"의 형성과정에 있었다고 할 것이다.

남재가 정부와 군내 소식통(?)으로부터 일정 수준의 고급정보에 접한 것은 1월 하순경이었다. 정부소식통은 12·12를 선의로 해석하면 정규육사출신들이 비육사 장성(비칭 ×별)들을 청소하는 하극상에 의한 일종의 숙군(肅軍) 작업이었고, 군은 아직 정권장악 의지를 드러낼 만큼 일원적 통솔력과 결집력을 보이지 못하고 있기 때문에 '3김집권'은 반대하고 있으면서도 누구를 내세울 것인지는 미정상태라는 것이었다.

그러나 다른 한편의 군소식통은 이와는 달리 박정희의 총애를 받던 '행운의 정치군인'들로 규정되는 「하나회」 멤버들이 군을 주도하고 있고, 그 영수격인 전두환의 영도 아래 군게 결속되어 있다고 전하였다. 다만 카터를 비롯한 미행정부측이 전두환에 대해서 불쾌하게 여기고 있으며, 특히 한미연합사령관 위컴(Wickham)은 자기휘하의 병력을 멋대로 움직여 군사행동을 감행한 전두환을 일종의 군령이탈자로 규정하고 몹시 화를 내고 있으나, 정치적 혼란이 수습불능상태에 이르면 미국도 어쩔 수 없이 모든 것을 군에 맡기게 될 것이라고 내다보고 있었다.

그렇다고 하더라도 1980년 봄의 정치상황이 여전히 "너도 모르고 나도 모르는 천지현황"일 따름이니 매사가 이처럼 혼미할 때일수록 '큰 것'으로부터→'작은 것'으로 눈을 돌려야 한다고 남재는 생각하였다. 남재는 이와 같은 견지에서 학원자율화는 이른바 강요된 '보완학칙'의 개정을 그 첫걸음으로 삼았다.

1월 23일에 있었던 전국 28개 종합대학 총장간담회에서 문교부는 학도호국단의 명칭은 그대로 두되 조직-운영방식은 각 대학에 일임하겠다는 뜻을 밝혔다. 또 과거 일제의 문부성 교학국을 연상케 했던 악명 높은 학술진흥국은 폐지한다고 했다.

남재는 새학기 개강을 앞두고 2월 25일자로 제적학생 86명 전원의 복학조치부터 단행하였다. 여기에는 「민우지」 관련 학생들도 포함되었다. 또 29일에는 해직교수 이문영의 복교를 결정했다. 이날 DJ 등 정치인들의 복권이 있었다. 오후에는 복교생들이 예고 없이 총장실에 몰려와 남재는 이들을 따뜻하게 맞아주었다. 모두가 온순-공손한 양질의 학생들이었으나 개중에는 불손-무례한 태도를 보이는 학생도 없지 않았다.

(2) 고대교우회 지역별 총회서 밝힌 시국소감

바야흐로 복권의 계절이 돌아왔다. 신문들은 온통 복권인사기사들로 뒤덮였다. YS-DJ의 행보가 뉴스의 초점이었고 벌써부터 '양김'의 대결상황과 DJ의 신민당 입당을 거부하는 야당 내분상이 대대적으로 보도되고 있었다.

학생들은 총학생회의 부활을 목표로 부산하게 움직였다. 이달 중순부터 학도호국단이 사퇴하여 활동을 종료함에 따라 과도기구로서 「학총」(학원자율화총연합회)이 결성되어 학생활동을 주도하였다. 많은 대학에서 총장들이 궁지에 몰려 있었고 학생들의 공격과 사퇴압력에 굴복하여 이미 물러난 총장도 여럿이나 나왔다. 애꿎게도 허약한 총장들만 민주화 물결에 떠밀려 내려가고 마는 꼴이었다. 고대에서도 「학총」하에서 일부 과격한 학생들의 재단공격과 어용교수 규탄에 이은 인촌-남재 격하 움직임이 있었으나 학생들 자신에 의해 제지되었다. 다행히도 고대에는 자생적으로 학원수호파가 압도적인 다수를 점하고 있었던 것이다.

그러나 남재는 자신에 대한 좌경세력의 '땅굴파기'가 이미 시동되었음을 직감하였고, 한 자리에 오래 머물러 있는 것만으로도 죄인 취급당하는 세태를 응시하며 처연한 심경으로 '용퇴'를 심각하게 생각하기 시작했다.

3월 28일, 학과대표들에 의해 「총학생회회칙」이 제정되고 직선제 총학생회장 선거일정이 4월 10일로 잡힘에 따라 선거운동이 진행되는 과정에서, 학교당국은 동네북처럼 입후보학생들의 공격의 대상이 되는 어처구니없는 상황이 벌어지기도 했다.

이 무렵 남재는 헌법개정 심의위원회의 위원으로 참여하였고, 총리 신현확(申鉉碻)의 간청에 못 이겨 동위원회 부위원장직을 맡았다. 두 주마다 열리도록 회의일정이 짜여진 헌개위(憲改委)의 3월 14일 첫 회의에 나가보니 각계 현역대표들로 위원을 구성한다는 명분하에 모아놓은 사람들의 면면이 유신 구세력 일색인데 그만 뭔가 크게 잘못되어가고 있다는 의혹을 지울 수가 없었다. 게다가 대통령 최규하가 놀랍게도 대통령 직선제개헌을 기피하는 듯한 표현을 쓰고 있어 그 저의가 심히 의심스러웠다. 그럼에도 불구하고 위원들의 압도적 다수의견은 대통령중심 6~7년 단임제 직선과 국회의원 중선거구제를 지지하고 있는 것 같았다.

또 이 시기에 고대교우회의 각 지역별 총회가 열려 남재는 여기에 빠짐없이 참석, 학교의 현황을 설명하고 시국에 대한 자신의 소견을 밝혔다. 지역교우회 총회는 3월 14일 부산교우회를 시발로 21일 대구, 28일 청주, 4월 3일 광주, 23일 전주, 그리고 5월 9일 대전으로 이어졌다.

광주에서는 현지신문의 회견요청을 받고 △ 학원문제는 외부의 간섭 없이 자율적으로 해결되어야 한다. △ 어용교수 문제 역시 자성과 관용의 평화적-발전적 방향으로 해결되어야지 응징과 반응징의 악순환이 되풀이되어서는 안된다. △ 최 정부하에서의 모든 정치일정은 연말까지 완료되어야 한다는 등의 소회(所懷)를 밝혔다. 또 전주교우회에서는 대통령 직선문제를 둘러싸고 영-호남 지역감정의 대립-격화를 우려하면서 "너도 모르고 나도 모르는 이 혼미상태는 하루빨리 걷혀져야 한다.… 이럴 때일수록 소(小)에서 대(大)로 나아갈 것이 아니라, 역으로 대에서 소로 방향을 바꾸는 것이 일을 풀어나가는 방법이 될 것"이라고 소신을 털어놓았다.

4월 중순부터 학생들의 반정부 데모 사태가 본격화되기 시작하였다. 14일에 있었던 대통령 최규하의 학원에 관한 담화발표와 육군보안사령관 전두환의 중앙정보부장 겸임발령이 조속한 민주화를 요구하는 학생들의 동요를 결정적으로 자극하였다. 이날 성대생들의 문무대 입소 병영집체 훈련거부 농성사건이 터져 군과 학생 간의 조기 대결조짐이 나타났다. 학생소요에는 대체로 그것을 이용하려는 세력이 배후에서 작용하고 있는 듯이 보였다. 좌익계들은 말할 것도 없고, 진보계 지식층을 망라한 이른바 혁신재야, 친여, 친야계, 군부-계엄세력 등등 혼란을 즐기려는 세력이 너무나 많으니 안정 속의 정치발전이란 참으로 무망(無望)한 일이었다.

(3) 여권 신당 참여설에 시달리며 … DJ와 만나다

고대에서는 예정대로 4월 10일에 선거가 치러져 총학생회가 공식출범함에 따라 비로소 민주화투쟁의 대오정비에 들어간 셈이었다. 남재는 고대사상 최초로 직선된 총학생회장 신계륜(申溪輪 · 행정 3)의 방문을 받고 △ 학원의 자율화-민주화, △ 고대의 발전, △ 한국의 민주발전 등 세 가지 과업에 이바지하는 학생자치활동을 펼쳐나갈 것을 당부하였다.

5월 1일을 기점으로 시내대학들의 시위사태가 대규모화하였다. 고대는 3일부터 300명 정도 소규모 도서관 철야농성을 시발로 차츰 에스컬레이트되고 있었다. 학생들은 △ 계엄 해제, △ 유신잔당 퇴장, △ 조기정부 이양, △ 노동3권 보장, △ 전두환 해임 등 5개항을 요구하였다. 이날 서울대에서는 '서울의 봄' 이래 최대규모인 1만 2,000여 명이 참가하는 대대적인 시위가 있었다.

4일에는 뜻밖에도 DJ가 남재에게 직접 전화를 걸어 만나자고 제의하였다.

남재는 7일 저녁에 회동하기로 약속하였다. 5일부터는 느닷없이 남재의 여권 신당참여설이 나돌았다. 이날 농성중인 학생들은 남재에게 해명을 요구하는 구호를 연호하며 남재의 심기를 어지럽혔다. 항간에서는 남재가 여권 대통령후보라는 소문이 널리 퍼져가고 있었던 것이다. 그러나 그것은 누군가가 고의로 지어낸 모함이 아니고는 있을 수 없는 사실무근의 뜬소문일 뿐이었다. 남재는 총학생회장 신계륜을 불러 신당참여설이 전혀 사실이 아님을 밝혔지만, 그것이 남재를 향한 '땅굴파기'로 조작된 것이라면 쉽사리 가라앉을 성질이 아니었다.

7일, 남재는 불쾌한 심정을 억누르고 단과대학별로 교수회의를 소집, 학원민주화 전반에 대한 소견과 더불어 자신의 신당참여설을 일축-해명하였다. 이날 저녁 6시 반부터 남재는 외교구락부에서 약속대로 DJ와 만나 저녁을 들며 2시간 동안 환담하였다. DJ는 △ 학생-노동자-국민 모두가 성숙해 있기 때문에 한국의 민주발전은 성공할 것이다. △ 김영삼 씨와 자기는 시국관이 다르다. △ 민주발전국민운동 전개에 힘쓸 것이다. △ 무혈-적극투쟁으로 나아가겠다는 소신과 입장을 밝혔다.

이에 앞서 4개월 전인 1월 중순 남재는 학교에서 YS의 방문을 받은 일이 있다. 그때 YS는 DJ와의 합작이 반드시 성사될 것이라고 낙관하고 있었다. 그렇게 장담하고 있는 YS가 "참으로 순진한 사람"이라고 느꼈던 기억을 떠올리면서 남재는 DJ와 YS가 전혀 다른 생각을 하고 있음을 확인하였다. 그러나 남재는 DJ를 만난 이날의 감상을 특별히 기록으로 남겨놓지는 않았다.

이틀 후인 9일, 남재의 여권 신당참여설이 DJ의 입을 통해서 사실 무근으로 보도되어 남재가 의혹을 벗는 데는 큰 도움이 되었다. 하지만 남재는 생각할수록 갖가지 구설수에 올라 과격한 학생들의 비판 대상이 되고 있는 상황이 불쾌하기 짝이 없었다. 이 모두가 따지고 보면 이빨-발톱 모두 뽑힌 호랑이처럼 무장해제당한 채 고대 총장으로 복귀했던 '1977년의 한계'(비판세력들은 남재의 고대 복귀를 반민주세력에의 일종의 투항으로 간주하였다) 때문에 치러야 했던 값비싼 대가가 아닐 수 없었다.

(4) 파국을 향하여 …

5월 13일, 남재는 학생들의 민주대행진 2차대회에 나가보았다. 약 7~8천명에 이르는 대규모학생집회였다. 학생 중에는 비록 극소수이기는 하지만 "총장각성"을 외쳐대는 모습도 보였다. 이런 광경을 목전에 두고 당부의 이야기를 하자니 남재는 몹시 불쾌했으나 애써 참으면서 "자유민주주의를 위한 굳은 결의 발표에는 찬성하나 평화적으로 행해야 한다. 지금의 이 진통이 건강한 신생(新生)을 얻도록 지성인, 대학인, 고대인의 긍지로써 유종의 미를 거두는 데 진력해줄 것"을 강조하였다. 이날 밤 광교 일대에서 연대생들의 야간가두시위가 있었다.

14일, 남재는 서울대-연대-이대 총장들과 총리 신현확을 방문하였다. 신현확은 강경한 어조로 지금의 학생시위가 단순한 민주발전을 위한 것이 아니라 전면적 사회혁명을 목표로 하고 있고 월남공산화의 초기단계를 꿈꾸고 있다면서, 계엄해제-유신잔당 일소를 외치고 있으나 이는 이 나라의 진공-혼란만을 가져올 것이므로 있을 수 없는 일이라고 잘라 말하였다. 이날 밤 서울시내 전 대학들이 참가하는 격렬한 시위가 빗속에서 감행되었다.

명분축적을 위해 정부조치가 즉시 떨어지지는 않을 것이라는 분석이 유력하게 나도는 가운데, 15일까지 체제측은 무대응으로 일관하였다. 정부와 군이 그저 참고 있는 것인지, 때가 좀더 무르익기를 기다리고 있는 것인지 도무지 모를 일이었다. 이날 고대생 4,000여 명이 계엄철폐, 전두환-신현확 축출을 외치며 도심에 진출했다는 보고가 있었고, 밤 9시 이후부터는 모든 시위대가 자진해산하면서 당분간은 데모를 삼가고 관망하기로 전 대학들이 공동결의를 했다는 믿어지지 않는 소식도 들려왔다. 군과의 출동을 우려한 탓인가, 시민호응의 부재 탓인가, 아니면 학외에 존재하는 어떤 지휘탑의 지령때문인가, 알다가도 모를 일이니 이와 같은 상황 역시 정부의 조치발동 못지않게 걱정스럽기는 마찬가지였다.

16일, 남재는 문교부장관 김옥길을 자택으로 방문, 계엄철폐, 신현확 총리 사퇴, 전두환의 남산부장 겸직 포기가 실현되어야 학원가는 조용해질 것이라는 현단계 시국견해를 피력하였다. 이날 고대생들은 「5・16 장례식」을 치른 후 수유리 4・19탑까지 행진하였다.

17일까지도 남재는 정부-학생 간에 벌어지고 있는 이 대결을 전두환의 영남과 DJ의 호남 간의 대결로 파악하고, 아직은 무승부라고 보았다. 그러나

18일 아침에 일어나고 보니 세상은 또 한 번 완전히 뒤집혀 있었다. 비상계엄의 전국확대조치와 더불어 대학에 휴교령이 내려져 군이 어김없이 진주하였고, 권력형 부패분자의 추방과 학생-노동자 배후세력으로 김대중-문익환-김동길 등이 검거되었다.

20일, '광주사태' 소식이 희미하게 들려왔다. DJ의 석방을 요구하는 시위사태로 군이 투입되었다는 불길한 내용이었다. 이날 저녁, 신현확 내각의 총사퇴가 발표되었다. 대통령 최규하의 다음 거취가 최대관심사가 아닐 수 없었다.

제2절 '대학자화상' :『지성과 야성』의 출판

1. 회갑맞이 연설문집간행

1979년 4월 20일, 남재는 59회 생일을 맞으면서 자신의 나이가 어느덧 육순이 되었다는 사실에 문득 놀라움과 함께 서글픔을 느꼈다. 매사에 대범한 남재임에도, 무심한 세월의 그 총총걸음에 야속함을 느낌은 어쩔 수 없는 일인지 한동안 비감(悲感)에 잠기기도 했다.

이때부터 남재는 '회갑맞이'를 어떻게 할 것인지 곰곰이 생각한 듯하다. 흔한 예에 따라 남들처럼 회갑기념 논문집을 발행하고 그것을 헌정(獻呈)받는 형식으로 치르면 가장 무난하고 손쉬운 방법이 될 것이다. 애초에 이 방법을 생각지 않은 것도 아니나 곧 그만두기로 마음을 바꾸었다. 이유는 간단했다. 과연 학계에 길이 남을 만한 논문다운 논문을 얼마나 얻을 수 있을지 의문스러웠기 때문이었다.

그리하여 기념논문집 형태는 그 질적 보장을 기할 수 있도록 편찬에 부수되는 제반 여건을 갖춰 10년 후 고희를 기념하여 출간하기로 하고 대신 이번에는『연설문집』을 발행하는 쪽으로 방향을 돌려잡았다. 그 동안 교내 학술강연회에서 발표한 강연문과 각종 기념식전에서 행한 식사(式辭)류를 정리-편집하면 한 권의 책은 족히 될 수 있는 분량으로 어림되었기 때문이다.

남재는 이 해 8월 이세기-홍일식 등 측근 교수들과 연설문집 편찬방법을 의논한 끝에, 우선 편집책임을 이세기에게 맡겨 진행시키기로 의견을 모았다. 10월부터 본격적인 편집에 들어가면서 목정균(睦貞均)이 가세하여 작업이 급진전되었다. 편집과정에서 남재는 최대한 중복을 피하도록 선정된 글들을 전문 세심하게 재독하며 재평가를 내려보았다.

1971년 11월 11일에 행한 <개강담화>를 읽고는 그때 자신이 "퍽 젊고 용감했던 것 같다"고 일시 감회에 잠기기도 했다. 또 학술강연에서 제시한 통일개념과 상수-변수의 개념, 그리고 복지사회건설의 방향설정이 다시 읽어도 제대로 된 것 같아 흐뭇했다. 책 이름 및 편집형식과 관련, 많은 토론이 있었다. 책명은『지성과 야성』이 제1안으로,『내일도 있고 또 그 내일도 있다』또는『내일 또 내일』등이 제2안으로 떠올랐으나 전자로 결정을 지었다. '책임편집'은 전고대총장비서실장 이세기, 전고대신문부주간 목정균, 그리고 출판사 일조각(一潮閣) 편집장 등 3인 공동명의로 하였다. 편집자들은 시기를 달리하여 발표된 연설문들에 대한 독자의 이해를 높이기 위해 글들의 발표 당시 정황을 설명하는 보조자료로서 '부'(附), '여록'(餘錄), '주'(註) 등을 붙이자는 의견을 제시하여 남재는 이를 기꺼이 응낙하였다.

남재가 미국 여행을 떠나기 하루 전인 1980년 1월 25일『지성과 야성』초판이 출간되었다. 남재는 책 60부를 공수(空輸)하여 재미고대교우들을 비롯한 지우들에게 친필서명하여 증정하였다. 미국 방문 때마다 환대하여 마지않는 그들의 후의(厚意)에 대한 감사의 뜻을 담은 것임은 말할 것도 없다.

남재는 연설문집『지성과 야성』을 출간하면서 이 책을 1970년대 10년간의 일그러진 '대학자화상'이라고 자평하였다. 또 남재는 그 10년간의 전반은 "고뇌와 분노, 항거와 폭발이 소용돌이치던 처절한 격정기"였고, 후반은 "위축과 침잠, 체념과 우수로 짓눌린 황량한 조락(凋落)의 계절"이었다고 회상하였다. 그리하여 학문연구의 전당이요, 인간수련의 도장이어야 할 대학이 한마디로 "불행한 역사의 현장"이었다고 개탄한 남재는 그 불행의 어두운 잔영(殘影)이 대학의 전도(前途)에 또다시 깃드는 일이 없도록 간절히 기구하는 마음에서, 그리고 지난날이 귀감이 되어 이와 같은 자신의 비원(悲願)

이 80년대에는 반드시 이루어지기를 간망(懇望)하는 뜻에서 이 책을 펴내게 되었다고 회갑기념을 겸한 출간목적을 밝혔다.

『지성과 야성』에 대한 대학사회의 반향이 어떠했는가를 구체적으로 소개할 자료는 물론 없다. 다만 이 책을 읽고 난 연세대 교수 최정호(崔禎鎬 : 언론학)가 "…안암골의 왕사자가 포효하는 울음소리 … 바로 어둠을 찢는 사자후(獅子吼)의 레토릭을" 듣는 듯싶었다고 토로한 독후감의 일절이 대학인들의 모든 평가를 그대로 대변해주고도 남음이 있다고 생각된다.

1980년 3월 19일자 《동아일보》에 게재된 <서평>(200자 원고지 7매 정도의 분량)에서 최정호는 우선 『지성과 야성』에 수록된 문장들이 '글'이 아니라 인쇄된 '말', 활자화된 목소리, 바로 '레토릭'이라고 전제하고, "1970년대의 현장에서 듣기 어려웠던 정대한 언론이요 당당한 정론(正論)의 본보기였다"고 평가하면서 한마디로 그것은 "거인(巨人)의 목소리"라고 평하였다. 특히 이 책에 실린 <혼돈의 시대 — 그 상수와 변수> 등의 강연문들은 "국제정치학과 정치사상사의 대석학이 총장직의 틈새에 1일교수로서 학술대회에 나와 펼쳐 보인 뛰어난 20세기 문명론"이라고 요약하고 "그 시각은 다각적이요, 그 표현은 교향악적이다. 논리학과 수사학이 거기 융합되어 있고 변증법(디알렉틱)과 변론법(레토릭)이 거기 통합되어 있고, 학술용어와 육두문자가 거기 교차하고 있다"고 극찬하였다.

"폴리포니－Polyphony가 20세기 음악의 특징인 것처럼" 저자 남재의 사고와 언어도 "대위적(對位的)이요 다성악적(多聲樂的)"이라고 논평하고 있는 <최정호 서평>의 결론부는 이 『지성과 야성』이 뛰어난 평자의 비평까지 함께 얻어내는 행운도 겹쳐 있음을 말해준다.

2. 출판기념회 점묘(點描)

남재는 회갑을 집에서 맞지 않고 하루 전날 혜천과 함께 여행을 떠났다. 여행지는 설악산. 맏딸 명신 내외와 외손 재혁-유진이 동행하였다. 이날 일행은 자동차로 빗속을 뚫고 원주를 거쳐 저녁(7시)에 뉴설악호텔에 들었다.

원주에서는 남재의 문교부장관 재임시 비서관이었던 김정현(金正鉉 : 강원도 부교육감) 등이 합류하였다.

4월 20일 회갑 당일, 남재는 아침 일찍 일어나 절묘한 설악산의 늦봄 풍정을 만끽하며 도보로 신흥사(新興寺)까지 다녀와서 일행의 회갑하례를 받고 늦은 아침을 들었다. 10시부터 의상대(義湘臺) → 홍련암(紅蓮庵) 석불 → 낙산사(洛山寺)를 일주한 후 오후 1시에 강릉에 도착, 이곳 고대교우들로부터 회갑축하 오찬을 융숭하게 대접받았다. 3시, 경포대(鏡浦臺) 인근의 열화당(悅話堂) 이씨댁 고가(古家)를 둘러보고, 여기서 명신 일가와 헤어진 후 삼척을 거쳐 백암온천에 유숙, 1박 후 21일 평해(平海) → 포항 → 보문(普門)을 거쳐 저녁 6시경 귀경하였다.

4월 28일에는 연설문집『지성과 야성』출판기념회가 고려대학교 교우회(회장 金元基 ; 재무부장관) 주최로 오후 6시부터 세종문화회관에서 1,000여 하객이 참석한 가운데 대성황리에 열렸다.《동아일보》는 이날 있었던 전고대총장 유진오의 <축사>를 정치 단평란인「여록」(餘錄)에서 다음과 같이 인용하였다.

> "…『책을 쓰기로 하면 나도 김 총장에게 뒤지지 않는다고 자부하지만 그는 사무처리에 있어서도 유능, 치밀하고 용의주도하다』고 전제, 모든 것을 종합해 볼 때 그는 한 대학의 총장으로만 모시기에는 아까운 분이라고 말했다. 유 박사는『우리 나라는 정세가 너무 험난해서 커다란 임무를 맡긴다고 할 경우 다른 사람 같으면 야단법석을 떨 일도 그는 순탄하게 처리할 능력이 있는 사람』이라며『정치정세도 어지러운데 이것이 정리되고 김 총장에게 좀더 큰 일을 맡길 날이 오기를 바라 마지않는다』고 말했다.…"

같은 날짜《경향신문》의 단평 <기자석>(記者席)도 전신민당 당수 유진오가 "요즘같이 험난한 시기에는 경험 있고 능력 있는 사람이 필요한데『김 총장 같은 사람이 좀더 큰일을 맡는 날이 올 것을 기대한다』고 말해『정치일정을 단축하라』고 밝힌 최근 김 총장의 지방순회연설(고대교우회 지역별 총회 참석을 지칭한 듯 = 필자)과 관련 주목된다"고 논평하였다.

남재는 <답사>에서 먼저 '지성과 야성'의 어의(語義) 정리와 함께 이 책을 펴내게 된 배경을 간략하게 소개하였다. 이어 미래지향적 새통일개념 정립의 필요성을 역설하고, 특히 변수(變數)들만이 난무하는 혼돈의 시대를 이겨낼 수 있는 튼튼한 상수(常數)를 많이 길러내야 한다고 지적하였다. 또 역사는 영욕과 진퇴의 기복(起伏)이 엇갈리는 우여곡절 속에서도 결국은 인간자유의 확대와 복지실현의 정해진 방향으로 흘러가고 있다고 강조하면서 그 역사를 만드는 신의 존재, 곧 '역사의 신'을 굳게 믿고 용기를 잃지 말자고 강조함으로써 잠시 장내를 숙연케 하였다. 이어 남재는 60세 환갑을 노인으로 치던 옛날과 달리, 누구나 자기 분야에서 원기왕성하게 활동을 할 수 있는 할 일이 많은 시대의 환갑은 80세로 고쳐져야 한다고 주장하여 장내를 웃음바다로 이끌었다.

《경향신문》의 같은 단평기사 <기자석>은 '상수와 변수'의 관계와 역사의 전개방향을 논한 남재의 이 <답사>를 "정치색이 짙은 발언"이라고 꼬집고, 대통령 출마의사를 묻는 동창들의 질문에 남재가 『현고위층이 나를 주겠느냐』고 받아넘겼다고 지적한 다음 "유 박사(兪鎭午 = 필자)는 『내가 김 총장을 대통령 시키자고 말하려다가 말았다』고 웃으면서 말하여 주위의 시선을 끌기도 …" 했다고 보도, 마치 남재가 현민 유진오의 추천을 받아 대통령에 출마할 뜻이라도 있는 것처럼 정가에 비치도록 일대 파문을 일으켰다.

이후 남재가 여권 신당참여설, 여권 대통령후보설 등 사실무근한 구설수에 올라 시달림을 받은 것도 이 기사와 무관치 않은 것 같다. 또 실제로 일부 정치군인들간에 남재가 이 시점에서 출판기념회를 열어 세상의 이목을 끌어 모은 저의가 무엇인가를 민감하게 캐고 들었다는 사실이 기자들간에 화제가 되기도 했다.

제3절 불운-불행의 1980～1981년

1980년 5월 17일 감행된 비상계엄의 전국확대는 '진출가퇴'(眞出假退)의 전면 쿠데타였다. 이에 따라 정치활동이 금지되고 휴교령이 내려져 또다시 군이 대학에 진주하였다.

이른바 "서울의 봄"이라고 묘사되는 이 시기에 서울과 워싱턴을 숨가쁘게 오가던 카터 행정부의 「비밀전문」들은 최규하와 그의 정부를 한마디로 "불공정한 개입주의자" 또는 "교활한 방임주의자"라고 단정하였다.[4] 여기서 '교활'이란 정권의 '횡재'를 끝까지 배제하지 않으려는 최규하의 기회주의적 의도가 함축된 표현임은 말할 것도 없다. 1996년 3월에 공개된 이 문건들은 한반도 정세변화에 가장 민감한 이해당사자의 시각과 관찰을 담고 있다는 점에서 주목할 만한 객관적 자료가 아닐 수 없다.

최규하의 이처럼 불공정하고도 교활한 개입주의-방임주의가 5·17을 불러왔고, 5·18 광주항쟁의 비극을 일으키는 단초였음을 이 전문들은 한결같이 시사하고 있다. 결국 최규하는 국민의 여망(이것은 남재의 일관된 주장이요 간절한 기대였다)에 따라 자신에게 주어진 민주화 정치일정의 단축실천이라는 지극히 단순-명료한 사명과 과업을 방기하고 5·17 성립의 필요조건과 5공정권 등장의 충분조건을 조성-제공하는 반민주적 국민배신의 길로 매진하였을 뿐이다. 이러한 의미에서 5공원죄(原罪)의 일부는 최규하와 그의 정부에 귀속될 수밖에 없다고 할 것이다.

여기서 새삼 광주항쟁의 전개과정과 진압상황을 돌아보고 그 역사적 의미를 반추할 필요는 없을 것이다. 적어도 이 시기의 광주의 진상은 유언(流言)적 성격으로 지하에서 유통되던 "억압된 진실"이었기 때문이다. 따라서 본절의 임무는 5·17로부터 5공정권이 등장하기까지 대학의 문이 닫혀 있던 116일 동안 무슨 일이 일어났고, 남재가 이를 어떻게 파악하고 있었으며, 또 여기에 어떻게 대응하였는가를 개괄-정리하는 작업이 될 것이다.

1. "정의사회구현" : 5공정권의 등장

신현확 내각이 총사퇴하는 5월 20일경에야 남재는 광주사태의 평화적 수습이 도저히 불가능한 상황으로 치닫고 있음을 알게 되었다. 23일, 남재는 '정부소식통'으로부터 머지않아 초헌법적 전권(全權)기관인 국가보위비상대책위원회(이하 「국보위」)가 등장하리라는 소식을 들었다. 과연 그 8일 후인

31일, 전두환을 상임위원장으로 하고 현역군인이 과반을 차지하는 국보위의 규정과 위원명단이 발표되었다.

그러나 이때까지도 남재는 「국보위」의 등장이 의미하는 바를 명확히 파악할 수는 없었던 것 같다. 여전히 군부의 직접집권(제1안)과 최규하-군부결합의 공동정권(제2안) 가능성에 관한 시중의 무성한 소문에 주목하면서 새 정통성의 조속한 창출을 위해서는 새선거, 새국회, 새헌법, 새정부를 난국수습의 유일한 길이라고 믿고 있었다.5)

계엄검열에서 삭제된 6월분 《뉴스위크》지와 《타임》지의 한국관련 기사를 보고서야 남재는 비로소 5·17이 "전장군의 군정(軍政)"을 뜻하는 것임을 확인하였고, 또 다른 쿠데타에 의하지 않고 그것을 뒤집기는 어렵게 되어 있다는 정황을 이해하게 되었다. 또 6월의 근착 《타임》지는 전장군의 전면(前面) 등장시기를 모든 기성 정치인의 숙정 후로 전망하였다. 이 무렵 남재의 '군소식통'도 정치발전 중단 → 군정연장 → 군부집권으로의 직행가능성을 전망하였다. '워싱턴 소식통' 역시 지금 군부의 결정된 방침은 "전두환 대통령 만들기"이며 이 작업은 생각보다 훨씬 급속히 진행될 수 있고, 미국도 도리 없이 이를 묵인하게 될 뿐만 아니라 미국은 오히려 전두환 1인에게 전권이 집중된 것을 다행으로 여기는 분위기라고 전언하였다.

7월 초순에는 2급 이상 공무원의 광범한 숙정이 발표되고 대통령 간선론이 애드벌룬처럼 떠올랐다. 신군부의 정치주도가 확연한 가운데, 8월 초에 전두환의 대장 승진이 있었고, 일부 기독교계 인사들의 「전 장군을 위한 조찬기도회」까지 등장하면서 바야흐로 '진출가퇴'(眞出假退)가 임박하였음을 실감케 하였다.

모든 신문들의 '전두환 영웅 만들기'가 광적으로 연출되는 가운데, 그 선두주자 《경향신문》 8월 11일자 1면(광고 없이 전면 대서특필)의 국보위 상임위원장 <대담> 기사는 "새시대를 영도할 지도자" 전두환의 집권을 기정사실화하고 있었다. 이 기사에서 전두환은 새시대의 국가지표로서 민주복지국가건설을 강조하고, 그 구체적 실천방향으로 ①민주정치의 토착화, ②복지국가건설, ③정의사회구현을 제시하였다. 이 기사를 신호로 "새시대-새역사의 새로운 영도자 따라 민주-복지-정의사회 건설로 일치단결 매진하자"는 것이 전 매스컴의 보도 초점이 되었다.

그로부터 5일 후(16일) 최규하 대통령의 사임성명이 발표되었다. 최규하는 이 <성명>에서 "민주국가의 평화적 정권이양에 있어서는 국정의 책임자가 국익우선의 국가적인 견지에서 임기 전에라도 스스로의 판단과 결심으로 합헌적인 절차에 따라 정부를 승계권자에게 이양하는 것도 확실히 정치발전의 하나라고 생각한다…"는 도무지 무슨 소리인지 요령부득의 논리를 폈다.

이달 23일에는 전두환의 전역식(轉役式)이 있었고, 27일 마침내 "평지돌출의 하늘이 내려준 새시대-새역사-새질서의 영도자 전두환 장군"[6)]이 통일주체국민회의에 의해 제11대 보선대통령으로 선출되었다. 해방 후 우리 민족의 정규교육을 제대로 받은 애국적인 군부의 대표가 비로소 국가의 영도를 맡게 되었음이 매스컴에 의해 되풀이 강조되었다. 즉, 박정희 군사정권과 전두환 군사정권을 비교하여 전자는 일제 식민지 통치하에서 길러진 일본군, 만주군, 혼합잡군 출신이 모인 오합지중(烏合之衆)인 데 반하여 후자는 민족-민주교육을 정식으로 받은 순수-단일체 군대의 구국운동이라고 찬양하였던 것이다. '진출가퇴'를 계기로 다음달 9월 1일 대학의 휴교령이 해제되었다.

6일 남재는 헌법개정심의위원회 전체회의(세종문화회관)에 참석하여 새헌법의 기본방향에 대한 설명을 들었다. 이어 9일에 열린 회의는 헌법안을 최종 마무리짓는 마지막 회의임에도 불구하고 심의위원들에게 헌법조문 전문 초안조차 제대로 나누어주지 않고, 또 질문도 제대로 받지 않은 채 서둘러 회의를 끝내버리는 어처구니없는 진행으로 일관하였다.

이렇게 제정된 5공헌법안이 대통령에 의해 발의되어 10월 22일 국민투표로써 확정, 27일 공포되었다. 새헌법의 공포에 따라 계엄하에서 기능이 정지되었던 국회와 정당들은 자동해산되었다. 새헌법의 발의에 앞서, 대통령 전두환은 10월 16일 기자회견을 갖고, 1981년 3월 대선실시, 4~5월 중 총선에 이어 6월 이전 5공정부 출범으로 완료되는 새로운 정치일정을 발표한 바 있다.

국회의 해산에 따라, 총선에 의한 새국회 개원까지는 국보위 입법회의가 국회기능을 대행하게 되었다. 남재는 헌개위 심의위원의 연장선상에서 입법회의 의원에 임명되어 문공위소속으로 "팔자에 없는 임시 대리국회의원"의 고역을 6개월 간(1980. 11. 8.~1981. 4. 10.) 수행하지 않으면 안 되었다. 그러나 남재는 단 한 번도 발언을 하지 않았고, 11월 3일의 전체회의에서 「정치풍토쇄신을 위한 특별조치법」이 기립표결(찬성 66, 반대 8, 기권 1)로 통과될 때 유일한 기권행사자였다는 것은 입법의원 활동과정에 있어서 특이한 기록으로 남는다. 또한 이 사실은《기독교방송》(CBS)에 보도되어 호사가들의 구설에 오르기도 했다.

이 시절 남재가 겪은 이 같은 고역은 싫다고 해서 쉽사리 피해질 수 있는 성질이 아니었다. 여기서 자기 선택의 여지가 없었다는 것은「광주항쟁」진압 직후의 그 무시무시했던 무단적 분위기가 여실히 말하여 주고도 남음이 있다고 하겠다. 그러나 어찌되었건 이 직을 맡게 되었다는 사실 그 자체만으로도 남재에게는 '욕'이 되었다. 즉, '수즉욕야'(壽則辱也)가 아닐 수 없었다.

이듬해 1981년 2월 25일, 전두환은 새헌법에 따라 대통령 선거인단의 간접선거에 의해 7년 단임의 제12대 대통령에 당선, 3월 3일 취임함으로써 5공정권이 정식으로 성립하였다. 남재는 이 취임식에 참석함으로써 1978년 12월에 제9대 대통령 박정희의 취임식을 시발로 1981년까지 4년 동안 매년 장충체육관 대통령 취임식에 참석하는 희귀한 경험을 하였다.

2. "수즉욕야"(壽則辱也)

여기서 잠시 우리는 휴교령 해제를 전후한 시기로 다시 거슬러 올라가 남재와 고대가 어떤 상황에 처해 있었는가를 살펴볼 필요가 있다.

1980년 5·17 직후 신현확 내각의 총사퇴에 따라 문교부장관에 이규호(李奎浩)가 임명되었다. 6월 2일, 남재는 문교부로 장관 이규호를 예방하고 대화를 나누었다. 이 자리에서 남재는 제적학생들이 과거 4~5년간 지하화하여 극렬좌경화하고 있고, 누구나 한국의 '월남화'를 우려하는 데는 의견이 일치하나 그 요인분석에 있어서는 관(官)과 민(民)이 서로 상대 탓으로 돌리는 등 시각이 엇갈려 함께 책임을 지겠다는 동질의식을 찾아볼 수 없게 되었다고 개탄하였다.

6일에는《동아일보》의 요청에 응하여 유진오와 <시국대담>을 가졌다. 이 <대담>에서 남재는 △ 학교가 폐쇄된 데 대해서 대학의 행정책임자의 한 사람으로서 면목이 없음을 토로하고, △ 한국의 월남화를 우려하는 요인분석에 있어서 관과 민의 견해가 엇갈리고 있고, △ 너도 모르고 나도 모르는 오늘의 혼돈상황 때문에 국민 모두가 자신감 상실에 빠져 있으며, △ 국가권력의 승계를 어떻게 이룩할 것인지…, 현재로서는 제헌국회를 소집하는 길밖에 없고, △ 학원문제의 해법은 대(大)에서 소(小)로 나가야 한다고 지적하였다. 그러나 이 대담은 「계엄검열」에 걸려 그만 사장(死藏)되고 말았다.

6월 초의 어느 날, 남재는 교정에 만발한 장미를 보고, 문득 헤겔의 법철학 서문의 일설을 뇌이며 한숨지었다. "…여기 장미꽃이 피어 있다. 여기서 춤추어라…"를 <신입생 환영사>에 인용하여 "여기 자유-정의-진리의 캠퍼스가 있다. 여기에서 춤추어라!" 하고 격려했던 그 주인공들이 보이지 않는 적막강산(寂寞江山)을 돌아보면서 심난한 마음을 가눌 길이 없었다.

이달부터 문교부의 지시가 쏟아지기 시작하였다. 일부 교수가 연행되었다는 걱정스럽고도 기분 나쁜 소식이 들려오는 가운데 무능력자, 불성실자, 사생활에 흠결이 있는 자, 학생지도에 소홀한 자 등에 대한 단계적 숙정계획을 세워 월말까지 보고하라는 장관 명의의 지시공한이 내려왔다. 개정학칙을 「10·26사태」 이전으로 복원하라는 지시도 떨어졌다. 또 교수대상 정신교육 세미나를 열어라, 교수를 해직시켜라, 교수의 실력향상-연구-수업의 질향상-사생활정화-학생적극지도 등을 지침으로 하는 교원자질향상 계획안을 마련해서 보고하라, 학생을 징계하라, 학도호국단 규칙을 새로 제정하고 조직을 재건하라 등등 요구사항은 끝이 없었다.

그리하여 문교부의 강요된 명단 그대로 이문영-강만길(姜萬吉 : 한국사)-이상신(李相信 : 서양사)-조기준-김용준-조용범(趙容範 : 경제학) 등 교수 6명을 7월 30일자로 해직시켰다. 학생도 지시대로 제적 27, 무기정학 6, 유기정학 11, 견책-근신 42, 도합 86명을 같은 날로 징계하였다. 다만 학도호국단 조직의 재건만은 아무리 독촉이 성화같더라도 도리가 없는 노릇이었다. 문이 닫혀 학생이 없는 데 어찌하란 말인가!

모든 것이 이렇듯 「10·26사태」 이전으로 환원되고 나니 이번에는 '왕정복고 바람'에 총장들이 마구 쫓겨나는 사태가 벌어졌다. 그리하여 총장 모임에 나가보면 남재는 이제 '옛 얼굴'이 되어버렸다. 남재는 홀로 무사한 듯하여 몹시 어색하고 불편한 심기를 떨쳐버릴 수가 없었다.

이런 심경 속에서, 최규하가 사임하고 매스컴이 총동원되어 '전두환 대통령 만들기'가 한창이던 8월 19일, 세종문화회관에서 전국대학 총학장회의를 마친 후, 국보위상임위원장이 초대하는 신라호텔 오찬에 전원이 참석하게 되었다. 이 자리에서 최장수 총장으로서 지명도 높은 남재에게 "전두환 상임위원장의 업적에 경의를 표하는 축배를 들자"는 제의를 하라는 임무가 떨어진 모양이고, 남재는 도리 없이 시키는 대로 응할 수밖에 없었던 것 같다.

이날 전두환이 남재와 인사를 나누는 장면이 '축배제의' 기사와 함께 석간-조간 할 것 없이 신문들의 머릿기사로 일제히 보도됨은 '뉴스 쫓기'의 속성상 오히려 당연한 일일 것이다. 이 기사로 말미암아 좋은 의미이건 나쁜 의미이건 두 사람 관계가 멋대로 각색되고 그 동안 남재를 주시-주목해온 많은 사람들, 그 중에서도 특히 동료교수들의 구설에 오르내리게 됨은 필지의 귀결이었다.

'수즉욕야'(壽則辱也) … "오래 살면 욕"이라는 옛말대로 남재는 고대에서의 자신의 임무도 어느덧 막바지 한계에 이르고 있음을 절감하면서 물러날 때를 심각하게 고민하기 시작하였다. 그날 이후 남재는 측근들에게 입버릇처럼 "… 미워도 한세상, 고와도 한세상 … 바람따라 구름따라"(대중가요의 일절)를 말하기도 하고, "멋있는 말 몇 마디, 아름다운 구상 몇 가지 내세워 정권을 잡는 상황이 아니다. 한국적 특수상황 때문에 군의 실력이 절대적으로 작용하는 냉엄한 현실을 직시해야 한다. … 대학은 초월적 이상추구를 위한 혁명적 지하조직체가 아니라 현세적 성취를 위한 세속적 노출기관이다. 쉬임없이 일상적으로 움직이고, 없어지지 않고 살아 있는 기능적 생존—Functional Survival이 대학에서는 무엇보다 중요한 것"이라고 말 많은 교수들에게 일갈하기도 했다.7)

사실 학원문제의 핵심은 학생 못지않게 교수들에게도 있는 것이다. 교수들은 한 사람 한 사람이 자기의 성(城)을 쌓고, 이 속에서는 유일-독존적 존재가 된다. 그러다 보니 무정부적 독선의식에 사로잡혀 불평과 넋두리만 일삼기가 보통이다. 그러면서도 자기 성채의 그 치외법권적 지위만은 끝까지 고수하려는 특수신분의 인간군이 교수들이니 그들의 말 많은 속성이야말로 고치기 어려운 대학의 병폐가 아닐 수 없는 것이다.

여기에 비하면 학생들은 그래도 순수하다. 심하게 넘어져 코피가 터지고 무릎이 깨져도 얼마 지나지 않아 툭툭 털고 잘도 일어나는 어린아이들처럼 학생들은 그래도 맑고 밝고 깨끗하다.

휴교령이 해제되자 남재는 교무위원회를 열고 조속한 시일 내 개강할 수 있도록 준비를 서두를 것을 당부하였다. 8월 30일에는 100일 가까이 주둔했던 계엄군이 이날 0시를 기하여 철수하였다. 9월 10일, 고대가 116일만에 개강하였다. 남재는 만감이 교체하였지만 아무런 할 말이 없었다. 도서관을 둘러보니 학생들로 가득 차 있었다. 배움을 향한 그들의 뜨거운 열기가 훅- 끼쳐왔다. 학생들의 바로 이와 같은 모습에서 남재는 언제나 새로운 용기를 얻는다. 남재는 대학의 현실에 정나미가 떨어지고 절망한 나머지 그만 떠나버리고 싶은 충동을 이기지 못하다가도 학구열에 불타는 학생들을 보면 그 같은 마음이 슬그머니 사라지고 마는 것이었다.

3. 5공 첫 반정부시위 : 고대 가족 전체가 죄인

개강 한 달여만인 10월 17일, 전두환 정권 출범 이후 최초의 반정부 데모가 고대에서 일어났다. 시위는 문과대학 2학년 중심 2~300명 정도의 소규모였고, 경찰의 제지로 곧 해산되었다. 남재는 즉시 전체 교수회의를 열고 사후대책을 논의하였다. 사태가 더 이상 확대되지 않도록 즉시 휴강에 들어가는 것이 최선이라고 판단되었다. 이날 밤 문교부는 고대에 휴교령을 내렸다.

문교부는 고대에 대한 「휴업발표문」에서 "현금의 국제정세와 우리의 국가적 상황에 비추어 어떤 소요도 묵과할 수 없기 때문에 부득이 고려대학교가 휴업에 들어가게 되었다"고 밝히고, "학교 당국이 앞으로 이런 일이 없도록 철저한 조치를 취함으로써 조속히 개강할 수 있게 되기를 바란다"고 덧붙였다.

이튿날(18일) 남재는 문교부장관을 찾아가 유감을 표하고 인책 사퇴의 뜻을 윗선에 전해줄 것을 부탁하였고, 재단이사장 이활에게도 같은 뜻을 밝혔다. 또 교무위원회를 열어 주동학생 5명을 제적하기로 결의하였다. 그러나 인책문제는 당분간 거론하지 말아달라는 '통지'가 재단을 통해 내려왔다.

이날 모든 신문방송은 고대를 마치 역적 다루듯 했다. 광주와 고대에 있어서 1980년은 참으로 액운(厄運)의 해였다. "월남의 패망을 기억하는가", "학원소요는 국민의 공적(公敵) 행위임을 자각하라", "누구 위해 안정파괴하나 … 불순학생 추방해야", "지금이 어느 때인데 데모냐, 다수 위해 소수 희생하는 한이 있더라도 데모는 뿌리뽑아야…", "대학 설 땅 없어 … 관용한계 벗어나" 등등 시민의 반응을 급조하여 학생 데모를 일방적으로 매도하는 기사들이 연일 신문들의 1면 정치면과 사회면을 뒤덮었다.8)

남재는 닫힌 문을 열려면 무엇보다 학교 스스로가 데모 방지를 위해 자숙하고 애쓰는 모습을 보여주어야 한다고 판단하고, 교직원 결의대회를 열어 학생지도에 만전을 기할 것을 다짐하고, 지도교수의 가정방문, 학부모의 협조를 구하는 가정통신문 발송 등 학교가 취할 수 있는 방법을 총동원하였다.

그러나 문교부는 고대의 이와 같은 자체 노력을 전혀 무시한 채, 남재를 문교부로 불러들여 휴교령 해제를 바란다면 교수-학생-교우-재단이 각기 '사과의 다짐문'을 제출하고, 총장이 정부의 안보담당자들을 일일이 찾아가 사죄의 뜻을 표하라고 지시나 다름없는 권고를 하는 것이었다. 말하자면, 소수학생소요를 구실로 휴교령을 발동, '폐문'을 인질로 삼아 전 고대인의 자존심을 짓밟고 망신을 주자는 것이나 다름없는 요구였다. 생각하면 생각할수록 분통이 터지는 노릇이었지만, 대학의 문은 어떤 경우라도 열려 있어야 하고, 대학의 기능은 한시도 멈춰서는 안 된다는 지상 명제 앞에 남재는 굽힐 수밖에 없었다.

그리하여 단과대학별 교수다짐문 서명을 필두로, 학생다짐문, 재단임원다짐문, 교우회 회장단 진정서에 각기 서명을 받아내는 작업에 들어갔다. 교수들을 설득하고, 재단에도 양해를 구하고, 또 교우회에 협조를 요청하는 등 이 과정에서 있었던 남재의 수고로움은 그렇다 치고, 이들 네 가지 사과문서 각개의 내용까지 하나하나 검열을 받듯 문교부의 사전동의를 얻어내는 그 수모와 그로 인한 심화(心火) 때문에 남재가 겪어야 했던 정신적 고통은 실로 이만저만한 것이 아니었다.

이달 30일, 남재는 교우회장 김원기(무역협회 회장)와 함께 문교부에 동행, 장관 이규호를 만나 교수 312명 전원, 학생 2,400명, 재단임원 일동이 연명한 다짐문서와 교우회 회장단의 연명진정서를 제출하고, 조속한 휴교령 해제를 요망하며 돌아오는 길에 주점으로 향하였다. 취하지 않고는 도저히 견딜 수가 없었다. 자존심 하나로 세상을 살아가는 교수들 전원에게, 소요와는 아무런 관계도 없는 죄 없는 학생 자그만치 2,400명에게, 또 재단의 노인들에게 그리고 수만 명에 달하는 졸업생들을 대신한 교우회 회장-부회장들에게 그처럼 치욕적 사죄의 다짐을 받게 하다니 세상에 이보다 더 심한 연좌(連坐)의 앙갚음이 어디 있는가. "나는 이번에 큰 죄를 지었다…"고 술좌석이 파할 때까지 남재는 내내 자조-자책하다가 그만 대취하고 말았다.

이튿날(31일) 남재는 과음에 울화로 생긴 심한 두통에 몹시 시달리면서도 10시 교무위원회에 나가서 문교부에 사과문서를 제출한 이야기를 전하면서 자신의 죄책감을 솔직히 토로하였고, "총장 노릇을 오래 하니 욕이 많다"("壽則多辱")고 자괴(自愧)하여 마지않았다.

시키는 대로 남재는 11월 1일에는 남산으로 부장 유학성(兪學聖)과 차장 현홍주(玄鴻柱)를 찾아가 「10・17 고대소요」에 유감을 표명하였고, 4일에는 김원기와 함께 보안사령부로 사령관 노태우(盧泰愚)를 찾아가 역시 같은 뜻을 전하였다. 남재는 처음 만난 노태우가 "퍽 두툼하고 무거워 보였다"고 이날의 인상을 기록하고 있다.[9)]

6일, 휴교령이 풀려 20일만에 개강하였다. 이에 앞서, 남재는 5일 전체 교수회의를 열고, 지금 정부는 학생소요를 단순한 이상과 현실의 괴리현상, 교육문제, 치안문제로 보지 않고 "국가존망의 안보문제로 보고 있음"을 각별히 환기시켰다. 9일, 고대 교우들의 모임인 안암회(安岩會)의 월례 골프모임에 나가니 교우들이 이구동성으로 남재에게 학교의 문을 여느라고 그 동안 고생이 많았다고 위로하였다. 이에 남재가 "우리 교우들의 졸업장이 없어지지 않도록 노력했을 뿐"이라고 응수하니 폭소가 터졌다. 이렇게 졸업생들과 한바탕 웃고 나니 그제야 묵은 체증이 가시는 듯, 남재는 마음이 한결 가벼워짐을 느꼈다.

이달 18일에는 연세대에서도 2~300명 규모의 소규모 반정부시위가 있었다. 24일부터 연세대학도 휴강에 들어갔다. 또 12월 14일 서울대에 뿌려진 반정부 유인물은 공산혁명 선언문과 같다는 언론의 비판보도가 있었다.

문제는 다른 대학의 소요에는 아무런 제재조치도 내려지지 않는다는 것이다. 그래서인지 언론에서도 별로 말이 없는데 어째서 역대군사정권은 유독 고대에 대해서만 그토록 가혹한 보복을 가해오는가! 연세대의 경우는 설립자가 미국인이고, 미션스쿨이라 미국과 기독교의 든든한 배경이 있으니 정부와 언론이 겁을 내는 것일 터이고, 서울대의 경우는 현정부가 육사와 서울대 출신의 결합체나 다름없으니 못 본 체하는 것이 아니냐는 것이 짓밟힐 대로 짓밟히고 난 고대인들의 체념과 저항심리가 버무려진 탄식이었다.

이렇듯 고대 쪽의 불평-불만과 함께 일관성 없는 정부의 편파적 제재조치에 세론마저 좋지 않자 없었던 일로 덮으려던 문교부는 뒤늦게 연세대에 계고장을 보내며 응징에 나서는 듯 제스처를 보였지만 그 수준이 고대와 차원이 다른 것임은 말할 것도 없었다.

또 이듬해 3월과 5월, 서울대와 성균관대에서도 대규모시위가 각각 발생하였고, 다시 9월과 10월의 서울대 시위는 규모도 더욱 크고 격렬해진 데다 좌경색채가 농후한 것이었지만 역시 고대의 경우와 같은 응징조치는 없었다.

이렇듯 소수학생들의 반정부시위 때문에 온 고대 가족이 그야말로 곤욕을 치르고 나니까 이번에는 남재에게 여권신당에 참여하라는 권유와 압력이 사방에서 들어왔다. 바야흐로 세상은 권력의 무지막지한 강포(强暴) 아래 신문-방송-통신의 통폐합이 강행되어 TBC와 함께 DBS《동아방송》까지 하루아침에 날아가는 험악한 판국이었다.

그러나 남재는 정치참여만은 단연코 거절하였다. "존망지추에 처한 고대의 운명 때문에 다른 생각을 할 여지가 없다는 것"이 '거절의 변'이었다.[10]

남재와 고려대학교에 있어서 1980년은 그토록 어둡고 쓰라린 일로 가득찬 괴로운 한 해였지만, 그 암울함 속에서도 가정사에는 언제나 밝은 햇살이 넘쳐흘러 이 해에 경사가 겹치기도 했다. 6월에 미국 유학을 떠난 한(翰)이 예일대학에 입학(경영학 전공), 9월부터 포드(Ford)사로부터 장학금까지 받게 되어 남재를 흐뭇하게 한 데 이어, 10월 14일(음력 9월 6일)에는 손자 철(澈)이 태어나 남재 내외를 무한히 기쁘게 한 것이다. 남재는 철의 생년월일과 생시의 간지(干支)를 이날의 일기에 꼼꼼히 기록하였다. 아마도 첫 3세를 본 할아버지의 기쁨을 남재식으로 표현한 것이리라.

이 해 연말(12월 26일)에 남재는 역시《동아일보》의 기획에 응하여 연세대 명예총장 백낙준과 <신춘대담>을 가졌다. 남재는 "…우리는 무엇이나

'하면된다'는 70년대를 지나 '해도 안 되는 것이 있다'는 80년대로 접어들었다. 일확천금을 꿈꾸고 한탕치기를 벼르는 한국적 세태를 하루빨리 청산하고 불신풍조를 일소해나가지 않으면 안된다. … 정치란 결국 정통성의 끊임없는 창조라고 할 수 있다. 선진국과 같은 의회민주적 평화적 정권교체, 수정자본주의적 복지정책, 합리주의적 법치주의의 튼튼한 상수(常數)를 만들어 나가는 것"이 곧 정치라고 강조하였다.

제4절 실족(失足)의 계절

1. 냉소-좌경의 늪으로

1981년은 신정(新正) 아침부터 폭설이 내려 험난한 새해의 앞길을 예시하듯 시계(視界)가 몹시 어두웠다. 5공출범을 앞두고 민주회복과는 거리가 먼 방향으로 정치일정이 급물살을 타고 숨가쁘게 진행됨에 따라 힘없는 대학총장으로서 남재는 고대 복귀 직후처럼 좋건 싫건 신흥정치세력의 행사에 여기저기 얼굴을 내밀어야 하는 신세가 되었다.

1월 15일에 있었던 민정당 창당대회에 참석한 것은 그 한 예가 될 것이다. 신당 민정당의 행보는 새해벽두부터 중외(中外)의 최대관심사였고 따라서 이 행사에 남재가 얼굴을 내밀었다는 것은 구설수에 오를 호재(好材)가 아닐 수 없었다. 더구나 시중에서는 남재가 전두환 정부와 친밀한 관계라는 소문이 떠돌고 있는 상황이니 말이다.

그러나 민정당 입당을 끝내 거부한 남재가 바보처럼 꾹 참고 창당행사에 참석한 것은 그간의 말 못할 고충을 간접적으로 말해주는 것이리라. 고려조의 최씨 무인정권시절에, 무식한 무신(武臣)들간에 황당하게도 맹자의 성별(性別)논쟁이 벌어졌을 때, 그 틈바구니에 끼어 있던 문신(文臣)들이 맹자가 남자일 수도 있고 여자일 수도 있고, 그 양쪽 모두 아닐 수도 있다는 식으로 대답하여 화를 면했다는 일화도 있듯,[11] 지금이 바로 그런 세상이 아닌가….

1월 23일에는 대법원의 DJ 사형판결이 내려진 데 이어 국무회의의 무기감형이 의결되고, 이튿날 24시를 기하여 계엄령이 해제됨으로써 251일간의 기나긴 계엄통치가 종식되었다.

이 해 5월과 9월, 그리고 10월에는 앞 절에서도 언급한 바와 같이 서울대를 비롯하여 성대, 이대, 일부 지방대 등에서 반정부시위가 잇달아 발생하였다. 고대 역시 전해의 「10·17시위사태」로 그 쓰라린 '연좌의 수모와 고초'를 겪고도 여전히 이 해 4월과 5월 중순에 각기 한 차례씩 유인물 배포사건이 발생한 데 이어, 5월 20일에는 급기야 소규모 시위가 있었지만 교직원들의 만류와 경찰의 완벽저지로 곧 해산되었다. 이로 인해 남재는 학생처장 김우갑(金宇甲 : 생물학)을 대동하고 또다시 문교부에 들어가 유감을 표해야 했고, 문교부는 시위저지에 교직원들이 적극 나선 사실을 들어 「계고장」 발부만은 않겠다고 마치 은전이나 베풀 듯 생색을 내었다.

남재는 이번 시위에서 학생들의 구호에 반파쇼 민중해방투쟁 등 좌경적 색채가 농후해져가는 경향이 무엇보다 걱정이 되었다.

가을학기 개강에 앞서 문교부가 개최한 전국총학장회의(세종문화회관 : 8월 28일)는 학생소요에 대비, 대학이 자체관리능력을 보완-강화하여 절대로 휴강 → 개강의 악순환이 되풀이되지 않도록 만전을 기하고, 교내에서 사치-낭비와 부조리를 추방하라고 지시하였다. 그러나 학생소요를 막기 위해 대학이 그 어떤 대비책을 강구한다고 해도, 가을학기 초의 반정부시위는 예외없이 터지고 말았다. 9월 하순에 있었던 전남대 시위는 드디어 반파쇼-반미투쟁으로 양상이 바뀌어, 4·19 이후 5·16 → 10·26 → 12·12 → 5·18에 이르는 모든 역사전개의 오도-굴절된 방향은 그 책임이 전적으로 미국에 있다고 주장하는 등 비록 규모는 소수이나 내용은 그 어느 때보다 극렬해지고 있었다.

또 학생들이 집권세력의 정통성을 전혀 인정하지 않으려는 것이 무엇보다 심각한 문제로 생각되었다. 이승만-박정희 정권에서 보여지는 바와 같이 그 집권 전반은 그런 대로 괜찮다가 후반으로 가면서 정부건 국회건 정권 전체가 패악(悖惡)-무도(無道)해져 집권자가 존경은커녕 증오의 대상이 되는 현상도 오늘의 학원사태를 만성적으로 악화시키는 요인으로 분석되기도 했다.

문교부를 비롯한 정부 공안관계자들은 대학이 한편으로는 냉소적 야유의 자세로 빠져들고, 또 한편으로는 좌경-친공-친북화의 길로 가속-질주하는 데는 학내신문의 해독이 무엇보다 큰 것으로 지적하였다. 그들은 각 대학에서 발행되는 이들 '대학신문'들이 치외법권적 지위나 누리듯 학교 당국의 지도-감독을 거부하고, 본격적 좌경이념 투쟁지로 전화하여 완전히 '지하신문화'하고 있다고 분석하였다.

이 시기의 서울대 시위 역시 반파쇼-반미의 좌경색채를 띠면서 과격화-대규모화하고 있었다. 하지만 10월 29일에 있었던 고대의 데모는 이와는 대조적으로 100여 명 정도의 소수학생들이 30분 정도 떠들다가 곧 진압되어 무시해버려도 좋을 정도였지만 규모가 크건 작건 간에 남재를 곤혹스럽게 만들기는 마찬가지였다. 그 사흘 후인 11월 2일, 남재는 서클지도 교수회의를 열고, 금년 학기도 실질적으로 3주 정도밖에 남지 않았으니 이 고비를 무사히 넘기도록 학생지도에 각별히 유념하여줄 것을 당부하였다. 이날 7시 남재는 하와이대학 부총장 일행의 만찬대접을 위해 현관을 나서서 돌계단을 막 내려딛다가 그만 발을 헛디뎌 발목이 접질리면서 보행에 몹시 불편을 느꼈다.

이튿날 3일은 '학생의 날'이라 전 대학가가 초긴장상태에 들어갔다. 남재는 오전 중 혜화동 의대부속병원에 들러 접질린 발목을 정밀검진한 결과 아킬레스건(腱)에 파열이 생겨 회복까지는 6~8주가 걸릴 것으로 진단되었다. 남재는 우선 급한대로 깁스(Cast)를 한 채 학교에 나가서 정상근무를 하고 돌아와 4일부터는 오전의 처장회의도 당분간은 혜화동집에서 열기로 하면서 꼼짝없이 쉬기로 하였다. 덕분에 밀린 책들을 읽을 수 있게 되었지만 답답하기 짝이없는 일이었다. 1981년의 학생소요가 막바지로 치닫고 있는 중대시기에 발이 묶이다니 … 남재는 금년운수가 참으로 비색(卑塞)하다고 탄식하면서 이 실족(失足)이 차라리 액땜이 되어주었으면 하고 바랐다.

2. 문무대 소요 : 사상 최대의 학생징계

남재가 발목에 깁스를 한 채 출근도 못하고 꼼짝없이 집에서 묶여 지낸 지 어느덧 엿새가 지난 11월 9일, 이날부터 법과대-문과대-정경대 1년생들이 문무대 집체훈련에 들어가게 되었다. 그런데 이들 중 법대생 일부가 소요를 일으켜 육군종합행정학교측으로부터 입소를 거부당하는 사태가 벌어졌다. 이로 인해 대학원장 이하 학교의 간부들이 총출동하여 사태를 수습하느라고 몹시 애를 먹은 모양이었다. 이튿날 점호시에는 문과대생 일부가 또 말썽을 일으켜 문무대측이 격분하고 있다는 소식이 들려왔다.

5박 6일로 예정된 이들의 훈련은 14일 완료되어 남재는 모두가 무사히 퇴소했다는 보고를 받았다. 이날 고대 학군단장 조용수(趙鏞洙)를 통해 육군종합학교장의 유감의 뜻이 담긴 <항의공한>이 남재에게 전달되었다.

16일에는 나머지 1년생들의 2차 입소가 있었고, 이들 중 대취한 32명이 또 입소거부를 당했다는 소식이 들어왔다. 남재는 낙심천만이었다. 이 조그만 문무대 입소 소동이 결국 서울대-연세대 등과 함께 다 같이 맞아야 할 매를 또다시 고대가 도맡아 두들겨 맞고 있다는 느낌을 지울 수가 없었기 때문이다.

학원사태가 오랫동안 지속되는 과정에서 어느덧 세상에는 "서울대에서 먼저 불질러놓고 연세대가 부채질하면 맨나중에 고대가 가서 타죽는다"는 기가 막힌 '우스개'까지 생겨나지 않았는가! 이 어처구니없는 세평은 이번에도 들어맞게 되어버린 것이다.

이날 이후, 남재는 학생소요에 그만 지쳐가는 기색이 역력했다. 21일에는 2차 입소생들의 병영훈련이 완료되어 퇴소하였다. 1차 입소시에 입소거부를 당한 학생 중 불온 노래를 합창한 자의 색출과 아울러 2차 입소생들 중 퇴소 후 고대 학생회관 앞에서 김일성 찬양 노래를 부른 의대생들에 대해서도 조사가 진행중인 것으로 알려졌다. 이날 문무대측은 소요학생 78명의 교련 학점 F 처리를 통고해왔다. 학생들의 좌경화는 바야흐로 지하잠복 단계에서 공공연하게 지상현시(地上現示)의 단계로 돌입하고 있는 느낌이었다.

24일, 남재가 깁스가 장착된 장화를 신고, 스틱까지 챙겨들고 3주만에 출근해보니 정부의 학생처벌지침이 내려와 있었다. 퇴학처분 21명을 포함하여 휴학처분 등 징계요구자가 자그만치 109명이나 되었다. 학생처벌을 생각하면 남재는 눈앞이 아득하였다. 언제까지 고대만 이처럼 피를 흘려야 하는 운명인지 답답한 노릇이었다.

26일에는 도리 없이 문교부장관을 찾아가 문무대 소요사태에 유감을 표하고 인책사퇴 의사를 밝혔지만 만류되었다. 27일에도 육군종합학교를 방문, 교장 이하 간부들에게 "우리 나라 반공의 최후보루인 병영에 와서 학생들이 불미한 언동으로 소란을 피운 점은 변명의 여지가 없는 잘못"이라고 사죄의 뜻을 표하자 강경했던 군측의 태도가 많이 누그러졌다.

문교부는 하루속히 학생징계를 하고 서면으로 결과를 보고하라고 심하게 독촉하였다. 당사자인 군보다 문교부가 한술 더 뜨고 있는 셈이었다. 남재는 12월 2일 교무위원회를 열어 우선 불온 노래를 부른 의대생 7명을 제적시킨데 이어 12일, 이들 7명을 포함 19명 제적, 1명 무기정학을 결의하여 총 20명 징계를 문교부에 보고하였다. 그러나 이와 같은 대학 자체의 처리결정이 용인될 리가 없었다. 12월 19일, 고대 교무위원회는 더 이상 버티지 못하고 순순히 문교부의 요구대로 116명(제적 26명, 무기정학 1, 직권휴학 89)에 달하는 개교 이래 최대규모의 학생처벌을 결정하였다.

학생문제에 관한 한 남재는 관용주의자였다. 특히 시위사태와 관련하여 위로부터 내려오는 학생징계 압력을 남재는 아주 질색하였다. 시국문제는 처벌도 물론 어렵거니와 사후의 복학조치가 더 어렵기 때문에 가능하다면 처음부터 처벌보다는 교육적인 차원에서 선도로써 매듭지으려는 것이 남재의 기본방침이요 자세였다. 이러한 남재가 116명이라는 전무후무한 징계를 내렸으니, 이렇게 하고 어찌 학교 당국자가 인책하지 않을 수 있겠는가 반문하며 몹시 괴로워하였다. 남재는 징계를 끝내고 조기퇴임을 결심하면서 차라리 후련하다고 심회를 토로했다.[12)]

실족의 1981년 … 그 불운과 불행을 한탄하며 남재는 다음과 같이 기록하였다. "… 실족 부상으로 보행은 아직도 부자유스럽고, 시설확충문제 때문에 학교의 재정은 지극히 곤란하고, 문무대사건으로 전무후무하게 116명의 학생을 축출하고… 또 한 해가 보람없이 저물어간다"고….

3. "산타 할아버지는 없다"

1981년 4월에 들어서서 남재는 지난해 9월부터 구상해온 과학도서관 건립을 남은 임기중의 마지막 과업으로 보고 그 건설재원 확보방안을 다각도로 모색한 끝에 모금에 의존할 수밖에 없다는 결론을 내리고 중앙도서관 신관 건립 때와 마찬가지로 우선 건립추진위원회를 결성키로 하였다. 과학도서관 건립의 시급성은 이미 재단의 두 노인께도 소상히 설명을 드려 동의를 얻어내었고, 건설부지도 애기능 이-공대학 캠퍼스 구내에 잡아두었다.

이 무렵 고대는 유례 없는 시설난에 봉착해 있었다. 전두환 정부의 출범 직후인 1980년 9월 하순, 문교부는 대학의 입학정원을 50% 이상 획기적으로 증원하였다(9. 29. 발표). 이에 따라 고대도 학생수가 격증하여 기존시설로는 도저히 이를 감당할 수 없는 상황에 직면하게 되었던 것이다.

이로 인해 정부도 특별금융 지원제를 신설하는 등 사학의 시설난 해소를 위해 나름대로 정책적 지원을 아끼지 않고 있었다. 이를 계기로 남재는 문교부의 협력을 얻어 공원용지로 묶여 있는 고대 뒷산 일부 교지의 개발제한을 해제시키는 데 성과를 거두기도 했지만, 이 정도로 당장 시급한 시설확충의 숨통을 트기에는 요원한 실정이었다.

남재의 '산타론'은 대학의 이와 같은 시설난을 배경으로 제기된 것이었다. 이 해 가을학기 개강을 앞두고 8월 21일 열린 교수 세미나에서 남재는 재단 개편의 방향을 설명하면서, "학식과 덕망이 있는 깨끗한 인사들로 재단이 구성되는 시대는 지났다"고 지적하였다. 즉, 깨끗한 사람의 깨끗한 돈만이 깨끗하게 희사되기를 바라는 것은 산타클로스의 선물을 기다리는 것과 같은 환상일 뿐, 오늘의 대학 현실은 산업사회의 실력자들과 주고받는(give and take)다는 생각으로 그들의 지원과 협력을 얻어내어 재단을 유지-발전시켜야 한다고 강조하고, "대학에 산타클로스는 없다, 산타 할아버지는 1년 365일 중 단 하루, 그것도 어린이만을 위해서 다녀가는 것으로 되어 있다"고 환기시켰다. 사립대학 일반이 당면한 재정적 곤경을 타개하기 위해서 남재가 얼마나 고심하고 있는가를 엿보게 하는 한 단면이 아닐 수 없다.

이후 남재는 기회 있을 때마다 '산타론'을 제기하며 산업계 실력자들에게 대학의 재정적 곤경에 눈을 돌려줄 것을 촉구하였다.

예컨대 이 해 8월 중순, 남재는 재단이사 김상만에게 와병중인 재단이사장 이활이 퇴임할 경우 기왕에 영입된 재단이사 구자경-정주영과 같은 재계의 실력자를 후임으로 세우는 것도 거시적 관점에서 학교와 재단의 발전을 위해 현명책일 수도 있음을 역설할 정도였다. 이어 이달 31일, 문병차 이활 댁을 방문하여 학교상황을 보고하는 과정에서 재계 영입이사들의 거액희사가 없이 당장의 시설확충은 어려운 형편이라고 지적하고 재단측이 "주고받는다"는 의식의 전환과 결단이 요구됨을 솔직하게 진언하였다. 또 다음달 중순(9월 15일) 남재는 (주)선경(鮮京) 회장 최종현(崔鍾賢)과 이대 총장 정의숙을 혜화동 자택 만찬에 초대한 자리에서도 같은 논리의 '산타론'을 개진한 바 있다.

이 시기 고대의 주요 시설 확충계획을 보면, 건물신축이 1만 4,570평, 증개축 2,158평으로 총 1만 6,730여 평에 이르고 여기에 소요되는 자금은 무려 180억(1981년 7월 현재) 원에 이르는 것으로 나타났다.[13] 주요 건물신축은 과학도서관(5,523평), 종합관(5,923평), 전산소(300여 평), 이공대 식당(375평), 조치원분교 경상관(2,000평) 및 교직원 숙사(450평) 등이었다.

*

1981년 1월 29일부터 남재는 혜천과 함께 24일 일정으로 태평양 제국을 순방하였다. 이날 오후에 출국하여 홍콩에서 1박한 남재 내외는 31일 시드니에 도착, 2월 2일까지 지낸 후 오후 웰링턴(Wellington)에 도착하였다. 자원의 보고요 전쟁 없는 지상낙원 뉴질랜드에서 남재 내외는 대학들과 여러 명소들, 그리고 원주민들의 생활상과 민속들을 주의 깊게 돌아본 후 8일 호주 멜버른(Melbourne)으로 돌아와 11일까지 캔버라(Canberra)에 머물렀다. 이후 호주를 떠나 발리(Bali) 섬에서 14일까지 3일간, 17일까지 자카르타(Jakarta)에 3일간, 그리고 싱가포르를 거쳐 → 마닐라에 2월 21일까지 머문 후 이날 저녁 김포공항에 도착하였다. 한편 3월 15일에는 자부(子婦) 영란이 유학중인 한(翰)과 합류하기 위해서 손자 철(澈)을 데리고 뉴욕으로 떠났다.

4. 만기퇴임을 결심하면서

1982년 새해 아침에도 눈발이 날렸다. 남들은 희망의 새해, 대망의 80년대라지만 고려대학교에 있어서는 연전-연패, 실망과 낙담만이 연속되는 어둡고 괴로운 터널 속의 행군과 같은 또 한 해가 예감될 뿐이었다.

이날 아침, 남재는 올해가 자신의 고대 총장 마지막 해가 된다는 데 생각이 미치자 자못 감개가 무량하였다. 11시, 단배(團拜)하례식에 나아가 "고려대학교는 탄생부터 고난으로 약속된 운명이었으니 칠전팔기(七顚八起)의 각오와 용기로써 온 고대 가족이 서로 믿고 의지하며 예상되는 이 한 해의 다사다난(多事多難)을 '다사다경'(多事多慶)으로 만들어 나가도록 다 같이 분발하자"고 당부하였다.

2일과 3일에는 국민생활에 눈이 번쩍 뜨이는 중대조치가 연속 발표되었다. 6일 0시를 기하여 하루 24시간의 절반을 묶어놓는 위력을 발휘하던 마(魔)의 통금(通禁)을 해제하고 새해부터 중-고교생들의 교복과 두발의 자유화를 실시한다는 것이 그것이었다. 또 컬러 TV와 프로스포츠가 등장하고 여행의 전면자유화가 곧 뒤따를 것이라는 소식도 들려왔다. 벌써 집권-통치에 자신만만한 탓인가, 일면 통제와 다면자유화의 '조이고 풀기'를 과감하게 구사하는 것이 5공의 정책기조인 듯이 보였다.

그러나 대학들은 전년에 이어 새해에도 정초부터 입시파동으로 또다시 큰 곤욕을 치루어야 했다. 1월 11일부터 3일간 실시된 대입원서 접수결과 전국적으로 13개 대학(서울 6, 지방 7)에 43개 학과가 또 미달사태를 빚었고, 전년도 입시에서 겪었던 소위 일류-명문대학의 무더기 지원미달 사태와 저학력자의 배짱지원 → 배짱합격이라는 비교육적 현상이 다시 재연된 것이다.

입시생들은 오로지 합격가능성만을 따져서 최대한 원서접수를 늦추면서 경쟁률이 낮거나 미달학과를 지원하려고 극심한 눈치작전을 펴다가 결국은 한꺼번에 몰려들어 밤늦게까지 접수창구를 투기장처럼 극도의 혼란 속으로 몰아넣는 가장 비교육적인 작태를 빚어내고 말았다.

이처럼 지원 미달사태와 저학력자의 횡재식 요행합격 등 극단적 비합리현상을 유발한 직접적인 원인은 2개 대학까지 복수지원을 허용한 데 있고, 보다 근원적으로는 대학의 신입생 선발권 박탈과 입시관리의 공영제에 따른 제도적 결함에 기인하는 것으로 분석되었다. 어찌되었건 가장 엄정해야 할 신성한 대학입시가 눈치와 배짱으로 얼룩진 투기-도박의 사행장이 되어버렸으니 여기서 무슨 대학의 고유가치가 찾아지고, 학문의 권위가 설 수 있겠는가!

고대의 경우, 지원자의 성적분포상황을 점검해본 남재는 대부분의 학과에 중 이하의 성적들이 다수 몰려들어 눈치-배짱지원이 역력한 데 그만 질려버리지 않을 수 없었다. 또 11개 학과는 면접과정에서 미달로 나타났다. 그리하여 계열별로 기준미달 성적하한선을 설정(인문-자연계 200점, 사회계 220점 미만)하여 사정을 한 결과 법대-경영대와 경제-영문-기계-화공학과 등에 301명의 정원미달이 불가피한 것으로 나타나 이를 그대로 발표하도록 했다.

그러자 문교부가 추가합격자를 선발하여 미달자를 메우라고 공갈-협박을 하는 등 갖은 압력을 다 가하여 왔다. 하는 수 없이 문교부의 강압에 굴복하여 2차로 추가합격자를 발표하고 나니, 이번에는 일부 신문에 체육특기자가 포함된 합격자 성적일람이 공개되어 불합격자들의 항의가 빗발쳤다.[14] 불합격자의 일부 학무모들은 교무처를 점거하며 난동을 부렸고, 급기야는 본관에서 철야농성까지 벌이며 업무를 방해하는 상황으로까지 치달았다.

너무도 어처구니없는 사태 진진에 남재는 그만 대노하여 단호하게 대응하도록 했다. 이번 합격자 선발에 추호의 착오나 하자가 없음을 확실히 밝히고, 그래도 못 믿겠다면 감독관청에 재확인하던가 정식으로 소송을 제기하라고 농성자들에게 이르게 하고는 교직원과 경찰을 동원하여 강제로 해산시켜 버렸다. 이와 같은 곤욕은 고대뿐만 아니라 연세대 등 <성적일람>이 공개된 대학들 모두가 똑같이 치루고 있었다. 이러한 와중에서 문교부는 <성적일람>을 공개한 신문에 대하여 항의를 하라고 지시를 내리고는 심하게 독촉질까지 해대는 것이었다. 참으로 대학의 꼴이 말이 아니었다. 남재는 새해 벽두부터 입시파동을 호되게 치르고 난 뒤의 대학의 몰골을 "정신병자와 같다"고 개탄하였다.

남재는 1년생들의 「문무대 소요사태」 직후부터 조기퇴임을 결심하고 혜천과도 상의, 내외간에 합의를 보았지만 사태수습이 무엇보다 시급한 일이라 여기에 매달리다 그만 실기(失機)하였고 새해 들어서는 곧바로 입시파동에 묻혀 계속 때를 놓치고 나니 만기(滿期)가 가까워져 결국 8월 퇴임 쪽으로 생각을 바꾸게 되었다. 중임의 미련 따위는 두지 않기로 굳게 마음을 먹은 것이다.

3월 초순에는 먼저 김상만을 만나 만기퇴임 의사를 밝히고 이어 하순에 정식으로 재단에 같은 뜻을 전했다. 3월 하순(29일)에 3,500여 1학년생들이 5박 6일간 집체훈련을 받기 위해 장충체육관 앞 광장에 집결, 말썽 없이 문무대에 입소하였고, 4월 3일 퇴소하였다. 남재는 이날의 퇴소식에 참석하고 난 후 "마의 고비를 넘겼다"고 안도하면서 "이제 부담 없이 고대를 떠날 수 있게 되었다"고 그 감상을 기록하였다.

4월 12일에는 과학도서관 기공식이 거행되었다. 공사는 새 재단이사로 영입된 김형종의 한신공영(韓信工營)에 공사비 57억 원에 맡기게 되었다. 이날 기공식에 이활이 아직 성치 않은 노구를 이끌고 참석하였다. 이활은 전년 1월부터 병석에 누어 장기간 입원치료를 받다가 근래에는 많이 회복되어 간간이 학교일을 보러 나오기도 했고, 남재도 문병차 여러 차례 댁을 방문하여 학생처벌문제나 시설확충에 따른 재원확보의 난관 등 총장으로서의 고민을 토로하였지만 퇴임문제만은 차마 꺼내지 못하고 있었다.

기공식 다음날 남재는 이활을 댁으로 찾아가 만기퇴임 결심을 밝혔다. 이 자리에서 두 사람간에 남재의 명예총장 이야기가 자연스럽게 오갔다. 엿새 후인 19일, 남재가 다시 이활 댁을 찾아갔을 때 그는 남재가 고대를 떠날 때 자기도 퇴임할 것을 심각하게 고민하고 있었던 듯 물러날 뜻을 비쳐, 남재는 임기를 채우시라고 진언하였다. 또 같은 달 23일 방문시에는 남재로 하여금 한 번 더 연임하도록 권고하기로 김상만과 합의하였음을 밝히고 남재의 중임을 강력히 희망하였으나 남재는 초지를 굽히지 않았다.

이제 남재의 만기퇴임은 기정사실이 되었다. 제자들을 비롯하여 주변에서는 성가실 정도로 중임을 권고하였지만 남재는 역시 불가함을 역설하였다.

• 제15장 〔주〕

1) 『남재일기』 1980년 1월 18일자.
2) 『남재일기』 1980년 1월 6일자.
3) 『남재일기』 1980년 2월 16일 및 17일자.
4) ≪세계일보≫ 1996년 3월 22일 및 23일자. 표면상으로는 새로운 민주정부수립의 산파역을 자임하고 있지만 실상은 3김(YS-DJ-JP) 배제와 군부집권을 획책하고 있다는 점에서 불공정한 개입주의자이고, 민주화 일정의 고의적인 지연으로 정치적 혼란과 갈등을 증폭시켜 이를 역이용하려고 했다는 점에서 교활한 방임주의자라는 것이다.
5) 『남재일기』 1980년 5월 31일자., <송상현과의 대화>. .
6) ≪경향신문≫ 1980년 8월 20일자.
7) <단과대학별 교수회의 주의사항>(1980년 8월 20일자 『남재일기』)
8) ≪조선일보≫ 1980년 10월 18일자.
9) 『남재일기』 1980년 11월 4일자.
10) 『남재일기』 1980년 11월 25일자. 이때 남재에게 신당참여를 권유한 사람은 권정달 - 김경원 등으로 알려졌다. 따라서 "입당권유는 없었다"는 <고희기념좌담>의 회고는 남재의 겸양으로 해석하는 것이 옳을 듯하다.
11) 『남재일기』 1980년 12월 6일자.
12) 『남재일기』 1981년 12월 19일자.
13) ≪고우회보≫ 1981년 7월 5일자.
14) 체육특기자 선발은 우수체육선수 육성을 위한 국가시책으로 공인된 사항이다.

제16장 : 김상협 국무총리

—— "이 나라는 남의 나라가 아닌 우리 나라…"

제1절 "막힌 곳은 뚫고 굽은 것은 펴겠다"

1. 거꾸로 선 세태, 분노하는 민심

1982년 3월 18일, 부산의 미국문화원에서 솟아오른 불길은 「82년 충격시리즈」의 첫 신호탄이었다. 극렬 반미주의자들의 방화로 밝혀진 이 사건의 함의(含意)는 광주비극의 진상과 그 책임소재의 규명 바로 그것이었고, 12 · 12, 5 · 17 이후 급격하게 대두-성장한 우리 사회 일각의 반미감정이 노골적으로, 그리고 공격적으로 표출되었다는 점에서 그 파문과 상징성은 실로 충격적이고 의미심장한 것이었다. 또 카톨릭 신부의 범인은닉 사실이 밝혀짐으로써 5공정부와 구교 카돌릭 간의 긴장관계가 표면화한 것도 주목되는 상황이었다.

이어 4월 중에 있었던 서울 현저동(峴底洞) 지하철 공사장 붕괴사고(버스 추락 10명 사망, 42명 부상)에 이은 경남 의령(宜寧)의 만취경관 총기 난사사건(26일)과 같은 인재(人災)와 인변(人變)은 흉흉해져가는 민심을 비등점(沸騰點)까지 끌어올려 놓고 있었다. 범인 우범곤(禹範坤)은 의령경찰서 궁류(宮柳)지서 인근 5개 마을의 주민을 무차별 총격하여 56명의 무고한 생명을 앗아갔고 35명에게 중상을 입히는 끔찍한 범행을 저지른 끝에 이튿날 자폭하였다.

바로 이 같은 시기에 사채(私債)시장의 "소문난 큰 손"이 세상을 경악 속에 몰아넣었다. 이 '큰 손'이 검찰의 수사선상에 떠오른 것은 1981년 2월경이었고, 본격적인 수사는 그 10개월 후인 1982년 4월 말부터 착수되었다. 내검중수부는 다음달 5월 5일, 남산차장과 유정회 국회의원을 지낸 이철희(李哲熙)와 장영자(張玲子) 부부를 외환관리법 위반으로 구속한 후 사기혐의로 추가 기소하였다. 이들이 바로 그 "소문난 큰 손"이었다.

이-장 부부가 어음사기수법으로 기업들로부터 편취한 금액은 무려 2천억원(당시 금액)에 달하는 것으로 알려졌다. 또 이 사건에 연루되어 기소된 사람들은 2명의 전은행장을 포함한 은행관계자들과 기업주 등 28명에 달하였다. 당시의 언론은 이 사건을 "건국 이래 최대"의 사금융 교란사건으로 표현하고 있었다.

이처럼 상식을 초월한 사건의 규모와 성격 때문에 자연 국민의 관심은 최고권력과 연결된 배후의 '더 큰 손'의 존재 여부에 집중되었다. 그러나 결과는 대통령 처숙의 단순한 "위세과시행위" 이상의 배후가 없는 것으로 낙착지음으로써 세론의 승복을 이끌어내지 못한 채 갈수록 의혹만 증폭되어 갔다. 이를 계기로 소위 개혁주도세력 내부의 대립-갈등과 권력암투가 격화되면서 대통령 친인척의 공직후퇴와 문책개각이 단행되었지만, 정작 책임을 지워야 할 주무장관(재무-경제기획원)은 놓아둔 채 엉뚱한 각료들만 갈아치우는 또 한 차례 뒷처리의 실족이 이어짐으로써 열화와 같이 분노하는 민심을 더욱 덧들인 꼴이 되어버렸다.

TV 연속극 주인공의 한 토막 일본어 대사(臺詞) "민나 도로보"(みんなどろぼう : 모두가 도둑놈)가 이 무렵의 대유행어가 된 것은 당시 거꾸로 선 세태의 단적인 반영이었다. 5공 출범기에 그토록 구두선(口頭禪)처럼 외쳐대며 서슬 퍼런 사정(司正)과 숙정(肅正)의 피바람을 일으켜온 "정의사회구현"이 얼마나 기만적이고 허구에 찬 희화적 구호였는가가 여지없이 드러나, 바야흐

로 5공정권은 그 존립의 최대위기를 맞고 있었던 것이다. 온 국민이 극단적 정권불신의 심리적 공황(恐慌)상태에 빠져 위정자가 무슨 소리를 해도 믿지 않고 따르려 하지 않는 험악한 풍조가 요원의 불길처럼 타오르고 있었던 것이다.

그러나 문제는 권력주변의 불법-무도한 비행으로 빚어진 이 위기가 단지 5공 집권세력에 국한되는 것이 아니라 국가의 존망지추에 직결된다는 데 그 심각성이 있었다. 10·26→12·12→5·17로 전이되어온 정변(政變)의 연속과정에서 군의 실력이 절대적으로 작용하는 현실적인 제약과 한계를 딛고 5공 이후의 또다른 정치적 단절과 공백을 극복할 수 있는 국민의 정치역량이나 5공에 대체하여 정통성을 갖는 민간정부를 수립해낼 만한 그 어떤 정치적 대안세력도 이 시기에는 형성될 수 없었기 때문이다.

그럼에도 불구하고 국민의 5공정권에 대한 극단적 불신은 온 사회 분위기를 냉소적 자기부정과 절망적 허무주의로 몰아가고 있었다. 그리하여 자포자기 상태의 이반된 민심을 돌려세우기 위해서는 이 암담한 현실을 일거에 국면전환시킬 청신한 새바람을 일으킬 만한 새로운 인물의 등장이 절실하게 요구되는 시점이었으니 여기에 남재가 나서야 할 운명적 계기가 마련되어 있었다고 할 것이다.

2. 총리임명 전후

(1) 안가(安家)에서의 단독 대좌(對坐)

고대 총장의 만기퇴임을 결심한 이후, 남재는 앞에서도 언급한 바와 같이 과학도서관 건립을 재임중의 마지막 과업으로 생각하고 여기에 온 힘을 기울이고 있었고, 개인적으로는 전해(1981)부터 마음먹은 미답(未踏)의 남미여행계획을 실행에 옮기고 있었다. 이미 주콜럼비아 대사 지연태(池蓮泰)와 서신을 교환하며 금년 여름방학 중 44일간(7월 3일~8월 15일)의 남미 제국 여행일정을 잡아놓는 한편, 6월 중순에는 재단이사장 이활에게 보고를 드려 양해를 얻어놓았고, 뉴욕의 고대교우들에게도 연락하는 등 준비를 서두르고 있었다.

이렇게 남미여행에 온통 정신을 쏟고 지내던 중인 6월 21일 저녁, — 이날은 분교와 작별을 고하는 심경으로 오랜만에 조치원에 내려가 학생집회실 등 구내시설을 돌아보고 귀로에는 연기(燕岐)군수까지 찾아본 후 롯데호텔에서의 만찬모임에 참석하고 9시 반쯤 귀가하였다 — 청와대 경호실에서 전화가 왔었다는 전갈이 있었다. 전날부터 언론계의 눈치 빠른 사람들이 남재의 동정을 살피려는 듯한 내방이 이미 있었던 터라 남재는 심상찮은 용무가 있을 것으로 직감하였다.

22일 아침 6시 반쯤 경호실장 장세동으로부터 대통령께서 만나고자 하신다는 전화가 다시 걸려왔다. 대통령이 보자는데 안 나갈 수 없는 일이라 남재가 만나는 방법을 물으니 저녁 6시 20분에 삼청동 북악터널 입구 쪽의 삼청각(三淸閣 : 요정) 앞을 차를 타고 지나가면 안내 지프차가 나타날 테니 그것을 따라가면 된다고 했다. 약속시간에 나가보니 과연 지프가 대기하고 있어 이를 따라가다 보니 궁정동(宮井洞)의 소위 「안가」(安家 : 안전가옥)라는 저택으로 인도되었다. 여기서 남재는 대통령 전두환과 단둘이 만났다. 두 사람은 이미 지면이 있는 사이였다(제3편 12장 2절 및 제6편 참조). 약 두 시간에 걸친 요담이 진행되었다.

> "…이철희-장영자 사건으로 인한 국정운영의 고민을 털어놓으면서 계속 "큰일났다"고 합디다. 민심수습을 위한 국면전환의 필요성을 이야기하며 총리를 맡아달라고 부탁하더군요. 나는 못하겠다고 했지요. 그러면서 다리를 절룩거린다며 고사했지요. 그랬더니 전(全) 대통령은 지팡이를 짚고 다니시면 권위도 있어 보이고 얼마나 멋있습니까 하면서 맡아달라고 하더군요. 나는 정말 못하겠다며 간곡히 사양하고 집으로 돌아왔지요…."

이상은 《중앙일보》의 기획시리즈 <청와대 비서실>(1993년 2월 26일자)에서 기자 박보균(朴普均)이 남재와의 인터뷰를 통해 이날 있었던 대화를 정리한 내용이다.

이튿날(23일) 저녁 9시 반경에 다시 청와대 비서실장 함병춘(咸秉春 : 아웅산 폭발 테러로 순직)이 혜화동 남재 댁을 찾아왔다. 함병춘 역시 흐트러진 민심수습을 위해서는 남재가 나서주어야 한다고 총리 수락을 간절하게 권유했다. 여기서 남재는 전두환의 집요함에 그만 두 손을 들고 말았다. 대통령이 직접 나서서 청와대의 집무공간이 아닌 별관으로 자신을 초치하여 간청한 것도 이례적인 일이거니와 교수출신(연세대)의 비서실장을 보내어 설득에 나선 일종의 '삼고초려'(三顧草廬)를 남재는 막무가내로 거절만 할 수는 도저히 없었던 것이다. 또 여기에는 나라의 명운이 백척간두(百尺竿頭)에 서 있는 위기상황에서 진실로 '나라의 부름'이라면 단지 일신의 안일을 위하여 수수방관할 수만은 없다는 남재 특유의 우국충정도 작용했을 것이다.

이날 남재는 재단의 두 분, 이활과 김상만을 각기 따로 찾아가 대통령을 만난 사실과 함께 "아무래도 불려나갈 것 같다"는 예감을 미리 귀띔해둔 바 있다. 이튿날 정오, 남재는 삼양사 회장 아우 상홍과 점심을 나누면서 총리 취임 수락경위를 설명하고, 이어 오후 3시경에는 이활 댁에서 김상만과 3인이 회동하고 고대의 후임 총장인선문제를 논의한 후, 혜천과 약속한 대로 저녁시간을 보내기 위해서 곧바로 논현동 명신의 집으로 향하였다.

이날 혜천은 평소 친분이 있는 민정당의원 김현자(金賢子) 등 여성의원들의 부탁을 받고 서울에서 열린 아시아 여성의원 세미나(22~23일 플라자호텔) 참석자 일행 21명을 혜화동 자택만찬에 초대한 바 있다. 멋과 격식을 갖춘 전통미에 넘치는 한옥 민가의 풍정과 맛깔스런 우리 한국 음식을 아시아 여성의원들에게 대접하고, 또 자랑하고 싶은 취의에서 남재 댁이 특별히 선택된 것이다. 남재는, 말하자면 여성 내객들과 혜천의 손님맞이를 편케 해주기 위해서 일시 자리를 비켜주었다가 티타임에 맞춰 10시쯤 귀가하여 인사나 나누기로 되어 있었던 것이다.

그런데 예상 외로 남재의 총리 임명소식이 6시 방송 뉴스로 일찍 발표되어 예정된 여성 내객과 보도진이 한꺼번에 몰려드는 바람에 남재 댁은 한동안 축제 분위기 속에서 북새통을 이루었다.

(2) 임명소감, 그 '제1성'의 의미

남재가 두 시간여를 꼬박 기다리고 있는 보도진을 만나기 위해 서둘러 귀가한 시각은 8시 30분경, 서재와 응접실로 꾸며진 20평 남짓한 사랑채로 들어서면서, 남재는 기자들에게 정말로 미안하게 되었다는 인사를 연발한 뒤 좌정하자마자 쏟아지는 질문에 “이 나라는 남의 나라가 아닌 우리 나라입니다. 이 사회는 남의 사회가 아닌 우리 사회입니다. 또 남의 가정이 아니라 우리 가정입니다. 우리 나라, 우리 사회, 우리 가정이 더 튼튼하고, 더 아름답고, 더 기쁘게 되도록 우리 모두 함께 혼신의 힘을 기울여야 할 것입니다”라고 첫 말문을 열었다. 이어 “갑작스럽게 중책을 맡게 되어 과연 순조롭게 책임을 완수할 수 있을지 걱정이 앞선다”고 인사말 겸 임명소감을 토로한 뒤,

> “…내가 하는 일은 나 혼자 하는 것이 아닙니다. 위로는 대통령의 경륜이 있고, 옆으로는 각부 장관들의 총명과 공무원들의 희생적인 봉사가 있습니다. 국회의원들의 솔직한 비판이 있을 것이고, 또 사심 없는 협조도 있을 것으로 믿습니다. 국민들은 생업에 충실하면서 나라 발전을 위해 봉사하고, 장병들과 방위요원들은 국토방위를 한시도 게을리 하지 않을 것입니다. 가정주부들은 귀여운 아들딸들을 위해 헌신적인 노력을 기울일 것이고, 젊은 학생들은 미래의 고도화된 산업사회에 꼭 필요한 선진적 지식과 실력을 쌓아갈 것입니다. … 또 언론은 잘된 것과 잘못된 것을 가려 꾸짖을 것은 꾸짖고 칭찬할 것은 칭찬하고 나라가 갈 길을 제시해 줄 것입니다….”

라고 국무총리 수임자(受任者)로서의 희망을 피력했다. — 누구나 할 수 있는 쉬운 이야기이면서도 또 누구도 흉내내기 어려운 특유의 화법, 평범하면서도 함축성 있는 언어로 나라 안 구석구석을 짚어나갔다고 인터뷰에 참가한 《동아일보》 기자 이도성(李度晟)은 쓰고 있다.

— 남재는 또 그 동안의 정치전개상황과 관련하여,

> “…20년 전 최고회의 시절에 문교부장관으로 정부에 몸을 담았던 일이 있습니다. 돌이켜보면 그때는 나라가 안고 있는 문제들이 퍽 단순했습니다. … 1인당 국민소득이래야 80달러 정도였으니까요. 그러나 지금은 1,600달러로 20배나 늘어났습니다. 그만큼 행복해진 면도 있겠지만 이슈도 많아졌습니다. 사회가 안고 있는 문제도 10배, 50배로 늘어났습니다. 국민들의 불신과 오해, 갈등과 모순도 늘어나고 … 더 복잡하고 어려워진 게 사실입니다. 이 복잡하고 새로워진 사회를 이끌어 나가려면 더 많은 능력과 노력이 필요하겠지요….”

라며 신임국무총리로서의 '현실인식'을 토로하고, 최초의 호남 출신 국무총리의 탄생이라는 지적에 대해서 자신의 입장을 다음과 같이 밝혔다.

"… 할아버님, 아버님 … 선대들이 모두 호남 출신이고, 나도 네 살까지 전북 부안(扶安) 줄포(茁浦)라는 곳에서 자랐습니다. 그후 서울에서 줄곧 살기는 했지만 내 피는 100퍼센트 호남이지요. 그러나 이 좁은 땅에서 동서남북이 어디 있고, 지역감정이 어떻게 있을 수 있겠습니까…. 1962년에 서베를린을 방문했을 때, 미국의 케네디 대통령이 이곳의 군중대회에 나가서 '나도 역시 베를린 시민'이라면서 베를린의 고난을 함께하고, 베를린 시민들과 함께 자유를 수호하겠다는 의지를 토로하며 용기를 북돋아주었다는 이야기를 들었습니다. 이러한 의미라면 나도 '전라도 사람'이라고 말하겠습니다…."

— 이어 대통령책임제하에서의 총리의 역할의 한계와 관련, '정치총리론'이 제기되는 상황에 대해서 "헌법조문상으로도 총리의 역할은 그리 크지 않습니다. 각 부처간 업무조정이 주된 일이라고 할까 … 고유영역은 그리 많지 않다고 봅니다. 우리 나라는 엄연히 대통령 중심제이고 거기에 중점이 두어져야 할 것입니다. 정치총리니, 경제총리니, 외교총리니 … 하는 것이 따로 있겠습니까"라고 반문하였다.

끝으로 남재는 학원문제에 언급하여 우리 사회도 "대학을 말썽이나 일으키는 곳으로 보지 말아달라"고 당부하고, 학생문제는 애정으로 감싸안을 때 해결의 길이 열린다고 강조하면서, 학생들에게도 "대학인들이 뜻대로 안 되는 점도 있지만, 우리 나라가 처해 있는 특수상황을 깊이 헤아려 비록 현실이 불만족스럽다고 하더라도 역사의식을 가지고 먼 미래를 내다보면서 실력을 쌓는 데 진력할 것"을 부탁하여 마지않았다.[1)]

신문들은 <인터뷰>가 진행되는 도중, 여러 대의 TV 조명기 사용에 과부하가 걸려 갑자기 정전이 되는 캄캄함 속에서도 흔들림 없이 기자들과의 문답이 계속되었다고 일제히 보도하였다. 또 석전(石田 : 黃旭)-의재(毅齋 : 許百鍊) 등의 서화와 옛가구들로 꾸며진 고풍스런 사랑채 응접실 분위기를 단아(端雅)-정결(精潔)-차분함으로 묘사하면서 그 주인의 인품이 그대로 반영된 것으로 평가하기도 했다.

그러나 이날 그 무엇보다 모든 언론들의 예민한 보도감각을 자극하고 사로잡은 것은 남재의 제1성 "막힌 데는 뚫겠다"는 이 한마디였다. 사실 이 말은 거기에 어떤 대단한 함축적인 의미가 담긴 특별한 말은 아니다. 그런데도 그토록 쉬운 이 말 한마디가 어째서 언론의 주목을 받고, 또 그것이 세상에 전해지자 사람들을 그처럼 매료시켜 뒷날까지 남재를 기억하는 화두어가 되었는가. 아마도 이 말이야말로 불신으로 가득 찬 당시의 세태와 분위기를 가장 정확하게 표현해냈기 때문일 것이다. 사람들은 온 세상이 꽉 막힌 듯 견딜 수 없는 답답증을 느끼고 있었던 것이다. 남재가 그 막힌 데를 뚫겠다고 했을 때 사람들은 가슴이 시원하게 열리고 체증이 내리는 듯한 청량감과 통쾌감을 느꼈던 것이다. 남재의 제1성은 이처럼 사회적 억압의 심리를 풀어내는 작용을 한 것이다.

사실 이 말은 남재가 총리취임을 수락하면서 처음 생각해낸 말도 아니다. 남재는 이미 고대 총장복귀를 추진하는 과정에서 일이 잘 풀리지 않자 "도대체 어디서 막힌 줄 알아야 뚫지 않겠는가" 탄식한 일도 있고, 또 복귀 후 1978년 새학기를 맞으면서 《고대신문》과 가진 인터뷰(3월 28일자)에서 저항일변도의 학생운동과 관련 "막힌 길만을 뚫으려 하지 말고 갈 수 있는 트인 길을 찾는 것도 중요하다"고 학생들에게 일깨운 일도 있다.

이렇듯 남재의 말은 같은 말일지라도 어떤 시점에서, 어느 경우에 사용되느냐에 따라서 그것이 주는 의미와 강도는 전혀 달리 나타나는 마력을 지닌 것이다. 그러나 우리가 남재의 이 총리 임명소감 피력에서 주목하고자 하는 것은 다른 무엇보다도 "이 나라는 남의 나라가 아닌 우리 나라…, 이 사회는 남의 사회가 아닌 우리 사회…"라고 강조한 그 첫마디이다. 그 어떤 비난을 무릅쓰고라도 남재가 5공의 총리직을 수락할 수밖에 없는 직접적인 이유와 동기가 바로 이 첫마디에 귀착되는 것이 아닌가 우리는 생각해본다. 남재의 총리직 수락은 당시 우리 사회에 팽배해 있던 우리 나라, 우리 사회에 대한 냉소적이고 자학적인 분위기가 자칫 자포자기로 흘러 이 나라를 돌이킬 수 없는 파국으로 몰아갈 수도 있다고 생각하는 많은 국민들의 우려와 그 위기의식을 집약하고 있었기 때문이다.

따라서 여기에 특별히 5공정권 성립과정에 대한 남재 자신의 평가나 호불호(好不好)의 사적인 감정이 개재될 여지는 없었다고 우리는 보고 싶다. 다만 이 무렵 남재의 이러한 현실인식이 마침 두 달 후로 다가온 고대 총장

임기만료와 시기적으로 맞아떨어져 남재로 하여금 결심을 굳히는 데 한층 용이하게 했으리라는 짐작은 쉽게 할 수 있을 것이다. 역사에 가정(假定)이란 없듯이, 어떤 과거사실의 판단-평가에 있어서도 마찬가지로 가정법이 무의미함을 전제하면서도, 우리는 여기서 남재가 고대 총장 만기퇴임을 결심하던 그때 남재에게 고대의 재단이사장직이 주어지기로 되어 있었다고 해도 과연 총리직을 수락했을까 하는 가정은 보다 엄정-객관적인 남재 평가를 위해서 하나의 판단 유보사항으로 지적해두고자 한다.

3. 평가와 기대

(1) "김상협론"—신임총리, 그는 누구인가

이날 저녁 6시부터 시작된 방송들의 뉴스와 논평을 시발로 이튿날 조-석간 신문에 이르기까지 국무총리 임명소식이 그토록 언론의 각광을 받고 대대적으로 보도되기는 아마도 전무한 일이 아니었나 생각된다. 거의 모든 신문들이 1면 머리의 개각소식은 말할 것도 없고 2면의 <사설>, 「김상협 내각 프로필」, 기자논평, 3-4면의 해설, 정부표정 스케치, 총리 인터뷰, 기자방담, 사회면의 각계반향 등 4~5페이지 전면을 남재 관련 기사로 뒤덮고 또 취임 이후까지도 여러 날을 두고 <김상협론>등 특별기획을 게재할 정도였으니 말이다.

신문들은 우선 신임총리에 대해서, '거물'(《중앙일보》), '큰 그릇'(《동아일보》), '당대의 석학'(《경향신문》), '대어(大魚)를 낚았다'(《조선일보》) … 등등의 세평을 전하고, 새 정권의 출범 등 큰 정치적 변동기 때마다 현직(顯職) 하마평(下馬評)에 올랐던 잠재적 정치비중이 큰 인물임을 부각시켜 보도하였다.

특히 《중앙일보》의 <김상협론>[2]은 남재가 60년대부터 "대망을 품은 사람"으로서 "언젠가 한 번은 나설 사람"으로 기대되었고, 야당의 대통령 후보감으로 몇 차례 거론되었을 뿐만 아니라 실제로 해위 윤보선이 남재를 자신

의 후계자로 꼽고 영입교섭을 지시한 일까지 있었던 것으로 밝히고 있다.[3)]

또 신문들은 한결같이 남재의 출신배경으로서의 가문과 인맥, 학문과 학자적 명망, 인품과 경력, 그리고 남재의 종합적 이미지 등을 분석-소개하고 있다. 우선 남재가 수당 김연수의 차자(次子)요, 인촌 김성수의 조카로서 호남 명문의 후예라는 것, 일찍이 동경대학 법학부 정치학과를 나온 수재 중의 수재로 1946년에 고대 조교수로 출발한 이래, 명강(名講)에, 명문(名文)에, 명저(名著)를 남긴 큰 학자요, 문교부장관에 고대 총장만도 두 번 10년에 걸쳐 재임해온 인품과 지성, 경륜과 덕망을 고루 갖춘 청신한 인물이라는 것이다.

즉, 이제까지 국무총리를 비롯한 내각개편이 무수히 있었지만 그때마다 그 얼굴이 그 얼굴, 그 사람이 그 사람이라는 평을 받기가 일쑤였던 항례(恒例)와는 달리, 이번에야말로 참으로 새바람을 일으킬 것으로 기대되는 새 얼굴이 등장했다는 것이다. 신문들은 한결같이 남재에게 이처럼 엄청난 기대를 걸게 되는 이유가 그 인맥과 인품에서 오는 정치적 잠재력에서 연원하는 것으로 지적하고 있다.

인촌 가문의 배경, 구한민당과의 관계, 호남 출신이라는 지역적 기반, 방대한 고대교우들의 지지, 학계뿐만 아니라 정계-재계는 물론 주한외교사절들에 이르기까지 광범하고도 다양한 인간관계에서 오는 풍부한 대화 채널 등이 큰 울타리가 되어 앞으로 남재가 총리로서 국정을 수행해나가는 데 십분 활용되고 또 크게 기여하게 되리라는 것이다. 아울러 남재의 그 중후-온화-소탈한 성품과 투철한 자유-민주의 이상주의적 보수주의 정치철학, 잡다한 가치와 상반되는 의식들을 하나로 아우를 수 있는 조화-통합의 친화력 등이 최근 일련의 사태로 분노하는 민심의 동요를 진정시키고 사채파동으로 입은 국민적 상처를 치유하는 데 큰 힘이 되리라는 것이다.

남재를 총리로 발탁한 배경에 대해서 청와대측은 국내외로 국가적 난제가 산적해 있는 시점에서 심기일전의 새로운 결의와 분발의 계기를 마련하기 위한 "문책개각"이라고 밝혔다. 민정당 당직자들도 한결같이 "당대 최고의 적임자를 얻었다"고 밝고 만족스런 표정을 지었다고 신문들은 전했다. 그러나 야당은 이번의 개각조치가 민심 수습차원의 정치발전으로 이어질 것을 촉구하였다.

신문들은 특히 시민들이 전격 기용된 신임총리에 큰 관심을 보이고 있다며 새 내각이 하루속히 흐트러진 민심을 추슬러 사회화합을 이루고 침체경제를 활성화시켜줄 것을 바라고 있다고 보도하였다.[4)]

숭전대(현숭실대) 교수 안병욱(安秉煜)은 총리로 나선 남재에게 "국민에게 희망을 주는 정치, 모든 일을 순리대로 하는 정치, 민족의 대합창과 같은 화합의 정치를 하여 새로운 국풍(國風)을 창조하기를 기대한다"고 말하고, 국민들에게도 로마가 하루아침에 이루어진 것이 아니요, 어린 묘목이 하룻밤 사이에 정정한 거목이 될 수 없는 것처럼 "관용과 인내 속에서 기다릴 줄도 아는 자세가 필요하다"고 당부하였다.[5)]

또 남재의 총리취임이 "어쩌면 대한민국이 던지는 마지막 카드가 될지도 모른다"고 전제한 전연세대 교수 김동길(金東吉)도 최고조에 달한 국민의 대정부 불신이 "콩으로 메주를 쑨다고 해도 믿지 않게 되어 있다"고 지적하고, "…국방강화보다, 경제안정보다 신뢰회복이 급선무라는 사실을 명심하시어 '믿을 수 있는 정치'의 선두에 서 주시기 바란다"고 강조하면서, '자유의 바람'을 애타게 기다리는 국민의 염원을 담아 새총리에게 바라는 글의 말미를 다음과 같이 맺고 있다.

> "…「국무총리에 김상협 씨」라는 대문짝 같은 신문의 활자를 읽은 사람마다 『이젠 나라 일이 좀 펴이어 나갈 것 같다』는 한 줄기 희망을 품었습니다. 그것은 오뉴월 복더위에 불어오는 한 줄기 시원한 바람—자유의 바람이기도 하였습니다. 그 자유의 바람은 반드시 일어나야 우리는 살 수가 있습니다. 그 바람이 아니면 우리는 도저히 북의 공산주의라는 전체주의를 극복할 수 없기 때문입니다. … 이제 먹구름이 가고 해가 빛날 때가 되었습니다. 건승을 빕니다."[6)]

(2) '의장대 사열'에 쏠린 국민의 뜨거운 시선

이튿날 25일 오전 9시 30분, 남재는 총리실 의전비서관의 안내로 청와대로 들어가 대통령으로부터 임명장을 받았다. 이어 10시 못미처 중앙청에 도착, 곧바로 신-구 총리 이취임식장이 마련된 회의실로 향하였다.

재경 3급 이상 공무원 800여 명이 참석한 가운데 15분간 진행된 이-취임식에서 남재는 취임사를 통해 국가와 국민에 대한 소명의식을 굳게 다짐하면서 "…대통령의 경륜을 받들고, 각부 장관들의 지혜와 전 공무원들의 헌신적인 봉사정신, 그리고 온 국민의 단결과 성원에 힘입어 맡겨진 소임을 수행하는 데 성심-성의 최선을 다하겠다"고 말하고 "만약 우리 사회에 막힌 곳이 있다면 뚫어주고, 맺힌 데가 있다면 이를 풀어주고, 굽은 것이 있다면 이를 바로 펴나가면서 서로가 신뢰하고 이해할 줄 알 때 우리는 어려운 고비를 쉽게 넘길 수 있으며 나라의 발전과 성장도 이룩할 수 있을 것"이라고 강조하였다.

또 "이제 우리는 그 동안의 갈등과 진통을 해소하고 모든 국민이 심기 일전하여 새로운 출발을 기약해야 하는 시점에 와 있다"고 지적하고 공무원들은 "합심협력하여 항상 국민의 편에서 국민을 의식하며 국정을 집행해나감으로써 국민으로부터 참다운 신뢰와 갈채를 받는 공복이 되도록 최선을 다해야 한다"고 당부하였다.[7]

떠나는 전임총리 유창순(劉彰順)과 남재는 1950년대 후반에《사상계》편집위원으로 함께 참여하면서 이미 지기(知己)의 사이가 되었고 형님 상준도 옛 '조선은행' 시절 유창순과 같은 업무부서에서 일한 바 있어 형제가 각별한 인연이 닿아 있는 사이였다.

이-취임식이 끝난 후 신-구 총리는 중앙청 앞 광장에서 3군의장대를 사열하였다. 총리의 의장대 사열은 이제까지 없었던 일로, "이-취임식에 장중한 예식을 갖추라"는 대통령의 지시에 따라 갑자기 마련된 것이었다. 검정색 싱글에 단장을 짚고 주악에 맞춰 의장병을 사열하는 남재의 모습에서 새 총리의 높은 격조 같은 것이 풍겨졌다. TV 화면으로 이를 지켜본 많은 국민들은 철제 장신(杖身)에 암갈색의 T자 목제 손잡이를 부착시켜 특수제작된 지팡이가 국민들의 마음 속에 새로운 총리에 대한 기대와 신뢰를 심어주는 소도구(小道具)로서 재미있는 효과를 연출했다고 평하였다.

신문들도 일제히 이 장면을 놓치지 않고 사진으로 크게 보도하였고,《동아일보》는 "…그 동안 문책개각에 쏠렸던 국민적 관심은 이제 새총리에 대한 기대로 변하고 있다. 그리고 그 기대는 '수습'과 '치유'라는 국민적 여망을 저변으로 하고 있다는 점에서 이날 신임 김 총리 서리의 발걸음에 쏠린 많은 시선은 유난히 뜨거운 것 같았다"고 사진설명을 달았다.

이제 남재는 건국 이래 열여섯번째, 그리고 호남 출신으로는 첫번째 국무총리로 기록되었다. 의장대 사열을 마치고 집무실로 돌아온 남재는 총리실 소속업무와 각 부처의 주요업무를 보고받은 후, 오후 4시에는 국무회의에 참석하였다. 총리로서 첫 국무회의를 주재하면서 남재는 인사말을 통해 "만 20년 만에 국무회의에 다시 참석하니 금석지감(今昔之感)이 난다. 그때 (5·16 직후 문교부장관) 국무회의 참석자는 10명 내외였는데 지금은 30명 가까이 되었으니 그만큼 우리 나라 우리 사회가 커진 셈이다. 또 그만큼 새로운 문제들도 많이 생기고 더 커졌으니 국민의 신뢰를 받기도 더 어려워졌을 것

김 상 협 내 각 명 단

〈표 Ⅳ-①〉 1982. 6. 25.

직 책	성 명	연령	출신지역	최종학력 및 경력
총 리	김상협(金相浹)*	62	전북부안	일본 동경대·고대 총장
부총리**	김준성(金埈成)	62	대 구	경성고상·산은총재
외 무	이범석(李範錫)	57	평남평양	보성전문·대통령비서실장
내 무**	노태우(盧泰愚)	50	경북달성	육사11기·체육부장관
재 무	강경식(姜慶植)*	46	경북영주	미시라큐스대·재무부차관
법 무	배명인(裵命仁)*	50	경남창원	서울대 법대·법무부연수원장
국 방	윤성민(尹誠敏)	56	전남무안	육사 9기·합참의장
문 교	이규호(李奎浩)	56	경남하동	서독 튀빙겐대·통일원장관
체 육	이원경(李源京)	60	경북월성	서울대 상대·올림픽조직위사무총장
농수산	박종문(朴鍾汶)	50	경남거창	경북대·강원지사
상 공	김동휘(金東輝)	50	경남양산	서울대 문리대·외무부차관
동 자	서상철(徐相喆)*	47	충남홍성	하버드대·건설부차관
건 설	김종호(金宗鎬)	56	전남광양	육사8기·국방부군수차관보(소장)
보 사	김정례(金正禮)	55	전남담양	담양고녀·국회의원
노 동	정한수(鄭漢洙)	54	경북선산	연세대 경영대학원·노총위원장
교 통	이희성(李熺性)	58	경남고성	육사8기·육참총장
체 신	최순달(崔順達)	51	대 구	서울대 공대·전기통신연구소장
문 공	이진희(李振羲)	50	경북청도	서울대 법대·문화방송사장
총무처	박찬긍(朴贊兢)	56	경기파주	육사7기·국방부차관
과기처	이정오(李正五)	50	경북의성	육사13기·KIST소장겸과학원장
통일원	손재식(孫在植)	48	경북의성	서울대 법대·부산시장
정무 1	오세응(吳世應)		경남밀양	아메리칸대·국회의원
정무 2				
법제처	김영균(金永均)	53	경남고성	육사11기·국보위법사위원장
원호처	이종호(李種浩)	52	서 울	해사5기·해군중장예편

* 새로임명된 각료
** 7월 7일자로 부총리에 서석준(徐錫俊), 내무부장관에 주영복(周永福)이 기용되었다.

이다. 아무쪼록 국무위원 여러분들은 국민의 신뢰를 받기 위하여 솔선수범 해주기 바란다"고 당부하였다.(「김상협 내각 명단」 참조)

4. 각계인사들과 만나 의견교환

취임 이튿날(26일)부터 남재는 국정 파트너인 입법부와 사법부를 인사차 예방하였다. 이날은 토요일임에도 오전 중 국회의장 정래혁(丁來赫)을 방문한 데 이어 대법원장 유태흥(兪泰興)과도 만났다. 오후에는 고대에 나가 교무위원을 비롯한 교수들과 행정직 사무과장들, 그리고 부속병원 스태프들에게 작별을 고하였다.

인사를 다니면서도 시종 남재의 뇌리를 떠나지 않는 것은 삼남(三南)의 가뭄사태였다. 특히 경북과 전남은 타들어간다고 표현해야 좋을 만큼 가뭄이 극심한 것으로 보도되었다.

옛부터 천재지변(天災地變)은 음양조리(陰陽調理)의 책임을 진 영의정(領議政)의 소관이었다. 남재가 반드시 이러한 옛 관념 때문에 유난히 가뭄걱정을 한 것은 아닐 테지만 어쨌든 총리로서 비를 기다리는 농민의 애타는 심정을 헤아리면서 근심-걱정을 함께하는 것은 국정의 책임자가 마땅히 취할 바 도리요 올바른 태도라 할 것이다.

저녁에는 고대의 행정처장들과 약전 김성식이 혜화동 집으로 찾아와 축하의 소연이 열렸다. 약전은 무슨 뜻인지 "꾹 참고 총리직을 오래 맡아야 한다"고 유난히 힘주어 말했다. 일요일인 27일 오후에는 혜천과 함께 맏사위 송상현을 대동하고 잠시 총리공관을 다녀왔다. 형식적으로나마 신임총리가 공관으로 옮겨온 것으로 해두기 위해서였다. 실질적 이사는 29일 오후에 있었다. 남재가 꾸린 이삿짐은 약간의 책들과 운동기구 몇 가지가 전부였다.

28일, 남재는 하루종일 정당들을 당사로 방문한 데 이어, 국정자문위원장 최규하와 유진오를 차례로 찾아가 의견을 들었다. 민정당측 인사들은 남재를 깍듯이 맞아주었으나 왠지 서먹서먹했다. 반면에 민한당(民韓黨) 쪽은 아는 얼굴이 많아서인지 부드럽고 화기에 찬 분위기에서 대화를 나눌 수 있었다. 남재는 현시기에 있어서 정당의 주기능은 단절을 연락으로, 분열을 화합으로 이끄는 데 있다고 강조하였다. 국민당 인사들은 남재에게 "십자가를 메었다"고 했고, 남재는 "짐지게를 짊어졌다"고 응답하였다. 이날도 남재는 내내 가뭄걱정을 하였다. 또 이날은 은행대출금리와 법인세율의 대폭 인하를 골자로 하는 6·28경제활성화 대책이 발표되었다.

이후에도 남재는 계속해서 여러 사람들을 찾아보았다. 29일 오전 중에는 전대통령 윤보선과 전내각수반 허정을 댁으로 예방하였고, 오후에는 경방회장 김용완을 찾아뵈었다. 해위 윤보선은 국가를 위해 많은 봉사를 해달라고 당부하면서 광주사태를 비롯하여 구속인사석방, 제적학생구제, 피의자 고문문제 등을 힘써 거론하면서 정부의 시정을 촉구하였고, 남재는 부친(수당)께서 살아계셨다면 총리취임을 만류하셨겠지만 기왕 나섰으니 열심히 해보겠다고 답하였다.[8] 이 밖에도 남재는 이활(30일), 백낙준(7월 1일), 김상만(5일), 김상준(15일) 등을 찾아가 조언을 들었다.

이처럼 남재는 취임 후 약 두 주일간은 입법부와 사법부 수장들과 정당대표, 전임대통령 등 재야인사들을 예방, 의견을 교환하였고 그 다음으로 경제4단체장들과 재경(在京)대학총장들, 언론사 사장단, 기타 종교계 인사 등의 순으로 대화를 이어나갔다. 한편 혜천도 전국무위원 부인 전원을 공관으로 초치하여 다과회를 열고(7일) 뜻 있는 시간을 갖기도 했다.

7월 1일에는 총리실 출입기자들과 취임 후 첫 대면을 가졌다. 기자들의 주된 관심은 남재의 총리등장이 △ 대통령의 직접 발탁인가, 아니면 천거였는가, △ 취임수락과정에서 전제조건과 같은 사전 약속은 없었는가,[9] △ 남재의 기용이 단순한 시국수습용인가 폭 넓은 정치발전을 계기할 수 있는 정치적 역할이 주어진 것인가 등이었다. 남재의 총리임명 발표와 더불어 무성하게 제기되었던 '정치총리론'이 여전히 관심과 기대의 초점이 되고 있었기 때문이다.

남재는 물론 '조건부수락'이 아니었음을 확실히 밝히고, 자신은 '정치학' 총리일 뿐 '정치총리'는 못된다고 강조하였다. 또 "발탁인가, 천거인가"는 남재 자신이 운위할 성질이 아니거니와 알 수도 없는 일이라고 했다.

2일에는 청와대에서 혜천과 함께 대통령 내외의 점심대접을 받았다. 이 자리에서 남재는 대통령의 그 특유의 "깨끗한 정부, 깨끗한 사회론"을 경청하였다. 이어 국방부장관의 복무방침보고에 배석하였다. 이후 남재는 부처별로 진행되는 청와대 업부보고에 빠짐없이 배청하였다.

3일, 고대 재단이사회는 남재를 고려대학교 명예총장으로 추대키로 하였다. 4일, 남재는 점심을 마치고 잠시 휴식을 취하면서 김지하(金芝河)의 시선집(詩選集) 『타는 목마름으로』를 읽었다. 망중한(忙中閑)의 여유랄까, 남재 특유의 탐구욕의 발로라고 할까, 금융실명제 발표로 세상이 온통 시끌벅적한 때에 국무총리가 저항시인의 작품을 읽고 있었다는 것은 남재가 아니고는 좀처럼 상상하기 힘든 일이 아닐 수 없다.

5일에는 주한미대사 워커(Walker)의 내방을 받고 환담하였다. 워커와는 그의 부임 직후, 미대사관저 만찬에 초대되어 인사를 나눈 이래, 남재가 대사 부부를 혜화동 자택으로 초청하기도 하고 또 워커도 남재 내외를 자신의 생일 자축연에 초대하는 등 공식-비공식적으로 자주 접촉하면서 역대 대사들과 마찬가지로 우정을 나누는 매우 친숙한 사이였다. 이 자리에서 남재는 "나는 정치학 총리로 불러달라고 하였으니 당신도 '정치학 대사'로 행세하는 것이 어떠냐"고 제의하여 두 사람은 한바탕 웃음꽃을 피웠다. 워커도 박사학위를 소지한 학자 출신 대사였다.

7일, 남재는 《이코노미스트》— *The Economist* 7월호를 읽으면서 "남한 — 새 얼굴을 전면(前面)에"란 제하의 기사에서 남재를 가리켜 "지식인 사이에 인기 있는 대통령감"이라는 표현이 나와 매우 거북하게 느꼈다.

가뭄은 7월 중순까지도 계속되고 있었다. 17일 9시, 남재는 국립묘지에 나아가 현충탑(顯忠塔)에 분향, 전몰용사들의 명복을 빌고 전임대통령 이승만-박정희 묘에도 참배하였다. 이어 10시에는 세종문화회관에서 열린 제헌절 34주년 기념식에 참석, 단임제(單任制) 고수와 일부 반헌정세력에 대한 경고를 요지로 하는 대통령 <경축사>를 대독하였다.

22일, 남재는 출입기자단을 공관(三淸堂)에 초치 만찬을 베풀고 총리의 임무에 대한 소신을 피력하였다. 남재는 해방 이래 이 나라의 정치 판세가 난장(亂場) → 새판, 새판 → 난장의 불연속과 단절만을 거듭해온 불행한 역사를 바로잡아 연속성 있는 '선진적 정상상태'로 궤도화하는 데 총리로서 일역을 담당하는 것이 자신의 임무라고 강조하였다.

5. 취임 1개월; "조용히 마친 총리수습(修習)"

7월 24일자로 거의 전 신문들이 남재의 '총리 1개월'을 비교적 호의적으로 점검-평가하였다. 신임국무총리가 지난 한 달 동안 "8차례 국무회의 주재, 25회에 걸친 중앙행정기관의 현황보고 청취, 87명의 각계각층 인사들과의 의견교환 등 큰 소리 내지 않고 바쁜 일정 속에서 '총리수습기간'을 마쳤다"는 것이 신문들의 총평이었다.

《동아일보》는 '정치총리'라는 기대와 달리 그 동안 남재가 가장 관심을 보인 분야는 경제 쪽으로, "경제가 풀려야 다른 문제도 풀려나간다"는 인식 아래 기회 있을 때마다 경제를 강조하며 보고도 경제부처를 최우선으로 받고, 경제장관 오찬을 매주 거르지 않고 장시간 진행하는 등 유달리 열성을 보였다고 전했다. 또 신문들은 남재가 수치에 대단히 밝고, 특히 기업에 대해서 "인플레와 저임금을 먹고살던 과거의 타성에서 벗어나 이제부터는 기술을 먹고 커야 한다"고 지적할 정도로 경제문제의 핵심 파악에도 정통하다는 평이 관계 관료들로부터 흘러나오고 있다고 밝히기도 했다. 그 어느 총리보다 사적으로 다양한 대화 채널을 가동한 것으로 알려졌고, 만나는 주대상은 가까운 교수들과 제자들이라고 했다. 축하-격려 전화와 함께 총리 앞으로 된 청원과 민원이 부쩍 늘어난 것도 달라진 모습으로 지적되었다. 사신(私信)에 대해서는 꼭 답장을 냈고, 민원과 청원은 '요선처', '요회신' 등 부전(附箋)을 달아 행정조정실에 내려보내는 등 대소 업무를 꼼꼼하게 챙겼다고 했다.

직무수행 스타일과 관련, 남재의 가장 큰 특징은 국무회의 주재에서 나타났다. 남재는 정부의 현안문제에 대해서는 유관부처만이 아니라 전 국무위원들이 스스럼없는 의견개진의 기회와 시간을 충분히 할애해주고 끝까지 경청하면서 대화와 협조의 분위기가 저절로 우러나도록 유도하는 데 힘썼다는 것이다.[10] 즉, 자기의 소관업무가 아닌 타부처의 문제에는 될수록 언급하지 않는 것이 관례처럼, 또 미덕처럼 되어 있는 종전의 회의진행 양태에 큰 변화를 주었다는 것이다.

남재를 접해본 사람들은 누구나 이구동성으로 총리가 비관료주의적이라 매사에 경직되지 않은 데다 상대를 편케 해준다고 했다. 때로는 총리 자신의 신변담을 꾸밈없이 들려주는가 하면 조크까지 던지는 등 대화를 부드럽게 이끌어 긴장감을 풀어주니 다양한 이견(異見)도 기탄 없이 제시되고 또 그것이 폭 넓게 받아들여지므로 자연 상대가 의욕과 용기를 얻게끔 고무-격려된다는 것이다.

그러나 새 총리의 이러한 장점이 대통령책임제하에서 어느 정도까지 행정부 내에 확산될 수 있을지는 의문이라고 했다. 남재가 자신에게 붙여진 '정치총리'라는 별칭을 부담스러워할 만큼 정치가 극도로 위축되어 있는 현실 속에서 운신의 폭과 고유의 영역이 극히 제한되어 있는 그 절대적 한계를 딛고 정치활성화를 염원하는 또다른 현실을 어떻게 조화-접근시켜 나갈 수 있을지, 여기에 국무총리로서 남재의 성패가 달려 있다는 것이 결론적인 평가와 전망이었다.

제2절 내우-외환의 중첩

1. 실명제 파동; 소외와 한계

남재가 취임한 지 9일 만인 1982년 7월 3일, 정부는 전격적으로 금융실명제 실시를 발표하였다. 사채(私債) 양성화와 금융거래의 정상화를 위해 1983년부터 실시하기로 되어 있는 이른바 이 「7·3조치」는 예금-주식-국공채-사채 등의 실명거래를 기본내용으로 하고 있었다.

그러나 국무총리가 이 혁명적 금융개혁조치를 사전에 전혀 모르고 있었다는 것은 여러 가지로 시사하는 바가 크다고 할 것이다. 남재는 다만 이 사실을 발표 직후에 회식을 겸한 국무회의 석상에서 각료들과 함께 재무부장관 강경식(姜慶植)으로부터 설명을 들은 것이 고작이었다. 추진당사자인 대통령과 재무부장관, 그리고 청와대 경제수석비서관(金在益) 3인만이 이를 알고 있었다는 것이다. 따라서 남재의 총리직무수행은 출발부터 '권력중심부'

로부터 철저하게 소외되어 있었다고 할 수 있다.

당시 학계에는, 대통령중심제에 내각제식 운용이 어느 정도 가미된 우리 나라의 절충형 총리제도(국무총리의 국무위원임명제청권)가 남재의 입각을 계기로 제 기능을 발휘할 것으로 기대하는 성급한 견해도 없지 않았다.[11)]

남재는 우리 나라의 총리란 유럽과 달리 "있어도 그만, 없어도 그만"인 자리로 나쁘게 말하면 '소모품', 좋게 말해도 '장식품' 이상은 될 수 없다고 그 역할을 평가하면서 자신이 그 가장 심한 경우가 아니었나 회고한 바 있다.

정부인사발령의 경우, 대통령의 낙점(落點)과 더불어 지상발령(신문보도)이 난 다음, 사령장 기안서류가 올라갈 때 총리는 기껏 문서정리를 위해 형식적 서명을 하는 것이 관례처럼 되어 있었던 것이다. 또 총리의 특정 소관이 없다 보니 장관들도 자기 업무를 총리에게 보고해도 좋고 안 해도 그만인 그런 상태였다. 그래서 남재는 재임중 일어난 굵직한 사안에 대해서 그 내막이나 진상을 모를 수밖에 없었기 때문에 총리실을 일러 '대서방'이라고까지 자조(自嘲)하면서 실명제 발표 당시의 정부 분위기를 다음과 같이 회고한 바 있다.[12)]

> "…그것(실명제) 때문에 한바탕 싸움이 났어요. … 관계부처 장관들과 협의해야 할 게 많지 않아요! … 그때 노태우 씨가 내무부장관인데 화가 바짝 났어요. 각종 통계관리에 미리 대비도 해야 하고 민심동향도 살펴야 한다고 말이에요. 서상철 동자부장관도 『경제부처가 몰라도 되느냐, 이게 재무부장관 혼자 일이냐?』고 공박하자 슬슬 피하더군요. 그런 일들이 허다해요. 대통령에게 직접 결재를 맡으면 그것으로 그냥 끝나버리고 맙니다. 그러면 다른 장관은 아무도 몰라요. 하여간 지금 생각하니 실명제를 하느냐 마느냐 싸움이 아마도 11월까지 간 모양인데 당-정 모두가 못한다고 하니까 전(全) 대통령이 양보한 거지…."

이때는 이철희-장영자 사건에 이어 금융실명제 실시문제를 놓고 소위 개혁주도세력 내부의 대립-경쟁이 심화되고 있었다. 특히 실명제 결정과정에서 제외된 허씨 양인(정무 제1수석 許和平과 사정수석 許三守)의 반발이 권력투쟁 양상을 띠면서 총리의 운신은 더욱 어려워졌고, 그 위상이 왜소화하면서 역할의 한계가 곧 드러났다. 한마디로 총리는 정책토론과정에서 밀려나 있었던 것이다. 또 허씨 양인은 애초부터 총리의 역할을 평가절하했다는 이

야기도 전해진다.[13]

결국 금융실명제는 발표와 더불어 시기상조(時機尙早)라는 일부 여론의 거센 반발에 부딪혀 뒷걸음질 친 끝에 9월 초에 들어서면서부터는 당과 청와대 주변에서 백지화 움직임이 노골화되었다.

10월 28일, 마침내 대통령의 시행유보 결심을 얻어냈다는 부총리의 보고가 있었다. 이어 29일에는 청와대로부터 정식으로 실명제 보류 전화통고를 받고, 남재는 즉시 당정회의를 열어 정부측이 법안을 철회한다는 데 당과 합의 한 후 청와대로 들어가 결과를 보고하자 대통령 전두환은 이번 회기중 법안은 통과시키되 그 실시시기만을 늦추라고 지시하였다.

그리하여 이철희-장영자 쇼크로 시동이 걸린 금융실명제 구상은 법제화 과정에서 현실의 높은 벽에 부딪혀 그만 실명(失名)하고 말았다. 이를 놓고 신문들은 연일 5공의 개혁의지의 실종으로 비판하였고, 야당도 정기국회에서 대여(對與)-대정부 공격의 수위를 높여나가는 최대의 정치적 이슈로 삼았다. 이로 인해 정부-여당-청와대 모두가 국민의 신뢰를 잃고 허탈에 빠지지 않을 수 없었다.

금융실명제의 후퇴는 이제 우리 사회도 국가 주요시책이 어느 특정인이나 특정 세력의 의지만으로 밀어붙여서 통할 수 있는 그런 시대는 지났음을 일깨워 주는 씁쓸한 반증이었다. 또 이 과정에서 두 허씨의 실각이 결과되었다는 분석이 유력하게 나돌기도 했다. 남재는 당시 청와대 실세들의 내분상에 대해서 다음과 같은 증언을 남겼다.

> "…청와대 내부의 갈등을 보고 한 번은 이학봉(李鶴捧) 수석을 불러 『나를 포로로 갖다 놓고 왜 싸우느냐』고 한 적이 있지요. 이 수석은 『죄송합니다』고 하더군요…."[14]

2. 일본교과서 역사왜곡 파동

한 달 내내 가뭄걱정으로 어둡고 무거운 마음으로 지내던 7월(가뭄은 경북지방이 특히 극심했다) 하순, 일본교과서의 역사왜곡 사실이 밝혀져 온 나라를 비상한 충격 속에 몰아넣었다. 일본교과서의 왜곡기술에 대한 우리 국민의 항의는 7월 22일, 우리 정부가 일본 정부에 그 시정을 강력히 요구할 것으로 알려지면서 요원의 불길처럼 타올랐다. 특히 사태는 이튿날인 23일, 일본의 국토청장관 마쓰노 요키야스(松野幸泰)가 우리 정부의 시정요구방침을 "내정간섭"이라고 맞받아 친 데 이어, 이날 "교과서 검정은 공정한 것"이라는 일본 정부의 공식입장을 뜻하는 문부상의 발언이 보도됨으로써 매우 심각한 국면으로 접어들게 되었다.

대일 항의-규탄여론이 고조되는 가운데 26일, 남재는 우선 외무-문교-문공-안기부 등 관계기관회의를 소집, 대책을 숙의한 후 27일에는 국무회의를 소집해 정부의 공식입장을 정리하였다. 이날의 국무회의는 국내여론 악화분위기에 호응하여 강경론이 우세했으나 당분간은 좀더 예의주시하기로 하고, 그 동안 보도로 흘러나온 '문제발언'들에 대한 일본 정부의 진의(眞意) 해명을 요구하는 선에서 1차 대응의 가닥을 잡아나갔다(이날 오후부터 120mm에 달하는 집중호우가 쏟아졌고, 28일에는 타들어가던 경북지방도 해갈이 되었다는 반가운 소식이 들어왔다).

그러나 여야 정치권은 말할 것도 없고 일반 국민의 들끓는 반일 감정은 정부의 "예의주시"와 같은 미온적 신중대응만으로는 도저히 감당키 어려울 지경으로 악화일로에 있었다. 정부의 대응자세 여하에 따라서 그것은 자칫 반정부운동으로 변질될 우려마저 농후했던 것이다. 이 무렵, 대통령 전두환이 진해(鎭海)에서 여름휴가를 보내고 있었기 때문에 국정의 대소사는 국무총리가 관장하고 있었다.

또한 8월 2일자로 때마침 발행된 《뉴스위크》—*Newsweek* 지가 경제파탄과 대통령 친인척에 대한 비난여론 때문에 현정부는 결국 또다른 군부세력에 의해 타도될지도 모른다는 불길한 예보기사까지 내보내고 있는 몹시 뒤숭숭한 시점이어서 남재로서는 신중과 결단이 동시에 요구되는 여간 어려운 입장이 아니었다.

29일, 남재는 외무부장관 이범석(李範錫)과 대통령 비서실장 함병춘을 따로 불러 장시간 논의를 거듭한 끝에 휴가중인 대통령에게 상황을 보고하고 정부의 공식항의문서를 일본 정부에 전달하는 수밖에 없다는 잠정결론을 내렸다. 이에 따라 함병춘이 진해를 다녀왔고, 5시에 국무회를 소집, 대일 공식항의가 있을 것임을 공표하였다. 그런데 6시에 일본 외무성의 공식 협조 통지가 왔다는 외무부장관 이범석의 보고가 들어와 항의문서 통고는 일단 보류키로 하였다.

일본교과서 문제로 악화된 반일여론이 31일에는 가히 절정에 이르렀다고 해야 할 만큼 험악한 상태로 치닫고 있었다. 여기에는 물론 언론의 대일감정 자극이 큰 몫을 했다. 이날도 남재는 외무-문교-문공 3부장관들과 대책을 논의하였다. 장기적 극일(克日)은 물론 일본에 맞설 수 있는 진짜 종합실력을 길러내는 길밖에 없겠지만, 우선은 한-일협의체 등 비외교적 채널을 풀 가동하여 왜곡 부분에 대한 시정을 유도하는 수밖에 없다는 데 의견을 모았다.

8월 1일은 마침 일요일이라 남재는 일본 역사교과서를 구해오라고 하여 오전-오후 내내 이를 정독하며 문제 부분을 검토-재확인하였다. 2일, 일본 외무성의 협조통지에도 불구하고 당장 구체적인 진전이 없는 가운데 빗발치는 항일규탄여론을 더 이상 방치할 수 없다고 판단한 청와대측은 강경대응으로 전환할 수밖에 없다는 입장선회를 함병춘을 통해 전화로 알려왔다. 이어 남재는 즉시 외무-문교-문공부 장관들과 부총리를 불러 다시 숙의한 끝에 “대일차관에 구애받지 말고 국민의 반일감정을 총화단결로 몰아가자”는데 일단 의견을 모았다.

3일에는 다시 관계각료와 청와대 간 연석회의를 열고 전날의 방침을 재확인한 데 이어, 오후에는 한-일공동위원회를 설치하여 시정을 유도해나가는 온건방안(제1안)과 단호하게 일본 정부에 시정을 촉구하는 강경방안(제2안), 이렇게 두 가지 방안을 세우고 이중 외무부장관으로 하여금 청와대에 들어가 제2안을 건의토록 하였다. 그러나 잠시 후 외무부장관은 대통령으로부터 제1안을 지시받고 돌아왔다.

남재는 지금 폭발 직전에 이른 국민의 반일감정에 비추어 온건책인 제1안으로는 여론의 화살이 오히려 정부 쪽으로 날아올 가능성을 우려하지 않을 수 없었다. 이에 남재는 외무부장관을 대동하고 청와대로 직접 들어가 함병춘과 함께 대통령을 만나 강경책으로 나가지 않을 수 없음을 재차 건의, 마침내 최종 재가를 얻어냈다.

이날 6시, 우리 정부의 "강경한 시정요구"가 외무부장관의 비망록(備忘錄) 형식으로 주한일본대사 마에다(前田利一)에게 전달되었다. 이로써 우리 정부의 1차대응은 일단락되었고 이제 공은 일본으로 넘겨졌다. 물 끓듯한 여론도 일본의 반응을 지켜보자는 선에서 진정되기 시작하였다.

이에 따라 7일부터 남재는 비로소 여름휴가에 들어갈 수 있었다. 혜천과 함께 명신 일가, 영신 내외와 동행하여 경주로 휴가를 떠나면서도 남재는 출판사가 각기 다른 『일본사』 교과서 몇 권을 가지고 가 틈틈이 읽어나갔다. 또 9일에는 감포(甘浦)의 신라 문무왕(文武王) 해중릉(海中陵)을 찾았다. 비록 전설이라고는 하나 여기에는 죽어서까지 해신(海神)이 되어 왜구(倭寇)의 침략을 물리치겠다는 문무왕의 처절한 호국(護國)의 정신이 서려 있다고 하지 않는가!

따라서 이 전설의 또다른 이면적 의미는 고대로부터 일본이 우리 민족에게 일방적으로 되풀이 자행해온 그 침략의 역사를 반증하는 것이기도 하다. 그럼에도 불구하고 오늘날 일본이 과거사를 제대로 반성하지 않고, 역사왜곡을 통해 끊임없이 정신적 가해(加害)를 감행하고 있는 이 불행한 현실로 조명할 때, 이 시기에 이 나라의 국무총리가 『일본사』 교과서를 읽으면서 문무대왕의 혼령과 만났다는 것은 감동적이고도 상징적인 뜻을 갖는다고 하지 않을 수 없다. 남재는 "파도가 때마침 멈춰주어 부자유스런 보행을 무릅쓰고 해중릉을 자세히 살필 수 있어 다행이었다"고 이날의 감상을 기록하였다.[15]

그러면 1982년판 일본 교과서의 역사왜곡 내용은 무엇인가. 출판사가 각기 다른 『일본사』와 『현대사회』 두 종류 5개 교과서는 7개 부문에 걸쳐 역사적 사실을 고의로 달리 기술하고 있거나 제국주의 일본의 만행을 호도 내지는 정당화하는 표현으로 쓰여져 있는 것이다. 그 실례를 들어보면, ① 일본의 한국 침략에 대해서 → "한국에의 진출을 본격적으로 개시하였다…"로, ② 대한제국의 주권 강탈에 대해서 → "한국을 보호국으로 삼아 외교권을 접수하고… 제3차 일-한 협약을 체결하여 내정권을 접수하고…"로, ③ 항일독립운동 탄압에 대해서 → "조선총독은 입법권-행정권을 장악하고 헌병 경찰기구를 바탕으로 치안유지를 도모하고 조선인의 권리자유에 엄한 제한을 가하였다"로, ④ 농지강탈에 대해서 → "대규모 토지조사에 의해 토지소유권을 확인하고 … 광대한 토지를 관유지로서 접수하였고…"로, ⑤ 3·1운동에 대해서→"독립의 기운이 강해져 1919년 3월 1일 경성(京城)에서 조선의 독립을 선언하는 집회가 행해져 데모와 폭동이 조선 전토에 파급되었다…"로, ⑥ 한국어 말살정책에 대해서→"조선에서는 조선어와 함께 일본어가 공용어로 사용되었다"로(허위기술), ⑦ 신사참배강요에 대해서→"신사에의 참배도 장려되었다…"로(허위기술) 되어 있는 것이다.

일본의 이와 같은 교과서 역사왜곡과 일본 정부 각료들의 계속되는 망언(妄言)들은 이후로도 일정기간을 두고 되풀이되어온 기획되고 의도된 일종의 대한(對韓) 「가학(加虐) 시리즈」로서 일본 민족의 심층심리 속에 잠재해 있는 한반도에 대한 문화적 '열등감'이 그 지휘본부가 아닌가 생각되어질 정도로 뿌리깊은 것이기 때문에 항의나 시정요구로써 단시일 내에 쉽사리 해결될 성질이 아님은 최근 일본의 「극우적 행태」가 말해주고도 남음이 있다고 할 것이다. 이때의 우리 정부(국무회의) 분위기를 남재는 다음과 같이 회고한 바 있다.[16)]

> "…일부에서는 국교단절도 불사하라고 막 덤벼들어 내가 국교단절까지 가서는 안 된다고 중재했어요. 전(全) 대통령과 이범석 외무부장관도 국교단절은 곤란하다는 쪽이었는데, 다른 사람들은 다 국교단절도 불사하자고 그래요. 국교단절이 국가적으로 유리해서 그러는 것인지 … 그게 무슨 뜻인지 모르겠어요. … 지금 생각하니까 그때 허씨 계열하고 전씨 계열이 사이가 좋지 않아서 허씨계에서 반항적인 것을 표시하려고 그렇게 나간 것 같기도 하고, 나까지 국교단절파에 들었더라면 아마 굉장히 싸움이 심할 뻔했어요…."

결국은 남재가 중간에 서서 일본과 정면대결로 나가자는 다수 강경파의 모험주의적 '무한투쟁론'에 제동을 건 셈이었다. 남재는 과연 정부가 국교단절 불사로까지 '화이팅'을 보였어야 국민이 좋아했을지는 모르지만, 훗날 생각해 보니 이와 같은 강경론의 저변에는 내적 위기를 밖으로 돌려 외적과의 대결을 통해 국민적 단합을 이끌어내고 사회 분위기를 비상사태로 몰고나가 한 2~3년쯤은 국내정치를 일사불란하게 끌어가려는 계산도 깔려 있었던 것으로 분석되었다고 회고하였다.

3. 레바논 파병문제의 대두

8월 16일, 대일 교과서 분쟁이 채 정돈(停頓)되지 않은 시점에서 대통령 전두환은 아프리카 제국 및 캐나다 순방길에 올랐다. 이날 안기부장 노신영(盧信永)이 「교과서파동」으로 국민적 대일 경각심이 최고조에 달하였음을 계기로 항일기념관(독립기념관) 건립을 민간운동으로 전개-추진할 것을 건의하였다.

22일부터는 CPX—을지(乙支) 연습에 들어갔고, 26일에는 미군의 포커스 렌즈(Focus Lens) 연습을 참관하였다. 이날 일본 정부의 교과서 시정각서가 주일대사관에 전달되었다. 6시, 남재는 안보장관회의를 소집하고 내용을 숙의한 끝에 일단 긍정적으로 이를 수용키로 의결하였으나 과연 뒷처리가 잘 될지는 미지수여서 고심하지 않을 수 없었다.

이튿날 남재는 일본측이 정부책임하에 시정하겠다고 약속한 관방장관(官房長官)의 담화가 "우리 국민의 여론을 수용한 결과로 본다"는 요지의 정부 대변인(문공부장관) 성명을 발표케 하였다. 28일에는 아프리카 순방길의 대통령으로부터 어제 발표된 정부성명을 치하하면서 국민여론을 진정시켜줄 것을 당부하는 전문이 날아왔다.

9월 1일, 대통령 전두환이 아프리카-캐나다 순방을 마치고 귀국하였다. 3일에는 청와대에 들어가 대통령 부재중의 제반사를 보고하였다. 대통령은 교과서 분쟁에 정부가 최선을 다한 것으로 평가하고, 민간운동으로 독립기념관 건립을 추진키로 한 데 대해서 만족감을 표시하였다.

14일, 서울운동장에서 열린 세계야구선수권대회 결승전에서 우리 대표팀이 일본에 5 대 2로 통쾌한 역전승을 거두어 그 동안 교과서 문제로 응어리진 국민감정을 후련하게 풀어주었다.

17일, 남재는 KBS와 MBC를 차례로 방문, 독립기념관 모금액 1백억 돌파에 즈음하여 "돈이 모아진 사실보다 우리 국민의 마음이 모아진 것이기에 더욱 기쁘다"고 말하고, 그 동안 모금에 적극 참여해준 국민과 운동전개에 힘쓰고 있는 신문-방송 등 언론의 노고를 치하하였다.

20일부터 정기국회가 열렸다. 남재는 이날 개회식에 참석한 후 각당 대표실을 예방, 자신의 임명동의에 "너무 많은 표를 동원하지 말아달라"는 조크와 함께 정기국회에서의 협조를 당부하였다.

21일, 레바논(Lebanon) 서베이루트에서 우익 기독교부대가 이스라엘(Israel) 지원하에 팔레스타인 난민 1,800여 명을 무차별 학살한 충격적인 사건이 발생하였다.

25일에는 고대 재단이사장 이활이 병구(病軀)를 이끌고 동부인하여 공관으로 내방하였다. 그는 '일인지하(一人之下) 만인지장(萬人之長)으로서의 소임을 이(利)-음양-순(順)-사시(四時)라고 강조하였다. 이것이 남재가 이승에서 본 이활의 마지막 모습이었다. 그로부터 11일 후인 10월 6일, 이활은 향년 84세(1899~1982)를 일기로 끝내 유명을 달리하였다. 남재는 이날 국회에 출석하여 의원들의 대정부질문에 답변을 하고 있었다. 소식을 들은 남재는 즉시 빈소로 달려가 고인의 타계를 애도하였다. 끔찍이도 자신을 아껴주던 웃어른 한 분이 세상을 떠나심에 남재는 처연한 마음을 가눌 길이 없었다. 다음달 11월 9일 저녁, 남재는 혜천과 함께 댁으로 유족을 찾아가 정부가 고인에게 수여하는 국민훈장을 전달하였다.

한편 10월 2일자 《동아일보》는 <김상협 총리 1백일>의 행적과 관련, 그 동안 22회의 국무회의와 26회의 경제-안보장관회의주재, 73회의 주요기관 업무보고청취, 145인에 달하는 언론계-대학총장-경제단체장 등 면담, 대덕연구단지-수몰지구-공업단지 등 지방시찰 39회, 주한외교사절 접견 25회, 그리고 대통령을 대리하여 9회에 걸쳐 임명장과 훈장 등을 수여한 것으로 보도하였다.[17)]

10월 16일, 남재는 외국의 국가원수로는 최초로 인도네시아의 수하르토(Soeharto) 대통령을 공항영접하였고 체제기간중 내내 주요 공식행사에 참석하면서 호스트역을 다하였다. 20일에는 고대의 자매교인 일본의 와세다(早稻田)대학으로부터 남재에게 명예법학박사학위가 수여되었다. 국회의 바쁜 일정 때문에 남재는 도저히 학위수여식에 참석할 수 없었기 때문에 고대재단의 상무이사 김치윤이 대리로 참석, 수령하였다.

11월 3일, 마침내 레바논 파병문제가 대두하였다. 9월 17일에 난민학살사건이 발생한 후, 그 동안 레바논의 치안회복을 위해 미-불-이(伊) 등 다국적 평화유지군이 파견되고, 유엔총회에서 PLO의 진상규명촉구안이 만장일치로 가결된 이래, 11월 10일 레바논 정부가 현지주재 한국대사관에 한국군의 평화유지군 참가를 공식요청해왔고, 이어 이날 미국은 국무장관 슐츠(Schultz) 명의로 레바논 정부의 입장을 긍정적으로 검토해달라는 공한을 외무부에 보내온 것이다.

레바논 파병문제는 무엇보다 경제적 실익이 없는 데다, 중동 강경국가들의 반발을 불러일으켜 우리 기업의 안정적 중동진출과 비동맹외교에 큰 부담이 될 수 있기 때문에 가벼이 움직일 수 없는, 대단히 어렵고도 미묘한 문제가 아닐 수 없었다. 그럼에도 불구하고 여기에는 정책판단의 여러 유혹이 도사리고 있었다. 아직은 이철희-장영자 사건의 여진(餘震)이 남아 있던 터라 대일(對日) 교과서 파동에 이어 계속해서 국민의 시선을 밖으로 돌려야 할 필요성이 남아 있었다. 아울러 어떤 업적을 빨리 올리고 싶어하는 새 정권초기의 강박관념이 작용하던 때이므로, 침체된 사회 분위기를 일신시킬 계기를 찾던 일부 개혁주도세력에게 그것은 월남파병에 이어 '제2의 파병효과'를 가져다줄지도 모른다는 기대감을 자극하기에 충분했던 것이다.

그리하여 파병의 이해득실을 놓고 정부 내 찬성론과 반대론이 크게 엇갈려 좀처럼 결론이 나지 않고 있었다. 파병결정과 같은 국가의 막중대사가 정권의 정치적 이해관계에 따라 좌우되어서는 안 된다는 원칙론에 입각하여 "파병의 적극검토"를 경계하고 있던 남재는, 그렇다고 상대의 비위를 거슬리지 않고 피해갈 수 있는 명분을 찾기 어려운 일이라 정부 안팎, 백방으로 지혜를 구하며 고심의 고심을 거듭하던 끝에 그 옛날 고려(高麗)가 지배국 원(元)나라와 신흥세력 명(明)나라의 틈바구니에 끼어 곤경에 처해 있을 때 구사했던 소국(小國)외교의 '기략'(機略)을 응용하기로 했다.[18]

결론부터 말해서 고려의 외교작전은 '시간 끌기'였다. 고려는 툭하면 강압되는 원(元)의 파병요청을 일일이 응할 수도 없고, 그렇다고 거절할 수도 없는 대단히 괴로운 상황에 몰리기 일쑤였다. 응하자니 파병에 따른 인명상-군비상의 막대한 피해를 감당하기도 어렵거니와, 원-명 간의 각축이 장차 결과할지도 모를 중원(中原)의 판도변화와 그로 인한 후환(後患)이 무엇보다 두려웠던 것이다.

그래서 고려는 몽고의 요청에 충실히 따르는 듯한 자세를 보이면서도 온갖 핑계를 다 내세워 시간을 끌었다. 그렇게 지연작전을 쓰다 보면 어느새 파병이 필요 없는 방향으로 상황이 바뀌어 문제가 저절로 해결되는 경우가 왕왕 있었던 것이다. 남재는 익제(益齊) 이제현(李齊賢)의 『역옹패설』(櫟翁稗說 : 일명 『낙옹비설』)에 나오는 이 「여몽(麗蒙)외교비사」로부터 힌트를 얻어 시간 벌기에 들어갔다. 즉, 13일 이후 매일같이 밤늦게까지 국무회의를 열고 파병에 따른 제반사를 진지하게 논의하고 있음이 외부로 흘러나가도록 하면서 하루하루 시간을 끌고 있었던 것이다.

파병에 대해서는 대통령 전두환도 신중론을 견지하고 있었다. 15일, 남재가 청와내에 들어갔을 때 그는 미국의 강력한 요청이 있을 경우를 우려하며 대비를 당부하였다.

과연 파병요청이 있은 지 열흘 후인 11월 23일, 미국은 파병을 적극 권하지는 않겠다고 통고해왔다. 한국군 파병이 꼭 요구되는 상황은 이제 지나갔기 때문이다. 남재는 참으로 다행이라는 소감을 기록으로 남겼다.[19)]

이 시기에 또 한 가지 남재의 관심을 사로잡은 것은 소련 공산당 서기장 브레즈네프(Breznev)의 사망을 계기로 한 소련의 변화 가능성이었다. 브레즈네프는 미국의 파병요청이 있기 하루 전인 12일 사망하였다. 남재는 "브레즈네프 이후의 소련" 사정을 체계적으로 점검하기 위하여 우선 한-일 두나라 신문을 꼼꼼히 열독한 데 이어 21~22일에는 《뉴스위크》와 《타임》지(誌)의 관련기사를 차례로 정독하였다(소련의 변화가능성에 대하여 남재의 외지(外誌) 읽기는 이후로도 계속되었다. 새해 정초에는 일본의 월간종합교양지 《中央公論》과 《文藝春秋》의 안드로포프 관련기사도 빠짐없이 독파하였다).

이 두 시사주간지에는 브레즈네프가 남긴 안드로포프(Andropov)의 개혁과제가 구석구석 잘 정리되어 있었다. 국무총리가 비서관들을 시키지 않고 직접 이처럼 외지를 꼼꼼히 챙겨 읽으면서 시사문제에 대비하는 모습은 아마도 남재가 아니고는 찾아보기 힘든 일일 것이다. 또 이것은 남재와 같은 속독(速讀) 능력이 없이는 그 바쁜 격무 속에서 엄두도 못 낼 일일 것이다. 지극히 사소한 듯한 남재의 이와 같은 모습에서 우리는 남재가 맡은 바 직무를 완수하기 위하여 얼마나 성심을 다하여 노력하여 마지않는가를 엿볼 수 있는 것이다.

4. 잇따른 대형사건-사고

(1) 나카소네 방한 등 국빈 맞이

1983년, 남재의 총리 2차년도인 계해(癸亥)년 새 아침이 밝았다. 9시, 남재는 국무위원들과 국립묘지에 나아가 참배하였다. 4일의 시무식에서 남재는 "…국가에 대한 충성과 국민에 대한 책임을 신조로 하는 국가공무원의 본분과 자세를 새로이 가다듬자"고 말하고, 예산집행과 사업운용에 있어서 항상 종합성과 합리성, 일관성과 지속성을 견지하고 근검절약(勤儉節約)을 다하여 완전무결을 기하자고 강조하면서, "우리 민족이 가는 길에 언제나 백전불태(百戰不殆)의 승리를 약속해주는 천시(天時)와 지리(地利), 그리고 무엇보다 인화(人和)의 가호가 있기를 바란다"는 뜻깊은 훈시를 하였다.[20]

오후 3시에는 청와대에 들어가 신년하례를 하였고, 이날 일본 수상 나카소네 야스히로(中曾根康弘)의 방한초청 문서에 서명하였다. 나카소네의 방한은 일본의 「교과서 파동」 직후에 성사된 일이라 새해 초두부터 언론의 최대 관심사가 되었다.

11일 오후, 남재는 나카소네 일본 수상 내외를 공항출영하여 환영식을 가졌다. 이어 청와대 영빈관 만찬행사에 참석하였고, 12일 오전에는 총리 집무실에서 나카소네의 예방을 받고 15분간 환담하였다. 이 자리에서 남재는 무엇보다 교과서 문제로 한-일 관계가 미묘한 시기에 방한(訪韓)을 결심한 그 용단에 경의를 표하였다. 이어 "한국의 분단은 인류 전체의 비극"이라고 지적하고, 한국인은 누구나 민족의 통일실현에 노력할 것이나 주변국들의 격려와 협력이 절대적으로 요청된다고 강조하면서 "아시아 문명, 동양문화의 탐구-재발견에 힘써나가자"고 말하였다.

오후, 남재는 공항에 나가 나카소네 내외를 환송하였다. 남재와 나카소네는 동경대학 법학부 정치학과 선후배지간으로 나카소네가 2년 선배다. 한편 혜천은 나카소네 부처의 이한(離韓)에 앞서, 영부인 쓰타코(蔦子)를 총리공관으로 초대하여 오찬을 대접한 바 있다.

이후 남재는 국빈으로 수단 대통령 니메이리(Nimeiri : 3월 14~17일), 말레이시아 국왕 아마드(Amad : 3월 22~26일), 스리랑카 수상 프레마사다(Premasada : 3월 29~4월 1일), 솔로몬 군도(群島) 수상 마마로니(Mamaloni : 4월 8~14일), 도미니카 공화국 수상 찰스(Charles : 5월 14~17일), 안티구아 바브다(Antigua Barbuda) 수상 버드(Bird : 8월 1~5일), 말레이시아 수상 마하티르(Mahathir : 8월 8~14일) 요르단 국왕 후세인(Hussein : 9월 10일) 등을 공항영접으로부터 이한 환송에 이르기까지 방한 전일정의 파트너로서 의전행사를 주관하였다.

(2) 재벌의 땅 투기; 골치 아픈 국정과제들

1월 25일부터 남재는 경제기획원을 시발로 하여 2월 24일의 평화통일자문회의에 이르기까지 각 부처의 청와대 새해업무보고가 끝날 때까지 이를 배청(拜聽)하였나.

3·1절을 앞두고 2월 25일에는 250명의 정치활동 해금자(解禁者) 명단이 발표되었다. 당초 예정된 1단계 해금자는 120명 정도였으나 남재가 이를 너무 적다고 지적하여 2배 이상 늘어난 것임을 청와대 정무1수석 정순덕(鄭順德)이 남재에게 보고한 바 있다.[21] 해금조치를 보면서 남재는 이제 이 정부에 들어와서 자신이 해야 할 일이 다 끝나가고 있다고 생각하며 퇴임결심을 굳혀가고 있었다. 또 여러 가지 악재(惡材)에도 불구하고 이 정부가 건재할 수 있는 최대의 버팀목은 '언론조정능력'임을 깨닫게 되었다. 이날 북한군 조종사 이웅평(李雄平 : 상위)이 MIG 19기를 몰고 남하, 귀순하였다.

3월 1일, 남재는 대통령의 3·1절 경축사를 대독하였다. 이 시기의 주요 국정과제를 남재는 외채감축, 수출증대, 부동산투기방지, 국제원유가 하락에 따른 30% 물가반영문제 등으로 꼽고 있었다. 3월 20일, 경제 4단체는 외채감축을 촉구하고 나섰고,[22] 언론들은 부동산투기실태를 집중적으로 파헤치며 그 장기적 억제-방지대책을 중점보도하고 있었다. 특히 이날 《조선일보》는 정부주도하에 주택공급물량을 확대하고 고급주택에 대한 고액의 재산세부과, 양도소득세 중과(重課), 유휴자금의 투자유도, 대만-싱가포르와 같은 토지-주택의 공개념(公概念) 도입-설정 등을 제시하였다. 남재는 행정조정실에 《조선일보》가 제시하고 있는 <부동산투기억제 장기대책>의 시책반영

가능성을 면밀히 검토하도록 지시하였다.

22일에는 중앙청 후생관에서 오찬을 겸한 경제장관회의를 열고, 최근 유가인하문제, 부동산투기 억제책을 둘러싸고 경제부처 실무자간에 일고 있는 잡음과 이견노정이 국민의 불신을 크게 사고 있음을 지적하고, 공무원들의 발언의 신중과 장기적 안목의 경제정책수립을 강조하여 마지않았다.

이 무렵 남재는 재벌들의 과잉 부동산투기가 가장 큰 문제임을 개탄하며 기회 있을 때마다 그 시정책 마련을 강조하였다. 재벌들은 기업의 재무구조 개선에는 뜻이 없고 땅투기에만 열중하는 작태를 빚어, 이것이 언론의 비판의 표적이 되고 커다란 사회문제가 되고 있었던 것이다.[23] 또 토지개발공사의 토지공매절차에 미비점이 많아 이를 둘러싸고 잡음과 말썽이 끊이지 않고 있는 사실도 큰 문제였다.

이보다 앞서 21일에는 민정당 대표위원이 교체되어 이재형(李載瀅)이 물러나고 진의종(陳懿鐘)이 새로운 대표로 임명되었다. 또 4월 11일에 개회된 제116회 임시국회는 새 국회의장에 채문식(蔡汶植), 부의장에 윤길중(尹吉重-민정)-고재청(高在淸-민한)을 선출하였다. 이때의 정부-여당구성의 성격적 특징은 당대표(陳懿鐘)-국회의장(蔡汶植)-국무총리(金相浹)-청와대 비서실장(咸秉春)-안기부장(盧信永)의 면면으로 보아 무난한 민간인사의 전진배치로 요약되었다.

(3) 쏟아지는 악재(惡材)

4월 25일에는 일부 재벌에 대한 비업무용 토지 재매입사건을 수사하는 과정에서 경찰의 고문치사사건이 발생하여 세상을 온통 시끄럽게 하였다. 정치범도 아닌 경제사범에 대한 고문치사사건이 일어났으니 이는 한마디로 현 정부하에서 고문이 광범하게 자행되고 있음을 반증하는 것이었다. 이 때문에 남재는 참으로 곤혹 속에 잠기지 않을 수 없었다. 고문은 절대로 없다고 정부는 그 동안 공언해오지 않았는가!

바로 이러한 때에 무기형이 구형된 절도범이 법원에서 탈주하는 소동이 벌어져 또다시 세상을 벌컥 뒤집어놓았다. 더구나 이 탈주절도범은 4월 14일 탈주 이래 시민의 제보로 19일 검거될 때까지 엿새 동안 곡예와 같은 도주행각을 벌여왔고, 이름난 고관들과 부유층만을 골라서 털어온 것으로 알려졌다. 뿐만 아니라 그 사치의 극을 다한 소장품의 절취 내용들이 상류사회의 부도덕성을 여지없이 폭로하는 것이어서 어느덧 '대도'(大盜) 또는 '의적'(義賊)으로 불리울 만큼 영웅시되었고, 탈주범이 체포되었을 때 사회일각에서는 이를 몹시 아쉬워하는 체제저항적 역류의 기류마저 일어날 정도로 계층간의 위화감과 공직자에 대한 반감을 크게 불러일으키기도 했다.

또 16일에는 충남 논산(論山)에서 버스가 정류장을 덮쳐 12명이 사망하고 31명이 부상하는 큰 사고가 발생한 데 이어, 18일에는 대구에서 디스코클럽 화재로 청소년 25명이 불에 타 죽고 60여 명이 중화상을 입는 대참사가 벌어졌다.

남재는 26일, 청와대에서 4월 임시국회상황을 대통령에게 보고하면서, 최근 잇달아 터진 불미스러운 사건-사고들, 즉 △ 경찰의 3·25 고문치사, △ 대기업들의 비업무용 토지 재매입, △ 4·14 '대도탈주' 소동, △ 버스 사고에 이은 4·28 대구 디스코클럽 화재 참사 등 인재(人災)-인변(人變)을 일일이 거론하며 유감의 뜻과 아울러 인책사의를 표하였고, 대통령은 이를 만류하였다. 이튿날, 대구화재 참사사건을 계기로 열린 청소년 대책위원회에 참석한 남재는 "청소년 대책은 단속도 중요하지만 발산도 매우 중요하다…. 넘치는 그 에너지를 올바로 발산할 수 있도록 시설확충과 프로그램 개발에 힘쓰고, 특히 우리 가정의 사명과 역할을 중시하는 시책을 펴나가야 한다"고 강조하였다.

제3절 시련 또 시련

1. 빚과 그늘의 4중주

(1) 피랍 중공민항기 불시착 소동

5월 5일 오후, 승객 105명이 탑승한 중공의 민항기가 6명의 납치범에 의해 피랍되어 춘천공항에 불시착, 온 나라를 바짝 긴장시켰다. 이튿날 청와대에서 열린 각료회의는 "항공기 불법납치의 억제를 위한 협약", 곧 「헤이그협약」에 따라 승무원과 승객, 항공기는 국적국(國籍國)인 중공에 돌려보내고 납치범 6명은 우리 국내법으로 다스리기로 원칙을 세웠다. 이에 따라 승객과 승무원은 워커힐에 수용하였다.

중공측은 당일 불시착 직후 자국의 민항총국장을 협상대표로 파견하겠다는 전문을 보내왔다. 정부로서는 이 사건이 대중공 접촉의 호기로 보고 중공측의 제의를 받아들였고, 이에 따라 중공은 7일, 민항총국장 심도(沈圖)를 비롯한 협상대표단 9명과 승무원-기술자-의료진 등이 포함된 총 33명을 파견하였다.

8일 남재는 한-중공 간 항공기 인도회담 결과에 대한 안기부장의 보고를 받으면서 우리의 외교역량이 어느덧 성숙단계에 이르렀음을 실감하며 매우 흡족해 하였다. 외무부와 안기부 등 유관부처들이 신속하게 처리방침을 세우고 잡음이 나기 전에 인도교섭을 잘 진행시켜나갔기 때문이다. 다만 협상 최종 문안 작성 단계에서 이견이 생겨 그 조정작업 때문에 다소 지연되고 일부 언론이 그 과공(過恭)을 지적하는 비판도 없지 않았지만, 10일에는 건국 이래 최초로 양국의 국가명, 대한민국과 중화인민공화국이 공식으로 사용된 항공기 인도에 관한 합의각서가 교환됨으로써, 이날 오후 승객과 승무원 및 대표단 일부가 김포공항을 떠났다. 이어 18일에는 납치범 6명을 남기고 피랍 민항기를 돌려보냈다. 이로써 두 주 동안 온 나라의 관심과 이목을 집중시켰던 중공민항기 피랍 소동은 단막극으로 끝나고 정부는 마침내 큰 짐을 벗은 셈이었다.

남재는 정부의 이 사건 처리과정을 높이 평가하였다. 무엇보다 미-일의 외교적 지원 없이 적대국가인 중공과 직접 접촉하여 항공기 인도교섭을 신속히 주체적으로, 그리고 미래지향적으로 완결지음으로써 우리의 독자적 외교역량을 내외에 과시한 것이 큰 소득이라는 것이다. 또 외교-안보문제는 정부 내에서 관료들이 잡다한 이해관계에 얽매어 좀처럼 합의도출을 못하는 경제문제와는 대조적으로 그래도 통일적 구상과 집행을 이루어낼 수 있음을 보여주었다는 점에서 교훈적이었다고 남재는 지적하였다. 중공민항기 소동으로 밑도 끝도 없이 끈질기게 떠돌던 개각설이 잠재워진 것도 그 반사적 효과였다.

(2) 국무총리 '취임 한 돌'

5월 19일, 남재는 중앙청(구조선총독부 건물)에서의 마지막 국무회의를 주재하였다. 이어 이달 28일을 기하여 총리실이 이 건물을 떠남으로써 정부의 중앙청시대는 막을 내렸다.

이달 21일부터 YS가 단식에 돌입하였다. 엄격한 보도통제가 이루어진 가운데 25일에는 서울대 부속병원 입원상태에서 단식이 계속되었다. 이를 전후해서 대학가의 시위사태는 격화일로로 치달았다.

6월 6일 현충일에는 대통령 추모사를 대독하였다. 10일에는 청와대에 들어가 13일부터 개회되는 임시국회(제117회; 22일 폐회) 대책을 건의하면서 총리취임 한 돌을 기하여 물러날 뜻을 다시 밝혔다. 이날의 건의에서 남재는 장내정치를 고무-격려-활성화하기 위해서는 정치권에 뭔가 주는 것이 있어야 한다고 전제하고 정치활동 규제자 추가해금, 지자제(地自制) 실시시한, 국회법개정문제 등을 거론하였다.

6월 25일로 남재는 국무총리 취임 1주년을 맞이하였다. "큰 불명예 없이 참으로 아슬아슬하게 1년을 넘겼다"고 남재는 회고하였다.[24)]

남재의 취임 한 돌을 신문들은 대체로 긍정적으로 평가하였다. 6월 24일자 《경향신문》은 김 총리의 치적은 총리에게 주어진 역할의 한계를 전제로 해야 한다는 점에서 그 평가가 쉬운 일이 아니라고 전제하면서, 지난 1년 동안 "정치-외교-경제 등 국정의 각 분야에서 괄목할 만한 성과를 거두었다"고 총평하였다. 특히 "어음사기사건 등 각종 대형사고로 조성되었던 민심의 동요가 김 총리의 취임을 계기로 진정되어 국정의 안정기반을 구축한 것만은 분명하다"고 강조하였다.

그러나 "중용의 도를 지켜 모든 문제를 무리 없이 순리적으로 해결"하려는 김 총리의 스타일이 "…분명한 것을 좋아하는 우리의 정치-행정풍토에서 때로는 비판의 표적"이 되어 집권 민정당 일각에서 "5공총리로서의 소신부족" 또는 "정부시책 설득의 성의부족"이라는 지적이 나오고, '정치총리'로서의 역할을 기대해온 야당 쪽에서는 "기대에 못 미친다" 또는 " — 어긋난다"는 비판이 일고 있다는 반대의 측면도 전하였다.

또한 이 신문은 지난 1년간 △ 국무회의(56회) 및 각종 회의(58회) 총 114회, △ 각계인사 접견 232회(내국인 129, 외국인 103), △ 각 부처 업무보고 청취 191회, △ 지방시찰 18회를 포함한 각종행사 참석 및 시찰 155회, △ 남미 4개국 순방 등 대단히 분망한 일정을 보냈다고 그 치적을 수치화하여 같은 논평기사(<김상협 총리 취임 한 돌>)에서 소개하고 있다.

취임 1주년을 계기로 남재는 적시(適時) 퇴임을 심각하게 생각하기 시작하였다.

(3) KBS의 「이산가족 찾아주기운동」

남재의 총리취임 1년 동안, 쏟아지는 각종 대형사건-사고들로 어둡고 우울한 날들이 연속되는 가운데에도 밝고 희망찬 일 또한 없지 않았으니 KBS의 「이산가족 찾아주기운동」은 그 감동적인 예가 아닐 수 없다. 남재는 이 사업이 국내외로 폭발적인 호응을 불러일으키며 뜨겁게 전개되는 모습을 TV로 시청하면서 온 국민과 함께 눈물을 흘렸고, 어째서 이처럼 쉽고 좋은 일을 이제야 시작하게 되었는지 '만시지탄'(晩時之歎)을 느끼지 않을 수 없었다.

7월 4일 오후, KBS 스튜디오를 직접 찾아가 관계자들을 격려한 남재는 화면으로는 도저히 느낄 수 없는 캠페인 현장의 그 뜨거운 염원들이 내뿜는 열기, 그 엄청난 욕구분출에 압도당하면서 한(恨)도 많고, 눈물도 많고, 뜻도 끈질기고… 민족의 억센 생명력(Nation of Survival)이 철철 흘러 넘치는 광경에 진한 감동과 아울러 놀라움을 금할 수가 없었다. 남재는 이 생명력이 앞으로 민족발전의 활력으로 계속 분출하여 남북통일로 결실이 맺어지기를 기원하면서 몇 번이나 되풀이하여 "KBS는 참으로 좋은 일을 하였다"고 칭찬하여 마지않았다.

이날 남재는 "이 운동이 광범하고도 상설적으로 전개될 수 있는 방안을 강구하라"고 수행한 문공부장관(李振羲)에게 지시하고, "가족재회의 결실이 맺어진 사람들에게는 상봉 후에 있을지도 모를 뜻하지 않은 재결합의 고통과 여기에 따르는 제반 문제들을 해결하는 데도 관심을 쏟아야 할 것"이라고 강조하였다.

캠페인 현장에서 받은 감동과 충격이 워낙 커서인지 남재는 이틀 후인 6일 중앙청 후생관에서 오찬을 겸한 관계장관회의를 열고, 현재 각 부처별로 입안중인 이산가족찾기운동 지원대책을 종합하여 일괄적으로 시행-추진해 나가기 위한 협의기구로서 총리실-통일원 등 관련부처 실-국장급으로 구성되는 실무위원회를 발족시키기로 하였다. 또한 남재는 이 운동을 반공교육의 산 자료로서 활용하는 방안을 강구하고, 또한 이 운동을 통해 우리의 통일 노력을 국제적으로 홍보하는 외교적 노력을 펼쳐나갈 것을 문교부와 외무부에 각기 지시하였다.

이에 따라 9일 오전에는 정부차원에서 이 운동을 효율적으로 뒷받침하기 위한 종합추진계획이 발표되었다. 이 계획은 우선 이산가족 명단을 13일부터 31일까지 거주지별로 신고를 받아 책자로 발간, 8월 15일부터 열람시키고, 컴퓨터에도 입력시켜 신속하고도 효율적으로 검색할 수 있도록 만반의 태세를 갖추는 한편 「만남의 광장」을 설치-운영하고, KBS는 이산가족찾기 방송을 주 1회 철야방송으로 정규화하도록 했다. 국무총리실 주도로 마련된 정부의 이산가족찾기 종합추진계획은 다음과 같다.[25)]

△ 명단접수 : 대한적십자사 시도지사(支社), 거주지별 시군구청의 민원실(해외거주자의 경우 관할 재외공관 영사관, 서울 여의도 만남의 광장)
△ 접수기간 : 7월 13일부터 31일까지(휴일 없이 오전 9시~오후 6시)
△ 접수대상 : 8·15광복 이후 6·25동란기의 이산가족
△ 명부작성 및 열람장소 : 적십자사 시도지사 및 거주지 시군구청 읍면동사무소
△ 컴퓨터 입력 및 확인 : 컴퓨터 입력은 8월 14일까지 완료하고 15일부터 검색-열람, 한국과학기술연구원 전산실이 전산처리 후 적십자사 시도지사에 통보
△「만남의 광장」 설치-운영 : 7월 16일 서울시 주관으로 여의도 광장에 「만남의 광장」 설치-운영(「만남의 광장」은 가족찾기에 필요한 자료의 접수-열람, 가족찾기 벽보부착 등 정보와 소식 교환 센터로 활용)

8월 6일, 남재는 여의도에 신설된 「만남의 광장」 이산가족찾기 현장을 찾

아가 눈시울을 적시며 재회의 기쁨과 함께 이산의 아픔과 슬픔을 함께 나누고 돌아왔다.

6월 30일에 KBS가 첫 TV 방송을 시작한 이래 이 운동은 11월 14일까지 136일 동안 국내외에 커다란 반향을 불러일으켜 10만 952건이 접수되었고, 그 10%에 해당하는 1만 189명에 이르는 이산가족들이 혈육상봉의 감격을 누렸다.

(4) 되살아난 '금융사고의 악령'

KBS의 「이산가족 찾아주기 운동」에 온 국민의 관심이 집중되고 있는 가운데, 7월 7일에는 소폭 개각이 있었다. 경제부총리에 40대의 서석준(徐錫俊)이 기용되고 내무부장관에는 주영복(周永福)이 임명되었다. 전임 내무부장관 노태우의 경질에 대해서는 뒷말이 무성하였다.

이달 15일, 남재는 전용기편으로 군산으로 날아가 신축외항과 금강하구 제방축조 예정지를 돌아보고 오후 늦게 전북 도청에 도착, 업무보고를 받았다. 16일은 하루종일 전주대학 방문에 이어 → 줄포(茁浦)항에 당도, 자신의 생가(生家)를 돌아보고 → 인촌 마을에 들렀다가 → 선운사(禪雲寺) 뒷산 소재 선영(先塋)에 성묘한 데 이어 → 전북도지사-군수들과 오찬을 들며 대화를 나눈 뒤 → 고창(高敞)군청 → 필암서원(筆岩書院) 등 하서(河西)유적 순례 후 → 광주를 거쳐 저녁 늦게 귀경하였다. 남재는 "재직중 전남북 순방을 완료할 수 있게 되어 마음이 가뿐하다"고 소감을 피력하였고,[26] 신문들은 남재가 "금의환향을 했다"고 보도하였다.[27]

17일, 남재는 제헌절 대통령 경축사를 대독하였다. 이 무렵, 느닷없이 조기총선설이 나돌아 정가-관가가 몹시 술렁였고, 언론이 촉각을 곤두세우며 보도에 열을 올렸다. 23일에는 대통령 전두환이 여름휴가에 들어간다고 친히 전화하였다. 이날 안기부장(盧信永)으로부터 시국사범을 포함한 광복절 특사(特赦) 전모에 대한 보고를 들었다. 생각보다 관용의 폭이 넓어 남재는 마음이 후련함을 느꼈다.[28] 30일에는 부총리 서석준이 최근의 경제동향을 보고하였다. 남재는 경제 전반이 호황국면으로 접어들고 있다는 보고를 들으면서 그 동안 정치-사회영역에서 정부가 점수를 많이 잃었기 때문에 경제영역에서 그 실점을 만회하고도 남음이 있어야 한다고 강조하였다.

바로 이 같은 때에 악령(惡靈)과도 같은 두 가지 대형금융사고가 또 터졌다. 8월 초에 발표된 「명성(明星)사건」과 9월 하순에 검거된 「영동개발진흥(永東開發振興) 사건」이 그것이다. 이철희-장영자 부부의 어음사기사건으로 온 사회가 홍역을 앓듯 열병을 치른 지 불과 1년 남짓밖에 지나지 않은 시점이 아닌가.

8월 1일, 국세청은 명성(明星)그룹의 중대한 탈세 사실을 포착했다고 중간조사결과를 발표하였다. 이날 오후 남재는 국세청장으로부터 「명성사건」의 중간 세무조사 발표 경위를 들었다. 2일부터 명성그룹의 벼락재벌 형성과정과 세무조사 경위관련 보도가 홍수처럼 매스컴을 장식했다. 남재는 「명성사건」이 몰고올지도 모를 '제2의 금융사고 태풍'을 몹시 우려하며 재무부와 안기부에 조용하고도 냉정-사무적인 처리를 지시하였다.

13일, 남재는 「명성사건」의 기본성격이 한 투기업자의 겁 없는 사업작풍이 빚어낸 사건이라는 국세청장의 보고를 다시 받았다.

「명성사건」의 초점은 자금조달경로와 탈세수법-규모 등으로 압축되었다. 남재는 S은행 H지점의 대리 한 사람이 1천억 원 규모의 사채를 변칙적으로 조달, 알선-중개하였고, 탈세액은 112억 원대에 이르며, 전직 교통부장관이 배후의 혐의를 받고 있는 이외에 더 큰 배후는 없지만, 사건 당사자의 무분별한 언동 때문에 은행 및 행정부 관계자들이 크게 다치게 생겼다는 수사당국의 보고를 받았다.

결국 「명성사건」은 사건당사자 이외에 전현직 공무원과 은행 및 명성그룹 임직원 등 총 16명이 구속되고 명성그룹 자산 일체가 은행의 공동관리로 넘어가는 것으로 일단락되었다. 그러나 사실이야 어떻든 간에 일개 은행 대리 단독으로 그처럼 엄청난 사채를 동원할 수 있겠는지 도저히 납득할 수 없다는 것이 세론이요, 언론의 계속되는 비판의 초점이었다. 이렇듯 「명성사건」이 그 가시지 않는 의혹 때문에 정부에 대한 불신의 골만을 깊게 할 무렵, 이번에는 또다른 C 은행이 특정기업에 대해서 무려 1,671억 원대의 불법적 변태-과다융자를 보증한 「영동(永東)개발진흥사건」이 터져 세상을 계속 놀라게 했다.

9월 26일, 검찰이 주범을 검거하고 관련자 16명을 입건조치(후에 구속자는 총 26명으로 늘어남)함으로써 비로소 세상에 알려진 이 '제3의 금융 스캔들'은 3년 7개월 동안 은행장까지 관계하여 조직적으로 저질러온 금융부정사건이라는 점에서 그 죄질로 보면 「명성사건」보다도 더 악질이라는 것이 중론이었다.

남재는 이와 같은 대형 금융사고는 우발적-국부적인 현상이 아니라 금융-실업-관계(官界)에 뿌리깊게 얽혀 있는 구조적 부패 커넥션의 단편적인 표출에 지나지 않는 병리현상으로 진단하고 그 원인과 전개과정을 심층분석하여 장단기 대책을 수립하라고 행정조정실에 지시하였다. 그러나 계속되는 금융사고로 정부의 신뢰와 위신은 추락할 대로 추락하고, 공무원들의 사기 또한 땅에 떨어져 의기소침(意氣銷沈)한 상태에서 국민의 대정부 불신만 가중되는 안타까운 현실에 남재는 그만 한숨을 지었다.

2. 소련상공서 KAL기 격추

1983년의 대형사건-사고 행진은 멈출 줄 모르고 계속되었다. 8월 7일에는 중공비행사가 MIG를 몰고 귀순하여 신촌리 비행장에 안착하였다. 이 과정에서 민방위 본부가 '적기공습'(敵機攻襲) 오보발령을 내려 놀란 서울시민들이 한동안 사재기에 대피소동을 일으키는 등 일대 공황(恐慌) 상태에 빠지는 해프닝이 벌어졌다.

11일에는 대규모의 광복절 특사(特赦)가 공식발표되었다. 여름휴가중 특사발표 소식을 들으면서 남재는 그 동안 노력한 보람이 있어 "막힌 곳이 많이 뚫린 셈"이라고 자위하였다.

15일 광복절을 기하여, 작년에 대일 역사교과서 분쟁을 계기로 전개된 독립기념관건립 모금운동이 결실을 맺어 이날 오전 충청남도 천원군(天原郡) 목천면(木川面)에서 기공식이 있었다. 행사에 참석한 남재는 "오늘은 기쁜 날"이라고 그 소감을 기록하였다.[29)]

17일에는 대통령 비서실장 함병춘과 후생관에서 점심을 함께하며 수그러들지 않는 '조기총선설'에 대해서 의견을 나누었다. 남재는 국민의 의혹을 사지 않기 위해서라도 조기총선 절대불가를 역설하였다. '조기총선설'은 자칫 대통령 단임(單任) 실현과 평화적 정권교체문제와 관련, 불필요한 잡음과 오해를 증폭시킬 우려가 있었기 때문이었다.

19일부터 25일까지는 실제상황을 방불케 하는 '을지연습'을 수행하였다. 30일에는 개신교 지도자들을 삼청당에 초대하여 회식하며 의견을 나눈 데 이어 31일에는 추기경 김수환(金壽煥) 등 구교 주교들과도 같은 자리를 마련하였다. 종교지도자들과의 두 차례 대화에서 남재는 "긍정적 요인을 촉진시키고 부정적 요인을 제거해나가기 위해서는 인내와 지구(持久), 희망과 자신, 화해와 화합이 무엇보다 요구된다"고 강조하고 국토분단의 예외적 특수상황과 GNP 2,000달러 미만의 현실을 잊어서는 안 된다고 역설하였다.

이튿날 9월 1일 새벽(3시 30분경) 269명의 승객과 승무원을 태운 대한항공 여객기가 사할린 인근 상공에서 소련 전폭기에 의해 피격되어 전원 사망하는 충격적인 학살 대참사가 발생하였다.

남재가 사태소식에 접한 시각은 오전 7시 20분, 총리공관에서 교통부장관 이희성(李熺性)으로부터 첫 보고를 듣고서였다.[30]

8시 10분, 남재는 정부종합청사 집무실에 나가 관계부처의 활동상황을 점검하며 독려했지만 독자적 확인 루트가 없기 때문에 미국-일본 등과 빈번하게 접촉하며 기체행방을 뒤쫓기에 애만 태울 뿐, 외신보도에 일희일비(一喜一悲)하는 딱한 입장에 처해 있었다. 어느 정도 사실에 가까운 정황을 파악한 것은 사태발생으로부터 9시간 이상이 경과한 정오 이후로서 이때에 이르러서야 "피격 후 격추" 또는 "공중폭발"로 겨우 가닥을 잡기 시작하였다.

오후 1시, 남재는 외무-국방-교통-문공부, 안기부, 청와대비서관들이 연석한 관계장관회의를 소집하고, 우선 사건경위 확인과 대책을 숙의하였다. 소련의 KAL기 격추가 국제법과 인도주의를 위반한 만행으로 국제사회의 비난을 면치 못할 것이라는 우리 정부의 강경입장을 천명하는 정부대변인(문공부장관) 성명이 나온 것은 그로부터 6시간여가 지난 저녁 7시 30분경이었다.

2일의 청와대 대책회의는 교통부장관을 수습대책위원장으로 하고 관련부처 장관들을 위원으로 하는 KAL기 참사 수습대책위원회를 구성하였다. 이날 외무부는 해외공관들을 통해 유엔안전보장이사회 및 ICAO(국제민간항공기구)이사회 소집을 위한 활동에 들어갔고, 10시에는 대통령의 담화발표가 있었다. 이어 미국 대통령 레이건과 국무부 및 일본 외무성의 대소(對蘇) 비난성명이 뒤따랐다.

언론들은 정부의 입장을 천명한 대소(對蘇)성명이 너무도 천연된 데다 소련을 직접 거명(擧名)하지 않고 '제3국'으로 지칭한 데 대해 강한 비판과 불만을 표출하였다. 이날부터 소련의 만행을 규탄하는 온 국민의 노호(怒號)가 전국에 메아리 쳤다.

3일에도 남재는 오전부터 수습대책 각료회의를 열고 사태의 추이를 예의 검토하였다. 이날 유엔에서는 주유엔대사 김경원(金瓊元)이 안보리에 출석, 소련에 대해서 진상공개와 더불어 사죄와 배상, 관계자 처벌, 그리고 재발방지 대책을 요구하는 대소규탄 연설이 있었고, 소련대표는 미국이 KAL기 사태를 반공선전에 이용하고 있다고 역공을 펴면서 우리 대표의 요구를 반박하는 안하무인격의 발언을 했다. 오후, 남재는 김포공항에 마련된 합동 분향소를 찾아가 조의를 표하였다.

4일에는 총리실에서 수습대책 각료회의를 열고 정부측의 진상조사단을 구성키로 하는 한편, 합동위령제 거행절차를 논의하였다. 이날 진상조사 및 진혼(鎭魂)사절단 제1진이 출국하였다. 이들은 5일 사고현장 근처인 모네론도(島) 근해에서 해상 진혼제를 올렸다.

5일에 열린 수습대책 각료회의는 7일로 예정된 합동위령제 준비상황을 점검하고, 그 동안 외무부가 전개해온 대소규탄 국제여론환기(喚起) 활동보고를 들었다. 이날부터 KAL기 희생자가족들의 개별적 영결식이 진행되었다.

6일, 미국 대통령 레이건은 소련전폭기의 무선교신 테이프를 공개하고 KAL기의 격추가 소련에 의해 저질러진 만행임을 입증함으로써 그 죄상을 전세계에 폭로하였다.

7일, 남재는 서울운동장에서 거행된 합동위령제에 참석하여 비명에 숨진 원혼(怨魂)들의 명복을 빌고, 소련의 반문명적-반인도적 만행을 규탄하는 조사를 했다.

8일 10시, 남재는 임시국회(제118회) 본회의에 나아가 KAL기 사태에 관한 정부보고를 행하였다. 이날 국회는 만장일치로 소련의 대한항공여객기 격추 만행 규탄결의안을 의결하였다.

9일, 마드리드 유럽안보회의에서 미국무부는 소련의 만행을 규탄하고 사죄와 배상을 촉구하였고, 소련 외상은 KAL기가 항로를 이탈하여 스파이 행위를 저질렀고, 경고에 불응-도주하여 격추되었으며, 스파이 행위의 배후는 미국이므로 모든 책임은 미국에 있다고 반박하였다.

13일 행해진 유엔 안보리의 「대소규탄결의안」(미국 등 16개국 제안) 표결은 소련의 거부권 행사로 부결되었지만, 찬성 9(미국-영국-프랑스-네덜란드-몰타-요르단-파키스탄-토고-자이레), 반대 2(소련-폴란드), 기권 4(중공-가이아나-니카라구아-짐바브웨)로 나타나 우리측의 일방적 우세를 확인시켜주었다.

17일, ICAO 이사회의 「대소규탄결의안」도 찬성 26, 반대 2(소련-체코), 기권 3(중공-인도-알제리)의 압도적 우세로 통과되었고, 10월 1일의 총회 또한 이사회의 「진상조사촉구 결의안」을 승인하였다. KAL기 피격사태로 온 세계가 대소(對蘇)규탄의 한 목소리를 내고 있음에도 불구하고 북한은 시종 침묵으로 일관하는 반민족적 태도를 보여주었다.

한편 남재는 9월 12일부터 청주를 시발로 30일 경주까지 19일 동안 12개 도시를 순회하며 1983년도 안보정세보고회를 열었다. 이 보고회에서 남재는 △ 무지막지-제멋대로의 아라사병대의 후예들인 소련의 그 무법자적 행패에 맞서기 위해서는 장기-지구적인 태세로 나갈 수밖에 없고, △ 사통팔달(四通八達)의 요충지, 누구나 넘보는 기구한 운명의 땅 — 사고다발지역인 이 한반도에서 끈질기게 살아남은 그 억센 민족적 생명력을 유감없이 발휘하기 위해서 국력배양에 더욱 힘쓰고, △ 이를 위해서 우리 국민 특유의 저력인 그 왕성한 교육열, 그 뜨거운 생산의욕, 그리고 그 억척스런 저축정신을 계속 발양시켜 나가며, △ 오늘의 이 긍정적 발전의 역량을 대세로 몰아 우리의 전진을 가로막는 모든 부정적 병폐들을 흡수-소화시켜나가고, △ 우리는 고통받는 분단국가, 1인당 국민소득 2,000달러에 미달하는 아직도 중진국가의 국민에 불과하다는 이 냉엄한 현실을 한시도 잊어서는 안 된다는 요지의 담화를 겸한 인사말을 했다.

10월 4일에는 국제의원연맹(IPU) 총회가 서울 세종문화회관에서 개막되었다. 소련을 비롯한 공산국가들이 불참하고, 북한의 치열한 방해책동이 있었음에도 불구하고 65개국 의회대표들이 참가하여 대성황을 이룬 데 대해서 남재는 "대견스럽다"고 평가하였다. 이날 남재는 대통령 내외의 미얀마 등 6

개국 순방여행에 대비하는 관계장관회의를 가졌다.

8일 10시 반, 남재는 김포공항에 나가 이슬비를 맞으며 미얀마-인도-스리랑카-호주-뉴질랜드-부르네이 등 6개국 순방길에 나선 대통령 내외의 장도를 축하하는 환송식을 거행하였다.

제4절 씁쓸한 국회평점

1. 만만찮은 시험과 도전의 무대

현대 민주국가에 있어서 주권자인 국민의 대의(代議)기관으로서 입법기능과 함께 정부에 대한 감시-견제-비판의 기능을 갖는 국회는 바로 정치의 산실이요 주무대라는 점에서, 정부에게는 그 국정수행의 성패를 비춰주는 거울과 같은 존재로도 기능한다고 할 수 있을 것이다. 따라서 내각의 총리가 국회에 어떤 모습으로 투영되고 있는가 하는 것은 그에 대한 가장 직접적이고도 객관적인 평가의 한 단면이 된다고 해도 과언이 아닐 것이다.

5공의 세번째 총리로 등장한 남재가 국회라는 '거울' 속에 비친 모습은 어떤 것인가. 정체(正體)인가, 평체(平體)인가, 아니면 장체(長體)인가. 혹은 오목하게 수축되었거나 볼록하게 확대되었거나… 일그러진 구석은 없는가 — 그 형상을 그려보는 것은 자못 흥미 있는 일이 아닐 수 없다.

남재의 총리 임명-수락이 조야의 정치권은 말할 것도 없고 경제-사회-언론-학계에 이르기까지, 또 지식계층뿐만 아니라 시정의 일반 시민에 이르기까지, 사상 유례없는 국민적 관심을 불러일으켰고 압도적 지지와 환영과 기대를 모았다고 함은 이미 전절('제3항; 평가와 기대')에서 언급한 바 있다.

그러면 신임 김상협 총리에 거는 기대와 지지의 그 '국민적 여망'에 담긴 관심의 본질은 무엇인가. 이에 대해서 정치학자 김하룡은《월간조선》1982년 8월호에 기고한 <김상협총리론 — '정치학총리'와 '정치총리' 사이>에서 —

건국 이래 "강철 같은 의지의 결코 굽힐 줄 모르는 이승만 박사의 지도 아래 … 맹호와 같은 질타 속에서", 그리고 4・19 이후 정치-사회-심리적 전면 이완기(弛緩期)에 나타난 "싸늘한 5・16의 질책"과 "제3공화국, 유신체제로 이어지는 17년간 쌀쌀한 거인의 냉엄하고도 강력한 지도와 규제"를 받으면서도 일부의 반발은 있었으나 대다수 국민들은 국가안보와 평화통일, 그리고 경제건설을 위해 "강력한 지도자의 통치가 불가결하다는 명분"에 동조하여 심지어는 유신통치라는 영구집권체제마저 어쩔 수 없이 받아들여야만 했다고 논하면서, '김상협 총리' 등장의 필연성을 다음과 같이 분석하고 있다.

> "…10・26사태와 12・12사태, 그리고 그 이후에 일어난 일련의 불행한 사태의 연속으로 정치적-경제적-사회적 안정이 무너질 조짐을 보이자 국민의 불안은 극도에 달하였으며 … 안정기조의 회복을 위해서는 어떤 대가도 서슴지 않고 치를 태세이기는 하였으나 … 최근에 발생한 의령총기사건 … 더욱이 장 여인의 거액어음부정사건에서 국민이 느낀 배신감과 좌절감은 참으로 기막힐 정도의 응어리로 뭉쳐져 있었던 것도 또한 사실이다. … 이제 정말 국민은 그 상처를 어루만지고, 응어리를 풀어주는 부드럽고 온후한 위로의 손길, 가라앉은 안정된 분위기, 거칠지 않고, 점잖은 순리적인 일의 처리를 갈구하는 단계에 들어서게도 되어 있는 것이다. … 김 총리의 등장은 바로 국민 일반의 그와 같은 갈구의 동경에 때맞춘 것이었으며 그것이 김 내각의 출범에 국민이 큰 기대로 환영하는 중요한 이유의 하나로 믿어진다…."

한마디로 김 총리의 덕망이 풍기는 따뜻함, 부드러움, 너그러운 포용력, 그리고 그늘지고 응달진 곳에 대한 관심을 바탕에 깔고 있는 경륜과 정치철학이 지금에 살고 있는 한국인의 갈망에 부합되었다는 풀이이다. 하지만 그것은 뒤집어보면 김 총리의 그와 같은 온건-순리의 정치경륜을 5공이 얼마나 잘 용해-흡수하여 시책에 반영할 것인가를 살펴보겠다는 '국민적 주시'를 의미하는 것이기도 하다는 것이다.

문제는 국무총리에게 주어진 헌법상-실질상의 기능에 일정한 제약과 한계가 엄존함에도 불구하고 여-야를 포함한 정계, 재계, … 국민 각계각층이 신임총리에게 그 이상의 역할을 기대하는 데 있다는 것이다. 그와 같은 기대와 현실 간의 '정치적 간극'(間隙)을 메워야 할 일차적 책무는 물론 총리로 나선 남재에게 돌아가는 것이지만 그렇다고 그것이 전적으로 남재 혼자에게만 부하(負荷)-귀속되는 과제가 아닐 뿐만 아니라 또 남재 혼자만의 힘으로 해결이 가능한 것도 아니라는 것이 김하룡의 지적이었다.

남재의 총리직 수행에 대한 국회의 평가를 이해하기 위해서는 김하룡의 이상과 같은 분석논리에 유념할 필요가 있는 것이다. 또 여기에는 정치 피규제자가 엄연히 존재하는 정치환경으로부터 결코 떳떳할 수 없는 당시 정치권의 열등의식이 얼마간은 공격성으로 나타날 수밖에 없는 심리적-상황적 문맥에 대한 부가적인 고려도 없어서는 안될 것이다.

즉, '비굴한 정치적 생존'을 풍자한 '3중대'(1중대=민정당, 2중대-=민한당, 3중대=국민당)라는 당시 세간의 냉소적 야유가 암시하듯, 처음부터 정권도전 세력으로 존립할 수 없는 야당은 말할 것도 없고, 여당 내 일부 '정치기생(寄生)세력'까지도 정부에 대한 감시-견제-비판자로서 자기의 정체성(正體性)을 위장적으로라도 최대한 현시(顯示)하기 위해서는 뭔가 차선의 공격대상, 또는 최소한의 화풀이 대상을 필요로 하였고, 그 가장 만만하고도 정치적 효과 만점의 희생양으로 나타나 준 것이 바야흐로 국민적 여망을 후광으로 업고 등장한 신임 국무총리였던 것이다.

그리하여 총리 1차년도에 맞는 1982년 9월 정기국회는 남재에게 있어서 만만찮은 시험과 도전의 무대가 되었던 것이다.

2. '총리 첫 학기' C 학점 자평(自評)

9월 20일, 제115회 정기국회가 개회되었다. 21일에는 신임 국무총리서리에 대한 임명동의안이 표결에 부쳐졌다. 개표결과 재석 261석(재적 275) 중 가(可) 225, 부(否) 28, 기권 8로 찬성 득표율은 생각보다 저조한 86.2%에 머물렀으나 역대 세번째를 기록하였다(부표 28표 중에는 10표 이상이 민정당 이탈표라는 정보분석이 얼마 후 뒤따랐다).

남재는 국회개원 1주일 전부터 부총리, 정무장관(吳世應1), 청와대정무수석(許和平), 총리실 두 실장(비서실장·행정조정실장) 등과 국회대책을 점검하였고, 여야 3당 원내총무(민정당 : 李鐘贊, 민한당 : 林鐘基, 국민당 : 李東鎭) 들을 초청, 협조를 구하는 만찬회동을 갖고 국회운영을 조율하기도 했다. 국회대책의 중점과제는 말할 것도 없이 정치피규제자 해금과 지방자치제 실시, 경기활성화 대책 등이었다. 30일의 청와대 대책회의는 해금문제를 대통령에게 일임하고, 지방자치제는 실시불가로 대응키로 결론을 내렸다.

10월 4일, 남재는 국회본회의에 출석하여 새해예산안 및 1982년도 추경예산안 제출에 즈음한 「대통령 시정연설문」을 특유의 느린 템포로 대독하였다. 이날 남재는 국회의원들에게 국무총리 임명에 동의해준 데 대해서 충심으로 감사한다는 인사와 함께 헌법에 규정되어 있는 국무총리의 직무를 충실히 수행할 것을 다짐하며 지도편달을 당부하였다.

5일에는 3당대표들의 연설을 경청하였다. 대표연설 중 민한당(부총재 李泰九 대독)은 "총리는 막힌 곳을 뚫겠다고 했는데 무엇을 뚫었는가" 질문하였고, 국민당(사무총장 申喆均 대독)은 "총리가 무기력하다는 비판이 있다"고 꼬집었다.

6일부터 국회는 총리를 비롯한 관계국무위원을 출석시킨 가운데 본회의를 열고, 정치-외교-안보 분야에 대한 대정부질문에 들어갔다. 여당의원들은 △ 주체적 민족사관 정립, △ 국방태세 확립, △ 방위산업 육성책 등 주로 외교-안보 측면을 따져 물었고, 야당의원들은 △ 민주회복, △ 평화적 정권교체, △ 정치피규제자 해금, △ 광주사태관련자 석방, △ 선거제도 개선, △ 지자제 실시, △ 언론기본법 폐지, △ 워커 주한 미국대사의 한국민족주의시비 발언 파문, △ 일본교과서 왜곡시정과 경협문제, △ 학원사태 치유책 등 정치문제를 중점 거론하였다.

특히 대정부질문 첫날인 6일, 첫 질의자로 나선 민한당 의원 허경구(許景九 : 인제-양양-고성)는 정부를 상대로 한 질문이라기보다는 총리 개인을 상대로 한 다분히 의도된 질문공세를 폈다. "총리는 어떤 개인적 포부와 방략을 갖고 이 정부에 참획하게 되었는지 그 출사(出仕)의 변을 말하라"는 질문이 그 한 예라고 할 것이다.

일부 신문들은 남재의 답변방식에 대해서 "까다로운 야권의 정치질문에 완곡한 표현으로 우회적 접근방법을 구사해가며 응답했다"고 평하였다.[31] 남재는 특히 전날의 대표연설 때부터 걸어오는 "막힌 곳 뚫기" 시비와 "굽은 것 펴기" 추궁에 대해서 "행정의 벽은 작은 것이고, 분단의 벽, 불신의 벽은 큰 것"이라고 설명하면서 그 실적에 대해서 "『터널 속에 있을 때는 자기가 얼마나 벽을 뚫었는지 잘 알 수 없지만 마지막 벽이 뚫리고 신천지가 전개되면 그 동안 뚫어온 벽이 얼마나 큰 것인가를 알게 된다』면서 자신이 그때까지 일을 하게 될지는 모르겠으나 계속 노력하겠다고 말하자 의석에서는 폭소가 터졌다"고 보도하였다.[32] 또 허경구를 비롯한 야당의원들의 심히 듣기 거북한 화풀이식 질문공세에도 "어려운 시기에 어려운 일을 맡게 된 나에게 주는 위로의 말로 알아듣겠다"고 부드럽게 답하였다.[33] 또 제5공화국의 합법성-정통성에 관한 질문은 남재가 미리부터 예상하고 그 답변에 무엇보다 고심하며 준비를 하였다. 다음에 국무총리의 포괄적 답변요지 중 일부 대목만을 적출-소개한다.

◦…총리가 된 출사의 변을 말하라고 했는데 총리로서 개인적 동기를 말한다는 것은 어울리지 않는 일이라고 본다.

◦…정치활동 피규제자 해금문제는 고도의 정치적 결단을 요구하는 대통령 소관사항이다. 나로서는 제반 여건이 성숙되어 많은 사람들이 해금되기를 기대하며 또 미력이나마 그렇게 되도록 힘쓰겠다.

◦…지방자치제 실시는 모든 지방자치단체가 골고루 어느 선 이상의 재정자립도가 갖춰진 이후에 실시할 수 있을 것으로 본다. … 중앙과 지방의 권한 문제에 대해서도 신중히 검토해야 할 것이다. 지자제 실시는 장기적-종합적으로 생각하는 것이 좋을 것이다. —이상 정치-외교-안보 분야 6일 답변—

◦…제5공화국이 합법성과 정통성이 있느냐고 물었는데, 결론부터 말하면 제5공화국은 소정의 절차를 밟아 수립되었다. 공화국의 단절과 계속으로 넘어가는 과정에 대해 여러 가지 이야기를 할 수 있겠으나 제5공화국은 헌법상 대통령 단임제를 규정하고 있고 또 단임의 준수와 평화적 정권교체를 천명한 바 있다.

◦…우리 헌정사에 평화적 정권교체가 한 번도 없었던 것을 안타깝게 생각한다. 평화적 정권교체는 반드시 이루어져야 하며 이를 위해 나 자신도 힘을 기울이겠다. —이상 7일 답변—

8일부터는 경제 분야에 대한 질문이 있었고, 남재는 답변기회를 가급적 관계 장관들에게 넘겨주었다. 그러나 국정에 대한 국무총리의 소신을 묻는 질문에 대해서는 80년대가 끝날 때까지 "선진적인 정상상태"에 도달하는 것이 목표라고 했다. 또 "경제가 안정되어야 다른 문제도 풀린다. 정부는 정책의 일관성, 종합성, 장기성 등을 고려하여 추진하겠다"고 다짐하였다.

1주일간의 대표연설 → 정치-외교-안보 → 경제 분야 질의응답을 마치고 난 남재는 정신없이 얻어맞은 기분이었다. 총리를 때리는 데는 여-야의 구분이 없었고, 어떤 면에서는 여당의원들이 한술 더 떠 야당적 행태를 드러내기도 했다. 그들이 제기하는 불만의 핵심은 총리의 답변이 불성실-불확실하다는 것이었다. 그들은 '총리 물먹이기'를 작정한 듯, 또 즐기는 듯했다. 이런 류의 불만은 언제나 국회 안팍으로 극성하기 마련인 '참새떼'들의 생리요 속성인 듯했다.

따지고 보면 정치란 어차피 말이 본질이요, 말로써 모든 것이 표출되는 이상, 그 정치의 본당(本堂)인 국회에 말이 많은 것은 당연하다 할 것이다. 이렇듯 말이 많다 보면 말의 희생이 생기는 것은 필연지사이다. 이 시기에는 남재가 바로 그 '말'의 표적이었던 것이다. 최고통치자에게는 감히 겁이 나서 대들 수 없으니 만만한 상대가 총리였던 것이다. 또 국민적 성망이 높은 이 거물총리를 깎아내리다 보면 자기 위신의 상대적 상승까지 노릴 수 있다는 계산이 깔려 있는지도 모를 일이었다. 남재는 "어디를 가나 맷집을 타고났군! 이것이 내 팔자인가…" 하고 탄식하였다.

언론의 남재에 대한 중간평가 역시 후한 것은 아니었다. 우선 정치쟁점에 대한 정부측(총리) 답변이 종전 내용의 되풀이 수준에 불과하다는 것이다. 이로 인해 정부-여당과 야권 간의 정치현실 인식에 본질적 이견만을 노정하였고, 실질적 토론이 이루어지지 못해 기대와 달리 결실 없는 평행선을 달리다 말았다는 것이 결론적인 지적이었다.

12일부터 14일까지는 교육문제를 비롯한 사회 분야 질문이 계속되었다. 이 분야 역시 남재는 간명한 답변으로 시종일관하였다.

13일 답변을 끝으로 남재는 스스로 불만족스러우나 '총리 첫 학기'를 마쳤다고 홀가분한 심경을 토로하면서 굳이 그 평점을 C 학점으로 매겼다. 남재는 무엇보다 야당의원으로부터 "소신 없는 총리"로 몰린 것이 못내 마음에 걸렸던 것 같다. 또 민한당 부총재 이태구가 총리로서 자신의 정치적 역할을 성급하게 폄하(貶下)하는 정치권의 반응과 관련, '요로지마력'(遙路知馬

力), 곧 "말은 먼 길을 달려보게 해야 그 힘을 알 수 있다"는 옛말을 인용, 일침을 가한 데 대해서 남재는 "단수가 높은 발언"이라고 평하였다.

3. 낙관적 '대세론(大勢論)' 개진

국무총리 2차년도인 1983년에 남재가 맞은 첫 국회는 4월 11일부터 30일까지 20일간의 회기로 열린 제116회 임시국회였다. 남재는 이 4월 임시국회를 스스로 '총리 둘째 학기'의 전반기로 설정하였다. 4월 국회는 임기 2년의 새 국회의장단과 상임위원장의 개편을 통한 원(院) 구성이 1차 목적이었지만, 광범하게 누적된 권위주의적 문교행정에 대한 불만과 학원사태, 그리고 재벌들의 부동산투기로 발단이 된 고문치사사건과 관련, 문교-내무 두 장관의 인책문제가 최대의 쟁점이었다.

남재는 11일의 개회식 참석에 이어, 12일에는 오후 2시부터 「국무총리 국정보고」를 행하였다. 이 「보고」에서 남재는 일부 공무원의 불법-비위행위가 정부에 대한 국민의 신뢰를 상실케 한 데 대해서 유감을 표명하고, 특권의식이나 특권계층이 생겨나지 않도록 법 앞에 모든 국민이 평등하다는 의식을 일깨우고 준법정신을 고취시켜나가는 데 힘쓸 것을 다짐하였다. 특히 작년 하반기부터 일부 지역에서 만연하고 있는 부동산투기현상이 "사회적 위화감 조성뿐만 아니라 경제적으로 그 동안 쌓아올린 안정기반을 크게 위협하는 요인이 되고 있다"고 지적하고 정부는 투기억제를 위해 가능한 모든 행정조치를 동원하는 등 근원적 소지를 차단할 수 있도록 근본대책을 다각적으로 강구해나갈 것임을 분명히 했다.

총리의 이와 같은 「국정보고」 내용에 대해서 여당은 "짚어야 할 국정의 요체들을 골고루 짚었다"고 긍정적인 평가를 내렸고, 야당은 "새로운 것이 없고 정치문제에 구체적 언급이 없어 유감"이라고 불만을 표출하였다.

14일에는 민정-민한-국민 3당대표 연설이 있었고, 15일부터 21일까지 1주일 동안 본격적인 본회의 대정부질문이 있었다. 질문의 초점은 △ 경찰의 고문치사, △ 선거법 개정-추가해금-지자제실시문제, △ 항간에 나돌고 있는 개헌설 진상, △ 한-미-일 안보협력 및 북방외교방안 등에 모아졌다.

야당의원들은 “막힌 곳을 얼마나 뚫었느냐”고 총리 깎아내리기 의도가 다분히 깔린 짓궂은 질문을 던졌고, 남재는 천연덕스럽게 “의원 여러분과 국민들의 협조 덕분에 지난해에는 약간 뚫린 곳이 있었다”고 응답하여 폭소를 자아내기도 했다.[34] 또한 ‘정치발전선행’을 강조하는 질문에는 정치-경제-사회 간에 선후-경중이 따로 있는 것이 아니므로 “선진적 정상상태가 되려면 정치-경제-사회가 균형발전을 이루어나가야 한다”고 말하여 자신이 설정한 국정목표인 “선진적 정상상태”를 간접적으로 강조하는 논법을 구사하기도 했다.

경제 분야의 대정부질문이 한창 진행되던 18일에는 대구 향촌동(香村洞) 디스코클럽 화재참사가 발생하였고, 사회 분야 대정부질문이 진행되던 20일에는 소위 「대도(大盜) 탈주사건」이 터져 정부의 입장을 난감하게 만들었다. 남재는 소득격차로 인해 날로 심화되고 있는 계층간의 위화감과 사회적 단층현상에 대해서, 이는 60~70년대의 급격한 고도성장에서 파생된 부작용으로 앞으로의 성장과 화합에 해롭다는 것을 잘 알고 있다고 전제하고, 이를 해결하기 위해서 전 국민의 생활안정과 생활환경개선을 기하고, 특권계층의 비리와 부정, 공무원의 비위와 불법을 엄단하는 한편, 성실한 사람이 우대를 받는 사회풍토를 조성해나가겠다고 말하였다.

남재는 18일의 경제 분야 질의응답을 마치면서 “의원들의 질문은 없었으나…” 하고 서두를 꺼낸 뒤, 대구 디스코클럽 화재 참사에 대해서 “국민에게 죄송하기 그지없다”고 스스로 사과하기를 잊지 않았다.

또한 20일의 사회 분야 질의응답에서 남재는 「대도탈주사건」, 「고문치사사건」, 「화재 참사사건」 등 일련의 사건사고가 전반적인 사회기강의 해이에서 기인한다는 의원들의 지적에 전적으로 동의한다고 말하고 “그러나 이런 불미사(不美事)들은 빠른 속도로 발전하는 우리 나라의 대세(大勢)에 비하면 국부적인 현상”이라고 그 특유의 ‘낙관적 대세론’을 펴 눈길을 끌기도 했다.[35]

4월 임시국회 폐회 후, 남재는 전년도 가을정기국회(총리 첫 학기)에 비하여 일부 의원들의 자신에 대한 적대감, 또는 저항의식이 많이 누그러들었음을 느꼈다. 총리실 주변에서는 그 이유를 여당 내 구야당계와 청와대 두 허씨 계열의 작용이 퇴조한 데서 나타난 결과라고 분석하였다. 또 신문들도 비교적 호의적인 반응을 보여주었다. 그러나 국회의 대정부공세기류는 그 표현방식이 다를 뿐 여-야에 구분이 없었다.

또 정치권의 재벌에 대한 반감은 의외로 강했다. 남재 자신도 경제문제에 있어서 재벌의 부실경영, 산업자본 이전의 사물(私物)경제, 관권과의 결탁 등이 심각한 요인이 되고 있음을 확인하면서 우리 나라도 하루속히 인치(人治)에서 벗어나 제도화된 법치(法治) 사회로 나아가야 "선진화된 정상상태"에 이를 것으로 보고 "천리길을 가는 셈치고 일보 일보 서둘지 말고 노력을 쌓아가며 교육구국의 의지와 실력구국의 인고(忍苦)로써 매진할 각오를 단단히 해야 하겠다"고 국정소감을 토로하였다.[36]

4. 다시 고개 든 '정치총리론'

4월 임시국회로부터 40여일 후인 6월 13일, 제117회 임시국회가 다시 열렸다. 22일까지 10일간의 회기로 열린 이 6월 임시국회는 구신민당총재 김영삼의 「단식사태」와 학원문제 등 최근의 정치현안을 논의하기 위해 소집된 것이다.

남재는 13일의 개회식에 출석하여 「국무총리 국정보고」를 행하였다. 「국무총리 국정보고」는 우선 일부 구정치인들의 움직임에 대해서 유감을 표명하고, "…문제의 직접적인 발단은 과거 야당총재로 있었으며 현재 정치활동이 규제되어 있는 김영삼 씨가 성명을 통하여 5공화국의 정통성을 부정하는 주장을 하며 단식에 들어간 데서 비롯되었다"고 그 동안의 경과를 설명하였다. 이어 단계적 해금조치 및 구속자석방 방침을 밝히고 사회적 안정을 깨뜨릴 우려가 있는 정치 피규제자들의 불법적 정치활동에 대해서 정부로서는 법적 대응이 불가피함을 경고하면서 "정치가 전부가 아니면 무(無)를 택하겠다는 구습에서 벗어나 법과 질서를 존중하면서 이성과 대화를 통해 발전-성숙해나가도록 다 함께 힘쓰자"고 호소하였다.[37]

남재가 YS의 단식돌입 사실을 처음 알게 된 것은 사흘이나 뒤늦은 5월 21

일의 일이었고, 공식보고를 받기는 그 이틀 후인 23일, 안기부장 노신영으로부터였다. 이때 비로소 그간의 경위를 듣기는 했지만 '돌아가는 사정'을 속속들이 파악할 수 없기는 마찬가지였다. 그만큼 총리는 당시 정치적으로 가장 민감한 사안의 판단-결책 과정에서 소외되어 있었던 것이다.

13일의 임시국회 개회를 며칠 앞두고 총리 앞에 던져진 '국회 국정보고 초안'은 「YS 단식사태」를 "구정치인의 불법적 작태"로 험하게 몰아붙이는 내용들로 가득 차 있었다. 남재로서는 도저히 이를 그대로 읽어 내려갈 수 없는 수준이었던 것이다. 총리가 국회에서 국정보고를 하는데, 더구나 정치적으로 대단히 민감한 국민적 관심사에 대해서 정부의 공식입장을 천명하는데 그 내용이 총리의 직접 주도로 작성되는 것이 아니라 안기부 등 총리실 밖에서 만들어진 것을 그대로 전해야 하는 처지라면 그 총리의 정치적 역할이 어떤 것인가를 짐작하기란 그리 어려운 일이 아닐 것이다.

그러나 상황이 아무리 그렇다고 하더라도 그저 주는 대로, 시키는 대로 따라갈 수만은 없는 일이 아니가. 남재는 고민 끝에 그날 저녁 맏사위 송상현을 총리공관으로 불러 의견을 묻고는 거친 자구(字句)들을 우회적인 표현으로 완화-수정하는 작업을 했다. 총리 입각 당시, 청와대측의 권유에 따라 수행비서 한 사람 데리고 들어가지 못한 남재에게는 정부 내에 마음놓고 의논할 만한 '내 사람'이 도대체 없었기 때문이다. 1993년에 《중앙일보》의 정치부기자 박보균(朴普均)은 이때 남재가 처한 정황을 '총리의 위상문제'와 연결지어 정리한 「기획시리즈」 <청와대비서실>에서 "그때 YS의 단식을 언론도 제대로 보도하지 못해 '정치관심사', '현안', 심지어는 '재야인사의 식사문제'라는 식으로 썼다"고 전하면서 「국무총리 국정보고」에는 서슬 퍼런 당시 분위기 속에서 겪어야 했던 "용어선택의 고충이 그대로 반영되어 있다"고 평하였다.[38)]

어쨌거나 남재는 이처럼 고심하며 수정 작성한 「국정보고」를 내놓았건만, 선명한 색깔의 제목소리를 냄으로써 결코 들러리 정당이 아님을 과시하려는 야당의 격렬한 비판과 공격을 면할 수는 없었다. 민한당 부총재 이태구는 "막힌 곳을 뚫겠다는 것이 아니라 오히려 뚫린 곳도 막으려는 것 같다"고 비난하였고, 국민당 원내총무 이동진(李東鎭)은 "신통치 않은 국정보고를 들었다"고 혹평하였다.[39)] 민정당 일각에서조차 "보고내용이 너무 짧다", "구시대 총리보고와 다를 게 없다"는 불만이 터져나올 정도였다.

14일, 정치-외교-안보-사회 분야 대정부질문 첫날 국민당의원 임덕규(林德圭)는 「YS단식사태」에 대한 20여일간의 보도통제에 대한 책임을 지고 자퇴하라고 총리에게 육박하였고, 민한당 의원들은 7분만에 끝낸 총리의 답변 태도와 내용이 불성실하다고 한때 퇴장하는 바람에 11대 국회 최초로 정회(停會)소동을 빚는 등 파란을 겪었다. 결국 야당의 본회의 보이콧 사태는 여-야 총무 간 절충 끝에 총리의 보충답변을 듣는 선에서 타결되어 2시간만에 속개되었다.

한편 보도통제 때문에 유감이 많은 언론들도 총리와 문공부장관의 답변이 상치된다는 점에 비판의 초점을 맞추어 정부를 호되게 몰아붙였다. 즉, "사태 자체가 일상적인 것이어서 귀추를 좇다 보니 일반 국민에게 알려지는 것이 늦어졌다… 이제부터는 늦어지는 일이 없도록 하겠다…"는 총리의 답변과, "우리 언론이 스스로 판단하여 이 사안을 보도하는 데 매우 신중을 기했던 것 같다. …언론의 이런 자세는 책임언론을 지향하는 데서 취해진 온당한 보도자세로서…언론이 그 소임을 다하고 있는 것으로 안다"고 말한 문공부장관의 응답이 누가 보아도 정부 내의 손발이 맞지 않는 견해차를 노정한 것으로, 언론으로서는 그 동안의 보도통제 때문에 응어리진 울화를 앙갚음할 수 있는 다시없는 호재(好材)를 포착한 셈이어서 연일 신이 나서 대정부 집중포화를 날렸던 것이다.

이러한 분위기하에서 15일, 총리가 3당대표 초청형식으로 성사시킨 4자회동이 정가의 비상한 관심을 끌었다. 이날 비록 남재는 각당 대표들의 이야기를 주로 듣는 입장이었고, 또 어떤 합의에 도달하여 가시적인 성과를 이끌어낼 수 있는 자리도 아니었지만, 정치현안 전반을 풀어나가는 데 있어서 총리의 적극성 발휘를 자극할 수 있는 계기가 되리라는 점에서 남재의 일정한 '정치적 역할'이 다시 한 번 기대되었기 때문이다.

본회의 정회사태 이후로도 민한당의 반발이 계속되어 상임위원회가 공전되고 여권의 정치력 부족이 언론에 의해 연일 질타되는 가운데 23일 열린 당정정책조정회의에서도 '정치총리론'이 당 최초로 거론되었다. 원내총무 이종찬(李鐘贊)이 당정간의 정치적 협조를 강조하고 이번 국회에서 김총리의 역할이 국회운영에 크게 도움이 되었음을 지적하면서 총리의 정치적 역할을 완곡하게 요청한 것이다. 또 이종찬의 이 같은 발언이 언론에 의해 각색되어 또다시 남재의 '정치총리론'이 급부상하였다.[40] 한마디로 야당과 언론은 말할 것도 없고, 민정당까지도 남재를 '정치총리'로 만들어야 한다는 주장이 거세게 일고 있었다.

이튿날(24일) 오후, 남재는 청와대에 들어가 117회 임시국회 상황을 보고하였다. 이 자리에서 대통령 전두환의 "한국민주화 시기상조론"과 "언론의 사회적 책임론", 그리고 그 특유의 "호헌론"을 경청하면서 남재는 지금 전두환이 '친정'(親政)의 절정기에 있다는 느낌을 받았다. 이 같은 상황에서 '정치총리론'의 제기는 그저 희망사항일 뿐 무의미한 공염불이 아닐 수 없었다. 이렇듯 엄연한 현실의 벽을 뻔히 알고 있으면서도 언론과 정치권이 합세하여 남재의 등을 떠밀듯 '정치적 역할'을 강조함은 무슨 뜻인가? 이에 대해서 남재는 언론들이 특히 총리를 볼모로 잡아 무슨 한(恨)풀이를 하고 있다는 생각을 지울 수가 없었다.

6월 임시국회 회기 동안 사면초가 상태에서 '동네북'처럼 얻어맞으면서 특히 「YS단식사태」의 보도통제에 대한 비난의 바가지를 몽땅 뒤집어쓰고 난 뒤, 남재는 "내가 악한이 되었군!" 하고 오랫동안 자조하였다. 결국 국회에 비친 자신의 모습이 '온전한 형상'일 수 없다는 데 남재는 씁쓸한 뒷맛이 가시질 않았던 것이다. 한편 이번 임시국회에서 남재가 행한 「보충답변」의 주요 대목은 다음과 같다.

<김상협 총리 보충답변>

◦… 어제 답변내용이 미흡하다는 지적이 있었고 의사진행에 불편을 초래한 데 대해서 유감의 뜻을 표한다. 이는 본인의 부덕한 탓이며 다른 뜻은 없었음을 이해해 달라.

◦… 자유화 민주화라는 이상과 목표에 있어서는 원칙적으로 견해를 같이한다. 그러나 이를 실현하기 위해서는 현실적 여건 성숙이 전제되어야 한다. 안정과 화합 위에서만 민주화가 가능하고, 책임과 질서 위에서만 자유화가 가능하다. 정국이 불안하고 사회불안이 확산되면 민주화도 안 되고 국가존립마저 위태롭게 된다. 극한투쟁이나 무질서로 문제를 해결하려는 옛날 습성이 그대로 남아 있으면 민주화는 가능하지 않다. 법과 질서가 존중되고 이성과 대화로 문제를 풀어가는 새로운 정치풍

토 정착이 정치민주화로 가는 토대이다.

◦… 우리가 지향하는 선진조국 창조는 국민적 화합의 기반이 조성될 때 비로소 성취된다. 모처럼 이룩된 안정기반이 결코 깨져서는 안 되겠다는 것이 정부의 의지이다. 이런 의지와 자세로 김영삼씨 및 구정치인 문제에 대처하겠다는 것이 정부의 방침이다. 새로운 국가 선진조국 창조를 위해서는 국민적 역량이 국가발전으로 응집되는 분위기 조성이 중요하다. 불신풍조를 추방하고 신뢰사회를 구현하는 데 힘쓰겠다. 또한 믿음을 바탕으로 세대간 계층간의 화합이 이루어져야 하겠다. 이런 맥락에서 정치활동 피규제자의 해금문제와 구속자 석방문제가 다루어질 것이다.

◦… 일부 대학에서 소수 과격학생에 의한 어지러운 사태가 없지 않았으나 대부분 대학은 면학 분위기가 확고하게 정착되어 있다. 우리 나라의 학생소요는 그 원인이 아주 어려운 여러 가지 바탕에 있으나 그런 요인을 해결하면서 모든 학생이 보다 열심히 공부할 수 있도록 분위기를 조성하는 것이 정부의 책임이다.

◦… 젊은 혈기에서 나온 일시적인 사소한 잘못은 관대히 처분해서 학업을 계속할 수 있도록 선도하고 학생 본분을 벗어나 면학 분위기를 심히 해치는 일부 소수학생은 엄하게 다스리겠다.[41]

제5절 중남미 4개국 순방

1. 순방의의 : '우호-경협 다지기'

1982년 11월 24일, 국무총리실은 김상협 총리 부처의 중남미 제국 공식방문계획을 발표하였다. 방문국은 제1방문국 콜롬비아를 필두로 → 페루 → 칠레 등 남미 3국, 그리고 귀로에 멕시코 방문도 포함되어 있어 총 4개국이며 모두가 방문국 초청으로 이루어졌다고 밝혔다. 순방 일정은 3주간으로 12월 3일 출발(이하 모두 한국시간) 6일까지 뉴욕에 머물고, 이날부터 10일까지 5일간 콜롬비아, 14일까지 5일간 페루, 그리고 16일까지 3일간은 칠레를 방문한 데 이어 19일부터 21일까지 3일 동안 멕시코 일정을 보낸 뒤 23일 귀국하도록 짜여져 있었다.

공식수행원은 서상철(동자부장관)-노재원(盧載源 : 외무부차관)-금진호(琴震鎬 : 상공부차관)-조영길(총리비서실장)-이연택(李衍澤 : 총리실 제1행정조정관)-정연춘(鄭然春 : 총리공보비서관)-김석규(金奭圭 : 외무부 미주국장)-김항경(金恒經 : 총리의전비서관)-김흥수(金興洙 : 외무부 남미과장) 등 9명이며 10명 정도의 경제인이 비공식 수행원이 될 것으로 알려졌다.

총리의 이번 중남미 4개국 순방은 당장 해결해야 할 시급한 현안이 있는 것이 아니라 기존의 우호관계를 재다짐하는 '우정의 고위사절'로서 친선방문의 성격을 띤 것이므로 취임 6개월만에 첫 해외나들이에 나서는 남재로서는 마음 가벼운 여정이었지만, 그렇다고 그 의미를 경홀히 보아 넘겨도 좋다는 것은 아니었다.

12월 3일, 김상협 총리의 예정된 등정에 맞추어 《동아일보》는 같은 날짜 <사설>에서 "김 총리의 남미순방"에 대해 외교와 경협의 측면에서 다음과 같이 그 의미를 짚었다.

우선 처녀 외교에 나서는 김 총리의 역량과 솜씨에 국민적 관심과 기대가 크다고 전제하고, 중남미가 우리와는 지구의 정반대편에 위치한 먼 곳이나, 그 동안 미국의 영향권에 들어 있어 유엔 등 국제무대에서 공산진영과의 대결에서 쉽게 우리를 지지해왔지만, 최근 반패권-비동맹운동이 고개를 들면서 바야흐로 친공 분위기로 기우는 추세여서 더 이상 "한국의 표밭"으로 존재하지 않는 '외교의 사각(死角)지대'라는 사실을 지적하였다.

따라서 우리 정부 고위당국자로서 최초로 중남미 땅을 밟게 되는 김상협 총리의 이번 등정(登程)은 이상과 같은 중남미 외교환경 변화에 따라 대미의존 일변도에서 벗어나 24%의 수교(修交)비중(당시기준, 117개 수교국 중 28개국)을 차지하는 이 지역과의 전통적 우호-협력관계를 더욱 강화해나감으로써 중남미외교의 독자적 기반을 구축하려는 정부의 노력과 의지의 표현이 된다는 점에서 그 의의가 매우 크다는 것이다.

게다가 방문국들은 모두가 무진장에 가까운 자원을 보유하고 있는 자원대국들이라 앞으로 교역증대와 다각적인 경제협력의 가능성은 무한히 열려 있다는 것이다. 그리하여 김 총리의 방문을 계기로 △ 전통적 우의(友誼)를 더욱 다지고, △ 남미에서의 북한의 외교책동 저지 및 국제사회의 지지기반 공고화, 그리고 이를 통한 제3세계 외교의 우위확보, △ 교역-수출시장 다변화, △ 자원공동개발을 통한 장기적-안정적 공급원 확보 모색 등… 외교적-경제적 실익을 거둘 수 있게 되기를 기대한다고 이 <사설>은 강조하면서, "남미와 관계 확대의 길을 뚫는 계기가 되기를 바라 마지않는다고 덧붙였다.

한편 남재의 이번 중남미 순방의 비공식수행 경제인은 정세영(鄭世永 : 현대자동차사장)-김상호(金相昊 : 삼성정밀사장)-구두회(具斗會 : 금성반도체사장)-이석희(李奭熙 : 대우그룹부회장)-유석원(劉石源 : 주식회사선경사장)-김종대(金鐘大 : 대진피혁사장)-윤자중(尹子重 : 무역진흥공사사장) 등 7명이었다.[42]

2. 순방성과 : 중남미 외교 독자기반 구축

(1) 콜롬비아

김 총리 일행은 예정대로 6일 콜롬비아의 수도 보고타에 도착, 외상 요레다의 공항영접을 받았다. 이 자리에는 주재대사를 비롯한 교민 80여 명도 환영을 나와 있었다. 보고타는 해발 2,600여 미터의 고산지대로 산소가 희박하여 건강에 특히 조심해야 할 곳이었다. 콜롬비아는 6·25동란 참전 16개국 중의 한 나라로서 우리 나라와는 일찍부터 혈맹관계를 맺고 있는 나라이다. 체재 중 도시 게릴라들의 준동에 대비하여 헌병들로 구성된 경호대로 하여금 한국 총리 일행의 경호에 만전을 기하는 모습도 보였다.

10일 오전, 남재는 의장대의 사열을 받으며 스페인풍의 대통령궁 접견실에 도착, 대통령 베탕쿠르의 영접을 받고 요담하였다. 남재는 콜롬비아가 국제사회에서 우리 나라를 계속 지지해준 데 대해서 감사를 표하고, 양국간의 변함없는 우의와 교류-협력증진을 희망하면서 베탕쿠르 새 정부의 출범에 즈음한 대한민국 대통령의 축의와 방한 초청의사를 전달하였고, 베탕쿠르는 이를 흔쾌히 수락하며 양국간의 경제협력에 깊은 관심을 표명하였다. 회담 후 베탕쿠르는 김총리 일행에게 환영 리셉션을 베풀고 우리 경제인과도 환담하였다.

이에 앞서 남재는 8일 오전, 콜롬비아 한국전참전기념탑을 찾아가 헌화하였다. 또한 혜천은 9일 한국전참전을 기념하여 명명된 「페냐 대한민국 고등학교」를 방문, 전자 오르간 1대를 기증하였다.[43]

(2) 페루

11일, 김 총리 일행은 페루의 수도 리마에 도착, 수상 우요아의 영접을 받았다. 남재는 우요아와의 회담에서 한국의 평화통일정책을 설명하며 국제사회에서의 계속적인 한국 지지를 요망하였고, 우요아는 이를 흔쾌히 받아들이고 페루의 경제발전계획에 한국의 적극적인 협력-지원과 참여를 희망하였다.

14일 오전에는 대통령궁으로 대통령 벨라운데를 예방, 30분간 양국의 공동관심사에 관해 의견을 나누었다. 이 자리에서 남재는 대통령 전두환의 방한초청의 뜻을 전달하였고, 그는 이를 기꺼이 수락하였다. 또 양국의 경제각료들은 한-페루자원협력위원회 설치에 합의하는 등 큰 성과를 거두었다.

이날 오후, 남재는 남미의 가장 오랜 대학인 산마르코스대학을 방문 우리측 수행원들과 이 대학 관계자 100여 명이 지켜보는 가운데 총장 폰스로부터 명예교수증서를 수여받았다. 15일, 리마를 떠나기 앞서 남재는 시내 무명용사탑에 헌화한 후 페루 의회를 방문, 양원의장을 만나 한국 국회의장을 대리하여 내년 서울 IPU 총회에 페루 국회의원들의 많은 참가를 요청하였다. 이날 남재는 수행기자들에게 2000년대 태평양시대의 도래에 대비하여 연안국들과 협력체를 구축해나갈 준비를 해야 할 것이라고 강조하였다.[44]

(3) 칠레

15일 오전 칠레에 도착한 남재는 이날 저녁 대통령궁으로 대통령 피노체트를 예방, 동북아-중남미 정세와 양국간 교역 및 문화교류 증대 등 공동관심사에 대해 요담하였다. 특히 양국의 굳건한 반공적 입장과 유대를 재확인하고 상호협력을 다짐하였다.

순방국 중, 칠레는 군사통치국가로 높은 실업률(비공식 집계 40%)에 좌익세력의 준동으로 반정부운동이 심각하여 정정(政情)이 몹시 불안한 나라였지만, 철저한 반공-친한(親韓) 노선을 견지하고 풍부한 자원을 보유하고 있어 교류-협력 대상국으로 결코 소홀히 할 수 없는 나라임은 말할 것도 없었다.

칠레를 떠나기 앞서, 17일 오전 남재는 주칠레한국대사관에 들러 업무현황을 보고받고 3개국 방문성과를 점검하였다. 이 자리에서 남재는 서울대학병원에서 입원가료중인 DJ가 23일자로 형집행정지로 풀려나 두 아들과 부인과 함께 미국으로 떠나게 된다는 소식을 들었다. DJ는 그 동안 국가보안법과 계엄법 등을 위반한 혐의로 실형을 선고받고 청주교도소에서 복역중 신병치료차 16일 서울대학병원으로 이송, 입원조치되었던 것이다.[45]

(4) 멕시코

19일부터 21일까지 멕시코에 머물면서 남재는 대통령 데 라 마드리드를 예방, 양국의 공동관심사에 대해 의견을 교환하였다. 남재는 이 자리에서 한국 대통령의 방한초청의사를 전달하였다. 남재의 이번 멕시코 방문은 데 라 마드리드의 대통령 취임 이후 수상급으로는 최초로 기록되었다.[46]

*

남재의 남미여행은 전술한 바와 같이 총리취임 오래 전부터 이미 계획했던 것으로 남재로서는 이를 약 6개월 늦춰 실행한 셈이어서 소원을 성취했다고 할 것이나 그 격(格)과 의미는 전혀 다른 것이었다. 즉 '우정과 친선의 고위사절'로서 대중남미 외교의 독자적 기반을 새로이 다지고, 경제협력의 터전을 광범하게 펼쳐나가기 위해서 국빈자격으로 이루어진 이번의 방문목적과, 남재 자신에게는 미답의 신천지요 인류문명의 미스터리인 마야-잉카-아즈데카 문명과 직접 만나보고자 다분히 지적 호기심과 탐구의 열정으로 개인적 차원에서 계획했던 당초의 목적과 비교가 될 수 없음은 더 말할 나위도 없는 것이다.

그런데도 남재는 페루의 경우, 공식일정이 없는 주말과 휴일에는 잉카제국의 수도 쿠스코를 비롯하여 마추비추의 성터를 답사하였고, 멕시코에서는 인류박물관과 역사박물관을 관람, 마야-아즈데카 문명을 조감한 후 그 대표적인 유적인 피라미드를 돌아보고, 각국의 민속무용까지 주의 깊게 감상할 수 있도록 시간을 쪼개는 등 세심함을 다 하였다.

그러나 이번 순방길에서 무엇보다 지적되어야 할 것은 남재가 매개 방문국마다 교민들의 근황을 살피고 그들과 직접 만나 한국의 실정을 설명하면서 모두가 힘을 합쳐 자신과 조국을 위해 분투-노력하여 큰 성취를 이룰 것을 격려하여 마지않았다는 것이다. 중남미 최초의 국무총리 방문이 이 지역에 진출해 있는 약 2만 8,000여 명(당시)의 교민과 상사주재원들의 사기진작은 물론 다시없는 단합의 계기를 만들어주었기 때문이다.[47]

23일 밤, 3주간의 여정을 모두 마치고 김포공항에 도착한 남재는 기자들과 만나 이번 순방이 중남미 제국과의 정치-외교상 기존의 우호관계를 거듭 다지고 경협 분야에서 실질적인 성과를 거두었다고 요약하고, 이러한 일련의 성과들이 매우 시의에 맞게 이루어졌다는 데 만족감을 표시하였다.[48]

◇

• 第16장 〔주〕

1) ≪동아일보≫ 1982년 6월 25일자 <김상협총리 인터뷰> 발췌.
2) ≪중앙일보≫ 1992년 6월 26일자.
3) 당시 영입교섭 지시를 받은 사람은 민한당 부총재를 지낸 유옥우(劉沃祐)로 그는 우선 가능성 타진을 위해서 남재와 가까운 사이로 알려진 K씨(그가 누구인지는 불명)에게 상의했더니 남재를 움직이려면 먼저 그 부친을 만나는 것이 좋을 것이라 하여 찾아본 결과 “제발 그만두라”고 만류하여 그만두었다고 한다.
4) ≪동아일보≫ 1982년 6월 25일자.
5) ≪동아일보≫ 1982년 6월 27일자.
6) ≪주간조선≫ 1982년 7월 11일자.
7) ≪동아일보≫ 1982년 6월 25일자.
8) ≪동아일보≫ 1982년 6월 30일자.
9) 이 당시 기자들간에는 남재가 총리수락 조건으로 긴급조치 해제와 헌법개정을 내세웠다는 설이 퍼져 있었다. 남재는 이 문제와 관련하여 아직도 진행되는 것이 많으므로 한참 뒤에나 털어놓을 뜻을 고희기념논문집 『복지사회의 앞날』 권말의 <고희기념좌담>에서 밝힌 바 있으나 결국은 이루어지지 못하고 말았다.

10) ≪동아일보≫ 1982년 7월 1일자 <여록>.
11) <고희기념좌담> p.474.
12) <고희기념좌담> p.475.
13) ≪중앙일보≫ 1993년 2월 26일자., 박보균(朴普均), <청와대 비서실>.
14) 위와 같음.
15) 『남재일기』 1982년 7월 9일자.
16) <고희기념좌담> p.476.
17) ≪동아일보≫ 1982년 7월 1일자 <여록>.
18) 홍일식, <역사의 신이 되소서>, 『당산나무의 큰 그늘이여—남재김상협선생추모문집』, p.52.
19) 홍일식, 위의 글 및 『남재일기』 11월 23일자.
20) ≪동아일보≫ 1983년 1월 4일자.
21) 『남재일기』 1983년 2월 24일자.
22) 1983년 1월에 발행된 *TIME*지의 세계부채국가 일람에는 한국의 외채규모가 360억불에 4위로 나타나 있다.
23) 1980년 9월 27일, 5공정부는 기업의 허약한 재무구조 개선방침에 따라 비업무용 부동산(토지)을 처분케 하는 「9·27조치」를 단행, 각 기업을 대상으로 8,400여 만 평의 토지를 매각처분케 했으나, 직후에 있었던 토지개발공사의 공개입찰 과정에서 4개 기업이 「9·27조치」를 비웃듯, 재매입을 함으로써 물의를 일으킨 사건이다.
24) 『남재일기』 1983년 6월 25일자.
25) ≪동아일보≫ 1983년 7월 9일자.
26) 『남재일기』 1983년 7월 17일자.
27) ≪동아일보≫ 1983년 7월 16일자.
28) 『남재일기』 1983년 7월 23일자.
29) 『남재일기』 1983년 8월 15일자.
30) ≪동아일보≫ 1983년 9월 2일자.
31) ≪동아일보≫ 1982년 10월 7일자.
32) 위와 같음.
33) 남재는 민한당의원 허경구의 질의가 "나 자신에 대한 공격"이라고 이해하였다(1982년 10월 2일자 『남재일기』).
34) ≪동아일보≫ 1983년 4월 17일자 <여록>.
35) ≪동아일보≫ 1983년 4월 21일자 <여록>.
36) 『남재일기』 1983년 4월 7일자, 24일자 및 30일자 참조.
37) ≪동아일보≫ 1983년 6월 13일자.
38) ≪중앙일보≫ 1993년 3월 5일자.
39) ≪동아일보≫ 1983년 6월 14일자 <여록>.
40) ≪동아일보≫ 1983년 6월 24일자.
41) ≪동아일보≫ 1983년 6월 16일자.
42) ≪동아일보≫ 1982년 12월 3일자 <서설>, 11월 24일자 기사 및 <여록> 등 참조.
43) ≪동아일보≫ 1982년 12월 7일, 9일, 11일자 종합.
44) ≪동아일보≫ 1982년 12월 11일, 13일, 14일, 15일자 종합.
45) ≪동아일보≫ 1982년 12월 15일, 16일, 17일자 종합.
46) ≪동아일보≫ 1982년 12월 17일, 25일자 종합.
47) ≪동아일보≫ 1982년 12월 21일자.
48) ≪동아일보≫ 1982년 12월 24일자.

제17장 : '타다 남은 숲'으로 돌아오다

제1절 「아웅산 폭발 테러」…, 그후

"휴일 오후를 강타한 참사비보였다. 한글날이자 일요일인 이날, 랭군에서 날아든 믿기 어려운 엄청난 참변소식에 국민들은 경악과 큰 충격으로 할 말을 잃었다…."

이상은 미얀마 랭군 아웅산 폭발 테러 참사비보가 전해진 직후의 국내 표정을 스케치한 1983년 10월 11일자 《동아일보》 사회면 머릿기사의 첫 구절이다. 사회면 상단, 먹판에 고딕체 흰 글자(黑板白字)로 뽑힌 주먹만한 대형 컷 제목, —"이 비통 … 이 분노…"라는 여섯 글자가 이날 온 나라가 당한 충격과 통분의 그 모든 것을 대변하고 있었다.

1. "이 비통… 이 분노…"

남재가 비보에 접한 시각은 9일 오후 2시 25분…. 이날 오전 10시, 남재는 세종문화회관 한글날 기념식에 참석하여 경축사를 행하고, 출입기자단 테니스 대회를 잠시 참관한 후, 구파발 농장에서 재미학자 양인민(楊仁敏) 부부에게 오찬을 대접하며 환담을 나누던 중 안기부장 노신영으로부터 전화 보고를 받은 것이다.

황급히 정부종합청사로 달려와 국무회의를 연 것은 3시. 회의를 진행하면서 남재는 부총리 서석준, 외무부장관 이범석, 상공부장관 김동휘, 동자부장관 서상철, 대통령 비서실장 함병춘, 경제수석비서관 김재익(金在益), 민정당 총재비서실장 심상우(沈相宇) 등 대통령을 수행했던 각료급 10여 명이 아웅산 묘소참배중 북한공작원의 소행으로 추정되는 폭탄장치의 폭발로 현장에서 참변을 당했음을 확인하였다.

그 경악과 충격의 소용돌이 속에서도 무엇보다 대통령 내외가 무사하다는 데 남재를 비롯한 전 국무위원들은 "불행 중 다행"임을 뇌며 놀란 가슴을 쓸어내렸다는 것이 아마도 적절한 표현이 될 것이다. 남재는 어째서 이토록 상상조차 할 수 없는 국제적 초대형 참사-참변이 연달아 터지는지…, "살수(殺數)가 끼어서인가…, 이 고비를 어떻게 넘길 것인가…" 생각하면 아득하여 갈피를 잡기 어려운 혼란 속에서도 대통령 부재중의 이 순간, 이 나라 국무총리로서 이 엄청난 국가적 불행과 비운 앞에서 자신이 해야 할 일이 무엇인가를 냉정하게 생각하였다.

그리하여 남재가 국무회의에서 내린 결정은 우선 각료들로 사태수습대책위원회를 구성하고, 정부특사와 사태조사반 및 의료-운구반의 즉시 파견, 순국희생자에 대한 합동국민장 거행 등이었다. 9시에 남재는 다시 국무회의를 열고, 그간의 경과를 점검한 후 밤늦도록 각료급 희생자 댁을 일일이 돌아보고 유가족들과 함께 슬픔을 나누었다.

10일 새벽 2시 10분, 대통령 일행이 급거 귀국하였다. 남재는 김포공항으로 출영을 나갔으나 신촌리(新村里) 비행장으로 온다고 하여 발길을 옮겼다가 다시 김포공항에 도착한다는 연락을 받고 되돌아오는 번거로움을 겪었다.

새벽 4시, 청와대에서 대통령 주재로 국무회의가 열렸다. 이 자리에서 대통령 전두환은 "어떻게 하든지 북괴의 도발을 이겨내자"고 말하고 흔들림 없이 "발전-성장-번영-통일을 향하여 매진하자"고 원기(元氣)를 잃지 않고 강조하였다.

국무회의를 마치고 5시쯤 총리공관에 들어와 잠시 눈을 부친 남재는 9시에 맞춰 출근하여 곧바로 김포공항에 마련된 순국외교사절 합동빈소에 나아가 분향한 뒤, 차관급 희생자 가족들을 돌아보고 위문하였다. 또 오후 4시에는 사태수습대책회의를 열고 국민장 거행준비상황과 반공궐기대회 개최에 관하여 논의하였다.

11일 오전중에는 국립의료원을 찾아가 전날 밤 도착한 부상자(11명)들을 위문하였다. 오후 3시, 민정수석비서관 이학봉이 집무실로 찾아왔다. 남재는 국민장 거행 후 사임하겠다는 의사를 전했다. 이어 남재는 매사를 '과속-월반'하려는 조급한 풍조가 지금 이 나라의 가장 큰 문제임을 지적하면서, 이번 참사도 따지고 보면 이처럼 과속으로 치달으려는 "고우(Go)-고우(Go)"의 폐풍에서 비롯된 단적인 예임을 암시하였다. 오후 6시, 남재는 김포공항에 나가 순국영령 16구를 참담한 심경으로 맞이하였다.

12일 오후, 이학봉이 다시 찾아와 내각이 일괄사표를 제출하는 것이 좋겠다는 청와내측의 뜻을 진달하고 갔다. 저녁 6시에는 미얀마 외상 우치트 라잉이 진사(陳謝)-조문사절단장으로 내한, 총리실로 남재를 예방, 사과하고 조의를 표하였다.

13일 10시, 남재는 여의도광장에 나가 장의위원장으로서 순국외교사절 합동국민장을 거행하였다. 3부요인을 비롯, 각국의 조문사절단 및 주한 외교사절, 유족, 사회각계대표, 시민-학생 등 100여 만 명이 참집한 가운데 엄수된 합동국민장은 고인들의 명복을 비는 사이렌 소리가 전국에 울려퍼지는 가운데 1분간의 묵념으로 시작되었다.

남재는 조사에서 "하늘의 뜻을 거역하고 인간의 양심을 저버린 이 천인공노할 만행은 어처구니없게도 우리와 피를 함께 나눈 북한 공산집단에 의해 자행되었다"고 말하고, "우리는 이 잔인무도한 폭력암살행위에 대하여 민족과 인류의 양심으로 철저히 규탄하고 응징해야겠다"고 강조하였다(<조사> 전문 별항).

이날 오후 1시, 남재는 국립묘지에서 유해 안장식을 거행하였다. 4시에는 김포공항에 나가 부상자에 포함되어 클라크(Clark) 미공군병원에서 치료중 끝내 숨진 재무부차관 이기욱(李基旭)의 유해를 맞이한 후, 곧바로 청와대로

김상협 국무총리 조사(요지)*

지금 우리는 옷깃을 여미고 북받쳐 오르는 슬픔을 되새기며 거룩하게 순국하신 임들과 영원히 이별하기 위하여 이 자리에 모였습니다.

「사할린」 상공에서 소련의 만행으로 격추된 KAL기 사건의 악몽이 채 아물기도 전에 이 또 무슨 참변입니까.

임들은 한창 능력과 경륜을 발휘하여 일하시던 중이었고 내일의 이 나라 발전을 위하여 더욱 많은 일을 하실 것으로 우리 모두 굳게 믿었습니다.

이처럼 국민의 기대를 모아오신 임들께서 이역만리 타국 땅에서 일순에 세상을 떠나셨으니 가족과 친지는 물론이요 우리 민족 전체의 지대한 손실, 크나큰 슬픔이 아닐 수 없습니다.

이 저주스런 참사는 결코 하늘의 뜻이 아닐 것입니다. 하늘의 뜻을 거역하고 인간의 양심을 저버린 이 천인공노할 만행은 어처구니없게도 우리와 피를 함께 나누고 있는 북한공산집단에 의해 자행되었습니다.

그들은 동족의식이라고는 털끝만큼도 없이 우리의 발전을 시기하고 우리의 성장을 초조해하면서 우리의 내부혼란을 조성하려는 온갖 흉계를 국내외에서 수없이 시도해왔습니다. 우리는 이 잔인무도한 폭력암살행위에 대하여 민족과 인류의 양심으로 철저히 규탄하고 응징해야겠습니다.

우리 민족은 지난날 어려운 상황에 부딪칠 때마다 분노와 비통을 딛고 일어서서 새로운 각오로 새로운 역사를 창조하는 굳센 의지와 용기를 발휘하여 왔습니다.

우리는 줄기찬 희망과 자신감으로 다시 화합하고 단결하여 튼튼한 국력을 더욱 길러 이 수레바퀴를 우리들이 바라는 번영과 통일의 방향으로 힘차게 밀고 나가야겠습니다.

임들의 고귀한 순국정신은 우리와 우리들 후손의 가슴 속에 깊이 새겨져 이 나라 발전의 소금이 되고 등불이 될 것입니다.

부디 국립묘지의 양지바른 언덕에서 이승의 시름을 모두 잊으시고 편히 잠드소서

1983년 10월 13일

순국외교사절합동국민장 장의위원장 김 상 협

* 1983년 10월 13일자 《동아일보》 전재.

들어가 국민장 종료보고와 함께 사의를 표하였다. 대통령 전두환은 확답 없이 내일 중으로 내각의 일괄사표 제출을 지시하였다.

이어 7~8시에는 세종문화회관에서 68개국에서 파견된 조문사절들을 만나본 후 9시, 미얀마에서 특사임무를 수행하고 돌아온 체육부장관 이원경(李源京)으로부터 귀국보고를 받았다.

14일 10시, 남재는 국회 본회의에 출석, 「아웅산 폭발 테러 사태」에 관한 「정부보고」를 행하였다. 이어진 각당의 대표연설은 한결같이 내각 총사퇴를 요구하고 있었다. 오후 2시, 남재는 최종 국무회의를 열고 일괄사표를 받아 제출하였다. 6시, 남재는 자신의 사표가 수리되었다는 소식과 함께 후임에 민정당 대표 진의종이 임명되었다는 보고를 들었다. 남재는 시원섭섭하게 되었다고 국무총리 중도하차의 변을 밝히고, "이제 나도 졸업하였군!"이라고 덧붙였다.[1]

2. 범인은 북괴군 현역장교

10월 12일, 정부종합청사 후생관에서 열린 미얀마참사수습대책위에서 안기부장 노신영은 이번 「아웅산 묘소폭발 테러」가 북괴 공작원의 소행임이 확실하다고 보고하였다. 무엇보다 현장에서 발견된 범인들이 사용한 폭발물 원격조종용 전자수신회로와 폭발물의 구조-성능-특징, 그리고 일제(히타치사) 건전지 등 물증과 범행수법이 북괴 남파간첩들의 그것과 동일하다고 현지에 파견된 조사단이 보고해왔다는 것이다.

이날 미얀마 경찰은 테러범으로 보이는 '코리언' 1명을 체포하고 1명은 사살, 그리고 도주중인 또다른 1명을 추적중이라고 공식발표하였다(도주범은 이튿날 체포되었다). 미국도 이날 우리 정부에 대북보복 자제를 당부하는 한편, 소련에 대해서도 대북견제를 요청한 것으로 일본《교도통신》(共同通信)이 보도하였다.

12일, 정부는 「아웅산 사태」가 북괴 공작원 소행의 확증이 드러남에 따라 주미얀마대사관을 통해 미얀마 정부에 대북한 단교를 정식으로 요청하였고, 미얀마 정부 또한 조속한 시일 내에 이 사건의 진상을 규명하고 북한의 사건개입이 밝혀질 경우 가능한 모든 외교조치를 단행할 것임을 분명히 했다고 보도되었다.[2] 이날 남재는 진사(陳謝)차 내방한 미얀마 외상 우치트 라잉을 접견하는 자리에서 이번 사건이 북한공작원의 소행임을 밝혀주는 확실한 증거가 나온 이상 미얀마 정부는 이 확증에 따라 조속히 범행의 배후가 북한임을 밝혀내고 범인의 응징-처벌은 물론 대북 단교조치를 취해줄 것을 요청한 바 있다. 이에 대해서 우치트 라잉도 "버마 정부는 체포된 코리언의 신원확인에 한국측 조사단과 공동 노력을 다하겠다"고 다짐하였다. 한편 한국측 조사단은 11일부터 미얀마측 합동조사반의 경찰 및 정보전문가들과 함께 자문형식으로 조사에 협조-참여하고 있는 것으로 알려졌다.

11월 4일, 미얀마 정부는 마침내 「아웅산 폭발 테러」가 북한 특공대의 소행임을 밝혀내고 대북 단교와 국가승인 취소, 외교관 추방을 공식발표하였다. 그로부터 3주 후인 22일부터 테러범 강민철 등에 대한 미얀마 법원의 재판이 개정되었다. 이튿날 23일, 미얀마 경찰국장은 북한정찰국이 한국의 대통령과 그 수행원을 암살하기 위해 북한군 장교들로 구성된 암살 테러단을 미얀마에 밀파시켰다는 등 사건전모를 밝혔다.

12월 9일, 미얀마 랭군 지구 인민법원 제8특별재판부는 북한의 테러범 강민철 등에 사형을 선고하였다. 이로써 미얀마 아웅산 묘소 폭발 테러 사건의 처리는 일단락되었다.

3. 각양각색의 사임세평(世評)

10월 15일 11시, 총리 이-취임식이 종합청사에서 거행되었다. 이임식을 마친 남재는 자신의 퇴임을 "만기(滿期)제대-적기(適期)졸업"이라고 자평하며 "몸과 마음이 한결 가벼워졌다"고 기록하였다.3)

신문들도 남재가 적시에 책임을 지고 물러났다고 한결같이 호의적인 논평을 했다. 《동아일보》는 이 날짜 정치단평란 <여록>(餘錄)에서 "1년 3개월 20일만에 재야로 귀거"하는 남재의 미련 없는 총리사임에 대해서 "평소 강조해온 책임정치구현이라는 정치철학을 몸소 실천했다"는 것이 관가의 공통적인 견해라고, 간접 평가하였다. 아울러 "총리 자리에 결코 연연하지 않는 대범함"과 "외부의 비판에 초연함"을 보여왔고, 또 "총리란 어차피 동네북 아니냐… 며 온갖 잡음을 스스로 여과시켜왔다"는 총리실 측근들의 회고를 전하면서, "국민이 바라는 민주주의와 평화적 정권교체는 한두 사람의 힘에 의해 이룩되는 것이 아니라 큰 흐름에 의해 달성된다는 「대세론」을 기회 있을 때마다 강조해 왔음"을 새삼 소개하면서 남재의 사임을 아쉬워했다.

이날로 공관에서의 마지막 밤을 외손 재혁-유진과 함께 보낸 남재 내외는 이튿날 16일 마지막 아침산책, 마지막 아침운동, 마지막 조반을 마치고 10시에는 세 딸 명신-영신-양순, 그리고 그 가족들과 삼청당(三淸堂) 앞뜰에서 기념촬영을 끝으로 생애 마지막 한 장(章)을 장식한 '삼청당시대'와 작별을 고하고 11시 혜화동 자택으로 귀가하였다.

또 이날 있었던 마지막 기자회견에서 남재는 재임중에 있었던 가장 어려웠던 일로서 대구 디스코클럽 화재참사를 꼽았다. 남재는 "… 나이 어린 여중-고생들이 많이 숨졌다. 부모-학교-사회의 책임이다. 어른들의 사고는 흔히 있을 수 있지만 미성년사고(…있어서는 안되는)는 누군가는 싹 책임을 져야 할 일이다. KAL기 격추, 아웅산 사태 때보다도 그때가 더 고통스러웠다"고 회고하였다.

또 '사임의 변'과 관련, 남재는 옛날 영남 사람들이 과거를 보러갈 때 길이 멀어 말 한 마리로는 도저히 서울까지 당도할 수 없어 중도에 몇 필이고 말을 갈아탈 수밖에 없었듯이, 갈 길이 먼 대통령도 이제 지친 말에서 내려 새 말을 갈아탈 때가 되었다는 비유로 사임을 청한 것으로 밝혔다.[4)]

이렇듯 남재는 자신의 사표수리를 아무런 미련도 없이 담담하게 받아들이고 있었다. 그러나 시간이 경과하면서 그것은 차츰 "악몽에서 깨어난 듯한"[5)] 느낌으로 다가왔고, 갈수록 이것저것 떠오르는 감상이 많아졌다.

남재는 마치 "멀고 이상한 나라를 갔다가 꿈에서 깨어나 제 집으로 돌아온 동화(童話)에 나오는 이야기(『이상한 나라의 앨리스』= 필자)와 같은 감상"에 젖어들기도 했다.[6)] 아마도 남재는 혜화동 집에 돌아와서야 비로소 긴 몽유 상태에서 깨어나 제 의식이 들기 시작하는 그러한 정신상태를 경험하고 있었던 것이 아닌가 생각된다. 또 그것은 일시적 충격을 받은 사람이 당장은 얼떨떨하여 아무런 통증을 느끼지 못하다 하룻밤 자고 나서야 전신이 쑤시고 결리듯 아픔이 몰려오는 생리적 반응과도 유사한 현상인지도 모를 일이었다.

물론 남재가 이와 같은 심중을 남들 앞에서 드러낸 일은 없었다. 하지만 "삼고초려(三顧草廬)의 분위기를 풍기면서 기용되어 『막힌 곳을 뚫겠다』던 김 총리의 화려한 취임 초기와 대비되는 씁쓸한 퇴진"이라는 훗날의 평가[7]도 있듯이, 또 막상 스스로 책임을 지고 물러났어야 했던가, 그 책임이 물어졌어야 마땅한 당사자들 —, 당시 경호관련 책임자들인 안기부장, 경호실장 등은 예상을 깨고 그대로 유임되고, 엉뚱하게 아무런 잘못도 없는 총리가 몽땅 책임을 뒤집어쓰게 되는 결과적 상황의 그 석연치 않음과 대비되면서, 남재인들 어찌 아무런 감회가 없었겠는가. "악몽에서 깨어난 듯하다"는 기록은 바로 이와 같은 감상을 토로한 것이 아닌가 생각된다.

그래서인지 사임세평도 각양각색이었다. 일반적으로는 "어려운 때 5공정부에 들어가 고생이 많았다"는 동정적인 눈길을 보내고 있었다.

특히 김상만, 유진오, 김성식, 그리고 백낙준, 김옥길, 김동길 등 가까운 친지들은 "정부책임에서 벗어난 자유"를 축하해주었고, 제자들은 "때를 잃지 않고 적시에 풀려난 것"을 다행으로 받아들였다. 또 마침 서울에 와 있던 하버드대학 교수 코헨(Cohen) 등 외국인 친구들 역시 대체로 '총리 이후의 역할'에 여지가 전혀 없어졌으므로 굳이 더 남아 있을 필요가 없으니 잘 그만두었다고 위로하였다.

야마구치 고교와 동경대학 정치학과의 바로 직계 대선배요 혁신계의 대부인 이동화(李東華)도 "다사다난 중 성실하게 직무를 다하였고 오로지 홀로 KAL기 격추, 아웅산 사태의 책임을 지고 미련 없이 사임하였으니 아는 사람들은 그 충정을 옳게 평가할 것"이라고 격려하여 마지않았다.

그러나 해위 윤보선은 "아무것도 잘못한 것이 없는데 왜 그만두었느냐"고 몹시 못마땅해 하였다. 또 일부에서는 명백한 "도중하차"를 왜 "졸업"이라고 표현했느냐고 서신으로 불복의 뜻을 전하는 사람까지 있었다.

특히 5공성립의 정통성을 의심하며 양인(전두환-김상협) 간에 어떤 묵계라도 있었다면 몰라도 5공연장을 돕는 길밖에 안되는 남재의 선택(총리수락)을 처음부터 비판적으로 보아온 사람들은 5공정부에 들어가서 국내외로 숨돌릴 사이도 없이 쏟아진 대형참사에, 대형사건-사고를 당하면서 고작 조사(弔辭)나 몇 번 읽은 것밖에 남재가 한 일이 무엇이냐고 혹평하면서 "혼자만 손해를 보았으니 앞으로는 더 이상 도와주지 말라"고 권고하기도 했다.

사실 이와 같은 비판에는 전혀 일리가 없는 것도 아니었다. 보기에 따라서는 5공존립의 위기를 남재가 두 차례나 결정적으로 구해주었다고 해도 과언이 아니기 때문이었다. 생각하면 남재는 그때(「이-장 어음사기파동」) 민심수습을 위해 들어갔고, 다시 거꾸로 그때(「KAL기격추-아웅산 사태」) 민심수습을 위해 스스로 나와야 하는 기구한 역할을 번갈아 다한 셈이니, 남재가 도대체 5공에 무슨 빚을 졌기에 그처럼 "주기만 하고 끝내야 했느냐"는 볼멘소리가 남재를 아끼는 사람들로부터 터져나올 만도 한 일이었다.

그런데도 남재 자신은 "모두 다 타버려 재가 되기 전에 그래도 약간은 쓸모 있는 숲의 상태로 돌아와 다행"이라고 자위하는 참으로 기발하고도 함축적인 사임의 변을 남기고 있다.[8] 또 10월 30일, 이임 인사차 현민 유진오를 댁으로 찾아간 남재는 "KAL기-아웅산 사태에 국민에게 정말로 죄스런 마음 금할 길이 없어 사임했다"고 당시의 심경을 토로하였다. 사실 이 시기 5공 인사 중에 국민에게 진정으로 죄스러움과 책임의식을 느끼고 인책을 실행한 사람이 남재를 제외하고 과연 또 누가 있었는가?

4. 결산; '김상협 국무총리'

여기서 우리는 남재의 총리취임부터 재임중의 업적, 그리고 사임에 이르기까지 '5공참여' 시비에 대해서 논쟁을 할 생각은 추호도 없다. 다만 「국무총리 김상협」의 직무수행과 관련, "소극적"이라든지, "무능하다"든지, 어떻게 하든 그 역량을 폄하하려는 당시 조야(朝野) 일각의 가시 돋힌 비평에 대해서만은 몇 가지 우리의 견해를 밝혀둘 필요를 느낀다.

첫째로 우리는 남재가 그때 5공의 국무총리로 나서준 사실 그 자체만으로도 이미 그의 소임을 다한 것으로 보고 있는 것이다. 남재가 나서줌으로써 마침내 그때 민심이 수습되었고, 그 이후로도 대형사건-사고가 국내외적으로 잇달았음에도 불구하고 우리 사회는 흔들리지 않고 계속 안정을 유지해 나갈 수 있었다고 우리는 믿는다.

무단적 5공정권하에서, 더구나 대통령중심제 권력구조하에서 과연 국무총리의 이만한 정치적 역할을 남재가 아닌 다른 사람에게도 기대할 수 있었겠는가를 우리는 묻지 않을 수 없는 것이다. 그런데도 남재에게 '정치총리론'과 같은 기대 이상의 역할을 설정하고 거기에 못 미친다고 해서 '기준미달'이니 뭐니 하며 흔들어대는 데에는 남재의 '5공참여'를 단순 매도하는 시각보다도 더 고약한 저의가 깔려 있지 않았는가 생각된다.

둘째로 그럼에도 우리는 남재의 소극성을 지적하는 견해에 대해서 그 일면의 타당성을 인정하고자 한다. 사실 남재는 크건 작건 자신에게 고유의 영역이 주어지고 전권이 위임되는 일이 아니고서는 열(熱)과 성(誠)의 자발성을 제대로 발휘하지 못하는 스타일이다. 남재에게 있어서 고대 교수직과 총장직은 자신의 역량과 열정을 스스로 극상까지 끌어올린 예라고 할 수 있다.

그러나 직무상 대통령이 절대자로서 윗전에 군림하고 있고, 그렇다고 주어진 고유영역도 없이 차하(次下)의 자리에서 상하-전후뿐만 아니라 좌고우면(左顧右眄)해야 하는 위상이 애매한 국무총리는 남재에게는 맞지 않는 괴로운 자리인 것이다. 이 때문에 남재는 총리로서 참으로 마음 고생이 컸다고 해야 할 것이다. 금융실명제 결정과정에서 당했던 소외의 경우는 그만두고라도, 그 다른 일례로서 「명성사건」이 터졌을 때, 국세청장이 그 동안의 조사경위를 언론에 공표하고 나서 국무총리에게 이 같은 사실을 보고하는 따위의 행태가 5공정부에서는 관행처럼 되어 있을 정도로 행정 채널에서 벗어나 있던 총리는 누구의 안중에도 없었던 것이다.

이와 같은 직무수행 환경과 조건하에서 남재가 적극성을 발휘했다면 그것이 오히려 이상한 일일 것이다. 그럼에도 남재는 자신이 꼭 나서야 한다고 생각되는 일에는 적극성을 유감없이 발휘하였다. 전술한 바 있듯이 일본 역사교과서 왜곡파동과 레바논 파병문제의 대두과정에서 보여준 남재의 그 신중하고도 지혜로운 영향력 발휘가 그 좋은 예가 될 것이다. 총리재임중 무엇을 했느냐고 힐난하는 소리가 없지 않지만 남재는 허울뿐인 총리직무 수행에 노심초사(勞心焦思)하며 성심-성의 최선을 다하였다.

셋째로 아무리 그렇다고 하더라도 남재의 '5공참여'는 '5공살리기'로 많은 사람들에게 받아들여졌다는 점에서 평생의 부담으로 남았고, 특히 그 직무와 역할의 한계 때문에 시중의 "야도이(やとい) 사장"(고용사장)이란 비속화된 일본말 유행어 그대로, 그야말로 힘 한 번 제대로 써보지 못하고 고고했

던 옛 이미지만 흐려놓는 결과로 끝나버렸다는 점에서 우리는 아쉬움과 안타까움을 금할 수 없는 것이다.

그러나 생각하면, 우리 헌정사에 있어서 역대 공화국의 단절-연속과정에서 5공이 싫건 좋건 간에 빼버릴 수 없고, 지워버릴 수 없는 연결고리로 성립한 이상, 또 그것이 민족적 생명력의 또다른 표현(Nation of Survival)으로서 '역사의 신'의 의지였다면, 남재의 '5공참여' 역시 그 '역사의 신'의 의지와 인도에 따라 이루어진 필연의 결과라고 우리는 겸허하게 받아들이지 않을 수 없다는 것이다.

5. 재임중 얻은 상념(想念)들

총리재임중에도 남재는 대학 캠퍼스 시절의 그 탐구의 자세를 추호도 흐트리지 않고 항상 많은 생각을 했다. 남재의 잠시도 쉬임없는 사색의 열정은 가위 타고난 것이어서 무엇하나 놓치거나 경홀히 하는 법이 없었고, 그것으로부터 끊임없이 배우는 자세로 이어졌다.

"조치훈(趙治勳) 바둑의 인고형(忍苦型)으로부터 배우자"는 다짐도 남재가 이와 같은 사색의 여로(旅路)에서 얻은 대표적 사념의 편린이라 할 것이다.

1983년 3월 17일, 일본에서 활약하고 있는 천재기사 조치훈이 《요미우리신문》(讀賣新聞)이 개최하는 일본기전(棋戰) 랭킹 1위 「기세이」(棋聖)전에서 기성(棋聖) 후지사와 슈코(藤澤秀行)에 도전하여 마침내 기성 타이틀을 쟁취, 메이진(名人 : 《朝日新聞》 기전)-홍인보(本因坊 : 《每日新聞》 기전)에 이어 소위 일본 기전 '대3관'(大三冠)을 획득하는 쾌거를 이룩함으로써 천하통일의 위업을 달성하였다. 이 기성위(棋聖位)는 3연패 후 기적 같은 4연승으로 쟁취한 것이어서 한-일 양국의 바둑팬들을 그야말로 열광시켰다.

조치훈의 일본 바둑 천하통일에 큰 감명을 받은 남재는 "참으로 장한 일"이라고 칭찬하여 마지않았다. 그 3일 후인 3월 20일, 남재는 당면한 국정과제로서 외채감축-수출증대, 부동산투기방지-근절 등을 꼽고 이 과제를 어떻게 풀어갈 것인가를 고심하는 과정에서, 난타전 끝에 단숨에 승부의 대세를 결정짓는 위험부담이 큰 '현란한 공격형'이 아니라 무리하게 욕심을 내지 않고, 또 멋부리지 않고, 한집 한집 착실하게 실리를 쌓아나가는 조치훈 바둑의 그 '우직한 인고형'을 상기하고는 정부의 국정수행도 '조치훈 바둑의 인고'로부터 배워야겠다고 다짐하였다(조치훈 바둑의 이 '인고형'은 훗날 이창호에 의해 한 차원 높게 완성된 것으로 평가되고 있다).

이 무렵 남재는 5공 이후 만연일로에 있는 군사문화의 폐풍(弊風), 오로지 고우-고우 저돌하는 '과속의 조급증'을 경계하고 기회 있을 때마다 여기에 제동을 걸기에 노심초사하고 있었던 것이다. 또한 남재는 그때그때 제기되는 문제들을 풀어나가는 데 있어서 언제나 대국적이고 거시적으로 대세를 조망하고자 노력하였다. 남재의 '대세론'이 바로 그것이다.

1983년 6월 1일, 남재는 청와대에 들어가 최근 빈발하는 학생소요의 현황과 그 대응방향을 보고하면서 처음으로 '대세론'을 개진하였다. 남재는 한두 가지 묘수를 내거나 조급한 대증요법만으로는 결코 학생소요를 근절할 수 없다고 단언하고, "날로 발전하는 자율과 번영의 대세 속에서 이를 흡수-소화시켜나가야 한다"고 강조하였다. 대통령도 남재의 '대세론'에는 대체로 납득-수긍하는 눈치였다.

남재는 학생들의 극한적인 투쟁방식이 해방 후 극성했던 좌우대결에서 비롯된 것으로 보았다. 이 극한투쟁의 내력이 결국 중도정치가 이 땅에 발을 붙이지 못하게 하는 주요인이 되었다고 남재는 분석하면서 민간정부는 허약해서 무정부 상태를 초래하고 군사정부는 경직-외곬이라 융통성이 없으니 답답하다고 그 한계를 지적하기도 했다.

그리하여 남재는 이기적 이윤동기의 활력을 최대한 발휘하면서도 사회적 연대에도 배려를 다하는 '수정자본주의' 방식의 경제체제 확립을 통해 이 발전의 대세를 지속시켜 그 속에서 대학문제를 흡수-소화해나가야 한다는 것이었다. 또 남재는 전부가 아니면 전무, 천당이 아니면 지옥이라는 양극적 투쟁방식 일변도로 치닫던 시대는 지났다고 다음과 같이 재미있는 비유로 논했다.

즉, "밑져야 본전", 또는 "잘해야 본전치기"라는 사고방식이 지배하던 단계는 지났다는 것이다. 이미 우리 사회는 의식구조상의 중산층이 튼튼하게 형성되어 있기 때문에 공리공론(空理空論)은 현실주의로, 교조주의는 실용주의로 전환하고 있는 것이 우리 사회의 현단계라는 것이다. 그러므로 우리도 이제는 최선이 아니면 차선(次善)을 택하고, 때로는 차차선(次次善)까지 생각할 수 있는 여유가 생겼으니 최선이 아니면 최악밖에 없다는 2분법적 극한논리의 어리석음을 이제는 청산할 때라고 했다. 모택동이 언제나 최고강령과 더불어 최저강령을 강조하였듯이, 또 서독의 사민당이 기본강령과 더불어 행동강령을 반드시 준비-제시하고 있듯이 우리도 이제는 미래의 원대한 계획과 이상을 견지하되 현실과 조화-적응시켜나갈 수 있는 탄력적인 사고가 요구된다는 것이었다.

남재는 「KAL기 피격사태」로 국가적 위기의식이 고조되고 있는 긴박한 상황에서 개최된 시도별 안보정세보고대회를 순회하면서, 특정의 업적 내기에 집착하기보다는 "긍정적인 발전과 선진화의 대세로 모든 부정적 병폐들을 흡수-용해시켜나가야 할 때라고 보다 진일보된 '대세론'을 전개하여, 가는 곳마다 갈채를 받았다. 또 정부 안팎의 주요 인사들과의 회동에서는 언제나 잊지 않고 이 '대세론'을 역설하였다.

남재는 민주화의 실현문제를 놓고도 늘 깊은 고민에 빠지곤 했다. 당장 민주화를 실시하면 어지러워질 것이 불을 보듯 뻔하고, 그렇다고 계속되는 강권통치는 제멋대로 질주하다 비참한 말로를 걷게 될 것이 분명하니 지혜로운 타개책이 없는가를 끊임없이 자문(自問)하면서 "1인지하(一人之下) 만인불협조(萬人不協助)의 현하 정치형국을 개탄하여 마지않았다.[9]

또 남재는 이 시대에 쏟아지고 있는 각종 사건-사고들, 중증(重症)의 갖가지 병리현상을 낳고 있는 근본 원인을 곰곰이 생각하기도 했다. 그리하여 그 근원은 민족이 안고 있는 3중고(三重苦), 이 사회가 짊어지고 있는 3중의 부담에서 연원하고 있다는 결론에 도달하였다.

첫째로 남재는 국토분단-민족분열-남북대치상황, 둘째로 여기에서 비롯된 역사의 단절-불연속과 불확실성-불안정성, 그리고 셋째로 이로 인한 매사의 과속-과열-광분과 이에 따른 무리, 부조리, 비정상의 누적을 3중고라고 하였다. 또 끊임없이 지속되는 준전시상황, 여기서 파생되는 예측불허-불안정-무정통, 그로 인한 한탕주의, 단판승부의 풍조와 도청도설(塗聽塗說)의 만연, 그리고 비정상-무궤도, 수평적 협조 없는 수직적 명령체계 일변도의 난맥상을 남재는 3중 부담으로 지적하였다.

이처럼 이 민족이 당하는 3중의 고통과 3중의 무거운 짐이 다른 한편으로는 이 나라를 비밀이 없는 나라, '풍문-풍설의 나라'로 만들었다고 생각하였다. 지정학적 특수성 때문에 내우외환이 끊이지 않는 사고다발지역에서 왕조(王朝) 관부(官府)의 보잘것없는 힘에만 의지해서는 도저히 살아남기 어렵다 보니 백성들 각자가 눈치껏 자력구제하며 살아가던 시대의 정보를 얻어내던 그 지혜가 발전하여 이 나라를 비밀이 없는 나라로 만들었다는 것이 남재의 해석이었다.

즉, 정부의 힘에 의지하지 않는 삶의 방식이 민간신앙으로서의 풍수(風水), 민간정보로서의 풍문(風聞)을 발전시켜 도청도설이 극성하는 비밀이 없는 나라가 되어버렸다고 했다. 국무총리 재임중에 남재가 세운 이와 같은 가설은 이후로도 남재의 일관된 <한국인 탐구>의 한 주제가 되고 있다.

제2절 고려대학교 명예총장실

1. 다시 찾은 '마음의 고향'

남재가 "타다 남은 숯으로 돌아왔다"고 귀거래사(歸去來辭)를 쓰던 1983년 10월 17일, 이날 고대 사무처장 김해천(金海天)이 혜화동으로 찾아와 남재의 명예총장실이 고대 석탑의 상징 중앙도서관 구관 3층에 마련되었다고 보고하였다.

22일에는 대통령 전두환의 부름을 받았다. 약속장소는 궁정동 안가…, 이 자리에는 안기부장 노신영도 동석하였다. 남재는 권하는 대로 술을 많이 마셔 대취하였다. 전두환은 남재가 이임(離任)기자회견에서 영남 선비들의 말갈아타기를 비유로 들어 사임을 청했다고 밝힌 대목이 무척이나 마음에 들었던지 여러 차례 이 대목을 읽었다는 내색을 했다.

25일부터 남재는 우선 전화로 요로에 이임인사를 했다. 이날 퇴임장관들과 청와대 서훈(敍勳)식에 참석, 훈장을 받았다. 남재에게 수여된 훈장은 수교훈장 광화장이었다.

재야로 돌아오니 축하전화가 쇄도하였고, 직접 찾아오는 사람도 많았다. 27일에는 방학동으로 형님 상준을 찾아뵙고 사임 후 첫인사를 드렸다. 원래는 23일에 찾아갔으나 부재중이어서 이날 두번째로 찾아간 것이다. 남재가 불과 두 살 위의 형님 상준을 대하는 태도는 그 옛날 조부 지산(芝山)이 큰조부 원파(圓坡)를 모시던 예와 같이, 또 부친 수당이 백부 인촌을 섬기던 그 모습 그대로의 각별함과 지극함이 담겨 있으니 참으로 본받을 만한 형제지의(兄弟之誼)라고 하지 않을 수 없다.

31일 오전에는 전총리비서실장 조영길을 대동하고 국회의장단과 민정당, 오후에는 민한당과 국민당을 예방, 이임인사를 나누었다. 또 11월 2일 저녁에는 장덕진이 발행하는 잡지《한국인》창간 1주년기념 슐츠(G. Schultz) 초청 강연회(신라호텔)에 참석, 많은 사람들과 자연스럽게 이임인사를 나눌 수 있었다. 행사 후에는 장덕진-심융택(沈瀜澤)-김양현(金良玄)-홍일식-이세기 등과 저녁을 들며 환담하였다. 이로써 퇴임인사를 대충 끝냈다고 남재는 술회하였다.

11월 11일부터 남재는 총리퇴임 감상문을 짓기 시작하여 두 주 이상이나 걸려 이를 완성(29일)하였다. <감상문> 작성을 완료하고 남재는 "후련하다"고 소감을 밝혔다(그러나 어쩐 일인지 이 <감상문>은 현재 발견되지 않고 있다).

12월 20일, 남재는 고대 재단이사장 김상만, 상무이사 김치윤, 총장 김준엽, 그리고 각 행정처장들과의 점심회동에서, 김치윤에게 자신이 총리재임중 해결해놓은 고대의 개발제한 교지를 학교시설 건설이 가능하도록 되도록 빨리 정지(整地)를 해놓으라고 일러두었다.

23일, 남재는 명예총장실에 첫 출근을 하였다. 1982년 6월 25일, 총장 임기만료 3개월을 앞두고 국무총리로 임명되어 고대를 떠난 지 1년 4개월여만에 다시 찾은 '마음의 고향'이었다. 이 날짜《동아일보》는 고대의 명예총장실 개설소식과 함께 남재의 40일간 도미계획 등 최근의 동정을 보도하였다.

25일에는 구로동 소재 의대부속병원 분원을 시찰하였다. 남재는 자신이 구상하고 착공한 시설 하나하나를 돌아보니 감회가 새로웠다. 건물구조, 시설배치 등이 잘 되어 있어 만족스러웠다. "앞을 길게 내다보고 시원스럽게 고급으로 꾸며놓기를 잘 했다"고 자찬하여 마지않았다.

12월 9일 오후, 남재 내외는 예정대로 출국하여 미국에서 송구영신(送舊迎新)을 한 후 이듬해 1월 17일 귀국하였다(제4절에서 상술). 19일, 남재는 1984년 새해 들어 첫 출근을 했다. 명예총장에게 특별한 직무가 있는 것이 아니어서 일에 몰두하는 것이 체질화된 남재로서는 생애 또 한 차례의 단절을 절감하지 않을 수 없었다. 2월 2일 구정(旧正)을 맞으면서 남재는 자기 생애에 세번째 찾아온 이 단절-공백이 적어도 3년은 계속될 것으로 보고, 쉬는 동안 주위환경이 어떻게 변할지라도 여기에 굴함이 없이 고독을 참아내고, 무던히 기다리며, 해외여행 등 크게 견문을 넓히면서 건강증진에 힘쓰기로 단단히 마음을 먹었다.[10)]

1월 25일, 남재는 청와대에서 국정자문위원 위촉장을 받았다. 2월 13일에는 국정자문회의에 처음 참석하여 제적학생 전원 복교, 중고생 교복 전면자율화 등 갑작스런 획일적 정책변경을 크게 못마땅해 하는 여러 위원들의 우려의 견해를 묵묵히 경청하였다.

이달 19일에는 미대사관에서 우송해준 미국방장관 와인버거(Casper Weinberger)의 주한미군의 전쟁억지력을 강조한 연설문(1983년 12월 13일 워싱턴 프레스클럽)을 읽으면서 많은 생각을 했다. 남재는 "참으로 우리는 마음대로 되지 않는 기구한 역사를 안고 복잡 미묘한 한반도에 태어났다"고 전제하고, 우리에게는 진정한 해방이 없었다고 회고하였다. 즉, 일제의 식민통치, 해방후 국토분단과 남북대치, 6·25동란의 동족상잔과 민족분열의 항구화, 그리고 강권통치-장기집권-극한투쟁과 단절-혼미의 되풀이…. 이와 같은 혼돈의 소용돌이 속에서 언제나 속아만 살아왔다고 생각하는 데에서 불신과 자신결여의 장기전망 없는 불안정한 삶을 이어왔기 때문에 벼락처리, 임기응변, 요령주의, 단절에 대한 엉뚱한 기대감 따위가 이 시대를 풍미하게 되었다고 개탄하고, 매사에 정상화가 시급하다고 지적하였다.

이 무렵 남재는 김형욱(金炯旭)의 『혁명과 우상』, 그리고 DJ의 옥중서한집 『민족의 한(恨)을 안고』를 관심 깊게 읽었다. 남재는 DJ가 옥중에서 독서를 많이 했음을 주목하면서 저자의 강조점을 독후감을 겸하여 다음과 같이 기록하였다.

— 신신학계(新神學系)의 기독교 서적과 한국사, 그 중에서 조선사와 서양의 정치사상사, 영국의 헌정발달사 등을 집중 독파한 것 같다.
— 이승만 정권의 정통성 부인; 친일세력 단죄 않고 등용, 종신집권 획책.
— 민중의 맥박은 살아 있다; 민중을 역사의 전면에 크게 내세우고 있다. 민중신학-민중신앙…, 예수는 민중의 아들로 태어나 민중교육을 위하여 싸우다 민중을 위하여 십자가에 못박혀 민중을 위하여 부활하였다. …조선의 역사는 민중억압사….
— 민주화가 달성되어야 통일도 가능하다. / 민주 없이 통일도 없다.
— 광주사태와 나는 무관하다. / 하느님의 사랑으로 나는 네 번이나 살아났다.

3월 10일, 사돈(査頓)이자 고대 육성의 동지 송영수가 운동중 쓰러져 문병하였다. 병인은 부정맥(不整脈)에 의한 중풍으로 밝혀졌다. 이보다 앞서 유진오가 서울대 병원에 입원(1월 19일)했을 때 느꼈던 "제업무상"(諸業無常)을 다시금 절감하였다.

4월 들어 고대 교직원 자녀 25명의 특혜입학이 말썽이 되어 7일 석간부터 요란하게 보도되기 시작하였다. 이달 28일에는 고대 자매교인 와세다대학 총장 니시하라 하루오(西原春夫) 내외가 내한하여 남재 내외는 환영 오찬회를 열었다. 이 자리에는 고대측에서 재단이사장 김상만, 총장 김준엽, 상무이사 김치윤 등이 참석하였고, 와세다대학측에서는 니시하라를 수행한 비서과장-외사과장, 그리고 주한일본대사 마에타(前田)가 참석하였다.

5월 10일, 남재는 윤보선으로부터 월남(月南) 이상재(李商在) 선생 동상건립 추진위원장직을 맡아 일을 성사시켜달라는 간곡한 권유를 받았다.

5월 20일 새벽 2시 반(한국시간) 첫손녀 정은(廷恩)이 미국에서 출생하였다. 이날 남재는 한(翰)으로부터 전화연락을 받고 "순산하여 기쁘다"고 소감을 기록하였다.[11]

23일, 남재는 혜천과 1주일간 대만을 방문하고 30일 귀국하였다(제4절에서 상술).

6월 14일, 문교부는 해직교수의 복직조치를 전격 발표하였다. 7월 초 마침내 해직교수들이 명예총장실로 찾아왔다. 1일에는 교수 김윤환(金潤煥 : 경제학)이, 그리고 12일에는 교수 조용범(趙容範 : 경제학)이 각기 찾아와 남재는 이들의 복직을 축하하고 그 동안의 고초를 위로하여 마지않았다. 또한 8월 27일에는 교수 이문영(李文永 : 행정학)이 복직 인사를 왔다. 남재는 이문영의 복교를 축하하면서 지난 4년 간 해직으로 겪었던 고통의 세월을 8년 더 장수하여 보상받으라고 격려하였다.

8월 3일에는 재단상무이사 김치윤으로부터 애기능 뒷산(이-공-농대 캠퍼스)에 의대 캠퍼스 부지조성이 불가피하다는 개발계획을 보고 받았다. 이달 18일, 장덕진-이동호(李同浩)-박명환 등 교우들과 골프 회동 후 고대교우들의 발전촉진문제를 논의하는 과정에서 장덕진은 "재단 공개를 소리 없이 평화적으로 실현한 것이 남재의 총장재임중 가장 큰 업적"이라고 평가하였다.

9월 23일에는 계획대로 50일간의 유럽 3국-이집트-태국 순방길에 올랐다(제4절에서 상술).

2. 뇌진탕에 걸린 우리 대학-우리 사회

남재가 명예총장으로서 고대에 돌아와서 느낀 가장 큰 변화는 이 사회체제 자체를 전면 부정하는 학생들의 좌경의식과 반미감정이 과격-극렬의 도를 넘어 이제는 거의 일반화-상례화하고 있다는 사실이었다. 캠퍼스 어디를 가도 반미-극좌의식의 잔해들이 산더미처럼 쌓여 있고, 거기서 풍겨나오는 증오와 불신의 악취들이 가히 폭력혁명전야를 방불케 하는 살벌한 분위기를 자아내고 있었다.

구주순방에서 돌아온 남재의 마음을 가장 상하게 한 보고는 일부 좌경세력의 인촌격하언동이 마침내 인촌 동상에 대한 모욕적 망동으로 서슴없이 표출되고 있다는 소식이었다. 이런 분위기 속에서 남재의 서독 정부 초청 유럽 3국 및 이집트-태국 순방이 마치 학교비용으로 이루어진 여행처럼 모략-중상하는 대자보까지 나붙기도 했다는 것이다.

한편 11월 30일, 5공정부는 정치 피규제자 15명을 제외한 나머지 전원에 대한 해금조치를 발표하였다. 이에 따라 새해 2월, 총선을 앞둔 신당 출현과 해금정국의 귀추가 보도의 초점이 되었다. 이 무렵 남재는 마치 이 시대의 시대정신처럼 운위되고 있는 "평화적 정권교체"라는 화두어의 진정한 함의(含意)를 곰곰이 생각하곤 하였다.

남재는 관형어로서의 '평화적'이란 말을, 일차적으로 '비폭력적' 또는 '비혁명적'이란 의미로 풀이하였다. 즉, 그것은 적어도 동질적 존재들 사이의 순조롭게 단절 없이 주고받고 이어지는 것으로 압제와 반항, 반동과 혁명, 착취와 해방, 굴종과 정복 사이의 극한적 - 절대적 - 단절적 일대전환을 말하거나, 천지개벽, 양분법적 흑백논리, 전무(全無)에서 전부(全部)에로의 비약을 뜻하는 것은 결코 아니라는 것이다. 그리하여 정상(正常)에서 정상에로, 보통에서 보통에로, 긍정에서 긍정에로, 현실에서 현실에로, 절대주의적 정교(正教) 대 이교(異教) 사이의 종교재판-신앙고백이 아니라 상대주의적 정교 대 정교 사이의 현실주의적 선택일 뿐이라고 했다.

또 여적(與的)인 풍토에서 여적인 풍토로, 야적(野的)인 것에서 야적인 것으로, 여-야 모두가 여적이면서 야적인 상태로 전이됨을 뜻하는 것이어야 한다고도 했다. 일본의 자민당 내부, 영국의 보수-노동당 간, 또 서독의 기민(基民) 대 사민당(社民黨) 간의 정권교체 등이 그 전형적인 예가 될 것이라 했다. 과연 이러한 의미의 "평화적 정권교체가 우리에게도 가능한가"를 남재는 자문하고 "우리는 어떻게 하든지 이것이 가능하도록 해야 한다"고 자답하기도 했다.[12)]

1985년 새해 아침은 유난히 청명하고도 온화한 날씨였다. 남재는 4대 일간지의 신년 메시지를 비교 분석하고, "평화적 정권교체"를 강조한《한국일보》<사설>이 가장 현실적이라고 평가하였다.

정초부터 남재는 근거 없는 정계진출설에 몹시 신경이 쓰였다. 소문으로만 나돌던 남재의 민정당 전국구의원 공천설이 마침내 1월 9일자 석간《중앙일보》에 사실처럼 보도되었기 때문이다. 이에 놀란 남재는 10일, 사위 송상현을 통해, 자신은 정당에 가입한 사실이 없거니와 국회의원이 되고자 하는 생각이 전혀 없는데 최근 일부 신문에 민정당 전국구의원 후보에 올라있는 듯이 사실과 다르게 보도되고 있으므로 선처해줄 것을 청와대 등 요로에 분명히 전달했다. 그런데도 불구하고 12일자 조간신문들(《조선》-《한국》-《서울》 등)이 일제히 같은 내용을 보도하여 남재의 정계진출을 기정사실화함으로써 한동안 잠잠하던 호사가들의 구설에 다시 오르게 되었다.

남재는 15일자로 자신이 전국구후보에서 빠졌다는 보도가 정식으로 나와 겨우 안심할 수 있었다.

14일에는 연세대학교 명예총장 용재(庸齋) 백낙준이 서거하여 내외가 문상하였다. 이 자리에서 남재는 연세대 총장 안세희(安世熙)와 재단이사장 이천환(李天煥)으로부터 조사(弔辭) 부탁을 받고 기꺼이 응낙하였다. 15일은 하루종일 집에서 백낙준이 지은 『나의 종강록(終講錄)』을 읽으며 고인을 생각하였다. 백낙준에 대해서 남재는 평소 연세대학을 키운 큰 인물로 존경하여 마지않았고, 특히 매년 정초가 되면 《동아일보》의 신춘기획에 초빙되어 대담을 나눈 바 있어 남다른 정을 느끼고 있었다. 백낙준은 이 저서에서 홍익인간(弘益人間)과 민주교육을 강조하면서 "조국통일이 되는 것을 보고 세상을 떠났으면 여한이 없겠다"는 말을 남겨 남재의 가슴을 울렸다.

17일 10시, 용재 백낙준의 사회장이 혹한(酷寒) 속에서 연세대학교 강당에서 기독교 의식으로 엄숙하고도 절도 있게 치러졌다.

백낙준은 1895년 평북 정주(定州)에서 출생하여 미국 프린스턴(Princeton)대학과 예일(Yale)대 대학원에서 신학과 종교사학을 전공, 철학박사학위를 받고 연희전문 교수, 동교 교장 및 총장을 거쳐 문교부장관 등을 역임한 학계의 거목이요 당대의 명사였다.

남재는 조사를 통해 먼저 고인이 "이 나라의 어른이요 온 겨레의 스승"이었다고 회고하고, "일찍이 동서의 학문과 고금의 지혜를 아우르신 그 대경대도(大經大道)의 경륜과 인간자유의 확충을 꾀하신 애국과 신앙의 실천으로 조국과 민족을 위한 헌신의 한 생을 살았다"고 추모하였다.

총선을 앞두고 소위 '정치의 계절'을 맞이하여 세인의 관심은 온통 2월 8일 미국인들과 함께 귀국하여 자택연금 상태에 있는 DJ에게 쏠리고 있었고, 언론들도 DJ의 동향보도에 연일 촉각을 곤두세우고 있었다. 야당 출마자들은 저마다 자신이 DJ의 직계 '적자'(嫡子)요 '적통'(嫡統)임을 내세워 표심(票心) 얻기에 온갖 열을 다 올릴 정도로 적어도 중간 이하, 또는 '중간이좌'(中間以左)의 소위 민중계열로부터 DJ는 영웅시되고 있었다. 그리하여 'DJ의 후견얻기 경쟁'이 마치 총체적 선거양상으로 비칠 만큼 'DJ 신화'가 신당바람을 일으키고 있었고, DJ는 어느덧 명실상부한 한국판 호메이니가 되어 있었다.

이와 같은 'DJ 열풍'을 느끼면서, 남재는 이 땅에는 정권에 결코 미련을 버리지 않는 연고권자들이 너무나 많다는 것을 실감하였다. 멀게는 임정(臨政)-건준(建準)-한민당으로부터 가까이는 민주당-공화당-유신잔당에 이어 오늘의 YS-DJ에 이르기까지, 모두가 이 나라의 정권은 내 것이라고 생각하고 있고, 원초적으로는 북의 김일성까지도 그 연고권자로 행세하고 있는 것이 아니냐는 것이었다.

2월 12일에는 대도시의 폭발적 신당지지 형세를 이끌어내며 총선이 치러졌다. 이후 이른바 호메이니들이 정권의 연고권자로서 원외(院外)의 지휘탑으로 존재하는 '장외정치' 양상과 관련하여, 남재는 여야 모두가 원내정당이라기보다는 의회정치 이전의 '원외적 존재'에 불과한 것으로 그 성격을 분석하고, 과연 민주화만이 문제해결의 만능약인가를 회의적으로 자문하였다. 특히 개원국회의 본회의 대정부질의응답에 관한 신문보도를 읽으면서 남재는 우리 국회만큼 전세계 정치학도들에게 동서고금의 정치발전 제단계 모형을 한꺼번에 학습할 수 있는 곳도 다시없을 것이라고 혹평하였다. 전제-독재, 민주-반민주, 선진-후진, 자본주의-사회주의-공산주의에다가 각종 호메이니 정치까지 한눈에 조감할 수 있는 종합전시장을 방불케 하기 때문이라는 것이다.

게다가 이와 같은 복합정치 행태를 극한적 일원론(一元論)이 지배하고 있어, 여당은 오로지 국가안보와 '경제성장 일원론'으로 돌진하고 있고, 야당은 민주주의의 실현만이 안보이건 경제이건 모든 문제를 일거에 해결할 수 있는 만사형통의 영약(靈藥)처럼 내세우며 '민주화 일원론'으로 저돌하여, 점진적 중간타협으로 일보 일보 접근하는 적공(積功)의 방식은 없고, 마지막 카드로써 단숨에 승부를 가르는 외통수를 노리는 대결만이 존재하는 양상도 빼놓을 수 없는 특징이라고 남재는 지적하였다. 또 여당은 '일인지하 무인지경'(一人之下無人之境)으로 일원화되어 있고, 야당은 '군웅할거(群雄割據)-춘추전국(春秋戰國)'의 판도 속에서도 YS의 영남일파와 DJ의 호남일파의 분립양태로 각기 일원화되어 있다는 것이다.

그리하여 장외 호메이니들의 원격조종하에서 연출되는 일원론적 외통수의 대결구조 아래, 지금 우리 대학-우리 사회는 뇌진탕에 걸린 듯 어리둥절하고 있는 것이 그 정치적 특징이라고 남재는 재미있는 진단을 내렸다.[13]

이 즈음 그 동안 말썽을 일으켜온 고대의 교직원 자녀 특혜입학문제가 학생소요발생의 빌미가 되는 등 한동안 심각한 후유증을 빚어낸 끝에 총장퇴임사태로까지 발전하여 경영대학원장 이준범이 새 총장에 임명되었다.

3월 23일부터 약 두 주 동안 남재 내외는 일본 여행을 하였다(다음 제4절 상술). 5월 5일, 고려대학교는 개교기념일을 기하여 자매교 와세다대학 총장 니시하라 하루오에게 명예법학박사학위를 수여하였다. 8일 저녁, 남재는 니시하라 내외를 혜화동 댁으로 초대하여 축하만찬을 대접하였다. 우리가 도쿄의 세타가야(世田谷) 소재 고쿠시칸(國士館)대학 이사장 실에서 니시하라를 만났을 때, 그는 혜화동 남재 댁을 방문했던 그날의 기억을 소중하게 간직하고 있었다(<부편> 참조).

6월 20일에는 아들 한(翰)이 솔가하여 일시 귀국하였다. 남재는 아들 내외와 손자-손녀가 무사히 돌아와 반갑기 한이 없다고 기록하였다.

이 무렵, 지하로만 나돌던 「광주항쟁」의 비화가 월간잡지들을 통해서 햇볕을 보기 시작하였다. 「광주의 진상」에 대해서 관심이 컸던 남재는 <금남로의 10일간>(《월간조선》 1985년 7월호), <광주 —, 그 비극의 10일간>(《신동아》 1985년 8월호) 등을 주의 깊게 읽어본 데 이어, 황석영(黃晳英)의 "광주 5월항쟁기록" — 『죽음을 넘어, 시대의 어둠을 넘어…』를 구하여 독파하면서 '민족의 생명력'에 대한 많은 생각을 하였다. 군-민 간의 그 무서운 대결, 화기(和氣) 없는 민족의 그 오기(傲氣)와 독기(毒氣)를 생각하며….

제3절 월남(月南) 동상건립에 온 힘을 기울이다

1. 「건립회장」을 맡기까지

남재는 '마음의 고향' 고려대학교에 명예총장으로 다시 돌아와 "아무 책임지는 일 없이 부동(不動) 상태"에서 주로 독서와 운동으로 소일하던 이 시절의 다소 애매한 성격의 일과를 일러 "은거(隱居)도 아니고, 와신(臥薪)도 아니고, 그렇다고 유유자적(悠悠自適)이랄 수도 없다"고 재미학자 서석순(徐碩淳)에게 보낸 답신에서 그 심경을 토로한 바 있다.[14)]

사실 남재는 지금의 이 공백기간이 전술한 바와 같이 한 3년쯤 지속되리라고 느긋하게 마음먹고 있었지만, 세월의 흐름 속에서 차츰 따분함과 갑갑증을 느끼게 됨은 어쩔 수 없는 인지상정(人之常情)일 터였다. 바로 이 같은 때에 남재가 월남(月南) 이상재(李商在) 선생 동상건립위원회 회장을 맡아 열과 성을 다 바쳐 이 사업을 성공적으로 완수한 것은 남재의 생애에 있어서 특기할 만한 매우 이색적인 업적이 아닐 수 없다.

1984년 5월 10일 오전, 남재는 해위 윤보선의 부름을 받고 댁으로 찾아갔다. 이 자리에는 언론인 성재(省齋) 이관구(李寬求 : 1898~1991)도 와 있었다. 남재를 반가이 맞은 해위는 「월남동상건립」에 관한 용건부터 꺼낸 뒤, 긴 설명 없이 자신은 명예회장을 맡게 되었으므로 뒤에서 열심히 거들 터이니 남재에게 회장을 맡아 앞장서서 일을 꼭 성사시켜달라는 간곡한 권유를 하는 것이었다.

그러나 아무리 해위의 권유라지만 매사에 신중하기 그지없는 남재로서는 많은 사람들의 협찬을 얻어야 비로소 성사될 수 있는 이 큰 사업에 섣불리 나설 수는 없는 노릇이었다. 더구나 월남 이상재의 그 인물됨에 대해서는 말할 것도 없고, 이 사업의 추진체인 YMCA에 대해서조차 아는 것이 별로 없는 상황임에랴… 남재는 도리 없이 생각할 말미를 달라는 선에서 우선 시간을 벌고, 그날은 그대로 헤어졌다.

그로부터 나흘 후인 14일, 남재는 전택부(全澤鳧)가 지은 『월남 이상재』를 구해서 읽기 시작, 17일 이를 완독하였다. 남재는 이 책을 통해서 비로소 월남이 일찍이 구한말(旧韓末)에 유학(儒學)에서 출발, 서구의 기독교 정신을 받아들여 새로운 안목과 실력을 기른 후, 결코 국외망명을 택하지 않고 끈질기게 국내에 남아 앞날을 기약하며 해학과 풍자로 젊은이들에게 희망과 용기를 심어준 위대한 선각자요, 민족의 정신적 지도자임을 알게 되었다. 특히 배우고 가르치는 교육, 참과 바름을 찾는 신앙, 결코 낙심하지 않는 희망과 용기의 철학을 실천한 지식-믿음-희망의 '월남 정신'으로부터 남재는 큰 감명을 받았다.

남재는 그 다음날인 18일부터 김을한(金乙漢)의 『월남선생 일화집』(1956)을 앉은자리에서 끝까지 다 읽은 데 이어 윤치호(尹致昊)가 편술한 『월남 이상재』(1929)와 공보실이 펴낸 『월남 이상재선생 약전』(1956)을 읽기 시작, 20일까지 이를 모두 끝냈다. 이 세 권의 책을 다 읽고 난 남재는, 월남이 그 무엇에 구애받거나 제한되지 않는, 그러면서도 빠짐이나 모자람 없이 그 모두를 겸비한 크고, 활달한 인격자요 선각자이며 '영원한 청년'이라는 평가에 주목하게 되었다.

남재는 이처럼 월남에 관한 문헌자료를 섭렵하여 월남에 대한 이해가 어느 정도 깊어가면서 비로소 월남을 기리는 사업에 나설 뜻이 생길 무렵 고모님 점효(占効)를 찾아뵙고 문안 인사를 드린 일이 있었다. 이때 고모님은 오랫동안 남재를 보지 못한 섭섭함을 표하면서 근황을 물었다. 남재가 「월남 동상건립사업」과 관련, 월남 선생 연구를 하느라고 바빠서 찾아뵙지 못했노라고 답하자 고모님은 남재를 사뭇 어린 사람 취급을 하며, 감히 네가 어떻게 그처럼 큰 어른을 위한 사업을 맡게 되었느냐고 일면 놀라고, 일면 반가워하면서 정말 일을 잘 해낼 수 있겠느냐고 여러 차례 반문하고는 기왕에 일을 맡게 되었다면 그분의 인물됨으로 보아 정신차려 잘 해드려야 한다고 몇 번이나 신신당부를 하는 것이었다.

남재는 고모님의 이와 같은 간절한 당부가 너무도 의외여서 어리둥절한 속에서도 깨달아지는 바가 있었다. 월남은 식민지시대에 고모님과 같은 평범한 여성들에게까지도 민족적인 어른이요 잊지 못할 큰 인물로서 깊이 가슴 속에 새겨져 있었던 것이다. 남재가 「월남사업」에 나설 뜻을 굳히는 데는 고모님 점효의 이와 같은 당부가 크게 일조를 한 것으로 전해진다.[15]

5월 21일, 남재는 YMCA 이사장 서장석(徐長錫), 총무 전대련(全大連) 등의 점심초대를 받고, 이 자리에서 정식으로 「월남동상건립사업」 추진위원회 회장추대 수락요청을 받았지만 확답하지 않았다. 23일, 남재는 대만 여행을 떠나면서 사위 송상현을 불러 조건부 회장수락을 통보토록 했다. 남재가 제시한 수락조건은 △「월남사업」 참여는 동상건립에 국한하고, △ 동상건립 취지문을 간략하게 작성하며, △ 기금출연요청대상을 미리 선정하고, 발기인을 소수정예화한다는 네 가지였다.

그러면 그 동안의 연구를 통해서 남재는 월남을 어떤 인물로 인식하게 되었는가. 이를 <월남동상제막식사> 등 남재 명의로 발표된 몇 가지 문헌을 통해서 종합 정리해보면, 첫째로 남재는 월남의 그 민족사적 위치에 대해서, 왕조 말의 마지막 선비, 새로운 국제환경을 선각한 개혁자, 야인(野人)의 용기로 민족 광복의 봄을 예견하고 대비한 희망의 등대, 불멸의 민족혼을 민중의 가슴 속에 심어준 정신적 스승이요 민족사의 거성(巨星)이라는 것이다.

둘째로, 남재는 그 종합적인 인간상에 대해서, 동양과 서양, 청년과 노년, 민족애와 인류애, 유교적 인의(仁義)와 기독교적 사랑, 그리고 1920년대의 민족주의와 사회주의의 양극화마저 하나로 통합하여 개방된 민족자주의 대도를 개척한 민족의 성자(聖者)요, 전통과 현대의 모순 없는 조화통합을 이루어낸 근대인이면서도 전통적 선비의 품격을 끝까지 견지한 근대화 여명기의 대표적 지성이라는 것이다.

그리하여 구한말로부터 일제지배의 암흑기, 그 민족수난의 시대에 충신인 동시에 지사, 혁명가인 동시에 교육자, 철인인 동시에 예언자, 신-구, 동-서, 강-온, 좌-우, 상-하, 노-소 간의 교량역을 떠맡아 민족자강(民族自强)과 만민공동(萬民共同)의 대의(大義)를 일으키는 데 심혈을 기울여온 '구원의 청년'이 바로 「월남 이상재선생」이라는 것이 남재의 평가였다. 여기서 잠시 우리는 월남의 생애를 더듬어볼 필요가 있다.

2. 월남의 생애, — 그 구원의 청년상(像)

월남 이상재는 1850년(철종 원년), 충남 서천(舒川)에서 고려조의 명신 목은(牧隱) 이색(李穡)의 15대손으로 태어났다. 관향(貫鄕)은 한산(韓山), 자는 계호(季皓), 월남은 호(號)가 된다.

월남은 18세 되던 1867년에 과거에 응시하였으나 매관 매직이 성행하던 문란한 과거제하에서 뜻을 이루지 못하고 낙향, 세상을 등지고 살고자 하였으나, 당시 승지였던 박정양(朴定陽)과 인연이 닿아 개인비서역으로 지내던 중, 그의 추천으로 1876년에 어윤중(魚允中)-홍영식(洪英植)-김옥균(金玉均) 등으로 구성된 10인 신사유람단(紳士遊覽團)을 수행할 기회를 얻어 도일(渡日)하였다.

이때 서구의 신흥문물을 받아들여 눈부시게 발전하는 일본의 근대화 모습에 큰 충격을 받은 것이 후일 개화운동에 헌신하는 동기가 되었다.

이후 1884년에 우정국(郵政局) 주사를 거쳐 1887년에는 주미공관(공사 박정양) 2등서기관으로 도미, 한-미수교사절의 실무역으로 활약하였고, 귀국 후 1894년 승정원(承政院) 우부승지(右副承旨), 학부(學府) 참의(參議) 겸 학무국장이 되어 소-중-사범학교 및 외국어학교의 설립 등 구한말 신교육의 도입-시행에 중추적 역할을 하였다.

1896년에는 서재필(徐載弼)-윤치호 등과 독립협회를 조직하고, 만민공동회 의장이 되었으며, 1902년에는 개혁당사건으로 구금되어 옥고(獄苦)를 치르면서 기독교에 입문하였다. 1904년 출감 후 황성기독청년회(皇城基督靑年會 : YMCA 전신)에 가입, 교육부장, 초대총무 등을 맡아 민족계몽과 조직적 배일-항일운동에 헌신하였고, 1919년, 민족의 3·1독립선언기에는 비폭력노선을 견지하였다. 고령 때문에 이 운동에 직접 가담은 하지 않았지만 배후인물로 지목되어 3개월간 투옥당하였다.[16]

그 후로도 줄기차게 항일-민족실력 양성운동에 앞장서, 물산장려운동, 소년척후대(보이스카웃)운동, 학생청년운동을 주도하였고, YMCA 조직의 전국화, 세계 YMCA 연맹가입(북경대회 참가), 조선교육협회 창설, 조선민립대학기성회 결성, 조선일보사사장 등 청년-교육-종교-언론운동을 지도하였다.

정치가로서, 교육가로서, 언론인으로서, 종교인으로서 월남은 숨을 거두는 날까지도 민족운동의 단일전선을 도모하는 신간회(新幹會)운동의 밑불을 지피기 위해 그 마지막 생명의 불꽃을 피워 올렸다. 1927년 2월 15일, 월남은 타계 불과 40여 일을 앞두고 와병중임에도 신간회 창립회장으로 추대되어 좌우합작을 추진하던 중 3월 27일(음 2월 27일), 몽매에도 그리던 조국 광복을 보지 못하고 끝내 생을 마치니 향년 78세였다.

하늘 같은 높은 기개, 바다 같은 넓은 도량, 바위처럼 굳은 지조, 송백 같은 푸른 절개, 한없이 맑은 정신, 분명했던 그 거취, 그 검소, 가장 평민적이면서도 가장 진취적이었던 민중의 선구자, 영원한 청년 월남 이상재…, 그가 그토록 사랑했던 이 민족을 이별하고 하느님 곁으로 돌아가던 1927년 4월 7일, 이날 온 겨레는 이 나라 최초의 「사회장」으로 그를 영결하면서 어버이를 잃은 듯 끝없이 오열하였고, 그의 운구를 따르는 애도의 행렬은 슬픔의 강물이 되어 종로통에서 서울역까지 굽이쳤다.

한산중학교(韓山中學校) 교정에 세워진 월남 동상에는 성재 이관구가 지은 다음과 같은 추모시가 새겨져 있다.

> 흰 터럭 푸른 마음 / 구원의 청년이여 / 앞뒤 절벽 어둠길에 / 횃불 밝힌 선지자여 / 한 팔로 기우는 국운을 / 떠 바치고 / 또 한 팔로 희망찬 젊은 무리 / 이끌으신 / 거인의 씩씩한 모습 / 이 자리에 우러러 뫼신다.

한편 정부는 1962년 3월 1일, 월남에게 대한민국 건국공로훈장 복장(複章)을 추서하였다.

3. 동상선립의 성공적 완수

대만 여행에서 돌아와 약 두 주가 지난 6월 15일, 남재는 해위와 함께 YMCA에서 열린 월남 이상재 선생 동상건립발기준비위원회에 참석하였다. 이 회의에서 남재는 정식으로 발기준비위원회위원장으로 추대되었다. 29일에는 해위 등 13인 준비위원들과 함께 구파발 넘어 양주군 장흥면에 천장(遷葬)된 월남묘소를 참배하였다. 이후 남재는 거의 매일같이 YMCA에 나가 기획부장 나강석(羅康石)으로부터 발기인 대회 준비상황보고를 받고, 또 수립된 계획의 진척상황을 점검하는 등 치밀하게 사업을 추진해 나갔다.

7월 하순부터 남재는 정부요로의 고위인사, 재계의 실력자들과 직접 만나 「월남사업」의 협조를 당부하였다. 또 발기인과 부회장단 인선에 고심하면서 「사업추진위원회 규약」제정, 발기인대회 개최 준비를 비롯하여 간결한 건립취지문의 작성-손질에 이르기까지 매사에 세심한 주의를 기울이며 그 특유의 지극정성을 다하였다.

사업의 완결까지, 언제나 남재의 뇌리를 짓누른 가장 큰 중압이 모금문제였음은 말할 것도 없고, 노인들이 중심이 되어 추진되는 사업인지라 제시간에 잘 모이지도 않고, 쓸데없는 고집을 피우며 잘 움직여주지도 않는 것이

보통이어서, 사업추진에 애로가 한두 가지가 아니었지만 남재는 참을성 있게 차근차근 일을 밀고 나간 끝에 1984년 12월 13일에는 발기인 윤보선-남덕우-박일경-방우영-김준성-이종찬-김동길-민병기 등 187명이 참가한 가운데 「월남 이상재선생 동상건립발기인대회」를 YMCA 강당에서 개최하였다. 이와 함께 별항과 같이 「동상건립추진위」 실무조직을 구성하였다(별항 「건립추진위조직」표 참조).

남재는 부회장단 인선과 분과위원회 조직에 특히 마음을 썼다. 다행히도 부회장 3인, ─ 보이스카웃 대표 김석원(金錫元), 대한교련대표 박일경(朴一慶), 조선일보사대표 방우영(方又榮)이 흔쾌히 참여하여 남재의 부담이 한결 덜어졌다. 또 최태섭(崔泰燮 : 모금), 최석채(崔錫采 : 홍보), 김석원(사업) 등이 분과위원회를 맡아준 것도 큰 힘이 되었다.

1985년 새해 들어 남재가 「월남사업」을 위해 가장 처음 행한 것은 서울시장 염보현(廉普鉉)을 만나 월남동상건립 후보지 마련에 협조해줄 것을 부탁하여 결심을 얻어낸 일이었다. 이 무렵 남재는 건립부지 물색을 위해 나강석을 대동하고 여러 지역을 답사한 끝에 3월 8일, 실행위원회(회장단 및 분과위원장-사무총장 등으로 구성)의 첫 회의를 열고, 동상건립부지로서 서울 종로의 종묘 앞 녹지광장을 건립지로 잠정 결정하였다. 이어 14일에는 해위를 앞세워 지도위원들과 함께 현지를 돌아보았다.

4월부터 남재는 본격적인 모금운동에 돌입하였다. 11일에는 전경련(全經聯) 등 경제단체의 장들을 초치하여 조찬모임을 갖고 해위와 함께 모금협찬을 부탁하였다. 이날 남재는 조각가 김경승(金景承)에게 작품제작을 위촉키로 하고 30일, 실행위원회에서 이를 확정지었다. 한편 29일에는 YMCA에 나가 회장으로서 건립기금 5백만 원을 기탁하였다.

6월 25일의 실행위원회는 동상건립비로 1억 6천만 원을 계상하고 부수사업으로 『월남연구논문집』과 청소년용 『월남선생 이야기』 등 2종의 월남관련서를 출판하기로 했다. 이를 위해서 남재는 집필자들과 오찬 모임을 갖고 좋은 글을 써달라고 당부하였다.

6월 28일부로 총모금액이 1억 3천만 원을 돌파했다는 보고를 받고서야 남

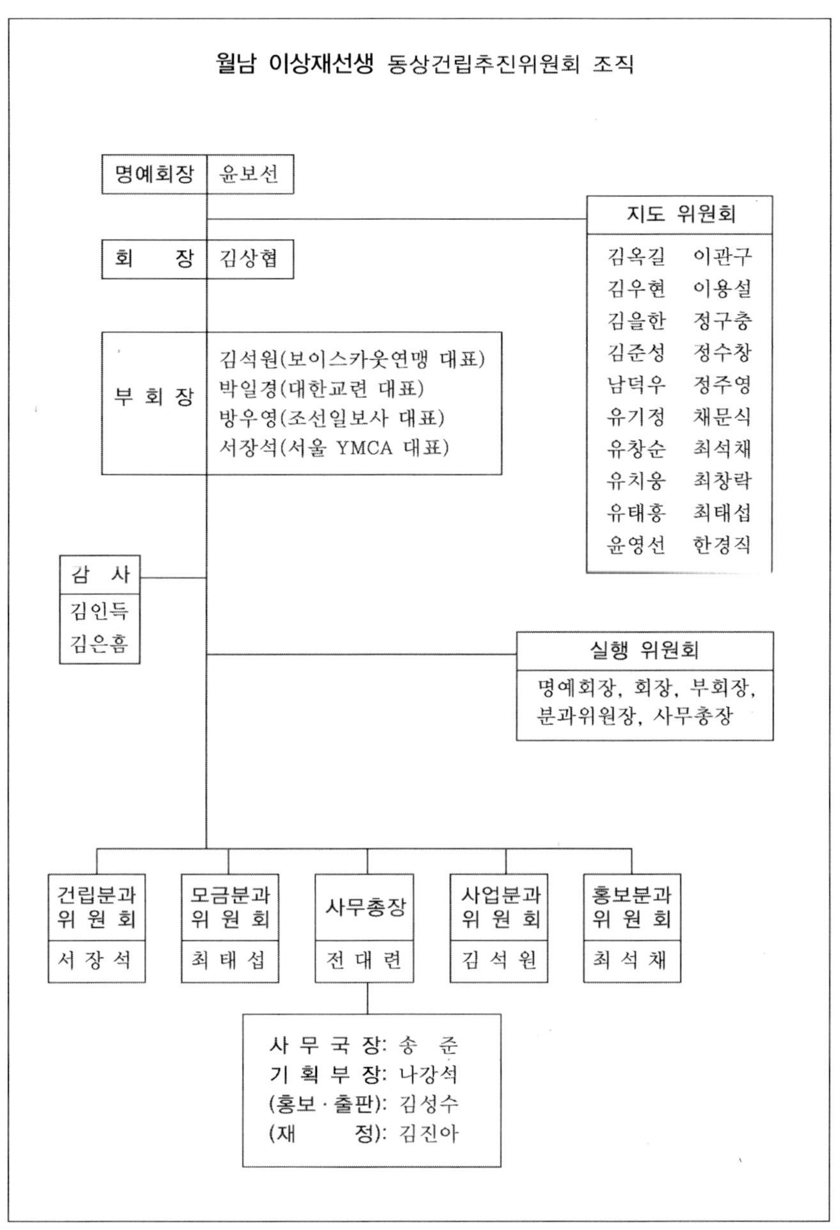

재는 비로소 사업성공을 확신하며 마음을 놓을 수가 있었다.

8월 12일, 종묘 앞 시민공원 동상건립부지에서 마침내 기공식을 가졌다. 부지면적 약 70여 평, 동상은 입상(立像)으로 높이 3.9미터, 좌대(座臺) 가로 1.8미터×세로 1.5미터×높이 3.3미터, 병풍석 높이 2.7미터에 길이 15미터 규모로 설계된 것이었다.

4월 8일 서울시의 협조로 건립부지가 확정되고, 이날 기공식에 들어가기까지, 약간의 반대 움직임도 없지 않았다. 전주(全州)이씨 종친회에서 월남 동상의 종묘 앞 건립이 열성조(列聖祖)의 존엄을 해칠 우려가 있음을 표명하고 반대건의서를 서울시에 제출하고 나섰던 것이다. 그러나 월남 동상을 종묘 앞에 세움으로써 이곳을 영원히 마르지 않는 민족애와 통일의지의 샘터가 되게 하자는 건립추진위원회의 뜻이 이해되어 큰 말썽 없이 넘어갈 수 있었다.

이 해 연말(12월 7일)에는 청소년을 위한 『월남선생 이야기』가 출간되었고, 이듬해 1986년 4월에는 월남연구논문 및 자료집 『월남 이상재연구』가 발행되어 9일 출판기념회를 열었다. 논문집필자는 신일철-신용하(愼鏞廈)-이신행(李信行)-유재천(劉載天)-이문원(李文遠)-유도진(兪道鎭)-김동길-전대련 등이었고, 월남의 논설-시문 등 유고와 각종 자료의 번역은 이민수(李民樹)가 맡아 수고하였다.

4월 10일 오후 3시, 마침내 월남 동상제막식이 종로3가 종묘 앞 시민공원 건립현장에서 많은 하객이 참집한 가운데 엄숙하고도 성대하게 거행되었다. 남재는 제막식사에서 "여기 구리빛 자세로 우뚝 서서 삼천리 강산을 굽어보시는 월남 선생께서는 오늘을 사는 우리에게 자유와 민주와 정의가 실현된 인애(仁愛)의 민족공동체를 건설해야 할 역사의 조망을 열어주고 계시다"고 말하였다.

제막식을 치르고 나서, 남재는 따뜻하고 청명한 봄 날씨를 기하여, 천하일품의 명당자리를 얻어 빼어난 솜씨로 제작된 월남 선생의 동상을 세웠으니 '극상'(極上)이라고 쓰고 마침 이날이 음력으로 3월 2일, 남재 자신의 생일이므로 경사가 겹친 셈이어서 '상지상'(上之上)이라며 "몸과 마음이 가볍다"고 그 소감을 기록하였다.[17)]

일찍이 위당(爲堂) 정인보(鄭寅普)는 월남의 <신도비명>(神道碑銘 : 1929)을 지으면서 그를 일러 가난을 근심하지 않고, 죽음을 두려워하지 않으며, 오독(五毒) 앞에서도… 나아가 피하지 않고, 거마(車馬)도 황금도 비단도 거들떠보지 않고, 성내지 않으며 농(弄)으로 물리치신… "하늘이 낸 사람"(天與鬚眉)이라 하였다.[18] 또 박승봉(朴勝鳳)은 <행장>(行狀)에서 가슴 속에 가득한 일편단충(一片丹衷)은 오로지 '조선' 두 글자뿐, 평생 동안 조선의 마음을 잃지 않았고, 살아서는 조선 사람이 되고 죽어서도 조선 귀신이 되고자 하였을 뿐이니, "공 같은 이야말로 진정한 조선 사람"(如公者眞可謂朝鮮人也)이라고 했다.[19]

당시 《조선일보》는 월남의 떠남을 애도하여, "유(儒)에서 시작하여 기독(基督)에서 마침된, 그 천하국가민생을 위한 성충은 평생을 일관한 바 이러니 선생은 거인이었다"고 평가하였다. 《동아일보》도 "… 조선이 그런 의기(義氣)를 가졌다는 것만으로, 또 조선에 그런 강의(剛毅)가 있었다는 것만으로도 공은 다시없는 스승이었고, 둘도 없는 자랑거리가 아닌가"라고 썼다.[20]

특히 민세(民世) 안재홍(安在鴻)은 "폐부를 찌르는 선생의 해학 속에는 골수에서 우러나는 분격이 잠겨 있었고, …화기융융(和氣融融)한 낙천(樂天)의 그늘에는 천지에 사무치는 비통이 숨어 있었다. 누가 해학을 해학이라고만 하며, 낙천을 낙천이라고만 하랴…"고 탄식하며 월남의 야인적인 기질을 기렸다.[21]

이렇듯 "하늘이 낸 사람"(정인보), "진정한 조선 사람"(박승봉), "성충의 거인"(《조선일보》), "의기-강의의 스승"(《동아일보》), 그리고 "해학과 낙천의 야인"(안재홍)이 바로 월남이었음을 알게 된 남재가 어찌 이 위대한 한국인 월남을 흠모하지 않을 수 있고 그를 위한 사업에 신명을 다 바치지 않을 수 있는가.

남재가 지극 정성을 다하여 「월남사업」을 완결지었음은 확실히 남재의 또 다른 애국의 일면을 보게 하는 것이나, 우리는 이 역시 어김없는 '역사의 신'의 의지와 인도였음을 미루어 짐작하며 잠시 숙연한 감회에 잠기지 않을 수 없는 것이다.

*

[추기] : 남재의 「월남사업」 참여는 회장추대 수락 당시 제시한 조건처럼 동상건립만으로 끝나지 않았다. 논문-자료집 『월남이상재선생연구』와 청소년용 『월남이

상재선생 이야기』의 출판 이외에도 1986년 정초부터 월남 좌상(座像)의 제작-봉헌 의견이 대두되어 숙의 끝에 실행위-지도위의 의결을 거쳐 1월 27일 김경승과 후속계약이 이루어졌다. 이 해 8월 제작이 완료되어 8월 26일에는 강남의 YMCA 신축건물 앞에 이 좌상을 안치하였다. 이때 남재는 이미 적십자사 총재직을 맡고 있었지만 이들 부수사업의 성공적인 완수와 결산처리, 그리고 동상건립지 확보에 힘써준 당시 서울시장 염보현을 비롯하여 수많은 협찬자들에게 감사를 표하는 번거로운 수고를 기꺼이 다하였다. 1987년 3월 28일에는 월남 60주기 추도식까지 거행하였고, KBS의 협력을 얻어 월남의 일대기를 드라마로 제작, 1988년 3월 27일 방영토록 하는 등 성심을 다하여 회무를 끝까지 살폈다.

「월남사업」을 완료하기까지 시종 실무를 맡아 남재를 지성으로 보좌했던 나강석은 남재가 절대로 일을 서두르지 않고 반드시 순리에 맞게 순서껏 절도 있게 처리하면서 상대로 하여금 편한 마음으로 협력토록 이끄는 그 원만한 업무추진 태도에서 많은 것을 배웠다고 그 시절을 회고하였다.

제4절 충전 - 재충전

총리 사임 이후 약 22개월 집에서 쉬는 동안 남재는 네 차례 외국 여행을 다녀왔다. 미국(1983. 12. 9.~1984. 1. 17.), 대만(1984. 5. 23.~30.), 독일-프랑스-이태리 및 이집트→태국(1984. 9. 23.~11. 11.), 그리고 일본(1985. 3. 23.~4. 8.) 방문이 그것이다.

이 네 차례 여행 중 미국을 제외한 나머지는 해당국 또는 관계기관의 초청이 계기가 된 케이스였고, 앞에서도 언급했듯이 쉬는 동안 그 단절-공백의 고독을 참고 기다리며 또 건강증진에 힘쓰면서 부지런히 해외여행을 통해서 견문을 넓히겠다는 당초의 결심을 실천에 옮긴 것이었다.

1. 뉴욕-LA에서 송구영신(送舊迎新)

1983년 12월 9일, 남재는 혜천과 함께 출국하여 같은 날짜(현지시간)에 뉴욕에 도착, 곧바로 뉴저지(New Jersey) 주 클리프톤(Clifton)의 아들 한(翰)가에 여장을 풀었다. 이번 미국 방문은 1차적으로는 아들 일가의 미국 생활을 보고자 한 것이었으나 그에 못지않게 1년 4개월 총리재임중에 쌓인 심신의 피로를 씻어내고 심기일전, 새로운 원기(元氣)를 얻기 위한 충전-재충전의 의미도 겸한 것이었다. 일가친척들과 고대교우들이 크게 자리를 잡고 있는 뉴욕과 LA는 남재에게 있어서 어제나 새로운 힘과 용기와 의욕을 불러일으켜 주는 든든한 배후기지이기도 하기 때문이다.

남재 내외는 연말-연시를 줄곧 아들집에 머무르면서 주로 뉴욕을 무대로 많은 사람들과 재회하여 회식도하고, 대화도 나누고 또 운동도 하면서 유유자적, 유쾌한 날들을 보냈다. 12월 11일에 있었던 뉴욕 고대교우회의 송년행사 참석은 그 대표적인 만남의 하나였다. 이날 남재는 "나날이 발전하고 있는 고대교우들이야말로 우리의 좁은 국토를 세계로 넓혀나가는 해외진출의 역군"이라고 경의를 표하고, "아무쪼록 같은 혈통의 고대 가족끼리 그 바보스럽고 끈끈한 정의(情誼)와 의리를 더욱 굳게 다져 고대인의 전통을 꿋꿋하게 지켜나가자"고 역설하여 뜨거운 갈채를 받았다.

14일에는 남재 내외와 아들 일가가 총출동 올란도(Orlando)로 날아가 17일까지 「미래공동체사회의 실험적 원형」, 즉 EPCOT(Experimental Prototype Community of Tomorrow)의 여러 전시물과 영상물들을 흥미 있게 구경하고 18일, 뉴욕으로 귀환하였다.

성탄을 전후한 연말과 1984년 연시는 뉴욕 일원의 모든 친척-친지들과 따뜻하고 넉넉한 만남의 즐거움 속에서 풍요로운 하루하루를 보냈다. 1월 6일에는 아들 한(翰) 일가와 뉴해븐(New Haven)으로 떠나, 예일(Yale)대학을 구경하였다. 유럽의 성당들과 같이 정교하고도 웅장한 건물들이 시선을 압도하였고, 내정(內庭)의 은은한 정취와 추위 속에서도 녹색의 푸르름을 잃지 않고 있는 아이비(Ivy : 담쟁이덩굴)가 너무나 보기 좋았다. 남재는 내친 김에 아들이 수업을 받던 강의동(棟)과 중앙도서관 등을 차례로 둘러보았다.

1월 7일, 남재 내외는 뉴저지의 아들 일가와 꿈 같은 한 달 간의 일정을 모두 마치고 LA로 이동, 언제나 정다운 이곳 고대교우들의 열렬한 환영을 받았다. 흉허물없는 얼굴들이 모이니 화재는 자연 남재의 총리출사(出仕)의 의미와 재임중의 여러 일들에 미치게 마련이었다. 뉴욕에서건, LA에서건 화재의 초점은 남재가 5공에 들어갈 때와 나올 때 이중(二重)으로 결정적인 기여를 했다는 점에 모아졌다.

9일, 40여 명이나 모인 LA 교우회 환영회에서 남재는 "없어진 로마제국을 비잔티움의 동로마제국이 보존한 것처럼 없어져가는 고대 정신-고대의 인간상을 이곳 LA 교우들이 보존하고 발전시켜나가자"는 뜻깊은 답사를 하여 교우들의 가슴을 뭉클하게 했다. LA에 머무는 동안 남재는 서상록(徐相祿) 등 여러 교우들과 팜스프링(Palm Spring), 산디에고(San Diego), 산타모니카(Santa Monica) 등을 차례로 밟으며 골프 회동을 즐겼고, 특히 산디에고에서는 이곳 산디에고대학을 방문한 데 이어 한인 유지들, 특히 한인 과학자들과 유익한 대화를 나누었다. 16일, 남재 내외는 LA 교우들의 환송을 받으며 귀국길에 올라 17일 하오 김포공항에 무사히 도착하였다.

2. 장경국(蔣經國) 총통과 만나다

1984년 5월 23일, 남재 내외는 중화민국 외교부의 초청을 받고 대만을 방문하였다. 24일에는 중흥대학(中興大學)을 방문한 데 이어 이날 오후 4시, 남재는 총통 장경국(蔣經國)을 집무실로 예방, 환담하였다.

남재는 그의 재취임을 경하하고 중화민국을 자유-평화-번영으로 영도할 것을 기대한다고 말하였다. 장경국은 자신의 부친 장개석(蔣介石)이 옛날 진해(鎮海)에서 이승만과 가졌던 회담을 상기하면서 서로 배우고, 서로 돕자고 말하였다.[22)]

남재의 대만일정은 대체로 부담 없는 관광으로 짜여져 섬 일대를 일주하였다. 26일에는 남부도시 고웅(高雄)을 밟는 길에 중산대학(中山大學)을 방문하였고, 또 27일에는 섬의 최남단 우란비(鵝鑾鼻)의 등탑(燈塔)을 보고 간정(墾丁)의 원시림도 구경하였다.

28일 오전, 남재는 부총통 이등휘(李登輝)를 예방하였다. 키가 크고 몸집도 큰 데다 서글서글하고 소탈한 인상이었다. 이어 대만대학과 정치대학을 방문하였고, 대만에서는 대가로 알려진 작가 7인 합작의 화조(花鳥)기념화를 현장에서 그려 받은 것은 대단한 선물이 되었다.

29일에는 우천을 무릅쓰고 화련(花蓮)에 도착, 아미족 문화관을 관람하였다. 이날 저녁 남재는 외교부차관 정무시(丁懋時)가 열어준 환영만찬회에 참석하여 "1958년 대만위기(兩岸위기 지칭)시에 위험을 무릅쓰고 이곳에 왔었고, 이번에는 한국 내에서의 말썽을 무릅쓰고 이곳에 왔다"고 밝히고, "양국의 긴밀한 관계가 무궁토록 지속-발전해나갈 것을 확신한다"고 말하였다.

대만을 떠나기 앞서 30일 아침에는 외교부장 주무송(朱撫松) 내외가 호텔로 찾아와 석별의 정(情)을 나누었다. 그는 총통 장경국이 남재 내외를 이전부터 들어서 잘 알고 있었는데 이번에 만나게 되어 대단히 기쁘게 생각하고 있다면서 총통의 작별인사도 전하였다.

5월의 1주일간 뜻깊은 대만 여행에서 돌아온 귀국소감을 남재는 "복사꽃이 천지에 가득 피었고, 가는 곳마다 제자들이 맞아주었다"고 기록하였다.[23]

3. 50일간의 5개국 순방

1984년 9월 23일, 남재 내외는 김포공항을 출발, 나리타(成田) → 앵커리지 → 함부르크 → 프랑크푸르트를 거쳐 약 19시간 비행 끝에 본(Bonn)에 도착하였다. 주한 서독대사 에거(Eger)의 주선으로 훔볼트 재단(Humboldt Stiftung)의 초청을 받고 서독 방문에 나선 김에 쉽지 않은 유럽 여행길을 보다 다채롭게 보내기 위해서 귀로에 프랑스 → 이태리 순방에다 이집트 → 태국까지 넣어 50일간의 꽉 짜인 일정을 잡았다. 이로써 남재 내외는 1984년 한 해 동안 세 번이나 해외나들이에 나섰으니 '여행복'이 터진 셈이었다.

(1) 독일 : 지방분권 – 백년대계의 나라

남재 내외의 이번 독일 방문은 훔볼트 재단의 초청인 만큼, 비용부담은 물론 영접, 안내, 차편 등 체제 중의 제반 편의제공에 이르기까지 재단이 모든 일정을 꼼꼼히 챙겨주었다.

18일간 서독에 머무는 동안 남재 내외는 수도 본을 비롯하여 쾰른(Köln), 트리어(Trier), 바덴바덴(Baden Baden), 프라이부르크(Freiburg), 콘스탄츠(Konstanz), 가르미슈(Garmisch), 라이헨 할(Reichen Hall), 그리고 뮌헨(München) 등을 방문하였다.

본에서는 훔볼트 재단 이사장 볼프강 폴(Prof. Dr. Wolfgang Paul), 연방정부 내독성장관 하인리히 빈델렌(H. Windelen) 등 많은 사람을 만나 대접을 받았다. 또 쾰른대학, 프라이부르크대학, 콘스탄츠대학, 뮌헨대학 등을 방문, 대학 행정책임자, 또는 교수들을 만나 대학운영 일반, 동서독 관계, 통독 가능성 및 대소련 관계 전반에 관한 그들의 견해와 전망을 들었다. 그들은 한결같이 독일통일의 열쇠는 비록 소련이 쥐고 있을지라도 실용주의-개방노선의 채택이 불가피한 소련은 자신의 국제적 지위의 현상유지를 위해서라도 통독을 인정하지 않을 수 없다고 내다보면서 한결같이 통일의 실현을 확신하고 있었다.

특히 이번 여행에서 남재는 새삼 독일이야말로 지방의 개성과 독자성이 강하고 지방분권이 확립된 진짜 연방국가임을 실감하였다. 대기업도 강하지만 중소기업이 더욱 튼튼한 것도 산업과 문화의 지방분산이 잘 되어 있는 분권화현상과 무관하지 않다는 것을 확인하게 되었다. 헌정의 정상화 속에서 백년대계를 세우고 이를 향해 각고분투하는 독일 국민의 근면에 남재는 다시금 탄복하여 마지않았다. 귀국 후 남재는 지방분권의 나라 독일 방문 소감을 잡지 《한국인》(1985년 2월호)에 기고하였다.

고대교우들과의 반가운 만남은 이번 여행길에서도 예외 없이 이루어져, 9월 26일 본의 한인식당 「서울」에서의 '고대인의 밤'에는 고대 출신 유학생들이 30여 명이나 모여 남재 내외의 독일 방문을 환영해주었다. 또 고대 농과대학의 장기발전계획 추진을 위하여 독일 정부의 무상원조를 끌어내는 데 결정적으로 도움을 준 전주한독일대사 사라친(Sarazin)을 뮌헨에서 만나 그의 환대를 받은 것도 남재로서는 잊을 수 없는 추억이 아닐 수 없다. 더구나 사라친은 남재와 헤어진 지 약 1년 뒤인 1986년 1월에 세상을 떠나, 이때의 해후가 이승에서는 마지막이었으니 남재 내외는 인생의 만남과 헤어짐의 덧없음을 새삼 실감하지 않을 수 없었다.

(2) 프랑스 : 세련과 노색(老色)의 나라

10월 11일 오후, 남재 내외는 파리에 도착하여 16일까지 머물면서 파리 관광은 물론 몽생미셸(Mont Saint Michel), 시농소(Chenanceau), 바비종(Barbizon) 등 북부지방을 여행하였다.

15일에는 파리의 한국인 식당「한림」에서 열린 고대교우들의 환영회에 참석, 낭만적인 파리의 밤하늘 아래서 '고대인의 만남'을 즐겼다. 남재는 닷새 동안 북불(北佛)여행에서 느낀 소감을 "가도가도 평야, 지평선만이 보이는 옥토, 유럽의 풍요로운 천혜의 노른자위의 땅… 가는 곳마다 포플러 나무가 잘 자라고 있다"고 쓰고 "독일은 패전 후 각고분투하여 새로 만들어진 나라, 불란서는 승전 후 예전 그대로의 고색창연한 노색(老色)의 나라, …인물과 역사와 문화를 자랑하고 세련을 뽐내나 생기와 패기는 떨어진다…"고 평하였다.[24]

17일부터 남재 내외는 남불(南佛) 여행길에 올랐다. 테제베(TGV) 편으로 리용역을 떠나 끝없는 평야지대를 초고속으로 달린 끝에 아비뇽(Avignon)에서 하차, 자동차편으로 님(Nimes), 아를(Arles), 액상프로방스(Aixen Provence), 마르세이유(Marseille), 칸느(Cannes), 니스(Nice), 모나코(Monaco) 등을 23일까지 1주일 동안 여행하였다.

남재는 남부지방 어디를 가나 스페인-이태리-그리스 등에서 흔히 볼 수 있는 작은 구릉들, 박토의 올리브 동산에서 왠지 그리 넉넉지 못한 인상을 받았다. 또 남부해안지방을 달리면서 호수와도 같이 잔잔한 바다를 보고, 이 지중해야말로 물길로 인류문명의 원류가 통하는 곳, 고대의 이집트-페르시아-독일-스페인-네덜란드 등 각양 각종의 문명이 이곳으로 흘러들어와 집대성하던 종합의 대호수, 문명의 용광로라는 감상에 잠겼다.

프랑스 여행에서도 많은 사람들의 환대와 배려가 있었다. 주불 대사 윤석헌(尹錫憲), 재불 고대교우회장 김영례를 비롯하여 유태호-서정호 등 많은 고대교우들과 《조선일보》 파리 특파원 신용석(愼鏞碩), 그리고 공관 관계자들의 세심한 안내와 편의제공이 있었다.

(3) 이태리 : 교황 요한바오로Ⅱ세 알현

10월 23일 로마에 도착한 남재 내외는, 이튿날 바티칸 신부 김희중(金喜中)의 안내로 교황청 도서관, 박물관, 베드로 성당 등을 돌아보고, 25일에는 로마대학을 방문, 이전과 달리 우경화-실용주의화하여 학업에 열중하고 있는 학생들의 차분한 모습을 보았다.

26일에는 주교황청대사 김좌수(金左洙)의 인도로 교황 요한바오로Ⅱ세를 알현하였다. 교황의 접견실에 이르는 긴 회랑을 걸으면서 궁실 내부의 그 어마어마한 규모와 화려의 극치를 다한 예술적 아름다움에 경탄하여 마지않았다. 교황에 대한 인상을 남재는 한마디로 "친절-다정-정결한 분"이라고 표현하였다.[25)] 교황은 한국의 발전상과 한국민의 근면성을 극구 찬양하였다.

교황을 알현하는 동안, 남재는 줄곧 5개월 전인 지난 5월 한국 천주교 200주년기념 여의도100만신도집회에서 순교자 103위에 대한 시성(施聖)의식을 집전하기 위해 내한하여 화해와 사랑, 비폭력, 노동의 신성을 강조하고, 특히 "북한 주민들과 이 기쁨을 함께하지 못해 유감스럽다"는 인사를 남기고 떠나던 TV 속의 그 모습을 떠올리며 감사하는 마음을 금할 수가 없었다.

이날 오후, 남재 내외는 밀라노(Milano)로 이동, 27일 하루 동안 산타마리아 성당에서 다빈치(DaVinci)의 「최후의 만찬」을 감상하고, 두오모(Duomo) 성당, 라 스칼라(La Scala)좌 등을 관람하였다. 이어 28일에는 르네상스의 고향 피렌체(Firenze)의 여러 유적-유물-예술품들을 살펴보고, 사탑(斜塔)의 도시 피사(Pisa), 수도(修道)성당들로 유명한 산성(山城)도시 앗시시(Assisi)를 거쳐 29일 로마로 귀환하였다.

이태리는 반도에다 산악이 많아 우리 나라와 흡사하면서도 대평원이 시원하게 펼쳐져 있고, 가는 곳마다 귀중한 인류문화유산들이 널려 있어 세계의 관광-휴양지로서 얼마든지 잘 살아갈 수 있는 행복한 나라임을 재삼 실감할 수 있었다. 이번 이태리 여행에서도 이곳 공관 관계자들과 고대교우들의 배려와 환대가 있었음은 물론이다.

(4) 카이로에서 → 방콕으로

10월 30일 오후 남재 내외는 카이로에 도착, 31일부터 카이로 일정에 들어갔다. BC 2600여 년경에 건조된 제4왕조기의 피라미드들(1, 2, 3호), 태양

범선, 스핑크스, 예수의 은신처, 모하메드 알리 모스코, 국립박물관 등을 관람하였고, 나일강도 유람하였다.

11월 2일에는 룩소르(Luxor)로 날아가 석조신전의 126개에 달하는 거대한 열주(列柱)들의 장관을 경탄, 또 경탄하며 구경한 후 카이로로 돌아왔다. 3일에는 다시 배로 나일강을 도하하여 택시로 제왕들의 계곡에 이르러 람세스(Ramses)의 묘소들, 여왕의 신전, 메논(Menon)의 거대석상들을 살펴보았다.

남재는 카이로와 룩소르를 오가며 한없는 하늘과 사막의 그 무한대-무시간-무공간 속에서의 무변화, 무풍경, 무차별의 경이를 체험하면서, 이와 같은 완전불모 속에서는 그저 모든 것을 최대한 크게 만들지 않고는 무엇인가 만들었다고 느껴지지 않기 때문에 그처럼 거대한 석상, 신전, 석묘들을 건조하기 위하여 거대한 구상, 거대한 창조의 노력과 노예들의 그 무한희생이 강요된 것이 아닌가 유추해석하며, 그것을 만든 사람들의 후예는 과연 누구이며, 지금 그들은 무엇을 하고 있는가를 곰곰이 생각해보았다. 아울러 이 모든 유물-유적들이 그토록 오랜 세월을 잔존할 수 있었던 것은 비바람 없는 이 지역의 건조한 기후 때문일 것이라는 생각도 했다.

11월 6일, 경이 속에서 이집트 관광을 마친 남재 내외는 애초에 잡았던 인도 일정을 취소하고 방콕으로 날아갔다. 10일까지 5일간의 태국일정 중 옛 수도 아유드다야(Ayudthaya)와 여름이궁(離宮) 방파인(Bang-Pa-In) 관광, 그리고 남재 내외의 방문을 계기로 8일 열린 고대교우와 연세동문 합동 '고-연 우정의 밤'은 태국여행 중 가장 잊을 수 없는 추억의 선물이 되었다.

11월 11일, 남재 내외는 50일간의 결코 짧지 않은 5개국 여정을 무사히 마치고 귀국하였다.

4. 일본 : 그 단절 없는 연속 - 일관성의 저력

1985년 3월 23일, 남재 내외는 고려대학교 자매교인 와세다대학의 초청을 받고 출국, 25일 동교 체육관에서 열린 졸업식에 참석하였다. 사회자와 총장 니시하라 하루오는 와세다대학 명예법학박사요 고려대학교 명예총장이며 대한민국 국무총리를 역임한 김상협 선생이 부인과 자리를 함께하고 계시다고 단상의 남재를 정중히 소개하였다.

남재는 무엇보다 식장을 가득 메운 8,000여 학생들이 단정한 복장의 정좌한 모습, 간소한 의식, 특히 3절까지 우렁차게 교가를 제창하는 그 엄숙한 분위기에서 일본의 진지함을 새삼 실감하면서 한국 대학들의 난장판 졸업식과 비교되어 마음이 어두웠다.

26일의 졸업축하 리셉션에서 남재는 뜻밖에도 야마구치고교시절의 지도교수 다나카 타이조(田中泰三 : 독일어 담당)와 뜻깊은 해후를 했다. 이날 남재는 인사말을 통해 "… 일본의 자유-번영-평화-진보에 많은 공헌을 해온 와세다대학과 한국의 자유-독립-발전-진보에 역시 공이 많은 고려대학이 교류와 협력을 강화하고 우의와 친선을 더욱 발전시켜 양국관계증진에 함께 힘써나가자"고 말하여 큰 호응을 받았다.

도쿄 체재중 남재는 야마구치고교 2년 후배 탁기춘(卓基春 : 도쿄 大田區 거주, 개업의)의 안내로 동경대학 구내를 돌아보고, 차기총장 모리(森亘)와도 만나 환담하였다. 또 혜천은 28일 오전 수상관저에 초대되어 나카소네(中曾根) 부인과 반갑게 재회하였다.

3월 29일부터 4월 8일까지 11일 동안 남재 내외는 고속철 신칸센(新幹線) 편으로 남하하여 오사카(大阪) → 야마구치 → 하기(萩) → 후쿠오카(福岡) → 구마모토(熊本) → 미야자키(宮崎) → 가고시마(鹿兒島) → 나가사키(長崎) 등지를 철도로 또는 자동차로 여행하였다.

오사카에서 남재 내외는 일본 방적업의 선구적 기업의 하나인 도요보(東洋紡績) 회장 부처의 만찬대접을 받았다. 도요보는 남재가 동경대학 졸업 후의 첫 근무처였던 이토츄(伊藤忠)계 구레하(吳羽)방적을 인수한 그 후신으로서 남재의 구레하방적 오마치(大町)공장시절 동료사원들이 아직도 이 회사에 남아 근무하고 있다는 놀라운 소식을 들었다.

3월 31일 남재가 야마구치고교시절 이토고메(糸米)의 옛 하숙집(塩見宅)을 찾았을 때, 45년 전 이 일대의 농촌 모습은 간 곳이 없었지만 하숙업은 여전히 계속하여 남재 내외는 옛날의 그 하숙방을 둘러보며 지난날을 회상하였고, 집을 나설 때는 주인과 하숙생 함께 기념촬영까지 할 수 있었다.

이날 저녁에는 동기생 하라(原), 미쓰이(三井), 다나카(田中), 하야시(林) 등 20여 명에 달하는 야마구치고교 출신들이 이곳에서 이름난 음식점(米山莊)에 모여 환영연을 베풀어주었다. 남재는 근 반세기만에 만나는 동창들과 청춘이 난무하던 정열의 고교시절, 그 잊지 못할 추억을 더듬으며 밤이 가는 줄 모르고 이야기의 꽃을 피우다 대취하였다.

이튿날 4월 1일에는 '메이지유신' 태동의 땅 하기(萩)에 가서 모리(毛利)가 죠슈(長州)번의 죠카마치(城下町)에 들러 당시의 무가(武家)와 어용상인 '옥부(屋敷)지대'의 백벽(白壁)들을 흥미롭게 살펴본 후, 요시타 쇼잉(吉田松蔭) 등 당시 젊은 유신주역들의 고옥들도 들러보았다.

4월 5일 가고시마(鹿兒島)에 가서는 조선 도공의 후예(14대손) 심수관(沈壽官)을 만나 "흑색 옹기(甕器)의 혁명적 개발로 한민족의 정기를 살려야 한다"는 뜻깊은 이야기를 들었고, 나가사키(長崎)에 가서는 천주교 순교성지(聖地)를 찾아보기도 했다.

이번 여행에서 남재는 무엇보다 일본의 단절 없는 지속성을 재인식하였다. '쇼와(召和) 60년'(1985년 기준)이 그 단적인 예증이라고 생각하였다. 쇼와 연간은 만주사변을 시발로 → 중일전쟁 → 태평양전쟁으로 이어지는 패전기였고, 그 이후의 계속된 정치적 격동에도 불구하고 쇼와 일황은 그 무엇도 책임지는 법 없이 여전히 그 위를 보존해왔다. 우리 같으면 10공화국까지는 족히 정권의 전변과 부침이 있었을 일이었다. 또 일본 천주교의 포교 - 순교가 우리보다 250년이나 앞섰다는 사실에서, 남재는 일본의 서양문물 접촉-수용이 그만큼 빨랐고, 섬나라라는 지리적 이점에 힘입어 큰 걱정 없이 장기간에 걸쳐 점진적으로 서양문화를 섭취할 수 있었으니 일본이 길러온 그 점진적 지속성과 토착적 소화력, 그리고 유(有)에서 유(有)로 가는 그 축적과 개량의 단절 없는 연속성, 일관성에 경탄과 아울러 부러움을 금할 수가 없었다.

특히 남재는 "작은 것이 아름답다"는 '축소지향'의 일본 의식을 구미 제국의 그것과 비교하면서, 우리의 지향의식을 생각하였다. 미국은 '큰것'(Great)을 선(善)으로, 독일은 견고(Steady)를 제일로, 또 영국은 신중-서행(Slow)을, 프랑스는 세련(Refine)을, 소련은 힘(Power)을, 그리고 중국은 인내와 기다림(Waiting)을 진선미의 자기 특질로 삼고 있는 것이 아닌가.

그렇다면 우리는 무엇인가… '빨리빨리'(Fast)가 그것일 수는 없지 않은가…, 남재의 사색은 여기까지 이어졌다.

4월 8일 오후, 남재 내외는 후쿠오카(福岡)에서 KAL 편으로 1시간 비행 후 2주 남짓의 일본 여행을 마치고 김포공항에 도착하였다.

[추기] : 이번 유럽 3국 순방과 이집트, 태국, 대만, 일본 여행의 상세한 내용은 김인숙 저, 『세계를 돌아보고』(정우사, 1986)에 여실히 묘사되어 있어 본 절에서는 남재의 여행감상 중 주요 대목만을 간추려 소개한 것이다.

◇

• 제17장 〔주〕

1) 『남재일기』 1983년 10월 14일자.
2) ≪동아일보≫ 1983년 10월 13일자.
3) 『남재일기』 1983년 10월 15일자.
4) ≪동아일보≫ 1983년 10월 16일자.
5) 『남재일기』 1983년 10월 15일자.
6) 『남재일기』 1983년 10월 16일자.
7) ≪중앙일보≫ 1993년 3월 5일자., 박보균, <청와대 비시설>
8) 『남재일기』 1983년 10월 17일자.
9) 『남재일기』 1983년 10월 16일자.
10) 『남재일기』 1984년 2월 2일 및 7일자.
11) 『남재일기』 1984년 5월 20일자.
12) 『남재일기』 1984년 10월 9일자.
13) 『남재일기』 1984년 4월 18일, 5월 12일, 23일, 6월 23일자 참조.
14) 『남재일기』 1984년 7월 13일자.
15) 나강석(羅康石)의 회고(2000년 10월 9일).
16) 월남 이상재선생동상건립위원회 편, 『월남이상재연구』(路출판, 1986) 및 『민족문화대백과사전』(정신문화연구원) 등 참조. 남재가 월남동상건립위 회장으로서 펴낸 이 책에 수록된 연구논문들(신일철, 김동길, 유도진, 전대련 등) 및 연보에는 월남이 3·1운동의 정신적 배후로서 활약한 것으로 서술되어 있으나, 신용하(愼鏞廈)의 『한국민족독립운동사연구』(을유문화사, 1985), p.239에는 월남이 운동에는 찬성하나 고령에 병중이어서 민족대표 교섭에 불응한 것으로 밝히고 있다.
17) 『남재일기』 1986년 4월 10일자.
18) 앞의 『월남이상재연구』, pp.404～433.
19) 위와 같음.
20) 위와 같음.
21) 위와 같음.

22) 『남재일기』 1984년 5월 24일자.
23) 『남재일기』 1984년 5월 30일자.
24) 『남재일기』 1984년 10월 16일자.
25) 『남재일기』 1984년 10월 26일자.

제18장 : 비산(非山)-비야(非野)의 중립지대에서

제1절 대한적십자사 16대 총재취임

1. 임명-취임 의미

1985년 8월 5일 오후, 보사부장관 이해원(李海元)이 혜화동 집으로 찾아왔다. 그의 용건은 대한적십자사(이하 '한적' = 韓赤) 총재직을 맡아달라는 것이었다.

한적의 총재직이 "국민의 존경을 받는 명예직"이라는 것은 보사부장관의 권고설명이 아니라도 이미 익히 알고 있던 터라 남재는 긍정적으로 생각해보겠다고 답한 뒤 주위 사람들의 의견을 물으니 "정치-종교-사상을 초월하여 인간고난의 경감을 위한 자발적 봉사활동체이므로 아주 좋다"고 이구동성으로 대찬성을 하였다. 그 중에서도 누구보다 이 직을 열렬히 반긴 사람은 혜천이었다.

혜천은 일찍이 1962년부터 한적의 부녀자문위원으로 출발, 동위원회 위원장(1978~1980)을 역임하였고, 명예위원으로서 줄곧 열성적으로 활동하여 봉사상까지 수상한 바 있으니 이 제의를 환영하는 것은 당연했다. 또 남재가 적십자운동에 대해서 이미 일정한 이해와 인식을 가질 수 있었던 것도 혜천의 봉사활동을 옆에서 지켜볼 수 있었기 때문이었다. 게다가 남재 자신도 한적 총재직이 윤보선, 최두선, 이호(李澔) 등 거물급 원로들로 이어져, 그 누구에게나 자기 이력관리에 결코 흠결이 가지 않는 자리라는 데 마음이 자연스럽게 움직였을 것으로 짐작된다.

7일 오전, 남재는 총재직 수락의 의미로 한적 본사에 요건서류 일체와 사진을 전달하였다. 이날 저녁부터 남재의 한적 총재 내정소식이 보도되기 시작하였다.

언론들은 남재의 한적총재 임명의 의미를 대체로 두 가지 측면에서 분석하였다. 첫째는 오는 8월 27일 평양에서 열리는 남북적십자 회담을 앞두고, 남재야말로 학자로서의 성가와 국무총리를 지낸 관록으로 보아 북에 내세울 만한 남쪽의「얼굴」로서 대표성을 갖는 최적임자라는 것이요, 둘째는 5공정권의 위기수습에 남재가 두 차례나 결정적으로 기여한 데 대한 배려로서의 예우의 뜻도 담겨 있다는 풀이였다.[1)]

그러면서도 다른 한편으로는 그 어떤 직임보다도 더욱 고도의 정치력이 요구되는 자리가 어쩌면 이 시점에서의 한적 총재직일 수도 있음을 강조하면서 남재의 역량이 이번에는 더욱 유감없이 발휘되어 남북적십자 회담장에서 주목할 성과를 이끌어내기를 기대한다는 논평을 덧붙이기도 잊지 않았다.

12일 오전 10시, 남재는 남산소재 한적 본사 대강당에서 제16대 총재로 취임하였다. 이 자리에는 제2대 총재를 역임한 해위 윤보선도 격려차 참석하여 자리를 빛내주었다. 남재는 취임사에서 적십자운동의 인도주의 정신과 적십자인들이 견지해야 할 겸허한 자세를 강조하고 민족분단의 고통과 이산의 아픔을 덜어주는 데 헌신할 것을 역설하였다.

이어 남재는 기자들과 만난 자리에서 한적이 역점을 두어야 할 사업은 사회의 전면에 화려하게 자기를 드러내는 것이 아니라 소리 없이 조용히 일을 추진하면서 이산가족문제를 풀어나가는 견인차가 되는 것이라고 지적하고, 이산가족의 아픔을 덜어주자는 순수한 동기에서 출발한 남북적십자회담이 그 동안 정치문제까지 개입되어 진전이 더뎌졌다고, 1971년 8월에 시발된 적십자회담의 진행과정을 진단하면서, 앞으로는 순수한 적십자정신에 입각하여 남북이산가족은 물론, 중공-사할린 동포문제까지 풀어나가는 데 최선을 다하겠다고 한적 총재 취임포부를 밝혔다.[2)]

2. 남북간 인적 교류의 서막을 열다

(1) '동상이몽'(同床異夢)

남재의 한적 총재 취임은 그 시기가 공교롭게도 남북적십자사 양측이 민간차원의 인적 교류를 실현하기 위해서 한창 바삐 돌아가던 시점이어서 '운명적'이라는 느낌이 들 정도로 각별한 의미를 갖는다고 할 것이다.

8월 22일 오전, 판문점 중립국감독위원회 회의실에서 열린 제3차 남북적십자실무대표회담에서 남북적 양측은 고향방문단과 예술공연단 각 50명, 취재기자와 지원인원 50명, 각기 도합 150명씩(인솔대표 1명, 총 151명 규모)의 방문단을 오는 9월 20일부터 23일까지 3박4일간 서울과 평양에 동시교환 방문케 한다는 데 최종 합의를 보았다. 이와 같은 인적 교류의 추진은 당초 지난 5월 서울에서 열린 제8차 남북적본회담에서 원칙적으로 합의를 본 것이나 그 동안 방문단 규모와 방문지 문제를 놓고 난항을 거듭한 끝에 이번 3차 실무회담에서 규모를 대폭 줄이고 방문지도 서울과 평양으로 국한하는 선에서 어렵게 타결을 본 것이다.

이에 대해서 세론은 분단 40년만에 처음으로 민간인의 남북월경(越境)이 실현된다는 점에서 비록 소규모의 제한된 지역방문일지라도 남북관계의 새로운 이정표가 될 것으로 기대하며 획기적인 성과로 평가하였다. 남재는 역사적 동상이몽(同床異夢)이 때로는 예기치 않은 좋은 기회와 기적을 창조하는 예가 얼마든지 있듯이, 남북간의 동상이몽도 잘만 진행되면 통일의 밑거름을 만들 수 있을 것으로 바라 마지않으면서, "오월동주(吳越同舟)라도 꽃피고 새 우는 가능의 신천지에 도달할 수만 있다면야 오죽이나 좋겠는가"라고 그 간절한 소망을 기록하였다.[3)]

8월 26일 아침 7시 40분, 남재는 남산의 한적 본사 현관 앞에서 평양으로 떠나는 한적 대표단 84명(수석대표 李榮德)으로부터 출발인사를 받았다. 9시 반, 대표단은 판문점을 거쳐 개성에서 열차를 타고 오후 1시 20분 평양에 도착하였다.

이틀날 27일, 제9차 남북적십자 평양회담이 개막되었다. 남재는 삼청동 남북대화사무국에 가서 통일원장관 박동진(朴東鎭)과 함께 회담실황을 TV로 시청하였다. 북적측은 전쟁방지, 민족단합, 평화통일 등 고답적인 발언만 되풀이하였다.

28일에는 부담 없는 학생체육행사라며 우리 대표단을 모란봉 경기장으로 안내하고는 고도로 훈련된 10만여 북한주민들이 참집한 가운데 어린 인민학교 학생들까지 포함한 5만여 학생들이 벌이는 군사훈련 및 김일성 숭배 집체행사 관람을 유도하여 우리 대표단이 30분만에 퇴장해버리는 예기치 않은 사태가 벌어졌다. 이에 대해서 북측은 10만여 평양시민과 5만여 학생들을 보욕했다고 사과를 요구하였고, 우리측은 약속위반이라고 맞서 평양본회담은 성과없이 끝나고 말았다. 이로 인해 9월에 있을 고향방문단과 예술공연단의 남북상호교환방문까지 무산되지 않은 것만도 다행이라고 해야 할 것이었다.

29일, 대표단 일행은 갈 때처럼 열차 편으로 평양을 떠났다. 개성부터는 자동차로 갈아타고 판문점을 통과, 오후 3시 한적 본사에 도착하였다. 남재는 수석대표 이영덕으로부터 귀환보고를 받았다.

모란봉경기장 퇴장에는 찬반 양론이 엇갈려 뒷말이 무성하였다. 수석대표는 곤혹스럽더라도 끝까지 참아내려 했으나 일부 젊은 대표들의 독촉에 떠밀려 하는 수 없이 퇴장한 것으로 밝혀졌다. 대표단 내부의 상하좌우 통솔-전달체계가 제대로 서 있지 않아 의사소통이 잘 안 된 듯이 보였다. 이 사태를 놓고, 일부 자문위원들은 △ 우선 모란봉경기장에 이끌려 간 것부터가 실무진의 실수였고, △ 수석대표의 사전 양해 없이 중도 퇴장해버리는 무질서-무체계를 노정하였고, △ 퇴장 이후에도 북측의 역공을 예상, 여기에 대비해두지 않은 실수가 거듭되었다고 분석-전언하였다.

그렇다고 이번 회담의 성과가 전무한 것은 아니었다. 진의가 어떻든 간에 북측은 이번 사태를 통해서 자기 사회의 동원체제적 호전성을 스스로 폭로하였고, 평양이야말로 김일성 일인을 숭배하고 기념하기 위해서 꾸며놓은 영화 세트장 같은 유령의 도시임을 가릴 수는 없었기 때문이었다.

(2) 평양땅을 밟다

1985년 9월 20일, 남재는 이산가족 고향방문단과 예술공연단 남측 인솔자로서 마침내 단절의 땅 평양을 방문하게 되었다. 비록 일찍부터 소망했던 '평양민선시장'이 되기 위한 북행은 아닐지라도 남재가 한적 총재로서 분단 40년만에 이산가족들의 재회와 민간인 교류의 서막을 열기 위해 평양땅을 밟게 되었다는 것은 남재의 생애에 있어서 큰 의미를 갖는 것이었다.

떠나기 1주일 전, 남재는 평양방문용 성명 몇 가지(판문점 및 평양 출발-도착성명 등)를 용의주도하게 준비하였다. 15일 오후에는 제자들이 남재의 역사적 평양행을 환송하는 선유회(船遊會)를 열었다. 이 자리에는 이세기, 홍일식, 박명환, 구종서(具宗書), 박종열(朴鍾烈), 이창희(李昶熙) 등이 참석하였다.

또 17일 오전에는 청와대에 들어가 대통령에게 북행인사를 하였다. 이 자리에서 대통령 전두환은 88서울올림픽의 성공적인 개최와 평화적 정권교체의 실현을 위해서 어떤 형태로든 남북대화가 반드시 필요함을 강조하였다. 이날 저녁에는 통일원장관 박동진, 안기부장 장세동(張世東)과 만찬회동을 갖고, 평양방문과 관련 요담을 나누었고, 18일 오후에도 국무총리 노신영(盧信永)을 예방, 북행인사를 했다. 이날 남재는 해외동포 모국방문후원회(이하 '모방' 후원회) 회장에 피선되어 임원들과 오찬회를 가진 데 이어 오후에는 남북이산가족 고향방문단 발단식과 축하 리셉션에 참석, 격려의 인사를 했다.

9월 20일(금) 8시, 남재는 초가을비가 부슬부슬 내리는 속에서 방문단 150명과 함께 한적 본사를 떠나 9시 판문점에 도착하였다. 남재는 판문점을 통과하기 앞서 평양방문단 인솔자로서 출발성명을 발표하였다. 남재는 이 성명에서 "우리의 평양방문은 인도주의 실현을 갈망하는 지구촌 전체의 경사이며 민족의 평화역량을 전세계에 과시한 쾌거"라고 밝히고, "그토록 고대해온 재회의 기쁨을 억누르고 고향에 한 발 앞서가는 행운을 우리에게 넘겨준 1천만 이산가족에게 심심한 위로의 말을 드린다"고 말하였다.[4)]

이어 중립국 감시실에서 북적위원장 손성필(孫成弼)과 상견례를 나눈 후,

자동차로 개성까지 가서 열차 편으로 갈아타고 북적상무위원 서성철(徐成哲)과 동승하여 어색한 대화를 나누며 1시 20분경 평양에 도착하였다. 역마다 차창 밖으로 보이느니 김일성 초상화요, 남측 방문단을 태운 열차를 바라보는 북한주민들의 표정은 냉랭하였다.

이날 오후 4시, 남재는 북적사무소를 예방한 후 평양도착성명을 발표하였고, 여기서 <오늘의 평양>이라는 영화를 관람하였다. 7시부터는 인민대궁전에서 북적중앙위원회가 열어주는 환영만찬회에 참석한 후 평양 고려호텔에 유숙하였다.

21일(土) 오전 9시, 남재는 이종률(李鍾律) 북적단장을 만나 인사를 나누었다. 그는 남재와 수인사를 마치기가 무섭게 '반공'-'승공'이란 글자가 찍힌 선물을 북쪽 사람들에게 주었다고 비난하였다.

가족상봉은 11시부터 시작되었다. 남측 고향방문단에는 천주교 원주교구장 지학순(池學淳), 전내무부장관 홍성철(洪性澈)이 포함되어 있었고 예술공연단에는 김정구(金貞九), 김희갑(金喜甲), 하춘화(河春花) 등이 들어 있었다. 남재는 홍성철이 북쪽의 누님과 상봉하는 장면을 지켜보면서 눈시울을 적셨다. 11시 반부터는 「인민대학습당」을 구경하였다. 남재는 그 규모가 한마디로 과분하다는 느낌밖에 들지 않았다. "참으로 통 큰 사람들"이라고 남재는 그 소감을 기록하였다. 3시부터 5시까지는 평양대극장에서 서울예술단의 화려한 공연이 있었다. 이어 5~7시까지 「어린이궁전」에서 어린이들의 공연을 관람한 후 북측 예술인협회장이 주최하는 만찬에 참석하였다.

22일, 이날은 마침 일요일이라 새벽 6시부터 숙소인 고려호텔 소회의실에 마련된 예배소에서 신-구교 신자들의 예배와 미사가 있었고, 9시부터는 가족상봉이 재개되었다. 10시부터는 평양지하철을 타고 광복역-건설역-황금벌역 등을 돌아본 후, 오후 내내 2·8문화회관 공연관람, 산원(産院)시찰, 역사박물관, 교예(巧藝) 등을 차례로 구경하였다.

23일(월) 아침 8시 반, 남재는 방문단 일행을 이끌고 평양역을 출발, 정오에 판문점 중립지대에 도착하여 서울 방문을 마치고 돌아온 북적위원장 손성필과 다시 만나 고별인사를 나누었다. 곧 이어 「자유의 집」에 도착한 남재는 기자회견을 갖고, 국민들에게 귀환인사를 했다.

평양을 떠나기 앞서, 고려호텔로 찾아온 북적단장 이종률과 작별 인사를 나누면서 "도시계획은 사회주의방식이 좋고, 경제개발은 국민 자발로 이루어지는 자본주의방식이 좋다"고 말한 것이 남재가 이번 평양 방문길에서 남긴 가장 기억되는 의미 있는 메시지가 아니었나 생각된다.

남재가 평양 방문에서 돌아온 후, 사람들은 한동안 '방북소감'을 묻는 것이 인사였고, 남재 또한 이를 들려주기에 주저치 않았다. 북한에서 남재가 좋게 본 것은 인민과 함께 하고 있는 군중 속의 대형 김일성화(畵), 인민대학습당, 2·8문화회관 등이었고, 섬뜩하고도 처량하게 느낀 것은 도처에 널려 있는 김일성 만수무강기원 표지들, 그리고 가장 언짢았던 것들은 황폐한 산야와 경지정리가 안된 조야한 들판이었다. 이러한 것들을 보면서 남재는 우리에게 주어진 과제를 다음 두 가지로 정리하였다.

첫째로, 남북 사이의 이질성과 동질성의 갈등과 고뇌를 풀어나가기 위해서 장기적 안목으로 동질성을 늘려나갈 수 있는 모든 올바른 방도를 강구하는 데 온 힘을 기울이고, 둘째로, 남북통일은 결코 포기되거나 체념될 수 없다는 인식하에서, 통일로 가는 중간단계로서 동서독 방식의 공존-교류-협력에 도달할 수 있도록 서독처럼 남쪽이 월등한 경제적 실력을 쌓아 북쪽을 많이 도와줌으로써 통일의 기반을 넓혀나가는(積善之家必有餘慶) 자세와 신념으로 노력해야 한다는 것이었다.

(3) 제10차 남북적서울회담 (1985. 12. 3.~5.)

12월 2일, 북적 대표단 일행은 이튿날 열리는 제10차 남북적십자회담 참석을 위하여 서울에 도착하였다. 이날 저녁, 남재는 쉐라톤워커힐에서 북쪽 대표단에게 환영만찬을 베풀었다.

3일 10시, 예정대로 제10차 남북적십자서울회담 제1차 회의가 같은 장소에서 개막되었다. 우리측은 구정(旧正) 고향방문단 교환을 새로 제안하였고, 북측은 자유왕래를 주로 하되, 그렇지 못한 사람은 적십자 또는 그 대리인이 대신 생사를 확인토록 하자는 등 비현실적 제의로 맞섰다.

4일 10시부터 열린 둘째날의 회의에서는 북쪽의 "자유왕래" 우선토의 주장과 남쪽의 5개안 종합토론 선행주장이 맞서 끝내 타협을 이루지 못한 채 1986년 2월 26일 제11차 평양회의로 모든 것을 미루고 폐회되었다. 따라서 구정고향방문 교환제의는 북측에 의해 거절되고 만 것이다.

결국 남북 양측은 이번 회담에서 어떤 결실을 맺으려고 만난 것이 아니라 처음부터 서로 '시간 죽이기'(Time Killing)만을 작심하고 맞부딪친 셈이었다. 남재는 남쪽이건 북쪽이건 모두가 참으로 끈질기기는 마찬가지라는 사실을 절감하였다.

5일 오전중, 북쪽 대표단은 다음 회담만을 기약한 채 3박4일 일정을 모두 끝내고 북으로 돌아갔다. 남재 재임중의 남북적회담은 이것으로 끝이었다. 이후 후속회담은 열리지 않았다.

3. 국제적십자사연맹(IFRC) 회의 참가

평양 방문 약 3주 후인 1985년 10월 19일, 남재는 제네바에서 열리는 국제적십자사연맹(The International Federation of Red Cross and Red Crescent Societies ; 약칭 IFRC) 회의에 참가하였다. 취임과 더불어 남재는 한적 활동의 국제적 연대강화를 필수의 중점과제로 설정하고 그 실행을 위해서 총재가 직접 국제무대에 나서야 할 필요성을 절감하였던 것이다.

인도주의를 이념으로 하는 국제적십자운동은 이산의 비극과 군사적 대치의 영속적 긴장 속에서 살아온 한민족의 분단의 고통을 덜어주기 위한 과업에 그 관심을 지속적으로 집중시켜야 하며, 한적은 이를 위해서 가능한 모든 노력을 경주해야 한다는 것이 남재의 기본인식이었다. 더구나 국제적십자운동은 북쪽에서도 이를 매우 중시하고 국제적십자사회에서 자기의 입지를 다지는 데 총력을 기울여오지 않았던가. 따라서 남재의 연맹회의 참석은 이상과 같은 노력의 구체적 실천으로서 국제적십자인의 세계에서 우선 지면을 넓혀나가는 작업이 되는 것이다.

국제적십자운동(International Red Cross and Red Crescent Movement)은 크게 국제적십자위원회(ICRC)와 국제적십자사연맹(IFRC)으로 구성되며, 국제적십자위원회 16개국과 국제연맹산하 176개 국별적십자사(NRC) 및 적신월사(赤新月社 : Red Crescent)로 망라되는 국제적십자회의(International Con-

<도 IV-②>

국제적십자의 구성

적십자는 인종과 국적, 종교, 정치적 견해의 차별 없이, 인간의 생명을 보호하고, 고난과 고통을 덜어주기 위하여 130여 년 동안 인도주의를 실천해온 국제기구로, 현재 176개국이 활동하고 있다. 국제적십자는 국제적십자위원회, 각국 적십자사 및 적신월사, 그리고 이들의 연합체인 국제적십자연맹으로 구성되어 있다.

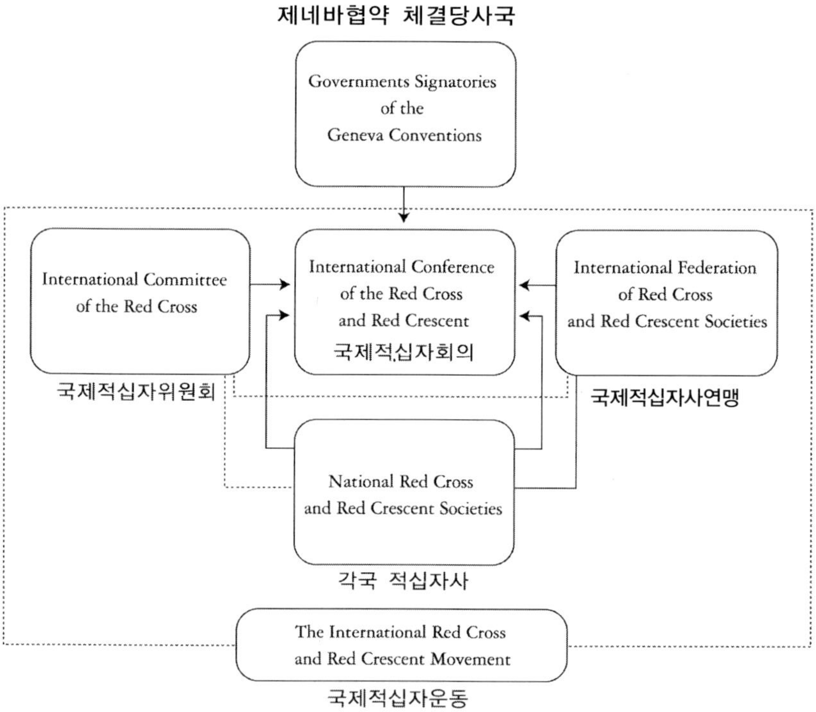

ference)로 집약된다(별항 <도 IV-②> 참조).

여기서 국제적십자운동의 탄생과정과 그 운동의 역사, 업적 등을 일일이 살펴볼 겨를은 없다. 다만 이 운동이 인종과 국적, 종교와 정치적 이념을 초월하여 내전, 또는 국제전 등 무력분쟁시에는 군-민을 불문하고 희생자의 인명 구조와 보호 및 이산가족재회 등의 사업을 전개하고(국제위원회), 평화시에는 각종 재해로 발생한 이재민구호활동을 비롯하여 보건-혈액-청소년사업 및 각종 봉사활동을 광범하게 펴고 있는(국제연맹) 국제적 인도주의 실천운동이라는 이해 정도는 꼭 필요한 사전지식이 될 것이다. 참고로 국제적십자운동의 7대 기본원칙을 소개하면 별항과 같다(별항 박스 기사 참조).

남재가 이번에 참석한 회의는 연맹(IFRC) 총회로서 매 2년마다 열리도록 되어 있다. 남재는 회의개막 1주일 전인 13일 혜천과 함께 출국, 파리(10월 14일) → 뮌헨(15일)을 거쳐 앙카라(Ankara)와 이스탄불(Istanbul)에 17일까지 머물면서 터키 적신월사의 활동상황을 돌아본 후, 18일 오후 제네바에 도착하였다.

19일 오전에는 연맹회의장에 나가 참가등록을 하였다. 여기서 북적 대표 서성철, 오문환 등을 만나 반갑게 인사를 나누었다. 그들은 이번 총회에서 남북이 함께 연맹집행이사에 출마하지 말고, 회의발언도 부드럽게 하자고 제의하였다. 이날 저녁 남재는 연맹총재 데 라 마타(De la Mata) 부처를 초대하여 만찬을 대접하였다. 이 자리에는 제네바대표부 대사 박근(朴槿)도 동석하였다. 데 라 마타는 연맹운영의 경제성-효율성 제고를 위하여 분권화(Decentralization)가 이루어져야 한다고 강조하였다.

20일에는 9시부터 총회본회의에 참석하였다. 데 라 마타의 개회사, 국제위원회(ICRC) 총재의 축사 등이 있은 후 의사일정을 원안대로 통과시키고 오후부터 각국대표의 발언이 7시까지 계속되었다. 국제적십자회의에 처음 참석한 남재의 눈에 이날 본회의의 광경은 돈벌이하는 사람들(경제인)이나 힘잡으려는 사람들(정치인)의 회합과는 달리 사랑과 봉사를 내세우는 사람들의 모임이어서 그런지 어딘지 모르게 원기가 부족한 모습으로 비쳐졌다.

21일, 본회의 첫 발언자로 나선 북적의 박동춘은 불어로 북한적십자사의 국내사업 소개와 더불어 남한의 수재에 구호물자를 보냈다고 보고하고, 현재 남북적십자회담이 순조롭게 진행중임을 강조하였다. 이어 이집트, 알제리, 콜롬비아 대표순으로 발언이 있은 뒤, 남재는 다섯번째로 등단하여 지난달 평양에서 있었던 이산가족 재회의 역사적 성과에 대해서 다음과 같이 연설하였다.

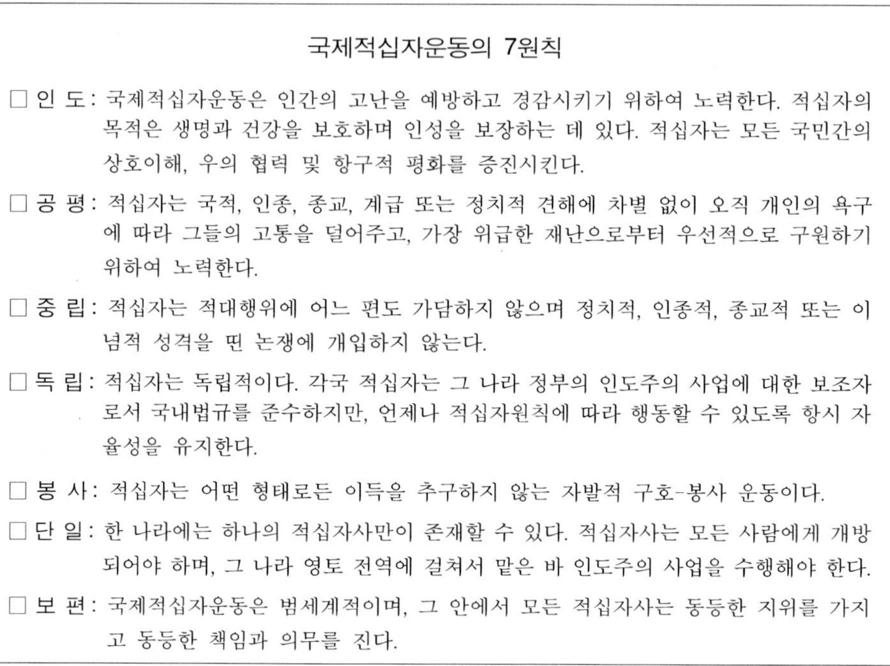

국제적십자운동의 7원칙

□ 인 도 : 국제적십자운동은 인간의 고난을 예방하고 경감시키기 위하여 노력한다. 적십자의 목적은 생명과 건강을 보호하며 인성을 보장하는 데 있다. 적십자는 모든 국민간의 상호이해, 우의 협력 및 항구적 평화를 증진시킨다.

□ 공 평 : 적십자는 국적, 인종, 종교, 계급 또는 정치적 견해에 차별 없이 오직 개인의 욕구에 따라 그들의 고통을 덜어주고, 가장 위급한 재난으로부터 우선적으로 구원하기 위하여 노력한다.

□ 중 립 : 적십자는 적대행위에 어느 편도 가담하지 않으며 정치적, 인종적, 종교적 또는 이념적 성격을 띤 논쟁에 개입하지 않는다.

□ 독 립 : 적십자는 독립적이다. 각국 적십자는 그 나라 정부의 인도주의 사업에 대한 보조자로서 국내법규를 준수하지만, 언제나 적십자원칙에 따라 행동할 수 있도록 항시 자율성을 유지한다.

□ 봉 사 : 적십자는 어떤 형태로든 이득을 추구하지 않는 자발적 구호-봉사 운동이다.

□ 단 일 : 한 나라에는 하나의 적십자사만이 존재할 수 있다. 적십자사는 모든 사람에게 개방되어야 하며, 그 나라 영토 전역에 걸쳐서 맡은 바 인도주의 사업을 수행해야 한다.

□ 보 편 : 국제적십자운동은 범세계적이며, 그 안에서 모든 적십자사는 동등한 지위를 가지고 동등한 책임과 의무를 진다.

"…주지하는 바와 같이 지난해 9월 북적(北赤)으로부터 보내준 인도적 선물은, …(남북간) 화해의 분위기를 조성하고 한반도에서의 적십자의 이미지를 바꾸는 데 이바지하였다. …양측은 서울과 평양에서 각기 단장들의 인솔하에 151명으로 구성된 방문단이 4일간 동시에 상호교환방문을 시행하기로 합의하였다.

나 자신도 지난달 평양에서 1945년에 한반도가 분할된 이래 최초로 이산가족들이 재회하는 극적이고 감격적인 순간들을 지켜보았다." — 초역 필자 — 5)

남재가 발언을 마치고 하단하자, 연맹 총재 데 라 마타는 남재에게 다가와 특별히 치하의 인사를 건넸다. 이날 5시부터 실시된 연맹총재선거에서 데 라 마타는 압도적인 표차로 재선되었다.

22일, 남재는 국제적십자위원회(ICRC)를 예방, 총재, 부총재, 아시아 담당 등을 만났다. 24일 저녁에는 제네바 대표부 직원들을 만찬에 초대하여 노고를 치하하였다. 대회 마지막날인 25일 오후, 앙리 듀낭(Henry Dunant)상 시상식을 참관하고, ICRC 훈련센터를 돌아본 후, 6시 폐막식까지 남재는 6일간의 전회의 과정을 빠짐없이 참석하였다.

26일, 북적 관계자들이 인터콘티넨탈호텔에서 유럽 공산주의자들과 <한반도 평화통일을 위한 세미나>를 연다고 아침부터 부산을 떠는 모습을 뒤로 하고 남재 일행은 이날 10시 제네바를 떠나 파리 → 앵커리지를 거쳐 27일 김포공항에 도착하였다.

[추기] : 남재는 총재 2기 6년 재임(1985. 8.~1991. 8.) 중 네 차례 국제적십자연맹회의에 참가(1985, 1986, 1989년 제네바 회의 및 1987년 브라질 리우 회의)하였고, 터어키 적신월사 방문(1985. 10. 15.~17.)을 시발로 21개국 적십자 또는 적신월사를 방문, 세계 각국의 운동실태를 직접 시찰-견문하였다. 또 연맹총재 마리오 비야로엘(Mario Villarroel) 등 수많은 세계 적십자인들의 방문을 받고, 또 그들과 교유하며 한민족이 겪고 있는 이산의 고통과 분단의 비극에 대한 이해를 높이는 데 힘썼다. 남재가 이 과정에서 얻은 견문과 체험의 기록들은 한 권의 책을 엮고도 남을 분량이나 지면관계로 그 상세한 소개는 후일을 기약하고자 한다.

제2절 쇄신의 새바람; "스스로 번쩍 깨어나라…"

1. 종합진단-1차평가

총재취임 초기, 남재는 적십자운동의 인도주의 원칙에 따라, 남북관계의 숨통을 트고자 목하 추진중에 있는 남북적십자회담과 고향방문단 및 예술공연단의 상호교환방문 등 숨돌릴 사이 없이 밀어닥친 민족적 대사업 때문에 온통 정신을 여기에 쏟느라고 한동안 적십자 본연의 업무파악은 오히려 뒤로 미뤄야 할 지경이었다.

남재가 나름대로 적십자운동의 성격과 본질에 대한 현실적 이해를 끝낸 것은 취임 후 한 달 가까이 시간이 지난 뒤였다. 남재는 적십자운동의 특색을 우선 무색-무취, 비승(非僧)-비속(非俗), 비산(非山)-비야(非野), 비감(非甘)-비고(非苦), 비여(非與)-비야(非野)라는 지극히 중립적인 개념으로 보았다.

그리하여 남재는 그것을 생수(生水)나 공기처럼, 맵지도 짜지도 않고, 약(藥)도 독(毒)도 아니요, 적과 동지도 엄격히 구별하지 않는, 진짜 맹물과 같은 영양수(營養水)라고 아주 재미있는 표현으로 그 성격을 규정지으면서, "그저 평범한 사람들의 일상적인 인도주의 실천운동"이라고 1차적으로 평가하였다.

남재는 한적의 당면현실을 다소 지나치다 하리만큼 혹평하였다. 남재는 적십자운동이 겉으로는 인도주의정신에 입각하여 사랑과 봉사를 앞세우며 거창한 운동을 전개하여 '인정 있는 사회건설'에 이바지하고 있는 것으로 보일지 모르지만, 실제로는 무엇보다 빈약한 재정에, 결코 사회의 엘리트층이라고 할 수 없는 평범한 사람들이 모여 이럭저럭 큰 열의 없이 안주하며 장기근무할 수 있는 은거처(隱居處)와 같은 느낌을 지울 수 없었던 것이다.

한적이 직면한 이와 같은 어두운 현실을 직시하면서 남재는 무엇보다 먼저 한적의 사업과 활동 전 분야, 한적산하 13개 시도지사(支社)들을 망라한 전체조직에 대한 종합진단을 시급히 실시하고, 이를 기초로하여 적어도 내년(1986) 초까지 △종합처방의 수립, △새로운 수입재원의 개발-확충, △병원운영의 종합개선, △타성에 젖은 각종 활동과 행사의 과감한 탈피-정리, 그리고 △1949년에 제정된 조직법의 낡은 틀을 재정비할 것 등을 선결과제로 제기하였다.

남재는 매주 초에 열리는 본사 부장회의에서 이상과 같은 종합진단, 종합처방수립의 시급성을 지적하며 혁신의 새바람을 일으킬 것을 강조하였다. 1985년 9월 10일부터 서울지사를 필두로 이듬해 1월까지 행한 총재의 시도지사 연차대회 참석을 겸한 초도순시는 단순히 업무파악을 위한 것이 아니라 바로 종합진단과 종합처방수립을 위한 기초작업의 일환이었음은 말할 것도 없다.

남재는 시도지사 순시에서 지방적십자병원과 혈액원 등을 방문하고 많은 적십자인들과 지방유지들을 만나 대화를 나눌 수 있었다. 각 지사들의 병원-혈액원 운영실태는 한결같지는 않았으나 빈약한 실정이었고, 병원운영을 포기한 지사들도 여럿 있었다. 어려운 여건 속에서도 모두가 열심히 일해보려고 노력하는 모습이 한편으로는 애처롭기도 하고 또 한편으로는 흐뭇하기도 했지만, 대부분이 많은 문제점을 노정하고 있었다. 지사장들은 주로 빈약한 재정과 통제되지 않는 지사 사무국장들의 전횡 등을 문제점으로 호소하였다. 병원운영의 가장 큰 공통적 애로는 우수한 의료인력 확보가 어려운 점이었다.

특히 이번 순시과정에서 남재는 만나는 사람들마다 평양에서 보고 느낀 점을 말해주고, 앞으로 남북간의 동화접근을 위해서 우리는 동질성을 강조하는 데 그칠 것이 아니라 적극적으로 새로운 앞날의 동질성을 창조-축적하여 북쪽으로 하여금 그 새로운 동질성에 따라 오도록 유도해나가는 새로운 구상이 있어야 한다고 말하면서 중공의 실용주의적 개혁과정을 그 실례로 제시하였다.

2. 꿀 치지 않는 꿀벌들

1986년 정초를 맞이하여 남재는 적십자인으로서 첫 신년하례식을 가졌다. 남재는 축하의 인사말에서 "남북으로 갈라진 6천만 민족이 지난날의 동질회복과 앞날의 새로운 동질창조를 통해서 이질보다 동질이 훨씬 많은 진짜 평화통일의 바탕을 하나하나 구축하게 될 것"을 낙관하며 다 같이 축배를 들자고 격려하였다.

1월 20일과 21일 이틀 동안, 남재는 대통령을 비롯하여 국무총리, 국회의장, 대법원장 등 3부의 수장들을 차례로 예방하여 적십자회비를 직접 수령하였다. 총재의 이와 같은 회비수령은 적십자운영재정이 국민성금으로 조성됨을 상징하는 것으로 해마다 연초에 행해졌다. 또 이것은 모든 적십자인들이 국민 앞에 투철한 사명의식으로 주어진 과업완수에 분투-노력할 책무를 지고 있음을 뜻하는 것이기도 하다.

그런데 현실은 어떠한가. 남재가 총재에 취임하여 지난 4개월 동안 살펴본 한적(韓赤)의 실상은 도무지 자극 없고 변화 없는 사시장춘(四時長春)의 휴양지대인지, 아니면 사시장몽(四時長夢)에 빠져 있는 기력 없는 무풍지대인지 실망스럽기 짝이 없는 것이었다. 또 그곳은 사회의 엘리트를 자처하는 특출한 인간들의 치열한 생존경쟁의 장이 아니라 그저 중간 정도, 보통사람들의 무경쟁사회가 되다 보니 보수도 적고 도약의 기회는 별로 없지만 세월 가는 줄 모르고 속편하게 안주(安住)하기 꼭 알맞은 안전지대였기 때문이다.

남재는 연중 항시 꽃이 피는 상춘(常春)의 나라에서는 벌들도 꿀을 치지 않는다는 이야기가 상기되었다. 언제나 어디를 가나 꽃가루와 꿀을 머금은 꽃들이 지천인데 굳이 애써 그것을 모으려고 노동을 할 필요가 없기 때문이라고 한다. 한적의 풍토가 바로 이렇듯 아무리 나태해도 살아갈 수 있는 사시장춘의 땅으로 변질해버린 것이 아닌가 심히 우려되었다. 그러니 적십자정신의 선구성은 흐려지고, 그 독자적 성격도 엷어져 타성에 젖고, 관례적 행사의 되풀이에 자족하는 낡은 회고집단으로 퇴화해버리고 만 것이 아닌가 걱정하지 않을 수 없었던 것이다.

그리하여 남재는 한적의 새로운 「사업연도」가 개시되는 4월을 맞아 적십자사 전직원에게 참으로 뼈아픈 자기반성과 자가질책을 담은 격려의 메시지를 다음과 같이 전하였다.

— 사시장춘 안일-나태에 빠져 무기력-타성에 흐르지 말고 항상 자기비판 자기편달을 계속하자! 이를 위해서 엄동설한(嚴冬雪寒)을 자진설정, 필리핀의 꿀 치지 않는 꿀벌처럼 되지 말자!
— 모든 사업과 행사에 미래지향적인 내용과 창조적이고도 기발한 착상을 가미할 줄도 알자! 원래 적십자운동은 엉뚱한 미래창조의 꿈에서 시작되었음을 항상 상기하자!
— 모든 적자사업을 흑자운영으로 개변시키자!
— 인사의 정상화, 재무의 정상화, 사업의 정상화를 기하여 적십자운동을 정상운영의 궤도 위에 올려놓자!

남재가 적십자인들에게 이처럼 엄동설한의 자진설정을 촉구하며 인고-단련의 분투를 강조하여 마지않은 것은 안팎으로 경쟁 없고, 감독 없이 제멋대로의 태평성대(太平盛代)를 구가하다 보니 자잘한 문제들이 쌓이고 쌓여 안으로 곪다 못해 밖으로까지 터져버리고 마는 사태에 직면했기 때문이다. 이 즈음에 적발된 일부 지사들의 공금유용 등 경리부정사건은 그 단적인 예에 불과한 것이었다.

게다가 사업-인사-재무관리 등 업무 전반에 조직체계상 중앙에서는 사무총장, 지사에서는 사무국장 중심으로 이루어지다 보니 이들의 전단(專斷)-전횡(專橫)이 어느덧 적십자운동의 발목을 잡는 만만찮은 부조리로 성장해 있었다. 3월 중순의 어느 날, 사무총장으로부터 본사 부장급 인사이동 초안을 받아본 남재는 그 무원칙한 독단에 그만 놀라지 않을 수 없었다. 또 곧 이어 4월 초순에 받아본 과장급 인사 역시 무원칙에 제멋대로이기는 마찬가지였다. 이를 계기로 한적 직원들의 인적 배경을 면밀히 검토해보니 1급 간부의 경우 쓸만한 재목감은 드물고 그 사람이 그 사람일 뿐이라 도리 없이 낡은 고목들만 가지고 이리저리 돌려써야 하는 실정이었고, 과장급에 대학 출신이 절반도 안 되는 사실을 확인하고는 한적의 앞날을 심히 우려하지 않을 수 없었다.

이와 같은 사실은 한적이 그 동안 인력수급에 엄성을 기하지 못하고 외부의 입김에 휘둘려 정실-특혜인사로 일관해 왔음을 반증하는 현상으로밖에 달리 해석이 안되는 것이었다. 숭고한 인도주의 이념의 구현을 위해서 국민성금으로 존립-운영되는 가장 투명하고 깨끗해야 할 「봉사집단」이 이처럼 많은 문제점을 안고 있다는 것은 실로 개탄하여 마지않을 일이었던 것이다.

3. 서울적십자병원의 난맥상

1986년 1월 하순의 어느 날, 남재는 서울적십자병원 의사들의 야간개업문제를 놓고 한적과 보사부 간에 오고간 공문서를 읽고는 새삼 놀라지 않을 수 없었다. 보사부는 야간개업의사를 퇴출시키라는 데 여기에 한적측이 보류-유예로 맞서는 내용이었다.

도대체 의사들의 겸업을 엄금한 지가 언제 적의 일인데 적십자사와 같은 공기관에서 자기병원 의사들의 야간개업을 그 동안 용인해왔을 뿐만 아니라 여전히 그 허용입장을 고집하고 있다니… 남재로서는 도저히 이해가 가지 않는 일이었다. 아무리 적십자병원이 관영도 민영도 아닌 주인 없는 무주물

(無主物)이요, 아무도 권한이 없고 누구도 책임을 지지 않아 허공에 떠 있는 존재인줄은 진작부터 알고 있었지만 이렇게까지 제멋대로 굴러가는 줄은 이 공문서를 보고서야 비로소 실감할 수 있었기 때문이다.

남재는 이미 취임 초부터 서울적십자병원의 난맥상을 전해듣고 그 실태를 다각도로 파악하고 있었다. 서울병원의 운영은 한적사업 중에서도 큰 비중을 차지할 뿐만 아니라 경영이 낙후되어 일대 개혁과 쇄신을 통한 시설과 경영의 현대화가 당면 최대의 급선무임을 알게 된 것이다. 이 과정에서 야간 개업의가 무려 8명이나 된다는 사실도 밝혀냈다.

남재는 서울병원의 현대화를 추진하려면 큰 재정이 소요되고 부채의 발생이 불가피하여 그 부담을 줄이기 위해서는 경영의 합리화가 선행되어야 한다는 인식하에서, 우선 병원의 중추적 기능을 담당하고 있는 18개 진료과장들을 1월 22일부터 24일까지 3일간 개별적으로 면담, 의견을 청취하였다. 28일에는 서무-보험-원무-관리과장 및 기획실장 등 관리책임자들을 만났고, 29일에는 검사실 등 6개 부-실의 기술책임자들을 차례로 면접한 후, 병원 구석구석을 살펴보고 병원 대지의 쓰임새까지 꼼꼼히 검토하였다.

이상과 같은 면담을 통해서 남재는 '적십자'라는 이름으로 행해지는 불합리한 일들이 너무나 많다는 사실을 확인하였다. 즉, 인도주의의 적십자이념을 값싸게 남용하고, 그 박애정신을 악용하는 사례가 비일비재한 것이다. 진료비의 비현실적 책정은 봉사의 차원에서 용인될 수 있다고 치더라도, 감원도 할 수 없고, 징계도 할 수 없고, 환자 유치도 할 수 없는…, 그야말로 경영의 합리화를 가로막고 직원들의 사기를 떨어뜨리는 그 무수한 낡고 부정적인 관행들의 제약 속에서 적십자병원이 새롭게 거듭나기를 기대한다는 것은 무리였던 것이다.

개혁과 수술은 이제 더 이상 미룰 수 없는 당면 최대 급선무라고 생각하던 차에 적십자병원이 그 동안 일부 의사들에게 요순지세(堯舜之世)의 예외지대로 존재해왔음을 일러주는 이와 같은 문서가 남재의 눈에 띈 것이다. 그렇다고 남재는 소리가 밖으로 새어나갈 정도로 요란하게 개혁에 손을 댈 수도 없는 노릇이었다. 적십자병원의 난맥상이 세상에 알려지면 적십자운동의 이미지를 흐리고 그 앞길에 커다란 장애요인으로 작용할 것이 우려되었기 때문이다.

그러나 어찌되었건 병원의 이 난맥상을 그대로 방치하고는 총재가 병원의 현대화 추진을 위해서 백방으로 협조와 협력을 구할 명분이 서지 않을 뿐만 아니라 그 자체가 자기기만이요 국민을 우롱하는 결과밖에 아무것도 아닌 것이다. 남재는 그 동안 청와대를 위시하여 보사부, 재무부 등 관계 요로에, 그리고 금융계의 유력한 고대 제자들까지 동원하여 병원개혁에 요구되는 재원조달을 위해서 융자알선-금리인하 등 가능한 모든 혜택을 얻기 위해 노력해오지 않았는가!

그리하여 남재는 야간개업의들에게 겸업청산 통고의 단안을 내리는 한편, 이제까지 쌓아온 긍정적인 요인들을 계속 살려나가되, 부정적인 요소들은 과감하게 개선-추방하며, 인센티브제를 확대하여 직원들의 사기를 진작시키는 등 쇄신의 새 바람을 일으켜 나갔다. 또 병원장을 경질하고 병원운영의 흑자기조를 달성하도록 격려하며 집요한 관심과 독려로써 개혁을 밀고 나갔다. 또 개혁의 효율을 높이고 개선의 폭을 넓히기 위해서 전문가들의 객관적인 자문을 광범하게 청취하였다.

예컨대 자문에 나선 경희대동서의료원장 김종렬(金鐘烈)은 적십자병원을 △특색 있고 중점을 갖는 '전문병원'으로 점차 개조해나가고, △의학계의 권위 있는 퇴직교수를 다수 초빙하고, △일일환자 보고체제의 도입 등 관리의 철저와 효율성 제고에 주안을 둔 개선방안을 제안하기도 했다.

1986년 7월 23일, 남재는 서울병원 시설현대화 추진의 일환으로 본관 신축기공식을 가졌다. 이어 9월 26일의 전국병원장 회의에서는 의료환경의 급격한 변화에 따른 치열한 경쟁 속에서 인력구성으로부터 시설, 기술, 재력면에서 뒤쳐지는 적십자병원이 살아남기 위해서는 △적십자 본연의 봉사정신을 발휘하여 심신 양면에서 환자의 고통을 치료한다는 자세를 가다듬고, △병원의 개설은 철저하게 입지조건을 고려하여 배치하고, △소아과-산부인과 위주, 혈액관계 의료치중, 재활의학 중시 등 특성화 방향으로 병원을 개조-개척해나가면서, △국민헌금을 아껴쓴다는 마음으로 경비절약에 힘쓰자고 역설하였다.

1986년을 마감하는 종무식에서 남재는 참으로 의미심장한 격려사를 했다. 남재는 다사다난했던 지난해의 일들을 ①아주 잘된 일, ②아주 잘못된 일, ③고무적인 일, ④유감스러운 일, ⑤속시원한 일, ⑥섭섭한 일 등 여섯 가지로 분류하여 회고하였다.

남재는 첫째로 헌혈참가인구의 증가 등 혈액사업의 신장, 대구-광주-인천 혈액원의 신설-개원을 아주 잘된 일로 들었다. 둘째로 일부 지사의 사무국장과 예하 과장들 간의 반목-불화 등 하극상의 표면화, 일부 지사 경리직원의 공금유용사실의 적발과 이를 은폐해온 상급자들의 빗나간 온정 등 각종 비리를 아주 잘못된 일로 제시하였다. 셋째로 백령도(百翎島) 백령병원의 정부보조에 의한 대대적 개축, 서울병원의 현대화 추진과 이를 위한 정부지원 확보 및 야간개업의 문제의 정리-청산 등을 고무적인 일로 꼽았다. 넷째로 일부 부실누적 병원들의 개선처리 지연과 무책임성을 유감스러운 일로 지적하였다. 다섯째로 서울대 법대교수인 사위 송상현에게 부탁했던 「대한적십자사 조직법 개정안」의 완성을 속시원한 일로 거론하였다. 그리고 끝으로 남북적십자회담 및 고향방문단 상호교환의 중단을 섭섭한 일로 들었다.

이처럼 좋은 일, 궂은 일들이 교차하는 속에서도 1986년의 적십자사업이 대체로 순조롭게 진행되어 좋은 성과를 거둘 수 있었던 것은 오로지 국민들의 변함 없는 성원과 전체 적십자임직원 및 봉사자들의 헌신적인 노력이 있었기 때문이라고 그 노고를 치하하면서 정부의 지원에도 감사를 표하였다.

남재의 이상과 같은 회고와 평가는 당시 한적의 현주소를 참으로 진솔하게 파헤친 자가비판적 연간결산이라는 점에서 이 나라 적십자운동사의 귀중한 증언이라고 하지 않을 수 없다.

4. 수재현장을 돌아보고

총재취임 3차년도인 1987년을 맞이하여, 남재는 한적의 새해사업과 활동에 편려(鞭勵)의 끈을 계속 조여나갔다. 1월 5일의 시무식에서는 1987년이 △ 평화적 정권교체의 실현, △ 88올림픽준비의 최종마무리, △ 흑자경제의 지속-정착, △ 실력안보를 바탕으로 한 남북간 평화공존-평화통일의 계기 마련을 위해서 대단히 중요한 해가 될 것이라고 전망하였다.

그러나 성격이 다른 4대과업을 동시에 달성해야 한다는 것은 우리의 새해

부담이 그만큼 크다는 것을 의미한다고 풀이하면서, 이러한 국가적 진운에 보조를 함께해야 할 적십자인들의 새해과업으로서 △ 인사-재무-사업 등 관리부문의 정상화, △ 병원-혈액원 등 모든 사업체의 흑자기조달성("많이 벌어서 많이 쓰자…"), 그리고 △ 인화단결을 지적하였다. 특히 사랑과 인도의 실천을 사명으로 하는 봉사단체 적십자에서 인화가 이루어지지 않는다면 그것은 스스로 자기존립의 기반을 무너뜨리는 결과가 된다고 남재는 강조하여 마지않았다.

이 해 7월 1일, 마침내 서울적십자병원의 현대화 추진의 상징 본관 신축공사가 완료되어 준공식을 거행하였다. 이 자리에서 남재는 서울병원이 꼭 50년만에 재탄생-새출발을 하게 되었다고 그 준공의 의미를 부여하였다. 또한 출발초기 이 병원의 국내 랭킹은 적어도 3위 안에는 들었는데 50년 사이에 상승은커녕 13위, 23위로 형편없이 뒤떨어졌고, 병상(病床) 1,000베드를 자랑하는 평양적십자병원에도 미치지 못하는 규모여서 안타깝게 생각해왔는데 이제 이번에 새로운 시설이 완성되고 현대화가 진행되어 제자리를 찾게 되었으니 마음이 후련하다고 그 소감을 피력하였다. 아울러 남재는 이제부터는 물적 시설은 물론 인적 봉사정신의 현대화까지 달성하는 것이 남은 과업이라고 덧붙였다.

이달 11일부터 태풍 셀마호가 북상, 장마가 지기 시작하여 15일부터 홍수피해가 났다. 22일에는 충남 논산-강경-부여-서천지역에 하루 600밀리미터가 넘는 집중폭우가 쏟아져 금강(錦江)유역이 범람, 인명피해만도 150여 명을 넘었다고 보도되었다.

남재는 즉시 적십자구호비축금을 풀어 우선 모포-간이복 등 재해민들이 당장 필요로 하는 구호물자를 구입, 현지에 내려보냈다. 26일 남재는 수해현지에 도착하여 공주봉사회관, 논산수재민수용소, 서울병원의료봉사현장, 강경(江景) 황산대교, 부여군 의료봉사현장들을 차례로 순시하고 밤 11시가 넘어서 귀가하였다.

27일에는 서울-경기지방에도 폭우가 쏟아져 전체 수재민은 총 6만여 명에 달하는 것으로 집계되었다. 28일, 남재는 역시 서울-경기 수재지역을 찾아가 봉사대원들의 구호활동을 독려하였다. 현장을 돌아보면서 남재의 마음은 시종 우울하기 그지없었다. 남재의 마음을 어둡게 만든 것은 다른 무엇보다 그 피해의 참상 못지않게, 이재민들이 '사랑의 구호활동'에 감사하는 것이 아니라 당연시할 뿐만 아니라 오히려 한술 더 떠서 한풀이-원풀이나 하겠다는 식으로 나오는 그 비뚤어진 자세였다.

게다가 여러 기업체와 언론사들이 저마다 구호에 나선답시고 무분별하게 구호물자를 쏟아부어 낭비가 심한 데에다 주인 없고 어른 없고 방향 없는 무질서를 부추겨 언짢은 마음이 가시지를 않았다.

또 남재는 이제 치산치수(治山治水)는 선진국형의 국토계획-도시계획-산업계획의 큰 테두리 속에서 50년, 100년을 내다보며 새로운 사회발전과 상황변화에 부응하는 항구적 대책을 수립할 때라는 점에도 생각이 미쳤다. 그리하여 한적의 수재구호 활동도 이와 같은 견지에서 △ 각 시도 수재대책본부에 반드시 참가하고, △ 적십자병원과 적십자봉사단체들의 인적-물적 기동력을 강화하고, △ 적십자 고유의 도덕적이고 인도적인 관심과 배려를 다하는 봉사방식을 개발하고, △ 긴급구호무선연락망(아마추어 무선사조직)을 확충하고, △ 구호물자와 구호방식의 근본적인 개선(인적-물적 구호는 정부와 사회에 맡기고 적십자는 사랑과 용기를 심어주는 방향으로 전환)이 있어야겠다는 결론을 내리고, 이에 따른 구체적 방안을 수립하라고 부장회의에서 지시하였다.[6)]

10월 30일에는 기다리던 적십자조직법 개정안이 국회를 통과하였다. 남재는 '개정법'이 한적의 무궁한 앞날을 위해 그 재정수입을 △ 회비, △ 국가-지방자치단체의 보조, △ 수익사업 등으로 다원화-자주화시켰다는 데 장점이 있는 것으로 자부하였다. 이 법이 통과되기까지 남재는 김중위(金重緯)-이재환(李在奐)-조남조(趙南照) 등 여당의 중진의원으로 활약중인 고대 제자들로부터 음양의 지원을 받기도 했다.

1987년은 나라로 보나 남재 개인으로 보나 시련과 액운이 겹친 참으로 힘든 한 해였다. 국가적으로는 박종철 고문치사사건(1월), 호헌(護憲) 대 개헌론의 첨예한 대립(5월), 6월민주화항쟁과 6·29선언 논란(6월), 태풍 셀마호의 내습과 금강유역 범람(7월), 대통령직선제 국민투표(10월)에 이은 6공의 성립, 그리고 북한공작원 김현희에 의한 KAL기 폭파사건(11월) 등 고난과 진통이 끊이지 않았다.

또 남재 개인에 있어서도 약전(藥田) 김성식(1월)과 현민 유진오의 타계(8

월), 전북 고창 해리농장 등의 무상양도를 요구하는 임차경작인들의 무법적 폭력난동과 이 과정에서 당한 참기 어려운 곤욕과 수모(5~9월), 현민빈소사건과 인촌 묘소 이전문제대두(9월) 등의 시련과 불운이 겹쳤다.

1987년을 보내면서 남재는 종무식에서 "…87년은 심히 어지러운 해, 어려운 해, 무서운 해였다"고 회고하였다. "격동과 격변, 혼미와 혼동, 한치 앞을 내다볼 수 없는 단절과 파탄직전의 한 해였으나, 아슬아슬하게 대통령 직선절차로 겨우 평화적 정치질서의 길을 찾아내어 다행스럽기 그지없다"고도 평가하였다. 이러한 소란과 곤난 속에서도 적십자만은 "한치의 동요도 없이 각자가 차분히 소임을 다하였으니 이는 적십자 기본원칙에 충실한 보람이라고 생각하며 새삼 적십자정신의 고귀함을 재인식하고 모든 적십자인들에게 경의와 아울러 감사를 표한다"고 치하하였다. 그러나 적십자 내부에는 "여전히 과거의 타성대로 무비판-무반성-무기력의 나태한 기풍이 사라지지 않고 있음을 지적하지 않을 수 없다"고 지석하며 분발을 촉구하였나.

제3절 "무병장수(無病長壽)의 힘을 기르자"

1. 제17대 총재 중임

「88서울올림픽」이 열리는 1988년은 남재에게는 한적총재 1차임기가 만료되는 해였다. 바야흐로 국가경제가 흑자로 돌아서고, 올림픽의 성공적인 개최를 계기로 경제뿐만 아니라 정치-사회-문화 등 전 분야에 걸쳐 전면적 흑자기조의 실현은 물론 민족의 평화공존-평화교류-평화통일까지 내다볼 수 있게 되는 '흑자시대'를 맞이하여, 남재는 한적의 새해사업과 운영에도 이 같은 시대적 추세에 부응하는 성취와 도약이 이루어지기를 바라 마지않으면서 흑자재정의 달성을 새해의 목표로 제시하였다.

1월 15일에는 작년 11월에 있었던 KAL기 폭파사건 전모에 대한 정부발표가 있었다. 1983년 10월의 미얀마 아웅산 폭발 테러를 재현한 가공-전율할 북한의 또다른 만행사건이었다. 이에 한적은 19일자로 국제적십자연맹(IFRC) 총재와 국제적십자위원회(ICRC) 총재 앞으로 북한의 KAL기 폭파 테러를 규탄하는 전문(電文)을 각기 보냈다. 이 전문에서 남재는 한적 총재 자격으로 "115명의 승객과 승무원을 태운 KAL기의 공중폭파사건이 북한의 지령에 의해 자행되었다는 데 충격을 받았다. …희생자 유가족과 대한민국의 이름으로 평화애호 세계인들에게 그러한 악의의 테러 행위를 규탄한다. 아울러 이러한 비극이 다시 일어나지 않도록 재발방지에 함께 협조-노력해줄 것을 호소한다"고 밝혔다.

5월에 들어서면서 서울적십자병원에 노조가 설립되어 한적에도 '노조시대'가 도래하였다. 또 7월에도 부산혈액원과 서울지사 순으로 노조가 결성된데 이어, 과연 이달 25일에는 본사 사무총장을 비난하는 노조성명이 나와 27일, 감독청인 보사부가 그 진위조사를 요구하고 나섰다. 이것은 적십자활동 전반이 이제부터 비정부기구(NGO)나 노조의 영향하에서 국민적 감시를 받으며 수행되어야 하는 등 한적 80년사상 일찍이 없었던 새로운 시대적 환경변화에 직면하게 되었음을 의미하는 것이었다.

세계적으로 적십자의 노조발생은 새삼스러운 일이 아니다. 또 노조가 긍정-부정, 어느쪽으로 기능하게 될지 그 귀추를 속단하기는 어려우나 자극제가 되고 훌륭한 감시역할을 할 수 있다면 그 이상 바랄 바 없는 것이었다. 그러나 남재로서는 한적과 같은 무풍지대, 해이한 풍토에서 자칫 그것이 적십자인들의 의식의 분열과 집단이기주의적 대립을 결과하는 등 순수 적십자 정신과 그 운동의 이미지를 흐려 놓을 수도 있음을 십분 우려하고 또 경계하며 노조활동의 선도를 강조하지 않을 수 없었다.

사실 적십자의 모든 활동이 노조의 유무에 관계없이 명실상부 적십자이념 구현에 부합되어야 함은 새삼 말할 것도 없을 것이다. 더구나 노조까지 생긴 이상 이제는 더욱더 그 활동이 한 점 의혹도 깃들 여지없이 투명하고 깨끗-성실하며 언제나 노조 앞에 떳떳할 수 있고, 그들의 파업에 당당하게 맞설 수 있어야 한다는 것은 비단 남재만의 소망이 아닐 것이다.

그러나 남재가 만난 일부 적십자인들 중에는 결코 정직하고, 성실하고, 순수하다고 할 수 없는 '비적십자인'적 작태를 보이는 경우가 있어 남재는 실망을 금할 수가 없었다. 일부 지사의 정실인사-경리부정, 사무총장의 공개원칙을 무시한 신규직원채용 인사전횡이 그 전형적인 예가 된다. 이것은 적십자 사무조직의 분권체제, 즉 총재와 사무총장, 비상근 지사장과 상근 사무국장 간의 2원구조로 되어 있는 제도적 결함에 기인하는 결과이기도 했다.

남재는 특히 초기의 노조결성 과정에서 본사 간부들이 그것을 전혀 눈치채지 못했다는 사실을 확인하고는 그 무능과 무성의, 그리고 그 무책임-무감각에 그만 질려버리지 않을 수 없었다. 이 무렵 남재는 참으로 불유쾌한 심사를 억누르고 어떻게 하든지 적십자운영을 성상궤도 위에 올려놓기 위해서 질책과 격려와 성심을 다하며 부단히 노력하였다. 또 그와 같은 노력이 주효하여 개선의 분위기가 역력하였고, 한적에 대해서 늘 비판적인 보사부 쪽에서도 남재취임 후 한적의 풍토가 크게 달라져가고 있다는 긍정적인 평가를 내려주었다.

8월 12일로 임기가 만료되는 남재는 이달 2일 열린 한적중앙위원회에서 제17대 총재로 재선, 연임되었다. 이 자리에는 정부 쪽에서 외무-법무-문교-보사부 등 관련 4개부의 장관들이 모두 참석하여 남재의 연임비중을 높여주었다.

남재는 재선인사에서 "사랑과 봉사와 세계평화의 인도주의를 지향하는 멀리서 보면 그저 아름답기만 한 적십자라는 호수는 그 동안 앞뒤로 꽉 막혀 새물이 흘러들어오지 못하고, 고인 물이 흘러나가지도 못하며, 또 안에서 샘물도 솟지를 않아 신선함을 잃어버린 지 오래다 보니 생동어(生動魚)가 살지 않는 호수가 되어버렸다"고 한적의 한심한 현실을 직설적으로 비판하고, "국제적-국내적으로 많은 특권을 누리는 사시장춘(四時長春)의 꽃동산이 되다 보니 꿀을 치지 않는 게으른 꿀벌처럼 시대의 낙오자가 되어가고 있다"고 비판하면서 중앙위원들의 뜨거운 관심과 지도편달을 당부하였다.

이어 12일에 거행된 재취임식에서 남재는 <취임사>를 통해 지난 3년간의 경험들을 좋았던 일, 좋지 못했던 일, 그리고 앞으로 반드시 고쳐야 할 일들로 종합 정리하면서, 좋았던 일 다섯 가지를 다음과 같이 지적하였다.

①1985년 9월, 고향방문단을 이끌고 평양을 방문하여 이산가족의 고통을 목격하면서 그 해소방법을 모색해나가야 할 적십자의 숭고한 사명을 한층 깊이 깨달았다. / ②국제적십자회의에 부지런히 참가하면서 인도주의의 실

현을 위한 단결을 배웠다. / ③영-미-일 적십자들의 자원봉사정신을 깊이 인식하게 되었다. / ④우리 한적의 지사-병원-혈액원-봉사회관 등을 방문하면서 사랑과 봉사를 배웠다. ⑤1987년 태풍내습으로 충남 일대와 금강유역 범람시 충남부녀봉사원들의 재해민구호-구조의 현장을 돌아보면서 그 헌신적인 사랑과 봉사의 실천에 감격하였다.

남재는 총재중임 첫 조치로서 말썽 많은 사무총장을 교체하였다. 그 동안 임기가 지켜지지 않았던 사무총장도 총재임기에 준하여 3년 연임제를 적용, 9월로서 만기퇴임시키고 문제가 되어 있는 일부 지사의 사무국장과 혈액원장도 함께 사퇴시켰다. 아울러 부장급 인사를 전면 단행하는 한편, 새 사무총장에 전유윤(全裕潤)을 승진 기용하였다.

이와 같은 인사개편을 한적의 재출발의 기점으로 삼기 위해서 남재는 △원시(原始)적십자정신으로 돌아가 적십자인답게 '세속화'는 될지언정 '저속화'는 안된다. △주인의식을 갖는 것은 좋지만 주인행세로 적십자를 사물화(私物化)해서는 안된다. △힘써 배워 익히며(學而時習) 각고면려하는 기풍을 진작시키자, △청결-인화로 단결을 도모하자—고 격려하면서, 이번 인사가 한적의 원시적십자정신으로의 회귀와 자정(自淨)능력 배양을 위해서 안에서 샘이 솟게 하려고 내린 조치였음을 강조하였다.

2. 매혈(買血)추방 – 5백만 헌혈운동

총재 2기에 들어서면서 남재는 '헌혈운동'을 한적의 최대역점사업으로 전개하였다. 남재는 이미 총재 1기취임 직후인 1985년 9월 3일 「방송의 날」 기념행사의 일환으로 KBS가 펼치고 있는 헌혈 캠페인에 호응하여 신세계백화점 앞에서 가두헌혈운동에 참가한 바 있다. 이날 남재는 방송을 통해 "과학의 발달로 온갖 대용품이 생겨나지만 오직 혈액만은 대용품 개발이 불가능하므로 헌혈은 바로 인간의 생명을 구조하는 숭고한 사랑의 실천"이라고 말하고, "우리는 피를 나누어 가짐으로써 생명을 나누고 사랑을 나누는 것이니 모두가 자진 헌혈에 참가하여 하나가 되자"고 호소하였다.

그러나 남재는 방송 캠페인과 같은 1회성 연간행사 참가에 만족할 수는 없었다. 그리하여 총재 2기부터는 5백만 헌혈달성을 목표로 세우고, 1989년 3월 이후 5개년 계획으로 제약용 매혈(買血)의 완전추방과 함께 우선 연간 2백만 헌혈달성을 추진하였다.

이 무렵 마침 카톨릭 교단에서 펼치고 있는 신자들의「한마음 한몸 헌혈운동」이 한적의 매혈추방-5백만헌혈운동 촉진에 더욱 박차를 가해주었다. 한적으로서는 이보다 더 감사할 데가 없었다. 이 해 7월 17일 카톨릭 교단은 "헌혈은 그리스도의 사랑의 실천"이라는 구호 아래 올림픽공원 체조경기장에서 제44차 성체대회 한마음-한몸헌혈잔치를 열었다. 남재는 이날 여기에 참가하여 대회사를 낭독하였다. 대회에는 1만 5,000여 신도들이 참가하였고 5,000여 명이 헌혈하여 남재를 감동시켰다. 이달 27일, 남재는 추기경 김수환(金壽煥)에게 감사의 서한을 냈다.

또 한적의 헌혈운동에는 카톨릭교단 외에도 KBS의 지원이 컸고, 당시 평민당이 호응해주어 남재는 평민당사로 DJ를 찾아가(5월 27일) 평민당과 그의 헌혈참가에 감사를 표한 바 있다.

한편, 남재는 본사에 1일 종합보고체제를 만들고 매일 전국적 헌혈상황을 파악하며 독려의 채찍을 늦추지 않으면서 혈액사업의 발전 방향을 다각도로 재검토하였다. 이 사업을 단순한 헌혈촉진과 수혈의 범주로 한정지을 것인가, 아니면 제약업에 속하는 혈액분획제제(血液分劃製劑) 생산으로까지 확장할 것인가, 그 분명한 가름이 필요한 단계에 이르렀기 때문이다.

남재는 적십자정신과 그 운동의 성격상 사랑과 봉사의 실천 차원에서 아직은 전자의 범위를 크게 벗어나기는 쉽지 않을 것으로 보고 사업확장에 신중론을 견지하였다. 그러나 혈액사업의 새로운 영역개척은 이미 시대적 요구요 추세라는 인식하에서 1989년 3월, 중앙위원회가 혈액제제사업 추진을 승인함에 따라 전향적으로 방침을 바꾸면서도 남재는 중간재 생산으로 끝낼 것인지, 최종제품생산까지 밀고 나갈 것인지를 놓고, 외국의 실태조사 등 그 철저한 사전연구에 힘쓰는 등 여전히 신중한 입장을 취하였다.

그러나 남재 재임중, 이 사업은 끝내 의약품에 속하는 혈액제제의 직접 생산단계로까지 진전을 보지는 못했다. 기술적으로나 재정적으로 이 사업은 한적이 도전하기에는 요원하고도 험난한 준령이었던 것이다. 다만 혈액연구소는 혈액제제생산과 동 의약제품 수입조절권 확보를 위해서 반드시 필요한 시설로 보고 남재는 1991년 7월, 충북 음성(陰城)에 연구소시설을 건설하였다.

남재는 헌혈운동 전개과정에서 적십자활동이 사전홍보에 미숙하고 준비성이 부족함을 늘 안타깝게 생각하였다. 적십자운동은 적십자정신과 이념을 국민 속에 차분히, 지속적으로 보급시키는 일이 무엇보다 중요하다고 보고 남재는 기회 있을 때마다 홍보의 강화를 강조-역설하였다. 특히 한적 존립의 재정적 기초가 되는 적십자회비가 대국민 잡부금이나 준조세가 아닌 '국민성금'이라는 인식이 적십자인 자신뿐만 아니라 유관기관, 나아가서는 온 국민 속에 확고히 자리잡게 하기 위해서도 홍보의 중요성을 역설하지 않을 수 없었다.

1988년 3월의 어느 날 부장회의에서 남재는 개방-경쟁-홍보시대에 문장표현의 중요성을 새삼 강조하고, 특히 대외문서 작성에 완벽한 문장을 구사할 수 있는 실력을 쌓을 것을 지적하면서, "정신 좋고 사람 좋고 문장력까지 훌륭한 창설자 앙리 뒤낭"으로 되돌아가 처음부터 다시 배우는 노력이 절실히 요구됨을 역설하여 마지않았다.[7] 사소한 잔소리 같은 남재의 이 '문장실력 질타'…, 여기에 바로 한적의 현주소에 대한 남재의 평가가 그대로 함축되어 있었던 것이다.

3. 숙원사업-이산가족문제 해법

남재는 세계 각국의 적십자활동을 시찰-견문하면서, 이 시대에 진실로 한적이 해야 할 일이 무엇인가를 궁구(窮究)하여 마지않았다. 이 과정에서 남재는 남북관계 개선에 이바지하는 사업이야말로 타국 적십자운동의 그것과 구별되는 한적의 사명이요 으뜸과업이며, 그 중에서도 남북이산가족찾기를 그 제1의 실천과제로서 '한적의 숙원사업'으로 규정하였다.

그러나 고향방문단의 상호교환으로 시발된 남북이산가족재회사업은 1985년 12월 서울에서 열린 제10차 남북적십자회담 이후 북측의 일방적 거부로 중단된 채, 계속 표류하고 있었다. 이 때문에 남재는 1988년 9월, 국제적십자연맹(IFRC) 총재 비야로엘이 서울올림픽 참관차 방한했을 때, 그에게 평양방문 길에 북적으로 하여금 남북적십자회담 재개에 응하도록 설득해줄 것을 요청하여 그가 중재에 나섰으나 결과는 별무소득이었다.

1989년에 들어서서도 북측은 팀스피리트 훈련을 이유로 남북적회담 재개를 거부하다가, 6월 들어 2차고향방문단 교환문제를 논의하기 위한 예비회담 개최에 응하는 듯하더니, 7월에 다시 방북 임수경(林秀卿)의 「판문점 통과 귀환문제」를 구실로 실무접촉을 무기연기시켜 버렸다.

9월 20일, 남재는 수원지사 교육원에서 열린 고향방문단-예술공연단 교환방문 4주년 기념행사에 참석하여 남북이산가족재회사업과 관련, "무병장수(無病長壽)의 힘을 길러야 한다"는 요지의 다음과 같은 뜻깊은 인사말을 했다.

> "4년 전 평양에 가서 여러분과 함께 혈육이면서도 혈육이 아닌 듯, 동족이면서도 동족이 아닌 듯, 또 동질이면서 이질, 이질이면서 동질인 듯 이상야릇한 북한사람들을 만나본 다음, 4년 동안 가족상봉이 이루어지지 못해 참으로 면목이 없다. 그러나 나는 결코 앞날을 실망하지 않는다. 조만간 남북접촉이 반드시 이루어질 것이다. 공산주의는 자연사(自然死)-안락사(安樂死)하고 있다는 말도 있지만, 소-동구가 지금 크게 변질-수정되어가고 있음은 사실이다. 부시(Bush) 대통령의 말처럼 봉쇄-격리(Containment)에서 영입-동질화(Integration)의 방향으로 가고 있는 것이다. 정부의 「한민족공동체 통일방안」도 세계의 대세에 부합하는 것으로 본다.
>
> 이제 세계는 엄동설한에서 양춘(陽春)으로, 세기 말에서 세기 초로 향하고 있다. 이 전환의 시기에 우리는 독감에 걸리지 않도록, 또 혹시 그러한 일이 있더라도 저항력으로 이겨내도록 해야 한다. 옛사람들의 말처럼 무병장수의 힘을 기르도록 다 같이 힘써 나가자…."

이상은 남재가 한적 총재 재임중에 남긴 가장 인상적인 명언(名言)이라고 할 만하다.

이 해 11월 13일, 판문점에서 북측이 무기연기시켰던 남북적십자간의 실무접촉이 이루어졌다. 이날 한적이 북적의 요구대로 예술공연단 실황중계를 허용하고, 공연단 규모도 100명 선을 제시했던 당초의 주장을 후퇴시켜, 250명 규모를 고집하는 북측 요구에 거의 근접된 200명 선으로 대폭 양보하자 북적은 당황하여 결정을 다음 회의로 미루고 도망치듯 회의장을 빠져나갔다. 또한 20일 속개된 회의에서는 3시간 15분짜리 <꽃파는 처녀> 공연을 새로이 주장하여 회의를 결렬시켰고, 27일의 7차접촉에서도 여전히 같은 주장을 되풀이하여 2차 고향방문단 교환의 연내성사를 무산시켰다. 북측은 소-동구권이 몹시 동요하고 있는 현시점에서의 남북접촉이 결코 득이 될 것이 없다고 판단하고 있기 때문인 것으로 분석되었다.

이처럼 남북이산가족 재회사업은 1972년 8월 12일에 남측이 먼저 제의를 한 이래, 남재가 한적 총재 2기를 마치는 1991년까지 20년 동안 1985년에 성사된 단 한 차례 서울-평양교환방문을 제외하고는 북한의 수세적 입장 때문에 진전을 보지 못하고 있는 실정이었다.

2차 대전 후 우리 민족이 겪고 있는 '이산의 고통'은 그 대부분이 남북분단에서 비롯된 것이지만, 보다 근원적으로는 일제의 한반도식민지배와 종전 후 나타난 미-소 양강을 기축으로 한 공산-자유 양진영의 군사대결과 동서 냉전구조의 산물이기도 하다. 다시 말해서 이산가족은 북한지역에만 한정되어 있는 것이 아니라 만주와 소련 등 공산권에 편입된 광범한 지역에 널려 있는 것이다. 바로 이러한 문제를 구체적으로 풀어나가기 위한 운동추진체로서 1975년 10월에 조직된 것이 해외동포모국방문후원회(이하 모방후원회)이다.

이 모방후원회는 그 동안 한적 총재가 회장직을 겸임하였고, 이 관례에 따라 남재도 총재취임 직후인 1985년 9월 18일 회장에 피선되었다.

남재가 회장을 맡을 당시, 벌써 창립10주년을 맞는 모방후원회는 사업도 세 갈래로 추진하고 있는 등 어느 정도 궤도에 올라 있었다. 첫째는 재일 조총련(朝總聯)계 동포의 모국방문추진, 둘째는 만주의 조선족, 그리고 셋째는 사할린 억류동포들의 모국방문을 주선하는 것으로 중립적인 입장에 있는 일본인들이 주로 이 사업의 다리를 놓고 있었다.

사할린 억류동포의 경우 1989년 2월에 17명이 조국땅을 밟은 이래 1990년까지 2년 동안 11차례나 계속되었고, 그 규모도 차츰 늘어나 매회 100여 명을 상회하였다. 조국을 잃고 이국땅에서 외롭고 고된 삶을 살아온 해외 동포들의 망향의 한을 달래주기 위해서 애쓰는 이 뜻깊은 사업을 관장하면서 남재는 사무국의 자금관리 부실문제로 그 뒷수습에 부심해야 하는 아주 씁쓸하고도 불유쾌한 경험을 한 바 있다. 남재는 채권을 확보하고 책임자를 인책사퇴시킨 후 이사회에 사의를 표했으나 수리되지 않아 한적 총재직을 만기퇴임하는 1991년 8월총회에서 전 총리 강영훈에게 이 직을 인계할 때까지 6년간 재임하였다.

이 밖에 남재는 한적 총재 재임중 해마다 10월 2일에는 「망향의 동산」(충남 천안)에서 거행되는 해외동포합동위령제에 나아가 추도사를 했다.

4. 시원섭섭… 석별의 정

한적 총재 2기 3년의 만기를 한 달 못미처 남긴 1991년 7월 16일, 남재는 보사부장관 안필준(安弼濬)으로부터 정식으로 전총리 강영훈이 후임으로 내정(청와대 지명)되었다는 통보를 받았다. 이제 남재는 한적의 역대 총재 10명 중 끝까지 임기를 만료한 다섯번째 총재로 기록되는 셈이었다.

7월 23일부터 남재는 한적 총재 6년간의 재임실적을 '자가평가'하는 <1985~1991 적십자업무실적 보고서> 작성에 들어가 26일 이를 일단 마무리지었다. 8월 2일, 한적중앙위원회는 예정대로 강영훈을 새 총재로 선임하였다. 남재는 한적의 대통(代統)이 강영훈으로 이어지게 된 소감을 "참으로 잘된 일"이라고 기록하였다.[8] 8일에는 강영훈이 본사 총재실로 내방하여 환담을 나누었다. 그는 남재가 재임중 한적을 훌륭하게 이끌어왔음을 치하하였다.

이보다 앞서 남재는 이미 한적 간부들로부터, 남재가 재임중 한적의 기본자산을 많이 증식시켰고, 무엇보다 인사정책에 있어서 외부인사를 끌어들이지 않고 내부에서 인재를 발탁-기용하여 "안에서 샘이 솟도록" 이끈 것이 한적을 발전시키는 결정적인 동력이 되었다는 평가를 들은 바 있다.[9] 9일에는 총재실 사물들을 정리하여 옮겼다. 이른바 '비산(非山)-비야(非野)의 중립지대'에서 겉으로는 평온한 듯했으나 안으로는 쇄신의 새 바람이 일어나도록 혼신의 힘을 다하여 분투-노력했던 6년간의 '사랑과 봉사의 시대'를 마감한 것이다.

8월 10일 오전, 남재는 전국에서 모인 한적 간부직원들에게 고별인사를 하면서 나름대로 재임중의 업적을 자평하였다. 남재는 무엇보다 인사관리의 공정을 기하기 위해서 크게 힘썼음을 밝히고, 회계관리의 엄정화, △ 기본재산의 조성-증식, △ 의료사업의 재평가, △ 혈액사업의 대폭확장, △ 봉사활동의 본궤도 진입, △ 청소년사업의 재출발, △ 국제교류의 확대, △ 이산가족찾기의 중점추진 등을 일일이 거론, 강조하였다. 남재는 특히 정실인사, 특혜인사의 완전 배제-정산과 장기성 기본재산 조성에 큰 성과를 거두었음을 공적으로서 자부하였다.

그러나 남재의 진정한 공헌은 이상과 같은 가시적 업적만이 아니라 한적의 풍토와 기질에 변화와 쇄신의 새 바람을 불러일으켰다는 바로 그 점에 있을 것이다. 취임에서 퇴임까지 남재는 시종일관 한적의 무사-태평-안일-나태-무기력-무경쟁의 고인물과 같고 잠에 취하여 꿈을 꾸는 듯한 자극 없는 풍토를 가혹하리만큼 신랄하게 비판하고, 엄동설한을 자진 설정하여 스스로 번쩍 깨어날 것을 촉구하여 마지않으며 독려와 질타를 아끼지 않았던 것이다.

남재의 이와 같은 비판과 채찍도 따지고 보면 적십자운동에 대한 남재 나름의 끝없는 애정의 표현일 뿐이었다. 그리하여 한국적십자운동의 1세기를 바라보는 1991년 당시의 시점에서 돌아본 한적의 남재시대 6년은 오늘과 같은 성숙과 발전을 위해서 거듭나기 위한 일대 각성과 분발의 '보람 찬 도전기'였다고 할 것이다.

8월 12일에는 신구총재 이취임식이 있었다. 남재는 적십자기(旗)를 신임총재 강영훈에게 인계하면서, 지난 6년간 국내외적으로 격동과 혼란이 소용돌이치던 5공후반 ~ 6공중반에 이르는 어지러운 시기에 총재 임무수행에 협력해준 모든 적십자인들에게 감사의 뜻을 표하고, 훌륭한 새 총재의 영도 아래 변함없이 일치단결 협력하여 한적을 다시 한 차례 도약시켜나갈 것을 당부하였다.

한적을 떠나면서 남재는 그 '석별의 정'을 "정말로 시원섭섭하다"고 『일기』에 적었다. 또 지난 6년간 한적을 무사히 이끌어가는 데는 혜천의 공이 적지 않았다고도 회고하였다. 이날로써 '적십자인-남재'는 그 사랑과 봉사의 소명을 다하고 고려대학교 명예총장으로 다시 돌아왔다. 이 해 10월 21일, 한적은 남재의 재임중 업적을 기려 「적십자 태극장」을 수여하였다.

재임중 남재가 자신의 개인적 연고에 따라 한적에 사람을 쓴 일이 단 한 건도 없었음은 말할 것도 없고, 요직에 외부인사를 끌어다 쓴 일도 없었다고 함은 이미 언급한 바 있거니와, 다만 순수 명예-봉사직인 중앙위원 중 일부 인사는 남재의 영입-추대 케이스로 비로소 한적과 인연을 맺게 되었다는 사실은 밝혀둘 필요가 있을 것이다. 1986년 12월에 추대된 이원경(李源京)-구자경(具滋璟), 1989년 8월에 추대된 김옥길(서울 대표), 박성용(朴晟容 : 광주), 최종현(경기), 이기성(李基成 : 인천), 최석채(崔錫采 : 경북) 등이 그들이다.

또 혈액의학의 권위 이문호(李文鎬 : 『AIDS』의 저자)와 손인실(孫仁實) 등도 남재에 의해 1988년에 부총재로 추대되었다. 이들은 모두가 남재의 표현 그대로 한적에 대한 비판적 옹호자로서 이 나라 적십자운동의 신뢰를 높여주고 무게를 더해준 사회적으로 영향력 있는 명사들임은 말할 것도 없다.

이 밖에 중앙위원으로서, 또 적십자봉사회 중앙협의회 의장을 맡아 한직 봉사활동의 조타수 역할을 해온 유달영(柳達永)은 항상 유익한 조언자요 자문역으로서 남재의 총재직무수행을 보좌해준 대표적 인사로서 특기할 만하다.

*

돌이켜보면, 이 시절에도 남재에게는 한적 업무수행과는 별도로 평가되어야 할 일들이 많이 있었다. 그 중에서도 도산기념사업회 회장을 맡아 4년간 헌신하였고(<부편>에서 상술), 또 오천석(吳天錫) 교육인장 장의위원장을 맡아 애썼으며(<부편> 상술), 이화여자대학교 100주년에 즈음하여 이 나라 여성교육의 요람으로서 '이대 1세기'가 갖는 민족 근-현대사적 의미를 새롭게 조명하는 축사를 한 것 등은 새삼 기억되어야 할 일들로 생각된다. 여기서는 이대 100주년 축사 경위만을 다음에 간략히 소개한다.

〈이화여대 100주년 축사〉 (1986. 5. 31.)

1986년 4월 중순, 이대 총장 정의숙(鄭義淑)이 한적 총재실로 남재를 찾아와 오는 5월 31일에 거행되는 '이화여대 100주년기념식'에서 축사를 해줄 것을 부탁하였다. 이대 총장의 이 부탁은 딸들의 모교의 일이니 아무리 바쁘더라도 사양할 수는 없는 일이었다.

그러나 남재로서는 이 대학의 설립배경이나 건학정신에 대해서 깊이 아는 바가 없어 축사를 하자면 이제부터 새로 공부를 시작해야 할 판이었다. 그래서 남재는 늘 하던 방식대로 5월 초부터 『한가람 봄바람에 — 이화 100년 야사』(1981)를 비롯한 이화여대교사(校史) 관련서를 구하여 읽기 시작, 이를 통해서 비로소 19세기 말엽인 1886년에 미국의 북감리교회소속 매리 스크랜튼(Mary F. Scranton)과 엘라 아펜셀러(Ella D. Appenzeller) 등 여성 선교사들의 헌신적인 노력으로 기틀이 세워진 학교임을 알게 되었다.

읽으면 읽을수록 흥미진진한 이 나라 근대식 여성 교육의 초창기 이야기들 …정신적-물질적으로 고아나 다름없는 19세기의 소녀들을 모아 20세기 여성 지도자로 길러내고, 굴곡 많은 역사의 거센 파도와 비바람을 헤치면서 면면히 이어져온 '이화(梨花)의 정신'에 남재는 깊은 감명을 받았다. 또 일제하에서 이화의 문을 두드린 여성의 주류가 평안도-함경도의 가난한 농민의 딸들이었다는 사실도 남재에게는 주목되는 특이한 점이었다.

1986년 5월 31일, 남재는 혜천과 함께 이대 100주년 기념식에 참석하였다. 이날 남재는 축사에서 "…구시대의 낡은 인습, 일제의 온갖 탄압과 민족말살정책, 해방 후의 사상적 혼미와 동족상잔의 참화, 계속되는 정치적 격동과 부정부패, 또 근대화 과정에서 파생된 갖가지 부조리 등… 모든 고난을 이화인(梨花人)들은 선견지명, 꿋꿋한 신앙심, 줄기찬 발전역량, 그리고 자유-진리의 정신으로 이겨내고, 이 학원을 마침내 세계 최대의 여자대학으로 발전시켰으니 실로 경탄하여 마지않을 수 없다"고 찬양하였다. 이어 남재는 "이 땅의 가난한 백성의 딸들을 신앙심 깊고 실력 있는 여성 지도자로 길러낸 전통이 오늘날 온갖 갈등 속에서 몸부림치는 분단시대의 젊은 세대들을 앞으로 통일시대의 자신만만한 주역으로 길러낼 것을 믿어 의심치 않는다"고 그 시대적 사명을 환기시키면서 '이화동산'의 전도에 역풍(逆風)을 이겨내는 순풍(順風)이 늘 함께 하기를 축원하였다.

5. 고희(古稀)와 '공짜술'

(1) '칠순'(七旬)

1989년 4월 20일, 남재는 어느덧 '칠순'(七旬)을 맞았다. 바야흐로 계절은 개나리 진달래가 만발하고 목련이 활짝 웃음을 머금은 화춘이건만 남재의 주변과 나라 안팎 사정은 꽃샘추위를 하듯 여전히 냉기로 스산하였다. 밖에서는 고르바쵸프의 개혁실험이 세계를 또 어떤 혼란과 격동 속에 몰아넣을지 모를 위태로운 지경에서 추진되고 있고, 안에서는 통일 이상열기가 '김일성 만나기' 밀입북(密入北) 행렬을 재촉하는 가운데, 가속일로를 달리는 '고려대학교 천하대란'이 남재의 수심(愁心)을 더욱 깊게 하고 있었다.

그런 와중에서도 남재는 오로지 한적이 전개하고 있는 매혈 완전추방-연간 2백만헌혈달성운동의 성공적 완수를 독려하기 위해 이달부터 인천지사를 시발로 전국 시도지사의 방문을 시작하였고, 전국사무국장회의(4월 12일)와 전국혈액원장회의(4월 13일)를 잇달아 연 데 이어 20~21일 양일간은 설악산 뉴설악호텔에서 부녀봉사특별자문위원 총회를 개최하였다.

회의 이틀째인 21일 오후, 남재는 혜천과 함께 회의장에 도착, 전국에서 모인 부녀자문위원들에게 만찬대접을 하며 매혈완전추방-200만헌혈운동 적극참여와 협력을 당부하였다. 이 자리에서 부녀위원들은 모두 기립하여 남재의 '칠순'을 축하하는 노래 "생일 축하합니다"를 합창하였다. 남재는 교환(交驩)의 여흥을 끝까지 참관하며 '칠순 축하'의 뜻깊은 밤을 산중에서 위원들과 함께 보냈다.

이번 설악산 총회에서 단연 으뜸은 회의 첫날 연사로 특별초청된 한림대(翰林大) 총장 현승종(玄勝鐘)의 <인간의 생명보호 앞장서는 적십자>라는 제하의 주제강연이었다. 남재는 위원들의 격찬하는 이야기를 듣고 더없이 기뻤다.

현승종은 1919년 평남 개천(价川) 출신으로 경성제대에서 로마법을 전공하였다. 1946년에 남재와 함께 고대 교수로 취임한 이래 학생처장, 도서관장을 역임하며 언제나 뜻을 함께하였고, 성균관대학 총장으로 고대를 떠난 이후에도 영원한 고대인으로서 남재와 변함없는 우정을 나누었다.

이튿날 22일, 남재는 아침 일찍 신흥사를 참배한 후, 9시 폐회식 참석에 이어 설악산 오색약수터 → 한계령(寒溪嶺)휴게소 → 용문사(龍門寺) 경내 산책을 끝으로 '칠순맞이'를 모두 마치고 저녁 7시 귀가하였다.

(2) '제자들과의 대화' : 70평생을 회고하다

남재가 고희를 맞는 1990년은 탈소(脫蘇)-탈공산화의 거대한 물결이 동구를 휩쓸고, 독일의 통일이 눈앞의 현실로 다가오는 등, 바깥 정세가 우리에게 대단히 유리하게 전개되고 있었다. 그러나 남재는 이 같은 역사의 흐름이 딩징 우리에게 완전해빙(解氷)의 직사열이 되리라는 성급한 기대는 금물이라고 일깨웠다.

"국제정세를 돌아보면… 작년 한 해 동안 도저히 상상도 못할 정도로 새로운 사태들이 한꺼번에 벌어졌습니다. 동서독의 28년 장벽이 무너져 자유왕래가 이루어지고, 폴란드에도 자유노조가 제1당으로 집권했습니다. 또 체코에서는 1968년 '프라하의 봄' 당시 쫓겨났던 두브체크가 국회의장으로 재기하였고 루마니아에서는 차우셰스쿠 24년 족벌체제가 일거에 붕괴되었습니다…." 10)

"북한도 지금은 동구사태의 급격한 변화로 인해 큰 충격을 받고 이럴까 저럴까, 몹시 망설이며 아주 어렵고도 심각한 고민에 빠져 있을 것입니다. …대세에 따를까, 대세를 거역하고 영원히 고립할까 등등…. 그러나 명심할 것은 아무 일 없이 그냥 저절로 꽃피고 새 우는 화창한 춘삼월이 다가오는 것은 아니라는 사실입니다. 반드시 소한(小寒)-대한(大寒)이라는 혹한의 과정이 도사리고 있고, 또 그것만 견디면 끝나는 것이 아니라 그 다음에는 꽃샘바람이 부는 입춘 추위가 제일 무섭다는 것도 알아야 합니다…." 11)

이상은 고희를 기념하여 출간된 논문집 『복지사회의 앞날』(1990. 4.)에 수록된 제자들과의 <고희기념좌담>에서, 당시의 시점에서 북한의 변화가능성을 묻는 질문에 남재가 답한 일절이다. 남재는 이 좌담에서 "우리는 입춘 추위까지 무사히 넘기고 화창한 봄을 맞도록 신중하고 의연하게 새로운 사태에 대처해나가야 할 것"이라고 말하였다. 특히 북한의 변화를 유도하기 위해서는 무엇보다 먼저 그들을 개방된 넓은 세계로 끌어내야 하며, 그들이 밖으로 나오지 않으려 하면 이쪽에서 먼저 들어가는 전향적인 자세로 나가야 한다면서, 남재는 이를 위해서도 "반공만을 내세울 것이 아니라 탈공(脫

共)을 유도하는 방향으로 정책을 발전시켜나가야 한다"고 강조하였다.

남재의 고희맞이는 10년 전의 회갑잔치 못지않게 성대하게 치러졌다. 회갑 때 미루었던 기념논문집이 『복지사회의 앞날』이라는 제하로 출간되어 고희를 더욱 빛내주었다. 특히 제자들이 묻고 남재가 답하는 형식으로나마 남재가 자신의 인생역정을 전 5기로 나누어 술회한 '자전적(自傳的) 회고담'이 기획되어 이 논문집 권말에 <기념좌담>으로서 수록된 것은 자축의 의미로 보나 자료적 가치로 보나 매우 뜻깊은 일이 아닐 수 없다. 무엇보다 본서의 서술골격을 세우는 데 이 좌담이 기본 토내가 되었기 때문이다. 여기서 잠시 우리는 이 고희기념 논문집의 출간경위를 살펴볼 필요가 있다.

고희기념 논문집 『복지사회의 앞날』의 간행은 1988년 6월 하순, 교수 김하룡이 고대 명예총장실로 남재를 찾아와 논문집을 발행하여 "스승의 수강(壽康)을 송축(頌祝)"하고자 하는 제자들의 뜻을 전달함으로써 공식 발의되었고, 그로부터 5개월이 지난 11월 초에 남재가 이 제의를 받아들여 비로소 구체화되었다.

출간작업은 김원기를 위원장으로 하는 「남재 김상협 선생 고희기념논문집 간행위원회」를 먼저 구성하고, 11월 4일에 그 첫 준비회의를 열고 편집위원 10인과 집행위원 4인을 선정함에 따라 급진전되었다. 편집위원은 고문 윤천주(尹天柱)를 비롯, 김진웅, 김윤환, 김하룡, 신일철, 한배호(韓培浩), 한승조(韓昇助), 한승주(韓昇洲), 홍승직(洪承稷), 홍일식 등이고, 집행위원은 김원기(위원장), 구종서(총무), 김하룡(편집), 이세기(재무) 등이었다.

편집위원들은 두 가지 편집방침을 세웠다. 하나는 학자요, 교육행정가이며, 경세가로서 남재가 이룩한 국가-사회적 공적을 부각시킨다는 뜻에서 통일문제와 대학교육, 그리고 복지사회건설과제 등 남재 사상의 핵심주제에 초점을 맞춰 사계의 권위들에게 논문집필을 위촉하는 것이고, 또 하나는 남재의 기존 발표논문-강연문 중 기념비적 노작(勞作)들을 엄선-재록하여 남재의 심오한 학식과 학문적 예지, 그리고 그 명석한 역사적 통찰을 재조명해 보자는 것이었다.

이중 두번째 방침은 남재 자신이 자칫 논문집을 엮는 본의를 흐릴 염려가 있다는 지적과 함께 굳이 이를 사양함에 따라, 논문 <복지사회의 길> 한 편만을 수록하고, 별도로 제자들과의 좌담을 특별기획하여 당초의 편집의도를 관철시키지 못한 아쉬움을 대신 메꾸기로 하였다. 그런데 결과는 대단히 만족스러운 것이 되었다. 제자들과의 이 좌담이 남재의 생애와 학문과 사상을 이해하는 결정적 길잡이가 되었기 때문이다.

남재 자신도 이 좌담을 위해 자료를 준비-정리하는 과정을 『일기』에 여러 차례 언급하고, 이틀에 걸쳐 무려 10시간 이상 강행을 한 끝에 좌담을 마치고는 "고대 총장시절을 중점적으로 회고하는 대담(對談)을 솔직-성실하게 끝냈다", "나는 항상 주역은 못하고 조역-단역만 한 셈이라고 털어놓았다", "… 박종열이 초고정리를 하느라고 고생이 많았다. … 내용정리가 잘 되어 흡족하다…", "… 출판 도중 기획변경을 단행하여 기념대담을 넣은 것은 참 잘한 일이다"는 등의 소감을 피력하였다.[12)]

좌담 참여자는 간행위원회의 논의를 거쳐 수많은 제자들 중 편의상 40대(박종열), 50대(이세기), 60대(김하룡) 각 1인씩으로 선정하였다. 또 간행위원회는 추후 50명으로 확대구성되었고, 최종수합된 논문은 총 19편으로 전편 논문집에 수록되었다. 논문집필자는 다음과 같다.

◦ 신일철, 김하룡, 서진영(徐鎭英), 김윤환, 변형윤(邊衡尹), 김완순(金完淳), 한배호, 김호진(金浩鎭), 백완기(白完基), 김형배(金亨培), 한승조, 임희섭(林嬉燮), 김문조(金文朝), 노정현(盧貞鉉), 황정규(黃禎奎), 김치규(金致逵), 김종철(金鐘喆), 한승주, 김덕(金悳)

— 이상 게재순 —

(3) '고희연' : 기념논문집헌정

1991년 4월 20일 오후 6시, 남재 김상협 선생 고희기념논문집 헌정식(獻呈式)이 신라호텔에서 열렸다. 기념논문집간행위원회위원장-고대총장-고대교우회장이 공동주최한 헌정식은 국무총리 강영훈(姜英勳), 국회의장 김재순(金在淳) 등 정-관-재계 인사들과 고대 교수를 비롯한 학계인사들, 그리고 고대교우들과 친지 등 1,000여 명이 참석하여 대성황을 이루었다.

남재는 논문집을 헌정받은 후, 이처럼 성대한 고희 축하 잔치를 열어준 데 대해서 뜨거운 감사를 표한 뒤 다음과 같은 요지의 답사를 했다.

"…인생칠십 고래희(古來稀)라는 말은 지금으로부터 1,200여 년 전 당(唐)나라의 명시인 두보(杜甫)가 한 말인데 지금 우리 나라에서는 인생칠십이 평균수명으로 되었으니 이번의 나의 고희 축하 모임은 내 인생 마지막 축하모임이 아니라 그 중반후기의 격려모임 정도로 생각해주기 바란다. …지금에 와서 돌이켜보면 나는 70평생을 정말로 철없이 바보처럼 살아온 것 같다. 지난날의 그 부족한 점들을 거울삼아 이제부터는 더 지혜롭게, 품위 있게, 그리고 모든 사람들에게 유익하게 살아가려 한다. 변함없는 관심과 성원을 베풀어주기 바란다. 또 새로운 변화의 시대에 '역사의 신'의 뜻을 따라 살아가려 한다. 부디 '역사의 신'을 위해 우리 다 함께 분발하지!"

이날 고희기념 논문집 『복지사회의 앞날』은 중판(重版)된 『지성과 야성』과 함께 하객들에게 답례로 증정되었다. 남재는 그 『지성과 야성』 <중판 서문>에서 오늘의 세계사적 흐름을 "…바야흐로 인간적, 민주적 사회주의로의 근본적 개조를 지향하며 탈공산주의화하고 있다"고 지적하고, 이 같은 대세가 북쪽으로까지 밀려들어가 남북간의 불통의 빙벽을 뚫고 통일의 큰길을 열어놓고야 말 날이 결코 멀지 않았음을 낙관하면서 "남은 제5의 인생이 바로 이와 같은 통일의 길 개척에 기여함이 있게 되기를 간구(懇求)하여 마지않는다"고 그 소회를 피력하였다.

이 시기에 남재는 '통일개척의 길'(통일접근방법)과 관련하여 다음과 같은 교훈적인 이야기를 들려준 바 있다.[13)]

"…저쪽도 변하고 우리도 변할 것입니다. 그러나 저쪽을 체면 상하게 하면서까지 변하게 하면 곤란합니다. …한 독일인 친구는 나에게 (서독이 동독에게 한 것처럼) '절대로 이북 사람의 자존심은 상하게 하지 말아라, 이게 기본이다. 자존심을 상해 놓으면 반항이 심하니까 자존심을 살려줘라…'고 충고해요. 큰 숙제는 북한의 자존심을 앞으로 어떻게 올려주느냐 하는 문제입니다…."

한편 이 해 가을(1990. 9. 27.), 남재는 고대교우회가 마련한 1920년생 '고희교우' 오찬수연(壽宴)회에 참석, 인사말을 통해서 두보가 말하는 "고래희"란 "이제는 공짜술을 마셔도 된다는 뜻"이라고 그 의미를 재해석하면서 축하의 자리를 베풀어준 교우회에 감사를 표하여 좌중의 박수갈채를 받기도 했다.

제4절 세계사의 지각(地殼)변동 속에서

남재가 한적(韓赤) 총재에 재임하던 5공후반으로부터 6공중반에 이르는 6년(1985～1991) 동안은 국내적으로 군사독재와 군사문화의 청산을 희구하는 민주화세력의 대반격과 여기에 편승한 좌경-친북세력의 통일지상주의적 과격-폭력행태가 민주화운동에 혼효(混淆)되어 사회를 극도의 불안과 혼란 속으로 몰아넣는 자유와 방종(放縱)의 일대 진통기였다. 또 국제적으로는 '인간의 얼굴 찾기'를 명제로 하는 고르바쵸프의 개혁-개방정책이 그의 실각과 더불어 실패로 끝나면서 1세기에 걸친 서구공산주의의 실험이 종말을 고함으로써 공산당의 조종(弔鐘)이 울리고 그 여진(餘震) 속에서 독일의 통일이 달성되고 냉전종식에 의한 팍스아메리카나의 신화 재현이 예고되고 있었다.

본절에서는 이와 같은 세계사적 지각변동 속에서 일어난 국내외 정세변화를 남재가 어떻게 읽고 있었고, 또 남재의 주변에 어떤 상황변동이 있었는가를 개략적으로 살펴보고자 한다.

1. 자유-방종-혼란의 유탄(流彈)들

(1) 고창(高敞) 간척답(干拓畓) 임차경작인들의 집단행동

사회 전반의 민주화 열망이 최고조에 달하였던 1987년, 5공의 마지막 연도는 성격은 다르지만 6·25전야를 방불케 할 만큼 반정부-반우익의 좌경의식이 팽배해 있었다. 특히 「6·10항쟁」으로 고무된 철야시위 행태의 반독재 민주화요구 '평화대행진'이 일반시민의 큰 호응을 불러일으키며 6월 내내 계속되었고, 이것이 전국적으로 확산됨으로써 마침내 대통령직선제 실시 등 전면적 민주화조치를 포괄하는 「6·29선언」을 도출하는 데까지 이르면서 세상은 온통 '소해방'(小解放)의 자유-방종적 분위기로 들끓었다.

이 같은 혁명적 사회 분위기에 편승하여 좌경폭력사태가 난무하는 가운데 그 유탄의 일부가 삼양염업사(三養鹽業社)를 중심으로 남재를 향해서도 날아들었으니, 2절 4항에서도 잠시 언급한 바와 같이 이 해 8~9월 두 달 동안 계속된 전북카톨릭농민회 소속 고창군 해리-심원면 소재 삼양염업사 간척답 임차경작인들의 집단행동이 바로 그것이다. 누가 보아도 상식을 벗어난 이들 임차경작인들의 경작지 무조건 무상양도 집단요구 행태는 무법천지가 아닌 정상적 법치국가에서는 도저히 상상조차 할 수 없는 행위로서 남재와 그 일문(一門)으로서는 악몽보다도 더욱 고약한 횡액(橫厄)이었던 것이다.

여기서 우리는 굳이 이 사태의 전후사정과 경작인들의 난동 전말(顚末)을 일일이 따지고 그려보고 싶은 생각은 없다. 다만 사태가 어떻게 수습되었는가는 훗날의 객관적 평가를 위한 증언을 위해서라도 일단 밝혀둘 필요가 있다고 사료되므로 마지막 결말에 이르는 과정을 경작인 일동의 사과문과 함께 다음에 소개하고자 한다.

경작인들의 8월 12일 서울 종로 삼양사 본사 첫 농성사태로부터 꼭 한 달이 지난 9월 10일 오후, 카톨릭 교단측 사자(使者)로 신부 김승훈(金勝勳)과 변호사 이돈명(李敦明)이 농성현장에 당도하여 조속히 불법점거농성을 풀고 귀향할 것을 설득-종용, 사태는 급전직하 수습국면으로 접어들었다. 이날 삼양염업사와 경작인 대표 간의 최종협상결과, 경작인들은 회사측의 요구대로 양도지가 평당 1,880원 일시불, 1987년도 경작료 수납, 사과문 지상발표와 차후 유사사태 재발방지 등을 서약하는 선에서 사태를 매듭짓기로 합의, 이튿날인 11일, 양측은 합의서를 교환하였다.

그로부터 8일 후인 9월 19일자 석간《동아일보》와 20일자 조간《조선일보》-《한국일보》 등에 경작인 대표 및 경작인 일동명의의 <사과문>이 게재되었다. 이 <사과문>에서 경작인들은 자기들이 임차경작하고 있는 현 삼양염업사 소유의 간척답이 아무런 하자가 없는 합법적인 농지임에도 불구하고 회사측 제씨(대표 김상준, 고대 명예총장-한적 총재 김상협, 회장 김상돈 및 김병휘)에 대하여 허위사실 유포에 의한 명예훼손과 모욕을 가하고, 이 간척지와 전혀 관계가 없는 제기관(삼양사, 고대, 동아일보사)에 대하여 장기불법농성 또는 행패로써 막대한 손실을 입히고 업무집행을 방해하는 등 법질서

謝過文

전북 고창군 해리면 및 심원면 소재 간척농지의 임차경작인 등이 동농지 매수 합의과정에서 해당 농지가 합법적이고 아무런 하자가 없음에도 불구하고 현 소유자인 삼양염업사 대표 김상준, 고려대학교 명예총장·대한적십자사 총재 김상협, 삼양염업사 회장 김상돈 및 김병휘 제씨에 대한 허위의 사실을 유포하여 同人 등의 명예를 훼손하고 모욕을 가하여 동인 등의 사회적 평가를 심히 해치게 한 부당한 행위와 위 간척농지와는 아무런 관계가 없는 주식회사 삼양사, 고려대학교, 주식회사 동아일보사 등에 장기불법 농성 혹은 행패를 가하여 동기관들의 업무집행을 방해하는 등 막대한 손실을 초래하고 이로 인하여 법질서를 문란케 하고 우리 사회 각계각층에 커다란 물의를 일으킨 데 대하여 위 간척농지경작인 대표 일동은 위 간척지 전체 경작인 등을 대표하여 이에 김상준, 김상협, 김상돈, 김병휘 제씨와 사회각계 여러분에게 깊은 사과의 뜻을 표하는 바입니다.

1987년 9월 일

고창 간척답 경작인 대표

김 재 만 외 일동

* 일부 한자는 한글로 옮김.

를 문란케 함으로써 사회적으로 큰 물의를 일으켰다고 밝혔다(위 <사과문> 전문 참조).

(2) 「현민(玄民)빈소사건」의 비극

남재가 「고창경작인 사태」로 갖은 수모와 곤욕을 치르고 있던 8월 30일, 현민 유진오가 오랜 투병 끝에 서울대병원에서 서거하였다. 그 이틀 후인 9월 1일, 고대에서 세칭 「현민빈소사건」이 발생하였다. 이 사건은 고인이 생전에 고대에 끼친 공헌을 기리고자 서울대병원 영안실에 차려진 빈소를 이튿날(31일) 고대 강당으로 옮겨온 데서 발단하였다. "국정자문위원의 빈소를 고대에 차릴 수 없다"고 주장하는 '교수 5인조'와 여기에 동조하는 일부학생들의 현민빈소설치 반대농성사태로 현장에서 큰 불상사가 벌어지고, 이 같은 사실이 언론에 대대적으로 보도되어 사회적으로 큰 물의를 일으켰음은 물론, 고대인의 분열상과 무례한 모습을 그대로 드러냄으로써 그 명예를 여지없이 실추시켰다.

결국 빈소는 고대로 옮겨진 지 이틀도 안되어 서울대병원으로 다시 철수하는 비극적 추태를 빚어내었다. 장례식은 9월 3일, 가족장으로 거행되었다. 5일장을 치르는 동안 고대 강당(8월 31일~9월 1일)과 서울대병원(8월 30일, 9월 1~3일) 빈소에는 사회각계 인사 및 고대 제자 3,000여 명이 찾아와 고인의 타계를 애도하였다.

이번 사건과 관련, 고대교우회는 장시간 토론 끝에 3개항 결의문을 채택하였다. <결의문>의 요지는 "이번 고려대학교에서 현민 유진오 박사의 빈소가 철거되고 장례식이 치러지지 못한 일은 고인의 고대에 기여한 공로와 고대인을 길러주신 은덕을 생각할 때 대단히 잘못된 일이며… 고대 역사에 씻을 수 없는 오점을 남기었고, 고대인의 명예와 긍지에 돌이킬 수 없는 상처를 주었다…"고 지적하고 학교당국에 대해서 "이러한 엄청난 불상사를 가져온 요인에 대하여 책임을 통감하고, 고대인의 명예회복과 이번 사태로 크게 실망하고 있는 고대를 아끼고 사랑하는 수많은 학부형들과 일반 국민을 위로하는데 필요한 모든 조치를 강구할 것" 등을 강력히 요청하는 내용이었다.[14)]

충격적인 「현민빈소사건」 소식을 접하고 남재는 "…정으로 넘치던 옛날의 고대는 이제 없어졌다"고 그 씁쓸한 마음을 토로하였다. 한편 이달 중순, 한적 부총재 최이순(崔以順)의 타계에 즈음하여 영결식(18일)에 참석한 남재는 애도의 정이 넘치는 그 엄숙한 장례 분위기를 몹시 부러워하며, 고대에서 현민을 떠나보낼 때 이렇게 대접해 드리지 못한 것을 매우 안타까워하면서, 그 후유증이 계속되고 있음을 몹시 자책하였다. 이어 11월 4일 천원(天園) 오천석(吳天錫)의 교육인장 장의위원장을 맡아 장례를 치르고 나서도, 남재는 "현민 선생을 이렇게 정중히 모시지 못하여 서운하다"고 이날의 『일기』에서 술회하였다.

(3) 무주물(無主物) 고대의 천하대란

모든 대학들이 '6월 소해방'의 진앙지였던 만큼 그 민주화 염원의 열기가 일종의 한풀이와 같은 혼란과 무질서의 후유증을 수반하며 한동안 계속됨은 어쩔 수 없는 일처럼 보였다. 남재는 이 같은 현상을 주의 깊게 지켜보면서 "역사에는 유급(留級)은 있어도 월반(越班)은 없다"[15]고 자답하고, 민주화과정의 제단계를 단축시킬 수는 있어도 절대로 생략할 수는 없을 터이니, 서구 선진사회가 밟았던 전진과 후퇴의 모든 과정을 우리도 이제부터 빠른 속도로나마 거치지 않으면 안될 것이라고 대국적인 견지에서 이를 해석하였다.

그러나 고대의 경우는 이렇게 낙관할 수만은 없는 심각한 지경에 도달해 있었다. 「현민빈소사건」으로 드러난 고대인들의 의식분열 상태가 말해주고 있듯이, 전환기적 혁명의 분위기 속에서 표출되고 있는 지리멸렬-정체성 상실의 파탄적 모습은 고대가 이미 불치(不治)의 무주물(無主物)로 화해가고 있음을 말해주고 있었다. 가히 '천하대란'이라고 해야 할 이 같은 혼돈 속에서 제일 먼저 인촌이 수난을 당하고 있었으니, 이 어처구니없는 사태를 어떻게 이해해야 할 것이며, 그 책임을 누구에게 물어야 할 것인지 한심스럽고 답답하기 그지없는 노릇이었다.

안암동 고대 캠퍼스에 자리를 잡고 있던 인촌 묘소의 이장(1987년 12월 10일)은 오래 전에 한계점을 넘어선 교지난(校地難) 해소책의 차원에서 이미 천장(遷葬) 문제가 표면화되고 있었으므로 불가피한 일로 받아들일 수도 있다고 할 것이나, 하필이면 좌익의 발호로 온 대학이 몸살을 앓고 있던, 시기적으로 적절하다고 할 수 없는 최악의 좌경적 분위기하에서 진행되었다는 점에서 인촌을 한결같이 흠모하는 고대 가족과 뜻 있는 국민들의 가슴을 아프게 하였다.

남재는 경기도 남양주군 화도면 금남리 소재 인촌의 천묘(遷墓)를 참배하면서 착잡한 마음을 가눌 길이 없었고, 장기적으로 보아 국립묘지로 모시는 것만 못했다는 아쉬움을 안고 돌아왔다.[16)]

그런데 진짜로 큰 문제는 인촌의 수난이 이제부터라는 데 그 심각성이 있었다. 총장 선출에 학생-교직원-시간강사들까지 선거권을 요구하며 교수직선 총장의 연임무효화 투쟁을 벌이는 과정에서 과격학생들의 실력에 의한 총장퇴진요구가 1989년 3월에는 인촌 동상에 흑색천을 씌우는 가슴 섬뜩한 망동으로 돌출하였고, 이 해 6월에는 문교부의 교직원 특혜입학사실 공표로 고대에 대한 신뢰가 교내외로부터 의문시되는 가운데 서창(瑞倉) 캠퍼스의 발전문제를 내세운 조치원 분교생들이 본교 본관 점거농성을 벌이면서 인촌 동상의 매장을 위협하고 나선 것이 그것이다.

더욱 개탄스러운 것은 언제라도 도괴(倒壞)시킬 수 있도록 학생들에 의해 동상의 목에 밧줄이 매어지고 그 흉한 모습이 일부 신문에 보도되어 고대사상 씻을 수 없는 망신을 자초하는 최악의 상황이 14일 동안이나 계속되고 있었다는 사실이다.

어째서 애꿎은 인촌 동상이 그토록 수난을 당해야 하는가…, 빗발치는 졸업생들의 항의 속에서 6월 20일 오전 고대 교정에서 열린 고대교우회 긴급이사회는 △ 사태발생의 원천적 책임이 재단에 있으므로 응분의 책임을 질 것을 요구하고, △ 총장의 사퇴와 보직교수의 퇴진, △ 학생들의 책임통감, 반성 및 집단행동자제촉구 등을 골자로 하는 결의문을 채택하였다.[17)]

또 인촌 동상 건립 당시 부회장으로서 모금에 앞장섰던 교우회 참여(參與) 송찬규(宋瓚圭 : 상 34)는 30년 전의 동상건립경위설명에서 "인촌 선생 동상은 교우들의 정성어린 결정체로서 우리들 스승의 동상"이라고 말하고, 동상건립과 재단과는 아무런 상관도 없는데 학생들과의 분규의 와중에서 우리들의 영원한 스승상이 그 볼모가 되어 무참히 쓰러져야 하는가 반문하면서 교우들의 비통한 심경을 대변하였다. 또 고문 이철승도 "우리의 스승 인촌 선생 동상은 우리가 지켜야 한다"는 호소의 열변을 토하였다. 고대 85년사상 이 최악의 자해(自害)적 사태는 결국 교우들의 개입과 중재노력이 주효하여 이날 정오께 선-후배들의 손으로 동상에 걸어맨 밧줄을 벗겨내고 매장 구덩이를 메꿈으로서 수습의 실마리를 찾았다.

남재는 '모교의 불행한 사태'와 관련, "팔 걷고 나선 교우들의 애교심"이란 제하의 화보와 함께 특집기사로 꾸며진 1989년 7월 5일자 《고우회보》를 읽고는 "선후배가 힘 모아 일부 학생들의 만행으로부터 인촌 동상을 수호한 모교애에 넘치는 글들을 감명 깊게 읽었다"고 회고하였다.[18]

2. 두 갈래의 흐름

1988년 2월 25일, 6공 노태우정권의 출범을 계기로 우리 사회에는 두 갈래의 대조적인 현상이 뚜렷하게 나타났다. 하나는 안정 속에서 지속적 성장-발전을 희구하는 다수 국민의 선택이 6공을 성립시킴으로써 보-혁대결의 정국 구도 속에서나마 그런 대로 국운의 융성을 꾀할 수 있게 된 본류적 흐름이다. 또 하나는 오랜 금기와 금단의 억압 속에서 지하로만 유통되던 공산주의 사상과 김일성 주체사상의 폭발적 확산-범람이 말하듯, 이제까지 지하잠복해 있던 극좌-친북세력이 이 시기에 와서 대담하게 지상으로 자기존재를 현시(顯示)하며 노골적으로 체제혁명을 꾀하는 상황으로 급진전되는 지류적 흐름이 그것이다.

이 같은 두 갈래의 흐름 속에서 탈공산화의 세계적 대세와 더불어 한편의 융성하는 국운은 올림픽의 성공적인 개최를 계기로 대한민국의 위상을 세계적으로 한껏 드높이며 그 분출하듯 넘치는 국력을 적극적인 북방정책 추진을 통해 북으로 뻗어나가고 있었고, 다른 한편의 역류하는 극좌-친북행렬은 지리산 빨치산처럼 폐쇄-고립-퇴행하는 북한을 배경으로 통일지상주의적 무조건 통일론에 매달리고 있었다.

남재는 극좌-친북세력이 이처럼 지하잠복단계에서 지상노출로 급성장한 토대를 3중구조로 분석하였다. 첫째는 자본주의의 발달로 인한 빈부계급의 발생과 이에 따른 사회주의 사상의 토착화, 둘째는 우리 사회의 날로 거대화하는 각종 부정-부패와 이에 따른 반정부적 양심세력의 대두-성장, 셋째로 남북분단의 항구화와 이에 따른 반한(反韓)세력의 성장 등이 그것이다.

극좌세력의 존립토대가 이처럼 3중구조로 되어 있는 만큼, 그것을 완화-해소시키는 방략(方略)도 당연히 3중구조로 정립되어야 한다는 것이 남재의 해답이었다. 즉, 경제발전과 복지의 실현, 양심의 지향과 그 힘에 의한 부정-부패일소, 그리고 여기에 더하여 남북간 평화공존과 협력달성을 꼽았다.[19)]

남재는 이상과 같은 3중구조의 해결방략을 다시 부전이승(不戰而勝)-학이시습(學而時習)이라는 여덟 글자로 요약, 재정리하였다. 즉, 반공-멸공의 단계에서 이제는 쇠공(衰共)-소공(消共)의 단계로 들어서고 있으니 싸우지 않고 이길 수 있는(不戰而勝) 태세를 갖춰야 한다는 것이다. 지금 선진사회의 공산주의는 자기수정을 거듭한 끝에 자기소멸의 단계로 넘어가고 있으니 이제 구태여 반공-멸공을 떠들어대며 백전백승의 전투태세를 강조할 필요는 없다고 했다. 다만 '사회적 에이즈'에 걸리지 않도록, 패망한 월남 정권의 전철을 밟지 않도록 자경(自警)-자계(自戒)하면서 공산주의가 자멸할 때를 인내성 있게 기다리며, 유교식의 학이시습-극기복례(克己復禮)의 정신으로 부지런히 배우고 익히며 열심히 일하면 된다고 설명하였다.

이 해 3월에 목사 문익환(文益煥), 작가 황석영(黃晳英) 등이 일본 → 중국(北京)을 거쳐 평양에 들어감으로써 세상을 깜짝 놀라게 하였다. 이어 8월에는 전카톨릭농민회회장-평민당의원 서경원(徐敬元)의 밀입북 사실이 10개월이 지난 이듬해 1989년 6월, 본인의 신고로 밝혀져 큰 충격을 주었다. 또 같은 달에 외대생 임수경(林秀卿)이 대담하게도 전대협(全大協) 대표 자격으로 동베를린을 거쳐 공공연하게 평양에 파견되어, 바야흐로 국법을 무시한 재야세력의 밀입북행렬이 러시를 이루고 있는 느낌을 자아내었다. 그런가하면 정무제1장관 박철언(朴哲彦)이 판문점을 통해 월북(30일)하여 북한의 정치국원 허담(許錟)과 만났다는 밀사설이 8월부터 파다하게 퍼져 또 한 차례 큰 파문을 일으켰다.

9월 11일에는 대통령 노태우가 국회에서 「한민족공동체 통일방안」을 직접 발표하였다. 자주-평화-민주의 통일3원칙을 전제로 하고 통일로 이르는 중간과정으로서 남북연합단계 설정과 남북정상회담을 통한 「민족공동체헌장」의 합의를 제시한 이 6공의 통일방안에 대해서 남재는 "냉철하고 차분한 현실적 방안"이라고 긍정적으로 평가하였다. 또 남재는 대통령 노태우의 이번 연설에서 "그 동안 엄존해온 오랜 적대관계를 그대로 두고 하루아침에 통일을 이룰 수 없는 것이 우리의 현실"이라고 밝힘으로써 통일지상주의적 발상을 배격한 대목에 전적으로 공감을 표시하였다.

남재는 우리의 이 통일방안이 자유-번영-복지-평화를 지향하는 세계대세의 '새로운 현실'—New Reality, 그리고 앞으로의 '새로운 현실' 모두에 부합하는 가장 확실하고 빠른 통일방식임을 온 국민에게 인식시켜야 한다고 생각하였다. 아울러 통일지상주의적 무조건 통일론이야말로 이 뉴 리얼리티를 전혀 무시한 '거품'임을 지적하면서 일찍이 서독 수상 빌리 브란트(Billy Brandt)가 설파했던 '뉴 리얼리티'의 의미를 우리도 알아야 한다고 자신의 감상을 기록하였다.[20] 이후 남재는 기회 있을 때마다 경제체제의 선택이 근현대사에서 한 나라의 행-불행을 가름하는 결정적인 기로였음을 헝가리의 경우를 예로 들어 되풀이 강조하곤 하였다.

원래 헝가리 민족은 마자르족으로 중앙아시아 우랄알타이 지방에서 살기 좋은 곳을 찾아 서쪽으로 이동하여 다뉴브 강이 흐르는 부다페스트 근처에 정착한 이래, 몽고의 침공, 터키의 내습, 오스트리아의 지배를 거치는 동안 살아남기 위해 로만카톨릭을 믿게 되었지만, 슬라브-게르만-라틴 어느 계에도 흡수-동화되지 않고 고유의 언어를 지키며 꿋꿋하게 살아왔다고 한다. 그러다가 불행히도 양차 대전 중 독일편이 되는 바람에 패전-전범국이 되어 숱한 고난을 겪은 끝에 동구권에 편입되면서 눈깜짝할 사이에 스탈린식 명령경제에 사로잡혀 아주 빈곤하게 되었다는 것이다. 그러나 지금 헝가리가 그때 시장경제로 살짝 피해나간 바로 이웃의 오스트리아 모델을 배우기에 한창인 모습을 모면 우리 대한민국은 불행 중 다행이었고, 북한은 불행 중 불행임을 알 수 있다고 「생명의 전화」 만찬회에 참석, 인사말에서 남재는 지적하였다.[21]

요컨대 남재는 일순의 잘못된 체제선택이 그 이후에 얼마나 오랜 질곡이 되고 얼마나 가혹한 운명을 결과하였는가를 헝가리를 예로 환기시킴으로써 민족통일의 올바른 방향을 제시하고, 통일지상-무조건 통일론의 환상과 미망(迷妄)을 깨우쳐주고자 했던 것이다.

3. 공산당의 사망신고 : 공산주의의 평화적 자멸

(1) "위대한 1989년"

소-동구 공산세계의 탈공산주의 대세몰이는 위성국들이 주도하였고, 그 중에서도 공산주의의 모범생-최우등생이라는 동독이 선도하였다. 1989년 9월 중순, 1만여 동독인들의 헝가리-오스트리아를 경유한 서독으로의 대탈출은 동구공산권 붕괴의 첫 신호탄이었다. 이어 11월 초부터 가열된 동독인들의 민주화시위는 범람하는 거대한 강물처럼 자유-민주-개방화의 열망을 싣고 베를린 장벽을 넘어 전 국경을 무너뜨리며 마침내 동구권 전체를 향해 무서운 기세로 덮쳤다.

여기에 호응하듯 폴란드의 사회주의와 공산당의 파산선고를 시발로 → 헝가리 → 불가리아 → 체코, 그리고 마침내 루마니아로 이어지는 도미노식 공산정권 퇴진과 민주변혁을 가속시켰던 것이다.

남재는 동구의 대대적인 자유-개방의 탈공산화가 루마니아를 제외하고 파괴-살상의 큰 소란 없이 급속도로 진행될 수 있었던 것은 그들이 이미 자유와 시장경제에 대한 소중한 경험을 간직하고 있었기 때문이라고 풀이하였다. 또한 동구의 이 거대한 변혁이야말로 정치적 자유와 민주, 시장경제, 복지사회, 평화공존을 지향하는 '역사의 신'이 가리키는 방향일진대, "자유-정의-진리의 '역사의 신'은 정말로 살아 있다고 보아야 한다"고 그 소감을 피력하면서, 24년 철권독재자 차우세스쿠를 '역사의 신' 앞에 꼼짝못하게 만든 1989년은 "참으로 위대한 해"라고 기록하였다.[22]

(2) "눈물 없는 작별" — 데 메지에르의 고별사

1989년 11월 12일, 크렌츠(Egon Krenz) 영도하의 동독이 대대적인 자유화 개혁을 발표하던 날, 세계는 44년 동안 가로막혔던 장벽을 넘어 서베를린으로 자유를 찾아 달려가는 동베를린 시민들의 감격적인 모습을 지켜보면서 인류사상 최악의 재앙을 불러온 공산주의라는 장대한 실험이 끝나고 있음을 실감하였다. 이날 서독 수상 콜(Helmut Kohl)은 "동독과 서독은 하나이다… 우리는 한걸음씩 공동의 미래로 나아가는 길을 모색해 나갈 것"이라고 역설하였다.

남재는 독일통일의 분위기가 이처럼 급속도로 조성된 것이, 무슨 거창한 이상주의적 이념통일에서 비롯된 것이 아니라 단지 경제적 풍요를 갈구하는 동독인의 현실적인 욕구 때문임을 알아야 한다고 그 소감을 피력하였다.[23] 그리하여 지금의 동-서독 통일방식은 위로부터, 또는 밖으로부터 일거에 정치적 통일을 먼저 실현해 나가는 총론적 접근이 아니라 밑으로부터, 그리고 안으로부터 실생활에 직접 관련된 경제 분야 등 실질적인 문제부터 하나하나 접근해 가는 각론적 통일방식임을 주목하였다.[24]

1990년 5월, 동-서독은 서독의 실질적 동독흡수를 의미하는 「통화-경제-사회보장동맹창설에 관한 국가조약」에 조인하였다. 환희와 우려가 교차하는 가운데 조약발효 1개월이 경과된 후, 주로 동독에서 과도기적 혼란과 진통이 고조되면서 조기통일을 바라는 분위기가 팽배해지자 1991년으로 목표했던 통일일정이 연내로 앞당겨졌다. 1990년 10월 3일, 과연 세계사의 위업으로 기억될 독일통일이 마침내 달성되었다.

이날 오전 10시를 기하여 독일 전역의 교회와 성당에서는 통일을 알리는 자유의 종이 울렸고, 통일음악제를 비롯한 감격적인 대축제가 전국에서 열렸다. 이제 동독 DDR(Deutschland Demokratische Republik)은 지구상에서 사라지고, 두 개의 독일은 하나가 되었다. 그러나 독일 민족은 이 통일이 끝이 아니라 시작이며, 기쁨인 동시에 앞으로 있을 고난을 기꺼이 감내하기 위한 새로운 다짐이라는 것도 잊지 않았다.

남재는 이날 오후 5시 반부터 주한독일대사관 통일기념행사에 초대받고 진심으로 독일 민족의 이 위대한 성취를 축하해 주었다. 또 이날 남재는 18년 전 고대학술강연회(1972. 10.)에서 앞으로 세계사 전개의 주제는 강대국들 간에 누가 이기고 지느냐의 문제가 아니라, 모든 나라들 사이에 복지의 실현을 향하여 누가 먼저 가고 누가 늦게 가느냐의 경쟁의 문제가 될 것이라고 지적한 그대로, 서독에 의해 동독이 흡수통일됨으로써 바로 자신의 이 예언이 보기 좋게 적중되었다는 데 자못 감개가 무량하였다. 즉, 어떤 체제를 선택했느냐에 따라 결과가 이처럼 엄청나게 달리 나타났다는 점에서 시장경제의 절대적 중요성을 다시 한 번 실감하지 않을 수 없었다.

통일에 앞서 10월 2일, 동독 수상 로다르 데 메지에르(Lothar de Maiziere)는 독일 민족뿐만 아니라 우리에게도 가슴 뭉클하게 와닿는 감동적인 <고별

사>를 남겼다. 남재는 동독의 서독연방가입에 즈음하여 구동독과의 "눈물 없는 이별"을 의미하는 이 <고별사>의 원어 전문을 구하여 10월 20일 밤부터 21일 새벽까지 밤을 새워가며 읽고 또 읽으며 우리 민족의 통일문제를 생각하였다. 또 국내 신문에 발췌 소개된 주요 대목을 남재는 일기에 옮겨놓기도 했다. 다음에 그 일부를 소개한다.

> "우리는 하나의 민족이며, 이제 하나의 국가가 됩니다. 독일민주공화국(DDR)이 독일연방공화국(BRD)에 가입함으로써 우리 독일 국민은 자유롭게 통일을 성취했습니다. 그것은 커다란 기쁨의 시간입니다. 많은 환상이 끝나는 시간입니다. 그것은 눈물 없는 이별입니다. 우리는 지금 희망찬 신호등을 보면서 미래를 향한 길을 출발합니다. 그것은 자유와 민주, 법치주의와 사회정의입니다.
>
> 이 순간 모든 사람이 가벼운 마음은 아닐 것입니다. 절망적인 상황에서도 동독을 떠나지 않고 남았던 사람들이 특히 그러할 것입니다. …많은 (東獨) 국민들이 걱정하고 있는 것도 잘 알고 있습니다. 새로운 화폐, 낯선 경제제도, 익숙지 않은 정치구조 등은 당연히 많은 어려움을 초래할 것입니다. …우리는 오랫동안 통일을 기다려왔습니다. 우리를 하나의 국가로 묶는 것은 어제까지의 우리가 아니라 우리가 다 함께 바라는 내일의 우리일 것입니다…."

(3) 소련의 '서산낙일'(西山落日)

소련은 동구공산주의 제국이 탈공산화하여 모조리 소련으로부터 이탈해버린 1990년의 시점에서도 아직은 고르바쵸프의 '신사고'에 의해 "인간적이고 민주적인 사회주의"의 개혁깃발을 홀로 들고 서 있는 꼴이었다. 그러나 아무리 공산당 1당독재를 포기하고 계획적 시장경제로의 이행을 선언하며, 생산수단의 사유제를 포함한 다양한 소유제형식을 도입하면서까지 사회주의의 외피(外皮)만은 어떻게 하든지 살려두는 형태로 그 변질-수정을 꾀하려 한들 어찌 서산에 지는 해를 막을 수 있겠는가. 이미 대 NATO 대항체인 바르샤바 군사동맹체제와 코메콘 경제협력체는 붕괴되었고, 소련 내 15개 공화국을 비롯한 100여 개에 달하는 소수민족들의 분리독립욕구의 분출로 연방제조차 더 이상 지탱할 수 없는 총체적 위기상황으로 빠져들고 있었기 때문이었다.

결국 이 시기의 소련의 고민은 3중고(三重苦)로 요약되었다. 첫째는 공산당 1당독재로부터 어떻게 무리 없이 민주적 다당제(多黨制)로 전환하고, 둘째로 연방 내 공화국들의 분리독립욕구를 어떻게 조절하여 연방제를 유지하며, 셋째로 시장경제로의 이행에 따른 막대한 재원을 어떻게 조달하느냐의 문제였다. 따라서 고르바쵸프의 딜레마도 결국은 시장경제를 추구하면서 사회주의를 존속시키고, 공산당을 그대로 존립시키면서 인간적이고 민주적인 사회주의를 지향해야 하는 모순, 그리고 이와 같은 혁명적 과제들을 여전히 비혁명적 방법으로 추진-달성해야 하는 당착(撞着)…, 여기에서 오는 2중적 고민으로 요약되었다.

1991년 5월 19일부터 25일까지 약 1주일 동안, 남재는 국제적십자연맹(IFRC)회의 참석 후 귀국길에 소련적십자사를 방문하고 모스크바와 레닌그라드 등을 여행하면서, 공산주의 환상의 파멸에 따라 거대한 상실감에 빠져 있는 소련 사회의 무기력하고도 허탈한 모습을 목도할 수 있었다. 그 소감을 남재는 "그들은 상하를 불문하고 모조리 큰 바보, 큰 거지가 되었다"고 쓰고, "불구대천(不俱戴天) 엄금의 땅을 자유롭게 출입하는 백번-만번의 변화를 실감하면서 서울로 돌아왔다"고 피력하였다.[25)]

8월에 들어서 고르바쵸프의 휴가중에 군과 KGB 내 일부 강경보수세력이 가세된 쿠데타가 발발(19일)하였다. 그러나 사전의 치밀한 계획과 준비 없이 감행된 이 '어설픈 쿠데타'는 용감한 옐친(Boris Yeltsin)과 자유-민주를 갈구하는 그 지지자들에 의해 3일만에 분쇄되었고, 도리어 공산당의 사망단축과 공산주의의 평화적 자멸을 일거에 앞당기는 희화적 역설로 끝나고 말았다. 그 직후 공산당은 전 소련 영토 내에서 활동이 전면 금지되고, 건물은 폐쇄되었다. 이제 소련은 공산당의 사망신고와 함께 급속한 연방해체의 길로 들어섰고, 동서간의 이념과 체제의 대결은 서방세계의 일방적 부전승(不戰勝)으로 막을 내렸다.

(4) 한-소관계의 극적 전환

1989년 12월 초, 지중해의 몰타(Malta)에서 열린 레이건-고르바쵸프 미-소 정상회담은 냉전의 종식과 동서화해, 그리고 새로운 지구촌 협력시대의 개막을 선언하였다. 불가항력의 냉혹한 철의 괴물로만 여겨지던 소련이 이처럼 석양을 등에 지고 그 몰락의 그림자를 길게 끌고 있을 때, 한-소관계의 근본적 변화의 전기가 찾아왔다. 특히 88서울올림픽을 통해서 전세계에 확인된 한국의 경제력은 양국간의 접근과 관계정상화를 급진전시키는 원동력이 되었다.

1990년 6월의 노태우-고르바쵸프 간 샌프란시스코 한-소정상회담(5일), 이를 계기로 한 이 해 10월 1일 양국 외상간의 전격적인 국교수립 조인-발효에 뒤이은 양국정상의 상호교환방문(1990년 12월 및 1991년 4월) 등 불과 10개월 동안 두 나라는 불가능한 일로만 여겨지던 일들을 단숨에 해치웠다. 한국은 소련과 수교함으로써 냉전의 진원(震源), 바로 그 실체와 냉전종식의 합의를 보는 감동적인 성과를 거두었고, 소련은 30억 달러에 달하는 어마어마한 경협자금을 이끌어내는 실익을 얻어내었다. 북한이 소련을 배신자로 낙인찍고, 남쪽을 향해서 통일에 역행하는 분열주의적 음모책동이라고 격렬하게 비난을 퍼붓고 나선 것은 국제사회의 빨치산 같은 그들의 생리로 보아 당연한 반응이라 할 것이다.

남재는 한-소관계의 급진전으로 야기된 한반도의 상황변동을 주의 깊게 검토하면서 지금의 이 결과에 대한 지나친 낙관이나 과대평가는 금물이라고 경계하였다. 개혁-개방을 추구하는 소련의 외자도입의 절박성과 탈공-탈냉전의 세계대세가 그 동안 눈부신 국력신장을 이룩한 한국의 북방정책과 맞아떨어짐으로써 한국과 소련이 만날 수 있는 공통의 장이 열렸고, 여기에 세습체제를 고수하고 있는 북한의 필연적인 정체, 특히 경제적 낙후-침체가 한몫 거들었다는 것이 남재의 대체적인 분석이었다. 그러나 어쨌든 간에 계급 없는 이상사회건설이라는 공산주의 환상 때문에 소련을 위시한 동구제국에서, 한반도에서, 동남아에서, 그리고 세계도처에서 얼마나 많은 무고한 인명이 희생되었는가를 생각할 때, 격세지감(隔世之感)을 금할 수 없다는 것이 이 시점의 사태진전을 바라보는 남재의 종합적인 평가였다.

동구 탈공산화의 대변혁을 가져온 이른바 '위대한 1989년' 9월 이후부터 1990년 3월까지 불과 6개월 동안, 한국은 폴란드-헝가리-체코-불가리아-유고에 이어 여섯번째로 루마니아와 수교하였고, 내친김에 1991년 5월부터는 남북한 동시 유엔가입을 추진하여 8월 6일 마침내 161번째로 유엔에 가입

(북한은 160번째)하는 자주외교역량을 발휘하였다. 남재는 이 해 9월 24일에 있었던 대통령 노태우의 유엔총회 기조연설을 한국이 그 동안 추진해온 북방정책의 중간결산이라는 점에서 매우 뜻깊은 일로 평가하였다.[26)]

◇

• 제18장 〔주〕

1) 《주간조선》 1985년 8월 25일자, <정치적 예우인가 「남(南)의 얼굴」인가—김상협 한적총재 임명내막>.
2) 《동아일보》 1985년 8월 9일자 및 위의 《주간조선》 같은 기사.
3) 『남재일기』 1985년 8월 25일자.
4) 《동아일보》 1985년 9월 20일자.
5) 『남재일기』 1985년 10월 21일자.
6) 『남재일기』 1987년 7월 31일, 8월 1일, 8월 3일 및 1989년 7월 31일자 종합.
7) 『남재일기』 1988년 3월 10일, 14일자.
8) 『남재일기』 1991년 8월 2일자.
9) 위와 같음.
10) <고희기념좌담>, p.491.
11) 위의 책, p.490.
12) 『남재일기』 1991년 2월 18일, 23일, 3월 4일, 4월 1일, 3월 14일, 21일자.
13) <고희기념좌담>, pp.492～493.
14) 고려대학교 교우회, 『교우회80년사』(1991), p.736.
15) 『남재일기』 1988년 5월 18일자.
16) 『남재일기』 1987년 12월 24일자.
17) 《고우회보》 1989년 7월 5일자.
18) 『남재일기』 1989년 7월 16일자.
19) 『남재일기』 1988년 2월 21일자.
20) 『남재일기』 1989년 9월 13일자.
21) 『남재일기』 1989년 12월 7일자.
22) 『남재일기』 1989년 12월 23일자.
23) 『남재일기』 1990년 3월 23일자.
24) 『남재일기』 1990년 3월 24일자.
25) 『남재일기』 1991년 5월 25일자.
26) 『남재일기』 1991년 9월 24일자.

제5편

대우환자(大憂患者)의 삶 (1992~1995)

제19장 : 문수(文殊)의 미소

제1절 독서-강의-여행으로 유유자적

제2절 김일성의 퇴장

제3절 혜천을 홀로 남겨두고…

• 제5편을 열면서

남재는 '대우환자'였다. "근심하고 걱정한다"는 '우환(憂患)'은 『주역(周易)』의 <계사하전(繫辭下傳)>에 두 차례 나오는 말이다. 이것이 '우환'이란 말이 쓰여진 최초의 문헌기록이다. "주역의 작자는 근심하고 걱정한다"(作易者其有憂患乎)고 원문은 되어 있다. 사람들로 하여금 계신(戒愼)하고 힘써 덕을 닦아 닥쳐오는 근심-걱정을 이겨내는 길을 깨닫게 하기 위함이었다고 한다. 『주역』의 작자는 곧 세상을 위해서 근심-걱정하는 '우환자'였던 것이다.

남재의 한 생이 바로 '우환자'의 삶이 아니었나 생각된다. 그는 평생을 생을 마감하는 그 순간까지 이 나라 이 민족을 위해서, 특히 민족의 통일을 생각하며 우환에 잠겨 사색하고 모색하였고, 그 같은 우환의 지극한 가족사랑 → 이웃사랑 → 나라사랑 → 겨레사랑을 기록으로 남겼다. 남재의 '우환의식', 그것은 타고났다고 해야 할 것이나 여기에 무한한 공력(功力)이 더해짐으로써 그 '우환의 내용'은 비할 바 없이 심화-풍부화되었다고 할 것이니 남재는 옛말로 군자(君子)요, 지인(至人)이요, 이 시대 최고의 선비라 할 것이다.

본편은 남재가 대한적십자사 총재를 2기 6년 역임한 후 고대 명예총장으로 다시 돌아와 평정(平靜)의 휴식을 만끽하며 독서-강의-여행으로 유유자적하던 마지막 3년간의 삶을 스케치한 종결의 장(章)이다. 이 기간 남재는 김일성의 돌연한 퇴장을 보면서 "자불어괴력난신"(子不語怪力亂神)이라고 일갈하였다.

남재의 떠남은 말 그대로 '홀연'(忽然)이었다. 어찌하여 남재는 유언(遺言)의 메시지 한마디 없이 그토록 서둘러 떠나고 말았는가. 그 '무언(無言)의 유지(遺志)'를 곰곰이 생각해보는 장(章)이기도 하다.

제19장 : 문수(文殊)의 미소

제1절 독서-강의-여행으로 유유자적

1. 고전(古典)에 침잠하다

1991년 8월 12일로서 대한적십자사 총재의 큰 짐을 벗고 고려대학교 명예총장으로 다시 돌아온 남재는 비로소 자기생애에서 '단절의 고독'이 아닌 휴식의 평안을 만끽할 수 있게 되었다.

그러나 사색과 독서가 천성처럼 몸에 밴 남재에게 있어서 여유로움으로 충만한 그 안온(安溫)의 시간이 무위도식(無爲徒食) 허송의 세월이 될 수는 없었다. 남재는 고대 명예총장실에 부지런히 출근하면서, 그 동안 벼르고 별렀던 동서양 고전독파를 실행에 옮겼다.

우선 9월 5일부터 일어판 『논어』(論語)를 차근차근 읽어나가면서 특히 '극기복례'(克己復禮)의 의미를 여러 번 되씹어 보았다. 또 9일부터는 『김구주석최근언론집』(金九主席最近言論集 : 재판, 1950)을 숙독하며, 백범의 애국애족,

깊은 충정에 가슴 뜨거운 감동을 느끼면서도, 그 비현실적 단정(單政) 수립 반대론에는 공감할 수 없었다.

남재의 고전독파는 10월 하순부터 본격화되었다. 26일부터 장기근(張基槿)의 『논어』를 시발로 30일까지 김학주(金學主)의 『대학』(大學)-『중용』(中庸)과 차주환(車柱環)의 『맹자』(孟子) 읽기로 이어졌다. 유교정신의 정수가 명쾌하게 설파되어 있는 『맹자』를 11월 3일까지 완독하면서, 남재는 2,300여 년 전에 유교의 왕도정치(王道政治)를 논리 정연하게 체계화한 맹자의 위대성을 재인식하게 되었다.

11월 중순부터 이달 말까지 두 주간은 『시경』(詩經 : 김학주 저)과 『서경』(書經) 읽기로 보냈다. 또 같은 달 27일에는 한적 부총재 이영덕으로부터 한-영대조판 『성서(*New American Standard*)』 두 권을 기증받았고, 12월 1일부터 <마태복음>을 시작으로 한글과 영문을 일일이 대조하면서 한 달 내내 읽어 나갔다. 15일까지 『신약』(新約)을 마친 남재는 중국고전들과의 비교 독후감을 다음과 같이 남겼다.

> "중국의 시경-서경-논어-맹자는 다분히 현세적-실용적-교육적 왕도정치실천 계몽서인 데 반하여 서양의 성서는 초현세적, 계시적, 그리고 대중선동적 종교투쟁성격이 강하다. 중국의 그것은 다분히 농경사회에 적합한 정(靜)적인 것인 데 반하여 서양의 것은 목축사회에 적합한 동(動)적인 것이라 하겠다.…"

16일부터는 『구약』(舊約)을 읽기 시작하면서 "70노령에 성서를 읽어 나가니 감개가 무량하다"고 썼다. <출애급기>(出埃及記)를 "신화적인 엉뚱한 기록"이라고 보았고, <고린도전서(前書)>는 훌륭한 설교라는 기존의 평가에 걸맞게 "정말로 초현세적-혁명적 성격이 넘치는 좋은 가르침"이라고 지적하였다.

중국의 고전들과 서양의 『성서』가 준 감동은 1992년 새해벽두까지 그대로 이어져 남재는 김동길-이초식(李初植) 등 신년하례 내객들과 그 독후감을 논하기도 하였다. 남재는 유교를 현세적-실용적-정착민적-개량주의적인 것으로, 기독교는 초월적-내세적-유목민적-신비주의적 구원에 치중한 내용으로 재정리, 비교하였다. 특히 <고린도전서>에서 믿음-소망-사랑 중 '사랑'이 근본이라고 강조한 대목을 곱씹어 보았고, <요한계시록>의 마지막 부분에 세 차례나 강조된 "예수의 재림" 약속(I am Coming quickly)을 거듭 상기하면서 의문부호를 남겨두었다.

이 해 1월 하순부터 남재의 시선은 조선유학으로 옮겨져 퇴계(退溪)-율곡(栗谷)-고봉(高峯)을 차례로 읽어나갔다. 이달 23일부터 『퇴계 소전(小傳)』(鄭飛石)을 시발로 하여 퇴계 이황(李滉 : 1501~1570)이 타계하기 2년 전인 68세(1568) 때 당시 17세의 선조(宣祖 : 1567~1608)를 위해 온갖 정성을 다 기울여 지었다는 『성학십도』(聖學十圖)[1]를 읽고 나서 남재의 퇴계에 대한 관심은 매우 깊어졌다. 이상은(李相殷 : 1905~1976)의 논문 <퇴계의 생애와 학문>(1970)을 그 다음달 완독(25일)하고, 다시 3월 13일부터 윤사순(尹絲淳)의 저서 『퇴계 철학의 연구』를 정독한 데 이어 16일 『성학십도』를 재독한 것이 그 관심의 직접적인 표현이라 할 것이다. 이후 남재는 이가원(李家源)의 논문 <퇴계의 시가(詩歌)문학연구>를 추가로 정독(5월 3일)하였다.

율곡 이이(李珥)에 대해서는 이병도(李丙燾)가 지은 『율곡의 생애와 사상』을 먼저 읽고(1월 28~30일) 나서 후속으로 율곡이 지은 『격몽요결』(擊蒙要訣 : 1577)의 번역본(李民樹 역)을 읽었다. 또한 고봉 기대승(奇大升) 관련서는 강주진(姜周鎭)이 번역 저술한 『고봉의 생애와 사상』을 2월 5일부터 읽기 시작하였다.

퇴계를 읽고 난 남재의 소감은 다소 엇갈렸다. 우선 퇴계는 실익이 별로 없는 '이기'(理氣) 논쟁에 너무 깊이 말려들어 정력을 낭비한 감이 없지 않고, 왕도정치에 대한 그 대단한 신념이 과연 얼마나 성과를 거두었는지 의문시 된다는 것이 남재의 솔직한 소견이었다. 퇴계가 살던 바로 이 시대에 서양에서는 벌써 미대륙 진출을 비롯하여 소위 지리상의 왕성한 발견과 항로개척이 이어지고 산업발전에 문예부흥 등 눈부신 형이하(形而下)적인 대약진이 있었던 사실과 너무도 큰 대조가 된다는 것이다. 그러나 남재는 퇴계를 영남이 자랑할 만한 대학자, 대사상가라는 종합평가를 내리는 데는 인색치 않았다.[2]

율곡은 "신선하고 활력 있는 개혁추진 학자임에는 틀림없으나 퇴계에 비하면 중후(重厚)한 맛이 떨어진다"고 평가하였다. 퇴계의 70평생에 비하여 율곡의 생애는 48세로 끝났으니 상대적으로 부족함이 있을 수밖에 없다고 남재는 이해한 것이다. 그러면서도 율곡의 『동호문답』(東湖問答) 3)을 걸작이라고 찬양하기를 잊지 않았다.

임금이 먼저 뜻을 세우고(先立志), 현인을 구하여(求賢) 국정을 위임하는 일종의 입헌군주제적 책임정치의 구현(委任成責)을 이상으로 삼았던 기대승의 왕도정치사상(『論思錄』)은 그 사상적 깊이에 있어서는 비록 율곡의 『동호문답』에 미치지 못하나, 백성생활의 돌봄을 통치의 으뜸으로 삼고 민심을 살피는 민본-위민정치를 강조했다는 점에서 남재는 그 선구성을 높이 평가하였다.

이 밖에 남재는 서애(西厓) 유성룡(柳成龍)의 『징비록』(懲毖錄 : 이민수 역)을 통해 이순신(李舜臣)의 위대한 전공(戰功)과 뜨거운 충성심을 재삼 확인하였고, (2월 23~26일) 내친 김에 3월 1일부터는 『난중일기』(亂中日記 : 이민수 역)까지 읽으면서 충무공의 그 진정한 용기에 흠모의 정이 솟구침을 금할 수가 없었다. 특히 명의 제독 진린(陳璘)이 이순신의 활약상을 일러 "경천위지지재(經天緯地之才)-보천욕일지공(補天浴日之功)" — 나라를 경륜할 재주요, 국운(國運)을 만회할 큰 공 — 이라고 격찬한 대목은 오래도록 남재의 마음을 사로잡았다.

4월 들어 3일에는 일본의 월간지(《文藝春秋》) 특별호 부록으로 발간된 『이등박문과 안중근』(伊藤博文と安重根 : 佐本隆三)을 감명 깊게 읽었다. 1910년 3월 26일 사형집행의 날, 여순(旅順)감옥에서 간수인 지바(千葉十七 : 헌병상등병)에게 추호도 마음의 흔들림 없이 태연하게 써 주었다는 "위국헌신 군인본분"(爲國獻身軍人本分) — 나라를 위해 헌신함은 군인의 본분이다 — 을 읽으면서 남재는 눈시울을 적셨다. 이어 남재는 잠시 중국의 고전 읽기로 되돌아가 이달 7일부터 나흘간 일본인이 쓴 『난세의 철인 공자』(亂世の哲人孔子 : 井上靖 : 이보혜 역)를 재미있게 읽었다.

9월에 와서는 김재준(金在俊)의 『성서해설』을 숙독하면서, 새삼 성서의 위대함을 느꼈고 서양의 이상주의가 성서에서 시원하고 있음을 알게 되었다. 또 12월에는 『한국의 스승』 — 수운(水雲)-해월(海月)-증산(甑山)-소태산(少太山)-정산(鼎山) 등을 읽은 후 1992년의 고전 읽기를 이것으로 일단 마감하였다.

이후 남재는 1993년 11월과 12월 두 달 동안, 고대민족문화연구소가 펴낸

『한국고전문학전집』 중 사설시조(辭說時調) <갑남을녀>, <세월아 세월아>, <남이장군>, <격양가>(擊壤歌) 등을 흥미 있게 읽는 한편, <토끼전>, <화산중봉기>(華山重逢記), <민시영전>(閔時榮傳), <옥단춘전>(玉丹春傳) 등 우리 나라 고소설(古小說)의 진미에 취하기도 했다.

1994년에 와서는 5월에 『구약성서』 중 <출애급기>를 재독한 이외에 10월과 11월 두 달 동안 이동환(李東歡)이 옮긴 『명심보감』(明心寶鑑)과 남민성이 옮긴 정약용(丁若鏞 : 1762～1836)의 『목민심서』(牧民心書 : 1848년 전 48권으로 완성), 그리고 『신역(新譯) 서경』의 <요전>(堯典)-<순전>(舜典)과 함께 『시경』의 재독-삼독을 끝으로 자신의 생애에 있어서 고전 읽기를 모두 끝냈다.

2. 장서(藏書)를 정리하면서

1992년 5월 초순, 남재는 구파발 지축리농장 별장에 별도로 비치했던 장서를 정리하기 시작했다. 남재는 우선 공산주의 관련자료부터 과감하게 폐기시켜 버렸다. 지금은 휴지쪽이 되어 버렸지만, 그때는 그토록 구하기 어려웠던 ― 비록 단편적이지만 공산권 속사정을 알려주었던 ― 금쪽 같은 각종 문서들이 아닌가! 거기에는 공산권연구저널 *Problems of Communism* 을 비롯하여 《공작통신》(工作通訊) 등 중공 내부소식 문건들이 대부분을 차지하고 있었다.

"공산주의는 '일장춘몽'(一場春夢), …정말로 악몽에 지나지 않는가?" 남재는 숱한 문건-자료들을 미련 없이 없애버리면서 마음 속으로 묻고 또 물었다. 그리고는 소련 74년 역사야말로 인성(人性)과 천리(天理)를 거슬렀던 일종의 만화(漫畵)와 같은 것이었다는 결론을 내렸다. 또 남재는 일찍이 20년 전에 토플러(Alvin Toffler)가 그의 저서 『미래의 충격』― *Future Shock* 에서 한번 쓴 물건은 대담하게 내던져 버리지 않으면 큰 부담으로 남는다고 묘사했던 그 예언을 실감하면서 "내가 죽으면 묘지용으로 서너 평만 있으면 그것으로 충분하겠지…" 하는 엉뚱한 감상에 젖기도 하고, 또 어느덧 철쭉꽃도 다 떨어지고 홍-백의 장미꽃이 활짝 피어나고 있는 창 밖의 빠른 계절의

순환을 아쉬워하기도 했다. 4)

또한 남재는 남겨둘 것과 없앨 것을 가리기 위해 서적-자료들을 뒤적이는 동안 어느덧 정치학 관계의 옛문헌들을 다시 읽게 되었고, 많은 귀중한 사념(思念)들을 재정리할 기회를 얻었다. 무엇보다 세계적으로 양심적이라고 이름을 날렸던 평화주의자들이 소망하고 기대했던 자유-공산 양대진영 간의 장기적 평화공존 전망과는 달리, 소-동구공산주의체제가 단기간 동안에 평화적 자멸로 역사무대에서 사라진 것은, 공산주의체제란 본시 보통사람들의 인성과 천리에 전혀 맞지 않는 '이상체제'임이 입증된 결과라고 남재는 다시 한 번 결론을 내렸다. 아울러 2차 대전 종전 후 재빨리 대소(對蘇) 강경 봉쇄정책(Containment)을 수립하고 이를 관철해 온 영국의 처칠(W. Churchill), 미국의 트루먼(H. Truman)과 아이젠하워(D. Eisenhower), 그리고 패전 서독의 아데나워(K. Adenauer)와 일본의 요시다(吉田茂) 등 자유진영 지도자들의 선견지명은 실로 위대하다고 보아야 한다고 생각했다.

특히 남재는 서독의 아데나워를 극찬하였다. 1949년에 73세의 고령으로 수상에 취임하여 87세까지 14년간 집권하며 서독을 민주-자유 시장경제체제의 반석 위에 올려놓고 1967년에 91세를 일기로 타계할 때까지 독일 민족통일의 기업(基業)을 닦은 그 큰 공적은 공자가 말하는 "오도일이관지"(吾道一以貫之)의 경지라는 것이다. 여기서 남재는 아마도 아데나워를 빌려 어느덧 우리 나이 73세에 이른 자신을 돌아보며, 남은 생애를 민족과 역사에 어떻게 기여할 것인가를 마음 속 깊이 생각하는 분발의 자극을 받았고, 또 대한민국 건국의 대통령 이승만의 민족사적 공헌을 이론적으로 재정리하는 계기를 얻지 않았나 생각된다.

또 이 같은 사색의 연장 속에서 남재는 자신이 젊은 시절에 썼던 논문들을 재독하는 회고와 반추의 시간을 갖게 되었다. 남재는《한국정치학회보》창간호(1960)의 기고논문 <민주주의의 새로운 위기>를 숙독하며 깊은 감개에 젖었고,《사상계》에 발표했던 일련의 시사논문들 — <반민주적 민주주의 시대>(1958년 11월호), <공산주의는 아시아의 신화인가>(1959년 1월호), <쏘비에트사회의 지도자론>(1959년 11월호), <타락한 전향자의 고민>(1960년 2월호) 등을 읽으며 자못 감홍에 잠기기도 했다.

이 밖에 7월에 들어서서 남재는 그 동안 메모 상태로 두었던 기록들 —

1961년 4월부터 약 4개월간에 걸친 미-유럽 제국 순방 및 1970년 3월부터 약 6개월간의 일-미-유럽 각국 여행일기들을 꼼꼼히 재독하며 노트에 정서하였다. 그러나 이들 『일기』들은 현재 발견되지 않아 유감스럽게도 본서 서술에 활용되지 못했다고 함은 앞에서 언급한 바와 같다.

3. 되살아난 명강의 — 역대 대통령의 치적(治績)을 평가하다

1992년 10월 17일, 남재는 고대 인촌기념관에서 열린 안암 정치학회(고대 정외과 졸업생 학술모임 : 회장 구종서) 월예 조찬회에 나가 실로 오랜만에 특강을 했다. 강의는 이승만 → 박정희 → 전두환 → 노태우에 이르는 건국 이래 역대 대통령의 치적을 평가하는 내용으로 진행하였다. 약 40분간 진행된 강의 말미에서 남재는 "대한민국이라는 '큰 배'에 탄 국민들은 내우외환으로 고생이 많았지만 '큰 배' 자체는 무사히 항해를 계속하여 바야흐로 남북통일이라는 희망의 푸른 동산에 상륙하게 되었다"고 말하고, "새 대통령의 시대에는 반드시 남북통일 작업에 착수하게 되어 있으니 정말로 좋은 대통령을 뽑아주기를 부탁한다"고 맺었다.

이날 조찬회에 참석한 제자들은 학창시대 이래 30여 년만에 다시 듣는 스승의 중후한 목소리, 미처 생각지 못한 우리 헌정사에 대한 기발하고도 사려 깊은 명쾌한 해설, 거기에서 확연히 열리는 한국정치의 미래에 대한 넓은 시야와 조국통일에의 희망찬 전망에 가슴 벅찬 감동을 느끼며 뜨거운 박수를 아끼지 않았다. 남재도 "역대 대통령을 긍정적으로 평가하고 나니 마음이 후련하다"고 소감을 피력하였다.[5)]

남재가 이날 강의에 나선 것은 물론 제자들의 간곡한 부탁을 들어주기 위해서였음은 말할 것도 없다. 그러나 남재 스스로도 이때는 이미 우리가 역대 대통령의 치적에 대한 정당한 평가를 내려도 좋을 시점에 와 있다는 생각을 하고 있었던 것 같다. 즉, 위대한 '1989'년 이후 공산세계의 몰락을 지켜보면서, 지난날 욱일승천(旭日昇天)의 기세로 육박해 왔던 공산주의의 거센 도전에 봉쇄정책으로 강력하게 맞섰던 자유세계 지도자들의 그 선견지명의 교훈을 되새기는 과정에서 우리도 이승만 이하 역대 대통령의 공과(功過)를 이제 어떤 형태로든 결산하고 넘어가야 할 필요성을 절감하며 그 평가의 길잡이 역을 스스로 맡겠다는 강한 의욕에서 기꺼이 강의에 나선 것이 아닌가 생각된다는 것이다. 다만 이날의 <역대 대통령론>은 하나의 시도였을 뿐 '완결편'이 아니었기 때문에 이후 남재는 그 내용을 부단히 다듬어 나갔다.

남재의 첫 특강이 있은 지 약 3개월 후, 때마침 《월간조선》 1993년 신년호에 연대 교수 최정호의 <한국역대대통령론 — 긍정과 부정 속의 거인-장군-범인(凡人)>이 발표되어 남재의 특강내용과 함께 한동안 장안의 신년화두를 장식하였다. 두 사람은 공교롭게도 같은 시기에 같은 주제를 놓고 비슷한 생각을 하고 있었던 것이다. 단지 최정호는 그 논제가 말해주고 있는 바와 같이 공(功)과 과(過)의 긍정적인 면과 부정적인 면을 보다 엄격하게 가리고 따져서 총체적인 경리(經理)를 시도한 것이 남재와 다른 점이라 할 것이다.

남재는 물론 최정호의 이 '긍정-부정의 양론'을 매우 흥미있게 읽었고, 《월간조선》 같은 호의 별책부록 『비록(秘錄) 한국의 대통령』을 비롯한 여러 관련 문헌들을 자신의 '대통령 치적 평가'의 보완자료로 활용하였다. 남재는 무엇보다 역대 대통령들이 그 시대에 적합한 고역과 악역을 잘 맡아주었다는 점을 부각시켜 나갔다. 예컨대 이승만과 박정희의 경우, 그들은 물론 잘못한 일들이 적지 않았으나, 국가의 기본적인 방향과 진로를 잘 잡아 자유-시장경제의 틀을 굳건히 세우고, 근대화-산업화의 대로를 개척하였으니 그 공적은 크게 인정해 주어야 마땅하다는 것이다.

이런한 논리전개의 기조 위에서 새해(1993) 3월 이후부터는 새로 대통령에 취임한 김영삼을 논의대상으로 추가하여 이 미지수(未知數) 대통령에게 부하된 민족사적 사명이 무엇인가를 일깨우며, 필요하다면 기꺼이 악역 맡기도 불사해야 한다고 강조해 두었다.

3월 17일, 남재는 한모음회 조찬모임에 나가 두번째로 <역대 대통령론>을 펼쳤다. 이날의 강의 후반에서 논의의 초점을 갓 취임한 YS에 맞춘 남재는 앞으로 5년 임기중 YS는 "국제적 경제전쟁에서 살아남고, 통일자금을 조달하고, 자신이 제시한 '국정 4대지표'(깨끗한 정부, 튼튼한 경제, 건강한 사회,

통일된 조국)의 완수를 위해서 경제적 실력 강화에 전력을 기울여야 한다"고 결론을 내렸다.

4월 26일의 고대 언론대학원 특강은 유달리 언론의 조명을 받았다. 이것은 YS정권에 대한 국민적 여망과 기대와도 무관치 않은 것으로 보였다. 27일자 《중앙일보》는 "역대 대통령 나라를 잘 이끌었다"는 제하로 강의의 요점을 잘 정리하였다. 같은 날자 《경향신문》도 "YS개혁, 5년시간표 짜야…", "필요할 때 악역도 담당하길…", "―역대 대통령, '흠'에도 불구 '공로' 높이 평가…"의 제목으로 강의 전내용을 요령 있게 압축 소개하였다. 한편 《서울신문》이 발행하는 시사주간지 《뉴스피플》은 이 강의내용을 <역대대통령 통치행태분석>이라는 제하의 기사로 정리하여 5월 13일자로 보도하였다.

5월 3일의 고대 인촌기념관 특강에서는 '제1의 악역'에 이승만, '제2의 악역'은 박정희가 맡았으니 이제 남북통일준비를 위한 '제3의 악역'은 YS가 맡아 주어야 하는데 과연 그에게 그만한 희생정신이 있겠는지 의문을 표시하였다.

5월 16일로 남재는 강의내용 다듬기를 일단 마치고 이를 원고로써 총정리하였다. 5월 20일, 민자당의원 박세직(朴世直)이 주도하는 의원모임의 63빌딩 조찬회와 6월 12일의 서울시립대 특수대학원 특강은 이 완성된 원고에 기초하여 강의를 진행하였다. 이 특강에서 남재는 전두환의 공헌과 관련, 10·26 사태 후 어수선한 공백기에 핀치히터로 등장, 비록 집권과정에서 민주적 정통성에 여러 가지 흠은 지었지만, 이런 약점-실점을 보완하기 위해서 「선진조국창조」를 앞세우며 박정희의 경제개발노선을 잘 계승, 운좋게도 적시타를 날려 국난극복에 이바지했다고 평가하였다.

그러나 남재는 이 완성원고에 만족치 않고 내용보강을 계속하여, 9월 22일의 서울대행정대학원 국가정책과정 동창모임(63빌딩), 이틀 후인 24일 고대교우회 월예강좌(65세 이상 교우대상 : 종로 공평동 고대교우회관), 그리고 11월 12일의 고대정책대학원 등 그 이후에 계속된 세 차례 특강은 최종보강원고로써 행하였다. 이 최종원고(서울대 행정대학원 특강) 내용이 <성공한 네 대통령과 미지수의 김 대통령 ― 김상협 전총리의 역대대통령론>이란 제하로 《월간조선》 1993년 11월호에 정리소개되었다. 다음에 그 요지를 소개한다.

<성공한 네 대통령과 미지수의 김 대통령>(《월간조선》 1993년 11월호 요지)

해방 이후 … 「대한민국호(號)」는 시계(視界) 제로인 상태에서도 파선되거나 침몰하지 않고 잘 넘겨왔다. … 우리 역사를 미시적이고 단기적으로 보면 실패 또 실패의 연속이었으나 거시적이고 장기적으로 바라보면 성공 또 성공, 대성공의 역사였다. … 북한은 총 GNP 240억 달러에 불과한데 우리는 3천억 달러나 된다. 북한보다 10배가 넘는다. … 이제 앞을 내다보니 희망의 푸른 동산이 보인다. 그곳에는 복지와 번영과 통일이 있다. 이런 순간에 김영삼 대통령이 취임했다.

◇ 미국편으로 줄을 잘 선 이승만의 선견지명 : 이승만 대통령은 국내외지도자들(김구-여운형 등)의 반대를 무릅쓰고 우리 신생 대한민국을 곧바로 미국 지도하의 자유민주진영에 속하게 하여 공산주의 북한의 침략을 막아내면서 오늘의 대한민국이 있게 하는 데 결정적으로 기여한 「건국의 아버지」 역할을 제대로 다 수행하였다. … 세계가 자유민주진영과 공산독재진영으로 두쪽이 날 것으로 분명히 알았던 이 박사는 기다릴 것도 없이 우리는 민주편, 미국편, 반소련편임을 선언하였고, 이 판단이 옳았다. 50년이 지난 지금 소련은 무너졌다. 그때 만약 우리가 줄을 잘못 섰더라면 동구권이나 소련처럼 우리도 50년의 세월을 허송했을 것이다.

이승만 대통령은 특히 6·25 전쟁에서 거의 무너질 뻔했던 우리 나라를 미군과 유엔군을 끌어들여 회생시킨 지도자였다. 그는 세상을 알았던 것이다. 민주진영은 공산진영에 대해서 한편으로는 무력으로, 또 한편으로는 경제적으로 봉쇄정책을 폈고, 6·25에서 이 전략이 성공하여 이를 그대로 유럽에 적용하였다. 세계적으로 대공산권 봉쇄정책의 성공은 한국에서의 실험성공에서 비롯된 그 산물이라고 볼 수 있다. … 물론 이승만 대통령은 "외교에서는 귀신, 내치에는 병신이라는 평을 들을 만큼 국내정치에서는 잘못한 것이 많았다. … 그래서 4·19로 학생들이 물러나라고 하니 순순히 물러났다. … 우리는 이승만 대통령이 내정은 못했어도 신생 대한민국의 '첫 줄서기'를 올바른 방향으로 제대로 잡아준 건국의 은인이라는 점을 높이 평가해야 할 것이다.

◇ 근대화의 아버지 박정희 : 박정희 대통령은 정말 과오가 많았다. 5·16 군사 쿠데타는 좀 심했다. 원대복귀를 약속해 놓고 국민을 기만하고 정치에 참여했다. 이것은 사술(邪術)이다. 유신(維新)으로 의회정치를 없앤 것도 심했다. 또 장기집권을 위해 지역감정을 부추겼다. 부하의 총탄에 의하여 술자리에서 살해당한 것도 국제적인 망신이었다. 그러나 박 대통령은 이러한 자기 잘못을 모두 알고, 그것을 보상하기 위해서 열심히 경제개발을 했다. 빈곤의 추방과 조국의 근대화를 시정목표로 내세우고 국가개발의 신기원을 이룩하였으니 '우리 나라 근대화의 아버지'라는 말이 조금도 어색지 않다. 우리의 꿈을 깨우쳐 준 것이다.

박 대통령 통치시대에 우리 국민들은 심신양면으로 고통도 많이 받았고 희생도 적지않게 치렀지만 그래도 우리는 "하면된다"는 자신감을 얻을 수 있었고, '한강의 기적'도 불가능이 아님을 깨닫게 되었다. 우리의 국제적 위상이 그 때문에 한껏 높아진 것은 누구도 부인할 수 없는 사실이다. "정치는 묶어 놓고 경제는 풀어놓는 박정희식 경제개발노선"은 오늘날 중국이 답습하여 꽃을 피우고 있다.

◇ 잘 때린 핀치 히터 전두환 : 전두환 대통령도 집권과정에 문제가 있다. 전 대통령은 12·12, 5·18 등 민주적 정통성에 흠을 남긴 여러 약점을 보완하기 위해서 무던히도 애를 썼다. 박 대통령의 경제개발정책의 계승, 국제수지 흑자실현, 올림픽 유치, 한강개발, 단임공약의 실천과 평화적 정권교체의 실현 등… 정규선수는 아니지만 핀치히터로서 국난기 공백을 잘 메웠다.

◇ 행운의 사나이 노태우 : 노태우 대통령은 복이 많은 사람이다. '시간이 최상의 약'이라며 마냥 기다리기만 했다. 자신의 최대 장기(長技)인 참을성을 유감없이 발휘하여 악역도 맡지 않고 부전승으로 목표를 달성, 아무것도 하지 않으면서 오히려 할 수 있었던 행운의 대통령이었다. '물대통령'이라지만 승리했던 대통령이라 할 만하다.

◇ 김영삼, 해야 할 네 가지 : 상고(上古) 이래 최초로 정통성을 완전히 갖춘 문민대통령이다. 이것은 김 대통령이 책임도 가장 무거운 대통령임을 말하는 것이기도 하다. 한마디로 김 대통령은 전임대통령들의 공적을 인정하는 토대 위에서 '온고이지신(溫故而知新)해야 한다. 김 대통령은 세상이 △ 경제, 경제를 외치는 시대로 무섭게 변했다는 것을 알아야 하고, △ 통일도 결국 돈의 문제임을 알고 통일에 대비해야 하고, △ 시간은 짧고 할 일은 많다는 부담을 알아야 하며, △ 자신의 4대국정지표 완수를 위해서도 자금조달이 선결과제임을 알고, 결국 모든 문제가 경제 하나로 귀결됨을 인식, 국가경쟁력과 경제력 배양에 진력해야 한다. 개혁도 경제적으로 추구해야 한다.

복합체질의 우리 사회는 이제 단번에 모든 문제를 해결하겠다는 식은 안된다. 일망타진(一網打盡)으로 단번에 끝마치겠다는 생각이 아니라, 일벌백계(一罰百戒)로 거듭거듭 고쳐 나가겠다는 심정으로 임해야 할 것이다. 박수부대가 많다고 해서, 박수부대가 잘한다고 칭찬한다고 해서 일이 잘되는 것은 아니다. 충격요법은 안된다. 미래를 위해서, 또 세계화를 위해서 인재(人材)와 경제를 아끼고 또 아껴야 한다.

[추기] : 남재의 YS에 대한 이상과 같은 충고는 사실상 남재의 우려의 표현이었고, 그것은 그대로 현실로 나타났다. YS는 '일벌백계' 대신 '일망타진'의 수법으로 매사에 성급하게 나섰다. "역사바로세우기" 등을 감행하여 전-노 두 대통령을 법정에 세운 끝에 철장신세를 겪게 한 것은 그 단적인 예가 될 것이다. 또 '충격요법'을 경계했지만 '금융실명제'라는 극약처방을 써서 숱한 무리와 차질을 빚어냈고, 경제 전체를 동맥 경화증에 빠뜨려 「IMF사태」

라는 국가파산의 위기를 자초했다. 남재가 살아 있다면 이 모든 사태의 진전을 과연 어떻게 진단-평가했을지 자못 궁금사가 아닐 수 없다.

4. 끝없는 연구대상 : YS와 DJ

남재가 평생 동안 어째서 그처럼 끈질기다고 해야 할 만큼 집요하게 김영삼과 김대중에 대해서 관심을 집주(集注)시켜왔는지 우리는 물론 그 까닭을 알 길이 없다. 단지 우리는 남재의 타고난 정치적 직관(直觀)이 이 두 사람을 언젠가는 큰 일을 낼 사람들로 주목하게 만든 것이 아닌가 하는 짐작이 가능할 뿐이다. 어쩌면 이들에 대한 남재의 유난한 관심의 저변, 그 심층심리에는 얼마간의 경쟁의식이 깔려 있었던 것은 아닌지도 생각해 볼 수 있을 것이다.

(1) YS 평점 : 정치적 초우등생, 그러나 …

남재는 YS의 정치적 평점을 '초우등생'이라고 매긴 바 있다.[6] YS가 노태우를 정점으로 하는 당시 TK 집권세력이 '여소야대' 정국타파의 묘수로 구상하고 있는 '보수대연합'을 지렛대로 삼아 당권장악에 성공하기까지 보여준 그 뛰어난 정치적 후각(嗅覺)과 대담한 정치적 변신, 그리고 TK세력과의 극렬한 암투에서 살아남아 여권 대통령 후보를 쟁취한 끝에 마침내 반민주적 원죄(原罪) 없는, 그리하여 가장 완벽한 정통성을 갖는 문민대통령으로 당선되기까지 승부사로서 발휘했던 그 무서운 정면 돌파력을 남재는 높이 산 것 같다.

남재는 한적 총재 임기가 끝나갈 무렵인 1991년 7월 22일, YS의 점심초대를 받고 '합당(合黨)' 정국에 관한 그의 소신을 들은 바 있다. 이날 YS는 남재에게 합당이 정국안정과 국회정상화를 이룩하여 헌정의 파국을 막았다고 역설하고, 내각제 개헌은 없으며, 건전한 양당제를 확립하고, 남북통일문제는 서둘지 않겠다고 말하였다.

남재는 YS의 이 같은 확신에 찬 설명을 들으면서, 그를 "백년동안(百年童顔)의 순진하고 건강한 사람"이라고 생각하였다. 그후 대선 운동과정에서 YS-DJ 양인의 행보를 비교 관찰하며, 남재는 DJ를 "너무 복잡한 사람", 상대적으로 YS는 "너무 단순한 사람"이라고 평하였다.[7] 또 YS가 대통령에 당선된 후 취임 100일을 맞기까지의 집정(執政) 행태를 면밀히 주시하고는, 순수-성실하고 인품은 좋으나 걱정되는 대목이 너무 많다고 남재는 우려를 표하였다.[8] 요컨대 YS는 인간으로서의 바탕은 훌륭하나 대통령으로서의 자질은 미지수라는 것이었다. YS의 대통령취임 이후, 남재가 오랫동안 그에게 가졌던 우려에 찬 감상 몇 가지를 『일기』에서 간추려 다음에 소개한다.

○… 새 대통령이 이 나라 역사를 위해서 원대한 안목으로 앞장서서 악역 담당까지도 불사할 결심이 서 있는지 … 이승만의 악역, 박정희의 악역, 아데나워의 악역과 같은 '김영삼 악역'을 스스로 맡아주어야 할텐데…(1993. 1. 4.)

○… 지금 YS에 대해서 자질부족, 준비부족, 시간부족, 계획부족을 우려하는 소리가 높다. 이 같은 한계 속에서 과연 여-야협력, 국민협력, 국제협력을 이끌어 낼 수 있겠는지…(1993. 1. 23.)

○… YS는 '신한국병(病)'을 모조리 치유하고, '신한국'을 창조하겠다고 그야말로 신이 나서 장담하고 있다. 과연 5년 동안 뚜렷한 성과를 거둘 수 있을지, … 개복(開腹)수술만 해놓고 끝내거나 개복도 못하고 마는 것은 아닌지!!(1993. 2. 5.)

○… YS는 할 일은 아주 많고, 시간(임기 5년)은 아주 짧고 … 그에게 시간은 '왕중왕'이다.(1993. 2. 6.)

○… 남북통일을 위해서는 경제, 경제, 또 경제 … 인재(人材), 인재, 또 인재 …(1993. 4. 25.)

○… 진짜 개혁을 하려면 국제적으로 문을 닫아 걸고, 국내적으로는 모든 시계를 모조리 죽여놓고 마구 해치워야 하는데 그럴 수 없는 한계 속에서 추진해야 하는 어려움이 있다.(1993. 6. 4.)

○… YS는 아직은 행복한 대통령이다. 잘못한 것은 때리고 고칠 수 있으니 신난다. 이승만은 욕 많이 얻어먹고 반공과 자유를…, 박정희는 욕 많이 얻어먹고 경제발전을…, 전-노 양인은 욕 많이 얻어먹고 과도기의 위기 관리를… YS는 욕 안 먹고 통일준비를… ??? (1994. 11. 29.)

(2) "김대중의 편견(偏見)"

남재의 DJ에 대한 관심은 YS에 대한 그것을 훨씬 능가하였다. 1980년 '서울의 봄' 이후, 남재는 DJ의 동정(動靜)과 관련된 보도는 거의 빼놓지 않고 읽고, 그 요점을 기록으로 남겨둘 정도로 깊은 관심을 보였다. 그중 주요내용 일부는 이미 앞선 장(章)들에서 필요에 따라 그때그때 적절히 언급-소화해 왔기 때문에 본절에서는 남재가 한적 총재직에서 퇴임한 1991년 8월 이후의 관련기록들만을 논의 대상으로 삼기로 한다.

남재의 DJ에 대한 관심은 무엇보다 그의 집권가능성과 '사상적 지향' 파악에서 비롯된 것이 아닌가 생각된다.

우선 DJ의 집권가능성에 대해서, 남재는 1992년의 대선운동과정에서 DJ가 얼마나 좌경탈피→중도지향으로 인정을 받고, 얼마나 탈(脫)호남화와 'DJ비토그룹'의 공격으로부터 벗어나는 데 성공하느냐가 열쇠라면서 과연 '김대중 거부풍조'를 극복할 수 있을지에는 의문을 표시하였다.

또 DJ의 사상적 지향과 관련해서도, DJ의 언행의 뿌리를 적어도 '중간이좌'(中間以左)로 보는 세간의 다수 비판적 시각과 달리, 남재는 한 번도 그것을 직접 표현한 일은 없다. 그러나 1992년《신동아》6월호에 실린 <3당 대통령 후보의 출사표> 중 「DJ의 출사표」와 11월에 입수-완독한 DJ의 저서 『한국민주주의의 드라마와 소망 — 한국사회에서의 민주주의의 생성과 발전원리에 관하여; 1945~1991』(러시아외교대학원 정치학박사학위논문)의 논지에 대해서는 강한 거부감과 함께 그것을 한마디로 "김대중의 편견"이라고 단정하였다.

DJ는 <출사표>에서 "자본주의와 사회주의(공산경제 포함)의 구별이 중요한게 아니라 민주주의와 독재정치의 구별이 중요하며, 민주주의를 하는 자본주의와 사회주의는 잘 되고 독재정치를 강행하는 자본주의와 사회주의는 모두 망한다"고 강조하였다. 또 남북통일은 "동서독식 흡수통일이 아니라 단계적 연방제 통일"이어야 한다는 기존의 주장을 그대로 고집하였다. 이에 대해서 남재는 DJ가 "비시장경제, 곧 공산주의경제의 치명적 결함에 눈을 감고 있다"고 지적하면서, 이 같은 사실이 흡수통일 반대론과 함께 좌경세력의 호감을 사려는 발언일 것으로 분석하였다.[9)]

또 DJ는 저서 『— 드라마와 소망』에서 미국이 박정희-전두환의 유신통치와 군정통치를 묵인해주고 방공(防共) 위주의 대외정책에 집착하여 독재 정권을 지지하는 큰 잘못을 저질렀다고 비판하였다. 이어 한국식 경제개발의 권위주의적 방식은 시간이 갈수록 내부적 모순이 누적되어 경제의 후퇴와 각종 불균형을 초래할 것이라고 논하고, 한국에서는 민주화가 정착되어야 참다운 통일진전이 가능하다고 진단하였다. 아울러 소련에서는 "자본주의가 사회주의에 승리한 것이 아니라 민주주의가 독재에 승리한 것"이라고 평가함으로써 소련의 탈공산화와 시장경제로의 전환이 공산주의 명령경제에 대한 자본주의시장경제의 승리를 뜻하는 것이 된다는 점에는 직접적 언급을 피하였다.

이에 대해서 남재는 "역대 대통령들이 비록 반민주적 과오는 있으나, 그럼에도 불구하고 우리 나라의 공산화를 미연에 방지하고 자유시장경제를 굳건히 지켜온 그 공적을 인정하지 않고 있으니 크게 보아 김대중 대표의 편견도 대단하군!" 하며 개탄하였다.

결국 DJ는 1992년 대선에서 YS에 패배하였다. DJ의 패배요인으로 지역감정, 사상논쟁, 중산층의 거부, 일부 언론의 반DJ공세 등을 꼽는 것이 일반적인 분석이었으나 남재는 한 가지 요인을 더 부가하여 "소련의 자멸"을 들었다. 대선 후 DJ는 정치와는 결별을 선언하고 5개월간 영국에 머물다 1993년 7월 귀국하였다.

이 해 9월 DJ는 《월간조선》(10월호)과의 인터뷰에서도 △흡수통일은 안된다. 국민이 결코 그것을 바라지 않는다. 통일 초기단계로서의 '남북연합'은 적어도 10년은 지속되어야 한다. △ 소련의 패망은 사회주의경제 때문이 아니라 민주주의를 하지 않았기 때문이다. 민주주의만 잘하면 자본주의이건 사회주의이건 잘된다. △ 미국은 대북정책을 수정하라. 북한의 경제난 해소에 협력하여 변화를 유도하는 것이 합리적이다. △ 주한미군은 북의 남침억지만이 아니라 일본의 한반도 진출방지에도 그 역할이 있다는 요지의 주장을 폈다. 남재는 DJ의 이와 같은 주장과 논리를 "거대한 비전"이라고 평가하면서도 DJ의 계속되는 '사회주의 무책임론'을 "대단한 편견"이라고 규정하였다.

1994년 1월, DJ는 「아시아태평양평화재단」을 출범시켰다. 3월에는 고대정책대학원 특강차 내교하여 남재는 오랜만에 DJ와 만나 환담을 나누었다. 이 해 8월 『후광(後廣) 김대중전집』 15권에 대한 대형광고(종조 5단전행 크기)가 일부 신문을 장식하였다. "민주주의와 인권의 외길을 걸어온 인동초(忍冬草)에서 세계적인 비전을 제시하는 석학으로 거듭난 김대중", "민주주의와 통일, 평화를 위한 김대중 사상과 철학의 집대성"이라는 광고문이 세인의 눈길을 끌었다. 남재는 이 광고문을 흥미 있게 검토하면서 DJ에 대해서 "정말로 대단한 사람"이라고 찬탄하여 마지않았다.

이 해 말 DJ는 《신동아》 1995년 1월호의 특별기고 <광복반세기 통일 원년을 위한 기도>에서 "지난 50년을 돌아볼 때 우리는 첫 단추부터 잘못 끼운 것이었다. 민족정기와 민주정통성 실현의 좌절이 모든 불행의 씨앗이었다. 그러나 우리는 희망을 포기할 필요는 없다. … 아무리 외형적인 좌절이 크다고 하더라도 국민의 마음이 좌절하지 않는 이상, 그 민족은 내일의 영광이 있다"고 했다. DJ의 이 '잘못 끼운 첫 단추론'은 남재가 거시적-장기적으로 볼 때 지난 50년 대한민국의 역사는 대성공의 역사였다는 <역대 대통령론>에서의 자기 지론(持論)과는 배치되는 사관(史觀)이었다. 그러나 남재는 이렇듯 자기와 상반되는 'DJ의 사관'에 대해서 아무런 감상도 남기지 않았다.

남재는 DJ의 저서(학위논문) 『— 드라마와 소망』을 숙독하고 나서, "DJ의 용기와 정력에 한편으로 감탄하면서도 그 두뇌회전의 복잡 미묘함에 두려움이 생긴다"는 독후감을 토로한 바 있다.[10] 아마도 이것이 남재의 'DJ관(觀)'을 집약 표현한 것이 아닌가 여겨진다. 1992년 8월 DJ는 <우리 경제 어떻게 살릴 것인가>를 주제로 하는 한국편집인협회 초청토론회에서 "민주적 경제철학과 일관성 있는 경제관리능력을 갖춘 지도력이 필요하다"고 역설한 바 있다. 이때 남재는 신문에 보도된 DJ의 논지를 유심히 검토하고는 "참으로 노련한 정치발언가"라고 감탄하였다.[11] 남재는 DJ가 말하는 "민주적 경제철학"이 함축하고 있는 의미의 2중-3중성을 간파했던 것이다. 남재가 DJ를 "알 수 없는 사람", 또는 "복잡한 사람", 나아가서는 "무서운 사람"이라고까지 평한 것도 그가 쓰는 용어의 그 다중적(多重的) 의미 때문이 아닌가 생각된다.

이제 남재는 떠났다. '민주주의'를 만병통치-만능의 영약(靈藥)처럼 내세우며 "피 흘린 자 땀 흘린 자가 좌절하고, 악한 자 힘있는 자가 성공하는 사회에서 국민에게 건전한 사회성원으로서의 역할을 다하라고 할 수는 없을 것"[12]이라고 질타했던 DJ는 남아서 대통령이 되었다. 남재가 살아 있다면, DJ집권기에 국론은 날로 분열되고, 지역감정은 갈수록 격화되고, 부정부패는 더욱 심화되고 있을 뿐만 아니라 자기 아들들의 반사회적 비리행각이 온 나라에 흙탕물을 끼얹고 이로 인해 DJ 자신이 국민 앞에 사과를 해야 하는 이 탁란(濁亂)한 현실을 보고, 얼마나 실망을 했겠는가! 아울러 소위 문민-민주의 대통령이라는 사람들은 어째서 하나같이 그 아들들이 말썽인가를 얼마나 개탄했겠는가!

5. 마지막 여행들

한적 총재 퇴임 후, 남재는 혜천과 함께 생전에 네 차례 해외여행(캐나다, 미국, 유럽 3국, 동남아)과 세 차례 국내여행을 했다.

1992년 7월, 남재는 13일부터 23일까지 11일간 밴쿠버(Vancouver) → 캘거리(Calgary) → 토론토(Toronto) → 몬트리올(Montreal) 등 캐나다의 여러 도시를 방문하고, 뉴욕에서 27일까지 나흘간 머문 후, 15일간의 일정을 마치고 귀국하였다. 이보다 앞서 5월에는 4일부터 마산 → 진주 → 섬진강 화개(花開) 장터 → 칠불사(七佛寺) → 청학동(靑鶴洞)을 거쳐 밀양의 예림서원(禮林書院) → 표충비(表忠碑 : 사명대사 탄생지) 참배 및 표충사 관광 등 2박 3일 일정의 국내 여행을 한 바 있다.

또 10월 1일에는 한적 부산지사를 방문한 뒤 금정산(金井山) 범어사(梵魚寺)를 찾아보고 → 전주로 이동하여 KBS 전주총국장 김현정(金現廷)의 안내로 고창을 거쳐 → 정읍 내장산에서 하루 유숙하며 단풍관광을 하고 → 이어 황금벌판을 달려 김제 금산사(金山寺)를 구경한 후 → 다시 전주시내 관광을 끝으로 3박 4일간의 일정을 마치고 4일 귀경하였다. 고창에서는 인촌마을을 둘러본 후 선운사(禪雲寺) 뒷산 소재 증조부묘에 성묘하였고, 해리면 삼양염업사와 이 일대의 채염장을 돌아보며 40여 년 전 6·25 동란중 적지(敵地)나 다름없는 이곳에서 싸우며 일하였던 당시를 회상하며 깊은 감개에 젖기도 했다.

1993년의 미국여행은 7월 13일부터 LA→샌프란시스코→스탠포드→옐로우스톤(Yellowston) 관광→피츠버그→뉴욕→보스턴→워싱턴 D.C. 등을 방문하고 귀국하는 28일간의 일정이었다. 8월 9일 남재는 그 어느 때보다 큰 희망을 안고 돌아온 이번 여행의 벅찬 감회와 일말의 우려를 다음과 같이 기록으로 남겼다.

> "여행의 피로로 곤한 잠에서 깨어나 생각해 보니, 우리 한국은 미국에 비해 좁고 또 좁은 나라…, 그것도 두쪽으로 갈라져 있으니 한심하기 그지없다. 그러나 동북아의 미-일-러-중이 교차하는 한복판 최요충지 한국은 반공전쟁에도, 경제개발에도, 또 민주발전에도 충분히 실력을 발휘한 나라, 이제 통일과업도 무난히 완수하게 될 것이 분명하다. 앞으로 남북통일이 이루어질 때까지 분열적-자해(自害)적-자충수(自充手)를 범하지 말고 일치단결해야 한다. 정치인, 군인, 공무원, 산업인, 노동인, 젊은 학생 모두가 합심해야 할 때다. 결정적 내분이나 내란이 없어야 할텐데, 어떻게 될지…."

1994년에는 5~6월의 유럽 3개국(독일-이태리-프랑스)과 9월의 동남아 2개국(인도네시아-싱가포르) 등 두 차례 해외여행이 있었다. 5월 17일부터 28일까지 11일간은 먼저 프랑크푸르트→베를린→리히텐베르크(Lichtenberg)→드레스덴(Dresden)→라이프치히→바이마르(Weimar)→하이델베르크→본 등 독일의 여러 도시를 방문하는 일정이었다. 이어 이날 로마로 날아가 6월 4일까지 피렌체→밀라노→베니스 등을 순방하고, 5일부터 프랑스 파리에서 나흘간 머문 후 9일, 24일간의 일정을 마치고 귀국하였다.

또한 9월의 동남아 여행은 17일부터 인도네시아 발리(Bali) 섬에서 3박한 후, 싱가포르로 날아가 다시 2박하고 22일 돌아오는 5박 6일간의 여정이었다. 특히 이번 여행에는 아들 한(翰) 내외와 손자 철(澈), 손녀 정은(廷恩), 그리고 외손녀 유진(有鎭)까지 합류, 3대가 함께하는 해외나들이여서 더욱 뜻이 깊었다. 남재는 무사히 여행을 마치고 난 소감을 "대길(大吉) 대운(大運)"이라고 그 감사하는 마음을 담아 기록해 두었다.

이 해 12월의 국내여행은 6월의 대구 동화사(桐華寺) 미륵대불참배, 7일 경주남산의 소박한 석조불상들 감상, 그리고 7일의 해인사(海印寺) 관광 등으로 짜여진 2박 3일의 일정이었다. 남재에게는 이것이 이승에서의 마지막 여행이 되었다. 해인사에서 「팔만대장경」(八萬大藏經)을 살펴보고 나서 남재는 "후손들의 자존심을 한껏 높여주는 노작(勞作)"이라고 감탄하여 마지않았고, 또 해인사 일대의 절경과 장관을 이루고 있는 그 울창한 삼림을 바라보고는 산림녹화에 힘쓴 박정희를 회상하면서 "누군가 한 사람은 크게 욕을 얻어 먹어 주어야 큰 일이 된다"고 그 공로를 칭송하였다. 한편 6일의 동화사 참배 후에는 대구시내에서 2군사령관 박세환(朴世煥)의 만찬초대를 받고 환담하였다. 박세환은 고대 정외과 출신 ROTC 1기생으로 남재의 직계제자였다.

[부기] : 본항에서 소개한 남재의 이 생애 마지막 여행기록들도 자료적-교훈적 가치가 높은 관찰들, 감상-사념들로 넘치는 풍부하고도 귀중한 내용들이나 지면제약으로 후일을 기약하기로 하고, 여기에서는 전량 생략하였음을 밝혀둔다.

제2절 김일성의 퇴장

1. '서울 불바다' 협박과 남북정상회담의 구체화

'위대한 1989년' 이래, 소-동구 공산권의 몰락이 북한에 가져다준 충격이 얼마나 크고 가혹한 것인가를 감지하기란 그리 어려운 일이 아니다. 해마다 연두에 발표되는 김일성의 <신년사>야말로 그와 같은 북한의 심상(心狀)을 읽을 수 있는 가장 비근한 직접자료 중의 하나라고 할 것이다.

소련의 해체가 가속화되고, 한-소 간 국교정상화가 단 1개월만에 매듭지어지던 1990년을 보내고 새해를 맞는 1991년의 <김일성 신년사>는 "통일은 누가 먹고 먹히우지 않는 원칙 위에서 이루어져야 한다"고 강조하고 있었다. 한때 우리가 '남조선 해방'과 '적화통일'을 크게 경계하였던 시절과 비교하면 실로 역전지감(逆轉之感)을 금할 수 없는 것이다. 이후 1994년까지 나온 <김일성 신년사>들은 한결같이 전체 문장 흐름이 단문(短文)으로 저조한데다, 이밥에 고깃국, 비단옷, 기와집 타령과 같은 반세기 동안 되풀이해 온 구호에 매달려 경제문제 풀기에 치중하는 등 예의 그 독기(毒氣)마저 빠져 있을 정도로 처진 내용이 특색이었다.

북한이 '우리식 사회주의' 고수를 당면 제1의 구호로 삼고, "우리식대로 살자"고 외쳐대는 사실 자체부터가 벌써 흡수통일을 경계하며 체제수호에 온 힘을 기울이고 있음을 반증하는 것이었다. 게다가 1992년 8월에 완결된 한-중수교는 남한으로서는 북방외교의 완성이요, 통일의 마지막 외적(外的) 장애의 제거를 뜻하는 것이었으나 북한에게는 소-동구 7개국에 이어 마지막 남은 후견국마저 떨어져 나가는 극단의 고립감과 위기의식을 자극하는 또 한 차례의 충격이 아닐 수 없었던 것이다. 따라서 북한으로서는 핵무기야말로 경제적 파탄에서 비롯된 군사력의 상대적 열세를 일거에 만회할 수 있는 만능의 지렛대요, '남조선의 번영'과 '세계평화'를 인질로 삼아 자기의 생존과 혁명-건설을 담보해 낼 수 있는 공갈수단으로서 유일-최상의 선택이라는 확신하에서 여기에 모든 희망을 걸고 그 개발에 박차를 가하고 있다는 것이 국내외의 공통적인 분석이었다.

그리하여 1991년 11월에 미국이 군사제재(制裁)까지 거론하며 북한에 대한 핵사찰 문제를 제기하여 1994년 10월 제네바 회담에서 일괄타결이 이루어지기까지 4년 동안, 북한은 대미(對美) 협상과정에서 끈질긴 줄다리기와 곡예 같은 벼랑끝 전술을 구사하며 고도의 협상력을 발휘한 끝에 경수로 건설로 집약되는 막대한 경제적 실익과 외교적 양보를 얻어내며, 자신이 결코 궤멸(潰滅)되지 않는 강인한 체제임을 과시하였던 것이다.

'서울 불바다' 공갈 협박은 북한의 핵사찰 문제를 둘러싸고 한-미 공조 차원에서 추진된 남북간 특사교환을 위한 실무접촉 과정에서 돌발한 사건이었다. 즉, 북한의 NPT(핵확산금지조약) 탈퇴로 IAEA(국제원자력기구)의 북핵사찰활동이 중단되고 북-미협상이 교착상태에 빠진 이래, 유엔의 제재를 위한 안보리회부 추진 여부가 초미의 관심사로 떠오르고 있는 시점에서, 북한이 핵사찰 재개와 남북특사교환을 수용하기로 미국과 합의함으로써 실무접촉이 수차 진행되던 중에 발생한 것이다.

1994년 3월 19일, 판문점(남측지역 「평화의 집」)에서 실무회담이 진행되는 도중, 우리측 대표(宋榮大)가 유엔의 제재문제를 거론하며 성의 있는 핵사찰 수용 촉구발언을 하자 북측 단장 박영수(朴英洙)는 북한이 국제사회의 제재를 결코 두려워하지 않는다고 반발하면서 "…우리는 대화에는 대화, 전쟁에는 전쟁으로 대응할 준비가 되어 있다. … 서울은 여기에서 멀지 않다. 전쟁이 나면 서울은 불바다가 될 것이다"라는 극언(極言)으로 맞받아친 것이다.

북한의 이와 같은 전쟁위협에 대해서 이튿날(20일) 통일부총리 이영덕은 "…핵문제를 대화를 통해 평화적으로 해결한다는 우리의 입장에는 변화가 없으며, 우리의 평화의지는 확고하고, 평화를 지킬 능력도 가지고 있다"는 요지의 성명을 발표하였다. 남재는 우리측의 이 같은 대응을 "지극히 당연한 것"이라고 평가하였다.[13)]

한편 1993년 4월, 김일성은 국무원총리 강성산(姜成山)의 최고인민회의 보고(7일)를 통해 「전민족대단결 10대강령」을 발표하였다. 김일성이 직접 작성했다는 이 「10대강령」을 남재는 북한의 '살아남기' 몸부림의 또다른 표현으로 보고 이를 심중히 검토하였다. 자주-평화-중립 통일국가 창립, 공존-공영-공리의 원칙 아래 동족간 대립중지, 상호신뢰-단합-이해의 증진, 북-남-해외 전민족의 연대강화 등을 골자로 하는 「10대강령」의 숨은 의도는 민족대단결을 명분으로 국내외 반한-친북세력을 결집, 총동원하여 통일공세를 펴나감으로써 남쪽에 이른바 '먹히우는' 흡수통일의 위기를 모면하려는 국면전환책동으로 해석되는 것이었다.

1992년 5월 우리 대학가에 인공기(人共旗)가 공공연히 등장하고, 1990년부터 해마다 8·15를 전후하여 개최되는 소위 「범민족대회」의 남측 「범청학련 8·15통일대축전」이 「10대강령」의 깃발 아래서 북한의 통일노선을 그대로 지지 대변하면서 갈수록 폭력화하고 있는 것이 그 예증이 아닐 수 없다.

1994년 6월은 IAEA 사찰과 관련, 북한의 일방적 핵연료봉 교체로 야기된 '핵투명성 보장문제'로 또 한 차례 '북핵위기'가 고조되던 무덥고 숨가쁜 한 달이었다. 이로 인해 유엔의 대북제재추진을 둘러싸고 국제사회의 움직임이 부산한 가운데 15일 카터의 북한방문이 세계의 주목을 끌었다. 그러나 개인자격에 불과한 카터의 방북언동—유엔 안보리의 대북제재결의안 유보시사 등—이 결과적으로 대북제재와 관련, 국제공조체제를 무위로 돌려 한-미 양국정부를 곤혹 속에 빠뜨리고 대북제재 방침에 혼선만 빚어내면서 북한에 시간을 벌어준 것으로 우려하는 분석이 지배적이었다. 남재도 카터의 이처럼 물색없는 싱거운 대북활동을 본인의 개인적 의도야 고하간에 '속편한 사람'의 공연한 남의 일 끼어들기 행각쯤으로 그 의의를 폄하하였다. 다만 18일, 평양방문을 마치고 남행한 카터에게 김일성이 "언제, 어디에서나, 조건없이 빠른 시일 내에 김영삼 대통령을 만나고 싶다"는 구두 메시지를 전달했다는 것은 그간의 경위야 어찌 되었건, 중대한 사태진전으로 받아들여졌다.

이날 청와대 대변인은 즉각 수락의사를 발표하였고, 20일에는 총리명의로 북한에 전화통지문을 보내, 남북정상회담 개최를 협의하기 위한 예비접촉을 오는 28일 오전 판문점 남측 지역(평화의집)에서 갖자고 제의하였다.

22일, 북한도 정무원총리 명의의 전통문으로 남측의 예비접촉제의에 동의하면서 회담인원구성 의견까지 제시하였다. 이로써 분단 반세기만에 역사적 남북정상회담개최가 구체화되기 시작하였다.

2. 김일성의 돌연한 사망

1994년 6월 28일 오전, 남과 북은 판문점(남측 지역 내 「평화의 집」)에서 예정대로 남북정상회담 개최를 위한 예비접촉을 갖고 정상회담 시기와 장소에 합의하였다. 미-일-러-영 등 세계 각국들은 정상회담 합의가 한반도 북한핵 위기해소에 도움이 될 것으로 보고 환영하였다. 그러나 시기-장소-명칭 모두가 불만족스럽다는 것이 국내 반응이었다.

먼저 회담기간 내에 하필이면 '7월 27일'(회담기간 3일 중 마지막날)이 잡혀있느냐는 것이다. 이날은 북한의 3대 명절로서 대대적 축하행사를 벌이는 자칭 「전승기념일」이요, 우리에게는 침략자들을 끝까지 응징도 못하고 항구적 분단고착을 현실로 받아들이지 않을 수 없었던 좌절의 「휴전일」이 아닌가. 또 회담장소를 평양으로 양보해 준 이상 2차회담은 당연히 서울서 열려야 하는데 김일성의 서울 답방에 사전합의가 이루어질 수 없었다면 중립지대인 판문점에서 만나는 것이 순리가 아니냐 하는 것이다. 게다가 회담 명칭을 '정상'(頂上)이 아닌 '최고위급'으로 격하시킨 저의가 무엇이냐는 것이다. 그러나 이 모든 불만은 제쳐둔다고 하더라도 이번 회담에서 과연 북한의 핵개발 포기를 이끌어 낼 수 있겠느냐에 강한 의문이 제기되면서 만약 이 문제에 합의를 볼 수 없다면 회담 자체에 별의미가 없다는 것이 세론을 집약한 언론들의 분석이었다.

7월 2일 남북양측은 2차 실무접촉을 갖고, 쟁점으로 남아 있던 선발대 파견, TV 생중계, 수행원과 보도진의 규모, 회담방식 등 세부사항에도 합의를 보았다. 언론들은 정부소식통을 인용, △핵사찰, △대북경수로건설지원, △남북고위급 회담재개, △남북이산가족문제해결, △경협방안 등이 집중 거론 될 것으로 6일 보도하였다.

7월 9일, 방송 정오 뉴스에서 김일성 사망소식이 일제히 보도되었다. 사망시각은 8일 새벽 2시, 사인은 심근경색(心筋硬塞)으로 알려졌다. 사망으로부터 꼭 34시간 만에 공식발표가 나온 셈이다. 언론들은 김일성의 돌연사로 인해 북한 내부는 말할 것도 없고 남북관계에도 엄청난 변화가 뒤따를 것으로 내다보았으나, 평양방송은 김일성 사망 공식발표가 있던 9일, "…오늘 우리의 혁명진두에는 주체혁명 위업의 위대한 계승자이며 우리 당과 인민의 탁월한 영도자이시며 우리 혁명무력의 최고사령관이신 김정일 동지께서 서계신다"고 전혀 흔들리지 않는 모습을 보였다. 결국 개명천지에 정권의 부자세습이 완벽하게 이루어진 것이다.

11일, 북한은 "우리측 유고로 정상회담을 연기할 수밖에 없다"는 정무원 부총리 김용순(金容淳) 명의의 서한을 통일 부총리 이홍구(李洪九) 앞으로 보내왔다. 이날 TV 방송들은 평양방송에 보도된 북한 각계각층 인사들의 평양 만수대 김일성 동상 앞에서의 집단애도 모습을 방영하였다. 남재는 김일성 상(喪)을 치르는 북한의 모습을 TV로 지켜보면서 "북한은 지금 지구상 둘도 없는 '광인(狂人)국가' 같기도 하다… 이래 가지고 어떻게 20세기 말 21세기 초를 정상적으로 건강하게 살아갈 수 있을는지… 무섭기도 하고 우습기도 하고… 태평양 전쟁중의 일본정신주의자들 같기도 하고…"라는 소감을 기록하였다.[14)]

12일부터는 남한 내에서 대다수 국민정서와는 너무도 유리된 '김일성 조문론'이 일부 급진적 인사들로부터 제기되었고, 대학가에서도 예외 없이 김일성 사망을 애도하고 그 업적을 찬양하는 대자보가 등장하였다. 심지어 일부 대학에서는 학생들이 분향소까지 차리는 소동이 빚어지고, 14일 현재 22

개 대학에서 김일성 추모문건이 발견되었을 뿐만 아니라 일부 재야 시민단체들의 추모움직임이 잇따르고 있는 가운데 반공종교로 알려진 통일교단의 고위인사가 평양에 직접 들어가 공식적으로 조의를 표함으로써 바야흐로 '조문(弔問)시비'가 절정에 이르면서 온 나라가 일대 조문파동 속에 휩쓸려 들어가는 어처구니없는 사태가 빚어졌다.

여기에 호응하여 북한의 격렬한 대남, 대YS 비방방송이 재개되었고, 남한의 조문파동도 좀처럼 수그러들지 않고 가열되는 등 어수선한 분위기가 계속되던 7월 19일, 평양에서는 백만 군중이 참가하는 가운데 김일성 장례식(12일장)이 치러졌다. 김일성은 근-현대 세계사에서 최장수 집권(49년)을 기록하고 역사의 무대에서 퇴장한 것이다.[15)]

남재에게 있어서 김일성은 그 누구 못지않은 또 한 사람의 '끝없는 연구대상'이었다. 남재는 김일성 관련서나 자료는 거의 평생을 두고 구하여 숙독한 셈이다. 남재가 가장 최근에 흥미있게 읽은 김일성 관련서는 『김일성과 만주항일전쟁』(金日成と滿洲抗日戰爭 ; 和田春樹, 1992)이었다. 남재는 김일성의 갑작스런 사망소식을 접하고, 민족 앞에 가로놓인 숱한 난제들의 뒷처리를 하나도 하지 않고 혼자 떠나버린 그 무책임성을 지적하여 "김 주석은 북한을 위해서나 남한을 위해서나 정말로 나쁜 사람!"이라고 질타하면서 "자불어괴력난신"(子不語怪力亂神)이라고 그 소감을 토로하였다. 아울러 남북정상회담을 준비하고 있었던 YS는 "총 한 방 쏘지 않고, 말 한마디 공격의 언사도 쓴 일 없이, 김 주석 스스로가 퇴장해 주었으니 부전승한 셈"이라고도 평하였다.

남재는 그토록 오랫동안 김일성 정체파악에 연구-노력해 왔으니 감회도 크련만, 그의 사망에 즈음하여 더 이상은 말하지 않았다. 남재가 김일성이 죽었다는 소식을 듣고, 공자와 같은 성인은 사람의 지식이나 능력으로는 도저히 알 수 없는 초인간적인 괴이함(怪)이나 불가해한 힘(力), 그리고 사람의 마음을 어지럽히는 패악(悖惡)-패란(悖亂)한 이적(異蹟 : 亂)이나 요괴스러운 귀신(神)에 대해서 말하지 않았다는 『논어』 <술이>(述而)편의 이 일절(怪-力-亂-神)을 무슨 생각으로 떠올리게 되었는지 우리는 그 참뜻을 알지 못한다. 어쩌면 남재는 김일성과 같은 괴물(Monsters and Devils)들에 대해서는 언급할 가치도 없다고 생각했기 때문인지도 모른다. 북한의 김일성 1인 우상화 숭배 행태야말로 공자가 말하는 전형적인 괴-력-난-신이 아닌가!

재미있는 것은 김일성 사거(死去) 약 9개월 전인 1993년 11월, 제자들과의 골프 회동에서 화제가 되었던 역술인(易術人)들의 '내년 김일성 퇴장 예언'이 그대로 들어맞은 사실이다. 이 자리는 홍일식-이세기-조규하(曺圭河 : 전경련 부회장) 등이 함께 했다. 또 이어서 1994년 새해를 맞이하여 혜화동 남재 댁에 모인 하례객들 사이에서도 김일성 신상과 관련된 '9월 북한대변고설'이 나와 모두들 흥미있게 경청하였는데 불과 두 달 시차를 두고 이 '설'이 적중한 것도 자못 기이한 느낌을 자아내었다.

제3절 혜천을 홀로 남겨두고…

1. 고대여! 고대여!

1994년 1월 26일, 고대 재단이사장 일민(一民) 김상만(金相万)이 별세하였다. 향년 85세. 남재는 일민의 타계에 즈음하여 다시 한 차례 "인생무상"을 절감하였다. 그것은 부친 수당이 오랜 투병 끝에 세상을 떠나셨을 때 느꼈던 감정과 유사한 것이었다. 남재보다 10년 연상인 일민은 인촌-수당 일문에서는 남재 세대, 곧 '상'(相)자 항열의 맏형이니 형제들-종형제들 간에는 권위를 갖는 존재였다.

김상만은 1910년 1월 19일, 전북 부안군 줄포(茁浦)면 줄포항에서 인촌 김성수의 장남으로 태어났다. 1933년에 주오(中央)대학 예과를 수료하고, 이어 영국 런던대에 유학(1936)한 후 다시 와세다대학을 졸업(1940)한 그는 일찍이 동아일보사에 입사하여 경영수업을 쌓은 끝에 동사의 전무이사(1961), 사장(1971), 회장(1977)을 거쳐 명예회장(1981)으로 재직하면서 한생을 언론인으로서 일관하였다. 1982년부터는 고대 재단이사장까지 겸직함으로써 '인촌사업'의 유일계승자로서의 영예를 누리며 이 나라 언론창달과 사학발전에 헌신해오다 노환(老患)으로 오랫동안 고대 의대병원에서 입원 가료중 이날 영면한 것이다.

영결식은 1월 3일 고대 인촌기념관에서 5일장으로 성대하게 엄수되었다. 이날 참집한 사회 각계 인사 1,000여 명의 조문행열은 동아일보사의 사세와 고려대학교의 교세, 그리고 고인의 복되고 영광스러운 생애를 그대로 반영하는 듯했다.

그러나 장례기간 내내, 고대 가족들 사이에는 학교운영의 전권자로서 고인이 일찍부터 후계체제를 완성해 놓은 동아일보사와 달리, 고대에는 후계구도를 설정해 두지 않은 데 대해서 의아심과 함께 학교운영의 불투명한 앞날을 우려하는 소리가 높았다. 또 장례식 이후에도 계속해 후임 재단이사장 인선문제가 고대 주변의 최대 관심사가 되었고, 학교운영의 무중력 상태에서 오는 혼선과 잡음을 놓고 비판이 끊이지 않았다. 특히 일부 고대 교우들 사이에서는 사회적 명성과 권위로 보나 능력으로 보나 모교의 경영주체를 상징-대표하기에 차고도 넘치는 남재가 있는데 어찌하여 남재를 젖혀두고 후임 인선문제에 그토록 설왕설래 뒷말이 무성한지 도무지 이해할 수 없다는 분위기가 팽배하였다.

남재는 일민을 영결하면서 "초로(草露)와 같은 인생, 허무하기만 하다"고 일기에 썼다. 그러면서 고대가 이제부터라도 그 사물적(私物的) 성격에서 완전히 벗어나 학교경영 일체가 제도화되는 개방형 — Institution Building 단계로 도약할 때라고 생각하였다. 남재는 1977년 9월 고대 총장에 복귀하여 재단의 개편을 맹렬히 추진하던 시기부터 전면 개방을 염두에 두고 있었으므로 그의 이와 같은 희원(希願)이 결코 새삼스러운 것은 아니었다.

2월 15일, 고대 재단이사회(학교법인고려중앙학원)는 중앙고를 졸업하고 외무부장관을 역임한 직업외교관 출신 김용식(金溶植)을 재단이사장 직무대행으로 선임하였고, 그가 4월 27일 정식으로 이사장에 취임하여 남재는 이날 취임식에 참석하였다.

이달 30일, 고대 교수협의회는 남재의 측근 중의 측근으로 알려진 국문학과 교수 홍일식(민족문화연구소장)을 차기 총장후보로 추천하였다. 남재는 유럽 3국 순방중인 6월 2일 이태리 밀라노에서 홍일식이 재단으로부터 정식으로 제13대 총장에 선임되었다는 소식을 듣고 "참으로 잘된 일"이라고 그 반가운 마음을 『일기』에 표현하였다.

그 동안 고대는 앞 장에서도 잠시 언급한 바와 같이 '천하대란'으로 표현되는 격심한 내부갈등 속에서 1989년 7월부터 법대 교수 김진웅(金振雄 : 노동법)이 총장서리로서 1년간 과도기의 혼란을 수습해 오다 1990년 6월, 교수협의회 총장후보로 선출-추천된 김희집(金熙執 : 경영학)이 재단에 의해 12대 총장으로 정식 선임되어 4년간 학교를 이끌어 왔다.

홍일식은 총장취임 4개월 후인 이 해 10월, '바른교육 큰 사람만들기' 교육선언과 고려대학교 '제2건학운동' 전개를 천명하여 교내외로 비상한 관심을 모았다. 남재도 이 운동의 귀추를 크게 주목하였음은 물론이다.

'바른교육 큰 사람만들기' 교육선언은 대학이 바로 서야 이 사회가 바로 설 수 있다는 문제의식에 기초하여, 고대가 대학혁신운동의 사상적 중심지가 되고 선도자로 나서겠다는 결연한 의지의 표명과 함께 이 역사적 사명완수에 요구되는 국민적 지지-성원을 호소하는 데 그 취지가 있었던 것이다.[16] 이를 위해서 그는 자신의 재임 중 5,000억 원의 기금모금과 함께 대학과 사회의 도덕성 회복 및 21세기에 부응하는 우리 대학의 지적(知的) 생산성-창조성의 고양과 성취를 그 목표로 제시하고 1994년 10월 10일을 기하여 운동전개에 돌입하였다.[17]

고대의 이처럼 의욕적인 '제2건학운동'은 발표 이튿날 거의 전언론에 그 운동개요가 대서특필되어 거대한 사회적 반향을 불러일으켰다. "저희가 먼저 매를 맞겠습니다"/"저희가 먼저 매를 들겠습니다"라는 이 운동의 광고 메시지는 독자의 눈을 번쩍 뜨이게 만드는 대단히 인상적인 것이었다.[18]

11월 12일에는 시내 힐튼호텔에서 「고대 Vision 2005, 바른교육 큰 사람만들기」 발기인 대회가, 1,500여 고대교우들이 참가하는 대성황 속에서 개최되어 이 운동에 쏟는 거교적 관심의 열기를 그대로 반영하여 주었다. 이에 앞서 총장 홍일식은 별도로 남재를 댁으로 찾아가 운동선언에 따른 모금계획을 구체적으로 소상히 설명한 바 있다. 남재는 의지와 확신에 차 있는 홍일식에게 아낌없는 격려를 보냈지만, 과연 이 운동이 끝까지 소기의 성과를 거둘수 있을지 크게 걱정하며 운동추이를 『일기』에 꼼꼼히 기록하였다. 남재에게 있어서 고려대학교는 자나깨나 근심-걱정의 눈을 잠시도 뗄 수 없는 그야말로 '애물'과 같은 존재였던 것이다.

2. 남재의 평생주제 ; '한국-한국인' 탐구

남재는 평생을 '독서의 바다'에서 사색의 그물을 던졌다. 밤낮으로 '이론의 들판'에 나가 사색의 씨를 뿌렸다. 그리고 쉬임없이 '진리의 광맥'을 찾아 사색의 채광(採鑛)을 계속하였다. 남재의 곳간에는 그 사색의 어획들, 수확들, 원석(原石)들이 무진장으로 쌓여 있다고 할 것이다.

도대체 남재는 무엇을 위하여 저 많은 비축의 시지프스적 노역을 다하여 왔는가? 우리는 이제까지 남재가 숨겨둔 '사색의 보물지도'를 따라 기나긴 지적 모험의 여로를 달려온 끝에 마침내 남재의 '최종 곳간'을 열게 되는 엄숙하고도 뜻깊은 순간에 서 있다. 그러나 우리는 곧 그것을 굳이 열어야 할 필요를 느끼지 않는다. 속이 텅 비어 있는 거기에는 단지 '한국-한국인'이라는 다섯 글자가 쓰여진 족자가 걸려 있음을 우리는 깨달았기 때문이다. 그렇다! '한국-한국인', 그것은 남재의 평생주제였던 것이다.

남재가 평생 동안 탐구해온 '한국-한국인'의 전체상(像)을 여기에 몇 마디로 다 그려낼 수는 물론 없다. 아니, 그것은 본서의 전 서술내용 속에 이미 모두 용해되어 있다고 할 것이다. 남재가 이룩한 노작들, 강연-강의들, 연설들, 그리고 『일기』를 포함한 태산과도 같은 사념의 기록들 속에 담긴 주제와 정신은 결국 <한국-한국인 탐구> 하나로 귀일한다고 보아야 하기 때문이다. 따라서 본 항의 서술은 남재의 이 평생주제와 관련, 이미 앞선 장(章)들에서 부분적-단편적으로 서술-언급한 내용들을 재논의하는 요약의 수준이 될 것이다.

남재는 우리의 근-현대사를 한마디로 '단절의 역사'로 파악하였다. 일제의 식민통치로부터, 해방과 더불어 시작된 국토분단과 남북대치, 6·25 동란 — 그 동족상잔의 비극과 민족분열의 항구화, 여기에서 비롯된 강권통치-장기집권-극한투쟁, 그리고 단절과 혼미, 또다시 되풀이되는 강권통치-장기집권-단절의 불연속….

이와 같은 격동 속에서 한국인들은 언제나 속아만 산다는 극도의 불신감에 사로잡히다 보니 매사 자신부족에 장기 전망 없는 건성건성, 벼락처리, 임기응변, 요령주의의 불안정한 삶을 계속할 수밖에 없었다고 생각했다. 게다가 그 단절-혼미-불연속에 항상 뒤따르기 마련인 예상치 못한 변수와 그로 인한 예측불허, 불안정, 비정상, 무궤도…, 또 오히려 그 같은 무한변수에 엉뚱한 기대를 걸고 요행수를 바라는 단판승부의 풍조가 어느덧 우리 사회의 한탕주의적 단면으로 체질화되어 가기도 했다는 것이다.

또 이 땅이 역사적으로 내우외환-사고다발의 지정학적 특수지대이다 보니 각자 눈치껏 자력구제하며 살아남던 시대의 지혜로서 발전시켜 온 자력정보수집의 습성이 풍수-풍설-풍문의 도청도설(塗聽塗說)을 극성시켜 어느덧 이 나라를 비밀이 없는 나라로 만들었다고 풀이하기도 했다.

이렇듯 우리의 의지대로 이루어지지 않고, 우리의 마음같이 되지 않는 기구한 역사, ―복잡 미묘한 한반도의 불안하고도 불안정한 상황 속에서 태어난 고독감, 고립감, 그리고 '불행의 숙명감'이 끊임없이 과속-과열-무리-광분-부조리-무정통을 확대 재생산, 마침내 국민성격형성에도 지대한 영향을 미쳤다고 남재는 보았던 것이다(제17장 1절 5항 "재임 중 얻은 상념들" 참조).

남재는 <한국-한국인 탐구>에 병행하여 언제나 초보생과 같은 자세로 <일본-일본인 연구>에도 평생 힘을 기울였다. 일본이 남재에게조차도 알면 알수록 생소하고 새로운 나라이기도 했지만, 그보다 일본이라는 객관화된 거울에 비추어 '한국-한국인'을 알고자 했기 때문이다. 즉, 끝없는 한-일 비교는 <한국-한국인 탐구>의 방법론적 출발점의 하나이기도 했기 때문이다. 1985년 3월 초, 남재는 와세다대학 졸업식 초청을 받고 도일한 김에 약 두 주 간 주로 일본 남부지방을 여행하고 돌아와서 우리보다 200여 년이나 앞선 개항과 개화, 그리고 단절 없는 연속성(―'쇼와 60년'의 의미), 유(有)에서 유로 가는 끊임없는 축적과 개량의 일관성을 재인식하고는 경탄과 부러움을 금치 못하면서, 바로 이 점이야말로 일본이 한국과 다른 근본적인 차이라고 보았다(제17장 4절 3항의 (5), "일본 ; 그 단절 없는 연속-일관성의 저력" 참조). 그리하여 한-일 두 민족 간의 차이를 다음과 같이 비교한 바 있다.

즉, 일본인들은 답답할 정도로 꼼꼼하고 차분하여 주어진 일을 장기-지속적으로 정성껏 대를 이어가며 세밀하게 끝마무리를 잘 짓는 장점을 가진 데 비하여, 한국인들은 무슨 일이든 빨리빨리, 시원시원 잘 해치우나, 대강대강 건성건성이어서 단기승부, 떼돈벌기, 벼락출세, 한탕주의로 흐르기 쉬운 단점을 가지고 있다는 것이다. 또 옛부터 한국의 관인(官人)에게는 부정-부패가 몸에 배어 있고, 민간의 입에는 욕이 붙어 다닌다고 했다. 민간의 이 '욕질'이야말로 화풀이, 속풀이, 심심풀이, 한풀이의 가장 솔직하고도 직접적인 표현으로 남재는 보았던 것이다. 그래서 욕 잘하는 사람은 좋은 사람, 남 칭찬 잘하는 사람은 아부꾼으로 취급당하기 일쑤였다고 했다.[19]

이와 같은 국민적 성격의 차이는 신앙 속에서도 잘 나타난다고 했다. 예컨대 중국 사람들의 신앙은 구체적-현세적-실용적 '발재(發財)'를 바라는 것인 데 비해서, 한국 사람들의 그것은 추상적-형이상학적 '발복(發福)'을 비는 것이라 한다. 또 일본의 기독교는 선교 초기부터 상류층에 쉽게 파고들었으나 한국에서는 중-하류층밖에 접근하지 못했다고 한다. 다시 말해서 한국인의 초기 기독교 수용은 사회불안-정치불안-역사불안-마음의 불안이 표출된 한풀이-분풀이적 성격을 갖는 것이어서 엉뚱한 폭발의 소지를 안고 있었다는 것이다.[20]

또 남재는 한때 문명비평가들이 세계 각국민들의 지향의식과 관련, 미국인은 '큰 것(Great)'을, 독일인은 '착실-견고(Steady)'를, 영국인은 '서행-신중(Slow)'을, 프랑스인은 '세련(Refine)'을, 중국인은 '기다림의 인내(Waiting)'를, 소련 사람은 '힘(Power)'을 각기 선(善)의 자기특질로 삼는다는 논의와 함께, 총체적으로 서양인은 '원칙'을 중시하고 일본인은 '화(和)'를 미덕으로 삼는다는 평가에 주목한 바 있다(제17장 4절 4항 참조). 그렇다면 한국인의 '선의식'은 무엇인가…. 남재는 '한풀이'나 '빨리빨리'가 그것일 수는 없지 않은가를 무수히 자문자답하곤 하였다.

그렇다고 해서 남재가 '한국-한국인'의 본성과 체질을 비관적으로 보거나 부정적으로 폄하한 일은 결코 없었다. 오히려 남재는 우리 민족의 그 '부정적 특질' 속에서 새로운 희망과 긍정과 더 큰 가능성의 저력이 잠재해 있음을 재발견-재인식하곤 하였다.

5공이 저물어 가던 1987년 3월, 남재는 "우리 나라 정치가 어지럽고 시끄러운 것도 우리 민족의 일종의 생명력의 표현이다. 이 때문에 우리 민족은 타민족에게 동화(同和)되지 않고, 또 주체성을 잃지 않고 살아남았다고 볼 수 있다. 작금의 소란상태를 우리는 선진화로 가는 성숙과정으로 보아야 한다"고 이 시기의 정국감상을 피력한 바 있다.[21] 또 1989년 9월의 어느 날에는 "우리 민족사에 있어서 (— 그 시끄럽고 어지러운 고난의 도정을) 자세히 관찰해 보면, 단결도 힘이었고 분열도 힘이었다. 이 단결과 분열이 적절히 배합-조화되면 우리는 전진한다"고도 했다.[22] 요컨대 남재의 '한국-한국인관(觀)'의 요체는 어떤 고난과 역경 속에서도 끝내 살아남는 민족의 그 억세고 끈질긴 생명력(Survival)에 있었던 것이다.

1993년 7월, 미국의 새 대통령 클린턴(Bill Clinton)이 도쿄에서 열리는 G7 전체회의(정상-외무-재무장관들로 구성) 참석을 계기로 10일 서울을 방문, 한-미 정상회담을 갖고 양국간의 전분야에 걸친 동반자 관계를 재확인하며 YS와 아침 조깅(11일)까지 함께 즐기는 보도를 주목하고, 남재는 대한민국의 지정학(地政學)적-지경학(地經學)적-인성학(人性學)적 중요성을 논하고는 클린턴이 이 점을 충분히 이해하고 있는 것 같아 참으로 다행이라고 기록하였다.[23] 곧 이어 미국 여행길에 올라 미국 내 여러 지역을 여행하고 8월 8일 귀국하던 날 뉴욕에서 공항 환송을 나온 고대 교우 조시학(趙時學)에게 향후 5년이 우리 민족의 운명에 매우 중요한 시기가 될 것이며, 특히 대북관계에 있어서 △북한의 최후 발악, △북한과의 점진적 동화, △북한의 갑작스런 붕괴 등 모든 가능성에 대한 대비의 절실함을 열거하면서, 특히 미국 사람들에게 대한민국의 지정학적-지경학적-인성학적 중요성을 인식시키는 데 우리 교민들이 더욱 힘써 줄 것을 당부하였다.

여기서 남재가 지적한 "대한민국의 지정학적-지경학적-인성학적 중요성"이란 메시지의 의미를 굳이 다시 해석할 필요는 없을 것이다. 다만 "인성학적 중요성"에 대해서는, 남재가 세상을 떠난 지 7년 후에 개최된 2002년 한-일 월드컵에서 세계 축구의 변방으로만 인식되어 온 한국이 4강에 당당히 진입하였고, 이 과정에서 전세계를 충격과 경이 속에 몰아넣은 「국민응원」의 저 강렬한 붉은 물결 속에서 분출하였던 저력이 그 의미를 충분히 설명해 주고도 남음이 있다고 생각된다. 남재는 이 시기에 벌써 우리 민족의 '인성' 속에서 세계사의 미래와 인류의 희망을 재발견하고 이를 강조하고자 했던 것으로 보인다. 우리 민족의 인성학적 중요성, 그것은 한마디로 역사적으로 형성되어온 민족의 높은 도덕적 심성과 그 잠재력을 말하는 것으로 해석된다.

남재가 살아 있었다면 2002년 '한국의 그 꿈 같은 6월의 행복'이 갖는 인성학적 의미를 어떻게 설명했을지 참으로 궁금사가 아닐 수 없다. 아마도 남재는 그것을 민족통일 — 2분의 2 '완전해방'으로 가는 '중(中)해방' 정도로 규정하지 않았겠는가!

3. 마지막 『일기』

1995년 1월 1일, 남재는 '광복 50년'의 새날을 맞이하여 참으로 특별한 감회에 잠겼다. 바로 오늘 이 아침이야말로 민족이 통일로 향하여 거보를 내딛는 위대한 순간으로 여겨졌기 때문이다. 또 올해가 지방자치시대를 여는 원년(元年)이라는 점도 새로운 의미로 다가왔다. 게다가 새해를 '세계화의 원년'으로 삼겠다는 「문민정부」의 계획과 주창, IT-케이블 TV-위성방송-이동통신의 가속화 등 바야흐로 디지털 혁명에 의해 전개되고 있는 통신과 방송위성시대의 눈부신 변화의 물결이 새해를 맞는 이 사회, 이 민족의 새로운 결의와 분발을 촉구하는 듯이 남재는 느꼈던 것이다.

지방자치제 실시에 대해서 남재는 개인적으로 그 실시의 유보를 간절히 바라는 시기상조론(時機尙早論)자였다. 우선 행정구역 개편과 상하급 지자체간 권한의 획정(劃定)-배분문제 등 미결의 장이 널려 있고, 그 실시-운영에 소요되는 막대한 비용과 낭비들, 예견되는 갈등적 지역이기주의의 심화, 그 어느 때보다 국력결집이 요구되는 김일성 부재시대의 남북관계를 고려할 때, 그것은 득실의 균형이 맞지 않는 아직은 무리라는 느낌을 떨쳐버릴 수 없었기 때문이다.

그러나 이 새날에 남재의 감회를 무엇보다 새롭게 해준 것은《조선일보》의 신년특집기사 중 <광복 50년/역사의 단절은 없어야 한다>는 대기획이었던 것 같다. 청와대를 배경으로 대한민국 역대대통령 7인의 전신상(全身像)을 이승만→윤보선→박정희→최규하→전두환→노태우→김영삼순으로 일렬 조합한 컴퓨터 영상구성이 돋보였고, 주필 김대중의 <대통령, 한국의 대통령>이란 글이 남재의 관심을 끌었다. 남재는 이 글의 주요대목을 이날의『일기』에 인용하며 "정말로 조선일보는 대한민국을 위하여 건설적인 일을 하려고 크게 노력하고 있다"고 격찬하였다. 남재가 인용한 이 글의 일절을 다음에 소개한다.

"…「광복 50년 건국 47년」의 역사를 부정적 시각으로 보는 경향이 우리에게 있어왔다. 8·15해방을 또다른 종속의 시작으로, 대한민국의 건립을 국토의 분단으로, 6·25전쟁을 민족의 분열로, 그리고 그 이후의 역사를 정변과 독재의 연속으로 보는 시각이 그것이다. … 우리에겐 단절해 버리고 싶은 좌절의 역사만 있는가? 그렇지 않다. 그 「좌절」을 용감히 뛰어넘은 「오늘」이 있고, 우리를 그 길로 인도한 지도자들이 있었다. 우리에겐 산업화의 힘든 채찍이 있었고, 민주화를 향한 당당한 투쟁이 있었다. … 그렇기에 우리는 누대의 가난과 헐벗음, 간단없는 주변 강대국의 패권주의를 극복하고 이만큼 대견스럽게 오늘을 살고 있는 것이다"(* 이후 남재는 《조선일보》의 <이승만과 나라세우기> 특별기획전과 <고구려특별전>을 직접 관람하였고 여기에 커다란 공감을 표시하는 기록을 남겼다).

2일에는 하루종일 집에서 민주당 대표 이기택(李基澤) 내외를 비롯한 많은 하객들을 맞으며 덕담(德談)을 나누었다. 모두가 남북관계의 진전과 김정일의 앞날에 관해서, 그리고 6월에 실시될 지자체선거에 대해 저마다 긍정과 부정, 비관과 낙관, 희망과 우려가 엇갈리는 추측과 소감들을 피력하였다. 고대 졸업생들은 고대가 추진하고 있는 '제2의 건학운동'—'바른교육 큰사람 만들기' 5,000억 모금추진에 적극 찬동하면서도 그 최종 성공 여부에는 낙관불허라고 우려를 표명하였다.

이달 17일, 일본의 고베(神戶)에 1,000여 명 사망에 3,000여 명이 매몰되고 앞으로 그 숫자가 얼마나 더 늘어날지 모를 진도(震度) 6의 대지진이 일어나 1923년의 관동대진재(關東大震災) 이래 최대규모가 될 것으로 외신들은 전하였다. 그 지옥과 같은 위기와 혼란 속에서도 패닉(恐慌) 현상이 전혀 일어나지 않았고, 침착하게 질서를 지키며 재난극복에 총력을 기울이는 일본인들의 성실하고도 성숙한 모습이 세계의 언론들을 감동시켰다. 남재는 이 점을 한-일 비교의 자료로 삼기 위해 노트해 두었다.

25일부터 남재는 모택동이 죽기 직전까지 22년간 주치의(主治醫)로서 밀착 수행하며 누구보다 모(毛)의 인간적인 모습을 지근(至近)에서 관찰할 수 있었던 리즈스웨이(李志綏)의 회고록 『모택동의 사생활』—*The Private Life of Chairman Mao* 전 3권(번역본·1995)을 2월 6일까지 완독하였다. 남재는 이 책을 읽으면서, 중-소 대립과정에서 모택동이 독자노선을 견지하며 보였던 중국적 자존심, 말년까지도 자신의 주치의로부터 영어회화를 학습하며 배움을 게을리 하지 않았고, 미국의 위대성까지 크게 인정할 줄 알았던 '넓은 시야의 인간 모택동'을 재인식하였다.

다음달 2월 14일, 남재는 이집트 여행준비에 골몰하고 있는 혜천의 모습을 지켜보면서 "…이것이 행복이겠지" 하는 감상과 함께 자신도 덩달아 행복감에 젖기도 했다. 혜천의 이번 여행에는 둘째딸 영신과 친정동생 성숙(性淑)이 동행하게 되었다. 이 날짜부터 『남재일기』는 정리되지 않은 '초고'(草稿) 상태로 남아 있다.

15일자부터 급서(急逝) 불과 몇 시간 전인 20일 밤 늦게까지 작성했던 6일분의 '초고'에서 남재의 마지막 면모를 살필 수 있는 일상사에 관련된 내용 일부를 일자별로 다음에 소개한다.

<15(수) : 쾌청> ○… 어젯밤 눈이 조금 왔지만 오늘 아침 따뜻한 햇볕에 모두 녹아 없어졌으니 이제는 정말 새봄이 다가오기 시작하는 것 같기만 하군! / ○… 내일 인숙(혜천)과 영신이가 이집트로 떠난다고 온 가족이 우리집에 모여 송별 저녁식사를 함께 하다.

<16(목) : 청> ○… 명륜동 골프 연습장에 가서 땀 흘리며 운동을 하다. / ○… 늦게까지 송유진(宋有鎭 : 외손녀)과 함께 SBS TV 연속극 『모래시계』 마지막 비참한 사형집행 장면을 감상하다. 지금도 우리 국민은 정치깡패로 어지러운 시국 이야기, 비극적 종말장면에 관심을 갖고 있는지?

<17(금) : 쾌청> ○… 어젯밤 인숙은 영신-성숙과 함께 이집트 고적지 방문 여행을 떠나고 … 평상시와 다름없이 명륜골프연습장에 가서 땀 흘리며 운동을 하다. / ○… 오늘은 양순-한의 생일이라 축하저녁 모임을 갖다.

<18(토) : 청> ○… 오전 10시 반 동아일보사 강당에서 인촌 선생 40주기 추모 강연회가 열려 여기에 참석하다. 연사 중 한 사람이 인촌 선생 평가에 있어 "그분은 항상 우리 민족이 꼭 실현해야 할 최고의 가치(교육-문화-산업-언론 등)을 뚜렷하게 내세우면서 동시에 구체적 실천방법을 명시-완수해 온 공리주의(功利主義)적 지도자"라고 한 지적은 정확하다… /○… 안도산 선생은 '말'로 했고 인촌 선생은 '몸'으로 (민족운동을) 했다고 보아야겠군!

<19(일) : 청> ○… 숙면을 취하고 가벼운 몸으로 일어나 아침을 들고 나니 심신이 모두 상쾌하다. … 이것을 복(福)이라 하는 거지! / ○… 한-영란(아들 내외) 집에 가서 철-정은(손자-손녀)이와 함께 정답게 저녁식사를 한 다음 명신의 집에가서 미국여행을 하고 돌아온 송재혁(宋在爀)과 유진이도 함께 환담을 나누다. / ○… 어제 있었던 인촌 40주기 기념식의 식사(式辭) 내용에는 일제 말기 이 땅

—서울에 남아서 일제에 끝까지 굴하지 않고 묵묵히 교육-언론 사업을 계속해 온 유일한 분이 인촌 선생이었음이 강조되었어야 했는데 그렇지 않은 것이 유감이었다는 뜻을 한(翰)에게 말해두다.

<20(월) : 청> ○… 인숙 여행중 유진이가 집에와 숙식을 함께하며 도와주니 기쁘기 한이 없다. / ○… 9시 반 자동차로 1시간 반 가량 경부고속도로를 달려 11시 천안 근교 단국대학교 의대부속병원(원장 : 백승룡)에 도착 병원 시설을 참관하고, 천안시내에서 점심대접을 받다. … 우리 나라 사립대학의 앞날이 어떻게 될지 걱정하다….

남재의 이날 마지막 일기 '초고'의 말미에는 안기부의 지자제실시 연기 검토설과 관련, 강력한 대정부 투쟁을 벼르고 있는 야당 민주당의 동향보도와 DJ의 「아시아태평양평화재단」이 북한의 사회과학연구소와 공동으로 학술행사 개최를 추진중이라는 소식 등이 적혀 있다. 사신(死神)이 찾아오기 불과 5~6시간 전까지도 남재는 지자제실시의 득실과 DJ(아태재단)의 행보가 가져올 정치-사회적 파장을 염려하며 잠자리에 든 것이다.

4. 아! 1995년 2월 21일

1995년 2월 21일 11시 5분, 아! 남재의 두뇌가 갑자기 멈춰섰다. 저 위대한 '사고(思考)의 시침(時針)'이 움직이지 않았다. 남재가 영면한 것이다. 김일성이 사망했을 때, 북한에서는 "수령의 심장이 멎었다"고 절규하였다. 그러나 우리는 통곡하였다. 남재의 '사색'이 멎었다고….

남재의 급서(急逝)에 모든 언론들이 일제히 비보(悲報)를 전하였다. 22일자 《동아일보》는 "고려대학교 총장과 국무총리, 대한적십자사 총재를 역임한 김상협 씨가 21일 아침 7시 반경 자택에서 심장질환으로 갑자기 쓰러져 고려대 안암병원으로 옮겨진 뒤 응급치료를 받았으나 소생이 어렵다는 진단을 받고 자택으로 돌아와 가족들이 지켜보는 가운데 오전 11시 5분경 운명했다"고 보도하였다. 이어 이 신문은 고인의 약력과 생전의 업적, 유족상황, 영결식 준비 등을 빈소표정과 함께 1면에 소상히 전하였다. 특히 4면의 해설판 박스기사에서는 고인이 "암울했던 유신시절 젊은이들의 사표(師表)이자 정신적 지주였다"고 쓰고, "캠퍼스가 군홧발에 짓밟히고 지성이 숨을 죽이던 시절 그는 목소리를 냈고, 젊은이들에게 비전을 제시했다"고 회고하였다. 또한 1982년 6월 국무총리 취임시에 "기다리는 봄은 아직 오지 않았는데 총리직을 수락한 데 대해서 의아해 하는 사람들이 많았다"고 지적한 다음, "자신의 명예에 흠이 될 것을 알면서도 총리직을 수락한 그분의 충정을 이해할 필요가 있다"는, 당시 고인을 보좌했던 한 고위 관리의 말을 인용하면서 "그분의 국민적 신망 덕분에 정국이 상당히 안정을 기할 수 있었다"고 국무총리 재임중의 고인의 국가-사회적 공헌을 간접평가하기도 했다.

비보를 듣고 혜화동 자택에 마련된 빈소에 달려온 조객들은 한결같이 평소 잔병치레 한 번 없이 그토록 건강했던 고인의 너무도 갑작스런 타계에 충격을 받고 할 말을 잃고 있었다. 이날 빈소에는 사자(嗣子) 한(翰)을 비롯한 상준-상홍-상돈-상하 등 형제들, 고대 관계자들, 제자들이 자리를 지켰고 전국무총리 현승종, 유창순, 이홍구, 이영덕, 고건, 전국회의장 김재순, 고대교우회장 정세영, 고대 재단이사장 김용식, 연세대 재단이사장 이천환, 동아일보회장 김병관, 경방그룹회장 김각중 등 정-관-재계, 학계를 망라한 사회 각계 인사들의 조문이 줄을 이었다.

또 대통령 김영삼을 비롯하여 전대통령 전두환, 아태재단이사장 김대중, 민주당 대표 이기택, 추기경 김수환, 전민자당 대표 김종필, 한적 총재 강영훈, 현대그룹 명예회장 정주영, 전경련 회장 최종현, LG그룹회장 구자경, 연세대 총장 송자(宋梓) 등이 보낸 조화가 고인의 유덕을 말해주고 있었다.

2월 26일 오전 9시, 「고 남재 김상협명예총장영결식」이 유서 깊은 고대 본관 앞 교정에서 고려대학교장(葬)으로 엄숙하게 거행되었다. 장의위원장에 고대 총장 홍일식, 호상(護喪) 전국무총리 현승종, 우인 대표 민관식, 그리고 559인의 위원으로 장의위원회가 구성되었고 이집트 여행중 급거 귀국한 미망인 혜천 김인숙과 유족들, 친지들, 그리고 1,000여 명의 조객이 참집한 가운데 이날의 영결식은 △국민의례, △고인에 대한 묵념, △약력보고, △영결사, △조사, △고인의 육성녹음청취, △고대 교가 연주, △헌화 및 분향순으로 1시간 동안 진행되었다.

장의위원장 홍일식은 영결사에서 "…선생은 한 대학뿐만 아니라 이 나라 전체의 깨어 있는 정신을 대표하는 위대한 스승으로서 불의를 질타하고 참다운 지성의 용기를 드높이며 역사의 올바른 방향을 당당히 밝혀주었다"고 고인의 유덕을 기렸고, 조사에 나선 한적 총재 강영훈, 고대 교우회장 정세영, 우인 대표 민관식 등도 한결같이 고인의 대인적인 풍모와 다정-다감, 관인-온후의 인품을 되새겼다.

남재의 영결에 앞서 《세계일보》는 단평란 <설왕설래>에서 『장자』(莊子)의 '목계(木鷄)우화'를 인용, "…바보와 거인의 풍모를 지닌 이 시대의 마지막 목계였다"고 평가하면서 "당대의 경세가였던 그의 갑작스런 비보는 국가적 원로를 잃은 큰 아쉬움을 남겼다"고 추모하였다.[24] 한편 정부는 국무회의를 통해 25일자로 김상협 전국무총리의 유해를 국립묘지에 안장하고 장의 지원경비(2천만 원)를 예비비에서 지출키로 의결하였다. 이날 남재의 유해는 검정색 캐딜락 리무진으로 운구되어 고인이 평생 동안 몸과 마음을 바쳐 사랑하며 육성했던 고려대학교의 석탑교정을 한 바퀴 돈 후, 경부고속도로를 달려 대전 유성구 국립묘지에 안장되었다.

1996년 2월 21일의 1주기에는 고대 주관으로 동교 인촌기념관에서 추모식을 거행하였다. 또 이날 정오에는 국립묘지 고인의 유택 앞에서 의장병들의 장엄한 의식에 맞춰 묘비제막식을 거행하였다. 1997년의 2주기 추모식 역시 인촌기념관에서 행해졌다. 1998년의 3주기부터는 가족 기제(忌祭)로 바뀌었고, 대신에 이 해 4월 20일 고인의 78회 탄신일을 맞아 시내 신라호텔에서 500여 추모객들이 참집한 가운데 추모문집 봉헌행사를 성대하게 가졌다. 남재 김상협선생 추모문집 『당산나무의 큰 그늘이여』는 "선생님의 지우(知友)들과 제자-후학들 각자의 가슴 속에 새겨진 구원의 남재 초상(肖像)을 떠내어 '남재 전체상(全體像)'으로 새롭게 그려냄으로써 선생님의 큰 가르침을 되새기고 유덕(遺德)을 기리는 계기로 삼고자" 「남재 김상협선생 추모문집간행위원회」에 의해 기획되어 총 83인의 추모의 글과 화보 및 부록(영결식 식사 및 4인의 조사, 1주기 3인 추모사, 2주기 3인 추모사) 등으로 꾸며졌다.

남재 김상협 선생 기념사업회는 1996년에 1주기 추모식을 치른 후 그 해 4월 20일 76회 탄신일에 혜화동 자택에 모인 제자들에 의해 발의-결성되었고, 이 해 10월에 소집된 2차 모임에서 재단설립문제를 비롯한 추모사업의 개략적 방향을 논의하면서 먼저 3주기 기념사업으로 추모문집을 발행하자는 데 뜻을 모음으로써 기념사업회 발기인(준비위원) 중에서 7인의 추모문집 간행위원을 호선, 「남재 김상협선생 추모문집간행위원회」를 구성한 것이다. 기념사업회 준비위원회 및 추모문집간행위원회 명단은 다음과 같다.

■ 남재 김상협선생 기념사업회준비위원회 (1996. 4. 20.)
위원장 : 홍일식
위　원 : 김하룡 이준범 김양현 양한철 이세기 박명환 조남조
구종서 이재환 김현정 목정균 천신일 박종열
유　족 : 송상현 김 한

■ 남재 김상협선생 추모문집간행위원회 (1996. 10.)
위원장 : 홍일식
위　원 : 이세기 구종서 목정균 박종열 송상현 김 한

남재가 홀연히 세상을 떠난 후에도 주변에서는 한동안 남재가 세상에 없다는 사실을 실감할 수가 없었다. 혜천을 비롯한 가족들은 말할 것도 없고, 그를 지극한 마음으로 따랐던 수많은 제자들이 그러하였고, 지우들이 그러하였다. <추모문집>(『당산나무의 큰 그늘이여』)의 다음과 같은 일절이 이 같은 저간의 사정을 말하여 준다.

"옛말에 「떠난 사람은 날이 갈수록 멀어진다」(去者日益疏)고 했습니다. 영어에도 「눈에서 떠나면 마음에서도 벗어난다」(Out of Sight, Out of mind)는 말이 있습니다. 공교롭게도 동서양이 똑같은 말을 공유하고 있으니 아마도 헤어진 사람을 잊게 됨은 진리인가 합니다. 그러나 이 진리도 선생님에게만은 예외입니다.

선생님이 가신 지 어느덧 3년의 세월이 흘렀지만 선생님의 영상은 갈수록 새롭고 뚜렷하게 살아나고 갈수록 가까이 다가와 언제나 저희들과 함께 계십니다. 지금도 선생님은 혜화동 서재에서 깊은 사색에 잠겨 계시고 내객(來客)들과 담소하고 계십니다. 문을 두드리면 당장이라도 달려나오셔서 그 따사로운 눈길로 굽어보시면서 활짝 웃으시며 반겨주실 것만 같은 선생님….

아! 그러나 선생님은 영영 떠나시고 아니 계시다는 허전함과 절망감에 저는 오늘도 선생님을 외쳐 부르며 눈물로 옷깃을 적십니다.

선생님이시여!

부디 '역사의 신(神)'이 되시어 언제나 저희들과 함께하소서!"[25]

그러나 남재가 떠난 지도 만 9년이 되다 보니 남재에 대한 그 간절한 그리움이 아무리 크다 하더라도 어쩔 수 없이 차츰 엷어짐은 누구도 부인할 수 없을 것이다. 이 시점에서 남재의 생애-학문-사상을 전기(傳記) 형태로 엮어 남재가 누구인가를 세상에 좀더 잘 알려야 하겠다는 마음들이 모아진 것도 바로 이 때문이다.

남재가 1995년 2월 21일 새벽 내내 편히 잘 주무시다가 갑자기 몸의 이상이 오기 시작한 것은 5시 무렵일 것이다. 그때는 벌써 저쪽(彼岸)에서 '역사의 신'이 사자(使者)를 보내놓고 이쪽(此岸)을 바라보며 기다리고 있는 중일 것이었다. 그리하여 남재가 이승을 막 떠날 즈음(7시경)에서야 비로소 가족들은 남재의 종명(終命)이 임박하고 있음을 직감하였을 터이니 때는 이미 늦은 것이다.

남재의 급서는 드물게 있는 무통증 심장마비에 의한 것이었다. '인명은 재천'(人命在天)이라는 옛말을 새삼 실감하지 않을 수 없다. 다만 남재는 돌아가실 때도 고생-고통 없이 편히 가셨으니 이승 하직의 복(福)까지도 타고났다고 할 것이다.

또 한 가지, 우리는 남재가 생애를 다하여 그토록 사랑하여 마지않던 혜천의 부재중에, 작별의 말 한마디 나누지 못한 채 그처럼 서둘러 훌훌 떠나야 했으니, 그 까닭이 무엇이며, 어찌 눈을 감을 수 있었는지 그 '급서의 의미'를 도저히 알 길이 없다는 것이다. 민족의 통일과업은 갈수록 꼬이기만 하고 있고, 민주화의 역정(歷程)도 아직은 어수선하기만 한 데다 고도정보화의 진전이 장차 이 나라를 어떤 단계로 이끌어 나갈지 낙관도 비관도 할 수 없는 묘한 시점에서, 남재가 아직은 의연히 살아서 지켜보아 주시고, 일러주시고, 이끌어 주셔야 할 일들이 태산 같은데 영영 떠나시고 말았으니 이제 어디에서 다시 남재와 같은 거인의 목소리, 그 위대한 '우환(憂患)의 성해(謦咳)'를 다시 접할 수 있다는 말인가!

묘비명(墓碑銘)의 '문수(文殊)의 미소'를 마지막으로 여기에 되새기며 남재 김상협(南齋金相浹) — 그 생애-학문-사상을 그려내는 '대장정'의 붓을 놓는다.

참으로 어질고 넉넉하시어 가르침은 크셨고 / 늘 따사롭고 호방하시어 막힘이 없어라 / 먼 듯 가깝고 높고도 깊어서 헤아릴 길 없는 큰 뜻은 文殊의 미소로 다가오고 / 혼탁한 세상 우뚝서서 叡智의 불을 밝히시던 巨人의 숨결은 우리들 가슴에 살아있네 / 아아 知性과 野性의 조화를 일깨우시던 南齋 선생님 !/ 그 천하의 경륜과 덕망을 이 세상 어디서 다시 만나리…

◇

• 제19장 〔주〕

1) 『성학십도』(聖學十圖)는 퇴계가 선조와 경연(經筵)에서 성학(聖學)의 대강을 풀이하여 밝히고 심법(心法)의 가장 중요한 점을 명시하기 위하여 여러 학자들의 도설(圖說)을 인용하고 여기에 자기의 의견을 첨부하여 지은 책이다.
2) 『남재일기』 1992년 1월 23일, 2월 13일, 5월 3일자 종합.
3) 『동호문답』(東湖問答)은 율곡 이이(李珥)가 34세 되던 홍문관 교리 시절 '사가독서'(賜暇讀書)의 기회를 얻어 왕도정치에 대한 경륜을 주 - 객문답 형식으로 서술하여 선조(宣祖)에게 올린 글이다. <논군도>(論君道) - <논신도>(論臣道) - <논안민지술>(論安民之術) 등 11편으로 구성된 '제왕학'(帝王學)의 요론(要論)이라고 할 만하다.
4) 『남재일기』 1992년 5월 23일 및 24일자.
5) 『남재일기』 1992년 10월 17일자.
6) ≪월간조선≫ 1993년 11월호, <성공한 네 대통령과 미지수의 김대통령>.
7) 『남재일기』 1992년 5월 29일자.
8) 『남재일기』 1993년 6월 26일자.
9) 『남재일기』 1992년 6월 22일자.
10) 『남재일기』 1993년 11월 12일, 13일자.
11) 『남재일기』 1992년 8월 12일자.
12) 김대중, <광복반세기 통일원년을 위한 기도>, ≪신동아≫ 1995년 1월호.
13) 『남재일기』 1994년 3월 20일자 일기.
14) 『남재일기』 1994년 7월 11일자.
15) 『남재일기』 1994년 7월 24일 및 8월 26일자. 남재는 이들 일기에서 현대 세계사의 독재자들의 집권기간을 비교 기록하였다. 알바니아의 호자(Hoxa) 41년, 스페인의 프랑코(Franco) 36년, 중공 모택동(毛澤東) 27년, 독일 히틀러(Hitler) 13년에 비하여 김일성 독재 49년은 단연 최장기가 된다. 여기에 김정일 세습집권기간까지 가해지면 사상 전무후무한 기록이 될 것이다.
16) 고려대학교, 『고려대학교90년지』(1995), pp.737～740.
17) 위와 같음.
18) ≪조선일보≫ 1994년 10월 17일자 8면전면광고.
19) 『남재일기』 1984년 9월 9일자.
20) 『남재일기』 1984년 5월 6일자.
21) 『남재일기』 1987년 3월 4일자.
22) 『남재일기』 1989년 9월 18일자.

23) 『남재일기』 1993년 7월 11일, 12일자.
24) ≪세계일보≫ 1995년 2월 23일자.
25) 홍일식, <선생님이시여! 부디 '역사의 신'이 되소서>, 『당산나무의 큰 그늘이여 — 남재김상협선생추모문집』(1998), pp.55~56.

▌부편
여백(餘白)에 다시 그린 남재 초상(肖像)

남재의 생애-학문-사상을 더듬어 '남재 전체상'으로 형상화하는 우리의 기나긴 도전은 제5편 <대우환자의 삶>을 끝으로 일단 완결되었다. 그러나 막상 끝내놓고 보니 여전히 못다한 이야기들이 큰 아쉬움으로 남게 되었다. 서술체계에 일정한 형식(틀)을 부여하다 보니 소략(疏略)될 수밖에 없는 낙수(落穗)적인 이야기들이 어쩔 수 없이 쌓인 것이다.

이 <부편>은 이처럼 본편에 들지 못한 '낙수'들을 모아, 어쩌면 이것이 남재의 또다른 진면(眞面)일 수 있다고 기대하면서 여백(餘白)에 다시 그려본 '남재 초상'이라 할 것이다. 그렇다고 하더라도 필자의 능력과 시간의 제약으로 여전히 미진함이 남는 것은 도리 없는 일이 아닐 수 없다.

1. 일화(逸話)들-비화(秘話)들

(1) 경복궁 불하 압력사건

남재의 거인적인 삶에 많은 일화가 따르는 것은 오히려 당연한 일일 것이다. 남재가 남긴 일화(逸話) 중 가장 인상적인 것은 문교부장관시절(1962)에 혁명주체라는 군인들로부터 받은 「경복궁 불하압력」이 아닌가 생각된다.

사건의 개요는 세계명물이 될 만한 30층짜리 최신식 관광호텔을 지을 테니 경복궁 경회루(慶會樓) 주변 땅을 불하하라는 압력이었다. 중절로 끝나버린 관-민 합작의 이 사건주범이 누구였는가를 여기에서 굳이 밝힐 필요는 없을 것이다.

남재가 이 이야기를 처음 공개한 것은 1974년 가을학기, 고대가 학생들의 유신철폐 시위로 휴강-개강을 되풀이한 끝에 도리 없이 조기 방학에 들어갈 무렵이었다. 그 해 11월 어느 날, 남재는 총장부속실에 늦게까지 남아 제자들과 양주병을 따놓고 이런저런 이야기를 나누던 끝에 문교부장관 시절을 회고하면서 이 웃지 못할 사건의 전말을 털어놓았다. 이 자리에는 총장비서실장 이세기, 국문학과 교수 홍일식, 고대신문 부주간 목정균 등이 합석하고 있었다. 그후 남재는 이 사건을 <고희기념 좌담>에서 다시 회고한 바 있다. 그 일부를 다음에 소개한다.[1)]

> "… 당시 경복궁이 문화재를 관장하는 문교부 관할인데 이것(경복궁 불하)을 어떻게 하든지 결재해 내라는 것입니다. 내가 사인만 해주면 박 최고회의의장까지 다 된다는 거예요. 반대를 했다가는 벌떼같이 덤빌 테고, 허가를 했다가는 문화재가 다 없어질 테고, 땅을 거저 다 주는 것인데 말야…, 고궁이 다 망하게 되어 있으니 심각하게 고민을 했지요….", "…혁명이 제일이니까 혁명의 일환으로 하는 일이니 경복궁 손상 같은 것은 안중에도 없었어요. 그때 나는 서류를 서랍에 넣어 놓고 그만둘 때까지 결재 안하고 시간만 끌다가 나와 버렸지요. 내가 그렇게 바보짓을 했기 때문에 지금 경복궁이 살았어요. 우습지도 않은 얘기가 많아요. 창경원에 빌딩을 세우자, 또 창덕궁에 무슨 오락장을 만들어내라, 그런 것은 전부 서랍에 넣어놓고 채근하러 오면 웃으면서 『네, 네 …』 하고 깔아뭉갰지요.

웃지 않으면 벼락이 떨어질 판이니까 도리 없지, 바보처럼 웃을 수밖에…, 그런 것이 군인 맨탈리티라 그럴까. 그런데 문제는 그런 군인들의 맨탈리티를 이용하는 진짜 장사꾼이 있어요. 내가 문교부를 맡아 바보짓해서 하나 공을 세운 거지요….”

남재의 둥글둥글 모나지 않는 성품이 지극히 난처한 상황을 파탄 없이 지혜롭게 빠져 나간 좋은 예가 아닌가 생각된다.

(2) 공화당 입당협박

소위 혁명주체들과 관련된 비화는 남재가 사임운동까지 하면서 장관을 그만둔 이후로도 이어진다. 국가재건 최고회의 박정희 의장이 민정이양을 선언할 무렵, 하루는 당시 최고위원 홍종철(洪鍾喆 : 후에 문공부 장관역임)이 혜화동 댁으로 찾아왔다. 그는 군복에 권총까지 차고 있었다. 용건은 창당중에 있는 공화당에 참여해 달라는 것이었고, 지금 박 의장이 남재의 수락소식을 전화로 기다리고 있다면서 입당을 강권하다시피 했다.[2] 남재가 이를 끝내 거절하자 그는 화를 내며 “당신만 혼자 살겠다고 빠지기냐…”며 협박까지 하고 돌아갔다고 한다. 남재는 40대 초반의 평교수 시절부터 이처럼 처신이 참으로 어려웠던 것이다.

(3) ‘10년간의 숙제’ : 추기경 명예박사학위 수여

10·26사태에 이어 12·12신군부의 등장으로 온 나라가 충격 속에서 불안에 떨던 1980년 새해를 맞이하여 바야흐로 안개정국, 한치 앞도 내다볼 수 없는 상태로 빠져드는 상황에서도 남재는 의욕을 잃지 않고 의연히 대학이 가야 할 길을 밝히면서 새로운 결의와 각오를 가다듬고 있었다.

이러한 시기에, 남재는 추기경 김수환에게 명예박사학위를 수여하기로 작정하였다. 남재가 명박을 수여하고자 하는 배경과 취의를 밝힌 구체적 기록은 없으나, 산업화-근대화 과정에서 그 과속성장의 그늘에서 소외되고 시들어가는 인권과 인간화의 과제를 끌어안고 결연히 불의와 맞서온 카톨릭 교단의 숭고한 사랑의 실천과 국가 사회적 공헌, 그리고 추기경의 탁월한 지도력에 경의를 표하고자 그 같은 결심을 하게 되었으리라는 것은 쉽게 짐작이 가는 일이다.

남재는 자신의 뜻을 전달하기 앞서 이 해 1월 12일, 맏사위 송상현을 불러 우선 추기경의 수락 여부를 간접 타진하도록 일렀다. 송상현이 추기경을 만나 남재의 뜻을 전한 것은 그로부터 두 달 가까이 지난 3월 5일의 일이었고, 이어 이달 17일에는 남재가 직접 명동성당으로 추기경을 방문하여 이를 매듭지었다.

그러나 우리 헌정사에 소위 '서울의 봄'이라고 일컬어지는 정치적 격동 속에서 5·18 광주민주화항쟁이 일어나고, 5공이 성립하는 과정에서, 그리고 남재가 5공의 세번째 총리로 발탁되어 고대를 떠남으로써 도리 없이 무산되고 말았다. 그로부터 무려 10년이 지난 1990년 5월 5일, 고대는 창립 85주년을 기하여 추기경 김수환에게 명예철학박사 학위를 수여하였다. 총장서리 김진웅을 통해 일을 성사시킨 남재는 "10년 전 약속한 명예박사학위 수여가 이루어져 신의를 지킨 셈이다. 나로서는 기쁘기 한이 없다"고 수여식에 참석한 소감을 피력하였다.[3] 또한 한국 카톨릭정신과 고대정신과의 공통점을 언급한 추기경의 답사 내용도 매우 좋았다고 기록하였다.

남재가 한번 마음먹은 일은 10년 후까지도 기어이 성사시키고 마는 끈질긴 면모를 보여준 예라고 하겠다.

(4) 88서울올림픽 조직위원장직 사양

1985년 2월 23일 남재는 청와대의 부름을 받았다. 대통령 전두환과 오찬을 나누도록 마련된 자리였다. 대통령은 점심을 들면서 남재에게 88서울올림픽대회 조직위원장직을 맡지 않겠는가를 물었다. 남재는 뜻밖의 제의였기 때문이기도 했지만, 무슨 일이든 나서기까지는 신중의 신중을 다하는 습성이 몸에 밴 터라 한 2~3일 생각할 시간을 달라고 즉석 응답을 일단 미루었다.

이 시기 남재는 총리직을 사임하고 "타다 남은 숯"의 심경(제17장)으로 돌아와 앞으로 상당히 길어질지도 모를 공백기간을 해외여행-건강증진 등으로 유효적절하게 보내면서 무던히 기다리기로 단단히 마음을 먹고 있던 때였다. 올림픽조직위원장 자리를 맡는 것도 시간활용의 한 방도로 생각할 법도 했다.

그러나 남재는 그 이틀 후인 25일, 의전수석비서관을 통해 사양의 뜻을 전하고 나아가지 않았다. 비록 올림픽조직위원장직이 국가의 대사를 치르는 명예-봉사직이므로 한번 맡아 심혈을 기울일 만한 막중한 자리이기는 하나, 아무리 생각해도 자신이 나설 곳은 아니라는 판단을 내린 것이다. 이 역시 최적임이 아니고서는 결코 움직이지 않는 진퇴와 출처(出處)가 분명하고 엄격했던 남재의 태도를 보여주는 전형적인 경우라 할 것이다.

(5) '여생(餘生)예감'

남재는 사물의 본질과 그 변화추이에 대한 투시력, 직관력, 그리고 예견력은 말할 것도 없고, 직감-예감 능력 또한 남달리 뛰어났던 것 같다. 특히 남재가 자기의 수명까지 예감한 기록을 남겼고, 그것이 실제로 거의 들어맞았다는 사실은 자못 기이한 느낌마저 일게 한다.

1977년 7월의 어느 날, 남재는 자신의 고대 총장 복귀추진이 벽에 부딪혀 공전하고 있을 때(제13장 4절 3항 "칩거 : 인고의 세월" 참조), "…곰곰이 생각하면 나의 인생도 이제 15년, 기껏했자 20년밖에 남지 않았는데 여기저기 길이 막혀 있으니 … 나머지 인생을 어떻게 보내야 좋을는지…"[4] 하며 그 가눌 길 없는 울적한 심사를 토로한 바 있다.

남재의 이때의 나이가 만 57세였으니 여생을 15년으로 보면 72세, 20년으로 보면 77세를 일기(一期)로 잡는다는 계산이 나온다. 남재의 생애가 만 75세에서 두 달 못 미쳤으니 이 '여생(餘生)예감'은 오차범위 「±2~3」년밖에 안되는 셈이다. 이것이 정말 남재의 예감이었을까, 아니면 그저 얼핏 떠오른 생각의 기록에 지나지 않는 것일까?

(6) 안암동 캠퍼스 녹지(綠地) 해제

대학들의 시설수용한계를 누구보다 절감해 온 남재는 총리시절, 교지난(校

地難) 해소차원에서 일부 대학 캠퍼스의 녹지(綠地)를 개발제한에서 풀어준 일이 있다. 이에 따라 고대를 비롯한 일부 유수대학들도 같은 혜택을 입은 것으로 알려졌다.

남재의 대학 용지난 해소노력이 정확히 언제, 누구를 통해서, 어떻게 이루어졌는지 그 경위 전반을 구체적 기록으로 추적하기란 어려운 일이다. 다만 총리재임중 사위 송상현에게 고대의 애기능 캠퍼스 녹지의 개발제한 해제가 가능한 일인지, 또 구체적으로 누구를 상대로 일을 추진시킬 것인지를 은밀히 모색해보라는 지시를 내린 일이 있고, 이에 따라 송상현이 당시 민정수석 이학봉과 비서관 손진곤을 수차례 접촉한 사실로 미루어 청와대 라인을 통해 일을 성사시킨 것으로 보인다. 이후 총리사임 직후인 1983년 11월, 남재는 고대 재단이사장 김상만, 총장 김준엽, 상무이사 김치윤, 기타 행정처장들이 회동한 신라호텔 오찬자리(남재의 고대 명예총장 복귀 환영 모임인 듯하다)에서 "개발제한에서 해제된 교지를 되도록 조속히 정지해 두라"고 이르는데, 아마도 이것이 이 일의 성사와 관련된 첫 언급인 듯하다.

이어 한적 총재 시절인 1986년 12월에는 총장 이준범으로부터 해제된 캠퍼스 녹지에 의대건설 계획을 보고받았고, 1988년 4월에는 여기에 신축중인 의대 및 의료원 본원(本院) 공사현장을 돌아보고 "내가 처음으로 개발제한에서 풀어준 고대 의대 건축현장을 돌아보니 마음이 흐뭇하다"고 그 소감을 토로하였다.[5] 또 1991년 10월 고대의료원 본원(안암병원) 신축이전 개원식에 참석한 남재는 고대 교우들로부터 이구동성으로, 총리재임시 모교 캠퍼스 일부 녹지를 해제 조치하여 이처럼 훌륭한 시설이 들어설 수 있게 해준데 대해서 감사하는 인사를 받고는 대단히 흡족한 마음으로 돌아온 일도 있다.

고대의 발전을 위한 남재의 이처럼 지극한 정성 덕분에 타대학들까지 함께 큰 혜택을 보게 되는, 이런 일은 아무나 노력한다고 해낼 수 있는 일이 아니거니와 또 남재가 아니고서는 생각조차 미칠 수 없는 통 큰 배려라는 점에서 우리 대학사에 두고두고 잊지 못할 비화가 아닌가 생각된다.

2. 선인(先人)들을 기리는 마음

(1) 하서(河西) 기념 사업에 애쓰다

남재는 자신이 하서 김인후의 후인임을 큰 자랑으로 삼았고(제1장 2절 2항 "22세조 하서 김인후" 참조), 그래서 더욱 하서를 기리는 사업에 큰 정성을 기울였던 것 같다.

남재가 대략 언제부터 하서기념사업에 관여하기 시작했는지는 확실치 않으나, 1979년 6월 이후부터 참여기록이 나타나므로 고대 총장 복귀직후가 아닌가 생각된다. 이 해 8월 28일, 일석 이희승을 기념사업회 새 회장으로 추대하고, 학계와 종중(宗中)을 망라한 13인 위원회가 구성되어 남재는 일민과 함께 위원으로 참가하였다. 이후 유고(遺稿)의 번역-영인 출간사업 이외에는 더 이상 하서 관련사업을 확대하지 않기로 '3인회동'에서 합의를 보는 1991년 7월까지, 남재는 약 12년간 무려 50여 회나 이 회동에 참가하여 사업추진에 열과 성을 다하였다. 사업회 회무를 실실석으로 주노해 온 이 '3인회동'의 멤버는 김노수(金老洙)-김상만, 그리고 남재였다.

사업회가 이룩한 가장 큰 업적은 전 4권으로 된 『국역 하서전집』(國譯河西全集 상·중·하 3권 및 1권의 영인본 : 필암서원, 1993년 완간)의 간행이었다. 한학(漢學)의 대가로 알려진 신호열(辛鎬烈)이 1981년 7월부터 8년간의 기나긴 산고 끝에 1988년에 완역을 본 것이다.

남재는 한적 총재직을 만기퇴임하고 고전 읽기에 침잠하던 때에 마침 이 『전집』이 출간되어 1992년 3월부터 한 주 동안 국역본 상-중-하 3권을 모조리 독파하고는 "공들인 번역이라 뜻이 명확하고 문장도 유려하여 읽기에 아주 좋다"고 역자의 노고를 치하하면서 "하서 국역사업은 크게 성공한 셈"이라고 자평하였다.

(2) 인촌(仁村) 탄신 100주년 유감(有感)

인촌을 생각하는 남재의 마음이 유달리 깊고 간절한 것은, 인촌이 누구보다 조카인 자기를 사랑하고 장래를 촉망하던 백부이자, 자신 역시 백부의 유업(遺業)의 계승자로서 한 자락을 차지한 바 있기 때문에 그럴 수밖에 없다는 단순한 혈연적 도리의 발로로만 볼 것인가. 물론 그것도 큰 요인의 하나가 될 수는 있다. 그러나 남재에 있어서 인촌은 그 모든 것을 떠나서 이 나라 근대화의 여명기에 민족의 생존에 가장 절실하게 요구되는 근대적 가치인 산업과 교육-언론을 일으켜 민족이 나아갈 바를 제시한 위대한 선각자요, 국내에서 만난(萬難)을 무릅쓰고 묵묵히 민족운동을 펼친 애국-애족의 실천자였기 때문에 더욱 그러했을 것이다.

그런데 그토록 흠모하여 마지않는 인촌을 기리고 추모하는 사업이 갈수록 퇴색하여 찾는 이는 날로 줄어들 뿐만 아니라 모이는 이 노인들 뿐, 젊은 사람들은 찾아보기 힘들 정도가 되어가고 있다는 데 안타까운 마음을 금할 수가 없었다.

1991년은 인촌 탄신 100주년의 해였다. 이와 관련 세 번의 큰 행사가 있었다. 3월 11일에는 남양주군 화도면 소재 이장묘(移葬墓)에 새 묘비가 건립되어 이날 오후 묘비제막식이 거행되었다. 또 10월 11일에는 고대서관 서북편에 준공된 「인촌기념관」의 개관식이 11시부터 있었다. 이날 오후에는 시내 롯데호텔에서 탄신 100주년 기념식이 열렸다. 이어 11월 11일 하오에는 서울대공원에 탄신 100주년기념 동상이 건립되어 제막식이 있었다.

남재는 이들 행사에 모두 참석하였고, 많은 생각을 했다. 우선 새 묘비에 대해서, 남재는 부속으로 설치된 호상(虎像)이 너무 커서 부자연스럽고 우아-간소하지 못하다는 인상을 받았다. 또 새로 건립된 「인촌기념관」은 고대본관과 중앙도서관 구관의 복사판 같은 설계여서 아무래도 창의성이 없어 보이는 것이 흠이었다. 그러나 탄신 100주년 기념식에서의 추기경 김수환의 추모사는 참으로 훌륭했다고 생각하였다.

한편 10월 18일에 있었던 첫 「인촌기념관 음악회」에는 혜천과 함께 참관, 인촌을 기리는 마음을 음악의 선율에 한껏 띄워 보내고 돌아왔다.

(3) 고하(古下)를 향한 마음

고하 송진우에 대한 남재의 지극한 마음 역시 인촌의 경우와 같은 맥락에서 이해될 수 있을 것이다. 백부 인촌과의 평생지교(平生之交), 부친 수당의 동경 유학을 이끌어준 그 두터운 은고(恩顧), 맏딸 명신의 시조부라는 혈연관계 등등 어느 모로 보나 남재의 각별한 흠모의 정을 일게 하는 대상이 아닐 수 없다. 그러나 그 모든 것을 다 떠나서 고하는 "항일-반공정신으로 나라의 자주독립과 민주발전을 위하여 신명을 바친… 민족-민주-민생-민문(民文)주의의 실천적 선구자"[6]였다는 이 한 가지 점만으로도 그를 우러르고 따르기에 충분한 것이었다.

그리하여 남재는 고하의 유업을 기리는 사업이라면 대소사를 막론하고 적극 나섰고, 유족들도 남재의 뜻을 기꺼이 따랐다. 남재가 고하추모사업에 나선 대표적인 일로는 국무총리시절에 있었던 동상건립(1983. 9. 23.)을 들 수 있다. 남재는 국민성금을 모아 동상을 건립하도록 사업을 조직하고 추진함에 있어서 해위 윤보선을 명예회장으로, 현민 유진오를 건립위원장으로 앞세우고 일을 완결짓기까지 뒤에서 뒷받침을 다하였다.

이후 한적 총재시절인 1988년 5월 제2차 천장(遷葬)[7] 과정에서도 남재는 무던히 마음을 썼다. 이 해 1월 25일에 처음으로 천장문제가 제기된 이래, 남재는 시종 추진상황을 꼼꼼히 점검하였고, 작업이 본격진행되는 5월 1일에는 파묘(破墓) 현장을 직접 돌아보며 독려하였다. 또 천묘장의식 거행에 앞서, 2일에는 맏딸 명신 내외와 준비상황 최종점검차 국립묘지 현창관과 애국지사 묘역을 직접 답사하였다. 3일 하오 남재는 천묘장의식을 성대하게 마치고 나서 "마음이 후련하다 … 이렇게 해놓아야 후손들이 편안하지!"라고 그 소감을 피력하였다.[8] 한편 1990년 7월 17일부터 두 주 동안은 고하 탄신 100주년을 기하여 발행된 고하전기 『독립을 위한 집념』(고하선생전기 편찬위원회), 김학준이 지은 『고하 송진우 평전』, 그리고 자료문집 『거인의 숨결』(동아일보사) 등을 감명 깊게 완독하였다. 자료문집을 다 읽고 나서 남재는 고하가 세계대세를 정확하게 내다보았다고 평하고, 국제정세의 전개방향으로 본 '일본필망론'(日本必亡論), 여기에 대한 대책은 '무책'이 '대책'(大策)이라는 '무책론'을, 그리고 민주-시장경제발전과 실력배양론이 고하의 시국관의 특징이라고 분석하면서, 오늘의 대북정책도 고하식으로 '무책이 대책'이라는 거시적인 안목으로 나가야지 소인배처럼 그때그때 땜질에만 급급한 조급책은 일만 오히려 복잡하게 만든다고 비판하였다.[9]

남재는 1994년 국가보훈처의 도움으로 새로이 창립된 재단법인 고하 송진우선생기념사업회에 발기인으로 참여하면서 전서울대총장 권이혁(權彝赫)을 이사장으로 추대하고 자신은 별세까지 이사로 재임하였다

(4)「도산(島山) 기념사업회」 회장 5년 (1987~1991)

1987년 6월 2일, 남재는 도산(島山) 안창호(安昌浩 : 1878~1938) 선생 기념사업회 회장으로 추대되었다.「도산기념사업회」 회장을 맡으면서 남재는 월남(月南) 동상건립 사업을 맡을 때와 마찬가지로 우선 춘원(春園) 이광수(李光洙)가 쓴 『도산 안창호』(1947)를 독파하는 등 그 생애와 인물됨에 대한 본격적인 공부부터 시작하였다.

남재가 파악한 도산은 혁명가나 정치가라기보다 온건개량주의 노선을 견지한 교육자요, 개인의 자기 개조와 실력배양을 통해 민족개조를 추구한 수양(修養)주의자였다. 또 남재는 주요한(朱耀翰)이 편술한 안도산 전서(全書)』(1963)를 통해 흥사단(興士團)의 목표 역시 건전한 인격, 신성한 단결에 의한 덕-체-지의 '삼육'(三育)과 '무실역행'(務實力行 : 참되기를 힘쓰고 이를 애써 행하자는 뜻)을 통한 민족개조, 실력배양에 있음을 이해하게 되었다.

남재의 회장재임 중 도산기념사업회는 해마다 서거일에 거행되는 추도식 이외에 1988년 3월 10일의 50주기 추모행사를 해위 윤보선 등이 참석한 가운데「류관순 회관」에서 성대히 거행하였고, 유품전시회(1988. 5. 6.~ : 흥사단 강당) 개최, 전집발간비조성(1989. 2 : 이사대상 1,200만 원 갹출목표, 남재 자신도 2백만 원 납입), 어록비제막(1989. 11. 9. : 도산공원) 등이 있었다. 1991년 4월 총회를 끝으로 남재는 회장직에서 물러났다. 후임은 전총리 강영훈에 인계되었다.

3. 남천당(南泉堂)소묘

(1)「남천당」 유래

서울시는 종로구 혜화동 15-139 소재 남재의 구택 한옥을 1992년 1월 23일자로「시 민속자료 제28호」로 지정하였다.[10] 오르막 도로변에서 철제 대문을 들어서서 돌계단으로 오르면, 바로 사랑채 현관과 마주치면서 좌측으로는 남향하고 있는 정원으로 통하고, 우측으로 난 별도의 대문을 지나 이르게 되는 본채의 내정(內庭)을 둘러싼 구(口)자형 구조가 도시형 한옥의 특장을 잘 갖추고 있어 문화재로서의 가치를 인정한 것이다.

서울시의 문화재 지정을 계기로 남재는 이를 기념하는 뜻에서 이 집의 당호(堂號)를 「남천당」(南泉堂)이라고 지었다. 자신의 아호 첫 자 '남'(南)과 혜천의 둘째 자 '천'(泉)을 따서 지은 이름이다.

남재 일가가 1963~4년에 30평 남짓한 명륜동 집을 처분하고 혜화동 지금의 남천당으로 이사를 하게 되는 전후사정은 앞장(제10장, 3절 2항 "망중한의 빛과 그늘")에서 이미 언급한 바 있다. 대지 300평에 건평 100평에 이르는 이 구옥은 당시 시가로도 운좋게 싼 값으로 구입한 것이었지만, 이 집이 처음부터 지금 같은 기능적이고도 우아한 모습을 갖추고 있었던 것은 아니다.

구입 당시 집주인은 젊은 재일동포라 했고, 집관리는 그의 처형되는 사람이 했다는데, 집이 제법 크다 보니 세를 주어 여덟 가구나 들어 살고 있을 뿐만 아니라 그중 한 가구는 10명 가까이 하숙까지 치고 있을 정도로 관리가 엉망이었다. 다세대주택 구실을 하고 있으니 연탄 가스에 절고, 청소도 일률적으로 되지 않는 데다 여기저기 헐어진 구석도 제때에 손을 보지 못해 지저분하기가 말이 아니었다는 것이다. 그런데 혜천이, 대들보와 서까래며, 기둥들과 문틀-문짝들을 유심히 살펴보니 목재들이 최상질인 것 같고, 전체적으로 튼튼하게 아주 잘 지은 집임을 한눈에 알아볼 수 있을 정도였다고 한다.

나중에 알고 보니 원래의 집주인은 "말타는 성씨"(말을 탈 정도의 '부잣집 양반'이란 뜻의 별명)라는 사람인데, 그가 이 집을 지을 때 마지막으로 남은 궁궐목수를 구했기 때문에 한옥으로서 격식을 제대로 알고 그처럼 잘 지을 수가 있었다는 것이다.

혜천은 집을 사서 우선 검게 그을고 때에 절은 목재기둥부터 닦아내고, 심한 것은 한 꺼풀 벗겨내어 니스 등 방부재를 칠하며, 집의 전체구조를 다치지 않는 범위 내에서 효율성을 고려하여 대대적인 개축과 수리를 하였다. 특히 사랑채를 서재로 꾸미는 데만 들인 공이 무려 3개월이었다. 지하에 쌓인 연탄재를 비롯한 쓰레기만도 트럭 십여 대 분량이었다니 가히 "도깨비집"이라 할 만했다.

문짝-문틀을 수리하면서 혜천은 여덟 쪽짜리 벽장 미닫이에서 뜻밖에도 대가의 그림을 발견하였다. 처음에는 그저 문짝에 덕지덕지 아무렇게 발라놓은 도배지 틈새로 밑그림 같은 것이 보여서, 호기심에 조심스럽게 덧지를 떼어 내 본 것인데 드러난 그림이 향당(香塘) 백윤문(白潤文)의 산수화(가로 20cm× 세로 60cm)가 아닌가. 혜천은 개축-수리공사를 지휘-감독하느라고 이리저리 바삐 뛰어다니는 그 정신없는 속에서도 그처럼 귀중한 대가의 그림까지 찾아내는 큰 소득을 올린 것이다. 혜천은 또 정원 꾸미기에도 세심하게 마음을 썼다. 남재가 생전에 그토록 좋아했던 지금의 정원수들, 백일홍이며, 목련, 모과나무, 감나무 등은 거의 모두가 처음 이사올 때 심은 것들이다.

개축-수리공사가 다 끝나 전혀 새로운 딴 집이 나타나니까 전주인이 공연히 집을 팔았다고 후회한다는 소리가 들려왔다. 새집을 들어서며 남재는 물론 온 가족이 뛸 듯이 좋아한 것은 말할 것도 없었다. 헌집을 사서 새집을 만들기까지는 돈도 솔찮게 들어 은행빚도 얻고 형님 상준의 도움도 받았다고 했다.

「남천당」은 이렇듯 혜천의 안목과 노고의 산물로서 새롭게 태어난 것이다. 그리하여 남재의 고대 총장시절 공관이 없는 고대에 남천당은 총장공관 구실을 톡톡히 하게 되었다.

(2) '민간외교의 장(場)'

남천당은 민속자료적 가치뿐만 아니라 '민간외교의 장(場)'으로서도 길이 기억되어야 할 기념물이 아닐 수 없다. 주한외교사절들과 친분이 두터웠던 남재는 해마다 10여 차례씩 외국손님들을 남천당으로 초대하여, 혜천의 정성과 솜씨가 담긴 한국의 전통음식(고려-개성식)을 대접하며 한국적인 멋과 풍미를 한껏 맛볼 수 있는 자리를 베풀었고, 혜천 역시 기꺼이 이 어려운 일을 해내며 민간외교의 한몫을 다하였다.

남재 댁을 한 번이라도 다녀간 사람이면 누구나 다 집안의 꾸밈새며, 가구며, 서화며, 기물집기에 이르기까지 한국의 전통미를 은은히 풍기는 남천당의 고전적 분위기에 취하기 마련이지만, 특히 외국인들에게는 한국의 진수와 접할 수 있는 흔치 않은 기회여서 길이 잊지 못할 소중한 추억으로 남는 모양이었다.

기록상 남천당에 초대된 첫 외국손님은 주한 독일대사 사라친을 필두로 한 독일 정부 관계자들로 나타나 있다. 이들은 남재가 1972년에 고대 총장으로서 서독 정부로부터 농대장기발전계획 추진을 위한 무상원조와 차관을 얻어내는 과정에서 그들에게 직접 부탁을 하거나 감사표시를 하기 위해서 초청한 케이스였다. 그러나 주한외교가에 한국의 가장 잠재적 영향력이 큰 명망 있는 인사의 한 사람으로 알려진 남재는 그 동안 외국공관들의 주요행사에 내외가 늘 초청을 받아온 만큼 답례의 필요성도 컸을 터이므로 외국사절들의 남천당 초대는 그 이전부터 빈번히 있었을 것으로 짐작된다.

미국-영국-독일-프랑스-캐나다-호주-일본-중국(대만) 대사들이 남재가 친밀하게 접촉한 주요국 외교사절들이며 이들과의 사교는 대사가 바뀌어도 후임으로 이어졌고, 이 중에서도 미국-독일-일본의 역대대사들과는 각별한 우정을 나누었다.

한편 혜천도 독자적으로 외교사절 부인들과 친선관계를 돈독히 하였다. 남재의 한적 총재 재임시절인 1987년 2월, 혜천은 적십자 수요봉사회 활동에 참가한 외국대사 부인들을 남천당에 초대하여 다과회와 윷놀이를 즐기는 등 뜻 있는 친선의 시간을 세 차례나 가진 바 있고, 1991년 2월, 독일연방공화국 대통령 바이츠섹커(Weizsäcker)의 방한중 영부인을 남천당에 초대하여 여성-민간 차원에서 한-독 친선을 다진 것 등은 그 대표적인 예라고 하겠다.

(3) 세시(歲時)-탄일(誕日) 풍경

남재는 젊어서부터 해마다 정초가 되면 해위, 목당(牧堂 : 이활), 현민, 일민 등 윗사람들에게 세배를 다녔다. 고대 총장이 된 뒤부터는 신년하례식에 참석, <신년사>를 통하여 고려대학교의 세계대학-통일대학으로의 비약적인 발전을 위하여 다함께 분발할 것을 다짐하면서 전체 고대 가족들의 행운과 소원성취를 기원하였다.

따라서 신년 하례객이 남천당을 찾는 날은 주로 초이튿날이었다. 남재의 주변 사람들 — 친지들, 벗들, 특히 제자들에게 있어서 남재는 정초에 가장 먼저 만나고 싶고, 찾아뵙고 싶은 이 나라의 큰 어른 중의 어른인 것이다.

남재는 2일에는 응접실 서편 끝쪽 중앙에 동면(東面)으로 정좌하고, 이른 아침부터 찾아오는 하례객들을 반갑게 맞이하였다. 남재는 세배와 함께 덕담을 나누고, 공통 화제로 금년의 국가운세, 국제정치의 흐름과 세계대세, 특히 공산권의 움직임과 남북관계, 국내 정치의 향방 등에 관한 각자의 견해를 광범하게 개진하도록 화제를 이끌고 또 진지하게 경청하며 자신의 신년소감을 들려주기도 했다.

사람들은 남재와 같은 대석학이 자신의 의견에 관심을 가져준다는 사실만으로도 벌써 신이나기 마련이었다. 게다가 남재에게는 언제나 따사로운 기운이 감돌아 상대의 마음을 가볍게 해주고 편안하게 하여 스스럼없이 많은 이야기를 하지 않을 수 없도록 만드는 마력 같은 것이 있었다.

점심에는 남천당의 유명한 개성식 조랑떡국을 비롯하여 정갈하고 맛깔스럽게 차려진 떡들이며 한과들, 갖가지 부침이며 편육, 젓갈, 보쌈김치 등의 전통음식을 양껏 대접받는 즐거움이 기다렸다. 점심이 끝나면 오후부터 남재가 솔선하여 거실 뒷방에 '섯다' 판을 열어주고 밑천이 떨어지는 제자에게는 약간의 밑천까지 보태주는 신년재운(財運) 점치기 놀이판이 왁자지껄 벌어져 한창 열이 오를 쯤이면 어느덧 날이 저문다. 해가 가면서 제자들의 연치도 올라 모두가 사회적으로 중견인사가 되어 각자 제 갈 길이 바쁘다 보니 연례행사인 정초의 명물 남천당의 '섯다' 놀이판도 어느덧 추억의 갈피 속으로 사라져 갔다.

*

남재가 고대 총장이 된 이후, 해마다 탄신일인 4월 20일 저녁, 남천당에서 열리는 남재 생신축하연 또한 제자들에게는 잊을 수 없는 추억이 아닐 수 없다. 대략 20명 안팎의 가까운 제자들로 이루어지는 이 축하행사에는 고대의 행정처장 등 특별손님이 매년 출연하나 초청되는 멤버는 고정되다시피 하였다. 위로 김하룡-김정현 등 정외과 선배들이 있지만 주축은 역시 57학번 이세기-박명환-조남조-이재환-구종서-최규장 등이며 여기에 타과 출신으로 홍일식-김양현-양한철-이창희(李昶熙)-목정균-천신일-김병수-박종열 등이 고정 멤버로 되어 있다. 가족으로는 처남인 김재익-김재중 형제와 맏사위 송상현이 대표격으로 참석하였다.

탄신일의 특별 메뉴는 곱게 칼질한 떡갈비로, 이것은 남천당이 아니면 맛볼 수 없는 천하일품의 별미 중 특미였다. 취흥이 도도해지면 박명환의 성대묘사가 좌중을 사로잡는다. 그의 이승만 연설을 모사(模寫)한 정치풍자는 코미디나 개그의 프로 수준을 넘어 고답적이라고 할 만큼 차원이 높다. 남재는 양한철의 "미워도 한세상, … 웃으며 살리라"와 박명환의 <선구자>를 청하여 듣기를 즐겼고 자신도 1930년대에 유행했던 "비오는 거리에서 외로운 부두에서…"를 애상에 잠겨 부른 일도 있다. 남재의 애창곡 "눈물젖은 두만강"은 피날레를 장식하는 합창곡으로 이날의 주제가가 되었다.

(4) 끔찍한 형제우애

우리는 앞선 본 편의 여러 장(章)에서 기회 있을 때마다 남재가 보였던 형제간의 우애, 그 중에서도 특히 두 살 위의 형님 상준을 얼마나 끔찍하게 섬기며 아우로서 도리를 다하기 위해 마음써 왔는가를 주로 언급하였다. 또 이와 같은 형제지정은 선대들, 할아버지 지산(芝山)이 큰할아버지 원파(圓坡)에 대해서, 부친 수당이 백부 인촌에 대해서 보였던 그 섬김의 어김없는 대물림이라는 평도 했다(제1장 3절 2항 "엄한 유교가풍 속에서" 참조).

그러나 남재 형제들의 우애가 위로만 향하는 일방적인 것이 아니라 당연히 아래로도 스며내리는 양방향의 상호작용임은 말할 것도 없을지니 '난'(蘭)과도 같은 그 향기야말로 누구나 본받을 만하다고 아니할 수 없는 것이다. 그리하여 남천당의 대소사에는 으레 형님 상준을 비롯하여 상홍-상돈-상하-상철-상응 등 일곱 형제에 때로는 사촌들까지 참례하여 조용히 담소를 나누며 장만한 음식을 즐기는 화기애애한 모습을 쉽게 찾아볼 수 있으니 이 또한 남천당의 아름다운 풍정이라 할 만하다.

남재를 대하는 형님 상준의 말씨나 태도가 제3자에게는 마치 외우(畏友)를 대하는 듯하다고 느껴질 정도로 항상 은근하고 정중함을 잃지 않고 있다는 것도 특기할 일로 지적해두고 싶은 대목이다.

(5) 직계가족들

남재 내외는 슬하에 1남 3녀를 두어 자부(子婦)와 사위 셋을 맞고, 친손 남매에 외손 넷을 보았으니 직계가족은 자신을 포함, 16인이 된다.

독자 한(翰)은 경기고와 서울대 공대(기계공학)를 거쳐 미국 예일대 경영대학원을 마친 후 대신(大信)증권 상무이사로서 기획본부장을 역임한 뒤 현재는 컨설팅 벤처회사 유클릭(Uclick)과 파마(PAMA)를 경영하고 있다. 자부 김영란(金英蘭)은 연세대 정외과 출신으로, 이들 사이에는 철(澈)-정은(廷恩) 남매가 있다.

맏딸 명신(明信)은 이화여대 영문학과를 거쳐 미 커네티컷 대학에서 사회학을 전공하고 대학강단에 서기도 했다. 맏사위 송상현(宋相現)은 경기고→서울대 법대를 나와 미 코넬대에서 법학박사 학위를 하고 서울대 법대 교수, 법대 학장, 하버드대 법대 교수를 역임하였다. 현재는 서울대 교수와 뉴욕대 석좌교수로 있다. 고등고시 행정-사법 양과에 합격한 바 있다. 두 사람은 재혁(在爀)과 유진(有鎭) 남매를 두고 있다.

둘째딸 영신(榮信)은 이화여대 음대와 동 대학원을 졸업하였다. 둘째 사위 정성진(鄭聖進) 또한 경기고→서울대 공대를 나왔고 미시간대학에서 공학박사를 한 후 서울대 공대 교수로 재직중이다.

셋째딸 양순(良洵)은 이화여대 미대, 동 대학원을 졸업하였다. 셋째사위 이양팔(李亮八)도 경기고→서울대 재학중 미 MIT공대에 유학, 스탠포드대에서 경제학박사를 하였고, 현재는 고대 경제학과 교수로 재직중이다. 이들에게는 성민(性旻)-제헌(帝憲) 형제가 있다.

자식사랑에 지극하지 않은 부모가 세상에 어디 있으랴만, 남재 내외의 태산 같고 바다 같은 가족사랑은 사위들과 외손까지 14인 직계가족 모두에게 기움 없이 고루 미쳤음은 더 말할 것도 없고, 특히 남재의 사위사랑이 주변의 화제가 될 만큼 남다르다 보니 생전에 남재와 송영수(宋英洙 : 명신시부)-정태섭(鄭泰燮 : 영신시부) 3인간의 사돈지정(査頓之情)은 그 돈목(敦睦)함이 친형제에 못지않다는 칭송을 듣기도 했다.

맏사위 송상현이 1994년 3월, 세계저명법학자 25인 중 제1착으로 뉴욕대 석좌교수에 선정되었을 때, 남재가 국내신문에 일제히 보도된 「송상현 스토리」를 읽으면서 "참으로 좋다!"고 기쁨을 감추지 못한 일은 남천당에 넘치는 '옹서지정(翁壻之情)'을 말하여 주는 예화라 하겠다.

* 송상현은 2003년 2월 초 뉴욕 유엔본부에서 실시된 국제형사재판소(ICC) 재판관선출에서 초대 재판관에 선임되었다. ICC는 반인도범죄 - 전쟁범죄 - 집단살해죄 등 중대한 국제법을 위반한 자를 국제사회의 이름으로 처벌하기 위해 2002년 7월 1일 상설된 국제형사사법기관으로, 그는 이날 85개 당사국 중 63개국의 지지를 얻어 1차투표에서 당선됨으로써 한국 법학의 위상을 세계적으로 드높인 것으로 평가되었다.

(6) 지축리(紙杻里) 농장-「삼해주」(三亥酒) 시음회

1960년대 초, 혜천이 내외의 노후를 생각해서 구파발 지축리에 제법 큰 농장을 장만하였다고 함은 이미 언급한 바 있다(제13장 4절 3항 "칩거 : 인고의 세월" 참조). 이곳 농장에 딸려 있던 농가를 개축하여 별장으로 꾸민 이야기도 이미 소개하였다.

남재는 울적할 때면 이곳을 찾아와 산책을 하며 시름을 달래었고, 때로는 정원수 전정(剪定)을 하는 등 땀 흘려 일도 하였다. 장서의 대부분도 이곳으로 옮겨 놓았다.

북한산의 영기(靈氣)가 서남으로 뻗어내린 이곳 농장에서 1970년대 후반부터 해마다 6~7월이면 삼해주(三亥酒) 시음회가 열렸다. 삼해주는 음력 정월 첫 해일(亥日), 2월의 첫 해일, 3월의 첫 해일, 이렇게 세 번의 '해일'을 기하여 양을 네 곱씩 늘려 나가면서 빚는 한냉식(寒冷式) 장기발효주라고 할 수 있다. 정월의 첫 해일은 새해를 여는 첫 기운을 받기까지 기다림의 끝날이라는 뜻에서 시간적으로 생명의 시작이라고 해석되어 삼해주를 '생명수'라고까지 극찬하는 견해도 있다.

어쨌거나 이 귀한 술을 개발한 양조원(釀造元)은 안동(安東) 김문이라고 한다. 조선 제일의 세도가였던 김문은 이 술을 궁중에 올려 어주(御酒)로 까지 쓰였다고 하니 그 가치를 가히 알 만하다. 이 제조비법이 고대 교수였던 고 운정(云丁) 김춘동(金春東 · 한문학) 가(家)에 전해 내려오고 있음을 알게 된 홍일식-김상민(金相玟) 부부가 '운정부인'으로부터 전수를 받아 제조법을 잘 익힌 다음 몇몇 가까운 고대 가족에게도 재전수함으로써 남재가 지축리

농장에서 '품평-시음회'까지 열 수 있는 단계로 발전한 것이다.

시음회에는 출품자 부부를 비롯하여 고정 초대손님과 해마다 바뀌는 특별 초대손님이 있고, 부부동반을 원칙으로 했다. 심사에는 출품자를 제외한 초대손님 전원이 위원으로서 한 표를 행사했다. 기록상 첫 시음회는 1977년 6월 11일 오후였다. 이날 운정 김춘동이 특별초대 손님으로 참가하여 자리의 뜻을 새롭게 하였고, 출품자는 홍일식-이창희-김병수 가(家), 특별초대손님은 김춘동-윤장근(尹長根 : 재뉴욕)-오따니(大谷森繁 : 天理大 교수), 고정초대손님은 김양현-이세기-박명환-양한철 등이었다.

삼해주에 대한 이날의 감상을 남재는 "묘한 술! Not business wine! Masic wine!… 그렇게 심히 취하지 않으면서도 심신을 모두 나른하게, 소리없이 도취케 하는 마법의 술이군!"이라고 썼다. 시음회는 1984년을 끝으로 마감되었다. 이유는 출품자가 격감했기 때문일 것이다. 이 술은 담그기도 그만큼 쉽지 않거니와 끝까지 성공하기는 더욱 어렵기 때문이리라.

4. 혜천의 여행기 『세계를 돌아보고』

(1) '첫 권'의 출판까지

1984년의 한 해가 다 저물어가던 12월 27일, 남재 내외는 이대 명예총장 김옥길과 동생 김동길을 남천당으로 초대하여 저녁을 들며 그 해 10월 23일부터 50일간 있었던 해외여행 이야기를 나누었다.

로마에서 교황을 알현한 이야기며 앗시시(Assisi)의 성 프란체스코(St. Francesco) 성당, 이집트의 룩소르(Luxor) 관광, 독일의 청소부 이야기 등등으로 화제의 꽃을 피웠다. 이때 두 사람이 혜천에게 그 아름답고 흥미진진한 이야기들을 여행기로 묶어 책을 내는 것이 어떻겠느냐고 권하였고, 혜천도 그렇게 하기로 우선 마음을 먹었다.

그로부터 두 주 후(새해 1985년 1월), 출판사로 내정된 정우사(正宇社) 사장 부부가 남천당으로 내방하여 출판계획을 협의하였다. 혜천의 원고가 완성된 것은 다시 그 다음해인 1986년 9월경이었다. 집필에 1년 9개월이 걸린 셈이다. 이달 19일부터 남재는 혜천의 원고를 교열삼아 읽기 시작하였다. 말하자면 데스크를 본 셈이다.

남재가 처음 읽은 것은 독일-이태리 편이었고, 21부터는 프랑스-이집트 편으로 이어졌다. 대체로 재미있게 잘 기술되어 남재는 흡족하였다. 23일부터는 영국-스웨덴-벨기에-덴마크-스위스-터키, 그리고 중남미 4개국(콜롬비아-페루-칠레-멕시코) 편을 계속 읽어나갔다. 28일부터는 일본-미국 편을 끝까지 다 읽었다. 요점 정리가 그런 대로 잘 되었지만 역시 독일-이태리-프랑스 편이 더 잘된 듯했다. 혜천이 여행 때마다 보고 들은 것들을 하루도 빠뜨리지 않고 꼼꼼히 일기에 쓰고, 보다 생생한 설명이 요구되는 것들은 그림까지 곁들여 기록한 결과들이 여행기 『세계를 돌아보고』로 탄생하여 1986년 10월 마침내 햇빛을 보게 된 것이다.

혜천은 책 머리에서 "…외국나들이는 그때마다 스스로와 우리 나라에 대해 새삼스럽게 생각하게 해준다. 우리보다 앞선 나라든 뒤진 나라든, 역사가 긴 나라든 짧은 나라든, 나 자신은 물론 우리 나라의 어제와 오늘을 비교해 준다…"고 했다. 요컨대 해외여행의 목적과 여행기를 쓰는 의의가 '남과의 비교'를 통한 '자기성찰'이었음을 혜천은 밝히고 있는 것이다. 또 혜천은 여행중 가는 곳마다 만나게 되는 고려대학교 졸업생들, 현지공관 관계자들, 그리고 처음 만났지만 친절을 다하여 안내를 해준 많은 사람들의 헌신적인 노고가 유익하고 즐거운 여행이 되도록 이끌어주었다고 깊은 감사의 뜻을 표하고 여행기를 쓰도록 권면하고 용기와 격려를 아끼지 않았던 김옥길-김동길 양씨, 그리고 처음부터 '세계를 돌아보는 여행'과 이 여행기를 있게 해준 인생의 동반자 남재에게 감사하는 마음을 전하기도 잊지 않았다.

(2) 속편 『세계를 돌아보고 2』

혜천의 두번째 여행기 『세계를 돌아보고 2』(1994. 4.)는 1987년부터 1993년까지 6년간, 말레이시아-인도-네팔-파키스탄-이스라엘 등 신비의 대륙 아시아의 여러 나라들과 포르투갈-오스트리아 등 낭만과 예술의 유럽 두 나라, 헝가리-체코슬로바키아-폴란드-구소련 등 새롭게 형성되어가는 동구 제국과 개방의 힘찬 진군으로 숨가쁜 중국, 그리고 브라질-아르헨티나-캐나다-미국 등 여전히 신대륙의 꿈을 간직하고 있는 남북아메리카를 여행하면서 얻은 견문을 기록한 것이다.

손자-손녀 등 아이들에게 들려줄 이야기를 준비한다는 기분으로 노트했던 이전 여행들과 달리, 처음부터 <여행기>의 집필을 염두에 둔 것이어서 시간과 날씨 등 이야기 구성에 요구되는 모든 정보를 세심하게 기록하면서 많은 것을 눈여겨보려고 노력한 소산이다.

혜천은 88서울올림픽의 성공적인 개최로 나라의 위상이 높아진 이후, 가는 곳마다 한국인에 대한 세계의 인식이 달라져 있음을 확인하고는 결국은 "국력이 바로 국민의 인격"임을 절감하였다. 아울러 여행 때마다 언제나 안내의 수고를 마다하지 않던 많은 사람들, 여행을 풍요롭고 값지게 만들어준 경이로운 인류문화유산들과 아름다운 자연에 대해서 무한한 감사를 드리면서, 혜천은 남은 생애를 봉사의 삶으로 이어가는 것만이 그 같은 고마움을 보답하는 길이라고 스스로 다짐하였다.

남재는 혜천의 <여행기> '첫 권'의 훌륭한 출간을 보아서인지 '둘째 권'에 대해서는 그리 큰 신경을 쓰지 않았다. 혜천의 이 두 <여행기>는 남재의 여행기록들을 이해하는 보조자료로서도 훌륭한 가치를 갖는 것이었다.

(3) 두 번의 출판기념회

두 권의 <여행기> 출판을 계기로 두 번에 걸쳐 출판기념회가 열렸다. '첫 권'에 대한 출판기념회는 1986년 11월 28일 하오 3시, 종근당(鍾根堂) 빌딩 강당에서 성대하게 거행되었다. 이 자리에는 이화여대 명예총장 김옥길을 비롯한 여성지도자들, 주한외교사절 부인들, 혜천이 회장으로 있는 대한여학사협회 회원들 다수가 참석하여 마음으로부터 축하를 보내주었다.

1994년 5월 12일 호텔 신라에서 열린 '둘째 권'의 출판기념회는 혜천의 고희맞이를 겸한 것이어서 더욱 뜻이 깊었다. 게다가 이날은 바로 남재 내외의 결혼 47주년의 날이기도 하여 3중적 의미를 갖는 것이기도 했다. 그래서인지 200이 넘는 많은 하객이 참석하여 혜천의 고희를 축하하고 출판의 노고를 치하하였다.

이 자리에는 손인실(孫仁實·전 YWCA연합회장)-이연숙(李嬿淑·한국여성단체협의회장)-신낙균(申樂均·여성유권자연맹회장)-한말숙(韓末淑·대한여학사협회회장) 등 여성지도자들, 윤여훈(尹汝訓)-신용자(愼鏞子)-여운계(呂運計)-이숙자(李淑子·고대 교수·화가) 등 여류명사들, 주한 유고대사 베스나세스토비치 부인, 스위스대사 일제페트쉐린 부인 등 외교사절 부인, 경기여고 31회 동기동창 50여 명과 일본여자대학 동창 15명, 그리고 대한여학사협회 회원 다수가 참석하였다. 특히 여학사회원 19인 합창단의 축가와 손녀 정은(廷恩·10)의 축하문 낭독, 그리고 손자 철(澈·14)의 섹스폰 독주가 이날의 하이라이트를 장식하였다.

남재는 고희기념을 겸한 두번째 '출판축하모임'에 대해서 도하(都下) 일간 신문들이 '사람들' 또는 '모임'-'만남' 코너에 출판기념회 사진을 곁들여 호의적으로 크게 보도해준 데 대해서 크게 감사하면서 "앞으로 더욱 건강하게 살아야 한다"고 다짐하였다.

5. 남재와 사람들

사람은 누구나 세상에 나면 부모와 형제 등 혈연들과 친척-친지들을 만나고, 벗을 사귀고, 함께 일을 도모-추진-성취할 협력자를 얻고, 은원(恩怨)을 맺으면서 많은 사람들과 알게 되고, 또 연인과 사랑하는 반려를 만나 가족을 이루고, 베풀기도 하고 베풂을 받으면서 운명처럼 만나야 할 무수한 사람들과의 관계 속에서 더불어 살아간다. 이것이 곧 인간의 사회적 삶이다. 결국 사람과의 만남이 사람의 일생이다. 그리하여 주변에 사람이 많으면 그의 삶을 고독하다고는 하지 않는다.

남재는 어떠한가. 남재의 주변에는 참으로 사람이 많았다. 힘써 구하여 얻은 사람이라기보다는 남재의 곁으로 사람들이 구름처럼 몰려들었다는 것이 옳은 표현일지도 모른다. 그 많은 사람들과의 이야기를 여기에 다 옮겨 놓을 수는 없다. 다만 여기에서는 혈연관계를 제외하고 남재의 생애에 영향을 주고받은 사람들, 남재가 각별히 마음을 썼고 늘 가까이 지냈으면서도 언급의 기회가 없었거나, 여전히 할 이야기가 많이 남은 사람들을 재점검-재정리하는 수준에서 이들을 소개하기로 한다.

(* 여기서의 언급대상은 순전히 '남재 연구' 과정에서 얻은 자료와 인식을 기초로 한 필자의 개인적인 판단일 뿐, 어떤 객관적 기준에 따른 선정이 아니므로 남재와의 친소(親疎) 관계를 전적으로 시사하는 것이 아님을 미리 밝혀둔다.)

(1) 윗사람들

남재를 아끼고 촉망하며 늘 가까이서 지켜보아 주고 이끌어준 윗사람들이 어디 한두 사람이겠는가. 그 중에서도 해위(海葦) 윤보선(尹潽善), 목당(牧堂) 이활(李活), 현민(玄民) 유진오(兪鎭午), 약전(藥田) 김성식(金成植)은 윗사람들이자 평생의 지기(知己)였기에 이들과의 특별한 관계를 여기에 다시 소개하는 것도 뜻 있는 일이 될 것이다.

• 해위 윤보선 (1897~1990)

윤보선은 충남 아산(牙山) 출신으로 일찍이 영국 에딘버러대학에서 수학하였다. 건국 후 2대 상공부 장관, 4대 서울시장 및 2대 대한적십자사 총재를 역임하고 제2공화국 내각책임제하에서 대통령으로 선출되었다. 5·16 후 군정에 대항하여 민주화 투쟁에 앞장섰다. 교동(校洞)학교 2회 졸업생으로 23회인 남재에게는 21년 선배가 된다.

해위는 남재의 성장과정을 언제나 눈여겨보면서 자신의 가까이에 두고자 했다. 월남(月南) 이상재(李商在)선생 동상건립사업에 해위가 남재를 끌어들인 것은 그 한 예가 될 것이다.

• 목당 이 활 (1899~1982)

목당 이활은 경북 영천(永川) 출신으로 와세다대학 전문부를 수료(정경과)한 데 이어 영국 런던대학에서 수학(경제학)한 후 한국 무역협회 2~8대 회장, 국회의원 등을 역임하였고 고대 재단이사로 참여하여 1955년부터 동 재단 주무이사, 1963년에 이사장으로 취임, 타계할 때까지 17년간 재임하면서 고대 경영을 주도하였다.

남재의 고대 총장 취임을 지켜보면서 우리에게는 하나의 궁금증이 있었다. 그것은 남재의 총장선임이 구체적으로 누구의 의지였는가 하는 것이다. 나타난 결과만 보면, 그것은 고대 재단 전체의 일치된 의사임이 분명하다. 이것은 주관적이면서도 피상적인 관찰이 된다. 또 추상적이기는 하나 전환기에 선 고대의 앞길을 새롭게 개척해 나갈 수 있는 새로운 기수는 오로지 교수 김상협밖에 없다는 고대인들의 공감대가 자연스럽게 형성되어 무언중에 재단의 의지와 맞아떨어졌다는 해석도 가능할 것이다.

그러나 아무리 그 모든 주관적-객관적 조건이 성숙되었다고 하더라도 그것을 실천할 결정적 의지가 없는 한 일의 성사는 불가능하다. 그 실천적 의지를 행사할 수 있는 사람이 이 시기에 누가 뭐라 해도 재단이사장 이활이었고 그는 자기에게 부하된 이 권능을 남재를 위하여 유감없이 행사하였다. 이것은 남재의 총장선임을 단순히 '김문의 당연한 의지'로 보려는 기계적인 해석과는 분명 뉘앙스가 다른 것이다. 이활은 전환기의 고려대학교를 이끌어 중흥시킬 수 있는 사람은 남재밖에 없음을 확신한 것이다. 요컨대 녹당은 절대적 남재지지자였던 것이다.

• 현민 유진오 (1906~1987)

남재와 현민 유진오와의 관계를 여기에 새삼 구구하게 설명할 필요는 없을 것이다. 그만큼 현민은 앞의 장(章)들에서 많이 언급되었기 때문이다. 남재가 1988년 8월 30일에 행한 현민의 1주기 추도사에서 "뛰어난 수재이며, 문인으로서, 학자로서, 명강의로서, 교육가로서 언제나 선두주자였다"고 현민을 회고하고, "영원한 미완성을 신봉하는 점진적 개량주의자였다"고 평가한 내용이 오히려 흥미롭다 할 것이다.

유진오는 서울 출신으로 경성고보와 경성제대 법문학부를 졸업하고 보전-고대의 교수로서, 총장으로서 한생을 바친 우리 나라 헌법학의 태두였다. <김강사와 T교수>-<창랑정기>(滄浪亭記) 등 한국현대문학사에 길이 남을 명작을 남긴 작가로서도 문명을 떨쳤고, 대한민국 제헌헌법 기초자로 유명하다. 건국 초 법제처장을 지냈고, 1967년 야당(신민당) 총재로서 국회의원을 역임하는 등 그의 활동범위는 실로 다양했다.

「빈소사건」으로 인해 현민을 엄숙하고도 정중하게 영결하지 못한 것을 남재가 얼마나 죄송스럽게 여기고 안타까워하여 마지않았는가는 이미 누차 언급한 바 있다.

• 약전 김성식(1908~1986)

약전 김성식은 평남 평원(平原) 출신으로 평양숭실전문을 졸업한 후, 일본 규슈대(九州大) 법문학부에서 서양사를 전공하고 1946년에 고대 교수로 부임하여 초대 교무처장을 역임한 바 있다. 남재와는 같은 날 교수발령을 받은 '같은 학번'의 입교 동기라는 특별인연도 있지만, 그보다도 약전이 남재의 큰 안목과 대인다운 원만한 성품에 반하다시피 하였고, 남재 또한 약전의 그 올곧은 선비적 기상에 이끌려 두 사람 사이가 그처럼 가까워졌던 것 같다.

약전은 남재보다 열두 살이나 위였지만 두 사람은 하루만 못 봐도 서로가 궁금해 할 정도로 다정한 친구요, 친형제처럼 흉허물없이 지냈다. 약전이 오히려 남재를 떠받들 듯 지극한 사랑과 우정을 기울였던 점으로 보면 그 역시 '남재 대망론자'의 한 사람이 아니었나 생각된다.

어쩌다 혜화동 근처에 약전의 발그림자가 끊기면 그것은 약전에게 문제가 생겼음을 의미한다. 약전은 자신이 박 정권 비판으로 기관원의 지혐(指嫌)의 대상이 되면 그것이 남재에게 누가 될까 걱정해서 의식적으로 남재를 찾지 않았던 것이다. 약전의 해직시절, 남재가 기관원들의 서슬 퍼런 감시의 눈을 무릅쓰고 뒤로 생활비를 대드렸다는 사실은 어느덧 알 만한 사람은 모두 아는 아름다운 전설이 되었다. 남재와 약전 사이가 아니고서는 그 시절 참으로 찾아보기 힘든 우정의 일화가 아닐 수 없다.

또 1950년 6·25동란 발발 당일, 남재가 약전과 함께 명동성당과 영락교회를 잇달아 찾아간 것을 남재는 영원히 잊지 못할 추억으로 회상한 바 있다.[11]

(2) 지우(知友)들-제자들

남재의 성품이 온후(溫厚)하고, 기국(器局)이 커서 거인의 풍모를 지닌 만큼 따르고 배우고자 하는 사람, 가까이 하고 싶어하는 사람이 많았음은 당연하다 할 것이니 평생의 지우(知友)라 할 만한 그 많은 벗들을 어찌 이루다 가려서 말할 수 있겠는가. 또 공자의 제자가 3천이라지만, 35년간 강단에 서서 직접 길러내고, 두 번에 걸쳐 10년 가까이 고대 총장으로서 전교생을 상대로 이끌고 가르친 훈도(薰陶)의 적공(積功)이 얼마인데 수천-수만에 이르는 그 많은 제자들의 면면을 어찌 일일이 다 여기에 그려낼 수 있을 것인가.

결코 가려지지 않고, 또 골라지지 않는 지우들-제자들 중에서 굳이 대표적인 몇 사람을 꼽아 보라면 우리는 우선 지우로서 고대와 관련, 현승종(玄勝鍾)-조동필(趙東弼)-조기준(趙璣濬)-김창환(金昌煥)-김진웅(金振雄)-민병기(閔丙岐) 등을 생각해 볼 수 있고, 고대교우로서 김원기(金元基)-이철승(李哲承)-유시동(柳時東) 등, 또 야마구치고교와 동경대학의 대선배 이동화(李東華), 야마구치고교 후배 강봉식(康鳳植), 제2고보(경복고) 동기동창 윤희중(尹熙重)-김홍준(金弘準) 등, 그 밖에 김옥길-김동길, 서석순(徐碩淳)-안병욱(安秉煜), 민관식-이병철(李秉喆)-손장래(孫章來), 그리고 외국인으로 니시하라 하루오(西原春夫)-나수 히야시(Nasu Hiyashi : 那須聖) 등을 짚어볼 수 있지 않을까 생각해본다. 여기에 평교수시절의 많은 동료 교수들, 또 총장재임중 남재가 직접 기용한 행정보직자 대부분이 포함되어야 할 것이나 이들을 모두 거명함은 사실 큰 뜻이 없을 것으로 판단된다.

또한 남재의 제자를 거론한다면, 김하룡(金河龍)-한승조(韓昇助) 등을 필두로 역시 직계제자의 주축은 고대 4·18의거를 주도한 정외과 57학번들로부터 천신일(千信一) 등 6·3세대로 통칭되는 61학번까지로 보는 견해도 있으나 홍일식-박찬세-김양현 등 다른 학번이나 타과 출신들도 결코 이에 뒤지는 것이 아니므로 특정학과-특정학번 중심으로 제자의 인맥을 논하는 자체가 성립불가한 일이라고 판단되어 굳이 별도의 '제자론'을 고집할 필요는 없을 것으로 여겨진다.

(3) 유다른 우정을 나눈 사람들

앞에서 거명한 지우들 중에는 여러 가지 의미에서 남재와 유다른 우정을 나눈 사람들을 다시 구분지을 수 있다. 김옥길, 이동화, 니시하라 등이 그들이다. 또 서석순, 이병철, 손장래, 나수 히야시 등은 다소 이색적인 교유(交遊)의 경우라 할 수 있다. 다음에 이들을 순서대로 소개한다.

• 김옥길 (1921~1990)

김옥길은 평남 맹산(孟山) 출신으로 이화여전을 졸업하고 미국 웨슬리안 대학, 템풀대 대학원에서 수학한 후 이대 교수, 총장, 문교부장관, 명예총장, 재단이사장을 역임하며 여성지도자로서 평생을 여성교육발전과 인권신장, 사회봉사에 헌신하였다. 유신시절에는 민주주의에 대한 결연한 의지를 표명, 지성인의 용기를 보여줌으로써 대학인들의 추앙을 받는 인물이 되었다.

남재와는 1962년 문교부장관시절에 처음 알게 된 이래(제9장 2절 2항 "군부의 혁명정책을 역진하다"), 30년간 우정을 지속해 왔다. 남재는 고대 총장시, 주로 이대 총장 공관에서 3대 사립대학(고대-연대-이대) 총장회합을 자주 갖고, 대학이 처한 제반 문제와 사태에 공동대처하는 긴밀한 협력관계를 유지하였다. 특히 계속되는 학원사태 속에서 남재와 김옥길은 함께 고민하며 지성의 등불을 밝히는 데 언제나 보조를 같이해왔다.

김옥길-김동길 남매는 아마도 남재가 약전 김성식 다음으로 자주 만나 대화를 나눈 벗이 아니었나 생각된다. 김옥길이 충북 수안보 인근 고사리 마을에 은거하고 있을 때는 매년, 한 해에도 몇 차례씩 혜천과 함께, 또 때로는 송재혁-유진 등 외손들을 대동하고 방문하였고, 여러 날 묵는 날까지 있을 정도로 가까이 지냈다.

남재와 김옥길은 이 나라 대학교육발전과 지도자적 인간양성의 평생동지로서 숭고한 우정을 나눈 우리 지성사의 아름다운 전범이라 하겠다.

• 이동화 (1907~)

두산(斗山) 이동화는 평남 강동(江東) 출신으로 야마구치(山口)고교 문과 갑류와 동경대학 법문학부 정치학과를 졸업하였다. 혜화(惠化) 전문교수를 지냈고, 해방 후에는 여운형(呂運亨)의 건준(建準)에 참여한 후 월북 귀향하였다. 평양체재중에는 일시 《민주조선》 주필로 활동하였고, 김일성대학에서 정치학을 강의하는 등 재북활동을 하다가 6·25동란 중 김일성 체제를 거부하며 공산주의의 청산과 함께 남하하여, 경북대-성균관대-동국대 교수 등을 역임한 끝에 '민주사회주의 운동'에 투신, 평생을 진보정당 활동으로 일관하였다.

혁신계의 대부로 평가되는 이동화는 일신상의 어려운 사정이 생기면 13년

연하의 남재를 기꺼이 의논상대로 의지하며 도움을 받았고, 남재 역시 두산의 대소사에는 빠짐없이 참석하며 마음을 썼다.

사상적 지향에 있어서 두산과 남재, 두 사람은 분명 평행선을 달렸다. 1985년에 두산이 한 논문[12]을 통해서 중립적 국가연합으로의 남북통일 가능성을 논하면서 이를 위해서는 남한에 민주연합정부가 세워져야 한다고 주장한 데 대해서 남재가 "너무나 비현실적인 감미로운 구상"이라고 지적한 것은 그 좋은 예라고 할 것이다.

또 1987년 2월에 출판된 김학준의 저서 『이동화평전 — 한 민주사회주의자의 생애』를 3일에 걸쳐 완독하고, 나서 남재는 "수정에 또 수정, 수렴(收斂)에 또 수렴, 타협 또 타협, 연합 또 연합의 민주사회주의…, 시간과 공간의 제(諸) 제약을 손쉽게 해소시킬 수 있다고 낙관적으로 보는 Geistesfreiheit(정신자유)의 신봉자이다. 이런 이상주의자가 곧 이동화 선배라고 하겠지!"라고 독후감을 기록하였다. 이어 "Freiheit(자유)만 보고 Gebundenheit(속박)는 보지 못하는 것 같다. … 이동화 씨의 시계는 10년 정도는 빨리 가고 있는 것은 아닌지…"라고도 평하였다. 종합적으로 남재는 이동화의 생애가 "파란만장, 악전고투도 많이 하였겠지만, 너무도 빨리 앞질러 가는 낙천주의자의 일생"이라고 결론지었다.[13]

• 니시하라 하루오 (西原春夫 : 1928～)

니시하라 하루오는 도쿄 무사시노(武藏野)시 출신으로 와세다대학을 졸업하고 독일 프라이부르크 대학에 유학, 국제형사법을 공부한 후 와세다대학 교수, 동 법학부장을 거쳐 총장을 8년간 역임(1982～1990)하고 현재는 고쿠시칸(國士館)대학 재단이사장으로 재직중이다.

남재와 니시하라 간의 첫 만남은 1984년 4월, 그가 와세다대학 총장으로서 처음 방한했을 때였고, 그후 두 사람은 서로 번갈아 초청도하고, 서울과 동경을 오가는 길에 자연스럽게 만나면서 우정을 쌓아나간 끝에 남재가 타계할때까지 어느덧 10여 년의 세월이 흘렀다.

우리가 남재의 '일본유학시절' 취재길에 도쿄에서 니시하라를 만났을 때(제4편 17장 2항에서 언급), 그는 1993년 10월 방한시에 남천당에서 본 족자 "상견역무사(相見亦無事) 불래홀억군(不來忽憶君)"(만나 보니 역시 별고 없는 데, 오지 않으매 문득 그리워지네)을 기억하고 있었다. 이제는 영원히 만날 수 없지만, 마음 속으로는 언제나 만나는 대상으로서 남재를 존경한다는 뜻이었다.

또 그는 남재가 일본에 대한 이해가 깊은 세계적으로도 탁월한 지성이라고 평하면서, "한-일 과거사에 대해서 항상 죄스럽게 생각하는 일본인의 마음을 상하지 않게 하면서도 한국인의 정서를 명쾌하게 대변하시는 분"이라고 회고하였다. 또 그는 앞으로 EU와 같은 세계적 권역(圈域) 통합체에 대항하여 아시아권, 동북아권 통합체구성의 필요성을 내다보고 아시아 연구의 중심체가 될 아시아 학부의 설립계획을 설명하면서 남재가 살아 계시다면 자신의 이 같은 구상을 보고드려 찬성을 얻고 싶은 일인데 아니 계시니 무척이나 애석하다고 남재를 그리는 마음을 표현하였다.

*

• 다소 이색적인 교유의 경우라고 할 수 있는 사람들 중에서, 전남 고흥(高興) 출신으로 연대 교수를 지낸 재미학자(사우스웨스턴대학 · 정치학) **서석순**(徐碩淳 : 1922~)은 남재와 평생 동안 가장 많은 서신을 주고 받으며 한미관계, 국제정세 일반, 한국민주주의의 장래 등을 논한 벗으로 기록된다. 박정희 정권의 대일 굴욕외교 반대 교수선언문 작성자로서 '정치교수'로 몰려 조국의 강단에서 추방당하여 미국에서 망명생활을 해온 그는 국회부의장을 지낸 서민호(徐珉濠)의 친동생이기도 하다. 허정 과도정부에는 공보실장으로 참여한 바 있다.

1981년 9월에 귀국하여 12월까지 3개월간 체류한 바 있고, 이어 1986년, 1989년, 1991년에도 잠시 귀국하였다. 국내 체류중에는 언제나 남재와 많은 시간을 보냈음은 물론이다. 남재도 고대 총장 사퇴직후 국무성 초청으로 55일간(1975.11.~1976.1.) 미국 학계를 돌아보던 중, 오스틴(Austin) 서석순가(家)에 유숙한 일도 있다. 1991년 2월에 출간된 그의 고희기념논문집에는 남재가 축사를 썼고, 6월에는 연대 영빈관에서 논문집 증정식이 열려 남재는 여기에 참석, 축하하였다.

• 삼성그룹 창업주 **이병철**(李秉喆)이 남재와 언제부터 교유를 갖기 시작했

는지는 확실치 않으나, 5공성립 직후인 1981년 1월 남재가 점심초대를 받고 시국담을 나눈 것이 첫 기록이고 보면, 대체로 남재의 고대 총장 복귀(1977. 9.) 이후가 아닌가 생각된다. 그후 남재는 호암(湖巖) 박물관 개관식에 참석(1982. 4.)도 하고, 삼성문화재단의 이사참여(1985. 4.)를 계기로 골프 회동도 하면서 그의 타계 때까지 빈번한 접촉을 가졌다. 말년에 특히 그가 남재에게 우리 나라 반도체산업의 앞날을 낙관적으로 개진한 일과 정국의 추이와 관련 광범한 대화를 나눈 것은 매우 인상적이다. 호암 이병철은 남재와 가까이 지낸 유일한 재벌 총수로 기록된다.

• 육군소장 출신으로 5공의 남산 제2차장과 말레이시아 대사를 지낸 **손장래**(孫章來)는 남재와 가까이 지낸 흔치 않은 군부인사로서 남재의 고대 총장 복귀 이전부터 자주 만나는 사이였으니 두 사람 관계는 남재의 별세까지 근 20년간 계속된 것으로 보인다. 두 사람의 접촉이 어떤 경로로 시작되었는지는 알 수 없으나 대체로 손장래 쪽이 회동의 자리를 힘써 마련하였고, 제3자가 합석하는 경우도 많았다. 대화는 국내정치뿐만 아니라 국제정세 전반에까지 폭넓게 미쳤다.

• 1989년부터 해마다 연말이면 **나수 히야시**(Hiyashi Nasu : 那須聖)라는 뉴욕 거주 일본인이 남재에게 연하장을 보내왔다. 처음, 나수는 남재에게 자기의 저서 『궤멸 소련제국』(潰滅ソ連帝國)을 우송했다. 그는 이 저서에서 소련에 의해 도인된 세계3차 대전으로서의 냉전은 1992년 말로 끝나고 조선반도는 한국에 의해 통합된다고 예언하였다.

이어 그는 매해 연하장을 통해 한반도의 조속한 통일을 예언하였다. 1992년에는 "북조선 정부의 운명이 임박했다"고 쓰고, 1993년 새해 3월 말로 통일시점을 예언하였다. 남재는 나수의 이와 같은 예언이 맞을 것이라고 보지는 않았지만 "정말로 시원스런 전망"이라고 평하였다.

두 사람이 어떻게 알게 되었는지, 또 만난 일은 있었는지조차 모를 일이나 특이하게도 "金相浹 閣下!"로 시작되는 연하장의 전후 문맥으로 보아 두 사람 관계는 남재에 대한 나수의 일방적 관심이 아니었나 보인다.

(4) 먼저 떠난 사람들

1986년부터 1990년까지 남재 주변의 많은 사람들이 세상을 떠났다. 1986년 1월에 약전 김성식을 비롯하여 이 해 11월 정외과 동료 교수로 국회의원과 주불(駐佛)대사, 인천대 학장을 지낸 민병기(閔丙岐)가 타계하였다. 또 1987년 8월에는 현민 유진오가 오랜 투병 끝에 별세하였다.

1988년에는 무려 5인의 인척과 사돈들이 먼저 떠났다. 1월 초, 큰 처남 김재익(金在益)의 사망을 시발로 5월에는 동서(同壻) 김병익(金炳益 : 성대 교수 · 영문학 : 性淑의 夫君), 9월에 둘째사돈 정태섭(鄭泰燮 : 전연대 교수 · 변호사) 12월에 빙모 김연순(金連順)과 맏사돈 송영수(宋英洙 : 전고대 재단이사)가 잇달아 세상을 떠난 것이다.

또 1989년에 들어 2월에 막내동서 전동현(全東炫 : 和淑의 夫君)이 심장마비로 급서하였고, 1990년에는 7월에 해위 윤보선, 8월에 김옥길이 연이어 유명을 달리하였다.

불과 5년 사이에 혈육과 같은 인척들과 친지들이 무려 열 사람이나 세상을 떠나니 남재는 인생의 무상함을 새삼 절감하지 않을 수 없었다.

한편 1987년 10월, 교육계의 원로 천원(天園) 오천석(吳天錫)이 별세하여 교육인장으로 영결함에 있어, 남재는 장의위원장을 맡아 조사(弔辭)를 하고, 장지까지 다녀오는 등 열과 성을 다하였다. 장의는 기독교식으로 엄수되었다.[14] 천원은 1901년 평남 강서(江西) 출신으로 미국 코넬대학과 컬럼비아대학에서 교육철학을 전공하고 이화여대 대학원장, 문교부장관, 교련회장 등을 역임하였다.

남재는 천원과 각별한 친교가 있었던 것은 아니나 교육계의 대선배로서 평소 그를 존경해왔다.

에필로그 : 남재 김상협, 그는 누구인가

(1) 현실주의적 이상주의와 자유주의적 휴머니즘의 통전(統全)

남재 김상협 그는 누구인가. 1920년 4월 20일, 이 땅에 홀연히 왔다가 75세의 길도 짧도 않은 한생을 살고 1995년 2월 21일 홀연히 떠나버린 그의 발자취를 더듬어 마지막 남은 여백에 그가 누구인가를 다시 그려보는 우리의 과업은 여전히 아득하기만 하다. 마치 마라톤의 풀코스를 혼신의 힘을 다하여 막 남재가 서 있는 골인 지점까지 다달았다고 자신하는 순간, 그는 야속하게도 저 건너편 대안(對岸)으로 훌쩍 물러서 있는 것이다. 아! 그는 그려도 그려도 그려지지 않는 구원(久遠)의 초상(肖像)인가!

1998년 4월에 출간된 <추모문집> 『당산(堂山) 나무의 큰 그늘이여』에 묘사된 남재의 인간상(像)을 간추려보면 대략 다음 세 가지로 요약된다.

첫째로, 남재의 인간됨이 주는 외형적인 느낌이 대단히 크고 높고 또 넓다는 것이다. 큰 스승, 큰 기둥, 큰 그릇, 큰 어른, 거인, 대인, 거목, 우뚝선 태산, 거대한 숲, 바다 같은 도량과 포용력 등등으로 표현되고 있음이 그것이다.

둘째로, 그 내면적 체취가 언제나 너그럽고, 넉넉하고, 대범하고, 두텁고,

깊고 또 유유할 뿐만 아니라 과감-진취, 단호-온화와 더불어 후덕-인자-겸손을 겸전하여 종합적으로 관인대도(寬仁大度), 덕인(德人)-장자(長者)의 풍모를 그대로 드러내고 있다는 것이다.

셋째로, 그 천의무봉(天衣無縫)의 발상과 사고의 자유분방이 벌써 초월적 경지에 이르러 사물과 현상, 인성과 의식의 상반되는 양극적 속성을 어느 한편에 기울어짐이 없이 변증법적으로 능히 조화를 이룰 수 있는 균형감각-시간감각의 소유자, 곧 현실주의적 이상주의와 자유주의적 휴머니즘을 한몸에 통전(統全)한 이 시대에 다시없는 대현(大賢)-대덕(大德)이요 대지성이라는 것이다.

말년에 남재가 고전(古典)에 침잠해 있을 때, 사실 우리는 그가 육예(六藝 : 禮-樂-射-御-書-數)에 통달했던 공자와 같은 전덕(全德)으로서 집대성에 이른 성인(=聖之時者)은 못된다고 하더라도, 적어도 맹자가 예로 들었던 이윤(伊尹=聖之任者)이나 유하혜(柳下惠=聖之和者)와 같은 편덕(偏德)으로서의 성인의 반열에는 들 수 있지 않을까 생각한 바 있다. 누가 뭐라고 해도 남재는 '사색과 독서' 에 있어서는 타의 추종을 불허하는 경지에 도달하였다고 해도 결코 지나치다 할 수 없겠기 때문이다.

남재의 '대우환자(大憂患者)'적인 삶도 어떤 의미에서는 그의 성자(聖者)적인 모습의 또다른 표현인지도 모른다. 사실 남재가 타고난 유복한 환경 역시 어쩌면 역사의 신에 의해 점지(點指)된 '대현(大賢)의 길'을 걷게 하기 위한 천부적 조건이었다는 생각도 들게 된다.

따라서 본서의 서술 출발점에서 던진 기본질문, — 남재의 생애는 과연 동시대를 살았던 지식인 일반의 그것과 비교할 때 "행운의 복된 삶을 살다 간…", 속된 말로 '팔자 늘어진' 한 생이었는가에 대해서 우리의 결론은 단연코 그렇지 않다는 것이다. 비록 남재의 이미지 속에 세속적 의미의 경제적 궁핍이란 요소는 도무지 어울리지 않는 말이라고 할지라도, 그렇다고 남재가 경제적인 부를 좇거나 탐한 일도 없거니와(남재는 이 길로 나섰더라도 아마 대성했을 것이다) 주어진 작은 행복에 스스로 자족하면서 끝없는 '우환의식' 속에서 '탐구'와 '사색'의 고난의 길을 걸어갔다는 의미에서 남재의 삶도 따지고 보면 구도자(求道者)적 고뇌의 생애라고 할 수 있겠기 때문이다.

남재는 적어도 21세기까지는 살 수 있기를 희망했다.[15] 그러나 그는 스스로 예감한 수한(壽限 : 75세 안팎)을 겨우 채우고 너무도 크나큰 아쉬움을 남긴 채 떠나버리고 말았다. 통일의 길은 요원하고, 북핵의 악령은 되살아나고 있는데, 또 월드컵 4강신화를 만들어낸 한국인의 저력이 '역사 새로쓰기'를 시작하였고, '세대혁명'으로 풀이되는 대선의 갈등이 마침내 혼돈의 '노무현(盧武鉉) 대통령 시대'로 나타나는 역사의 격변이 일어나고 있는데, 남재가 생존해 있다면 한국인이 스스로 창조해 낸 이 엄청난 변화의 거대한 조류(潮流)를 두고, 어떤 해석을 내렸을지 참으로 묻고 싶은 궁금사가 아닐 수 없다.

(2) 못다 한 이야기들

이제 남은 마지막 한 장을 넘겨야 할 이 순간에도 못다 한 이야기는 끝이 없다. 퍼내고 또 퍼내어도 마르지 않는 '남재 이야기의 샘' 앞에서 우리는 그것을 담아낼 그릇이 다하였음을 탄식할 따름이다.

우리에게는 무엇보다 <남재와 독서>에 관해서 해야 할 이야기가 많이 남아 있다. <남재와 그림>에 대해서도 하고 싶은 이야기가 많다. <남재와 시(詩)>에 대해서는 운도 떼지 못했다. <남재와 골프>, <남재와 건강관리>, <남재와 주례>, <남재와 고대교우(또는 고대교우회)>, <남재와 라이온스운동>, <남재와 학술재단들>, <남재와 민족문화>, <남재와 고대신문>, <남재의 신문평>, <남재의 영어공부>, <남재의 망중한(忙中閑)>, 그리고 <남재의 일기> 등 할 이야기는 꼽아지지 않을 만큼 무궁무진하다.

앞으로 보완-보강해야 할 이야기도 많다. 그 중에서도 <부편>의 '5항' "남재와 사람들"은 일정한 기준에 따라 그 대상을 전면 보충-재정리할 필요가 있다. "남재의 평생주제 : '한국-한국인' 탐구"(<제5편> 3절 2항)도 시간이 허락하고 기회가 닿는 한 큰 항목으로 확대 보완하여 재논의할 필요가 있다.

특히 <남재와 여행>은 잃어버린 자료를 빠짐없이 찾아내어 보충하고 '남재의 사색 노트'로서 분립시켜 부록의 별책으로 개편하는 작업도 숙제로 남아 있다.

이상 살펴본 바와 같이 미해결의 장이 이처럼 많은 것은 그만큼 남재의 위대한 생애가 갖는 의미의 크기와 높이, 깊이와 넓이가 무궁하기 때문일 것이다.

• 〈부편〉, 에필로그 〔주〕

1) <고희기념좌담>, p.472.
2) ≪중앙일보≫ 1993년 2월 26일자., 박보균 <청와대 비서실>.
3) 『남재일기』 1990년 5월 5일자.
4) 『남재일기』 1977년 7월 31일자.
5) 『남재일기』 1988년 4월 14일자.
6) 김상협 국무총리 어린이대공원 고하동상건립에 즈음한 축사, 『거인의 숨결—고하 송진우 관계자료집』(동아일보사, 1990), pp.306~307.
7) 고하의 묘소는 원래 망우리 공동묘지에 있었으나 1967년에 신정동(新亭洞) 지향산(芝香山)에 천장하였다가 22년만에 이곳 국립묘지에 재천장된 것이다.
8) 『남재일기』 1988년 5월 31일자.
9) 『남재일기』 1990년 7월 30일자.
10) ≪한국일보≫ 1992년 1월 23일자.
11) 『남재일기』 1990년 6월 26일자., <적십자기독인조찬기도회>
12) 이 논문은 공판타자로된 자작출판 소책자 <작금의 내외정세와 한반도 통일 : 통일은 진보와 평화와 복지에의 길이다 : 1985>가 아닌가 추정된다. 『남재일기』 1985년 12월 9일자.
13) 『남재일기』 1987년 2월 4일, 5일, 6일자 종합.
14) 『남재일기』 1987년 11월 4일자.
15) 최인호(崔仁浩), <무오년 신춘탐방>, 1978년 1월 7일자, 김상협, <개방사회에 조화되는 주체성: 작가 최인호와의 대담>, 『지성과 야성』(일조각, 1980), pp.285~289.

참 고 문 헌

직접 자료

〈1〉『남재일기』

- 1974년 5월 25일~6월 30일(일본→독일→프랑스→이태리→미국→일본순방『일기』)
- 1975년 11월 9일~1976년 1월 3일(미국무성 초청 미국 내 제대학 방문『일기』)
- 1977년 1월 1일부터 1995년 2월 20일까지 18년 2개월, 총 6,620여 일 간의『일기』(이 기간 단 하루도 결락이 없다는 사실이 경이롭다.)

  * 이 밖에 1961년 제15차 유엔총회 한국대표로 참가한 후 4월 하순부터 4개월간 미국-유럽 제국 순방 및 1970년 3월부터 6개월간 일-미-유럽-동남아 제국 순방에 관한『일기』를 남재는 꼼꼼히 재정리한 것으로 밝히고 있으나 발견되지 않고 있다.

〈2〉 남재의 저서

- 『기독교민주주의 사회민주주의 교도민주주의』(지문각, 1963)
- 『모택동사상』(지문각, 1964)
- 『모택동사상』 개정판(1967. 5. 초판, 1972. 3. 중판발행)
- 『모택동사상』 개정증보판(일조각, 1975. 12. 초판, 1978. 2. 중판발행)
- 『지성과 야성』(일조각, 1980)
- 『지성과 야성』(일조각, 1990. 중판발행)

  * 1970년 10월 고려대학교 총장취임 이후 학내에서 행한 식사(式辭)류, 강연, 주요신문 인터뷰, 대담, 기타 주제강연 등은 모두 이 <연설문집>『지성과 야성』에 망라됨.

〈3〉 남재의 역서(譯書)

- 어네스트 바아커, 『현대정치론』(문교부, 1960), Sir Ernest Barker, *Reflections on Government* (Oxford, 1942).

〈4〉 남재의 논문 및 논설들(1970년 이전)

- <오펜하이머의 자유경쟁론>, ≪고대신문≫(1947. 12. 23.)
- <민주정치는 가능하냐>, ≪고대신문≫(1948. 11. 30) 및 ≪백민≫ (1949년 1월호)
- <민주주의의 배신자 월터 리프만의 사상>, ≪고대신문≫(1955. 10. 10.)
- <현대독재정당의 본질>, ≪사상계≫(1956년 2월호)
- <정치학자 바아커어>, ≪사상계≫(1956년 6월호)
- <양당정치론>, ≪사상계≫(1956년 11월호)
- <한국의 정치적 낙후성>, ≪신태양≫(1957년 12월호)
- <독일사회민주당의 불운>, ≪사상계≫(1958년 5월호)
- <공산당의 연립전술>, ≪사상계≫(1958년 7월호)
- <내가 본 자유중국>, ≪고대신문≫(1958. 9. 20.)
- <반민주적 민주주의시대>, ≪사상계≫(1958년 11월호)
- <공산주의는 아시아의 신화인가>, ≪사상계≫(1959년 1월호)
- <쏘비에트사회의 지도자론>, ≪사상계≫(1959년 11월호)
- <민주주의의 새로운 위기>, ≪한국정치학회보≫(1959년 창간호)
- <타락한 전향자의 고민>, ≪사상계≫(1960년 2월호)
- <콜론보고서에 대한 의견>, ≪새벽≫(1960년 2월호)
- <한국의 신보수주의>, ≪사상계≫(1960년 6월호)
- <영국의 보수주의>, ≪사상계≫(1963년 4월호)
- <신약과 구약의 혼류>, ≪동아일보≫(1965. 1. 1.)
- <닉슨에 바란다>, ≪동아일보≫(1968. 11. 8.)
- <두갈래 드라마의 혼선 : 70년대 문턱에서>, ≪주간조선≫(1969. 10. 16.)

〈5〉 남재의 좌담-대담-정담들(1970년 이전)

- <좌담 : 우리사회와 문화의 기본문제를 해부한다>, ≪사상계≫(1958년 4월호)
- <좌담 : 국제정치의 난류와 한류>, ≪사상계≫(1959년 5월호)
- <좌담 : 카오스의 미래를 향하여>, ≪사상계≫(1960년 7월호)
- <좌담 : 보수냐 혁신이냐>, ≪새벽≫(1960년 7월호)
- <좌담 : 7·29 총선을 이렇게 본다>, ≪사상계≫(1960년 9월호)
- <좌담 : 정당정치-정쟁의 도가니 : 한국정당정치의 오늘과 내일>, ≪사상계≫(1963년 3월호)
- <대담 : 제3공화국의 향방은 어디냐>, ≪조선일보≫(1964. 1. 1)
- <좌담 : 변천하는 공산주의 : 후수상실각과 중공의 핵실험이 뜻하는 것>, ≪사상계≫(1964년 12월호)
- <정담 : 68년의 시점에서 70년대를 내다본다>, ≪조선일보≫(1968. 1. 1.)
- <대담 : 아프터 베트남의 세계정국>, ≪월간중앙≫(1968년 7월호)
- <대담 : 체코사태를 어떻게 볼 것인가>, ≪신동아≫(1968년 9월호)

〈6〉 고희기념논문집-추모문집-기타

- 강의 및 연구메모 등 필기 노트 127권
- 제15차 유엔총회 한국대표 회의참가 취재노트
- 남재김상협선생고희기념논문집 간행위원회, 『복지사회의 앞날 — 남재김상협선생 고희기념논문집』(1990)
- 남재김상협선생추모문집 간행위원회, 『당산나무의 큰 그늘이여 — 남재김상협선생 추모문집』(1998)

간접 자료

〈1〉 전기(傳記)-회고록-문집류

- 인촌기념회, 『인촌 김성수전』(1976)
- 동아일보사, 『인촌 김성수 — 인촌 김성수의 사상과 일화』(1985)
- ———, 『평전인촌김성수 — 조국과 겨레에 바친 일생』(1991)
- 김중순(金重洵), 『민족문화주의자 김성수』 — *A Korean Nationalist Entrepreneur ; A Life History of Kim Sŏngsu*, 1891～1955., (유석춘 역, 일조각, 1998)
- 수당김연수선생전기편찬위원회, 『한국근대기업의 선구자』 (주식회사 삼양사, 1996)
- 수당기념사업회편, 『수당 김연수』 (1971년판 및 1985년판)
- 목당(牧堂)이활전기간행위원회, 『목당 이활의 생애』 (1984)
- 공보실, 『월남이상재선생약전』 (대한민국공보실, 1956)
- 김을한(金乙漢), 『월남선생일대기』 (정음사, 1976)
- 박노준(朴魯埻), 『근세한국기인전 권 상』 (상문사, 1969)
- 전택부(全澤鳧), 『월남이상재』 (한국신학연구소, 1977)
- 이관구(李寬求), 『20세기강좌; 20세기의 인물 권 7』 (박우사, 1964)
- 월남선생동상건립위원회, 『월남이상재이야기』 (로출판, 1985)
- 월남선생동상건립위원회, 『월남이상재연구 — 연구논문・월남시문(詩文)・관계자료』 (1986)
- 김인숙(金仁淑), 『세계를 돌아보고』(정우사, 1986)
- ———, 『세계를 돌아보고 2』(정우사, 1994)
- 대한적십자사, 『솔페리노의 회상』(1987)
- 흥사단, 『도산 안창호』
- 도산기념사업회, 『도산전집』
- 주요한(朱耀翰), 『도산전서(全書)』
- 고하선생전기편찬위원회 편, 『독립을 향한 집념—고하송진우전기』 (동아일보사, 1990)
- 김학준(金學俊), 『고하송진우평전—민족민주주의언론인-정치가의 생애』(동아일보사, 1990)
- 고하선생전기편찬위원회 편, 『거인의 숨결—고하송진우관계자료문집』(동아일보사, 1990)
- 고려대학교 민족문화연구소, 『고려대학의 사람들[4] 현상윤』 (1986)
- 김학준, 『이동화평전—한 민주사회주의자의 생애』(민음사, 1987)
- ———, 『가인김병노평전—민족주의적 법률가-정치가의 생애』(민음사, 1988)
- 이경남(李敬南), 『설산 장덕수』(동아일보사, 1981)
- 허정(許政), 『내일을 위한 증언』(샘터사, 1979)
- 유진오(兪鎭午), 『양호기—보전-고대 35년의 회고』(고대출판부, 1977)
- 김상홍(金相鴻), 『늘 한결같은 마음으로』 (주식회사 삼양사, 1999)
- 필암서원(筆岩書院), 『국역 하서전집』 상-중-하 및 영인본(1993)

〈2〉 교사(校史)류-기타자료

- 서울교동국민학교-서울교동국민학교동창회, 『교동100년사 : 1984～1994』(1994)
- 경복동창회, 『경복70년사 : 1921～1991』(1991)
- 鴻南會, 『柳櫻をこきまぜて—旧制山口高等學校外史』(1994)
- 旧制山口高等學校同窓會, 『鴻峰四十年』 (1962)

- 山口大學50年史編集委員會, 『山口大50年の步み』(山口大學校, 1999)
- 山口高等學校校史出版委員會, 『山口高等學校史』(1968)
- 旧制山口高等學校同窓會 鴻南會, 『健兒の胸仁燃える火の — 旧制山口高等學校 80周年紀念文集』(1999)
- 山口高等學校開校60周年紀念事業會, 『鴻南會名簿』(1979)
- 東京大學總務部學務課編, 『東京大學の概要』(東京大學, 1999)
- 東京大學附屬圖書館, 『東京大學附屬圖書館概要』(2000)
- *The Faculty of Law, The University of Tokyo*(1998)
- 吳羽紡績株式會社, 『吳羽紡績30年』(1960)
- 고려대학교, 『고려대학교 60년지』(1965)
- ———, 『고려대학교 70년지』(1975)
- ———, 『고려대학교 90년지』(1995)
- 고려대학교 교우회, 『교우회 80년사』(1991)
- 고려대학교 문과대학교우회, 『고려대학교 문과대학 50년사 및 교우명부』(1996)
- 민숙현(閔淑鉉)-박해경(朴海璟) 공저, 『한가람 봄바람에—이화 100년야사』(도서출판 지인사, 1981)
- 대한적십자사, 『대한적십자사 80년사』(1987)
- 김기홍(金箕洪)-이삼열(李三悅)-강득룡(姜得龍) 공저, 『한국헌혈운동사』(한국헌혈운동사 편찬위원회, 1990)

〈3〉 연구서 일반

- 울주(蔚州) 김경중(金璟中), 『조선사』 전17권 중 <조선사 서(序)> 및 <제1권>(1934)
- ———, 『지산유고(芝山遺稿) 전(全)』(1966)
- 이상은(李相殷), 『이상은선생전집』 중 <한국철학 1, 2> 및 <중국철학>, (예문서원, 1998)
- 조지훈(趙芝薰), 『조지훈전집③ : 문학론』(일지사, 1973)
- 조기준(趙璣濬), 『한국자본주의성립사론』(고대출판부, 1973)
- ———, 『한국자본주의발전사』 (대왕사, 1991)
- 신용하(愼鏞廈), 『한국민족독립운동사연구』(을유문화사, 1986)
- 김용섭(金容燮), 『한국근현대농업사연구—한말-일제하의 지주제와 농업문제』 (일조각, 1992)
- 안병직(安秉直), 『3·1운동』(한국일보사, 1975)
- 김하룡(金河龍), 『중공문화혁명연구』(고대아세아문제연구소, 1975)
- 목정균(睦貞均), 『중국사회주의건설논리』(주류, 1991)
- 한배호(韓培浩), 『일본근대화연구』(고대아세아문제연구소, 1975)
- 일본연구실 편, 『오늘의 일본과 아세아』(고대아세아문제연구소, 1973)
- 김용덕(金容德), 『일본근대사를 보는 눈』(지식산업사, 1991)
- 김필동, 『근대일본의 출발』(일본어 뱅크, 1999)
- 조선사회과학력사연구소, 『조선전사』 제1권, 제14권, 제15권, (과학백과출판사, 1979~1980)
- 신복룡(申福龍), 『한국분단사연구』(도서출판 한울, 2001)
- 손인수, 『한국교육운동사②』(문음사, 1974)
- 한국교육학회교육사연구회편, 『한국현대교육의 재평가』(집문당, 1993)
- 정진환(鄭鎭環), 『교육제도론』(정민사, 1994)
- 김동위(金東衛), 『교육사회학신강』(교육과학사, 2001)

- 안기성(安基成)외 공저, 『한국교육개혁의 정치학』(학지사, 1998)
- 원우현(元佑鉉), 『여론선전론』(법문사, 1986)
- 홍기선(洪起宣), 『커뮤니케이션론』(도서출판 나남, 1984)
- 차배근(車培根), 『커뮤니케이션학개론』(세영사, 1978)
- 고려대학교 민족문화연구소, 『한국고전문학전집』 전 10권 중 제1권 <사설시조> 및 제5, 6, 7권 등 <고소설>, (1993)
- ———, 『신명심보감』(1996)
- 김철범 책임편집, 『한국전쟁을 보는 시각』(을유문화사, 1990)

〈4〉 평론집 등

- 김성식(金成植), 『쓴소리 곧은소리 — 김성식평론집』(동아일보사, 1986)
- ———, 『역사와 우상—두번째 내가 본 서양』(정우사, 1980)
- 양호민(梁好民), 『격랑에 휩쓸려간 나날들—양호민정치평론집』(효형출판, 1995)
- 홍일식(洪一植), 『한국인에게 무엇이 있는가—21세기 인류문명의 주역이 되기 위한 한국인의 자기점검』(정신세계사, 1996)
- 이세기(李世基), 『올림픽과 국가발전—국민의 올림픽을 위하여』(전망사, 1984)
- ———, 『통일조국의 미래 — 이세기의 3단계 통일론』(도서출판 청천, 1992)

〈5〉 번역서

- 나가이 미치오 - M. 우르티아 엮음, 서병국 옮김, 『세계사의 흐름으로 본 명치유신』(주식회사 교문사, 1994)
- T. 나치타 지음, 박영재 옮김, 『근대일본사, 정치항쟁과 지적긴장』(역민사, 1992)
- 高橋行八郎 외 편, 차태석-김이진 옮김, 『일본근대사론』(지식산업사, 1994)
- 브루스 커밍스, 김주환 옮김, 『한국전쟁의 기원』 상·하, (청사, 1986)
- 브루스 커밍스-존 할리데이, 차성수-양동주 옮김, 『한국전쟁의 전개과정』(도서출판 태암, 1989)
- 로버트 R. 시몬스, 기왕서 옮김, 『한국내전—전쟁의 내전적 성격과 북방동맹』 (도서출판 열사람, 1988)
- K. 굽타 외, 정대화 편역, 『한국전쟁은 어떻게 시작되었는가』(신학문사, 1988)
- 고지마 노보루, 『한국전쟁 상 : 1950』(종로서적, 1981)
- ———, 『한국전쟁 하 : 1951～1953』(종로서적, 1981)
- I. F. 스토운, 백외경 옮김, 『비사 한국전쟁』(신문학사, 1988)
- 앙리 뒤낭, 최은범 옮김, 『솔페리노의 회고』(문음사, 1963)

〈6〉 일본서 및 자료

- 竹内洋, 『日本の近代12 : 學歴貴族の榮光と挫折』(中央公論社, 1999)
- 水野潤一, 『旧制高校めし炊き青春譜』(東洋經濟新報社, 1984)
- 山本一哉 企劃製作, 『わが青春旧制高校—旧制高等學校年表・教育・世相・文化史 : 1869～1950』 (ノーベル書房, 1977)
- 童門冬二 監修, 『幕末・維新のしくみ—入門ビジュアルヒストリー』 (日本實業出版社, 1998)
- 荒川幾男-生松敬三, 『近代日本思想史』(有斐閣, 1973)
- 加藤節, 『政治と知識人—同時代的考察』(岩波書店, 1999)
- ———, 『南原繁 — 近代日本と知識人』(岩波書店, 1997)
- 福田歡一, 『丸山眞男とその時代』(岩波書店, 2000)

- 丸山眞男-福田丸一 編,『聞き書 南原繁回顧錄』(東京大學出版會, 1989)
- 橋本祐子,『アンリーデュナン傳』(學硏, 1986)
- 南原繁,『國家と宗教—ヨーロッパ 精神史の硏究』(岩波書店, 1942) [1]
- ———,『フィヒテの政治哲學』(岩波書店, 1959) [2]
- ———,『自由と國家の理念』(青林書院, 1959) [3]
- ———,『政治理論史』(東京大學出版會, 1962) [4]
- ———,『政治哲學序說』(岩波書店, 1973) [5]
- ———,『文化と國家—南原繁演述集』: <祖國を興すモの>-<人間革命>-<眞理の鬪ひ>-<平和の宣言>-<大學の自由> 合本 (東京大學出版會, 1957) [5]
- ———,『歷史をつくるもの』(東京大學出版會, 1969) [10]
- ———,『ふるさと』;『母』と合本, (東京大學出版會, 1958)
- ———,『學問・敎養・信仰』(近藤書店, 1946) [6]
- ———, (蠟山政道-矢部貞治 共著),『小野塚喜平次 人と業績』(岩波書店, 1963) [8]

  * 이상 南原繁 저작 중 □속의 숫자는 그 수록『著作集』권수임.
- 那須聖,『壞滅ソ連帝國』(1989)
- 內村鑑三, <無敎會論>,『無敎會』1號(社說),『內村鑑三全集』第9卷(岩波書店) pp.71~73. http://www2.shift.ne.jp/~kunio/mukyokai.htm [ホームページ]
- <內村鑑三> http://wwwamy.hi-ho.ne.jp/k-komatsu/utimura.htm
- <偉人館—內村鑑三> http://www.infosnow.ne.jp/~uwabe/izinkan6.htm
- 特集 <近代日本キリスト敎> http://www.bekkoame.ne.jp/~j~carp/tera/96-6/1.html
- 特集 2) <日本の近代化とキリスト敎の土着化> http://www.bekkoame.ne.jp/~j~carp/tera/96-6/2.html
- 矢內原忠雄,『內村鑑三とともに』(東京大學出版會) pp. 476~478. http://www2. shift.ne.jp/~kunio/mukyoukai.htm [ホームページ]
- 黑崎幸吉,『黑崎幸吉著作集』第5卷 pp.172~176. http://www2.shift.ne.jp/~kunio/mukyoukai.htm [ホームページ]
- 無敎會關聯サイト, <內村鑑三> http://www.asahi-net.or.jp/~hw8m-mrkm/mukyokai/ref/muk_link.htm
- <旧制高校とは> http://www4.freeweb.ne.jp/play/ishihiro/kyuuseitoha.htm
- <旧制高校一覽> http://www4.freeweb.ne.jp/play/ishihiro/kyuseiichiran.htm
- <校章一覽> http://www4.freeweb.ne.jp/play/ishihiro/kyuseikoushou.htm
- 日本女子大學 <學園なりたち> http://noah.jwu.ac.jp/info/nw02-gakuen.htm
  <學園の組織> http://noah.jwu.ac.jp/info/nw21-soshiki.htm
  <沿革> http://noah.jwu.ac.jp/info/nw21-enkaku.htm
  <創設者成瀨仁藏> http://noah.jwu.ac.jp/info/nw21-naruse.htm
- 東大赤門(旧加賀屋敷御守殿門) http://www.hi-ho.ne.jp/parvat3/bunkyou/yusima/akamon.htm
- Web WHO 文獻情報-経歷情報：南原繁/橫田喜三郎/舞出長五郎/末弘嚴太郎/矢部貞治/岡義武/我妻榮/宮澤俊義/神川彥松/來西三郎 Copyright(c) 1999 Nichigai Associates. Inc. All Rights Reserved
- 『帝國大學新聞 記事-執筆者索引』(不二出版, 1985)
- 殿木圭一, <帝國大學新聞の歷史>,『帝國大學新聞 索引』(1989)
- ≪日本經濟新聞≫ 1994年 5月 16日字, <歷代首相-出身地マップ>
- ≪産経新聞≫ 1993年 2月 18日字, <順法と反骨の人生、死去した橫田さん>-<國際法の世界的權威元最高裁長官橫田喜三郎氏が死去> http://gateway.nifty.ne.jp/service/g-way/WDBS4/cgi-bin/QSKS/trs_gsh.cgi?TRS_R...

〈7〉 서양서-기타

- Walter Lippmann, *Public Opinon*, The Macmillan Co., 1949.
- Bernard C. Hennessy, *Public Opinion*, DUXBURY Press, A Division of the Wadworth Publishing Company, INC., 1975.
- T. S. Eliot, *A Note Toward Definition of Culture*, Harcourt, Brace and Company, 1948.
- Dwight MacDonald, "A Theory of Mass Culture" in *Mass Culture*, ed. by Bernard Rosenberg and David Maning White, The Free Press, 1956.
- Salvador Giner, *Mass Society*, Academic Press, Inc., 1976.
- Edward Shils. "Mass Society and its Culture", in *Varieties of Modern Social Theory*, ed. by Hendrik M. Ruitenbeek, E. P. Dutton & Co., Inc., 1963.
- William Kornhauser, *The Politics of Mass Society*, Routledge and Kegan Paul, 1972.
- C. Right Mills, *The Power Elite*, Oxford University Press, 1956.
- Allan Swingewood, *The Myth of Mass Culture*, The Macmillan Press Ltd., 1977.
- Godwin C. Chu, *Radical Change Through Communication in Mao's China*, East-West Center, Univ. Press of Hawaii, 1977.
- Alan P. L. Liu, *Communication and National Integration in Communist China*, Univ. of California Press, Berkeley, 1971.
- 毛澤東,『毛澤東思想萬歲』第1集~第3集 (台北 : 國際關係硏究所, 複寫版, 1974)

〈8〉 정기간행물

- ≪帝國大學新聞≫ 1940年 1月 22日字 第795號~1942年 10月 19日字 第919號 全量
- ≪鴻峰≫ (山口高等學校 校友會) 第41號(1937年 12月 27日字)/第42號(1938年 7月 13日字)/第43號(1939年 3月 3日字)/第46號(1940年 12月 5日字)
- ≪高大新聞≫ 1947년 11월 3일 창간호~1982년 7월 27일자 제919호 全量 및 1987년 8월 1일자, 1989년 4월 10일, 17일자.
- ≪高友會報≫ 1981년 6월 30일자, 7월 5일자/1982년 3월 5일자/1989년 7월 5일자.
- ≪東亞日報≫ △ 1962년 1월 9, 13, 16, 18, 19, 20, 21, 22, 24, 25, 26, 28일자 / 2월, 1, 3, 6, 9, 10, 11, 14, 16, 18, 20, 23, 25일자 / 3월 1, 9, 11, 15, 17, 20, 22일자 / 4월 5, 13, 14, 17, 24, 25, 27일자 / 5월 3, 4, 11, 12, 20, 22, 23, 24, 27일자 / 6월 3, 5, 6, 7, 9 일자 / 7월 8, 11, 26일자 / 8월 10, 15일자 / 10월 3, 6, 11, 12, 15, 16일자.
  △ 1965년 1월 1일자 / △ 1968년 11월 8일자 / △ 1970년 10월 3일자 / △ 1971년 11월 13일자 / △ 1977년 6월 27일, 9월 5일자 / △ 1978년 3월 7일자 / △ 1980년 4월 29일자.
  △ 1982년 6월 1, 2, 3, 25, 27, 29, 30일자 / 7월 1, 2, 3, 5, 7, 9, 10, 13, 14, 17, 20, 21, 22, 24, 26, 27, 30일자 / 8월 4, 5, 18, 19, 21, 26일자 / 9월 8, 9, 11, 13, 16, 17, 18, 19, 21, 22, 23일자 / 10월 2, 5, 6, 7, 8, 9, 10, 12, 13, 14일자 / 11월 4, 5, 8, 9, 12, 19, 24, 27, 29, 30일자 / 12월 1, 2, 3, 7, 8, 9, 11, 13, 14, 15, 16, 17, 18, 21, 24, 25일자.
  △ 1983년 1월 1, 4, 12, 13, 14, 19, 20, 25일자 / 2월 7, 8, 10, 15, 18, 23일자 / 3월 3, 5, 22, 24, 29, 30일자 / 4월 4, 5, 11, 13, 16, 17, 18, 19, 25, 26, 27, 28, 30일자 / 6월 1, 9, 13, 14, 15, 16, 24일자 / 7월 2, 5, 6, 9, 11, 12, 14, 15, 23일자 / 8월 2, 8, 9, 20, 25, 27일자 / 9월 1, 2, 5, 16일자 / 11월 23일자.

△ 1985년 8월 1, 3, 6, 8, 9, 20, 21, 23일자 / △ 1987년 8월 15일, 9월 19일, 10월 21일자 / △ 1990년 11월 9일자 / △ 1991년 7월 12일자 / △ 1993년 8월 15일자.

- ≪朝鮮日報≫ △ 1964년 1월 1일자 / △ 1968년 11월 8일자 / △ 1971년 3월 12일자 / △ 1977년 6월 22일, 7월 17일자 / △ 1978년 3월 8일자 / △ 1980년 8월 20일, 10월 18일자 / △ 1983년 3월 20일, 10월 18일자 / △ 1984년 4월 8일자 / △ 1985년 8월 30, 31일자 / △ 1987년 8월 16일자 / △ 1988년 6월 4일자 / △ 1989년 4월 16일, 27일, 8월 21일자 / △ 1990년 10월 20일자 / △ 1994년 10월 17일자.
- ≪中央日報≫ △ 1977년 12월 23, 24일자 / △ 1982년 6월 25, 26일자 / △ 1983년 4월 7일자 / 1986년 2월 15일자 / △ 1990년 10월 22일자 / △ 1993년 2월 26일, 3월 5일, 9월 23일자.
- ≪한국일보≫ △ 1992년 1월 23일자.
- ≪京鄕新聞≫ △ 1978년 1월 7일자 / △ 1980년 4월 29일, 8월 11일자.
- ≪世界日報≫ △ 1995년 2월 23일자 / △ 1996년 3월 22, 23일자.
- ≪人民日報≫ △ 1981年 7月 1日字.
- ≪週刊朝鮮≫ △ 1969년 10월 16일자 / △ 1982년 7월 11일자 / △ 1985년 8월 25일자.
- ≪思想界≫ 1956년 1월호~1963년 4월호 全量
- ≪新太陽≫ 1957년 12월호.
- ≪새벽≫ 1960년 2월호, 7월호 / 1978년 7월호.
- ≪月刊朝鮮≫ 1982년 8월호 / 1985년 7월호 / 1986년 10월호 / 1989년 6월호 / 1993년 11월호.
- ≪月刊中央≫ 1978년 7월호.
- ≪新東亞≫ 1968년 9월호 / 1984년 2월호, 7월호 / 1985년 8월호 / 1987년 10월호.
- ≪知性≫ 1971년 11월호.
- ≪白民≫ 1949년 1월호.
- ≪한국인≫ 1985년 2월호.
- ≪中央公論≫ 1988年 8月號 / 1989年 9月號 / 1990年 4月號.
- ≪文藝春秋≫ 1983年 1月號.
- ≪亞細亞研究≫ (고대아세아문제연구소) 1964년 9월, 제15호.
- ≪韓國政治學會報≫ 1959년, 창간호.
- ≪韓國學術院會報≫ 1961년, 제4집.
- ≪적십자소식≫ 1991년 8월 10일자, <한마음-한몸 헌혈 잔치 특집>

〈9〉 기타자료

- 신일철(申一澈), "김상협 저, 『모택동사상』" <서평>, ≪아세아연구≫ 제5호, 1964년 9월.
- 민병태(閔丙台), "김상협 저, 『기독교민주주의 사회민주주의 교도민주주의』" <서평>, ≪고대신문≫, 1963년 11월 23일자.
- 최명희, 『혼불』 1. (한길사, 1997)
- 이문열 평역, 『삼국지』 제5~6권. (민음사, 1997)
- 『두산세계대백과 Encyber』
- 정신문화연구원, 『민족문화대백과』 전권
- 『신역사서① 대학·중용』(현암사, 1971)
- 『신역사서② 논어』(현암사, 1971)

- 『신역사서③ 맹자』(현암사, 1971)
- 『신역삼경① 시경』(현암사, 1971)
- 『신역삼경② 서경』(현암사, 1971)
- 『신역삼경③ 주역』(현암사, 1971)
- 김경탁 역, 『논어』(한국자유교육협회, 1971)
- 京城校洞公立普通學校, 『兒童學籍簿』(1928~1933)
- 京城第二公立高等普通學校, 『學籍簿』(1933~1937)
- 山口高等學校, 『學籍簿』(1937~1940)
- 東京帝國大學, 『學生票』(1940~1942)
- ———, 『學生便覽』 1940・1941・1942年版
- ———, 『學生生徒府縣別人員表』(1940-1941年 5月 1日 現在)
- 山口高等學校開校80周年紀念號, 『鴻南』(第29號, 1999)

남 재 연 보

▶1920. 4. 20. • 전북 부안군 줄포면(茁浦面) 줄포리에서 부 김연수와 모 박하진의 2남으로 태어나다.

▶1924. 연초 • 종로구 봉익동 141번지에 저택이 마련됨에 따라 다섯 살까지 줄포에 떨어져 할머니 고씨와 지내다 비로소 상경, 서울의 가족들과 합류.

▶1926. 연초 • 봉익동 소재 삼광(三光)유치원에 입학.

▶1927. 4. 1. • 종로 경운동(慶雲洞) 소재 경성교동공립보통학교에 입학.

▶1929. • 경기도 고양군 숭인면(崇仁面) 성북리(城北里) 41번지 이사.

▶1932. 3. 26. • 백부 김성수, 경영난에 빠진 보성전문(普成專門)학교 인수.

▶1933. 3. 20. • 경성교동공립보통학교 전학년 우등으로 졸업(13세).

4. 5. • 종로구 청운동(淸雲洞)소재 경성제2고등보통학교에 입학.

▶1937. 3. 1. • 동 경성제2고보 제4학년 수료(17세 · 월반).

4. • 일본 야마구치현(山口縣)소재 구제(旧制) 야마구치고등학교 문과을류 입학.

▶1938. 6. 8. • 조모 고씨, 향년 77세로 별세.

▶1940. 3. • 동 야마구치고교 졸업(20세).

4. • 일본 동경제국대학 법학부 정치학과 입학.

▶1942. 9. • 동 동경제대 졸업(22세).

10. • 일본 나가노현(長野縣) 기타아즈미군(北安曇郡) 오마치(大町)소재 구레하(吳羽)방적 입사, 오마치공장 근무.

▶1944. 4. • 태평양전쟁의 가열에 따라 1년 6개월간의 구레하방적 근무를 청산하고 귀국(24세).

• 귀국 직후 만주 봉천(奉天)근교 소가둔(蘇家屯) 소재 남만방적(南滿紡績 : 부친 수당이 건설) 경리주임 근무.

4. 27. • 조부 지산(芝山) 김경중(金暻中) 향년 83세로 별세.

▶1945. 8. 15. • 조국의 광복을 맞이하여, 소련군-국민당군-중공군 등이 차례로 만주

에 진주-퇴각하는 과정에서, 남재는 본사 연락차 16일 소가둔 출발→19일 서울 도착. 모든 시설 포기, 전원철수 지침을 시달받고 20일 다시 북행. 천신만고 끝에 소가둔공장에 도착하여 철수방침 전달, 3단계 철수작업 보좌, 3차 철수조와 함께 10월 10일 서울 귀환.

10. 5. • 보전(普專) 개교.

12. 30. • 한민당 수석총무 고하(古下) 송진우(宋鎭禹) 피격-암살.

▶1946. 2. • 고하의 불의의 타계로 보전교장 인촌 김성수가 부득이 정계에 진출함에 따라 기당(幾堂) 현상윤(玄相允)이 후임 교장에 취임.

8.초순 • 보전교장 현상윤으로부터 보전교수 취임권유를 받다.

8. 15. • 보전, 대학승격. 교명을 고려대학교로 개칭.

9. 2. • 고려대학교 개교. 정법·경상·문과대학 등 3개 대학에 정치, 법률, 경제, 상학, 국문, 영문, 철학, 사학과 등 8개 학과로 출발.

• 9월 1일자로 정법대학 정치학과 조교수로 정식 발령을 받다(26세).

▶1947. 5. • 탁치(託治) 문제로 좌우대립 격화.

5. 12. • 1946년 가을부터 친구소개로 사귀게 된 김인숙(1944년 일본여대 가정학부 졸업 후, 개성고녀교사 재직)과 개성서 한국전통예식으로 결혼.

7. 19. • 몽양(夢陽) 여운형(呂運亨) 피격 - 암살

12. 2. • 한민당 외교부장, 전 보전교수 설산(雪山) 장덕수(張德秀) 피격 - 암살.

12. 23. • 생애 첫 논설 <오펜하이머의 자유경쟁론> ≪고대신문≫(제2호)에 발표.

▶1948. 3. 6. • 첫딸 명신(明信)이 태어나다.

5. 10. • 유엔특별위원회의 결의에 따라 남한만의 총선실시.

7. 17. • 유진오(兪鎭午)가 기초한 제헌헌법 공포.

8. 15. • 대한민국 건국, 초대대통령에 이승만(李承晩) 취임.

9. • 정법대 정치학과 부교수 승진.

11. 30. • 두번째 논설 <민주정치는 가능하냐> ≪고대신문≫(제8호)에 발표.

▶1949. 1. 5. • 「반민특위」 발족.

8. 6. • 「반민족행위특별재판부」 재판장 서순영(徐淳永), 수당에 무죄선고.

▶1950. 봄 • 남재 내외 분가.

4. 22. • 둘째딸 영신(榮信)이 태어나다.

6. 25. • 6·25동란 발발, 그동안 동족상잔의 비극적 전면전 발발을 예견하다.

26. • 수당 본가 피난.

• 남재 일가 피난, 이날 오후 본가와 합류.

27. • 아침 화물열차 편으로 부산 도착, 중앙동 소재 삼양사 출장소를 임시 피난 본거지로 삼고, 수송동에 임시숙사 마련.

• 피난 중 부인 김인숙, 산후조리 미흡으로 후유증에 몹시 시달리다.

• 부산 피난중 삼양사 업무를 돌보다.

9. 15. • 미군 인천상륙작전 전개.

28. • 9·28 서울 수복.

10.중순 • 부친 수당의 명으로 상경, 수복지 서울을 선발대로 돌아보다. 총장 현상윤 납북소식 듣다. 이어 수당 일행도 상경했으나, 중공군 참전 등 불투명한 전황을 고려, 전원 부산 귀환.

▶1951. 1. 4. • 유엔군 한강 이남으로 다시 후퇴.

1. • 유엔총회, 중공군을 침략자로 규정.

3. 15. • 서울 수복.

3.하순 • 부친 수당의 명에 따라 삼양사 해리(海里)지점(전북 고창군) 주재이사

로 근무. 이 무렵 해리지점은 접전경계지대로서 낮과 밤의 주권이 바뀌는 극히 위험한 상황하에서 자경(自警)-자위(自衛)의 무장 방어망을 구축하고 염전축조, 증축을 통한 제염증산에 전력을 기울이다.

5. 16. • 인촌 김성수, 부산 피난국회에서 부통령에 당선.
가을 • 공비출몰지역인 해리지점에 솔가하여 정착.
• 흉년에 절량농가가 속출하자 비축미 풀어 기아농민구휼.
• 두차례 공비 피습의 화를 면하다.

▶1952. 5. 29. • 인촌 김성수, 이승만의 반민주적 독재정치에 항의, 부통령직 사임.
• 기상현상을 살펴 일기를 예보하다.
• 1953년 7월 중 휴전협정이 성립할 것으로 예견하다.

▶1953. 7. 27. • 휴전성립.
8. 16. • 1951년 9월 대구 원대동(院垈洞)에서 피난개교 중이던 고대 환도.
12. • 경성방직 이사-감사 등으로 1960년까지 동사경영 참가.

▶1954. 2. 17. • 한(翰)-양순(良洵)이 태어나다.
8. • 3년 6개월간의 고창 해리면 삼양사지점근무를 청산, 상경.
10. • 고대 부교수로 복귀(34세).

▶1955. 2. 18. • 인촌 김성수 숙환으로 자택에서 영면.
3. • 정경학부장에 취임.
10. 10. • <민주주의의 배신자 월터 리프만의 사상> ≪고대신문≫에 발표.

▶1956. 2. • 초대사무처장에 취임.
11. • <양당정치론> ≪사상계≫(11월호)에 발표.

▶1957. 10. • 정치외교학과 정교수로 승진.
12. • <한국의 정치적 낙후성> ≪신태양≫(12월호)에 발표.

▶1958. 4. • 좌담 : <우리사회와 문화의 기본문제를 해부한다> ≪사상계≫(4월호) 참석. 이 달부터 사상계사 편집위원에 피촉, 기획전반에 참여.
5. • <독일사회민주당의 불운> ≪사상계≫(5월호)에 발표.
7. • <공산당의 연립전술> ≪사상계≫(7월호)에 발표.
9. 20. • <내가 본 자유중국> ≪고대신문≫에 발표.
11. • <반민주적 민주주의시대> ≪사상계≫(11월호)에 발표.

▶1959. 1. • <공산주의는 아시아의 신화인가> ≪사상계≫(1월호)에 발표.
5. • 좌담 : <국제정치의 난류와 한류> ≪사상계≫(5월호) 참석.
11. • <쏘비에트사회의 지도자론> ≪사상계≫(11월호)에 발표.
• 본격적인 학술논문 <민주주의의 새로운 위기> ≪한국정치학회보≫(창간호)에 발표.

▶1960. 2. • <타락한 전향자의 고민> ≪사상계≫(2월호)에 발표.
• <콜론보고서에 대한 의견> ≪새벽≫(2월호)에 발표.
3. 15. • 이승만의 자유당정권, 전면적 부정선거 감행.
4. 18. • 고대생 4·18 의거, 4·19 혁명 도화.
4. 25. • 대한민국학술원 인문과학부 제5분과(정치·사회·행정학) 정회원으로 피선.
6. • <한국의 신보수주의> ≪사상계≫(6월호)에 발표.
7. • 좌담 : <카오스의 미래를 향하여> ≪사상계≫(7월호) 참석.
• 좌담 : <보수냐 혁신이냐> ≪새벽≫(7월호) 참석.
29. • 허정(許政) 과도정부, 내각책임제권력구조와 양원제국회구성을 골자로 하는 개정헌법에 따라 총선실시.
8. • 총선결과 민주당 승리, 장면정권 성립, 제2공화국 출범.

9. • 최초의 번역서 E. 바아커의『현대정치론』출판.
9. • 좌담 : <7・29 총선을 이렇게 본다> ≪사상계≫(9월호) 참석.
10. • 제15차 유엔총회 한국대표 6인 중 학계대표로 임명되어 1961년 4월까지 6개월간 대표직 수행.
12. 24. • ≪고대신문≫ 송년특집 좌담 <1961년의 이정(里程)과 방향은 설정되었는가> 참석, 4・19 이후 4월혁명에 대한 자신의 첫 견해 발표.
• 4・19이후 한동안 장준하(張俊河 : 사상계 사장)가 주도하는「국토개발사업」에 함석헌(咸錫憲)-성창환(成昌煥)-양호민(梁好民) 등과 참여.

▶1961. 4. 10. • 뉴욕의 유엔본부 제15차 총회 제1분과위원회(정치위원회)개회참가, 동 위원회 회의진행상황 참관-취재.
13. • 이날부터 17일까지 한국대표들 회의에 참석.
5. 1. • 국무성 초청으로 30일간 미국 내 지방순회일정에 들어가다.
16. • 텍사스주 댈러스에서 5・16 군사정변 소식을 듣고 급거 뉴욕 귀환.
8. 14. • 이후 미국 내 여행을 대충 끝내고 내친 김에 유럽으로 건너가 런던-베를린 등 제 도시를 방문, 1960년대 유럽 제국의 정치상황 전반을 시찰하고 이날 귀국.
• 귀국 후 군사정부로부터 입각교섭을 받았으나 불응.

▶1962. 1. 9. • 국가재건최고회의 의장 박정희를 수반으로 하는 군사정부 문교부장관에 임명되다.
• 과도한 대학정비를 재정비하는 데 주력하다.
16. • 「대학입학자격국가고사」 실시.
• 취임 3개월부터 사임운동에 나서다.
10. 15. • 의원해임 발표.
12. 26. • 대통령중심제에 단원제(單院制)를 골격으로 하는「제3공화국헌법」국민투표로 확정-공포.

▶1963. 3. • 좌담 : <정당정치-정쟁의 도가니 : 한국정당정치의 오늘과 내일> ≪사상계≫(3월호) 참석.
4. • <영국의 보수주의> ≪사상계≫(4월호)에 발표.
• 첫 저서『기독교민주주의 사회민주주의 교도민주주의』출판(43세).
10. 15. • 새 헌법에 따라 대통령선거.
11. 16. • 새 헌법에 의한 총선실시.
12. 17. • 제3공화국 박정희 정권 출범.

▶1964. 1. 1. • 대담 : <제3공화국의 향방은 어디냐> ≪조선일보≫에 참석.
4. • 두번째 저서『모택동사상』출판. 이 해에 종로구 혜화동 15-139 소재 한옥의 수리가 끝나 이사하다.
12. • 좌담 : <변천하는 공산주의; 후수상실각과 중공의 핵실험이 뜻하는 것> ≪사상계≫(12월호) 참석.
6. 3. • 대학가의 한일회담 반대시위 격화로「6・3 계엄선포」.

▶1965. 1. 1. • <신악과 구악의 혼류> ≪동아일보≫에 발표.
6. • 한일국교정상화를 기본내용으로 하는 한일협정 조인.
8. • 한일협정 국회비준.
* 한일협정 조인과 국회비준을 저지하려는 대학가의 반대시위가 절정에 달하여 서울 일원에 위수령이 발동되고 대학에 휴업령이 내려져 다수의 학생과 교수들이 대학에서 축출됨. 이 무렵 통일한국의 평양민선시장론을 제기함.

▶1966. 5. • 경희대학교로부터 20년간 고대 교수로서 탁월한 학문적 업적과 후진 양성, 대학발전에 기여한 공로로 명예법학박사학위를 받다.

▶1967. 5. • 『모택동사상』 개정초판 발행.

▶1968 1. 1. • 정담 : <68년의 시점에서 70년대를 내다본다> ≪조선일보≫ 참석.

7. • 대담 : <아프터 베트남의 세계정국> ≪월간중앙≫(7월호) 참석.

9. • 대담 : <체코사태를 어떻게 볼 것인가> ≪신동아≫(9월호) 참석.

11. 8. • <닉슨에 바란다> ≪동아일보≫에 발표.

▶1969. 10. 16. • <두 갈래 드라마의 혼선 ; 70년대 문턱에서> ≪주간조선≫에 발표.

▶1970. 3. 11. • 일-미-구주-동남아 제국 순방 6개월간의 장도에 오르다.

9. 16. • 학교법인 고려중앙학원 이사회, 정외과 김상협 교수를 동교 제6대 총장으로 임명의결.

23. • 정오, 모친 박씨(夏珎) 숙환으로 방학동 자택에서 별세, 향년 77세.

10. 2. • 「고려대학교 김상협 박사 제6대 총장취임식」 거행.

• <취임사>에서 새 시대의 새로운 지도적 인간상으로 "치밀한 지성과 아울러 대담한 야성을 한 몸에 지니면서도 능히 그 조화를 이루어낼 수 있는 높은 차원의 전인적 인간"을 제시하다.

• 4·18세대가 마련한 총장취임축하모임에 참석, 4·18의 역사적 의미를 "결정적 시기에, 결정적인 행동으로, 결정적인 국민의 호응을 얻어, 결정적인 승리를 기약한 결정적인 의거"로 규정하다.

▶1971. 2. 22. • 연세대학교, 졸업식전에서 "이 나라 고등교육의 육성과 학술발전에 기여한 다대한 공로를 높이 평가하여…" 명예법학박사 학위를 수여하다.

4. • 3월 하순부터 시작된 교련반대 시위는 4·19 주간까지 계속되어 6·3 사태의 재현이 우려되는 위기가 고조되는 가운데 학생들의 성토장에 나아가 "학원수호"를 호소, 시위사태를 진정시키다.

* 이 해 2월과 3월에 행한 <졸업식사>와 <입학식사>가 교내외에 큰 반향을 일으켰고, 특히 <졸업식사>는 이후 매년 주요 일간지에 보도되어 '경세의 울림'으로 온 나라의 주목을 받다.

9. 17. • 총학생회주최 「추계학술대강연회」에 참가, <수정주의 시대>라는 제하로 국제정세를 살펴보고 민족의 통일을 전망하는 감동적인 강연을 행하다. 이 강연의 '통일론'이 시발이 되어 이후 민간 레벨의 통일연구열이 확산됨.

10. 5. • 새벽 1시 반경, 수도경비사령부소속 무장군인 30여 명이 고대에 난입, 학생회관에서 잠자던 학생 5명 구타-연행. 학생들이 교내집회에서 부정부패의 원흉으로 특정인(수경사령관)을 거명하는 벽보를 게시한 데 대한 보복으로 알려짐.

8. • 5일의 심야 학생연행사태에 자극된 고대생을 비롯한 전대학가의 대정부성토→시위사태가 이날부터 11일까지 계속되었고, 12일은 학내집회, 13~14일은 수업거부, 15일은 정상수업으로 이어짐.

15. • 12시 48분, APC 장갑차를 앞세우고, 수십 대의 군트럭에 분승한 일단의 무장군이 고대에 진격, 교정 구석구석을 뒤져 학생들을 닥치는 대로 구타하며 적군포로를 끌고가듯 1,500여 학생들을 무차별 연행.

• 상오, 대통령의 위수령발동, 고대 등 시내 주요대학에 무기휴업령.

30. • "학원질서 회복에 즈음한 대통령 담화" 발표에 이어 일부 대학에 내려진 휴업령 해제.

11. 4. • 맏딸 명신이 결혼하여 송상현(宋相現)을 첫째 사위로 맞다.

11. • 오전 10시, 대강당에 나아가 강당 주변까지 운집한 3,000여 학생들에게 역사적인 개강담화 "봄은 반드시 오고야 만다", "우리에게는 오늘

만이 있는 것이 아니라 내일도 있고 또 그 내일도 있다"는 요지의 격려를 보내며, 고려대학교 전도의 순탄을 빌기 위하여 필요하다면 기꺼이 그 희생의 제물이 되겠다는 비장한 각오를 토로하여 잊을 수 없는 감동을 주었다.

• 특히 이 개강담화에서 최초로 '역사의 신'을 말하다. 그는 역사가 흘러가는 종착점을 '역사의 의지'로 보았고, 그 전개방향은 바로 고려대학교의 교시인 자유·정의·진리의 실현과 일치하는 것으로 확신하였다. 따라서 역사의 신이란 곧 '세계사의 의지'요, '희망의 신', '용기의 신', '낙관의 신'인 동시에 '자기확신'의 객관화였던 것이다.

11. 27. • 학교법인고려중앙학원, 학교법인우석학원을 흡수, 의과대학설립의 기초를 확립하다.

▶1972. 3. • 『모택동사상』 개정판 중판발행.

7. 4. • 「7·4 남북공동성명」 발표.

9. 29 • 총학생회 주최 「1972년 추계학술대강연회」에서 <공존시대와 평화통일의 전망>이란 제하로 강연. 이 강연에서 「7·4 성명」의 이중성을 지적, 그것은 이제 겨우 대화의 시작을 의미할 뿐 민족의 자주적 통일접근과는 거리가 먼 것이라고 설파하다.

10. 27. • 「10월 유신」선언, 전국에 계엄선포, 각대학에 계엄군진주. 고대주둔계엄군 사령관은 전두환(全斗煥)이었고 장세동(張世東) 민병돈(閔丙敦) 등이 그 예하장병을 지휘하고 있었다.

12. 1. • 계엄해제, 전국대학 일제히 개강.

6. • ≪고대신문≫과의 인터뷰에서 대학이 계엄하에서 45일 동안 아무런 이유 없이 문을 닫아야 했던 그 답답한 정치상황을 하나의 "엄존하는 현실"로 인정하고 그것을 있는 그대로 받아들이는 것도 '큰 용기'임을 강조하면서 교수-학생 모두가 "저 밑도 끝도 모를 학외의 정글로부터 학내의 캠퍼스로 돌아와 학문연구와 지식습득에 전념하는 것이 이 시점에서의 대학의 갈 길"임을 역설하며 "캄 홈 유니버시티" — Come Home University를 호소하여 교내외 큰 반향을 불러일으켰다.

▶1973. 3. • 고대내 반정부학생서클 「민우지」(일명 NH회) 사건 발생, 유신 이후 대학가 최초의 반유신저항운동으로 알려짐.

5. • 두번째 반유신저항운동 「야생화」(일명 검은10월단) 사건 발생.

9. 28. • 총학생회주최 「1973년 추계학술대강연회」에서 <이상변화의 시대>라는 연제로 강연.

11. 13. • 15일까지 3일간 구속학생석방을 요구하는 대규모 고대생 시위발생. 이 기간 법무부장관, 문교부장관, 서울형사지방법원장 등을 차례로 방문, 구속학생에 대해 관대한 처분요망.

12.초순 • 총장명의로 문교부에 구속학생석방청원서를 제출하고 검찰총장을 방문, 선처요망.

▶1974. 1. • 새해벽두부터 개헌논의를 금지하는 긴급조치 1호와 함께 긴급조치 2호로써 비상군법회의 설치. 이달, 개교 70주년 기념사업의 일환으로 「중앙도서관신관」을 건립키로 하고 그 추진위원회구성.

5. 25. • 이날부터 7월 5일까지 40일간 구미-일 순방. 6월 5일 「중앙도서관신관」 기공식이 거행되다.

8. 15. • 문세광(文世光)의 대통령 저격사건발생, 영부인 육영수(陸英修) 피격-서거.

9. 20. • 총학생회주최 「1974년 추계학술대강연회」에서 <혼돈의 시대 — 그 상

수와 변수>의 제하로 강연.

10. 10. • 유신철폐를 요구하는 대학가 반정부시위 격화. 고대, 구속학생석방요구 등 시위선도. 이로 인해 휴강→개강을 반복하며 11월 내내 학원정상화를 찾지 못하고 조기방학에 들어가다.

11. 18. • 떳떳지 못한 조기방학에 들어가면서 교수회의를 소집, 대학당국자로서는 최초로 학원사태를 "소수 아닌 다수의 소요이며 일면 이유 있는 동요"라고 그 성격을 규정하고, "무한 이슈의 전면공해 속에서 대학의 하늘에만 맑은 공기가 솟아오르기를 기대함은 무리"라고 직언하다.

19. • ≪고대신문≫, 뉴스면 머릿기사로 발언내용 전문 보도.

20. • ≪동아일보≫ 사회면과 일부 방송에 ≪고대신문≫을 인용한 "소수 아닌 다수의 일면 이유 있는 동요"라는 남재의 항변이 보도되어 온 사회에 비상한 관심을 불러일으키다.

12. 16. • 엄동 속에서 모자라는 법정수업일수를 채우기 위해 개강.

▶1975. 3. 31. • 2·15 대통령 특별조치에 따라 긴급조치 1~4호 위반자 전원이 석방되고, 비상군재에서 무기징역을 선고받은 민청학련 관련 인사들까지 구제되었음에도 불구하고, 「민우지」 사건 관련 고대생들만 제외됨에 따라 이에 대한 불만이 시위사태로 표출, 새학기 학원사태를 주도하였고, 4월 7~8일에도 양차의 시위가 있었지만 2,000여 명 규모의 교내시위 수준에 머물다.

4. 8. • 고려대학교에 학내시위를 엄금하는 대통령의 긴급조치 7호가 선포됨에 따라 휴교조치와 함께 군이 대학 캠퍼스를 또다시 점거. 위반자는 3년이상 10년 이하 징역.

10. • 이 날짜로 긴급조치 7호 사태의 책임을 지고 재단에 사표제출.

15. • 학교법인고려중앙학원 이사회 사표수리.

5. 13. • 고려대학교에 대한 긴급조치 7호 해제.

5. 20. • 고교 이상의 모든 학교에 학도호국단 조직, 군사교육 대폭 강화.

10. • 『모택동사상』 개정증보판 발행.

11. 19. • 미국무성 초청으로 이날부터 이듬해 1월 3일까지 55일간 미국 학계시찰여행 장도에 오르다.

▶1976 7. 6. • 둘째딸 영신이 결혼하여 정성진(鄭聖進)을 둘째 사위로 맞다.

▶1977. 8. 18. • 학교법인고려중앙학원 이사회, 1975년 4월, 고대에 내려진 「긴급조치 7호 사태」의 책임을 지고 사퇴했던 김상협 전총장을 제8대 총장으로 재선임.

9. 1. • 5,000여 학생-교직원-내빈들의 축하와 환호 속에서 「고려대학교 김상협박사 제8대 총장취임식」 거행.

5. • ≪동아일보≫와의 인터뷰에서 "나는 재수생…"이라고 '총장복귀의 변'을 토로하다.

12. 13. • 이날부터 27일까지 2주 동안 대만→홍콩→일본 3개국 순방.

▶1978. 1. 1. • ≪동아일보≫ 신년호에 연세대 명예총장 백낙준과 대한민국 건국 30주년의 발자취와 그 의미를 살피는 대담을 갖다.

1. 7. • ≪경향신문≫에 소설가 최인호와 인터뷰, 젊은 세대에게 '세계인'이 되어달라고 당부하다.

• 새해벽두부터 문교부장관, 중앙정보부장 등을 만나 제적학생 구제를 부탁하였고, 이 같은 노력은 4월까지 계속되었으나 5~6월 들어 대학가에 또다시 반정부 움직임이 표면화되어 무위로 돌아가다.

2. • 이달부터 분교설립의 타당성을 검토하고, 대전 유성지구 대덕단지를

그 1차 후보지로 선정, 3월 초부터 유관부처의 장 또는 정부유력인사들과 접촉, 본격적인 추진작업에 들어가다.

3. 2. • ≪고대신문≫과의 인터뷰에서 고대가 당면한 중점과제의 으뜸으로 '재단의 쇄신'을 거론하다.

15. • 「중앙도서관신관」 개관식 거행. 자신의 발의로 착수하여 비록 예정보다 2년 가까이 지연되기는 했지만, 자신의 손으로 직접 준공을 보게 되니 자못 감개가 무량하다고 기록하다.

5. 5. • 기숙사신축 기공식거행

• 이달부터 「고대체육진흥기금」 모금운동을 시작하여 연말까지 소기의 성과를 거두다.

6. 23. • 셋째딸 양순이 결혼하여 이양팔(李亮八)을 셋째 사위로 맞다.

10. 6. • 문교부, 고대에 대덕단지내 분교설립불가 통보.

• 9월에 있었던 고대생들의 기습적 반정부시위의 여파로 학과증설 및 학생정원조정에서 완전 제외되는 불이익을 받다.

11. 16. • 아들 한(翰)이 결혼하여 김영란(金英蘭)을 자부(子婦)로 맞다.

12. • 대덕단지 분교설립실패에 좌절하지 않고 방향을 돌려 조치원분교 설립에 나서다.

▶1979. 1. • 연초부터 조치원분교의 설립과 함께, △ 혜화동 의대 캠퍼스 및 부속병원의 안암동 본교권역으로의 이전, △ 수도권 지역에 부속병원 분원의 복수건설, △ 외자도입을 통한 재원조달 등 의과대학 장기종합발전계획의 본격추진에 착수.

30. • 이날부터 2월 11일까지 12일간의 일정으로 사우디→이집트→바레인→방콕 등을 순방.

7. 12. • 아산복지재단 창립2주년기념 「복지사회의 이념과 방향」 심포지엄에 참가, 기조연설 <복지사회건설의 길>을 제시함으로써 '남재사상'의 뼈대를 세우다.

9. 19. • 학생정원 400명 규모의 조치원분교설립이 인가되어, 영문 - 독문 - 중문 - 물리 - 화학 - 경제 - 무역 - 경영학과 등 8개학과 설치.

10. 18. • 부마항쟁으로 부산일원에 계엄선포. 5월의 야당 당권교체를 시발로 YH여공사건(8월)→YS국회제명파동(8월)으로 경색정국이 파국을 향해 치닫다.

10. 26. • 「10 · 26사태」 발생.

27. • 제주지역을 제외한 전국에 비상계엄선포, 계엄포고령으로 전국 대학 휴교조치, 국무총리 최규하, 대통령 권한대행 취임.

28. • 계엄사령부 합동수사본부, 「10 · 26사태」 1차 수사결과 발표. 대통령 박정희 시해범으로 중앙정보부장 김재규 발표.

11. 3. • 대통령 박정희 국장(國葬) 거행, 10시부터 개식된 영결식 참석.

19. • 대학휴교령 해제.

12. 4. • 새벽 3시 16분, 부친 수당 김연수, 1978년 4월 득병으로부터 1년 8개월간의 투병 끝에 마침내 향년 84세를 일기로 영면.

6. • 수당 영결식 거행.

• 대통령권한대행 최규하 단독입후보하여 보선대통령에 당선.

12. 12. • 「12 · 12」 사태 발발.

21. • 최규하 보선대통령 취임식(장충체육관) 참석.

▶1980. 1. 1. • 고대 신년하례식에 나아가 정부는 국민에게 자제가 아닌 협력을 구해야 할 것이라고 경고하면서, 새 헌법제정→대선→총선실시→조속한

정부이양 완수를 강조하는 새해 첫 시국견해 표명.
• YS의 고대방문을 받고 현하 정국에 관한 의견교환.
26. • 샌프란시스코→시카고→디트로이트→워싱턴→뉴욕→피츠버그→LA로 이어지는 24일간의 미국내 순방일정에 들어가다. 여행중 미국관리를 비롯한 교민들의 한국사태에 대한 의견을 광범하게 듣다.
3. 14. • 부산교우회를 시발로 대구(21일), 청주(28일), 광주(4월 3일), 전주(4월 23일), 대전(5월 9일) 순으로 지역 고대교우회 총회에 참석, 시국견해 피력.
• 헌법개정심의위원회 부위원장으로 참여.
4. 20. • 회갑맞이 설악산 1박 2일 관광, 귀로에 강원-경상도 일대를 돌아보다.
28. • 연설문집『지성과 야성』출판기념회, 고대교우를 비롯한 1,000여 명의 하객이 참석한 가운데 고대교우회 주최로 세종문화회관에서 대성황리에 개최되다.
5. 1. • 이날을 기점으로 민주화의 조속한 실현을 요구하는 대학가 시위가 대규모화하고 더욱 과격한 양상을 띠어가고 있었지만 체제측은 무대응으로 일관하다. 소위 '서울의 봄'이라고 일컬어지는 이 시기의 '안개정국'을 '천지현황'(天地玄黃)이라고 묘사하다.
7. • DJ의 요청으로 외교구락부에서 만찬회동, 시국에 관하여 광범하게 의견교환.
17. • 비상계엄 전국확대 선포와 더불어 휴교령이 내려지고 군이 대학에 진주하다.
18. • 「5·18 광주민주화항쟁」 발발.
31. • 「국보위」 설치, 위원명단 발표. 상임위원장 전두환을 정점으로 하는 신군부의 전면등장.
6. 6. • ≪동아일보≫ 기획에 응하여 유진오와 시국대담을 나누었으나 계엄검열에 걸려 전문삭제-사장(死藏)되다.
7. 30. • 조기준 - 김용준 - 이문영 - 강만길 - 이상신 - 조용범 등 교수 6명 해직과 학생 86명 징계.
8. 16. • 대통령 최규하 사임성명.
23. • 통일주체국민회의, 국보위상임위원장 전두환을 제11대 보선대통령으로 선출.
9. 1. • 대학휴교령 해제.
10. • 116일만에 고대개강.
10. 14. • 손자 철(澈) 출생.
17. • 전두환 정권 출범 후 최초의 반정부 데모 고대에서 발생, 문교부 고대에 휴교령.
30. • 문교부, 고대에 휴교령해제를 위해 교수-학생-재단의 <다짐문>과 교우회의 <진정서>에 연명서명을 받아 제출케 하고, 총장이 정부의 안보담당관계자를 찾아가 사과하라고 지시. 소수학생소요를 구실로 휴교령을 발동, 폐문을 위협하며 연좌의 수모를 가함으로써 전체 고대인의 자존심을 유린하는 대학사상 초유의 보복조치로 해석되었으나, 조속한 학원정상화를 위해 도리 없이 교수 312명 전원, 학생 2,400여 명, 재단임원일동 및 교우회회장단이 연명서명한 <다짐문>과 <진정서> 제출.
* 이후 타대학에서도 반정부소요가 있었으나 고대와 같은 가혹한 보복조치는 없었다.

11. 6. • 휴교령이 풀려 20일만에 개강.
12. 26. • ≪동아일보≫ 기획에 응하여 연세대 명예총장 백낙준과 <신춘대담>을 갖다.

▶1981. 1. 15. • 민정당 창당.
24. • 251일만에 계엄해제.
29. • 이날부터 24일 일정으로 호주-뉴질랜드 등 태평양제국 순방길에 오르다.
2. 25. • 새 헌법에 따라 대통령선거인단에 의해 전두환이 7년단임 새 대통령에 당선되다.
3. 3. • 전두환, 제12대 대통령에 취임, 5공정권 출범.
4. • 애기능 이공대 캠퍼스에 「과학도서관」 건립추진.
11. 2. • 자택 현관 앞 돌계단을 내려서다 실족, 아킬레스건(腱)에 큰 손상을 입다. 이후 상당기간 단장에 의존하여 보행.
9. • 고대 1년생 일부, 문무대 집체훈련 입소과정에서 소요를 일으키다.
12. 19. • 문교부 요구대로 문무대 소요학생 116명에 대한 징계를 내리면서 조기퇴임을 결심하다.

▶1982. 1. • 정초부터 입시파동(정원미달사태 및 체육특기생 선발시비 파동 등)에 시달리다.
3.하순 • 계속되는 학내시테 수습에 골몰하다 실기(失機)하여 만기(滿期)퇴임으로 방침을 바꾸고 중임(重任)불원 의사를 재단에 통고.
4. 12. • 「과학도서관」 기공식을 애기능 캠퍼스에서 갖다.
5. 5. • 의령(宜寧) 만취경관 총기난사사건에 이어 광복 이래 최대의 사금융교란사건(세칭 이-장 부부사건) 발생.
6. 22. • 오후 대통령 전두환과 궁정동 안가에서 대좌.
24. • 새 국무총리에 고대 총장 김상협 임명소식 방송보도.
• 이날 기자회견에서 “이 나라는 남의 나라가 아닌 우리 나라…”, “막힌 곳은 뚫겠다”는 등의 매우 상징적이면서도 국민 심중을 꿰뚫는 임명소감을 밝히다.
25. • 청와대 임명장 수여→중앙청 이취임식→의장대 사열.
7. 3. • 금융실명제실시 전격 발표. 이 혁명적 금융정책 결책과정에서 국무총리 소외되다.
하순 • 일본교과서 역사왜곡 사실이 알려져 온 나라에 비상한 충격을 주다. 이후 대일항의-규탄여론 고조.
8. 3. • 우리 정부의 강경한 시정요구 주한일본대사에 전달.
23. • 일본 정부, 시정각서 주일한국대사관에 전달, 우리 정부 이를 긍정적으로 수용, 한-일 교과서분쟁 일단락.
10. 13. • 정기국회 본회의 여야 대정부질문에 대한 정부측 답변 마치고 총리 첫 학기 ‘C 학점’ 자평.
20. • 일본 와세다대학, 명예법학박사학위 수여.
29. • 금융실명제 유보, ‘실명제파동’ 일단락.
11. 3. • 레바논정부, 현지 한국대사관에 한국 평화유지군 참가요청에 이어 미국도 긍정검토를 요구하는 서한을 우리 정부에 보내옴으로써 레바논 파병문제 대두.
• 미국, 레바논 파병요구 철회통고.
12. 3. • 3주 일정으로 중남미 4개국(콜롬비아-페루-칠레-멕시코)순방 장도에 오르다.

▶1983. 5. 5. • 중공민항기 불시착.
7. 4. • KBS 이산가족찾아주기운동 전개, KBS 방문 관계자 노고 치하-격려.
9. • 정부차원 이산가족찾아주기운동 종합추진계획발표.
9. 1. • 새벽 3시 30분경 269명의 승객과 승무원 태운 KAL기 사할린 상공서 소련전폭기에 피격, 전원사망.
7. • 서울운동장 합동위령제 참석, 비명에 숨진 원혼(怨魂)의 명복을 빌고, 소련의 만행을 규탄하는 조사를 행하다.
12. • 청주를 시발로 30일까지 19일 동안 12개 도시를 순회하며 1983년도 안보정세보고회 개최.
10. 8. • 대통령부처 일행, 미얀마 등 6개국 순방길에 올라 공항서 환송
9. • 미얀마「아웅산 폭발 테러」사태 발발, 각료급 수행원 10여 명 참사.
10. • 새벽, 대통령 일행 급거 귀국.
13. • 장의위원장으로서 여의도광장에서 순국외교사절에 대한 합동국민장 거행.
14. • 10시, 국회 본회의에 출석,「아웅산 폭발 테러」에 관한 <정부보고>를 행하다.
15. • 정부종합청사 국무총리 이취임식. "만기제대-적기졸업"이라고 자평하고 "타다 남은 숯으로 돌아왔다"고 퇴임소감을 기록하다.
11. 14. • 미얀마 정부,「아웅산 폭발 테러」가 북한특공대의 소행임을 공식확인, 대북단교-국가승인취소-외교관추방을 발표.
23. • 고대 명예총장으로 돌아와 첫 출근을 하다.
12. 9. • 40일 예정의 미국여행 일정에 올라 미국에서 송구영신(送旧迎新) 후 이듬해 1월 17일 귀국.
▶1984. 5. 20. • 손녀 정은(廷恩)이 미국에서 출생하다.
23. • 1주일간 대만을 방문하다.
6. 15. • 월남(月南) 이상재(李商在)선생 동상건립발기준비위원회에 참석, 동 발기준비위원장에 추대되다.
• 50일간의 유럽 3국 및 이집트-태국 등 순방길에 오르다.
12. 13. • 월남동상건립발기인대회 YMCA 강당에서 개최, 정식으로 동상건립위원회 회장에 취임.
▶1985. 3. 23. • 2주 동안 일본 여행.
8. 5. • 보사부장관(李海元) 혜화동 자택 방문, 대한적십자사 총재취임 요청.
12. • '월남동상' 기공식 종로3가 종묘 앞 시민공원에서 거행.
• 이날 대한적십자사 대강당에서 제16대 총재로 취임.
8. 22. • 남북적십자실무대표회담(판문점), 고향방문단과 예술공연단, 보도진 및 지원인원 각 50명씩 150명 규모로 9월 20일부터 23일까지 서울과 평양 동시 교환방문키로 합의.
26. • 제9차 남북적십자평양회담 개막, 29일 대표단 2박 3일간의 회담일정 마치고 귀환.
9. 18 • 해외동포모국방문후원회 회장에 피선(1991년까지 6년간 재임).
20. • 대한적십자사 총재로서 고향방문단-예술공연단 및 지원-보도진을 이끌고 인솔자로서 마침내 평양땅을 밟다.
23. • 평양방문 일정을 마치고 이날 정오 판문점을 통해 귀환.
10. 19. • 제네바국제적십자연맹(IFRC) 총회에 참석, 6일간의 회의 전일정 빠짐없이 참석 후 27일 귀국.
* 이후 남재는 한적 총재 2기 6년 동안 총 네 차례 IFRC 총회에 참석하였고,

21개국 적십자사 또는 적신월사를 방문하였다.

12. 7. • 월남동상건립위원회, 청소년을 위한 『월남이상재선생이야기』 발행.

▶1986. 4. • 월남동상건립위원회, 『월남이상재연구』—연구논문-월남시문-관계자료 발행.

10. • 월남동상건립위원회, 동상건립현장에서 많은 하객이 참집한 가운데 제막식 성대히 거행.

7. 23. • 적십자 서울병원 시설현대화추진의 일환으로 본관신축기공식 거행.

8. 26. • 월남 '좌상'(坐像), 강남 YMCA 신축건물 앞에 안치.

11. 28. • 혜천 김인숙의 <여행기> 첫권 『세계를 돌아보고』가 10월에 출판되어 이날 하오 3시 시내 종근당빌딩에서 출판기념회 성황리 개최.

▶1987. 6. 29 • 「6·10민주항쟁」의 결과로서 대통령직선제 실시 등 전면적 민주화조치를 포괄하는 「6·29선언」이 나오다.

7. 1. • 적십자서울병원 본관 준공.

26. • 태풍 셀마호의 내습으로 충남지역 집중호우, 금강유역 범람으로 수재민발생, 수재현장 시찰, 적십자봉사대원 격려.

28. • 서울-경기지방에도 폭우피해 극심, 수재지역 찾아 봉사대원들의 구호활동 독려.

8. 12. • 이날부터 1개월에 걸쳐 고창군 해리면-심원면 소재 삼양염업사 간척농지 임차경작인들의 농지양도요구 집단난동사태 발생, 9월 11일 임차경작인들의 사과문 지상발표 등을 내용으로 하는 합의서 교환으로 사태 일단락.

9. 1. • 현민 유진오 숙환 별세를 계기로 세칭 「현민빈소사건」 고대에서 발생.

10. 30. • 대한적십자사 조직법 개정안 국회통과.

11. 29. • 북한공작원 김현희, 태국상공서 KAL기 폭파 테러 감행.

12. 10. • 안암동 고대캠퍼스 소재 인촌묘소, 경기도 남양주군 화도면 금남리로 천묘.

▶1988. 1. 19. • 한적총재 명의로 국제적십자사연맹(IFRC) 및 국제적십자위원회(ICRC)에 북한의 비인도적-반인륜적 KAL기 폭파테러를 규탄하는 전문 발송.

2. 25. • 6공 노태우정권 출범.

5. • 서울적십자병원에 노조설립, 한적도 노조시대를 맞다.

8. 2. • 한적중앙위원회에서 차기총재로 선임.

12. • 제17대 한적 총재 취임식 거행.

9. 16. • 88서울올림픽 개막→10월 3일 폐막, 북한을 제외한 전 공산권 참가.

▶1989. 3. • 5개년계획으로 매혈추방 및 2백만헌혈달성운동 전개.

4. 20. • 적십자 부녀봉사특별자문위원회 개막을 겸하여 설악산(뉴설악호텔)에서 '칠순'을 맞다.

9. • 1만여 동독인들, 항가리-오스트리아 경유 서독으로 대탈출, 동구공산권 붕괴의 신호탄을 올리다.

11. 12. • 크렌츠(Egon Krenz) 영도하의 동독, 대대적 자유화계획 발표, 이날 서독수상 콜(Kohl)은 "동-서독은 하나"임을 선언.

▶1990. 4. 20. • 「남재김상협선생고희기념논문집」 간행위원회위원장(김원기)-고대총장(김진웅)-고대교우회회장(김일두) 공동주최로 고희기념논문집 『복지사회의 앞날』 헌정식이 전-현직 국무총리, 국회의장 등 정-관계 인사를 비롯하여 고대교우-교수 등 각계인사 1,000여 명이 참석한 가운데 호텔신라에서 성대히 거행.

5. • 양독은 서독의 실질적 동독흡수를 의미하는 「통화-경제-사회보장동

맹창설에 관한 국가조약」에 서명하다.

6. 5. • 노태우-고르바쵸프간 역사적 한-소 정상회담 개최.

10. 1. • 한-소 양국 외상, 전격적 국교수립조인, 양국관계 정상화.

2. • 동독수상 로다르 데 메지에르의 감동적인 <고별사> 독일어 원문을 입수, 밤새워 읽고 또 읽다.

3. • 세계사의 위업으로 기억될 독일통일이 목표일정(1991)보다 앞당겨 달성되다. 이날 오전 10시를 기하여 독일 전역에 통일을 알리는 '자유의 종소리'가 울려퍼지는 가운데 동독(DDR)은 영원히 지구상에서 사라지고 두 개의 독일은 하나가 되다.

• 오후 5시 반부터 개최된 주한독일대사관 통일축하행사에 참석, 독일민족의 위대한 통일성취를 진심으로 축하하다.

▶1991. 5. 19. • 국제적십자연맹(IFRC)회의 참석 후, 소련적십자사 방문, 모스크바-레닌그라드 등 여행.

7. • 충북 음성군에 대한적십자사 혈액연구소 설치.

7. 16. • 보사부장관(安弼濬)으로부터 임기만료에 따른 후임내정사실을 통고받다.

8. 6. • 남북한 동시 유엔 가입.

12. • 신구총재 이취임식, 적십자기를 신임총재 강영훈에게 인계하면서 지난 6년간 국내외적으로 혼란이 소용돌이치던 어려운 시기에 총재 임무수행에 크게 협조해 준 모든 적십자인들에게 감사를 표하다.

19. • 소련 대통령 고르바쵸프 휴가중, 군과 KGB 내 일부 강경보수세력 쿠데타 감행, 3일만에 옐친과 자유-민주를 갈구하는 그의 지지자들에 의해 분쇄되어 공산주의의 평화적 자멸을 앞당기는 희화적 해프닝으로 막을 내리다.

9. 5. • 『논어』와 『성서』 등 동서양의 고전읽기에 들어가다.

10. 21. • 대한적십자사, 총재 재임중 업적을 기려 「적십자태극장」을 수여하다.

▶1992. 7. 13. • 11일간 캐나다 벤쿠버 등 제도시와 4일간 뉴욕에 체재하는 등 15일간의 북미여행을 마치고 돌아오다.

10. 17. • 안암정치학회 월례조찬회에 나가 역대대통령의 치적을 평가하다. 이날 이후 총 11차례의 특강을 가져 언론의 주목을 받고 장안의 화제를 모았다.

▶1993. 7. 13. • 서부 LA로부터 동부 뉴욕 등 미국 내 제도시를 28일 일정으로 여행.

▶1994. 1. 26. • 고대 재단이사장 김상만(金相万) 숙환으로 별세.

3. 19. • 북한의 핵사찰재개와 남북특사교환을 위한 판문점실무회담 중 북측단장 박영수의 "서울 불바다" 협박 돌출.

5. 12. • 혜천 김인숙의 <여행기> 둘째권 『세계를 돌아보고 2』가 4월에 출판되어, 이날 혜천의 고희축하를 겸한 출판기념회가 시내 신라호텔에서 200여 하객이 참석한 가운데 개최.

5. 17. • 24일간의 일정으로 독일-이태리-프랑스 등 유럽 3개국 방문 후 6월 9일 귀국.

6. 15. • 김일성, 북핵문제 거중조정자로 나선 카터를 통해 YS와의 회담용의 구두 메시지 전달, 청와대 즉각 수락의사 발표.

7. 9. • 이날 정오, 방송 뉴스로 김일성 사망 보도. 사망소식을 접하고 『논어』의 일절 "자불어괴력난신"(子不語怪力亂神)을 인용, 그 소감을 기록하다.

9. 17. • 인도네시아-싱가포르 6일 일정으로 방문.

▶1995. 2. 21. • 부인 김인숙 부재중(이집트 여행) 오전 7시 반경, 자택에서 쓰러져 고대의대병원에서 응급가료중 11시 5분 영면.

26. • 「고 남재 김상협명예총장영결식」, 고대본관 앞 교정에서 고려대학교장으로 엄수. 대전 유성구 국립묘지에 안장되다.

▶1996. 2. 21 • 고대 인촌기념관에서 1주기추모식 거행 후, 이날 정오 국립묘지 고인의 유택 앞에서 묘비제막식 거행.

4. 20. • 76회 탄신일에 제자들 혜화동 자택에 모여 기념사업회 발의-결성.

▶1998. 4. 20. • 기념사업회, 78회 탄신일을 기하여 시내 호텔신라에서 500여 추모객이 참집한 가운데 추모문집 『당산나무의 큰 그늘이여』 봉헌식 거행.

■집필후기

『남재일기』와 우환의식

睦　貞　均

1 선생께서 홀연히 세상을 떠나신 그 이듬해(1996)부터 기념사업회가 결성되고 3주기(週忌)에 맞춰 추모문집(『당산나무의 큰 그늘이여』, 1998)의 발간이 기획될 무렵, 선생의 『일기』 유고(遺稿)를 접할 수 있는 뜻 깊은 기회가 내게 주어졌다. 우선 『일기』를 읽고, 이를 활자화하여 세상에 공개해도 좋을지의 여부를 한번 검토해 보자는 것이 기념사업회의 취의(趣意)였다. 내게 1차로 전달된 것은 별세 직전까지 쓰신 최후의 4년(1992. 1~1995. 2)분이었다.

『남재일기』는 1977년 1월 1일자부터 별세 전날인 1995년 2월 20일자까지 총 19년, 날짜로 6,541일에 달한다. 이 기간 단 하루의 결락일도 없다는 것은 실로 경이로운 일이 아닐 수 없다. 이 밖에 1970년 10월 고대총장 취임 직전에 있었던 6개월간의 구-미-일-동남아제국순방, 1974년 5~6월의 36일간 독-불-이 유럽 3국 및 미-일 순방, 그리고 1975년 11월부터 이듬해 정초(3일)까지 55일간의 미-일 여행기록이 있다.

2 주어진 일기를 꼼꼼히 읽고 나서, 나는 선생이야말로 이 나라 제1의 '대우국환자'(大憂國患者)라고 여겼던 평소의 생각을 재삼 확인하고는 자못 득의(得意)에 잠긴 바 있다. 선생의 '우환의식'은 무량의 독서와 그것으로 뒷받침된 부단한 사색의 결과라 할 것이다. 『일기』 속의 매 구절마다 굽이굽이 서려 있는 우국(憂國)의 체취와 애족의 숨결은 때로는 충무공(忠武公) 이순신(李舜臣)의 『난중일기』(亂中日記)를 읽는 듯한 비장감마저 느껴질 정도였다.

근심하고 걱정하는 마음의 그 지극함과 절실함을 곱씹어 보면 선생의 '우환의식'은 타고난 것인 듯하다. 지금 이 시대에 그 누가 있어 그처럼 정결한 마음으로 멀고 가까움의 구별 없이 모든 이웃과, 이나라 이 민족, 나아가서는 세계와 인류로 지향하는 지고지순(至高至純)의 '우환의식'을 그렇듯 숨 쉬듯 토해낼 수 있다는 말인가.

3 결국 이 책은 선생의 『일기』 유고가 나로 하여금 집필에 나서도록 이끈 소산이 아닐 수 없다. 따라서 선생의 '일대기'를 집필하는 일은 내게는 숙명이 아니었나 싶다. 고난의 '대장정'(大長征)에나 비유될 법한 이 엄청난 과업에 내가 겁없이 달려든 것도 이러한 숙명감에서 발동된 사명의식 때문일 것이다.

그러나 생각하면 이 도전은 처음부터 '천학비재'(淺學菲才)의 만용이었으니 "장님 코끼리 더듬기"식 '우화'(寓話)의 수준을 크게 벗어나지 못할 것임은 이미 예견된 일이었다고 해야 할 것이다. 탈고를 해 놓고도 성취감보다 선생께 송구스러운 마음만 앞섰던 까닭도 이 때문이다.

다만 이 『전기』에서 내가 그린 '남재의 인간상', 또는 '남재의 길'이 앞으로 학자를 꿈꾸고 지성의 길을 걷고자 하는 사람들, 아니 이미 학자로 자처하거나 지성을 자임(自任)하는 사람들, 특히 대학총장이 되고자 하는 사람들에게 진정한 학자, 진정한 지성, 그리고 진정한 대학총장이란 어떠한 존재인가를 선생을 통하여 겸허한 마음으로 돌아볼 수 있도록 '자기성찰'의 장을 열게 하는 데는 틀림없이 기여하는 바가 있으리라고 나는 믿는다.

선생의 그 쉬임없는 근면, 그 부단한 구상, 그 끈질긴 모색, 그리고 그 지칠 줄 모르는 호학(好學)의 정열과 지극한 성심은 이 시대를 사는 모든 지식인들에게 자기점검의 지표(指標)가 되고 거울이 되리라 확신하기 때문이다. 이 점이 내가 집필자로서 졸저(拙著)를 쓰고서도 자기위안을 삼는 유일의 '변'임을 감히 밝혀둔다.

4 본서의 서술에 있어서, 제자들이 선생으로부터 당신의 인생과 학문과 경세(經世)의 소회(所懷)를 듣는 형식으로 마련된 「고희기념좌담」(『복지사회의 앞날 — 남재 김상협선생 고희기념논문집, 1990』·권말부록)이 전체 구성의 큰 틀을 잡는 데 절대적인 길잡이가 되었다. 그럼에도 불구하고 일반사의 흐름과 조화를 이루면서도 '일대기'로서의 특수사적 개성이 드러나도록 구체적 세부항목으로 발전시켜 체제를 구성하는 데는 처음부터 새로운 자료의 취재-발굴이 불가

피하였고, 선생의 경우는 여기에 6천 7백일에 달하는 『일기』 유고를 독파하고, 그것을 다시 분석-정리하는 작업이 부가되어 순전히 집필 이전의 준비과정에만도 무려 2년이라는 기나긴 시간이 소요되었다.

그리하여 가목차(假目次) 형태로 서술체계가 완성될 무렵인 1999년 말경, 비로소 기념사업회에 그간의 진척상황을 보고하면서 '평전'(評傳)형태의 『남재일대기』 편찬을 건의하여 마침내 사업추진이 궤도에 오르게 되었다.

5 집필기간은 당초 2년으로 잡았다. 그러나 자료를 천착(穿鑿)-소화하는 과정에서 새롭게 조명-부각되어야 할 서술대상이 계속 늘어났다. 게다가 편집-출판에 따른 기술적 업무까지 직접 맡아 동시에 추진하다보니 꼬박 3년이 경과한 2002년 11월에 이르러서야 대미(大尾)를 지을 수 있었다. 전체 서술 체계를 구성하던 기획단계로부터 치면 만 5년이 걸린 셈이다.

이후 출판시점을 2005년 선생의 10주기(週忌)에 맞추자는 유족측의 희망에 따라 인쇄회부를 2년이나 늦추었으나, 기왕의 완성된 작품이니 하루라도 빨리 세상에 내놓자는 의견이 대두되어, 예정보다 1년 앞당겨 이제 드디어 본서가 햇빛을 보게 된 것이다.

6 막상 집필을 끝내고 나니 숱한 아쉬움과 미진함이 남는다. 그 중에서도 무엇보다 공(公)적으로나 사(私)적으로 선생과 만나 지적교환(知的交歡)을 이루며 뜨거운 우환의식을 나누었던 많은 사람들과의 숨은 이야기들이 대부분 소략(疏略)되었고, 선생이 독파한 산더미 같은 책들을 어떤 형태로든 체계적으로 정리하여 소개하지 못한 점이 큰 부채로 남을 수밖에 없다. 시간과 지면의 제약이 이유가 될 수는 있겠지만, 결국 이는 집필자의 무능의 소치로밖에 달리 변명의 여지가 없는 것이다.

또 선생의 관심사가 원체 넓고 다양한데다가 관여하시고 이룩하신 일 또한 너무도 많고 크다 보니 이를 소화함에 있어서 나로서는 제아무리 객관적인 자료와 『일기』유고의 기록에 충실함으로써 선생의 본의에 어긋나거나 본지를 흐리는 일이 없도록 최선을 다하였더라도 필시 적잖은 오해와 오류를 낳았으리라 짐작된다. 이 경우 그 모든 책임이 전적으로 집필자인 내게 있음은 두말할 것도 없다. 이점 유관 당사자들의 혜량을 미리 구하여 마지 않으면서, 후학들의 엄정한 포폄(褒貶)과 보비(補裨)를 기대해 본다.

7 본서가 출간되기까지 참으로 많은 분들의 도움이 있었다. 그 분들의 크나큰 은고(恩顧)에 뜨거운 감사의 마음을 전하고자 한다.

먼저 본서를 기획하고 추진함에 있어서, 기념사업회회장 가석(可石) 홍일식(洪一植) 선생의 확고한 편찬의지와 지도-편달이 이 지난한 과업을 완수하는데 결정적인 추진력이 되었음을 밝혀둔다. 또 구체적인 서술에 있어서 유년기 이래 청-장년까지는 남계(南溪) 김상준(金相駿)옹과 남령(南嶺) 김상홍(金相鴻)옹 등 선생의 여러 형제분들의 회고와 도움말이 막막하던 앞길을 밝혀주었고, 생애의 전 흐름은 부인 혜천(惠泉) 김인숙(金仁淑) 여사와의 다섯차례에 걸친 회고인터뷰에 전적으로 힘입었다.

또 교동(校洞)학교 동기동창 이창복(李昌馥 : 전 인천교대부국교장)선생, 제2고보(景福) 동기동창 김홍준(金弘準 : 원불교 중앙교의회 명예회장)-윤희중(尹熙重: 삼화페인트회장)-황삼현(黃三顯)제씨, 그리고 야마구치(山口) 고교와 동경대학 선후배 시이였던 신기진(申基珍 : 변호사 · 전 동국대교수)-강봉식(康鳳植 : 고대명예교수 · 영문학)-김창환(金昌煥 : 학술원 부회장)교수 등의 귀한 증언과 밝은 지도 역시 선생의 학창시절 서술에 밑거름이 되었다.

여기에 건국초기 한국정치학의 실태와 정치학자로서의 남재의 위상, 《사상계》 편집위원 시절의 언론 활동과 짧은 군정참여, 그리고 그 직후에 출판된 선생의 대표적 두 저서 등과 관련, 민도(民道) 양호민(梁好民) 선생이 내려준 객관적인 '평가'는 장년 이후 서술방향을 잡아주는 커다란 지침이 되었다. 또 1984~85년의 「월남 이상재선생 동상 건립사업」과 관련, 당시 이 사업의 회장인 선생을 기획부장으로서 시종 보좌했던 나강석(羅康石 : 바르게살기운동협의회 사무총장) 씨의 귀중한 자료제공과 증언도 큰 도움이 되었음은 물론이다.

8 본서의 성패는 '남재의 인간상'을 어떻게 형상화하느냐에 달려있고, 선생의 그 인간형성과정 기술에는 인격형성기의 수학과정과 지적환경에 대한 이해의 선행이 무엇보다 긴요하다는 인식하에서, 나는 야마구치고교와 동경대학 수학, 구레하방적(吳羽紡績) 근무 등 고뇌에 찬 '일본수련시대' 식민지 유학생의 인간조건과 교육실태를 파악하기 위한 현장 답사와 자료수집에 역점을 두고자 했다. 이를 위한 일본 현지 취재에 있어서, 전 《세계일보》 편집인 손대오(孫大旿) 박사의 배려하에, 야마구치대학을 안내한 히로시마(廣島)의 이기만 부회장과 그의 일본인 동료들(句坂邦宏 등)이 베풀어준 후의는 평생 잊지 못할 즐거

운 추억이 되었다.

또 짧은 동경 체재중, 동경대학 학생생활을 포함한 군국주의 고등교육실태 전반을 단숨에 섭렵할 수 있는《제국대학신문》(帝國大學新聞)등 광범한 문헌 자료들을 단시간 내에 효과적으로 수집토록 힘써주었을 뿐만 아니라, 그것을 소화하여 서술함에 있어서도 그 귀찮은 자문의 고역을 자그만치 2년이 넘도록 군말 없이 응해준《세계일보》전현일(田賢一) 도쿄특파원의 노고를 여기에 따로 기록하지 않을 수 없다.

이 밖에 이번 일본 취재 방문 길에 만난 야마구치대학(山口大學) 인문학부장 다나카(田中晋) 교수의 진지한 관심과 사무직원들의 친절한 협조, 동경대학 대학원 법학정치학 연구과 학무주임 오츠카(大塚幸吉)씨의 유익한 안내, 불시에 자택을 찾아간 필자를 반가이 맞아주고 회고담을 들려준 야마구치고교 일본인 동기동창 하라(原 勳)씨의 환대, 고령에도 불구, 동경의 오다구(大田區)에서 개업의로 활동중인 야마구치고교 2년 후배 탁기춘(卓基春)씨의 선생을 생각하는 뜨거운 정성 등에 깊은 감명을 받았다.

특히 와세다(早稻田)대학 총장시절부터 선생과 유달은 교분을 쌓았던 니시하라(西原春夫) 고쿠시칸대학(國士館大學)재단이사장과의 뜻깊은 회견도 양국 지성간의 국경을 초월한 우정과 한-일관계의 올바른 발전 방향을 새롭게 인식하는 귀중한 시간으로 오래 기억될 것이다.

그러나 이처럼 어렵게 구하고 내딴에는 참으로 공들여 쓴 많은 내용들을 유족측의 의견에 따라 절반 가량으로 줄여놓고 보니 자못 애석한 마음이 드는 것은 인지상정(人之常情)일 터이다. 메이지 유신을 전후한 일본의 근현대사와 전전(戰前)의 고등교육 실태 전반에 관한 이번의 삭제부분들도 언젠가는 재활용되는 계기가 있기를 기대하여 마지 않는다.

9 집필에만 몰두하던 칩거생활 3년동안 나는 마치 고3 입시준비생 같은 마음자세로 꼬박 10시간 이상을 매일 책상머리에 매달리다 보니 과로가 쌓였음인지 여러 차례 몸살을 앓았고 어지럼 병도 도져 제법 고초를 겪은 바 있다. 이럴 때마다 홍일식 회장 이하 편찬위원 여러분의 따뜻한 위로와 격려의 말씀이 큰 힘이 되었다.

그 중에서도 김하룡(金河龍) 고대 명예교수와 이세기(李世基) 전 통일원 장관 부처는 그 방대한 타자초고를 한 줄도 빠짐없이 꼼꼼히 읽어주었을 뿐만 아니라 매우 유익한 조언을 주었고, 김양현(金良玄) 회장과 구종서(具宗書) 박사, 박명환 의원 등도 필자가 힘을 내도록 격려를 아끼지 않았다.

그러나 집필도정에 가로놓인 난관(難關)은 이 같은 병치레가 아니라 도서관을 제대로 이용할 수 없는 제약 조건이었다. 대학강단을 떠난 지 오랜 터라 마땅한 조교도 없고, 마음먹은 대로 책을 빌려볼 도서관이 없다 보니 번번이 주변의 신세를 져야 하는 등 답답한 일이 한두 가지가 아니었다. 이럴 때마다 고대 서연호(徐淵昊·국문학)교수는 도서의 대출은 물론, 자신의 조교까지 동원하여 자료 복사로부터 우송에 이르기까지 온갖 번거로운 수고를 흔쾌히 다하며 애로를 해결해 주었다. 상명여대의 김동위(金東衛·교육학)교수에게도 같은 수고를 끼쳤다. 또한 박상인(朴相仁)-장진찬(張鎭贊)-이인수(李仁洙) 등 이미 중견기자가 된 필자의 애꿎은 제자들까지도 시도 때도 없이 동원되어 인터넷 정보를 검색하고 각 신문사 조사부로 뛰어다니는 등 진땀을 빼게 만든 일도 잊을 수 없다.

10 본서의 출판은 유족측의 재정지원하에 이루어졌다. IMF 사태로 온 나라가 먹구름에 덮혀 방향을 잃고 헤매던 국난기(國難期)에 자기사업의 곤경을 무릅쓰고 용단을 내린 선생의 사자(嗣子) 김한(金翰) 사장의 효성(孝誠)은 가히 이 시대의 귀감(龜鑑)이 될 만하다. 선생의 맏사위 서울대 송상현(宋相現) 교수를 비롯하여 유족들이 베풀어준 유·무언의 격려와 뜨거운 관심도 참으로 인상적이었다. 특히 선생의 형님이신 김상준옹의 각별한 호의와 삼양염업사 김선휘(金善徽) 부회장의 정중한 안내를 받으며 출생지 줄포(茁浦)의 생가, 선대들의 생장요람 인촌리 고가(古家), 울산김문의 중흥지 장성(長城)-고창(高敞 : 선운사 일대)의 선영들, 필암서원(筆巖書院) 등 하서(河西) 선생 유적, 그리고 동란기 선생의 피난 근무처였던 고창군 해리면의 염업사 지점과 채염현장 등을 답사하면서 선생의 존재연원을 더듬을 수 있었던 것도 필자로서는 행운이 아닐 수 없다.

11 이제 「집필후기」까지 다 쓰고 나니 실로 만감이 교차하며 못다한 이야기들이 꼬리를 물고 뇌리를 스쳐간다. 나는 이번에도 가천의대(嘉泉醫大) 박종열(朴鍾烈)교수에게 큰 빚을 지고 말았다. 내 반평생을 언제나 가까이서 지켜보아주고, 고난의 시기마다 힘이 되어준 박교수는 본서의 틀을 잡는 기획단계의 참여

는 물론 유족측과의 가교역을 맡아 순탄하게 편찬사업이 마무리 되도록 시종 마음을 써 주었다.

또 활자의 모양새는 물론 크기와 자간, 약물(約物)-부호(符號)에 이르기까지 출판-편집의 완벽을 추구하는 집필자의 유난히도 까다로운 작업취향에 맞추느라고 수고가 컸던 도서출판 한울측의 곽종구과장 또한 그야말로 곤욕을 치렀음도 빼놓을 수 없는 '뒷얘기'가 될 것이다.

이렇게 보면, 본서의 출간은 수많은 사람들의 협력과 성원의 결정체요 합작이라 할 것이니, 문장은 필자의 것이로되 거기에 서린 혼(魂)은 선생을 따르고 흠모하는 모든 사람의 뜻이요 열망이므로, 본서가 집필자 개인의 저서가 될 수 없는 이유가 바로 여기에 있지 않겠는가!

— 2004년 1월, 문정(文井)동 우거(寓居)에서 쓰다.

■ 인명색인

ㄱ

ㄴ

ㄷ

ㄹ

ㅁ

ㅂ

ㅅ

ㅈ

ㅊ

ㅋ

ㅌ

ㅍ

ㅎ

도움말을 주신 분들

( ) 안 날짜는 인터뷰 일자, *는 전화 인터뷰

<가족 - 형제들>

- 혜천 김인숙 (부인 ; 2000년 1월 17, 23, 30일, 2월 13일, 3월 12일)
- 남계 김상준 (형님 ; 1999년 12월 15일, 2000년 4월 15일)
- 남령 김상홍 (동생 ; 2000년 1월 14일)
- 남온 김상돈 (동생 ; 1999년 12월 15일)
- 김상민 (여동생 ; 2000년 5월 30일)

<동창들>

- 이창복(李昌馥 : 校洞23회 동기동창·전인천교대부국 교장 ; 1999년 12월 6일)
- 황삼현(黃三顯 : 京城第二高普 입학동기 ; 2000년 4월 1일)
- 윤희중(尹熙重 : 京城第二高普 입학동기 ; 삼화페인트 회장 ; 2000년 4월 11일)
- 김홍준(金弘準 : 京城第二高普 입학동기 ; 원불교중앙교의회 명예의장 ; 2000년 8월 14일)
- 정순경*(鄭淳慶 : 京城第二高普 입학동기 ; 동신치과의원 ; 2000년 4월 1일)
- 강봉식(康鳳植 : 山口高 동창, 3년후배·고대 명예교수 ; 2000년 3월 26일)
- 탁기춘*(卓基春 : 山口高 동칭, 2년후배·東京都 大田區 池上 거주 ; 2000년 6월 29일)
- 신기진(申基珍 : 東京大 동창, 2년선배·전東國大교수·변호사 ; 2000년 3월 9일)
- 하라 이사오(原勳 : 山口高 동기동창·山口縣 阿東町 地福 거주 ; 2000년 6월 28일)
- 서애경*(徐愛卿 : 山口高 동기동창 閔丙久의 부인 ; 2000년 6월 10일)

<기 타>

- 양호민(梁好民 : 전서울대 교수·언론인 ; 2000년 3월 4일)
- 니시하라 하루오(西原春夫 : 전早稻田大 총장·현國士館大學 이사장 ; 2000년 6월 30일)
- 최상규(崔常奎 : 1939년 三養社 입사, 비서실 근무 ; 2000년 6월 2일)
- 차행곤(車幸坤 : 1951년 三養鹽業社 입사, 현工員주임 ; 2000년 4월 18일)
- 나강석(羅康石 : 바르게살기운동협의회 사무총장 ; 2000년 10월 9일)

• 南齋 金相浹先生 紀念事業會 傳記編纂委員會 (1999. 11)

委員長　洪一植

委　員　金河龍　李準範　金良玄

李世基　朴明煥　趙南照

具宗書　李在奐　金現廷

睦貞均　千信一　金炳秀

丁世均　朴鍾烈

(遺族側) 金　翰　宋相現

남재 김상협

그 생애 / 학문 / 사상

엮은이 | 남재 김상협선생 전기편찬위원회
지은이 | 목정균
펴낸이 | 김종수
펴낸곳 | 도서출판 한울

초판 1쇄 인쇄 | 2004년 4월 10일
초판 1쇄 발행 | 2004년 4월 20일

주소 | 413-832 파주시 교하읍 문발리 507-2(본사)
121-801 서울시 마포구 공덕동 105-90 서울빌딩 3층(서울 사무소)
전화 | 영업 02-326-0095, 편집 02-336-6183
팩스 | 02-333-7543
홈페이지 | www.hanulbooks.co.kr
등록 | 1980년 3월 13일, 제406-2003-051호

Printed in Korea.
ISBN 89-460-3245-6 93990

* 책값은 겉표지에 표시되어 있습니다.